U0450416

梵语文学读本

黄宝生 编著

中国社会科学出版社

图书在版编目（CIP）数据

梵语文学读本/黄宝生编著. —北京：中国社会科学出版社，2010.8
ISBN 978-7-5004-8749-4

Ⅰ.①梵… Ⅱ.①黄… Ⅲ.①梵语 - 汉语 - 对照读物 ②文学 - 作品综合集 - 印度 - 古代 Ⅳ.①H711.94：Ⅰ

中国版本图书馆 CIP 数据核字（2010）第 082666 号

责任编辑　黄燕生
责任校对　李小冰
封面设计　大鹏工作室
技术编辑　戴　宽

出版发行	中国社会科学出版社		
社　　址	北京鼓楼西大街甲 158 号	邮　编	100720
电　　话	010 - 84029450（邮购）		
网　　址	http：//www.csspw.cn		
经　　销	新华书店		
印　　刷	北京君升印刷有限公司	装　订	盛天行健印刷有限公司
版　　次	2010 年 8 月第 1 版	印　次	2010 年 8 月第 1 次印刷
开　　本	787×1092　1/16		
印　　张	44.5		
字　　数	823 千字		
定　　价	98.00 元		

凡购买中国社会科学出版社图书，如有质量问题请与本社发行部联系调换
版权所有　侵权必究

前　言

一

梵语（Saṃskṛta）是印度古代语言。从广义上说，梵语包括吠陀梵语、史诗梵语和古典梵语。但我们通常所说的梵语主要是指史诗梵语和古典梵语，尤其是古典梵语。史诗梵语相对于古典梵语，是通俗的梵语。

吠陀梵语也可以直接称为吠陀语，主要是指四部吠陀使用的语言。四部吠陀是《梨俱吠陀》、《娑摩吠陀》、《夜柔吠陀》和《阿达婆吠陀》。它们是印度现存的最古老文献，约产生于公元前一千五百年至公元前一千年之间。由于在吠陀时代，这四部吠陀被确认为婆罗门教圣典，它们的语言也就固定不变。但是，人们日常使用的语言是处在变化发展中的。大约在公元前四世纪，也就是吠陀时代末期，波你尼（Pāṇini）依据当时通行的口语（Bhāṣā），编制了一部语法，名为《八章书》（Aṣṭādhyāyī），通常称为《波你尼经》（Pāṇinisūtra）。此后，公元前三世纪迦旃衍那（Kātyāyana）的《释补》（Vārttika）和公元前二世纪波颠阇利（Patañjali）的《大疏》（Mahābhāṣya）对《波你尼经》进行修订、补充和疏解，由此形成了规范化的梵语语法。

"梵语"这个词的词根是 saṃskṛ，意谓"修饰"和"净化"。因此，"梵语"一词本身就含有"典范"或"规范"的意味。这种规范化的梵语后来长期成为印度古代的通用语言。而与此同时，印度各地依然存在方言俗语。在梵语中指称"俗语"的一词是 Prākṛta，意谓"原始的"、"俚俗的"。这样，相对于"俗语"，梵语也可以称为"雅语"。但实际上，梵语本身也可以有雅俗之分。

佛教从一世纪开始传入中国，正值佛教中的大乘兴起之时。早期佛教遵循佛陀释迦牟尼的教导，使用方言俗语宣教。佛陀逝世后两百年，在华氏城结集编定的上座部"三藏"佛典使用的就是印度东部俗语，也就是现在通称的"巴利语"（Pāli）。而随着大乘的兴起，佛典语言开始普遍采用梵语。因此，当时传入中国的佛典主要是大乘梵语佛典。在中国早期的译经史料中，常将佛典语言称为"胡语"。这是因为当时佛教经由西域传入中国，佛典语言既有梵语，也有西域方言，故而笼统称为"胡语"。后来明确了印度本土的佛典语言是梵语，便称之为"梵文"、"梵言"或"梵书"。中国古代高僧将Saṃskṛta命名"梵文"，则是依据印度神话传说，即认为这种文字是由大神梵天创制的。梁僧祐在《出三藏记集》（卷第一）中称印度的"造书之主"为"梵"（即梵天）。[1]唐玄奘在《大唐西域记》（卷第二）中也确认这个说法，称印度"文字"为"梵天所制"。[2]这也就是我们至今将Saṃskṛta称为"梵语"的来由。

二

印度和中国同为历史悠久的文明古国，梵语文献和古汉语文献一样，是留给全人类的宝贵文化遗产。即使略去吠陀文献不计，梵语文献也浩如烟海，包含有史诗《摩诃婆罗多》和《罗摩衍那》、神话传说（各种《往世书》）、寓言故事、抒情诗、叙事诗、戏剧、小说以及宗教经典（婆罗门教、佛教和耆那教）、哲学（数论、瑜伽、正理、胜论、弥曼差、吠檀多和顺世论）、律法、语言学、诗学、天文学、医学和其他科学著作。

随着佛教传入中国汉地，并经汉地传入西藏，中国的译经活动持续了一千多年。佛教在印度本土于十二世纪消亡，梵语佛典也随之流失。然而，中国却保存了卷帙浩繁的佛典汉译本和藏译本，堪称中印文化交流史上的一大奇观。近代以来，随着印度学的兴起，学者们重视发掘佛经原典，先后在尼泊尔和克什米尔等地，尤其在中国西藏地区发现了数量可观的梵语佛典抄本。这些抄本经过现代学者的整理和校勘，近两百年来已经陆续出版了不少。它们对于研究印度佛教，具有重要的学术价值。

应该说，佛教于十二世纪在印度本土消亡，佛教学术中断，历时已久。因此，梵语文献中的佛典研究，对于印度或西方现代学者来说，也是一个难点。这正是他们在梵语佛典研究中始终重视梵语佛典汉译本和藏译本的原因。中国原本是一个具有佛教研究传统的大国。但现代学者长期以来主要依据汉文和藏文佛经研究佛教，纵然也认识到结合梵语佛典进行研究的重要性，而且中国学者在利用梵语佛典汉译本和藏译本方面具有得天独厚的优势，也有先驱者如陈寅恪、汤用彤、吕澂和季羡林等先生开辟了道路，而终究由于缺少梵语人才，这项工作没有全面展开。可喜的是，近一二十

---

[1] 参阅苏晋仁、萧炼子点校《出三藏记集》第12页，中华书局，1995。
[2] 参阅季羡林等校注《大唐西域记》第182页，中华书局，1985。

年来，已有新一代学者，在掌握梵语后，开始投身这项工作。

同时，我们应该看到，佛教只是印度古代文化的一个组成部分。印度古代有三大宗教：婆罗门教、佛教和耆那教。其中，婆罗门教（现在通称"印度教"）始终占据主流地位。耆那教也没有像佛教那样在印度本土消亡，而是传承至今。它们都留下了大量的梵语文献。印度古代的神话传说文献数量也称得上举世无双。印度古代的传统哲学也在世界哲学史上占有重要地位。中国现代学者以往主要借助英文资料研究印度古代哲学，而依据梵语原典研究印度哲学的学者，可谓凤毛麟角。中国对印度古代哲学研究虽说取得了不少成绩，但若要更上一层楼的话，则必须充分利用梵语哲学原典展开研究。印度古代丰富的梵语文学遗产，更是需要依据梵语原典进行研究。因为文学是语言的艺术，脱离了原文，依据第二手资料从事翻译和研究，则如隔雾观花。总之，印度古代文化是一座宏大的宝库。而要打开这座宝库，首先要掌握梵语这把钥匙，否则只能在这座宝库的门外徘徊。

三

正是在上述古往今来的学术背景下，现在有不少青年学者有志于学习梵语。我也是感受到了这股学术气息，心有所动，而于2007年夏至2009年夏，开设了一个为期两年的梵语研读班。参加这个研读班的学生都已具备梵语语法基础知识，我的任务是带领他们精读梵语原典。

这些学生的梵语语法知识的来源是德国学者斯坦茨勒（A. F. Stenzler）的《梵语基础读本》（*Elementarbuch der Sanskrit-Sprache*）。1960年至1965年，季羡林和金克木两位先生在北京大学开设梵语巴利文班，我本人就是这个班的学生之一。季先生教授梵语语法使用的就是这个语法读本。当时由他编译成中文，印成油印本，作为我们的教材。[1]经过多年的学习和此后长期的工作实践，我觉得这是一部出色的梵语语法读本。它以尽可能简约的文字篇幅对梵语语法作了尽可能全面的归纳，可以说是一本方便实用的梵语语法手册。因此，尽管这部语法读本出版于1868年，但它的生命力经久不衰。直至1992年仍有学者将它译成英文出版（*Primer of the Sanskrit Language*, translated by Renate Söhnen, London）。

除了季先生使用的这个语法读本外，当时金先生也编写了一部《梵文

---

[1] 这本教材已于1996年由北京大学出版社出版。

文法》，用作我们的教材。这部《梵文文法》主要讲述梵语构词法以及各种语法形式的意义和用法，很有实用价值。这次趁出版这部《梵语文学读本》的机会，我将它作为附录收入本书。因为金先生已去世，无法再请他过目，只能根据当时的油印本排印，我只是做了一些必要的文字订正和加工。这部《梵文文法》得以"薪火相传"，也是对金先生的最好纪念。

毫无疑问，现代人学习古代语言，掌握语法是一条捷径。第一步学语法，第二步读原典。实际上，也只有结合阅读原典，才能真正理解和记住语法。当然，要读懂原典，也不仅仅是语法问题，还要熟悉与原典相关的古代文化知识。

相对而言，梵语语法比较繁复，但也比较严密。概括地说，梵语的名词（连同代词和形容词）有性、数和格的变化：性有阳性、阴性和中性，数有单数、双数和复数，格有体格、业格、具格、为格、从格、属格、依格和呼格。梵语的动词变位含有单数、双数和复数，人称有第一、第二和第三人称，时态有现在时、未完成时、完成时、不定过去时、将来时和假定时，语态有主动、中间和被动，语气有陈述、虚拟、命令和祈使。梵语中还有一类不变词，起到副词、介词或语气词的作用。

读解梵语原典的要领主要有三条：一是拆开句中词与词之间的连声，二是拆解句中的各种复合词，三是认准每个词（名词和动词）的语法形态。只要正确地做到这三条，便能读通梵语原典。接着，就应该用恰当的汉语将梵语原典的意义表达出来。这也就是我的教学方法。因而，在对梵语原典进行语法解析之后，我也提供汉语译文，供大家参考。为了便于梵汉对照，我的译文采取尽量贴近原文的译法，但也保持一定的翻译自由度。

经过两年的教学实践，大家觉得很有收获，并强烈希望能将我们的教学成果保存下来。这样，既可以供大家日后复习和参考之用，也可以为国内提供一部学习梵语的辅助读物。于是，便有了这部《梵语文学读本》的诞生。

四

这部《梵语文学读本》选读的都是梵语文学中的一些经典性作品。《薄伽梵歌》出自史诗《摩诃婆罗多》，是印度古代最著名的一部宗教哲学长诗。佛教诗人马鸣的《佛所行赞》是古典梵语叙事诗的早期典范作品。迦梨陀娑是享有最高声誉的古典梵语诗人。我们选读了他的抒情诗集《时令之环》、叙事诗《罗怙世系》和《鸠摩罗出世》。其中的《罗怙世系》可以说是学习梵语的必读书目。胜天的《牧童歌》是古典梵语抒情诗的晚期优秀作品。以上都是诗体作品。波那的《戒日王传》则是一部散文叙事作品。

在这部读本中，我们对于每篇作品的编排方式是：先列出每首诗的梵语原文，并提供汉语译文，然后对每首诗进行逐句逐词的语法解析。那些汉语译文都是由我翻译的，并根据需要添加必要的注释。而那些语法解析则是由研读班的学生们依据我的讲授所记笔记，并结合自己的学习心得编写的，最后由我审定。他们的具体分工如下（按这部读本中出现的先后为序）：

于怀瑾：《薄伽梵歌》第一章和第二章，《时令之环》第一章。黄怡婷：《薄伽梵歌》第三章，《时令之环》第三章。贾姗姗：《薄伽梵歌》第四章，《佛所行赞》第二章。陈秀兰：《佛所行赞》第一章。党素萍：《佛所行赞》第三章，《罗怙世系》第一章和第八章。张远：《时令之环》第二章和《牧童歌》（五首）。常蕾：《罗怙世系》第二章和第三章。郑国栋：《鸠摩罗出世》第一章、第三章和第四章。

最后那篇选读作品《戒日王传》，我只是提供梵语原文和汉语译文，以及一些必要的注释，而没有提供语法解析。因为我想，只要认真学习和领会了以上作品的语法解析，应该已经基本掌握读解梵语的方法，也就可以尝试独立阅读梵语原典了。从这个意义上说，这篇《戒日王传》可以算是提供的一个补充读物。

此外，我们还依据这部读本中出现的词汇编制了一个词汇表，收录词汇约6000个。而其中标出的每个词的词义并不局限于这部读本中使用的词义。我将它看成是为将来编纂《梵汉词典》做准备。因为中国迄今为止还没有一部《梵汉词典》，而这项编纂工作迟早总是要做的。

除了这些梵语文学作品之外，我们在教学中，也选读过《奥义书》和《瑜伽经》。由于它们属于哲学作品，也就没有收入这部读本。我确实感到国内应该有类似这部读本的《梵语哲学读本》和《梵语佛经读本》，但这只能寄希望于国内新一代的梵语学者了。

黄宝生
2009年12月23日

体 例 说 明

一、列出梵语原文。

二、提供汉语译文。

三、拆解句中连声,列出每个词在发生连声之前的原本形态。

四、标出每个词的词义,并在括号中标出名词或形容词的词干和动词的词根及其在句中的语法形态。

五、拆解复合词,在括号中标出复合词中每个词的词义,然后标出整个复合词的词义,并在括号中标出整个复合词在句中的语法形态。

梵语语法缩略词表

体=体格
业=业格
具=具格
为=为格
从=从格
属=属格
依=依格
呼=呼格
阳=阳性
阴=阴性
中=中性
单=单数
双=双数
复=复数
一=第一人称
二=第二人称

三=第三人称
现在=现在时
未完=未完成时
不定=不定过去时
完成=完成时
将来=将来时
虚拟=虚拟语气
命令=命令语气
祈求=祈求式
被=被动语态
现分=现在分词
过分=过去分词
完分=完成分词
将分=将来分词
愿望=愿望动词
致使=致使动词

目　录

前言 1
体例说明 1
梵语语法缩略词表 2
薄伽梵歌 1
　第一章 2
　第二章 23
　第三章 57
　第四章 77
佛所行赞 97
　第一章 98
　第二章 131
　第三章 160
时令之环 194
　第一章 195
　第二章 211
　第三章 227
罗怙世系 243
　第一章 244
　第二章 287
　第三章 324
　第八章 361

鸠摩罗出世 408
第一章 409
第三章 439
第四章 477

牧童歌 500
第九歌 501
第十歌 504
第十二歌 506
第十三歌 510
第十九歌 513

戒日王传 520
第一章 521

词汇表 562

附录一 梵语文学大事记 668

附录二 梵文文法 672

भगवद्गीता

薄 伽 梵 歌

《薄伽梵歌》（*Bhagavadgītā*）是印度古代史诗《摩诃婆罗多》（*Mahābhārata*）中的一部宗教哲学诗。《摩诃婆罗多》的成书时间约在公元前四世纪至公元四世纪。它是以口头方式创作和传诵，不断扩充内容，层层累积而成，最后定型的篇幅达到"十万颂"（每颂一般为三十二个音节）。它以印度列国纷争时代为背景，描写婆罗多族的两支后裔俱卢族和般度族为争夺王位继承权而展开的种种斗争，最终导致大战。大战的结果虽然有胜负，但双方将士几乎全都捐躯疆场，是一个历史悲剧。同时，这部史诗以婆罗多族大战为故事主线，插入了大量的神话传说和寓言故事以及宗教、哲学、政治、律法和伦理等等内容，最终成为一部"百科全书"式的史诗。

在《摩诃婆罗多》中有关宗教哲学的插入成分中，最重要的便是《薄伽梵歌》。它属于《摩诃婆罗多》第六篇《毗湿摩篇》中的第二十三至第四十章。这是在大战第一天，俱卢族和般度族双方军队已经在俱卢之野排开阵容，阿周那却对这场战争的合法性产生怀疑，不愿意投身战斗。于是，黑天开导他，解除他心中的种种疑虑。他俩的对话构成了这篇《薄伽梵歌》。

黑天在《薄伽梵歌》中向阿周那阐明达到人生最高目的解脱的三条道路：行动瑜伽、智慧瑜伽和虔信瑜伽，勉励他怀着一种超脱私欲的精神履行社会职责，投身合法的战斗。

自古以来，《薄伽梵歌》对印度社会思想产生深刻的影响。直至今天，它仍是印度最流行的一部宗教哲学经典。

下面选读《薄伽梵歌》的前四章。原文依据印度班达卡尔东方研究所出版的《摩诃婆罗多》精校本中贝尔沃卡尔（S. K. Belvalkar）校订的《毗湿摩篇》（*Bhīṣmaparvan*, Bhandarkar Oriental Research Institute, Poona, 1947）。

प्रथमः सर्गः

第 一 章

धृतराष्ट्र उवाच।
धर्मक्षेत्रे कुरुक्षेत्रे समवेता युयुत्सवः।
मामकाः पाण्डवाश्चैव किमकुर्वत सञ्जय॥ १

持国[①]说：
正法之田，俱卢之野，[②]
我们和般度族双方
结集军队，渴望战斗，
全胜[③]啊！情况怎样？（1）

解析：धृतराष्ट्रः（धृतराष्ट्र 阳，单，体）持国（人名）。उवाच（√वच् 完成，单，三）说。धर्म（正法）-क्षेत्रे（क्षेत्र 田地），复合词（中，单，依），正法之田。कुरु（俱卢）-क्षेत्रे（क्षेत्र 田地），复合词（中，单，依），俱卢之野。समवेताः（समवेत 阳，复，体）结集。युयुत्सवः（युयुत्सु 阳，复，体）渴望战斗。मामकाः（मामक 阳，复，体）我的。पाण्डवाः（पाण्डव 阳，复，体）般度的。च（不变词）和。एव（不变词）确实。किम्（किम् 中，单，业）什么。अकुर्वत（√कृ 未完，复，三）做。सञ्जय（सञ्जय 阳，单，呼）全胜（人名）。

सञ्जय उवाच।
दृष्ट्वा तु पाण्डवानीकं व्यूढं दुर्योधनस्तदा।
आचार्यमुपसंगम्य राजा वचनमब्रवीत्॥ २

全胜说：
看到般度族军队，
已经排定阵容，

[①] 俱卢族和般度族是婆罗多族的两支后裔。持国是俱卢族国王。
[②] 这里，"俱卢之野"是实指战场，"正法之田"是喻指这里发生的是一场事关正法的大战。
[③] 全胜是持国的御者。

难敌王走近老师，①
对他这样说道：（2）

解析： संजयः（संजय 阳，单，体）全胜。उवाच（√वच् 完成，单，三）说。दृष्ट्वा（√दृश् 独立式）看见。तु（不变词）此时。पाण्डव（般度族的）-अनीकम्（अनीक 军队），复合词（阳，单，业），般度族的军队。व्यूढम्（व्यूढ 阳，单，业）列阵，排阵。दुर्योधनः（दुर्योधन 阳，单，体）难敌（人名）。तदा（不变词）当时，那时。आचार्यम्（आचार्य 阳，单，业）老师。उपसंगम्य（उप-सम्√गम् 独立式）走近。राजा（राजन् 阳，单，体）国王。वचनम्（वचन 中，单，业）话。अब्रवीत्（√ब्रू 未完，单，三）说。

पश्यैतां पाण्डुपुत्राणामाचार्य महतीं चमूम्।
व्यूढां द्रुपदपुत्रेण तव शिष्येण धीमता॥३

"请看木柱之子猛光，②
那是你聪明的学生，
已经为般度族大军
排定阵容，老师啊！（3）

解析： पश्य（√दृश् 命令，单，二）看。एताम्（एतद् 阴，单，业）这个。पाण्डु（般度）-पुत्राणाम्（पुत्र 儿子），复合词（阳，复，属），般度之子。आचार्य（आचार्य 阳，单，呼）老师。महतीम्（महत् 阴，单，业）庞大的。चमूम्（चमू 阴，单，业）军队。व्यूढाम्（व्यूढ 阴，单，业）列阵，排阵。द्रुपद（木柱）-पुत्रेण（पुत्र 儿子），复合词（阳，单，具），木柱之子猛光（人名）。तव（त्वद् 单，属）你。शिष्येण（शिष्य 阳，单，具）学生。धीमता（धीमत् 阳，单，具）聪明的。

अत्र शूरा महेष्वासा भीमार्जुनसमा युधि।
युयुधानो विराटश्च द्रुपदश्च महारथः॥४

"大弓箭手们英勇善战，
像怖军和阿周那③一样，

---

① 难敌是持国的长子。"老师"指德罗纳，俱卢族军队的大将。在大战以前，俱卢族和般度族双方的王子都曾拜他为师，随他习武。
② 木柱是般遮罗国王，般度族五兄弟的岳父。他的儿子猛光是般度族军队的统帅。
③ 怖军和阿周那是般度和贡蒂的二儿子和三儿子。

其中有善战和毗罗吒，①
还有大勇士木柱王。（4）

解析：अत्र（不变词）这里。शूराः（शूर 阳，复，体）英勇的。महा（大）-इष्वासाः（इष्वास 弓箭手），复合词（阳，复，体），大弓箭手。भीम（怖军）-अर्जुन（阿周那）-समाः（सम 同样），复合词（阳，复，体），像怖军和阿周那一样。युधि（युध् 阴，单，依）战斗。युयुधानः（युयुधान 阳，单，体）善战（人名）。विराटः（विराट 阳，单，体）毗罗吒（人名）。च（不变词）和。द्रुपदः（द्रुपद 阳，单，体）木柱（人名）。च（不变词）和。महा（大）-रथः（रथ 战车），复合词（阳，单，体），大勇士。

धृष्टकेतुश्चेकितानः काशिराजश्च वीर्यवान्।
पुरुजित्कुन्तिभोजश्च शैब्यश्च नरपुंगवः॥५

"勇旗王和显光王子，
英勇非凡的迦尸王，
补卢耆和贡提波阇，
人中雄牛尸毗王。（5）

解析：धृष्टकेतुः（धृष्टकेतु 阳，单，体）勇旗（人名）。चेकितानः（चेकितान 阳，单，体）显光（人名）。काशि（迦尸）-राजः（राज 王），复合词（阳，单，体），迦尸王（人名）。च（不变词）和。वीर्यवान्（वीर्यवत् 阳，单，体）英勇的。पुरुजित्（पुरुजित् 阳，单，体）补卢耆（人名）。कुन्तिभोजः（कुन्तिभोज 阳，单，体）贡提波阇（人名）。च（不变词）和。शैब्यः（शैब्य 阳，单，体）尸毗王（人名）。च（不变词）和。नर（人）-पुंगवः（पुंगव 牛），复合词（阳，单，体），人中雄牛。

युधामन्युश्च विक्रान्त उत्तमौजाश्च वीर्यवान्।
सौभद्रो द्रौपदेयाश्च सर्व एव महारथाः॥६

"勇敢的瑜达摩尼瑜，
优多贸阇和激昂②，
德罗波蒂③的儿子们，
他们全都是大英雄。（6）

---

① 善战又名萨谛奇，是雅度族勇士。毗罗吒是摩差国王。
② 激昂是阿周那和妙贤的儿子。
③ 德罗波蒂又名黑公主，是般度族五兄弟的共同妻子。

解析：युधामन्युः（युधामन्यु 阳，单，体）瑜达摩尼瑜（人名）。च（不变词）和。विक्रान्तः（विक्रान्त 阳，单，体）勇敢的。उत्तमौजाः（उत्तमौजस् 阳，单，体）优多贸阇（人名）。च（不变词）和。वीर्यवान्（वीर्यवत् 阳，单，体）英勇的。सौभद्रः（सौभद्र 阳，单，体）妙贤之子激昂（人名）。द्रौपदेयाः（द्रौपदेय 阳，复，体）德罗波蒂的儿子。च（不变词）和。सर्वे（सर्व 阳，复，体）所有。एव（不变词）确实。महारथाः（महारथ 阳，复，体）大勇士。

अस्माकं तु विशिष्टा ये तान्निबोध द्विजोत्तम।
नायका मम सैन्यस्य संज्ञार्थं तान्ब्रवीमि ते॥७

"你要知道在我军中，
也有许多著名将领，
最优秀的再生族①啊，
听我通报他们姓名。（7）

解析：अस्माकम्（अस्मद् 复，属）我们。तु（不变词）而。विशिष्टाः（विशिष्ट 阳，复，体）著名的，优秀的。ये（यद् 阳，复，体）这，指将领。तान्（तद् 阳，复，业）这，指将领。निबोध（नि√बुध् 命令，单，二）知道。द्विज（再生族）-उत्तम（उत्तम 最优秀的），复合词（阳，单，呼），最优秀的再生族。नायकाः（नायक 阳，复，体）将领。मम（मद् 单，属）我。सैन्यस्य（सैन्य 中，单，属）军队。संज्ञा（名字）-अर्थम्（为了），复合词（不变词），为了知道名字。तान्（तद् 阳，复，业）他。ब्रवीमि（√ब्रू 现在，单，一）说。ते（त्वद् 单，为）你。

भवान्भीष्मश्च कर्णश्च कृपश्च समितिंजयः।
अश्वत्थामा विकर्णश्च सौमदत्तिस्तथैव च॥८

"你、毗湿摩和迦尔纳，
百战百胜的慈悯，
马嘶和毗迦尔纳，
月授王的儿子广声。②（8）

---

① "再生族"指婆罗门、刹帝利、吠舍和首陀罗四种种姓的前三种种姓。这三种种姓成员年届学龄，要举行圣线礼，意味获得第二次生命。德罗纳是婆罗门出身，故而难敌称他为"最优秀的再生族"。

② 毗湿摩是俱卢族和般度族双方的伯祖，俱卢族军队的统帅。迦尔纳是贡蒂婚前的私生子，现在成为俱卢族军队的大将。慈悯是德罗纳的内兄弟。马嘶是德罗纳的儿子。毗迦尔纳是持国的三儿子。月授是波力迦国王。

解析：भवान्（भवत् 阳，单，体）您。भीष्मः（भीष्म 阳，单，体）毗湿摩（人名）。च（不变词）和。कर्णः（कर्ण 阳，单，体）迦尔纳（人名）。च（不变词）和。कृपः（कृप 阳，单，体）慈悯（人名）。च（不变词）和。समितिंजयः（समितिंजय 阳，单，体）百战百胜的。अश्वत्थामा（अश्वत्थामन् 阳，单，体）马嘶（人名）。विकर्णः（विकर्ण 阳，单，体）毗迦尔纳（人名）。च（不变词）和。सौमदत्तिः（सौमदत्ति 阳，单，体）月授王之子广声（人名）。तथा（不变词）同样。एव（不变词）还有。च（不变词）和。

अन्ये च बहवः शूरा मदर्थे त्यक्तजीविताः।
नानाशस्त्रप्रहरणाः सर्वे युद्धविशारदाः॥९

"还有许多英雄，
为我奋不顾身，
手持各种武器，
个个精通战争。(9)

解析：अन्ये（अन्य 阳，复，体）其他。च（不变词）和。बहवः（बहु 阳，复，体）许多。शूराः（शूर 阳，复，体）英雄。मद्（我）-अर्थे（अर्थ 为了），复合词（阳，单，依），为了我。त्यक्त（舍弃）-जीविताः（जीवित 生命），复合词（阳，复，体），舍弃生命，奋不顾身。नाना（各种）-शस्त्र（武器）-प्रहरणाः（प्रहरण 打击，武器），复合词（阳，复，体），手持各种武器。सर्वे（सर्व 阳，复，体）所有。युद्ध（战争）-विशारदाः（विशारद 精通），复合词（阳，复，体），精通战争。

अपर्याप्तं तदस्माकं बलं भीष्माभिरक्षितम्।
पर्याप्तं त्विदमेतेषां बलं भीमाभिरक्षितम्॥१०

"我们受毗湿摩保护，
军队的力量无限；
他们受怖军保护，
军队的力量有限。(10)

解析：अपर्याप्तम्（अपर्याप्त 中，单，体）无限。तत्（तद् 中，单，体）这个。अस्माकम्（अस्मद् 复，属）我们。बलम्（बल 中，单，体）军队，力量。भीष्म（毗湿摩）-अभिरक्षितम्（अभिरक्षित 保护），复合词（中，单，体），受毗湿摩保护。पर्याप्तम्（पर्याप्त 中，单，

体）有限。**तु**（不变词）而。**इदम्**（इदम् 中，单，体）这个。**एतेषाम्**（एतद् 阳，复，属）他。**बलम्**（बल 中，单，体）军队，力量。**भीम**（怖军）**-अभिरक्षितम्**（अभिरक्षित 保护），复合词（中，单，体），受怖军保护。

अयनेषु च सर्वेषु यथाभागमवस्थिताः।
भीष्ममेवाभिरक्षन्तु भवन्तः सर्व एव हि॥११

"大家按照分工，
站好各自的位置，
在军队的挺进中，
注意保护毗湿摩！"（11）

解析：अयनेषु（अयन 中，复，依）前进。**च**（不变词）而。**सर्वेषु**（सर्व 中，复，依）所有。**यथाभागम्**（不变词）按照分工。**अवस्थिताः**（अवस्थित 阳，复，体）站立。**भीष्मम्**（भीष्म 阳，单，业）毗湿摩（人名）。**एव**（不变词）确实。**अभिरक्षन्तु**（अभि√रक्ष् 命令，复，三）保护。**भवन्तः**（भवत् 阳，复，体）您。**सर्वे**（सर्व 阳，复，体）大家。**एव**（不变词）确实。**हि**（不变词）一定。

तस्य संजनयन्हर्षं कुरुवृद्धः पितामहः।
सिंहनादं विनद्योच्चैः शङ्खं दध्मौ प्रतापवान्॥१२

为了让难敌高兴，
俱卢族的老祖父①，
高声发出狮子吼，
雄赳赳吹响螺号。（12）

解析：तस्य（तद् 阳，单，属）他，指难敌。**संजनयन्**（सम्√जन् 致使，现分，阳，单，体）产生。**हर्षम्**（हर्ष 阳，单，业）高兴。**कुरु**（俱卢族）**-वृद्धः**（वृद्ध 年老的），复合词（阳，单，体），俱卢族年老的。**पितामहः**（पितामह 阳，单，体）祖父。**सिंह**（狮子）**-नादम्**（नाद 吼叫），复合词（阳，单，业），狮子吼。**विनद्य**（वि√नद् 独立式）叫喊，吼叫。**उच्चैस्**（不变词）高声地。**शङ्खम्**（शङ्ख 阳，单，业）螺号。**दध्मौ**（√ध्मा 完成，

---

① 俱卢族老祖父即毗湿摩。

单，三）吹响。प्रतापवान्（प्रतापवत् 阳，单，体）威武的。

तत: शङ्खाश्च भेर्यश्च पणवानकगोमुखाः।
सहसैवाभ्यहन्यन्त स शब्दस्तुमुलोऽभवत्॥१३

顷刻之间军队中，
众多螺号和喇叭，
铜鼓、大鼓和小鼓，
一齐鸣响闹嚷嚷。（13）

解析： ततस्（不变词）然后。शङ्खाः（शङ्ख 阳，复，体）螺号。च（不变词）和。भेर्यः（भेरी 阴，复，体）铜鼓。च（不变词）和。पणव（小鼓）-आनक（战鼓）-गोमुखाः（गोमुख 喇叭），复合词（阳，复，体），小鼓、战鼓和喇叭。सहसा（不变词）顿时，立刻。एव（不变词）确实。अभ्यहन्यन्त（अभि√हन् 未完，被，复，三）敲击，吹打。सः（तद् 阳，单，体）这。शब्दः（शब्द 阳，单，体）声音。तुमुलः（तुमुल 阳，单，体）喧闹。अभवत्（√भू 未完，单，三）变得，成为。

तत: श्वेतैर्हयैर्युक्ते महति स्यन्दने स्थितौ।
माधवः पाण्डवश्चैव दिव्यौ शङ्खौ प्रदध्मतुः॥१४

随即黑天①和阿周那，
他俩站在大战车上，
车前驾着白色骏马，
也把神圣螺号吹响。（14）

解析： ततस्（不变词）然后。श्वेतैः（श्वेत 阳，复，具）白色的。हयैः（हय 阳，复，具）马。युक्ते（युक्त 阳，单，依）套车，上轭。महति（महत् 阳，单，依）大的。स्यन्दने（स्यन्दन 阳，单，依）战车。स्थितौ（स्थित 阳，双，体）站立。माधवः（माधव 阳，单，体）摩豆族后裔黑天。पाण्डवः（पाण्डव 阳，单，体）般度之子阿周那。च（不变词）和。एव（不变词）也。दिव्यौ（दिव्य 阳，双，业）神圣的。शङ्खौ（शङ्ख 阳，双，业）螺号。प्रदध्मतुः（प्र√ध्मा 完成，双，三）吹响。

---

① 黑天是大神毗湿奴的化身。

पाञ्चजन्यं हृषीकेशो देवदत्तं धनंजयः।
पौण्ड्रं दध्मौ महाशङ्खं भीमकर्मा वृकोदरः॥१५

黑天吹响五生螺号，
阿周那吹响天授螺号，
怖军以行动恐怖著称，
吹响崩多罗大螺号。（15）

解析：पाञ्चजन्यम्（पाञ्चजन्य 阳，单，业）五生螺号。हृषीकेशः（हृषीकेश 阳，单，体）感官之主，黑天的称号。देवदत्तम्（देवदत्त 阳，单，业）天授螺号。धनंजयः（धनंजय 阳，单，体）财胜，阿周那的称号。पौण्ड्रम्（पौण्ड्र 阳，单，业）崩多罗螺号。दध्मौ（√ध्मा 完成，单，三）吹响。महा（大）-शङ्खम्（शङ्ख 螺号），复合词（阳，单，业），大螺号。भीम（可怕）-कर्मा（कर्मन् 行动），复合词（阳，单，体），行动可怕的。वृकोदरः（वृकोदर 阳，单，体）狼腹，怖军的称号。

अनन्तविजयं राजा कुन्तीपुत्रो युधिष्ठिरः।
नकुलः सहदेवश्च सुघोषमणिपुष्पकौ॥१६

贡蒂之子坚战王[①]，
也吹响永胜螺号，
无种吹响妙声螺号，
偕天吹响珠花螺号。[②]（16）

解析：अनन्तविजयम्（अनन्तविजय 阳，单，业）永胜螺号。राजा（राजन् 阳，单，体）国王。कुन्तीपुत्रः（कुन्तीपुत्र 阳，单，体）贡蒂之子。युधिष्ठिरः（युधिष्ठिर 阳，单，体）坚战（人名）。नकुलः（नकुल 阳，单，体）无种（人名）。सहदेवः（सहदेव 阳，单，体）偕天（人名）。च（不变词）和。सुघोष（妙声）-मणिपुष्पकौ（मणिपुष्पक 珠花），复合词（阳，双，业），妙声螺号和珠花螺号。

काश्यश्च परमेष्वासः शिखण्डी च महारथः।
धृष्टद्युम्नो विराटश्च सात्यकिश्चापराजितः॥१७

[①] 坚战是般度和贡蒂的长子。
[②] 无种和偕天是般度和玛德利的一对孪生子。

无上弓箭手迦尸王,
还有束发大勇士,
猛光和毗罗吒王,
不可战胜的萨谛奇。(17)

解析：काश्यः（काश्य 阳，单，体）迦尸王。च（不变词）和。परम（至高的）-इष्वासः（इष्वास 弓箭手），复合词（阳，单，体），无上的弓箭手。शिखण्डी（शिखण्डिन् 阳，单，体）束发（人名）。च（不变词）和。महारथः（महारथ 阳，单，体）大勇士。धृष्टद्युम्नः（धृष्टद्युम्न 阳，单，体）猛光（人名）。विराटः（विराट 阳，单，体）毗罗吒（人名）。च（不变词）和。सात्यकिः（सात्यकि 阳，单，体）萨谛奇（人名）。च（不变词）和。अपराजितः（अपराजित 阳，单，体）不可战胜的。

द्रुपदो द्रौपदेयाश्च सर्वशः पृथिवीपते।
सौभद्रश्च महाबाहुः शङ्खान्दध्मुः पृथक्पृथक्॥१८

木柱王和大臂激昂,
德罗波蒂的儿子们,
他们在各处,国王啊!
吹响各自的螺号。(18)

解析：द्रुपदः（द्रुपद 阳，单，体）木柱（人名）。द्रौपदेयाः（द्रौपदेय 阳，复，体）德罗波蒂的儿子。च（不变词）和。सर्वशस्（不变词）到处。पृथिवीपते（पृथिवीपति 阳，单，呼）大地之主，国王。सौभद्रः（सौभद्र 阳，单，体）妙贤之子激昂（人名）。च（不变词）和。महाबाहुः（महाबाहु 阳，单，体）大臂的。शङ्खान्（शङ्ख 阳，复，业）螺号。दध्मुः（√ध्मा 完成，复，三）吹响。पृथक्（不变词）各自。पृथक्（不变词）各自。

स घोषो धार्तराष्ट्राणां हृदयानि व्यदारयत्।
नभश्च पृथिवीं चैव तुमुलो व्यनुनादयन्॥१९

螺号声激越高亢,
响彻大地和天空,
螺号声仿佛撕裂
持国儿子们的心。(19)

解析：सः（तद् 阳，单，体）这个。घोषः（घोष 阳，单，体）声音。धार्तराष्ट्राणाम्（धार्तराष्ट्र 阳，复，属）持国之子。हृदयानि（हृदय 中，复，业）心。व्यदारयत्（वि√दृ 致使，未完，单，三）撕裂。नभः（नभस् 中，单，业）天空。च（不变词）和。पृथिवीम्（पृथिवी 阴，单，业）大地。च（不变词）和。एव（不变词）确实。तुमुलः（तुमुल 阳，单，体）喧嚣，嘈杂。व्यनुनादयन्（व्यनुनादयत् 致使，现分，阳，单，体）回响，响彻。

अथ व्यवस्थितान्दृष्ट्वा धार्तराष्ट्रान्कपिध्वजः।
प्रवृत्ते शस्त्रसंपाते धनुरुद्यम्य पाण्डवः॥२०

看到持国的儿子们，
摆开阵势，准备交锋，
阿周那也举起了弓，
他以猿猴为旗徽。（20）

解析：अथ（不变词）然后。व्यवस्थितान्（व्यवस्थित 阳，复，业）摆开阵势。दृष्ट्वा（√दृश् 独立式）看到。धार्तराष्ट्रान्（धार्तराष्ट्र 阳，复，业）持国之子。कपि（猿猴）-ध्वजः（ध्वज 旗帜），复合词（阳，单，体），以猿猴为旗徽。प्रवृत्ते（प्रवृत्त 阳，单，依）准备。शस्त्र（武器）-संपाते（संपात 相遇，冲突），复合词（阳，单，依），短兵相接。धनुः（धनुस् 中，单，业）弓。उद्यम्य（उद्√यम् 独立式）举起。पाण्डवः（पाण्डव 阳，单，体）般度之子阿周那。

हृषीकेशं तदा वाक्यमिदमाह महीपते।
सेनयोरुभयोर्मध्ये रथं स्थापय मे ऽच्युत॥२१

大地之主啊！阿周那
对感官之主①黑天说道：
"永不退却者！驾驭战车，
请把它停在两军之间。（21）

解析：हृषीकेशम्（हृषीकेश 阳，单，业）感官之主黑天。तदा（不变词）那时。वाक्यम्（वाक्य 中，单，业）话。इदम्（इदम् 中，单，业）这个。आह（√अह् 完成，单，三）说。महीपते（महीपति 阳，单，呼）大地之主，国王。सेनयोः（सेना 阴，双，属）军队。उभयोः（उभ 阴，双，属）两个。मध्ये（मध्य 中，单，依）中间。रथम्（रथ 阳，单，业）战

---

① "感官之主"是黑天的称号，意谓感官的控制者。

车。स्थापय（√स्था 致使，命令，单，二）停住。मे（मद् 单，属）我。अच्युत（अच्युत 阳，单，呼）不落者，永不退却者。

यावदेतान्निरीक्षेऽहं योद्धुकामानवस्थितान्।
कैर्मया सह योद्धव्यमस्मिन्रणसमुद्यमे॥२२

"让我看到各就各位、
渴望战斗的人们；
这场战争就要开始，
我要与哪些人交战？（22）

解析：यावत्（不变词）这样。एतान्（एतद् 阳，复，业）这。निरीक्षे（निर्√ईक्ष् 现在，单，一）看。अहम्（मद् 单，体）我。योद्धुकामान्（योद्धुकाम 阳，复，业）渴望战斗的。अवस्थितान्（अवस्थित 阳，复，业）排好阵容。कै：（किम् 阳，复，具）谁。मया（मद् 单，具）我。सह（不变词）和。योद्धव्यम्（योद्धव्य 中，单，体）交战。अस्मिन्（तद् 阳，单，依）这个。रण（战斗）-समुद्यमे（समुद्यम 开始，准备），复合词（阳，单，依），战斗开始。

योत्स्यमानानवेक्षेऽहं य एतेऽत्र समागताः।
धार्तराष्ट्रस्य दुर्बुद्धेर्युद्धे प्रियचिकीर्षवः॥२३

"我看到这些将士，
集合在这里准备战斗；
他们渴望在战斗中，
讨好心术不正的难敌。"（23）

解析：योत्स्यमानान्（योत्स्यमान 将分，阳，复，业）准备战斗的。अवेक्षे（अव√ईक्ष् 现在，单，一）看。अहम्（मद् 单，体）我。ये（यद् 阳，复，业）这，指准备战斗的（将士）。एते（एतद् 阳，复，体）这，指准备战斗的（将士）。अत्र（不变词）这里。समागताः（समागत 阳，复，体）集合。धार्तराष्ट्रस्य（धार्तराष्ट्र 阳，单，属）持国之子难敌。दुर्बुद्धे：（दुर्बुद्धि 阳，单，属）心术不正的。युद्धे（युद्ध 中，单，依）战斗。प्रिय（喜欢，亲近）-चिकीर्षवः（चिकीर्षु 渴望做），复合词（阳，复，体），想要讨好。

एवमुक्तो हृषीकेशो गुडाकेशेन भारत।
सेनयोरुभयोर्मध्ये स्थापयित्वा रथोत्तमम्॥२४

听了阿周那的话,
婆罗多后裔啊,
黑天把战车停在
双方军队中间。(24)

解析:एवम्(不变词)这样。उक्तः(उक्त 阳,单,体)被告诉。हृषीकेशः(हृषीकेश 阳,单,体)感官之主黑天。गुडाकेशेन(गुडाकेश 阳,单,具)浓发,阿周那的称号。भारत(भारत 阳,单,呼)婆罗多后裔。सेनयोः(सेना 阴,双,属)军队。उभयोः(उभ 阴,双,属)两个。मध्ये(मध्य 中,单,依)中间。स्थापयित्वा(√स्था 致使,独立式)停住。रथ(战车)-उत्तमम्(उत्तम 最好的),复合词(阳,单,业),最好的战车。

भीष्मद्रोणप्रमुखतः सर्वेषां च महीक्षिताम्।
उवाच पार्थ पश्यैतान्समवेतान्कुरूनिति॥२५

面对毗湿摩、德罗纳
和其他国王,他说道:
"普利塔①之子啊,请看
聚集在这里的俱卢人。"(25)

解析:भीष्म(毗湿摩)-द्रोण(德罗纳)-प्रमुखतस्(面对),复合词(不变词),面对毗湿摩和德罗纳。सर्वेषाम्(सर्व 阳,复,属)所有。च(不变词)和。महीक्षिताम्(महीक्षित् 阳,复,属)国王。उवाच(√वच् 完成,单,三)说。पार्थ(पार्थ 阳,单,呼)普利塔之子。पश्य(√दृश् 命令,单,二)看。एतान्(एतद् 阳,复,业)这。समवेतान्(समवेत 阳,复,业)聚集。कुरून्(कुरु 阳,复,业)俱卢人。इति(不变词)这样(说)。

तत्रापश्यत्स्थितान्पार्थः पितॄनथ पितामहान्।
आचार्यान्मातुलान्भ्रातॄन्पुत्रान्पौत्रान्सखींस्तथा॥२६

在这里,阿周那看到
父辈、祖辈和老师,
舅父、儿子和孙子,
还有兄弟们和同伴。(26)

---

① 普利塔是贡蒂的另一名字。

解析：तत्र（不变词）这里。अपश्यत्（√दृश् 未完，单，三）看到。स्थितान्（स्थित 阳，复，业）站立。पार्थः（पार्थ 阳，单，体）普利塔之子阿周那。पितॄन्（पितृ 阳，复，业）父亲。अथ（不变词）然后。पितामहान्（पितामह 阳，复，业）祖父。आचार्यान्（आचार्य 阳，复，业）老师。मातुलान्（मातुल 阳，复，业）舅父。भ्रातॄन्（भ्रातृ 阳，复，业）兄弟。पुत्रान्（पुत्र 阳，复，业）儿子。पौत्रान्（पौत्र 阳，复，业）孙子。सखीन्（सखि 阳，复，业）同伴，朋友。तथा（不变词）和。

श्वशुरान्सुहृदश्चैव सेनयोरुभयोरपि।
तान्समीक्ष्य स कौन्तेयः सर्वान्बन्धूनवस्थितान्॥२७

阿周那还看到，
岳父们和朋友们，
他的所有亲戚
都站在两军之中。（27）

解析：श्वशुरान्（श्वशुर 阳，复，业）岳父。सुहृदः（सुहृद् 阳，复，业）朋友。च（不变词）和。एव（不变词）确实。सेनयोः（सेना 阴，双，依）军队。उभयोः（उभ 阴，双，依）两个。अपि（不变词）也。तान्（तद् 阳，复，业）这。समीक्ष्य（सम्√ईक्ष् 独立式）看到。सः（तद् 阳，单，体）这个。कौन्तेयः（कौन्तेय 阳，单，体）贡蒂之子阿周那。सर्वान्（सर्व 阳，复，业）所有。बन्धून्（बन्धु 阳，复，业）亲戚。अवस्थितान्（अवस्थित 阳，复，业）站立。

कृपया परयाविष्टो विषीदन्निदमब्रवीत्।
दृष्ट्वेमान्स्वजनान्कृष्ण युयुत्सून्समवस्थितान्॥२८

他满怀怜悯之情，
忧心忡忡地说道：
"看到自己人，黑天啊！
聚集在这里，渴望战斗。（28）

解析：कृपया（कृपा 阴，单，具）怜悯。परया（पर 阴，单，具）最高的。आविष्टः（आविष्ट 阳，单，体）充满。विषीदन्（विषीदत् 现分，阳，单，体）失望，沮丧。इदम्（इदम् 中，单，业）这个。अब्रवीत्（√ब्रू 未完，单，三）说。दृष्ट्वा（√दृश् 独立式）看到。इमान्（इदम् 阳，复，业）这个。स्वजनान्（स्वजन 阳，复，业）自己人。कृष्ण（कृष्ण 阳，单，呼）

黑天。**युयुत्सून्**（युयुत्सु 阳，复，业）渴望战斗。**समवस्थितान्**（समवस्थित 阳，复，业）聚集。

सीदन्ति मम गात्राणि मुखं च परिशुष्यति।
वेपथुश्च शरीरे मे रोमहर्षश्च जायते॥२९

"我四肢发沉，
嘴巴也发干，
我浑身颤抖，
汗毛全竖起。（29）

解析：**सीदन्ति**（√सद् 现在，复，三）下沉。**मम**（मद् 单，属）我。**गात्राणि**（गात्र 中，复，体）四肢，肢体。**मुखम्**（मुख 中，单，体）嘴。**च**（不变词）和。**परिशुष्यति**（परि√शुष् 现在，单，三）干燥。**वेपथुः**（वेपथु 阳，单，体）颤抖。**च**（不变词）和。**शरीरे**（शरीर 中，单，依）身体。**मे**（मद् 单，属）我。**रोम**（रोमन् 汗毛）-**हर्षः**（हर्ष 竖立），复合词（阳，单，体），汗毛竖立。**च**（不变词）和。**जायते**（√जन् 现在，单，三）产生。

गाण्डीवं स्रंसते हस्तात्त्वक्चैव परिदह्यते।
न च शक्नोम्यवस्थातुं भ्रमतीव च मे मनः॥३०

"神弓从手中脱落，
周身皮肤直发烧，
我的脚跟站不稳，
脑子仿佛在旋转。（30）

解析：**गाण्डीवम्**（गाण्डीव 中，单，体）甘狄拨弓，阿周那的神弓。**स्रंसते**（√स्रंस् 现在，单，三）坠落。**हस्तात्**（हस्त 阳，单，从）手。**त्वक्**（त्वच् 阴，单，体）皮肤。**च**（不变词）和。**एव**（不变词）确实。**परिदह्यते**（परि√दह् 现在，单，三）到处燃烧。**न**（不变词）不。**च**（不变词）和。**शक्नोमि**（√शक् 现在，单，一）能够。**अवस्थातुम्**（अव√स्था 不定式）站立。**भ्रमति**（√भ्रम् 现在，单，三）旋转，游荡。**इव**（不变词）仿佛。**च**（不变词）和。**मे**（मद् 单，属）我。**मनः**（मनस् 中，单，体）思想。

निमित्तानि च पश्यामि विपरीतानि केशव।
न च श्रेयोऽनुपश्यामि हत्वा स्वजनमाहवे॥३१

"我看到不祥之兆,
黑天啊!我不明白,
打仗杀死自己人,
能够得到什么好处?(31)

解析: निमित्तानि (निमित्त 中,复,业)征兆。च(不变词)和。पश्यामि (√दृश् 现在,单,一)看见。विपरीतानि (विपरीत 中,复,业)不祥的,逆行的。केशव (केशव 阳,单,呼)美发,黑天的称号。न(不变词)不。च(不变词)和。श्रेयः (श्रेयस् 中,单,业)好处,利益。अनुपश्यामि (अनु√दृश् 现在,单,一)看到,感到。हत्वा (√हन् 独立式)杀死。स्वजनम् (स्वजन 阳,单,业)自己人。आहवे (आहव 阳,单,依)战斗,战争。

न काङ्क्षे विजयं कृष्ण न च राज्यं सुखानि च।
किं नो राज्येन गोविन्द किं भोगैर्जीवितेन वा॥३२

"我不渴望胜利,黑天啊!
不渴望王国和幸福,
王国对我们有什么用?
生命和享受有什么用? (32)

解析: न(不变词)不。काङ्क्षे (√काङ्क्ष् 现在,单,一)渴望。विजयम् (विजय 阳,单,业)胜利。कृष्ण (कृष्ण 阳,单,呼)黑天。न(不变词)不。च(不变词)和。राज्यम् (राज्य 中,单,业)王国。सुखानि (सुख 中,复,业)幸福。किम् (किम् 中,单,体)什么。नः (अस्मद् 复,为)我们。राज्येन (राज्य 中,单,具)王国。गोविन्द (गोविन्द 阳,单,呼)牧人,黑天的称号。किम् (किम् 中,单,体)什么。भोगैः (भोग 阳,复,具)享受。जीवितेन (जीवित 中,单,具)生命。वा(不变词)或者。

येषामर्थे काङ्क्षितं नो राज्यं भोगाः सुखानि च।
त इमेऽवस्थिता युद्धे प्राणांस्त्यक्त्वा धनानि च॥३३

"我们正是为了这些人,
追求王国、享受和幸福,
然而他们却抛弃财富,
奋不顾身,参加战斗。(33)

解析：येषाम् （यद् 阳，复，属）这，指这些人。अर्थे （अर्थ 阳，单，依）为了，目的。काङ्क्षितम् （काङ्क्षित 中，单，体）渴望。नः （अस्मद् 复，属）我们。राज्यम् （राज्य 中，单，体）王国。भोगाः （भोग 阳，复，体）享受。सुखानि （सुख 中，复，体）幸福。च（不变词）和。ते （तद् 阳，复，体）他，指这些人。इमे （इदम् 阳，复，体）这。अवस्थिताः （अवस्थित 阳，复，体）站立。युद्धे （युद्ध 中，单，依）战斗。प्राणान् （प्राण 阳，复，业）生命。त्यक्त्वा （√त्यज् 独立式）舍弃。धनानि （धन 中，复，业）财富。च（不变词）和。

आचार्याः पितरः पुत्रास्तथैव च पितामहाः।
मातुलाः श्वशुराः पौत्राः स्यालाः संबन्धिनस्तथा॥३४

"老师、父亲和祖父，
儿子、孙子和舅父，
堂房兄弟和岳父，
还有其他的亲族。（34）

解析：आचार्याः （आचार्य 阳，复，体）老师。पितरः （पितृ 阳，复，体）父亲。पुत्राः （पुत्र 阳，复，体）儿子。तथा（不变词）同样。एव（不变词）还有。च（不变词）和。पितामहाः （पितामह 阳，复，体）祖父。मातुलाः （मातुल 阳，复，体）舅父。श्वशुराः （श्वशुर 阳，复，体）岳父。पौत्राः （पौत्र 阳，复，体）孙子。स्यालाः （स्याल 阳，复，体）堂房兄弟。संबन्धिनः （संबन्धिन् 阳，复，体）亲族，亲戚。तथा（不变词）还有。

एतान्न हन्तुमिच्छामि घ्नतो ऽपि मधुसूदन।
अपि त्रैलोक्यराज्यस्य हेतोः किं नु महीकृते॥३५

"即使他们杀我，黑天啊！
即使能获得三界①王权，
我也不愿意杀死他们，
何况为了地上的王国？（35）

解析：एतान् （एतद् 阳，复，业）他。न（不变词）不。हन्तुम् （√हन् 不定式）杀死。इच्छामि （√इष् 现在，单，一）愿意。घ्नतः （घ्नत् 现分，阳，复，业）杀害。अपि（不变词）即使。मधुसूदन （मधुसूदन 阳，单，呼）诛灭摩图者，黑天的称号。अपि（不变词）即使。

---

① "三界"指天国世界、人间世界和地下世界。

त्रैलोक्य（三界）-राज्यस्य（राज्य 王国，王权），复合词（中，单，属），三界王权。हेतोः（हेतु 阳，单，从）原因。किम्-नु（不变词）何况。मही（大地）-कृते（कृत 目的），复合词（阳，单，依），为了大地。

निहत्य धार्तराष्ट्रान्नः का प्रीतिः स्याज्जनार्दन।
पापमेवाश्रयेदस्मान्हत्वैतानाततायिनः॥३६

"杀死持国的儿子们，
我们会有什么快乐？
杀死这些罪人，黑天啊！
我们也犯下了罪恶。（36）

解析：निहत्य（नि√हन् 独立式）杀死。धार्तराष्ट्रान्（धार्तराष्ट्र 阳，复，业）持国之子。नः（अस्मद् 复，属）我们。का（किम् 阴，单，体）什么。प्रीतिः（प्रीति 阴，单，体）快乐。स्यात्（√अस् 虚拟，单，三）是。जनार्दन（जनार्दन 阳，单，呼）折磨敌人者，黑天的称号。पापम्（पाप 中，单，体）罪恶。एव（不变词）也。आश्रयेत्（आ√श्रि 虚拟，单，三）来到，依附。अस्मान्（अस्मद् 复，业）我们。हत्वा（√हन् 独立式）杀死。एतान्（एतद् 阳，复，业）这。आततायिनः（आततायिन् 阳，复，业）杀人者，罪人。

तस्मान्नार्हा वयं हन्तुं धार्तराष्ट्रान्स्वबान्धवान्।
स्वजनं हि कथं हत्वा सुखिनः स्याम माधव॥३७

"不能杀死持国的
儿子们及其亲友，
因为杀死自己人，
我们怎么会幸福？[①]（37）

解析：तस्मात्（不变词）因此。न（不变词）不。अर्हाः（अर्ह 阳，复，体）能够。वयम्（अस्मद् 复，体）我们。हन्तुम्（√हन् 不定式）杀死。धार्तराष्ट्रान्（धार्तराष्ट्र 阳，复，业）持国之子。स（和）-बान्धवान्（बान्धव 亲友），复合词（阳，复，业），以及亲友。स्वजनम्（स्वजन 阳，单，业）自己人。हि（不变词）因为。कथम्（不变词）怎么。हत्वा（√हन् 独

[①] 这里原文中还有一个对"黑天"的呼唤语。在史诗的对话中，这类对人物的名字或称号的呼唤语很多。而在译文中，为了保持诗行整齐，可以适当省略。

立式）杀死。**सुखिनः**（सुखिन् 阳，复，体）快乐的，幸福的。**स्याम**（√अस् 虚拟，复，一）是，成为。**माधव**（माधव 阳，单，呼）黑天。

यद्यप्येते न पश्यन्ति लोभोपहतचेतसः।
कुलक्षयकृतं दोषं मित्रद्रोहे च पातकम्॥३८

"如果这些人利令智昏，
已经被贪婪迷住心窍，
不把毁灭家族视为罪，
不把谋害朋友视为恶。（38）

解析：**यदि**（不变词）如果。**अपि**（不变词）即使。**एते**（एतद् 阳，复，体）这。**न**（不变词）不。**पश्यन्ति**（√दृश् 现在，复，三）看见。**लोभ**（贪婪）-**उपहत**（伤害）-**चेतसः**（चेतस् 思想，心），复合词（阳，复，体），被贪婪迷住心窍。**कुल**（家族）-**क्षय**（毁灭）-**कृतम्**（कृत 造成），复合词（阳，单，业），毁灭家族的。**दोषम्**（दोष 阳，单，业）错误，罪过。**मित्र**（朋友）-**द्रोहे**（द्रोह 伤害），复合词（阳，单，依），谋害朋友。**च**（不变词）和。**पातकम्**（पातक 中，单，业）罪恶。

कथं न ज्ञेयमस्माभिः पापादस्मान्निवर्तितुम्।
कुलक्षयकृतं दोषं प्रपश्यद्भिर्जनार्दन॥३९

"而我们完全明白，
毁灭家族罪孽重，
那为什么不懂得
要回避这种罪过？（39）

解析：**कथम्**（不变词）为什么。**न**（不变词）不。**ज्ञेयम्**（ज्ञेय 中，单，体）应该懂得。**अस्माभिः**（अस्मद् 复，具）我们。**पापात्**（पाप 中，单，从）罪恶。**अस्मान्**（अस्मद् 复，业）我们。**निवर्तितुम्**（नि√वृत् 致使，不定式）回避。**कुल**（家族）-**क्षय**（毁灭）-**कृतम्**（कृत 造成），复合词（阳，单，业），毁灭家族的。**दोषम्**（दोष 阳，单，业）过错，罪过。**प्रपश्यद्भिः**（प्रपश्यत् 现分，阳，复，具）看见，明白。**जनार्दन**（जनार्दन 阳，单，呼）黑天。

कुलक्षये प्रणश्यन्ति कुलधर्माः सनातनाः।
धर्मे नष्टे कुलं कृत्स्नमधर्मोऽभिभवत्युत॥४०

"如果家族遭到毁灭，
传承的宗法也毁灭；
而宗族之法一旦毁灭，
整个家族就陷入非法。（40）

解析：कुल（家族）-क्षये（क्षय 毁灭），复合词（阳，单，依），家族遭到毁灭。प्रणश्यन्ति（प्र√नश् 现在，复，三）毁灭。कुल（家族）-धर्माः（धर्म 正法），复合词（阳，复，体），家族的宗法。सनातनाः（सनातन 阳，复，体）永恒的，古老的。धर्मे（धर्म 阳，单，依）正法。नष्टे（नष्ट 阳，单，依）毁灭。कुलम्（कुल 中，单，业）家族。कृत्स्नम्（कृत्स्न 中，单，业）整个。अधर्मः（अधर्म 阳，单，体）非法。अभिभवति（अभि√भू 现在，单，三）压倒，征服。उत（不变词）也。

अधर्माभिभवात्कृष्ण प्रदुष्यन्ति कुलस्त्रियः।
स्त्रीषु दुष्टासु वार्ष्णेय जायते वर्णसंकरः॥४१

"一旦非法猖獗，
族中妇女堕落；
一旦妇女堕落，
种姓也就混乱。（41）

解析：अधर्म（非法）-अभिभवात्（अभिभव 压倒），复合词（阳，单，从），非法猖獗。कृष्ण（कृष्ण，阳，单，呼）黑天。प्रदुष्यन्ति（प्र√दुष् 现在，复，三）变坏，堕落。कुल（家族）-स्त्रियः（स्त्री 妇女），复合词（阴，复，体），家族中的妇女。स्त्रीषु（स्त्री 阴，复，依）妇女。दुष्टासु（दुष्ट 阴，复，依）变坏，堕落。वार्ष्णेय（वार्ष्णेय 阳，单，呼）苾湿尼族后裔，黑天的称号。जायते（√जन् 现在，单，三）产生。वर्ण（种姓）-संकरः（संकर 混乱），复合词（阳，单，体），种姓的混乱。

संकरो नरकायैव कुलघ्नानां कुलस्य च।
पतन्ति पितरो ह्येषां लुप्तपिण्डोदकक्रियाः॥४२

"种姓混乱导致家族和
毁灭家族者堕入地狱；
祖先失去供品饭和水，

跟着遭殃，纷纷坠落。（42）

解析：संकरः（संकर 阳，单，体）混乱。नरकाय（नरक 阳，单，为）地狱。एव（不变词）确实。कुलघ्नानाम्（कुलघ्न 阳，复，属）毁灭家族者。कुलस्य（कुल 中，单，属）家族。च（不变词）和。पतन्ति（√पत् 现在，复，三）坠落。पितरः（पितृ 阳，复，体）祖先。हि（不变词）因为。एषाम्（इदम् 阳，复，属）他。लुप्त（失去）-पिण्ड（饭团）-उदक（水）-क्रियाः（क्रिया 祭供），复合词（阳，复，体），失去供品饭和水。

दोषैरेतैः कुलघ्नानां वर्णसंकरकारकैः।
उत्साद्यन्ते जातिधर्माः कुलधर्माश्च शाश्वताः॥४३

"制造种姓混乱，
犯有毁灭家族罪；
他们破坏种姓法，
毁弃永恒的宗法。（43）

解析：दोषैः（दोष 阳，复，具）过错，罪过。एतैः（एतद् 阳，复，具）这个。कुलघ्नानाम्（कुलघ्न 阳，复，属）毁灭家族者。वर्ण（种姓）-संकर（混乱）-कारकैः（कारक 造成），复合词（阳，复，具），制造种姓混乱。उत्साद्यन्ते（उद्√सद् 致使，现在，被，复，三）破坏，毁灭。जाति（种姓）-धर्माः（धर्म 正法），复合词（阳，复，体），种姓法。कुल（家族）-धर्माः（धर्म 正法），复合词（阳，复，体），家族法，宗法。च（不变词）和。शाश्वताः（शाश्वत 阳，复，体）永恒的。

उत्सन्नकुलधर्माणां मनुष्याणां जनार्दन।
नरके नियतं वासो भवतीत्यनुशुश्रुम॥४४

"我们已经听说，
折磨敌人者啊！
毁弃宗法的人，
注定住进地狱。（44）

解析：उत्सन्न（毁弃）-कुल（家族）-धर्माणाम्（धर्म 正法），复合词（阳，复，属），毁弃宗法的。मनुष्याणाम्（मनुष्य 阳，复，属）人。जनार्दन（जनार्दन 阳，单，呼）折磨敌人者，黑天。नरके（नरक 阳，单，依）地狱。नियतम्（不变词）注定，必然。वासः（वास

阳，单，体）居住。भवति（√भू 现在，单，三）是，变成。इति（不变词）这样（说）。
अनुशुश्रुम（अनु√श्रु 完成，复，一）听说。

अहो बत महत्पापं कर्तुं व्यवसिता वयम्।
यद्राज्यसुखलोभेन हन्तुं स्वजनमुद्यताः॥४५

"由于贪图王国，
贪图幸福，天啊！
我们决心犯大罪，
准备杀害自己人。（45）

解析：अहो（不变词）感叹词。बत（不变词）感叹词。महत्（महत् 中，单，业）大的。पापम्（पाप 中，单，业）罪恶。कर्तुम्（√कृ 不定式）做。व्यवसिताः（व्यवसित 阳，复，体）决心。वयम्（अस्मद् 复，体）我们。यद्（不变词）由于。राज्य（王国）-सुख（幸福）-लोभेन（लोभ 贪图），复合词（阳，单，具），贪图王国和幸福。हन्तुम्（√हन् 不定式）杀害。स्वजनम्（स्वजन 阳，单，业）自己人。उद्यताः（उद्यत 阳，复，体）准备。

यदि मामप्रतीकारमशस्त्रं शस्त्रपाणयः।
धार्तराष्ट्रा रणे हन्युस्तन्मे क्षेमतरं भवेत्॥४६

"我宁可手无寸铁，
在战斗中不抵抗，
让持国的儿子们，
手持武器杀死我。"（46）

解析：यदि（不变词）如果。माम्（मद् 单，业）我。अप्रतीकारम्（अप्रतीकार 阳，单，业）不抵抗。अशस्त्रम्（अशस्त्र 阳，单，业）无武器的。शस्त्र（武器）-पाणयः（पाणि 手），复合词（阳，复，体），手持武器。धार्तराष्ट्राः（धार्तराष्ट्र 阳，复，体）持国之子。रणे（रण 阳，单，依）战斗。हन्युः（√हन् 虚拟，复，三）杀死。तत्（तद् 中，单，体）这个。मे（मद् 单，属）我。क्षेमतरम्（क्षेमतर 中，单，体）更好。भवेत्（√भू 虚拟，单，三）是，成为。

एवमुक्त्वार्जुनः संख्ये रथोपस्थ उपाविशत्।
विसृज्य सशरं चापं शोकसंविग्नमानसः॥४७

阿周那在战场上，
说完这些心忧伤，
放下手中弓和箭，
坐在自己车座上。（47）

解析：एवम्（不变词）这样。उक्त्वा（√वच् 独立式）说。अर्जुनः（अर्जुन 阳，单，体）阿周那。संख्ये（संख्य 中，单，依）战斗，战场。रथ（车）-उपस्थे（उपस्थ 座），复合词（阳，单，依），车座。उपाविशत्（उप√विश् 未完，单，三）坐下。विसृज्य（वि√सृज् 独立式）放下。स（和）-शरम्（शर 箭），复合词（阳，单，业），和箭一起。चापम्（चाप 阳，单，业）弓。शोक（忧伤）-संविग्न（激动，慌乱）-मानसः（मानस 精神，心），复合词（阳，单，体），内心忧伤。

द्वितीयः सर्गः

第 二 章

संजय उवाच।
तं तथा कृपयाविष्टमश्रुपूर्णाकुलेक्षणम्।
विषीदन्तमिदं वाक्यमुवाच मधुसूदनः॥ १

全胜说：
阿周那满怀怜悯，
眼中饱含泪水；
看到他精神沮丧，
黑天这样说道：（1）

解析：संजयः（संजय 阳，单，体）全胜。उवाच（√वच् 完成，单，三）说。तम्（तद् 阳，单，业）他。तथा（不变词）这样。कृपया（कृपा 阴，单，具）同情，怜悯。आविष्टम्（आविष्ट 阳，单，业）充满。अश्रु（眼泪）-पूर्ण（充满）-आकुल（混乱）-ईक्षणम्（ईक्षण 眼睛），复合词（阳，单，业），眼中饱含泪水。विषीदन्तम्（विषीदत् 现分，阳，单，业）绝望，沮丧。इदम्（इदम् 中，单，业）这。वाक्यम्（वाक्य 中，单，业）话。उवाच（√वच् 完

成，单，三）说。मधुसूदनः（मधुसूदन 阳，单，体）诛灭摩图者，黑天的称号。

श्रीभगवानुवाच।
कुतस्त्वा कश्मलमिदं विषमे समुपस्थितम्।
अनार्यजुष्टमस्वर्ग्यमकीर्तिकरमर्जुन॥२

吉祥薄伽梵①说：
你怎么在这危急关头，
萎靡不振？阿周那啊！
这为高贵者所忌讳，
不能进入天国享殊荣。（2）

解析：श्री（吉祥）-भगवान्（भगवत् 薄伽梵），复合词（阳，单，体），吉祥薄伽梵。उवाच（√वच् 完成，单，三）说。कुतस्（不变词）怎么，为何。त्वा（त्वद् 单，业）你。कश्मलम्（कश्मल 中，单，体）胆怯，萎靡。इदम्（इदम् 中，单，体）这。विषमे（विषम 中，单，依）危机，危难。समुपस्थितम्（समुपस्थित 中，单，体）出现，来到。अन्（不）-आर्य（高贵者）-जुष्टम्（जुष्ट 喜欢），复合词（中，单，体），为高贵者所忌讳。अस्वर्ग्यम्（अस्वर्ग्य 中，单，体）不能进入天国。अकीर्तिकरम्（अकीर्तिकर 中，单，体）不带来名誉的，造成耻辱的。अर्जुन（अर्जुन 阳，单，呼）阿周那。

क्लैब्यं मा स्म गमः पार्थ नैतत्त्वय्युपपद्यते।
क्षुद्रं हृदयदौर्बल्यं त्यक्त्वोत्तिष्ठ परंतप॥३

阿周那啊！不要怯懦，
那样与你不相称！
抛弃委琐的软心肠，
站起来，折磨敌人者！（3）

解析：क्लैब्यम्（क्लैब्य 中，单，业）怯懦。मा（不变词）不。स्म（不变词）确实。गमः（अगमः，√गम् 不定，单，二）走向。पार्थ（पार्थ 阳，单，呼）普利塔之子阿周那。न（不变词）不。एतत्（एतद् 中，单，体）这。त्वयि（त्वद् 单，依）你。उपपद्यते（उप√पद् 现在，单，三）适合，相称。क्षुद्रम्（क्षुद्र 中，单，业）卑微的，委琐的。हृदय（心）-दौर्बल्यम्（दौर्बल्य

---

① "薄伽梵"是对黑天的尊称，意谓尊者或世尊。

软弱），复合词（中，单，业），软心肠。**त्यक्त्वा**（√त्यज् 独立式）抛弃。**उत्तिष्ठ**（उद्√स्था 命令，单，二）站起来。**परंतप**（परंतप 阳，单，呼）折磨敌人者，指阿周那。

अर्जुन उवाच।
कथं भीष्ममहं संख्ये द्रोणं च मधुसूदन।
इषुभिः प्रतियोत्स्यामि पूजार्हावरिसूदन॥४

阿周那说：
在战斗中，杀敌者啊！
我怎么能用箭射击
这两位可尊敬的人，
毗湿摩和德罗纳？（4）

解析：**अर्जुनः**（अर्जुन 阳，单，体）阿周那。**उवाच**（√वच् 完成，单，三）说。**कथम्**（不变词）如何，怎么。**भीष्मम्**（भीष्म 阳，单，业）毗湿摩。**अहम्**（मद् 单，体）我。**संख्ये**（संख्य 中，单，依）战斗。**द्रोणम्**（द्रोण 阳，单，业）德罗纳。**च**（不变词）和。**मधुसूदन**（मधुसूदन 阳，单，呼）诛灭摩图者，黑天的称号。**इषुभिः**（इषु 阳或阴，复，具）箭。**प्रतियोत्स्यामि**（प्रति√युध् 将来，单，一）对抗，攻击。**पूजा**（尊敬）**-अर्हौ**（अर्ह 值得），复合词（阳，双，业），值得尊敬者。**अरिसूदन**（अरिसूदन 阳，单，呼）杀敌者，黑天的称号。

गुरूनहत्वा हि महानुभावा-
ञ्छ्रेयो भोक्तुं भैक्षमपीह लोके।
हत्वार्थकामांस्तु गुरूनिहैव
भुञ्जीय भोगान्रुधिरप्रदिग्धान्॥५

即使在世间乞食谋生，
也强似杀害尊贵的老师；
即使杀害贪财的老师，
我的享受也会沾上鲜血。（5）

解析：**गुरून्**（गुरु 阳，复，业）老师。**अहत्वा**（√हन् 独立式）不杀害。**हि**（不变词）确实。**महानुभावान्**（महानुभाव 阳，复，业）尊贵的。**श्रेयः**（श्रेयस् 中，单，体）最好，宁愿。**भोक्तुम्**（√भुज् 不定式）吃，享用。**भैक्षम्**（भैक्ष 中，单，业）乞食，行乞。**अपि**（不

变词）即使。इह（不变词）这里。लोके（लोक 阳，单，依）世界。हत्वा（√हन् 独立式）杀害。अर्थ（财富）-कामान्（काम 渴望，贪图），复合词（阳，复，业），贪财的。तु（不变词）而。गुरून्（गुरु 阳，复，业）老师。इह（不变词）这里。एव（不变词）即使。भुञ्जीय（√भुज् 虚拟，单，一）吃，享用。भोगान्（भोग 阳，复，业）享受。रुधिर（血）-प्रदिग्धान्（प्रदिग्ध 沾上），复合词（阳，复，业），沾上鲜血。

> न चैतद्विद्मः कतरन्नो गरीयो
> यद्वा जयेम यदि वा नो जयेयुः।
> यानेव हत्वा न जिजीविषाम-
> स्ते ऽवस्थिताः प्रमुखे धार्तराष्ट्राः॥६

> 我们胜利或者他们胜利，
> 我们不知道哪个更重要；
> 杀死面前这些持国子，
> 我们也不会愿意再活。（6）

解析：न（不变词）不。च（不变词）并且。एतत्（एतद् 中，单，业）这，指"我们胜利或他们胜利"。विद्मः（√विद् 现在，复，一）知道。कतरत्（कतर 中，单，业）（二者中）哪个。नः（अस्मद् 复，为）我们。गरीयः（गरीयस् 中，单，业）更重要。यत्（यद् 中，单，体）这，指"我们胜利或他们胜利"。वा（不变词）或者。जयेम（√जि 虚拟，复，一）胜利。यदि（不变词）如果。वा（不变词）或者。नः（अस्मद् 复，业）我们。जयेयुः（√जि 虚拟，复，三）战胜。यान्（यद् 阳，复，业）这，指持国子。एव（不变词）确实。हत्वा（√हन् 独立式）杀害。न（不变词）不。जिजीविषामः（√जीव् 愿望，现在，复，一）愿意活。ते（तद् 阳，复，体）这，指持国子。अवस्थिताः（अवस्थित 阳，复，体）站。प्रमुखे（प्रमुख 中，单，依）面前。धार्तराष्ट्राः（धार्तराष्ट्र 阳，复，体）持国子。

> कार्पण्यदोषोपहतस्वभावः
> पृच्छामि त्वा धर्मसंमूढचेताः।
> यच्छ्रेयः स्यान्निश्चितं ब्रूहि तन्मे
> शिष्यस्ते ऽहं शाधि मां त्वां प्रपन्नम्॥७

> 我受到心软的弱点伤害，
> 思想为正法困惑，请开导！

我是你的学生求你庇护，
明确告诉我该如何是好？（7）

解析：कार्पण्य（软弱）-दोष（弱点）-उपहत（伤害）-स्वभावः（स्वभाव 本性），复合词（阳，单，体），本性受到心软的弱点伤害。पृच्छामि（√प्रछ् 现在，单，一）问。त्वा（त्वद् 单，业）你。धर्म（正法）-संमूढ（困惑）-चेताः（चेतस् 心，思想），复合词（阳，单，体），思想为正法困惑。यत्（यद् 中，单，体）这，指更好。श्रेयः（श्रेयस् 中，单，体）更好。स्यात्（√अस् 虚拟，单，三）是。निश्चितम्（不变词）明确。ब्रूहि（√ब्रू 命令，单，二）告诉。तत्（तद् 中，单，业）这，指更好。मे（मद् 单，为）我。शिष्यः（शिष्य 阳，单，体）学生。ते（त्वद् 单，属）你。अहम्（मद् 单，体）我。शाधि（√शास् 命令，单，二）教导。माम्（मद् 单，业）我。त्वाम्（त्वद् 单，业）你。प्रपन्नम्（प्रपन्न 阳，单，业）寻求庇护。

न हि प्रपश्यामि ममापनुद्या-
　द्यच्छोकमुच्छोषणमिन्द्रियाणाम्।
अवाप्य भूमावसपत्नमृद्धं
　राज्यं सुराणामपि चाधिपत्यम्॥८

即使获得无比富饶的王国，
甚至获得天国世界的王权，
我也实在看不出，有什么
能解除我烧灼感官的忧烦？（8）

解析：न（不变词）不。हि（不变词）确实。प्रपश्यामि（प्र√दृश् 现在，单，一）看见。मम（मद् 单，属）我。अपनुद्यात्（अप√नुद् 虚拟，单，三）消除。यत्（यद् 中，单，体）那个。शोकम्（शोक 阳，单，业）忧愁。उच्छोषणम्（उच्छोषण 阳，单，业）烤干的。इन्द्रियाणाम्（इन्द्रिय 中，复，属）感官。अवाप्य（अव√आप् 独立式）获得。भूमौ（भूमि 阴，单，依）大地。असपत्नम्（असपत्न 中，单，业）无可匹敌的。ऋद्धम्（ऋद्ध 中，单，业）富饶的。राज्यम्（राज्य 中，单，业）王国。सुराणाम्（सुर 阳，复，属）天神。अपि（不变词）即使。च（不变词）和。आधिपत्यम्（आधिपत्य 中，单，业）王权。

संजय उवाच।
एवमुक्त्वा हृषीकेशं गुडाकेशः परंतप।
न योत्स्य इति गोविन्दमुक्त्वा तूष्णीं बभूव ह॥९

全胜说:
持国啊,阿周那
对黑天说完这些话,
说道:"我不参战。"
然后,他保持沉默。(9)

解析: संजयः(संजय 阳,单,体)全胜。उवाच(√वच् 完成,单,三)说。एवम्(不变词)这样。उक्त्वा(√वच् 独立式)说。हृषीकेशम्(हृषीकेश 阳,单,业)感官之主,黑天的称号。गुडाकेशः(गुडाकेश 阳,单,体)浓发,阿周那的称号。परंतप(परंतप 阳,单,呼)折磨敌人者,指持国。न(不变词)不。योत्स्ये(√युध् 将来,单,一)战斗。इति(不变词)这样(说)。गोविन्दम्(गोविन्द 阳,单,业)牧人,黑天的称号。उक्त्वा(√वच् 独立式)说。तूष्णीम्(不变词)沉默。बभूव(√भू 完成,单,三)变得。ह(不变词)确实。

तमुवाच हृषीकेशः प्रहसन्निव भारत।
सेनयोरुभयोर्मध्ये विषीदन्तमिदं वचः॥१०

阿周那精神沮丧,
站在双方军队之间,
婆罗多后裔啊!
黑天仿佛笑着说道:(10)

解析: तम्(तद् 阳,单,业)他。उवाच(√वच् 完成,单,三)说。हृषीकेशः(हृषीकेश 阳,单,体)感官之主,黑天的称号。प्रहसन्(प्रहसत् 现分,阳,单,体)微笑。इव(不变词)仿佛。भारत(भारत 阳,单,呼)婆罗多后裔。सेनयोः(सेना 阴,双,属)军队。उभयोः(उभ 阴,双,属)两个。मध्ये(मध्य 中,单,依)中间。विषीदन्तम्(विषीदत् 现分,阳,单,业)沮丧。इदम्(इदम् 中,单,业)这。वचः(वचस् 中,单,业)话。

श्रीभगवानुवाच।
अशोच्यानन्वशोचस्त्वं प्रज्ञावादांश्च भाषसे।
गतासूनगतासूंश्च नानुशोचन्ति पण्डिताः॥११

吉祥薄伽梵说:

你说着理智的话①，
为不必忧伤者忧伤；
无论死去或活着，
智者都不为之忧伤。（11）

解析：श्री（吉祥）-भगवान्（भगवत् 薄伽梵），复合词（阳，单，体），吉祥薄伽梵。उवाच（√वच् 完成，单，三）说。अशोच्यान्（अशोच्य 阳，复，业）不必忧伤者。अन्वशोचः（अनु√शुच् 未完，单，二）忧伤。त्वम्（त्वद् 单，体）你。प्रज्ञा（智慧，理智）-वादान्（वाद 话），复合词（阳，复，业），理智的话。भाषसे（√भाष् 现在，单，二）说。गत（失去）-असून्（असु 呼吸），复合词（阳，复，业），死者。अगत（未失去）-असून्（असु 呼吸），复合词（阳，复，业），未死者。च（不变词）和。न（不变词）不。अनुशोचन्ति（अनु√शुच् 现在，复，三）忧伤。पण्डिताः（पण्डित 阳，复，体）智者。

न त्वेवाहं जातु नासं न त्वं नेमे जनाधिपाः।
न चैव न भविष्यामः सर्वे वयमतः परम्॥१२

我、你和这些国王，
过去无时不存在，
我们大家死去后，
仍将无时不存在。（12）

解析：न（不变词）不。तु（不变词）而。एव（不变词）确实。अहम्（मद् 单，体）我。जातु（不变词）曾经。न（不变词）不。आसम्（√अस् 未完，单，一）存在。न（不变词）不。त्वम्（त्वद् 单，体）你。न（不变词）不。इमे（इदम् 阳，复，体）这。जनाधिपाः（जनाधिप 阳，复，体）国王。न（不变词）不。च（不变词）并且。एव（不变词）确实。न（不变词）不。भविष्यामः（√भू 将来，复，一）存在。सर्वे（सर्व 阳，复，体）所有，大家。वयम्（अस्मद् 复，体）我们。अतस्（不变词）从这里。परम्（不变词）之后。

देहिनोऽस्मिन्यथा देहे कौमारं यौवनं जरा।
तथा देहान्तरप्राप्तिर्धीरस्तत्र न मुह्यति॥१३

正如灵魂在这个身体里，
经历童年、青年和老年，

---

① 阿周那的忧伤出自对正法的考虑，所以他说的是"理智的话"。

进入另一个身体也这样，
智者们不会为此困惑。（13）

解析：देहिनः（देहिन् 阳，单，属）灵魂。अस्मिन्（इदम् 阳，单，依）这。यथा（不变词）正如。देहे（देह 阳，单，依）身体。कौमारम्（कौमार 中，单，体）童年。यौवनम्（यौवन 中，单，体）青年。जरा（जरा 阴，单，体）老年。तथा（不变词）这样。देह（身体）-अन्तर（另一个）-प्राप्तिः（प्राप्ति 进入），复合词（阴，单，体），进入另一个身体。धीरः（धीर 阳，单，体）智者。तत्र（不变词）这里，这方面。न（不变词）不。मुह्यति（√मुह् 现在，单，三）困惑。

मात्रास्पर्शास्तु कौन्तेय शीतोष्णसुखदुःखदाः।
आगमापायिनो ऽनित्यास्तांस्तितिक्षस्व भारत॥ १४

但是，接触物质对象，
冷热苦乐，来去无常，
婆罗多后裔阿周那啊！
但愿你能忍受它们。（14）

解析：मात्रा（物质）-स्पर्शाः（स्पर्श 接触），复合词（阳，复，体），接触物质对象。तु（不变词）但是。कौन्तेय（कौन्तेय 阳，单，呼）贡蒂之子阿周那。शीत（冷）-उष्ण（热）-सुख（乐）-दुःख（苦）-दाः（द 产生），复合词（阳，复，体），产生冷热苦乐。आगम（来）-अपायिनः（अपायिन् 去），复合词（阳，复，体），来去。अनित्याः（अनित्य 阳，复，体）无常。तान्（तद् 阳，复，业）它。तितिक्षस्व（√तिज् 愿望，命令，单，二）忍受。भारत（भारत 阳，单，呼）婆罗多后裔。

यं हि न व्यथयन्त्येते पुरुषं पुरुषर्षभ।
समदुःखसुखं धीरं सो ऽमृतत्वाय कल्पते॥ १५

智者对痛苦和快乐
一视同仁，通向永恒；
人中雄牛啊，这些东西
不会引起他们烦闷。（15）

解析：यम्（यद् 阳，单，业）这，指智者。हि（不变词）确实。न（不变词）不。

व्यथयन्ति（√व्यथ् 致使，现在，复，三）烦闷，痛苦。एते（एतद् 阳，复，体）这。पुरुषम्（पुरुष 阳，单，业）人。पुरुष（人）-ऋषभ（ऋषभ 雄牛），复合词（阳，单，呼），人中雄牛。सम（平等）-दुःख（痛苦）-सुखम्（सुख 快乐），复合词（阳，单，业），对痛苦和快乐一视同仁。धीरम्（धीर 阳，单，业）智慧的。सः（तद् 阳，单，体）他，指智慧的人。अमृतत्वाय（अमृतत्व 中，单，为）不死，永生。कल्पते（√कॢप् 现在，单，三）适合。

नासतो विद्यते भावो नाभावो विद्यते सतः।
उभयोरपि दृष्टो ऽन्तस्त्वनयोस्तत्त्वदर्शिभिः॥१६

没有不存在的存在，
也没有存在的不存在，
那些洞悉真谛的人，
早已察觉两者的根底。（16）

解析：न（不变词）不。असतः（असत् 中，单，属）不存在。विद्यते（√विद् 现在，单，三）有。भावः（भाव 阳，单，体）存在。न（不变词）不。अभावः（अभाव 阳，单，体）不存在。विद्यते（√विद् 现在，单，三）有。सतः（सत् 中，单，属）存在。उभयोः（उभ 阳，双，属）两者。अपि（不变词）确实。दृष्टः（दृष्ट 阳，单，体）察觉。अन्तः（अन्त 阳，单，体）根底。तु（不变词）而。अनयोः（इदम् 阳，双，属）这。तत्त्व（真谛）-दर्शिभिः（दर्शिन् 洞悉），复合词（阳，复，具），洞悉真理者。

अविनाशि तु तद्विद्धि येन सर्वमिदं ततम्।
विनाशमव्ययस्यास्य न कश्चित्कर्तुमर्हति॥१७

这遍及一切的东西，
你要知道它不可毁灭，
不可毁灭的东西，
任何人都不能毁灭。（17）

解析：अविनाशि（अविनाशिन् 中，单，业）不灭者。तु（不变词）而。तत्（तद् 中，单，业）这。विद्धि（√विद् 命令，单，二）知道。येन（यद् 中，单，具）这，指不灭者。सर्वम्（सर्व 中，单，体）一切。इदम्（इदम् 中，单，体）这。ततम्（तत 中，单，体）遍及。विनाशम्（विनाश 阳，单，业）毁灭。अव्ययस्य（अव्यय 阳，单，属）不可毁灭者。अस्य（इदम् 阳，单，属）这。न（不变词）不。कः-चित्（किम्-चित् 阳，单，体）任何人。कर्तुम्

（√kṛ 不定式）做，完成。अर्हति（√अर्ह 现在，单，三）能够。

अन्तवन्त इमे देहा नित्यस्योक्ताः शरीरिणः।
अनाशिनोऽप्रमेयस्य तस्माद्युध्यस्व भारत॥१८

身体有限，灵魂无限，
婆罗多后裔阿周那啊！
灵魂永恒，不可毁灭，
因此，你就战斗吧！（18）

解析：अन्तवन्तः（अन्तवत् 阳，复，体）有限。इमे（इदम् 阳，复，体）这。देहाः（देह 阳，复，体）身体。नित्यस्य（नित्य 阳，单，属）永恒。उक्ताः（उक्त 阳，复，体）说。शरीरिणः（शरीरिन् 阳，单，属）灵魂。अनाशिनः（अनाशिन् 阳，单，属）不灭。अप्रमेयस्य（अप्रमेय 阳，单，属）无限。तस्मात्（不变词）因此。युध्यस्व（√युध् 命令，单，二）战斗。भारत（भारत 阳，单，呼）婆罗多后裔。

य एनं वेत्ति हन्तारं यश्चैनं मन्यते हतम्।
उभौ तौ न विजानीतो नायं हन्ति न हन्यते॥१९

倘若认为它是杀者，
或认为它是被杀者，
两者的看法都不对，
它既不杀，也不被杀。（19）

解析：यः（यद् 阳，单，体）他，指两者之一。एनम्（एतद् 阳，单，业）它。वेत्ति（√विद् 现在，单，三）认为。हन्तारम्（हन्तृ 阳，单，业）杀者。यः（यद् 阳，单，体）他，指两者之一。च（不变词）和。एनम्（एतद् 阳，单，业）它。मन्यते（√मन् 现在，单，三）认为。हतम्（हत 阳，单，业）被杀者。उभौ（उभ 阳，双，体）两者。तौ（तद् 阳，双，体）这。न（不变词）不。विजानीतः（वि√ज्ञा 现在，双，三）明白。न（不变词）不。अयम्（इदम् 阳，单，体）它。हन्ति（√हन् 现在，单，三）杀害。न（不变词）不。हन्यते（√हन् 现在，被，单，三）杀害。

न जायते म्रियते वा कदाचि-
न्नायं भूत्वा भविता वा न भूयः।

अजो नित्यः शाश्वतो ऽयं पुराणो
न हन्यते हन्यमाने शरीरे॥२०॥

它从不生下，也从不死去，
也不过去存在，今后不存在，
它不生、永恒、持久、古老，
身体被杀时，它也不被杀。（20）

解析：न（不变词）不。जायते（√जन् 现在，单，三）生。म्रियते（√मृ 现在，单，三）死。वा（不变词）或。कदाचित्（不变词）某时，曾经。न（不变词）不。अयम्（इदम् 阳，单，体）它。भूत्वा（√भू 独立式）存在。भविता（√भू 将来，单，三）存在。वा（不变词）或。न（不变词）不。भूयस्（不变词）再。अजः（अज 阳，单，体）不生。नित्यः（नित्य 阳，单，体）永恒。शाश्वतः（शाश्वत 阳，单，体）持久。अयम्（इदम् 阳，单，体）它。पुराणः（पुराण 阳，单，体）古老。न（不变词）不。हन्यते（√हन् 现在，被，单，三）杀害。हन्यमाने（हन्यमान 现分，被，中，单，依）被杀。शरीरे（शरीर 中，单，依）身体。

वेदाविनाशिनं नित्यं य एनमजमव्ययम्।
कथं स पुरुषः पार्थ कं घातयति हन्ति कम्॥२१॥

如果知道，它不灭、
永恒、不生、不变，
这样的人怎么可能
杀什么或教人杀什么？（21）

解析：वेद（√विद् 完成，单，三）知道。अविनाशिनम्（अविनाशिन् 阳，单，业）不灭。नित्यम्（नित्य 阳，单，业）永恒。यः（यद् 阳，单，体）这，指人。एनम्（एतद् 阳，单，业）它。अजम्（अज 阳，单，业）不生。अव्ययम्（अव्यय 阳，单，业）不变。कथम्（不变词）怎么，如何。सः（तद् 阳，单，体）这。पुरुषः（पुरुष 阳，单，体）人。पार्थ（पार्थ 阳，单，呼）普利塔之子阿周那。कम्（किम् 阳，单，业）什么，谁。घातयति（√हन् 致使，现在，单，三）杀害。हन्ति（√हन् 现在，单，三）杀害。कम्（किम् 阳，单，业）什么，谁。

वासांसि जीर्णानि यथा विहाय
नवानि गृह्णाति नरो ऽपराणि।

तथा शरीराणि विहाय जीर्णा-
न्यन्यानि संयाति नवानि देही॥२२

正如抛弃一些破衣裳,
换上另一些新衣裳,
灵魂抛弃衰亡的身体,
进入另外新生的身体。 (22)

解析：वासांसि（वासस् 中，复，业）衣裳。जीर्णानि（जीर्ण 中，复，业）破的，旧的。यथा（不变词）正如。विहाय（वि√हा 独立式）抛弃。नवानि（नव 中，复，业）新的。गृह्णाति（√ग्रह् 现在，单，三）穿上。नरः（नर 阳，单，体）人。अपराणि（अपर 中，复，业）其他的。तथा（不变词）这样，如此。शरीराणि（शरीर 中，复，业）身体。विहाय（वि√हा 独立式）抛弃。जीर्णानि（जीर्ण 中，复，业）衰亡的，老的。अन्यानि（अन्य 中，复，业）其他的。संयाति（सम्√या 现在，单，三）进入。नवानि（नव 中，复，业）新的。देही（देहिन् 阳，单，体）灵魂。

नैनं छिन्दन्ति शस्त्राणि नैनं दहति पावकः।
न चैनं क्लेदयन्त्यापो न शोषयति मारुतः॥२३

刀劈不开它,
火烧不着它,
水浇不湿它,
风吹不干它。 (23)

解析：न（不变词）不。एनम्（एतद् 阳，单，业）它。छिन्दन्ति（√छिद् 现在，复，三）劈开。शस्त्राणि（शस्त्र 中，复，体）武器，刀。न（不变词）不。एनम्（एतद् 阳，单，业）它。दहति（√दह् 现在，单，三）燃烧。पावकः（पावक 阳，单，体）火。न（不变词）不。च（不变词）和。एनम्（एतद् 阳，单，体）它。क्लेदयन्ति（√क्लिद् 致使，现在，复，三）浇湿。आपः（अप् 阴，复，体）水。न（不变词）不。शोषयति（√शुष् 致使，现在，单，三）吹干。मारुतः（मारुत 阳，单，体）风。

अच्छेद्योऽयमदाह्योऽयमक्लेद्योऽशोष्य एव च।
नित्यः सर्वगतः स्थाणुरचलोऽयं सनातनः॥२४

劈它不开，烧它不着，
浇它不湿，吹它不干，
永恒、稳固、不动，
无处不在，永远如此。（24）

解析：अच्छेद्यः（अच्छेद्य 阳，单，体）劈不开。अयम्（इदम् 阳，单，体）它。अदाह्यः（अदाह्य 阳，单，体）烧不着。अयम्（इदम् 阳，单，体）它。अक्लेद्यः（अक्लेद्य 阳，单，体）浇不湿。शोष्यः（शोष्य 阳，单，体）吹不干。एव（不变词）确实。च（不变词）并且。नित्यः（नित्य 阳，单，体）永恒。सर्व（一切）-गतः（गत 处在），复合词（阳，单，体），遍及一切。स्थाणुः（स्थाणु 阳，单，体）稳固。अचलः（अचल 阳，单，体）不动。अयम्（इदम् 阳，单，体）它。सनातनः（सनातन 阳，单，体）永久。

अव्यक्तोऽयमचिन्त्योऽयमविकार्योऽयमुच्यते ।
तस्मादेवं विदित्वैनं नानुशोचितुमर्हसि ॥२५

它被说成不可显现，
不可思议，不可变异；
既然知道它是这样，
你就不必为它忧伤。（25）

解析：अव्यक्तः（अव्यक्त 阳，单，体）不显现。अयम्（इदम् 阳，单，体）它。अचिन्त्यः（अचिन्त्य 阳，单，体）不可思议。अयम्（इदम् 阳，单，体）它。अविकार्यः（अविकार्य 阳，单，体）不可变异。अयम्（इदम् 阳，单，体）它。उच्यते（√वच् 现在，被，单，三）说。तस्मात्（不变词）因此。एवम्（不变词）这样。विदित्वा（√विद् 独立式）知道。एनम्（एतद् 阳，单，业）它。न（不变词）不。अनुशोचितुम्（अनु√शुच् 不定式）忧伤。अर्हसि（√अर्ह् 现在，单，二）应该。

अथ चैनं नित्यजातं नित्यं वा मन्यसे मृतम् ।
तथापि त्वं महाबाहो नैनं शोचितुमर्हसि ॥२६

即使你仍然认为，
它常生或者常死，
那么，你也不应该
为它忧伤，大臂者！（26）

解析：अथ（不变词）而且。च（不变词）仍然。एनम्（एतद् 阳，单，业）它。नित्य（永远）-जातम्（जात 生），复合词（阳，单，业），常生。नित्यम्（नित्य 阳，单，业）永远。वा（不变词）或者。मन्यसे（√मन् 现在，单，二）认为。मृतम्（मृत 阳，单，业）死。तथा（不变词）这样。अपि（不变词）即使。त्वम्（त्वद् 单，体）你。महाबाहो（महाबाहु 阳，单，呼）大臂者。न（不变词）不。एनम्（एतद् 阳，单，业）它。शोचितुम्（√शुच् 不定式）忧伤。अर्हसि（√अर्ह् 现在，单，二）应该。

जातस्य हि ध्रुवो मृत्युर्ध्रुवं जन्म मृतस्य च।
तस्मादपरिहार्येऽर्थे न त्वं शोचितुमर्हसि॥२७

生者必定死去，
死者必定再生，
对不可避免的事，
你不应该忧伤。（27）

解析：जातस्य（जात 阳，单，属）生者。हि（不变词）因为。ध्रुवः（ध्रुव 阳，单，体）确定的。मृत्युः（मृत्यु 阳，单，体）死。ध्रुवम्（ध्रुव 中，单，体）确定的。जन्म（जन्मन् 中，单，体）再生。मृतस्य（मृत 阳，单，属）死者。च（不变词）和。तस्मात्（不变词）因此。अपरिहार्ये（अपरिहार्य 阳，单，依）不可避免的。अर्थे（अर्थ 阳，单，依）事情。न（不变词）不。त्वम्（त्वद् 单，体）你。शोचितुम्（√शुच् 不定式）忧伤。अर्हसि（√अर्ह् 现在，单，二）应该。

अव्यक्तादीनि भूतानि व्यक्तमध्यानि भारत।
अव्यक्तनिधनान्येव तत्र का परिदेवना॥२८

万物开始不显现，
中间阶段显现，
到末了又不显现，
何必为之忧伤？（28）

解析：अव्यक्त（不显现）-आदीनि（आदि 开始），复合词（中，复，体），开始不显现。भूतानि（भूत 中，复，体）万物。व्यक्त（显现）-मध्यानि（मध्य 中间），复合词（中，复，体），中间阶段显现。भारत（भारत 阳，单，呼）婆罗多后裔。अव्यक्त（不显现）-निधनानि

（निधन 结束），复合词（中，复，体），末了不显现。एव（不变词）又。तत्र（不变词）对此。का（किम् 阴，单，体）什么。परिदेवना（परिदेवना 阴，单，体）忧伤，哀悼。

आश्चर्यवत्पश्यति कश्चिदेन-
माश्चर्यवद्वदति तथैव चान्यः।
आश्चर्यवच्चैनमन्यः शृणोति
श्रुत्वाप्येनं वेद न चैव कश्चित्॥२९

有人看它如同奇迹，
有人说它如同奇迹，
有人听它如同奇迹，
而听了也无人理解。（29）

解析：आश्चर्यवत्（不变词）如同奇迹。पश्यति（√दृश् 现在，单，三）看。कः-चित्（किम्-चित् 阳，单，体）有人。एनम्（एतद् 阳，单，业）它。आश्चर्यवत्（不变词）如同奇迹。वदति（√वद् 现在，单，三）说。तथा（不变词）同样。एव（不变词）确实。च（不变词）和。अन्यः（अन्य 阳，单，体）其他人。आश्चर्यवत्（不变词）如同奇迹。च（不变词）和。एनम्（एतद् 阳，单，业）它。अन्यः（अन्य 阳，单，体）其他人。शृणोति（√श्रु 现在，单，三）听。श्रुत्वा（√श्रु 独立式）听。अपि（不变词）即使。एनम्（एतद् 阳，单，业）它。वेद（√विद् 完成，单，三）理解。न（不变词）不。च（不变词）和。एव（不变词）确实。कः-चित्（किम्-चित् 阳，单，体）有人。

देही नित्यमवध्योऽयं देहे सर्वस्य भारत।
तस्मात्सर्वाणि भूतानि न त्वं शोचितुमर्हसि॥३०

居于一切身体内，
灵魂永远不可杀，
因此，你不应该
为一切众生忧伤。①（30）

解析：देही（देहिन् 阳，单，体）灵魂。नित्यम्（不变词）永远。अवध्यः（अवध्य 阳，单，体）不可杀。अयम्（इदम् 阳，单，体）这。देहे（देह 阳，单，依）身体。सर्वस्य（सर्व 阳，单，属）一切。भारत（भारत 阳，单，呼）婆罗多后裔。तस्मात्（不变词）因此。सर्वाणि

---

① 以上第11颂至第30颂，黑天以灵魂不灭劝慰阿周那不必忧伤。

(सर्व 中，复，业) 一切。भूतानि (भूत 中，复，业) 众生。न (不变词) 不。त्वम् (त्वद् 单，体) 你。शोचितुम् (√शुच् 不定式) 忧伤。अर्हसि (√अर्ह 现在，单，二) 应该。

स्वधर्ममपि चावेक्ष्य न विकम्पितुमर्हसि।
धर्म्याद्धि युद्धाच्छ्रेयो ऽन्यत्क्षत्रियस्य न विद्यते॥३१

即使考虑自己的正法①，
你也不应该犹豫动摇，
因为对于刹帝利武士，
有什么胜过合法战斗？（31）

解析：स्व（自己的）-धर्मम्（धर्म 正法），复合词（阳，单，业），自己的正法。अपि（不变词）即使。च（不变词）并且。अवेक्ष्य（अव√ईक्ष् 独立式）考虑。न（不变词）不。विकम्पितुम्（वि√कम्प् 不定式）动摇。अर्हसि（√अर्ह 现在，单，二）应该。धर्म्यात्（धर्म्य 中，单，从）合法的。हि（不变词）因为。युद्धात्（युद्ध 中，单，从）战斗。श्रेयः（श्रेयस् 中，单，体）更好，胜过。अन्यत्（अन्य 中，单，体）其他。क्षत्रियस्य（क्षत्रिय 阳，单，属）刹帝利武士。न（不变词）不。विद्यते（√विद् 现在，单，三）有，存在。

यदृच्छया चोपपन्नं स्वर्गद्वारमपावृतम्।
सुखिनः क्षत्रियाः पार्थ लभन्ते युद्धमीदृशम्॥३२

有福的刹帝利武士，
才能参加这样的战争，
阿周那啊！仿佛蓦然
走近敞开的天国大门。（32）

解析：यदृच्छया（यदृच्छा 阴，单，具）偶然。च（不变词）和。उपपन्नम्（उपपन्न 中，单，业）走近，到达。स्वर्ग（天国）-द्वारम्（द्वार 大门），复合词（中，单，业），天国大门。अपावृतम्（अपावृत 中，单，业）敞开的。सुखिनः（सुखिन् 阳，复，体）有福的。क्षत्रियाः（क्षत्रिय 阳，复，体）刹帝利武士。पार्थ（पार्थ 阳，单，呼）普利塔之子阿周那。लभन्ते（√लभ् 现在，复，三）获得。युद्धम्（युद्ध 中，单，业）战争。ईदृशम्（ईदृश 中，单，业）这样的。

---

① 阿周那属于刹帝利种姓，因此，这里所谓"自己的正法"指刹帝利武士的正法或职责。

अथ चेत्त्वमिमं धर्म्यं संग्रामं न करिष्यसि।
ततः स्वधर्मं कीर्तिं च हित्वा पापमवाप्स्यसि॥३३

这场合法的战斗，
如果你不投身其中，
抛弃了职责和名誉，
你就会犯下罪过。（33）

解析：अथ（不变词）现在。चेद्（不变词）如果。त्वम्（तद् 单，体）你。इमम्（इदम् 阳，单，业）这。धर्म्यम्（धर्म्य 阳，单，业）合法的。संग्रामम्（संग्राम 阳，单，业）战斗。न（不变词）不。करिष्यसि（√कृ 将来，单，二）做，从事。ततस्（不变词）那么。स्व（自己的）-धर्मम्（धर्म 职责），复合词（阳，单，业），自己的职责。कीर्तिम्（कीर्ति 阴，单，业）名誉。च（不变词）和。हित्वा（√हि 独立式）抛弃。पापम्（पाप 中，单，业）罪过。अवाप्स्यसि（अव√आप् 将来，单，二）获得。

अकीर्तिं चापि भूतानि कथयिष्यन्ति ते ऽव्ययाम्।
संभावितस्य चाकीर्तिर्मरणादतिरिच्यते॥३४

你将在众生嘴上，
永远留下坏名声；
对于受尊敬的人，
坏名声不如死亡。（34）

解析：अकीर्तिम्（अकीर्ति 阴，单，业）坏名声。च（不变词）并且。अपि（不变词）也。भूतानि（भूत 中，复，体）众生。कथयिष्यन्ति（√कथ् 将来，复，三）讲述。ते（तद् 单，属）你。अव्ययाम्（अव्यय 阴，单，业）不灭的。संभावितस्य（संभावित 阳，单，属）受尊敬的。च（不变词）而。अकीर्तिः（अकीर्ति 阴，单，体）坏名声。मरणात्（मरण 中，单，从）死亡。अतिरिच्यते（अति√रिच् 现在，被，单，三）超越，胜过。

भयाद्रणादुपरतं मंस्यन्ते त्वां महारथाः।
येषां च त्वं बहुमतो भूत्वा यास्यसि लाघवम्॥३५

勇士们会这样想，

你胆怯，逃避战斗；
他们过去尊重你，
今后就会蔑视你。（35）

解析：भयात्（भय 中，单，从）害怕。रणात्（रण 阳，单，从）战斗。उपरतम्（उपरत 阳，单，业）停止，退出。मंस्यन्ते（√मन् 将来，复，三）认为。त्वाम्（त्वद् 单，业）你。महारथाः（महारथ 阳，复，体）大勇士。येषाम्（यद् 阳，复，属）他，指大勇士。च（不变词）并且。त्वम्（त्वद् 单，体）你。बहु（许多）-मतः（मत 尊敬），复合词（阳，单，体），尊敬。भूत्वा（√भू 独立式）成为，是。यास्यसि（√या 将来，单，二）走向。लाघवम्（लाघव 中，单，业）蔑视。

अवाच्यवादांश्च बहून्वदिष्यन्ति तवाहिताः।
निन्दन्तस्तव सामर्थ्यं ततो दुःखतरं नु किम्॥३६

敌人也就会嘲讽你，
说许多不该说的话；
他们贬损你的能力，
有什么比这更痛苦？（36）

解析：अवाच्य（不该说的）-वादान्（वाद 话），复合词（阳，复，业），不该说的话。च（不变词）并且。बहून्（बहु 阳，复，业）许多。वदिष्यन्ति（√वद् 将来，复，三）说。तव（त्वद् 单，属）你。अहिताः（अहित 阳，复，体）敌人。निन्दन्तः（निन्दत् 现分，阳，复，体）贬损，指责。तव（त्वद् 单，属）你。सामर्थ्यम्（सामर्थ्य 中，单，业）能力。ततस्（不变词）这（作为तद्的从格使用）。दुःखतरम्（दुःखतर 中，单，体）更痛苦。नु（不变词）确实。किम्（किम् 中，单，体）什么。

हतो वा प्राप्स्यसि स्वर्गं जित्वा वा भोक्ष्यसे महीम्।
तस्मादुत्तिष्ठ कौन्तेय युद्धाय कृतनिश्चयः॥३७

或者战死升入天国，
或者战胜享受大地，
阿周那啊！站起来，
下定决心，投入战斗！（37）

解析： हतः（हत 阳，单，体）杀死。वा（不变词）或者。प्राप्स्यसि（प्र√आप् 将来，单，二）到达。स्वर्गम्（स्वर्ग 阳，单，业）天国。जित्वा（√जि 独立式）战胜。वा（不变词）或者。भोक्ष्यसे（√भुज् 将来，单，二）享受。महीम्（मही 阴，单，业）大地。तस्मात्（不变词）因此。उत्तिष्ठ（उद्√स्था 命令，单，二）站起来。कौन्तेय（कौन्तेय 阳，单，呼）贡蒂之子阿周那。युद्धाय（युद्ध 中，单，为）战斗。कृत（做）-निश्चयः（निश्चय 决心），复合词（阳，单，体），下决心。

सुखदुःखे समे कृत्वा लाभालाभौ जयाजयौ।
ततो युद्धाय युज्यस्व नैवं पापमवाप्स्यसि॥३८

苦乐、得失和成败，
对它们一视同仁；
你就投入战斗吧！
这样才不犯罪过。[①]（38）

解析： सुख（乐）-दुःखे（दुःख 苦），复合词（中，双，业），苦和乐。समे（सम 中，双，业）平等，同样。कृत्वा（√कृ 独立式）做。लाभ（得）-अलाभौ（अलाभ 失），复合词（阳，双，业），得失。जय（胜利）-अजयौ（अजय 失败），复合词（阳，双，业），胜败。ततस्（不变词）然后。युद्धाय（युद्ध 中，单，为）战斗。युज्यस्व（√युज् 命令，被，单，二）联系，参与。न（不变词）不。एवम्（不变词）这样。पापम्（पाप 中，单，业）罪过。अवाप्स्यसि（अव√आप् 将来，单，二）获得。

एषा ते ऽभिहिता सांख्ये बुद्धिर्योगे त्विमां श्रृणु।
बुद्ध्या युक्तो यया पार्थ कर्मबन्धं प्रहास्यसि॥३९

以上讲了数论智慧[②]，
现在请听瑜伽智慧[③]，
你掌握了这种智慧，

[①] 以上第31颂至第38颂，黑天以刹帝利武士的职责勉励阿周那投入战斗。
[②] "数论"是印度古代的一种哲学体系，认为世界有"原人"和"原质"两种永恒的实在。"原人"是不变的、永恒的自我，也就是灵魂。"原质"是原初物质。"原质"处于未显状态，是不可见的。但"原质"具有善、忧和暗三种性质。这三种性质始终处在运动中，由此"原质"失去平衡，发生变化，而产生各种因素，形成人的身体。故而，黑天依据数论，要求阿周那分清灵魂和身体。
[③] "瑜伽"通常指修炼身心的方法。而在《薄伽梵歌》中，它泛指行动方式，其中也包括修炼身心的方法。它分成"行动瑜伽"、"智慧瑜伽"和"虔信瑜伽"。整部《薄伽梵歌》讨论的就是这三类瑜伽，即应该怎样行动的问题。上述所谓"数论"，也属于"智慧瑜伽"。

将摆脱行动的束缚。（39）

解析：एषा（एतद् 阴，单，体）这。ते（त्वद् 单，为）你。अभिहिता（अभिहित 阴，单，体）讲。सांख्ये（सांख्य 中，单，依）数论。बुद्धिः（बुद्धि 阴，单，体）智慧。योगे（योग 阳，单，依）瑜伽。तु（不变词）现在。इमाम्（इदम् 阴，单，业）这，指智慧。शृणु（√शृ 命令，单，二）听。बुद्ध्या（बुद्धि 阴，单，具）智慧。युक्तः（युक्त 阳，单，体）联系，运用。यया（यद् 阴，单，具）这，指智慧。पार्थ（पार्थ 阳，单，呼）普利塔之子阿周那。कर्म（कर्मन् 行动）-बन्धम्（बन्ध 束缚），复合词（阳，单，业），行动的束缚。प्रहास्यसि（प्र√हा 将来，单，二）离开。

नेहाभिक्रमनाशोऽस्ति प्रत्यवायो न विद्यते।
स्वल्पमप्यस्य धर्मस्य त्रायते महतो भयात्॥४०

这里没有障碍，
努力不会落空，
只要稍有正法，
就会无所畏惧。（40）

解析：न（不变词）不。इह（不变词）这里。अभिक्रम（努力）-नाशः（नाश 消失），复合词（阳，单，体），努力落空。अस्ति（√अस् 现在，单，三）存在。प्रत्यवायः（प्रत्यवाय 阳，单，体）障碍。न（不变词）不。विद्यते（√विद् 现在，单，三）有，存在。स्वल्पम्（स्वल्प 中，单，体）一点。अपि（不变词）即使。अस्य（इदम् 阳，单，属）这。धर्मस्य（धर्म 阳，单，属）正法。त्रायते（√त्रै 现在，单，三）保护，免受。महतः（महत् 中，单，从）大的。भयात्（भय 中，单，从）恐惧。

व्यवसायात्मिका बुद्धिरेकेह कुरुनन्दन।
बहुशाखा ह्यनन्ताश्च बुद्धयोऽव्यवसायिनाम्॥४१

坚决的智慧单纯如一，
俱卢后裔阿周那啊！
枝枝杈杈，漫无边际，
那是不坚决的智慧。（41）

解析：व्यवसाय（坚决）-आत्मिका（आत्मक 性质），复合词（阴，单，体），坚决

的。**बुद्धिः**（बुद्धि 阴，单，体）智慧。**एका**（एक 阴，单，体）一。**इह**（不变词）这里。**कुरुनन्दन**（कुरुनन्दन 阳，单，呼）俱卢后裔阿周那。**बहु**（许多）**-शाखाः**（शाखा 枝杈），复合词（阴，复，体），有许多枝杈。**हि**（不变词）因为。**अनन्ताः**（अनन्त 阴，复，体）漫无边际。**बुद्धयः**（बुद्धि 阴，复，体）智慧。**अव्यवसायिनाम्**（अव्यवसायिन् 阳，复，属）不坚决的（人）。

यामिमां पुष्पितां वाचम् प्रवदन्त्यविपश्चितः।
वेदवादरताः पार्थ नान्यदस्तीति वादिनः॥४२

阿周那啊!无知的人
说些花哨漂亮的话，
他们热衷谈论吠陀①，
宣称没有别的存在。（42）

解析：याम्（यद् 阴，单，业）这，指话。**इमाम्**（इदम् 阴，单，业）这。**पुष्पिताम्**（पुष्पित 阴，单，业）花哨。**वाचम्**（वाच् 阴，单，业）话。**प्रवदन्ति**（प्र√वद् 现在，复，三）说。**अविपश्चितः**（अविपश्चित् 阳，复，体）无知者。**वेद**（吠陀）**-वाद**（谈论）**-रताः**（रत 热衷），复合词（阳，复，体），热衷谈论吠陀。**पार्थ**（पार्थ 阳，单，呼）普利塔之子阿周那。**न**（不变词）不。**अन्यत्**（अन्य 中，单，体）其他。**अस्ति**（√अस् 现在，单，三）存在。**इति**（不变词）这样（说）。**वादिनः**（वादिन् 阳，复，体）说。

कामात्मानः स्वर्गपरा जन्मकर्मफलप्रदाम्।
क्रियाविशेषबहुलां भोगैश्वर्यगतिं प्रति॥४३

充满欲望，一心升天，
举行各种特殊仪式，
宣称再生的业果，
求得享受和权力。（43）

解析：काम（欲望）**-आत्मानः**（आत्मन् 灵魂），复合词（阳，复，体），心中充满欲望。**स्वर्ग**（天国）**-पराः**（पर 专心），复合词（阳，复，体），一心升天。**जन्म**（जन्मन् 再生）**-कर्म**（कर्मन् 业）**-फल**（果）**-प्रदाम्**（प्रद 宣讲），复合词（阴，单，业），宣称再

---

① "吠陀"是印度最古老的颂诗集，婆罗门教的经典，共有四部：《梨俱吠陀》、《娑摩吠陀》、《夜柔吠陀》和《阿达婆吠陀》。《薄伽梵歌》并不否定或摒弃吠陀，只是认为遵循吠陀不能获得解脱。

生的业果。**क्रिया**（仪式）**-विशेष**（特殊）**-बहुलाम्**（बहुल 许多），复合词（阴，单，业），举行各种特殊仪式。**भोग**（享受）**-ऐश्वर्य**（权力）**-गतिम्**（गति 到达，获得），复合词（阴，单，业），获得享受和权力。**प्रति**（不变词）朝向，对于。

भोगैश्वर्यप्रसक्तानां तयापहृतचेतसाम्।
व्यवसायात्मिका बुद्धिः समाधौ न विधीयते॥४४

贪图享受和权力，
思想由此迷失，
哪怕智慧坚决，
也无法进入三昧[①]。（44）

解析：**भोग**（享受）**-ऐश्वर्य**（权力）**-प्रसक्तानाम्**（प्रसक्त 执著），复合词（阳，复，属），贪图享受和权力。**तया**（तद् 阴，单，具）这。**अपहृत**（夺走）**-चेतसाम्**（चेतस् 思想），复合词（阳，复，属），思想迷失。**व्यवसाय**（坚决）**-आत्मिका**（आत्मक 性质），复合词（阴，单，体），坚决的。**बुद्धिः**（बुद्धि 阴，单，体）智慧。**समाधौ**（समाधि 阳，单，依）入定，三昧。**न**（不变词）不。**विधीयते**（वि√धा 现在，被，单，三）安放。

त्रैगुण्यविषया वेदा निस्त्रैगुण्यो भवार्जुन।
निर्द्वन्द्वो नित्यसत्त्वस्थो निर्योगक्षेम आत्मवान्॥४५

吠陀的话题局限于三性[②]，
你要超脱三性和对立性，
超脱保业守成，把握自我，
阿周那啊！永远保持真性。（45）

解析：**त्रैगुण्य**（三性）**-विषयाः**（विषय 对象，领域），复合词（阳，复，体），以三性为对象。**वेदाः**（वेद 阳，复，体）吠陀。**निस्त्रैगुण्यः**（निस्त्रैगुण्य 阳，单，体）超脱三性。**भव**（√भू 命令，单，二）成为。**अर्जुन**（अर्जुन 阳，单，呼）阿周那。**निर्द्वन्द्वः**（निर्द्वन्द्व 阳，单，体）超脱对立性。**नित्य**（永远）**-सत्त्व**（真性）**-स्थः**（स्थ 处在），复合词（阳，单，体），永远保持真性。**निर्योगक्षेमः**（निर्योगक्षेम 阳，单，体），超脱保业守成。**आत्मवान्**（आत्मवत् 阳，单，体）把握自我。

[①] "三昧"是沉思入定。
[②] "三性"指"原质"的三性：善性、忧性和暗性。

यावानर्थ उदपाने सर्वतः संप्लुतोदके।
तावान्सर्वेषु वेदेषु ब्राह्मणस्य विजानतः॥४६॥

所有的吠陀经典，
对于睿智的婆罗门，
其意义只不过是
水乡的一方池塘。（46）

解析： यावान्（यावत् 阳，单，体）那样（多）。अर्थः（अर्थ 阳，单，体）意义。उदपाने（उदपान 阳，单，依）池塘。सर्वतस्（不变词）到处。संप्लुत（泛滥）-उदके（उदक 水），复合词（中，单，依），流水泛滥。तावान्（तावत् 阳，单，体）这样（多）。सर्वेषु（सर्व 阳，复，依）所有。वेदेषु（वेद 阳，复，依）吠陀。ब्राह्मणस्य（ब्राह्मण 阳，单，属）婆罗门。विजानतः（विजानत् 现分，阳，单，属）睿智的。

कर्मण्येवाधिकारस्ते मा फलेषु कदाचन।
मा कर्मफलहेतुर्भूर्मा ते सङ्गोऽस्त्वकर्मणि॥४७॥

你的职责就是行动，
永远不必考虑结果；
不要为结果而行动，
也不固执地不行动。（47）

解析： कर्मणि（कर्मन् 中，单，依）行动。एव（不变词）确实。अधिकारः（अधिकार 阳，单，体）职责。ते（त्वद् 单，属）你。मा（不变词）不。फलेषु（फल 中，复，依）结果。कदाचन（不变词）任何时候。मा（不变词）不。कर्म（कर्मन् 行动）-फल（结果）-हेतुः（हेतु 原因），复合词（阳，单，体），为结果而行动。भूः（अभूः，√भू 不定，单，二）成为。मा（不变词）不。ते（त्वद् 单，属）你。सङ्गः（सङ्ग 阳，单，体）执著。अस्तु（√अस् 命令，单，三）存在。अकर्मणि（अकर्मन् 中，单，依）不行动。

योगस्थः कुरु कर्माणि सङ्गं त्यक्त्वा धनञ्जय।
सिद्ध्यसिद्ध्योः समो भूत्वा समत्वं योग उच्यते॥४८॥

摒弃执著，阿周那啊！

对于成败，一视同仁，
你立足瑜伽，行动吧！
瑜伽就是一视同仁。（48）

解析：योग（瑜伽）-स्थः（स्थ 立足），复合词（阳，单，体），立足瑜珈。कुरु（√कृ 命令，单，二）做。कर्माणि（कर्मन् 中，复，业）行动。सङ्गम्（सङ्ग 阳，单，业）执著。त्यक्त्वा（√त्यज् 独立式）摒弃。धनंजय（धनंजय 阳，单，呼）财胜，阿周那的称号。सिद्धि（成功）-असिद्ध्योः（असिद्धि 不成功），复合词（阴，双，依），成败。समः（सम 阳，单，体）平等。भूत्वा（√भू 独立式）成为。समत्वम्（समत्व 中，单，体）平等。योगः（योग 阳，单，体）瑜伽。उच्यते（√वच् 现在，被，单，三）说。

दूरेण ह्यवरं कर्म बुद्धियोगाद्धनंजय।
बुद्धौ शरणमन्विच्छ कृपणाः फलहेतवः॥४९

比起智慧瑜伽，行动
远为低下，阿周那啊！
为结果而行动可怜，
向智慧寻求庇护吧！（49）

解析：दूरेण（不变词）远远地。हि（不变词）因为。अवरम्（अवर 中，单，体）低下。कर्म（कर्मन् 中，单，体）行动。बुद्धि（智慧）-योगात्（योग 瑜伽），复合词（阳，单，从），智慧瑜伽。धनंजय（धनंजय 阳，单，呼）财胜，阿周那的称号。बुद्धौ（बुद्धि 阴，单，依）智慧。शरणम्（शरण 中，单，业）庇护。अन्विच्छ（अनु√इष् 命令，单，二）寻求。कृपणाः（कृपण 阳，复，体）可怜。फल（结果）-हेतवः（हेतु 原因），复合词（阳，复，体），为了结果。

बुद्धियुक्तो जहातीह उभे सुकृतदुष्कृते।
तस्माद्योगाय युज्यस्व योगः कर्मसु कौशलम्॥५०

具备这种智慧的人，
摆脱善行和恶行，
因此，你要修习瑜伽，
瑜伽是行动的技巧。（50）

解析：बुद्धि（智慧）-युक्तः（युक्त 具备），复合词（阳，单，体），具备智慧的。जहाति（√हा 现在，单，三）抛弃。इह（不变词）这里。उभे（उभ 中，双，业）两个。सुकृत（善行）-दुष्कृते（दुष्कृत 恶行），复合词（中，双，业），善行和恶行。तस्मात्（不变词）因此。योगाय（योग 阳，单，为）瑜伽。युज्यस्व（√युज् 命令，被，单，二）修习。योगः（योग 阳，单，体）瑜伽。कर्मसु（कर्मन् 中，复，依）行动。कौशलम्（कौशल 中，单，体）技巧。

कर्मजं बुद्धियुक्ता हि फलं त्यक्त्वा मनीषिणः।
जन्मबन्धविनिर्मुक्ताः पदं गच्छन्त्यनामयम्॥५१

> 智者具备这种智慧，
> 摒弃行动的结果，
> 摆脱再生的束缚，
> 达到无病的境界[①]。（51）

解析：कर्मजम्（कर्मज 中，单，业）行动产生的。बुद्धि（智慧）-युक्ताः（युक्त 具备），复合词（阳，复，体），具备智慧的。हि（不变词）因为。फलम्（फल 中，单，业）结果。त्यक्त्वा（√त्यज् 独立式）摒弃。मनीषिणः（मनीषिन् 阳，复，体）智者。जन्म（जन्मन् 再生）-बन्ध（束缚）-विनिर्मुक्ताः（विनिर्मुक्त 摆脱），复合词（阳，复，体），摆脱再生的束缚。पदम्（पद 中，单，业）位置。गच्छन्ति（√गम् 现在，复，三）前往。अनामयम्（अनामय 中，单，业）无病。

यदा ते मोहकलिलं बुद्धिर्व्यतितरिष्यति।
तदा गन्तासि निर्वेदं श्रोतव्यस्य श्रुतस्य च॥५२

> 一旦智慧克服愚痴，
> 对于已经听说的，
> 对于仍会听说的，
> 你就会漠然置之。（52）

解析：यदा（不变词）一旦。ते（त्वद् 单，属）你。मोह（愚痴）-कलिलम्（कलिल 大量），复合词（中，单，业），大量愚痴。बुद्धिः（बुद्धि 阴，单，体）智慧。व्यतितरिष्यति（वि-अति√तृ 将来，单，三）克服。तदा（不变词）那时。गन्तासि（√गम् 将来，单，二）

[①] "无病的境界"指获得解脱。

走向。**निर्वेदम्**（निर्वेद 阳，单，业）漠然。**श्रोतव्यस्य**（श्रोतव्य 中，单，属）会听说的。**श्रुतस्य**（श्रुत 中，单，属）已经听说的。**च**（不变词）和。

श्रुतिविप्रतिपन्ना ते यदा स्थास्यति निश्चला।
समाधावचला बुद्धिस्तदा योगमवाप्स्यसि॥५३

如果你的智慧，
受到所闻①迷惑，
仍能专注入定，
你将达到瑜伽。（53）

解析：श्रुति（所闻）-विप्रतिपन्ना（विप्रतिपन्न 迷惑），复合词（阴，单，体），受所闻迷惑。ते（त्वद् 单，属）你。यदा（不变词）一旦，如果。स्थास्यति（√स्था 将来，单，三）站立。निश्चला（निश्चल 阴，单，体）坚定。समाधौ（समाधि 阳，单，依）入定。अचला（अचल 阴，单，体）不动。बुद्धिः（बुद्धि 阴，单，体）智慧。तदा（不变词）那时。योगम्（योग 阳，单，业）瑜伽。अवाप्स्यसि（अव√आप् 将来，单，二）达到。

अर्जुन उवाच।
स्थितप्रज्ञस्य का भाषा समाधिस्थस्य केशव।
स्थितधीः किं प्रभाषेत किमासीत व्रजेत किम्॥५४

阿周那说：
智慧坚决，专注入定，
怎样描述这类智者？
他们怎样说？怎样坐？
又怎样行？黑天啊！（54）

解析：अर्जुनः（अर्जुन 阳，单，体）阿周那。उवाच（√वच् 完成，单，三）说。स्थित（坚决）-प्रज्ञस्य（प्रज्ञा 智慧），复合词（阳，单，属），智慧坚决者。का（किम् 阴，单，体）什么。भाषा（भाषा 阴，单，体）描述。समाधि（入定）-स्थस्य（स्थ 处在），复合词（阳，单，属），专注入定。केशव（केशव 阳，单，呼）美发者，黑天的称号。स्थित（坚决）-धीः（धी 智慧），复合词（阳，单，体），智慧坚决者。किम्（不变词）怎样。प्रभाषेत

---

① "所闻"指吠陀经典。

(प्र√भाष् 虚拟，单，三）说。किम्（不变词）怎样。आसीत्（√आस् 虚拟，单，三）坐。व्रजेत्（√व्रज् 虚拟，单，三）行。किम्（不变词）怎样。

श्रीभगवानुवाच।
प्रजहाति यदा कामान्सर्वान्पार्थ मनोगतान्।
आत्मन्येवात्मना तुष्टः स्थितप्रज्ञस्तदोच्यते॥५५

吉祥薄伽梵说：
摒弃心中一切欲望，
唯有自我满意自我，
普利塔之子阿周那啊！
这是智慧坚定的人。（55）

解析：श्री（吉祥）-भगवान्（भगवत् 薄伽梵），复合词（阳，单，体），吉祥薄伽梵。उवाच（√वच् 完成，单，三）说。प्रजहाति（प्र√हा 现在，单，三）摒弃。यदा（不变词）如果，一旦。कामान्（काम 阳，复，业）欲望。सर्वान्（सर्व 阳，复，业）一切。पार्थ（पार्थ 阳，单，呼）普利塔之子阿周那。मनस्（心）-गतान्（गत 处在），复合词（阳，复，业），心中的。आत्मनि（आत्मन् 阳，单，依）自我。एव（不变词）只有。आत्मना（आत्मन् 阳，单，具）自我。तुष्टः（तुष्ट 阳，单，体）满意。स्थित（坚定）-प्रज्ञः（प्रज्ञा 智慧），复合词（阳，单，体），智慧坚定的。तदा（不变词）那时。उच्यते（√वच् 现在，被，单，三）说。

दुःखेष्वनुद्विग्नमनाः सुखेषु विगतस्पृहः।
वीतरागभयक्रोधः स्थितधीर्मुनिरुच्यते॥५६

遇见痛苦，他不烦恼，
遇见快乐，他不贪图，
摆脱激情、恐惧和愤怒，
这是智慧坚定的牟尼①。（56）

解析：दुःखेषु（दुःख 中，复，依）痛苦。अनुद्विग्न（不烦恼）-मनाः（मनस् 思想，心），复合词（阳，单，体），心无烦恼。सुखेषु（सुख 中，复，依）快乐。विगत（离开）-स्पृहः（स्पृहा 贪欲），复合词（阳，单，体），不贪图。वीत（离开）-राग（激情）-भय（恐

---

① "牟尼"是对圣人和贤士的尊称。

惧）-क्रोधः（क्रोध 愤怒），复合词（阳，单，体），摆脱激情、恐惧和愤怒。स्थित（坚定）-धीः（धी 智慧），复合词（阳，单，体），智慧坚定的。मुनिः（मुनि 阳，单，体）牟尼。उच्यते（√वच् 现在，被，单，三）说。

यः सर्वत्रानभिस्नेहस्तत्तत्प्राप्य शुभाशुभम्।
नाभिनन्दति न द्वेष्टि तस्य प्रज्ञा प्रतिष्ठिता॥५७

他不贪恋任何东西，
无论面对是善是恶，
既不喜欢也不憎恨，
他的智慧坚定不移。（57）

解析：यः（यद् 阳，单，体）他，指智慧坚定者。सर्वत्र（不变词）到处。अनभिस्नेहः（अनभिस्नेह 阳，单，体）不贪恋。तत्（तद् 中，单，业）这个。तत्（तद् 中，单，业）那个。प्राप्य（प्र√आप् 独立式）遇见。शुभ（善）-अशुभम्（अशुभ 恶），复合词（中，单，业），善和恶。न（不变词）不。अभिनन्दति（अभि√नन्द् 现在，单，三）喜欢。न（不变词）不。द्वेष्टि（√द्विष् 现在，单，三）憎恨。तस्य（तद् 阳，单，属）他。प्रज्ञा（प्रज्ञा 阴，单，体）智慧。प्रतिष्ठिता（प्रतिष्ठित 阴，单，体）坚定。

यदा संहरते चायं कूर्मोऽङ्गानीव सर्वशः।
इन्द्रियाणीन्द्रियार्थेभ्यस्तस्य प्रज्ञा प्रतिष्ठिता॥५८

他的所有感觉器官，
摆脱一切感官对象，
犹如乌龟缩进全身，
他的智慧坚定不移。（58）

解析：यदा（不变词）那时。संहरते（सम्√हृ 现在，单，三）收回，缩回。च（不变词）并且。अयम्（इदम् 阳，单，体）他，指智慧坚定者。कूर्मः（कूर्म 阳，单，体）乌龟。अङ्गानि（अङ्ग 中，复，业）肢体。इव（不变词）犹如。सर्वशस्（不变词）全部。इन्द्रियाणि（इन्द्रिय 中，复，业）感官。इन्द्रिय（感官）-अर्थेभ्यः（अर्थ 对象），复合词（阳，复，从），感官对象。तस्य（तद् 阳，单，属）他。प्रज्ञा（प्रज्ञा 阴，单，体）智慧。प्रतिष्ठिता（प्रतिष्ठित 阴，单，体）坚定。

विषया विनिवर्तन्ते निराहारस्य देहिनः।
रसवर्जं रसो ऽप्यस्य परं दृष्ट्वा निवर्तते॥५९

除味之外，感觉对象
已经远离戒食的人，
一旦遇见最高存在，
连这味也远远离去。①（59）

解析：विषयाः（विषय 阳，复，体）感觉对象。विनिवर्तन्ते（वि-नि√वृत् 现在，复，三）离开，停止。निराहारस्य（निराहार 阳，单，属）戒食。देहिनः（देहिन् 阳，单，属）人。रस（味）-वर्जम्（除了），复合词（不变词），除味之外。रसः（रस 阳，单，体）味。अपि（不变词）甚至。अस्य（इदम् 阳，单，属）他。परम्（पर 中，单，业）最高存在。दृष्ट्वा（√दृश् 独立式）看见。निवर्तते（नि√वृत् 现在，单，三）离开，停止。

यततो ह्यपि कौन्तेय पुरुषस्य विपश्चितः।
इन्द्रियाणि प्रमाथीनि हरन्ति प्रसभं मनः॥६०

即使聪明而又勤勉，
怎奈感官激动鲁莽，
强行夺走他的理智，
贡蒂之子阿周那啊！（60）

解析：यततः（यतत् 现分，阳，单，属）勤勉。हि（不变词）确实。अपि（不变词）即使。कौन्तेय（कौन्तेय 阳，单，呼）贡蒂之子阿周那。पुरुषस्य（पुरुष 阳，单，属）人。विपश्चितः（विपश्चित् 阳，单，属）聪明。इन्द्रियाणि（इन्द्रिय 中，复，体）感官。प्रमाथीनि（प्रमाथिन् 中，复，体）激动，粗暴。हरन्ति（√हृ 现在，复，三）夺走。प्रसभम्（不变词）强行。मनः（मनस् 中，单，业）思想，心。

तानि सर्वाणि संयम्य युक्त आसीत मत्परः।
वशे हि यस्येन्द्रियाणि तस्य प्रज्ञा प्रतिष्ठिता॥६१

用瑜伽控制一切，

---

① 这里以戒食的人依然留恋食物的味道为例，说明认识到最高存在的人，不仅摒弃感觉对象，也摒弃对感觉对象的留恋。

坐下专心思念我①，
所有感官受到控制，
他的智慧坚定不移。（61）

解析：तानि（तद् 中，复，业）这。सर्वाणि（सर्व 中，复，业）一切。संयम्य（सम्√यम् 独立式）控制。युक्तः（युक्त 阳，单，体）修瑜伽。आसीत（√आस् 虚拟，单，三）坐下。मद्（我）-परः（पर 专心），复合词（阳，单，体），专心思念我。वशे（वश 阳，单，依）控制。हि（不变词）确实。यस्य（यद् 阳，单，属）他，指智慧坚定者。इन्द्रियाणि（इन्द्रिय 中，复，体）感官。तस्य（तद् 阳，单，属）他。प्रज्ञा（प्रज्ञा 阴，单，体）智慧。प्रतिष्ठिता（प्रतिष्ठित 阴，单，体）坚定。

ध्यायतो विषयान्पुंसः सङ्गस्तेषूपजायते ।
सङ्गात्संजायते कामः कामात्क्रोधोऽभिजायते ॥ ६२

如果思念感官对象，
也就会产生执著，
从执著产生欲望，
从欲望产生愤怒。（62）

解析：ध्यायतः（ध्यायत् 现分，阳，单，属）沉思。विषयान्（विषय 阳，复，业）感官对象。पुंसः（पुंस् 阳，单，属）人。सङ्गः（सङ्ग 阳，单，体）执著。तेषु（तद् 阳，复，依）它，指感官对象。उपजायते（उप√जन् 现在，单，三）产生。सङ्गात्（सङ्ग 阳，单，从）执著。संजायते（सम्√जन् 现在，单，三）产生。कामः（काम 阳，单，体）欲望。कामात्（काम 阳，单，从）欲望。क्रोधः（क्रोध 阳，单，体）愤怒。अभिजायते（अभि√जन् 现在，单，三）产生。

क्रोधाद्भवति संमोहः संमोहात्स्मृतिविभ्रमः ।
स्मृतिभ्रंशाद्बुद्धिनाशो बुद्धिनाशात्प्रणश्यति ॥ ६३

然后由愤怒产生愚痴，
由愚痴而记忆混乱，

---

① "思念我"是思念黑天，以黑天（即大神毗湿奴）为最高存在。

记忆混乱则智慧毁灭，
智慧毁灭则人也毁灭。（63）

解析： क्रोधात् （क्रोध 阳，单，从）愤怒。भवति（√भू 现在，单，三）产生，存在。संमोहः（संमोह 阳，单，体）愚痴。संमोहात्（संमोह 阳，单，从）愚痴。स्मृति（记忆）-विभ्रमः（विभ्रम 混乱），复合词（阳，单，体），记忆混乱。स्मृति（记忆）-भ्रंशात्（भ्रंश 混乱），复合词（阳，单，从），记忆混乱。बुद्धि（智慧）-नाशः（नाश 毁灭），复合词（阳，单，体），智慧毁灭。बुद्धि（智慧）-नाशात्（नाश 毁灭），复合词（阳，单，从），智慧毁灭。प्रणश्यति（प्र√नश् 现在，单，三）毁灭。

रागद्वेषवियुक्तैस्तु विषयानिन्द्रियैश्चरन्।
आत्मवश्यैर्विधेयात्मा प्रसादमधिगच्छति॥६४

而那种控制自己的人，
活动在感官对象中，
感官受到自我控制，
摆脱爱憎，达到清净。① （64）

解析： राग（爱）-द्वेष（憎）-वियुक्तैः（वियुक्त 摆脱），复合词（中，复，具），摆脱爱憎。तु（不变词）而。विषयान्（विषय 阳，复，业）感官对象。इन्द्रियैः（इन्द्रिय 中，复，具）感官。चरन्（चरत् 现分，阳，单，体）活动。आत्म（आत्मन् 自我）-वश्यैः（वश्य 控制），复合词（中，复，具），受自我控制。विधेय（控制）-आत्मा（आत्मन् 自己），复合词（阳，单，体），自己受控制的。प्रसादम्（प्रसाद 阳，单，业）清净。अधिगच्छति（अधि√गम् 现在，单，三）达到。

प्रसादे सर्वदुःखानां हानिरस्योपजायते।
प्रसन्नचेतसो ह्याशु बुद्धिः पर्यवतिष्ठते॥६५

达到清净的人，
脱离一切痛苦，
心灵达到清净，
智慧迅速稳定。（65）

---

① 这里是说即使感官活动在感官对象中，而只要不执著感官对象，也就能摆脱爱憎，达到清净。

解析：प्रसादे（प्रसाद 阳，单，依）清净。सर्व（一切）-दुःखानाम्（दुःख 痛苦），复合词（中，复，属），一切痛苦。हानिः（हानि 阴，单，体）离弃，脱离。अस्य（इदम् 阳，单，属）他。उपजायते（उप√जन् 现在，单，三）产生。प्रसन्न（清净）-चेतसः（चेतस् 心），复合词（阳，单，属），心灵达到清净。हि（不变词）确实。आशु（不变词）迅速。बुद्धिः（बुद्धि 阴，单，体）智慧。पर्यवतिष्ठते（परि-अव√स्था 现在，单，三）稳定。

नास्ति बुद्धिरयुक्तस्य न चायुक्तस्य भावना।
न चाभावयतः शान्तिरशान्तस्य कुतः सुखम्॥६६

不能够约束自己的人，
没有智慧，也没有定力，
没有定力则没有平静，
没有平静，何来幸福？（66）

解析：न（不变词）不。अस्ति（√अस् 现在，单，三）有，存在。बुद्धिः（बुद्धि 阴，单，体）智慧。अयुक्तस्य（अयुक्त 阳，单，属）不约束的。न（不变词）不。च（不变词）也。अयुक्तस्य（अयुक्त 阳，单，属）不约束的。भावना（भावना 阴，单，体）沉思。न（不变词）不。च（不变词）也。अभावयतः（अभावयत् 致使，现分，阳，单，属）不沉思的。शान्तिः（शान्ति 阴，单，体）平静。अशान्तस्य（अशान्त 阳，单，属）不平静的。कुतस्（不变词）何来。सुखम्（सुख 中，单，体）幸福。

इन्द्रियाणां हि चरतां यन्मनोऽनुविधीयते।
तदस्य हरति प्रज्ञां वायुर्नावमिवाम्भसि॥६७

感官游荡不定，
思想围着它们转，
就会剥夺智慧，
犹如大风吹走船。（67）

解析：इन्द्रियाणाम्（इन्द्रिय 中，复，属）感官。हि（不变词）确实。चरताम्（चरत् 现分，中，复，属）游荡。यत्（यद् 中，单，体）这，指思想。मनः（मनस् 中，单，体）思想。अनुविधीयते（अनु-वि√धा 现在，被，单，三）服从，追随。तत्（तद् 中，单，体）这，指思想。अस्य（इदम् 阳，单，属）他。हरति（√हृ 现在，单，三）夺走。प्रज्ञाम्（प्रज्ञा

阴，单，业）智慧。**वायुः**（वायु 阳，单，体）风。**नावम्**（नौ 阴，单，业）船。**इव**（不变词）犹如。**अम्भसि**（अम्भस् 中，单，依）水。

तस्मााद्यस्य महाबाहो निगृहीतानि सर्वशः।
इन्द्रियाणीन्द्रियार्थेभ्यस्तस्य प्रज्ञा प्रतिष्ठिता॥६८

因此，大臂阿周那啊！
谁能让自己的感官，
摆脱感官对象束缚，
他的智慧坚定不移。（68）

解析：तस्मात्（不变词）因此。**यस्य**（यद् 阳，单，属）他，指智慧坚定者。**महाबाहो**（महाबाहु 阳，单，呼）大臂者，阿周那的称号。**निगृहीतानि**（निगृहीत 中，复，体）抑制，控制。**सर्वशस्**（不变词）全部。**इन्द्रियाणि**（इन्द्रिय 中，复，体）感官。**इन्द्रिय**（感官）-**अर्थेभ्यः**（अर्थ 对象），复合词（阳，复，从），感官对象。**तस्य**（तद् 阳，单，属）他。**प्रज्ञा**（प्रज्ञा 阴，单，体）智慧。**प्रतिष्ठिता**（प्रतिष्ठित 阴，单，体）坚定。

या निशा सर्वभूतानां तस्यां जागर्ति संयमी।
यस्यां जाग्रति भूतानि सा निशा पश्यतो मुनेः॥६९

芸芸众生之夜，
自制之人觉醒；
芸芸众生觉醒，
有识之士之夜。[①]（69）

解析：या（यद् 阴，单，体）这，指夜晚。**निशा**（निशा 阴，单，体）夜晚。**सर्व**（一切）-**भूतानाम्**（भूत 众生），复合词（中，复，属），一切众生。**तस्याम्**（तद् 阴，单，依）这，指夜晚。**जागर्ति**（√जागृ 现在，单，三）觉醒。**संयमी**（संयमिन् 阳，单，体）自制之人。**यस्याम्**（यद् 阴，单，依）这，指夜晚。**जाग्रति**（√जागृ 现在，复，三）觉醒。**भूतानि**（भूत 中，复，体）众生。**सा**（तद् 阴，单，体）这。**निशा**（निशा 阴，单，体）夜晚。**पश्यतः**（पश्यत् 现分，阳，单，属）看见，有识见。**मुनेः**（मुनि 阳，单，属）牟尼，智者。

[①] 有识之士控制感官，芸芸众生放纵感官，因此，如同黑夜和白天、觉醒和沉睡，互相看法截然不同。

आपूर्यमाणमचलप्रतिष्ठं
　समुद्रमापः प्रविशन्ति यद्वत्।
तद्वत्कामा यं प्रविशन्ति सर्वे
　स शान्तिमाप्नोति न कामकामी॥७०

欲望进入他，犹如江河
流入满而不动的大海，
他能达到这样的平静，
而贪欲之人无法达到。（70）

解析：आपूर्यमाणम्（आपूर्यमाण 现分，被，阳，单，业）充满。अचल（不动）-प्रतिष्ठम्（प्रतिष्ठा 静止），复合词（阳，单，业），静止不动。समुद्रम्（समुद्र 阳，单，业）大海。आपः（अप् 阴，复，体）水。प्रविशन्ति（प्र√विश् 现在，复，三）进入。यद्वत्（不变词）正如。तद्वत्（不变词）这样。कामाः（काम 阳，复，体）欲望。यम्（यद् 阳，单，业）他，指达到平静者。प्रविशन्ति（प्र√विश् 现在，复，三）进入。सर्वे（सर्व 阳，复，体）一切。सः（तद् 阳，单，体）他。शान्तिम्（शान्ति 阴，单，业）平静。आप्नोति（√आप् 现在，单，三）达到。न（不变词）不。काम（欲望）-कामी（कामिन् 渴望），复合词（阳，单，体），充满贪欲的。

विहाय कामान्यः सर्वान्पुमांश्चरति निःस्पृहः।
निर्ममो निरहंकारः स शान्तिमधिगच्छति॥७१

摒弃一切欲望，
摆脱一切贪恋，
不自私，不自傲，
他就达到平静。（71）

解析：विहाय（वि√हा 独立式）摒弃。कामान्（काम 阳，复，业）欲望。यः（यद् 阳，单，体）这，指人。सर्वान्（सर्व 阳，复，业）一切。पुमान्（पुंस् 阳，单，体）人。चरति（√चर् 现在，单，三）活动。निःस्पृहः（निःस्पृह 阳，单，体）不贪恋。निर्ममः（निर्मम 阳，单，体）不自私。निरहंकारः（निरहंकार 阳，单，体）不自傲。सः（तद् 阳，单，体）他，指人。शान्तिम्（शान्ति 阴，单，业）平静。अधिगच्छति（अधि√गम् 现在，单，三）达到。

एषा ब्राह्मी स्थितिः पार्थ नैनां प्राप्य विमुह्यति।
स्थित्वास्यामन्तकाले ऽपि ब्रह्मनिर्वाणमृच्छति॥७२

这也就是梵之所在，
达到它，就不愚痴；
立足其中，阿周那啊！
死去能够达到梵涅槃①。（72）

解析：एषा（एतद् 阴，单，体）这。ब्राह्मी（ब्राह्म 阴，单，体）梵的。स्थितिः（स्थिति 阴，单，体）位置，处所。पार्थ（पार्थ 阳，单，呼）普利塔之子阿周那。न（不变词）不。एनाम्（एतद् 阴，单，业）它。प्राप्य（प्र√आप् 独立式）达到。विमुह्यति（वि√मुह् 现在，单，三）愚痴。स्थित्वा（√स्था 独立式）站立。अस्याम्（इदम् 阴，单，依）它。अन्त（死，寿终）-काले（काल 时候），复合词（阳，单，依），死时。अपि（不变词）即使。ब्रह्म（ब्रह्मन् 梵）-निर्वाणम्（निर्वाण 涅槃），复合词（中，单，业），梵涅槃。ऋच्छति（√ऋ 现在，单，三）达到。

तृतीयः सर्गः

第 三 章

अर्जुन उवाच।
ज्यायसी चेत्कर्मणस्ते मता बुद्धिर्जनार्दन।
तत्किं कर्मणि घोरे मां नियोजयसि केशव॥१

阿周那说：
既然你认为，黑天啊，
智慧比行动重要，
那你为什么要我
从事可怕的行动？（1）

---

① "梵"是世界的本原，永恒不灭的至高存在。"涅槃"是摆脱生死轮回。

解析：अर्जुनः（अर्जुन 阳，单，体）阿周那。उवाच（√वच् 完成，单，三）说。ज्यायसी（ज्यायस् 阴，单，体）更好，更重要。चेद्（不变词）如果。कर्मणः（कर्मन् 中，单，从）行动。ते（त्वद् 单，属）你。मता（मत 阴，单，体）认为。बुद्धिः（बुद्धि 阴，单，体）智慧。जनार्दन（जनार्दन 阳，单，呼）黑天。तद्（不变词）那么。किम्（不变词）为什么。कर्मणि（कर्मन् 中，单，依）行动。घोरे（घोर 中，单，依）可怕的。माम्（मद् 单，业）我。नियोजयसि（नि√युज् 致使，现在，单，二）安排。केशव（केशव 阳，单，呼）黑天。

व्यामिश्रेणैव वाक्येन बुद्धिं मोहयसीव मे।
तदेकं वद निश्चित्य येन श्रेयोऽहमाप्नुयाम्॥२

仿佛用复杂的话，
你搅乱我的智慧；
请你明确告诉我，
该走哪条路才对？（2）

解析：व्यामिश्रेण（व्यामिश्र 中，单，具）混合的，复杂的。एव（不变词）确实。वाक्येन（वाक्य 中，单，具）话语。बुद्धिम्（बुद्धि 阴，单，业）智慧。मोहयसि（√मुह् 致使，现在，单，二）迷惑。इव（不变词）仿佛。मे（मद् 单，属）我。तत्（तद् 中，单，业）这，指一条（路）。एकम्（एक 中，单，业）一个，一条（路）。वद（√वद् 命令，单，二）说话。निश्चित्य（निस्√चि 独立式）确定。येन（यद् 中，单，具）这，指一条（路）。श्रेयः（श्रेयस् 中，单，业）更好的。अहम्（मद् 单，体）我。आप्नुयाम्（√आप् 现在，虚拟，单，一）获得。

श्रीभगवानुवाच।
लोकेऽस्मिन्द्विविधा निष्ठा पुरा प्रोक्ता मयानघ।
ज्ञानयोगेन सांख्यानां कर्मयोगेन योगिनाम्॥३

吉祥薄伽梵说：
我早就说过，在这世上
有两种立足的方法，
数论行者的智慧瑜伽，
瑜伽行者的行动瑜伽。（3）

解析：श्री（吉祥）-भगवान्（भगवत् 薄伽梵），复合词（阳，单，体），吉祥薄伽梵。उवाच（√वच् 完成，单，三）说。लोके（लोक 阳，单，依）世界。अस्मिन्（इदम् 阳，单，依）这。द्विविधा（द्विविध 阴，单，体）两种。निष्ठा（निष्ठा 阴，单，体）立足点。पुरा（不变词）以前。प्रोक्ता（प्रोक्त 阴，单，体）说，宣示。मया（मद् 单，具）我。अनघ（अनघ 阳，单，呼）无罪之人，阿周那。ज्ञान（智慧）-योगेन（योग 瑜伽），复合词（阳，单，具），智慧瑜伽。सांख्यानाम्（सांख्य 阳，复，属）数论行者。कर्म（कर्मन् 行动）-योगेन（योग 瑜伽），复合词（阳，单，具），行动瑜伽。योगिनाम्（योगिन् 阳，复，属）瑜伽行者。

न कर्मणामनारम्भान्नैष्कर्म्यं पुरुषोऽश्नुते ।
न च संन्यसनादेव सिद्धिं समधिगच्छति ॥४

即使不参与行动，
并不能摆脱行动；
即使弃绝一切，
也不能获得成功。（4）

解析：न（不变词）不。कर्मणाम्（कर्मन् 中，复，属）行动。अनारम्भात्（अनारम्भ 阳，单，从）不着手。नैष्कर्म्यम्（नैष्कर्म्य 中，单，业）无为，不行动。पुरुषः（पुरुष 阳，单，体）人。अश्नुते（√अश् 现在，单，三）达到。न（不变词）不。च（不变词）和。संन्यसनात्（संन्यसन 中，单，从）弃绝。एव（不变词）确实。सिद्धिम्（सिद्धि 阴，单，业）成功。समधिगच्छति（सम्-अधि√गम् 现在，单，三）达到。

न हि कश्चित्क्षणमपि जातु तिष्ठत्यकर्मकृत् ।
कार्यते ह्यवशः कर्म सर्वः प्रकृतिजैर्गुणैः ॥५

因为世上无论哪个人，
甚至没有一刹那不行动，
由于原质产生的性质，
所有人都不得不行动。[①]（5）

解析：न（不变词）不。हि（不变词）因为。कः-चित्（किम्-चित् 阳，单，体）任何人。क्षणम्（不变词）刹那。अपि（不变词）甚至。जातु（不变词）肯定地。तिष्ठति（√स्था 现在，单，三）存在。अकर्मकृत्（अकर्मकृत् 阳，单，体）不行动。कार्यते（√कृ 致使，现在，被，单，三）做。हि（不变词）因为。अवशः（अवश 阳，单，体）不由自主的。कर्म（कर्मन्

[①] "原质"含有善性、忧性和暗性。这三种性质始终处在运动中。

中，单，业）行动。**सर्वः**（सर्व 阳，单，体）所有（人）。**प्रकृतिजैः**（प्रकृतिज 阳，复，具）原质产生的。**गुणैः**（गुण 阳，复，具）性质。

कर्मेन्द्रियाणि संयम्य य आस्ते मनसा स्मरन्।
इन्द्रियार्थान्विमूढात्मा मिथ्याचारः स उच्यते॥६

控制了那些行动器官，
心中仍留恋感官对象，
这种思想愚痴的人，
他们被称为伪善者。（6）

解析：कर्म（कर्मन् 行动）-**इन्द्रियाणि**（इन्द्रिय 器官），复合词（中，复，业），行动器官。**संयम्य**（सम्√यम् 独立式）控制。**यः**（यद् 阳，单，体）他。**आस्ते**（√आस् 现在，单，三）坐。**मनसा**（मनस् 中，单，具）思想。**स्मरन्**（स्मरत् 现分，阳，单，体）记着，留恋。**इन्द्रिय**（感官）-**अर्थान्**（अर्थ 对象），复合词（阳，复，业），感官对象。**विमूढ**（愚痴）-**आत्मा**（आत्मन् 灵魂），复合词（阳，单，体），思想愚痴者。**मिथ्या**（虚假）-**आचारः**（आचार 行为），复合词（阳，单，体），伪善者。**सः**（तद् 阳，单，体）他。**उच्यते**（√वच् 现在，被，单，三）说。

यस्त्विन्द्रियाणि मनसा नियम्यारभतेऽर्जुन।
कर्मेन्द्रियैः कर्मयोगमसक्तः स विशिष्यते॥७

用思想控制住感官，
凭借那些行动器官，
从事行动而不执著，
这样的人是佼佼者。（7）

解析：यः（यद् 阳，单，体）他。**तु**（不变词）但是。**इन्द्रियाणि**（इन्द्रिय 中，复，业）感官。**मनसा**（मनस् 中，单，具）思想。**नियम्य**（नि√यम् 独立式）控制。**आरभते**（आ√रभ् 现在，单，三）从事。**अर्जुन**（अर्जुन 阳，单，呼）阿周那。**कर्म**（कर्मन् 行动）-**इन्द्रियैः**（इन्द्रिय 器官），复合词（中，复，具），行动器官。**कर्म**（कर्मन् 行动）-**योगम्**（योग 瑜伽），复合词（阳，单，业），行动瑜伽。**असक्तः**（असक्त 阳，单，体）不执著的。**सः**（तद् 阳，单，体）他。**विशिष्यते**（वि√शिष् 现在，被，单，三）优异。

नियतं कुरु कर्म त्वं कर्म ज्यायो ह्यकर्मणः।
शरीरयात्रापि च ते न प्रसिध्येदकर्मणः॥८

从事必要的行动吧！
行动总比不行动好；
如果你拒绝行动，
恐怕生命都难维持。（8）

解析：नियतम् (नियत 中，单，业) 限定的，确定的。कुरु (√कृ 命令，单，二) 从事。कर्म (कर्मन् 中，单，业) 行动。त्वम् (त्वद् 单，体) 你。कर्म (कर्मन् 中，单，体) 行动。ज्यायः (ज्यायस् 中，单，体) 更好的。हि (不变词) 因为。अकर्मणः (अकर्मन् 中，单，从) 不行动。शरीर (身体)-यात्रा (यात्रा 维持)，复合词 (阴，单，体)，身体的维持。अपि (不变词) 甚至。च (不变词) 和。ते (त्वद् 单，属) 你。न (不变词) 不。प्रसिध्येत् (प्र√सिध् 现在，虚拟，单，三) 成功。अकर्मणः (अकर्मन् 阳，单，属) 不行动的。

यज्ञार्थात्कर्मणोऽन्यत्र लोकोऽयं कर्मबन्धनः।
तदर्थं कर्म कौन्तेय मुक्तसङ्गः समाचर॥९

除了为祭祀而行动，
整个世界受行动束缚；
摆脱执著，阿周那啊！
你就为祭祀而行动吧！① （9）

解析：यज्ञ (祭祀)-अर्थात् (अर्थ 目的)，复合词 (中，单，从)，以祭祀为目的。कर्मणः (कर्मन् 中，单，从) 行动。अन्यत्र (不变词) 除了。लोकः (लोक 阳，单，体) 世界。अयम् (इदम् 阳，单，体) 这个。कर्म (कर्मन् 行动)-बन्धनः (बन्धन 束缚)，复合词 (阳，单，体)，受行动束缚。तद् (那，指祭祀)-अर्थम् (为了)，复合词 (不变词)，为了祭祀。कर्म (कर्मन् 中，单，业) 行动。कौन्तेय (कौन्तेय 阳，单，呼) 贡蒂之子，阿周那。मुक्त (摆脱)-सङ्गः (सङ्ग 执著)，复合词 (阳，单，体)，摆脱执著。समाचर (सम्-आ√चर् 命令，单，二) 实行。

---

① "祭祀"指崇拜和供奉天神。这里指崇拜黑天（即至高之神毗湿奴）。为黑天而行动，将行动作为对黑天的奉献，不执著行动成果，就不会受行动束缚。

सहयज्ञाः प्रजाः सृष्ट्वा पुरोवाच प्रजापतिः।
अनेन प्रसविष्यध्वमेष वो ऽस्त्विष्टकामधुक्॥१०

在古代，生主创造众生，
同时也创造祭祀，说道：
"你们依靠它生育繁衍，
让它成为你们的如意牛！① （10）

解析：सह（一起）-यज्ञाः（यज्ञ 祭祀），复合词（阴，复，业），和祭祀一起。प्रजाः（प्रजा 阴，复，业）众生。सृष्ट्वा（√सृज् 独立式）创造。पुरा（不变词）过去。उवाच（√वच् 完成，单，三）说。प्रजापतिः（प्रजापति 阳，单，体）生主。अनेन（इदम् 阳，单，具）它。प्रसविष्यध्वम्（प्र√सु 将来，命令，复，二）生育，繁衍。एष（एतद् 阳，单，体）它。वः（युष्मद् 复，属）你们。अस्तु（√अस् 命令，单，三）是。इष्टकामधुक्（इष्टकामदुह् 阴，单，体）如意神牛。

देवान्भावयतानेन ते देवा भावयन्तु वः।
परस्परं भावयन्तः श्रेयः परमवाप्स्यथ॥११

"你们通过它抚养众神，
也就让众神抚养你们，
就这样，互相抚养，
你们将达到至高幸福。（11）

解析：देवान्（देव 阳，复，业）天神。भावयत（√भू 致使，命令，复，二）抚养。अनेन（इदम् 阳，单，具）它。ते（तद् 阳，复，体）他。देवाः（देव 阳，复，体）天神。भावयन्तु（√भू 致使，命令，复，三）抚养。वः（युष्मद् 复，业）你们。परस्परम्（不变词）互相地。भावयन्तः（भावयत् 致使，现分，阳，复，体）抚养。श्रेयः（श्रेयस् 中，单，业）快乐。परम्（पर 中，单，业）至高的。अवाप्स्यथ（अव√आप् 将来，复，二）得到。

इष्टान्भोगान्हि वो देवा दास्यन्ते यज्ञभाविताः।
तैर्दत्तानप्रदायैभ्यो यो भुङ्क्ते स्तेन एव सः॥१२

"众神受到祭祀供养，

---

① "生主"是创造主，特指梵天。"如意牛"指能满足人的任何欲望的神牛。

也会赐给你们享受；
谁享受赐予不回报，
这样的人无异于窃贼。"（12）

解析：इष्टान् （इष्ट 阳，复，业）愿望的。भोगान् （भोग 阳，复，业）享受。हि（不变词）因为。वः（युष्मद् 复，为）你们。देवाः（देव 阳，复，体）天神。दास्यन्ते（√दा 将来，复，三）给予。यज्ञ（祭祀）-भाविताः（भावित 供养），复合词（阳，复，体），受到祭祀供养。तैः（तद् 阳，复，具）他。दत्तान्（दत्त 阳，复，业）给予的东西。अप्रदाय（अ-प्र√दा 独立式）不给予。एभ्यः（इदम् 阳，复，为）他。यः（यद् 阳，单，体）他。भुङ्क्ते（√भुज् 现在，单，三）享受。स्तेनः（स्तेन 阳，单，体）窃贼。एव（不变词）确实。सः（तद् 阳，单，体）他。

यज्ञशिष्टाशिनः सन्तो मुच्यन्ते सर्वकिल्बिषैः ।
भुञ्जते ते त्वघं पापा ये पचन्त्यात्मकारणात् ॥ १३

吃祭祀剩下的食物，
善人摆脱一切罪过；[①]
只为自己准备食物，
恶人吃下的是罪过。（13）

解析：यज्ञ（祭祀）-शिष्ट（剩余之物）-आशिनः（आशिन् 吃），复合词（阳，复，体），吃祭祀剩余之物。सन्तः（सत् 阳，复，体）善人。मुच्यन्ते（√मुच् 现在，被，复，三）摆脱。सर्व（一切）-किल्बिषैः（किल्बिष 罪恶），复合词（中，复，具），一切罪恶。भुञ्जते（√भुज् 现在，复，三）吃。ते（तद् 阳，复，体）他。तु（不变词）但是。अघम्（अघ 中，单，业）罪恶。पापाः（पाप 阳，复，体）恶人。ये（यद् 阳，复，体）他。पचन्ति（√पच् 现在，复，三）煮食。आत्म（आत्मन् 自己）-कारणात्（कारण 原因），复合词（中，单，从），为自己。

अन्नाद्भवन्ति भूतानि पर्जन्यादन्नसंभवः ।
यज्ञाद्भवति पर्जन्यो यज्ञः कर्मसमुद्भवः ॥ १४

众生产生靠食物，
食物产生靠雨水，

---

① 善人首先用食物祭祀天神，然后吃祭祀剩下的食物。

雨水产生靠祭祀，
祭祀产生靠行动。（14）

解析： अन्नात्（अन्न 中，单，从）食物。भवन्ति（√भू 现在，复，三）产生。भूतानि（भूत 中，复，体）众生。पर्जन्यात्（पर्जन्य 阳，单，从）雨云，雨水。अन्न（食物）-संभवः（संभव 来源），复合词（阳，单，体），食物的产生。यज्ञात्（यज्ञ 阳，单，从）祭祀。भवति（√भू 现在，单，三）产生。पर्जन्यः（पर्जन्य 阳，单，体）雨云，雨水。यज्ञः（यज्ञ 阳，单，体）祭祀。कर्म（कर्मन् 行动）-समुद्भवः（समुद्भव 来源），复合词（阳，单，体），由行动产生。

कर्म ब्रह्मोद्भवं विद्धि ब्रह्माक्षरसमुद्भवम्।
तस्मात्सर्वगतं ब्रह्म नित्यं यज्ञे प्रतिष्ठितम्॥१५

要知道行动源自梵，
而梵产生于不灭，
因此，梵遍及一切，
永远存在祭祀中。（15）

解析： कर्म（कर्मन् 中，单，业）行动。ब्रह्म（ब्रह्मन् 梵）-उद्भवम्（उद्भव 产生），复合词（中，单，业），由梵产生。विद्धि（√विद् 命令，单，二）知道。ब्रह्म（ब्रह्मन् 中，单，业）梵。अक्षर（不灭）-समुद्भवम्（समुद्भव 产生），复合词（中，单，业），产生于不灭。तस्मात्（不变词）因此。सर्व（一切）-गतम्（गत 到达），复合词（中，单，体），遍及一切。ब्रह्म（ब्रह्मन् 中，单，体）梵。नित्यम्（不变词）永远。यज्ञे（यज्ञ 阳，单，依）祭祀。प्रतिष्ठितम्（प्रतिष्ठित 中，单，体）存在。

एवं प्रवर्तितं चक्रं नानुवर्तयतीह यः।
अघायुरिन्द्रियारामो मोघं पार्थ स जीवति॥१६

恶人不愿意跟随
这样转动的车轮，
他们迷恋感官，
徒然活在世上。（16）

解析： एवम्（不变词）这样。प्रवर्तितम्（प्रवर्तित 中，单，业）运转。चक्रम्（चक्र 中，

单，业）车轮。**न**（不变词）不。**अनुवर्तयति**（अनु√वृत् 致使，现在，单，三）跟随。**इह**（不变词）这里。**यः**（यद् 阳，单，体）他。**अघ**（邪恶）-**आयुः**（आयुस् 生命），复合词（阳，单，体），恶人。**इन्द्रिय**（感官）-**आरामः**（आराम 迷恋），复合词（阳，单，体），迷恋感官。**मोघम्**（不变词）无用。**पार्थ**（पार्थ 阳，单，呼）普利塔之子，阿周那。**सः**（तद् 阳，单，体）他。**जीवति**（√जीव् 现在，单，三）活着。

यस्त्वात्मरतिरेव स्यादात्मतृप्तश्च मानवः।
आत्मन्येव च संतुष्टस्तस्य कार्यं न विद्यते॥१७

热爱和满意自我，
乐在自我之中，
对于这样的人，
没有该做之事。（17）

解析：**यः**（यद् 阳，单，体）他。**तु**（不变词）而。**आत्म**（आत्मन् 自我）-**रतिः**（रति 热爱），复合词（阳，单，体），热爱自我。**एव**（不变词）确实。**स्यात्**（√अस् 现在，虚拟，单，三）是。**आत्म**（आत्मन् 自我）-**तृप्तः**（तृप् 满足），复合词（阳，单，体），满足于自我。**च**（不变词）和。**मानवः**（मानव 阳，单，体）人。**आत्मनि**（आत्मन् 阳，单，依）自我。**एव**（不变词）确实。**च**（不变词）和。**संतुष्टः**（संतुष्ट 阳，单，体）满意，喜悦。**तस्य**（तद् 阳，单，属）他。**कार्यम्**（कार्य 中，单，体）该做的事。**न**（不变词）不。**विद्यते**（√विद् 现在，单，三）存在。

नैव तस्य कृतेनार्थो नाकृतेनेह कश्चन।
न चास्य सर्वभूतेषु कश्चिदर्थव्यपाश्रयः॥१८

他行动不为了什么，
不行动也不为了什么，
他在世上对一切众生，
无所依赖，无所企求。（18）

解析：**न**（不变词）不。**एव**（不变词）确实。**तस्य**（तद् 阳，单，属）他。**कृतेन**（कृत 中，单，具）行动。**अर्थः**（अर्थ 阳，单，体）意图，目的。**न**（不变词）不。**अकृतेन**（अकृत 中，单，具）不行动。**इह**（不变词）这里。**कः-चन**（किम्-चन 阳，单，体）某个。**न**（不变词）不。**च**（不变词）和。**अस्य**（इदम् 阳，单，属）他。**सर्व**（所有）-**भूतेषु**（भूत 众生），

复合词（中，复，依），一切众生。कः-चित्（किम्-चित् 阳，单，体）任何。अर्थ（企求）-व्यपाश्रयः（व्यपाश्रय 依赖），复合词（阳，单，体），对企求的依赖。

तस्मादसक्तः सततं कार्यं कर्म समाचर।
असक्तो ह्याचरन्कर्म परमाप्नोति पूरुषः॥१९

你永远无所执著，
做应该做的事吧！
无所执著地做事，
这样的人达到至福。（19）

解析：तस्मात्（不变词）因此。असक्तः（असक्त 阳，单，体）不执著。सततम्（不变词）永远。कार्यम्（कार्य 中，单，业）应做的。कर्म（कर्मन् 中，单，业）行动。समाचर（सम्-आ√चर् 命令，单，二）实行。असक्तः（असक्त 阳，单，体）不执著。हि（不变词）因为。आचरन्（आचरत् 现分，阳，单，体）实行。कर्म（कर्मन् 中，单，业）行动。परम्（पर 中，单，业）至高者，至福。आप्नोति（√आप् 现在，单，三）获得。पूरुषः（पूरुष 阳，单，体）人。

कर्मणैव हि संसिद्धिमास्थिता जनकादयः।
लोकसंग्रहमेवापि संपश्यन्कर्तुमर्हसि॥२०

像遮那迦等人那样，
通过行动，获得成功；
即使着眼维持世界，
你也应该从事行动。（20）

解析：कर्मणा（कर्मन् 中，单，具）行动。एव（不变词）确实。हि（不变词）因为。संसिद्धिम्（संसिद्धि 阴，单，业）成功。आस्थिताः（आस्थित 阳，复，体）获得。जनक（遮那迦）-आदयः（आदि 等等），复合词（阳，复，体），遮那迦等人。लोक（世界）-संग्रहम्（संग्रह 维持），复合词（阳，单，业），维持世界。एव（不变词）确实。अपि（不变词）即使。संपश्यन्（संपश्यत् 现分，阳，单，体）着眼于。कर्तुम्（√कृ 不定式）做。अर्हसि（√अर्ह् 现在，单，二）应该。

यद्यदाचरति श्रेष्ठस्तत्तदेवेतरो जनः।
स यत्प्रमाणं कुरुते लोकस्तदनुवर्तते॥२१

优秀人物做这做那，
其他人也做这做那；
优秀人物树立标准，
世上的人遵循效仿。（21）

解析：यत् (यद् 中，单，业) 这个。यत् (यद् 中，单，业) 那个。आचरति (आ√चर् 现在，单，三) 做。श्रेष्ठः (श्रेष्ठ 阳，单，体) 最优秀的人。तत् (तद् 中，单，业) 这个。तत् (तद् 中，单，业) 那个。एव (不变词) 确实。इतरः (इतर 阳，单，体) 其他的。जनः (जन 阳，单，体) 人。सः (तद् 阳，单，体) 他。यत् (यद् 中，单，业) 这，指标准。प्रमाणम् (प्रमाण 中，单，业) 标准。कुरुते (√कृ 现在，单，三) 做，树立。लोकः (लोक 阳，单，体) 世人。तत् (तद् 中，单，业) 这，指标准。अनुवर्तते (अनु√वृत् 现在，单，三) 跟随。

न मे पार्थास्ति कर्तव्यं त्रिषु लोकेषु किंचन।
नानवाप्तमवाप्तव्यं वर्त एव च कर्मणि॥२२

在三界中，阿周那啊！
没有我必须做的事，
也没有我应得而未得，
但我仍然从事行动。（22）

解析：न (不变词) 不。मे (मद् 单，属) 我。पार्थ (पार्थ 阳，单，呼) 普利塔之子，阿周那。अस्ति (√अस् 现在，单，三) 存在。कर्तव्यम् (कर्तव्य 中，单，体) 应做之事。त्रिषु (त्रि 阳，复，依) 三。लोकेषु (लोक 阳，复，依) 世界。किम्-चन (किम्-चन 中，单，体) 某个。न (不变词) 不。अनवाप्तम् (अनवाप्त 中，单，体) 没有得到。अवाप्तव्यम् (अवाप्तव्य 中，单，体) 应得之物。वर्ते (√वृत् 现在，单，一) 从事。एव (不变词) 确实。च (不变词) 和。कर्मणि (कर्मन् 中，单，依) 行动。

यदि ह्यहं न वर्तेयं जातु कर्मण्यतन्द्रितः।
मम वर्त्मानुवर्तन्ते मनुष्याः पार्थ सर्वशः॥२३

我原本不知疲倦，
一旦不从事行动，

普利塔之子阿周那啊！
所有的人都会效仿我。（23）

解析：यदि（不变词）如果。हि（不变词）因为。अहम्（मद् 单，体）我。न（不变词）不。वर्तेयम्（√वृत् 现在，虚拟，单，一）从事。जातु（不变词）确实。कर्माणि（कर्मन् 中，单，依）行动。अतन्द्रितः（अतन्द्रित 阳，单，体）不知疲倦的。मम（मद् 单，属）我。वर्त्म（वर्त्मन् 中，单，业）道路。अनुवर्तन्ते（अनु√वृत् 现在，复，三）追随，效仿。मनुष्याः（मनुष्य 阳，复，体）人。पार्थ（पार्थ 阳，单，呼）普利塔之子，阿周那。सर्वशस्（不变词）全部地。

उत्सीदेयुरिमे लोका न कुर्यां कर्म चेदहम्।
संकरस्य च कर्ता स्यामुपहन्यामिमाः प्रजाः॥२४

如果我停止行动，
整个世界就会倾覆，
我成了混乱制造者，
毁掉了这些众生。（24）

解析：उत्सीदेयुः（उद्√सद् 现在，虚拟，复，三）倾覆。इमे（इदम् 阳，复，体）这。लोकाः（लोक 阳，复，体）世界。न（不变词）不。कुर्याम्（√कृ 现在，虚拟，单，一）做。कर्म（कर्मन् 中，单，业）行动。चेद्（不变词）如果。अहम्（मद् 单，体）我。संकरस्य（संकर 阳，单，属）混乱。च（不变词）和。कर्ता（कर्तृ 阳，单，体）制造者。स्याम्（√अस् 现在，虚拟，单，一）是。उपहन्याम्（उप√हन् 现在，虚拟，单，一）毁灭。इमाः（इदम् 阴，复，业）这。प्रजाः（प्रजा 阴，复，业）众生。

सक्ताः कर्मण्यविद्वांसो यथा कुर्वन्ति भारत।
कुर्याद्विद्वांस्तथासक्तश्चिकीर्षुर्लोकसंग्रहम्॥२५

无知者行动而执著，
婆罗多后裔阿周那啊！
为了维持这个世界，
智者行动而不执著。（25）

解析：सक्ताः（सक्त 阳，复，体）执著。कर्मणि（कर्मन् 中，单，依）活动。अविद्वांसः

（अविद्वस् 阳，复，体）愚者。यथा（不变词）正如。कुर्वन्ति（√कृ 现在，复，三）行动。भारत（भारत 阳，单，呼）婆罗多后裔，阿周那。कुर्यात्（√कृ 现在，虚拟，单，三）做。विद्वान्（विद्वस् 阳，单，体）智者。तथा（不变词）这样。असक्तः（असक्त 阳，单，体）不执著。चिकीर्षुः（चिकीर्षु 阳，单，体）愿意行动。लोक（世界）-संग्रहम्（संग्रह 维持），复合词（阳，单，业），维持世界。

न बुद्धिभेदं जनयेदज्ञानां कर्मसङ्गिनाम्।
जोषयेत्सर्वकर्माणि विद्वान्युक्तः समाचरन्॥२६

智者按照瑜伽行动，
尽管无知者执著行动，
也宁可让他们喜欢行动，
而不要让他们智慧崩溃。（26）

解析：न（不变词）不。बुद्धि（智慧）-भेदम्（भेद 崩溃），复合词（阳，单，业），智慧崩溃。जनयेत्（√जन् 致使，现在，虚拟，单，三）产生。अज्ञानाम्（अज्ञ 阳，复，属）无知者。कर्म（कर्मन् 行动）-सङ्गिनाम्（सङ्गिन् 执著），复合词（阳，复，属），执著于行动。जोषयेत्（√जुष् 致使，现在，虚拟，单，三）喜欢。सर्व（一切）-कर्माणि（कर्मन् 行动），复合词（中，复，业），一切行动。विद्वान्（विद्वस् 阳，复，体）智者。युक्तः（युक्त 阳，单，体）合适的。समाचरन्（समाचरत् 现分，阳，单，体）实施行动。

प्रकृतेः क्रियमाणानि गुणैः कर्माणि सर्वशः।
अहंकारविमूढात्मा कर्ताहमिति मन्यते॥२७

一切行动无例外，
由原质的性质造成，
而自高自大的愚人，
自以为是行动者。（27）

解析：प्रकृतेः（प्रकृति 阴，单，属）原质。क्रियमाणानि（क्रियमाण 现分，被，中，复，体）造成。गुणैः（गुण 阳，复，具）性质。कर्माणि（कर्मन् 中，复，体）行动。सर्वशस्（不变词）一切。अहंकार（我慢）-विमूढ（愚痴）-आत्मा（आत्मन् 自我），复合词（阳，单，体），自我傲慢的愚痴者。कर्ता（कर्तृ 阳，单，体）行动者。अहम्（मद् 单，体）我。इति（不变词）这样（想）。मन्यते（√मन् 现在，单，三）认为。

तत्त्वविन्तु महाबाहो गुणकर्मविभागयोः।
गुणा गुणेषु वर्तन्त इति मत्वा न सज्जते॥२८

洞悉真谛的智者知道，
性质和行动两者区别，
认为性质活动在性质中[①]，
大臂者啊！他们不执著。（28）

解析： तत्त्वविद्（तत्त्वविद् 阳，单，体）通晓真理者。तु（不变词）但是。महाबाहो（महाबाहु 阳，单，呼）大臂者。गुण（性质）-कर्म（कर्मन् 行动）-विभागयोः（विभाग 区别），复合词（阳，双，属），性质与行动的区别。गुणाः（गुण 阳，复，体）性质。गुणेषु（गुण 阳，复，依）性质。वर्तन्ते（√वृत् 现在，复，三）活动。इति（不变词）这样（想）。मत्वा（√मन् 独立式）认为。न（不变词）不。सज्जते（√सञ्ज् 现在，单，三）陷入，执著。

प्रकृतेर्गुणसंमूढाः सज्जन्ते गुणकर्मसु।
तानकृत्स्नविदो मन्दान्कृत्स्नविन्न विचालयेत्॥२९

昧于原质性质的人，
执著性质造成的行动，
然而知识完整的人，
别搅乱知识片面的人。[②]（29）

解析： प्रकृतेः（प्रकृति 阴，单，属）原质。गुण（性质）-संमूढाः（संमूढ 愚痴），复合词（阳，复，体），昧于性质。सज्जन्ते（√सञ्ज् 现在，复，三）陷入，执著。गुण（性质）-कर्मसु（कर्मन् 行动），复合词（中，复，依），性质造成的行动。तान्（तद् 阳，复，业）这。अकृत्स्न（不全面的）-विदः（विद् 知道），复合词（阳，复，业），知识不全面者。मन्दान्（मन्द 阳，复，业）愚痴者。कृत्स्न（全面的）-विद्（विद् 知道），复合词（阳，单，体），知识全面者。न（不变词）不。विचालयेत्（वि√चल् 致使，现在，虚拟，单，三）动摇。

[①] "性质活动在性质中"，指性质互相作用，产生各种行动。
[②] 这颂的旨意与第26颂相同。对于知识片面的愚人，宁可让他们执著行动，也不要造成他们思想混乱，不知所措，乃至放弃行动。

मयि सर्वाणि कर्माणि संन्यस्याध्यात्मचेतसा।
निराशीर्निर्ममो भूत्वा युध्यस्व विगतज्वरः॥३०

把一切行动献给我，
抛弃愿望，摒弃自私，
专注自我，排除烦恼，
你就投入战斗吧！（30）

解析：मयि（मद् 单，依）我。सर्वाणि（सर्व 中，复，业）一切。कर्माणि（कर्मन् 中，复，业）行动。संन्यस्य（सम्-नि√अस् 独立式）献给。अध्यात्म（自我）-चेतसा（चेतस् 思想），复合词（中，单，具），专注于自我。निराशीः（निराशिस् 阳，单，体）无愿望的。निर्ममः（निर्मम 阳，单，体）不自私的。भूत्वा（√भू 独立式）成为。युध्यस्व（√युध् 命令，单，二）战斗。विगत（消失）-ज्वरः（ज्वर 烦恼），复合词（阳，单，体），消除烦恼。

ये मे मतमिदं नित्यमनुतिष्ठन्ति मानवाः।
श्रद्धावन्तो ऽनसूयन्तो मुच्यन्ते ते ऽपि कर्मभिः॥३१

如果谁能始终如一，
遵循我的这个教导，
怀抱信仰，毫无怨言，
就能摆脱行动束缚。（31）

解析：ये（यद् 阳，复，体）他。मे（मद् 单，属）我。मतम्（मत 中，单，业）思想。इदम्（इदम् 中，单，业）这个。नित्यम्（不变词）永远。अनुतिष्ठन्ति（अनु√स्था 现在，复，三）遵循。मानवाः（मानव 阳，复，体）人。श्रद्धावन्तः（श्रद्धावत् 阳，复，体）具有信仰。अनसूयन्तः（अनसूयत् 现分，阳，复，体）不嫉恨。मुच्यन्ते（√मुच् 现在，被，复，三）摆脱。ते（तद् 阳，复，体）他。अपि（不变词）也。कर्मभिः（कर्मन् 中，复，具）行动。

ये त्वेतदभ्यसूयन्तो नानुतिष्ठन्ति मे मतम्।
सर्वज्ञानविमूढांस्तान्विद्धि नष्टानचेतसः॥३२

昧于一切知识的人，
贬损我的这个教导，
拒绝遵循，你要知道，

这些无知者遭到毁灭。（32）

解析：ये（यद् 阳，复，体）他。तु（不变词）但是。एतत्（एतद् 中，单，业）这个。अभ्यसूयन्तः（अभ्यसूयत् 现分，阳，复，体）嫉恨，贬损。न（不变词）不。अनुतिष्ठन्ति（अनु√स्था 现在，复，三）遵循。मे（मद् 单，属）我。मतम्（मत 中，单，业）思想。सर्व（全部）-ज्ञान（知识）-विमूढान्（विमूढ 愚痴），复合词（阳，复，业），昧于一切知识。तान्（तद् 阳，复，业）他。विद्धि（√विद् 命令，单，二）知道。नष्टान्（नष्ट 阳，复，业）毁灭。अचेतसः（अचेतस् 阳，复，业）无思想者。

सदृशं चेष्टते स्वस्याः प्रकृतेर्ज्ञानवानपि।
प्रकृतिं यान्ति भूतानि निग्रहः किं करिष्यति॥३३

甚至富有知识的人，
也按照自己原质行动，
一切众生趋向原质，
强行压制有什么用？（33）

解析：सदृशम्（不变词）依照。चेष्टते（√चेष्ट् 现在，单，三）活动。स्वस्याः（स्व 阴，单，属）自己的。प्रकृतेः（प्रकृति 阴，单，属）原质。ज्ञानवान्（ज्ञानवत् 阳，单，体）具有知识者。अपि（不变词）甚至。प्रकृतिम्（प्रकृति 阴，单，业）原质。यान्ति（√या 现在，复，三）趋向。भूतानि（भूत 中，复，体）众生。निग्रहः（निग्रह 阳，单，体）压制。किम्（किम् 中，单，业）什么。करिष्यति（√कृ 将来，单，三）做。

इन्द्रियस्येन्द्रियस्यार्थे रागद्वेषौ व्यवस्थितौ।
तयोर्न वशमागच्छेत्तौ ह्यस्य परिपन्थिनौ॥३४

感官的好恶爱憎，
全都依附感官对象，
不要受这两者控制，
因为它们是拦路石。（34）

解析：इन्द्रियस्य（इन्द्रिय 中，单，属）感官。इन्द्रियस्य（इन्द्रिय 中，单，属）感官。अर्थे（अर्थ 阳，单，依）对象。राग（爱）-द्वेषौ（द्वेष 憎），复合词（阳，双，体），爱憎。व्यवस्थितौ（व्यवस्थित 阳，双，体）依赖。तयोः（तद् 阳，双，属）这。न（不变词）

不。वशम् (वश 阳，单，业) 控制。आगच्छेत् (आ√गम् 现在，虚拟，单，三) 来到。तौ (तद् 阳，双，体) 这。हि (不变词) 因为。अस्य (इदम् 阳，单，属) 他。परिपन्थिनौ (परिपन्थिन् 阳，双，体) 拦路石，障碍。

श्रेयान्स्वधर्मो विगुणः परधर्मात्स्वनुष्ठितात्।
स्वधर्मे निधनं श्रेयः परधर्मो भयावहः॥३५

自己的职责即使不完善，
也胜似圆满执行他人职责；
死于自己的职责远为更好，
执行他人的职责有危险。[①]（35）

解析：श्रेयान् (श्रेयस् 阳，单，体) 更好的。स्व (自己)-धर्मः (धर्म 法)，复合词（阳，单，体），自己的职责。विगुणः (विगुण 阳，单，体) 缺陷，不完善。पर (别人)-धर्मात् (धर्म 法)，复合词（阳，单，从），别人的职责。सु (很好)-अनुष्ठितात् (अनुष्ठित 执行)，复合词（阳，单，从），很好执行。स्व (自己)-धर्मे (धर्म 法)，复合词（阳，单，依），自己的职责。निधनम् (निधन 中，单，体) 死亡。श्रेयः (श्रेयस् 中，单，体) 更好的。पर (别人)-धर्मः (धर्म 法)，复合词（阳，单，体），别人的职责。भय (危险)-आवहः (आवह 带来)，复合词（阳，单，体），带来危险。

अर्जुन उवाच।
अथ केन प्रयुक्तो ऽयं पापं चरति पूरुषः।
अनिच्छन्नपि वार्ष्णेय बलादिव नियोजितः॥३६

阿周那说：
黑天啊！是什么，
造成一个人犯罪？
他仿佛不是自愿，
而是被迫犯罪。（36）

解析：अर्जुनः (अर्जुन 阳，单，体) 阿周那。उवाच (√वच् 完成，单，三) 说。अथ (不变词) 那么。केन (किम् 阳，单，具) 什么。प्रयुक्तः (प्रयुक्त 阳，单，体) 联系。अयम् (इदम् 阳，单，体) 这个。पापम् (पाप 中，单，业) 罪。चरति (√चर् 现在，单，三)

[①] 每个人都有自己的社会职责，不能僭越或替代。

从事。पूरुषः（पूरुष 阳，单，体）人。अनिच्छन्（अनिच्छत् 现分，阳，单，体）不情愿。अपि（不变词）即使。वार्ष्णेय（वार्ष्णेय 阳，单，呼）黑天。बलात्（बल 中，单，从）强行地。इव（不变词）仿佛。नियोजितः（नियोजित 阳，单，体）安排。

श्रीभगवानुवाच।
काम एष क्रोध एष रजोगुणसमुद्भवः।
महाशनो महापाप्मा विद्ध्येनमिह वैरिणम्॥३७

吉祥薄伽梵说：
这个欲望，这个愤怒，
它的来源就是忧性，
极其贪婪，极其邪恶，
要知道敌人在这里。（37）

解析：श्री（吉祥）-भगवान्（भगवत् 薄伽梵），复合词（阳，单，体），吉祥薄伽梵。उवाच（√वच् 完成，单，三）说。कामः（काम 阳，单，体）欲望。एष（एतद् 阳，单，体）这。क्रोधः（क्रोध 阳，单，体）愤怒。एष（एतद् 阳，单，体）这。रजस्（忧性）-गुण（性质）-समुद्भवः（समुद्भव 产生），复合词（阳，单，体），由忧性产生。महा（大的）-अशनः（अशन 饥渴，贪婪），复合词（阳，单，体），极其贪婪。महा（大的）-पाप्मा（पाप्मन् 罪恶），复合词（阳，单，体），极其邪恶。विद्धि（√विद् 命令，单，二）知道。एनम्（एतद् 阳，单，业）这个。इह（不变词）这里。वैरिणम्（वैरिन् 阳，单，业）敌人。

धूमेनाव्रियते वह्निर्यथादर्शो मलेन च।
यथोल्बेनावृतो गर्भस्तथा तेनेदमावृतम्॥३८

犹如烟雾笼罩火焰，
犹如尘垢蒙住镜子，
犹如子宫隐藏胎儿，
智慧这样被它①蒙蔽。（38）

解析：धूमेन（धूम 阳，单，具）烟雾。आव्रियते（आ√वृ 现在，被，单，三）覆盖。

---

① "它"指上述这个敌人。

वह्निः (वह्नि 阳，单，体) 火焰。यथा (不变词) 正如。आदर्शः (आदर्श 阳，单，体) 镜子。मलेन (मल 阳，单，具) 尘垢。च (不变词) 和。यथा (不变词) 正如。उल्बेन (उल्ब 中，单，具) 子宫。आवृतः (आवृत 阳，单，体) 覆盖，隐藏。गर्भः (गर्भ 阳，单，体) 胎儿。तथा (不变词) 这样。तेन (तद् 阳，单，具) 这，指敌人。इदम् (इदम् 中，单，体) 这，指智慧。आवृतम् (आवृत 中，单，体) 蒙蔽。

आवृतं ज्ञानमेतेन ज्ञानिनो नित्यवैरिणा।
कामरूपेण कौन्तेय दुष्पूरेणानलेन च॥३९

欲望形同烈火，
从来难以满足，
智者永恒之敌，
是它蒙蔽智慧。（39）

解析：आवृतम् (आवृत 中，单，体) 蒙蔽。ज्ञानम् (ज्ञान 中，单，体) 智慧。एतेन (एतद् 阳，单，具) 这。ज्ञानिनः (ज्ञानिन् 阳，单，属) 智者。नित्य (永恒的) -वैरिणा (वैरिन् 敌人)，复合词 (阳，单，具)，永恒的敌人。काम (欲望) -रूपेण (रूप 形态)，复合词 (阳，单，具)，表现为欲望的。कौन्तेय (कौन्तेय 阳，单，呼) 贡蒂之子，阿周那。दुष्पूरेण (दुष्पूर 阳，单，具) 难以满足的。अनलेन (अनल 阳，单，具) 火。च (不变词) 和。

इन्द्रियाणि मनो बुद्धिरस्याधिष्ठानमुच्यते।
एतैर्विमोहयत्येष ज्ञानमावृत्य देहिनम्॥४०

感官、思想和知觉，
是它的立足之处；
它就是利用这些，
蒙蔽智慧，迷惑灵魂。（40）

解析：इन्द्रियाणि (इन्द्रिय 中，复，体) 感官。मनः (मनस् 中，单，体) 思想。बुद्धिः (बुद्धि 阴，单，体) 知觉。अस्य (इदम् 阳，单，属) 它。अधिष्ठानम् (अधिष्ठान 中，单，体) 立足点。उच्यते (√वच् 现在，被，单，三) 说。एतैः (एतद् 阳，复，具) 这。विमोहयति (वि√मुह् 致使，现在，单，三) 迷惑。एष (एतद् 阳，单，体) 它。ज्ञानम् (ज्ञान 中，单，业) 智慧。आवृत्य (आ√वृ 独立式) 蒙蔽。देहिनम् (देहिन् 阳，单，业) 灵魂。

तस्मात्त्वमिन्द्रियाण्यादौ नियम्य भरतर्षभ।
पाप्मानं प्रजहिह्येनं ज्ञानविज्ञाननाशनम्॥४१

它毁灭智慧和知识,
因此, 婆罗多雄牛啊!
你首先要控制感官,
杀死这个罪魁祸首。(41)

解析: तस्मात् (不变词) 因此。त्वम् (त्वद् 单, 体) 你。इन्द्रियाणि (इन्द्रिय 中, 复, 业) 感官。आदौ (आदि 阳, 单, 依) 首先。नियम्य (नि√यम् 独立式) 控制。भरत (婆罗多)-ऋषभ (ऋषभ 雄牛), 复合词 (阳, 单, 呼), 婆罗多雄牛。पाप्मानम् (पाप्मन् 阳, 单, 业) 罪人。प्रजहि (प्र√हन् 命令, 单, 二) 杀死。हि (不变词) 因为。एनम् (एतद् 阳, 单, 业) 这个。ज्ञान (智慧)-विज्ञान (知识)-नाशनम् (नाशन 毁灭), 复合词 (阳, 单, 业), 毁灭智慧和知识。

इन्द्रियाणि पराण्याहुरिन्द्रियेभ्यः परं मनः।
मनसस्तु परा बुद्धिर्यो बुद्धेः परतस्तु सः॥४२

人们说感官重要,
思想比感官更重要,
智慧比思想更重要,
而它①比智慧更重要。(42)

解析: इन्द्रियाणि (इन्द्रिय 中, 复, 体) 感官。पराणि (पर 中, 复, 体) 更重要。आहुः (√अह् 完成, 复, 三) 说。इन्द्रियेभ्यः (इन्द्रिय 中, 复, 从) 感官。परम् (पर 中, 单, 体) 更重要。मनः (मनस् 中, 单, 体) 思想。मनसः (मनस् 中, 单, 从) 思想。तु (不变词) 但是。परा (पर 阴, 单, 体) 更重要。बुद्धिः (बुद्धि 阴, 单, 体) 智慧。यः (यद् 阳, 单, 体) 它。बुद्धेः (बुद्धि 阴, 单, 从) 智慧。परतस् (不变词) 超越。तु (不变词) 但是。सः (तद् 阳, 单, 体) 它。

एवं बुद्धेः परं बुद्ध्वा संस्तभ्यात्मानमात्मना।
जहि शत्रुं महाबाहो कामरूपं दुरासदम्॥४३

---
① "它"指自我。

知道它比智慧更重要，
那就要靠自我加强自我，
大臂者啊，杀死欲望，
这个难以制服的敌人！（43）

解析：एवम्（不变词）这样。बुद्धेः（बुद्धि 阴，单，从）智慧。परम्（पर 阳，单，业）更重要。बुद्ध्वा（√बुध् 独立式）知道。संस्तभ्य（सम्√स्तभ् 独立式）支持，加强。आत्मानम्（आत्मन् 阳，单，业）自我。आत्मना（आत्मन् 阳，单，具）自我。जहि（√हन् 命令，单，二）杀死。शत्रुम्（शत्रु 阳，单，业）敌人。महाबाहो（महाबाहु 阳，单，呼）大臂者。काम（欲望）-रूपम्（रूप 形态），复合词（阳，单，业），表现为欲望的。दुरासदम्（दुरासद 阳，单，业）难以征服的。

चतुर्थोऽध्यायः

第 四 章

श्रीभगवानुवाच।
इमं विवस्वते योगं प्रोक्तवानहमव्ययम्।
विवस्वान्मनवे प्राह मनुरिक्ष्वाकवेऽब्रवीत्॥१

吉祥薄伽梵说：
这个永恒的瑜伽，
我曾告诉毗婆薮，
毗婆薮告诉摩奴，
摩奴告诉甘蔗王。①（1）

解析：श्री（吉祥）-भगवान्（भगवत् 薄伽梵），复合词（阳，单，体），吉祥薄伽梵。उवाच（√वच् 完成，单，三）说。इमम्（इदम् 阳，单，业）这。विवस्वते（विवस्वत् 阳，

---

① 毗婆薮是太阳神。摩奴是他的儿子，人类始祖，第一位立法者。甘蔗王是摩奴的儿子，太阳世系的第一位国王。

单，为）毗婆薮。योगम्（योग 阳，单，业）瑜伽。प्रोक्तवान्（प्रोक्तवत् 阳，单，体）告诉。अहम्（मद् 单，体）我。अव्ययम्（अव्यय 阳，单，业）不变的，永恒的。विवस्वान्（विवस्वत् 阳，单，体）毗婆薮。मनवे（मनु 阳，单，为）摩奴。प्राह（प्र√अह् 完成，单，三）说。मनुः（मनु 阳，单，体）摩奴。इक्ष्वाकवे（इक्ष्वाकु 阳，单，为）甘蔗王。अब्रवीत्（√ब्रू 未完，单，三）说。

एवं परंपराप्राप्तमिमं राजर्षयो विदुः।
स कालेनेह महता योगो नष्टः परंतप॥२

就这样互相传授，
王仙[①]们都知道它；
但由于历时太久，
这个瑜伽又失传。（2）

解析：एवम्（不变词）这样。परंपरा（连续）-प्राप्तम्（प्राप्त 获得），复合词（阳，单，业），相互传授。इमम्（इदम् 阳，单，业）它，指瑜伽。राज（राजन् 国王）-ऋषयः（ऋषि 仙），复合词（阳，复，体），王仙。विदुः（√विद् 完成，复，三）知道。सः（तद् 阳，单，体）这。कालेन（काल 阳，单，具）时间。इह（不变词）这里。महता（महत् 阳，单，具）长久。योगः（योग 阳，单，体）瑜伽。नष्टः（नष्ट 阳，单，体）消失。परंतप（परंतप 阳，单，呼）折磨敌人者，阿周那。

स एवायं मया ते ऽद्य योगः प्रोक्तः पुरातनः।
भक्तो ऽसि मे सखा चेति रहस्यं ह्येतदुत्तमम्॥३

你虔诚，是我的朋友，
因此今天我告诉你，
这个古老的瑜伽，
这个最高的秘密。（3）

解析：सः（तद् 阳，单，体）这。एव（不变词）确实。अयम्（इदम् 阳，单，体）这。मया（मद् 单，具）我。ते（त्वद् 单，为）你。अद्य（不变词）今天。योगः（योग 阳，单，体）瑜伽。प्रोक्तः（प्रोक्त 阳，单，体）告诉。पुरातनः（पुरातन 阳，单，体）古老的。

[①] "仙人"是对婆罗门圣贤的称谓。这里的"王仙"是指国王中的圣贤。

भक्तः (भक्त 阳，单，体) 虔诚。असि (√अस् 现在，单，二) 是。मे (मद् 单，属) 我。सखा (सखि 阳，单，体) 朋友。च (不变词) 和。इति (不变词) 这样（想）。रहस्यम् (रहस्य 中，单，体) 秘密。हि (不变词) 确实。एतद् (एतद् 中，单，体) 这。उत्तमम् (उत्तम 中，单，体) 最高的。

अर्जुन उवाच।
अपरं भवतो जन्म परं जन्म विवस्वतः।
कथमेतद्विजानीयां त्वमादौ प्रोक्तवानिति॥४

阿周那说：
是你出生在后，
毗婆薮出生在前，
我怎么能理解，
你先宣讲这瑜伽？[①]（4）

解析：अर्जुनः (अर्जुन 阳，单，体) 阿周那。उवाच (√वच् 完成，单，三) 说。अपरम् (अपर 中，单，体) 后面的。भवतः (भवत् 阳，单，属) 您。जन्म (जन्मन् 中，单，体) 出生。परम् (पर 中，单，体) 前面的。जन्म (जन्मन् 中，单，体) 出生。विवस्वतः (विवस्वत् 阳，单，属) 毗婆薮。कथम् (不变词) 怎样。एतत् (एतद् 中，单，业) 这个，指黑天首先宣讲这瑜伽。विजानीयाम् (वि√ज्ञा 虚拟，单，一) 理解。त्वम् (त्वद् 单，体) 你。आदौ (आदि 阳，单，依) 开始，首先。प्रोक्तवान् (प्रोक्तवत् 阳，单，体) 宣讲。इति (不变词) 这样（说）。

श्रीभगवानुवाच।
बहूनि मे व्यतीतानि जन्मानि तव चार्जुन।
तान्यहं वेद सर्वाणि न त्वम् वेत्थ परंतप॥५

吉祥薄伽梵说：
你和我，阿周那啊！
都经历了许多生，
我知道所有这一切，
而你不知道这一切。（5）

[①] 毗婆薮是古已有之的太阳神，而黑天是阿周那的同时代人，因此阿周那这样提问。

解析：श्री（吉祥）-भगवान्（भगवत् 薄伽梵），复合词（阳，单，体），吉祥薄伽梵。उवाच（√वच् 完成，单，三）说。बहूनि（बहु 中，复，业）许多。मे（मद् 单，属）我。व्यतीतानि（व्यतीत 中，复，业）过去的。जन्मानि（जन्मन् 中，复，业）生。तव（त्वद् 单，属）你。च（不变词）和。अर्जुन（अर्जुन 阳，单，呼）阿周那。तानि（तद् 中，复，业）它，指生。अहम्（मद् 单，体）我。वेद（√विद् 完成，单，一）知道。सर्वाणि（सर्व 中，复，业）一切。न（不变词）不。त्वम्（त्वद् 单，体）你。वेत्थ（√विद् 完成，单，二）知道。परंतप（परंतप 阳，单，呼）折磨敌人者，阿周那。

अजो ऽपि सन्नव्ययात्मा भूतानामीश्वरो ऽपि सन्।
प्रकृतिं स्वामधिष्ठाय संभवाम्यात्ममायया॥६

尽管我不生，自我不变，
尽管我是一切众生之主，
我依然利用自己的原质，
凭借自己的幻力出生。[1]（6）

解析：अजः（अज 阳，单，体）不生。अपि（不变词）尽管。सन्（सत् 现分，阳，单，体）是。अव्यय（不变的）-आत्मा（आत्मन् 自我），复合词（阳，单，体），自我不变。भूतानाम्（भूत 中，复，属）万物，众生。ईश्वरः（ईश्वर 阳，单，体）主人。अपि（不变词）尽管。सन्（सत् 现分，阳，单，体）是。प्रकृतिम्（प्रकृति 阴，单，业）原质。स्वाम्（स्व 阴，单，业）自己。अधिष्ठाय（अधि√स्था 独立式）掌控。संभवामि（सम्√भू 现在，单，一）产生。आत्म（आत्मन् 自己）-मायया（माया 幻力），复合词（阴，单，具），自己的幻力。

यदा यदा हि धर्मस्य ग्लानिर्भवति भारत।
अभ्युत्थानमधर्मस्य तदात्मानं सृजाम्यहम्॥७

一旦正法衰落，
非法滋生蔓延，
婆罗多后裔啊！
我就创造自己[2]。（7）

---

[1] "不生"指原本存在，不生不灭。"幻力"指神秘的创造力，即利用原质创造一切。
[2] "创造自己"也就是"凭借自己的幻力出生"，即化身下凡。

解析：यदा（不变词）一旦。यदा（不变词）一旦。हि（不变词）确实。धर्मस्य（धर्म 阳，单，属）正法。ग्लानिः（ग्लानि 阴，单，体）衰落。भवति（√भू 现在，单，三）成为。भारत（भारत 阳，单，呼）婆罗多后裔。अभ्युत्थानम्（अभ्युत्थान 中，单，体）滋长。अधर्मस्य（अधर्म 阳，单，属）非法。तदा（不变词）那时。आत्मानम्（आत्मन् 阳，单，业）自己。सृजामि（√सृज् 现在，单，一）创造。अहम्（मद् 单，体）我。

परित्राणाय साधूनां विनाशाय च दुष्कृताम्।
धर्मसंस्थापनार्थाय संभवामि युगे युगे॥८

为了保护善良的人，
为了铲除邪恶的人，
为了正法得以确立，
我在各个时代降生[①]。（8）

解析：परित्राणाय（परित्राण 中，单，为）保护。साधूनाम्（साधु 阳，复，属）善人。विनाशाय（विनाश 阳，单，为）消灭，铲除。च（不变词）和。दुष्कृताम्（दुष्कृत् 阳，复，属）作恶者。धर्म（法）-संस्थापन（确立）-अर्थाय（अर्थ 为了），复合词（阳，单，为），为了确立正法。संभवामि（सम्√भू 现在，单，一）降生。युगे（युग 中，单，依）时代。युगे（युग 中，单，依）时代。

जन्म कर्म च मे दिव्यमेवं यो वेत्ति तत्त्वतः।
त्यक्त्वा देहं पुनर्जन्म नैति मामेति सो ऽर्जुन॥९

谁真正理解，阿周那啊！
我的神圣出生和行动，
这样的人抛弃身体后，
就不再生[②]，而归依我。（9）

解析：जन्म（जन्मन् 中，单，业）出生。कर्म（कर्मन् 中，单，业）行动。च（不变词）和。मे（मद् 单，属）我。दिव्यम्（दिव्य 中，单，业）神圣的。एवम्（不变词）这样。यः（यद् 阳，单，体）他。वेत्ति（√विद् 现在，单，三）理解。तत्त्वतस्（不变词）真正地。त्यक्त्वा（√त्यज् 独立式）放弃。देहम्（देह 阳或中，单，业）身体。पुनर्जन्म（पुनर्जन्मन् 中，

[①] 黑天是毗湿奴大神的化身。印度神话传说中，还记载有毗湿奴大神其他种种化身下凡的事迹。
[②] "不再生"指摆脱生死轮回。

单，业）再生。न（不变词）不。एति（√इ 现在，单，三）走向。माम्（मद् 单，业）我。एति（√इ 现在，单，三）来到，归依。सः（तद् 阳，单，体）他。अर्जुन（अर्जुन 阳，单，呼）阿周那。

वीतरागभयक्रोधा मन्मया मामुपाश्रिताः।
बहवो ज्ञानतपसा पूता मद्भावमागताः॥१०

摒弃激情、恐惧和愤怒，
沉浸于我，寻求我的庇护，
通过智慧苦行获得净化，
许多人进入我的存在。（10）

解析：वीत（摒弃）-राग（激情）-भय（恐惧）-क्रोधाः（क्रोध 愤怒），复合词（阳，复，体），摒弃激情、恐惧和愤怒。मद्（我）-मयाः（मय 充满，沉浸），复合词（阳，复，体），沉浸于我。माम्（मद् 单，业）我。उपाश्रिताः（उपाश्रित 阳，复，体）寻求庇护。बहवः（बहु 阳，复，体）许多。ज्ञान（智慧）-तपसा（तपस् 苦行），复合词（中，单，具），智慧的苦行。पूताः（पूत 阳，复，体）净化。मद्（我）-भावम्（भाव 存在），复合词（阳，单，业），我的存在。आगताः（आगत 阳，复，体）来到，进入。

ये यथा मां प्रपद्यन्ते तांस्तथैव भजाम्यहम्।
मम वर्त्मानुवर्तन्ते मनुष्याः पार्थ सर्वशः॥११

这样的人走向我，
我就会接纳他们，
阿周那啊！每个地方，
都有人追随我的道路。（11）

解析：ये（यद् 阳，复，体）他。यथा（不变词）这样。माम्（मद् 单，业）我。प्रपद्यन्ते（प्र√पद् 现在，复，三）走向。तान्（तद् 阳，复，业）他。तथा（不变词）这样。एव（不变词）就。भजामि（√भज् 现在，单，一）接纳。अहम्（मद् 单，体）我。मम（मद् 单，属）我。वर्त्म（वर्त्मन् 中，单，业）道路。अनुवर्तन्ते（अनु√वृत् 现在，复，三）追随。मनुष्याः（मनुष्य 阳，复，体）人。पार्थ（पार्थ 阳，单，呼）普利塔之子，阿周那。सर्वशस्（不变词）到处。

काङ्क्षन्तः कर्मणां सिद्धिं यजन्त इह देवताः।
क्षिप्रं हि मानुषे लोके सिद्धिर्भवति कर्मजा॥१२

渴望事业有成的人，
在这世上祭祀天神，
因为在这人类世界，
行动迅速产生成果。（12）

解析：काङ्क्षन्तः（काङ्क्षत् 现分，阳，复，体）渴望。**कर्मणाम्**（कर्मन् 中，复，属）事业。**सिद्धिम्**（सिद्धि 阴，单，业）成功。**यजन्ते**（√यज् 现在，复，三）祭祀。**इह**（不变词）此世。**देवताः**（देवता 阴，复，业）天神。**क्षिप्रम्**（不变词）迅速地。**हि**（不变词）因为。**मानुषे**（मानुष 阳，单，依）人类的。**लोके**（लोक 阳，单，依）世界。**सिद्धिः**（सिद्धि 阴，单，体）成果。**भवति**（√भू 现在，单，三）成为。**कर्म**（कर्मन् 行动）-**जा**（ज 产生），复合词（阴，单，体），行动产生的。

चातुर्वर्ण्यं मया सृष्टं गुणकर्मविभागशः।
तस्य कर्तारमपि मां विद्ध्यकर्तारमव्ययम्॥१३

按照性质和行动区别，
我创造了四种种姓；
尽管我是种姓创造者，
我依然不变，不行动。（13）

解析：चातुर्वर्ण्यम्（चातुर्वर्ण्य 中，单，体）四种姓。**मया**（मद् 单，具）我。**सृष्टम्**（सृष्ट 中，单，业）创造。**गुण**（性质）-**कर्म**（कर्मन् 行动）-**विभागशस्**（按照区别），复合词（不变词），按照性质和行为的区别。**तस्य**（तद् 中，单，属）它，指四种姓。**कर्तारम्**（कर्तृ 阳，单，业）创造者。**अपि**（不变词）尽管。**माम्**（मद् 单，业）我。**विद्धि**（√विद् 命令，单，二）知道。**अकर्तारम्**（अकर्तृ 阳，单，业）不行动者。**अव्ययम्**（अव्यय 阳，单，业）不变的。

न मां कर्माणि लिम्पन्ति न मे कर्मफले स्पृहा।
इति मां यो ऽभिजानाति कर्मभिर्न स बध्यते॥१४

一切行动不沾染我，

我也不贪求行动成果,
谁能够这样理解我,
他就不会受行动束缚。（14）

解析：न（不变词）不。माम्（मद् 单, 业）我。कर्माणि（कर्मन् 中, 复, 体）行动。लिम्पन्ति（√लिप् 现在, 复, 三）沾染。न（不变词）不。मे（मद् 单, 属）我。कर्म（कर्मन् 行动）-फले（फल 成果），复合词（中, 单, 依），行动成果。स्पृहा（स्पृहा 阴, 单, 体）贪求。इति（不变词）这样（想）。माम्（मद् 单, 业）我。यः（यद् 阳, 单, 体）他。अभिजानाति（अभि√ज्ञा 现在, 单, 三）理解。कर्मभिः（कर्मन् 中, 复, 具）行动。न（不变词）不。सः（तद् 阳, 单, 体）他。बध्यते（√बन्ध् 现在, 被, 单, 三）束缚。

एवं ज्ञात्वा कृतं कर्म पूर्वैरपि मुमुक्षुभिः।
कुरु कर्मैव तस्मात्त्वं पूर्वैः पूर्वतरं कृतम्॥ १५

你已知道从前古人
追求解脱,这样行动,
那么，像从前古人，
你就这样行动吧！（15）

解析：एवम्（不变词）这样。ज्ञात्वा（√ज्ञा 独立式）知道。कृतम्（कृत 中, 单, 业）做。कर्म（कर्मन् 中, 单, 业）行动。पूर्वैः（पूर्व 阳, 复, 具）古人。अपि（不变词）也。मुमुक्षुभिः（मुमुक्षु 阳, 复, 具）渴望解脱, 追求解脱。कुरु（√कृ 命令, 单, 二）做。कर्म（कर्मन् 中, 单, 业）行动。एव（不变词）就。तस्मात्（不变词）因此, 那么。त्वम्（त्वद् 单, 体）你。पूर्वैः（पूर्व 阳, 复, 具）古人。पूर्वतरम्（不变词）以前。कृतम्（कृत 中, 单, 业）做。

किं कर्म किमकर्मेति कवयो ऽप्यत्र मोहिताः।
तत्ते कर्म प्रवक्ष्यामि यज्ज्ञात्वा मोक्ष्यसे ऽशुभात्॥ १६

什么是行动和不行动？
甚至智者也感到困惑，
我将告诉你这种行动，
知道后，能摆脱罪恶。（16）

解析：किम्（किम् 中，单，体）什么。**कर्म**（कर्मन् 中，单，体）行动。**किम्**（किम् 中，单，体）什么。**अकर्म**（अकर्मन् 中，单，体）不行动。**इति**（不变词）这样（想）。**कवयः**（कवि 阳，复，体）智者。**अपि**（不变词）甚至。**अत्र**（不变词）在这方面。**मोहिताः**（मोहित 阳，复，体）困惑。**तत्**（तद् 中，单，业）这。**ते**（त्वद् 单，为）你。**कर्म**（कर्मन् 中，单，业）行动。**प्रवक्ष्यामि**（प्र√वच् 将来，单，一）说。**यत्**（यद् 中，单，业）这。**ज्ञात्वा**（√ज्ञा 独立式）知道。**मोक्ष्यसे**（√मुच् 将来，单，二）摆脱。**अशुभात्**（अशुभ 中，单，从）罪恶。

कर्मणो ह्यपि बोद्धव्यं बोद्धव्यं च विकर्मणः।
अकर्मणश्च बोद्धव्यं गहना कर्मणो गतिः॥१७

应该知道什么是行动，
什么是错误的行动，
还有什么是不行动，
而难点是行动方式。（17）

解析：कर्मणः（कर्मन् 中，单，属）行动。**हि**（不变词）确实。**अपि**（不变词）也。**बोद्धव्यम्**（बोद्धव्य 中，单，体）应该知道。**बोद्धव्यम्**（बोद्धव्य 中，单，体）应该知道。**च**（不变词）和。**विकर्मणः**（विकर्मन् 中，单，属）错误的行动。**अकर्मणः**（अकर्मन् 中，单，属）不行动。**च**（不变词）和。**बोद्धव्यम्**（बोद्धव्य 中，单，体）应该知道。**गहना**（गहन 阴，单，体）难懂的。**कर्मणः**（कर्मन् 中，单，属）行动。**गतिः**（गति 阴，单，体）方式。

कर्मण्यकर्म यः पश्येदकर्मणि च कर्म यः।
स बुद्धिमान्मनुष्येषु स युक्तः कृत्स्नकर्मकृत्॥१८

在行动中看到不行动，
在不行动①中看到行动，
他便是人中的智者，
无所不为的瑜伽行者。（18）

解析：कर्मणि（कर्मन् 中，单，依）行动。**अकर्म**（अकर्मन् 中，单，业）不行动。**यः**（यद् 阳，单，体）他。**पश्येत्**（√दृश् 虚拟，单，三）看。**अकर्मणि**（अकर्मन् 中，单，依）不行动。**च**（不变词）和。**कर्म**（कर्मन् 中，单，业）行动。**यः**（यद् 阳，单，体）他。**सः**（तद् 阳，单，体）他。**बुद्धिमान्**（बुद्धिमत् 阳，单，体）智者。**मनुष्येषु**（मनुष्य 阳，复，依）

---

① 这里所谓的"不行动"也就是不执著行动的成果。

人。सः（तद् 阳，单，体）他。युक्तः（युक्त 阳，单，体）瑜伽行者。कृत्स्न（所有的）-कर्म（कर्मन् 行为）-कृत（कृत 做），复合词（阳，单，体），无所不为的。

यस्य सर्वे समारम्भाः कामसंकल्पवर्जिताः।
ज्ञानाग्निदग्धकर्माणं तमाहुः पण्डितं बुधाः॥१९

如果从事一切行动，
而摆脱欲望和企图，
行动经过智火焚烧，
聪明人称他为智者。（19）

解析：यस्य（यद् 阳，单，属）他。सर्वे（सर्व 阳，复，体）一切。समारम्भाः（समारम्भ 阳，复，体）从事。काम（欲望）-संकल्प（意愿，企图）-वर्जिताः（वर्जित 摆脱），复合词（阳，复，体），摆脱欲望和企图。ज्ञान（智慧）-अग्नि（火）-दग्ध（烧）-कर्माणम्（कर्मन् 行动），复合词（阳，单，业），行动经过智火焚烧。तम्（तद् 阳，单，业）他。आहुः（√अह् 完成，复，三）说。पण्डितम्（पण्डित 阳，单，业）智者。बुधाः（बुध 阳，复，体）聪明人。

त्यक्त्वा कर्मफलासङ्गं नित्यतृप्तो निराश्रयः।
कर्मण्यभिप्रवृत्तोऽपि नैव किंचित्करोति सः॥२०

摒弃对成果的执著，
永远知足，无所依赖，
那么，即使从事行动，
他也没有做了什么。（20）

解析：त्यक्त्वा（√त्यज् 独立式）摒弃。कर्म（कर्मन् 行动）-फल（成果）-आसङ्गम्（आसङ्ग 执著），复合词（阳，单，业），对行动成果的执著。नित्य（永远）-तृप्तः（तृप्त 满足），复合词（阳，单，体），永远知足。निराश्रयः（निराश्रय 阳，单，体）无所依赖。कर्मणि（कर्मन् 中，单，依）行动。अभिप्रवृत्तः（अभिप्रवृत्त 阳，单，体）从事。अपि（不变词）即使。न（不变词）不。एव（不变词）确实。किंचित्（किंचित् 中，单，业）某个。करोति（√कृ 现在，单，三）做。सः（तद् 阳，单，体）他。

निराशीर्यतचित्तात्मा त्यक्तसर्वपरिग्रहः।
शारीरं केवलं कर्म कुर्वन्नाप्नोति किल्बिषम्॥२१

控制思想和自己,
摒弃执著,无所企求,
他仅仅是活动身体,
不会犯下什么罪过。(21)

解析：निराशीः（निराशिस् 阳，单，体）无所企求。यत（控制）-चित्त（思想）-आत्मा（आत्मन् 自己），复合词（阳，单，体），控制思想和自己。त्यक्त（摒弃）-सर्व（一切）-परिग्रहः（परिग्रह 执著），复合词（阳，单，体），摒弃一切执著。शारीरम्（शारीर 中，单，业）身体的。केवलम्（不变词）仅仅。कर्म（कर्मन् 中，单，业）活动。कुर्वन्（कुर्वत् 现分，阳，单，体）做。न（不变词）不。आप्नोति（√आप् 现在，单，三）获得，达到。किल्बिषम्（किल्बिष 中，单，业）罪过。

यदृच्छालाभसंतुष्टो द्वन्द्वातीतो विमत्सरः।
समः सिद्धावसिद्धौ च कृत्वापि न निबध्यते॥२२

满足于偶然所得,
超越对立,毫不妒忌,
对成败一视同仁,
他行动而不受束缚。(22)

解析：यदृच्छा（偶然）-लाभ（获得）-संतुष्टः（संतुष्ट 满足），复合词（阳，单，体），满足于偶然所得。द्वन्द्व（对立）-अतीतः（अतीत 超越），复合词（阳，单，体），超越对立。विमत्सरः（विमत्सर 阳，单，体）不妒忌。समः（सम 阳，单，体）平等。सिद्धौ（सिद्धि 阴，单，依）成功。असिद्धौ（असिद्धि 阴，单，依）失败。च（不变词）和。कृत्वा（√कृ 独立式）行动。अपि（不变词）即使。न（不变词）不。निबध्यते（नि√बन्ध् 现在，被，单，三）束缚。

गतसङ्गस्य मुक्तस्य ज्ञानावस्थितचेतसः।
यज्ञायाचरतः कर्म समग्रं प्रविलीयते॥२३

思想立足于智慧,
摒弃执著,摆脱束缚,

为了祭祀而行动,
他的行动完全融化。①（23）

解析：गत（摒弃）-सङ्गस्य（सङ्ग 执著），复合词（阳，单，属），摒弃执著。मुक्तस्य（मुक्त 阳，单，属）摆脱。ज्ञान（智慧）-अवस्थित（立足）-चेतसः（चेतस् 思想），复合词（阳，单，属），思想立足智慧。यज्ञाय（यज्ञ 阳，单，为）祭祀。आचरतः（आचरत् 现分，阳，单，属）行动。कर्म（कर्मन् 中，单，体）行动。समग्रम्（समग्र 中，单，体）全部。प्रविलीयते（प्र-वि√ली 现在，被，单，三）融化。

ब्रह्मार्पणं ब्रह्महविर्ब्रह्माग्नौ ब्रह्मणा हुतम्।
ब्रह्मैव तेन गन्तव्यं ब्रह्मकर्मसमाधिना॥२४

梵即祭供,梵即祭品,
梵将供品投入梵火,
谁能沉思梵即行动,
这样的人能达到梵。②（24）

解析：ब्रह्म（ब्रह्मन् 梵）-अर्पणम्（अर्पण 祭供），复合词（中，单，体），梵祭供。ब्रह्म（ब्रह्मन् 梵）-हविः（हविस् 祭品），复合词（中，单，体），梵祭品。ब्रह्म（ब्रह्मन् 梵）-अग्नौ（अग्नि 火），复合词（阳，单，依），梵火。ब्रह्मणा（ब्रह्मन् 中，单，具）梵。हुतम्（हुत 中，单，体）投入。ब्रह्म（ब्रह्मन् 中，单，体）梵。एव（不变词）确实。तेन（तद् 阳，单，具）他。गन्तव्यम्（गन्तव्य 中，单，体）达到。ब्रह्म（ब्रह्मन् 梵）-कर्म（कर्मन् 行动）-समाधिना（समाधि 沉思），复合词（阳，单，具），沉思梵即行动。

दैवमेवापरे यज्ञं योगिनः पर्युपासते।
ब्रह्माग्नावपरे यज्ञं यज्ञेनैवोपजुह्वति॥२५

一些瑜伽行者,
用祭祀祭供天神；
另一些瑜伽行者
用祭祀祭供梵火。（25）

---

① 为了祭祀而行动，因此，行动作为祭品，融化在祭火中。
② 《薄伽梵歌》将吠陀的祭祀概念扩大为广义的行动，乃至与梵等同。

解析：देवम्（देव 中，单，业）天神。एव（不变词）确实。अपरे（अपर 阳，复，体）其他。यज्ञम्（यज्ञ 阳，单，业）祭祀。योगिनः（योगिन् 阳，复，体）瑜伽行者。पर्युपासते（परि-उप√आस् 现在，复，三）侍奉。ब्रह्म（ब्रह्मन् 梵）-अग्नौ（अग्नि 火），复合词（阳，单，依），梵火。अपरे（अपर 阳，复，体）其他。यज्ञम्（यज्ञ 阳，单，业）祭祀。यज्ञेन（यज्ञ 阳，单，具）祭祀。एव（不变词）确实。उपजुह्वति（उप√हु 现在，复，三）献祭。

श्रोत्रादीनीन्द्रियाण्यन्ये संयमाग्निषु जुह्वति।
शब्दादीन्विषयानन्य इन्द्रियाग्निषु जुह्वति॥२६

有人用耳等感官，
祭供控制之火；
有人用声等对象，
祭供感官之火。[①]（26）

解析：श्रोत्र（耳）-आदीनि（आदि 等），复合词（中，复，业），耳等。इन्द्रियाणि（इन्द्रिय 中，复，业）感官。अन्ये（अन्य 阳，复，体）其他。संयम（控制）-अग्निषु（अग्नि 火），复合词（阳，复，依），控制之火。जुह्वति（√हु 现在，复，三）祭供。शब्द（声）-आदीन्（आदि 等），复合词（阳，复，业），声等。विषयान्（विषय 阳，复，业）感官对象。अन्ये（अन्य 阳，复，体）其他。इन्द्रिय（感官）-अग्निषु（अग्नि 火），复合词（阳，复，依），感官之火。जुह्वति（√हु 现在，复，三）祭供。

सर्वाणीन्द्रियकर्माणि प्राणकर्माणि चापरे।
आत्मसंयमयोगाग्नौ जुह्वति ज्ञानदीपिते॥२७

也有人用生命活动，
连同一切感官活动，
祭供由智慧点燃的、
自我控制的瑜伽之火。（27）

解析：सर्वाणि（सर्व 中，复，业）一切。इन्द्रिय（感官）-कर्माणि（कर्मन् 活动），复合词（中，复，业），感官活动。प्राण（生命）-कर्माणि（कर्मन् 活动），复合词（中，复，业），生命活动。च（不变词）和。अपरे（अपर 阳，复，体）其他。आत्म（आत्मन् 自我）-संयम（控制）-योग（瑜伽）-अग्नौ（अग्नि 火），复合词（阳，单，依），自我控制的瑜

[①] "耳等感官"是耳、眼、鼻、舌和身。"声等对象"是声、色、香、味和触。

伽之火。**जुह्वति**（√हु 现在，复，三）祭供。**ज्ञान**（智慧）-**दीपिते**（दीपित 点燃），复合词（阳，单，依），由智慧点燃的。

> द्रव्ययज्ञास्तपोयज्ञा योगयज्ञास्तथापरे।
> स्वाध्यायज्ञानयज्ञाश्च यतयः संशितव्रताः॥२८

同样，有些人用财物祭供，
用苦行祭供，用瑜伽祭供，
一些誓言严酷的苦行者，
用自己的学问知识祭供。（28）

解析：द्रव्य（财物）-**यज्ञाः**（यज्ञ 祭供），复合词（阳，复，体），用财物祭供。**तपस्**（苦行）-**यज्ञाः**（यज्ञ 祭供），复合词（阳，复，体），用苦行祭供。**योग**（瑜伽）-**यज्ञाः**（यज्ञ 祭供），复合词（阳，复，体），用瑜伽祭供。**तथा**（不变词）同样。**अपरे**（अपर 阳，复，体）其他。**स्वाध्याय**（诵习，学问）-**ज्ञान**（知识）-**यज्ञाः**（यज्ञ 祭供），复合词（阳，复，体），用学问和知识祭供。**च**（不变词）和。**यतयः**（यति 阳，复，体）苦行者。**संशित**（严酷）-**व्रताः**（व्रत 誓言），复合词（阳，复，体），誓言严酷。

> अपाने जुह्वति प्राणं प्राणेऽपानं तथापरे।
> प्राणापानगती रुद्ध्वा प्राणायामपरायणाः॥२९

一些人注重调息，
控制吸气和呼气，
用吸气祭供呼气，
用呼气祭供吸气。（29）

解析：अपाने（अपान 阳，单，依）呼气。**जुह्वति**（√हु 现在，复，三）祭供。**प्राणम्**（प्राण 阳，单，业）吸气。**प्राणे**（प्राण 阳，单，依）吸气。**अपानम्**（अपान 阳，单，业）呼气。**तथा**（不变词）同样。**अपरे**（अपर 阳，复，体）其他。**प्राण**（吸气）-**अपान**（呼气）-**गती**（गति 活动），复合词（阴，双，业），呼吸活动。**रुद्ध्वा**（√रुध् 独立式）控制。**प्राण**（呼吸）-**आयाम**（调节）-**परायणाः**（परायण 专心，注重），复合词（阳，复，体），注重调息。

अपरे नियताहाराः प्राणान्प्राणेषु जुह्वति।
सर्वेऽप्येते यज्ञविदो यज्ञक्षपितकल्मषाः॥३०

一些人控制饮食，
用呼吸祭供呼吸，
所有懂得祭祀的人，
用祭祀消除罪恶。（30）

解析：अपरे（अपर 阳，复，体）其他。नियत（控制）-आहाराः（आहार 饮食），复合词（阳，复，体），控制饮食。प्राणान्（प्राण 阳，复，业）呼吸。प्राणेषु（प्राण 阳，复，依）呼吸。जुह्वति（√हु 现在，复，三）祭供。सर्वे（सर्व 阳，复，体）所有。अपि（不变词）也。एते（एतद् 阳，复，体）这。यज्ञ（祭祀）-विदः（विद् 懂得），复合词（阳，复，体），懂得祭祀的。यज्ञ（祭祀）-क्षपित（消除）-कल्मषाः（कल्मष 罪恶），复合词（阳，复，体），用祭祀消除罪恶。

यज्ञशिष्टामृतभुजो यान्ति ब्रह्म सनातनम्।
नायं लोकोऽस्त्ययज्ञस्य कुतोऽन्यः कुरुसत्तम॥३१

享受祭祀剩余的甘露[①]，
这些人达到永恒的梵；
这个世界不属于不祭祀者，
何况另一个世界？[②]阿周那啊！（31）

解析：यज्ञ（祭祀）-शिष्ट（剩余的）-अमृत（甘露）-भुजः（भुज् 享受），复合词（阳，复，体），享受祭祀剩余的甘露。यान्ति（√या 现在，复，三）达到，走向。ब्रह्म（ब्रह्मन् 中，单，业）梵。सनातनम्（सनातन 中，单，业）永恒的。न（不变词）不。अयम्（इदम् 阳，单，体）这。लोकः（लोक 阳，单，体）世界。अस्ति（√अस् 现在，单，三）是。अयज्ञस्य（अयज्ञ 阳，单，属）不祭祀者。कुतस्（不变词）哪里。अन्यः（अन्य 阳，单，体）其他的。कुरु（俱卢族）-सत्तम（सत्तम 最好的），复合词（阳，单，呼），俱卢族俊杰，阿周那。

[①] "甘露"指喝下后能长生不老的仙液。这里用以比喻祭祀后剩下的食物。其含义与第3章第13颂相同。

[②] "何况另一个世界？"可以实指不祭祀者死后不能进入天国世界，也可以喻指不祭祀者不能像祭祀者那样获得解脱。

एवं बहुविधा यज्ञा वितता ब्रह्मणो मुखे।
कर्मजान्विद्धि तान्सर्वानेवं ज्ञात्वा विमोक्ष्यसे॥३२

种种祭祀展现梵面前,
它们全都产生于行动;
你应该知道这一切,
知道后,就能获得解脱。（32）

解析：एवम्（不变词）这样。बहु（许多）-विधाः（विध 种类），复合词（阳，复，体），种种。यज्ञाः（यज्ञ 阳，复，体）祭祀。वितताः（वितत 阳，复，体）展现。ब्रह्मणः（ब्रह्मन् 中，单，属）梵。मुखे（मुख 中，单，依）面前。कर्म（कर्मन् 行动）-जान्（ज 生），复合词（阳，复，业），产生于行动。विद्धि（√विद् 命令，单，二）知道。तान्（तद् 阳，复，业）它。सर्वान्（सर्व 阳，复，业）一切。एवम्（不变词）这样。ज्ञात्वा（√ज्ञा 独立式）知道。विमोक्ष्यसे（वि√मुच् 将来，单，二）解脱。

श्रेयान्द्रव्यमयाद्यज्ञाज्ज्ञानयज्ञः परंतप।
सर्वं कर्माखिलं पार्थ ज्ञाने परिसमाप्यते॥३३

智慧的祭祀胜于
一切物质的祭祀;
一切行动,阿周那啊!
在智慧中达到圆满。（33）

解析：श्रेयान्（श्रेयस् 阳，单，体）更好的。द्रव्य（物质）-मयात्（मय 构成），复合词（阳，单，从），物质构成的。यज्ञात्（यज्ञ 阳，单，从）祭祀。ज्ञान（智慧）-यज्ञः（यज्ञ 祭祀），复合词（阳，单，体），智慧的祭祀。परंतप（परंतप 阳，单，呼）折磨敌人者,阿周那。सर्वम्（सर्व 中，单，体）一切。कर्म（कर्मन् 中，单，体）行动。अखिलम्（अखिल 中，单，体）全部。पार्थ（पार्थ 阳，单，呼）普利塔之子,阿周那。ज्ञाने（中，单，依）智慧。परिसमाप्यते（परि-सम्√आप् 现在，被，单，三）达到。

तद्विद्धि प्रणिपातेन परिप्रश्नेन सेवया।
उपदेक्ष्यन्ति ते ज्ञानं ज्ञानिनस्तत्त्वदर्शिनः॥३४

要知道,通过虔敬,
通过询问和侍奉,

洞悉真谛的智者，
会把智慧教给你。（34）

解析：तत्（तद् 中，单，业）这个。विद्धि（√विद् 命令，单，二）知道。प्रणिपातेन（प्रणिपात 阳，单，具）虔诚。परिप्रश्नेन（परिप्रश्न 阳，单，具）询问。सेवया（सेवा 阴，单，具）侍奉。उपदेक्ष्यन्ति（उप√दिश् 将来，复，三）教。ते（त्वद् 单，为）你。ज्ञानम्（ज्ञान 中，单，业）智慧。ज्ञानिनः（ज्ञानिन् 阳，复，体）智者。तत्त्व（真谛）-दर्शिनः（दर्शिन् 洞悉），复合词（阳，复，体），洞悉真谛的。

यज्ज्ञात्वा न पुनर्मोहमेवं यास्यसि पाण्डव।
येन भूतान्यशेषेण द्रक्ष्यस्यात्मन्यथो मयि॥३५

知道了这一切，阿周那啊！
你就不再会这样愚痴，
就会看到所有一切众生，
都在自我之中，在我之中。①（35）

解析：यत्（यद् 中，单，业）这个。ज्ञात्वा（√ज्ञा 独立式）知道。न（不变词）不。पुनर्（不变词）再。मोहम्（मोह 阳，单，业）愚痴。एवम्（不变词）这样。यास्यसि（√या 将来，单，二）走向。पाण्डव（पाण्डव 阳，单，呼）般度之子，阿周那。येन（यद् 中，单，具）这个。भूतानि（भूत 中，复，业）众生。अशेषेण（अशेष 阳，单，具）无余，全部。द्रक्ष्यसि（√दृश् 将来，单，二）看。आत्मनि（आत्मन् 阳，单，依）自我。अथो（不变词）然后，也。मयि（मद् 单，依）我。

अपि चेदसि पापेभ्यः सर्वेभ्यः पापकृत्तमः।
सर्वं ज्ञानप्लवेनैव वृजिनं संतरिष्यसि॥३६

即使你犯有罪恶，
比一切罪人更有罪，
只要登上智慧之船，
就能越过一切罪恶。（36）

---

① "自我"指阿周那的自我。"我"指黑天。这里意谓一切众生的自我与阿周那的自我同一，与黑天同一。

94　梵语文学读本

解析：अपि（不变词）即使。चेद्（不变词）如果。असि（√अस् 现在，单，二）是。पापेभ्यः（पाप 阳，复，从）罪人。सर्वेभ्यः（सर्व 阳，复，从）一切。पाप（罪恶）-कृत（做）-तमः（तम 最），复合词（阳，单，体），犯更大罪的，罪大恶极。सर्वम्（सर्व 中，单，业）一切。ज्ञान（智慧）-प्लवेन（प्लव 船），复合词（阳，单，具），智慧之船。एव（不变词）确实。वृजिनम्（वृजिन 中，单，业）罪恶。संतरिष्यसि（सम्√तृ 将来，单，二）越过。

यथैधांसि समिद्धो ऽग्निर्भस्मसात्कुरुते ऽर्जुन।
ज्ञानाग्निः सर्वकर्माणि भस्मसात्कुरुते तथा॥३७

正如燃烧的烈火，
将木柴化为灰烬，
智慧之火，阿周那啊！
将一切行动化为灰烬。[①]（37）

解析：यथा（不变词）正如。एधांसि（एधस् 中，复，业）木柴。समिद्धः（समिद्ध 阳，单，体）燃烧的。अग्निः（अग्नि 阳，单，体）火。भस्मसात्（不变词）变成灰。कुरुते（√कृ 现在，单，三）做。अर्जुन（अर्जुन 阳，单，呼）阿周那。ज्ञान（智慧）-अग्निः（अग्नि 火），复合词（阳，单，体），智慧之火。सर्व（一切）-कर्माणि（कर्मन् 行动），复合词（中，复，业），一切行动。भस्मसात्（不变词）变成灰。कुरुते（√कृ 现在，单，三）做。तथा（不变词）同样。

न हि ज्ञानेन सदृशं पवित्रमिह विद्यते।
तत्स्वयं योगसंसिद्धः कालेनात्मनि विन्दति॥३८

在这世上，哪里也找不到
像智慧这样的净化者，
通过瑜伽获得成功的人，
自己在自我中找到它。（38）

解析：न（不变词）不。हि（不变词）确实。ज्ञानेन（ज्ञान 中，单，具）智慧。सदृशम्（सदृश 中，单，体）同样的。पवित्रम्（पवित्र 中，单，体）净化者。इह（不变词）世上。

[①] 行动在智慧之火中化为灰烬，也就是不执著行动成果。

विद्यते（√विद् 现在，单，三）存在。तत्（तद् 中，单，业）它，指净化者。स्वयम्（不变词）自己。योग（瑜伽）-संसिद्धः（संसिद्ध 成功），复合词（阳，单，体），通过瑜伽获得成功。कालेन（काल 阳，单，具）时间，届时。आत्मनि（आत्मन् 阳，单，依）自我。विन्दति（√विद् 现在，单，三）找到。

श्रद्धावाँल्लभते ज्ञानं तत्परः संयतेन्द्रियः।
ज्ञानं लब्ध्वा परां शान्तिमचिरेणाधिगच्छति॥३९

怀抱信仰，控制感官，
专心致志，获得智慧，
这种获得智慧的人，
很快就达到最高的平静。（39）

解析：श्रद्धावान्（श्रद्धावत् 阳，单，体）有信仰。लभते（√लभ् 现在，单，三）获得。ज्ञानम्（ज्ञान 中，单，业）智慧。तत्परः（तत्पर 阳，单，体）专注。संयत（控制）-इन्द्रियः（इन्द्रिय 感官），复合词（阳，单，体），控制感官。ज्ञानम्（ज्ञान 中，单，业）智慧。लब्ध्वा（√लभ् 独立式）获得。पराम्（पर 阴，单，业）最高的。शान्तिम्（शान्ति 阴，单，业）平静。अचिरेण（不变词）很快。अधिगच्छति（अधि√गम् 现在，单，三）达到。

अज्ञश्चाश्रद्दधानश्च संशयात्मा विनश्यति।
नायं लोको ऽस्ति न परो न सुखं संशयात्मनः॥४०

没有智慧，没有信仰，
自我怀疑，走向毁灭，
此世、彼世和幸福，
都不属于自我怀疑者。（40）

解析：अज्ञः（अज्ञ 阳，单，体）无知。च（不变词）和。अश्रद्दधानः（अश्रद्दधान 阳，单，体）无信仰。च（不变词）和。संशय（怀疑）-आत्मा（आत्मन् 自我），复合词（阳，单，体），自我怀疑。विनश्यति（वि√नश् 现在，单，三）毁灭。न（不变词）不。अयम्（इदम् 阳，单，体）这。लोकः（लोक 阳，单，体）世界。अस्ति（√अस् 现在，单，三）是。न（不变词）不。परः（पर 阳，单，体）另外的。न（不变词）不。सुखम्（सुख 中，单，体）幸福。संशय（怀疑）-आत्मनः（आत्मन् 自我），复合词（阳，单，属），自我怀疑者。

योगसंन्यस्तकर्माणं ज्ञानसंछिन्नसंशयम्।
आत्मवन्तं न कर्माणि निबध्नन्ति धनंजय॥४१

用瑜伽弃绝行动，
用智慧斩断疑惑，
把握住自我的人，
不会受行动束缚。（41）

解析：योग（瑜伽）-संन्यस्त（弃绝）-कर्माणम्（कर्मन् 行动），复合词（阳，单，业），用瑜伽弃绝行动。ज्ञान（智慧）-संछिन्न（斩断）-संशयम्（संशय 怀疑），复合词（阳，单，业），用智慧斩断疑惑。आत्मवन्तम्（आत्मवत् 阳，单，业）把握自我的。न（不变词）不。कर्माणि（कर्मन् 中，复，体）行动。निबध्नन्ति（नि√बन्ध् 现在，复，三）束缚。धनंजय（धनंजय 阳，单，呼）阿周那。

तस्मादज्ञानसंभूतं हृत्स्थं ज्ञानासिनात्मनः।
छित्त्वैनं संशयं योगमातिष्ठोत्तिष्ठ भारत॥४२

因此，用智慧之剑斩断
自己心中无知的疑惑，
婆罗多后裔阿周那啊！
立足瑜伽，站起来吧！（42）

解析：तस्मात्（不变词）因此。अज्ञान（无知）-संभूतम्（संभूत 产生），复合词（阳，单，业），无知产生的。हृद्（心）-स्थम्（स्थ 处在），复合词（阳，单，业），心中的。ज्ञान（智慧）-असिना（असि 剑），复合词（阳，单，具），智慧之剑。आत्मनः（आत्मन् 阳，单，属）自己。छित्त्वा（√छिद् 独立式）斩断。एनम्（एतद् 阳，单，业）这。संशयम्（संशय 阳，单，业）怀疑。योगम्（योग 阳，单，业）瑜伽。आतिष्ठ（आ√स्था 命令，单，二）立足。उत्तिष्ठ（उद्√स्था 命令，单，二）站立。भारत（भारत 阳，单，呼）婆罗多后裔，阿周那。

बुद्धचरित

佛 所 行 赞

  《佛所行赞》（Buddhacarita）的作者是马鸣（Aśvaghoṣa，一、二世纪）。他是著名的佛教诗人和戏剧家，流传于世的作品除了这部叙事诗《佛所行赞》外，还有另一部叙事诗《美难陀传》和三部戏剧残本。

  《佛所行赞》叙述佛陀释迦牟尼从诞生直至涅槃的生平传说。据古代汉译本和藏译本，全诗共有二十八品。但梵文原本残存前十四品。这前十四品的主要内容是描写佛陀降生为释迦族王子，从小享有荣华富贵。成年后，他与耶输陀罗结婚，生子罗睺罗。后来，他三次出宫游览，第一次遇见一个老人，第二次遇见一个病人，第三次遇见一个死人。他大惑不解：为何面对这些人生不可避免的痛苦，世人毫无知觉。他的父亲净饭王为了防止他厌世出家，安排成群美女诱惑他耽于感官享乐。而他深感人生无常，毫不动心，毅然出家寻求解脱之道。此后，他访师求道，也曾修炼严酷的苦行，都未能获得解脱之道。最后，他盘坐在一棵菩提树下潜心修道。他战胜摩罗及其魔军的侵扰，专心禅思，终于大彻大悟，得道成佛。

  《佛所行赞》是古典梵语叙事诗的早期典范作品，结构严谨，语言纯净，修辞丰富，文体优美。唐义净在《南海寄归内法传》中称赞《佛所行赞》"意明字少而摄义能多，复令读者心悦忘倦，又复纂持圣教能生福利"。

  下面选读《佛所行赞》的第一、第二和第三章。原文依据约翰斯顿（E. H. Johnston）编订本（Aśvaghoṣa's Buddhacarita, or Acts of the Buddha, Lahore, 1936）。

प्रथमः सर्गः

第 一 章

तस्मिन्वने श्रीमति राजपत्नी प्रसूतिकालं समवेक्षमाणा।
शय्यां वितानोपहितां प्रपेदे नारीसहस्रैरभिनन्द्यमाना॥८॥[①]

在那个吉祥的园林中，
王后眼看分娩时刻来临，
走向挂有帐幔的床榻，
数以千计妇女欢欣鼓舞。（8）

解析：तस्मिन्（तद् 中，单，依）那个。वने（वन 中，单，依）树林，园林。श्रीमति（श्रीमत् 中，单，依）吉祥的。राज（राजन् 国王）-पत्नी（妻子），复合词（阴，单，体），王后。प्रतिसूति（分娩）-कालम्（काल 时间），复合词（阳，单，业），分娩时间。समवेक्षमाणा（समवेक्षमाण 现分，阴，单，体）看到。शय्याम्（शय्या 阴，单，业）床榻。वितान（帐幔）-उपहिताम्（उपहित 安装），复合词（阴，单，业），挂有帐幔。प्रपेदे（प्र√पद् 完成，单，三）走到。नारी（妇女）-सहस्रैः（सहस्र 千），复合词（中，复，具），成千妇女。अभिनन्द्यमाना（अभिनन्द्यमान 现分，被，阴，单，体）欢喜，欢迎。

ततः प्रसन्नश्च बभूव पुष्यस्तस्याश्च देव्या व्रतसंस्कृतायाः।
पार्श्वात्सुतो लोकहिताय जज्ञे निर्वेदनं चैव निरामयं च॥९॥

然后，弗沙星清静安宁，
这位持戒修行的王后，
从自己胁部，无病无痛，
生下儿子，为世界造福。（9）

解析：ततस्（不变词）然后。प्रसन्नः（प्रसन्न 阳，单，体）清净。च（不变词）和。बभूव（√भू 完成，单，三）是。पुष्यः（पुष्य 阳，单，体）弗沙星，鬼宿。तस्याः（तद् 阴，单，属）她。च（不变词）和。देव्याः（देवी 阴，单，属）王后。व्रत（戒行）-संस्कृतायाः

[①] 原文抄本缺失前 7 颂。

（संस्कृत 修习），复合词（阴，单，属），持戒修行。पार्श्वात्（पार्श्व 阳，单，从）胁部。सुतः（सुत 阳，单，体）儿子。लोक（世间）-हिताय（हित 利益），复合词（中，单，为），世间利益。जज्ञे（√जन् 完成，单，三）出生。निर्वेदनम्（不变词）无痛。च（不变词）和。एव（不变词）确实。निरामयम्（不变词）无病。च（不变词）和。

> ऊरोर्यथौर्वस्य पृथोश्च हस्तान्मान्धातुरिन्द्रप्रतिमस्य मूर्ध्नः।
> कक्षीवतश्चैव भुजांसदेशात्तथाविधं तस्य बभूव जन्म॥१०॥

> 这位王子这样出生，就好像
> 优留仙人生自股部，普利图王
> 生自手，媲美因陀罗的曼多利
> 生自头顶，迦克希凡生自腋下。①（10）

解析： ऊरोः（ऊरु 阳，单，从）大腿。यथा（不变词）如同。और्वस्य（और्व 阳，单，属）优留。पृथोः（पृथु 阳，单，属）普利图。च（不变词）和。हस्तात्（हस्त 阳，单，从）手。मान्धातुः（मान्धातृ 阳，单，属）曼多利。इन्द्र（因陀罗）-प्रतिमस्य（प्रतिमा 如同），复合词（阳，单，属），如同因陀罗。मूर्ध्नः（मूर्धन् 阳，单，从）头顶。कक्षीवतः（कक्षीवत् 阳，单，属）迦克希凡。च（不变词）和。एव（不变词）确实。भुज（手臂）-अंस（肩）-देशात्（देश 部位），复合词（阳，单，从），腋。तथाविधम्（तथाविध 中，单，体）这样的。तस्य（तद् 阳，单，属）他。बभूव（√भू 完成，单，三）是。जन्म（जन्मन् 中，单，体）诞生。

> क्रमेण गर्भादभिनिःसृतः सन् बभौ च्युतः खादिव योन्यजातः।
> कल्पेष्वनेकेषु च भावितात्मा यः संप्रजानन्सुषुवे न मूढः॥११॥

> 他渐渐从胎藏出现，光彩熠熠，
> 仿佛自天而降，而非出自阴门；
> 他已亲身经历许多劫的净化，
> 一生下就是知者，而不愚昧。（11）

解析： क्रमेण（क्रम 阳，单，具）渐渐。गर्भात्（गर्भ 阳，单，从）子宫，胎藏。अभिनिःसृतः（अभिनिःसृत 阳，单，体）出来。सन्（सत् 现分，阳，单，体）是。बभौ（√भा 完成，单，三）闪光。च्युतः（च्युत 阳，单，体）落下。खात्（ख 中，单，从）天空。इव（不

---
① 优留和迦克希凡是著名仙人。普利图和曼多利是著名国王。

变词）如同。**योनि**（子宫）**-अजातः**（अजात 不出生），复合词（阳，单，体），不生自子宫。**कल्पेषु**（कल्प 阳，复，依）劫。**अनेकेषु**（अनेक 阳，复，依）许多。**च**（不变词）和。**भावित**（净化）**-आत्मा**（आत्मन् 自身），复合词（阳，单，体），自身经过净化。**यः**（यद् 阳，单，体）他。**संप्रजानन्**（संप्रजानत् 现分，阳，单，体）知者。**सुषुवे**（√सू 完成，单，三）生下。**न**（不变词）不。**मूढः**（मूढ 阳，单，体）愚昧。

दीप्त्या च धैर्येण च यो रराज बालो रविर्भूमिमिवावतीर्णः।
तथातिदीप्तो ऽपि निरीक्ष्यमाणो जहार चक्षूंषि यथा शशाङ्कः॥१२॥

他光辉而稳定，似初升的
太阳降临大地，闪闪发光，
即使看似光芒强烈，仍像
月亮那样吸引人们的目光。（12）

解析：**दीप्त्या**（दीप्ति 阴，单，具）光辉。**च**（不变词）和。**धैर्येण**（धैर्य 中，单，具）坚定。**च**（不变词）和。**यः**（यद् 阳，单，体）他。**रराज**（√राज 完成，单，三）发光。**बालः**（बाल 阳，单，体）初升的。**रविः**（रवि 阳，单，体）太阳。**भूमिम्**（भूमि 阴，单，业）大地。**इव**（不变词）如同。**अवतीर्णः**（अवतीर्ण 阳，单，体）降临。**तथा**（不变词）这样。**अतिदीप्तः**（अतिदीप्त 阳，单，体）光芒强烈。**अपि**（不变词）即使。**निरीक्ष्यमाणः**（निरीक्ष्यमाण 现分，被，阳，单，体）看。**जहार**（√हृ 完成，单，三）捕捉。**चक्षूंषि**（चक्षुस् 中，复，业）眼睛。**यथा**（不变词）如同。**शशाङ्कः**（शशाङ्क 阳，单，体）月亮。

स हि स्वगात्रप्रभयोज्ज्वलन्त्या दीपप्रभां भास्करवन्मुमोष।
महार्हजाम्बूनदचारुवर्णो विद्योतयामास दिशश्च सर्वाः॥१३॥

肤色优美，似宝贵的黄金，
凭借自己肢体闪耀的光芒，
如同明亮的太阳，夺走了
灯的光芒，照亮所有方向。（13）

解析：**स**（तद् 阳，单，体）他。**हि**（不变词）因为。**स्व**（自己）**-गात्र**（肢体）**-प्रभया**（प्रभा 光芒），复合词（阴，单，具），自己肢体的光芒。**उज्ज्वलन्त्या**（उज्ज्वलत् 现分，阴，单，具）闪耀。**दीप**（灯）**-प्रभाम्**（प्रभा 光芒），复合词（阴，单，业），灯的光芒。**भास्करवत्**（不变词）如同太阳。**मुमोष**（√मुष् 完成，单，三）偷走，夺走。**महा**（大）

-अर्ह（价值）-जाम्बूनद（黄金）-चारु（可爱）-वर्णः（वर्ण 肤色），复合词（阳，单，体），肤色可爱如同宝贵的黄金。विद्योतयामास（वि√द्युत् 致使，完成，单，三）照亮。दिशः（दिश् 阴，复，业）方向。च（不变词）和。सर्वाः（सर्व 阴，复，业）所有。

अनाकुलान्युज्जसमुद्धृतानि निष्पेषवद्व्यायतविक्रमाणि।
तथैव धीराणि पदानि सप्त सप्तर्षितारासदृशो जगाम॥१४॥

他走了坚定的七步，
如同七仙人星宿，
踩步和举步不混乱，
跨出的大步沉着有力。（14）

解析：अनाकुलानि（अनाकुल 中，复，业）不混乱的。उज्ज（向下踩）-समुद्धृतानि（समुद्धृत 抬起），复合词（中，复，业），踩步和举步。निष्पेषवत्（不变词）如同碾压。व्यायत（伸展）-विक्रमाणि（विक्रम 步伐），复合词（中，复，业），迈步。तथा（不变词）这样。एव（不变词）确实。धीराणि（धीर 中，复，业）坚定的。पदानि（पद 中，复，业）步。सप्त（सप्तन् 中，复，业）七。सप्त（सप्तन् 七）-ऋषि（仙人）-तारा（星）-सदृशः（सदृश 如同），复合词（阳，单，体），如同七仙人星。जगाम（√गम् 完成，单，三）走。

बोधाय जातो ऽस्मि जगद्धितार्थमन्त्या भवोत्पत्तिरियं ममेति।
चतुर्दिशं सिंहगतिर्विलोक्य वाणीं च भव्यार्थकरीमुवाच॥१५॥

他迈着狮步，环视四方，
说出意义吉祥的话：
"这是我最后一次出生，
为求觉悟，造福世界。"（15）

解析：बोधाय（बोध 阳，单，为）觉悟。जातः（जात 阳，单，体）出生。अस्मि（√अस् 现在，单，一）是。जगत्（世界）-हित（利益）-अर्थम्（为了），复合词（不变词），为了世界利益。अन्त्या（अन्त्य 阴，单，体）最后的。भव（存在）-उत्पत्तिः（उत्पत्ति 出生），复合词（阴，单，体），出生。इयम्（इदम् 阴，单，体）这。मम（मद् 单，属）我。इति（不变词）这样（说）。चतुर्（四）-दिशम्（दिश् 方向），复合词（阴，单，业），四方。सिंह（狮子）-गतिः（गति 步姿），复合词（阴，单，体），狮步。विलोक्य（वि√लोक् 独立式）观看。वाणीम्（वाणी 阴，单，业）话语。च（不变词）和。भव्य（吉祥）-अर्थ（意

义)-करीम् (कर 产生)，复合词（阴，单，业），产生吉祥意义。उवाच (√वच् 完成，单，三) 说。

खात्प्रसुते चन्द्रमरीचिशुभ्रे द्वे वारिधारे शिशिरोष्णवीर्ये।
शरीरसंस्पर्शसुखान्तराय निपेततुर्मूर्धनि तस्य सौम्ये॥१६॥

从空中流下两道水流，
清凉和温热，清澈似月光，
浇灌在他可爱的头顶上，
接触身体，令他舒服愉快。（16）

解析：खात् (ख 中，单，从) 天空。प्रसुते (प्रसुत 阴，双，体) 流出。चन्द्र (月)-मरीचि (光)-शुभ्रे (शुभ्र 纯洁，清澈)，复合词（阴，双，体），清澈似月光。द्वे (द्वि 阴，双，体) 二。वारि (水)-धारे (धारा 流)，复合词（阴，双，体），水流。शिशिर (凉)-उष्ण (热)-वीर्ये (वीर्य 能力)，复合词（阴，双，体），清凉和温热。शरीर (身体)-संस्पर्श (接触)-सुख (快乐)-अन्तराय (अन्तर 意图)，复合词（中，单，为），以便接触身体而快乐。निपेततुः (नि√पत् 完成，双，三) 落下。मूर्धनि (मूर्धन् 阳，单，依) 头顶。तस्य (तद् 阳，单，属) 他。सौम्ये (सौम्य 阳，单，依) 可爱的。

श्रीमद्वितानि कनकोज्ज्वलाङ्गे वैडूर्यपादे शयने शयानम्।
यद्गौरवात्काञ्चनपद्महस्ता यक्षाधिपाः संपरिवार्य तस्थुः॥१७॥

他躺在挂有华丽帐幔的床榻上，
床架闪烁金光，床脚镶嵌琉璃，
众位药叉王①出于对他的崇敬，
手持金色莲花，侍立在周围。（17）

解析：श्रीमत् (华丽的)-वितानि (वितान 帐幔)，复合词（中，单，依），华丽帐幔。कनक (金子)-उज्ज्वल (闪光的)-अङ्गे (अङ्ग 肢体)，复合词（中，单，依），床架金光闪耀。वैडूर्य (琉璃)-पादे (पाद 脚)，复合词（中，单，依），床脚镶嵌琉璃。शयने (शयन 中，单，依) 床。शयानम् (शयान 现分，阳，单，业) 躺。यद् (他)-गौरवात् (गौरव 尊敬)，复合词（中，单，从），对他的尊敬。काञ्चन (金色)-पद्म (莲花)-हस्ताः (हस्त

---

① 药叉属于半神类，侍奉财神俱比罗。

手），复合词（阳，复，体），手持金色莲花。**यक्ष**（药叉）-**अधिपाः**（अधिप 王），复合词（阳，复，体），药叉王。**संपरिवार्य**（सम्-परि√वृ 致使，独立式）围绕。**तस्थुः**（√स्था 完成，复，三）站立。

****श्च^① दिवौकसः खे यस्य प्रभावात्प्रणतैः शिरोभिः।
आधारयन् पाण्डरमातपत्रं बोधाय जेपुः परमाशिषश्च॥१८॥

鉴于他的威力，众天神
在空中执持白色华盖，
俯首默念至高祝祷，
为了让他达到觉悟。（18）

解析：च（不变词）和。**दिव**（天）-**ओकसः**（ओकस् 住处），复合词（阳，复，体），天神。**खे**（ख 中，单，依）天空。**यस्य**（यद् 阳，单，属）他。**प्रभावात्**（प्रभाव 阳，单，从）威力。**प्रणतैः**（प्रणत 中，复，具）俯下。**शिरोभिः**（शिरस् 中，复，具）头。**आधारयन्**（आ√धृ 未完，复，三）执持。**पाण्डरम्**（पाण्डर 中，单，业）白色。**आतपत्रम्**（आतपत्र 中，单，业）华盖。**बोधाय**（बोध 阳，单，为）觉悟。**जेपुः**（√जप् 完成，复，三）默祷。**परम**（至高）-**आशिषः**（आशिस् 祝福），复合词（阴，复，业），至高祝福。**च**（不变词）和。

महोरगा धर्मविशेषतर्षाद्बुद्धेष्वतीतेषु कृताधिकाराः।
यमव्यजन् भक्तिविशिष्टनेत्रा मन्दारपुष्पैः समवाकिरंश्च॥१९॥

众蛇王曾侍奉众多过去佛，
它们渴望获得特殊的法道，
眼睛中饱含虔诚的感情，
为他扇风，又撒下曼陀罗花。（19）

解析：महा（大）-**उरगाः**（उरग 蛇），复合词（阳，复，体），蛇王。**धर्म**（法）-**विशेष**（特殊）-**तर्षात्**（तर्ष 渴望），复合词（阳，单，从），渴望特殊的法。**बुद्धेषु**（बुद्ध 阳，复，依）佛。**अतीतेषु**（अतीत 阳，复，依）过去。**कृत**（做）-**अधिकाराः**（अधिकार 供奉），复合词（阳，复，体），侍奉。**यम**（यद् 阳，单，业）他。**अव्यजन्**（√व्यज् 未完，复，三）扇风。**भक्ति**（虔诚）-**विशिष्ट**（特别）-**नेत्राः**（नेत्र 眼），复合词（阳，复，体），眼睛特别虔诚。**मन्दार**（曼陀罗）-**पुष्पैः**（पुष्प 花），复合词（中，复，具），曼陀罗花。

---
① 此处原文抄本残缺。

समवाकिरन् (सम्-अव√कृ 未完，复，三）撒下。च（不变词）和。

तथागतोत्पादगुणेन तुष्टाः शुद्धाधिवासाश्च विशुद्धसत्त्वाः।
देवा ननन्दुर्विगते ऽपि रागे मग्नस्य दुःखे जगतो हिताय॥२०॥

如来①这样出生，净居天诸神②
高兴满意，他们本性纯洁，
摒弃激情，仍为沉入苦海的
世界利益着想，心生喜悦。（20）

解析：तथागत（如来）-उत्पाद（出生）-गुणेन（गुण 性质），复合词（阳，单，具），如来这样出生。तुष्टाः（तुष्ट 阳，复，体）满意。शुद्ध（清净）-अधिवासाः（अधिवास 居住），复合词（阳，复，体），净居天。च（不变词）和。विशुद्ध（纯洁）-सत्त्वाः（सत्त्व 本性），复合词（阳，复，体），本性纯洁。देवाः（देव 阳，复，体）天神。ननन्दुः（√नन्द् 完成，复，三）高兴。विगते（विगत 阳，单，依）消失。अपि（不变词）即使。रागे（राग 阳，单，依）激情。मग्नस्य（मग्न 中，单，属）沉入。दुःखे（दुःख 中，单，依）痛苦。जगतः（जगत् 中，单，属）世界。हिताय（हित 中，单，为）利益。

यस्य प्रसूतौ गिरिराजकीला वाताहता नौरिव भूश्चचाल।
सचन्दना चोत्पलपद्मगर्भा पपात वृष्टिर्गगनादनभ्रात्॥२१॥

他诞生时，以山王为楔子的
大地动摇，犹如船遇风暴，
晴朗无云的天空降下花雨，
含有青莲和红莲，还有檀香。（21）

解析：यस्य（यद् 阳，单，属）他。प्रसूतौ（प्रसूति 阴，单，依）出生。गिरि（山）-राज（राजन् 王）-कीला（कील 楔子），复合词（阴，单，体），以山王为楔子。वात（风）-आहता（आहत 打击），复合词（阴，单，体），遭遇风暴。नौः（नौ 阴，单，体）船。इव（不变词）如同。भूः（भू 阴，单，体）大地。चचाल（√चल् 完成，单，三）动摇。स（有）-चन्दना（चन्दन 檀香），复合词（阴，单，体），有檀香。च（不变词）和。उत्पल（青莲）-पद्म（红莲）-गर्भा（गर्भ 内部），复合词（阴，单，体），含有青莲和红莲。

---

① 如来是佛的称号。
② 净居天是天界之一。

पपात（√पत् 完成，单，三）落下。वृष्टिः（वृष्टि 阴，单，体）雨。गगनात्（गगन 中，单，从）天空。अनभ्रात्（अनभ्र 中，单，从）无云的。

वाता ववुः स्पर्शसुखा मनोज्ञा दिव्यानि वासांस्यवपातयन्तः ।
सूर्यः स एवाभ्यधिकं चकाशे जज्वाल सौम्यार्चिरनीरितोऽग्निः ॥२२॥

风儿轻轻吹拂，触感舒服，
可爱迷人，吹落许多仙衣，
太阳变得格外明亮，火焰
不动，闪耀着美丽的光辉。（22）

解析：वाताः（वात 阳，复，体）风。**ववुः**（√वा 完成，复，三）吹。**स्पर्श**（接触）**-सुखाः**（सुख 愉快），复合词（阳，复，体），触感舒服。**मनोज्ञाः**（मनोज्ञ 阳，复，体）可爱迷人。**दिव्यानि**（दिव्य 中，复，业）天上的。**वासांसि**（वासस् 中，复，业）衣服。**अवपातयन्तः**（अवपातयत् 致使，现分，阳，复，体）落下。**सूर्यः**（सूर्य 阳，单，体）太阳。**स**（तद् 阳，单，体）这个。**एव**（不变词）确实。**अभ्यधिकम्**（不变词）格外。**चकाशे**（√काश् 完成，单，三）闪光。**जज्वाल**（√ज्वल् 完成，单，三）闪耀。**सौम्य**（可爱）**-अर्चिः**（अर्चिस् 火焰），复合词（阳，单，体），火焰可爱。**अनीरितः**（अनीरित 阳，单，体）不动。**अग्निः**（अग्नि 阳，单，体）火。

प्रागुत्तरे चावसथप्रदेशे कूपः स्वयं प्रादुरभूत्सिताम्बुः ।
अन्तःपुराण्यागतविस्मयानि यस्मिन् क्रियास्तीर्थ इव प्रचक्रुः ॥२३॥

在园林东北角的住处，
自动出现一座净水井，
宫女们惊讶不已，在那里
履行仪式，如同在圣地。（23）

解析：प्राच्（东）**-उत्तरे**（उत्तर 北），复合词（阳，单，依），东北。**च**（不变词）和。**आवसथ**（处所）**-प्रदेशे**（प्रदेश 地方），复合词（阳，单，依），住处。**कूपः**（कूप 阳，单，体）井。**स्वयम्**（不变词）自己。**प्रादुरभूत्**（प्रादुर्√भू 不定，单，三）出现。**सित**（纯净）**-अम्बुः**（अम्बु 水），复合词（阳，单，体），纯净的水。**अन्तःपुराणि**（अन्तःपुर 中，复，体）后宫妇女。**आगत**（到来）**-विस्मयानि**（विस्मय 惊讶），复合词（中，复，体），感到惊讶。**यस्मिन्**（यद् 阳，单，依）那里。**क्रियाः**（क्रिया 阴，复，业）仪式。**तीर्थे**（तीर्थ

中，单，依）圣地。इव（不变词）如同。प्रचक्रुः（प्र√कृ 完成，复，三）做。

धर्मार्थिभिर्भूतगणैश्च दिव्यैस्तद्दर्शनार्थं वनमापुपूरे।
कौतूहलेनैव च पादपेभ्यः पुष्पाण्यकाले ऽपि ******①॥२४॥

天国众精灵渴望法道，
想要拜见他，拥满园林，
那些花朵出于好奇心，
不到时候也从树上……（24）

解析：धर्म（法）-अर्थिभिः（अर्थिन् 渴望），复合词（阳，复，具），渴望法。भूत（精灵）-गणैः（गण 群），复合词（阳，复，具），众精灵。च（不变词）和。दिव्यैः（दिव्य 阳，复，具）天国的。तद्（他）-दर्शन（看）-अर्थम्（为了），复合词（不变词），想要见他。वनम्（वन 中，单，体）园林。आपुपूरे（आ√पृ 完成，被，单，三）布满。कौतूहलेन（कौतूहल 中，单，具）好奇心。एव（不变词）确实。च（不变词）和。पादपेभ्यः（पादप 阳，复，从）树。पुष्पाणि（पुष्प 中，复，体）鲜花。अकाले（अकाल 阳，单，依）不到时候。अपि（不变词）也。

**********निदर्शनान्यत्र च नो निबोध॥४०॥②

请听我们的这些事例！③（40）

解析：निदर्शनानि（निदर्शन 中，复，业）例证。अत्र（不变词）这里。च（不变词）和。नः（अस्मद् 复，属）我们。निबोध（नि√बुध् 命令，单，二）知道，明白。

यद्राजशास्त्रं भृगुरङ्गिरा वा न चक्रतुर्वंशकरावृषी तौ।
तयोः सुतौ सौम्य ससर्जतुस्तत्कालेन शुक्रश्च बृहस्पतिश्च॥४१॥

"婆利古和安吉罗这两位仙人，
家族缔造者，没有创制帝王论，
而后，他俩的儿子修迦罗和

---

① 此处原文抄本残缺。
② 第25颂至第39颂原文抄本缺失。此颂残缺。
③ 从这里开始，是一些婆罗门对国王说的话。

毗诃波提完成这任务，贤士啊！（41）

解析：यत् (यद् 中，单，业) 那，指帝王论。राज (राजन् 王)-शास्त्रम् (शास्त्र 经论)，复合词（中，单，业），帝王论。भृगुः (भृगु 阳，单，体) 婆利古。अङ्गिराः (अङ्गिरस् 阳，单，体) 安吉罗。वा (不变词) 或。न (不变词) 没有。चक्रतुः (√कृ 完成，双，三) 做。वंश (家族)-करौ (कर 创始人)，复合词（阳，双，体），家族创始人。ऋषी (ऋषि 阳，双，体) 仙人。तौ (तद् 阳，双，体) 他俩。तयोः (तद् 阳，双，属) 他俩。सुतौ (सुत 阳，双，体) 儿子。सौम्य (सौम्य 阳，单，呼) 贤士。ससर्जतुः (√सृज् 完成，双，三) 创造。तत् (तद् 中，单，业) 那，指帝王论。कालेन (काल 阳，单，具) 时间。शुक्रः (शुक्र 阳，单，体) 修迦罗。च (不变词) 和。बृहस्पतिः (बृहस्पति 阳，单，体) 毗诃波提。च (不变词) 和。

सारस्वतश्चापि जगाद नष्टं वेदं पुनर्यं ददृशुर्न पूर्वे।
व्यासस्तथैनं बहुधा चकार न यं वसिष्ठः कृतवानशक्तिः॥४२॥

"娑罗私婆蒂之子诵出失传的
吠陀，此前古人已经不再见到；
同样，毗耶娑多次编订吠陀，
而极裕却没有能力做这件事。（42）

解析：सारस्वतः (सारस्वत 阳，单，体) 娑罗私婆蒂之子。च (不变词) 和。अपि (不变词) 而。जगाद (√गद् 完成，单，三) 说，诵出。नष्टम् (नष्ट 阳，单，业) 失传。वेदम् (वेद 阳，单，业) 吠陀。पुनर् (不变词) 再。यम् (यद् 阳，单，业) 那，指吠陀。ददृशुः (√दृश् 完成，复，三) 看见。न (不变词) 不。पूर्वे (पूर्व 阳，复，体) 前人。व्यासः (व्यास 阳，单，体) 毗耶娑。तथा (不变词) 同样。एनम् (एतद् 阳，单，业) 那，指吠陀。बहुधा (不变词) 多次。चकार (√कृ 完成，单，三) 做。न (不变词) 不。यम् (यद् 阳，单，业) 那，指吠陀。वसिष्ठः (वसिष्ठ 阳，单，体) 极裕仙人。कृतवान् (कृतवत् 阳，单，体) 做。अशक्तिः (अशक्ति 阳，单，体) 无能力。

वाल्मीकिरादौ च ससर्ज पद्यं जग्रन्थ यन्न च्यवनो महर्षिः।
चिकित्सितं यच्च चकार नात्रिः पश्चात्तदात्रेय ऋषिर्जगाद॥४३॥

"蚁垤最先创造诗体，
而行落大仙没有编诗；

阿特利没有编制医典，
后由阿特雷耶仙人诵出。（43）

解析：वाल्मीकिः（वाल्मीकि 阳，单，体）蚁垤。आदौ（आदि 阳，单，依）初始。च（不变词）和。ससर्ज（√सृज 完成，单，三）创造。पद्यम्（पद्य 中，单，业）诗体。जग्रन्थ（√ग्रन्थ 完成，单，三）编制。यत्（यद् 中，单，业）那，指诗体。न（不变词）没有。च्यवनः（च्यवन 阳，单，体）行落。महा（大）-ऋषिः（ऋषि 仙人），复合词（阳，单，体），大仙。चिकित्सितम्（चिकित्सित 中，单，业）医典。यत्（यद् 中，单，业）那，指医典。च（不变词）和。चकार（√कृ 完成，单，三）做。न（不变词）没有。अत्रिः（अत्रि 阳，单，体）阿特利。पश्चात्（不变词）后来。तत्（तद् 中，单，业）那，指医典。आत्रेयः（आत्रेय 阳，单，体）阿特雷耶。ऋषिः（ऋषि 阳，单，体）仙人。जगाद（√गद् 完成，单，三）说，诵出。

यच्च द्विजत्वं कुशिको न लेभे तद्गाधिनः सूनुरवाप राजन्।
वेलां समुद्रे सगरश्च दघ्ने नेक्ष्वाकवो यां प्रथमं बबन्धुः॥४४॥

"拘湿迦没有获得婆罗门性，
伽亭之子达到这目的，国王啊！
甘蔗族原先没有围住大海，
后来，沙伽罗设立了堤岸。（44）

解析：यत्（यद् 中，单，业）那，指婆罗门性。च（不变词）和。द्विजत्वम्（द्विजत्व 中，单，业）婆罗门性。कुशिकः（कुशिक 阳，单，体）拘湿迦。न（不变词）没有。लेभे（√लभ् 完成，单，三）得到。तत्（तद् 中，单，业）那，指婆罗门性。गाधिनः（गाधिन् 阳，单，属）伽亭。सूनुः（सूनु 阳，单，体）儿子。अवाप（अव√आप् 完成，单，三）得到。राजन्（राजन् 阳，单，呼）国王。वेलाम्（वेला 阴，单，业）堤岸。समुद्रे（समुद्र 阳，单，依）大海。सगरः（सगर 阳，单，体）沙伽罗。च（不变词）和。दघ्ने（√दृ 完成，单，三）安放，设立。न（不变词）没有。इक्ष्वाकवः（इक्ष्वाकु 阳，复，体）甘蔗族。याम्（यद् 阴，单，业）那，指堤岸。प्रथमम्（不变词）最初。बबन्धुः（√बन्ध् 完成，复，三）系缚。

आचार्यकं योगविधौ द्विजानामप्राप्तमन्यैर्जनको जगाम।
ख्यातानि कर्माणि च यानि शौरेः शूरादयस्तेष्वबला बभूवुः॥४५॥

"遮那迦达到瑜伽法师的地位，

而其他的婆罗门却没有达到；
修罗的儿子肖利成就的那些
著名业绩,修罗等人无力达到。（45）

解析：आचार्यकम् (आचार्यक 中，单，业) 老师地位。योग (瑜伽)-विधौ (विधि 修行)，复合词（阳，单，依），瑜伽修行。द्विजानाम् (द्विज 阳，复，属) 婆罗门。अप्राप्तम् (अप्राप्त 中，单，业) 没有达到。अन्यैः (अन्य 阳，复，具) 其他的。जनकः (जनक 阳，单，体) 遮那迦。जगाम (√गम् 完成，单，三) 达到。ख्यातानि (ख्यात 中，复，体) 著名。कर्माणि (कर्मन् 中，复，体) 业绩。च (不变词) 和。यानि (यद् 中，复，体) 那，指业绩。शौरेः (शौरि 阳，单，属) 修罗之子肖利。शूर (修罗)-आदयः (आदि 等等)，复合词（阳，复，体），修罗等等。तेषु (तद् 中，复，依) 那，指业绩。अबलाः (अबल 阳，复，体) 无能力。बभूवुः (√भू 完成，复，三) 有。

**तस्मात्प्रमाणं न वयो न वंशः कश्चित्कचिच्छ्रैष्ठ्यमुपैति लोके।
राज्ञामृषीणां च हि तानि तानि कृतानि पुत्रैरकृतानि पूर्वैः॥४६॥**

"因此,世上何人何地获得至高
成就,不以年龄和家族为标准,
因为许多国王和仙人的儿子,
完成了前人不能完成的事业。"（46）

解析：तस्मात् (不变词) 因此。प्रमाणम् (प्रमाण 中，单，体) 标准。न (不变词) 不。वयः (वयस् 中，单，体) 年龄。न (不变词) 不。वंशः (वंश 阳，单，体) 家族。कः-चित् (किम्-चित् 阳，单，体) 何人。कचित् (不变词) 何地。श्रैष्ठ्यम् (श्रैष्ठ्य 中，单，业) 最好。उपैति (उप√इ 现在，单，三) 走向，达到。लोके (लोक 阳，单，依) 世界。राज्ञाम् (राजन् 阳，复，属) 国王。ऋषीणाम् (ऋषि 阳，复，属) 仙人。च (不变词) 和。हि (不变词) 因为。तानि (तद् 中，复，体) 那个。तानि (तद् 中，复，体) 那个。कृतानि (कृत 中，复，体) 完成。पुत्रैः (पुत्र 阳，复，具) 儿子。अकृतानि (अकृत 中，复，体) 没有完成的。पूर्वैः (पूर्व 阳，复，具) 前人。

**एवं नृपः प्रत्ययितैर्द्विजैस्तैराश्वासितश्चाप्यभिनन्दितश्च।
शङ्कामनिष्टां विजहौ मनस्तः प्रहर्षमेवाधिकमारुरोह॥४७॥**

这样,国王受到这些值得

信赖的婆罗门安慰和祝贺，
不仅消除了心中不安的
疑虑，而且加倍感到喜悦。（47）

解析：एवम्（不变词）这样。नृपः（नृप 阳，单，体）国王。प्रत्ययितैः（प्रत्ययित 阳，复，具）信赖。द्विजैः（द्विज 阳，复，具）婆罗门。तैः（तद् 阳，复，具）这。आश्वासितः（आश्वासित 阳，单，体）安慰。च（不变词）和。अपि（不变词）也。अभिनन्दितः（अभिनन्दित 阳，单，体）祝贺。च（不变词）和。शङ्काम्（शङ्का 阴，单，业）疑虑。अनिष्टाम्（अनिष्ट 阴，单，业）不安的。विजहौ（वि√हा 完成，单，三）抛弃。मनस्तस्（不变词）心中。प्रहर्षम्（प्रहर्ष 阳，单，业）欢喜。एव（不变词）确实。अधिकम्（不变词）更加。आरुरोह（आ√रुह् 完成，单，三）增长。

प्रीतश्च तेभ्यो द्विजसत्तमेभ्यः सत्कारपूर्वं प्रददौ धनानि।
भूयादयं भूमिपतिर्यथोक्तो यायाज्जरामेत्य वनानि चेति॥४८॥

他高兴地招待这些优秀的
婆罗门，赐予他们许多财物，
心想但愿这孩子如他们所说，
成为国王，年老后前往森林。（48）

解析：प्रीतः（प्रीत 阳，单，体）高兴。च（不变词）和。तेभ्यः（तद् 阳，复，为）他。द्विज（婆罗门）-सत्तमेभ्यः（सत्तम 最好），复合词（阳，复，为），最优秀的婆罗门。सत्कार（善待）-पूर्वम्（पूर्व 首先），复合词（不变词），首先予以招待。प्रददौ（प्र√दा 完成，单，三）给予。धनानि（धन 中，复，业）财物。भूयात्（√भू 虚拟，单，三）成为。अयम्（इदम् 阳，单，体）这个，指王子。भूमि（大地）-पतिः（पति 主人），复合词（阳，单，体），大地之主，国王。यथा（那样）-उक्तः（उक्त 说），复合词（阳，单，体），正如所说。यायात्（√या 虚拟，单，三）走向。जराम्（जरा 阴，单，业）年老。एत्य（√इ 独立式）到达。वनानि（वन 中，复，业）森林。च（不变词）和。इति（不变词）这样（想）。

अथो निमित्तैश्च तपोबलाच्च तज्जन्म जन्मान्तकरस्य बुद्ध्वा।
शाक्येश्वरस्यालयमाजगाम सद्धर्मतर्षादसितो महर्षिः॥४९॥

然后，凭借那些征兆，通过

苦行力，阿私陀大仙知道
那是灭生者出生；他渴望
获得妙法，来到释迦王宫。（49）

解析：अथो（不变词）然后。निमित्तैः（निमित्त 中，复，具）征兆。च（不变词）和。तपस्（苦行）-बलात्（बल 力），复合词（中，单，从），苦行力。च（不变词）和。तत्（तद् 中，单，业）那。जन्म（जन्मन् 中，单，业）出生。जन्म（जन्मन् 生）-अन्तकरस्य（अन्तकर 毁灭），复合词（阳，单，属），灭生者。बुद्ध्वा（√बुध् 独立式）知道。शाक्य（释迦族）-ईश्वरस्य（ईश्वर 王），复合词（阳，单，属），释迦王。आलयम्（आलय 阳，单，业）居所，宫殿。आजगाम（आ√गम् 完成，单，三）来到。सत्（真实）-धर्म（法）-तर्षात्（तर्ष 渴望），复合词（阳，单，从），渴望妙法。असितः（असित 阳，单，体）阿私陀。महा（大）-ऋषिः（ऋषि 仙人），复合词（阳，单，体），大仙。

तं ब्रह्मविद्ब्रह्मविदं ज्वलन्तं ब्राह्म्या श्रिया चैव तपःश्रिया च।
राज्ञो गुरुगौरवसत्क्रियाभ्यां प्रवेशयामास नरेन्द्रसद्म॥५०॥

这位知梵者中的知梵者，
闪耀婆罗门和苦行的光辉，
国师让他进入国王的宫殿，
盛情招待，对他恭敬有加。（50）

解析：तम्（तद् 阳，单，业）他。ब्रह्मविद्（知梵者）-ब्रह्मविदम्（ब्रह्मविद् 知梵者），复合词（阳，单，业），知梵者中的知梵者。ज्वलन्तम्（ज्वलत् 现分，阳，单，业）闪耀。ब्राह्म्या（ब्राह्म 阴，单，具）婆罗门的。श्रिया（श्री 阴，单，具）光辉。च（不变词）和。एव（不变词）确实。तपस्（苦行）-श्रिया（श्री 光辉），复合词（阴，单，具），苦行的光辉。च（不变词）和。राज्ञः（राजन् 阳，单，属）国王。गुरुः（गुरु 阳，单，体）老师。गौरव（恭敬）-सत्क्रियाभ्याम्（सत्क्रिया 款待），复合词（阴，双，具），恭敬和款待。प्रवेशयामास（प्र√विश् 致使，完成，单，三）进入。नर（人）-इन्द्र（因陀罗）-सद्म（सद्मन् 宫殿），复合词（中，单，业），国王的宫殿。

स पार्थिवान्तःपुरसन्निकर्षं कुमारजन्मागतहर्षवेगः।
विवेश धीरो वनसंज्ञयेव तपःप्रकर्षाच्च जराश्रयाच्च॥५१॥

到达国王后宫附近，他强烈

感受到王子出生带来的欢乐,
而他依靠苦行威力和年老,
沉着坚定,如同身处林中。(51)

解析:स(तद् 阳,单,体)他。पार्थिव(国王)-अन्तःपुर(后宫)-संनिकर्षम्(संनिकर्ष 附近),复合词(阳,单,业),国王后宫附近。कुमार(王子)-जन्म(जन्मन् 出生)-आगत(到来)-हर्ष(欢乐)-वेगः(वेग 热烈),复合词(阳,单,体),王子出生带来的强烈快乐。विवेश(√विश् 完成,单,三)进入。धीरः(धीर 阳,单,体)沉着,坚定。वन(森林)-संज्ञया(संज्ञा 知觉),复合词(阴,单,具),森林的知觉。इव(不变词)如同。तपस्(苦行)-प्रकर्षात्(प्रकर्ष 威力),复合词(阳,单,从),苦行的威力。च(不变词)和。जर(年老)-आश्रयात्(आश्रय 依靠),复合词(阳,单,从),依靠年老。च(不变词)和。

ततो नृपस्तं मुनिमासनस्थं पाद्याघ्र्यपूर्वं प्रतिपूज्य सम्यक्।
निमन्त्रयामास यथोपचारं पुरा वसिष्ठं स इवान्तिदेवः॥५२॥

这位牟尼入座后,国王
按照仪轨,送上洗足水,
供奉敬拜,并与他交谈,
如同安迪提婆接待极裕。(52)

解析:ततस्(不变词)然后。नृपः(नृप 阳,单,体)国王。तम्(तद् 阳,单,业)这位。मुनिम्(मुनि 阳,单,业)牟尼。आसनस्थम्(आसनस्थ 阳,单,业)入座。पाद्य(洗脚水)-अर्घ्य(供奉)-पूर्वम्(首先),复合词(不变词),首先送上洗脚水。प्रतिपूज्य(प्रति√पूज् 独立式)敬拜。सम्यच्(不变词)正确。निमन्त्रयामास(नि√मन्त्र् 完成,单,三)招待。यथोपचारम्(不变词)按照仪轨。पुरा(不变词)从前。वसिष्ठम्(वसिष्ठ 阳,单,业)极裕仙人。स(तद् 阳,单,体)他。इव(不变词)如同。अन्तिदेवः(अन्तिदेव 阳,单,体)安迪提婆。

धन्यो ऽस्म्यनुग्राह्यमिदं कुलं मे यन्मां दिद्रक्षुर्भगवानुपेतः।
आज्ञाप्यतां किं करवाणि सौम्य शिष्यो ऽस्मि विश्रम्भितुमर्हसीति॥५३॥

"我有福分,尊者想着前来
看望我,这是我家族的荣幸,
请吩咐吧,我能为你做什么?

我是你的学生，请你放心！"（53）

解析：धन्यः（धन्य 阳，单，体）幸运的，有福的。अस्मि（√अस् 现在，单，一）是。अनुग्राह्यम्（अनुग्राह्य 中，单，体）受宠。इदम्（इदम् 中，单，体）这个。कुलम्（कुल 中，单，体）家族。मे（मद् 单，属）我。यद्（不变词）由于。माम्（मद् 单，业）我。दिदृक्षुः（दिदृक्षु 阳，单，体）想要看望。भगवान्（भगवत् 阳，单，体）尊者。उपेतः（उपेत 阳，单，体）前来。आज्ञाप्यताम्（आ√ज्ञा 致使，命令，被，单，三）吩咐。किम्（किम् 中，单，业）什么。करवाणि（√कृ 命令，单，一）做。सौम्य（सौम्य 阳，单，呼）贤士。शिष्यः（शिष्य 阳，单，体）学生。अस्मि（√अस् 现在，单，一）是。विश्रम्भितुम्（वि√श्रम्भ् 不定式）信赖。अर्हसि（√अर्ह् 现在，单，二）请。इति（不变词）这样（说）。

एवं नृपेणोपमन्त्रितः सन्सर्वेण भावेन मुनिर्यथावत्।
स विस्मयोत्फुल्लविशालदृष्टिर्गम्भीरधीराणि वचांस्युवाच॥५४॥

这样，牟尼受到国王
全心全意的接待照应，
惊讶地睁着大眼睛，
说出深沉坚定的话：（54）

解析：एवम्（不变词）这样。नृपेण（नृप 阳，单，具）国王。उपमन्त्रितः（उपमन्त्रित 阳，单，体）招待。सन्（सत् 现分，阳，单，体）是。सर्वेण（सर्व 阳，单，具）全部。भावेन（भाव 阳，单，具）心意。मुनिः（मुनि 阳，单，体）牟尼。यथावत्（不变词）合适。स（तद् 阳，单，体）他。विस्मय（惊讶）-उत्फुल्ल（张开）-विशाल（大）-दृष्टि（दृष्टि 眼睛），复合词（阳，单，体），惊讶地睁着大眼睛。गम्भीर（深沉）-धीराणि（धीर 坚定），复合词（中，复，业），深沉坚定的。वचांसि（वचस् 中，复，业）话语。उवाच（√वच् 完成，单，三）说。

महात्मनि त्वय्युपपन्नमेतत्त्रियातिथौ त्यागिनि धर्मकामे।
सत्त्वान्वयज्ञानवयोऽनुरूपा स्निग्धा यदेव मयि ते मतिः स्यात्॥५५॥

"你待我这样真心诚意，符合
你的本性、出身、知识和年龄，
确实体现你是灵魂高尚的人，
热情待客，乐善好施，热爱正法。（55）

解析：महा（伟大）-आत्मनि（आत्मन् 灵魂），复合词（阳，单，依），灵魂高尚。त्वयि（त्वद् 单，依）你。उपपन्नम्（उपपन्न 中，单，体）出现，体现。एतत्（एतद् 中，单，体）这个。प्रिय（喜爱）-अतिथौ（अतिथि 客人），复合词（阳，单，依），热情待客。त्यागिनि（त्यागिन् 阳，单，依）舍弃，施舍。धर्म（正法）-कामे（काम 爱），复合词（阳，单，依），热爱正法。सत्त्व（本性）-अन्वय（家族）-ज्ञान（知识）-वयस्（年龄）-अनुरूपा（अनुरूप 符合），复合词（阴，单，体），符合本性、家族、知识和年龄。स्निग्धा（स्निग्ध 阴，单，体）真挚。यत्（यद् 中，单，体）这个。एवम्（不变词）这样。मयि（मद् 单，依）我。ते（त्वद् 单，属）你。मतिः（मति 阴，单，体）思想。स्यात्（√अस् 虚拟，单，三）是。

एतच्च तद्येन नृपर्षयस्ते धर्मेण सूक्ष्मेण धनान्यवाप्य।
नित्यं त्यजन्तो विधिवद्बभूवुस्तपोभिराढ्या विभवैर्दरिद्राः॥५६॥

"正是这样，王仙们依靠
微妙的正法，获取财富，
又始终按照仪轨施舍，
苦行丰富而威权淡薄。（56）

解析：एतत्（एतद् 中，单，体）这。च（不变词）和。तत्（तद् 中，单，体）这。येन（यद् 中，单，具）这。नृप（国王）-ऋषयः（ऋषि 仙人），复合词（阳，复，体），王仙。ते（तद् 阳，复，体）他。धर्मेण（धर्म 阳，单，具）正法。सूक्ष्मेण（सूक्ष्म 阳，单，具）微妙的。धनानि（धन 中，复，业）财富。अवाप्य（अव√आप् 独立式）获得。नित्यम्（不变词）始终。त्यजन्तः（त्यजत् 现分，阳，复，体）施舍。विधिवत्（不变词）按照规则。बभूवुः（√भू 完成，复，三）是。तपोभिः（तपस् 中，复，具）苦行。आढ्याः（आढ्य 阳，复，体）丰富。विभवैः（विभव 阳，复，具）威权。दरिद्राः（दरिद्र 阳，复，体）匮乏，淡薄。

प्रयोजनं यत्तु ममोपयाने तन्मे श्रृणु प्रीतिमुपेहि च त्वम्।
दिव्या मयादित्यपथे श्रुता वाग्बोधाय जातस्तनयस्तवेति॥५७॥

"请听我讲述来访目的，
你听了就感到高兴吧！
我在太阳之路听到天音：
你的儿子出生为求觉悟。（57）

解析：प्रयोजनम् (प्रयोजन 中，单，业) 目的。यत् (यद् 中，单，业) 这，指目的。तु (不变词) 然而。मम (मद् 单，属) 我。उपयाने (उपयान 中，单，依) 到来。तत् (तद् 中，单，业) 这，指目的。मे (मद् 单，属) 我。शृणु (√श्रु 命令，单，二) 听。प्रीतिम् (प्रीति 阴，单，业) 高兴。उपेहि (उप√इ 命令，单，二) 走向。च (不变词) 和。त्वम् (त्वद् 单，体) 你。दिव्या (दिव्य 阴，单，体) 天上的。मया (मद् 单，具) 我。आदित्य (太阳)-पथे (पथ 路)，复合词 (阳，单，依)，太阳之路。श्रुता (श्रुत 阴，单，体) 听到。वाक् (वाच् 阴，单，体) 话语。बोधाय (बोध 阳，单，为) 觉悟。जातः (जात 阳，单，体) 出生。तनयः (तनय 阳，单，体) 儿子。तव (त्वद् 单，属) 你。इति (不变词) 这样（说）。

श्रुत्वा वचस्तच्च मनश्च युक्त्वा ज्ञात्वा निमित्तैश्च ततो ऽस्म्युपेतः।
दिदृक्षया शाक्यकुलध्वजस्य शक्रध्वजस्येव समुच्छ्रितस्य॥५८॥

"听到这话，我凝聚思想，
凭借那些征兆，顿时明白，
然后来到这里，想要看到
帝释旗般挺立的释迦族旗。"（58）

解析：श्रुत्वा (√श्रु 独立式) 听。वचः (वचस् 中，单，业) 言语。तत् (तद् 中，单，业) 这。च (不变词) 和。मनः (मनस् 中，单，业) 思想。च (不变词) 和。युक्त्वा (√युज् 独立式) 约束。ज्ञात्वा (√ज्ञा 独立式) 知道。निमित्तैः (निमित्त 中，复，具) 征兆。च (不变词) 和。ततस् (不变词) 然后。अस्मि (√अस् 现在，单，一) 是。उपेतः (उपेत 阳，单，体) 到来。दिदृक्षया (दिदृक्षा 阴，单，具) 想看。शाक्य (释迦)-कुल (族)-ध्वजस्य (ध्वज 旗帜)，复合词 (阳，单，属)，释迦族的旗帜。शक्र (帝释)-ध्वजस्य (ध्वज 旗帜)，复合词 (阳，单，属)，帝释（因陀罗）的旗帜。इव (不变词) 如同。समुच्छ्रितस्य (समुच्छ्रित 阳，单，属) 竖起的。

इत्येतदेवं वचनं निशम्य प्रहर्षसंभ्रान्तगतिर्नरेन्द्रः।
आदाय धात्र्यङ्कगतं कुमारं संदर्शयामास तपोधनाय॥५९॥

听了他说的这些话，
国王高兴得手足无措，
将抱在乳母怀中的王子，
带来让这位苦行仙人看。（59）

解析：इति（不变词）这样。एतत्（एतद् 中，单，业）这。एवम्（不变词）这样。वचनम्（वचन 中，单，业）话语。निशम्य（नि√शम् 独立式）听。प्रहर्ष（高兴）-संभ्रान्त（慌乱）-गतिः（गति 步姿），复合词（阳，单，体），高兴得手忙脚乱。नर（人）-इन्द्रः（इन्द्र 因陀罗），复合词（阳，单，体），人中因陀罗，国王。आदाय（आ√दा 独立式）带来。धात्री（乳母）-अङ्क（膝，怀抱）-गतम्（गत 处在），复合词（阳，单，业），在乳母怀中的。कुमारम्（कुमार 阳，单，业）王子。संदर्शयामास（सम्√दृश् 致使，完成，单，三）看。तपस्（苦行）-धनाय（धन 财富），复合词（阳，单，为），以苦行为财富的，仙人。

चक्राङ्कपादं स ततो महर्षिर्जालावनद्धाङ्गुलिपाणिपादम्।
सोर्णभ्रुवं वारणवस्तिकोशं सविस्मयं राजसुतं ददर्श॥६०॥

大仙惊讶不已，看到
王子的脚跟有旋轮相，
手指和脚趾有网缦相，
眉间有旋毛，密处深藏。（60）

解析：चक्र（轮）-अङ्क（标记）-पादम्（पाद 足），复合词（阳，单，业），足上有轮相。स（तद् 阳，单，体）他。ततस्（不变词）然后。महा（大）-ऋषिः（ऋषि 仙人），复合词（阳，单，体），大仙。जाल（网缦）-अवनद्ध（覆盖）-अङ्गुलि（指尖）-पाणि（手）-पादम्（पाद 脚），复合词（阳，单，业），手指脚趾覆盖有网缦。स（有）-ऊर्ण（旋毛）-भ्रुवम्（भ्रू 眉），复合词（阳，单，业），眉间有旋毛。वारण（大象）-वस्ति（私密处）-कोशम्（कोश 库藏），复合词（阳，单，业），大象密处深藏。स（带着）-विस्मयम्（विस्मय 惊讶），复合词（不变词），带着惊讶。राज（राजन् 王）-सुतम्（सुत 儿子），复合词（阳，单，业），王子。ददर्श（√दृश् 完成，单，三）看见。

धात्र्यङ्कसंविष्टमवेक्ष्य चैनं देव्यङ्कसंविष्टमिवाग्निसूनुम्।
बभूव पक्ष्मान्तविचञ्चिताश्रुर्निःश्वस्य चैव त्रिदिवोन्मुखोऽभूत्॥६१॥

看到乳母怀中的这位王子，
如同女神怀中的火神之子，
他的眼睫毛上闪烁着泪花，
仰望天国，发出深长叹息。（61）

解析：धात्री（乳母）-अङ्क（怀抱，膝）-संविष्टम्（संविष्ट 躺），复合词（阳，单，业），躺在乳母怀中。अवेक्ष्य（अव√ईक्ष् 独立式）看到。च（不变词）和。एनम्（एतद् 阳，单，业）他。देवी（女神）-अङ्क（怀抱，膝）-संविष्टम्（संविष्ट 躺），复合词（阳，单，业），躺在女神怀中。इव（不变词）如同。अग्नि（火神）-सूनुम्（सूनु 儿子），复合词（阳，单，业），火神之子。बभूव（√भू 完成，单，三）是。पक्ष्म（पक्ष्मन् 睫毛）-अन्त（边际）-विचञ्चित（晃动）-अश्रुः（अश्रु 眼泪），复合词（阳，单，体），睛睫毛上晃动着眼泪。निःश्वस्य（निः√श्वस् 独立式）叹息。च（不变词）和。एव（不变词）确实。त्रिदिव（天国）-उन्मुखः（उन्मुख 仰望），复合词（阳，单，体），仰望天国。अभूत्（√भू 不定，单，三）是。

दृष्ट्वासितं त्वश्रुपरिप्लुताक्षं स्नेहात्तनूजस्य नृपश्चकम्पे।
सगद्गदं बाष्पकषायकण्ठः पप्रच्छ स प्राञ्जलिरानताङ्गः॥६२॥

看到阿私陀眼中噙满泪水，
国王关怀儿子，心惊胆战，
喉咙含泪哽塞，说话结巴，
他双手合十，俯首问道：（62）

解析：दृष्ट्वा（√दृश् 独立式）看到。असितम्（असित 阳，单，业）阿私陀。तु（不变词）然而。अश्रु（眼泪）-परिप्लुत（充满）-अक्षम्（अक्ष 眼睛），复合词（阳，单，业），眼睛充满泪水。स्नेहात्（स्नेह 阳，单，从）慈爱。तनूजस्य（तनूज 阳，单，属）儿子。नृपः（नृप 阳，单，体）国王。चकम्पे（√कम्प् 完成，单，三）摇动，颤抖。स（带着）-गद्गदम्（गद्गद 结巴），复合词（不变词），说话结巴。बाष्प（眼泪）-कषाय（浑浊）-कण्ठः（कण्ठ 喉咙），复合词（阳，单，体），喉咙含泪哽噎。पप्रच्छ（√प्रच्छ् 完成，单，三）询问。स（तद् 阳，单，体）他。प्राञ्जलिः（प्राञ्जलि 阳，单，体）合掌。आनत（弯下）-अङ्गः（अङ्ग 身体），复合词（阳，单，体），俯身。

अल्पान्तरं यस्य वपुः सुरेभ्यो बह्वद्भुतं यस्य च जन्म दीप्तम्।
यस्योत्तमं भाविनमात्थ चार्थं तं प्रेक्ष्य कस्मात्तव धीर बाष्पः॥६३॥

"看到他形体与天神无异，
出生光辉，展现多种奇迹，
你也说他未来至高无上，
坚定者啊，你为何还流泪？（63）

解析：अल्प（很少）-अन्तरम्（अन्तर 不同），复合词（中，单，业），很少不同。यस्य（यद् 阳，单，属）他。वपुः（वपुस् 中，单，业）形体。सुरेभ्यो（सुर 阳，复，从）天神。बहु（许多）-अद्भुतम्（अद्भुत 奇迹），复合词（中，单，业），许多奇迹。यस्य（यद् 阳，单，属）他。च（不变词）和。जन्म（जन्मन् 中，单，业）出生。दीप्तम्（दीप्त 中，单，业）光辉。यस्य（यद् 阳，单，属）他。उत्तमम्（उत्तम 阳，单，业）至高无上。भाविनम्（भाविन् 阳，单，业）未来。आत्थ（√अह् 完成，单，二）说。च（不变词）也。अर्थम्（अर्थ 阳，单，业）目标。तम्（तद् 阳，单，业）他。प्रेक्ष्य（प्र√ईक्ष् 独立式）看到。कस्मात्（किम् 中，单，从）什么。तव（तद् 单，属）你。धीर（धीर 阳，单，呼）坚定者。बाष्पः（बाष्प 阳，单，体）眼泪。

अपि स्थिरायुर्भगवन् कुमारः कच्चिन्न शोकाय मम प्रसूतः।
लब्धा कथंचित्सलिलाञ्जलिर्मे न खल्विमं पातुमुपैति कालः॥६४॥

"这王子能否长寿？尊者啊！
他的出生是否会令我忧伤？
我终于获得合掌祭供之水，
难道只能留给死神去饮？（64）

解析：अपि（不变词）也。स्थिर（持久）-आयुः（आयुस् 寿命），复合词（阳，单，体），长寿。भगवन्（भगवत् 阳，单，呼）尊者。कुमारः（कुमार 阳，单，体）王子。कच्चित्（不变词）是否。न（不变词）不。शोकाय（शोक 阳，单，为）忧伤。मम（मद् 单，属）我。प्रसूतः（प्रसूत 阳，单，体）出生。लब्धा（√लभ् 将来，被，单，三）获得。कथंचित्（不变词）好不容易。सलिल（水）-अञ्जलिः（अञ्जलि 合掌），复合词（阳，单，体），合掌的水。मे（मद् 单，为）我。न（不变词）不。खलु（不变词）难道。इमम्（इदम् 阳，单，业）这个。पातुम्（√पा 不定式）喝。उपैति（उप√इ 现在，单，三）走向。कालः（काल 阳，单，体）死神。

अप्यक्षयं मे यशसो निधानं कच्चिद्ध्रुवो मे कुलहस्तसारः।
अपि प्रयास्यामि सुखं परत्र सुप्तो ऽपि पुत्रे ऽनिमिषैकचक्षुः॥६५॥

"我的名声宝藏是否不会衰竭？
我的家族掌握的力量是否永久？
我死后在另一世界是否幸福？

睡眠中一只眼睛睁开在儿身？（65）

解析：अपि（不变词）也。अक्षयम्（अक्षय 中，单，体）不灭。मे（मद् 单，属）我。यशसः（यशस् 中，单，属）名声。निधानम्（निधान 中，单，体）宝藏。कच्चित्（不变词）是否。ध्रुवः（ध्रुव 阳，单，体）永久。मे（मद् 单，属）我。कुल（家族）-हस्त（手）-सारः（सार 力量），复合词（阳，单，体），家族掌握的力量。अपि（不变词）也。प्रयास्यामि（प्र√या 将来，单，一）前往。सुखम्（सुख 中，单，业）幸福。परत्र（不变词）另一世界。सुप्तः（सुप्त 阳，单，体）睡眠。अपि（不变词）也。पुत्रे（पुत्र 阳，单，依）儿子。अनिमिष（睁开）-एक（一）-चक्षुः（चक्षुस् 眼睛），复合词（阳，单，体），一只眼睛睁开。

कच्चिन्न मे जातमफुल्लमेव कुलप्रवालं परिशोषभागि।
क्षिप्रं विभो ब्रूहि न मे ऽस्ति शान्तिः स्नेहं सुते वेत्सि हि बान्धवानाम्॥६६॥

"是否我的家族的新芽长出，
却不会开花，注定要枯萎？
我深感不安，尊者啊，赶快说！
你知道亲人们对儿子的爱。"（66）

解析：कच्चित्（不变词）是否。न（不变词）不。मे（मद् 单，属）我。जातम्（जात 中，单，体）出生。अफुल्लम्（अफुल्ल 中，单，体）不开花。एव（不变词）确实。कुल（家族）-प्रवालम्（प्रवाल 芽），复合词（中，单，体），家族的芽。परिशोष（枯萎）-भागि（भागिन् 注定），复合词（中，单，体），注定枯萎。क्षिप्रम्（不变词）赶快。विभो（विभु 阳，单，呼）尊者。ब्रूहि（√ब्रू 命令，单，二）说。न（不变词）不。मे（मद् 单，属）我。अस्ति（√अस् 现在，单，三）是。शान्तिः（शान्ति 阴，单，体）安宁。स्नेहम्（स्नेह 阳，单，业）关爱。सुते（सुत 阳，单，依）儿子。वेत्सि（√विद् 现在，单，二）知道。हि（不变词）因为。बान्धवानाम्（बान्धव 阳，复，属）亲友。

इत्यागतावेगमनिष्टबुद्ध्या बुद्ध्वा नरेन्द्रं स मुनिर्बभाषे।
मा भून्मतिस्ते नृप काचिदन्या निःसंशयं तद्यदवोचमस्मि॥६७॥

牟尼知道国王心中不安，
而情绪激动，便对他说道：
"国王啊，不必有其他想法，
不要怀疑我对你说过的话。（67）

解析：इति（不变词）这样。आगत（到达）-आवेगम्（आवेग 激动），复合词（阳，单，业），情绪激动。अनिष्ट（不安）-बुद्ध्या（बुद्धि 知觉），复合词（阴，单，具），心中不安。बुद्ध्वा（√बुध् 独立式）知道。नर（人）-इन्द्रम्（इन्द्र 因陀罗），复合词（阳，单，业），国王。स（तद् 阳，单，体）这。मुनिः（मुनि 阳，单，体）牟尼。बभाषे（√भाष् 完成，单，三）说。मा（不变词）不。भूत्（अभूत्，√भू 不定，单，三）有。मतिः（मति 阴，单，体）想法。ते（त्वद् 单，属）你。नृप（नृप 阳，单，呼）国王。का-चित्（किम्-चित् 阴，单，体）某个。अन्या（अन्य 阴，单，体）别的。निःसंशयम्（निःसंशय 中，单，业）没有疑问。तत्（तद् 中，单，业）那，指说过的话。यत्（यद् 中，单，业）那，指说过的话。अवोचम्（√वच् 未完，单，一）说。अस्मि（√अस् 现在，单，一）是。

नास्यान्यथात्वं प्रति विक्रिया मे स्वां वञ्चनां तु प्रति विक्लवो ऽस्मि।
कालो हि मे यातुमयं च जातो जातिक्षयस्यासुलभस्य बोद्धा॥६८॥

"我激动并非因为他有变故，
而是为自己的缺憾感到懊恼，
因为他知道难以获得的灭生，
刚刚出生，我却就要离开人世。（68）

解析：न（不变词）不。अस्य（इदम् 阳，单，属）他。अन्यथात्वम्（अन्यथात्व 中，单，业）变异。प्रति（不变词）对于。विक्रिया（阴，单，体）激动。मे（मद् 单，属）我。स्वाम्（स्व 阴，单，业）自己的。वञ्चनाम्（वञ्चना 阴，单，业）损失。तु（不变词）而。प्रति（不变词）对于。विक्लवः（विक्लव 阳，单，体）悲哀，沮丧。अस्मि（√अस् 现在，单，一）是。कालः（काल 阳，单，体）时间。हि（不变词）因为。मे（मद् 单，属）我。यातुम्（√या 不定式）离去。अयम्（इदम् 阳，单，体）这个。च（不变词）和。जातः（जात 阳，单，体）出生。जाति（生）-क्षयस्य（क्षय 灭），复合词（阳，单，属），灭生。असुलभस्य（असुलभ 阳，单，属）不易获得。बोद्धा（बोद्धृ 阳，单，体）知者。

विहाय राज्यं विषयेष्वनास्थस्तीव्रैः प्रयत्नैरधिगम्य तत्त्वम्।
जगत्ययं मोहतमो निहन्तुं ज्वलिष्यति ज्ञानमयो हि सूर्यः॥६९॥

"他将舍弃王国，不执著感官对象，
通过坚忍不拔的努力，掌握真谛；
如同智慧构成的太阳光辉灿烂，

他将驱除笼罩世界的愚痴黑暗。（69）

解析：विहाय（वि√हा 独立式）抛弃。राज्यम्（राज्य 中，单，业）王国。विषयेषु（विषय 阳，单，依）感官对象。अनास्थः（अनास्थ 阳，单，体）不执著。तीव्रैः（तीव्र 阳，复，具）坚强的。प्रयत्नैः（प्रयत्न 阳，复，具）努力。अधिगम्य（अधि√गम् 独立式）掌握。तत्त्वम्（तत्त्व 中，单，业）真谛。जगति（जगत् 中，单，依）世界。अयम्（इदम् 阳，单，体）他。मोह（愚痴）-तमः（तमस् 黑暗），复合词（中，单，业），愚痴黑暗。निहन्तुम्（नि√हन् 不定式）消除。ज्वलिष्यति（√ज्वल् 将来，单，三）闪耀。ज्ञान（智慧）-मयः（मय 构成），复合词（阳，单，体），智慧构成的。हि（不变词）因为。सूर्यः（सूर्य 阳，单，体）太阳。

दुःखार्णवाद्व्याधिविकीर्णफेनाज्जरातरङ्गान्मरणोग्रवेगात्।
उत्तारयिष्यत्ययमुह्यमानमार्तं जगज्ज्ञानमहाप्लवेन॥७०॥

"他将用智慧大船，从苦海
救出漂泊沉浮的受难世界；
这苦海遍布疾病的水沫，
衰老的波浪，死亡的激流。（70）

解析：दुःख（痛苦）-अर्णवात्（अर्णव 大海），复合词（阳，单，从），苦海。व्याधि（疾病）-विकीर्ण（布满）-फेनात्（फेन 泡沫），复合词（阳，单，从），布满疾病的水沫。जरा（衰老）-तरङ्गात्（तरङ्ग 波浪），复合词（阳，单，从），衰老的波浪。मरण（死亡）-उग्रवेगात्（उग्रवेग 激流），复合词（阳，单，从），死亡的激流。उत्तारयिष्यति（उद्√तृ 致使，将来，单，三）救渡。अयम्（इदम् 阳，单，体）他。उह्यमानम्（उह्यमान 现分，被，中，单，业）漂浮。आर्तम्（आर्त 中，单，业）受苦的。जगत्（जगत् 中，单，业）世界。ज्ञान（智慧）-महाप्लवेन（महाप्लव 大船），复合词（阳，单，具），智慧大船。

प्रज्ञाम्बुवेगां स्थिरशीलवप्रां समाधिशीतां व्रतचक्रवाकाम्।
अस्योत्तमां धर्मनदीं प्रवृत्तां तृष्णार्दितः पास्यति जीवलोकः॥७१॥

"这生命世界受贪欲折磨，
将饮用他的无上法河流水，
水流是智慧，戒律是堤岸，
誓愿是轮鸟，入定而清凉。（71）

解析：प्रज्ञा（智慧）-अम्बु（水）-वेगाम्（वेग 流），复合词（阴，单，业），以智慧为水流。स्थिर（坚定）-शील（戒律）-वप्राम्（वप्र 堤岸），复合词（阴，单，业），以坚定的戒律为堤岸。समाधि（入定）-शीताम्（शीत 清凉），复合词（阴，单，业），入定而清凉。व्रत（誓愿）-चक्रवाकाम्（चक्रवाक 轮鸟），复合词（阴，单，业），以誓愿为轮鸟。अस्य（इदम् 阳，单，属）他。उत्तमाम्（उत्तम 阴，单，业）无上。धर्म（法）-नदीम्（नदी 河），复合词（阴，单，业），法河。प्रवृत्ताम्（प्रवृत्त 阴，单，业）流动的。तृष्णा（贪欲）-अर्दितः（अर्दित 折磨），复合词（阳，单，体），受贪欲折磨。पास्यति（√पा 将来，单，三）饮。जीव（生命）-लोकः（लोक 世界），复合词（阳，单，体），生命世界。

दुःखार्दितेभ्यो विषयावृतेभ्यः संसारकान्तारपथस्थितेभ्यः।
आख्यास्यति ह्येष विमोक्षमार्गं मार्गप्रनष्टेभ्य इवाध्वगेभ्यः॥७२॥

"世人受痛苦折磨，受欲望
束缚，站在轮回荒野险路上，
他将为他们说明解脱之道，
犹如为迷路的旅人指明方向。（72）

解析：दुःख（痛苦）-अर्दितेभ्यः（अर्दित 折磨），复合词（阳，复，为），受痛苦折磨。विषय（感官对象，欲望）-आवृतेभ्यः（आवृत 围绕），复合词（阳，复，为），受欲望束缚。संसार（生死轮回）-कान्तार（旷野，荒野）-पथ（道路）-स्थितेभ्यः（स्थित 站在），复合词（阳，复，为），站在轮回荒野险路上。आख्यास्यति（आ√ख्या 将来，单，三）说。हि（不变词）因为。एष（एतद् 阳，单，体）他。विमोक्ष（解脱）-मार्गम्（मार्ग 道路），复合词（阳，单，业），解脱之道。मार्ग（道路）-प्रनष्टेभ्यः（प्रनष्ट 迷失），复合词（阳，复，为），迷路。इव（不变词）如同。अध्वगेभ्यः（अध्वग 阳，复，为）旅人。

विद्ह्यमानाय जनाय लोके रागाग्निनायं विषयेन्धनेन।
प्रह्लादमाधास्यति धर्मवृष्ट्या वृष्ट्या महामेघ इवातपान्ते॥७३॥

"在这世上，以感官对象为
燃料，激情之火烧灼人们，
他将会用法雨为他们带来
喜悦，犹如夏末乌云降雨。（73）

解析：विद्ह्यमानाय（विद्ह्यमान 现分，被，阳，单，为）烧灼。**जनाय**（जन 阳，单，为）人。**लोके**（लोक 阳，单，依）世界。**राग**（激情）-**अग्निना**（अग्नि 火），复合词（阳，单，具），激情之火。**अयम्**（इदम् 阳，单，体）他。**विषय**（感官对象）-**इन्धनेन**（इन्धन 燃料），复合词（阳，单，具），以感官对象为燃料。**प्रह्लादम्**（प्रह्लाद 阳，单，业）喜悦。**आधास्यति**（आ√धा 将来，单，三）带来。**धर्म**（法）-**वृष्ट्या**（वृष्टि 雨），复合词（阴，单，具），法雨。**वृष्ट्या**（वृष्टि 阴，单，具）雨。**महा**（大）-**मेघः**（मेघ 云），复合词（阳，单，体），乌云。**इव**（不变词）如同。**आतप**（炎热）-**अन्ते**（अन्त 结束），复合词（阳，单，依），夏末。

तृष्णार्गलं मोहतमःकपाटं द्वारं प्रजानामपयानहेतोः।
विपाटयिष्यत्ययमुत्तमेन सद्धर्मताडेन दुरासदेन॥७४॥

"他将会用难以抗衡的
至高妙法，打开以贪欲
为门栓、以愚痴黑暗为
门扇的门，让众生逃出。（74）

解析：तृष्णा（贪欲）-**अर्गलम्**（अर्गल 门栓），复合词（中，单，业），以贪欲为门栓。**मोह**（愚痴）-**तमस्**（黑暗）-**कपाटम्**（कपाट 门扉），复合词（中，单，业），以愚痴黑暗为门扉。**द्वारम्**（द्वार 中，单，业）门。**प्रजानाम्**（प्रजा 阴，复，属）众生。**अपयान**（逃走）-**हेतोः**（हेतु 原因），复合词（阳，单，从），为了逃走。**विपाटयिष्यति**（वि√पट् 致使，将来，单，三）打开。**अयम्**（इदम् 阳，单，体）他。**उत्तमेन**（उत्तम 阳，单，具）最高的。**सत्**（妙）-**धर्म**（法）-**ताडेन**（ताड 打击），复合词（阳，单，具），妙法打击。**दुरासदेन**（दुरासद 阳，单，具）难以抗衡。

स्वैर्मोहपाशैः परिवेष्टितस्य दुःखाभिभूतस्य निराश्रयस्य।
लोकस्य संबुध्य च धर्मराजः करिष्यते बन्धनमोक्षमेषः॥७५॥

"这个世界套上自己的愚痴
套索，陷入痛苦，无所依靠，
而在这位法王达到觉悟后，
他将为这个世界解除束缚。（75）

解析：स्वैः (स्व 阳，复，具) 自己。मोह (愚痴)-पाशैः (पाश 套索)，复合词 (阳，复，具)，愚痴套索。परिवेष्टितस्य (परिवेष्टित 阳，单，属) 缠绕。दुःख (痛苦)-अभिभूतस्य (अभिभूत 压倒)，复合词 (阳，单，属)，陷入痛苦。निराश्रयस्य (निराश्रय 阳，单，属) 无所依靠。लोकस्य (लोक 阳，单，属) 世界。संबुध्य (सम्√बुध् 独立式) 觉悟。च (不变词) 和。धर्म (法)-राजः (राज 王)，复合词 (阳，单，体)，法王。करिष्यते (√कृ 将来，单，三) 做。बन्धन (束缚)-मोक्षम् (मोक्ष 解除)，复合词 (阳，单，业)，解除束缚。एषः (एतद् 阳，单，体) 他。

तन्मा कृथाः शोकमिमं प्रति त्वमस्मिन्स शोच्यो ऽस्ति मनुष्यलोके।
मोहेन वा कामसुखैर्मदाद्वा यो नैष्ठिकं श्रोष्यति नास्य धर्मम्॥७६॥

"因此，你不必为他忧伤，
在人间，若有人出于愚痴，
沉迷欲乐，不愿听取他的
至高妙法，这才让人忧伤。（76）

解析：तद् (不变词) 因此。मा (不变词) 不。कृथाः (अकृथाः，√कृ 不定，单，二) 做。शोकम् (शोक 阳，单，业) 忧伤。इमम् (इदम् 阳，单，业) 他，指王子。प्रति (不变词) 对于。त्वम् (त्वद् 单，体) 你。अस्मिन् (इदम् 阳，单，依) 这个。स (तद् 阳，单，体) 他，指有的人。शोच्यः (शोच्य 阳，单，体) 应该忧伤。अस्ति (√अस् 现在，单，三) 是。मनुष्य (人)-लोके (लोक 世界)，复合词 (阳，单，依)，人世间。मोहेन (मोह 阳，单，具) 愚痴。वा (不变词) 或。काम (爱欲)-सुखैः (सुख 快乐)，复合词 (阳，复，具)，欲乐。मदात् (मद 阳，单，从) 沉迷。वा (不变词) 或。यः (यद् 阳，单，体) 他，指有的人。नैष्ठिकम् (नैष्ठिक 阳，单，业) 至高的。श्रोष्यति (√श्रु 将来，单，三) 听。न (不变词) 不。अस्य (इदम् अ阳，单，属) 他，指王子。धर्मम् (धर्म 阳，单，业) 法。

भ्रष्टस्य तस्माच्च गुणादतो मे ध्यानानि लब्ध्वाप्यकृतार्थतैव।
धर्मस्य तस्याश्रवणादहं हि मन्ये विपत्तिं त्रिदिवे ऽपि वासम्॥७७॥

"我失去获得这个功德的机会，
即使沉思入定，也达不到目的；
因为我无缘聆听他的正法，
我认为即使再生天国也枉然。"（77）

解析：भ्रष्टस्य（भ्रष्ट 阳，单，属）失去。तस्मात्（तद् 阳，单，从）这个。च（不变词）和。गुणात्（गुण 阳，单，从）功德。अतस्（不变词）因此。मे（मद् 单，属）我。ध्यानानि（ध्यान 中，复，业）禅定。लब्ध्वा（√लभ् 独立式）得到。अपि（不变词）即使。अकृत（未完成）-अर्थता（目的），复合词（阴，单，体），达不到目的。एव（不变词）确实。धर्मस्य（धर्म 阳，单，属）法。तस्य（तद् 阳，单，属）他。अश्रवणात्（अश्रवण 中，单，从）不听取。अहम्（मद् 单，体）我。हि（不变词）因为。मन्ये（√मन् 现在，单，一）认为。विपत्तिम्（विपत्ति 阴，单，业）不幸。त्रिदिवे（त्रिदिव 中，单，依）天国。अपि（不变词）即使。वासम्（वास 阳，单，业）居住。

> इति श्रुतार्थः ससुहृत्सदारस्त्यक्त्वा विषादं मुमुदे नरेन्द्रः।
> एवंविधोऽयं तनयो ममेति मेने स हि स्वामपि सारवत्ताम्॥७८॥

国王连同王后和朋友，
听了解释，转忧为喜，
认为我的儿子会这样，
也是基于自己有力量。（78）

解析：इति（不变词）这样。श्रुत（听到）-अर्थः（अर्थ 事情，意义），复合词（阳，单，体），听了解释。स（有）-सुहृद्（सुहृद् 朋友），复合词（阳，单，体），与朋友一起。स（有）-दारः（दार 妻子），复合词（阳，单，体），与妻子一起。त्यक्त्वा（√त्यज् 独立式）抛弃。विषादम्（विषाद 阳，单，业）忧愁。मुमुदे（√मुद् 完成，单，三）高兴。नर（人）-इन्द्रः（इन्द्र 因陀罗），复合词（阳，单，体），国王。एवंविधः（एवंविध 阳，单，体）这样。अयम्（इदम् 阳，单，体）这个。तनयः（तनय 阳，单，体）儿子。मम（मद् 单，属）我。इति（不变词）这样（想）。मेने（√मन् 完成，单，三）思考。स（तद् 阳，单，体）他。हि（不变词）因为。स्वाम्（स्व 阴，单，业）自己的。अपि（不变词）也。सारवत्ताम्（सारवत्ता 阴，单，业）有力量。

> आर्षेण मार्गेण तु यास्यतीति चिन्ताविधेयं हृदयं चकार।
> न खल्वसौ न प्रियधर्मपक्षः संताननाशात्तु भयं ददर्श॥७९॥

而想到儿子会走仙人之路，
国王心中又不免产生忧虑；
纵然他不反对可爱的正法，
但他看到断绝后嗣的危险。（79）

解析：आर्षेण（आर्ष 阳，单，具）仙人的。मार्गेण（मार्ग 阳，单，具）道路。तु（不变词）然而。यास्यति（√या 将来，单，三）走。इति（不变词）这样（想）。चिन्ता（忧虑）-विधेयम्（विधेय 受控制），复合词（中，单，业），产生忧虑。हृदयम्（हृदय 中，单，业）心。चकार（√कृ 完成，单，三）做。न（不变词）不。खलु（不变词）确实。असौ（अदस् 阳，单，体）他。न（不变词）不。प्रिय（可爱）-धर्म（法）-पक्षः（पक्ष 一翼，一方），复合词（阳，单，体），站在可爱的正法一方。संतान（后嗣）-नाशात्（नाश 断绝），复合词（阳，单，从），断绝后嗣。तु（不变词）然而。भयम्（भय 中，单，业）恐惧，危险。ददर्श（√दृश् 完成，单，三）看见。

अथ मुनिरसितो निवेद्य तत्त्वं सुतनियतं सुतविक्लवाय राज्ञे।
सबहुमतमुदीक्ष्यमाणरूपः पवनपथेन यथागतं जगाम॥८०॥

牟尼阿私陀向为儿子担忧的
国王说明了王子未来的真相，
然后沿着来时的风之路离去，
众人怀着崇敬仰望他的身影。（80）

解析：अथ（不变词）然后。मुनिः（मुनि 阳，单，体）牟尼。असितः（असित 阳，单，体）阿私陀。निवेद्य（नि√विद् 致使，独立式）说明。तत्त्वम्（तत्त्व 中，单，业）真实情况。सुत（儿子）-नियतम्（नियत 联系，确定），复合词（中，单，业），与儿子有关的。सुत（儿子）-विक्लवाय（विक्लव 担忧），复合词（阳，单，为），为儿子担忧。राज्ञे（राजन् 阳，单，为）国王。स（有）-बहु（许多）-मतम्（मत 尊敬），复合词（不变词），受崇敬。उदीक्ष्यमाण（仰望）-रूपः（रूप 形象，身影），复合词（阳，单，体），身影受到仰望。पवन（风）-पथेन（पथ 道路），复合词（阳，单，具），风的道路。यथागतम्（不变词）像来时那样。जगाम（√गम् 完成，单，三）离去。

कृतमितिरनुजासुतं च दृष्ट्वा मुनिवचनश्रवणे च तन्मतौ च।
बहुविधमनुकम्पया स साधुः प्रियसुतवद्विनियोजयांचकार॥८१॥

那位善良的舅舅知识完善，
看到外甥，又听到牟尼的话，
铭记在心，对妹妹的儿子
充满同情，如同自己的爱子。（81）

解析：कृत（完成）-मितिः（मिति 知识），复合词（阳，单，体），知识完善。अनुजा（妹妹）-सुतम्（सुत 儿子），复合词（阳，单，业），妹妹的儿子，外甥。च（不变词）和。दृष्ट्वा（√दृश् 独立式）看见。मुनि（牟尼）-वचन（话语）-श्रवणे（श्रवण 听到），复合词（中，单，依），听到牟尼的话语。च（不变词）和。तद्（它）-मतौ（मति 思想），复合词（阴，单，依），记住它。च（不变词）和。बहु（许多）-विधम्（विध 种类），复合词（不变词），许多种。अनुकम्पया（अनुकम्पा 阴，单，具）同情。स（तद् 阳，单，体）他。साधुः（साधु 阳，单，体）善人。प्रिय（可爱）-सुत（儿子）-वत्（वत् 如同），复合词（不变词），如同爱子。विनियोजयांचकार（वि-नि√युज 完成，单，三）联系。

नरपतिरपि पुत्रजन्मतुष्टो विषयगतानि विमुच्य बन्धनानि।
कुलसदृशमचीकरद्यथावत्प्रियतनयस्तनयस्य जातकर्म॥८२॥

国王为儿子诞生高兴，
大赦国内狱中的囚犯；
他喜爱儿子，为儿子举行
符合家族仪轨的诞生礼。（82）

解析：नर（人）-पतिः（पति 主人），复合词（阳，单，体），国王。अपि（不变词）也。पुत्र（儿子）-जन्म（जन्मन् 出生）-तुष्टः（तुष्ट 欢喜），复合词（阳，单，体），为儿子出生高兴。विषय（领域，国土）-गतानि（गत 处在），复合词（中，复，业），国内的。विमुच्य（वि√मुच् 独立式）释放。बन्धनानि（बन्धन 中，复，业）囚犯。कुल（家族）-सदृशम्（सदृश 符合），复合词（中，单，业），符合家族的。अचीकरत्（√कृ 不定，单，三）做。यथावत्（不变词）按照仪轨。प्रिय（喜爱）-तनयः（तनय 儿子），复合词（阳，单，体），喜爱儿子。तनयस्य（तनय 阳，单，属）儿子。जात（出生）-कर्म（कर्मन् 仪式），复合词（中，单，业），诞生仪式。

दशसु परिणतेष्वहःसु चैव प्रयतमनाः परया मुदा परीतः।
अकुरुत जपहोममङ्गलाद्याः परमभवाय सुतस्य देवतेज्याः॥८३॥

满了十天，他控制思想，
怀着极大喜悦，祭祀天神，
举行默祷和祭供等吉祥
仪式，为儿子祈求至福。（83）

解析：दशसु（दशन् 中，复，依）十。परिणतेषु（परिणत 中，复，依）满。अहःसु（अहन् 中，复，依）天。च（不变词）和。एव（不变词）即刻。प्रयत（控制）-मनाः（मनस् 思想），复合词（阳，单，体），控制思想。परया（पर 阴，单，具），最高的。मुदा（मुद् 阴，单，具）喜悦。परीतः（परीत 中，单，体）围绕，怀着。अकुरुत（√कृ 未完，单，三）做。जप（默祷）-होम（祭供）-मङ्गल（吉祥仪式）-आद्याः（आद्य 等等），复合词（阴，复，业），默祷和祭供吉祥仪式等等。परम（至高）-भवाय（भव 存在），复合词（阳，单，为），至福。सुतस्य（सुत 阳，单，属）儿子。देवता（天神）-इज्याः（इज्या 祭祀），复合词（阴，复，业），祭祀天神。

अपि च शतसहस्रपूर्णसंख्याः स्थिरबलवत्तनयाः सहेमशृङ्गीः।
अनुपगतजराः पयस्विनीर्गाः स्वयमददात्सुतवृद्धये द्विजेभ्यः॥८४॥

他也亲自施舍众婆罗门，
足足十万头未老的母牛，
角系金子，奶水充足，牛犊
健壮，为求儿子未来繁荣。（84）

解析：अपि（不变词）也。च（不变词）和。शत（百）-सहस्र（千）-पूर्ण（满）-संख्याः（संख्या 数目），复合词（阴，复，业），足足十万。स्थिर（坚定）-बलवत्（有力）-तनयाः（तनय 牛犊），复合词（阴，复，业），牛犊结实有力。स（带着）-हेम（金子）-शृङ्गीः（शृङ्ग 角），复合词（阴，复，业），角系金子。अनुपगत（未到）-जराः（जरा 衰老），复合词（阴，复，业），未衰老的。पयस्विनीः（पयस्विन् 阴，复，业）奶水充足的。गाः（गो 阴，复，业）母牛。स्वयम्（不变词）自己。अददात्（√दा 未完，单，三）给予，布施。सुत（儿子）-वृद्धये（वृद्धि 繁荣），复合词（阴，单，为），儿子的繁荣。द्विजेभ्यः（द्विज 阳，复，为）婆罗门。

बहुविधविषयास्ततो यतात्मा स्वहृदयतोषकरीः क्रिया विधाय।
गुणवति नियते शिवे मुहूर्ते मतिमकरोन्मुदितः पुरप्रवेशे॥८५॥

他控制自我，举行各种
仪式，让自己内心满意，
然后，他高高兴兴地
选定进城的吉日良辰。（85）

解析：बहु（许多）-विध（种类）-विषयाः（विषय 领域），复合词（阴，复，业），许多方面。ततस्（不变词）然后。यत（控制）-आत्मा（आत्मन् 自我），复合词（阳，单，体），控制自我。स्व（自己）-हृदय（心）-तोष（满意）-करीः（कर 做），复合词（阴，复，业），让自己内心满意的。क्रियाः（क्रिया 阴，复，业）仪式。विधाय（वि√धा 独立式）安排，举行。गुणवति（गुणवत् 阳，单，依）好的。नियते（नियत 阳，单，依）确定。शिवे（शिव 阳，单，依）吉祥。मुहूर्ते（मुहूर्त 阳，单，依）时刻。मतिम्（मति 阴，单，业）思想。अकरोत्（√कृ 未完，单，三）做。मुदितः（मुदित 阳，单，体）欢喜。पुर（城市）-प्रवेशे（प्रवेश 进入），复合词（阳，单，依），进入城市。

> द्विरदरदमयीमथो महार्हां सितसितपुष्पभृतां मणिप्रदीपाम्।
> अभजत शिविकां शिवाय देवी तनयवती प्रणिपत्य देवताभ्यः॥८६॥

王后抱着儿子敬拜诸神，
以求吉祥，然后登上宝车；
这昂贵宝车用象牙制成，
装饰有白花和明亮珍珠。（86）

解析：द्विरद（象）-रद（牙）-मयीम्（मय 构成），复合词（阴，单，业），象牙制成的。अथो（不变词）然后。महा（大）-अर्हाम्（अर्ह 价值），复合词（阴，单，业），昂贵的。सित（洁白）-सितपुष्प（白花）-भृताम्（भृत 具有），复合词（阴，单，业），具有洁白的白花。मणि（摩尼珠）-प्रदीपाम्（प्रदीप 光辉，明亮），复合词（阴，单，业），明亮珍珠。अभजत（√भज् 未完，单，三）享有，登上。शिविकाम्（शिविका 阴，单，业）车。शिवाय（शिव 中，单，为）吉祥。देवी（देवी 阴，单，体）王后。तनयवती（तनयवत् 阴，单，体）抱着儿子。प्रणिपत्य（प्र-नि√पत् 独立式）敬拜。देवताभ्यः（देवता 阴，复，为）天神。

> पुरमथ पुरतः प्रवेश्य पत्नीं स्थविरजनानुगतामपत्यनाथाम्।
> नृपतिरपि जगाम पौरसंघैर्दिवममरैर्मघवानिवार्च्यमानः॥८७॥

国王先让看护儿子的王后入城，
老妇人们尾随其后，然后他入城，
受到城市民众敬拜，犹如因陀罗
进入天国之时，受到众天神敬拜。（87）

解析：पुरम्（पुर 中，单，业）城市。अथ（不变词）然后。पुरतस्（不变词）前面。प्रवेश्य（प्र√विश् 致使，独立式）进入。पत्नीम्（पत्नी 阴，单，业）王后。स्थविर（年老）-जन（人）-अनुगताम्（अनुगत 跟随），复合词（阴，单，业），老妇人们跟随。अपत्य（儿子）-नाथाम्（नाथ 保护者），复合词（阴，单，业），看护儿子的。नृपतिः（नृपति 阳，单，体）国王。अपि（不变词）也。जगाम（√गम् 完成，单，三）走。पौर（市民）-संघैः（संघ 群），复合词（阳，复，具），众市民。दिवम्（दिव 中，单，业）天国。अमरैः（अमर 阳，复，具）天神。मघवान्（मघवन् 阳，单，体）因陀罗。इव（不变词）如同。अर्च्यमानः（अर्च्यमान 现分，被，阳，单，体）敬拜。

<blockquote>
भवनमथ विगाह्य शाक्यराजो भव इव षण्मुखजन्मना प्रतीतः।
इदमिदमिति हर्षपूर्णवक्त्रो बहुविधपुष्टियशस्करं व्यधत्त॥८८॥
</blockquote>

然后，释迦王进入宫中，
犹如大神湿婆喜得六面童[①]，
满脸笑容，做出各种安排，
有利于王子的成长和名声。（88）

解析：भवनम्（भवन 中，单，业）宫殿。अथ（不变词）然后。विगाह्य（वि√गाह् 独立式）进入。शाक्य（释迦族）-राजः（राज 国王），复合词（阳，单，体），释迦王。भवः（भव 阳，单，体）湿婆大神。इव（不变词）如同。षष्（六）-मुख（面）-जन्मना（जन्मन् 出生），复合词（中，单，具），六面童出生。प्रतीतः（प्रतीत 阳，单，体）高兴。इदम्（इदम् 中，单，体）这个。इदम्（इदम् 中，单，体）这个。इति（不变词）这样（说）。हर्ष（欢喜）-पूर्ण（充满）-वक्त्रः（वक्त्र 脸），复合词（阳，单，体），满脸欢笑。बहु（许多）-विध（种类）-पुष्टि（成长）-यशस्（名声）-करम्（कर 造成），复合词（中，单，业），各种带来成长和名声的事。व्यधत्त（वि√धा 未完，单，三）安排。

<blockquote>
इति नरपतिपुत्रजन्मवृद्ध्या सजनपदं कपिलाह्वयं पुरं तत्।
धनदपुरमिवाप्सरसो ऽवकीर्णं मुदितमभून्नलकूबरप्रसूतौ॥८९॥
</blockquote>

这座名为迦毗罗的城市和周围
国土，沉浸在王子诞生的欢乐中，

[①] 六面童是湿婆的儿子室建陀。

犹如那座充满天女的财神的城市，
因为那罗鸠波罗诞生，喜气洋洋。（89）

解析： इति（不变词）这样。नरपति（国王）-पुत्र（儿子）-जन्म（जन्मन् 出生）-वृद्ध्या（वृद्धि 繁荣），复合词（阴，单，具），因王子出生而欢乐洋溢。स（有）-जनपदम्（जनपद 国土），复合词（中，单，体），连同周围的国土。कपिल（迦毗罗）-आह्वयम्（आह्वय 名称），复合词（中，单，体），名为迦毗罗。पुरम्（पुर 中，单，体）城市。तत्（तद् 中，单，体）这个。धनद（财神）-पुरम्（पुर 城市），复合词（中，单，体），财神的城市。इव（不变词）如同。अप्सरसः（अप्सरस् 阴，单，属）天女。अवकीर्णम्（अवकीर्ण 中，单，体）充满。मुदितम्（मुदित 中，单，体）高兴。अभूत्（√भू 不定，单，三）是。नलकूबर（那罗鸠波罗，财神之子）-प्रसूतौ（प्रसूति 出生），复合词（阴，单，依），那罗鸠波罗出生。

इति बुद्धचरिते महाकाव्ये भगवत्प्रसूतिर्नाम प्रथमः सर्गः॥१॥

以上是大诗《佛所行赞》中名为《世尊诞生》的第一章。

解析： इति（不变词）以上。बुद्धचरिते（बुद्धचरित 中，单，依）《佛所行赞》。महा（大）-काव्ये（काव्य 诗），复合词（中，单，依），大诗。भगवत्（世尊）-प्रसूतिः（प्रसूति 诞生），复合词（阴，单，体），《世尊诞生》。नाम（不变词）名为。प्रथमः（प्रथम 阳，单，体）第一。सर्गः（सर्ग 阳，单，体）章。

द्वितीयः सर्गः

第 二 章

**आ जन्मनो जन्मजरान्तगस्य तस्यात्मजस्यात्मजितः स राजा।
अह्न्यहन्यर्थगजाश्वमित्रैर्वृद्धिं ययौ सिन्धुरिवाम्बुवेगैः॥१॥**

自从他的这位寂灭生和老、
调伏自我的儿子出生之后，
国王的财富、象、马和朋友
日益增长,犹如信度河的水流。（1）

132 梵语文学读本

解析：आ（不变词）自从。जन्मनः（जन्मन् 中，单，从）出生。जन्म（जन्मन् 生）-जरा（老）-अन्तगस्य（अन्तग 消灭），复合词（阳，单，属），寂灭生和老。तस्य（तद् 阳，单，属）他。आत्मजस्य（आत्मज 阳，单，属）儿子。आत्म（आत्मन् 自我）-जितः（जित् 战胜，控制），复合词（阳，单，属），控制自我。सः（तद् 阳，单，体）他。राजा（राजन् 阳，单，体）国王。अहनि（अहन् 中，单，依）天。अहनि（अहन् 中，单，依）天。अर्थ（财富）-गज（大象）-अश्व（马）-मित्रैः（मित्र 朋友），复合词（中，复，具），财富、大象、马和朋友。वृद्धिम्（वृद्धि 阴，单，业）增长。ययौ（√या 完成，单，三）走向。सिन्धुः（सिन्धु 阳，单，体）信度河。इव（不变词）犹如。अम्बु（水）-वेगैः（वेग 激流），复合词（阳，复，具），水流。

धनस्य रत्नस्य च तस्य तस्य कृताकृतस्यैव च काञ्चनस्य।
तदा हि नैकान्स निधीनवाप मनोरथस्याप्यतिभारभूतान्॥२॥

他获得这样那样的财物，
珠宝以及加工和未加工的
金子，装满了许多宝库，
以至愿望之车也已超重。（2）

解析：धनस्य（धन 中，单，属）财富，财物。रत्नस्य（रत्न 中，单，属）宝石。च（不变词）和。तस्य（तद् 中，单，属）这样。तस्य（तद् 中，单，属）那样。कृत（已做的，加工的）-अकृतस्य（अकृत 未做的，未加工的），复合词（中，单，属），已加工和未加工的。च（不变词）和。काञ्चनस्य（काञ्चन 中，单，属）金子。तदा（不变词）那时。हि（不变词）因为。नैकान्（नैक 阳，复，业）许多。सः（तद् 阳，单，体）他。निधीन्（निधि 阳，复，业）宝库。अवाप（अव√आप् 完成，单，三）获得。मनस्（愿望）-रथस्य（रथ 车），复合词（阳，单，属），愿望之车。अपि（不变词）甚至。अतिभार（超重的）-भूतान्（भूत 成为），复合词（阳，复，业），成为超重的。

ये पद्मकल्पैरपि च द्विपेन्द्रैर्न मण्डलं शक्यमिहाभिनेतुम्।
मदोत्कटा हैमवता गजास्ते विनापि यत्नादुपतस्थुरेनम्॥३॥

那些雪山大象疯狂凶猛，
即使如同莲花象的象王，
也无法将它们引回象厩，

现在却不用费力就来到。（3）

解析：ये（यद् 阳，复，体）它，指大象。पद्म（莲花象）-कल्पैः（कल्प 如同），复合词（阳，复，具），如同莲花象。अपि（不变词）即使。च（不变词）和。द्विपेन्द्रैः（द्विपेन्द्र 阳，复，具）象王。न（不变词）不。मण्डलम्（मण्डल 阳，单，业）象厩。शक्यम्（शक्य 中，单，体）能。इह（不变词）这里。अभिनेतुम्（अभि√नी 不定式）引领。मद（疯狂的）-उत्कटाः（उत्कट 凶猛的），复合词（阳，复，体），疯狂凶猛的。हैमवताः（हैमवत 阳，复，体）雪山的。गजाः（गज 阳，复，体）大象。ते（तद् 阳，复，体）它，指大象。विना（不变词）没有。अपि（不变词）甚至。यत्नात्（यत्न 阳，单，从）努力。उपतस्थुः（उप√स्था 完成，复，三）来到。एनम्（एतद् 阳，单，业）那，指象厩。

नानाङ्कचिह्नैर्नवहेमभाण्डैर्विभूषितैर्लम्बसटैस्तथान्यैः।
संचुक्षुभे चास्य पुरं तुरङ्गैर्बलेन मैत्र्या च धनेन चाप्तैः॥४॥

那些马匹撼动他的城市，
装饰有各种各样的标记，
崭新的金马具，披挂鬃毛，
凭军队、朋友和财力获得。（4）

解析：नाना（各种）-अङ्क（记号）-चिह्नैः（चिह्न 标志），复合词（中，复，具），各种标记。नव（新的）-हेम（हेमन् 金子）-भाण्डैः（भाण्ड 马具），复合词（中，复，具），新的金马具。विभूषितैः（विभूषित 阳，复，具）装饰。लम्ब（悬挂，披挂）-सटैः（सटा 鬃毛），复合词（阳，复，具），披挂鬃毛。तथा（不变词）同样。अन्यैः（अन्य 阳，复，具）其他的。संचुक्षुभे（सम्√क्षुभ् 完成，被，单，三）撼动，摇晃。च（不变词）和。अस्य（इदम् 阳，单，属）他。पुरम्（पुर 中，单，体）城市。तुरङ्गैः（तुरङ्ग 阳，复，具）马。बलेन（बल 中，单，具）军队，武力。मैत्र्या（मैत्री 阴，单，具）友谊。च（不变词）和。धनेन（धन 中，单，具）钱财。च（不变词）和。आप्तैः（आप्त 阳，复，具）获得。

पुष्टाश्च तुष्टाश्च तथास्य राज्ये साध्व्यो ऽरजस्का गुणवत्पयस्काः।
उद्ग्रवत्सैः सहिता बभूवुर्बह्व्यो बहुक्षीरदुहश्च गावः॥५॥

同样，他的王国中，还有许多
奶质优良的母牛，肥壮，满意，
没有污垢，驯良，奶水充足，

还伴随有许多健壮的牛犊。（5）

解析：पुष्टाः（पुष्ट 阴，复，体）肥壮的。च（不变词）和。तुष्टाः（तुष्ट 阴，复，体）满意的。च（不变词）和。तथा（不变词）同样。अस्य（इदम् 阳，单，属）他。राज्ये（राज्य 中，单，依）王国。साध्व्यः（साधु 阴，复，体）驯良的。अरजस्काः（अरजस्क 阴，复，体），没有污垢。गुणवत्（优质的）-पयस्काः（पयस्क 奶水），复合词（阴，复，体），奶质优良。उदग्र（强壮的）-वत्सैः（वत्स 牛犊），复合词（阳，复，具），强壮的牛犊。सहिताः（सहित 阴，复，体）伴随。बभूवुः（√भू 完成，复，三）有。बह्व्यः（बहु 阴，复，体）许多。बहु（许多）-क्षीर（奶水）-दुहः（दुह् 挤），复合词（阴，复，体），挤出许多奶水。च（不变词）和。गावः（गो 阴，复，体）牛。

मध्यस्थतां तस्य रिपुर्जगाम मध्यस्थभावः प्रययौ सुहृत्त्वम्।
विशेषतो दार्ढ्यमियाय मित्रं द्वावस्य पक्षावपरस्तु नास॥६॥

他的敌人变成中立者，
中立者变为朋友，朋友
变得更加牢固，于是，
他只有两翼，而无敌人。（6）

解析：मध्यस्थताम्（मध्यस्थता 阴，单，业）中立状态。तस्य（तद् 阳，单，属）他。रिपुः（रिपु 阳，单，体）敌人。जगाम（√गम् 完成，单，三）走向。मध्यस्थ（中立）-भावः（状态），复合词（阳，单，体），中立状态。प्रययौ（प्र√या 完成，单，三）走向。सुहृत्त्वम्（सुहृत्त्व 中，单，业）朋友，友谊。विशेषतस्（不变词）更加地，特别地。दार्ढ्यम्（दार्ढ्य 中，单，业）牢固。इयाय（√इ 完成，单，三）走向。मित्रम्（मित्र 中，单，体）朋友。द्वौ（द्वि 阳，双，体）二。अस्य（इदम् 阳，单，属）他。पक्षौ（पक्ष 阳，双，体）翅膀，翼。अपरः（अपर 阳，单，体）敌人。तु（不变词）而。न（不变词）不。आस（√अस् 完成，单，三）是，有。

तथास्य मन्दानिलमेघशब्दः सौदामिनीकुण्डलमण्डिताभ्रः।
विनाश्मवर्षाशनिपातदोषैः काले च देशे प्रववर्ष देवः॥७॥

天神在各地及时下雨，
雨云装饰有闪电耳环，
伴有柔和的风和雷声，

而无冰雹和霹雳之灾。（7）

解析：तथा（不变词）同样。अस्य（इदम् 阳，单，属）他。मन्द（缓慢的）-अनिल（风）-मेघ（云）-शब्दः（शब्द 声音），复合词（阳，单，体），柔和的风和雷声。सौदामिनी（闪电）-कुण्डल（耳环）-मण्डित（装饰）-अभ्रः（अभ्र 云），复合词（阳，单，体），雨云装饰有闪电耳环。विना（不变词）没有。अश्म（अश्मन् 石头，雹子）-वर्ष（雨）-अशनि（雷）-पात（落下，袭击）-दोषैः（दोष 灾害），复合词（阳，复，具），冰雹和雷电袭击之灾。काले（काल 阳，单，依）时间，及时。च（不变词）和。देशे（देश 阳，单，依）地点。प्रववर्ष（प्र√वृष् 完成，单，三）下雨。देवः（देव 阳，单，体）天神。

रुरोह सस्यं फलवद्यथर्तु तदाकृतेनापि कृषिश्रमेण।
ता एव चास्यौषधयो रसेन सारेण चैवाभ्यधिका बभूवुः॥८॥

谷物按季生长收获，
甚至不必费力耕种，
那些药草也变得
格外茁壮和多汁。（8）

解析：रुरोह（√रुह् 完成，单，三）生长。सस्यम्（सस्य 中，单，体）谷物。फलवत्（中，单，体）有果实的。यथा（按照）-ऋतु（季节），复合词（不变词），按照季节。तदा（不变词）那时。अकृतेन（अकृत 阳，单，具）不做。अपि（不变词）甚至。कृषि（耕种）-श्रमेण（श्रम 劳累），复合词（阳，单，具），费力耕种。ताः（तद् 阴，复，体）那。एव（不变词）也。च（不变词）和。अस्य（इदम् 阳，单，属）他。औषधयः（औषधि 阴，复，体）药草。रसेन（रस 阳，单，具）汁液。सारेण（सार 阳，单，具）精力。च（不变词）和。एव（不变词）确实。अभ्यधिकाः（अभ्यधिक 阴，复，体）更加。बभूवुः（√भू 完成，复，三）成为，变得。

शरीरसंदेहकरेऽपि काले संग्रामसंमर्द इव प्रवृत्ते।
स्वस्थाः सुखं चैव निरामयं च प्रजज्ञिरे कालवशेन नार्यः॥९॥

即使身体面临有危险，
犹如战斗中兵戎相见，
孕妇们依然按时分娩，
安稳舒适，没有病痛。（9）

解析：शरीर（身体）-संदेह（危险）-करे（कर 造成），复合词（阳，单，依），造成身体危险。अपि（不变词）即使。काले（काल 阳，单，依）时间。संग्राम（战斗）-संमर्दे（संमर्द 摩擦，交锋），复合词（阳，单，依），战斗交锋。इव（不变词）像。प्रवृत्ते（प्रवृत्त 阳，单，依）面临。स्वस्थाः（स्वस्थ 阴，复，体）自如的。सुखम्（不变词）舒适地。च（不变词）和。एव（不变词）也。निरामयम्（不变词）无病地。च（不变词）和。प्रजज्ञिरे（प्र√जन् 完成，复，三）分娩。काल（时间）-वशेन（वश 控制），复合词（阳，单，具），按时。नार्यः（नारी 阴，复，体）女人。

पृथग्व्रतिभ्यो विभवे ऽपि गर्हे न प्रार्थयन्ति स्म नराः परेभ्यः।
अभ्यर्थितः सूक्ष्मधनो ऽपि चार्यस्तदा न कश्चिद्विमुखो बभूव॥ १०॥

除了出家人，即使财富受挫，
人们也不伸手向他人乞求，
而高贵者即使财富匮乏，
也不会将乞求者拒之门外。（10）

解析：पृथक्（不变词）除了。व्रतिभ्यः（व्रतिन् 阳，复，从）出家人。विभवे（विभव 阳，单，依）财富。अपि（不变词）即使。गर्हे（गर्ह 阳，单，依）受挫。न（不变词）不。प्रार्थयन्ति（प्र√अर्थ् 现在，复，三）乞求。स्म（不变词）与现在时连用，表示过去。नराः（नर 阳，复，体）人。परेभ्यः（पर 阳，复，从）别人。अभ्यर्थितः（अभ्यर्थित 阳，单，体）受乞求，被请求。सूक्ष्म（微小）-धनः（धन 钱财），复合词（阳，单，体），钱财很少。अपि（不变词）即使。च（不变词）和。आर्यः（आर्य 阳，单，体）高贵者。तदा（不变词）那时。न（不变词）不。कः-चित्（किम्-चित् 阳，单，体）某人。विमुखः（विमुख 阳，单，体）转脸，拒绝。बभूव（√भू 完成，单，三）成为，是。

नागौरवो बन्धुषु नाप्यदाता नैवाव्रतो नानृतिको न हिंस्रः।
आसीत्तदा कश्चन तस्य राज्ये राज्ञो ययातेरिव नाहुषस्य॥ ११॥

在他的王国中，如同在
友邻之子迅行的王国中，
无人不尊重亲友，不施舍，
不守誓言，说谎或害人。（11）

解析：न（不变词）不。अगौरवः（अगौरव 阳，单，体）不尊重。बन्धुषु（बन्धु 阳，复，依）亲友。न（不变词）不。अपि（不变词）也。अदाता（अदातृ 阳，单，体）不施舍。न（不变词）不。एव（不变词）确实。अव्रतः（अव्रत 阳，单，体）不守誓言。न（不变词）不。अनृतिकः（अनृतिक 阳，单，体）说谎。न（不变词）不。हिंस्रः（हिंस्र 阳，单，体）伤害。आसीत्（√अस् 未完，单，三）是。तदा（不变词）那时。कः-चन（किम्-चन 阳，单，体）某人。तस्य（तद् 阳，单，属）他，指国王。राज्ये（राज्य 中，单，依）王国。राज्ञः（राजन् 阳，单，属）国王。ययातेः（ययाति 阳，单，属）迅行。इव（不变词）如同。नाहुषस्य（नाहुष 阳，单，属）友邻之子。

उद्यानदेवायतनाश्रमाणां कूपप्रपापुष्करिणीवनानाम्।
चक्रुः क्रियास्तत्र च धर्मकामाः प्रत्यक्षतः स्वर्गमिवोपलभ्य॥१२॥

热爱正法的人们修建
花园、神庙、净修林、
水井、水亭、莲花池和
园林，仿佛亲眼目睹天国。（12）

解析：उद्यान（花园）-देवायतन（神庙）-आश्रमाणाम्（आश्रम 净修林），复合词（阳，复，属），花园、神庙和净修林。कूप（水井）-प्रपा（水亭）-पुष्करिणी（莲花池）-वनानाम्（वन 园林，树林），复合词（中，复，属），水井、水亭、莲花池和园林。चक्रुः（√कृ 完成，复，三）做，建造。क्रियाः（क्रिया 阴，复，业）事情。तत्र（不变词）这里。च（不变词）和。धर्म（正法）-कामाः（काम 热爱），复合词（阳，复，体），热爱正法的人。प्रत्यक्षतस्（不变词）亲眼目睹。स्वर्गम्（स्वर्ग 阳，单，业）天国。इव（不变词）像。उपलभ्य（उप√लभ् 独立式）达到，获得。

मुक्तश्च दुर्भिक्षभयामयेभ्यो हृष्टो जनः स्वर्ग इवाभिरेमे।
पत्नीं पतिर्वा महिषी पतिं वा परस्परं न व्यभिचेरतुश्च॥१३॥

摆脱饥馑、恐怖和疾病，
人们仿佛在天国享乐；
丈夫对妻子，或者妻子
对丈夫，互相都不背叛。（13）

解析：मुक्तः（मुक्त 阳，单，体）摆脱。च（不变词）和。दुर्भिक्ष（饥荒）-भय（恐惧）

-आमयेभ्यः（आमय 疾病），复合词（阳，复，从），饥荒、恐怖和疾病。हृष्टः（हृष्ट 阳，单，体）喜悦，欢乐。जनः（जन 阳，单，体）人们。स्वर्गे（स्वर्ग 阳，单，依）天国。इव（不变词）像。अभिरेमे（अभि√रम् 完成，单，三）享乐。पत्नीम्（पत्नी 阴，单，业）妻子。पतिः（पति 阳，单，体）丈夫，国王。वा（不变词）或者。महिषी（阴，单，体）王后。पतिम्（पति 阳，单，业）丈夫，国王。वा（不变词）或者。परस्परम्（不变词）彼此，互相。न（不变词）不。व्यभिचेरतुः（वि-अभि√चर् 完成，双，三）背叛。च（不变词）和。

कश्चित्सिषेवे रतये न कामं कामार्थमर्थं न जुगोप कश्चित्।
कश्चिद्धनार्थं न चचार धर्मं धर्माय कश्चिन्न चकार हिंसाम्॥१४॥

无人为欲乐追求爱情，
无人为贪欲隐藏财富，
无人为财富遵行正法，
无人为正法伤害众生。（14）

解析：कः-चित्（किम्-चित् 阳，单，体）某人。सिषेवे（√सेव् 完成，单，三）追求，侍奉。रतये（रति 阴，单，为）情欲，欲乐。न（不变词）不。कामम्（काम 阳，单，业）爱情。काम（欲望）-अर्थम्（为了），复合词（不变词），为了贪欲。अर्थम्（अर्थ 阳，单，业）财富。न（不变词）不。जुगोप（√गुप् 完成，单，三）隐藏，保护。कः-चित्（किम्-चित् 阳，单，体）某人。कः-चित्（किम्-चित् 阳，单，体）某人。धन（财富）-अर्थम्（为了），复合词（不变词），为了财富。न（不变词）不。चचार（√चर् 完成，单，三）遵行。धर्मम्（धर्म 阳，单，业）正法。धर्माय（धर्म 阳，单，为）正法。कः-चित्（किम्-चित् 阳，单，体）某人。न（不变词）不。चकार（√कृ 完成，单，三）做。हिंसाम्（हिंसा 阴，单，业）伤害，杀生。

स्तेयादिभिश्चाप्यरिभिश्च नष्टं स्वस्थं स्वचक्रं परचक्रमुक्तम्।
क्षेमं सुभिक्षं च बभूव तस्य पुरानरण्यस्य यथैव राष्ट्रे॥१५॥

盗匪之类和敌人销声匿迹，
摆脱敌人统治，独立自主，
他的王国生活安定和富足，
如同古代的阿那罗尼耶国。（15）

解析：स्तेय（偷盗）-आदिभिः（आदि 等），复合词（阳，复，具），盗贼之类。च

（不变词）和。अपि（不变词）也。अरिभिः（अरि 阳，复，具）敌人。च（不变词）和。नष्टम्（नष्ट 中，单，体）消失的。स्वस्थम्（中，单，体）自由的。स्वचक्रम्（स्वचक्र 中，单，体）自治。परचक्र（他人统治）-मुक्तम्（मुक्त 摆脱），复合词（中，单，体），摆脱他人统治的。क्षेममम्（क्षेम 中，单，体）安定。सुभिक्षम्（सुभिक्ष 中，单，体）富足。च（不变词）和。बभूव（√भू 完成，单，三）变得。तस्य（तद् 阳，单，属）他。पुरा（不变词）古代。अनरण्यस्य（अनरण्य 阳，单，属）阿那罗尼耶（国王名）。यथा（不变词）如同。एव（不变词）确实。राष्ट्रे（राष्ट्र 中，单，依）王国。

तदा हि तज्जन्मनि तस्य राज्ञो मनोरिवादित्यसुतस्य राज्ये।
चचार हर्षः प्रणनाश पाप्मा जज्वाल धर्मः कलुषः शशाम॥१६॥

王子诞生后，国王的王国
如同太阳之子摩奴的王国，
到处充满欢乐，罪恶消失，
正法闪耀光辉，污浊涤除。（16）

解析：तदा（不变词）那时。हि（不变词）因为。तद्（他，指王子）-जन्मनि（जन्मन् 诞生），复合词（中，单，依），王子诞生。तस्य（तद् 阳，单，属）他，指国王。राज्ञः（राजन् 阳，单，属）国王。मनोः（मनु 阳，单，属）摩奴。इव（不变词）像。आदित्य（太阳）-सुतस्य（सुत 儿子），复合词（阳，单，属），太阳之子。राज्ये（राज्य 中，单，依）王国。चचार（√चर् 完成，单，三）行。हर्षः（हर्ष 阳，单，体）欢乐。प्रणनाश（प्र√नश् 完成，单，三）消失。पाप्मा（पाप्मन् 阳，单，体）罪恶。जज्वाल（√ज्वल् 完成，单，三）闪耀。धर्मः（धर्म 阳，单，体）正法。कलुषः（कलुष 阳，单，体）污浊。शशाम（√शम् 完成，单，三）消除。

एवंविधा राजकुलस्य संपत्सर्वार्थसिद्धिश्च यतो बभूव।
ततो नृपस्तस्य सुतस्य नाम सर्वार्थसिद्धोऽयमिति प्रचक्रे॥१७॥

王族如此繁荣富强，
一切目的全都达到，
因此国王为这个儿子
取名，叫做"一切义成"。（17）

解析：एवंविधा（एवंविध 阴，单，体）这样的。राज（राजन् 国王）-कुलस्य（कुल 家族），

复合词（中，单，属），王族。**संपत्**（संपद् 阴，单，体）繁荣。**सर्व**（一切）-**अर्थ**（目的）-**सिद्धिः**（सिद्धि 达到），复合词（阴，单，体），一切目的达到。**च**（不变词）和。**यतस्**（不变词）因为。**बभूव**（√भू 完成，单，三）变成。**ततस्**（不变词）所以。**नृपः**（नृप 阳，单，体）国王。**तस्य**（तद् 阳，单，属）这个。**सुतस्य**（सुत 阳，单，属）儿子。**नाम**（नामन् 中，单，业）名字。**सर्व**（一切）-**अर्थ**（意义，目的）-**सिद्धः**（सिद्ध 成就），复合词（阳，单，体），"一切义成"。**अयम्**（इदम् 阳，单，体）这个。**इति**（不变词）这样（取名）。**प्रचक्रे**（प्र√कृ 完成，单，三）做，命名。

देवी तु माया विबुधर्षिकल्पं दृष्ट्वा विशालं तनयप्रभावम्।
जातं प्रहर्षं न शशाक सोढुं ततो निवासाय दिवं जगाम॥१८॥

王后摩耶看到儿子
威力广大，如同神仙，
承受不住心中的喜悦，
命终往生天国居住。（18）

解析：देवी（देवी 阴，单，体）王后。**तु**（不变词）而。**माया**（माया 阴，单，体）摩耶。**विबुध**（神）-**ऋषि**（仙）-**कल्पम्**（कल्प 如同），复合词（阳，单，业），如同神仙。**दृष्ट्वा**（√दृश् 独立式）看。**विशालम्**（विशाल 阳，单，业）广大。**तनय**（儿子）-**प्रभावम्**（प्रभाव 威力），复合词（阳，单，业），儿子的威力。**जातम्**（जात 阳，单，业）产生。**प्रहर्षम्**（प्रहर्ष 阳，单，业）欢喜。**न**（不变词）不。**शशाक**（√शक् 完成，单，三）能。**सोढुम्**（√सह् 不定式）承受。**ततस्**（不变词）因此。**निवासाय**（निवास 阳，单，为）居住。**दिवम्**（दिव 中，单，业）天国。**जगाम**（√गम् 完成，单，三）去往。

ततः कुमारं सुरगर्भकल्पं स्नेहेन भावेन च निर्विशेषम्।
मातृष्वसा मातृसमप्रभावा संवर्धयामात्मजवद्बभूव॥१९॥

与王后一样能力非凡的姨母，
抚育这位如同神胎的王子，
就像抚育自己的亲生儿子，
慈爱和温柔与生母毫无区别。（19）

解析：ततस्（不变词）然后。**कुमारम्**（कुमार 阳，单，业）王子。**सुर**（神）-**गर्भ**（胎）-**कल्पम्**（कल्प 如同），复合词（阳，单，业），如同神胎。**स्नेहेन**（स्नेह 阳，单，具）慈

爱。भावेन（भाव 阳，单，具）性情。च（不变词）和。निर्विशेषम्（不变词）无区别。मातृ（母亲）-स्वसा（स्वसृ 姐妹），复合词（阴，单，体），母亲的姐妹，姨母。मातृ（母亲）-सम（一样）-प्रभावा（प्रभाव 能力），复合词（阴，单，体），与母亲一样能力非凡的。संवर्धयाम्（सम्√वृध् 致使，完成，单，三，与बभूव连接）抚育。आत्मजवत्（不变词）像儿子一样。बभूव（√भू 完成，单，三）成为，是。

ततः स बालार्क इवोदयस्थः समीरितो वह्निरिवानिलेन।
क्रमेण सम्यग्ववृधे कुमारस्ताराधिपः पक्ष इवातमस्के॥२०॥

王子渐渐地健康成长，
犹如东山初升的太阳，
犹如风儿扇旺的火焰，
犹如白半月的月亮。（20）

解析：ततस्（不变词）然后。स（तद् 阳，单，体）他。बाल（新的）-अर्कः（अर्क 太阳），复合词（阳，单，体），初升的太阳。इव（不变词）如同。उदय（东山）-स्थः（स्थ 位于），复合词（阳，单，体），位于东山的。समीरितः（समीरित 阳，单，体）吹动。वह्निः（वह्नि 阳，单，体）火。इव（不变词）如同。अनिलेन（अनिल 阳，单，具）风。क्रमेण（क्रम 阳，单，具）渐渐地。सम्यक्（不变词）正确，合适。ववृधे（√वृध् 完成，单，三）成长。कुमारः（कुमार 阳，单，体）王子。तारा（星星）-अधिपः（अधिप 王），复合词（阳，单，体），星星之王，月亮。पक्षे（पक्ष 阳，单，依）半月。इव（不变词）像。अतमस्के（अतमस्क 阳，单，依）不黑的，白的。

ततो महार्हाणि च चन्दनानि रत्नावलीश्चौषधिभिः सगर्भाः।
मृगप्रयुक्तानर्थकांश्च हैमानाचक्रिरे ऽस्मै सुहृदालयेभ्यः॥२१॥

然后，给予他来自朋友
家中的贵重的檀香膏，
内含药草的宝石项链，
鹿儿牵引的小金车。（21）

解析：ततस्（不变词）然后。महा（大）-अर्हाणि（अर्ह 价值），复合词（中，复，业），贵重的。च（不变词）和。चन्दनानि（चन्दन 中，复，业）檀香膏。रत्न（宝石）-आवलीः（आवली 一串），复合词（阴，复，业），宝石项链。च（不变词）和。औषधिभिः（औषधि

阴，复，具）药草。**सगर्भाः**（सगर्भ 阴，复，业）内含。**मृग**（鹿）-**प्रयुक्तान्**（प्रयुक्त 牵引），复合词（阳，复，业），鹿牵引的。**रथकान्**（रथक 阳，复，业）小车。**च**（不变词）和。**हैमान्**（हैम 阳，复，业）金制的。**आचक्रिरे**（आ√कृ 完成，单，三）给予。**अस्मै**（इदम् 阳，单，为）他，指王子。**सुहृद्**（朋友）-**आलयेभ्यः**（आलय 住处，家），复合词（阳或中，复，从），朋友的家。

वयोऽनुरूपाणि च भूषणानि हिरण्मयान् हस्तिमृगाश्वकांश्च।
रथांश्च गोपुत्रकसंप्रयुक्तान् पुत्रीश्च चामीकररूप्यचित्राः॥२२॥

适合他年龄的装饰品，
金制的小象、小鹿和
小马，牛犊牵引的小车，
镶嵌金银的各色玩偶。（22）

解析：**वयस्**（年龄）-**अनुरूपाणि**（अनुरूप 适合），复合词（中，复，业），适合年龄的。**च**（不变词）和。**भूषणानि**（भूषण 中，复，业）装饰品。**हिरण्मयान्**（हिरण्मय 阳，复，业）金制的。**हस्ति**（हस्तिन् 象）-**मृग**（鹿）-**अश्व**（马）-**कान्**（क 小），复合词（阳，复，业），小象、小鹿和小马。**च**（不变词）和。**रथान्**（रथ 阳，复，业）车。**च**（不变词）和。**गो**（牛）-**पुत्रक**（幼仔）-**संप्रयुक्तान्**（संप्रयुक्त 牵引），复合词（阳，复，业），牛犊牵引的。**पुत्रीः**（पुत्री 阴，复，业）木偶。**च**（不变词）和。**चामीकर**（金子）-**रूप्य**（银子）-**चित्राः**（चित्र 各种各样），复合词（阴，复，业），各种各样镶嵌金银的。

एवं स तैस्तैर्विषयोपचारैर्वयोऽनुरूपैरुपचर्यमाणः।
बालोऽप्यबालप्रतिमो बभूव धृत्या च शौचेन धिया श्रिया च॥२३॥

即使这些适合年龄的
玩具供这位儿童玩耍，
他却不同于寻常的儿童，
稳重、清净、睿智和吉祥。（23）

解析：**एवम्**（不变词）这样。**स**（तद् 阳，单，体）他。**तैः**（तद् 阳，复，具）这。**तैः**（तद् 阳，复，具）这。**विषय**（感官对象）-**उपचारैः**（उपचार 侍奉），复合词（阳，复，具），用于感官对象的。**वयस्**（年龄）-**अनुरूपैः**（अनुरूप 适合），复合词（阳，复，具），适合年龄的。**उपचर्यमाणः**（उपचर्यमाण 现分，被，阳，单，体）侍奉。**बालः**（बाल 阳，单，

体）儿童。अपि（不变词）即使。अ（不）-बाल（儿童）-प्रतिमः（प्रतिमा 像），复合词（阳，单，体），不像儿童。बभूव（√भू 完成，单，三）是。धृत्या（धृति 阴，单，具）稳重，坚定。च（不变词）和。शौचेन（शौच 中，单，具）清净，纯洁。धिया（धी 阴，单，具）智慧。श्रिया（श्री 阴，单，具）吉祥。च（不变词）和。

वयश्च कौमारमतीत्य सम्यक् संप्राप्य काले प्रतिपत्तिकर्म।
अल्पैरहोभिर्बहुवर्षगम्या जग्राह विद्याः स्वकुलानुरूपाः॥२४॥

过了童年，及时举行入学
仪式，他只用少许几天，
就掌握需要多年学会的、
适合自己家族的知识。（24）

解析：वयः（वयस् 中，单，业）年龄。च（不变词）和。कौमारम्（कौमार 中，单，业）童年的。अतीत्य（अति√इ 独立式）过了。सम्यक्（不变词）正确地。संप्राप्य（सम्-प्र√आप् 独立式）获得。काले（काल 阳，单，依）时间，及时。प्रतिपत्ति（修习，入学）-कर्म（कर्मन् 仪式），复合词（中，单，业），入学仪式。अल्पैः（अल्प 中，复，具）少许的。अहोभिः（अहन् 中，复，具）天。बहु（许多）-वर्ष（年）-गम्याः（गम्य 掌握，获得），复合词（阴，复，业），许多年能获得的。जग्राह（√ग्रह् 完成，单，三）掌握。विद्याः（विद्या 阴，复，业）知识。स्वकुल（自己的家族）-अनुरूपाः（अनुरूप 适合），复合词（阴，复，业），适合自己家族的。

नैःश्रेयसं तस्य तु भव्यमर्थं श्रुत्वा पुरस्तादसितान्महर्षेः।
कामेषु सङ्गं जनयांबभूव वनानि यायादिति शाक्यराजः॥२५॥

先前听阿私陀大仙说过，
他的未来目标是达到至福，
释迦王担心他会前往林中，
便设法让他沉浸在爱欲中。（25）

解析：नैःश्रेयसम्（नैःश्रेयस 阳，单，业）至高幸福的。तस्य（तद् 阳，单，属）他，指王子。तु（不变词）而。भव्यम्（भव्य 阳，单，业）未来的。अर्थम्（अर्थ 阳，单，业）目的。श्रुत्वा（√श्रु 独立式）听。पुरस्तात्（不变词）以前。असितात्（असित 阳，单，从）阿私陀。महा（महत् 大）-ऋषेः（ऋषि 仙人），复合词（阳，单，从），大仙。कामेषु（काम

阳，复，依）爱欲。**सञ्ज**（सञ्ज 阳，单，业）执着。**जनयांबभूव**（√जन् 致使，完成，单，三）产生。**वनानि**（वन 中，复，业）森林。**यायात्**（√या 虚拟，单，三）前往。**इति**（不变词）这样（想）。**शाक्य**（释迦族）-**राजः**（राज 国王），复合词（阳，单，体），释迦王。

> कुलात्ततो ऽस्मै स्थिरशीलयुक्तात्साध्वीं वपुर्ह्रीविनयोपपन्नाम्।
> यशोधरां नाम यशोविशालाम् वामाभिधानाम् श्रियमाजुहाव॥२६॥

他从恪守戒规的家族，
为王子娶了一位淑女，
具备美貌、廉耻和教养，
声誉卓著，名叫耶输陀罗，
一位称作女子的吉祥天女。（26）

解析：**कुलात्**（कुल 中，单，从）家族。**ततस्**（不变词）然后。**अस्मै**（इदम् 阳，单，为）他，指王子。**स्थिर**（坚定的）-**शील**（戒规）-**युक्तात्**（युक्त 约束），复合词（中，单，从），恪守戒规的。**साध्वीम्**（साध्वी 阴，单，业）贞洁的女子。**वपुस्**（美貌，形体）-**ह्री**（廉耻）-**विनय**（教养）-**उपपन्नाम्**（उपपन्न 具备），复合词（阴，单，业），具备美貌、廉耻和教养的。**यशोधराम्**（यशोधरा 阴，单，业）耶输陀罗。**नाम**（不变词）名叫，名为。**यशस्**（名誉）-**विशालाम्**（विशाल 广大），复合词（阴，单，业），名誉广大的。**वामा**（女人）-**अभिधानाम्**（अभिधान 称作），复合词（阴，单，业），称作女人的。**श्रियम्**（श्री 阴，单，业）吉祥天女。**आजुहाव**（आ√ह्वे 完成，单，三）召唤，求，娶。

> विद्योतमानो वपुषा परेण सनत्कुमारप्रतिमः कुमारः।
> सार्धं तया शाक्यनरेन्द्रवध्वा शच्या सहस्राक्ष इवाभिरेमे॥२७॥

这位王子如同舍那鸠摩罗[①]，
形体闪耀光辉，无与伦比，
与释迦王的儿媳共享欢乐，
犹如千眼因陀罗和舍姬。（27）

解析：**विद्योतमानः**（विद्योतमान 现分，阳，单，体）闪耀光辉。**वपुषा**（वपुस् 中，单，

---

① 舍那鸠摩罗（或译永童）是梵天的儿子。

具）形体。**परेण**（**पर** 中，单，具）最好的。**सनत्कुमार**（舍那鸠摩罗）-**प्रतिमः**（**प्रतिमा** 像），复合词（阳，单，体），像舍那鸠摩罗。**कुमारः**（**कुमार** 阳，单，体）王子。**सार्धम्**（不变词）一起。**तया**（**तद्** 阴，单，具）她。**शाक्यनरेन्द्र**（释迦王）-**वध्वा**（**वधू** 儿媳），复合词（阴，单，具），释迦王的儿媳，耶输陀罗。**शच्या**（**शची** 阴，单，具）舍姬，因陀罗之妻。**सहस्र**（千）-**अक्षः**（**अक्ष** 眼睛），复合词（阳，单，体），有千眼的，因陀罗。**इव**（不变词）如同。**अभिरेमे**（**अभि√रम्** 完成，单，三）享乐。

किंचिन्मनःक्षोभकरं प्रतीपं कथं न पश्येदिति सोऽनुचिन्त्य।
वासं नृपो व्यादिशति स्म तस्मै हर्म्योदरेष्वेव न भूप्रचारम्॥२८॥

国王考虑怎样让他看不到
任何扰乱思想的反面事物，
指定让他住在宫殿阁楼
深处，防止他来到地面。（28）

解析：किंचित्（**किंचित्** 中，单，业）某个。**मनस्**（思想）-**क्षोभ**（扰乱）-**करम्**（**कर** 造成），复合词（中，单，业），扰乱思想。**प्रतीपम्**（**प्रतीप** 中，单，业）反面的。**कथम्**（不变词）怎样。**न**（不变词）不。**पश्येत्**（**√दृश्** 虚拟，单，三）看。**इति**（不变词）这样（想）。**सः**（**तद्** 阳，单，体）他，指国王。**अनुचिन्त्य**（**अनु√चिन्त्** 独立式）考虑。**वासम्**（**वास** 阳，单，业）居住。**नृपः**（**नृप** 阳，单，体）国王。**व्यादिशति**（**वि-आ√दिश्** 现在，单，三）指示。**स्म**（不变词）与现在时连用，表示过去。**तस्मै**（**तद्** 阳，单，为）他，指王子。**हर्म्य**（宫殿）-**उदरेषु**（**उदर** 腹部，内部），复合词（中，复，依），宫殿深处。**एव**（不变词）确实。**न**（不变词）不。**भू**（地面）-**प्रचारम्**（**प्रचार** 来到），复合词（阳，单，业），来到地面。

ततः शरत्तोयदपाण्डरेषु भूमौ विमानेष्विव रञ्जितेषु।
हर्म्येषु सर्वर्तुसुखाश्रयेषु स्त्रीणामुदारैर्विजहार तूर्यैः॥२९॥

那些宫殿白似秋云，各季
舒适安逸，仿佛欢乐天宫
降落人间，王子消遣娱乐，
伴随妇女们的美妙乐器。（29）

解析：ततस्（不变词）然后。**शरद्**（秋季）-**तोयद**（云）-**पाण्डरेषु**（**पाण्डर** 白色的），

复合词（中，复，依），白似秋云的。भूमौ（भूमि 阴，单，依）大地。विमानेषु（विमान 阳或中，复，依）天宫。इव（不变词）仿佛。रञ्जितेषु（रञ्जित 阳或中，复，依）欢乐的。हर्म्येषु（हर्म्य 中，复，依）宫殿。सर्व（一切）-ऋतु（季节）-सुख（舒适）-आश्रयेषु（आश्रय 居住），复合词（中，复，依），各季居住舒适的。स्त्रीणाम्（स्त्री 阴，复，属）女人。उदारैः（उदार 阳或中，复，具）美妙的。विजहार（वि√हृ 完成，单，三）娱乐。तूर्यैः（तूर्य 阳或中，复，具）乐器。

कलैर्हि चामीकरबद्धकक्षैर्नारीकराग्राभिहतैर्मृदङ्गैः ।
वराप्सरोनृत्यसमैश्च नृत्यैः कैलासवत्तद्भवनं रराज ॥ ३० ॥

他的住处灿若盖拉瑟山，
妇女们手指敲击的小鼓
周边箍有金子，鼓声轻柔，
那些舞蹈堪与天女媲美。（30）

解析：कलैः（कल 阳，复，具）低声悦耳的。हि（不变词）因为。चामीकर（金子）-बद्ध（捆绑）-कक्षैः（कक्ष 边，侧），复合词（阳，复，具），周边箍有金子。नारी（女人）-कर（手）-अग्र（尖端）-अभिहतैः（अभिहत 敲击），复合词（阳，复，具），女人手指敲击的。मृदङ्गैः（मृदङ्ग 阳，复，具）小鼓。वर（优秀的）-अप्सरस्（天女）-नृत्य（舞蹈）-समैः（सम 相等），复合词（中，复，具），与优秀天女舞蹈媲美。च（不变词）和。नृत्यैः（नृत्य 中，复，具）舞蹈。कैलासवत्（不变词）像盖拉瑟山一样。तद्（他）-भवनम्（भवन 住处），复合词（中，单，体），他的住处。रराज（√राज् 完成，单，三）发光。

वाग्भिः कलाभिर्ललितैश्च हावैर्मदैः सखेलैर्मधुरैश्च हासैः ।
तं तत्र नार्यो रमयांबभूवुर्भ्रूविक्षितैरर्धनिरीक्षितैश्च ॥ ३१ ॥

轻柔的话语，游戏的娇态，
摇晃的醉态，甜蜜的笑声，
挑动的眉毛，眯缝的眼光，
妇女们在那里这样取悦他。（31）

解析：वाग्भिः（वाच् 阴，复，具）话语。कलाभिः（कल 阴，复，具）低声悦耳的。ललितैः（ललित 阳，复，具）游戏的。च（不变词）和。हावैः（हाव 阳，复，具）娇态。मदैः（मद 阳，复，具）醉酒。स（有）-खेलैः（खेल 摇晃），复合词（阳，复，具），

摇晃的。मधुरैः (मधुर 阳，复，具) 甜蜜的。च (不变词) 和。हासैः (हास 阳，复，具) 笑。तम् (तद् 阳，单，业) 他。तत्र (不变词) 这里。नार्यः (नारी 阴，复，体) 妇女。रमयांबभूवुः (√रम् 致使，完成，复，三) 取悦。भ्रू (眉毛) -वञ्चितैः (वञ्चित 挑动)，复合词 (中，复，具)，眉毛的挑动。अर्ध (半) -निरीक्षितैः (निरीक्षित 目光)，复合词 (中，复，具)，眯缝的眼光。च (不变词) 和。

ततः स कामाश्रयपण्डिताभिः स्त्रीभिर्गृहीतो रतिकर्कशाभिः।
विमानपृष्ठान्न महीं जगाम विमानपृष्ठादिव पुण्यकर्मा॥३२॥

那些妇女精通情爱，
热衷欲乐，他被迷住，
不曾从宫楼走下地面，
犹如住在天宫的善人。（32）

解析：ततस् (不变词) 然后。स (तद् 阳，单，体) 他。काम (情爱) -आश्रय (依靠) -पण्डिताभिः (पण्डित 精通)，复合词 (阴，复，具)，精通情爱。स्त्रीभिः (स्त्री 阴，复，具) 女人。गृहीतः (गृहीत 阳，单，体) 被吸引。रति (情欲) -कर्कशाभिः (कर्कश 坚硬的，强烈的)，复合词 (阴，复，具)，热衷欲乐。विमान (宫殿) -पृष्ठात् (पृष्ठ 顶上)，复合词 (中，单，从)，宫殿顶楼。न (不变词) 不。महीम् (मही 阴，单，业) 地面。जगाम (√गम् 完成，单，三) 走到。विमान (天宫) -पृष्ठात् (पृष्ठ 顶上)，复合词 (中，单，从)，天宫顶上。इव (不变词) 如同。पुण्य (善事，功德) -कर्मा (कर्मन् 行为)，复合词 (阳，单，体)，行善者。

नृपस्तु तस्यैव विवृद्धिहेतोस्तद्भाविनार्थेन च चोद्यमानः।
शमेऽभिरेमे विरराम पापादब्रजे दमं संविबभाज साधून्॥३३॥

为了他的成长，也受到
他的未来目标的激励，
国王求平静，戒绝罪恶，
克制自我，恩赐善人。（33）

解析：नृपः (नृप 阳，单，体) 国王。तु (不变词) 而。तस्य (तद् 阳，单，属) 他，指王子。एव (不变词) 正是。विवृद्धि (成长) -हेतोः (हेतु 原因)，复合词 (阳，单，从)，为了成长。तद् (他，指王子) -भाविना (भाविन् 未来的)，复合词 (阳，单，具)，他的

未来的。अर्थेन（अर्थ 阳，单，具）目标。च（不变词）和。चोद्यमानः（चोद्यमान 现分，被，阳，单，体）激励。शमे（शम 阳，单，依）平静。अभिरमे（अभि√रम् 完成，单，三）乐于，追求。विरराम（वि√रम् 完成，单，三）停止。पापात्（पाप 中，单，从）罪恶。भेजे（√भज् 完成，单，三）从事。दमम्（दम 阳，单，业）克制。संविबभाज（सम्-वि√भज् 完成，单，三）分享，给予。साधून्（साधु 阳，复，业）善人。

नाधीरवत्कामसुखे ससञ्जे न संररञ्जे विषमं जनन्याम्।
धृत्येन्द्रियाश्वांश्चपलान्विजिग्ये बन्धूंश्च पौरांश्च गुणैर्जिगाय॥ ३४॥

他不像不坚定的人们那样
贪恋欲乐，不对女人起邪念，
以意志征服躁动的感官之马，
以品德征服亲戚朋友和市民。（34）

解析：न（不变词）不。अधीरवत्（不变词）像不坚定者那样。काम（情爱）-सुखे（सुख 欢乐），复合词（中，单，依），欲乐。ससञ्जे（√सञ्ज् 完成，单，三）执着。न（不变词）不。संररञ्जे（सम्√रञ्ज् 完成，单，三）沾染。विषमम्（不变词）不恰当地。जनन्याम्（जननी 阴，单，依）女人。धृत्या（धृति 阴，单，具）坚定。इन्द्रिय（感官）-अश्वान्（अश्व 马），复合词（阳，复，业），感官之马。चपलान्（चपल 阳，复，业）躁动。विजिग्ये（वि√जि 完成，单，三）征服。बन्धून्（बन्धु 阳，复，业）亲友。च（不变词）和。पौरान्（पौर 阳，复，业）市民。च（不变词）和。गुणैः（गुण 阳，复，具）美德。जिगाय（√जि 完成，单，三）征服。

नाध्यैष्ट दुःखाय परस्य विद्यां ज्ञानं शिवं यत्तु तदध्यगीष्ट।
स्वाभ्यः प्रजाभ्यो हि यथा तथैव सर्वप्रजाभ्यः शिवमाशशंसे॥ ३५॥

掌握知识，不令他人痛苦，
他赞颂那种吉祥的智慧；
如同盼望自己的民众，
他盼望一切众生平安。（35）

解析：न（不变词）不。अध्यैष्ट（अधि√इ 不定，单，三）学习。दुःखाय（दुःख 中，单，为）痛苦。परस्य（पर 阳，单，属）他人。विद्याम्（विद्या 阴，单，业）知识。ज्ञानम्（ज्ञान 中，单，业）智慧。शिवम्（शिव 中，单，业）吉祥。यत्（यद् 中，单，业）那个，指

智慧。**तु**（不变词）而。**तत्**（तद् 中，单，业）那个，指智慧。**अध्यगीष्ट**（अधि√गै 不定，单，三）赞颂。**स्वाभ्यः**（स्व 阴，复，为）自己。**प्रजाभ्यः**（प्रजा 阴，复，为）民众。**हि**（不变词）因为。**यथा**（不变词）正如。**तथा**（不变词）这样。**एव**（不变词）确实。**सर्व**（一切）-**प्रजाभ्यः**（प्रजा 众生），复合词（阴，复，为），一切众生。**शिवम्**（शिव 中，单，业）吉祥。**आशशंसे**（आ√शंस् 完成，单，三）盼望。

भं भासुरं चाङ्गिरसाधिदेवं यथावदानर्च तदायुषे सः ।
जुहाव हव्यान्यकृशो कृशानौ ददौ द्विजेभ्यः कृशनं च गाश्च ॥ ३६ ॥

为求王子长寿，他按照仪轨敬拜
以毗诃婆提为主神的明亮星座，
向熊熊的火中投放许多祭品，
向众婆罗门施舍金子和母牛。（36）

解析：**भम्**（भ 中，单，业）星座。**भासुरम्**（भासुर 中，单，业）光明的。**च**（不变词）和。**आङ्गिरस**（安吉罗之子，毗诃婆提）-**अधिदेवम्**（主神），复合词（中，单，业），以毗诃婆提为主神的。**यथावत्**（不变词）按照仪轨。**आनर्च**（√अर्च् 完成，单，三）敬拜。**तद्**（他，指王子）-**आयुषे**（आयुस् 寿命），复合词（中，单，为），王子长寿。**सः**（तद् 阳，单，体）他，指国王。**जुहाव**（√हु 完成，单，三）祭供。**हव्यानि**（हव्य 中，复，业）祭品。**अकृशो**（अकृश 阳，单，依）旺盛的。**कृशानौ**（कृशानु 阳，单，依）火。**ददौ**（√दा 完成，单，三）给。**द्विजेभ्यः**（द्विज 阳，复，为）婆罗门。**कृशनम्**（कृशन 中，单，业）金子。**च**（不变词）和。**गाः**（गो 阴，复，业）牛。**च**（不变词）和。

सस्नौ शरीरं पवितुं मनश्च तीर्थाम्बुभिश्चैव गुणाम्बुभिश्च ।
वेदोपदिष्टं सममात्मजं च सोमं पपौ शान्तिसुखं च हार्दम् ॥ ३७ ॥

他用圣地之水沐浴净化身体，
用品德之水沐浴净化思想；
他按照吠陀规定饮用苏摩汁，
同时享受心中自发的安乐。（37）

解析：**सस्नौ**（√स्ना 完成，单，三）沐浴。**शरीरम्**（शरीर 中，单，业）身体。**पवितुम्**（√पू 不定式）净化。**मनः**（मनस् 中，单，业）思想。**च**（不变词）和。**तीर्थ**（圣地）-**अम्बुभिः**（अम्बु 水），复合词（中，复，具），圣地之水。**च**（不变词）和。**एव**（不变词）确

实。**गुण**（品德）**-अम्बुभिः**（अम्बु 水），复合词（中，复，具），品德之水。**च**（不变词）和。**वेद**（吠陀）**-उपदिष्टम्**（उपदिष्ट 规定），复合词（阳，单，业），吠陀规定的。**समम्**（不变词）同时。**आत्म**（आत्मन् 自己）**-जम्**（ज 产生），复合词（中，单，业），自发的。**च**（不变词）和。**सोमम्**（सोम 阳，单，业）苏摩汁。**पपौ**（√पा 完成，单，三）喝。**शान्ति**（安宁）**-सुखम्**（सुख 快乐），复合词（中，单，业），安乐。**च**（不变词）和。**हार्दम्**（हार्द 中，单，业）内心的。

सान्त्वं बभाषे न च नार्थवद्यज्जल्प तत्त्वं न च विप्रियं यत्।
सान्त्वं ह्यतत्त्वं परुषं च तत्त्वं ह्रियाशकन्नात्मन एव वक्तुम्॥३८॥

他不说可爱而不真实的话，
也不说真实而不可爱的话，
出于羞愧，甚至不能对自己说
可爱不真实或真实不可爱的话。（38）

解析：**सान्त्वम्**（सान्त्व 中，单，业）可爱的话。**बभाषे**（√भाष् 完成，单，三）说。**न**（不变词）不。**च**（不变词）和。**न**（不变词）不。**अर्थवत्**（अर्थवत् 中，单，业）真实的。**यत्**（यद् 中，单，业）这，指话。**जजल्प**（√जल्प् 完成，单，三）说。**तत्त्वम्**（तत्त्व 中，单，业）真实的话。**न**（不变词）不。**च**（不变词）和。**विप्रियम्**（विप्रिय 中，单，业）不可爱的。**यत्**（यद् 中，单，业）这，指话。**सान्त्वम्**（सान्त्व 中，单，业）可爱的。**हि**（不变词）因为。**अतत्त्वम्**（अतत्त्व 中，单，业）不真实的。**परुषम्**（परुष 中，单，业）粗暴的，不可爱的。**च**（不变词）和。**तत्त्वम्**（तत्त्व 中，单，业）真实的话。**ह्रिया**（ह्री 阴，单，具）羞愧。**अशकत्**（√शक् 未完，单，三）能。**न**（不变词）不。**आत्मने**（आत्मन् 阳，单，为）自己。**एव**（不变词）确实。**वक्तुम्**（√वच् 不定式）说。

इष्टेष्वनिष्टेषु च कार्यवत्सु न रागदोषाश्रयतां प्रपेदे।
शिवं सिषेवे व्यवहारशुद्धं यज्ञं हि मेने न तथा यथा तत्॥३९॥

对于诉讼者，无论喜欢不喜欢，
他都不感情用事而造成错误；
他注重司法纯洁而吉祥平安，
认为祭祀也未必能达到这样。（39）

解析：**इष्टेषु**（इष्ट 阳，复，依）喜欢的。**अनिष्टेषु**（अनिष्ट 阳，复，依）不喜欢的。**च**

（不变词）和。कार्यवत्सु（कार्यवत् 阳，复，依）诉讼者。न（不变词）不。राग（感情，激情）-दोष（错误）-आश्रयताम्（आश्रयता 依靠），复合词（阴，单，业），陷入感情的错误。प्रपेदे（प्र√पद् 完成，单，三）走向，造成。शिवम्（शिव 中，单，业）吉祥。सिषेवे（√सेव् 完成，单，三）追求，注重。व्यवहार（司法）-शुद्धम्（शुद्ध 纯洁），复合词（中，单，业），司法纯洁。यज्ञम्（यज्ञ 阳，单，业）祭祀。हि（不变词）因为。मेने（√मन् 完成，单，三）认为。न（不变词）不。तथा（不变词）这样。यथा（不变词）如同。तत्（तद् 中，单，业）这，指吉祥。

आशावते चाभिगताय सद्यो देयाम्बुभिस्तर्षमचेछिदिष्ट।
युद्धादृते वृत्तपरश्वधेन द्विड्दर्पमुद्वृत्तमबेभिदिष्ट॥४०॥

他用施舍之水，顷刻间
解除前来求助者的渴望；
他不用战争，而用善行
之斧驱除敌人的狂妄。（40）

解析：आशावते（आशावत् 阳，单，为）求助者。च（不变词）和。अभिगताय（अभिगत 阳，单，为）前来的。सद्यस्（不变词）立即。देय（施舍）-अम्बुभिः（अम्बु 水），复合词（中，复，具），施舍之水。तर्षम्（तर्ष 阳，单，业）渴望。अचेछिदिष्ट（√छिद् 不定，单，三）断除。युद्धात्（युद्ध 中，单，从）战争。ऋते（不变词）不用。वृत्त（行为）-परश्वधेन（परश्वध 斧子），复合词（阳，单，具），善行之斧。द्विष（敌人）-दर्पम्（दर्प 骄傲），复合词（阳，单，业），敌人的骄傲。उद्वृत्तम्（उद्वृत्त 阳，单，业）膨胀的。अबेभिदिष्ट（√भिद् 不定，单，三）破除。

एकं विनिन्ये स जुगोप सप्त सप्तैव त्याज ररक्ष पञ्च।
प्राप त्रिवर्गं बुबुधे त्रिवर्गं जज्ञे द्विवर्गं प्रजहौ द्विवर्गम्॥४१॥

调伏一，保护七，
舍弃七，保护五，
获得三，理解三，
知道二，舍弃二。[①]（41）

解析：एकम्（एक 中，单，业）一。विनिन्ये（वि√नी 完成，单，三）调伏。सः（तद्

---
① 这颂中的数字具体所指不详。

阳，单，体）他。जुगोप（√गुप् 完成，单，三）保护。सप्त（सप्तन् 中，单，业）七。सप्त（सप्तन् 中，单，业）七。एव（不变词）确实。तत्याज（√त्यज् 完成，单，三）舍弃。ररक्ष（√रक्ष् 完成，单，三）保护。पञ्च（पञ्चन् 中，单，业）五。प्राप（प्र√आप् 完成，单，三）获得。त्रि（三）-वर्गम्（वर्ग 群，组），复合词（阳，单，业），三。बुबुधे（√बुध् 完成，单，三）理解。त्रि（三）-वर्गम्（वर्ग 群，组），复合词（阳，单，业），三。जज्ञे（√ज्ञा 完成，单，三）知道。द्वि（二）-वर्गम्（वर्ग 群，组），复合词（阳，单，业），二。प्रजहौ（प्र√हा 完成，单，三）舍弃。द्वि（二）-वर्गम्（वर्ग 群，组），复合词（阳，单，业），二。

कृतागसो ऽपि प्रतिपाद्य वध्यान्नाजीघनन्नापि रुषा ददर्श।
बबन्ध सान्त्वेन फलेन चैतांस्त्यागो ऽपि तेषां ह्यनयाय दृष्टः॥४२॥

即使认为犯罪者罪该处死，
他不处死，也不粗暴对待，
而给予他们从轻的处罚，
因为释放他们也不合法理。（42）

解析：कृत（做）-आगसः（आगस् 罪恶），复合词（阳，复，业），犯罪者。अपि（不变词）即使。प्रतिपाद्य（प्रति√पद् 致使，独立式）认为。वध्यान्（वध्य 阳，复，业）该杀的。न（不变词）不。अजीघनत्（√हन् 不定，单，三）杀。न（不变词）不。अपि（不变词）也。रुषा（रुष् 阴，单，具）粗暴，愤怒。ददर्श（√दृश् 完成，单，三）看待，对待。बबन्ध（√बन्ध् 完成，单，三）系缚。सान्त्वेन（सान्त्व 中，单，具）温和的。फलेन（फल 中，单，具）结果，惩罚。च（不变词）和。एतान्（एतद् 阳，复，业）他，指犯罪者。त्यागः（त्याग 阳，单，体）放弃，释放。अपि（不变词）也。तेषाम्（तद् 阳，复，属）他，指犯罪者。हि（不变词）因为。अनयाय（अनय 阳，单，为）不合法理。दृष्टः（दृष्ट 阳，单，体）视为。

आर्षाण्यचारीत्परमव्रतानि वैराण्यहासीच्चिरसंभृतानि।
यशांसि चापद्रुणगन्धवन्ति रजांस्यहार्षीन्मलिनीकराणि॥४३॥

他奉行仙人们的最高誓愿，
摒弃心中长期积累的敌意，
消除形成污垢的激情尘土，

获得散发品德香气的名声。（43）

解析：आर्षाणि（आर्ष 中，复，业）仙人的。अचारीत्（√चर् 不定，单，三）奉行。परम（最高的）- व्रतानि（व्रत 誓愿），复合词（中，复，业），最高誓愿。वैराणि（वैर 中，复，业）敌意。अहासीत्（√हा 不定，单，三）摒弃。चिर（长期）- संभृतानि（संभृत 积累），复合词（中，复，业），长期积累的。यशांसि（यशस् 中，复，业）名声。च（不变词）和。आपत्（√आप् 不定，单，三）获得。गुण（品德）-गन्धवन्ति（गन्धवत् 散发香气），复合词（中，复，业），散发品德香气的。रजांसि（रजस् 中，复，业）激情，尘土。अहार्षीत्（√हृ 不定，单，三）取走，消除。मलिनीकराणि（मलिनीकर 中，复，业）形成污垢。

न चाजिहीर्षीद्बलिमप्रवृत्तं न चाचिकीर्षीत्परवस्त्वभिध्याम्।
न चाविवक्षीद्द्विषतामधर्मं न चाविवक्षीद्धृदयेन मन्युम्॥४४॥

不愿超量收取赋税，
不愿觊觎他人财物，
不愿披露敌手恶行，
不愿心中怀有愤怒。（44）

解析：न（不变词）不。च（不变词）和。अजिहीर्षीत्（√हृ 愿望，不定，单，三）收取。बलिम्（बलि 阳，单，业）赋税。अप्रवृत्तम्（अप्रवृत्त 阳，单，业）不正当的。न（不变词）不。च（不变词）和。अचिकीर्षीत्（√कृ 愿望，不定，单，三）做。पर（别人）-वस्तु（东西）-अभिध्याम्（अभिध्या 渴望），复合词（阴，单，业），觊觎他人财物。न（不变词）不。च（不变词）和。अविवक्षीत्（√वच् 愿望，不定，单，三）说。द्विषताम्（द्विषत् 阳，复，属）敌人。अधर्मम्（अधर्म 阳，单，业）恶行。न（不变词）不。च（不变词）和。अविवक्षीत्（√वह् 愿望，不定，单，三）怀有。हृदयेन（हृदय 中，单，具）心。मन्युम्（मन्यु 阳，单，业）愤怒。

तस्मिंस्तथा भूमिपतौ प्रवृत्ते भृत्याश्च पौराश्च तथैव चेरुः।
शमात्मके चेतसि विप्रसन्ने प्रयुक्तयोगस्य यथेन्द्रियाणि॥४५॥

这位国王行为如此，
臣仆和市民们效法，
犹如瑜伽行者的思想，
平静清净，感官也同样。（45）

解析：तस्मिन्（तद् 阳，单，依）这。तथा（不变词）如此。भूमिपतौ（भूमिपति 阳，单，依）国王。प्रवृत्ते（प्रवृत्त 阳，单，依）行事。भृत्याः（भृत्य 阳，复，体）臣仆。च（不变词）和。पौराः（पौर 阳，复，体）市民。च（不变词）和。तथा（不变词）如此。एव（不变词）确实。चेरुः（√चर् 完成，复，三）行动。शम（平静）-आत्मके（आत्मक 性质），复合词（中，单，依），安静。चेतसि（चेतस् 中，单，依）思想。विप्रसन्ने（विप्रसन्न 中，单，依）清净。प्रयुक्त（修习）-योगस्य（योग 瑜伽），复合词（阳，单，属），修习瑜伽者。यथा（不变词）如同。इन्द्रियाणि（इन्द्रिय 中，复，体）感官。

काले ततश्चारुपयोधरायां यशोधरायां स्वयशोधरायाम्।
शौद्धोदने राहुसपत्नवक्त्रो जज्ञे सुतो राहुल एव नाम्ना॥४६॥

到时候，乳房优美、自身
享有名声的耶输陀罗和这位
净饭王之子生下儿子，脸庞
犹如罗睺之敌①，得名罗睺罗。（46）

解析：काले（काल 阳，单，依）时间。ततस्（不变词）然后。चारु（优美）-पयोधरायाम्（पयोधर 乳房），复合词（阴，单，依），乳房优美。यशोधरायाम्（यशोधरा 阴，单，依）耶输陀罗。स्व（自身）-यशस्（名声）-धरायाम्（धर 具有），复合词（阴，单，依），自身享有名声。शौद्धोदने（शौद्धोदनि 阳，单，从）净饭王之子。राहु（罗睺）- सपत्न（敌人）-वक्त्रः（वक्त्र 面孔），复合词（阳，单，体），脸似罗睺之敌。जज्ञे（√जन् 完成，单，三）出生。सुतः（सुत 阳，单，体）儿子。राहुलः（राहुल 阳，单，体）罗睺罗。एव（不变词）就。नाम्ना（नामन् 中，单，具）名字。

अथेष्टपुत्रः परमप्रतीतः कुलस्य वृद्धिं प्रति भूमिपालः।
यथैव पुत्रप्रसवे ननन्द तथैव पौत्रप्रसवे ननन्द॥४७॥

如愿得子的国王对于
家族的繁荣充满信心，
他为孙子的出生高兴，
犹如当初为儿子的出生。（47）

---

① 罗睺之敌指月亮。

解析： अथ（不变词）然后。इष्ट（如愿）-पुत्रः（पुत्र 儿子），复合词（阳，单，体），如愿得到儿子的。परम（最高的）-प्रतीतः（प्रतीत 信心），复合词（阳，单，体），怀有最大的信心。कुलस्य（कुल 中，单，属）家族。वृद्धिम्（वृद्धि 阴，单，业）繁荣。प्रति（不变词）对于。भूमिपालः（भूमिपाल 阳，单，体）国王。यथा（不变词）犹如。एव（不变词）确实。पुत्र（儿子）-प्रसवे（प्रसव 出生），复合词（阳，单，依），儿子出生。ननन्द（√नन्द् 完成，单，三）高兴。तथा（不变词）同样。एव（不变词）确实。पौत्र（孙子）-प्रसवे（प्रसव 出生），复合词（阳，单，依），孙子出生。ननन्द（√नन्द् 完成，单，三）高兴。

पुत्रस्य मे पुत्रगतो ममेव स्नेहः कथं स्यादिति जातहर्षः ।
काले स तं तं विधिमाललम्बे पुत्रप्रियः स्वर्गमिवारुरुक्षन् ॥४८॥

他满怀喜悦，心想"儿子
会像我一样关怀儿子"；
他热爱儿子，及时举行
各种仪式，仿佛想升天。（48）

解析： पुत्रस्य（पुत्र 阳，单，属）儿子。मे（मद् 单，属）我。पुत्र（儿子）-गतः（गत 对待），复合词（阳，单，体），对待儿子。मम（मद् 单，属）我。इव（不变词）像。स्नेहः（स्नेह 阳，单，体）关爱。कथम्（不变词）肯定。स्यात्（√अस् 虚拟，单，三）成为。इति（不变词）这样（想）。जात（产生）-हर्षः（हर्ष 喜悦），复合词（阳，单，体），产生喜悦。काले（काल 阳，单，依）时间。स（तद् 阳，单，体）他。तम्（तद् 阳，单，业）这种。तम्（तद् 阳，单，业）那种。विधिम्（विधि 阳，单，业）仪式。आललम्बे（आ√लम्ब् 完成，单，三）举行。पुत्र（儿子）-प्रियः（प्रिय 热爱），复合词（阳，单，体），热爱儿子。स्वर्गम्（स्वर्ग 阳，单，业）天国。इव（不变词）仿佛。आरुरुक्षन्（आरुरुक्षत् 愿望，现分，阳，单，体）登上。

स्थित्वा पथि प्राथमकल्पिकानां राजर्षभाणां यशसान्वितानाम् ।
शुक्रान्यमुक्त्वापि तपांस्यतप्त यज्ञैश्च हिंसारहितैरयष्ट ॥४९॥

遵行劫初时代著名的
王中雄牛们的道路，
他修苦行而保持洁净，
举行祭祀而不杀生。（49）

解析：स्थित्वा（√स्था 独立式）站立，遵奉。पथि（पथिन् 阳，单，依）道路。प्राथमकल्पिकानाम्（प्राथमकल्पिक 阳，复，属）劫初时代的。राज（राजन् 国王）-ऋषभाणाम्（ऋषभ 雄牛），复合词（阳，复，属），王中雄牛。यशसा（यशस् 中，单，具）名誉。अन्वितानाम्（अन्वित 阳，复，属）具有。शुक्लानि（शुक्ल 中，复，业）洁净。अमुक्त्वा（अ√मुच् 独立式）不放弃，保持。अपि（不变词）也。तपांसि（तपस् 中，复，业）苦行。अतप्त（√तप् 不定，单，三）修苦行。यज्ञैः（यज्ञ 阳，复，具）祭祀。च（不变词）和。हिंसा（杀生）-रहितैः（रहित 脱离），复合词（阳，复，具），不杀生。अयष्ट（√यज् 不定，单，三）祭祀。

अजाज्वलिष्टाथ स पुण्यकर्मा नृपश्रिया चैव तपःश्रिया च।
कुलेन वृत्तेन धिया च दीप्तस्तेजः सहस्रांशुरिवोत्सिसृक्षुः॥५०॥

他行善积德，闪耀国王的
光辉和苦行的光辉，闪耀
家族、行为和智慧的光辉，
愿像太阳那样放射光芒。（50）

解析：अजाज्वलिष्ट（√ज्वल् 不定，单，三）闪耀。अथ（不变词）然后。सः（तद् 阳，单，体）他。पुण्य（功德）-कर्मा（कर्मन् 行为），复合词（阳，单，体），功德业行。नृप（国王）-श्रिया（श्री 光辉），复合词（阴，单，具），国王的光辉。च（不变词）和。एव（不变词）确实。तपस्（苦行）-श्रिया（श्री 光辉），复合词（阴，单，具），苦行的光辉。च（不变词）和。कुलेन（कुल 中，单，具）家族。वृत्तेन（वृत्त 中，单，具）行为。धिया（धी 阴，单，具）智慧。च（不变词）和。दीप्त（दीप्त 阳，单，体）点燃的，明亮的。तेजः（तेजस् 中，单，业）光芒。सहस्र（千）-अंशुः（अंशु 光芒），复合词（阳，单，体），千道光芒的，太阳。इव（不变词）如同。उत्सिसृक्षुः（उत्सिसृक्षु 阳，单，体）愿意放射。

स्वायंभुवं चार्चिकमर्चयित्वा
जजाप पुत्रस्थितये स्थितश्रीः।
चकार कर्माणि च दुष्कराणि
प्रजाः सिसृक्षुः क इवादिकाले॥५१॥

他诵唱自生者的娑摩赞歌，
为儿子安稳，默祷长久吉祥；

他从事艰难的事业，犹如
原初之神，想要创造众生。① （51）

解析：स्वायंभुवम् （स्वायंभुव 中，单，业）自生者的。च （不变词）和。आर्चिकम् （आर्चिक 中，单，业）娑摩吠陀。अर्चयित्वा （√अर्च् 致使，独立式）赞颂，诵唱。जजाप （√जप् 完成，单，三）默默祷告。पुत्र （儿子） - स्थितये （स्थिति 安稳），复合词（阴，单，为），儿子安稳。स्थित （持久的） - श्रीः （श्री 吉祥），复合词（阴，复，业），长久吉祥。चकार （√कृ 完成，单，三）做。कर्माणि （कर्मन् 中，复，业）事业。च （不变词）和。दुष्कराणि （दुष्कर 中，复，业）艰难的。प्रजाः （प्रजा 阴，复，业）众生。सिसृक्षुः （सिसृक्षु 阳，单，体）想要创造。कः （क 阳，单，体）神。इव （不变词）犹如。आदिकाले （आदिकाल 阳，单，依）初时。

तत्याज शस्त्रं विममर्श शास्त्रं शमं सिषेवे नियमं विषेहे।
वशीव कंचिद्विषयं न भेजे पितेव सर्वान्विषयान्ददर्श॥५२॥

抛弃武器，潜心研读经典，
追求平静，努力遵守戒规，
像自制者那样不执著对象，
像父亲那样对待一切领地。（52）

解析：तत्याज （√त्यज् 完成，单，三）放弃。शस्त्रम् （शस्त्र 中，单，业）武器。विममर्श （वि√मृश् 完成，单，三）思考。शास्त्रम् （शास्त्र 中，单，业）经典。शमम् （शम 阳，单，业）平静。सिषेवे （√सेव् 完成，单，三）追求。नियमम् （नियम 阳，单，业）戒规。विषेहे （वि√सह् 完成，单，三）遵守。वशी （वशिन् 阳，单，体）自制者。इव （不变词）犹如。कम्-चित् （किम्-चित् 阳，单，业）某个。विषयम् （विषय 阳，单，业）感官对象。न （不变词）不。भेजे （√भज् 完成，单，三）执著。पिता （पितृ 阳，单，体）父亲。इव （不变词）犹如。सर्वान् （सर्व 阳，复，业）一切。विषयान् （विषय 阳，复，业）领域，领地。ददर्श （√दृश् 完成，单，三）看待，对待。

बभार राज्यं स हि पुत्रहेतोः पुत्रं कुलार्थं यशसे कुलं तु।
स्वर्गाय शब्दं दिवमात्महेतोर्धर्मार्थमात्मस्थितिमाचकाङ्क्ष॥५३॥

维持王国，为了儿子；维持儿子，

---

① 自生者和原初之神均指梵天。

为了家族；维持家族，为了声誉；

维持声誉，为了升天；维持升天，

为了自我；维持自我，为了正法。（53）

解析：बभार（√भृ 完成，单，三）维持。राज्यम्（राज्य 中，单，业）王国。सः（तद् 阳，单，体）他。हि（不变词）因为。पुत्र（儿子）-हेतोः（हेतु 原因），复合词（阳，单，从），为了儿子。पुत्रम्（पुत्र 阳，单，业）儿子。कुल（家族）-अर्थम्（为了），复合词（不变词），为了家族。यशसे（यशस् 中，单，为）声誉。कुलम्（कुल 中，单，业）家族。तु（不变词）而。स्वर्गाय（स्वर्ग 阳，单，为）天国。शब्दम्（शब्द 阳，单，业）声誉。दिवम्（दिव 中，单，业）天国。आत्म（आत्मन् 自我）-हेतोः（हेतु 原因），复合词（阳，单，从），为了自我。धर्म（正法）-अर्थम्（为了），复合词（不变词），为了正法。आत्म（自我）-स्थितिम्（स्थिति 维持），复合词（阴，单，业），维持自我。आचकाङ्क्ष（आ√काङ्क्ष् 完成，单，三）渴望。

एवं स धर्मं विविधं चकार सद्भिर्निपातं श्रुतितश्च सिद्धम्।
दृष्ट्वा कथं पुत्रमुखं सुतो मे वनं न यायादिति नाथमानः॥५४॥

他履行各种正法，它们

与善人相伴，靠圣典获得，

期盼"我的儿子已经看到

儿子，不会再前往林中。"（54）

解析：एवम्（不变词）这样。सः（तद् 阳，单，体）他。धर्मम्（धर्म 阳，单，业）正法。विविधम्（विविध 阳，单，业）各种。चकार（√कृ 完成，单，三）履行。सद्भिः（सत् 阳，复，具）善人。निपातम्（निपात 阳，单，业）遇到。श्रुतितः（श्रुति 阴，单，从）圣典。च（不变词）和。सिद्धम्（सिद्ध 阳，单，业）获得。दृष्ट्वा（√दृश् 独立式）看。कथम्（不变词）肯定。पुत्र（儿子）-मुखम्（मुख 脸），复合词（中，单，业），儿子的脸。सुतः（सुत 阳，单，体）儿子。मे（मद् 单，属）我。वनम्（वन 中，单，业）森林。न（不变词）不。यायात्（√या 虚拟，单，三）前往。इति（不变词）这样（想）。नाथमानः（नाथमान 现分，阳，单，体）期盼。

रिरक्षिषन्तः श्रियमात्मसंस्थां रक्षन्ति पुत्रान् भुवि भूमिपालाः।
पुत्रं नरेन्द्रः स तु धर्मकामो ररक्ष धर्माद्विषयेषु मुञ्चन्॥५५॥

大地上的国王们为了保护自己
拥有王权,保护自己的儿子,
而这位国王自己热爱正法,却让
儿子追逐感官对象,回避正法。(55)

解析:रिरक्षिषन्तः(रिरक्षिषत् 愿望,现分,阳,复,体)保护。श्रियम्(श्री 阴,单,业)王权。आत्म(आत्मन् 自己)-संस्थाम्(संस्थ 属于),复合词(阴,单,业),属于自己的。रक्षन्ति(√रक्ष 现在,复,三)保护。पुत्रान्(पुत्र 阳,复,业)儿子。भुवि(भू 阴,单,依)大地。भूमिपालाः(भूमिपाल 阳,复,体)国王。पुत्रम्(पुत्र 阳,单,业)儿子。नरेन्द्रः(नरेन्द्र 阳,单,体)国王。सः(तद् 阳,单,体)这。तु(不变词)而。धर्म(正法)-कामः(काम 热爱),复合词(阳,单,体),热爱正法。ररक्ष(√रक्ष 完成,单,三)保护,回避。धर्मात्(धर्म 阳,单,从)正法。विषयेषु(विषय 阳,复,依)感官对象。मुह्नन्(मुह्नत् 现分,阳,单,体)放纵。

वनमनुपमसत्त्वा बोधिसत्त्वास्तु सर्वे
विषयसुखरसज्ञा जग्मुरुत्पन्नपुत्राः।
अत उपचितकर्मा रूढमूले ऽपि हेतौ
स रतिमुपसिषेवे बोधिमापन्न यावत्॥५६॥

然而,一切菩萨生性无与伦比,
在了解欲乐,生子后,前往林中,
因此,尽管功德累积,因缘成熟,
他依然享受欲乐,直至达到觉悟。(56)

解析:वनम्(वन 中,单,业)森林。अनुपम(无与伦比)-सत्त्वाः(सत्त्व 生性),复合词(阳,复,体),生性无与伦比。बोधिसत्त्वाः(बोधिसत्त्व 阳,复,体)菩萨。तु(不变词)然而。सर्वे(सर्व 阳,复,体)一切。विषय(感官对象)-सुख(快乐)-रस(滋味)-ज्ञाः(ज्ञ 了解),复合词(阳,复,体),了解欲乐。जग्मुः(√गम् 完成,复,三)走向。उत्पन्न(获得)-पुत्राः(पुत्र 儿子),复合词(阳,复,体),生子。अतस्(不变词)因此。उपचित(积累)-कर्मा(कर्मन् 功德),复合词(阳,单,体),积累功德。रूढ(成熟)-मूले(मूल 根基),复合词(阳,单,依),根基成熟。अपि(不变词)即使。हेतौ(हेतु 阳,单,依)因缘。सः(तद् 阳,单,体)他。रतिम्(रति 阴,单,业)欲乐。उपसिषेवे(उप√सेव् 完成,单,三)享受。बोधिम्(बोधि 阴,单,业)觉悟。आपत्(√आप् 不定,单,三)达到。न(不变词)不。यावत्(不变词)只要。

इति बुद्धचरिते महाकाव्ये ऽन्तःपुरविहारो नाम द्वितीयः सर्गः॥२॥

以上是大诗《佛所行赞》中名为《后宫生活》的第二章。

解析：इति（不变词）以上。बुद्धचरिते（बुद्धचरित 中，单，依）《佛所行赞》。महाकाव्ये（महाकाव्य 中，单，依）大诗。अन्तःपुरविहारः（अन्तःपुरविहार 阳，单，体）《后宫生活》。नाम（不变词）名为。द्वितीयः（द्वितीय 阳，单，体）第二。सर्गः（सर्ग 阳，单，体）章。

तृतीयः सर्गः

第 三 章

ततः कदाचिन्मृदुशाद्वलानि पुंस्कोकिलोन्नादितपादपानि।
शुश्राव पद्माकरमण्डितानि गीतैर्निबद्धानि स काननानि॥१॥

然后，有一次，他听到
园林中歌声萦绕，那里，
绿草柔软，装饰有莲池，
树上雄杜鹃发出啼鸣。（1）

解析：ततस्（不变词）然后。कदाचित्（不变词）曾经，有一次。मृदु（柔软）-शाद्वलानि（शाद्वल 草地），复合词（中，复，业），绿草柔软。पुंस्（雄性）-कोकिल（杜鹃）-उन्नादित（啼鸣）-पादपानि（पादप 树），复合词（中，复，业），树上雄杜鹃发出啼鸣。शुश्राव（√श्रु 完成，单，三）听到。पद्म（莲花）-आकर（大量，池）-मण्डितानि（मण्डित 装饰），复合词（中，复，业），装饰有莲池。गीतैः（गीत 中，复，具）歌声。निबद्धानि（निबद्ध 中，复，业）联系，萦绕。स（तद् 阳，单，体）他。काननानि（कानन 中，复，业）园林。

श्रुत्वा ततः स्त्रीजनवल्लभानां मनोज्ञभावं पुरकाननानाम्।
बहिःप्रयाणाय चकार बुद्धिमन्तर्गृहे नाग इवावरुद्धः॥२॥

他听到妇女们喜爱的
城市园林的迷人情景，

于是，想要外出旅游，
犹如关在屋内的大象。（2）

解析：श्रुत्वा（√श्रु 独立式）听到。ततस्（不变词）于是。स्त्रीजन（妇女）-वल्लभानाम्（वल्लभ 喜爱的），复合词（中，复，属），妇女们喜爱的。मनोज्ञ（迷人的）-भावम्（भाव 情景），复合词（阳，单，业），迷人情景。पुर（城市）-काननानाम्（कानन 园林），复合词（中，复，属），城市园林。बहिस्（外面）-प्रयाणाय（प्रयाण 出游），复合词（中，单，为），外出旅游。चकार（√कृ 完成，单，三）做。बुद्धिम्（बुद्धि 阴，单，业）想法。अन्तर्（内部）-गृहे（गृह 屋子），复合词（阳，单，依），屋内。नागः（नाग 阳，单，体）大象。इव（不变词）犹如。अवरुद्धः（अवरुद्ध 阳，单，体）囚禁。

ततो नृपस्तस्य निशम्य भावं पुत्राभिधानस्य मनोरथस्य।
स्नेहस्य लक्ष्म्या वयसश्च योग्यामाज्ञापयामास विहारयात्राम्॥ ३॥

国王听说儿子的心愿，
便吩咐安排儿子出游，
符合自己的富贵和慈爱，
也符合这儿子的年龄。（3）

解析：ततस्（不变词）于是。नृपः（नृप 阳，单，体）国王。तस्य（तद् 阳，单，属）他。निशम्य（नि√शम् 独立式）听说。भावम्（भाव 阳，单，业）状况。पुत्र（儿子）-अभिधानस्य（अभिधान 名称），复合词（阳，单，属），名为儿子。मनोरथस्य（मनोरथ 阳，单，属）心愿。स्नेहस्य（स्नेह 阳，单，属）慈爱。लक्ष्म्याः（लक्ष्मी 阴，单，属）财富，富贵。वयसः（वयस् 中，单，属）年龄。च（不变词）和。योग्याम्（योग्य 阴，单，业）符合。आज्ञापयामास（आ√ज्ञा 致使，完成，单，三）吩咐。विहार（游乐）-यात्राम्（यात्रा 游行），复合词（阴，单，业），出游。

निवर्तयामास च राजमार्गे संपातमार्तस्य पृथग्जनस्य।
मा भूत्कुमारः सुकुमारचित्तः संविग्नचेता इति मन्यमानः॥ ४॥

他想到王子思想稚嫩，
不要让他心生恐惧，
便吩咐禁止受苦之人
出现在王家大道上。（4）

解析：निवर्तयामास（नि√वृत् 致使，完成，单，三）禁止。च（不变词）和。राज（राजन् 国王）-मार्गे（मार्ग 道路），复合词（阳，单，依），王家大道。संपातम्（संपात 中，单，业）遇到，出现。आर्तस्य（आर्त 阳，单，属）受苦的。पृथग्जनस्य（पृथग्जन 阳，单，属）低等人。मा（不变词）不。भूत्（अभूत्，√भू 不定，单，三）产生。कुमारः（कुमार 阳，单，体）王子。सुकुमार（稚嫩）-चित्तः（चित्त 思想），复合词（阳，单，体），思想稚嫩。संविग्न（恐惧）-चेताः（चेतस् 心），复合词（阳，单，体），心生恐惧。इति（不变词）这样（想）。मन्यमानः（मन्यमान 现分，阳，单，体）想。

प्रत्यङ्गहीनान्विकलेन्द्रियांश्च जीर्णातुरादीन् कृपणांश्च दिक्षु।
ततः समुत्सार्य परेण साम्ना शोभां परां राजपथस्य चक्रुः॥५॥

于是，以最温和的方式，
劝走四处肢体和器官
残缺者，老人和病人，
让王家大道光辉无比。（5）

解析：प्रत्यङ्ग（肢体）-हीनान्（हीन 缺少），复合词（阳，复，业），肢体残缺者。विकल（不全）-इन्द्रियान्（इन्द्रिय 感官），复合词（阳，复，业），感官不全者。च（不变词）和。जीर्ण（老的）-आतुर（病的）-आदीन्（आदि 等等），复合词（阳，复，业），老人和病人等等。कृपणान्（कृपण 阳，复，业）可怜的，不幸的。च（不变词）和。दिक्षु（दिश् 阴，复，依）方向。ततस्（不变词）于是。समुत्सार्य（सम्-उद्√सृ 致使，独立式）驱散。परेण（पर 中，单，具）最高的。साम्ना（सामन् 中，单，具）温和，怀柔。शोभाम्（शोभा 阴，单，业）光辉。पराम्（पर 阴，单，业）最高的。राजपथस्य（राजपथ 阳，单，体）王家大道。चक्रुः（√कृ 完成，复，三）做。

ततः कृते श्रीमति राजमार्गे श्रीमान्विनीतानुचरः कुमारः।
प्रासादपृष्ठादवतीर्य काले कृताभ्यनुज्ञो नृपमभ्यगच्छत्॥६॥

这样，王家大道美丽吉祥，
在合适时间，光辉的王子
由温顺的侍从陪伴，获准
从宫楼顶下来，拜见国王。（6）

解析：ततस्（不变词）于是。कृते（कृत 阳，单，依）造成。श्रीमति（श्रीमत् 阳，单，依）光辉的，吉祥的。राजमार्गे（राजमार्ग 阳，单，依）王家大道。श्रीमान्（श्रीमत् 阳，单，体）光辉的。विनीत（文雅的，温顺的）-अनुचरः（अनुचर 侍从），复合词（阳，单，体），侍从温顺。कुमारः（कुमार 阳，单，体）王子。प्रासाद（宫楼）-पृष्ठात्（पृष्ठ 顶部），复合词（中，单，从），宫楼顶。अवतीर्य（अव√तृ 独立式）下来。काले（काल 阳，单，依）时间。कृत（获得）-अभ्यनुज्ञः（अभ्यनुज्ञा 允许），复合词（阳，单，体），获得允许。नृपम्（नृप 阳，单，业）国王。अभ्यगच्छत्（अभि√गम् 现在，单，三）到达，拜见。

अथो नरेन्द्रः सुतमागताश्रुः शिरस्युपाघ्राय चिरं निरीक्ष्य।
गच्छेति चाज्ञापयति स्म वाचा स्नेहान्न चैनं मनसा मुमोच॥७॥

国王眼中含泪，亲吻
儿子的头，久久凝视，
满怀慈爱，口中吩咐道：
"去吧!"心中却舍不得。（7）

解析：अथो（不变词）然后。नर（人）-इन्द्रः（इन्द्र 因陀罗），复合词（阳，单，体），人中因陀罗，国王。सुतम्（सुत 阳，单，业）儿子。आगत（来到，产生）-अश्रुः（अश्रु 眼泪），复合词（阳，单，体），眼中含泪。शिरसि（शिरस् 中，单，依）头。उपाघ्राय（उप-आ√घ्रा 独立式）亲吻。चिरम्（不变词）久久。निरीक्ष्य（निर्√ईक्ष् 独立式）凝视。गच्छ（√गम् 命令，单，二）去。इति（不变词）这样（说）。च（不变词）和。आज्ञापयति（आ√ज्ञा 致使，现在，单，三）吩咐。स्म（不变词）表示过去。वाचा（वाच् 阴，单，具）话语。स्नेहात्（स्नेह 阳，单，从）慈爱。न（不变词）不。च（不变词）和。एनम्（एतद् 阳，单，业）他。मनसा（मनस् 中，单，具）心。मुमोच（√मुच् 完成，单，三）舍弃，放下。

ततः स जाम्बूनदभाण्डभृद्भिर्युक्तं चतुर्भिर्निभृतैस्तुरङ्गैः।
अक्लीबविद्वच्छुचिरश्मिधारं हिरण्मयं स्यन्दनमारुरोह॥८॥

然后，他登上一辆金车，
由四匹驯顺的马牵引，
马匹都配备有金鞍具，
车夫健壮、聪明和正直。（8）

解析：ततस्（不变词）于是。स（तद् 阳，单，体）他。जाम्बूनद（金子）-भाण्ड（鞍

具)-भृद्धिः (भृत् 配备)，复合词（阳，复，具），配备有金鞍具。युक्तम् (युक्त 阳，单，业) 牵引。चतुर्भिः (चतुर् 阳，复，具) 四。निभृतैः (निभृत 阳，复，具) 驯顺。तुरङ्गैः (तुरङ्ग 阳，复，具) 马。अक्लीब (健壮)-विद्वत् (विद्वस् 聪明)-शुचि (正直)-रश्मि (缰绳)-धारम् (धार 持)，复合词（阳，单，业），车夫健壮、聪明和正直。हिरण्मयम् (हिरण्मय 阳，单，业) 金制的。स्यन्दनम् (स्यन्दन 阳，单，业) 车辆。आरुरोह (आ√रुह् 完成，单，三) 登上。

ततः प्रकीर्णोज्ज्वलपुष्पजालं विषक्तमाल्यं प्रचलत्पताकम्।
मार्गं प्रपेदे सदृशानुयात्रश्चन्द्रः सनक्षत्र इवान्तरीक्षम्॥९॥

大道上布满灿烂的鲜花，
到处悬挂花环，旗帜飘扬，
他和合适的侍从们上路，
犹如月亮和群星登临天空。（9）

解析：ततस् (不变词) 于是。प्रकीर्ण (布满)-उज्ज्वल (灿烂的)-पुष्प (鲜花)-जालम् (जाल 大量)，复合词（阳，单，业），布满灿烂的鲜花。विषक्त (悬挂)-माल्यम् (माल्य 花环)，复合词（阳，单，业），悬挂花环。प्रचलत् (飘动)-पताकम् (पताक 旗帜)，复合词（阳，单，业），旗帜飘扬。मार्गम् (मार्ग 阳，单，业) 大道。प्रपेदे (प्र√पद् 完成，单，三) 步入，走上。सदृश (合适的)-अनुयात्रः (अनुयात्र 侍从)，复合词（阳，单，体），带着合适的侍从。चन्द्रः (चन्द्र 阳，单，体) 月亮。स (带着)-नक्षत्रः (नक्षत्र 星星)，复合词（阳，单，体），和星星一起。इव (不变词) 犹如。अन्तरीक्षम् (अन्तरीक्ष 中，单，业) 天空。

कौतूहलात्स्फीततरैश्च नेत्रैर्नीलोत्पलार्धैरिव कीर्यमाणम्।
शनैः शनै राजपथं जगाहे पौरैः समन्तादभिवीक्ष्यमाणः॥१०॥

他缓慢地登上王家大道，
四周围有城市居民观看，
他们好奇地睁大着眼睛，
仿佛遍布半开的青莲花。（10）

解析：कौतूहलात् (कौतूहल 中，单，从) 好奇。स्फीततरैः (स्फीततर 中，复，具) 睁

得更大的。**च**（不变词）和。**नेत्रैः**（नेत्र 中，复，具）眼睛。**नील**（青）-**उत्पल**（莲花）-**अर्धैः**（अर्ध 半），复合词（中，复，具），半开的青莲花。**इव**（不变词）犹如。**कीर्यमाणम्**（कीर्यमाण 现分，被，阳，单，业）布满。**शनैस्**（不变词）缓慢地。**शनैस्**（不变词）缓慢地。**राजपथम्**（राजपथ 阳，单，业）王家大道。**जगाहे**（√गाह् 完成，单，三）进入。**पौरैः**（पौर 阳，复，具）市民。**समन्तात्**（不变词）四周。**अभिवीक्ष्यमाणः**（अभिवीक्ष्यमाण 现分，被，阳，单，体）观看。

तं तुष्टुवुः सौम्यगुणेन केचिद्ववन्दिरे दीप्ततया तथान्ये।
सौमुख्यतस्तु श्रियमस्य केचिद्वैपुल्यमाशंसिषुरायुषश्च॥ ११ ॥

一些人赞美他的可爱品质，
一些人崇拜他的显赫光辉，
一些人喜爱他的和蔼面容，
希望他荣华富贵和长寿。（11）

解析：**तम्**（तद् 阳，单，业）他。**तुष्टुवुः**（√स्तु 完成，复，三）赞美。**सौम्य**（可爱的）-**गुणेन**（गुण 品质），复合词（阳，单，具），可爱的品质。**के-चित्**（किम्-चित् 阳，复，体）某个。**ववन्दिरे**（√वन्द् 完成，复，三）崇拜。**दीप्ततया**（दीप्तता 阴，单，具）光辉。**तथा**（不变词）同样。**अन्ये**（अन्य 阳，复，体）别的。**सौमुख्यतः**（सौमुख्य 中，单，从）和蔼面容。**तु**（不变词）而。**श्रियम्**（श्री 阴，单，业）财富，繁荣。**अस्य**（तद् 阳，单，属）他。**के-चित्**（किम्-चित् 阳，复，体）某个。**वैपुल्यम्**（वैपुल्य 中，单，业）广大，丰富。**आशंसिषुः**（आ√शंस् 不定，复，三）希望。**आयुषः**（आयुस् 中，单，属）寿命。**च**（不变词）和。

निःसृत्य कुब्जाश्च महाकुलेभ्यो व्यूहाश्च कैरातकवामनानाम्।
नार्यः कृशेभ्यश्च निवेशनेभ्यो देवानुयानध्वजवत्प्रणेमुः॥ १२ ॥

从大宅中跑出许多驼子、
侏儒和山民，[①]从小宅中
跑出许多妇女，俯首致敬，
仿佛面对天神出游的旗帜。（12）

解析：**निःसृत्य**（निस्√सृ 独立式）出来。**कुब्जाः**（कुब्ज 阳，复，体）驼子。**च**（不变

[①] 驼子、侏儒和山民是大户人家收养的奴仆。

词）和。महा（大）-कुलेभ्यः（कुल 宅子），复合词（中，复，从），大宅子。व्यूहाः（व्यूह 阳，复，体）一群。च（不变词）和。कैरातक（山民）-वामनानाम्（वामन 侏儒），复合词（阳，复，属），山民和侏儒。नार्यः（नारी 阴，复，体）妇女。कृशेभ्यः（कृश 中，复，从）小的。च（不变词）和。निवेशनेभ्यः（निवेशन 中，复，从）屋宅。देव（天神）-अनुयान（随行）-ध्वज（旗帜）-वत्（如同），复合词（不变词），犹如随同天神出游的旗帜。प्रणेमुः（प्र√नम् 完成，复，三）俯首致敬。

ततः कुमारः खलु गच्छतीति श्रुत्वा स्त्रियः प्रेष्यजनात्प्रवृत्तिम्।
दिदृक्षया हर्म्यतलानि जग्मुरजनेन मान्येन कृताभ्यनुज्ञाः॥ १३ ॥

妇女们从仆从那里
听到王子出来的消息，
渴望观看，获得长辈
准许，登上楼顶露台。（13）

解析：ततस्（不变词）于是。कुमारः（कुमार 阳，单，体）王子。खलु（不变词）确实。गच्छति（√गम् 现在，单，三）出来。इति（不变词）这样（说）。श्रुत्वा（√श्रु 独立式）听到。स्त्रियः（स्त्री 阴，复，体）妇女。प्रेष्यजनात्（प्रेष्यजन 阳，单，从）仆从。प्रवृत्तिम्（प्रवृत्ति 阴，单，业）消息。दिदृक्षया（दिदृक्षा 阴，单，具）渴望观看。हर्म्य（楼阁）-तलानि（तल 露台），复合词（中，复，业），楼顶露台。जग्मुः（√गम् 完成，复，三）去。जनेन（जन 阳，单，具）人。मान्येन（मान्य 阳，单，具）受尊敬的。कृत（获得）-अभ्यनुज्ञाः（अभ्यनुज्ञा 准许），复合词（阴，复，体），获得准许。

ताः स्रस्तकाञ्चीगुणविघ्निताश्च सुप्तप्रबुद्धाकुललोचनाश्च।
वृत्तान्तविन्यस्तविभूषणाश्च कौतूहलेनानिभृताः परीयुः॥ १४ ॥

她们得知消息就佩戴首饰，
刚睡醒的眼睛还带着迷茫，
出于好奇和激动，一拥而上，
滑落的腰带阻碍行进速度。（14）

解析：ताः（तद् 阴，复，体）她。स्रस्त（滑落）-काञ्ची（腰带）-गुण（线，带）-विघ्निताः（विघ्नित 阻碍），复合词（阴，复，体），受到滑落的腰带的阻碍。च（不变词）和。सुप्त（睡眠）-प्रबुद्ध（醒来）-आकुल（困惑的，迷茫的）-लोचनाः（लोचन 眼睛），复合词

（阴，复，体），刚睡醒的眼睛还带着迷茫。**च**（不变词）和。**वृत्तान्त**（消息）-**विन्यस्त**（安放，佩戴）-**विभूषणाः**（विभूषण 装饰品），复合词（阴，复，体），得知消息就佩戴首饰。**च**（不变词）和。**कौतूहलेन**（कौतूहल 中，单，具）好奇。**अनिभृताः**（अनिभृत 阴，复，体）不安静的，激动的。**परीयुः**（परि√इ 完成，复，三）一拥而上。

प्रासादसोपानतलप्रणादैः काञ्चीरवैर्नूपुरनिस्वनैश्च।
वित्रासयन्त्यो गृहपक्षिसङ्घानन्योन्यवेगांश्च समाक्षिपन्त्यः॥१५॥

登上楼顶台阶的响声，
腰带和脚镯的叮当声，
对家中的鸟群造成惊吓，
她们也互相指责抢行。（15）

解析：**प्रासाद**（宫殿）-**सोपान**（台阶）-**तल**（表面）-**प्रणादैः**（प्रणाद 响声），复合词（阳，复，具），登上宫殿楼顶台阶的响声。**काञ्ची**（腰带）-**रवैः**（रव 响声），复合词（阳，复，具），腰带的响声。**नूपुर**（脚镯）-**निस्वनैः**（निस्वन 声音），复合词（阳，复，具），脚镯的声音。**च**（不变词）和。**वित्रासयन्त्यः**（वित्रासयत् 致使，现分，阴，复，体）惊吓。**गृह**（家）-**पक्षि**（पक्षिन् 鸟）-**सङ्घान्**（सङ्घ 一群），复合词（阳，复，业），家中的鸟群。**अन्योन्य**（互相）-**वेगान्**（वेग 快速），复合词（阳，复，业），互相抢行。**च**（不变词）和。**समाक्षिपन्त्यः**（समाक्षिपत् 现分，阴，复，体）互相指责。

कासांचिदासां तु वराङ्गनानां जातत्वराणामपि सोत्सुकानाम्।
गतिं गुरुत्वाज्जगृहुर्विशालाः श्रोणीरथाः पीनपयोधराश्च॥१६॥

其中一些美丽的妇女
即使着急想加快速度，
无奈臀部宽阔和胸脯
丰满，体重牵制了脚步。（16）

解析：**कासाम्**-**चित्**（किम्-चित् 阴，复，属）某个。**आसाम्**（इदम् 阴，复，属）这。**तु**（不变词）而。**वर**（优秀的）-**अङ्गनानाम्**（अङ्गना 妇女），复合词（阴，复，属），美丽的妇女。**जात**（产生）-**त्वराणाम्**（त्वरा 快速），复合词（阴，复，属），加快速度。**अपि**（不变词）即使。**स**（带着）-**उत्सुकानाम्**（उत्सुक 焦急），复合词（阴，复，属），心中焦急。**गतिम्**（गति 阴，单，业）脚步。**गुरुत्वात्**（गुरुत्व 中，单，从）沉重。**जगृहुः**（√ग्रह्

完成，复，三）抓住，牵制。विशालाः（विशाल 阳，复，体）宽阔。श्रोणी（臀部）-रथाः（रथ（रथ 部位），复合词（阳，复，体），臀部。पीन（丰满的）-पयोधराः（पयोधर 乳房），复合词（阳，复，体），丰满的乳房。च（不变词）和。

शीघ्रं समर्थापि तु गन्तुमन्या गतिं निजग्राह ययौ न तूर्णम्।
हिया प्रगल्भा विनिगूहमाना रहःप्रयुक्तानि विभूषणानि॥ १७॥

另一位谨慎的妇女，
即使能快走，也止步，
不快走，她出于羞涩，
掩盖自己私处的装饰。（17）

解析：शीघ्रम्（不变词）快速地。समर्था（समर्थ 阴，单，体）能够。अपि（不变词）即使。तु（不变词）而。गन्तुम्（√गम् 不定式）走。अन्या（अन्य 阴，单，体）另一位。गतिम्（गति 阴，单，业）脚步。निजग्राह（नि√ग्रह् 完成，单，三）控制。ययौ（√या 完成，单，三）行走。न（不变词）不。तूर्णम्（不变词）快快地。हिया（ह्री 阴，单，具）羞涩。अप्रगल्भा（अप्रगल्भ 阴，单，体）胆怯的，谨慎的。विनिगूहमाना（विनिगूहमान 现分，阴，单，体）掩盖。रहस्（私处）-प्रयुक्तानि（प्रयुक्त 使用），复合词（中，复，业），用于私处的。विभूषणानि（विभूषण 中，复，业）装饰品。

परस्परोत्पीडनपिण्डितानां संमर्दसंक्षोभितकुण्डलानाम्।
तासां तदा सस्वनभूषणानां वातायनेष्वप्रशमो बभूव॥ १८॥

她们互相挤成一团，
耳环晃动，碰撞摩擦，
各种首饰叮当作响，
那些窗户不得安宁。（18）

解析：परस्पर（互相）-उत्पीडन（挤，压）-पिण्डितानाम्（पिण्डित 聚集，成团），复合词（阴，复，属），互相挤成一团。संमर्द（摩擦）-संक्षोभित（摇晃）-कुण्डलानाम्（कुण्डल 耳环），复合词（阴，复，属），耳环晃动，碰撞摩擦。तासाम्（तद् 阴，复，属）她。तदा（不变词）那时。सस्वन（带响声的）-भूषणानाम्（भूषण 首饰），复合词（阴，复，属），首饰叮当作响。वात（风）-अयनेषु（अयन 通道），复合词（中，复，依），窗户。अप्रशमः（अप्रशम 阳，单，体）不安宁。बभूव（√भू 完成，单，三）成为。

वातायनेभ्यस्तु विनिःसृतानि परस्परायासितकुण्डलानि।
स्त्रीणां विरेजुर्मुखपङ्कजानि सक्तानि हर्म्येष्विव पङ्कजानि॥१९॥

那些妇女的莲花脸
伸出窗外，耳环互相
碰撞，仿佛许多莲花
汇集聚拢在楼顶上。（19）

解析：वातायनेभ्यः（वातायन 中，复，从）窗户。तु（不变词）而。विनिःसृतानि（विनिःसृत 中，复，体）出来。परस्पर（互相）-आयासित（扰乱）-कुण्डलानि（कुण्डल 耳环），复合词（中，复，体），耳环互相碰撞。स्त्रीणाम्（स्त्री 阴，复，属）妇女。विरेजुः（वि√राज् 完成，复，三）显现，看似。मुख（脸）-पङ्कजानि（पङ्कज 莲花），复合词（中，复，体），莲花脸。सक्तानि（सक्त 中，复，体）附着。हर्म्येषु（हर्म्य 中，复，依）楼。इव（不变词）仿佛。पङ्कजानि（पङ्कज 中，复，体）莲花。

ततो विमानैर्युवतीकरालैः कौतूहलोद्घाटितवातयानैः।
श्रीमत्समन्तान्नगरं बभासे वियद्विमानैरिव साप्सरोभिः॥२०॥

那些宫楼充满青春少女，
出于好奇打开扇扇窗户，
这座城市处处吉祥美丽，
犹如天国宫中充满天女。（20）

解析：ततस्（不变词）然后。विमानैः（विमान 阳或中，复，具）宫楼。युवती（少女）-करालैः（कराल 充满），复合词（阳或中，复，具），充满少女。कौतूहल（好奇）-उद्घाटित（打开）-वातयानैः（वातयान 窗户），复合词（阳或中，复，具），出于好奇打开扇扇窗户。श्रीमत्（中，单，体）吉祥的，美丽的。समन्तात्（不变词）四周，处处。नगरम्（नगर 中，单，体）城市。बभासे（√भास् 完成，单，三）显得。वियत्（वियत् 中，单，体）天空，天国。विमानैः（विमान 阳或中，复，具）宫楼。इव（不变词）犹如。स（具有）-अप्सरोभिः（अप्सरस् 天女），复合词（阳或中，复，具），充满天女。

वातायनानामविशालभावादन्योन्यगण्डार्पितकुण्डलानाम्।
मुखानि रेजुः प्रमदोत्तमानां बद्धाः कलापा इव पङ्कजानाम्॥२१॥

那些美丽妇女的脸庞，
拥挤在狭窄的窗户，
耳环互相贴在脸颊上，
犹如捆在一起的莲花。（21）

解析：वातायनानाम्（वातायन 中，复，属）窗户。अविशाल（不宽敞，狭窄）-भावात्（भाव 情况，状态），复合词（阳，单，从），狭窄的情况。अन्योन्य（互相）-गण्ड（脸颊）-अर्पित（放，贴）-कुण्डलानाम्（कुण्डल 耳环），复合词（阴，复，属），耳环互相贴在脸颊上。मुखानि（मुख 中，复，体）脸。रेजुः（√राज् 完成，复，三）显现，看似。प्रमदा（妇女）-उत्तमानाम्（उत्तम 最好的，佼佼者），复合词（阴，复，属），美丽妇女。बद्धाः（बद्ध 阳，复，体）捆，绑。कलापाः（कलाप 阳，复，体）一束。इव（不变词）犹如。पङ्कजानाम्（पङ्कज 中，复，属）莲花。

तं ताः कुमारं पथि वीक्षमाणाः स्त्रियो बभुर्गांमिव गन्तुकामाः।
ऊर्ध्वोन्मुखाश्चैनमुदीक्षमाणा नरा बभुर्द्यांमिव गन्तुकामाः॥२२॥

那些妇女俯视路上的
王子，仿佛想要下地，
而那些男子抬头仰望
王子，仿佛想要上天。（22）

解析：तम्（तद् 阳，单，业）他。ताः（तद् 阴，复，体）她。कुमारम्（कुमार 阳，单，业）王子。पथि（पथिन् 阳，单，依）道路。वीक्षमाणाः（वीक्षमाण 现分，阴，复，体）凝视。स्त्रियः（स्त्री 阴，复，体）妇女。बभुः（√भा 完成，复，三）显得。गाम्（गो 阴，单，业）大地。इव（不变词）仿佛。गन्तु（去）-कामाः（काम 想要），复合词（阴，复，体），想要去。ऊर्ध्व（向上）-उन्मुखाः（उन्मुख 仰脸），复合词（阳，复，体），向上仰脸。च（不变词）和。एनम्（एतद् 阳，单，业）他。उदीक्षमाणाः（उदीक्षमाण 现分，阳，复，体）仰望。नराः（नर 阳，复，体）男人。बभुः（√भा 完成，复，三）显得。द्याम्（दिव् 阴，单，业）天。इव（不变词）仿佛。गन्तु（去）-कामाः（काम 想要），复合词（阳，复，体），想要去。

दृष्ट्वा च तं राजसुतं स्त्रियस्ता
जाज्वल्यमानं वपुषा श्रिया च।

धन्यास्य भार्येति शनैरवोच-
ञ्छुद्धैर्मनोभिः खलु नान्यभावात् ॥२३॥

那些妇女看到这个王子
形体优美，闪耀吉祥光辉，
出于真心而非邪念，悄悄
说道："成为他的妻子有福。"（23）

解析：दृष्ट्वा（√दृश् 独立式）看到。च（不变词）和。तम्（तद् 阳，单，业）他。राज（राजन् 国王）-सुतम्（सुत 儿子），复合词（阳，单，业），王子。स्त्रियः（स्त्री 阴，复，体）妇女。ताः（तद् 阴，复，体）她。जाज्वल्यमानम्（जाज्वल्यमान 加强动词，现分，阳，单，业）闪耀光辉。वपुषा（वपुस् 中，单，具）形体。श्रिया（श्री 阴，单，具）吉祥。च（不变词）和。धन्या（धन्य 阴，单，体）有福的。अस्य（इदम् 阳，单，属）这。भार्या（भार्या 阴，单，体）妻子。इति（不变词）这样（想）。शनैस्（不变词）缓慢地，悄悄地。अवोचन्（√वच् 不定，复，三）说。शुद्धैः（शुद्ध 中，复，具）纯洁的，真诚的。मनोभिः（मनस् 中，复，具）心。खलु（不变词）确实。न（不变词）不。अन्य（别的）-भावात्（भाव 感情），复合词（阳，单，从），别的感情。

अयं किल व्यायतपीनबाहु-
रूपेण साक्षादिव पुष्पकेतुः।
त्यक्त्वा श्रियं धर्ममुपैष्यतीति
तस्मिन् हि ता गौरवमेव चक्रुः ॥२४॥

因为她们对他满怀尊敬：
"他的手臂修长又健壮，
仿佛是爱神化身，而据说，
他将抛弃王权，追求正法。"（24）

解析：अयम्（इदम् 阳，单，体）这。किल（不变词）据说。व्यायत（长）-पीन（胖，圆）-बाहुः（बाहु 手臂），复合词（阳，单，体），手臂修长又健壮。रूपेण（रूप 中，单，具）形体。साक्षात्（不变词）显现。इव（不变词）仿佛。पुष्पकेतुः（पुष्पकेतु 阳，单，体）爱神。त्यक्त्वा（√त्यज् 独立式）抛弃。श्रियम्（श्री 阴，单，业）王权。धर्मम्（धर्म 阳，单，业）正法。उपैष्यति（उप√इ 将来，单，三）走向，追求。इति（不变词）这样（想）。तस्मिन्（तद् 阳，单，依）他。हि（不变词）因为。ताः（तद् 阴，复，体）她。गौरवम्（गौरव 中，

单，业）尊敬。एव（不变词）确实。चक्रुः（√कृ 完成，复，三）做。

कीर्णं तथा राजपथं कुमारः पौरैर्विनीतैः शुचिधीरवेषैः।
तत्पूर्वमालोक्य जहर्ष किंचिन्मेने पुनर्भावमिवात्मनश्च॥२५॥

这位王子第一次见到王家
大道上充满市民，举止文雅，
衣着洁净得体，他满怀喜悦，
似乎感到自己又获得再生。（25）

解析：कीर्णम्（कीर्ण 阳，单，业）充满。तथा（不变词）这样。राजपथम्（राजपथ 阳，单，业）王家大道。कुमारः（कुमार 阳，单，体）王子。पौरैः（पौर 阳，复，具）市民。विनीतैः（विनीत 阳，复，具）举止文雅。शुचि（洁净）-धीर（庄重）-वेषैः（वेष 衣服），复合词（阳，复，具），衣着洁净得体。तत्पूर्वम्（不变词）第一次。आलोक्य（आ√लोक् 独立式）见到。जहर्ष（√हृष् 完成，单，三）喜悦。किंचित्（不变词）有点儿。मेने（√मन् 完成，单，三）认为。पुनर्（再）-भावम्（भाव 存在，生），复合词（阳，单，业），再生。इव（不变词）似乎。आत्मनः（आत्मन् 阳，单，属）自己。च（不变词）和。

पुरं तु तत्स्वर्गमिव प्रहृष्टं शुद्धाधिवासाः समवेक्ष्य देवाः।
जीर्णं नरं निर्ममिरे प्रयातुं संचोदनार्थं क्षितिपात्मजस्य॥२६॥

而净居天诸神看到这座
城市充满欢乐，如同天国，
他们便幻化出一个老人，
为了激励这位王子出家。（26）

解析：पुरम्（पुर 中，单，业）城市。तु（不变词）而。तत्（तद् 中，单，业）它。स्वर्गम्（स्वर्ग 阳，单，业）天国。इव（不变词）如同。प्रहृष्टम्（प्रहृष्ट 中，单，业）欢乐。शुद्ध（清净）-अधिवासाः（अधिवास 居处），复合词（阳，复，体），净居天。समवेक्ष्य（सम्-अव√ईक्ष् 独立式）看到。देवाः（देव 阳，复，体）天神。जीर्णम्（जीर्ण 阳，单，业）老的。नरम्（नर 阳，单，业）人。निर्ममिरे（निर्√मा 完成，复，三）幻化。प्रयातुम्（प्र√या 不定式）出家。संचोदन（激励）-अर्थम्（为了），复合词（不变词），为了激励。क्षितिप（国王）-आत्मजस्य（आत्मज 儿子），复合词（阳，单，属），王子。

ततः कुमारो जरयाभिभूतं दृष्ट्वा नरेभ्यः पृथगाकृतिं तम्।
उवाच संग्राहकमागतास्थस्तत्रैव निष्कम्पनिविष्टदृष्टिः॥ २७॥

于是，王子看到一位
形貌与众不同的老人，
便将目光紧紧盯住他，
出于关心，询问车夫：（27）

解析：ततस् （不变词）于是。कुमारः （कुमार 阳，单，体）王子。जरया （जरा 阴，单，具）年老。अभिभूतम् （अभिभूत 阳，单，业）征服。दृष्ट्वा （√दृश् 独立式）看到。नरेभ्यः （नर 阳，复，从）人。पृथक् （不同）-आकृतिम् （आकृति 形貌），复合词（阳，单，业），形貌不同的。तम् （तद् 阳，单，业）他。उवाच （√वच् 完成，单，三）说。संग्राहकम् （संग्राहक 阳，单，业）车夫。आगत （产生）-आस्थः （आस्था 关心），复合词（阳，单，体），产生关心。तत्र （不变词）那里，指老人。एव （不变词）就。निष्कम्प （不动）-निविष्ट （盯住）-दृष्टिः （दृष्टि 目光），复合词（阳，单，体），目光紧紧盯住。

क एष भोः सूत नरोऽभ्युपेतः केशैः सितैर्यष्टिविषक्तहस्तः।
भ्रूसंवृताक्षः शिथिलानताङ्गः किं विक्रियैषा प्रकृतिर्यदृच्छा॥ २८॥

"御者啊！这是什么人？
满头白发，手持拐杖，
眉毛遮眼，肢体松垮，
是变形、原形或偶然？"（28）

解析：कः （किम् 阳，单，体）谁。एष （एतद् 阳，单，体）这个。भोस् （不变词）呼告词。सूत （सूत 阳，单，呼）御者。नरः （नर 阳，单，体）人。अभ्युपेतः （अभ्युपेत 阳，单，体）具有。केशैः （केश 阳，复，具）头发。सितैः （सित 阳，复，具）白的。यष्टि （拐杖）-विषक्त （附着）-हस्तः （हस्त 手），复合词（阳，单，体），手持拐杖。भ्रू （眉毛）-संवृत （围住，遮住）-अक्षः （अक्ष 眼睛），复合词（阳，单，体），眉毛遮眼。शिथिल （松弛）-आनत （弯下）-अङ्गः （अङ्ग 肢体），复合词（阳，单，体），肢体松垮。किम् （不变词）是否。विक्रिया （विक्रिया 阴，单，体）变形。एषा （एतद् 阴，单，体）这。प्रकृतिः （प्रकृति 阴，单，体）原形。यदृच्छा （यदृच्छा 阴，单，体）偶然。

इत्येवमुक्तः स रथप्रणेता निवेदयामास नृपात्मजाय।
संरक्ष्यमप्यर्थमदोषदर्शी तैरेव देवैः कृतबुद्धिमोहः॥२९॥

车夫闻听此言，回禀王子，
而众天神已经搅乱他的
头脑，他不觉得自己失误，
说出了应该回避的话题：（29）

解析：इति（不变词）这样（说）。एवम्（不变词）这样。उक्तः（उक्त 阳，单，体）说。स（तद् 阳，单，体）他。रथ（车辆）-प्रणेता（प्रणेतृ 牵引者，驾驭者），复合词（阳，单，体），车夫。निवेदयामास（नि√विद् 致使，完成，单，三）回禀。नृप（国王）-आत्मजाय（आत्मज 儿子），复合词（阳，单，为），王子。संरक्ष्यम्（संरक्ष्य 阳，单，业）应受保护的。अपि（不变词）即使。अर्थम्（अर्थ 阳，单，业）事情。अ（没有）-दोष（失误）-दर्शी（दर्शिन् 发现），复合词（阳，单，体），没有发现失误。तैः（तद् 阳，复，具）他。एव（不变词）确实。देवैः（देव 阳，复，具）天神。कृत（做）-बुद्धि（头脑）-मोहः（मोह 迷惑），复合词（阳，单，体），搅乱头脑。

रूपस्य हन्त्री व्यसनं बलस्य शोकस्य योनिर्निधनं रतीनाम्।
नाशः स्मृतीनां रिपुरिन्द्रियाणामेषा जरा नाम ययैष भग्नः॥३०॥

"美貌的杀手，力量的破坏者，
忧愁的源泉，爱欲的毁灭者，
感官的敌人，记忆的湮灭者，
它名叫老年，摧毁了这个人。（30）

解析：रूपस्य（रूप 中，单，属）美貌。हन्त्री（हन्तृ 阴，单，体）杀手。व्यसनम्（व्यसन 中，单，体）破坏。बलस्य（बल 中，单，属）力量。शोकस्य（शोक 阳，单，属）忧愁。योनिः（योनि 阳，单，体）源泉。निधनम्（निधन 中，单，体）终结。रतीनाम्（रति 阴，复，属）爱欲。नाशः（नाश 阳，单，体）毁灭。स्मृतीनाम्（स्मृति 阴，复，属）记忆。रिपुः（रिपु 阳，单，体）敌人。इन्द्रियाणाम्（इन्द्रिय 中，复，属）感官。एषा（एतद् 阴，单，体）它。जरा（जरा 阴，单，体）老年。नाम（不变词）名叫。यया（यद् 阴，单，具）它，指老年。एष（एतद् 阳，单，体）他，指老人。भग्नः（भग्न 阳，单，体）摧毁。

पीतं ह्यनेनापि पयः शिशुत्वे कालेन भूयः परिसृप्तमुर्व्याम्।
क्रमेण भूत्वा च युवा वपुष्मान् क्रमेण तेनैव जरामुपेतः॥३१॥

"他在婴儿期也吃奶,
而后学会在地上爬,
随后成为英俊青年,
最后达到这种老年。"(31)

解析: पीतम् (पीत 中,单,体) 喝。हि (不变词) 确实。अनेन (इदम् 阳,单,具) 他。अपि (不变词) 也。पयः (पयस् 中,单,体) 奶。शिशुत्वे (शिशुत्व 中,单,依) 童年,婴儿时期。कालेन (काल 阳,单,具) 时间。भूयस् (不变词) 进而。परिसृप्तम् (परिसृप्त 中,单,体) 爬行。उर्व्याम् (उर्वी 阴,单,依) 大地。क्रमेण (क्रम 阳,单,具) 步,次序。भूत्वा (√भू 独立式) 变成。च (不变词) 和。युवा (युवन् 阳,单,体) 青年。वपुष्मान् (वपुष्मत् 阳,单,体) 英俊的。क्रमेण (क्रम 阳,单,具) 步,次序。तेन (तद् 阳,单,具) 他。एव (不变词) 就。जराम् (जरा 阴,单,业) 老年。उपेतः (उपेत 阳,单,体) 进入。

इत्येवमुक्ते चलितः स किंचिद्राजात्मजः सूतमिदं बभाषे।
किमेष दोषो भविता ममापीत्यस्मै ततः सारथिरभ्युवाच॥३२॥

王子闻听此言,心中
有点震动,询问车夫:
"我将来也会有这种
遭遇?"车夫回答说:(32)

解析: इति (不变词) 这样(说)。एवम् (不变词) 这样。उक्ते (उक्त 阳,单,依) 说。चलितः (चलित 阳,单,体) 颤抖,震动。स (तद् 阳,单,体) 他。किंचित् (不变词) 有点儿。राज (राजन् 国王)-आत्मजः (आत्मज 儿子),复合词(阳,单,体),王子。सूतम् (सूत 阳,单,业) 车夫。इदम् (इदम् 中,单,业) 这个。बभाषे (√भाष् 完成,单,三) 说。किम् (不变词) 是否。एष (एतद् 阳,单,体) 这。दोषः (दोष 阳,单,体) 缺陷。भविता (√भू 将来,单,三) 发生。मम (मद् 单,属) 我。अपि (不变词) 也。इति (不变词) 这样(说)。अस्मै (इदम् 阳,单,为) 他,指王子。ततस् (不变词) 于是。सारथिः (सारथि 阳,单,体) 车夫。अभ्युवाच (अभि√वच् 完成,单,三) 回答。

आयुष्मतो ऽप्येष वयःप्रकर्षो निःसंशयं कालवशेन भावी।
एवं जरां रूपविनाशयित्री जानाति चैवेच्छति चैव लोकः॥३३॥

"王子您即使长寿，将来
也必然会受时间约束；
世人都知道老年毁灭
美貌，但依然孜孜以求。"（33）

解析：आयुष्मतः（आयुष्मत् 阳，单，属）长寿者，此处用作对王子的尊称。अपि（不变词）即使。एष（एतद् 阳，单，体）它。वयस्（年龄）-प्रकर्षः（प्रकर्ष 优秀，突出），复合词（阳，单，体），长寿。निःसंशयम्（不变词）无疑，必然。काल（时间）-वशेन（वश 约束），复合词（阳，单，具），受时间约束。भावी（भाविन् 阳，单，体）将会。एवम् （不变词）这样。जराम्（जरा 阴，单，业）年老。रूप（美貌）-विनाशयित्रीम्（विनाशयितृ 毁灭者），复合词（阴，单，业），美貌的毁灭者。जानाति（√ज्ञा 现在，单，三）知道。 च（不变词）和。एव（不变词）确实。इच्छति（√इष् 现在，单，三）渴望，寻求。च（不变词）和。एव（不变词）还是。लोकः（लोक 阳，单，体）世人。

ततः स पूर्वाशयशुद्धबुद्धि-
विस्तीर्णकल्पाचितपुण्यकर्मा।
श्रुत्वा जरां संविविजे महात्मा
महाशनैर्घोषमिवान्तिके गौः॥३४॥

他的知觉早已受到心愿净化，[①]
在无数劫中积累了大量善业；
他精神高尚，闻听老年而惊慌，
犹如公牛听到附近雷电轰鸣。（34）

解析：ततस्（不变词）于是。स（तद् 阳，单，体）他。पूर्व（以前）-आशय（心愿）-शुद्ध（净化）-बुद्धिः（बुद्धि 知觉），复合词（阳，单，体），知觉早已受到心愿净化。विस्तीर्ण（广大的，很多的）-कल्प（劫）-आचित（积累）-पुण्य（善，功德）-कर्मा（कर्मन् 业），复合词（阳，单，体），在无数劫中积累了大量善业。श्रुत्वा（√श्रु 独立式）听到。जराम् （जरा 阴，单，业）老年。संविविजे（सम्√विज् 完成，单，三）惊慌。महा（高尚）-आत्मा （आत्मन् 精神），复合词（阳，单，体），精神高尚。महा（大）-अशनेः（अशनि 雷电），复合词（阴，单，属），大雷电。घोषम्（घोष 阳，单，业）响声，轰鸣。इव（不变词）犹如。अन्तिके（अन्तिक 中，单，依）附近。गौः（गो 阳，单，体）公牛。

[①] 意谓他在前生就怀有拯救众生的心愿。

निःश्वस्य दीर्घं स्वशिरः प्रकम्प्य तस्मिंश्च जीर्णे विनिवेश्य चक्षुः।
तां चैव दृष्ट्वा जनतां सहर्षां वाक्यं स संविग्न इदं जगाद॥३५॥

他的眼睛盯着这位老人，
频频摇头，发出深长叹息，
又看到众人沉浸在欢乐中，
他感到惊恐，说出这番话：（35）

解析： निःश्वस्य（निः√श्वस् 独立式）叹息。दीर्घम्（不变词）深长地。स्व（自己的）-शिरः（शिरस् 头），复合词（中，单，业），自己的头。प्रकम्प्य（प्र√कम्प् 独立式）摇晃。तस्मिन्（तद् 阳，单，依）这个。च（不变词）和。जीर्णे（जीर्ण 阳，单，依）老人。विनिवेश्य（वि-नि√विश् 致使，独立式）盯着。चक्षुः（चक्षुस् 中，单，业）眼睛。ताम्（तद् 阴，单，业）这。च（不变词）和。एव（不变词）确实。दृष्ट्वा（√दृश् 独立式）看到。जनताम्（जनता 阴，单，业）众人。सहर्षाम्（सहर्ष 阴，单，业）欢乐的。वाक्यम्（वाक्य 中，单，业）话语。स（तद् 阳，单，体）他。संविग्नः（संविग्न 阳，单，体）惊恐。इदम्（इदम् 中，单，业）这。जगाद（√गद् 完成，单，三）说。

एवं जरा हन्ति च निर्विशेषं स्मृतिं च रूपं च पराक्रमं च।
न चैव संवेगमुपैति लोकः प्रत्यक्षतोऽपीदृशमीक्षमाणः॥३६॥

"老年无分别地毁灭
记忆、美貌和勇气，
世人即使亲眼目睹，
却依然丝毫不惊慌。（36）

解析： एवम्（不变词）这样。जरा（जरा 阴，单，体）老年。हन्ति（√हन् 现在，单，三）毁灭。च（不变词）和。निर्विशेषम्（不变词）无分别地。स्मृतिम्（स्मृति 阴，单，业）记忆。च（不变词）和。रूपम्（रूप 中，单，业）美貌。च（不变词）和。पराक्रमम्（पराक्रम 阳，单，业）勇气。च（不变词）和。न（不变词）不。च（不变词）和。एव（不变词）也。संवेगम्（संवेग 阳，单，业）惊慌。उपैति（उप√इ 现在，单，三）走向。लोकः（लोक 阳，单，体）世人。प्रत्यक्षतस्（不变词）亲眼目睹。अपि（不变词）即使。ईदृशम्（ईदृश 中，单，业）这样。ईक्षमाणः（ईक्षमाण 现分，阳，单，体）看到。

एवं गते सूत निवर्तयाश्वान् शीघ्रं गृहाण्येव भवान्प्रयातु।
उद्यानभूमौ हि कुतो रतिर्मे जराभये चेतसि वर्तमाने॥३७॥

"既然这样，御者啊！
请你赶快策马回宫，
我的心中惧怕老年，
在花园里怎会快乐？"（37）

解析：एवम्（不变词）这样。गते（गत 中，单，依）事情。सूत（सूत 阳，单，呼）车夫。निवर्तय（नि√वृत् 致使，命令，单，二）调转。अश्वान्（अश्व 阳，复，业）马。शीघ्रम्（不变词）赶快。गृहाणि（गृह 中，复，业）宫殿。एव（不变词）就。भवान्（भवत् 阳，单，体）您。प्रयातु（प्र√या 命令，单，三）出发，前往。उद्यान（花园）-भूमौ（भूमि 地方），复合词（阴，单，依），花园。हि（不变词）因为。कुतस्（不变词）哪里。रतिः（रति 阴，单，体）快乐。मे（मद् 单，属）我。जरा（老年）-भये（भय 惧怕），复合词（中，单，依），惧怕老年。चेतसि（चेतस् 中，单，依）心。वर्तमाने（वर्तमान 现分，中，单，依）活动，处于。

अथाज्ञया भर्तृसुतस्य तस्य निवर्तयामास रथं नियन्ता।
ततः कुमारो भवनं तदेव चिन्तावशः शून्यमिव प्रपेदे॥३८॥

然后，遵照王子命令，
车夫立即驾车返回，
王子回到宫中，忧心
忡忡，仿佛陷入虚无。（38）

解析：अथ（不变词）然后。आज्ञया（आज्ञा 阴，单，具）命令。भर्तृ（王上）-सुतस्य（सुत 儿子），复合词（阳，单，属），王子。तस्य（तद् 阳，单，属）他。निवर्तयामास（नि√वृत् 完成，单，三）调转，返回。रथम्（रथ 阳，单，业）车辆。नियन्ता（नियन्तृ 阳，单，体）车夫。ततस्（不变词）于是。कुमारः（कुमार 阳，单，体）王子。भवनम्（भवन 中，单，业）宫殿。तत्（तद् 中，单，业）它。एव（不变词）确实。चिन्ता（忧虑）-वशः（वश 控制），复合词（阳，单，体），受忧虑控制。शून्यम्（शून्य 中，单，业）虚无。इव（不变词）仿佛。प्रपेदे（प्र√पद् 完成，单，三）进入，陷入。

यदा तु तत्रैव न शर्म लेभे जरा जरेति प्रपरीक्षमाणः।
ततो नरेन्द्रानुमतः स भूयः क्रमेण तेनैव बहिर्जगाम॥३९॥

他在宫中闷闷不乐,
始终浮现"老年,老年",
后来,获得国王准许,
他再次同样地出游。（39）

解析：यदा（不变词）那时。तु（不变词）而。तत्र（不变词）那里。एव（不变词）确实。न（不变词）不。शर्म（शर्मन् 中，单，业）快乐。लेभे（√लभ् 完成，单，三）获得。जरा（जरा 阴，单，体）老年。जरा（जरा 阴，单，体）老年。इति（不变词）这样（想）。प्रपरीक्षमाणः（प्रपरीक्षमान 现分，阳，单，体）看到，浮现。ततस्（不变词）于是。नर（人）-इन्द्र（王）-अनुमतः（अनुमत 准许），复合词（阳，单，体），获得国王准许。स（तद् 阳，单，体）他。भूयस्（不变词）再次。क्रमेण（क्रम 阳，单，具）方式。तेन（तद् 阳，单，具）那。एव（不变词）同样地。बहिस्（不变词）外面。जगाम（√गम् 完成，单，三）去。

अथापरं व्याधिपरीतदेहं त एव देवाः ससृजुर्मनुष्यम्।
दृष्ट्वा च तं सारथिमाबभाषे शौद्धोदनिस्तद्गतदृष्टिरेव॥४०॥

于是,众天神又幻化出
另一个疾病缠身的人,
净饭王①之子看到了他,
目光紧盯着,询问车夫：（40）

解析：अथ（不变词）于是。अपरम्（अपर 阳，单，业）另一个。व्याधि（疾病）-परीत（包围，围绕）-देहम्（देह 身体），复合词（阳，单，业），疾病缠身。ते（तद् 阳，复，体）他。एव（不变词）就。देवाः（देव 阳，复，体）天神。ससृजुः（√सृज् 完成，复，三）创造。मनुष्यम्（मनुष्य 阳，单，业）人。दृष्ट्वा（√दृश् 独立式）看到。च（不变词）和。तम्（तद् 阳，单，业）他。सारथिम्（सारथि 阳，单，业）车夫。आबभाषे（आ√भाष् 完成，单，三）说。शौद्धोदनिः（शौद्धोदनि 阳，单，体）净饭王之子。तद्（他）-गत（处于）-दृष्टिः（दृष्टि 目光），复合词（阳，单，体），目光紧盯着他。एव（不变词）就。

स्थूलोदरः श्वासचलच्छरीरः स्रस्तांसबाहुः कृशपाण्डुगात्रः।
अम्बेति वाचं करुणं ब्रुवाणः परं समाश्रित्य नरः क एषः॥४१।

---

① 净饭王是王子父亲的名字。

"腹部鼓胀，身体喘息晃动，
肩和手臂下垂，苍白瘦弱，
紧靠在他人身上，可怜地
喊着'妈呀!'这是什么人?"（41）

解析：स्थूल（大的，鼓胀的）-उदरः（उदर 腹部），复合词（阳，单，体），腹部鼓胀。श्वास（喘息）-चलत्（晃动）-शरीरः（शरीर 身体），复合词（阳，单，体），身体喘息晃动。स्रस्त（垂下）-अंस（肩膀）-बाहुः（बाहु 手臂），复合词（阳，单，体），肩和手臂下垂。कृश（瘦弱）-पाण्डु（苍白）-गात्रः（गात्र 肢体），复合词（阳，单，体），肢体苍白瘦弱。अम्ब（अम्बा 阴，单，呼）妈妈。इति（不变词）这样（说）。वाचम्（वाच् 阴，单，业）话语。करुणम्（不变词）可怜地。ब्रुवाणः（ब्रुवाण 现分，阳，单，体）说。परम्（पर 阳，单，业）别人。समाश्रित्य（सम्-आ√श्रि 独立式）依靠。नरः（नर 阳，单，体）人。कः（किम् 阳，单，体）谁。एषः（एतद् 阳，单，体）这。

ततो ऽब्रवीत्सारथिरस्य सौम्य धातुप्रकोपप्रभवः प्रवृद्धः।
रोगाभिधानः सुमहाननर्थः शक्तो ऽपि येनैष कृतो ऽस्वतन्त्रः॥४२॥

车夫回答说："善人啊，有一种
名叫疾病的作恶者，强大有力，
源自元素①失调，即使这人原本
健壮，也受它折磨，不能自主。"（42）

解析：ततस्（不变词）于是。अब्रवीत्（√ब्रू 未完，单，三）说。सारथिः（सारथि 阳，单，体）车夫。अस्य（इदम् 阳，单，属）他。सौम्य（सौम्य 阳，单，呼）善人。धातु（元素）-प्रकोप（混乱）-प्रभवः（प्रभव 产生），复合词（阳，单，体），源自元素失调。प्रवृद्धः（प्रवृद्ध 阳，单，体）强壮。रोग（疾病）-अभिधानः（अभिधान 名称），复合词（阳，单，体），名叫疾病。सुमहान्（सुमहत् 阳，单，体）强大的。अनर्थः（अनर्थ 阳，单，体）危害，作恶者。शक्तः（शक्त 阳，单，体）能干。अपि（不变词）即使。येन（यद् 阳，单，具）那个，指疾病。एष（एतद् 阳，单，体）他。कृतः（कृत 阳，单，体）成为。अस्वतन्त्रः（अस्वतन्त्र 阳，单，体）不能自主。

---

① "元素"指体内的风、胆汁和黏液三种致病元素。

इत्यूचिवान् राजसुतः स भूयस्तं सानुकम्पो नरमीक्षमाणः।
अस्यैव जातो पृथगेष दोषः सामान्यतो रोगभयं प्रजानाम्॥४३॥

这样，王子满怀同情，
再次望着这个人，说道：
"单单是他生这种疾病，
还是人人都有生病危险？"（43）

解析：इति（不变词）这样（说）。ऊचिवान्（ऊचिवस् 完分，阳，单，体）说。राज（राजन् 国王）-सुतः（सुत 儿子），复合词（阳，单，体），王子。स（तद् 阳，单，体）他。भूयस्（不变词）再次。तम्（तद् 阳，单，业）这个。स（带着，怀着）-अनुकम्पः（अनुकम्पा 同情），复合词（阳，单，体），满怀同情。नरम्（नर 阳，单，业）人。ईक्षमाणः（ईक्षमाण 现分，阳，单，体）看，望。अस्य（इदम् 阳，单，属）这，指病人。एव（不变词）只是。जातः（जात 阳，单，体）产生。पृथक्（不变词）单独地。एष（एतद् 阳，单，体）这。दोषः（दोष 阳，单，体）疾病。सामान्यतस्（不变词）普遍地。रोग（疾病）-भयम्（भय 危险），复合词（中，单，体），生病的危险。प्रजानाम्（प्रजा 阴，复，属）人们。

ततो बभाषे स रथप्रणेता कुमार साधारण एष दोषः।
एवं हि रोगैः परिपीड्यमानो रुजातुरो हर्षमुपैति लोकः॥४४॥

车夫回答说："王子啊！
人人都会生病，确实，
即使遭受病痛折磨，
世人仍然追求快乐。"（44）

解析：ततस्（不变词）于是。बभाषे（√भाष् 完成，单，三）说。स（तद् 阳，单，体）他。रथ（车辆）-प्रणेता（प्रणेतृ 牵引者，驾驭者），复合词（阳，单，体），车夫。कुमार（कुमार 阳，单，呼）王子。साधारणः（साधारण 阳，单，体）普遍的。एष（एतद् 阳，单，体）这。दोषः（दोष 阳，单，体）疾病。एवम्（不变词）这样。हि（不变词）确实。रोगैः（रोग 阳，复，具）疾病。परिपीड्यमानः（परिपीड्यमान 现分，被，阳，单，体）折磨。रुजा（疾病）-आतुरः（आतुर 痛苦的），复合词（阳，单，体），因疾病而痛苦。हर्षम्（हर्ष 阳，单，业）快乐。उपैति（उप√इ 现在，单，三）走向，追求。लोकः（लोक 阳，单，体）世人。

इति श्रुतार्थः स विषण्णचेताः प्रावेपताम्बूर्मिगतः शशीव।
इदं च वाक्यं करुणायमानः प्रोवाच किंचिन्मृदुना स्वरेण॥४५॥

闻听实情,王子心中沮丧,
身体颤抖,犹如水波中的
月亮,他心生怜悯,以柔软
而低沉的话音,这样说道:(45)

解析: इति(不变词)这样(说)。श्रुत(闻听)-अर्थः(अर्थ 实情),复合词(阳,单,体),闻听实情。स(तद् 阳,单,体)他。विषण्ण(沮丧)-चेताः(चेतस् 心),复合词(阳,单,体),心中沮丧。प्रावेपत(प्र√विप् 未完,单,三)颤抖。अम्बु(水)-ऊर्मि(波浪)-गतः(गत 处于),复合词(阳,单,体),在水波中。शशी(शशिन् 阳,单,体)月亮。इव(不变词)犹如。इदम्(इदम् 中,单,业)这。च(不变词)和。वाक्यम्(वाक्य 中,单,业)话语。करुणायमानः(करुणायमान 现分,阳,单,体)心怀怜悯。प्रोवाच(प्र√वच् 完成,单,三)说。किंचित्(不变词)有点儿。मृदुना(मृदु 阳,单,具)柔软的。स्वरेण(स्वर 阳,单,具)话音。

इदं च रोगव्यसनं प्रजानां पश्यंश्च विश्रम्भमुपैति लोकः।
विस्तीर्णमज्ञानमहो नराणां हसन्ति ये रोगभयैरमुक्ताः॥४६॥

"看到众生的疾病祸患,
世人依然安心,哎呀!
人的无知确实严重,没有
摆脱疾病威胁,还欢笑。(46)

解析: इदम्(इदम् 中,单,业)这。च(不变词)和。रोग(疾病)-व्यसनम्(व्यसन 灾难,祸患),复合词(中,单,业),疾病祸患。प्रजानाम्(प्रजा 阴,复,属)众生。पश्यन्(पश्यत् 现分,阳,单,体)看到。च(不变词)和。विश्रम्भम्(विश्रम्भ 阳,单,业)信任,安心。उपैति(उप√इ 现在,单,三)达到,走向。लोकः(लोक 阳,单,体)世人。विस्तीर्णम्(विस्तीर्ण 中,单,业)广大的。अज्ञानम्(अज्ञान 中,单,业)无知。अहो(不变词)感叹词。नराणाम्(नर 阳,复,属)人。हसन्ति(√हस् 现在,复,三)笑。ये(यद् 阳,复,体)他,指人们。रोग(疾病)-भयैः(भय 危险),复合词(中,复,具),疾病的危险。अमुक्ताः(अमुक्त 阳,复,体)没有摆脱。

निवर्त्यतां सूत बहिःप्रयाणान्नरेन्द्रसद्मैव रथः प्रयातु।
श्रुत्वा च मे रोगभयं रतिभ्यः प्रत्याहृतं संकुचतीव चेतः॥४७॥

"御者啊!停止出游,
驾车返回王宫!听到
疾病的威胁,我的心
厌弃游乐,仿佛缩回。"（47）

解析：निवर्त्यताम् (नि√वृत् 被，命令，单，三) 返回。सूत (सूत 阳，单，呼) 御者。बहिस् (外面)-प्रयानात् (प्रयाण 出游)，复合词（中，单，从），出游。नर (人)-इन्द्र (王)-सद्म (सद्मन् 住处)，复合词（中，单，业），王宫。एव (不变词) 就。रथः (रथ 阳，单，体) 车辆。प्रयातु (प्र√या 命令，单，三) 出发。श्रुत्वा (√श्रु 独立式) 听到。च (不变词) 和。मे (मद् 单，属) 我。रोग (疾病)-भयम् (भय 危险)，复合词（中，单，业），疾病的危险。रतिभ्यः (रति 阴，复，从) 快乐。प्रत्याहृतम् (प्रत्याहृत 中，单，体) 击退，厌弃。संकुचति (सम्√कुच् 现在，单，三) 收缩。इव (不变词) 仿佛。चेतः (चेतस् 中，单，体) 心。

ततो निवृत्तः स निवृत्तहर्षः प्रध्यानयुक्तः प्रविवेश वेश्म।
तं द्विस्तथा प्रेक्ष्य च संनिवृत्तं पर्येषणं भूमिपतिश्चकार॥४८॥

于是，他返回王宫，
失去欢乐，陷入沉思;
国王见他两次这样
返回，便询问原因。（48）

解析：ततस् (不变词) 于是。निवृत्तः (निवृत्त 阳，单，体) 返回。स (तद् 阳，单，体) 他。निवृत्त (失去)-हर्षः (हर्ष 欢乐)，复合词（阳，单，体），失去欢乐。प्रध्यान (沉思)-युक्तः (युक्त 陷入)，复合词（阳，单，体），陷入沉思。प्रविवेश (प्र√विश् 完成，单，三) 进入。वेश्म (वेश्मन् 中，单，业) 宫殿。तम् (तद् 阳，单，业) 他。द्विस् (不变词) 两次。तथा (不变词) 这样。प्रेक्ष्य (प्र√ईक्ष् 独立式) 看见。च (不变词) 和。संनिवृत्तम् (संनिवृत्त 阳，单，业) 返回。पर्येषणम् (पर्येषण 中，单，业) 探求，询问。भूमि (大地)-पतिः (पति 主人)，复合词（阳，单，体），国王。चकार (√कृ 完成，单，三) 做。

श्रुत्वा निमित्तं तु निवर्तनस्य संत्यक्तमात्मानमनेन मेने।
मार्गस्य शौचाधिकृताय चैव चुकोश रुष्टो ऽपि च नोग्रदण्डः ॥४९॥

国王得知返回的原因，
感到自己已被他抛弃，
于是，责备负责清路者，
尽管愤怒，但没有严惩。（49）

解析：श्रुत्वा（√श्रु 独立式）听到。निमित्तम्（निमित्त 中，单，业）原因。तु（不变词）而。निवर्तनस्य（निवर्तन 中，单，属）返回。संत्यक्तम्（संत्यक्त 阳，单，业）抛弃。आत्मानम्（आत्मन् 阳，单，业）自己。अनेन（इदम् 阳，单，具）他，指王子。मेने（√मन् 完成，单，三）认为。मार्गस्य（मार्ग 阳，单，属）道路。शौच（清洁）-अधिकृताय（अधिकृत 负责），复合词（阳，单，为），负责清道者。च（不变词）和。एव（不变词）确实。चुकोश（√कुश् 完成，单，三）喊叫，责骂。रुष्टः（रुष्ट 阳，单，体）愤怒。अपि（不变词）即使。च（不变词）和。न（不变词）不。उग्र（严厉的）-दण्डः（दण्ड 惩罚），复合词（阳，单，体），严厉惩罚。

भूयश्च तस्मै विदधे सुताय
  विशेषयुक्तं विषयप्रचारम्।
चलेन्द्रियत्वादपि नाम सक्तो
  नास्मान्विजह्यादिति नाथमानः ॥५०॥

他再次为儿子安排种种
特殊的感官享乐，心想：
"只要他感官躁动而执著，
也许就不会抛弃我们。"（50）

解析：भूयस्（不变词）再次。च（不变词）和。तस्मै（तद् 阳，单，为）他。विदधे（वि√धा 完成，单，三）安排。सुताय（सुत 阳，单，为）儿子。विशेष（特殊）-युक्तम्（युक्त 安排），复合词（阳，单，业），特殊安排。विषय（感官对象）-प्रचारम्（प्रचार 活动），复合词（阳，单，业），感官享乐。चल（躁动）-इन्द्रियत्वात्（इन्द्रियत्व 感官性能），复合词（中，单，从），感官躁动。अपि-नाम（不变词）也许。सक्तः（सक्त 阳，单，体）

执著。न（不变词）不。अस्मान्（अस्मद् 复，业）我们。विजह्यात्（वि√हा 虚拟，单，三）抛弃。इति（不变词）这样（想）。नाथमानः（नाथमान 现分，阳，单，体）希望，想。

यदा च शब्दादिभिरिन्द्रियार्थै-
   रन्तःपुरे नैव सुतो ऽस्य रेमे।
ततो बहिर्व्यादिशति स्म यात्रां
   रसान्तरं स्यादिति मन्यमानः॥५१॥

然而，他的儿子并不喜爱
后宫中声色等等感官对象，
于是，他再次安排他出游，
心想可以让他换换口味。（51）

解析： यदा（不变词）那时。च（不变词）和。शब्द（声音）-आदिभिः（आदि 等等），复合词（阳，复，具），声音等等。इन्द्रिय（感官）-अर्थैः（अर्थ 对象），复合词（阳，复，具），感官对象。अन्तःपुरे（अन्तःपुर 中，单，依）后宫。न（不变词）不。एव（不变词）确实。सुतः（सुत 阳，单，体）儿子。अस्य（इदम् 阳，单，属）他，指国王。रेमे（√रम् 完成，单，三）喜欢。ततस्（不变词）于是。बहिस्（不变词）外面。व्यादिशति（वि-आ√दिश् 现在，单，三）吩咐。स्म（不变词）表示过去。यात्राम्（यात्रा 阴，单，业）出游。रस（味）-अन्तरम्（अन्तर 不同的），复合词（中，单，体），不同的口味。स्यात्（√अस् 虚拟，单，三）是。इति（不变词）这样（想）。मन्यमानः（मन्यमान 现分，阳，单，体）想。

स्नेहाच्च भावं तनयस्य बुद्ध्वा स रागदोषानविचिन्त्य कांश्चित्।
योग्याः समाज्ञापयति स्म तत्र कलास्वभिज्ञा इति वारमुख्याः॥५२॥

他满怀慈爱，了解儿子的
状况，不担心激情的危害，
吩咐在那里安排合适的
伎女，要求个个精通伎艺。（52）

解析： स्नेहात्（स्नेह 阳，单，从）慈爱。भावम्（भाव 阳，单，业）状况。तनयस्य（तनय 阳，单，属）儿子。बुद्ध्वा（√बुध् 独立式）知道，了解。स（तद् 阳，单，体）他。राग（激

情）-दोषान्（दोष 危害），复合词（阳，复，业），激情的危害。अविचिन्त्य（अ-वि√चिन्त् 独立式）不担心。कान्-चित्（किम्-चित् 阳，复，业）某个。योग्याः（योग्य 阴，复，业）合适的。समाज्ञापयति（सम्-आ√ज्ञा 致使，现在，单，三）安排。स्म（不变词）表示过去。तत्र（不变词）那里。कलासु（कला 阴，复，依）技艺。अभिज्ञाः（अभिज्ञ 阴，复，业）精通。इति（不变词）这样（说）。वारमुख्याः（वारमुख्या 阴，复，业）伎女。

ततो विशेषेण नरेन्द्रमार्गे स्वलंकृते चैव परीक्षिते च।
व्यत्यस्य सूतं च रथं च राजा प्रस्थापयामास बहिः कुमारम्॥५३॥

王家大道经过特殊的
精心装饰，还加强巡视，
又调换了车辆和车夫，
然后，国王让王子出游。（53）

解析：ततस्（不变词）于是。विशेषेण（不变词）特殊地。नर（人）-इन्द्（王）-मार्गे（मार्ग 道路），复合词（阳，单，依），王家大道。सु（好的）-अलंकृते（अलंकृत 装饰），复合词（阳，单，依），精心装饰。च（不变词）和。एव（不变词）确实。परीक्षिते（परीक्षित 阳，单，依）观察，巡视。च（不变词）和。व्यत्यस्य（वि-अति√अस् 独立式）调换。सूतम्（सूत 阳，单，业）车夫。च（不变词）和。रथम्（रथ 阳，单，业）车辆。च（不变词）和。राजा（राजन् 阳，单，体）国王。प्रस्थापयामास（प्र√स्था 致使，完成，单，三）出发。बहिस्（不变词）外面。कुमारम्（कुमार 阳，单，业）王子。

ततस्तथा गच्छति राजपुत्रे तैरेव देवैर्विहितो गतासुः।
तं चैव मार्गे मृतमुह्यमानं सूतः कुमारश्च ददर्श नान्यः॥५४॥

这样，王子出游，那些天神
又安排一个失去生命的人；
这个死人在路上被人抬着，
而只有车夫和王子能看到。（54）

解析：ततस्（不变词）于是。तथा（不变词）这样。गच्छति（गच्छत् 现分，阳，单，依）去。राज（राजन् 国王）-पुत्रे（पुत्र 儿子），复合词（阳，单，依），王子。तैः（तद् 阳，复，具）他。एव（不变词）又。देवैः（देव 阳，复，具）天神。विहितः（विहित 阳，单，

体）安排。गत（失去）-असुः（असु 生命），复合词（阳，单，体），失去生命的人。तम्（तद् 阳，单，业）他。च（不变词）和。एव（不变词）确实。मार्गे（मार्ग 阳，单，依）道路。मृतम्（मृत 阳，单，业）死人。उह्यमानम्（उह्यमान 现分，被，阳，单，业）抬。सूतः（सूत 阳，单，体）车夫。कुमारः（कुमार 阳，单，体）王子。च（不变词）和。ददर्श（√दृश् 完成，单，三）看见。न（不变词）不。अन्यः（अन्य 阳，单，体）别人。

अथाब्रवीद्राजसुतः स सूतं नरैश्चतुर्भिर्ह्रियते क एषः।
दीनैर्मनुष्यैरनुगम्यमानो भूषितश्चाप्यवरुद्यते च॥५५॥

于是，这位王子询问车夫：
"这是什么人？由四个人
抬走他，经过装饰打扮，
而众人跟随，却哀伤哭泣。"（55）

解析：अथ（不变词）然后。अब्रवीत्（√ब्रू 未完，单，三）说。राज（राजन् 国王）-सुतः（सुत 儿子），复合词（阳，单，体），王子。स（तद् 阳，单，体）他。सूतम्（सूत 阳，单，业）车夫。नरैः（नर 阳，复，具）人。चतुर्भिः（चतुर् 阳，复，具）四。ह्रियते（√ह्र 被，单，三）抬走。कः（किम् 阳，单，体）谁。एषः（एतद् 阳，单，体）他。दीनैः（दीन 阳，复，具）哀伤的。मनुष्यैः（मनुष्य 阳，复，具）人。अनुगम्यमानः（अनुगम्यमान 现分，被，阳，单，体）跟随。भूषितः（भूषित 阳，单，体）装饰。च（不变词）和。अपि（不变词）即使。अवरुद्यते（अव√रुद् 被，单，三）哀悼，哭泣。च（不变词）和。

ततः स शुद्धात्मभिरेव देवैः शुद्धाधिवासैरभिभूतचेताः।
अवाच्यमप्यर्थमिमं नियन्ता प्रव्याजहारार्थवदीश्वराय॥५६॥

心灵纯洁的净居天诸神
已经控制了车夫的思想，
因此，他向主人如实说出
原本不该说出的事情真相：（56）

解析：ततस्（不变词）于是。स（तद् 阳，单，体）他。शुद्ध（纯洁）-आत्मभिः（आत्मन् 心灵），复合词（阳，复，具），心灵纯洁。एव（不变词）确实。देवैः（देव 阳，复，具）天神。शुद्ध（清净）-अधिवासैः（अधिवास 居处），复合词（阳，复，具），净居天。

अभिभूत（控制）-चेताः（चेतस् 思想），复合词（阳，单，体），思想受到控制。अवाच्यम्（अवाच्य 阳，单，业）不该说的。अपि（不变词）即使。अर्थम्（अर्थ 阳，单，业）事实。इमम्（इदम् 阳，单，业）这。नियन्ता（नियन्तृ 阳，单，体）车夫。प्रव्याजहार（प्र-वि-आ√हृ 完成，单，三）说。अर्थवत्（不变词）如实地。ईश्वराय（ईश्वर 阳，单，为）主人。

बुद्धीन्द्रियप्राणगुणैर्वियुक्तः सुप्तो विसंज्ञस्तृणकाष्ठभूतः ।
संवर्ध्य संरक्ष्य च यत्नवद्भिः प्रियप्रियैस्त्यज्यत एष को ऽपि ॥५७॥

"这是某个人，失去了智力、感官、
生命和品质，躺在那里，无知无觉，
如同草木，至亲的亲人们曾经尽力
抚育他，保护他，现在已将他抛弃。"（57）

解析：बुद्धि（智力）-इन्द्रिय（感官）-प्राण（生命）-गुणैः（गुण 品质），复合词（阳，复，具），智力、感官、生命和品质。वियुक्तः（वियुक्त 阳，单，体）失去。सुप्तः（सुप्त 阳，单，体）躺。विसंज्ञः（विसंज्ञ 阳，单，体）无知无觉。तृण（草）-काष्ठ（木）-भूतः（भूत 成为），复合词（阳，单，体），成为草木。संवर्ध्य（सम्√वृध् 致使，独立式）抚育。संरक्ष्य（सम्√रक्ष् 独立式）保护。च（不变词）和。यत्नवद्भिः（यत्नवत् 阳，复，具）尽力的。प्रिय（亲爱者）-प्रियैः（प्रिय 亲爱者），复合词（阳，复，具），至亲的亲人。त्यज्यते（√त्यज् 被，单，三）抛弃。एष（एतद् 阳，单，体）他。कः-अपि（किम्-अपि 阳，单，体）某个。

इति प्रणेतुः स निशम्य वाक्यं संचुक्षुभे किंचिदुवाच चैनम् ।
किं केवलो ऽस्यैव जनस्य धर्मः सर्वप्रजानामयमीदृशो ऽन्तः ॥५८॥

听了车夫说的这番话，
他有点儿激动，询问道：
"这是这人的特殊法则，
还是一切众生的结局？"（58）

解析：इति（不变词）这样（说）。प्रणेतुः（प्रणेतृ 阳，单，属）引领者，驾驭者。स（तद् 阳，单，体）他。निशम्य（नि√शम् 独立式）听到。वाक्यम्（वाक्य 中，单，业）话语。संचुक्षुभे（सम्√क्षुभ् 完成，单，三）激动。किंचित्（不变词）有点儿。उवाच（√वच् 完成，单，三）说。च（不变词）和。एनम्（एतद् 阳，单，业）他。किम्（不变词）是否。

केवलः（केवल 阳，单，体）仅仅。अस्य（इदम् 阳，单，属）这。एव（不变词）只是。जनस्य（जन 阳，单，属）人。धर्मः（धर्म 阳，单，体）法则。सर्व（一切）-प्रजानाम्（प्रजा 众生），复合词（阴，复，属），一切众生。अयम्（इदम् 阳，单，体）这。ईदृशः（ईदृश 阳，单，体）这样的。अन्तः（अन्त 阳，单，体）结局。

> ततः प्रणेता वदति स्म तस्मै
> सर्वप्रजानामिदमन्तकर्म।
> हीनस्य मध्यस्य महात्मनो वा
> सर्वस्य लोके नियतो विनाशः॥५९॥

于是，车夫回答王子，说道：
"这是一切众生的最终结局，
世上所有的人都注定毁灭，
无论下等、中等或高尚者。"（59）

解析：ततस्（不变词）于是。प्रणेता（प्रणेतृ 阳，单，体）车夫。वदति（√वद् 现在，单，三）说。स्म（不变词）表示过去。तस्मै（तद् 阳，单，为）他。सर्व（一切）-प्रजानाम्（प्रजा 众生），复合词（阴，复，属），一切众生。इदम्（इदम् 中，单，体）这。अन्त（最后的）-कर्म（कर्मन् 事情），复合词（中，单，体），最终结局。हीनस्य（हीन 阳，单，属）下等的。मध्यस्य（मध्य 阳，单，属）中等的。महा（高尚的）-आत्मनः（आत्मन् 心灵），复合词（阳，单，属），心灵高尚者。वा（不变词）或。सर्वस्य（सर्व 阳，单，属）一切。लोके（लोक 阳，单，依）世界。नियतः（नियत 阳，单，体）注定。विनाशः（विनाश 阳，单，体）毁灭。

> ततः स धीरो ऽपि नरेन्द्रसूनुः श्रुत्वैव मृत्युं विषसाद सद्यः।
> अंसेन संश्लिष्य च कूबराग्रं प्रोवाच निह्रादवता स्वरेण॥६०॥

尽管王子性格沉稳，听到
这死亡，也顿时心情沮丧，
肩膀紧紧靠在车柱顶端，
以激动高亢的话音说道：（60）

解析：ततस्（不变词）于是。स（तद् 阳，单，体）他。धीरः（धीर 阳，单，体）坚定，沉稳。अपि（不变词）即使。नर（人）-इन्द्र（王）-सूनुः（सूनु 儿子），复合词（阳，

单，体），王子。श्रुत्वा（श्रु 独立式）听到。एव（不变词）确实。मृत्युम्（मृत्यु 阳，单，业）死亡。विषसाद（वि√सद् 完成，单，三）沮丧。सद्यः（सद्यस् 不变词）顿时。अंसेन（अंस 阳，单，具）肩膀。संश्लिष्य（सम्√श्लिष् 独立式）靠。च（不变词）和。कूबर（车柱）-अग्रम् （अग्र 顶端），复合词（中，单，业），车柱顶端。प्रोवाच（प्र√वच् 完成，单，三）说。निहादवता（निहादवत् 阳，单，具）大声的。स्वरेण（स्वर 阳，单，具）话音。

> इयं च निष्ठा नियता प्रजानां
> प्रमाद्यति त्यक्तभयश्च लोकः।
> मनांसि शङ्के कठिनानि नृणां
> स्वस्थास्तथा ह्यध्वनि वर्तमानाः॥६१॥

"这是众生注定的结局，
而世人不在意，不知恐惧，
我怀疑人心居然这样坚硬，
他们在这路上欣然自得。（61）

解析：इयम्（इदम् 阴，单，体）这。च（不变词）和。निष्ठा（निष्ठा 阴，单，体）结局。नियता（नियत 阴，单，体）注定。प्रजानाम्（प्रजा 阴，复，属）众生。प्रमाद्यति（प्र√मद् 现在，单，三）不在意。त्यक्त（抛弃）-भयः（भय 恐惧），复合词（阳，单，体），抛弃恐惧。च（不变词）和。लोकः（लोक 阳，单，体）世人。मनांसि（मनस् 中，复，业）心。शङ्के（√शङ्क् 现在，单，一）怀疑。कठिनानि（कठिन 中，复，业）坚硬。नृणाम्（नृ 阳，复，属）人们。स्वस्थाः（स्वस्थ 阳，复，体）安乐自在，欣然自得。तथा（不变词）这样。हि（不变词）因为。अध्वनि（अध्वन् 阳，单，依）道路。वर्तमानाः（वर्तमान 现分，阳，复，体）活动，处于。

> तस्माद्रथः सूत निवर्त्यतां नो विहारभूमेर्न हि देशकालः।
> जानन्विनाशं कथमार्तिकाले सचेतनः स्यादिह हि प्रमत्तः॥६२॥

"御者啊，我们驾车返回吧！
这不是娱乐的时间和场合，
知道了毁灭，在这痛苦时刻，
有头脑的人怎么还会放逸？"（62）

解析：तस्मात्（不变词）因此。रथः（रथ 阳，单，体）车辆。सूत（सूत 阳，单，呼）御者。निवर्त्यताम्（नि√वृत् 命令，被，单，三）返回。नः（अस्मद् 复，属）我们。विहार

（游玩）-भूमेः（भूमि 地方），复合词（阳，单，属），游玩的地方。न（不变词）不。हि（不变词）因为。देश（地点）-कालः（काल 时间），复合词（阳，单，体），地点时间。जानन्（जानत् 现分，阳，单，体）知道。विनाशम्（विनाश 阳，单，业）毁灭。कथम्（不变词）怎么。आर्ति（痛苦）-काले（काल 时刻），复合词（阳，单，依），痛苦时刻。स（具有）-चेतनः（चेतन 头脑），复合词（阳，单，体），有头脑的人。स्यात्（√अस् 虚拟，单，三）是。इह（不变词）这里。हि（不变词）因为。प्रमत्तः（प्रमत्त 阳，单，体）放逸。

इति ब्रुवाणे ऽपि नराधिपात्मजे निवर्तयामास स नैव तं रथम्।
विशेषयुक्तं तु नरेन्द्रशासनात्स पद्मषण्डं वनमेव निर्ययौ॥६३॥

尽管王子这样发话，
车夫却没有调转车身，
而遵照国王命令，驶向
精心布置的莲花园林。（63）

解析：इति（不变词）这样（说）。ब्रुवाणे（ब्रुवाण 现分，阳，单，依）说。अपि（不变词）尽管。नर（人）-अधिप（王）-आत्मजे（आत्मज 儿子），复合词（阳，单，依），王子。निवर्तयामास（नि√वृत् 完成，单，三）调转。स（तद् 阳，单，体）他。न（不变词）没有。एव（不变词）确实。तम्（तद् 阳，单，业）它。रथम्（रथ 阳，单，业）车辆。विशेष（特殊）-युक्तम्（युक्त 安排），复合词（中，单，业），精心布置。तु（不变词）而。नर（人）-इन्द्र（王）-शासनात्（शासन 命令），复合词（中，单，从），国王的命令。स（तद् 阳，单，体）他。पद्म（莲花）-षण्डम्（षण्ड 大量），复合词（中，单，业），有很多莲花的。वनम्（वन 中，单，业）园林。एव（不变词）确实。निर्ययौ（निर्√या 完成，单，三）前往。

ततः शिवं कुसुमितबालपादपं
परिभ्रमन्मत्रमुदितमत्तकोकिलम्।
विमानवत्स कमलचारुदीर्घिकं
ददर्श तद्वनमिव नन्दनं वनम्॥६४॥

然后，王子看到吉祥的园林，
新树鲜花盛开，迷醉的杜鹃
欢喜跳跃，水池中莲花可爱，
还有宫殿，如同天国欢喜园。（64）

解析：ततस्（不变词）然后。शिवम्（शिव 中，单，业）吉祥的。कुसुमित（开花）-बाल（幼，新）-पादपम्（पादप 树），复合词（中，单，业），新树鲜花盛开。परिभ्रमत्（跳跃）-प्रमुदित（欢喜）-मत्त（迷醉）-कोकिलम्（कोकिल 杜鹃），复合词（中，单，业），迷醉的杜鹃欢喜跳跃。विमानवत्（विमानवत् 中，单，业）有宫殿。स（तद् 阳，单，体）他。कमल（莲花）-चारु（可爱的）-दीर्घिकम्（दीर्घिका 水池），复合词（中，单，业），水池中莲花可爱。ददर्श（√दृश् 完成，单，三）看到。तत्（तद् 中，单，业）这。वनम्（वन 中，单，业）园林。इव（不变词）如同。नन्दनम्（नन्दन 中，单，业）欢喜园。वनम्（वन 中，单，业）园林。

वराङ्गनागणकलिलं नृपात्मज-
स्ततो बलाद्धनमतिनीयते स्म तत्।
वराप्सरोवृतमलकाधिपालयं
नवव्रतो मुनिरिव विघ्नकातरः॥६५॥

这样，王子被强行带到这个园林，
里面布满成群成群的娇艳美女，
犹如刚刚发愿的牟尼惧怕障碍，
被带到充满天女的阿罗迦王宫①。（65）

解析：वर（优秀的）-अङ्गना（妇女）-गण（成群）-कलिलम्（कलिल 充满），复合词（中，单，业），布满成群成群的娇艳美女。नृप（国王）-आत्मजः（आत्मज 儿子），复合词（阳，单，体），王子。ततस्（不变词）于是。बलात्（不变词）强行。वनम्（वन 中，单，业）园林。अतिनीयते（अति√नी 被，单，三）带到。स्म（不变词）表示过去。तत्（तद् 中，单，业）它。वर（优秀的）-अप्सरस्（天女）-वृतम्（वृत 充满），复合词（阳或中，单，业），充满美丽天女。अलक（阿罗迦）-अधिप（王）-आलयम्（आलय 住处），复合词（阳或中，单，业），阿罗迦王宫。नव（新的）-व्रतः（व्रत 誓愿），复合词（阳，单，体），刚发愿的。मुनिः（मुनि 阳，单，体）牟尼。इव（不变词）犹如。विघ्न（障碍）-कातरः（कातर 惧怕），复合词（阳，单，体），惧怕障碍。

इति बुद्धचरिते महाकाव्ये संवेगोत्पत्तिर्नाम तृतीयः सर्गः॥३॥
以上是大诗《佛所行赞》中名为《王子忧患》的第三章。

---

① 阿罗迦王是财神俱比罗。

解析： इति（不变词）以上。बुद्धचरिते（बुद्धचरित 中，单，依）《佛所行赞》。महाकाव्ये（महाकाव्य 中，单，依）大诗。संवेग（激动，苦恼）-उत्पत्तिः（उत्पत्ति 产生），复合词（阴，单，体），《王子忧患》。नाम（不变词）名为。तृतीयः（तृतीय 阳，单，体）第三。सर्गः（सर्ग 阳，单，体）章。

ऋतुसंहारम्

时 令 之 环

《时令之环》（Ṛtusaṃhāra，又译《六季杂咏》）的作者是迦梨陀娑（Kālidāsa，约四、五世纪）。迦梨陀娑是享有最高声誉的古典梵语诗人和戏剧家。一般公认属于他的作品有七部：抒情短诗集《时令之环》，抒情长诗《云使》，叙事诗《罗怙世系》和《鸠摩罗出世》，戏剧《摩罗维迦和火友王》、《优哩婆湿》和《沙恭达罗》。

通常认为《时令之环》是迦梨陀娑初露才华的早期作品。这部诗集共分六章，包含六组抒情短诗，分别描绘印度六季（夏季、雨季、秋季、霜季、寒季和春季）的自然景色以及男女欢爱和相思之情。

第一章《夏季》描绘夏天炎热，最称人心的是池塘和夜晚。兽类焦渴难忍，以致改变了弱肉强食的本性，相安无事。森林大火景象壮观，而林中动物遭受折磨。

第二章《雨季》描绘乌云、雷鸣、大雨、急流、萌发生机的花草树木和发情的动物。雨季激发恋人的情爱，也激发游子闺妇的愁思。

第三章《秋季》描绘缓慢流动的河流、微波荡漾的池塘、沉甸低垂的稻子、清凉的晨风、盛开的花朵、吮蜜的狂蜂以及美丽的秋夜。诗人将"秋季"比作"可爱的新娘"。

第四章《霜季》描绘在这个"稻子成熟、莲花凋谢"的季节，妇女们醉心于欢爱。

第五章《寒季》的主题和内容与第四章相似，正如结尾的一首诗中所说，寒季里"充满纵情的欢爱，爱神大显身手"。

第六章《春季》描绘缀满红芽的芒果树、盛开红花的无忧树、在微风中摇摆的蔓藤、低声鸣叫的杜鹃、嘤嘤嗡嗡的蜜蜂和春心荡漾的男女。

下面选读《时令之环》的前三章。原文依据迦莱（M. R. Kāle）编订本（*The Ritusamhara of Kalidasa*，Motilal Banarsidass，Delhi，1967）。

प्रथमः सर्गः

第 一 章

प्रचण्डसूर्यः स्पृहणीयचन्द्रमाः
 सदावगाहक्षमवारिसंचयः।
दिनान्तरम्यो ऽभ्युपशान्तमन्मथो
 निदाघकालो ऽयमुपागतः प्रिये॥१॥

太阳炙热，月亮令人向往，
适宜经常在水池中浸泡，
情欲减退，黄昏令人喜悦，
爱人啊，这夏天已经来到。（1）

解析：प्रचण्ड（猛烈的）-सूर्यः（सूर्य 太阳），复合词（阳，单，体），太阳炙热。स्पृहणीय（向往的，渴望的）-चन्द्रमाः（चन्द्रमस् 月亮），复合词（阳，单，体），月亮令人向往。सदा（不变词）经常。अवगाह（沐浴，进入）-क्षम（适合）-वारि（水）-संचयः（संचय 聚集，成堆），复合词（阳，单，体），水池适宜浸泡沐浴。दिनान्त（傍晚，黄昏）-रम्यः（रम्य 愉快的，可爱的），复合词（阳，单，体），傍晚令人喜爱。अभ्युपशान्त（平息）-मन्मथः（मन्मथ 爱，情欲），复合词（阳，单，体），情欲平息。निदाघ（炎热）-कालः（काल 时间），复合词（阳，单，体），夏季。अयम्（इदम् 阳，单，体）这个。उपागतः（उपागत 阳，单，体）来临。प्रिये（प्रिया 阴，单，呼）妻子、爱人。

निशाः शशाङ्कक्षतनीलराजयः
 क्वचिद्विचित्रं जलयन्त्रमन्दिरम्।
मणिप्रकाराः सरसं च चन्दनं
 शुचौ प्रिये यान्ति जनस्य सेव्यताम्॥२॥

夜晚，皓月当空，驱散黑暗，
某处的美丽住宅装有喷泉，
各种摩尼珠、池塘和檀香膏，
爱人啊，这些供人夏季享用。（2）

解析：निशाः（निशा 阴，复，体）夜晚。शशाङ्क（月亮）-क्षत（伤害，打破）-नील（黑色）-राजयः（राजि 行，列），复合词（阴，复，体），月亮驱散黑暗。कचित्（不变词）某处。विचित्रम्（विचित्र 中，单，体）美丽的。जलयन्त्र（喷泉）-मन्दिरम्（मन्दिर 房屋，宫殿），复合词（中，单，体），装有喷泉的房屋。मणि（摩尼宝珠）-प्रकाराः（प्रकार 种类），复合词（阳，复，体），各种宝珠。सरसम्（सरस 中，单，体）池塘。चन्दनम्（चन्दन 中，单，体）檀香，檀香膏。शुचौ（शुचि 阳，单，依）夏天。प्रिये（प्रिया 阴，单，呼）妻子，爱人。यान्ति（√या 现在，复，三）去，前往。जनस्य（जन 阳，单，属）人。सेव्यताम्（सेव्यता 阴，单，业）享用。

> सुवासितं हर्म्यतलं मनोहरं
> प्रियामुखोच्छ्वासविकम्पितं मधु।
> सुतन्त्रिगीतं मदनस्य दीपनं
> शुचौ निशीथे ऽनुभवन्ति कामिनः॥३॥

充满芳香的露台摄人心魄，
爱人嘴中的气息拂动蜜酒，
美妙的弦乐歌曲点燃爱情，
情人们夏季深夜享受这些。（3）

解析：सुवासितम्（सुवासित 中，单，业）芬芳的。हर्म्यतलम्（हर्म्यतल 中，单，业）露台。मनोहरम्（मनोहर 中，单，业）迷人的。प्रिया（妻子，爱人）-मुख（嘴）-उच्छ्वास（呼吸，喘息）-विकम्पितम्（विकम्पित 颤动，晃动），复合词（中，单，业），被爱人嘴中的气息拂动的。मधु（मधु 中，单，业）蜜酒。सुतन्त्रि（美妙的弦乐）-गीतम्（गीत 歌曲），复合词（中，单，业），美妙的弦乐歌曲。मदनस्य（मदन 阳，单，属）爱情。दीपनम्（दीपन 中，单，业）点燃，燃烧。शुचौ（शुचि 阳，单，依）夏天。निशीथे（निशीथ 阳，单，依）深夜。अनुभवन्ति（अनु√भू 现在，复，三）享受，体验。कामिनः（कामिन् 阳，复，三）爱人，情人。

> नितम्बबिम्बैः सदुकूलमेखलैः
> स्तनैः सहाराभरणैः सचन्दनैः।
> शिरोरुहैः स्नानकषायवासितैः
> स्त्रियो निदाघं शमयन्ति कामिनाम्॥४॥

丰满的圆臀系着丝绸腰带，
胸脯佩戴项链，涂抹檀香膏，
头发上飘逸沐浴后的香味，
妇女们用这些解除爱人炎热。（4）

解析：नितम्ब（臀部）-बिम्बैः（बिम्ब 圆），复合词（阳，复，具），丰满浑圆的臀部。स（有）-दुकूल（丝绸）-मेखलैः（मेखला 腰带），复合词（阳，复，具），系着丝绸腰带。स्तनैः（स्तन 阳，复，具）胸脯，乳房。स（有）-हार（项链）-आभरणैः（आभरण 装饰），复合词（阳，复，具），佩戴项链。स（有）-चन्दनैः（चन्दन 檀香膏），复合词（阳，复，具），涂有檀香膏。शिरोरुहैः（शिरोरुह 阳，复，具）头发。स्नान（沐浴）-कषाय（芳香的）-वासितैः（वासित 散发香味的），复合词（阳，复，具），散发沐浴后的芬芳。स्त्रियः（स्त्री 阴，复，体）妇女。निदाघम्（निदाघ 阳，单，业）炎热。शमयन्ति（√शम् 致使，现在，复，三）平息，停止。कामिनाम्（कामिन् 阳，复，属）爱人，情人。

नितान्तलाक्षारसरागरञ्जिते-
　　र्नितम्बिनीनां चरणैः सनूपुरैः।
पदे पदे हंसरुतानुकारिभि-
　　र्जनस्य चित्तं क्रियते समन्मथम्॥५॥

那些美臀女的双脚涂满
红色的树脂，佩戴有脚镯，
一步一声，模仿天鹅鸣叫，
激发男人们心中的情思。（5）

解析：नितान्त（很多的）-लाक्षा（树脂）-रस（汁、液）-राग（红色）-रञ्जितैः（रञ्जित 涂上，染上），复合词（阳，复，具），涂满红色树脂。नितम्बिनीनाम्（नितम्बिन् 阴，复，属）有着美臀的女子。चरणैः（चरण 阳，复，具）脚。स（有）-नूपुरैः（नूपुर 脚镯），复合词（阳，复，具），戴着脚镯。पदे（पद 中，单，依）一步。पदे（पद 中，单，依）一步。हंस（天鹅）-रुत（鸣叫）-अनुकारिभिः（अनुकारिन् 模仿），复合词（阳，复，具），模仿天鹅鸣叫。जनस्य（जन 阳，单，属）男人。चित्तम्（चित्त 中，单，体）思想，心。क्रियते（√कृ 现在，被，单，三）造成，激发。स（有）-मन्मथम्（मन्मथ 爱，情欲），复合词（中，单，体），充满爱情。

पयोधराश्चन्दनपङ्कचर्चिता-
　　स्तुषारगौरार्पितहारशेखराः।
नितम्बदेशाश्च सहेममेखलाः
　　प्रकुर्वते कस्य मनो न सोत्सुकम्॥६॥

胸脯涂满檀香膏，
上面佩戴雪白花环，
臀部系有金腰带，
有谁不为之心动？（6）

解析：पयोधराः（पयोधर 阳，复，体）乳房，胸脯。चन्दनपङ्क（檀香膏）-चर्चिताः（चर्चित 涂抹），复合词（阳，复，体），涂满檀香膏。तुषार（雪）-गौर（白色）-अर्पित（安放，佩戴）-हार（项链）-शेखराः（शेखर 顶，尖），复合词（阳，复，体），上面佩戴雪白花环。नितम्ब（臀）-देशाः（देश 部位），复合词（阳，复，体）臀部。च（不变词）和。स（有）-हेम（金子）-मेखलाः（मेखला 腰带），复合词（阳，复，体），佩戴金腰带。प्रकुर्वते（प्र√कृ 现在，复，三）造成。कस्य（किम् 阳，单，属）谁。मनः（मनस् 中，单，业）心，思想。न（不变词）不。सोत्सुकम्（सोत्सुक 中，单，业）渴望的。

समुद्गतस्वेदचिताङ्गसंधयो
　　विमुच्य वासांसि गुरूणि सांप्रतम्।
स्तनेषु तन्वंशुकमुन्नतस्तना
　　निवेशयन्ति प्रमदाः सयौवनाः॥७॥

那些青年女子乳峰高耸，
身体关节部位汗水淋漓，
此刻都脱去了厚实衣衫，
换上轻盈丝衣覆盖胸脯。（7）

解析：समुद्गत（产生，出现）-स्वेद（汗水）-चित（聚集）-अङ्ग（肢体，身体）-संधयः（संधि，关节，连接处），复合词（阴，复，体），身体关节部位布满汗水。विमुच्य（वि√मुच् 独立式）脱下。वासांसि（वासस् 中，复，业）衣服。गुरूणि（गुरु 中，复，业）沉重的。साम्प्रतम्（不变词）现在，此刻。स्तनेषु（स्तन 阳，复，依）胸脯，乳房。तनु（薄的，细的）-अंशुकम्（अंशुक 丝衣），复合词（中，单，业），轻薄的丝衣。उन्नत（高耸，挺拔）-स्तनाः（स्तन 胸脯，乳房），复合词（阴，复，体），乳房高耸。निवेशयन्ति（नि√विश् 致

使，现在，复，三）进入，穿上。प्रमदाः（प्रमदा 阴，复，体）妇女。सयौवनाः（सयौवन 阴，复，体）年轻的。

सचन्दनाम्बुव्यजनोद्भवानिलैः
सहारयष्टिस्तनमण्डलार्पणैः।
सवल्लकीकाकलिगीतनिस्वनै-
र्विबोध्यते सुप्त इवाद्य मन्मथः॥८॥

洒有檀香水的扇子扇起微风，
丰满的胸脯上佩戴珍珠项链，
琵琶和弦琴奏出美妙的乐声，
今日仿佛唤醒了沉睡的爱神。（8）

解析：स（有）-चन्दन（檀香）-अम्बु（水）-व्यजन（扇子）-उद्भव（产生）-अनिलैः（अनिल 风），复合词（阳，复，具），洒有檀香水的扇子扇起微风。स（有）-हारयष्टि（珍珠项链）-स्तन（胸脯，乳房）-मण्डल（圆）-अर्पणैः（अर्पण 佩戴），复合词（阳，复，具），浑圆的胸脯上佩戴着珍珠项链。स（有）-वल्लकी（琵琶）-काकलि（弦琴）-गीत（歌曲）-निस्वनैः（निस्वन 声音），复合词（阳，复，具），琵琶和弦琴演奏出美妙乐声。विबोध्यते（वि√बुध् 致使，现在，被，单，三）唤醒。सुप्तः（सुप्त 阳，单，体）睡着的。इव（不变词）仿佛。अद्य（不变词）今天。मन्मथः（मन्मथ 阳，单，体）爱，爱神。

सितेषु हर्म्येषु निशासु योषितां
सुखप्रसुप्तानि मुखानि चन्द्रमाः।
विलोक्य नूनं भृशमुत्सुकश्चिरं
निशाक्षये याति ह्रियेव पाण्डुताम्॥९॥

月亮整夜整夜热切地偷窥，
在白屋中酣睡的妇女面容，
这样，在夜晚结束的时候，
仿佛出于羞愧而变得苍白。（9）

解析：सितेषु（सित 中，复，依）白色的。हर्म्येषु（हर्म्य 中，复，依）房屋，宫殿。निशासु（निशा 阴，复，依）夜晚。योषिताम्（योषित् 阴，复，属）妇女。सुख（舒适的）-प्रसुप्तानि（प्रसुप्त 睡着），复合词（中，复，业），酣睡。मुखानि（मुख 中，复，业）脸。चन्द्रमाः

(चन्द्रमस् 阳，单，体）月亮。विलोक्य（वि√लोक् 独立式）观看。नूनम्（不变词）肯定，确实。भृशम्（不变词）强烈地。उत्सुकः（उत्सुक 阳，单，体）热切的，渴望的。चिरम्（不变词）长久地。निशा（夜晚）-क्षये（क्षय 消失），复合词（阳，单，依），夜晚结束。याति（√या 现在，单，三）走向。ह्रिया（ह्री 阴，单，具）羞愧。इव（不变词）仿佛。पाण्डुताम्（पाण्डुता 阴，单，业）苍白。

असह्यवातोद्धतरेणुमण्डला
  प्रचण्डसूर्यातपतापिता मही।
न शक्यते द्रष्टुमपि प्रवासिभिः
  प्रियावियोगानलदग्धमानसैः॥१०॥

炽热的太阳光焰折磨大地，
灼热的风扬起一圈圈尘土，
而离情之火烧灼着旅人的心，
他们甚至不敢看一眼这大地。（10）

解析：असह्य（不堪忍受）-वात（风）-उद्धत（扬起）-रेणु（尘土）-मण्डला（मण्डल 圆圈），复合词（阴，单，体），灼热的风扬起一圈圈尘土。प्रचण्ड（强烈的）-सूर्य（太阳）-आतप（光，热）-तापिता（तापित 折磨，炙烤），复合词（阴，单，体），被炙热的阳光折磨的。मही（मही 阴，单，体）大地。न（不变词）不。शक्यते（√शक् 现在，被，单，三）能够。द्रष्टुम्（√दृश् 不定式）看。अपि（不变词）甚至。प्रवासिभिः（प्रवासिन् 阳，复，具）旅人，游子。प्रिया（爱人）-वियोग（分离）-अनल（火）-दग्ध（灼烧）-मानसैः（मानस 精神，内心），复合词（阳，复，具），离情之火灼烧内心。

मृगाः प्रचण्डातपतापिता भृशं
  तृषा महत्या परिशुष्कतालवः।
वनान्तरे तोयमिति प्रधाविता
  निरीक्ष्य भिन्नाञ्जनसंनिभं नभः॥११॥

鹿群受到炎炎烈日烧灼，
唇焦口燥，干渴难耐，跑向
别处树林，看到那儿天空，
犹如黑眼膏，心想会下雨。（11）

解析：मृगाः（मृग 阳，复，体）鹿。प्रचण्ड（强烈的）-आतप（光，热）-तापिताः（तापित 折磨，灼烧），复合词（阳，复，体），被炙热的阳光灼烧的。भृशम्（不变词）强烈地。तृषा（तृष् 阴，单，具）口渴，渴望。महत्या（महती 阴，单，具）巨大的，强烈的。परिशुष्क（干燥）-तालवः（तालु 上腭），复合词（阳，复，体），唇焦口燥。वन（森林，树林）-अन्तरे（अन्तर 其他的），复合词（中，单，依），别处树林。तोयम्（तोय 中，单，体）水，雨水。इति（不变词）这样（想）。प्रधाविताः（प्रधावित 阳，复，体）跑开，跑向。निरीक्ष्य（निर्√ईक्ष् 独立式）注视，看见。भिन्नाञ्जन（黑眼膏）-संनिभम्（संनिभ 像），复合词（中，单，业），犹如黑眼膏。नभः（नभस् 中，单，业）天空，云。

> सविभ्रमैः सस्मितजिह्मवीक्षितै-
> विलासवत्यो मनसि प्रवासिनाम्।
> अनङ्गसंदीपनमाशु कुर्वते
> यथा प्रदोषाः शशिचारुभूषणाः॥१२॥

那些多情女子搔首弄姿，
巧笑流盼，犹如以月亮为
可爱装饰的夜晚，顷刻间，
就在旅人心中点燃情火。（12）

解析：स（有）-विभ्रमैः（विभ्रम 媚态），复合词（中，复，具），卖弄风情。स（有）-स्मित（微笑）-जिह्म（斜的，弯的）-वीक्षितैः（वीक्षित 瞥，看），复合词（中，复，具），巧笑流盼。विलासवत्यः（विलासवती 阴，复，体）多情迷人的女子。मनसि（मनस् 中，单，依）思想，心。प्रवासिनाम्（प्रवासिन् 阳，复，属）旅人，游子。अनङ्ग（爱神）-संदीपनम्（संदीपन 点燃，燃烧），复合词（中，单，业），点燃情火。आशु（不变词）立刻，迅速。कुर्वते（√कृ 现在，复，三）做。यथा（不变词）正如。प्रदोषाः（प्रदोष 阳，复，体）夜晚。शशि（शशिन् 月亮）-चारु（可爱的）-भूषणाः（भूषण 装饰），复合词（阳，复，体），以月亮为可爱的装饰。

> रवेर्मयूखैरभितापितो भृशं
> विदह्यमानः पथि तप्तपांसुभिः।
> अवाङ्मुखो जिह्मगतिः श्वसन्मुहुः
> फणी मयूरस्य तले निषीदति॥१३॥

那条蛇受到阳光的暴晒，

又受到路上热尘的烘烤，
低头艰难爬行，不断喘气，
躺在孔雀脚下的地面上。①（13）

解析：रवेः（रवि 阳，单，属）太阳。मयूखैः（मयूख 阳，复，具）光线，光芒。अभितापितः（अभितापित 阳，单，体）炙烤，折磨。भृशम्（不变词）强烈地。विदह्यमानः（विदह्यमान 现分，被，阳，单，体）烧灼。पथि（पथिन् 阳，单，依）道路。तप्त（热的）-पांसुभिः（पांसु 尘土），复合词（阳，复，具），热的尘土。अवाङ्मुखः（अवाङ्मुख 阳，单，体）朝下，低头。जिह्म（弯曲）-गतिः（गति 步子，步态），复合词（阳，单，体），蜿蜒爬行。श्वसन्（श्वसत् 现分，阳，单，体）喘息。मुहुस्（不变词）不断。फणी（फणिन् 阳，单，体）蛇。मयूरस्य（मयूर 阳，单，属）孔雀。तले（तल 中，单，依）地面，表面。निषीदति（नि√सद् 现在，单，三）躺下，坐下。

तृषा महत्या हतविक्रमोद्यमः
श्वसन्मुहुर्दूरविदारिताननः।
न हन्त्यदूरे ऽपि गजान्मृगेश्वरो
विलोलजिह्वश्चलिताग्रकेसरः॥१४॥

狮子干渴难忍，失却勇力，
张大着嘴，不断喘息，舌头
摇动，鬃毛颤抖，即使大象
就在不远处，也不去捕杀。（14）

解析：तृषा（तृष् 阴，单，具）口渴，渴望。महत्या（महती 阴，单，具）巨大的，强烈的。हत（失去，伤害）-विक्रम（勇气，力量）-उद्यमः（उद्यम升起，努力），复合词（阳，单，体），失去勇力。श्वसन्（श्वसत् 现分，阳，单，体）喘息。मुहुस्（不变词）不断。दूर（远的）-विदारित（张开，裂开）-आननः（आनन 嘴），复合词（阳，单，体），张大着嘴。न（不变词）不。हन्ति（√हन् 现在，单，三）杀死，伤害。अदूरे（अदूर 中，单，依）附近，不远处。अपि（不变词）即使，甚至。गजान्（गज 阳，复，业）大象。मृगेश्वरः（मृगेश्वर 阳，单，体）兽王，狮子。विलोल（摇晃）-जिह्वः（जिह्व 舌头），复合词（阳，单，体），舌头摇动。चलित（抖动）-अग्र（尖，顶端）-केसरः（केसर 鬃毛），复合词（阳，单，体），鬃毛尖端抖动。

---

① 这首诗描写蛇为了寻求阴凉，甚至躺在孔雀脚下，而不怕孔雀叮啄它。

विशुष्ककण्ठोद्गतशीकराम्भसो
 गभस्तिभिर्भानुमतो ऽभितापिताः।
प्रवृद्धतृष्णोपहता जलार्थिनो
 न दन्तिनः केसरिणो ऽपि बिभ्यति॥१५॥

大象受到阳光暴晒，
喉咙干涩，口吐白沫，
干渴难忍，一心找水，
见了狮子也不害怕。（15）

解析：विशुष्क（干燥）-कण्ठ（喉咙）-उद्गत（出现）-शीकर（白沫）-अम्भसः（अम्भस् 水），复合词（阳，复，体），喉咙干燥，口吐白沫。गभस्तिभिः（गभस्ति 阳，复，具）光芒。भानुमतः（भानुमत् 阳，单，属）太阳。अभितापिताः（अभितापित 阳，复，体）炙烤。प्रवृद्ध（增长）-तृष्णा（口渴）-उपहताः（उपहत 受苦，伤害），复合词（阳，复，体），更加口渴难受。जल（水）-अर्थिनः（अर्थिन् 渴求），复合词（阳，复，体），渴求水。न（不变词）不。दन्तिनः（दन्तिन् 阳，复，体）大象。केसरिणः（केसरिन् 阳，单，从）狮子。अपि（不变词）即使，甚至。बिभ्यति（√भी 现在，复，三）害怕，恐惧。

हुताग्निकल्पैः सवितुर्गभस्तिभिः
 कलापिनः क्लान्तशरीरचेतसः।
न भोगिनं घ्नन्ति समीपवर्तिनं
 कलापचक्रेषु निवेशिताननम्॥१६॥

阳光似祭火，那些孔雀
身心疲倦，蛇就在身边，
脸儿藏在孔雀尾翎下，
孔雀也无心思杀害它。（16）

解析：हुताग्नि（祭火）-कल्पैः（कल्प 像），复合词（阳，复，具），如同祭火。सवितुः（सवितृ 阳，单，属）太阳。गभस्तिभिः（गभस्ति 阳，复，具）光芒。कलापिनः（कलापिन् 阳，复，体）孔雀。क्लान्त（疲倦）-शरीर（身体）-चेतसः（चेतस् 心，思想），复合词（阳，复，体），身心俱疲。न（不变词）不。भोगिनम्（भोगिन् 阳，单，业）蛇。घ्नन्ति（√हन् 现在，复，三）杀死，伤害。समीप（附近）-वर्तिनम्（वर्तिन् 处在），复合词（阳，单，业），

处在附近的。**कलाप**（孔雀尾翎）**-चक्केषु**（**चक्क** 轮，圆形物），复合词（中，复，依），圆形的孔雀尾翎。**निवेशित**（进入）**-आननम्**（**आनन** 脸），复合词（阳，单，业），脸儿藏在。

> सभद्रमुस्तं परिशुष्ककर्दमं
>   सरः खनन्नायतपोत्रमण्डलैः ।
> रवेर्मयूखैरभितापितो भृशं
>   वराहयूथो विशतीव भूतलम् ॥ १७ ॥

一群野猪受阳光暴晒，
用长长的尖嘴掘池塘，
泥土全干涸，只有莎草，
它们仿佛进入了地面。（17）

解析：**स**（有）**-भद्रमुस्तम्**（**भद्रमुस्त** 莎草），复合词（中，单，业），长着莎草。**परिशुष्क**（干涸）**-कर्दमम्**（**कर्दम** 泥土），复合词（中，单，业），泥土干涸。**सरः**（**सरस्** 中，单，业）池塘。**खनन्**（**खनत्** 现分，阳，单，体）挖，掘。**आयत**（长的）**-पोत्र**（尖嘴）**-मण्डलैः**（**मण्डल** 圆），复合词（中，复，具），长而圆的尖嘴。**रवेः**（**रवि** 阳，单，属）太阳。**मयूखैः**（**मयूख** 阳，复，具）光线，光芒。**अभितापितः**（**अभितापित** 阳，单，体）暴晒。**भृशम्**（不变词）强烈地。**वराह**（野猪）**-यूथः**（**यूथ** 兽群），复合词（阳，单，体），一群野猪。**विशति**（√**विश्** 现在，单，三）进入。**भूतलम्**（**भूतल** 中，单，业）地面。

> विवस्वता तीक्ष्णतरांशुमालिना
>   सपङ्कतोयात्सरसो ऽभितापितः ।
> उत्प्लुत्य भेकस्तृषितस्य भोगिनः
>   फणातपत्रस्य तले निषीदति ॥ १८ ॥

受到炽烈阳光暴晒，
青蛙跳出干涸池塘，
端坐在口渴的蛇的、
犹如伞盖的蛇冠下。[①]（18）

[①] 这首诗描写青蛙为了寻求阴凉，甚至坐在蛇冠下，而不怕蛇吞噬它。

解析： विवस्वता（विवस्वत् 阳，单，具）太阳。तीक्ष्णतर（更强烈的）-अंशु（光芒）-मालिना（मालिन् 有环的），复合词（阳，单，具），有更加炽烈的光环。स（有）-पङ्क（泥土）-तोयात्（तोय 水），复合词（中，单，从），以泥为水的。सरसः（सरस् 中，单，从）池塘。अभितापितः（अभितापित 阳，单，体）炙烤。उत्प्लुत्य（उद्√प्लु 独立式）跳起。भेकः（भेक 阳，单，体）青蛙。तृषितस्य（तृषित 阳，单，属）口渴的。भोगिनः（भोगिन् 阳，单，属）蛇。फण（蛇冠）-आतपत्रस्य（आतपत्र 伞），复合词（阳，单，属），以蛇冠为伞的。तले（तल 中，单，依）地面。निषीदति（नि√सद् 现在，单，三）坐下。

समुद्धृताशेषमृणालजालकं
विपन्नमीनं द्रुतभीतसारसम्।
परस्परोत्पीडनसंहतैर्गजैः
कृतं सरः सान्द्रविमर्दकर्दमम्॥१९॥

象群互相碰撞，挤成一团，
已将池塘里的泥土踩实，
也已将所有的莲藕掘尽，
鱼儿死去，仙鹤惊恐飞离。（19）

解析： समुद्धृत（拔起）-अशेष（全部）-मृणाल（莲藕）-जालकम्（जालक 大量），复合词（中，单，体），所有莲藕被掘尽。विपन्न（死去）-मीनम्（मीन 鱼），复合词（中，单，体），鱼儿死去。द्रुत（跑开）-भीत（惧怕）-सारसम्（सारस 仙鹤），复合词（中，单，体），仙鹤惊恐飞离。परस्पर（互相）-उत्पीडन（挤压）-संहतैः（संहत 紧密结合），复合词（阳，复，具），互相挤成一团。गजैः（गज 阳，复，具），大象。कृतम्（कृत 中，单，体）做，造成。सरः（सरस् 中，单，体）池塘。सान्द्र（紧密的，结实的）-विमर्द（碾压，践踏）-कर्दमम्（कर्दम 泥土），复合词（中，单，体），泥土被踩实。

रविप्रभोद्भिन्नशिरोमणिप्रभो
विलोलजिह्वाद्वयलीढमारुतः।
विषाग्निसूर्यातपतापितः फणी
न हन्ति मण्डूककुलं तृषाकुलः॥२०॥

这条蛇受到太阳毒火烧灼，
头顶摩尼珠反射太阳光辉，
它转动分叉的舌头舔取风，

干渴难忍而无心杀害青蛙。（20）

解析：रवि（太阳）-प्रभा（光芒）-उद्भिन्न（产生，发出）-शिरस्（头顶）-मणि（摩尼宝珠）-प्रभः（प्रभा 光芒），复合词（阳，单，体），头顶摩尼珠反射太阳光辉。विलोल（转动）-जिह्वा（舌头）-द्वय（两个）-लीढ（舔）-मारुतः（मारुत 风），复合词（阳，单，体），转动分叉的舌头舔取风。विष（毒）-अग्नि（火）-सूर्य（太阳）-आतप（热，光）-तापितः（तापित 烧灼），复合词（阳，单，体），受到太阳毒火烧灼。फणी（फणिन् 阳，单，体）蛇。न（不变词）不。हन्ति（√हन् 现在，单，三）杀死，伤害。मण्डूक（青蛙）-कुलम्（कुल 族群），复合词（中，单，业），一群青蛙。तृष्（口渴）-आकुलः（आकुल 充满），复合词（阳，单，体），十分口渴。

सफेनलालावृतवक्त्रसंपुटं
विनिःसृतालोहितजिह्वमुन्मुखम्।
तृषाकुलं निःसृतमद्रिगह्वरा-
दवेक्षमाणं महिषीकुलं जलम्॥२१॥

张开的嘴边布满白沫，
抬头伸出红红的舌头，
一群母水牛干渴难忍，
从山洞中出来寻找水。（21）

解析：स（有）-फेन（泡沫）-लाला（唾液）-वृत（覆盖）-वक्त्र（嘴）-सम्पुटम्（सम्पुट 半球形，凹穴），复合词（中，单，体），张开的嘴边布满白沫。विनिःसृत（伸出）-आलोहित（红色的）-जिह्वम्（जिह्व 舌头），复合词（中，单，体），伸出红色的舌头。उन्मुखम्（उन्मुख 中，单，体）抬头，朝上。तृष्（口渴）-आकुलम्（आकुल 充满），复合词（中，单，体），十分口渴。निःसृतम्（निःसृत 中，单，体）走出。अद्रि（山）-गह्वरात्（गह्वर 洞），复合词（阳，单，从），山洞。अवेक्षमाणम्（अवेक्षमाण 现分，中，单，体）注视，寻找。महिषी（母水牛）-कुलम्（कुल 族群），复合词（中，单，体），一群母水牛。जलम्（जल 中，单，业）水。

पटुतरदवदाहोच्छुष्कसस्यप्ररोहाः
परुषपवनवेगोत्क्षिप्तसंशुष्कपर्णाः।
दिनकरपरितापक्षीणतोयाः समन्ता-
द्दिदधति भयमुच्चैर्वीक्ष्यमाणा वनान्ताः॥२२॥

炽烈的森林大火使谷芽干枯，
迅猛的大风将枯叶吹向高处，
烈日炎炎使四处的水蒸发减少，
这森林地区让人看了惊恐万分。（22）

解析：पटुतर（更猛烈的）-दव（森林）-दाह（大火）-उच्छुष्क（干枯的）-सस्य（谷物）-प्ररोहाः（प्ररोह 嫩芽），复合词（阳，复，体），谷芽因炽烈的森林大火而干枯。परुष（猛烈的）-पवन（风）-वेग（速度）-उत्क्षिप्त（扬起）-संशुष्क（干枯的）-पर्णाः（पर्ण 树叶），复合词（阳，复，体），枯叶被迅猛的大风扬起。दिनकर（太阳）-परिताप（炙热）-क्षीण（减少）-तोयाः（तोय 水），复合词（阳，复，体），烈日蒸发减少了水。समन्तात्（不变词）四处。विदधति（वि√धा 现在，复，三）安放，产生。भयम्（भय 中，单，业）恐惧。उच्चैस्（不变词）强烈地。वीक्ष्यमाणाः（वीक्ष्यमाण 现分，被，阳，复，体）看。वनान्ताः（वनान्त 阳，复，体）森林地带。

श्वसिति विहगवर्गः शीर्णपर्णद्रुमस्थः
कपिकुलमुपयाति क्लान्तमद्रेर्निकुञ्जम्।
भ्रमति गवययूथः सर्वतस्तोयमिच्छ-
ञ्छरभकुलमजिह्मं प्रोद्धरत्यम्बु कूपात्॥२३॥

鸟群在树叶枯萎的树上喘息，
疲倦的猴群跑回自己的山洞，
牛群渴望饮水，四处游荡寻觅，
而八足兽①群直接从池中取水。（23）

解析：श्वसिति（√श्वस् 现在，单，三）喘息。विहग（鸟）-वर्गः（वर्ग 群），复合词（阳，单，体），鸟群。शीर्ण（枯萎的）-पर्ण（叶）-द्रुम（树）-स्थः（स्थ 处在），复合词（阳，单，体），在树叶枯萎的树上。कपि（猴子）-कुलम्（कुल 族群），复合词（中，单，体），猴群。उपयाति（उप√या 现在，单，三）走向，到达。क्लान्तम्（क्लान्त 中，单，体）疲倦的。अद्रेः（अद्रि 阳，单，属）山。निकुञ्जम्（निकुञ्ज 阳，单，业）山洞。भ्रमति（√भ्रम् 现在，单，三）游荡。गवय（牛）-यूथः（यूथ 群），复合词（阳，单，体），牛群。सर्वतस्（不变词）四处。तोयम्（तोय 中，单，业）水。इच्छन्（इच्छत् 现分，阳，单，体）渴望。शरभ（八足兽）-कुलम्（कुल 族群），复合词（中，单，体），八足兽群。अजिह्मम्（不

---

① 八足兽是神话动物，威力大于狮子和大象。

变词）直接地。**प्रोद्धरति**（प्र-उद्√ह् 现在，单，三）获取。**अम्बु**（अम्बु 中，单，业）水。**कूपात्**（कूप 阳，单，从）池，井。

विकचनवकुसुम्भस्वच्छसिन्दूरभासा
प्रबलपवनवेगोद्धूतवेगेन तूर्णम्।
तरुविटपलताग्रालिङ्गनव्याकुलेन
दिशि दिशि परिदग्धा भूमयः पावकेन॥२४॥

大地四面八方着火燃烧，
火光鲜红似绽放的红花，
火势借助强风迅速增长，
火焰匆忙拥抱树枝藤蔓。（24）

解析：**विकच**（绽放）-**नव**（新的）-**कुसुम्भ**（红花）-**स्वच्छ**（明亮的）-**सिन्दूर**（红铅）-**भासा**（भास् 光），复合词（阳，单，具），火光鲜红如同初绽的红花。**प्रबल**（有力的）-**पवन**（风）-**वेग**（速度）-**उद्धूत**（扬起）-**वेगेन**（वेग 力度），复合词（阳，单，具），火势借助强风而增强。**तूर्णम्**（不变词）迅速地。**तरु**（树）-**विटप**（树枝）-**लता**（蔓藤）-**अग्र**（尖，顶）-**आलिङ्गन**（拥抱）-**व्याकुलेन**（व्याकुल 慌乱，匆忙），复合词（阳，单，具），匆忙拥抱树枝和藤蔓。**दिशि**（दिश् 阴，单，依）方向。**दिशि**（दिश् 阴，单，依）方向。**परिदग्धाः**（परिदग्ध 阴，复，体）燃烧。**भूमयः**（भूमि 阴，复，体）大地。**पावकेन**（पावक 阳，单，具）火。

ज्वलति पवनवृद्धः पर्वतानां दरीषु
स्फुटति पटुनिनादः शुष्कवंशस्थलीषु।
प्रसरति तृणमध्ये लब्धवृद्धिः क्षणेन
ग्लपयति मृगवर्गं प्रान्तलग्नो दवाग्निः॥२५॥

林边燃起的森林大火折磨群兽，
在群山峡谷借助风力熊熊燃烧，
在干燥的竹林中发出劈啪响声，
刹那间火势猛增，又向草地蔓延。（25）

解析：**ज्वलति**（√ज्वल् 现，单，三）燃烧。**पवन**（风）-**वृद्धः**（वृद्ध 增长），复合词

（阳，单，体），借助风而增强。**पर्वतानाम्**（पर्वत 阳，复，属）山。**दरीषु**（दरी 阴，复，依）洞，峡谷。**स्फुटति**（√स्फुट् 现在，单，三）爆破，发声。**पटु**（尖锐的）-**निनादः**（निनाद 声音），复合词（阳，单，体），声音尖锐的。**शुष्क**（干燥的）-**वंश**（竹子）-**स्थलीषु**（स्थली 林地），复合词（阴，复，依），干燥的竹林。**प्रसरति**（प्र√सृ 现在，单，三）蔓延。**तृण**（草）-**मध्ये**（मध्य 中间），复合词（阳，单，依），草丛中间。**लब्ध**（获得）-**वृद्धिः**（वृद्धि 增长），复合词（阳，单，体），得到增强。**क्षणेन**（不变词）刹那间。**ग्लपयति**（√ग्लै 致使，现在，单，三）疲惫，折磨。**मृग**（野兽，鹿）-**वर्गम्**（वर्ग 群），复合词（阳，单，业），兽群。**प्रान्त**（边缘）-**लग्नः**（लग्न 粘着），复合词（阳，单，体），贴着边缘的。**दवाग्निः**（दवाग्नि 阳，单，体）森林大火。

> बहुतर इव जातः शाल्मलीनां वनेषु
> स्फुरति कनकगौरः कोटरेषु द्रुमाणाम्।
> परिणतदलशाखानुत्पतन्प्रांशुवृक्षा-
> न्भ्रमति पवनधूतः सर्वतो ऽग्निर्वनान्ते॥२६॥

借助风力，大火在森林各处游荡，
在木棉树林里仿佛越烧越炽烈，
在那些树洞里似黄金闪烁光芒，
在枝叶沉甸的大树上升腾跳跃。（26）

解析：**बहुतरः**（बहुतर 阳，单，体）更大，更多。**इव**（不变词）仿佛。**जातः**（जात 阳，单，体）产生。**शाल्मलीनाम्**（शाल्मलि 阳，复，属）木棉。**वनेषु**（वन 中，复，依）树林。**स्फुरति**（√स्फुर् 现在，单，三）闪耀。**कनक**（金子）-**गौरः**（गौर 黄色的），复合词（阳，单，体），像金子一样发黄。**कोटरेषु**（कोटर 阳，复，依）树洞。**द्रुमाणाम्**（द्रुम 阳，复，属）树。**परिणत**（成熟，弯下）-**दल**（叶子）-**शाखान्**（शाखा 枝条），复合词（阳，复，业），枝叶沉甸。**उत्पतन्**（उत्पतत् 现分，阳，单，体）跳跃，升起。**प्रांशु**（高大的）-**वृक्षान्**（वृक्ष 树），复合词（阳，复，业），高大的树。**भ्रमति**（√भ्रम 现在，单，三）游荡。**पवन**（风）-**धूतः**（धूत 摇动），复合词（阳，单，体），被风吹动。**सर्वतस्**（不变词）到处，四处。**अग्निः**（अग्नि 阳，单，体）火。**वनान्ते**（वनान्त 阳，单，依）森林地区。

> गजगवयमृगेन्द्रा वह्निसंतप्तदेहा
> सुहृद इव समेता द्वन्द्वभावं विहाय।
> हुतवहपरिखेदादाशु निर्गत्य कक्षा-
> द्विपुलपुलिनदेशां निम्नगां संविशन्ति॥२७॥

象、牛和狮子身受大火折磨，
迅速跑出火焰烧烤的洞穴，
抛弃敌意，像朋友聚在一道，
进入岸边沙滩辽阔的河流。（27）

解析：गज（大象）-गवय（牛）-मृगेन्द्राः（मृगेन्द्र 兽王，狮子），复合词（阳，复，体），象、牛和狮子。वह्नि（火）-संतप्त（烧灼，折磨）-देहाः（देह 身体），复合词（阳，复，体），身受烈火折磨。सुहृदः（सुहृद् 阳，复，体）朋友。इव（不变词）像。समेताः（समेत 阳，复，体）聚集。द्वन्द्व（对立）-भावम्（भाव 状态），复合词（阳，单，业），敌对状态。विहाय（वि√हा 独立式）抛弃。हुतवह（火）-परिखेदात्（परिखेद 受苦，疲惫），复合词（阳，单，从），被火折磨。आशु（不变词）迅速地。निर्गत्य（निर्√गम् 独立式）离开。कक्षात्（कक्ष 阳，单，从）藏身处，洞穴。विपुल（宽阔的）-पुलिन（沙滩）-देशाम्（देश 地方），复合词（阴，单，业），沙滩宽阔。निम्नगाम्（निम्नगा 阴，单，业）河流。संविशन्ति（सम्√विश् 现在，复，三）进入。

कमलवनचिताम्बुः पाटलामोदरम्यः
सुखसलिलनिषेकः सेव्यचन्द्रांशुहारः।
व्रजतु तव निदाघः कामिनीभिः समेतो
निशि सुललितगीते हर्म्यपृष्ठे सुखेन॥२८॥

水面荷花林立，波吒罗花芳香迷人，
享受沐浴之乐，也享受月光和项链，
夜晚美妇们聚会，楼阁露台上飘扬
动听的歌声，愿你的夏天幸福度过！（28）

解析：कमल（莲花）-वन（树林）-चित（堆积）-अम्बुः（अम्बु 水），复合词（阳，单，体），水面荷花林立。पाटल（波吒罗花）-आमोद（芳香）-रम्यः（रम्य 迷人的），复合词（阳，单，体），波吒罗花芳香迷人。सुख（快乐）-सलिल（水）-निषेकः（निषेक 沐浴），复合词（阳，单，体），沐浴舒服。सेव्य（享受）-चन्द्र（月亮）-अंशु（光线）-हारः（हार 项链），复合词（阳，单，体），享受月光和项链。व्रजतु（√व्रज 命令，单，三）走，度过。तव（त्वद् 单，属）你。निदाघः（निदाघ 阳，单，体）夏季。कामिनीभिः（कामिनी 阴，复，具）美丽可爱的妇女。समेतः（समेत 阳，单，体）聚集。निशि（निश् 阴，单，依）夜晚。सुललित（可爱的，迷人的）-गीते（गीत 歌声），复合词（中，单，依），有

迷人的歌声。हर्म्य（房屋）-पृष्ठे（पृष्ठ 露台），复合词（中，单，依），房屋露台。सुखेन（不变词）幸福地。

द्वितीयः सर्गः

第 二 章

सशीकराम्भोधरमत्तकुञ्जर-
　स्तडित्पताकोऽशनिशब्दमर्दलः।
समागतो राजवदुद्धतद्युति-
　र्घनागमः कामिजनप्रियः प्रिये॥१॥

亲爱的，情人喜爱的雨季来到，
它光彩熠熠，仿佛是一位国王，
带雨的乌云如同发情的大象，
闪电如同旗帜，雷鸣如同鼓声。（1）

解析：स（有，携带）-शीकर（细雨，飞沫）-अम्भोधर（云）-मत्त（醉的，发情的）-कुञ्जरः（कुञ्जर 大象），复合词（阳，单，体），带雨的云如同发情的大象。तडित्（闪电）-पताकः（पताक 旗幡），复合词（阳，单，体），闪电如同旗帜。अशनि（雷，霹雳）-शब्द（声音）-मर्दलः（मर्दल 鼓），复合词（阳，单，体），雷声如同鼓声。समागतः（समागत 阳，单，体）来到。राजवत्（不变词）如同国王。उद्धत（升起，闪耀）-द्युतिः（द्युति 光辉），复合词（阳，单，体），闪耀光芒。घनागमः（घनागम 阳，单，体）雨季。कामिजन（有情人）-प्रियः（प्रिय 喜爱），复合词（阳，单，体），情人所喜爱的。प्रिये（प्रिया 阴，单，呼）亲爱的。

नितान्तनीलोत्पलपत्रकान्तिभिः
　क्वचित्प्रभिन्नाञ्जनराशिसंनिभैः।
क्वचित्सगर्भप्रमदास्तनप्रभैः
　समाचितं व्योम घनैः समन्ततः॥२॥

天空四面八方布满乌云，
　　闪耀深蓝莲花瓣的光辉，
　　有些地方像成堆的眼膏，
　　有些地方像孕妇的胸脯。（2）

解析： नितान्त（强烈的，深度的）-नील（蓝色的）-उत्पल（莲花）-पत्र（花瓣）-कान्तिभिः（कान्ति 光辉），复合词（阳，复，具），闪耀深蓝莲花瓣光辉。कचित्（不变词）某处。प्रभिन्नाञ्जन（眼膏）-राशि（堆积）-संनिभैः（संनिभ 像），复合词（阳，复，具），像成堆的眼膏。कचित्（不变词）某处。सगर्भ（怀胎的）-प्रमदा（妇女）-स्तन（胸脯）-प्रभैः（प्रभा 像），复合词（阳，复，具），像孕妇的胸脯。समाचितम्（समाचित 中，单，体）覆盖。व्योम（व्योमन् 中，单，体）天空。घनैः（घन 阳，复，具）云。समन्ततस्（不变词）周围，四处。

तृषाकुलैश्चातकपक्षिणां कुलैः
　प्रयाचितास्तोयभरावलम्बिनः।
प्रयान्ति मन्दं बहुधारवर्षिणो
　बलाहकाः श्रोत्रमनोहरस्वनाः॥३॥

　　应焦渴的饮雨鸟①族请求，
　　乌云满载雨水，向下低垂，
　　缓缓向前移动，降下阵阵
　　滂沱大雨，发出悦耳声响。（3）

解析： तृष्（渴）-आकुलैः（आकुल 充满），复合词（中，复，具），焦渴的。चातक（饮雨鸟）-पक्षिणाम्（पक्षिन् 鸟），复合词（阳，复，属），饮雨鸟。कुलैः（कुल 中，复，具）族，群。प्रयाचिताः（प्रयाचित 阳，复，体）请求。तोय（水）-भर（负担）-अवलम्बिनः（अवलम्बिन् 低垂的），复合词（阳，复，体），负担水而低垂。प्रयान्ति（प्र√या 现在，复，三）行进。मन्दम्（不变词）慢慢地。बहु（多）-धार（暴雨）-वर्षिणः（वर्षिन् 有雨，下雨），复合词（阳，复，体），降下许多暴雨。बलाहकाः（बलाहक 阳，复，体）乌云，雨云。श्रोत्र（耳朵）-मनोहर（迷人的）-स्वनाः（स्वन 声），复合词（阳，复，体），响声悦耳。

---

① 饮雨鸟是传说中以雨滴维生的鸟。

बलाहकाश्चाशनिशब्दमर्दलाः
　　सुरेन्द्रचापं दधतस्तडिद्गुणम्।
सुतीक्ष्णधारापतनोग्रसायकै-
　　स्तुदन्ति चेतः प्रसभं प्रवासिनाम्॥४॥

乌云发出雷鸣如同战鼓，
张开彩虹神弓，闪电为弦，
降下瓢泼大雨如同利箭，
猛烈地扎进旅人的心田。（4）

解析：बलाहकाः（बलाहक 阳，复，体）乌云。च（不变词）和。अशनि（雷，霹雳）-शब्द（声音）-मर्दलाः（मर्दल 鼓），复合词（阳，复，体），雷声似战鼓的。सुर（神）-इन्द्र（主，因陀罗）-चापम्（चाप 弓），复合词（阳，单，业），因陀罗之弓，彩虹。दधतः（दधत् 现分，阳，复，体）张开。तडित्（闪电）-गुणम्（गुण 弓弦），复合词（阳，单，业），以闪电为弓弦。सुतीक्ष्ण（猛烈的）-धारा（水流，骤雨）-पतन（降下）-उग्र（锐利的）-सायकैः（सायक 箭），复合词（阳，复，具），降下瓢泼大雨如利箭。तुदन्ति（√तुद् 现在，复，三）打击，伤害。चेतः（चेतस् 中，单，业）心。प्रसभम्（不变词）猛烈地。प्रवासिनाम्（प्रवासिन् 阳，复，属）旅人。

प्रभिन्नवैदूर्यनिभैस्तृणाङ्कुरैः
समाचिता प्रोत्थितकन्दलीदलैः।
विभाति शुक्रेतररत्नभूषिता
वराङ्गनेव क्षितिरिन्द्रगोपकैः॥५॥

那些草尖儿如同闪烁的
猫眼石，芭蕉叶纷纷长出，
还有胭脂虫，这大地犹如
装饰有五彩珠宝的美妇。（5）

解析：प्रभिन्न（碎的）-वैदूर्य（猫眼石）-निभैः（निभ 像），复合词（阳，复，具），像闪烁的猫眼石。तृण（草）-अङ्कुरैः（अङ्कुर 嫩芽），复合词（阳，复，具），草尖。समाचिता（समाचित 阴，单，体）聚集。प्रोत्थित（长出）-कन्दली（芭蕉）-दलैः（दल 叶），复合词（阳，复，具），长出的芭蕉叶。विभाति（वि√भा 现在，单，三）发光。शुक्रेतर（彩色的）-रत्न（宝石）-भूषिता（भूषित 装饰），复合词（阴，单，体），装饰有彩色宝石。वराङ्गना

(वराङ्गना 阴，单，体) 美妇。इव (不变词) 像。क्षितिः (क्षिति 阴，单，体) 大地。इन्द्रगोपकैः (इन्द्रगोपक 阳，复，具) 胭脂虫。

सदा मनोज्ञं स्वनदुत्सवोत्सुकं
विकीर्णविस्तीर्णकलापशोभितम्।
ससंभ्रमालिङ्गनचुम्बनाकुलं
प्रवृत्तनृत्यं कुलमद्य बर्हिणाम्॥ ६॥

渴望欢乐，鸣声一向迷人，
这些孔雀今天开始跳舞，
展开宽大又美丽的尾翎，
互相匆忙地拥抱和接吻。（6）

解析：सदा（不变词）经常，总是。मनोज्ञम्（不变词）迷人地。स्वनत्（स्वनत् 现分，中，单，体）发声。उत्सव（节日，欢乐）-उत्सुकम्（उत्सुक 渴望），复合词（中，单，体），渴望欢乐。विकीर्ण（展开）-विस्तीर्ण（宽阔的）-कलाप（尾翎）-शोभितम्（शोभित 美丽），复合词（中，单，体），展开宽阔的尾翎而美丽。स（伴随）-संभ्रम（打转，慌乱）-आलिङ्गन（拥抱）-चुम्बन（接吻）-आकुलम्（आकुल 忙于），复合词（中，单，体），互相匆忙地拥抱和接吻。प्रवृत्त（开始）-नृत्यम्（नृत्य 跳舞），复合词（中，单，体），开始跳舞。कुलम्（कुल 中，单，体）族，群。अद्य（不变词）今天，现在。बर्हिणाम्（बर्हिन् 阳，复，属）孔雀。

निपातयन्त्यः परितस्तटद्रुमा-
न्प्रवृद्धवेगैः सलिलैरनिर्मलैः।
स्त्रियः सुदुष्टा इव जातविभ्रमाः
प्रयान्ति नद्यस्त्वरितं पयोनिधिम्॥ ७॥

流速增长而河水浑浊，
这些河流像浪荡女人，
冲倒沿岸的那些树木，
转着漩涡，奔向大海。（7）

解析：निपातयन्त्यः（निपातयत् 致使，现分，阴，复，体）倒下。परितस्（不变词）到处。तट（岸）-द्रुमान्（द्रुम 树），复合词（阳，复，业），岸上的树。प्रवृद्ध（增长）

-वेगैः (वेग 速度)，复合词（中，复，具），流速增长。सलिलैः (सलिल 中，复，具) 水。अनिर्मलैः (अनिर्मल 中，复，具) 浑浊的。स्त्रियः (स्त्री 阴，复，体) 女人。सुदुष्टाः (सुदुष्ट 阴，复，体) 极恶的，浪荡的。इव (不变词) 像。जात (产生)-विभ्रमाः (विभ्रम 漩涡)，复合词（阴，复，体），产生漩涡。प्रयान्ति (प्र√या 现在，复，三) 行进。नद्यः (नदी 阴，复，体) 河。त्वरितम् (不变词) 迅速地。पयोनिधिम् (पयोनिधि 阳，单，业) 海。

तृणोत्करैरुद्गतकोमलाङ्कुरै-
　श्चितानि नीलैर्हरिणीमुखक्षतैः।
वनानि वैन्ध्यानि हरन्ति मानसं
　विभूषितान्युद्गतपल्लवैर्द्रुमैः॥८॥

文底耶山林景色迷人，
装饰有崭露新叶的树木，
充满萌发嫩芽的青草，
那些母鹿伸嘴啃啮咀嚼。（8）

解析：तृण (草)-उत्करैः (उत्कर 很多，成堆)，复合词（阳，复，具），很多草。उद्गत (长出)-कोमल (柔嫩的)-अङ्कुरैः (अङ्कुर 嫩芽)，复合词（阳，复，具），长出嫩芽的。चितानि (चित 中，复，体) 聚集。नीलैः (नील 阳，复，具) 青的。हरिणी (母鹿)-मुख (嘴)-क्षतैः (क्षत 破坏，啃啮)，复合词（阳，复，具），母鹿伸嘴啃啮。वनानि (वन 中，复，体) 森林。वैन्ध्यानि (वैन्ध्य 中，复，体) 文底耶山的。हरन्ति (√हृ 现在，复，三) 抓住，吸引。मानसम् (मानस 中，单，业) 思想，心。विभूषितानि (विभूषित 中，复，体) 装饰。उद्गत (长出)-पल्लवैः (पल्लव 嫩芽，嫩枝)，复合词（阳，复，具），长出嫩芽的。द्रुमैः (द्रुम 阳，复，具) 树。

विलोलनेत्रोत्पलशोभिताननै-
　र्मृगैः समन्तादुपजातसाध्वसैः।
समाचिता सैकतिनी वनस्थली
　समुत्सुकत्वं प्रकरोति चेतसः॥९॥

林中的沙地令人渴望，
四处聚集惊恐的鹿儿，
莲花眼不停地转动，

面容由此显得可爱。① (9)

解析：विलोल（转动的）-नेत्र（眼睛）-उत्पल（青莲）-शोभित（可爱）-आननैः（आनन 脸），复合词（阳，复，具），莲花眼转动而面容可爱。मृगैः（मृग 阳，复，具）鹿。समन्तात्（不变词）四处，周围。उपजात（产生）-साध्वसैः（साध्वस 惊恐），复合词（阳，复，具），生出惊恐。समाचिता（समाचित 阴，单，体）聚集。सैकतिनी（सैकतिन् 阴，单，体）有沙的。वन（森林）-स्थली（地），复合词（阴，单，体），林地。समुत्सुकत्वम्（समुत्सुकत्व 中，单，业）渴望，焦虑。प्रकरोति（प्र√कृ 现在，单，三）造成。चेतसः（चेतस् 中，单，属）心。

अभीक्ष्णमुच्चैर्ध्वनता पयोमुचा
घनान्धकारीकृतशर्वरीष्वपि।
तडित्प्रभादर्शितमार्गभूमयः
प्रयान्ति रागादभिसारिकाः स्त्रियः॥१०॥

乌云密布，响雷不绝，
尽管夜晚漆黑一团，
多情女子依然赴约，
道道闪电照亮路面。（10）

解析：अभीक्ष्णम्（不变词）不断。उच्चैस्（不变词）高，强。ध्वनता（ध्वनत् 现分，阳，单，具）发声。पयोमुचा（पयोमुच् 阳，单，具）云。घन（浓密的）-अन्धकारीकृत（制造黑暗的）-शर्वरीषु（शर्वरी 夜晚），复合词（阴，复，依），漆黑一团的夜晚。अपि（不变词）即使。तडित्（闪电）-प्रभा（光）-दर्शित（照亮）-मार्ग（道路）-भूमयः（भूमि 大地），复合词（阴，复，体），闪电的光照亮路面。प्रयान्ति（प्र√या 现在，复，三）行进。रागात्（राग 阳，单，从）激情，爱情。अभिसारिकाः（अभिसारिका 阴，复，体）前去与情人相会的。स्त्रियः（स्त्री 阴，复，体）女子。

पयोधरैर्भीमगभीरनिस्वनै-
स्तडिद्भिरुद्धेजितचेतसो भृशम्।
कृतापराधानपि योषितः प्रिया-
न्परिष्वजन्ते शयने निरन्तरम्॥११॥

---

① 这首诗描写旅人看到林中沙地那些鹿儿的可爱模样，思念自己的妻子。

乌云发出闪电惊雷,
那些少妇魂飞魄散,
尽管情人是负心汉,
仍在床上紧紧拥抱。（11）

解析：पयोधरैः（पयोधर 阳，复，具）云。भीम（可怕的）-गभीर（深沉的）-निस्वनैः（निस्वन 响声），复合词（阳，复，具），响声可怕而深沉的。तडिद्भिः（तडित् 阴，复，具）闪电。उद्वेजित（恐惧）-चेतसः（चेतस् 心），复合词（阴，复，体），心中恐惧。भृशम्（不变词）剧烈地。कृत（做，犯）-अपराधान्（अपराध 过失），复合词（阳，复，业），负心的。अपि（不变词）即使。योषितः（योषित् 阴，复，体）年轻女子。प्रियान्（प्रिय 阳，复，业）情人。परिष्वजन्ते（परि√स्वज् 现在，复，三）拥抱。शयने（शयन 中，单，依）床。निरन्तरम्（不变词）紧密地。

विलोचनेन्दीवरवारिबिन्दुभि-
र्निषिक्तबिम्बाधरचारुपल्लवाः।
निरस्तमाल्याभरणानुलेपनाः
स्थिता निराशाः प्रमदाः प्रवासिनाम्॥ १२॥

旅人们的妻子陷入绝望,
抛却花环、装饰品和香膏,
莲花眼流出泪珠,浇湿可爱
如同嫩芽的频婆果下嘴唇。（12）

解析：विलोचन（眼睛）-इन्दीवर（莲花）-वारि（水）-बिन्दुभिः（बिन्दु 滴），复合词（阳，复，具），莲花眼流出的泪珠。निषिक्त（浇湿）-बिम्ब（频婆果）-अधर（下嘴唇）-चारु（可爱的）-पल्लवाः（पल्लव 嫩芽），复合词（阴，复，体），浇湿可爱似嫩芽的频婆果下嘴唇。निरस्त（抛弃）-माल्य（花环）-आभरण（装饰品）-अनुलेपनाः（अनुलेपन 香膏），复合词（阴，复，体），抛弃花环、装饰品和香膏。स्थिताः（स्थित 阴，复，体）处于。निराशाः（निराश 阴，复，体）绝望的。प्रमदाः（प्रमदा 阴，复，体）妻子。प्रवासिनाम्（प्रवासिन् 阳，复，属）旅人。

विपाण्डुरं कीटरजस्तृणान्वितं
भुजंगवद्वक्रगतिप्रसर्पितम्।

ससाध्वसैर्भेककुलैर्निरीक्षितं
　　प्रयाति निम्नाभिमुखं नवोदकम्॥१३॥

灰白的新潮涌向低地，
像蛇那样蜿蜒曲折流淌，
夹带着昆虫、尘土和草叶，
青蛙族惊恐地注目凝望。（13）

解析：विपाण्डुरम्（विपाण्डुर 中，单，体）灰白的。कीट（昆虫）-रजस्（尘土）-तृण（草）-अन्वितम्（अन्वित 携带，夹杂），复合词（中，单，体），夹杂着昆虫、尘土和草叶。भुजंगवत्（不变词）像蛇一样。वक्र（曲折的）-गति（步态）-प्रसर्पितम्（प्रसर्पित 前行），复合词（中，单，体），以曲折的步态前行。स（带着）-साध्वसैः（साध्वस 恐惧，害怕），复合词（中，复，具），带着恐惧。भेक（青蛙）-कुलैः（कुल 族，群），复合词（中，复，具）青蛙群。निरीक्षितम्（निरीक्षित 中，单，体）注视。प्रयाति（प्र√या 现在，单，三）前行。निम्न（低地）-अभिमुखम्（朝向），复合词（不变词），朝向低地。नव（新的）-उदकम्（उदक 水），复合词（中，单，体），新的水潮。

विपत्रपुष्पां नलिनीं समुत्सुका
　　विहाय भृङ्गाः श्रुतिहारिनिस्वनाः।
पतन्ति मूढाः शिखिनां प्रनृत्यतां
　　कलापचक्रेषु नवोत्पलाशया॥१४॥

鸣声悦耳的黑蜂们焦急地
抛弃那些花叶凋落的莲花，
一心渴望新莲花，糊里糊涂，
飞到那些跳舞的孔雀尾翎上。（14）

解析：विपत्र（凋零的，无叶的）-पुष्पाम्（पुष्प 花），复合词（阴，单，业），花叶凋零的。नलिनीम्（नलिनी 阴，单，业）莲花。समुत्सुकाः（समुत्सुक 阳，复，体）焦急的。विहाय（वि√हा 独立式）离开，抛弃。भृङ्गाः（भृङ्ग 阳，复，体）大黑蜂。श्रुति（耳朵）-हारि（迷人的）-निस्वनाः（निस्वन 声音），复合词（阳，复，体），声音悦耳的。पतन्ति（√पत् 现在，复，三）落。मूढाः（मूढ 阳，复，体）糊涂的。शिखिनाम्（शिखिन् 阳，复，属）孔雀。प्रनृत्यताम्（प्रनृत्यत् 现分，阳，复，属）跳舞。कलाप（尾翎）-चक्रेषु（चक्र 轮），

复合词（中，复，依），羽轮。नव（新的）-उत्पल（青莲）-आशया（आशा 渴望），复合词（阴，单，具），渴望新莲花。

वनद्विपानां नववारिदस्वनै-
 र्मदान्वितानां ध्वनतां मुहुर्मुहुः।
कपोलदेशा विमलोत्पलप्रभाः
 सभृङ्गयूथैर्मदवारिभिश्रिताः॥१५॥

新近涌起的乌云雷声隆隆，
发情的林中野象不断吼叫，
颞颥闪亮如同洁净的莲花，
流满分泌的液汁，黑蜂麇集。（15）

解析：वन（森林）-द्विपानाम्（द्विप 象），复合词（阳，复，属），林中野象。नव（新的）-वारिद（云）-स्वनैः（स्वन 声音），复合词（阳，复，具），新云的雷声。मद（发情）-अन्वितानाम्（अन्वित 伴随），复合词（阳，复，属），发情的。ध्वनताम्（ध्वनत् 现分，阳，复，属）发声，吼叫。मुहुर्मुहुस्（不变词）不断。कपोल（颞颥）-देशाः（देश 部位），复合词（阳，复，体），颞颥部位。विमल（纯洁的）-उत्पल（莲花）-प्रभाः（प्रभा 光芒），复合词（阳，复，体），闪亮如同纯洁的莲花。स（带着）-भृङ्ग（大黑蜂）-यूथैः（यूथ 群），复合词（中，复，具），有成群黑蜂的。मद（发情）-वारिभिः（वारि 水，液汁），复合词（中，复，具），发情的液汁。चिताः（चित 阳，复，体）聚集，流满。

सितोत्पलाभाम्बुदचुम्बितोपलाः
 समाचिताः प्रस्रवणैः समन्ततः।
प्रवृत्तनृत्यैः शिखिभिः समाकुलाः
 समुत्सुकत्वं जनयन्ति भूधराः॥१६॥

飘浮的云朵灿若白莲，
亲吻巉岩，到处是急流，
孔雀开始翩翩起舞，
这些山岳令人渴望。（16）

解析：सित（白的）-उत्पल（莲花）-आभा（光泽）-अम्बुद（云）-चुम्बित（亲吻）-उपलाः（उपल 岩石），复合词（阳，复，体），灿若白莲的云朵亲吻岩石。समाचिताः（समाचित

阳，复，体）聚集。प्रस्रवणैः（प्रस्रवण 中，复，具）水流，急流。समन्ततस्（不变词）周围，到处。प्रवृत्त（开始）-नृत्यैः（नृत्य 跳舞），复合词（阳，复，具），开始跳舞的。शिखिभिः（शिखिन् 阳，复，具）孔雀。समाकुलाः（समाकुल 阳，复，体）充满。समुत्सुकत्वम्（समुत्सुकत्व 中，单，业）渴望，焦虑。जनयन्ति（√जन् 致使，现在，复，三）产生。भूधराः（भूधर 阳，复，体）山。

कदम्बसर्जार्जुनकेतकीवनं
विकम्पयंस्तत्कुसुमाधिवासितः ।
सशीकराम्भोधरसङ्गशीतलः
समीरणः कं न करोति सोत्सुकम् ॥ १७ ॥

拂动迦昙波、娑尔遮、阿周那和
盖多吉树林，饱含它们的花香，
与充满雾水的乌云接触而清凉，
遇到这样的风儿，有谁会不相思？（17）

解析： कदम्ब（迦昙波树）-सर्ज（娑尔遮树）-अर्जुन（阿周那树）-केतकी（盖多吉树）-वनम्（वन 林），复合词（中，单，业），迦昙波、娑尔遮、阿周那和盖多吉树林。विकम्पयन्（विकम्पयत् 致使，现分，阳，单，体）吹动。तद्（它们，指树林）-कुसुम（花）-अधिवासितः（अधिवासित 芳香的），复合词（阳，单，体），带有它们的花香。स（携带）-शीकर（雾水）-अम्भोधर（云）-सङ्ग（接触）-शीतलः（शीतल 清凉的），复合词（阳，单，体），与带有雾水的云接触而清凉。समीरणः（समीरण 阳，单，体）风。कम्（किम् 阳，单，业）谁。न（不变词）不。करोति（√कृ 现在，单，三）做。सोत्सुकम्（सोत्सुक 阳，单，业）渴望，焦虑。

शिरोरुहैः श्रोणितटावलम्बिभिः
कृतावतंसैः कुसुमैः सुगन्धिभिः ।
स्तनैः सहारैर्वदनैः ससीधुभिः
स्त्रियो रतिं संजनयन्ति कामिनाम् ॥ १८ ॥

秀发披挂到宽阔的臀部，
耳朵装饰着芳香的花朵，
胸脯有花环，嘴里含美酒，
这些妇女激发情人爱欲。（18）

解析：शिरस्（शिरस् 头）-रुहैः（रुह 生长），复合词（阳，复，具），头发。श्रोणि（臀）-तट（坡）-अवलम्बिभिः（अवलम्बिन् 垂下），复合词（阳，复，具），垂到宽阔的臀部。कृत（制成）-अवतंसैः（अवतंस 耳饰），复合词（阳或中，复，具），制成耳饰。कुसुमैः（कुसुम 中，复，具）花。सुगन्धिभिः（सुगन्धिन् 中，复，具）芳香的。स्तनैः（स्तन 阳，复，具）乳房。स（有）-हारैः（हार 花环），复合词（阳，复，具），有花环的。वदनैः（वदन 中，复，具）嘴。स（有）-सीधुभिः（सीधु 酒），复合词（中，复，具），有酒的。स्त्रियः（स्त्री 阴，复，体）女子。रतिम्（रति 阴，单，业）情欲。संजनयन्ति（सम्√जन् 致使，现在，复，三）产生，激发。कामिनाम्（कामिन् 阳，复，属）情人。

तडिल्लताशक्रधनुर्विभूषिताः
　　पयोधरास्तोयभरावलम्बिनः।
स्त्रियश्च काञ्चीमणिकुण्डलोज्ज्वला
　　हरन्ति चेतो युगपत्प्रवासिनाम्॥१९॥

那些乌云饱含雨水而低垂，
装饰有闪电蔓藤和彩虹神弓，
妇女们腰带和珍珠耳环闪耀，
这两者同时吸引旅人的心。[①]（19）

解析：तडित्（闪电）-लता（蔓藤）-शक्र（帝释天，因陀罗）-धनुस्（弓）-विभूषिताः（विभूषित 装饰），复合词（阳，复，体），装饰有闪电蔓藤和因陀罗神弓彩虹。पयोधराः（पयोधर 阳，复，体）云。तोय（水）-भर（负担，承担）-अवलम्बिनः（अवलम्बिन् 低垂），复合词（阳，复，体），负担水而低垂。स्त्रियः（स्त्री 阴，复，体）女子。च（不变词）和。काञ्ची（腰带）-मणि（摩尼珠）-कुण्डल（耳环）-उज्ज्वलाः（उज्ज्वल 闪耀的），复合词（阴，复，体），腰带和珍珠耳环闪耀。हरन्ति（√हृ 现在，复，三）吸引。चेतः（चेतस् 中，单，业）心。युगपद्（不变词）同时。प्रवासिनाम्（प्रवासिन् 阳，复，属）旅人。

मालाः कदम्बनवकेसरकेतकीभि-
　　रायोजिताः शिरसि बिभ्रति योषितो ऽद्य।
कर्णान्तरेषु ककुभद्रुममञ्जरीभि-
　　रिच्छानुकूलरचितानवतंसकांश्च॥२०॥

[①] 这首诗以乌云比喻妇女。其中，闪电蔓藤比喻腰带，珍珠耳环比喻彩虹神弓。

今天，妇女们头上戴着用迦昙波、
盖娑罗和盖多吉鲜花扎成的花冠，
耳朵上戴着用迦古跋树的花簇，
按照自己愿望精心编制的耳环。（20）

解析：मालाः（माला 阴，复，业）花环。कदम्ब（迦昙波花）-नव（新的）-केसर（盖娑罗花）-केतकीभिः（केतकी 盖多吉花），复合词（阴，复，具），迦昙波、盖娑罗和盖多吉鲜花。आयोजिताः（आयोजित 阴，复，业）编制。शिरसि（शिरस् 中，单，依）头上。बिभ्रति（√भृ 现在，复，三）戴。योषितः（योषित् 阴，复，体）女子。अद्य（不变词）今天，现在。कर्ण（耳朵）-अन्तरेषु（अन्तर 中间），复合词（中，复，依），耳朵上。ककुभ（迦古跋）-द्रुम（树）-मञ्जरीभिः（मञ्जरी 花簇），复合词（阴，复，具），迦古跋树的花簇。इच्छा（愿望）-अनुकूल（按照）-रचितान्（रचित 编制），复合词（阳，复，业），按照愿望被编制的。अवतंसकान्（अवतंसक 阳，复，业）耳饰。च（不变词）和。

कालागुरुप्रचुरचन्दनचर्चिताङ्गाः
पुष्पावतंससुरभीकृतकेशपाशाः।
श्रुत्वा ध्वनिं जलमुचां त्वरितं प्रदोषे
शय्यागृहं गुरुगृहात्प्रविशन्ति नार्यः॥२१॥

妇女们肢体抹有黑沉香和檀香膏，
浓密的头发散发鲜花耳环的芳香，
她们在黄昏听到乌云发出的雷鸣，
赶紧离开长者之屋，进入自己卧室。（21）

解析：काल（黑的）-अगुरु（沉香）-प्रचुर（很多）-चन्दन（檀香）-चर्चित（涂抹）-अङ्गाः（अङ्ग 肢体），复合词（阴，复，体），肢体涂有厚厚的黑沉香和檀香膏。पुष्प（花）-अवतंस（耳饰）-सुरभीकृत（产生香气）-केश（头发）-पाशाः（पाश 浓密），复合词（阴，复，体），浓密的头发散发鲜花耳饰的芳香。श्रुत्वा（√श्रु 独立式）听到。ध्वनिम्（ध्वनि 阳，单，业）声音。जलमुचाम्（जलमुच् 阳，复，属）云。त्वरितम्（不变词）迅速地。प्रदोषे（प्रदोष 阳，单，依）黄昏。शय्या（床）-गृहम्（गृह 房子），复合词（中，单，业），卧室。गुरु（长者，长辈）-गृहात्（गृह 房子），复合词（中，单，从），长者之屋。प्रविशन्ति（प्र√विश् 现在，复，三）进入。नार्यः（नारी 阴，复，体）妇女。

कुवलयदलनीलैरुन्नतैस्तोयनम्रै-
    र्मृदुपवनविधूतैर्मन्दमन्दं चलद्भिः।
अपहृतमिव चेतस्तोयदैः सेन्द्रचापैः
    पथिकजनवधूनां तद्वियोगाकुलानाम्॥२२॥

饱含雨水而低垂的乌云黑似青莲，
在微风吹拂下，偕同彩虹缓慢飘游，
旅人的妻子因与丈夫分离而忧愁，
翘首凝望，心儿仿佛已被乌云带走。（22）

解析：कुवलय（蓝莲花）-दल（花瓣）-नीलैः（नील 蓝黑色），复合词（阳，复，具），像青莲花瓣一般深蓝。उन्नतैः（उन्नत 阳，复，具）隆起。तोय（水）-नम्रैः（नम्र 下垂），复合词（阳，复，具），饱含雨水而下垂。मृदु（柔软的）-पवन（风）-विधूतैः（विधूत 摇动），复合词（阳，复，具），微风吹动。मन्दमन्दम्（不变词）慢慢地。चलद्भिः（चलत् 现分，阳，复，具）移动，飘游。अपहृतम्（अपहृत 中，单，体）带走。इव（不变词）仿佛。चेतः（चेतस् 中，单，体）心。तोयदैः（तोयद 阳，复，具）云。स（带有）-इन्द्र（因陀罗）-चापैः（चाप 弓），复合词（阳，复，具），带有因陀罗之弓的，有彩虹的。पथिक（旅行者）-जन（人）-वधूनाम्（वधू 妻子），复合词（阴，复，属），旅人的妻子。तद् （他，指旅人）-वियोग（分离）-आकुलानाम्（आकुल 烦恼，忧虑），复合词（阴，复，属），与丈夫分离而忧愁。

मुदित इव कदम्बैर्जातपुष्पैः समन्ता-
    त्पवनचलितशाखैः शाखिभिर्नृत्यतीव।
हसितमिव विधत्ते सूचिभिः केतकीनां
    नवसलिलनिषेकच्छिन्नतापो वनान्तः॥२३॥

阵阵新雨驱散森林地区炎热，
四处迦昙波花绽放，如同欢喜，
树木枝叶迎风摇曳，如同跳舞，
盖多吉树萌发嫩芽，如同微笑。（23）

解析：मुदितः（मुदित 阳，单，体）高兴，喜悦。इव（不变词）如同。कदम्बैः（कदम्ब 阳，复，具）迦昙波。जात（产生）-पुष्पैः（पुष्प 花），复合词（阳，复，具），开花

的。समन्तात्(不变词)四处，周围。पवन(风)-चलित(摇动)-शाखैः(शाखा 树枝)，复合词(阳，复，具)，风摇动树枝。शाखिभिः(शाखिन् 阳，复，具)树。नृत्यति(√नृत् 现在，单，三)跳舞。इव(不变词)如同。हसितम्(हसित 中，单，业)笑。इव(不变词)如同。विधत्ते(वि√धा 现在，单，三)呈现。सूचिभिः(सूचि 阴，复，具)尖，树芽。केतकीनाम्(केतकी 阴，复，属)盖多吉树。नव(新的)-सलिल(雨水)-निषेक(降下)-छिन्न(驱散)-तापः(ताप 炎热)，复合词(阳，单，体)，新降下的雨水驱散炎热。वनान्तः(वनान्त 阳，单，体)森林地带。

शिरसि बकुलमालां मालतीभिः समेतां
विकसितनवपुष्पैर्यूथिकाकुड्मलैश्च।
विकचनवकदम्बैः कर्णपूरं वधूनां
रचयति जलदौघः कान्तवत्काल एषः॥२४॥

这布满雨云的季节像有情人，
给妻子戴上波古罗花冠，夹杂
茉莉等各种鲜花和素馨花蕾，
还配有绽放的迦昙波花耳环。（24）

解析：शिरसि(शिरस् 中，单，依)头。बकुल(波古罗花，醉花)-मालाम्(माला 花环，花冠)，复合词(阴，单，业)，波古罗花环。मालतीभिः(मालती 阴，复，具)茉莉。समेताम्(समेत 阴，单，业)结合，聚集。विकसित(绽放的)-नव(新的)-पुष्पैः(पुष्प 花)，复合词(中，复，具)，绽放的鲜花。यूथिका(素馨花)-कुड्मलैः(कुड्मल 蕾)，复合词(阳，复，具)，素馨花蕾。च(不变词)和。विकच(开花的)-नव(新的)-कदम्बैः(कदम्ब 迦昙波花)，复合词(阳，复，具)，新开放的迦昙波花。कर्णपूरम्(कर्णपूर 阳，单，业)耳饰，耳环。वधूनाम्(वधू 阴，复，属)妻子。रचयति(√रच् 现在，单，三)安排，戴。जलद(云)-ओघः(ओघ 大量)，复合词(阳，单，体)，有大量雨云。कान्तवत्(不变词)像有情人。कालः(काल 阳，单，体)时间，季节。एषः(एतद् 阳，单，体)这个。

दधति वरकुचाग्रैरुन्नतैर्हारयष्टिं
प्रतनुसितदुकूलान्यायतैः श्रोणिबिम्बैः।
नवजलकणसेकादुद्गतां रोमराजीं
ललितवलिविभङ्गैर्मध्यदेशैश्च नार्यः॥२५॥

珍珠项链佩戴在高耸优美的乳峰，
又薄又白的丝衣覆盖宽大的圆臀，
妇女们的腰部有可爱迷人的皱纹，
遭到新雨浇淋，那行汗毛线竖起。（25）

解析：दधति（√धा 现在，复，三）安放，具有。वर（优美的）-कुच（乳房）-अग्रैः（अग्र 尖），复合词（中，复，具），优美的乳尖。उन्नतैः（उन्नत 中，复，具）高耸的。हारयष्टिम्（हारयष्टि 阴，单，业）珍珠项链。प्रतनु（极薄的）-सित（白的）-दुकूलानि（दुकूल 丝衣），复合词（中，复，业），又薄又白的丝衣。आयतैः（आयत 阳，复，具）宽大的。श्रोणि（臀）-बिम्बैः（बिम्ब 圆盘），复合词（阳，复，具），圆臀。नव（新的）-जल（雨水）-कण（滴）-सेकात्（सेक 洒），复合词（阳，单，从），新的雨滴浇洒。उद्धताम्（उद्धत 阴，单，业）出现，竖起。रोम（रोमन् 汗毛）-राजीम्（राजी 行，列），复合词（阴，单，业），上腹部的汗毛线。ललित（可爱的，迷人的）-वलि（皱褶）-विभङ्गैः（विभङ्ग 皱纹），复合词（阳，复，具），迷人的皱纹。मध्य（中间的）-देशैः（देश 部位），复合词（阳，复，具），腰部。च（不变词）和。नार्यः（नारी 阴，复，体）妇女。

नवजलकणसङ्गाच्छीततामादधानः
कुसुमभरनतानां लासकः पादपानाम्।
जनितरुचिरगन्धः केतकीनां रजोभिः
परिहरति नभस्वान्प्रोषितानां मनांसि॥२६॥

与新鲜的雨珠接触而获得清凉，
使鲜花盛开而下垂的树木跳舞，
夹带盖多吉花粉而产生甜蜜的
芳香，这风儿夺走旅人们的心。（26）

解析：नव（新鲜的）-जल（雨水）-कण（滴）-सङ्गात्（सङ्ग 接触），复合词（阳，单，从），接触新雨的水滴。शीतताम्（शीतता 阴，单，业）清凉性。आदधानः（आदधान 现分，阳，单，体）取，获得。कुसुम（花）-भर（负担）-नतानाम्（नत 下垂），复合词（阳，复，属），因鲜花盛开而下垂。लासकः（लासक 阳，单，体）引起跳舞。पादपानाम्（पादप 阳，复，属）树。जनित（产生）-रुचिर（甜蜜的）-गन्धः（गन्ध 芳香），复合词（阳，单，体），产生甜蜜的芳香。केतकीनाम्（केतकी 阴，复，属）盖多吉树。रजोभिः（रजस् 中，复，具）花粉。परिहरति（परि√ह्र 现在，单，三）抓，夺。नभस्वान्（नभस्वत्

阳，单，体）风。प्रोषितानाम्（प्रोषित 阳，复，属）在外的，旅人。मनांसि（मनस् 中，复，业）心。

जलभरनमितानामाश्रयो ऽस्माकमुच्चै-
　रयमिति जलसेकैस्तोयदास्तोयनम्राः।
अतिशयपरुषाभिर्ग्रीष्मवह्नेः शिखाभिः
　समुपजनिततापं ह्लादयन्तीव विन्ध्यम्॥२७॥

饱含雨水而低垂的乌云这样思忖：
"雨水压弯我们，这是我们的大靠山！"
于是倾泻雨水，仿佛取悦这座受着
炽热的夏季火焰折磨的文底耶山。（27）

解析：जल（水）-भर（负担）-नमितानाम्（नमित 压弯），复合词（阳，复，属），负担水而弯下。आश्रयः（आश्रय 阳，单，体）依靠，靠山。अस्माकम्（अस्मद् 复，属）我们。उच्चैस्（不变词）崇高，伟大。अयम्（इदम् 阳，单，体）这个。इति（不变词）这样（想）。जल（水）-सेकैः（सेक 泼洒），复合词（阳，复，具），泼洒雨水。तोयदाः（तोयद 阳，复，体）雨云。तोय（水）-नम्राः（नम्र 低垂），复合词（阳，复，体），因水而低垂的。अतिशय（极度）-परुषाभिः（परुष 猛烈的），复合词（阴，复，具），炽烈的。ग्रीष्म（夏季）-वह्नेः（वह्नि 火），复合词（阳，单，属），夏日之火。शिखाभिः（शिखा 阴，复，具）火焰。समुपजनित（产生，造成）-तापम्（ताप 炙烤，折磨），复合词（阳，单，业），经受炙烤折磨的。ह्लादयन्ति（√ह्लाद् 致使，现在，复，三）取悦。इव（不变词）仿佛。विन्ध्यम्（विन्ध्य 阳，单，业）文底耶山。

बहुगुणरमणीयः कामिनीचित्तहारी
　तरुविटपलतानां बान्धवो निर्विकारः।
जलदसमय एष प्राणिनां प्राणभूतो
　दिशतु तव हितानि प्रायशो वाञ्छितानि॥२८॥

这雨季有许多优点，可爱迷人，
夺走多情女子的心，是树枝和
蔓藤的忠实朋友，生命的呼吸，
愿它始终顺遂你的美好心愿！（28）

解析：बहु（多的）-गुण（美德，优点）-रमणीयः（रमणीय 可爱的），复合词（阳，单，体），有众多优点而可爱迷人。कामिनी（多情女子）-चित्त（心）-हारी（हारिन् 夺，捉），复合词（阳，单，体），夺走多情女子的心。तरु（树）-विटप（枝条）-लतानाम्（लता 蔓藤），复合词（阴，复，属），树枝和蔓藤。बान्धवः（बान्धव 阳，单，体）朋友，伙伴。निर्विकारः（निर्विकार 阳，单，体）不变的，忠实的。जलद（云）-समयः（समय 时节），复合词（阳，单，体），雨季。एषः（एतद् 阳，单，体）这个。प्राणिनाम्（प्राणिन् 阳，复，属）生命，众生。प्राण（呼吸）-भूतः（भूत 成为），复合词（阳，单，体），成为呼吸。दिशतु（√दिश् 命令，单，三）指向，满足。तव（त्वद् 单，属）你。हितानि（हित 中，复，业）有益的，美好的。प्रायशस्（不变词）经常，始终。वाञ्छितानि（वाञ्छित 中，复，业）希望，心愿。

तृतीयः सर्गः

第 三 章

काशांशुका विकचपद्ममनोज्ञवक्त्रा
　　सोन्मादहंसरवनूपुरनादरम्या।
आपक्कशालिरुचिरानतगात्रयष्टिः
　　प्राप्ता शरन्नववधूरिव रूपरम्या॥ १॥

秋天来了，宛如一位美丽可爱的新娘，
绽放的莲花是迷人的脸，迦舍花是衣，
天鹅激动的鸣叫如同脚镯声而可爱，
半熟的稻子是优美弯曲的苗条肢体。（1）

解析：काश（迦舍花）-अंशुका（अंशुक 衣，丝衣），复合词（阴，单，体），迦舍花是衣。विकच（开花）-पद्म（莲花）-मनोज्ञ（迷人的）-वक्त्रा（वक्त्र 脸），复合词（阴，单，体），绽放的莲花是迷人的脸。सोन्माद（疯狂的，激动的）-हंस（天鹅）-रव（鸣叫）-नूपुर（脚镯）-नाद（声音）-रम्या（रम्य 可爱的），复合词（阴，单，体），天鹅激动的鸣叫如同脚镯声而可爱。आपक्क（未成熟的）-शालि（稻子）-रुचिर（优美的）-आनत（弯曲的）-गात्र（肢体）-यष्टिः（यष्टि 棍子，枝条），复合词（阴，单，体），半熟的稻子是优美弯曲的苗条肢体。प्राप्ता（प्राप्त 阴，单，体）达到。शरद्（शरद् 阴，单，体）秋天。नववधूः（नववधू 阴，单，体）新娘。इव（不变词）犹如。रूप（容貌）-रम्या（रम्य 可爱的），复合词（阴，单，体），容貌可爱的。

काशैर्मही शिशिरदीधितिना रजन्यो
　　हंसैर्जलानि सरितां कुमुदैः सरांसि।
सप्तच्छदैः कुसुमभारनतैर्वनान्ताः
　　शुक्लीकृतान्युपवनानि च मालतीभिः॥२॥

大地有迦舍花，夜晚有月亮，
河水有天鹅，池水有白莲花，
林区有花朵累累的七叶树，
花园有茉莉花，一切都变白。（2）

解析： काशैः（काश 阳，复，具）迦舍花。मही（मही 阴，单，体）大地。शिशिर（清凉的）-दीधितिना（दीधिति 光线），复合词（阳，单，具），月亮。रजन्यः（रजनी 阴，复，体）夜晚。हंसैः（हंस 阳，复，具）天鹅。जलानि（जल 中，复，体）水。सरिताम्（सरित् 阴，复，属）河流。कुमुदैः（कुमुद 中，复，具）莲花。सरांसि（सरस् 中，复，体）池塘。सप्तच्छदैः（सप्तच्छद 阳，复，具）七叶树。कुसुम（花）-भार（大量，许多）-नतैः（नत 压弯的），复合词（阳，复，具），花朵累累。वनान्ताः（वनान्त 阳，复，体）树林，林区。शुक्लीकृतानि（शुक्लीकृत 中，复，体）变白。उपवनानि（उपवन 中，复，体）花园，园林。च（不变词）和。मालतीभिः（मालती 阴，复，具）茉莉花。

चञ्चन्मनोज्ञशफरीरसनाकलापाः
　　पर्यन्तसंस्थितसिताण्डजपङ्क्तिहाराः।
नद्यो विशालपुलिनान्तनितम्बबिम्बा
　　मन्दं प्रयान्ति समदाः प्रमदा इवाद्य॥३॥

如今河流缓缓流动宛如多情的妇女，
河中游动的可爱小鱼如同她的腰带，
聚在水边的排排白鸟如同她的花环，
岸边宽阔的沙滩如同她圆圆的臀部。（3）

解析：चञ्चत्（跃动）-मनोज्ञ（可爱的，迷人的）-शफरी（小鱼）-रशना（腰带）-कलापाः（कलाप 束带），复合词（阴，复，体），游动的可爱小鱼如同腰带。पर्यन्त（周边）-संस्थित（聚集）-सित（白的）-अण्डज（鸟）-पङ्क्ति（成排，成行）-हाराः（हार 项链，花环），复合词（阴，复，体），聚在水边的排排白鸟如同花环。नद्यः（नदी 阴，复，体）河流。विशाल（宽阔的）-पुलिन（沙滩）-अन्त（边缘）-नितम्ब（臀部）-बिम्बाः（बिम्ब 圆盘），复合词（阴，复，体），宽阔的沙滩如同圆臀。मन्दम्（不变词）慢慢地。प्रयान्ति（प्र√या 现在，复，三）前行，流动。समदाः（समद 阴，复，体）多情的。प्रमदाः（प्रमदा 阴，复，体）妇女。इव（不变词）犹如。अद्य（不变词）如今。

व्योम कचिद्रजतशङ्खमृणालगौरै-
　　स्त्यक्ताम्बुभिर्लघुतया शतशः प्रयातैः ।
संलक्ष्यते पवनवेगचलैः पयोदै
　　राजेव चामरशतैरुपवीज्यमानः ॥४॥

　　数以百计的云朵卸下了雨水，
　　洁白如同银子、贝螺和莲藕，
　　随风轻盈飘荡，天空看似国王，
　　有数以百计的拂尘为他扇风。[①]（4）

解析：व्योम（व्योमन् 中，单，体）天空。कचित्（不变词）某处。रजत（银子）-शङ्ख（贝壳，贝螺）-मृणाल（莲藕）-गौरैः（गौर 白色的），复合词（阳，复，具），白净似银子、贝螺和莲藕。त्यक्त（抛弃）-अम्बुभिः（अम्बु 水），复合词（阳，复，具），卸下雨水。लघुतया（लघुता 阴，单，具）轻盈。शतशस्（不变词）成百地。प्रयातैः（प्रयात 阳，复，具）前行。संलक्ष्यते（सम्√लक्ष् 被，单，三）看到，看似。पवन（风）-वेग（速度，力度）-चलैः（चल 移动），复合词（阳，复，具），随风飘荡。पयोदैः（पयोद 阳，复，具）云。राजा（राजन् 阳，单，体）国王。इव（不变词）像。चामर（拂尘）-शतैः（शत 一百），复合词（阳，复，具），数以百计的拂尘。उपवीज्यमानः（उपवीज्यमान 现分，被，阳，单，体）扇动，扇风。

भिन्नाञ्जनप्रचयकान्ति नभो मनोज्ञं
　　बन्धूकपुष्परजसाऽरुणिता च भूमिः ।
वप्राश्च पक्ककलमावृतभूमिभागाः
　　प्रोत्कण्ठयन्ति न मनो भुवि कस्य यूनः ॥५॥

[①] 这首诗中，以天空比喻国王，以轻盈飘荡的云朵比喻扇风的拂尘。

天空似成堆眼膏可爱迷人，
般杜迦花的花粉染红大地，
河岸地区布满成熟的稻谷，
世上哪个青年会不心生渴望？（5）

解析：भिन्नाञ्जन（眼膏）-प्रचय（成堆）-कान्ति（कान्ति 可爱），复合词（中，单，体），像成堆的眼膏那样可爱。नभः（नभस् 中，单，体）天空。मनोज्ञम्（मनोज्ञ 中，单，体）迷人的。बन्धूक（般杜迦树）-पुष्प（花）-रजसा（रजस् 花粉），复合词（中，单，具），般杜迦花的花粉。अरुणिता（अरुणित 阴，单，体）染红。च（不变词）和。भूमिः（भूमि 阴，单，体）大地。वप्राः（वप्र 阳，复，体）岸边。च（不变词）和。पक्व（成熟的）-कलम（稻子）-आवृत（覆盖）-भूमि（大地）-भागाः（भाग 部分），复合词（阳，复，体），各地区布满成熟的稻子。प्रोत्कण्ठयन्ति（प्र-उद्√कण्ठ् 致使，现在，复，三）引起渴望。न（不变词）不。मनः（मनस् 中，单，业）心。भुवि（भू 阴，单，依）大地。कस्य（किम् 阳，单，属）谁，哪个。यूनः（युवन् 阳，单，属）青年。

मन्दानिलाकुलितचारुतराग्रशाखः
पुष्पोद्गमप्रचयकोमलपल्लवाग्रः।
मत्तद्विरेफपरिपीतमधुप्रसेक-
श्चित्तं विदारयति कस्य न कोविदारः॥६॥

可爱的枝条末梢在微风中荡漾，
那些柔嫩的芽尖绽放朵朵鲜花，
沉醉的蜜蜂吸吮着淌出的蜜汁，
这戈维达罗树怎会不令人心碎？（6）

解析：मन्द（缓慢的）-अनिल（风）-आकुलित（混乱，激动）-चारुतर（特别可爱）-अग्र（尖端）-शाखः（शाखा 枝条），复合词（阳，单，体），优美可爱的枝条末梢在微风中荡漾。पुष्प（花）-उद्गम（开放）-प्रचय（堆，簇）-कोमल（柔软的）-पल्लव（嫩芽，嫩枝）-अग्रः（अग्र 尖端），复合词（阳，单，体），柔嫩的芽尖绽放朵朵鲜花。मत्त（沉醉的）-द्विरेफ（蜜蜂）-परिपीत（吸吮）-मधु（蜜汁）-प्रसेकः（प्रसेक 流淌），复合词（阳，单，体），沉醉的蜜蜂吸吮淌出的蜜汁。चित्तम्（चित्त 中，单，业）心。विदारयति（वि√दृ 致使，单，三）撕碎，撕裂。कस्य（किम् 阳，单，属）谁。न（不变词）不。कोविदारः（कोविदार 阳，单，体）戈维达罗树。

तारागणप्रवरभूषणमुद्वहन्ती
  मेघावरोधपरिमुक्तशशाङ्कवक्त्रा।
ज्योत्स्नादुकूलममलं रजनी दधाना
  वृद्धिं प्रयात्यनुदिनं प्रमदेव बाला॥७॥

秋夜日益增长，似少女日益成熟，
闪烁的繁星，犹如她优美的首饰，
破云而出的明月，犹如她的面庞，
皎洁的月光，犹如她身穿的绸衣。（7）

解析：तारा（星星）-गण（群）-प्रवर（优美的）-भूषणम्（भूषण 装饰），复合词（中，单，业），群星是优美的装饰。उद्वहन्ती（उद्वहत् 现分，阴，单，体）具有。मेघ（云）-अवरोध（阻碍）-परिमुक्त（摆脱）-शशाङ्क（月亮）-वक्त्रा（वक्त्र 脸），复合词（阴，单，体），破云而出的明月是面庞。ज्योत्स्ना（月光）-दुकूलम्（दुकूल 丝绸衣），复合词（中，单，业），月光是绸衣。अमलम्（अमल 中，单，业）无垢的，洁净的。रजनी（रजनी 阴，单，体）夜晚。दधाना（दधान 现分，阴，单，体）具有，穿上。वृद्धिम्（वृद्धि 阴，单，业）增长，成熟。प्रयाति（प्र√या 现在，单，三）走向。अनुदिनम्（不变词）一天天。प्रमदा（प्रमदा 阴，单，体）妇女。इव（不变词）像。बाला（बाल 阴，单，体）年轻的。

कारण्डवाननविघट्टितवीचिमालाः
  कादम्बसारसकुलाकुलतीरदेशाः।
कुर्वन्ति हंसविरुतैः परितो जनस्य
  प्रीतिं सरोरुहरजोरुणितास्तटिन्यः॥८॥

这些河流被莲花花粉染红，
那些鸭嘴断开连接的波浪，
岸边簇拥着灰鹅和仙鹤，
周围天鹅鸣叫，令人喜悦。（8）

解析：कारण्डव（鸭）-आनन（嘴）-विघट्टित（破开）-वीचि（波浪）-मालाः（माला 串，系列），复合词（阴，复，体），鸭嘴断开连接的波浪。कादम्ब（灰鹅）-सारस（鹤）-कुल（族，群）-आकुल（充满）-तीर（岸）-देशाः（देश 地区），复合词（阴，复，体），

岸边簇拥着灰鹅和仙鹤。कुर्वन्ति（√कृ 现在，复，三）做。हंस（天鹅）-विरुतैः（विरुत 鸣叫），复合词（中，复，具），天鹅鸣叫。परितस्（不变词）周围。जनस्य（जन 阳，单，属）人们。प्रीतिम्（प्रीति 阴，单，业）高兴。सरोरुह（莲花）-रजस्（花粉）-अरुणिताः（अरुणित 染红），复合词（阴，复，体），莲花花粉染红。तटिन्यः（तटिनी 阴，复，体）河流。

नेत्रोत्सवो हृदयहारिमरीचिमालः
    प्रह्लादकः शिशिरशीकरवारिवर्षी।
पत्युर्वियोगविषदिग्धशरक्षतानां
    चन्द्रो दहत्यतितरां तनुमङ्गनानाम्॥९॥

月亮成束的光线赏心悦目，
洒下清凉的水雾令人高兴，
却更加猛烈烧灼那些妇女，
与丈夫分离如同身中毒箭。（9）

解析：नेत्र（眼睛）-उत्सवः（उत्सव 节日，欢乐），复合词（阳，单，体），眼睛的欢乐。हृदय（心）-हारि（吸引）-मरीचि（光线）-मालः（माला 串，系列），复合词（阳，单，体），光线吸引人心。प्रह्लादकः（प्रह्लादक 阳，单，体）让人高兴。शिशिर（清凉的）-शीकर（雾）-वारि（水）-वर्षी（वर्षिन् 洒下），复合词（阳，单，体），洒下清凉的水雾。पत्युः（पति 阳，单，从）丈夫。वियोग（分离）-विष（毒）-दिग्ध（涂抹）-शर（箭）-क्षतानाम्（क्षत 伤害），复合词（阴，复，属），分离如同身中毒箭。चन्द्रः（चन्द्र 阳，单，体）月亮。दहति（√दह् 现在，单，三）烧灼。अतितराम्（不变词）更猛烈地。तनुम्（तनु 阴，单，业）身体。अङ्गनानाम्（अङ्गना 阴，复，属）妇女。

आकम्पयन्फलभरानतशालिजाला-
    न्यानर्तयंस्तरुवरांशुसुमावनम्रान्।
उत्फुल्लपङ्कजवनां नलिनीं विधुन्व-
    न्यूनां मनश्चलयति प्रसभं नभस्वान्॥१०॥

摇晃谷穗饱满沉甸的稻子，
舞动花朵盛开低垂的树木，
吹拂莲花竞相绽放的莲花池，
这风儿猛烈搅动年轻人的心。（10）

解析：आकम्पयन्（आकम्पयत् 致使，现分，阳，单，体）摇动。फल（果实）-भर（负担，重量）-आनत（弯下）-शालि（稻子）-जालानि（जाल 大量），复合词（中，复，业），谷穗饱满沉甸的稻子。आनर्तयन्（आनर्तयत् 致使，现分，阳，单，体）舞动。तरु（树）-वरान्（वर 优秀），复合词（阳，复，业），优良的树木。कुसुम（花）-अवनम्रान्（अवनम्र 弯下的），复合词（阳，复，业），因花而下垂的。उत्फुल्ल（绽放）-पङ्कज（莲花）-वनाम्（वन 林），复合词（阴，单，业），莲花林绽放的。नलिनीम्（नलिनी 阴，单，业）莲花池。विधुन्वन्（विधुन्वत् 现分，阳，单，体）吹动。यूनाम्（युवन् 阳，复，属）年轻人。मनः（मनस् 中，单，业）心。चलयति（√चल् 致使，现在，单，三）搅动。प्रसभम्（不变词）猛烈地。नभस्वान्（नभस्वत् 阳，单，体）风。

सोन्मादहंसमिथुनैरुपशोभितानि
स्वच्छप्रफुल्लकमलोत्पलभूषितानि।
मन्दप्रभातपवनोद्धतवीचिमाला-
न्युत्कण्ठयन्ति सहसा हृदयं सरांसि॥११॥

有成双作对热恋的天鹅而优美，
纯洁的白莲和青莲绽放而可爱，
清晨柔和的微风吹起道道涟漪，
这些水池突然间令人心生渴望。（11）

解析：सोन्माद（发情的）-हंस（天鹅）-मिथुनैः（मिथुन 成双成对），复合词（中，复，具），成双作对热恋的天鹅。उपशोभितानि（उपशोभित 中，复，体）优美的。स्वच्छ（纯洁的）-प्रफुल्ल（绽放的）-कमल（白莲）-उत्पल（青莲）-भूषितानि（भूषित 装饰），复合词（中，复，体），装饰有绽放的、纯洁的白莲和青莲。मन्द（和缓的）-प्रभात（早晨）-पवन（风）-उद्धत（升起，吹起）-वीचि（波浪）-मालानि（माला 串，系列），复合词（中，复，体），清晨柔和的微风吹起道道涟漪。उत्कण्ठयन्ति（उद्√कण्ठ् 致使，现在，复，三）引起渴望。सहसा（不变词）猛然地。हृदयम्（हृदय 中，单，业）心。सरांसि（सरस् 中，复，体）水池。

नष्टं धनुर्बलभिदो जलदोदरेषु
सौदामिनी स्फुरति नाद्य वियत्पताका।
धुन्वन्ति पक्षपवनैर्नभो बलाकाः
पश्यन्ति नोन्नतमुखा गगनं मयूराः॥१२॥

如今神弓①彩虹消失在云中,
空中的旗帜闪电不再闪烁,
苍鹭不用翅膀之风扇动天空,
孔雀也不再翘首仰望天空。(12)

解析:नष्टम् (नष्ट 中,单,体) 消失。धनुः (धनुस् 中,单,体) 弓。बलभिदः (बलभिद् 阳,单,属) 毁灭钵罗者,因陀罗。जलद (云)-उदरेषु (उदर 中间),复合词(中,复,依),云中。सौदामिनी (सौदामिनी 阴,单,体) 闪电。स्फुरति (√स्फुर् 现在,单,三) 闪现。न (不变词) 不。अद्य (不变词) 今天。वियत् (天空)-पताका (पताका 旗帜),复合词(阴,单,体),空中的旗帜。धुन्वन्ति (√धू 现在,复,三) 摇动,扇动。पक्ष (翅膀)-पवनैः (पवन 风),复合词(阳,复,具),翅膀之风。न (不变词) 不。नभः (नभस् 中,单,业) 天空。बलाकाः (बलाक 阳,复,体) 苍鹭,白鹭。पश्यन्ति (√दृश् 现在,复,三) 看。न (不变词) 不。उन्नत (抬起)-मुखाः (मुख 脸),复合词(阳,复,体),翘首。गगनम् (गगन 中,单,业) 天空。मयूराः (मयूर 阳,复,体) 孔雀。

नृत्यप्रयोगरहिताञ्जिशिखिनो विहाय
हंसानुपैति मदनो मधुरप्रगीतान्।
मुक्त्वा कदम्बकुटजार्जुनसर्जनीपा-
न्सप्तच्छदानुपगता कुसुमोद्गमश्रीः॥ १३॥

爱神离开不再翩翩起舞的孔雀,
走向甜蜜歌唱的天鹅,开花之美
离开迦昙波、古吒遮、阿周那、
娑尔遮和尼波树,走向七叶树②。(13)

解析:नृत्य (跳舞)-प्रयोग (从事)-रहितान् (रहित 脱离),复合词(阳,复,业),不再跳舞的。शिखिनः (शिखिन् 阳,复,业) 孔雀。विहाय (वि√हा 独立式) 离开。हंसान् (हंस 阳,复,业) 天鹅。उपैति (उप√इ 现在,单,三) 走近,走向。मदनः (मदन 阳,单,体) 爱神。मधुर (甜蜜的)-प्रगीतान् (प्रगीत 歌唱),复合词(阳,复,业),甜蜜唱歌的。मुक्त्वा (√मुच् 独立式) 放弃,离开。कदम्ब (迦昙波树)-कुटज (古吒遮树)-अर्जुन (阿周那树)-सर्ज (娑尔遮树)-नीपान् (नीप 尼波树),复合词(阳,复,业),迦昙波、

---

① 神弓指因陀罗之弓,也就是彩虹。这首诗描写秋季的景象不同于雨季。参阅第2章第4首。
② 七叶树在秋季开放。参阅本章第2首。

古吒遮、阿周那、娑尔遮和尼波树。**सप्तच्छदान्**（सप्तच्छद 阳，复，业）七叶树。**उपगता**（阴，单，体）走近，走向。**कुसुम**（花）-**उद्गम**（出现，开放）-**श्रीः**（श्री 光辉，美），复合词（阴，单，体），开花之美。

शेफालिकाकुसुमगन्धमनोहराणि
　　स्वस्थस्थिताण्डजकुलप्रतिनादितानि।
पर्यन्तसंस्थितमृगीनयनोत्पलानि
　　प्रोत्कण्ठयन्त्युपवनानि मनांसि पुंसाम्॥१४॥

舍帕利迦花香可爱迷人，
鸟群自由自在，婉转啼鸣，
周边的雌鹿眼睛似青莲，
这些花园令人心生渴望。（14）

解析：**शेफालिका**（舍帕利迦花）-**कुसुम**（花）-**गन्ध**（香气）-**मनोहराणि**（मनोहर 迷人的），复合词（中，复，体），舍帕利迦花香可爱迷人。**स्वस्थ**（自由自在）-**स्थित**（处于）-**अण्डज**（鸟）-**कुल**（族，群）-**प्रतिनादितानि**（प्रतिनादित 发声，鸣叫），复合词（中，复，体），鸟群自由自在，婉转啼鸣。**पर्यन्त**（周边）-**संस्थित**（处于）-**मृगी**（母鹿）-**नयन**（眼睛）-**उत्पलानि**（उत्पल 蓝莲花），复合词（中，复，体），周边的雌鹿眼睛似青莲。**प्रोत्कण्ठयन्ति**（प्र-उद्√कण्ठ् 致使，现在，复，三）引起渴望。**उपवनानि**（उपवन 中，复，体）花园。**मनांसि**（मनस् 中，复，业）心。**पुंसाम्**（पुंस् 阳，复，属）人们。

कह्लारपद्मकुमुदानि मुहुर्विधुन्वं-
　　स्तत्संगमादधिकशीतलतामुपेतः।
उत्कण्ठयत्यतितरां पवनः प्रभाते
　　पत्रान्तलग्नतुहिनाम्बुविधूयमानः॥१५॥

时时吹拂白莲、日莲和睡莲，
与它们接触而变得更清凉，
又吹动沾在叶尖上的露珠，
这晨风令人心生强烈渴望。（15）

解析：**कह्लार**（白莲）-**पद्म**（日莲）-**कुमुदानि**（कुमुद 睡莲），复合词（中，复，业），白莲、日莲和睡莲。**मुहुस्**（不变词）时时。**विधुन्वन्**（विधुन्वत् 现分，阳，单，体）摇动，

吹动。तद् （它们）- संगमात् (संगम 接触），复合词（阳，单，从），与它们接触。अधिक （更加）-शीतलताम् (शीतलता 凉爽），复合词（阴，单，业），更加凉爽。उपेतः (उपेत 阳，单，体）走向，具有。उत्कण्ठयति (उद्√कण्ठ् 致使，现在，单，三）引起渴望。अतितराम् （不变词）更强烈地。पवनः (पवन 阳，单，体）风。प्रभाते (प्रभात 中，单，依）早晨，清晨。पत्र（叶子）-अन्त（末端，尖端）-लग्न（粘连，沾着）-तुहिन（露）-अम्बु（水）-विधूयमानः （विधूयमान 现分，被，摇动），复合词（阳，单，体），吹动沾在叶尖上的露珠。

संपन्नशालिनिचयावृतभूतलानि
स्वस्थस्थितप्रचुरगोकुलशोभितानि।
हंसैः ससारसकुलैः प्रतिनादितानि
सीमान्तराणि जनयन्ति नृणां प्रमोदम्॥१६॥

地面覆盖茂盛的稻子，
自由的牛群优美可爱，
天鹅和仙鹤交相鸣叫，
这些田野令人们喜悦。（16）

解析：संपन्न（丰富的）-शालि（稻子）-निचय（大量）-आवृत（覆盖）-भूतलानि (भूतल 地面），复合词（中，复，体），地面覆盖茂盛的稻子。स्वस्थ（自由自在）-स्थित（处于）-प्रचुर（许多，大量）-गोकुल（牛群）-शोभितानि (शोभित 美丽的），复合词（中，复，体），牛群自由自在而优美可爱。हंसैः (हंस 阳，复，具）天鹅。स（有，和）-सारस（鹤）-कुलैः (कुल 群），复合词（阳，复，具），与鹤群一起。प्रतिनादितानि (प्रतिनादित 中，复，体）应和鸣叫。सीमा（边界）-अन्तराणि (अन्तर 中间），复合词（中，复，体），边界地区，田野。जनयन्ति (√जन् 致使，现在，复，三）产生。नृणाम् (नृ 阳，复，属）人。प्रमोदम् (प्रमोद 阳，单，业）愉快，喜悦。

हंसैर्जिता सुललिता गतिरङ्गनाना-
मम्भोरुहैर्विकसितैर्मुखचन्द्रकान्तिः।
नीलोत्पलैर्मदकलानि विलोचनानि
भ्रूविभ्रमाश्च रुचिरास्तनुभिस्तरङ्गैः॥१७॥

天鹅胜过妇女们优美的步姿，
绽放的莲花胜过可爱的月亮脸，

青莲胜过那些含情脉脉的眼光，
纤细的水浪胜过挑动的眉毛。（17）

解析：हंसैः（हंस 阳，复，具）天鹅。जिता（जित 阴，单，体）胜过，压倒。सुललिता（सुललित 阴，单，体）优美的，可爱的。गतिः（गति 阴，单，体）走动，步姿。अङ्गनानाम्（अङ्गना 阴，复，属）妇女。अम्भोरुहैः（अम्भोरुह 中，复，具）莲花。विकसितैः（विकसित 中，复，具）绽放的。मुख（脸）-चन्द्र（月亮）-कान्तिः（कान्ति 优美，可爱），复合词（阴，单，体），月亮脸的优美可爱。नील（蓝色的）-उत्पलैः（उत्पल 莲花），复合词（中，复，具），青莲。मदकलानि（मदकल 中，复，体）迷醉的，含情的。विलोचनानि（विलोचन 中，复，体）眼睛，眼光。भ्रू（眉毛）-विभ्रमाः（विभ्रम 激动，媚态），复合词（阳，复，体），眉毛挑动。च（不变词）和。रुचिराः（रुचिर 阳，复，体）可爱的。तनुभिः（तनु 阳，复，具）纤细的。तरङ्गैः（तरङ्ग 阳，复，具）波浪。

श्यामा लताः कुसुमभारनतप्रवालाः
स्त्रीणां हरन्ति धृतभूषणबाहुकान्तिम्।
दन्तावभासविशदस्मितचन्द्रकान्तिं
कह्लेलिपुष्परुचिरा नवमालती च॥१८॥

霞摩蔓藤嫩枝结满花朵而低垂，
可爱胜过戴满首饰的妇女手臂，
而新开的茉莉花和耿盖利花，
灿烂胜过明月似的露齿微笑。（18）

解析：श्यामाः（श्यामा 阴，复，体）霞摩，蔓藤名。लताः（लता 阴，复，体）蔓藤。कुसुम（花）-भार（大量）-नत（弯下）-प्रवालाः（प्रवाल 嫩枝），复合词（阴，复，体），嫩枝结满花朵而低垂。स्त्रीणाम्（स्त्री 阴，复，属）妇女。हरन्ति（√हृ 现在，复，三）夺走，胜过。धृत（戴有）-भूषण（装饰品）-बाहु（手臂）-कान्तिम्（कान्ति 可爱），复合词（阴，单，业），戴有首饰的手臂的可爱。दन्त（牙齿）-अवभास（明亮，展现）-विशद（纯洁的）-स्मित（微笑）-चन्द्र（月亮）-कान्तिम्（कान्ति 可爱），复合词（阴，单，业），明月似的露齿微笑的可爱。कह्लेलि（耿盖利花）-पुष्प（花）-रुचिरा（रुचिर 明亮的），复合词（阴，单，体），与耿盖利花一起而明亮的。नव（新的）-मालती（मालती 茉莉花），复合词（阴，单，体），新开的茉莉花。च（不变词）和。

केशान्नितान्तघननीलविकुञ्चिताग्रा-
    नापूरयन्ति वनिता नवमालतीभिः।
कर्णेषु च प्रवरकाञ्चनकुण्डलेषु
    नीलोत्पलानि विविधानि निवेशयन्ति॥१९॥

妇女们用新开的茉莉花，
戴在浓密卷曲的黑发上，
又用各种各样的青莲花，
戴在金环闪光的耳朵上。（19）

解析：केशान्（केश 阳，复，业）头发。नितान्त（很多）-घन（浓密的）-नील（黑的）-निकुञ्चित（卷曲的）-अग्रान्（अग्र 前端），复合词（阳，复，业），许多浓密的、黑色的和前端卷曲的。आपूरयन्ति（आ√पृ 致使，现在，复，三）布满。वनिताः（वनिता 阴，复，体）妇女。नव（新的）-मालतीभिः（मालती 茉莉花），复合词（阴，复，具），新开的茉莉花。कर्णेषु（कर्ण 阳，复，依）耳朵。च（不变词）和。प्रवर（优美的）-काञ्चन（金子）-कुण्डलेषु（कुण्डल 耳环），复合词（阳，复，依），优美的金耳环。नील（蓝色的）-उत्पलानि（उत्पल 莲花），复合词（中，复，业），青莲。विविधानि（विविध 中，复，业）各种各样的。निवेशयन्ति（नि√विश् 致使，现在，复，三）安置，佩戴。

हारैः सचन्दनरसैः स्तनमण्डलानि
    श्रोणीतटं सुविपुलं रसनाकलापैः।
पादाम्बुजानि कलनूपुरशेखरैश्च
    नार्यः प्रहृष्टमनसोऽद्य विभूषयन्ति॥२०॥

如今妇女们满怀喜悦，用抹有
檀香液的项链装饰滚圆的胸脯，
用可爱的腰带装饰宽阔的臀部，
用美妙悦耳的脚镯装饰莲花脚。（20）

解析：हारैः（हार 阳，复，具）项链。स（有）-चन्दन（檀香）-रसैः（रस 汁，液），复合词（阳，复，具），抹有檀香液的。स्तन（胸）-मण्डलानि（मण्डल 圆圈），复合词（中，复，业），滚圆的胸脯。श्रोणी（臀）-तटम्（तट 坡），复合词（阳，单，业），臀部。सुविपुलम्（सुविपुल 阳，单，业）很宽阔的。रसना（腰带）-कलापैः（कलाप 带子），复合词（阳，复，具），腰带。पाद（脚）-अम्बुजानि（अम्बुज 莲花），复合词（中，复，

业），莲花脚。कल（声音柔和的）-नूपुर（脚镯）-शेखरैः（शेखर 最好的），复合词（阳，复，具），声音悦耳的优美脚镯。च（不变词）和。नार्यः（नारी 阴，复，体）女人。प्रहृष्ट（喜悦）-मनसः（मनस् 心），复合词（阴，复，体），心中喜悦的。अद्य（不变词）如今。विभूषयन्ति（वि√भूष् 致使，现在，复，三）装饰。

स्फुटकुमुदचितानां राजहंसाश्रितानां
 मरकतमणिभासा वारिणा भूषितानाम्।
श्रियमतिशयरूपां व्योम तोयाशयानां
 वहति विगतमेघं चन्द्रतारावकीर्णम्॥२१॥

夜空无云,月亮和群星闪耀,
呈现莲花池绚丽多彩的美:
池中莲花盛开,白天鹅栖息,
池水闪烁青玉和珍珠光辉。（21）

解析：स्फुट（绽放的）-कुमुद（莲花）-चितानाम्（चित 聚集），复合词（阳，复，属），充满盛开的莲花。राजहंस（白天鹅）-आश्रितानाम्（आश्रित 依靠，栖息），复合词（阳，复，属），白天鹅栖息。मरकत（绿宝石）-मणि（摩尼珠）-भासा（भास् 光芒），复合词（中，单，具），青玉和珍珠的光辉。वारिणा（वारि 中，单，具）水。भूषितानाम्（भूषित 阳，复，属）装饰。श्रियम्（श्री 阴，单，业）光辉，美。अतिशय（非常，很多）-रूपाम्（रूप 形态），复合词（阴，单，业），多种形态的。व्योम（व्योमन् 中，单，体）天空。तोय（水）-आशयानाम्（आशय 住处），复合词（阳，复，属），水池。वहति（√वह् 现在，单，三）具有，呈现。विगत（消失，离开）-मेघम्（मेघ 云），复合词（中，单，体），无云的。चन्द्र（月亮）-तारा（星星）-अवकीर्णम्（अवकीर्ण 遍布），复合词（中，单，体），月亮和星星遍布的。

शरदि कुमुदसङ्घाद्घायवो वान्ति शीता
 विगतजलदवृन्दा दिग्विभागा मनोज्ञाः।
विगतकलुषमम्भः श्यानपङ्का धरित्री
 विमलकिरणचन्द्रं व्योम ताराविचित्रम्॥२२॥

秋天,风儿接触莲花而清凉,
四面八方乌云消失而可爱,
水流变洁净,泥土变干燥,

夜空月光清澈，群星璀璨。（22）

解析：**शरदि**（शरद् 阴，单，依）秋天。**कुमुद**（莲花）-**सञ्जात**（सञ्ज 接触），复合词（阳，单，从），接触莲花。**वायवः**（वायु 阳，复，体）风。**वान्ति**（√वा 现在，复，三）吹拂。**शीताः**（शीत 阳，复，体）清凉。**विगत**（消失）-**जलद**（云）-**वृन्दाः**（वृन्द 群，大量），复合词（阳，复，体），群云消失。**दिश्**（方向）-**विभागाः**（विभाग 部分），复合词（阳，复，体），四面八方。**मनोज्ञाः**（मनोज्ञ 阳，复，体）可爱的，迷人的。**विगत**（消失）-**कलुषम्**（कलुष 污浊），复合词（中，单，体），污浊消失。**अम्भः**（अम्भस् 中，单，体）水。**श्यान**（干燥的）-**पङ्का**（पङ्क 泥土），复合词（阴，单，体），泥土干燥。**धरित्री**（धरित्री 阴，单，体）大地。**विमल**（无垢的）-**किरण**（光）-**चन्द्रम्**（चन्द्र 月亮），复合词（中，单，业），月光清澈的。**व्योम**（व्योमन् 中，单，体）天空。**तारा**（星星）-**विचित्रम्**（विचित्र 美妙），复合词（中，单，体），群星璀璨。

> दिवसकरमयूखैर्बोध्यमानं प्रभाते
> वरयुवतिमुखाभं पङ्कजं जृम्भते ऽद्य।
> कुमुदमपि गते ऽस्तं लीयते चन्द्रबिम्बे
> हसितमिव वधूनां प्रोषितेषु प्रियेषु॥ २३॥

如今，阳光在清晨唤醒日莲，
绽放如同美丽少女的脸庞，
而在月亮下山后，晚莲闭合，
似爱人远行，妻子笑容消失。（23）

解析：**दिवसकर**（太阳）-**मयूखैः**（मयूख 光线），复合词（阳，复，具），阳光。**बोध्यमानम्**（बोध्यमान 致使，现分，被，中，单，业）唤醒。**प्रभाते**（प्रभात 中，单，依）早晨。**वर**（优美的）-**युवति**（少女）-**मुख**（脸）-**आभम्**（आभा 相像），复合词（中，单，体），如同美丽少女的脸庞。**पङ्कजम्**（पङ्कज 中，单，体）莲花。**जृम्भते**（√जृम्भ 现在，单，三）张开，绽开。**अद्य**（不变词）如今。**कुमुदम्**（कुमुद 中，单，体）晚莲。**अपि**（不变词）而。**गते**（गत 阳，单，依）走向。**अस्तम्**（अस्त 阳，单，业）西山。**लीयते**（√ली 现在，单，三）闭合，消失。**चन्द्र**（月亮）-**बिम्बे**（बिम्ब 圆盘），复合词（阳，单，依），圆月。**हसितम्**（हसित 中，单，体）笑容。**इव**（不变词）好像。**वधूनाम्**（वधू 阴，复，属）女人，妻子。**प्रोषितेषु**（प्रोषित 阳，复，依）远行。**प्रियेषु**（प्रिय 阳，复，依）爱人。

असितनयनलक्ष्मीं लक्षयित्वोत्पलेषु
　　कणितकनककाञ्चीं मत्तहंसस्वनेषु।
अधररुचिरशोभां बन्धुजीवे प्रियाणां
　　पथिकजन इदानीं रोदिति भ्रान्तचित्तः॥२४॥

从青莲中见到美丽的黑眼睛，从天鹅
迷醉的叫声中见到叮当作响的金腰带，
从般度吉婆花中见到爱人甜美的嘴唇，
此刻远游的旅人思绪起伏，伤心落泪。（24）

解析：असित（黑的）-नयन（眼睛）-लक्ष्मीम् (लक्ष्मी 美丽)，复合词（阴，单，业），黑眼睛的美。लक्षयित्वा (√लक्ष् 独立式) 看见，发现。उत्पलेषु (उत्पल 中，复，依) 青莲。कणित（发出声响的）-कनक（金子）-काञ्चीम् (काञ्ची 腰带)，复合词（阴，单，业），叮当作响的金腰带。मत्त（迷醉的）-हंस（天鹅）-स्वनेषु (स्वन 声音，叫声)，复合词（阳，复，依），天鹅迷醉的叫声。अधर（嘴唇，下唇）-रुचिर（甜蜜的）-शोभाम् (शोभा 美丽)，复合词（阴，单，业），嘴唇的甜蜜美丽。बन्धुजीवे (बन्धुजीव 阳，单，依) 般度吉婆花。प्रियाणाम् (प्रिया 阴，复，属) 爱人。पथिकजनः (पथिकजन 阳，单，体) 旅人。इदानीम्（不变词）此刻。रोदिति (√रुद् 现在，单，三) 哭泣。भ्रान्त（转动）-चित्तः (चित्त 心，思想)，复合词（阳，单，体），思绪起伏。

स्त्रीणां विहाय वदनेषु शशाङ्कलक्ष्मीं
　　काम्यं च हंसवचनं मणिनूपुरेषु।
बन्धूककान्तिमधरेषु मनोहरेषु
　　कापि प्रयाति सुभगा शरदागमश्रीः॥२५॥

可爱的秋天之美正在走向某处，
将月亮的光辉留给妇女的脸庞，
将天鹅悦耳鸣声留给珠宝脚镯，
将红花的鲜艳留给迷人的嘴唇。（25）

解析：स्त्रीणाम् (स्त्री 阴，复，属) 妇女。विहाय (वि√हा 独立式) 抛开，留下。वदनेषु (वदन 中，复，依) 脸。शशाङ्क（月亮）-लक्ष्मीम् (लक्ष्मी 吉祥，光辉)，复合词（阴，单，业），月亮的光辉。काम्यम् (काम्य 中，单，业) 可爱的。च（不变词）和。हंस（天鹅）-वचनम् (वचन 话语，鸣声)，复合词（中，单，业），天鹅的鸣声。मणि（摩尼

珠)-नूपुरेषु (नूपुर 脚镯),复合词(阳,复,依),珠宝脚镯。बन्धूक (般杜迦花)-कान्तिम् (कान्ति 美丽,可爱),复合词(阴,单,业),般杜迦花的美丽。अधरेषु (अधर 阳,复,依)嘴唇,下唇。मनोहरेषु (मनोहर 阳,复,依)迷人的。क-अपि (不变词)某处。प्रयाति (प्र√या 现在,单,三)走向,前往。सुभगा (सुभग 阴,单,体)吉祥的,可爱的。शरद् (秋天)-आगम (到来)-श्रीः (श्री 美),复合词(阴,单,体),秋天之美。

विकचकमलवक्त्रा फुल्लनीलोत्पलाक्षी
विकसितनवकाशश्वेतवासो वसाना।
कुमुदरुचिरकान्तिः कामिनीवोन्मदेयं
प्रतिदिशतु शरद्श्वेतसः प्रीतिमग्र्याम्॥२६॥

宛如充满激情的美女,可爱似晚莲,
脸似绽放的莲花,眼似绽放的青莲,
身穿洁白衣裳,如同新开的迦舍花,
愿这秋天让你们的心中无上快乐!(26)

解析:विकच (绽放)-कमल (莲花)-वक्त्रा (वक्त्र 脸),复合词(阴,单,体),脸似绽放的莲花。फुल्ल (绽放)-नील (蓝色)-उत्पल (莲花)-अक्षी (अक्ष 眼睛),复合词(阴,单,体),眼似绽放的青莲。विकसित (绽放的)-नव (新的)-काश (迦舍花)-श्वेत (白色的)-वासः (वासस् 衣裳),复合词(中,单,业),洁白的衣裳,如同新开的迦舍花。वसाना (वसान 现分,阴,单,体)穿。कुमुद (晚莲)-रुचिर (可爱的)-कान्तिः (कान्ति 美丽),复合词(阴,单,体),可爱似晚莲。कामिनी (कामिनी 阴,单,体)多情女子。इव (不变词)犹如。उन्मदा (उन्मद 阴,单,体)充满激情的。इयम् (इदम् 阴,单,体)这,指秋天。प्रतिदिशतु (प्रति√दिश् 命令,单,三)指示,许诺。शरद् (शरद् 阴,单,体)秋天。वः (युष्मद् 复,属)你们。चेतसः (चेतस् 中,单,属)心。प्रीतिम् (प्रीति 阴,单,业)快乐。अग्र्याम् (अग्र्य 阴,单,业)顶尖的,最好的。

रघुवंशम्।

罗怙世系

《罗怙世系》(Raghuvaṃśa) 的作者是迦梨陀娑 (Kālidāsa, 约四、五世纪)。这部叙事诗共有十九章,取材于印度史诗和往世书中罗怙世系的传说。罗怙世系属于太阳族,他们的祖先可以追溯到吠陀时代的甘蔗王。迦梨陀娑的《罗怙世系》是以罗摩故事为重点,描写罗摩在位前后的罗怙世系帝王传说。前两章描写迪利波王(罗摩的高祖)的传说。第三章至第五章描写罗怙王(罗摩的曾祖)的传说。第六至第八章描写阿迦王(罗摩的祖父)的传说。第九至第十五章描写十车王(罗摩的父亲)和罗摩的传说。第十六章描写罗摩的儿子俱舍王的传说。第十七章描写俱舍的儿子阿底提王的传说。第十八章扼要描写阿底提王之后的二十一代国王的传说。最后一章描写火色王的传说。

《罗怙世系》采用帝王谱系的形式,不存在贯穿全诗的统一情节。但迦梨陀娑凭借他的卓越诗才,弥补了这一缺陷。他以诗人的眼光提炼和剪裁历史传说,着重描写一些著名帝王的主要事迹。而在这些事迹中,又突出某一侧面,或重彩描绘,或充分抒情。一个又一个生动插曲,一篇又一篇优美诗章,令读者应接不暇。例如第八章中的"阿迦哭妻",一向被认为是梵语诗歌中最动人的名篇之一。

长期以来,《罗怙世系》以它的绚丽多彩的画面和情味,优美的语言和韵律,温和的教诲,在印度被奉为古典梵语叙事诗的最高典范,至今仍是学习梵语的基本读物之一。

下面选读《罗怙世系》的第一、第二、第三和第八章。原文依据代沃达尔(C. R. Devadhar)编订本(*Works of Kālidāsa*, Volume II, Poetry, Motilal Banarsidass, Delhi, 1986)。

प्रथमः सर्गः।

第 一 章

वागर्थाविव संपृक्तौ वागर्थप्रतिपत्तये।
जगतः पितरौ वन्दे पार्वतीपरमेश्वरौ॥ १॥

为掌握音和义，我敬拜
波哩婆提和大自在天①，
他俩是世界的父母，
紧密结合如同音和义。（1）

解析：वाच्（语言，音）-अर्थौ（अर्थ 意义），复合词（阳，双，业），音和义。इव（不变词）如同。संपृक्तौ（संपृक्त 阳，双，业）结合。वाच्（语言，音）-अर्थ（意义）-प्रतिपत्तये（प्रतिपत्ति 获得，掌握），复合词（阴，单，为），掌握音和义。जगतः（जगत् 中，单，属）世界。पितरौ（पितृ 阳，双，业）父母。वन्दे（√वन्द् 现在，单，一）敬拜。पार्वती（波哩婆提）-परम（最高的）-ईश्वरौ（ईश्वर 自在天），复合词（阳，双，业），波哩婆提和大自在天。

क्व सूर्यप्रभवो वंशः क्व चाल्पविषया मतिः।
तितीर्षुर्दुस्तरं मोहादुडुपेनास्मि सागरम्॥ २॥

太阳族的世系在哪儿？
我的渺小智慧在哪儿？
由于愚痴，我居然想用
小舟渡过难渡的大海。（2）

解析：क्व（不变词）哪儿。सूर्य（太阳）-प्रभवः（प्रभव 产生，发源），复合词（阳，单，体），太阳族的。वंशः（वंश 阳，单，体）世系。क्व（不变词）哪儿。च（不变词）和。अल्प（渺小的）-विषया（विषय 对象，境界），复合词（阴，单，体），境界渺小

---

① 大自在天指大神湿婆，波哩婆提是湿婆的妻子。

的。**मतिः**（मति 阴，单，体）智慧。**तितीर्षुः**（तितीर्षु 阳，单，体）想要渡过。**दुस्तरम्**（दुस्तर 阳，单，业）难以渡过的。**मोहात्**（मोह 阳，单，从）愚痴。**उडुपेन**（उडुप 阳，单，具）小舟。**अस्मि**（√अस् 现在，单，一）是。**सागरम्**（सागर 阳，单，业）大海。

मन्दः कवियशःप्रार्थी गमिष्याम्युपहास्यताम्।
प्रांशुलभ्ये फले लोभादुद्बाहुरिव वामनः॥३॥

我这愚人渴望诗人的声誉，
将会落到授人笑柄的境地，
犹如矮小的侏儒高举手臂，
贪求高个子才能摘到的果实。（3）

解析：मन्दः（मन्द 阳，单，体）迟钝的，愚笨的。**कवि**（诗人）-**यशस्**（名誉）-**प्रार्थी**（प्रार्थिन् 渴望的），复合词（阳，单，体），渴望诗人的名誉的。**गमिष्यामि**（√गम् 将来，单，一）到达。**उपहास्यताम्**（उपहास्यता 阴，单，业）受人嘲笑。**प्रांशु**（高的，高个子）-**लभ्ये**（लभ्य 能得到的），复合词（中，单，依），高个子才能得到的。**फले**（फल 中，单，依）果实。**लोभात्**（लोभ 阳，单，从）贪求。**उद्बाहुः**（उद्बाहु 阳，单，体）高举手臂的。**इव**（不变词）犹如。**वामनः**（वामन 阳，单，体）矮小的，侏儒。

अथवा कृतवाग्द्वारे वंशेऽस्मिन्पूर्वसूरिभिः।
मणौ वज्रसमुत्कीर्णे सूत्रस्येवास्ति मे गतिः॥४॥

或者说，前辈诗人们已经
打开这个世系的语言之门，
我也得以进入，如同丝线
穿入金刚针刺穿的摩尼珠。（4）

解析：अथवा（不变词）或者。**कृत**（制成的）-**वाच्**（语言）-**द्वारे**（द्वार 门），复合词（阳，单，依），语言之门已制成的。**वंशे**（वंश 阳，单，依）世系。**अस्मिन्**（इदम् 阳，单，依）这，指世系。**पूर्व**（以前的）-**सूरिभिः**（सूरि 学者），复合词（阳，复，具），以前的学者。**मणौ**（मणि 阳，单，依）珍珠，摩尼珠。**वज्र**（金刚）-**समुत्कीर्णे**（समुत्कीर्ण 刺穿），复合词（阳，单，依），金刚刺穿的。**सूत्रस्य**（सूत्र 中，单，属）线。**इव**（不变词）犹如。**अस्ति**（√अस् 现在，单，三）是。**मे**（मद् 单，属）我。**गतिः**（गति 阴，单，体）进入。

सो ऽहमाजन्मशुद्धानामाफलोदयकर्मणाम्।
आसमुद्रक्षितीशानामानाकरथवर्त्मनाम्॥५॥

出生之后始终保持纯洁，
努力工作直到获得成果，
统治的大地直至海边，
车辆的道路直达天国。（5）

解析：सः（तत् 阳，单，体）这个，指我。अहम्（मद् 单，体）我（与下面第九颂中的वक्ष्ये 相联系）。आ（自从）-जन्म（जन्मन् 出生）-शुद्धानाम्（शुद्ध 纯洁的），复合词（阳，复，属），出生以来保持纯洁。आ（直到）-फल（成果）-उदय（出现）-कर्मणाम्（कर्मन् 工作），复合词（阳，复，属），工作直到成果出现。आ（直到）-समुद्र（大海）-क्षिति（大地）-ईशानाम्（ईशा 统治），复合词（阳，复，属），统治大地直至海边。आ（直到）-नाक（天国）-रथ（车辆）-वर्त्मनाम्（वर्त्मन् 道路），复合词（阳，复，属），车辆的道路直达天国。

यथाविधिहुताग्नीनां यथाकामार्चितार्थिनाम्।
यथापराधदण्डानाम् यथाकालप्रबोधिनाम्॥६॥

按照仪轨供奉祭火，
按照愿望满足求告者，
按照罪责量刑定罚，
按照时间准时醒来。（6）

解析：यथा（按照）-विधि（规则）-हुत（祭供）-अग्नीनाम्（अग्नि 火），复合词（阳，复，属），按照规则供奉祭火。यथा（按照）-काम（愿望）-अर्चित（礼遇，尊敬）-अर्थिनाम्（अर्थिन् 求告者），复合词（阳，复，属），按照愿望满足求告者。यथा（按照）-अपराध（罪行）-दण्डानाम्（दण्ड 棍杖，惩罚），复合词（阳，复，属），按照罪责量刑定罚。यथा（按照）-काल（时间）-प्रबोधिनाम्（प्रबोधिन् 醒来），复合词（阳，复，属），按照时间准时醒来。

त्यागाय संभृतार्थानाम् सत्याय मितभाषिणाम्।
यशसे विजिगीषूणां प्रजायै गृहमेधिनाम्॥७॥

积聚财富是为了施舍，
言语谨慎是为了守信，
渴望胜利是为了荣誉，
结婚成家是为了生育。（7）

解析：त्यागाय（त्याग 阳，单，为）舍弃，施舍。संभृत（积聚）-अर्थानाम्（अर्थ 财富），复合词（阳，复，属），积聚财富。सत्याय（सत्य 中，单，为）真理。मित（限制）-भाषिणाम्（भाषिन् 说话），复合词（阳，复，属），言语谨慎。यशसे（यशस् 中，单，为）荣誉。विजिगीषूणाम्（विजिगीषु 阳，复，属）渴望胜利。प्रजायै（प्रजा 阴，单，为）生育，后代。गृहमेधिनाम्（गृहमेधिन् 阳，复，属）结婚成家，家主。

शैशवे ऽभ्यस्तविद्यानाम् यौवने विषयैषिणाम्।
वार्द्धके मुनिवृत्तीनाम् योगेनान्ते तनुत्यजाम्॥८॥

童年时期勤奋学习知识，
青年时期追求感官享受，
老年时期遵行牟尼生活，
最终依靠瑜伽抛弃身体。（8）

解析：शैशवे（शैशव 中，单，依）童年时期。अभ्यस्त（不断学习）-विद्यानाम्（विद्या 知识），复合词（阳，复，属），勤奋学习知识。यौवने（यौवन 中，单，依）青年时期。विषय（感官对象）-एषिणाम्（एषिन् 追求），复合词（阳，复，属），追求感官享受。वार्द्धके（वार्द्धक 中，单，依）老年时期。मुनि（牟尼）-वृत्तीनाम्（वृत्ति 生活方式），复合词（阳，复，属），遵行牟尼生活。योगेन（योग 阳，单，具）瑜伽。अन्ते（अन्त 阳，单，依）最终。तनु（身体）-त्यजाम्（त्यज 抛弃），复合词（阳，复，属），抛弃身体。

रघूणामन्वयं वक्ष्ये तनुवाग्विभवो ऽपि सन्।
तद्गुणैः कर्णमागत्य चापलाय प्रचोदितः॥९॥

即使我的语言才能浅薄，
我也要讲述罗怙族世系；
他们的品德进入我耳中，
激励我不自量力这样做。（9）

解析：रघूणाम्（रघु 阳，复，属）罗怙。अन्वयम्（अन्वय 阳，单，业）家族。वक्ष्ये（√वच् 将来，单，一）讲述。तनु（浅薄）-वाच्（语言）-विभवः（विभव 能力），复合词（阳，单，体），语言才能浅薄。अपि（不变词）即使。सन्（सत् 现分，阳，单，体）是。तद् （他们）-गुणैः（गुण 品德），复合词（阳，复，具），他们的品德。कर्णम्（कर्ण 阳，单，业）耳朵。आगत्य（आ√गम् 独立式）进入。चापलाय（चापल 中，单，为）轻率，鲁莽。प्रचोदितः（प्रचोदित 阳，单，体）激励。

तं सन्तः श्रोतुमर्हन्ति सदसद्व्यक्तिहेतवः।
हेम्नः संलक्ष्यते ह्यग्नौ विशुद्धिः श्यामिकापि वा॥१०॥

让善于鉴别真伪的
有识之士们听听它，
因为金子纯或不纯，
放在火中就能显出。（10）

解析：तम्（तद् 阳，单，业）它，指这部作品。सन्तः（सत् 阳，复，体）善人，智者。श्रोतुम्（√श्रु 不定式）听。अर्हन्ति（√अर्ह् 现在，复，三）能，值得。सत्（真的，好的）-असत्（假的，坏的）-व्यक्ति（辨别）-हेतवः（हेतु 原因），复合词（阳，复，体），善于鉴别真伪。हेम्नः（हेमन् 中，单，属）金子。संलक्ष्यते（सम्√लक्ष् 被，单，三）显示。हि（不变词）因为。अग्नौ（अग्नि 阳，单，依）火。विशुद्धिः（विशुद्धि 阴，单，体）纯洁。श्यामिका（श्यामिका 阴，单，体）乌黑，不纯洁。अपि（不变词）还是。वा（不变词）或者。

वैवस्वतो मनुर्नाम माननीयो मनीषिणाम्।
आसीन्महीक्षितामाद्यः प्रणवश्छन्दसामिव॥११॥

太阳之子名叫摩奴，
智者之中备受尊敬，
他是首位大地之主，
如同颂诗中的唵声①。（11）

解析：वैवस्वतः（वैवस्वत 阳，单，体）太阳之子。मनुः（मनु 阳，单，体）摩奴。नाम（不变词）名叫。माननीयः（माननीय 阳，单，体）受尊敬的。मनीषिणाम्（मनीषिन्

---

① 在念诵吠陀颂诗时，先要念诵"唵"（Om）。

阳，复，属）智者。आसीत्（√अस् 未完，单，三）是。मही（大地）-क्षिताम्（क्षित् 统治），复合词（阳，复，属），统治大地者。आद्यः（आद्य 阳，单，体）首位的。प्रणवः（प्रणव 阳，单，体）唵声。छन्दसाम्（छन्दस् 中，复，属）诗律，颂诗。इव（不变词）如同。

तदन्वये शुद्धिमति प्रसूतः शुद्धिमत्तरः।
दिलीप इति राजेन्दुरिन्दुः क्षीरनिधाविव॥१२॥

在他的纯洁的家族中，
生出一位尤为纯洁者，
王中之月，名叫迪利波，
犹如乳海中那轮明月①。（12）

解析：तद्（他，指摩奴）-अन्वये（अन्वय 家族），复合词（阳，单，依），他的家族。शुद्धिमति（शुद्धिमत् 阳，单，依）纯洁的。प्रसूतः（प्रसूत 阳，单，体）生出。शुद्धिमत्तरः（शुद्धिमत्तर 阳，单，体）更加纯洁的。दिलीपः（दिलीप 阳，单，体）迪利波。इति（不变词）这样（名叫）。राज（राजन् 国王）-इन्दुः（इन्दु 月亮），复合词（阳，单，体），王中之月。इन्दुः（इन्दु 阳，单，体）月亮。क्षीर（牛奶）-निधौ（निधि 海），复合词（阳，单，依），乳海。इव（不变词）犹如。

व्यूढोरस्को वृषस्कन्धः शालप्रांशुर्महाभुजः।
आत्मकर्मक्षमं देहं क्षात्रो धर्म इवाश्रितः॥१३॥

胸脯宽阔，肩膀如同公牛，
魁梧似娑罗树，手臂粗壮，
仿佛是刹帝利法的化身，
能够担负起自己的职责。（13）

解析：व्यूढ（宽阔的）-उरस्कः（उरस्क 胸脯），复合词（阳，单，体），胸脯宽阔。वृष（公牛）-स्कन्धः（स्कन्ध 肩膀），复合词（阳，单，体），肩膀如公牛。शाल（娑罗树）-प्रांशुः（प्रांशु 高大的），复合词（阳，单，体），魁梧似娑罗树。महा（大）-भुजः（भुज 手臂），复合词（阳，单，体），手臂粗壮。आत्म（आत्मन् 自己）-कर्म（कर्मन् 事业，职责）-क्षमम्（क्षम 能够，胜任），复合词（阳，单，业），能够担负起自己的职责。

---

① 古时候，天神和阿修罗一起搅乳海，搅出种种宝物，月亮是其中之一。

देहम् (देह 阳，单，业) 身体。क्षात्रः (क्षात्र 阳，单，体) 刹帝利的。धर्मः (धर्म 阳，单，体) 法。इव (不变词) 像。आश्रितः (आश्रित 阳，单，体) 依靠，依托。

सर्वातिरिक्तसारेण सर्वतेजोभिभाविना।
स्थितः सर्वोन्नतेनोर्वीं कान्त्वा मेरुरिवात्मना॥१४॥

他挺身而立，高于一切，
如同弥卢山占据大地，
强大的威力胜过一切，
闪耀的光辉盖过一切。（14）

解析：सर्व（一切）-अतिरिक्त（超过）-सारेण（सार 精华，威力），复合词（阳，单，具），威力胜过一切。सर्व（一切）-तेजस्（光辉）-अभिभाविना（अभिभाविन् 压倒，盖过），复合词（阳，单，具），盖过一切光辉。स्थितः (स्थित 阳，单，体) 挺立。सर्व（一切）-उन्नतेन（उन्नत 高耸），复合词（阳，单，具），高于一切。उर्वीम् (उर्वी 阴，单，业) 大地。कान्त्वा (√क्रम् 独立式) 跨越，占据。मेरुः (मेरु 阳，单，体) 弥卢山。इव (不变词) 如同。आत्मना (आत्मन् 阳，单，具) 自己，身体。

आकारसदृशप्रज्ञः प्रज्ञया सदृशागमः।
आगमैः सदृशारम्भ आरम्भसदृशोदयः॥१५॥

智慧如同他的形体，
学问如同他的智慧，
努力如同他的学问，
成就如同他的努力。（15）

解析：आकार（形体）-सदृश（如同）-प्रज्ञः（प्रज्ञा 智慧），复合词（阳，单，体），智慧如同形体。प्रज्ञया (प्रज्ञा 阴，单，具) 智慧。सदृश（如同）-आगमः（आगम 经典，学问），复合词（阳，单，体），学问如同。आगमैः (आगम 阳，复，具) 经典，学问。सदृश（如同）-आरम्भः（आरम्भ 努力），复合词（阳，单，体），努力如同。आरम्भ（努力）-सदृश（如同）-उदयः（उदय 成就），复合词（阳，单，体），成就如同努力。

भीमकान्तैनृपगुणैः स बभूवोपजीविनाम्।
अधृष्यश्चाभिगम्यश्च यादोरत्नैरिवार्णवः॥१६॥

他具有帝王的那些品质，
在臣民眼中既可怕又可爱，
既不可冒犯，又可以亲近，
如同大海有海怪又有珍宝。（16）

解析：भीम（可怕）-कान्तैः（कान्त 可爱），复合词（阳，复，具），可怕又可爱。नृप（国王）-गुणैः（गुण 品质），复合词（阳，复，具），国王的品质。स（तद् 阳，单，体）他。बभूव（√भू 完成，单，三）有。उपजीविनाम्（उपजीविन् 阳，复，属）依附者，臣民。अधृष्यः（अधृष्य 阳，单，体）不可冒犯。च（不变词）和。अभिगम्यः（अभिगम्य 阳，单，体）可以接近。च（不变词）和。यादस्（海怪）-रत्नैः（रत्न 珍宝），复合词（中，复，具），海怪和珍宝。इव（不变词）如同。अर्णवः（अर्णव 阳，单，体）大海。

रेखामात्रमपि क्षुण्णादा मनोर्वर्त्मनः परम्।
न व्यतीयुः प्रजास्तस्य नियन्तुर्नेमिवृत्तयः॥१७॥

有他这位统治者驾驭，
臣民们如同运转的车轮，
自摩奴以来开辟的道路，
哪怕一丝一毫，也不偏离。（17）

解析：रेखा（线条）-मात्रम्（मात्र 量），复合词（中，单，业），一条线的宽度。अपि（不变词）即使。क्षुण्णात्（क्षुण्ण 中，单，从）踩踏，开辟。आ（不变词）自从。मनोः（मनु 阳，单，从）摩奴。वर्त्मनः（वर्त्मन् 中，单，从）道路。परम्（不变词）超出。न（不变词）不。व्यतीयुः（वि-अति√इ 完成，复，三）偏离。प्रजाः（प्रजा 阴，复，体）臣民。तस्य（तद् 阳，单，属）他。नियन्तुः（नियन्तृ 阳，单，属）驾驭者。नेमि（车轮）-वृत्तयः（वृत्ति 活动方式），复合词（阴，复，体），活动如同车轮。

प्रजानामेव भूत्यर्थं स ताभ्यो बलिमग्रहीत्।
सहस्रगुणमुत्स्रष्टुमादत्ते हि रसं रविः॥१८॥

只是为了臣民的利益，
他才向他们收取赋税，
如同太阳摄取水分，

是为了千倍地洒回。（18）

解析：प्रजानाम् (प्रजा 阴，复，属）臣民。एव（不变词）正是。भूति（福利，利益）-अर्थम्（为了），复合词（不变词），为了利益。स（तद् 阳，单，体）他。ताभ्यः（तद् 阳，复，从）他，指臣民们。बलिम्（बलि 阳，单，业）赋税。अग्रहीत्（√ग्रह् 不定，单，三）收取。सहस्र（一千）-गुणम्（गुण 倍），复合词（阳，单，业），千倍。उत्स्रष्टुम्（उद्√सृज् 不定式）洒下。आदत्ते（आ√दा 现在，单，三）吸收，摄取。हि（不变词）因为。रसम्（रस 阳，单，业）水分。रविः（रवि 阳，单，体）太阳。

सेना परिच्छदस्तस्य द्वयमेवार्थसाधनम्।
शास्त्रेष्वकुण्ठिता बुद्धिर्मौर्वी धनुषि चाततता॥१९॥

他的军队成了外表的装饰，
达到目的的手段只有两种：
一种是通晓经典的智慧，
一种是弓上张开的弓弦。（19）

解析：सेना（阴，单，体）军队。परिच्छदः（परिच्छद 阳，单，体）外表的装饰。तस्य（तद् 阳，单，属）他。द्वयम्（द्वय 中，单，体）两个。एव（不变词）只有。अर्थ（目的）-साधनम्（साधन 成功的手段），复合词（中，单，体），达到目的的手段。शास्त्रेषु（शास्त्र 中，复，依）经典。अकुण्ठिता（अकुण्ठित 阴，单，体）精通的。बुद्धिः（बुद्धि 阴，单，体）智慧。मौर्वी（मौर्वी 阴，单，体）弓弦。धनुषि（धनुस् 中，单，依）弓。च（不变词）和。आतता（आतत 阴，单，体）展开，拉开。

तस्य संवृतमन्त्रस्य गूढाकारेङ्गितस्य च।
फलानुमेयाः प्रारम्भाः संस्काराः प्राक्तना इव॥२०॥

他严格地保守机密，
姿态表情深藏不露，
计划要靠结果判断，
仿佛是前生的业行。[①]（20）

[①] 意谓凭今生受到的果报可以推断前生的业行，同样，凭事情的结果可以推断原先的计划。

解析：तस्य（तद् 阳，单，属）他。**संवृत**（覆盖，围住）-**मन्त्रस्य**（मन्त्र 机密），复合词（阳，单，属），保守机密。**गूढ**（隐藏的）-**आकार**（形态，表情）-**इङ्गितस्य**（इङ्गित 姿势），复合词（阳，单，属），姿态表情深藏不露。**च**（不变词）和。**फल**（结果）-**अनुमेयाः**（अनुमेय 可推断的），复合词（阳，复，体），靠结果来推断。**प्रारम्भाः**（प्रारम्भ 阳，复，体）开始，工作。**संस्काराः**（संस्कार 阳，复，体）业行。**प्राक्तनाः**（प्राक्तन 阳，复，体）前生的。**इव**（不变词）仿佛。

जुगोपात्मानमत्रस्तो भेजे धर्ममनातुरः।
अगृध्नुराददे सोऽर्थमसक्तः सुखमन्वभूत्॥२१॥

无恐惧而保护自己，
无病痛而遵行正法，[①]
接受财富而不贪婪，
享受幸福而不执著。（21）

解析：जुगोप（√गुप् 完成，单，三）保护。**आत्मानम्**（आत्मन् 阳，单，业）自己。**अत्रस्तः**（अत्रस्त 阳，单，体）无恐惧。**भेजे**（√भज् 完成，单，三）实践，遵行。**धर्मम्**（धर्म 阳，单，业）正法。**अनातुरः**（अनातुर 阳，单，体）无病痛。**अगृध्नुः**（अगृध्नु 阳，单，体）不贪婪。**आददे**（आ√दा 完成，单，三）获取。**सः**（तद् 阳，单，体）他。**अर्थम्**（अर्थ 阳，单，业）财富。**असक्तः**（असक्त 阳，单，体）不执著。**सुखम्**（सुख 中，单，业）幸福。**अन्वभूत्**（अनु√भू 不定，单，三）体验，享受。

ज्ञाने मौनं क्षमा शक्तौ त्यागे श्लाघाविपर्ययः।
गुणा गुणानुबन्धित्वात्तस्य सप्रसवा इव॥२२॥

知识中的沉默，力量中
的宽容，施舍中的谦恭，
他的种种品德互相关联，
犹如同胞兄弟血脉相连。（22）

解析：ज्ञाने（ज्ञान 中，单，依）知识。**मौनम्**（मौन 中，单，体）沉默。**क्षमा**（क्षमा 阴，单，体）宽容。**शक्तौ**（शक्ति 阴，单，依）能力。**त्यागे**（त्याग 阳，单，依）施舍。**श्लाघा**（夸耀，骄傲）-**विपर्ययः**（विपर्यय 背离），复合词（阳，单，体），不骄傲，谦恭。**गुणाः**（गुण

[①] 意谓不是有了恐惧才保护自己，不是有了病痛才遵行正法。

阳，复，体）品德。गुण（品德）-अनुबन्धित्वात्（अनुबन्धित्व 联系的状态），复合词（中，单，从），与品德相联系。तस्य（तद् 阳，单，属）他。स（具有）-प्रसवाः（प्रसव 出生），复合词（阳，复，体），同胞兄弟。इव（不变词）犹如。

अनाकृष्टस्य विषयैर्विद्यानाम् पारदृश्वनः।
तस्य धर्मरतेरासीद्दृढत्वं जरसा विना॥२३॥

不迷恋感官对象，
精通一切知识，
衷心热爱正法，
虽年老而不衰弱。（23）

解析：अनाकृष्टस्य（अनाकृष्ट 阳，单，属）不受吸引。विषयैः（विषय 阳，复，具）感官对象。विद्यानाम्（विद्या 阴，复，属）知识。पार（对岸）-दृश्वनः（दृश्वन् 看到），复合词（阳，单，属），看到对岸的，精通。तस्य（तद् 阳，单，属）他。धर्म（正法）-रतेः（रति 热爱），复合词（阳，单，属），热爱正法。आसीत्（√अस् 未完，单，三）是。वृद्धत्वम्（वृद्धत्व 中，单，体）老年。जरसा（जरस् 阴，单，具）衰弱。विना（不变词）没有。

प्रजानां विनयाधानाद्रक्षणाद्भरणादपि।
स पिता पितरस्तासां केवलं जन्महेतवः॥२४॥

教导、保护和支持，
他是臣民的父亲，
而臣民自己的父亲，
仅仅是生身父亲。（24）

解析：प्रजानाम्（प्रजा 阴，复，属）臣民。विनय（引导）-आधानात्（आधान 给予），复合词（中，单，从），教导。रक्षणात्（रक्षण 中，单，从）保护。भरणात्（भरण 中，单，从）维持，支持。अपि（不变词）也。स（तद् 阳，单，体）他。पिता（पितृ 阳，单，体）父亲。पितरः（पितृ 阳，复，体）父亲。तासाम्（तद् 阴，复，属）他，指臣民。केवलम्（不变词）仅仅。जन्म（जन्मन् 生）-हेतवः（हेतु 原因），复合词（阳，复，体），生的原因。

स्थित्यै दण्डयतो दण्ड्यान्परिणेतुः प्रसूतये।
अप्यर्थकामौ तस्यास्तां धर्म एव मनीषिणः॥२५॥

为保持稳定而惩罚罪人，
为繁衍后代而结婚成家，
这位智者即使拥有财富，
享受爱欲，也符合正法。（25）

解析：स्थित्यै（स्थिति 阴，单，为）稳定。दण्डयतः（दण्डयत् 现分，阳，单，属）惩罚。दण्ड्यान्（दण्ड्य 阳，复，业）应受惩罚的，罪人。परिणेतुः（परिणेतृ 阳，单，属）结婚者，丈夫。प्रसूतये（प्रसूति 阴，单，为）后代。अपि（不变词）即使。अर्थ（财富）-कामौ（काम 爱欲），复合词（阳，双，体），财富和爱欲。तस्य（तद् 阳，单，属）他。आस्ताम्（√अस् 未完，双，三）是。धर्मः（धर्म 阳，单，体）正法。एव（不变词）确实。मनीषिणः（मनीषिन् 阳，单，属）智者。

दुदोह गां स यज्ञाय सस्याय मघवा दिवम्।
संपद्विनिमयेनोभौ दधतुर्भुवनद्वयम्॥ २६॥

他挤大地奶牛为了祭祀，
因陀罗挤天空为了谷物，①
通过这样互相交换财富，
他俩维持这两个世界。（26）

解析：दुदोह（√दुह् 完成，单，三）挤。गाम्（गो 阴，单，业）牛，大地。स（तद् 阳，单，体）他。यज्ञाय（यज्ञ 阳，单，为）祭祀。सस्याय（सस्य 中，单，为）谷物。मघवा（मघवन् 阳，单，体）摩克凡，因陀罗的称号。दिवम्（दिव् 阴，单，业）天空。संपद्（财富）-विनिमयेन（विनिमय 交换），复合词（阳，单，具），交换财富。उभौ（उभ 阳，双，体）两个，指迪利波和因陀罗。दधतुः（√धा 完成，双，三）维持。भुवन（世界）-द्वयम्（द्वय 两个），复合词（中，单，业），两个世界。

न किलानुययुस्तस्य राजानो रक्षितुर्यशः।
व्यावृत्ता यत्परस्वेभ्यः श्रुतौ तस्करता स्थिता॥ २७॥

这位保护者的名声，
任何国王无法攀比，
因为偷窃徒有其名，

---
① "他挤大地奶牛"意谓生产谷物等等财富。"因陀罗挤天空"意谓下雨滋润谷物生长。

无人觊觎他人财物。①（27）

解析：न（不变词）不。किल（不变词）确实。अनुययुः（अनु√या 完成，复，三）追上。तस्य（तद् 阳，单，属）他。राजानः（राजन् 阳，复，体）国王。रक्षितुः（रक्षितृ 阳，单，属）保护者。यशः（यशस् 中，单，业）名誉。व्यावृत्ता（व्यावृत्त 阴，单，体）避开。यद्（不变词）因为。परस्वेभ्यः（परस्व 中，复，从）别人的财物。श्रुतौ（श्रुति 阴，单，依）听闻。तस्करता（तस्करता 阴，单，体）偷窃。स्थिता（स्थित 阴，单，体）处于。

द्वेष्यो ऽपि संमतः शिष्टस्तस्यार्तस्य यथौषधम्।
त्याज्यो दुष्टः प्रियो ऽप्यासीदङ्गुलीवोरगक्षता॥२८॥

倘若是贤士，即使是自己敌人，
他也尊重，就像病人对待苦药；
倘若是恶人，即使是自己亲友，
也舍弃，犹如毒蛇咬过的指头。（28）

解析：द्वेष्यः（द्वेष्य 阳，单，体）敌人。अपि（不变词）即使。संमतः（संमत 阳，单，体）尊重。शिष्टः（शिष्ट 阳，单，体）有教养的，贤士。तस्य（तद् 阳，单，体）他。आर्तस्य（आर्त 阳，单，属）病人。यथा（不变词）如同。औषधम्（औषध 中，单，体）药草。त्याज्यः（त्याज्य 阳，单，体）应该抛弃。दुष्टः（दुष्ट 阳，单，体）邪恶的，恶人。प्रियः（प्रिय 阳，单，体）亲爱的，亲友。अपि（不变词）即使。आसीत्（√अस् 未完，单，三）是。अङ्गुली（अङ्गुली 阴，单，体）手指。इव（不变词）犹如。उरग（蛇）-क्षता（क्षत 伤害），复合词（阴，单，体），毒蛇咬伤的。

तं वेधा विदधे नूनं महाभूतसमाधिना।
तथा हि सर्वे तस्यासन्परार्थैकफला गुणाः॥२९॥

确实，创造主精心汇聚
这五大元素，创造了他，
因为他具备的种种品质，
唯一目的是为他人谋利。②（29）

---

① 意谓在这位国王保护下，国泰民安，无偷盗行为。
② 五大元素是地、水、火、风和空。意谓这位国王的种种品质如同五大元素，都用于为他人服务。

解析：तम् (तद् 阳，单，业) 他。वेधाः (वेधस् 阳，单，体) 创造主。विदधे (वि√धा 完成，单，三) 创造。नूनम् (不变词) 确实。महाभूत (元素) -समाधिना (समाधि 汇聚)，复合词（阳，单，具），元素汇聚。तथा (不变词) 这样。हि (不变词) 因为。सर्वे (सर्व 阳，复，体) 一切。तस्य (तद् 阳，单，属) 他。आसन् (√अस् 未完，复，三) 是。पर (别人) -अर्थ (利益) -एक (唯一) -फलाः (फल 成果，目的)，复合词（阳，复，体），以别人的利益为唯一的目的。गुणाः (गुण 阳，复，体) 品德，品质。

> स वेलावप्रवलयां परिखीकृतसागराम्।
> अनन्यशासनामुर्वीं शशासैकपुरीमिव॥३०॥

> 他独自统治整个大地，
> 以海岸为环城的壁垒，
> 以大海为护城的壕沟，
> 仿佛是统治一座城市。（30）

解析：स (तद् 阳，单，体) 他。वेला (海岸) -वप्र (壁垒) -वलयाम् (वलय 围绕)，复合词（阴，单，业），以海岸为环城的壁垒。परिखीकृत (作为壕沟) -सागराम् (सागर 大海)，复合词（阴，单，业），以大海为壕沟。अनन्य (没有别人) -शासनाम् (शासन 统治)，复合词（阴，单，业），独自统治。उर्वीम् (उर्वी 阴，单，业) 大地。शशास (√शास् 完成，单，三) 统治。एक (一) -पुरीम् (पुरी 城市)，复合词（阴，单，业），一座城市。इव (不变词) 仿佛。

> तस्य दाक्षिण्यरूढेन नाम्ना मगधवंशजा।
> पत्नी सुदक्षिणेत्यासीद्ध्वरस्येव दक्षिणा॥३१॥

> 他的王后出身摩揭陀族，
> 享有贤淑能干的声誉，
> 得名苏达奇娜，意谓妙淑，
> 犹如祭祀的妻子达奇娜。（31）

解析：तस्य (तद् 阳，单，属) 他。दाक्षिण्य (贤淑能干) -रूढेन (रूढ 著称)，复合词（中，单，具），以贤淑能干著称。नाम्ना (नामन् 中，单，具) 名字。मगध (摩揭陀)

-वंश（家族）-जा（ज 出生），复合词（阴，单，体），出生于摩揭陀家族。पत्नी（पत्नी 阴，单，体）王后。सुदक्षिणा（सुदक्षिणा 阴，单，体）苏达奇娜。इति（不变词）这样（名叫）。आसीत्（√अस् 未完，单，三）是。अध्वरस्य（अध्वर 阳，单，属）祭祀。इव（不变词）像。दक्षिणा（दक्षिणा 阴，单，体）达奇娜，祭祀的妻子。

> कलत्रवन्तमात्मानमवरोधे महत्यपि।
> तया मेने मनस्विन्या लक्ष्या च वसुधाधिपः॥३२॥

> 尽管后宫里佳丽众多，
> 有了这位聪慧的王后
> 和吉祥女神①，这位国王
> 才认为自己有了妻子。（32）

解析：कलत्रवन्तम्（कलत्रवत् 阳，单，业）有妻子的。आत्मानम्（आत्मन् 阳，单，业）自己。अवरोधे（अवरोध 阳，单，依）后宫。महति（महत् 阳，单，依）大的。अपि（不变词）即使。तया（तद् 阴，单，具）她，指王后。मेने（√मन् 完成，单，三）认为。मनस्विन्या（मनस्विन् 阴，单，具）聪慧的。लक्ष्या（लक्ष्मी 阴，单，具）吉祥女神。च（不变词）和。वसुधा（大地）-अधिपः（अधिप 统治者），大地之主。

> तस्यामात्मानुरूपायामात्मजन्मसमुत्सुकः।
> विलम्बितफलैः कालं स निनाय मनोरथैः॥३३॥

> 他渴望与自己匹配的
> 这位王后能生下儿子，
> 而心愿久久未能实现，
> 在企盼中度过时光。（33）

解析：तस्याम्（तद् 阴，单，依）她，指王后。आत्म（आत्मन् 自己）-अनुरूपायाम्（अनुरूप 适合的，相配的），复合词（阴，单，依），与自己匹配的。आत्मजन्म（आत्मजन्मन् 儿子）-समुत्सुकः（समुत्सुक 渴望），复合词（阳，单，体），渴望儿子。विलम्बित（悬挂，耽搁）-फलैः（फल 果实），复合词（阳，复，具），果实延迟的。कालम्（काल 阳，单，业）时光。स（तद् 阳，单，体）他。निनाय（√नी 完成，单，三）度过。मनोरथैः（मनोरथ 阳，复，具）希望，心愿。

---

① 吉祥女神象征王权。有吉祥女神也就是有王权。

संतानार्थाय विधये स्वभुजादवतारिता।
तेन धूर्जगतो गुर्वी सचिवेषु निचिक्षिपे॥३४॥

为了举行求子仪式，
他将世界的重担
从自己的双臂放下，
交给大臣们治理。（34）

解析： संतान（子嗣）-अर्थाय（अर्थ 目的），复合词（阳，单，为），求取子嗣。विधये（विधि 阳，单，为）仪式。स्व（自己的）-भुजात्（भुज 手臂），复合词（阳，单，从），自己的手臂。अवतारिता（अवतारित 阴，单，体）放下。तेन（तद् 阳，单，具）他。धूः（धुर् 阴，单，体）担子。जगतः（जगत् 中，单，属）世界。गुर्वी（गुरु 阴，单，体）重的。सचिवेषु（सचिव 阳，复，依）大臣。निचिक्षिपे（नि√क्षिप् 完成，被，单，三）托付，交给。

अथाभ्यर्च्य विधातारं प्रयतौ पुत्रकाम्यया।
तौ दंपती वसिष्ठस्य गुरोर्जग्मतुराश्रमम्॥३५॥

然后，他俩敬拜了创造主，
控制自己，一心渴望子嗣，
这对夫妻一同启程出发，
前往老师极裕的净修林。（35）

解析： अथ（不变词）然后。अभ्यर्च्य（अभि√अर्च् 独立式）敬拜。विधातारम्（विधातृ 阳，单，业）创造主。प्रयतौ（प्रयत 阳，双，体）控制的。पुत्र（儿子）-काम्यया（काम्या 渴望），复合词（阴，单，具），对儿子的渴望。तौ（तद् 阳，双，体）他俩，指国王和王后。दंपती（दंपती 阳，双，体）夫妇。वसिष्ठस्य（वसिष्ठ 阳，单，属）极裕仙人。गुरोः（गुरु 阳，单，属）老师。जग्मतुः（√गम् 完成，双，三）去往。आश्रमम्（आश्रम 阳或中，单，业）净修林。

स्निग्धगम्भीरनिर्घोषमेकं स्यन्दनमास्थितौ।
प्रावृषेण्यं पयोवाहं विद्युदैरावताविव॥३६॥

他俩同坐一辆车，
车轮声柔和而深沉，
犹如天象和闪电，
出现在雨季乌云上。① （36）

解析：स्निग्ध（柔和）-गम्भीर（深沉）-निर्घोषम्（निर्घोष 发出的声音），复合词（阳，单，业），声音柔和而深沉。एकम्（एक 阳，单，业）一个。स्यन्दनम्（स्यन्दन 阳，单，业）车辆。आस्थितौ（आस्थित 阳，双，体）坐。प्रावृषेण्यम्（प्रावृषेण्य 阳，单，业）雨季的。पयस्（水）-वाहम्（वाह 承载），复合词（阳，单，业），云。विद्युत्（闪电）-ऐरावतौ（ऐरावत 天象名，爱罗婆多），复合词（阳，双，体），闪电和天象。इव（不变词）犹如。

मा भूदाश्रमपीडेति परिमेयपुरःसरौ।
अनुभावविशेषात्तु सेनापरिवृताविव॥३७॥

为避免扰乱净修林，
他俩所带随从不多，
但依然威武庄严，
仿佛有军队卫护。 （37）

解析：मा（不变词）不。भूत्（अभूत्，√भू 不定，单，三）成为。आश्रम（净修林）-पीडा（पीडा 伤害，扰乱），复合词（阴，单，体），扰乱净修林。इति（不变词）这样（想）。परिमेय（有限的，少量的）-पुरःसरौ（पुरःसर 随从），复合词（阳，双，体），随从不多。अनुभाव（威严）-विशेषात्（विशेष 殊胜），复合词（阳，单，从），威严殊胜。तु（不变词）但是。सेना（军队）-परिवृतौ（परिवृत 围绕的，卫护），复合词（阳，双，体），有军队卫护。इव（不变词）仿佛。

सेव्यमानौ सुखस्पर्शैः शालनिर्यासगन्धिभिः।
पुष्परेणूत्किरैर्वातैराधूतवनराजिभिः॥३८॥

阵阵风儿摇曳林中
排排树木，播撒花粉，

---

① 这里将国王和王后比作天象和闪电，将车辆比作乌云。

夹带娑罗树脂香气，
迎面拂来，感觉舒服。（38）

解析：सेव्यमानौ（सेव्यमान 被，现分，阳，双，体）受到侍奉。सुख（舒服）-स्पर्शैः（स्पर्श 触觉），复合词（阳，复，具），感觉舒服。शाल（娑罗树）-निर्यास（树脂）-गन्धिभिः（गन्धिन् 有香味的），复合词（阳，复，具），有娑罗树脂香气。पुष्प（花）-रेणु（花粉）-उत्किरैः（उत्किर 播撒），复合词（阳，复，具），播撒花粉。वातैः（वात 阳，复，具）风。आधूत（摇动）-वन（树林）-राजिभिः（राजि 一排），复合词（阳，复，具），摇动成排树木。

मनोभिरामाः शृण्वन्तौ रथनेमिस्वनोन्मुखैः।
षड्जसंवादिनीः केका द्विधा भिन्नाः शिखण्डिभिः॥३९॥

他俩听到那些孔雀
朝车轮声发出鸣叫，
与"具六"声调一致，
两个音部，动人心魄。[①]（39）

解析：मनस्（心）-अभिरामाः（अभिराम 喜悦的），复合词（阴，复，业），吸引人心，动人心魄。शृण्वन्तौ（शृण्वत् 现分，阳，双，体）听到。रथ（车辆）-नेमि（轮）-स्वन（声音）-उन्मुखैः（उन्मुख 仰起脸），复合词（阳，复，具），朝着车轮声。षड्ज（"具六"）-संवादिनीः（संवादिन् 相应，一致），复合词（阴，复，业），与"具六"声调一致。केकाः（केका 阴，复，业）孔雀的鸣叫。द्विधा（不变词）分成两种。भिन्नाः（भिन्न 阴，复，业）分开。शिखण्डिभिः（शिखण्डिन् 阳，复，具）孔雀。

परस्पराक्षिसादृश्यमदूरोज्झितवर्त्मसु।
मृगद्वन्द्वेषु पश्यन्तौ स्यन्दनाबद्धदृष्टिषु॥४०॥

他俩看到道旁不远，
成双结对的鹿儿们，
眼光紧盯着车辆，
彼此的眼睛相似。（40）

[①] 孔雀将车轮声误认为乌云的雷鸣声，故而发出欢快的鸣叫。"具六"是印度音乐中的七种声调之一。这种声调又分为清浊两种。

解析：परस्पर（彼此）-अक्षि（眼睛）-सादृश्यम्（सादृश्य 相似），复合词（中，单，业），彼此的眼睛相似。अदूर（不远的）-उज्झित（离开）-वर्त्मसु（वर्त्मन् 道路），复合词（中，复，依），离道路不远处。मृग（鹿）-द्वन्द्वेषु（द्वन्द्व 成双结对），复合词（中，复，依），成双结对的鹿儿。पश्यन्तौ（पश्यत् 现分，阳，双，体）看见。स्यन्दन（车辆）-आबद्ध（连接，固定）-दृष्टिषु（दृष्टि 眼光），复合词（中，复，依），眼光紧盯着车辆。

श्रेणीबन्धाद्वितन्वद्भिरस्तम्भां तोरणस्रजम्।
सारसैः कलनिर्ह्रादैः क्वचिदुन्नमिताननौ॥४१॥

他俩有时仰面看到
鸣声低沉悦耳的鹤，
它们飞翔时相连成行，
形成无柱拱门的花环。（41）

解析：श्रेणी（一排）-बन्धात्（बन्ध 连接），复合词（阳，单，从），连成一排。वितन्वद्भिः（वितन्वत् 现分，阳，复，具）伸展。अस्तम्भाम्（अस्तम्भ 阴，单，业）没有柱子的。तोरण（拱门）-स्रजम्（स्रज् 花环），复合词（阴，单，业），拱门的花环。सारसैः（सारस 阳，复，具）仙鹤。कल（低沉柔和的）-निर्ह्रादैः（निर्ह्राद 声音），复合词（阳，复，具），鸣声低沉悦耳的。क्वचित्（不变词）某处，有时。उन्नमित（仰起）-आननौ（आनन 脸），复合词（阳，双，体），仰面。

पवनस्यानुकूलत्वात्प्रार्थनासिद्धिशंसिनः।
रजोभिस्तुरगोत्कीर्णैरस्पृष्टालकवेष्टनौ॥४२॥

路上风儿和顺，
预兆心愿会实现，
马匹扬起尘土，
不沾头发和头巾。（42）

解析：पवनस्य（पवन 阳，单，属）风。अनुकूलत्वात्（अनुकूलत्व 中，单，从）和顺。प्रार्थना（心愿）-सिद्धि（成功）-शंसिनः（शंसिन् 宣告，预示），复合词（阳，单，属），预示心愿实现。रजोभिः（रजस् 中，复，具）尘土。तुरग（马）-उत्कीर्णैः（उत्कीर्ण 扬起），复合词（中，复，具），马匹扬起的。अस्पृष्ट（不接触）-अलक（头发）-वेष्टनौ（वेष्टन 头

巾），复合词（阳，双，体），不沾头发和头巾。

सरसीष्वरविन्दानां वीचिविक्षोभशीतलम्।
आमोदमुपजिघ्रन्तौ स्वनिःश्वासानुकारिणम्॥४३॥

他俩闻到池塘中，
那些莲花的香气，
因水波荡漾而清凉，
仿佛是自己的气息。（43）

解析：सरसीषु（सरसी 阴，复，依）池塘。अरविन्दानाम्（अरविन्द 中，复，属）莲花。वीचि（水波）-विक्षोभ（荡漾）-शीतलम्（शीतल 清凉的），复合词（阳，单，业），因水波荡漾而清凉。आमोदम्（आमोद 阳，单，业）香气。उपजिघ्रन्तौ（उपजिघ्रत् 现分，阳，双，体）闻到。स्व（自己的）-निःश्वास（呼吸，气息）-अनुकारिणम्（अनुकारिन् 模仿），复合词（阳，单，业），模仿自己的气息。

ग्रामेष्वात्मविसृष्टेषु यूपचिह्नेषु यज्वनाम्।
अमोघाः प्रतिगृह्णन्तावर्घ्यानुपदमाशिषः॥४४॥

在自己封赐的那些村庄，
有作为标志的祭祀柱子，
他俩接受祭祀者们招待后，
接受他们不会落空的祝福。（44）

解析：ग्रामेषु（ग्राम 阳，复，依）村庄。आत्म（आत्मन् 自己）-विसृष्टेषु（विसृष्ट 分封），复合词（阳，复，依），自己分封的。यूप（祭祀柱）-चिह्नेषु（चिह्न 标志），复合词（阳，复，依），以祭祀柱为标志的。यज्वनाम्（यज्वन् 阳，复，属）祭祀者。अमोघाः（अमोघ 阴，复，业）不落空的。प्रतिगृह्णन्तौ（प्रतिगृह्णत् 现分，阳，双，体）接受。अर्घ्य（招待）-अनुपदम्（随着，随后），复合词（不变词），招待之后。आशिषः（आशिस् 阴，复，业）祝福。

हैयंगवीनमादाय घोषवृद्धानुपस्थितान्।
नामधेयानि पृच्छन्तौ वन्यानां मार्गशाखिनाम्॥४५॥

他俩接受老年牧民

送来的新鲜酥油，
并询问他们道路旁
野生树木的名称。（45）

解析：हैयंगवीनम्（हैयंगवीन 中，单，业）新鲜酥油。आदाय（आ√दा 独立式）接受。घोष（牧民）-वृद्धान्（वृद्ध 年老的），复合词（阳，复，业），老年牧民。उपस्थितान्（उपस्थित 阳，复，业）靠近，上前。नाम（नामन् 名）-धेयानि（धेय 具有），复合词（中，复，业），名称。पृच्छन्तौ（पृच्छत् 现分，阳，双，体）询问。वन्यानाम्（वन्य 阳，复，属）野生的。मार्ग（道路）-शाखिनाम्（शाखिन् 树），复合词（阳，复，属），道旁的树木。

काप्यभिख्या तयोरासीद्व्रजतोः शुद्धवेषयोः।
हिमनिर्मुक्तयोर्योगे चित्राचन्द्रमसोरिव॥४६॥

他俩身着素衣，一路行进，
具有不可名状的魅力，
犹如相会的角宿和月亮，
摆脱周围弥漫的雾气。（46）

解析：का-अपि（किम्-अपि 阴，单，体）某种。अभिख्या（阴，单，体）光辉，魅力。तयोः（तद् 阳，双，属）他俩。आसीत्（√अस् 未完，单，三）是。व्रजतोः（व्रजत् 现分，阳，双，属）行进。शुद्ध（纯洁的，洁白的）-वेषयोः（वेष 衣服），复合词（阳，双，属），身着素衣。हिम（雾）-निर्मुक्तयोः（निर्मुक्त 摆脱），复合词（阳，双，属），摆脱雾气。योगे（योग 阳，单，依）会合。चित्रा（角宿）-चन्द्रमसोः（चन्द्रमस् 月亮），复合词（阳，双，属），角宿和月亮。इव（不变词）犹如。

तत्तद्भूमिपतिः पत्न्यै दर्शयन्प्रियदर्शनः।
अपि लङ्घितमध्वानं बुबुधे न बुधोपमः॥४७॥

这位国王容貌可爱，
俨如水星，一路之上，
向王后指点这个那个，
不觉察行程已有多远。（47）

解析：तत्（तद् 中，单，业）这个。तत्（तद् 中，单，业）那个。भूमि（大地）-पतिः

（पति 主人），复合词（阳，单，体），大地之主，国王。पल्यै（पली 阴，单，为）王后。दर्शयन्（दर्शयत् 致使，现分，阳，单，体）展示，指点。प्रिय（可爱的）-दर्शनः（दर्शन 容貌），复合词（阳，单，体），容貌可爱。अपि（不变词）甚至。लङ्घितम्（लङ्घित 阳，单，业）跨越。अध्वानम्（अध्वन् 阳，单，业）路，距离。बुबुधे（√बुध् 完成，单，三）觉察。न（不变词）不。बुध（水星）-उपमः（उपम 像，如同），复合词（阳，单，体），俨如水星。

स दुष्प्रापयशाः प्रापदाश्रमं श्रान्तवाहनः।
सायं संयमिनस्तस्य महर्षेर्महिषीसखः॥४८॥

黄昏时分，马匹已疲惫，
这位名声难以企及的国王，
偕同王后，到达那位控制
自我的大仙人的净修林。（48）

解析：स（तद् 阳，单，体）他。दुष्प्राप（难以达到）-यशाः（यशस् 名声），复合词（阳，单，体），名声难以企及的。प्रापत्（प्र√आप् 未完，单，三）到达。आश्रमम्（आश्रम 阳或中，单，业）净修林。श्रान्त（疲惫）-वाहनः（वाहन 马），复合词（阳，单，体），马匹疲惫。सायम्（不变词）黄昏。संयमिनः（संयमिन् 阳，单，属）控制自我的。तस्य（तद् 阳，单，属）他，指仙人。महा（伟大的）-ऋषेः（ऋषि 仙人），复合词（阳，单，属），大仙人。महिषी（王后）-सखः（सख 同伴），复合词（阳，单，体），王后作伴。

वनान्तरादुपावृत्तैः समित्कुशफलाहरैः।
पूर्यमाणमदृश्याग्निप्रत्युद्घातैस्तपस्विभिः॥४९॥

这净修林中充满苦行者，
他们从别处的树林返回，
携带柴薪、拘舍草和果子，
受到不可见的祭火欢迎。[①]（49）

解析：वन（树林）-अन्तरात्（अन्तर 别的），复合词（中，单，从），别的树林。उपावृत्तैः（उपावृत्त 阳，复，具）返回。समिध्（燃料，柴薪）-कुश（拘舍草）-फल（果实）-आहरैः（आहर 带来），复合词（阳，复，具），携带柴薪、拘舍草和果子。पूर्यमाणम्（पूर्यमाण

[①] 意谓净修林中的祭火知道苦行者们带回祭品，起身表示欢迎。

被，现分，阳或中，单，业）充满。अदृश्य（不可见的）-अग्नि（火）-प्रत्युद्गतैः（प्रत्युद्गत 起身，欢迎），复合词（阳，复，具），受到不可见的火的欢迎。तपस्विभिः（तपस्विन् 阳，复，具）苦行者。

आकीर्णमृषिपत्नीनामुटजद्वाररोधिभिः।
अपत्यैरिव नीवारभागधेयोचितैर्मृगैः॥ ५० ॥

这净修林中到处有鹿儿，
按照习惯期盼分享野稻，
像孩儿们那样，拥堵在
仙人妻子们的茅屋门前。（50）

解析：आकीर्णम्（आकीर्ण 阳或中，单，业）散布。ऋषि（仙人）-पत्नीनाम्（पत्नी 妻子），复合词（阴，复，属），仙人妻子。उटज（茅屋）-द्वार（门）-रोधिभिः（रोधिन् 堵塞），复合词（阳，复，具），拥堵在茅屋门前。अपत्यैः（अपत्य 中，复，具）孩子。इव（不变词）像。नीवार（野稻）-भाग（部分，一份）-धेय（享有）-उचितैः（उचित 习惯于），复合词（阳，复，具），习惯于分享野稻。मृगैः（मृग 阳，复，具）鹿。

सेकान्ते मुनिकन्याभिस्तत्क्षणोज्झितवृक्षकम्।
विश्वासाय विहंगानामालवालाम्बुपायिनाम्॥ ५१ ॥

那些牟尼的女儿们灌溉
树木后，立刻转身离开，
为了让那些鸟儿们放心，
前来饮用树坑中的水。（51）

解析：सेक（洒水，灌溉）-अन्ते（अन्त 结束），复合词（阳，单，依），灌溉结束。मुनि（牟尼）-कन्याभिः（कन्या 女儿），复合词（阴，复，具），牟尼的女儿们。तत्क्षण（立刻）-उज्झित（离开）-वृक्षकम्（वृक्षक 小树，树木），复合词（阳或中，单，业），立刻离开小树。विश्वासाय（विश्वास 阳，单，为）信任，放心。विहंगानाम्（विहंग 阳，复，属）鸟儿。आलवाल（树坑）-अम्बु（水）-पायिनाम्（पायिन् 喝，饮用），复合词（阳，复，属），饮用树坑中的水。

आतपात्ययसंक्षिप्तनीवारासु निषादिभिः।
मृगैर्वर्तितरोमन्थमुटजाङ्गनभूमिषु॥५२॥

太阳的光热已消失,
在堆放野稻的茅屋
院内,鹿儿们吃饱后,
蹲在地上反刍细嚼。(52)

解析：आतप（光热）-अत्यय（消失）-संक्षिप्त（堆放）-नीवारासु（नीवार 野稻），复合词（阴，复，依），太阳的光热消失，堆放着野稻的。निषादिभिः（निषादिन् 阳，复，具）坐着的。मृगैः（मृग 阳，复，具）鹿。वर्तित（进行）-रोमन्थम्（रोमन्थ 反刍），复合词（阳或中，单，业），进行反刍的。उटज（茅屋）-अङ्गन（院子）-भूमिषु（भूमि 地面），复合词（阴，复，依），茅屋院内的地面。

अभ्युत्थिताग्निपिशुनैरतिथीनाश्रमोन्मुखान्।
पुनानं पवनोद्धूतैर्धूमैराहुतिगन्धिभिः॥५३॥

风儿扬起阵阵烟雾,
夹带着祭品的香气,
表明祭火点燃,净化
来到净修林的客人。(53)

解析：अभ्युत्थित（升起）-अग्नि（火）-पिशुनैः（पिशुन 表明），复合词（阳，复，具），表明祭火升起。अतिथीन्（अतिथि 阳，复，业）客人。आश्रम（净修林）-उन्मुखान्（उन्मुख 面向），复合词（阳，复，业），来到净修林。पुनानम्（पुनान 现分，阳或中，单，业）净化。पवन（风）-उद्धूतैः（उद्धूत 扬起），复合词（阳，复，具），风儿扬起。धूमैः（धूम 阳，复，具）烟雾。आहुति（祭品）-गन्धिभिः（गन्धिन् 有香味），复合词（阳，复，具），有祭品的香气。

अथ यन्तारमादिश्य धुर्यान्विश्रामयेति सः।
तामवारोहयत्पत्नीं रथादवततार च॥५४॥

然后,他吩咐御者：
"让马匹们休息吧!"

他先扶王后下车，
自己也跟着下了车。（54）

解析：अथ（不变词）然后。यन्तारम्（यन्तृ 阳，单，业）车夫。आदिश्य（आ√दिश् 独立式）命令，吩咐。धुर्यान्（धुर्य 阳，复，业）马匹。विश्रामय（वि√श्रम् 致使，命令，单，二）休息。इति（不变词）这样（说）。सः（तद् 阳，单，体）他。ताम्（तद् 阴，单，业）她，指王后。अवारोहयत्（अव√रुह् 致使，未完，单，三）下来。पत्नीम्（पत्नी 阴，单，业）王后。रथात्（रथ 阳，单，从）车辆。अवततार（अव√तृ 完成，单，三）下来。च（不变词）和。

तस्मै सभ्याः सभार्याय गोप्त्रे गुप्ततमेन्द्रियाः।
अर्हणामर्हते चक्रुर्मुनयो नयचक्षुषे॥५५॥

这位精通政治的保护者，
偕同妻子来到，那些牟尼
善于控制感官，温文尔雅，
敬拜这位值得敬拜者。（55）

解析：तस्मै（तद् 阳，单，为）他。सभ्याः（सभ्य 阳，复，体）文雅的。स（带着）-भार्याय（भार्या 妻子），复合词（阳，单，为），带着妻子。गोप्त्रे（गोप्तृ 阳，单，为）保护者。गुप्ततम（精心防护）-इन्द्रियाः（इन्द्रिय 感官），复合词（阳，复，体），善于控制感官。अर्हणाम्（अर्हणा 阴，单，业）敬拜。अर्हते（अर्हत् 阳，单，为）值得尊敬者。चक्रुः（√कृ 完成，复，三）做。मुनयः（मुनि 阳，复，体）牟尼。नय（政治）-चक्षुषे（चक्षुस् 看到，洞察），复合词（阳，单，为），精通政治的。

विधेः सायंतनस्यान्ते स ददर्श तपोनिधिम्।
अन्वासितमरुन्धत्या स्वाहयेव हविर्भुजम्॥५६॥

黄昏的祭祀仪式结束，
他看到这位苦行之宝，
阿容达提侍坐身旁，
如同火神和娑婆诃。[①]（56）

[①] 苦行之宝指极裕仙人。阿容达提是他的妻子。娑婆诃是向天神供奉祭品时的呼告语，也是火神的妻子。

解析：विधेः（विधि 阳，单，属）仪式。सायंतनस्य（सायंतन 阳，单，属）黄昏的。अन्ते（अन्त 阳，单，依）结束。स（तद् 阳，单，体）他。ददर्श（√दृश् 完成，单，三）看到。तपस्（苦行）-निधिम्（निधि 宝藏），复合词（阳，单，业），苦行之宝。अन्वासितम्（अन्वासित 阳，单，业）坐在旁边。अरुन्धत्या（अरुन्धती 阴，单，具）阿容达提。स्वाहया（स्वाहा 阴，单，具）娑婆诃。इव（不变词）如同。हविस्（祭品）-भुजम्（भुज् 享用），复合词（阳，单，业），享用祭品的，火神。

तयोर्जगृहतुः पादान्राजा राज्ञी च मागधी।
तौ गुरुगुरुपत्नी च प्रीत्या प्रतिननन्दतुः॥५७॥

国王和出身摩揭陀族的
王后，向他俩行触足礼，
而老师和师母也满怀
喜悦，向他俩表示欢迎。（57）

解析：तयोः（तद् 阳，双，属）他俩，指极裕仙人和阿容达提。जगृहतुः（√ग्रह् 完成，双，三）抓，触碰。पादान्（पाद 阳，复，业）脚。राजा（राजन् 阳，单，体）国王。राज्ञी（阴，单，体）王后。च（不变词）和。मागधी（मागधी 阴，单，体）摩揭陀族的。तौ（तद् 阳，双，业）他俩，指国王和王后。गुरुः（गुरु 阳，单，体）老师。गुरु（老师）-पत्नी（妻子），复合词（阴，单，体），老师的妻子，师母。च（不变词）和。प्रीत्या（प्रीति 阴，单，具）喜悦。प्रतिननन्दतुः（प्रति√नन्द् 完成，双，三）表示欢迎。

तमातिथ्यक्रियाशान्तरथक्षोभपरिश्रमम्।
पप्रच्छ कुशलं राज्ये राज्याश्रममुनिं मुनिः॥५८॥

种种待客之礼消除了
一路车辆颠簸的困倦，
这位牟尼向王国净修林
牟尼[①]问候王国的安宁。（58）

解析：तम्（तद् 阳，单，业）他，指国王。आतिथ्य（招待客人）-क्रिया（行为）-शान्त（平息，消除）-रथ（车辆）-क्षोभ（颠簸）-परिश्रमम्（परिश्रम 疲倦），复合词（阳，单，业），种种待客之礼消除了车辆颠簸的困倦。पप्रच्छ（√प्रच्छ् 完成，单，三）询问。कुशलम्

---

① 这里将国王比作王国净修林中的牟尼。

（कुशल 中，单，业）安好。राज्ये（राज्य 中，单，依）王国。राज्य（王国）-आश्रम（净修林）-मुनिम्（मुनि 牟尼），复合词（阳，单，业），王国净修林里的牟尼。मुनिः（मुनि 阳，单，体）牟尼。

अथाथर्वनिधेस्तस्य विजितारिपुरः पुरः।
अर्थ्यामर्थपतिर्वाचमाददे वदतां वरः॥५९॥

然后，这位征服敌人
城堡的国王娴于辞令，
在精通阿达婆①的老师
面前，说出恰当的话：（59）

解析：अथ（不变词）然后。अथर्व（अथर्वन् 阿达婆）-निधेः（निधि 宝藏），复合词（阳，单，属），精通阿达婆的。तस्य（तद् 阳，单，属）他，指极裕仙人。विजित（征服）-अरि（敌人）-पुरः（पुर 城镇，城堡），复合词（阳，单，体），征服敌人城堡。पुरस्（不变词）前面。अर्थ्याम्（अर्थ्य 阴，单，业）合适的，恰当的。अर्थ（财富）-पतिः（पति 主人），复合词（阳，单，体），财富之主，国王。वाचम्（वाच् 阴，单，业）话语。आददे（आ√दा 完成，单，三）说。वदताम्（वदत् 现分，阳，复，属）说话的，说话者。वरः（वर 阳，单，体）优秀者。

उपपन्नं ननु शिवं सप्तस्वङ्गेषु यस्य मे।
देवीनां मानुषीणां च प्रतिहर्ता त्वमापदाम्॥६०॥

"你是天上人间
灾难的驱除者，
我的王国七支②
全都吉祥平安。（60）

解析：उपपन्नम्（उपपन्न 中，单，体）达到。ननु（不变词）确实。शिवम्（शिव 中，单，体）吉祥平安。सप्तसु（सप्तन् 中，复，依）七。अङ्गेषु（अङ्ग 中，复，依）分支。यस्य（यद् 阳，单，属）那，指我。मे（मद् 单，属）我。देवीनाम्（देव 阴，复，属）天上的。मानुषीणाम्（मानुष 阴，复，属）人间的。च（不变词）和。प्रतिहर्ता（प्रतिहर्तृ 阳，单，体）

---

① 阿达婆指《阿达婆吠陀》，主要为祭司提供各种咒语。
② 王国七支指国王、大臣、朋友、库藏、王国、城堡和敌人。

驱除者。**त्वम्**（त्वद् 单，体）你。**आपदाम्**（आपद् 阴，复，属）灾难。

तव मन्त्रकृतो मन्त्रैर्दूरात्प्रशमितारिभिः।
प्रत्यादिश्यन्त इव मे दृष्टलक्ष्यभिदः शराः॥६१॥

"你是经咒制造者,那些
经咒从远处征服敌人,
仿佛废弃了我的那些
能射穿可见目标的箭。（61）

解析：**तव**（त्वद् 单，属）你。**मन्त्र**（咒语）-**कृतः**（कृत् 制造），复合词（阳，单，属），制造咒语者。**मन्त्रैः**（मन्त्र 阳，复，具）咒语。**दूरात्**（दूर 中，单，从）远处。**प्रशमित**（平定，征服）-**अरिभिः**（अरि 敌人），复合词（阳，复，具），征服敌人。**प्रत्यादिश्यन्ते**（प्रति-आ√दिश् 现在，被，复，三）废弃。**इव**（不变词）仿佛。**मे**（मद् 单，属）我。**दृष्ट**（可见的）-**लक्ष्य**（目标）-**भिदः**（भिद् 刺穿），复合词（阳，复，体），射穿可见目标。**शराः**（शर 阳，复，体）箭。

हविरावर्जितं होतस्त्वया विधिवदग्निषु।
वृष्टिर्भवति सस्यानामवग्रहविशोषिणाम्॥६२॥

"祭司啊!你按照仪轨
投入祭火中的祭品,
转变成雨,及时供给
在干旱中枯萎的谷物。（62）

解析：**हविः**（हविस् 中，单，体）祭品。**आवर्जितम्**（आवर्जित 中，单，体）投入。**होतः**（होतृ 阳，单，呼）祭司。**त्वया**（त्वद् 单，具）你。**विधिवत्**（不变词）按照规则。**अग्निषु**（अग्नि 阳，复，依）火，祭火。**वृष्टिः**（वृष्टि 阴，单，体）雨。**भवति**（√भू 现在，单，三）变成。**सस्यानाम्**（सस्य 中，复，属）谷物。**अवग्रह**（干旱）-**विशोषिणाम्**（विशोषिन् 枯萎的），复合词（中，复，属），因干旱而枯萎的。

पुरुषायुषजीवन्यो निरातङ्का निरीतयः।
यन्मदीयाः प्रजास्तस्य हेतुस्त्वद्ब्रह्मवर्चसम्॥६३॥

"我的臣民摆脱恐惧，
无病无灾，活够人寿，
这一切究其原因，
那是你的梵的光辉。（63）

解析：पुरुष（人）-आयुष（寿命）-जीविन्यः（जीविन् 活着），复合词（阴，复，体），活够人寿。निरातङ्काः（निरातङ्क 阴，复，体）无疾病，无恐惧。निरीतयः（निरीति 阴，复，体），无灾难。यत्（यद् 中，单，体）它，指以上情况。मदीयाः（मदीय 阴，复，体）我的。प्रजाः（प्रजा 阴，复，体）臣民。तस्य（तद् 中，单，属）它，指以上情况。हेतुः（हेतु 阳，单，体）原因。त्वद्（你）-ब्रह्म（ब्रह्मन् 梵）-वर्चसम्（वर्चस् 光辉），复合词（中，单，体），你的梵的光辉。

त्वयैवं चिन्त्यमानस्य गुरुणा ब्रह्मयोनिना।
सानुबन्ध्याः कथं न स्युः संपदो मे निरापदः॥६४॥

"老师你出生自梵天，
有你这样关心着我，
我无灾无祸，幸运
怎么不会连续不断？（64）

解析：त्वया（त्वद् 单，具）你。एवम्（不变词）这样。चिन्त्यमानस्य（चिन्त्यमान 被，现分，阳，单，属）关心。गुरुणा（गुरु 阳，单，具）老师。ब्रह्म（ब्रह्मन् 梵天）-योनिना（योनि 子宫），复合词（阳，单，具），出生自梵天。स（具有）-अनुबन्ध्याः（अनुबन्ध 持续），复合词（阴，复，体），持续。कथम्（不变词）怎么。न（不变词）不。स्युः（√अस् 虚拟，复，三）是。संपदः（संपद् 阴，复，体）成功，幸运。मे（मद् 单，属）我。निरापदः（निरापद् 阴，复，体）没有灾祸。

किंतु वध्वां तवैतस्यामदृष्टसदृशप्रजम्।
न मामवति सद्वीपा रत्नसूरपि मेदिनी॥६५॥

"但是，没看到你的儿媳
生出与我相像的儿子，
即使有七大洲盛产宝石的
大地，也不会让我高兴。（65）

罗怙世系　273

解析： किंतु（不变词）但是。वध्वाम्（वधू 阴，单，依）儿媳。तव（त्वद् 单，属）你。एतस्याम्（एतद् 阴，单，依）这位，指儿媳（即王后）。अदृष्ट（没看到）-सदृश（相似的）-प्रजम्（प्रजा 子嗣），复合词（阳，单，业），没看到相像的儿子。न（不变词）不。माम्（मद् 单，业）我。अवति（√अव् 现在，单，三）满足。स（具有）-द्वीपा（द्वीप 岛屿，洲），复合词（阴，单，体），有七大洲的。रत्न（宝石）-सूः（सू 产生），复合词（阴，单，体），盛产宝石的。अपि（不变词）即使。मेदिनी（मेदिनी 阴，单，体）大地。

नूनं मत्तः परं वंश्याः पिण्डविच्छेददर्शिनः।
न प्रकामभुजः श्राद्धे स्वधासंग्रहतत्पराः॥६६॥

"祖先们预感在我之后，
饭团的供应可能会中断，
在祭祖仪式上不敢吃饱，
一心想存储一些祭品。（66）

解析： नूनम्（不变词）肯定。मत्तः（मद् 单，从）我。परम्（不变词）之后。वंश्याः（वंश्य 阳，复，体）祖先。पिण्ड（饭团）-विच्छेद（中断）-दर्शिनः（दर्शिन् 看到），复合词（阳，复，体），看到饭团中断。न（不变词）不。प्रकाम（随心所欲）-भुजः（भुज् 享用），复合词（阳，复，体），随心所欲享用。श्राद्धे（श्राद्ध 中，单，依）祭祖仪式。स्वधा（祭品）-संग्रह（储存）-तत्पराः（तत्पर 一心），复合词（阳，复，体），一心想存储祭品。

मत्परं दुर्लभं मत्वा नूनमावर्जितं मया।
पयः पूर्वैः स्वनिःश्वासैः कवोष्णमुपभुज्यते॥६७॥

"祖先们想到在我之后，
不能再获得我祭供的水，
在喝水时，长吁短叹，
使这些水也变得温热。（67）

解析： मद्（我）-परम्（之后），复合词（不变词），在我之后。दुर्लभम्（दुर्लभ 中，单，业）难以获得。मत्वा（√मन् 独立式）认为。नूनम्（不变词）肯定。आवर्जितम्（आवर्जित

中，单，业）供给。**मया**（मद् 单，具）我。**पयः**（पयस् 中，单，体）水。**पूर्वैः**（पूर्व 阳，复，具）祖先。**स्व**（自己的）-**निःश्वासैः**（निःश्वास 呼吸，叹息），复合词（阳，复，具），自己的叹息。**कव**（稍许）-**उष्णम्**（उष्ण 热），复合词（中，单，体），温热的。**उपभुज्यते**（उप√भुज् 现在，被，单，三）享用。

सो ऽहमिज्याविशुद्धात्मा प्रजालोपनिमीलितः।
प्रकाशश्चाप्रकाशश्च लोकालोक इवाचलः॥६८॥

"祭祀令我灵魂纯洁，
绝后令我陷入黑暗，
既光明，又黑暗，
犹如罗迦罗迦山[①]。（68）

解析：सः（तद् 阳，单，体）这个，指我。**अहम्**（मद् 单，体）我。**इज्या**（祭祀）-**विशुद्ध**（纯洁）-**आत्मा**（आत्मन् 灵魂），复合词（阳，单，体），因祭祀而灵魂纯洁。**प्रजा**（后代）-**लोप**（缺乏）-**निमीलितः**（निमीलित 闭眼），复合词（阳，单，体），因绝后而陷入黑暗。**प्रकाशः**（प्रकाश 阳，单，体）光明的。**च**（不变词）和。**अप्रकाशः**（अप्रकाश 阳，单，体）黑暗的。**च**（不变词）和。**लोकालोकः**（लोकालोक 阳，单，体）罗迦罗迦山。**इव**（不变词）像。**अचलः**（अचल 阳，单，体）山。

लोकान्तरसुखं पुण्यं तपोदानसमुद्भवम्।
संततिः शुद्धवंश्या हि परत्रेह च शर्मणे॥६९॥

"苦行和布施产生功德，
享受另一世界的幸福，
而延续纯洁的家族，
获得两个世界的幸福。（69）

解析：लोक（世界）-**अन्तर**（另一个）-**सुखम्**（सुख 幸福），复合词（中，单，体），另一个世界的幸福。**पुण्यम्**（पुण्य 中，单，体）功德。**तपस्**（苦行）-**दान**（布施）-**समुद्भवम्**（समुद्भव 产生），复合词（中，单，体），苦行和布施所产生的。**संततिः**（संतति 阴，单，体）延续。**शुद्ध**（纯洁的）-**वंश्या**（वंश्य 家族的），复合词（阴，单，体），纯洁

[①] 罗迦罗迦山又名轮围山，围绕整个大地，山内光明，山外黑暗。

的家族的。**हि**（不变词）因为。**परत्र**（不变词）另一世界。**इह**（不变词）这里，这个世界。**च**（不变词）和。**शर्मणे**（**शर्मन्** 中，单，为）快乐，幸福。

तया हीनं विधातर्मां कथं पश्यन्न दूयसे।
सिक्तं स्वयमिव स्नेहाद्वन्ध्यमाश्रमवृक्षकम्॥७०॥

"创造主啊，你看到我
没有子嗣，就像看到怀着
爱怜、亲手灌溉的净修林
树木不结果，怎会不难过？（70）

解析：**तया**（**तद्** 阴，单，具）它，指家族的延续。**हीनम्**（**हीन** 阳，单，业）缺少。**विधातः**（**विधातृ** 阳，单，呼）创造主。**माम्**（**मद्** 单，业）我。**कथम्**（不变词）怎么。**पश्यन्**（**पश्यत्** 现分，阳，单，体）看到。**न**（不变词）不。**दूयसे**（√**दु** 现在，单，二）悲伤，难过。**सिक्तम्**（**सिक्त** 阳，单，业）灌溉。**स्वयम्**（不变词）亲自。**इव**（不变词）像。**स्नेहात्**（**स्नेह** 阳，单，从）爱意。**वन्ध्यम्**（**वन्ध्य** 阳，单，业）不结果的。**आश्रम**（净修林）-**वृक्षकम्**（**वृक्षक** 小树，树），复合词（阳，单，业），净修林中的树苗。

असह्यापीडं भगवन्नृणमन्त्यमवेहि मे।
अरुंतुदमिवालानमनिर्वाणस्य दन्तिनः॥७१॥

"你要知道这最后的债务[①]，
对我是不可忍受的折磨，
尊者啊，就像锁链对不能
沐浴的大象是沉重的打击。（71）

解析：**असह्य**（不可忍受的）-**पीडम्**（**पीडा** 折磨），复合词（中，单，业），不可忍受的折磨。**भगवन्**（**भगवत्** 阳，单，呼）尊者。**ऋणम्**（**ऋण** 中，单，业）债务。**अन्त्यम्**（**अन्त्य** 中，单，业）最后的。**अवेहि**（**अव**√**इ** 命令，单，二）知道。**मे**（**मद्** 单，属）我。**अरुंतुदम्**（**अरुंतुद** 中，单，业）击中要害的。**इव**（不变词）像。**आलानम्**（**आलान** 中，单，业）拴象的柱子或绳索。**अनिर्वाणस्य**（**अनिर्वाण** 阳，单，体），不能沐浴的。**दन्तिनः**（**दन्तिन्** 阳，单，属）大象。

[①] 按照婆罗门教，人生要偿还三种债务：通过学习吠陀，偿还教师的债务；通过举行祭祀，偿还天神的债务；通过生育后代，偿还祖先的债务。这里所说最后的债务指生育后代。

तस्मान्मुच्ये यथा तात संविधातुं तथार्हसि।
इक्ष्वाकूणां दुरापे ऽर्थे त्वदधीना हि सिद्धयः॥७२॥

"老师啊，请你安排，
让我摆脱这个债务；
依靠你，甘蔗族能够
实现难以达到的目的。"（72）

解析：तस्मात्（तद् 阳，单，从）它，指债务。मुच्ये（√मुच् 被，单，一）解脱。यथा（不变词）像那样。तात（तात 阳，单，呼）尊称或爱称。संविधातुम्（सम्-वि√धा 不定式）安排。तथा（不变词）这样。अर्हसि（√अर्ह 现在，单，二）能，请。इक्ष्वाकूणाम्（इक्ष्वाकु 阳，复，属）甘蔗族。दुरापे（दुराप 阳，单，依）难以达到的。अर्थे（अर्थ 阳，单，依）目的。त्वद्（你）-अधीनाः（अधीन 依靠），复合词（阴，复，体），依靠你。हि（不变词）因为。सिद्धयः（सिद्धि 阴，复，体）成功。

इति विज्ञापितो राज्ञा ध्यानस्तिमितलोचनः।
क्षणमात्रमृषिस्तस्थौ सुप्तमीन इव ह्रदः॥७३॥

听罢这位国王的诉求，
仙人刹那间陷入沉思，
他的眼睛凝固不动，
犹如鱼儿入睡的池塘。（73）

解析：इति（不变词）这样（说）。विज्ञापितः（विज्ञापित 阳，单，体）告知。राज्ञा（राजन् 阳，单，具）国王。ध्यान（禅定，沉思）-स्तिमित（静止）-लोचनः（लोचन 眼睛），复合词（阳，单，体），沉思而眼睛凝固不动。क्षण（刹那）-मात्रम्（仅仅），复合词（不变词），刹那间。ऋषिः（ऋषि 阳，单，体）仙人。तस्थौ（√स्था 完成，单，三）站着，处于。सुप्त（入睡的）-मीनः（मीन 鱼儿），复合词（阳，单，体），鱼儿入睡的。इव（不变词）犹如。ह्रदः（ह्रद 阳，单，体）池塘。

सो ऽपश्यत्प्रणिधानेन संततेः स्तम्भकारणम्।
भावितात्मा भुवो भर्तुरथैनं प्रत्यबोधयत्॥७४॥

这位仙人灵魂纯净，
通过沉思，发现国王
子嗣为何受到阻碍，
于是，向他说明原因：（74）

解析：सः（तद् 阳，单，体）他，指仙人。अपश्यत्（√दृश् 未完，单，三）看到，发现。प्रणिधानेन（प्रणिधान 中，单，具）沉思。संततेः（संतति 阴，单，属）延续。स्तम्भ（阻碍）-कारणम्（कारण 原因），复合词（中，单，业），受到阻碍的原因。भावित（净化）-आत्मा（आत्मन् 灵魂），复合词（阳，单，体），灵魂纯净。भुवः（भू 阴，单，属）大地。भर्तुः（भर्तृ 阳，单，属）拥有者，主人。अथ（不变词）然后。एनम्（एतद् 阳，单，业）他，指国王。प्रत्यबोधयत्（प्रति√बुध् 致使，未完，单，三）说明。

पुरा शक्रमुपस्थाय तवोर्वीं प्रति यास्यतः।
आसीत्कल्पतरुच्छायामाश्रिता सुरभिः पथि॥७५॥

"从前，你侍奉天帝释后，
准备返回大地，在路上，
如意神牛苏罗毗恰好
站在天国劫波树树荫下。（75）

解析：पुरा（不变词）从前。शक्रम्（शक्र 阳，单，业）因陀罗，天帝释。उपस्थाय（उप√स्था 独立式）侍奉。तव（त्वद् 单，属）你。उर्वीम्（उर्वी 阴，单，业）大地。प्रति（不变词）对，朝。यास्यतः（यास्यत् 将分，阳，单，属）前往。आसीत्（√अस् 未完，单，三）是。कल्प（劫波树）-तरु（树）-छायाम्（छाया 树荫），复合词（阴，单，依），劫波树的树荫。आश्रिता（आश्रित 阴，单，体）处在。सुरभिः（सुरभि 阴，单，体）母牛名，苏罗毗。पथि（पथिन् 阳，单，依）道路。

धर्मलोपभयाद्राज्ञीमृतुस्नातामिमां स्मरन्।
प्रदक्षिणक्रियार्हायां तस्यां त्वं साधु नाचरः॥७६॥

"你却想着王后经期已沐浴，
唯恐耽误正法规定的时间，[①]
你没有依礼向这头应该受到

---

① 意谓妇女经期结束沐浴后，适合与丈夫同房。

敬拜的如意神牛行右旋礼。（76）

解析：धर्म（正法）-लोप（失去）-भयात्（भय 害怕），复合词（中，单，从），害怕失去正法。राज्ञीम्（राज्ञी 阴，单，业）王后。ऋतु（经期）-स्नाताम्（स्नात 沐浴），复合词（阴，单，业），经期后已沐浴。इमाम्（इदम् 阴，单，业）这。स्मरन्（स्मरत् 现分，阳，单，体）记挂，想。प्रदक्षिण（右旋）-क्रिया（行为）-अर्हायाम्（अर्ह 值得），复合词（阴，单，依），值得行右旋礼。तस्याम्（तद् 阴，单，依）她，指母牛苏罗毗。त्वम्（त्वद् 单，体）你。साधु（不变词）正确地。न（不变词）不。आचरः（आ√चर् 未完，单，二）施行。

अवजानासि मां यस्मादतस्ते न भविष्यति।
मत्प्रसूतिमनाराध्य प्रजेति त्वां शशाप सा॥ ७७॥

"于是，她诅咒你说：
'你瞧不起我，因此，
你不会有子嗣，直到
你赢得我女儿的喜欢。'（77）

解析：अवजानासि（अव√ज्ञा 现在，单，二）轻视。माम्（मद् 单，业）我。यस्मात्（不变词）因为。अतस्（不变词）所以。ते（त्वद् 单，属）你。न（不变词）不。भविष्यति（√भू 将来，单，三）有。मद्（我）-प्रसूतिम्（प्रसूति 子嗣，儿女），复合词（阴，单，业），我的儿女。अनाराध्य（अन्-आ√राध् 独立式）不取悦。प्रजा（阴，单，体）子嗣。इति（不变词）这样（说）。त्वाम्（त्वद् 单，业）你。शशाप（√शप् 完成，单，三）诅咒。सा（तद् 阴，单，体）她，指母牛苏罗毗。

स शापो न त्वया राजन्न च सारथिना श्रुतः।
नदत्याकाशगङ्गायाः स्रोतस्युद्दामदिग्गजे॥ ७८॥

"国王啊！你和你的御者
都没有听到这个诅咒，
因为天国恒河中，方位象
恣意嬉戏，水流喧嚣。（78）

解析：सः（तद् 阳，单，体）这个，指诅咒。शापः（शाप 阳，单，体）诅咒。न

（不变词）不。त्वया（त्वद् 单，具）你。राजन्（राजन् 阳，单，呼）国王。न（不变词）不。च（不变词）和。सारथिना（सारथि 阳，单，具）车夫，御者。श्रुतः（श्रुत 阳，单，体）听到。नदति（नदत् 现分，中，单，依），发出声音。आकाश（天空）-गङ्गायाः（गङ्गा 恒河），复合词（阴，单，属），天上的恒河。स्रोतसि（स्रोतस् 中，单，依）水流。उद्दाम（恣意的，放纵的）-दिश（方向，方位）-गजे（गज 大象），复合词（中，单，依），方位象恣意玩耍。

ईप्सितं तदवज्ञानाद्विद्धि सार्गलमात्मनः।
प्रतिबध्नाति हि श्रेयः पूज्यपूजाव्यतिक्रमः॥७९॥

"你要知道，由于忽视她，
你的愿望遇到了阻碍，
因为不敬拜应该敬拜者，
这样的行为阻断幸福。（79）

解析：ईप्सितम्（ईप्सित 中，单，业）愿望。तद्（她）-अवज्ञानात्（अवज्ञान 轻视），复合词（中，单，从），轻视她。विद्धि（√विद् 命令，单，二）知道。सार्गलम्（सार्गल 中，单，业）有阻碍。आत्मनः（आत्मन् 阳，单，属）自己。प्रतिबध्नाति（प्रति√बन्ध् 现在，单，三）阻断。हि（不变词）因为。श्रेयः（श्रेयस् 中，单，业）幸福。पूज्य（应该敬拜者）-पूजा（敬拜）-व्यतिक्रमः（व्यतिक्रम 忽略），复合词（阳，单，体），不敬拜应该敬拜者。

हविषे दीर्घसत्रस्य सा चेदानीं प्रचेतसः।
भुजंगपिहितद्वारं पातालमधितिष्ठति॥८०॥

"她现在滞留地下世界，
那里有群蛇把持入口；
伐楼那举行长期祭祀，
需要她提供祭品酥油。（80）

解析：हविषे（हविस् 中，单，为）祭品。दीर्घ（长期）-सत्रस्य（सत्र 祭祀），复合词（阳，单，属），举行长期祭祀的。सा（तद् 阴，单，体）她。च（不变词）和。इदानीम्（不变词）现在。प्रचेतसः（प्रचेतस् 阳，单，属）伐楼那。भुजंग（蛇）-पिहित（封闭）-द्वारम्（द्वार 门，入口），复合词（中，单，业），群蛇把持入口。पातालम्（पाताल 中，单，业）地下世界。अधितिष्ठति（अधि√स्था 现在，单，三）住在，留在。

सुतां तदीयां सुरभेः कृत्वा प्रतिनिधिं शुचिः।
आराधय सपत्नीकः प्रीता कामदुघा हि सा॥८१॥

"你将她的女儿作为替身，
净化自己，和王后一起，
取悦她，一旦高兴满意，
她就会成为如意神牛。"（81）

解析： सुताम्（सुता 阴，单，业）女儿。तदीयाम्（तदीय 阴，单，业）她的。सुरभेः（सुरभि 阴，单，属）母牛苏罗毗。कृत्वा（√कृ 独立式）做。प्रतिनिधिम्（प्रतिनिधि 阳，单，业）替代。शुचिः（शुचि 阳，单，体）纯洁的。आराधय（आ√राध् 命令，单，二）取悦。सपत्नीकः（सपत्नीक 阳，单，体）和王后一起。प्रीता（प्रीत 阴，单，体）高兴，满意。काम（心愿）-दुघा（दुघ 挤奶），复合词（阴，单，体），随意挤奶的，如意神牛。हि（不变词）因为。सा（तद् 阴，单，体）她，指苏罗毗的女儿。

इति वादिन एवास्य होतुराहुतिसाधनम्।
अनिन्द्या नन्दिनी नाम धेनुराववृते वनात्॥८२॥

正当祭司这样说着，
这头无可挑剔的母牛，
酥油的供应者，名为
南迪尼，从林中返回。（82）

解析： इति（不变词）这样（说）。वादिनः（वादिन् 阳，单，属）说着。एव（不变词）正。अस्य（इदम् 阳，单，属）这，指祭司。होतुः（होतृ 阳，单，属）祭司。आहुति（祭品）-साधनम्（साधन 实现），复合词（中，单，体），祭品的提供者。अनिन्द्या（अनिन्द्य 阴，单，体）无可挑剔的。नन्दिनी（阴，单，体）南迪尼。नाम（不变词）名为。धेनुः（धेनु 阴，单，体）母牛。आववृते（आ√वृत् 完成，单，三）返回。वनात्（वन 中，单，从）树林。

ललाटोदयमाभुग्नं पल्लवस्त्रिग्धपाटला।
बिभ्रती श्वेतरोमाङ्कं संध्येव शशिनं नवम्॥८३॥

她柔软粉红如同嫩芽，

额头上长有一个标志，
那是微微弯曲的白毫，
犹如黄昏有一弯新月。（83）

解析：ललाट（额头）-उदयम्（उदय 出现），复合词（阳，单，业），出现在额头上的。आभुग्नम्（आभुग्न 阳，单，业）微微弯曲的。पल्लव（嫩芽）-स्निग्ध（柔软）-पाटला（पाटल 粉红的），复合词（阴，单，体），嫩芽般柔软粉红。बिभ्रती（बिभ्रत् 现分，阴，单，体）具有。श्वेत（白色的）-रोम（रोमन् 毫毛）-अङ्कम्（अङ्क 标志），复合词（阳，单，业），白毫标志。संध्या（阴，单，体）黄昏。इव（不变词）犹如。शशिनम्（शशिन् 阳，单，业）月亮。नवम्（नव 阳，单，业）新的。

भुवं कोष्णेन कुण्डोध्नी मेध्येनावभृथादपि।
प्रस्रवेनाभिवर्षन्ती वत्सालोकप्रवर्तिना॥८४॥

她乳房似罐，一见到
自己的牛犊，温暖的
乳汁流淌，洒落大地，
比祭祀后沐浴更圣洁。（84）

解析：भुवम्（भू 阴，单，业）大地。कोष्णेन（कोष्ण 阳，单，具）温热的。कुण्ड（罐子）-ऊध्नी（ऊधस् 乳房），复合词（阴，单，体），乳房似罐的。मेध्येन（मेध्य 阳，单，具）适合祭祀的，纯洁的。अवभृथात्（अवभृथ 阳，单，从）祭祀后沐浴。अपि（不变词）甚至。प्रस्रवेन（प्रस्रव 阳，单，具）流。अभिवर्षन्ती（अभिवर्षत् 现分，阴，单，体）洒下。वत्स（牛犊）-आलोक（看到）-प्रवर्तिना（प्रवर्तिन् 流出），复合词（阳，单，具），看到牛犊就流出的。

रजःकणैः खुरोद्धूतैः स्पृशद्भिर्गात्रमन्तिकात्।
तीर्थाभिषेकजां शुद्धिमादधाना महीक्षितः॥८५॥

她的蹄子扬起尘埃，
沾上身旁国王的肢体，
赐予这位大地之主
等同圣地沐浴的纯洁。（85）

解析：रजस्（尘土）-कणैः（कण 颗粒），复合词（阳，复，具），尘埃。खुर（蹄子）-उद्धूतैः（उद्धूत 扬起），复合词（阳，复，具），蹄子扬起的。स्पृशद्भिः（स्पृशत् 现分，阳，复，具）接触。गात्रम्（गात्र 中，单，业）肢体。अन्तिकात्（不变词）附近。तीर्थ（圣地）-अभिषेक（灌顶，沐浴）-जाम्（ज 产生），复合词（阴，单，业），圣地沐浴产生的。शुद्धिम्（शुद्धि 阴，单，业）纯洁。आदधाना（आदधान 现分，阴，单，体）给予。मही（大地）-क्षितः（क्षित् 统治），复合词（阳，单，属），统治大地者，国王。

तां पुण्यदर्शनां दृष्ट्वा निमित्तज्ञस्तपोनिधिः।
याज्यमाशंसितावन्ध्यप्रार्थनं पुनरब्रवीत्॥८६॥

那位苦行之宝精通征兆，
看到这头圣洁的母牛出现，
知道适合举行祭祀的国王，
心愿不会落空，又对他说道：（86）

解析：ताम्（तद् 阴，单，业）她，指母牛南迪尼。पुण्य（圣洁）-दर्शनाम्（दर्शन 显现），复合词（阴，单，业），模样圣洁。दृष्ट्वा（√दृश् 独立式）看到。निमित्त（征兆）-ज्ञः（ज 通晓），复合词（阳，单，体），精通征兆的。तपस्（苦行）-निधिः（निधि 宝藏），复合词（阳，单，体），苦行之宝，指仙人。याज्यम्（याज्य 阳，单，业）适合祭祀的。आशंसित（说出）-अवन्ध्य（不会落空）-प्रार्थनम्（प्रार्थन 请求），复合词（阳，单，业），说明请求不会落空。पुनर्（不变词）又。अब्रवीत्（√ब्रू 未完，单，三）说。

अदूरवर्तिनीं सिद्धिं राजन्विगणयात्मनः।
उपस्थितेयं कल्याणी नाम्नि कीर्तित एव यत्॥८६॥

"国王啊！要知道你的
心愿实现，已为期不远，
因为这头吉祥的母牛，
一说到她，她就来到。（87）

解析：अदूर（不远）-वर्तिनीम्（वर्तिन् 出现，处于），复合词（阴，单，业），为期不远。सिद्धिम्（सिद्धि 阴，单，业）成功。राजन्（राजन् 阳，单，呼）国王。विगणय（वि√गण् 命令，单，二）想到，认为。आत्मनः（आत्मन् 阳，单，属）自己。उपस्थिता（उपस्थित 阴，单，体）走近，来到。इयम्（इदम् 阴，单，体）这，指母牛南迪尼。कल्याणी（कल्याण 阴，

单，体）吉祥的。**नाम्नि**（नामन् 中，单，依）名字。**कीर्तिते**（कीर्तित 中，单，依）提到，说起。**एव**（不变词）就。**यद्**（不变词）由于，因为。

वन्यवृत्तिरिमां शश्वदात्मानुगमनेन गाम्।
विद्यामभ्यसनेनेव प्रसादयितुमर्हसि॥८८॥

"你要过上一段林中生活，
始终亲自陪随这头母牛，
取悦她，就像取悦知识，
要依靠复习，坚持不懈。（88）

解析：**वन्य**（树林的）-**वृत्तिः**（वृत्ति 活动，生活），复合词（阳，单，体），过林中生活。**इमाम्**（इदम् 阴，单，业）这，指母牛南迪尼。**शश्वत्**（不变词）持久，始终。**आत्म**（आत्मन् 自己）-**अनुगमनेन**（अनुगमन 跟随），复合词（中，单，具），亲自陪随。**गाम्**（गो 阴，单，业）母牛。**विद्याम्**（विद्या 阴，单，业）知识。**अभ्यसनेन**（अभ्यसन 中，单，具）练习，复习。**इव**（不变词）像。**प्रसादयितुम्**（प्र√सद् 致使，不定式）安抚，取悦。**अर्हसि**（√अर्ह् 现在，单，二）应该。

प्रस्थितायां प्रतिष्ठेथाः स्थितायां स्थितिमाचरेः।
निषण्णायां निषीदास्यां पीताम्भसि पिबेरपः॥८९॥

"她出发，你也出发，
她停留，你也停留。
她蹲下，你也蹲下，
她饮水，你也饮水。（89）

解析：**प्रस्थितायाम्**（प्रस्थित 阴，单，依）出发。**प्रतिष्ठेथाः**（प्र√स्था 虚拟，单，二）出发。**स्थितायाम्**（स्थित 阴，单，依）停留。**स्थितिम्**（स्थिति 阴，单，业）停留。**आचरेः**（आ√चर् 虚拟，单，二）实行。**निषण्णायाम्**（निषण्ण 阴，单，依）坐下。**निषीद**（नि√सद् 命令，单，二）坐下。**अस्याम्**（इदम् 阴，单，依）这，指母牛南迪尼。**पीत**（喝，饮）-**अम्भसि**（अम्भस् 水），复合词（阴，单，依），饮水。**पिबेः**（√पा 虚拟，单，二）喝，饮。**अपः**（अप् 阴，复，业）水。

वधूर्भक्तिमती चैनामर्चितामा तपोवनात्।
प्रयता प्रातरन्वेतु सायं प्रत्युद्व्रजेदपि॥९०॥

"早晨，让你虔诚的妻子
控制自我，敬拜她之后，
要一直送她到苦行林边，
黄昏时，又前去迎接她。（90）

解析：वधूः（वधू 阴，单，体）妻子。भक्तिमती（भक्तिमत् 阴，单，体）虔诚的。च（不变词）和。एनाम्（एतद् 阴，单，业）她，指母牛南迪尼。अर्चिताम्（अर्चित 阴，单，业）敬拜。आ（不变词）直到。तपस्（苦行）-वनात्（वन 树林），复合词（中，单，从），苦行林。प्रयता（प्रयत 阴，单，体）控制自我的。प्रातर्（不变词）早晨。अन्वेतु（अनु√इ 命令，单，三）跟随。सायम्（不变词）黄昏。प्रत्युद्व्रजेत्（प्रति-उद्√व्रज 虚拟，单，三）迎接。अपि（不变词）也。

इत्या प्रसादादस्यास्त्वं परिचर्यापरो भव।
अविघ्नमस्तु ते स्थेयाः पितेव धुरि पुत्रिणाम्॥९१॥

"你就这样专心侍奉她，
直到你赢得她的恩宠，
祝你顺利！愿你像父亲，
站在有儿子的人们前列。"（91）

解析：इति（不变词）这样。आ（不变词）直到。प्रसादात्（प्रसाद 阳，单，从）恩宠。अस्याः（इदम् 阴，单，属）她，指母牛南迪尼。त्वम्（त्वद् 单，体）你。परिचर्या（侍奉）-परः（पर 专心），复合词（阳，单，体），专心侍奉。भव（√भू 命令，单，二）成为。अविघ्नम्（अविघ्न 中，单，体）没有障碍。अस्तु（√अस् 命令，单，三）是。ते（त्वद् 单，属）你。स्थेयाः（√स्था 祈求，单，二）站。पिता（पितृ 阳，单，体）父亲。इव（不变词）像。धुरि（धुर् 阴，单，依）顶端，前列。पुत्रिणाम्（पुत्रिन् 阳，复，属）有儿子的。

तथेति प्रतिजग्राह प्रीतिमान्सपरिग्रहः।
आदेशं देशकालज्ञः शिष्यः शासितुरानतः॥९२॥

> 这位国王通晓天时地利,
> 与妻子一起,满怀喜悦,
> 作为学生,谦恭地接受
> 老师的指示,说:"好吧!" (92)

解析:तथा(不变词)好吧。इति(不变词)这样(说)。प्रतिजग्राह(प्रति√ग्रह् 完成,单,三)接受。प्रीतिमान्(प्रीतिमत् 阳,单,体)满怀喜悦。स(带着)-परिग्रहः(परिग्रह 妻子),复合词(阳,单,体),带着妻子。आदेशम्(आदेश 阳,单,业)指示。देश(地方)-काल(时间)-ज्ञः(ज्ञ 通晓),复合词(阳,单,体),通晓天时地利。शिष्यः(शिष्य 阳,单,体)学生。शासितुः(शासितृ 阳,单,属)老师。आनतः(आनत 阳,单,体)谦恭。

अथ प्रदोषे दोषज्ञः संवेशाय विशांपतिम्।
सूनुः सूनृतवाक्स्रष्टुर्विससर्जोर्जितश्रियम्॥९३॥

> 这位创造主的儿子[①],
> 明辨善恶,言无虚发,
> 晚上,吩咐这位鸿运
> 高照的国王进屋休息。(93)

解析:अथ(不变词)然后。प्रदोषे(प्रदोष 阳,单,依)夜晚。दोष(错误)-ज्ञः(ज्ञ 通晓),复合词(阳,单,体),明辨是非的。संवेशाय(संवेश 阳,单,为)进入,睡觉。विशांपतिम्(विशांपति 阳,单,业)民众之主,国王。सूनुः(सूनु 阳,单,体)儿子。सूनृत(真实的)-वाक्(वाच् 话语),复合词(阳,单,体),言语真实的。स्रष्टुः(स्रष्टृ 阳,单,属)创造主。विससर्ज(वि√सृज् 完成,单,三)说,吩咐。ऊर्जित(充满)-श्रियम्(श्री 好运,吉祥),复合词(阳,单,业),鸿运高照的。

सत्यामपि तपःसिद्धौ नियमापेक्षया मुनिः।
कल्पवित्कल्पयामास वन्यामेवास्य संविधाम्॥९४॥

> 尽管具备苦行法力,
> 牟尼通晓法则,注重

---

① 创造主的儿子指极裕仙人。

承诺①，依然为他安排
在林中的生活方式。（94）

解析：सत्याम् (सत् 现分，阴，单，依) 有。अपि (不变词) 即使。तपस् (苦行)-सिद्धौ (सिद्धि 成就)，复合词（阴，单，依），苦行成就。नियम (承诺)-अपेक्षया (अपेक्षा 重视)，复合词（阴，单，具），注重承诺。मुनिः (मुनि 阳，单，体) 牟尼。कल्प (规则，法则)-विदु (विदु 懂得)，复合词（阳，单，体），通晓法则。कल्पयामास (√क्लृप् 致使，完成，单，三) 安排。वन्याम् (वन्य 阴，单，业) 林中的。एव (不变词) 就。अस्य (इदम् 阳，单，属) 他，指国王。संविधाम् (संविधा 阴，单，业) 生活方式。

निर्दिष्टां कुलपतिना स पर्णशाला-
　मध्यास्य प्रयतपरिग्रहद्वितीयः।
तच्छिष्याध्ययननिवेदितावसानां
　संविष्टः कुशशयने निशां निनाय॥९५॥

在族长指引下，他和控制
自我的妻子一同住进茅屋，
睡在拘舍草床上，度过夜晚，
在学生们的晨读声中醒来。（95）

解析：निर्दिष्टाम् (निर्दिष्ट 阴，单，业) 指示，指引。कुल (家族)-पतिना (पति 主人)，复合词（阳，单，具），族长。स (तद् 阳，单，体) 他，指国王。पर्ण (树叶)-शालाम् (शाला 屋子)，复合词（阴，单，业），茅屋。अध्यास्य (अधि√आस् 独立式) 居住。प्रयत (控制自我的)-परिग्रह (妻子)-द्वितीयः (द्वितीय 同伴)，复合词（阳，单，体），与控制自我的妻子作伴。तद् (他，指牟尼)-शिष्य (学生)-अध्ययन (朗读，学习)-निवेदित (告知)-अवसानाम् (अवसान 结束)，复合词（阴，单，业），因牟尼学生们的朗读而知道（夜晚）结束。संविष्टः (संविष्ट 阳，单，体) 入睡。कुश (拘舍草)-शयने (शयन 床)，复合词（中，单，依），拘舍草床。निशाम् (निशा 阴，单，业) 夜晚。निनाय (√नी 完成，单，三) 度过。

---

① 意谓已经说定要让国王过上一段林中生活，侍奉母牛南迪尼。参阅前面第88颂。

द्वितीयः सर्गः।

第 二 章

अथ प्रजानामधिपः प्रभाते जायाप्रतिग्राहितगन्धमाल्याम्।
वनाय पीतप्रतिबद्धवत्सां यशोधनो धेनुमृषेर्मुमोच॥१॥

清晨，王后献上香料和花环，
小牛犊也喝了奶，拴了起来，
然后，以名誉为财富的国王，
护送仙人的母牛前往林中。（1）

解析：अथ（不变词）然后，现在。प्रजानाम्（प्रजा 阴，复，属）民众。अधिपः（अधिप 阳，单，体）主人，国王。प्रभाते（प्रभात 中，单，依）清晨。जाया（妻子）-प्रतिग्राहित（接受）-गन्ध（香料）-माल्याम्（माल्य 花环），复合词（阴，单，业），接受王后的香料和花环。वनाय（वन 中，单，为）森林。पीत（喝了）-प्रतिबद्ध（系缚）-वत्साम्（वत्स 牛犊，幼仔），复合词（阴，单，业），牛犊喂过并拴好。यशस्（名誉）-धनः（धन 财富），复合词（阳，单，体），以名誉为财富。धेनुम्（धेनु 阴，单，业）母牛。ऋषेः（ऋषि 阳，单，属）仙人。मुमोच（√मुच् 完成，单，三）释放。

तस्याः खुरन्यासपवित्रपांसुमपांसुलानां धुरि कीर्तनीया।
मार्गं मनुष्येश्वरधर्मपत्नी श्रुतेरिवार्थं स्मृतिरन्वगच्छत्॥२॥

王后堪称贞洁妇女中第一，
这条道路经过母牛牛蹄踩踏，
尘土圣洁，她一路跟随在后，
犹如法论跟随吠陀的意义[①]。（2）

解析：तस्याः（तद् 阴，单，属）她，指母牛。खुर（蹄子）-न्यास（放下）-पवित्र（净化的，圣洁的）-पांसुम्（पांसु 尘土），复合词（阳，单，业），因牛蹄踩踏而尘土圣洁。अपांसुलानाम्（अपांसुल 阴，复，属）无垢的，贞洁的。धुरि（धुर् 阴，单，依）轭，顶端。कीर्तनीया（कीर्तनीय 阴，单，体）值得称颂的。मार्गम्（मार्ग 阳，单，业）道路。मनुष्येश्वर（人

[①] 吠陀是最高圣典。法论是关于伦理和律法的准则。

主，国王）-धर्म（法）-पत्नी（妻子），复合词（阴，单，体），国王的法妻，王后。श्रुतेः（श्रुति 阴，单，属）天启，吠陀。इव（不变词）犹如。अर्थम्（अर्थ 阳，单，业）意义。स्मृतिः（स्मृति 阴，单，体）记忆，法论。अन्वगच्छत्（अनु√गम् 未完，单，三）跟随。

> निवर्त्य राजा दयितां दयालुस्तां सौरभेयीं सुरभिर्यशोभिः।
> पयोधरीभूतचतुःसमुद्रां जुगोप गोरूपधरामिवोर्वीम्॥३॥

这位优秀的国王名声远扬，
心地仁慈，此刻把王后劝回，
他保护这头母牛，如同保护
以四海为乳房的牛形大地。（3）

解析：निवर्त्य（नि√वृत् 致使，独立式）返回，停止。राजा（राजन् 阳，单，体）国王。दयिताम्（दयिता 阴，单，业）妻子，王后。दयालुः（दयालु 阳，单，体）慈悲的，同情的。ताम्（तद् 阴，单，业）这。सौरभेयीम्（सौरभेयी 阴，单，业）母牛，苏罗毗的女儿。सुरभिः（सुरभि 阳，单，体）美好的，优秀的。यशोभिः（यशस् 中，复，具）名声。पयोधरी（乳房）-भूत（成为）-चतुर्（四）-समुद्राम्（समुद्र 大海），复合词（阴，单，业），以四海为乳房的。जुगोप（√गुप् 完成，单，三）保护。गो（牛）-रूप（形体，形态）-धराम्（धर 持有），复合词（阴，单，业），具有牛形的。इव（不变词）如同。उर्वीम्（उर्वी 阴，单，业）大地。

> व्रताय तेनानुचरेण धेनोर्न्यषेधि शेषो ऽप्यनुयायिवर्गः।
> न चान्यतस्तस्य शरीररक्षा स्ववीर्यगुप्ता हि मनोः प्रसूतिः॥४॥

为了实现誓愿，他成为母牛侍从，
也不让剩下的随从们跟随在后，
保护自己的身体无须旁人，因为
摩奴的后代依靠自己的勇气保护。（4）

解析：व्रताय（व्रत 阳，单，为）誓言，誓愿。तेन（तद् 阳，单，具）他。अनुचरेण（अनुचर 阳，单，具）侍从。धेनोः（धेनु 阴，单，属）母牛。न्यषेधि（नि√सिध् 被，不定，单，三）阻止，禁止。शेषः（शेष 阳，单，体）剩下的。अपि（不变词）也。अनुयायि（अनुयायिन् 随从）-वर्गः（वर्ग 群，组），复合词（阳，单，体），随从们。न（不变词）不。च（不变词）而。अन्यतस्（不变词）来自其他。तस्य（तद् 阳，单，属）他。शरीर（身体）-रक्षा（保护），复合词（阴，单，体），保护身体。स्व（自己的）-वीर्य（勇气）-गुप्ता（गुप्त 保

护），复合词（阴，单，体），由自己的勇气保护。हि（不变词）因为。मनोः（मनु 阳，单，属）摩奴，人类的始祖。प्रसूतिः（प्रसूति 阴，单，体）子孙，后代。

आस्वादवद्भिः कवलैस्तृणानां कण्डूयनैर्देशनिवारणैश्च।
अव्याहतैः स्वैरगतैः स तस्याः सम्राट् समाराधनतत्परो ऽभूत्॥५॥

国王尽心竭力侍奉母牛，
喂她一把把美味的青草，
为她搔痒，替她驱赶蚊蝇，
让她不受干扰，自由行走。（5）

解析：आस्वादवद्भिः（आस्वादवत् 阳，复，具）美味的。कवलैः（कवल 阳，复，具）一口。तृणानाम्（तृण 中，复，属）草。कण्डूयनैः（कण्डूयन 中，复，具）搔痒。दंश（蚊，蝇）-निवारणैः（निवारण 阻止），复合词（中，复，具），驱赶蚊蝇。अव्याहतैः（अव्याहत 中，复，具）不受阻碍的。स्वैर（自由的）-गतैः（गत 行走），复合词（中，复，具），自由行走。सः（तद् 阳，单，体）他。तस्याः（तद् 阴，单，属）她。सम्राट्（सम्राज् 阳，单，体）国王，最高的王。समाराधन（取悦，侍奉）-तत्परः（तत्पर 专心），复合词（阳，单，体），全心全意侍奉。अभूत्（√भू 不定，单，三）是，有。

स्थितः स्थितामुच्चलितः प्रयातां निषेदुषीमासनबन्धधीरः।
जलाभिलाषी जलमाददानां छायेव तां भूपतिरन्वगच्छत्॥६॥

国王跟着母牛，如影随形，
随她而站住，随她而行走，
她坐下，国王也盘腿稳坐，
她喝水，国王也渴望喝水。（6）

解析：स्थितः（स्थित 阳，单，体）站立。स्थिताम्（स्थित 阴，单，业）站立。उच्चलितः（उच्चलित 阳，单，体）移动，出发。प्रयाताम्（प्रयात 阴，单，业）出发，行走。निषेदुषीम्（निषेदुष् 完分，阴，单，业）坐下。आसन（坐下）-बन्ध（绑，缚）-धीरः（धीर 坚定的），复合词（阳，单，体），盘腿安稳坐下。जल（水）-अभिलाषी（अभिलाषिन् 渴望），复合词（阳，单，体），渴望喝水。जलम्（जल 中，单，业）水。आददानाम्（आददान 现分，阴，单，业）取。छाया（छाया 阴，单，体）影子。इव（不变词）像。ताम्（तद् 阴，单，业）她。भूपतिः（भूपति 阳，单，体）大地之主，国王。अन्वगच्छत्（अनु√गम् 未完，单，三）跟随。

स न्यस्तचिह्नामपि राजलक्ष्मीं तेजोविशेषानुमितां दधानः।
आसीदनाविष्कृतदानराजिरन्तर्मदावस्थ इव द्विपेन्द्रः॥७॥

虽然抛弃了标志，但凭特殊的
光辉，仍能推断出帝王的威严，
犹如一头象王，尽管颞颥尚未
流出液汁，体内却是充满激情。① （7）

解析：सः （तद् 阳，单，体）他。न्यस्त （放弃，放下）-चिह्नाम् （चिह्न 标志），复合词（阴，单，业），放弃标志。अपि （不变词）即使。राज （राजन् 国王）-लक्ष्मीम् （लक्ष्मी 美，威严），复合词（阴，单，业），帝王的威严。तेजस् （光辉）-विशेष （特殊）-अनुमिताम् （अनुमित 推断），复合词（阴，单，业），以特殊的光辉推断。दधानः （दधान 现分，阳，单，体）具有。आसीत् （√अस् 未完，单，三）是，有。अनाविष्कृत （未显示的）-दान （颞颥液汁）-राजिः （राजि 排，成行的），复合词（阳，单，体），颞颥液汁尚未显示的。अन्तर् （内在的）-मद （发情）-अवस्थः （अवस्था 状态），复合词（阳，单，体），内在的春情。इव （不变词）好像。द्विपेन्द्रः （द्विपेन्द्र 阳，单，体）象王。

लताप्रतानोद्ग्रथितैः स केशैरधिज्यधन्वा विचचार दावम्।
रक्षापदेशान्मुनिहोमधेनोर्वन्यान्विनेष्यन्निव दुष्टसत्त्वान्॥८॥

用藤蔓嫩枝向上束起发髻，
带着上弦的弓，走入林中，
仿佛借口保护牟尼的圣牛，
他前来制伏林中的猛兽。 （8）

解析：लता （蔓藤）-प्रतान （嫩枝，枝条）-उद्ग्रथितैः （उद्ग्रथित 向上束起的），复合词（阳，复，具），用蔓藤嫩枝向上束起。सः （तद् 阳，单，体）他。केशैः （केश 阳，复，具）头发。अधिज्य （上弦的）-धन्वा （धनु 弓），复合词（阳，单，具），上了弦的弓。विचचार （वि√चर् 完成，单，三）走。दावम् （दाव 阳，单，业）森林。रक्षा （保护）-अपदेशात् （अपदेश 借口），复合词（阳，单，从），以保护为借口。मुनि （仙人）-होम （祭供）-धेनोः （धेनु 母牛），复合词（阴，单，属），仙人的圣牛。वन्यान् （वन्य 阳，复，业）林中的，野生的。विनेष्यन् （विनेष्यत् 将分，阳，单，体）调伏。इव （不变词）好像。दुष्ट

---

① 大象春情发动时，颞颥会流出液汁。

（邪恶的）-सत्त्वान् (सत्त्व 生物)，复合词（阳，复，业），恶兽。

विसृष्टपार्श्वानुचरस्य तस्य पार्श्वद्रुमाः पाशभृता समस्य।
उदीरयामासुरिवोन्मदानामालोकशब्दं वयसां विरावैः॥९॥

犹如手持套索的伐楼那①，
他已经遣走身边的侍从，
两旁树木仿佛以兴奋的
鸟叫声，发出胜利的欢呼。（9）

解析：विसृष्ट（放出，遣走）-पार्श्व（身边）-अनुचरस्य (अनुचर 随从)，复合词（阳，单，属），遣走身边的随从。तस्य (तद् 阳，单，属) 他。पार्श्व（两旁）-द्रुमाः (द्रुम 树)，复合词（阳，复，体），两旁的树木。पाश（套索）-भृता (भृत् 具有)，复合词（阳，单，具），具有套索者，指伐楼那。समस्य (सम 阳，单，属) 如同。उदीरयामासुः (उद्√ईर् 致使，完成，复，三) 发声。इव（不变词）好像。उन्मदानाम् (उन्मद 中，复，属) 狂醉的。आलोक（赞美）-शब्दम् (शब्द 声音)，复合词（阳，单，业），胜利的欢呼声。वयसाम् (वयस् 中，复，属) 鸟。विरावैः (विराव 阳，复，具) 叫声。

मरुत्प्रयुक्ताश्च मरुत्सखाभं तमर्च्यमारादभिवर्तमानम्।
अवाकिरन्बाललताः प्रसूनैराचारलाजैरिव पौरकन्याः॥१०॥

他走近前来，如同风的朋友，
风吹动柔嫩的蔓藤，向这位
值得尊敬的国王撒下鲜花，
如城中少女依礼抛撒炒米②。（10）

解析：मरुत्（风）-प्रयुक्ताः (प्रयुक्त 联系)，复合词（阴，复，体），风吹动的。च（不变词）和，而。मरुत्（风）-सख（朋友）-आभम् (आभा 好像)，复合词（阳，单，业），好像风的朋友。तम् (तद् 阳，单，业) 他。अर्च्यम् (अर्च्य 阳，单，业) 值得尊敬的。आरात्（不变词）附近。अभिवर्तमानम् (अभिवर्तमान 现分，阳，单，业) 前来。अवाकिरन् (अव√कृ 未完，复，三) 撒。बाल（年轻的，小的）-लताः (लता 蔓藤)，复合词（阴，复，体），柔嫩的蔓藤。प्रसूनैः (प्रसून 中，复，具) 花。आचार（习俗）-लाजैः (लाज 炒

---
① 伐楼那（Varuṇa）是统辖西方和大海的神，手持套索，惩戒罪恶。
② 在国王途经时，抛撒炒米以示尊敬，这是印度古代的一种习俗。

米），复合词（阳，复，具），献礼的炒米。इव（不变词）好像。पौर（城市的）-कन्याः（कन्या 少女），复合词（阴，复，体），城中的少女。

धनुर्भृतो ऽप्यस्य दयाद्रभावमाख्यातमन्तःकरणैर्विशङ्कैः।
विलोकयन्त्यो वपुरापुरक्षणां प्रकामविस्तारफलं हरिण्यः॥११॥

即使他手中持弓，而看到
他的身体，心中并无恐惧，
表明他生性仁慈而温顺，
那些雌鹿如愿大饱眼福。（11）

解析：धनुस्（弓）-भृतः（भृत 具有），复合词（阳，单，属），持有弓的。अपि（不变词）即使。अस्य（इदम् 阳，单，属）这个。दया（仁慈）-आर्द्र（温和的）-भावम्（भाव 性情），复合词（阳，单，业），性情仁慈温和。आख्यातम्（आख्यात 阳，单，业）表明，显示。अन्तर（内在的）-करणैः（करण 感官），复合词（中，复，具），内心。विशङ्कैः（विशङ्क 中，复，具）不恐惧的。विलोकयन्त्यः（विलोकयत् 致使，现分，阴，复，体）看见。वपुः（वपुस् 中，单，业）身体，形体。आपुः（√आप् 完成，复，三）获得。अक्ष्णाम्（अक्षि 中，复，属）眼睛。प्रकाम（如愿）-विस्तार（广大）-फलम्（फल 果），复合词（中，单，业），如愿的丰富成果。हरिण्यः（हरिणी 阴，复，体）母鹿。

स कीचकैर्मारुतपूर्णरन्ध्रैः कूजद्भिरापादितवंशकृत्यम्।
शुश्राव कुञ्जेषु यशः स्वमुच्चैरुद्गीयमानं वनदेवताभिः॥१२॥

他听到树丛中，森林女神
高声歌唱着自己的名声，
那些竹子的缝隙灌满风，
发出声响，起到笛子作用。（12）

解析：सः（तद् 阳，单，体）他。कीचकैः（कीचक 阳，复，具）竹子。मारुत（风）-पूर्ण（充满的）-रन्ध्रैः（रन्ध्र 缝隙，洞），复合词（阳，复，具），缝隙中充满风。कूजद्भिः（कूजत् 现分，阳，复，具）发出声响。आपादित（成为，达到）-वंश（笛子，竹子）-कृत्यम्（कृत्य 作用），复合词（中，单，业），起到笛子的作用。शुश्राव（√श्रु 完成，单，三）听到。कुञ्जेषु（कुञ्ज 阳，复，依）树丛。यशः（यशस् 中，单，业）名誉，名声。स्वम्（स्व 中，单，业）自己的。उच्चैस्（不变词）高声。उद्गीयमानम्（उद्गीयमान 被，现分，中，单，

业）歌唱。वन（森林）-देवताभिः（देवता 女神），复合词（阴，复，具），森林女神。

पृक्तस्तुषारैर्गिरिनिर्झराणामनोकहाकम्पितपुष्पगन्धी।
तमातपक्लान्तमनातपत्रमाचारपूतं पवनः सिषेवे॥१३॥

沾有山间瀑布散发的水雾，
带有树木轻轻摇动的花香，
风儿侍奉这行为纯洁的国王，
他没有华盖，因炎热而疲惫。（13）

解析： पृक्तः（पृक्त 阳，单，体）接触，联系。तुषारैः（तुषार 阳，复，具）水雾，飞沫。गिरि（山）-निर्झराणाम्（निर्झर 激流），复合词（阳，复，属），山中的激流。अनोकह（树）-आकम्पित（轻轻摇动）-पुष्प（花）-गन्धी（गन्धिन् 有香味的），复合词（阳，单，体），有树木轻轻摇动的花香。तम्（तद् 阳，单，业）他。आतप（炎热）-क्लान्तम्（क्लान्त 疲惫），复合词（阳，单，业），因炎热而疲倦。अनातपत्रम्（अनातपत्र 阳，单，业）没有华盖。आचार（行为）-पूतम्（पूत 净化的，纯洁的），复合词（阳，单，业），行为纯洁的。पवनः（पवन 阳，单，体）风。सिषेवे（√सेव् 完成，单，三）侍奉。

शशाम वृष्ट्यापि विना दवाग्निरासीद्विशेषा फलपुष्पवृद्धिः।
ऊनं न सत्त्वेष्वधिको बबाधे तस्मिन्वनं गोप्तरि गाहमाने॥१४॥

一旦国王进入林中后，
森林大火无雨也熄灭，
繁花盛开，硕果累累，
生物们也不恃强凌弱。（14）

解析： शशाम（√शम् 完成，单，三）熄灭，平息。वृष्ट्या（वृष्टि 阴，单，具）雨。अपि（不变词）即使。विना（不变词）没有。दवाग्निः（दवाग्नि 阳，单，体）森林大火。आसीत्（√अस् 未完，单，三）是，有。विशेषा（विशेष 阴，单，体）特别的。फल（果实）-पुष्प（花）-वृद्धिः（वृद्धि 增长，繁荣），复合词（阴，单，体），花果繁茂。ऊनम्（ऊन 阳，单，业）弱小的。न（不变词）不。सत्त्वेषु（सत्त्व 阳，复，依）生物。अधिकः（अधिक 阳，单，体）强大的。बबाधे（√बाध् 完成，单，三）压迫，欺凌。तस्मिन्（तद् 阳，单，依）这个。वनम्（वन 中，单，业）森林。गोप्तरि（गोप्तृ 阳，单，依）保护者。गाहमाने（गाहमान 现分，阳，单，依）进入。

संचारपूतानि दिगन्तराणि कृत्वा दिनान्ते निलयाय गन्तुम्।
प्रचक्रमे पल्लवरागताम्रा प्रभा पतङ्गस्य मुनेश्च धेनुः॥१५॥

太阳光和牟尼的母牛，
行走中净化四方空间，
黄昏时分，嫩芽般赤红，
开始走向各自的住处。（15）

解析：संचार（行走）-पूतानि（पूत 净化），复合词（中，复，业），行走所净化的。दिश्（方位，方向）-अन्तराणि（अन्तर 不同的），复合词（中，复，业），各个方向。कृत्वा（√कृ 独立式）做。दिन（白天）-अन्ते（अन्त 结束），复合词（阳，单，依），黄昏。निलयाय（निलय 阳，单，为）住处。गन्तुम्（√गम् 不定式）走。प्रचक्रमे（प्र√क्रम् 完成，单，三）前行。पल्लव（嫩芽）-राग（红）-ताम्रा（ताम्र 铜红色），复合词（阴，单，体），嫩芽般赤红的。प्रभा（阴，单，体）光。पतङ्गस्य（पतङ्ग 阳，单，属）太阳。मुनेः（मुनि 阳，单，属）牟尼，仙人。च（不变词）和。धेनुः（धेनु 阴，单，体）母牛。

तां देवतापित्रतिथिक्रियार्थामन्वग्ययौ मध्यमलोकपालः।
बभौ च सा तेन सतां मतेन श्रद्धेव साक्षाद्विधिनोपपन्ना॥१६॥

这头母牛用于为天神、祖先和
客人供应祭品[①]，国王跟随着她；
她有受善人们尊敬的国王伴随，
犹如随同祭祀仪式，信仰显身。（16）

解析：ताम्（तद् 阴，单，业）她。देवता（天神）-पितृ（祖先）-अतिथि（客人）-क्रिया（祭祀）-अर्थाम्（अर्थ 为了），复合词（阴，单，业），为了祭祀天神、祖先和招待客人的。अन्वक्（不变词）在后。ययौ（√या 完成，单，三）行走。मध्यम（中间的）-लोक（世界）-पालः（पाल 保护者），复合词（阳，单，体），中间世界的保护者，国王。बभौ（√भा 完成，单，三）发光，显现。च（不变词）和。सा（तद् 阴，单，体）她。तेन（तद् 阳，单，具）他，指国王。सताम्（सत् 阳，复，属）贤士，善人。मतेन（मत 阳，单，具）受尊敬。श्रद्धा（阴，单，体）信仰。इव（不变词）好像。साक्षात्（不变词）显

[①] 祭品指牛奶以及奶制品，如酥油等。

现，现身。**विधिना**（विधि 阳，单，具）祭祀仪式。**उपपन्ना**（उपपन्न 阴，单，体）伴随。

स पल्वलोत्तीर्णवराहयूथान्यावासवृक्षोन्मुखबर्हिणानि।
ययौ मृगाध्यासितशाद्वलानि श्यामायमानानि वनानि पश्यन्॥१७॥

他边走边看到成群野猪
跃出池塘，孔雀飞回树巢，
那些鹿儿蹲坐在草地上，
森林渐渐蒙上黑暗夜色。（17）

解析：**सः**（तद् 阳，单，体）他。**पल्वल**（池塘）-**उत्तीर्ण**（跃出）-**वराह**（野猪）-**यूथानि**（यूथ 群），复合词（中，复，业），野猪群跃出池塘的。**आवास**（住处）-**वृक्ष**（树）-**उन्मुख**（朝向）-**बर्हिणानि**（बर्हिण 孔雀），复合词（中，复，业），孔雀飞向树巢的。**ययौ**（√या 完成，单，三）走，前往。**मृग**（鹿）-**अध्यासित**（坐下）-**शाद्वलानि**（शाद्वल 草地），复合词（中，复，业），鹿儿坐在草地上的。**श्यामायमानानि**（श्यामायमान 现分，中，复，业）变黑暗的。**वनानि**（वन 中，复，业）森林。**पश्यन्**（पश्यत् 现分，阳，单，体）看见。

आपीनभारोद्वहनप्रयत्नाद्दृष्टिर्गुरुत्वाद्वपुषो नरेन्द्रः।
उभावलंचक्रतुरञ्चिताभ्यां तपोवनावृत्तिपथं गताभ्याम्॥१८॥

这头母牛只生一头牛犊，努力
承担沉重的乳房，国王的身体
也魁梧沉重，他俩优美的走路
姿态，装饰返回净修林的道路。（18）

解析：**आपीन**（乳房）-**भार**（负荷）-**उद्वहन**（具有，承载）-**प्रयत्नात्**（प्रयत्न 努力），复合词（阳，单，从），努力承担乳房的重负。**गृष्टिः**（गृष्टि 阴，单，体）只有一头牛犊的母牛。**गुरुत्वात्**（गुरुत्व 中，单，从）沉重。**वपुषः**（वपुस् 中，单，属）身体，形体。**नरेन्द्रः**（नरेन्द्र 阳，单，体）国王。**उभौ**（उभ 阳，双，体）二者。**अलंचक्रतुः**（अलम्√कृ 完成，双，三）装饰。**अञ्चिताभ्याम्**（अञ्चित 中，双，具）优美的，弯曲的。**तपस्**（苦行）-**वन**（树林）-**आवृत्ति**（返回）-**पथम्**（पथ 道路），复合词（阳，单，业），返回苦行林的道路。**गताभ्याम्**（गत 中，双，具）步姿。

वसिष्ठधेनोरनुयायिनं तमावर्तमानं वनिता वनान्तात्।
पपौ निमेषालसपक्ष्मपङ्क्तिरुपोषिताभ्यामिव लोचनाभ्याम्॥१९॥

他跟随极裕仙人的母牛，
从林边返回，而他的妻子，
仿佛用斋戒已久的饿眼，
懒得眨动睫毛，将他吞下。（19）

解析：वसिष्ठ（极裕仙人）-धेनोः（धेनु 母牛），复合词（阴，单，属），极裕仙人的母牛。अनुयायिनम्（अनुयायिन् 阳，单，业）跟随的。तम्（तद् 阳，单，业）他。आवर्तमानम्（आवर्तमान 现分，阳，单，业）返回。वनिता（阴，单，体）妻子。वनान्तात्（वनान्त 阳，单，从）林边。पपौ（√पा 完成，单，三）喝。निमेष（眨眼）-अलस（懒惰）-पक्ष्म（पक्ष्मन् 睫毛）-पङ्क्तिः（पङ्क्ति 成排），复合词（阴，单，体），懒得眨动成排的睫毛。उपोषिताभ्याम्（उपोषित 中，双，具）斋戒，禁食。इव（不变词）好像。लोचनाभ्याम्（लोचन 中，双，具）眼睛。

पुरस्कृता वर्त्मनि पार्थिवेन प्रत्युद्गता पार्थिवधर्मपत्न्या।
तदन्तरे सा विरराज धेनुर्दिनक्षपामध्यगतेव संध्या॥२०॥

母牛一路走在国王的前面，
现在王后正走向前来迎接，
母牛在他俩中间大放光彩，
犹如黄昏在白天黑夜之间。（20）

解析：पुरस्कृता（पुरस्कृत 阴，单，体）放在前面。वर्त्मनि（वर्त्मन् 中，单，依）道路。पार्थिवेन（पार्थिव 阳，单，具）国王。प्रत्युद्गता（प्रत्युद्गत 阴，单，体）迎上前来的。पार्थिव（国王）-धर्म（法）-पत्न्या（पत्नी 妻子），复合词（阴，单，具），国王的法妻，王后。तद्（他俩）-अन्तरे（अन्तर 中间），复合词（中，单，依），他俩中间。सा（तद् 阴，单，体）她。विरराज（वि√राज 完成，单，三）发光。धेनुः（धेनु 阴，单，体）母牛。दिन（白天）-क्षपा（夜晚）-मध्य（中间）-गता（गत 处在），复合词（阴，单，体），处在白天和夜晚之间。इव（不变词）好像。संध्या（阴，单，体）黄昏。

प्रदक्षिणीकृत्य पयस्विनीं तां सुदक्षिणा साक्षतपात्रहस्ता।
प्रणम्य चानर्च विशालमस्याः शृङ्गान्तरं द्वारमिवार्थसिद्धेः॥२१॥

苏达奇娜手持满盘稻谷，
围着这头母牛右绕而行，
对着牛角之间宽额敬拜，
犹如对着通向愿望之门。（21）

解析：प्रदक्षिणीकृत्य（प्रदक्षिणी√कृ 独立式）右绕（敬礼）。पयस्विनीम्（पयस्विनी 阴，单，业）母牛。ताम्（तद् 阴，单，业）她。सुदक्षिणा（阴，单，体）苏达奇娜（迪利波之妻）。स（具有）-अक्षत（谷物）-पात्र（盘子，容器）-हस्ता（हस्त 手），复合词（阴，单，体），手持谷物盘。प्रणम्य（प्र√नम् 独立式）弯腰。च（不变词）和。आनर्च（√अर्च् 完成，单，三）敬拜。विशालम्（विशाल 中，单，业）宽广的。अस्याः（इदम् 阴，单，属）她，指母牛。श्रृङ्ग（牛角）-अन्तरम्（अन्तर 中间），复合词（中，单，业），牛角之间。द्वारम्（द्वार 中，单，业）门。इव（不变词）好像。अर्थ（愿望，目的）-सिद्धेः（सिद्धि 实现），复合词（阴，单，属），实现愿望。

वत्सोत्सुकापि स्तिमिता सपर्यां प्रत्यग्रहीत्सेति ननन्दतुस्तौ।
भक्त्योपपन्नेषु हि तद्विधानां प्रसादचिह्नानि पुरःफलानि॥२२॥

他俩满心欢喜，觉得这头母牛即使
渴望见到牛犊，依然安心接受敬拜，
对于虔诚的人们，得到像她这样的
恩惠表示，愿望的果实就在眼前。（22）

解析：वत्स（牛犊）-उत्सुका（उत्सुक 急切的，盼望的），复合词（阴，单，体），挂念牛犊的。अपि（不变词）即使。स्तिमिता（स्तिमित 阴，单，体）安静的。सपर्याम्（सपर्या 阴，单，业）敬拜。प्रत्यग्रहीत्（प्रति√ग्रह् 不定，单，三）接受。सा（तद् 阴，单，体）她。इति（不变词）这样（想）。ननन्दतुः（√नन्द् 完成，双，三）高兴。तौ（तद् 阳，双，体）他俩。भक्त्या（भक्ति 阴，单，具）虔诚。उपपन्नेषु（उपपन्न 阳，复，依）具有，达到。हि（不变词）因为。तद्（她）-विधानाम्（विध 种类，样式），复合词（阴，复，属），像她这样的。प्रसाद（恩惠）-चिह्नानि（चिह्न 标志），复合词（中，复，体），恩惠的标志。पुरस्（前面）-फलानि（फल 果实），复合词（中，复，体），果实就在眼前。

गुरोः सदारस्य निपीड्य पादौ समाप्य सांध्यं च विधिं दिलीपः।
दोहावसाने पुनरेव दोग्ध्रीं भेजे भुजोच्छिन्नरिपुर्निषण्णाम्॥२३॥

迪利波向师父师母行了触足礼，
继而完成黄昏时刻的祭祀仪式，
这位凭借双臂摧毁敌人的国王，
又侍奉完毕挤奶而卧坐的母牛。（23）

解析：गुरोः（गुरु 阳，单，属）老师。सदारस्य（सदार 阳，单，属）有妻子的。निपीड्य（नि√पीड् 独立式）接触。पादौ（पाद 阳，双，业）脚。समाप्य（सम्√आप् 独立式）完成。सांध्यम्（सांध्य 阳，单，业）傍晚的。च（不变词）和。विधिम्（विधि 阳，单，业）祭祀仪式。दिलीपः（दिलीप 阳，单，体）迪利波。दोह（挤奶）-अवसाने（अवसान 结束），复合词（中，单，依），挤完奶。पुनर्（不变词）又，再。एव（不变词）即刻。दोग्ध्रीम्（दोग्ध्री 阴，单，业）奶牛。भेजे（√भज् 完成，单，三）侍奉。भुज（手臂）-उच्छिन्न（摧毁，破坏）-रिपुः（रिपु 敌人），复合词（阳，单，体），以双臂摧毁敌人者。निषण्णाम्（निषण्ण 阴，单，业）坐下。

तामन्तिकन्यस्तबलिप्रदीपामन्वास्य गोप्त्रा गृहिणीसहायः।
क्रमेण सुप्तामनुसंविवेश सुप्तोत्थितां प्रातरनूदतिष्ठत्॥२४॥

国王由妻子陪伴，随母牛而坐，
母牛的身旁摆着供物，点着灯，
渐渐地，随着母牛入睡而入睡，
天亮后，随着母牛睡醒而起身。（24）

解析：ताम्（तद् 阴，单，业）她，指母牛。अन्तिक（附近）-न्यस्त（放下）-बलि（供品，祭品）-प्रदीपाम्（प्रदीप 灯），复合词（阴，单，业），附近放着供品和灯。अन्वास्य（अनु√आस् 独立式）陪坐。गोप्त्रा（गोप्तृ 阳，单，体）保护者。गृहिणी（妻子）-सहायः（सहाय 同伴），复合词（阳，单，体），有妻子陪伴的。क्रमेण（不变词）逐渐地。सुप्ताम्（सुप्त 阴，单，业）睡着。अनुसंविवेश（अनु-सम्√विश् 完成，单，三）随着入睡。सुप्त（睡着）-उत्थिताम्（उत्थित 起来），复合词（阴，单，业），睡醒。प्रातर्（不变词）清晨。अनूदतिष्ठत्（अनु-उद्√स्था 未完，单，三）随着起身。

इत्थं व्रतं धारयतः प्रजार्थं समं महिष्या महनीयकीर्तेः।
सप्त व्यतीयुस्त्रिगुणानि तस्य दिनानि दीनोद्धरणोचितस्य॥२५॥

这位国王乐于济贫扶困，

声名显赫，为了求取后代，
他与王后一起，履行誓愿，
就这样度过三七二十一天。（25）

解析：इत्थम्（不变词）这样。व्रतम्（व्रत 阳，单，业）誓愿。धारयतः（धारयत् 现分，阳，单，属）坚持。प्रजा（后代）-अर्थम्（为了），复合词（不变词），为了后代。समम्（不变词）一起。महिष्या（महिषी 阴，单，具）王后。महनीय（值得尊敬的，辉煌的）-कीर्तेः（कीर्ति 声誉），复合词（阳，单，属），声名显赫。सप्त（सप्तन् 中，复，体）七。व्यतीयुः（वि-अति√इ 完成，复，三）度过。त्रि（三）-गुणानि（गुण 倍），复合词（中，复，体），三倍。तस्य（तद् 阳，单，属）他，指国王。दिनानि（दिन 中，复，体）日子，天。दीन（不幸的，贫困者）-उद्धरण（解救，根除）-उचितस्य（उचित 惯于，乐于），复合词（阳，单，属），乐于救助苦难。

अन्येद्युरात्मानुचरस्य भावं जिज्ञासमाना मुनिहोमधेनुः।
गङ्गाप्रपातान्तविरूढशष्पं गौरीगुरोर्गह्वरमाविवेश॥२६॥

次日，牟尼的圣牛想要试探
自己身边这位侍从的品性，
进入喜马拉雅山一个山洞，
在恒河激流边上，长满青草。（26）

解析：अन्येद्युस्（不变词）次日，第二天。आत्म（आत्मन् 自己）-अनुचरस्य（अनुचर 侍从），复合词（阳，单，属），自己的侍从。भावम्（भाव 阳，单，业）性情。जिज्ञासमाना（जिज्ञासमान 愿望，现分，阴，单，体）想知道。मुनि（牟尼）-होम（祭供）-धेनुः（धेनु 母牛），复合词（阴，单，体），牟尼的圣牛。गङ्गा（恒河）-प्रपात（激流，瀑布）-अन्त（边际，尽头）-विरूढ（生长）-शष्पम्（शष्प 嫩草），复合词（中，单，业），恒河激流边上长着青草。गौरी（女神名，即पर्वती，波哩婆提）-गुरोः（गुरु 父亲），复合词（阴，单，属），波哩婆提的父亲，指喜马拉雅山。गह्वरम्（गह्वर 中，单，业）山洞。आविवेश（आ√विश् 完成，单，三）进入。

सा दुष्प्रधर्षा मनसापि हिंस्रैरित्यद्रिशोभाप्रहितेक्षणेन।
अलक्षिताभ्युत्पतनो नृपेण प्रसह्य सिंहः किल तां चकर्ष॥२७॥

国王心想："猛兽难以侵害她，

甚至想也不敢想。"于是，放眼
欣赏雪山美景，而狮子趁他
不注意，突然跃起抓住母牛。（27）

解析：सा（तद् 阴，单，体）她，指母牛。दुष्प्रधर्षा（दुष्प्रधर्ष 阴，单，体）难以攻击的。मनसा（मनस् 中，单，具）心，意。अपि（不变词）即使。हिंस्रैः（हिंस्र 阳，复，具）恶兽。इति（不变词）这样（想）。अद्रि（山）-शोभा（美景，光辉）-प्रहित（放置）-ईक्षणेन（ईक्षण 眼光），复合词（阳，单，具），放眼观看山的美景。अलक्षित（不注意）-अभ्युत्पतनः（अभ्युत्पतन 跃起），复合词（阳，单，体），趁不注意跳起。नृपेण（नृप 阳，单，具）国王。प्रसह्य（不变词）猛然。सिंहः（सिंह 阳，单，体）狮子。किल（不变词）确实。ताम्（तद् 阴，单，业）她，指母牛。चकर्ष（√कृष् 完成，单，三）抓，拽。

तदीयमाक्रन्दितमार्तसाधोर्गुहानिबद्धप्रतिशब्ददीर्घम्।
रश्मिष्विवादाय नगेन्द्रसक्तां निवर्तयामास नृपस्य दृष्टिम्॥२८॥

母牛发出的叫声在山洞中
回响而悠长，如同拉动缰绳，
将这位救助苦难者的国王
凝视喜马拉雅山的目光拉回。（28）

解析：तदीयम्（तदीय 中，单，体）她的。आक्रन्दितम्（आक्रन्दित 中，单，体）哭叫，哀鸣。आर्त（苦难的）-साधोः（साधु 善待），复合词（阳，单，属），善待苦难者。गुहा（山洞）-निबद्ध（相连的）-प्रतिशब्द（回声）-दीर्घम्（दीर्घ 长的），复合词（中，单，体），在山洞中回声悠长的。रश्मिषु（रश्मि 阳，复，依）缰绳。इव（不变词）好像。आदाय（आ√दा 独立式）拉取。नगेन्द्र（山王，雪山）-सक्ताम्（सक्त 连接，凝视），复合词（阴，单，业），凝视雪山。निवर्तयामास（नि√वृत् 致使，完成，单，三）返回。नृपस्य（नृप 阳，单，属）国王。दृष्टिम्（दृष्टि 阴，单，业）视线，目光。

स पाटलायां गवि तस्थिवांसं धनुर्धरः केसरिणं ददर्श।
अधित्यकायामिव धातुमय्यां लोध्रद्रुमं सानुमतः प्रफुल्लम्॥२९॥

国王手中持弓，看到狮子
站在粉红色的母牛身上，

犹如鲜花盛开的罗陀罗树①，
长在充满红矿沙的峰峦上。（29）

解析：सः（तद् 阳，单，体）他，指国王。पाटलायाम्（पाटल 阴，单，依）粉红。गवि（गो 阴，单，依）母牛。तस्थिवांसम्（तस्थिवस् 完分，阳，单，业）站立。धनुस्（弓）-धरः（धर 执持），复合词（阳，单，体），持弓的。केसरिणम्（केसरिन् 阳，单，业）狮子。ददर्श（√दृश् 完成，单，三）看见。अधित्यकायाम्（अधित्यका 阴，单，依）山峰的高地。इव（不变词）好像。धातु（矿石）-मय्याम्（मय 构成），复合词（阴，单，依），含有矿石的。लोध्रद्रुमम्（लोध्रद्रुम 阳，单，业）罗陀罗树。सानुमतः（सानुमत् 阳，单，属）山。प्रफुल्लम्（प्रफुल्ल 阳，单，业）开花的。

ततो मृगेन्द्रस्य मृगेन्द्रगामी वधाय वध्यस्य शरं शरण्यः।
जाताभिषङ्गो नृपतिर्निषङ्गादुद्धर्तुमैच्छत्प्रसभोद्धृतारिः॥३०॥

这位国王是受难者的庇护所，
狮子般威严，勇于消灭敌人，
此刻感到屈辱，从箭囊拔箭，
准备射死这头该杀的狮子。（30）

解析：ततस्（不变词）然后。मृगेन्द्रस्य（मृगेन्द्र 阳，单，属）兽王，狮子。मृगेन्द्र（兽王）-गामी（गामिन् 姿态，步态），复合词（阳，单，体），有狮子姿态的。वधाय（वध 阳，单，为）杀。वध्यस्य（वध्य 阳，单，属）该杀的。शरम्（शर 阳，单，业）箭。शरण्यः（शरण्य 阳，单，体）保护者，庇护所。जात（产生）-अभिषङ्गः（अभिषङ्ग 沮丧，屈辱），复合词（阳，单，体），产生屈辱。नृपतिः（नृपति 阳，单，体）国王。निषङ्गात्（निषङ्ग 阳，单，从）箭囊。उद्धर्तुम्（उद्√हृ 不定式）拔出。ऐच्छत्（√इष् 未完，单，三）希望，想要。प्रसभ（武力，勇猛）-उद्धृत（根除）-अरिः（अरि 敌人），复合词（阳，单，体），勇猛消灭敌人。

वामेतरस्तस्य करः प्रहर्तुर्नखप्रभाभूषिताङ्गुलिपत्रे।
सक्ताङ्गुलिः सायकपुङ्ख एव चित्रार्पितारम्भ इवावतस्थे॥३१॥

这位射手的右手指尖
捏住箭翎，指甲的光芒

---

① 罗陀罗树开白花，比喻白色的狮子。

照耀苍鹭羽毛，这动作
仿佛固定在了画面上。（31）

解析：वाम（左）-इतरः（इतर 不同的），复合词（阳，单，体），与左不同的，右。तस्य（तद् 阳，单，属）这个。करः（कर 阳，单，体）手。प्रहर्तुः（प्रहर्तृ 阳，单，属）射手。नख（指甲）-प्रभा（光芒）-भूषित（装饰）-कङ्क（苍鹭）-पत्र（पत्र 羽毛），复合词（中，单，依），指甲的光芒所装饰的苍鹭羽毛。सक्त（粘著）-अङ्गुलिः（अङ्गुलि 手指），复合词（阳，单，体），手指捏住。सायक（箭）-पुङ्ख（पुङ्ख 尾翎），复合词（中，单，依），箭翎。एव（不变词）即刻。चित्र（画）-अर्पित（安放）-आरम्भः（आरम्भ 开始，动作），复合词（阳，单，体），动作固定在画面上。इव（不变词）好像。अवतस्थे（अव√स्था 完成，单，三），停住。

बाहुप्रतिष्टम्भविवृद्धमन्युरभ्यर्णमागस्कृतमस्पृशद्भिः।
राजा स्वतेजोभिरदह्यतान्तर्भोगीव मन्त्रौषधिरुद्धवीर्यः॥३२॥

国王因手臂僵化而怒不可遏，
自己的威力在自己体内燃烧，
却不触及身边罪人，犹如蟒蛇，
威力遭到了咒语或药草抑止。（32）

解析：बाहु（手臂）-प्रतिष्टम्भ（僵硬）-विवृद्ध（增加）-मन्युः（मन्यु 愤怒），复合词（阳，单，体），因手臂僵硬而愤怒增长。अभ्यर्णम्（अभ्यर्ण 阳，单，业）附近。आगस्कृतम्（आगस्कृत 阳，单，业）犯罪的。अस्पृशद्भिः（अस्पृशत् 现分，中，复，具）不触及。राजा（राजन् 阳，单，体）国王。स्व（自己）-तेजोभिः（तेजस् 火，威力），复合词（中，复，具），自己的威力。अदह्यत（√दह् 被，未完，单，三）燃烧。अन्तर्（不变词）内部。भोगी（भोगिन् 阳，单，体）蛇。इव（不变词）好像。मन्त्र（咒语）-ओषधि（药草）-रुद्ध（抑制）-वीर्यः（वीर्य 勇力，勇气），复合词（阳，单，体），威力受到咒语和药草抑制。

तमार्यगृह्यं निगृहीतधेनुमनुष्यवाचा मनुवंशकेतुम्।
विस्माययन्विस्मितमात्मवृत्तौ सिंहोरुसत्त्वं निजगाद सिंहः॥३३॥

摩奴族的旗帜，高尚者的朋友，威武
似狮子，他对自己的状况感到惊奇，
而这狮子抓住母牛后，用人的语言

对他说话，这使惊奇的他更添惊奇。（33）

解析：तम् (तद् 阳，单，业) 他，指国王。आर्य (高贵者)-गृह्यम् (गृह्य 可靠的，忠实的)，复合词（阳，单，业），高尚者的朋友。निगृहीत (抓住)-धेनुः (धेनु 母牛)，复合词（阳，单，体），抓住母牛。मनुष्य (人)-वाचा (वाच् 话，语言)，复合词（阴，单，具），用人的语言。मनु (摩奴)-वंश (家族)-केतुम् (केतु 旗帜)，复合词（阳，单，业），摩奴家族的旗帜。विस्माययन् (विस्माययत् 致使，现分，阳，单，体) 惊奇。विस्मितम् (विस्मित 阳，单，业) 惊奇。आत्म (आत्मन् 自己)-वृत्तौ (वृत्ति 状况，行为)，复合词（阴，单，依），自己的状况。सिंह (狮子)-उरु (宽广)-सत्त्वम् (सत्त्व 勇气，威力)，复合词（阳，单，业），狮子般威武的。निजगाद (नि√गद् 完成，单，三) 说话。सिंहः (सिंह 阳，单，体) 狮子。

अलं महीपाल तव श्रमेण प्रयुक्तमप्यस्त्रमितो वृथा स्यात्।
न पादपोन्मूलनशक्ति रंहः शिलोच्चये मूर्च्छति मारुतस्य॥३४॥

"国王啊，够了，你不要白费劲了！
即使使用这武器，对我也是徒劳，
犹如足以连根拔起树木的风速，
遇到高耸的山峰，也是无能为力。（34）

解析：अलम् (不变词) 足够。महीपाल (महीपाल 阳，单，呼) 大地保护者，国王。तव (त्वद् 单，属) 你。श्रमेण (श्रम 阳，单，具) 劳累。प्रयुक्तम् (प्रयुक्त 中，单，体) 使用。अपि (不变词) 即使。अस्त्रम् (अस्त्र 中，单，体) 武器。इतस (不变词) 在这里。वृथा (不变词) 徒劳。स्यात् (√अस् 虚拟，单，三) 是。न (不变词) 不。पादप (树)-उन्मूलन (连根拔起)-शक्ति (शक्ति 能力)，复合词（中，单，体），能够将树木连根拔起。रंहः (रंहस् 中，单，体) 速度，力量。शिल (石头)-उच्चये (उच्चय 堆)，复合词（阳，单，依），山。मूर्च्छति (√मुर्छ् 现在，单，三) 对付，对抗。मारुतस्य (मारुत 阳，单，属) 风。

कैलासगौरं वृषमारुरुक्षोः पादार्पणानुग्रहपूतपृष्ठम्।
अवेहि मां किंकरमष्टमूर्तेः कुम्भोदरं नाम निकुम्भमित्रम्॥३५॥

"你要知道，我的名字叫恭薄陀罗，
是尼恭跋的朋友，八形神[①]的侍从，

[①] 八形神是湿婆的称号。八形指地、水、火、风、空、日、月和祭司。

若他想登上白似盖拉瑟山的公牛，
我的背有幸成为他的垫脚而得净化。（35）

解析：कैलास（盖拉瑟山）-गौरम्（गौर 白色），复合词（阳，单，业），白似盖拉瑟山的。वृषम्（वृष 阳，单，业）公牛。आरुरुक्षोः（आरुरुक्षु 阳，单，属）想要登上的。पाद（脚）-अर्पण（安放）-अनुग्रह（恩惠）-पूत（净化）-पृष्ठम्（पृष्ठ 背部），复合词（阳，单，业），背因为放脚的恩惠而得到净化。अवेहि（अव√इ 命令，单，二）知道。माम्（मद् 单，业）我。किंकरम्（किंकर 阳，单，业）奴仆，侍从。अष्टमूर्तेः（अष्टमूर्ति 阳，单，属）有八形者，湿婆。कुम्भोदरम्（कुम्भोदर 阳，单，业）恭薄陀罗。नाम（不变词）名叫。निकुम्भ（尼恭跋，湿婆的侍从）-मित्रम्（मित्र 朋友），复合词（阳，单，业），尼恭跋的朋友。

अमुं पुरः पश्यसि देवदारुं पुत्रीकृतो ऽसौ वृषभध्वजेन।
यो हेमकुम्भस्तननिःसृतानां स्कन्दस्य मातुः पयसां रसज्ञः॥ ३६॥

"你看前面那棵松树，以公牛
为标志的湿婆将它认作儿子，
它品尝到室建陀的母亲的乳汁，
从她如同金罐的乳房中流出。[①]（36）

解析：अमुम्（अदस् 阳，单，业）那个。पुरस्（不变词）前面。पश्यसि（√दृश् 现在，单，二）看。देवदारुम्（देवदारु 阳，单，业）松树。पुत्रीकृतः（पुत्रीकृत 阳，单，体）作为儿子。असौ（अदस् 阳，单，体）它，指松树。वृषभ（公牛）-ध्वजेन（ध्वज 旗幡），复合词（阳，单，具），以公牛为旗帜者，湿婆。यः（यद् 阳，单，体）它，指松树。हेम（黄金）-कुम्भ（罐子）-स्तन（乳房）-निःसृतानाम्（निःसृत 流出），复合词（中，复，属），如同金罐的乳房流出的。स्कन्दस्य（स्कन्द 阳，单，属）室建陀（湿婆之子）。मातुः（मातृ 阴，单，属）母亲。पयसाम्（पयस् 中，复，属）乳汁。रसज्ञः（रसज्ञ 阳，单，体）知味的，知味者。

कण्डूयमानेन कटं कदाचिद्द्वन्यद्द्विपेनोन्मथिता त्वगस्य।
अथैनमद्रेस्तनया शुशोच सेनान्यमालीढमिवासुरास्त्रैः॥ ३७॥

"曾经有一次，一头林中野象

[①] 这句中的 payas 可以读作"乳汁"，也可以读作"水"。因此，这句也可以理解为它品尝到金罐中流出的水，犹如室建陀品尝到母亲乳房中流出的乳汁。

为颞颥搔痒，擦伤它的树皮，
雪山的女儿①悲痛忧伤，仿佛
阿修罗的武器击伤室建陀。（37）

解析：कण्डूयमानेन（कण्डूयमान 现分，阳，单，具）擦痒。कटम्（कट 阳，单，业）颞颥。कदाचित्（不变词）有一次。वन्य（林中的，野生的）-द्विपेन（द्विप 大象），复合词（阳，单，具），野象。उन्मथिता（उन्मथित 阴，单，体）受损伤。त्वक्（त्वच् 阴，单，体）皮，树皮。अस्य（इदम् 阳，单，属）它，指松树。अथ（不变词）于是。एनम्（एतद् 阳，单，业）它，指松树。अद्रेः（अद्रि 阳，单，属）山。तनया（तनया 阴，单，体）女儿。शुशोच（√शुच् 完成，单，三）悲伤。सेनान्यम्（सेनानी 阳，单，业）军队统帅，指湿婆之子室建陀。आलीढम्（आलीढ 阳，单，业）舔过，伤害。इव（不变词）好像。असुर（阿修罗）-अस्त्रैः（अस्त्र 武器），复合词（中，复，具），阿修罗的武器。

तदाप्रभृत्येव वनद्विपानां त्रासार्थमस्मिन्नहमद्रिकुक्षौ ।
व्यापारितः शूलभृता विधाय सिंहत्वमङ्गागतसत्त्ववृत्ति ॥ ३८ ॥

"从那时起，手持三叉戟的湿婆
将我变成狮子，指定我守候在
这个山洞，恐吓那些林中野象，
并以走近我身边的生物维生。（38）

解析：तदा（那时）-प्रभृति（开始），复合词（不变词），从那时起。एव（不变词）正是。वन（森林）-द्विपानाम्（द्विप 大象），复合词（阳，复，属），林中的象，野象。त्रास（恐吓，害怕）-अर्थम्（为了），复合词（不变词），为了恐吓。अस्मिन्（इदम् 阳，单，依）这个。अहम्（मद् 单，体）我。अद्रि（山）-कुक्षौ（कुक्षि 洞），复合词（阳，单，依），山洞。व्यापारितः（व्यापारित 阳，单，体）指定。शूलभृता（शूलभृत् 阳，单，具）持三叉戟者，湿婆。विधाय（वि√धा 独立式）安排。सिंहत्वम्（सिंहत्व 中，单，业）狮子性。अङ्ग（膝，身边）-आगत（来到）-सत्त्व（生物）-वृत्ति（वृत्ति 维生），复合词（中，单，业），以来到身边的生物维生。

तस्यालमेष क्षुधितस्य तृप्त्यै प्रदिष्टकाला परमेश्वरेण ।
उपस्थिता शोणितपारणा मे सुरद्विषश्चान्द्रमसी सुघेव ॥ ३९ ॥

---
① 雪山的女儿指湿婆的妻子乌玛。

"由大自在天确定的这个
时机,足以解除我的饥饿,
这顿血的宴饮已经来临,
犹如月亮甘露满足罗睺。"① (39)

解析:तस्य (तद् 阳,单,属) 这个 (强调मे)。अलम् (不变词) 足够。एषा (एतद् 阴,单,体) 这个。क्षुधितस्य (क्षुधित 阳,单,属) 饥饿的。तृप्त्यै (तृप्ति 阴,单,为) 满足。प्रदिष्ट (指定)-कालो (काल 时机),复合词 (阴,单,体),指定的时机。परमेश्वरेण (परमेश्वर 阳,单,具) 大自在天。उपस्थिता (उपस्थित 阴,单,体) 临近。शोणित (血)-पारणा (开斋),复合词 (阴,单,体),血的开斋。मे (मद् 单,属) 我。सुर (天神)-द्विषः (द्विष् 敌人),复合词 (阳,单,属),天神的敌人,指罗睺。चान्द्रमसी (चान्द्रमस 阴,单,体) 月亮的。सुधा (阴,单,体) 甘露。इव (不变词) 好像。

स त्वं निवर्तस्व विहाय लज्जां गुरोर्भवान्दर्शितशिष्यभक्तिः।
शस्त्रेण रक्ष्यं यदशक्यरक्षं न तद्यशः शस्त्रभृतां क्षिणोति॥४०॥

"你就回去吧!不必羞愧,
你对老师尽了学生的忠诚,
既然不能用武器进行保护,
也就不会伤害武士的名声。" (40)

解析:सः (तद् 阳,单,体) 这个 (强调त्वम्)。त्वम् (त्वद् 单,体) 你。निवर्तस्व (नि√वृत् 命令,单,二) 返回。विहाय (वि√हा 独立式) 放弃,放下。लज्जाम् (लज्जा 阴,单,业) 羞愧。गुरोः (गुरु 阳,单,属) 老师。भवान् (भवत् 单,体) 您。दर्शित (显示)-शिष्य (学生)-भक्तिः (भक्ति 忠诚),复合词 (阳,单,体),显示学生的忠诚。शस्त्रेण (शस्त्र 中,单,具) 武器。रक्ष्यम् (रक्ष्य 中,单,体) 应保护的。यत् (यद् 中,单,体) 那个,指不能保护。अशक्य (不能)-रक्षम् (रक्ष 保护),复合词 (中,单,体),不能保护。न (不变词) 不。तत् (तद् 中,单,体) 那个,指不能保护。यशस् (中,单,业) 名誉。शस्त्रभृताम् (शस्त्रभृत् 阳,复,属) 武士。क्षिणोति (√क्षि 现在,单,三) 损害,减少。

---

① 大自在天(湿婆)确定的这个时机指凡有生物走近身边时,它可以捕获充饥。故而,现在母牛走近它,它便捕获母牛充饥。罗睺也是在月亮走近它时,吞食月亮。

इति प्रगल्भं पुरुषाधिराजो मृगाधिराजस्य वचो निशम्य।
प्रत्याहतास्त्रो गिरिशप्रभावादात्मन्यवज्ञां शिथिलीचकार॥४१॥

人中之王听了兽中之王
这番傲慢的话，知道武器
受挫源自湿婆神的威力，
也就减轻了自己的屈辱。（41）

解析：इति（不变词）这样。प्रगल्भम्（प्रगल्भ 中，单，业）傲慢的。पुरुषाधिराजः（पुरुषाधिराज 阳，单，体）人王，国王。मृगाधिराजस्य（मृगाधिराज 阳，单，属）兽王。वचः（वचस् 中，单，业）话。निशम्य（नि√शम् 独立式）听。प्रत्याहत（受阻）-अस्त्रः（अस्त्र 武器），复合词（阳，单，体），武器受阻。गिरिश（山居者，湿婆）-प्रभावात्（प्रभाव 威力），复合词（阳，单，从），湿婆的威力。आत्मनि（आत्मन् 阳，单，依）自己。अवज्ञाम्（अवज्ञा 阴，单，业）轻视，蔑视。शिथिलीचकार（शिथिली√कृ 完成，单，三）减轻。

प्रत्यब्रवीच्चैनमिषुप्रयोगे तत्पूर्वभङ्गे वितथप्रयत्नः।
जडीकृतस्त्र्यम्बकवीक्षणेन वज्रं मुमुक्षन्निव वज्रपाणिः॥४२॥

他首次射箭受挫，无能为力，
犹如因陀罗曾经手持金刚杵，
准备放出，却遭遇三眼神的
目光而僵住，[①]于是，回答说：（42）

解析：प्रत्यब्रवीत्（प्रति√ब्रू 未完，单，三）回答。च（不变词）又。एनम्（एतद् 阳，单，业）他，指狮子。इषु（箭）-प्रयोगे（प्रयोग 使用），复合词（阳，单，依），射箭。तत्पूर्व（首次）-भङ्गे（भङ्ग 挫败），复合词（阳，单，依），第一次受挫。वितथ（无用的）-प्रयत्नः（प्रयत्न 努力），复合词（阳，单，体），努力无用。जडीकृतः（जडीकृत 阳，单，体）变僵硬。त्र्यम्बक（三眼者，湿婆）-वीक्षणेन（वीक्षण 目光），复合词（中，单，具），三眼神的目光。वज्रम्（वज्र 阳，单，业）金刚杵。मुमुक्षन्（मुमुक्षत् 愿望，现分，阳，单，体）释放。इव（不变词）好像。वज्रपाणिः（वज्रपाणि 阳，单，体）手持金刚杵者，因陀罗。

[①] 三眼神湿婆曾应众天神请求，摧毁了阿修罗的三座城市。然后，湿婆化作一个孩子，坐在妻子乌玛的膝上，观看这些燃烧的城市。因陀罗出于嫉妒，想要用金刚杵袭击这个孩子，却被这个孩子的目光定住手臂。

संरुद्धचेष्टस्य मृगेन्द्र कामं हास्यं वचस्तद्यदहं विवक्षुः।
अन्तर्गतं प्राणभृतां हि वेद सर्वं भवान्भावमतो ऽभिधास्ये॥४३॥

"兽王啊，我的行动已经受阻，
说出我想说的话，确实可笑，
而你知道一切众生内心的
种种感情，因此，我仍要说出。（43）

解析：संरुद्ध（受阻碍）-चेष्टस्य（चेष्ट 行动），复合词（阳，单，属），行动受到阻碍。मृगेन्द्र（मृगेन्द्र 阳，单，呼）兽王。कामम्（不变词）确实。हास्यम्（हास्य 中，单，体）可笑的。वचः（वचस् 中，单，体）话。तत्（तद् 中，单，体）那个，指话。यत्（यद् 中，单，业）那个，指话。अहम्（मद् 单，体）我。विवक्षुः（विवक्षु 阳，单，体）想要说的。अन्तर्गतम्（阳，单，业）内在的。प्राणभृताम्（प्राणभृत् 阳，复，属）生物。हि（不变词）因为。वेद（√विद् 完成，单，三）知道。सर्वम्（सर्व 阳，单，业）所有。भवान्（भवद् 单，体）您。भावम्（भाव 阳，单，业）性情，状态。अतस्（不变词）因此。अभिधास्ये（अभि√धा 将来，单，一）说出，表达。

मान्यः स मे स्थावरजंगमानां सर्गस्थितिप्रत्यवहारहेतुः।
गुरोरपीदं धनमाहिताग्नेर्नश्यत्पुरस्तादनुपेक्षणीयम्॥४४॥

"他是一切动物和不动物创造、
维持和毁灭的原因，值得我尊敬，
而守护祭火的老师的这件财产，
眼看要毁灭，我也不能视若无睹。（44）

解析：मान्यः（मान्य 阳，单，体）应尊敬的。सः（तद् 阳，单，体）他，指湿婆。मे（मद् 单，属）我。स्थावर（不动物）-जंगमानाम्（जंगम 动物），复合词（中，复，属），不动物和动物。सर्ग（创造）-स्थिति（维持）-प्रत्यवहार（收回，毁灭）-हेतुः（हेतु 原因），复合词（阳，单，体），创造、维持和毁灭的原因。गुरोः（गुरु 阳，单，属）老师。अपि（不变词）而，也。इदम्（中，单，体）这。धनम्（धन 中，单，体）财产。आहित（守护）-अग्नेः（अग्नि 祭火，火），复合词（阳，单，属），守护祭火。नश्यत्（नश्यत् 现分，中，单，体）毁灭。पुरस्तात्（不变词）眼前的，前面的。अनुपेक्षणीयम्（अनुपेक्षणीय 中，单，体）不应忽视。

स त्वं मदीयेन शरीरवृत्तिं देहेन निर्वर्तयितुं प्रसीद।
दिनावसानोत्सुकबालवत्सा विसृज्यतां धेनुरियं महर्षेः॥४५॥

"请你开恩，用我的身体
充饥，维持你的身体吧！
放了大仙的母牛，小牛犊
在傍晚会焦急地等候她！"（45）

解析：सः（तद् 阳，单，体）这个（强调त्वम्）。त्वम्（तद् 单，体）你。मदीयेन（मदीय 阳，单，具）我的。शरीर（身体）-वृत्तिम्（वृत्ति 维持），复合词（阴，单，业），维持身体。देहेन（देह 阳，单，具）身体。निर्वर्तयितुम्（निर्√वृत् 致使，不定式）完成。प्रसीद（प्र√सद् 命令，单，二）施恩。दिनावसान（傍晚）-उत्सुक（焦急）-बाल（幼小）-वत्सा（वत्स 牛犊），复合词（阴，单，体），傍晚时小牛犊焦急。विसृज्यताम्（वि√सृज् 被，命令，单，三）释放。धेनुः（धेनु 阴，单，体）母牛。इयम्（इदम् 阴，单，体）这个。महर्षेः（महर्षि 阳，单，属）大仙。

अथान्धकारं गिरिगह्वराणां दंष्ट्रामयूखैः शकलानि कुर्वन्।
भूयः स भूतेश्वरपार्श्ववर्ती किंचिद्विहस्यार्थपतिं बभाषे॥४६॥

这位精灵之主的侍从
微微一笑，牙齿的光芒
将山洞中的黑暗撕碎，
再次对财富之主说道：（46）

解析：अथ（不变词）然后。अन्धकारम्（अन्धकार 中，单，业）黑暗。गिरि（山）-गह्वराणाम्（गह्वर 洞），复合词（中，复，属），山洞。दंष्ट्रा（獠牙）-मयूखैः（मयूख 光芒），复合词（阳，复，具），牙齿的光芒。शकलानि（शकल 中，复，业）碎片。कुर्वन्（कुर्वत् 现分，阳，单，体）做。भूयस्（不变词）又，再。सः（तद् 阳，单，体）这个。भूतेश्वर（精灵之主，湿婆）-पार्श्ववर्ती（पार्श्ववर्तिन् 侍从），复合词（阳，单，体），精灵之主的侍从。किंचित्（不变词）稍微。विहस्य（वि√हस् 独立式）笑。अर्थपतिम्（अर्थपति 阳，单，业）财富之主，国王。बभाषे（√भाष् 完成，单，三）说。

एकातपत्रं जगतः प्रभुत्वं नवं वयः कान्तमिदं वपुश्च।
अल्पस्य हेतोर्बहु हातुमिच्छन्विचारमूढः प्रतिभासि मे त्वम्॥४७॥

"唯一的华盖，世界的统治，
青春年华，可爱容貌，你愿意
舍弃这么许多，而所得甚少，
在我看来，你的思想犯糊涂。（47）

解析：एक（唯一）-आतपत्रम्（आतपत्र 华盖），复合词（中，单，业），唯一的华盖。जगतः（जगत् 中，单，属）世界。प्रभुत्वम्（प्रभुत्व 中，单，业）统治，主宰。नवम्（नव 中，单，业）年轻的。वयः（वयस् 中，单，业）年龄。कान्तम्（कान्त 中，单，业）可爱的。इदम्（इदम् 中，单，业）这个。वपुः（वपुस् 中，单，业）身体，形体。च（不变词）和。अल्पस्य（अल्प 阳，单，属）少的。हेतोः（हेतु 阳，单，从）原因。बहु（बहु 中，单，业）许多。हातुम्（√हा 不定式）放弃。इच्छन्（इच्छत् 现分，阳，单，体）愿意，希望。विचार（思虑）-मूढः（मूढ 愚痴），复合词（阳，单，体），思想糊涂。प्रतिभासि（प्रति√भा 现在，单，二）显得。मे（मद् 单，属）我。त्वम्（त्वद् 单，体）你。

भूतानुकम्पा तव चेदियं गौरेका भवेत्स्वस्तिमती त्वदन्ते।
जीवन्पुनः शश्वदुपप्लवेभ्यः प्रजाः प्रजानाथ पितेव पासि॥४८॥

"如果你同情生物，民众之主啊！
你死后，只是一头母牛得平安，
而你活着，则能像父亲那样，
始终保护你的民众免受灾难。（48）

解析：भूत（万物）-अनुकम्पा（अनुकम्पा 同情），复合词（阴，单，体），同情生物。तव（त्वद् 单，属）你。चेद्（不变词）如果。इयम्（इदम् 阴，单，体）这个。गौः（गो 阴，单，体）母牛。एका（एक 阴，单，体）一个。भवेत्（√भू 虚拟，单，三）是，成为。स्वस्तिमती（स्वस्तिमत् 阴，单，体）有吉祥，有平安。त्वद्（你）-अन्ते（अन्त 结束），复合词（阳，单，依），你死后。जीवन्（जीवत् 现分，阳，单，体）活着。पुनर्（不变词）然而。शश्वत्（不变词）长久，始终。उपप्लवेभ्यः（उपप्लव 阳，复，从）不幸，灾难。प्रजाः（प्रजा 阴，复，体）民众，众生。प्रजानाथ（प्रजानाथ 阳，单，呼）民众之主。पिता（पितृ 阳，单，体）父亲。इव（不变词）好像。पासि（√पा 现在，单，二）保护。

अथैकधेनोरपराधचण्डादूरोऽकृशानुप्रतिमाद्विभेषि।
शक्तो ऽस्य मन्युमुर्भवता विनेतुं गाः कोटिशः स्पर्शयता घटोध्नीः॥४९॥

"或许你害怕老师只有这头牛，
得罪了他，他会像火那样发怒，
那么，你可以送给他千万头牛，
乳房如同水罐，平息他的愤怒。（49）

解析：अथ（不变词）或许。एक（唯一）-धेनोः（धेनु 母牛），复合词（阳，单，从），只有一头母牛。अपराध（错误，得罪）-चण्डात्（चण्ड 发怒），复合词（阳，单，从），因得罪而发怒。गुरोः（गुरु 阳，单，从）老师。कृशानु（火）-प्रतिमात्（प्रतिम 好像），复合词（阳，单，从），像火一样。बिभेषि（√भी 现在，单，二）害怕。शक्यः（शक्य 阳，单，体）能够。अस्य（इदम् 阳，单，属）他，指老师。मन्युः（मन्यु 阳，单，体）愤怒。भवता（भवत् 阳，单，具）您。विनेतुम्（वि√नी 不定式）消除，平息。गाः（गो 阴，复，业）牛。कोटिशस्（不变词）千万，亿。स्पर्शयता（स्पर्शयत् 致使，现分，阳，单，具）给予。घट（水罐）-ऊधीः（ऊधस् 乳房），复合词（阴，复，业），乳房如同水罐。

तद्रक्ष कल्याणपरम्पराणां भोक्तारमूर्जस्वलमात्मदेहम्।
महीतलस्पर्शनमात्रभिन्नमृद्धं हि राज्यं पदमैन्द्रमाहुः॥५०॥

"保护你自己强健的身体，
享受种种幸福吧！人们说，
富饶的王国就是因陀罗的
天国，差异只是接触地面。"（50）

解析：तद्（不变词）因此。रक्ष（√रक्ष 命令，单，二）保护。कल्याण（幸福，吉祥）-परम्पराणाम्（परम्परा 连续的），复合词（阴，复，属），持续的幸福。भोक्तारम्（भोक्तृ 阳，单，业）享用者。ऊर्जस्वलम्（ऊर्जस्वल 阳，单，业）强壮的。आत्म（आत्मन् 自己）-देहम्（देह 身体），复合词（阳，单，业），自己的身体。महीतल（大地）-स्पर्शन（接触）-मात्र（仅有的）-भिन्नम्（भिन्न 不同），复合词（中，单，业），仅有的区别是接触大地。ऋद्धम्（ऋद्ध 中，单，业）富饶的。हि（不变词）因为。राज्यम्（राज्य 中，单，业）王国。पदम्（पद 中，单，业）地步，状态。ऐन्द्रम्（ऐन्द्र 中，单，业）因陀罗的。आहुः（√अह् 完成，复，三）说。

एतावदुक्त्वा विरते मृगेन्द्रे प्रतिस्वनेनास्य गुहागतेन।
शिलोच्चयो ऽपि क्षितिपालमुच्चैः प्रीत्या तमेवार्थमभाषतेव॥५१॥

兽王说完这番话后，便住口，
甚至高山仿佛出于热爱国王，
也用那些话在山洞中的回音，
向国王高声表达同样的意思。（51）

解析：एतावत्（不变词）这样。उक्त्वा（√वच् 独立式）说。विरते（विरत 阳，单，依）停止。मृगेन्द्रे（मृगेन्द्र 阳，单，依）兽王。प्रतिस्वनेन（प्रतिस्वन 阳，单，具）回声。अस्य（इदम् 阳，单，属）他，指兽王。गुहा（山洞）-गतेन（गत 处在），复合词（阳，单，具），在山洞中的。शिलोच्चयः（शिलोच्चय 阳，单，体）山。अपि（不变词）甚至。क्षितिपालम्（क्षितिपाल 阳，单，业）保护大地者，国王。उच्चैस्（不变词）高声地。प्रीत्या（प्रीति 阴，单，具）喜爱。तम्（तद् 阳，单，业）这个。एव（不变词）确实。अर्थम्（अर्थ 阳，单，业）意义。अभाषत（√भाष् 未完，单，三）说。इव（不变词）好像。

निशम्य देवानुचरस्य वाचं मनुष्यदेवः पुनरप्युवाच।
धेन्वा तदध्यासितकातराक्ष्या निरीक्ष्यमाणः सुतरां दयालुः॥५२॥

听了大神的侍从这番话，
看到母牛在狮子掌控下，
以惊恐的目光凝视着他，
国王更添怜悯心，又说道：（52）

解析：निशम्य（नि√शम् 独立式）听。देव（天神）-अनुचरस्य（अनुचर 侍从），复合词（阳，单，属），神的侍从。वाचम्（वाच् 阴，单，业）话。मनुष्यदेवः（मनुष्यदेव 阳，单，体）人王。पुनर्（不变词）又。अपि（不变词）也。उवाच（√वच् 完成，单，三）说。धेन्वा（धेनु 阴，单，具）母牛。तद्（它，指狮子）-अध्यासित（坐在上面，掌控）-कातर（可怜的，恐惧的）-अक्ष्या（अक्ष 眼睛），复合词（阴，单，具），被它控制而眼露恐惧。निरीक्ष्यमाणः（निरीक्ष्यमाण 被，现分，阳，单，体）受到注视。सुतराम्（不变词）更加。दयालुः（दयालु 阳，单，体）怜悯的。

क्षतात्किल त्रायत इत्युदग्रः क्षत्रस्य शब्दो भुवनेषु रूढः।
राज्येन किं तद्विपरीतवृत्तेः प्राणैरुपक्रोशमलीमसैर्वा॥५३॥

"举世皆知刹帝利称号高贵，

词义是保护民众免受伤害,[①]
行为与此背离,王国有何用?
遭受恶名玷污,生命有何用?(53)

解析: क्षतात्(क्षत 中,单,从)伤害。किल(不变词)确实。त्रायते(√त्रै 现在,单,三)保护。इति(不变词)这样(说)。उदग्रः(उदग्र 阳,单,体)高贵的。क्षत्रस्य(क्षत्र 阳,单,属)刹帝利,武士。शब्दः(शब्द 阳,单,体)词音,称号。भुवनेषु(भुवन 中,复,依)世界,三界。रूढः(रूढ 阳,单,体)闻名的。राज्येन(राज्य 中,单,具)王国。किम्(किम् 中,单,体)什么。तद्(这个)-विपरीत(违背)-वृत्तेः(वृत्ति 行为),复合词(阳,单,属),行为与此背离者。प्राणैः(प्राण 阳,复,具)呼吸,生命。उपकोश(坏名声)-मलीमसैः(मलीमस 玷污的,不净的),复合词(阳,复,具),由恶名玷污的。वा(不变词)或者。

कथं नु शक्यो ऽनुनयो महर्षेर्विश्राणनाच्चान्यपयस्विनीनाम्।
इमामनूनां सुरभेरवेहि रुद्रौजसा तु प्रहृतं त्वयास्याम्॥५४॥

"难道依靠赠送其他许多母牛,
就能平息大仙人的怒气吗?
要知道她与苏罗毗一模一样,
你抓住她,全仗楼陀罗[②]的威力。(54)

解析: कथम्(不变词)怎么,如何。नु(不变词)可能。शक्यः(शक्य 阳,单,体)能够。अनुनयः(अनुनय 阳,单,体)平息,安抚。महर्षेः(महर्षि 阳,单,属)大仙。विश्राणनात्(विश्राणन 中,单,从)赠与,给予。च(不变词)还有。अन्य(其他的)-पयस्विनीनाम्(पयस्विनी 母牛),复合词(阴,复,属),其他的母牛。इमाम्(इदम् 阴,单,业)她。अनूनाम्(अनून 阴,单,业)不低于。सुरभेः(सुरभि 阴,单,从)苏罗毗(母牛名)。अवेहि(अव√इ 命令,单,二)知道。रुद्र(楼陀罗)-ओजसा(ओजस् 勇气,威力),复合词(中,单,具),楼陀罗的威力。तु(不变词)而。प्रहृतम्(प्रहृत 中,单,业)抓住。त्वया(त्वद् 单,具)你。अस्याम्(इदम् 阴,单,依)她。

सेयं स्वदेहार्पणनिष्क्रयेण न्याय्या मया मोचयितुं भवत्तः।
न पारणा स्याद्धिहता तवैवं भवेदलुप्तश्च मुनेः क्रियार्थः॥५५॥

[①] 这里将刹帝利(kṣatra)释读为保护(trā)臣民免受伤害(kṣata)。
[②] 楼陀罗指湿婆。

"用我自己的身体作为赎金,
换你释放她,这正当合理,
这样,你的宴饮不受破坏,
牟尼的祭祀用品也不受损。(55)

解析:सा(तद् 阴,单,体)她。इयम्(इदम् 阴,单,体)这个。स्व(自己的)-देह(身体)-अर्पण(支付)-निष्क्रयेण(निष्क्रय 交换,买卖),复合词(阳,单,具),以自己的身体为赎金。न्याय्या(न्याय्य 阴,单,体)合适的,合理的。मया(मद् 单,具)我。मोचयितुम्(√मुच् 致使,不定式)释放。भवत्तः(भवत् 单,从)您。न(不变词)不。पारणा(阴,单,体)开斋,宴饮。स्यात्(√अस् 虚拟,单,三)是。विहता(विहत 阴,单,体)伤害。तव(त्वद् 单,属)你。एवम्(不变词)这样。भवेत्(√भू 虚拟,单,三)成为,是。अलुप्तः(अलुप्त 阳,单,体)不受损害。च(不变词)也。मुनेः(मुनि 阳,单,属)牟尼,仙人。क्रिया(祭祀)-अर्थः(अर्थ 财物),复合词(阳,单,体),祭祀用品。

भवानपीदं परवानवैति महान्हि यत्नस्तव देवदारौ।
स्थातुं नियोक्तुर्नहि शक्यमग्रे विनाश्य रक्ष्यं स्वयमक्षतेन॥५६॥

"你也依附他人,知道这个道理,
因为你为保护松树出了大力,
受保护者毁灭,自己安然无恙,
也就无脸再站在委托者面前。(56)

解析:भवान्(भवत् 单,体)您。अपि(不变词)也。इदम्(इदम् 中,单,业)这。परवान्(परवत् 阳,单,体)依附他人。अवैति(अव√इ 现在,单,三)知道。महान्(महत् 阳,单,体)大的。हि(不变词)因为。यत्नः(यत्न 阳,单,体)努力。तव(त्वद् 单,属)你。देवदारौ(देवदारु 阳,单,依)松树。स्थातुम्(√स्था 不定式)站立。नियोक्तुः(नियोक्तृ 阳,单,属)委托者。नहि(不变词)决不。शक्यम्(शक्य 中,单,体)能够。अग्रे(अग्र 中,单,依)前面。विनाश्य(वि√नश् 致使,独立式)毁灭。रक्ष्यम्(रक्ष्य 中,单,业)应保护的。स्वयम्(不变词)自己。अक्षतेन(अक्षत 中,单,具)未受损伤。

किमप्यहिंस्यस्तव चेन्मतोऽहं यशःशरीरे भव मे दयालुः।
एकान्तविध्वंसिषु मद्विधानां पिण्डेष्वनास्था खलु भौतिकेषु॥५७॥

"或许你认为我不应该遭杀害，
那么，请你怜悯我的名誉身体吧！
五大①构成的肉团注定会毁灭，
像我这样的人对它不会看重。（57）

解析：किमपि（不变词）或许。अहिंस्यः（अहिंस्य 阳，单，体）不该杀的。तव（त्वद् 单，属）你。चेद्（不变词）如果。मतः（मत 阳，单，体）认为。अहम्（मद् 单，体）我。यशस्（名誉）-शरीरे（शरीर 身体），复合词（中，单，依），名誉身体。भव（√भू 命令，单，二）是。मे（मद् 单，属）我。दयालुः（दयालु 阳，单，体）怜悯。एकान्त（唯一的结局）-विध्वंसिषु（विध्वंसिन् 毁灭），复合词（阳，复，依），毁灭是唯一结局的。मद्（我）-विधानाम्（विध 这样），复合词（阳，复，属），我这样的人。पिण्डेषु（पिण्ड 阳，复，依）肉团。अनास्था（अनास्था 阴，单，体）不看重。खलु（不变词）确实。भौतिकेषु（भौतिक 阳，复，依）五大元素的。

संबन्धमाभाषणपूर्वमाहुर्वृत्तः स नौ संगतयोर्वनान्ते।
तद्भूतनाथानुग नार्हसि त्वं संबन्धिनो मे प्रणयं विहन्तुम्॥५८॥

"人们说交谈产生友谊，我俩
在林中相遇，已经产生友谊，
精灵之主的侍从啊！作为你的
朋友，你不该拒绝我的请求。"（58）

解析：संबन्धम्（संबन्ध 阳，单，业）联系，友谊。आभाषण（交谈，对话）-पूर्वम्（पूर्व 伴随，具有），复合词（阳，单，业），伴随交谈。आहुः（√अह् 完成，复，三）说。वृत्तः（वृत्त 阳，单，体）产生。सः（तद् 阳，单，体）这个，指友谊。नौ（मद् 双，属）我俩。संगतयोः（संगत 阳，双，属）相遇。वनान्ते（वनान्त 阳，单，依）林地。तद्（不变词）因此。भूतनाथ（精灵之主）-अनुग（अनुग 侍从），复合词（阳，单，呼），精灵之主的侍从。न（不变词）不。अर्हसि（√अर्ह् 现在，单，二）能够，应该。त्वम्（त्वद् 单，体）你。संबन्धिनः（संबन्धिन् 阳，单，属）有联系，有友谊。मे（मद् 单，属）我。प्रणयम्（प्रणय 阳，单，业）请求。विहन्तुम्（वि√हन् 不定式）拒绝。

तथेति गामुक्तवते दिलीपः सद्यः प्रतिष्टम्भविमुक्तबाहुः।
स न्यस्तशस्त्रो हरये स्वदेहमुपानयत्पिण्डमिवामिषस्य॥५९॥

---
① "五大"指地、水、火、风和空五种元素。

狮子说道:"好吧!"顿时,
迪利波的手臂摆脱僵硬,
他扔掉武器,将自己身体,
如同一个肉团献给狮子。(59)

解析:तथा(不变词)好吧。इति(不变词)这样(说)。गाम्(गा 阴,单,业)语言。उक्तवते(उक्तवत् 阳,单,为)说了。दिलीपः(दिलीप 阳,单,体)迪利波。सद्यस्(不变词)立即。प्रतिष्टम्भ(僵硬)-विमुक्त(摆脱)-बाहुः(बाहु 手臂),复合词(阳,单,体),手臂摆脱僵硬。सः(तद् 阳,单,体)他。न्यस्त(抛弃)-शस्त्रः(शस्त्र 武器),复合词(阳,单,体),放下武器。हरये(हरि 阳,单,为)狮子。स्वदेहम्(阳,单,业)自己的身体。उपानयत्(उप√नी 未完,单,三)献出。पिण्डम्(पिण्ड 阳,单,业)饭团。इव(不变词)好像。आमिषस्य(आमिष 中,单,属)肉。

तस्मिन्क्षणे पालयितुः प्रजानामुत्पश्यतः सिंहनिपातमुग्रम्।
अवाङ्मुखस्योपरि पुष्पवृष्टिः पपात विद्याधरहस्तमुक्ता॥६०॥

正当这位众生的护主,
低头等待着狮子猛扑
过来,就在这个刹那间,
持明们向他撒下花雨。 (60)

解析:तस्मिन्(तद् 阳,单,依)这个。क्षणे(क्षण 阳,单,依)刹那,瞬间。पालयितुः(पालयितृ 阳,单,属)保护者。प्रजानाम्(प्रजा 阴,复,属)民众,众生。उत्पश्यतः(उत्पश्यत् 现分,阳,单,属)等待。सिंह(狮子)-निपातम्(निपात 扑,投),复合词(阳,单,业),狮子扑过来。उग्रम्(उग्र 阳,单,业)凶猛的。अवाङ्मुखस्य(अवाङ्मुख 阳,单,属)低头。उपरि(不变词)上面。पुष्प(花)-वृष्टिः(वृष्टि 雨),复合词(阴,单,体),花雨。पपात(√पत् 完成,单,三)落下。विद्याधर(持明)-हस्त(手)-मुक्ता(मुक्त 释放),复合词(阴,单,体),从持明的手中释放。

उत्तिष्ठ वत्सेत्यमृतायमानं वचो निशम्योत्थितमुत्थितः सन्।
ददर्श राजा जननीमिव स्वां गामग्रतः प्रस्रविणीं न सिंहम्॥६१॥

国王听到传来甘露般的话语:

罗怙世系　317

"起来,孩子。"于是,他站起身,
看到母牛站在前面,流淌乳汁,
如同自己的母亲,而没有了狮子。（61）

解析：उत्तिष्ठ（उद्√स्था 命令,单,二）起来。वत्स（वत्स 阳,单,呼）孩子。इति（不变词）这样（说）。अमृतायमानम्（अमृतायमान 现分,中,单,业）甘露般的。वचः（वचस् 中,单,业）话。निशम्य（नि√शम् 独立式）听到。उत्थितम्（उत्थित 中,单,业）出现。उत्थितः（उत्थित 阳,单,体）站起。सन्（सत् 现分,阳,单,体）是。ददर्श（√दृश् 完成,单,三）看见。राजा（राजन् 阳,单,体）国王。जननीम्（जननी 阴,单,业）母亲。इव（不变词）好像。स्वाम्（स्व 阴,单,业）自己的。गाम्（गो 阴,单,业）牛。अग्रतस्（不变词）前面。प्रस्रविणीम्（प्रस्रविन् 阴,单,业）流淌乳汁的。न（不变词）不。सिंहम्（सिंह 阳,单,业）狮子。

तं विस्मितं धेनुरुवाच साधो मायां मयोद्भाव्य परीक्षितो ऽसि।
ऋषिप्रभावान्मयि नान्तको ऽपि प्रभुः प्रहर्तुं किमुतान्यहिंस्राः॥६२॥

母牛对惊诧的国王说："贤士啊,
这是我制造幻象,用来考验你,
依靠仙人的力量,即使是死神,
也不能伤害我,何况其他猛兽。（62）

解析：तम्（तद् 阳,单,业）他,指国王。विस्मितम्（विस्मित 阳,单,业）惊讶的。धेनुः（धेनु 阴,单,体）母牛。उवाच（√वच् 完成,单,三）说。साधो（साधु 阳,单,呼）贤士,善人。मायाम्（माया 阴,单,业）幻象。मया（मद् 单,具）我。उद्भाव्य（उद्√भू 致使,独立式）制造。परीक्षितः（परीक्षित 阳,单,体）考验。असि（√अस् 现在,单,二）是。ऋषि（仙人）-प्रभावात्（प्रभाव 威力）,复合词（阳,单,从）,仙人的威力。मयि（मद् 单,依）我。न（不变词）不。अन्तकः（अन्तक 阳,单,体）死神。अपि（不变词）即使。प्रभुः（प्रभु 阳,单,体）能够。प्रहर्तुम्（प्र√हृ 不定式）伤害。किमुत（不变词）何况。अन्य（其他的）-हिंस्राः（हिंस्र 野兽,猛兽）,复合词（阳,复,体）,其他的猛兽。

भक्त्या गुरौ मय्यनुकम्पया च प्रीतास्मि ते पुत्र वरं वृणीष्व।
न केवलानां पयसां प्रसूतिमवेहि मां कामदुघां प्रसन्नाम्॥६३॥

"你对老师忠诚,对我也满怀慈悲,
我对你满意,孩子啊,请选择恩惠!
你要知道我不是只会产生乳汁,
一旦我高兴,我也成为如意神牛。"(63)

解析:भक्त्या(भक्ति 阴,单,具)忠诚。गुरौ(गुरु 阳,单,依)老师。मयि(मद् 单,依)我。अनुकम्पया(अनुकम्पा 阴,单,具)同情,慈悲。च(不变词)也。प्रीता(प्रीत 阴,单,体)高兴,满意。अस्मि(√अस् 现在,单,一)是。ते(त्वद् 单,为)你。पुत्र(पुत्र 阳,单,呼)儿子,孩子。वरम्(वर 阳,单,业)恩惠。वृणीष्व(√वृ 命令,单,二)选择。न(不变词)不。केवलानाम्(केवल 中,复,属)仅仅。पयसाम्(पयस् 中,复,属)乳汁。प्रसूतिम्(प्रसूति 阴,单,业)产生。अवेहि(अव√इ 命令,单,二)知道。माम्(मद् 单,业)我。कामदुघाम्(कामदुघा 阴,单,业)如意神牛。प्रसन्नाम्(प्रसन्न 阴,单,业)高兴。

ततः समानीय स मानितार्थी हस्तौ स्वहस्तार्जितवीरशब्दः।
वंशस्य कर्तारमनन्तकीर्तिं सुदक्षिणायां तनयं ययाचे॥६४॥

这位国王尊重求告者,凭借
自己双臂赢得英雄的名声,
双手合掌,乞求让苏达奇娜
生儿子,延续世系,声誉无限。(64)

解析:ततस्(不变词)然后。समानीय(सम्-आ√नी 独立式)合起,结合。सः(तद् 阳,单,体)他。मानित(尊重)-अर्थी(अर्थिन् 求告者),复合词(阳,单,体),求告者得到尊重。हस्तौ(हस्त 阳,双,业)双手。स्व(自己的)-हस्त(手,手臂)-अर्जित(获得)-वीर(英雄)-शब्दः(शब्द 名声),复合词(阳,单,体),以自己的双手赢得英雄之名。वंशस्य(वंश 阳,单,属)家族。कर्तारम्(कर्तृ 阳,单,业)作者,创造者。अनन्त(无限)-कीर्तिम्(कीर्ति 声誉),复合词(阳,单,业),声誉无限。सुदक्षिणायाम्(सुदक्षिणा 阴,单,依)苏达奇娜。तनयम्(तनय 阳,单,业)儿子。ययाचे(√याच् 完成,单,三)请求。

संतानकामाय तथेति कामं राज्ञे प्रतिश्रुत्य पयस्विनी सा।
दुग्ध्वा पयः पत्रपुटे मदीयं पुत्रोपभुङ्क्ष्वेति तमादिदेश॥६५॥

这头母牛对求取子嗣的国王

说道:"好吧!"允诺他的愿望,
指示说:"孩子啊,把我的乳汁
挤在树叶杯中,你就喝下吧!"（65）

解析：संतान（后代）-कामाय（काम 渴望），复合词（阳，单，为），求取后代的。तथा（不变词）好吧。इति（不变词）这样（说）。कामम्（काम 阳，单，业）愿望。राज्ञे（राजन् 阳，单，为）国王。प्रतिश्रुत्य（प्रति√श्रु 不定式）答应，允诺。पयस्विनी（पयस्विनी 阴，单，体）母牛。सा（तद् 阴，单，体）这个。दुग्ध्वा（√दुह् 独立式）挤。पयः（पयस् 中，单，业）乳汁。पत्र（树叶）-पुटे（पुट 容器），复合词（阳，单，依），用树叶做的杯子。मदीयम्（मदीय 中，单，业）我的。पुत्र（पुत्र 阳，单，呼）儿子，孩子。उपभुङ्क्ष्व（उप√भुज् 命令，单，二）喝。इति（不变词）这样（说）。तम्（तद् 阳，单，业）他。आदिदेश（आ√दिश् 完成，单，三）指示。

वत्सस्य होमार्थविधेश्च शेषमृषेरनुज्ञामधिगम्य मातः।
औधस्यमिच्छामि तवोपभोक्तुं षष्ठांशमुर्व्या इव रक्षितायाः॥६६॥

"母亲啊,待我获得仙人准许后,
我想喝你供给牛犊和祭祀仪式
之后剩下的乳汁,如同我保护的
大地,我享受它的六分之一果实[①]。"（66）

解析：वत्सस्य（वत्स 阳，单，属）牛犊。होम（祭供）-अर्थ（目的）-विधेः（विधि 实施，使用），复合词（阴，单，属），用于祭供。च（不变词）和。शेषम्（शेष 中，单，业）剩余的。ऋषेः（ऋषि 阳，单，属）仙人。अनुज्ञाम्（अनुज्ञा 阴，单，业）允许。अधिगम्य（अधि√गम् 独立式）获得。मातः（मातृ 阴，单，呼）母亲。औधस्यम्（औधस्य 中，单，业）乳汁。इच्छामि（√इष् 现在，单，一）希望。तव（त्वद् 单，属）你。उपभोक्तुम्（उप√भुज् 不定式）喝，享用。षष्ठ（第六）-अंशम्（अंश 部分），复合词（阳，单，业），第六份，六分之一。उर्व्याः（उर्वी 阴，单，属）大地。इव（不变词）好像。रक्षितायाः（रक्षित 阴，单，属）保护。

इत्थं क्षितीशेन वसिष्ठधेनुर्विज्ञापिता प्रीततरा बभूव।
तदन्विता हैमवताच कुक्षेः प्रत्याययावाश्रममश्रमेण॥६७॥

[①] 指国王向民众收取六分之一的赋税。

听了大地之主的这一番话，
极裕仙人的母牛愈发高兴，
由国王陪随她，毫无倦意，
从雪山山洞返回净修林。（67）

解析：इत्थम्（不变词）如此。क्षितीशेन（क्षितीश 阳，单，具）大地之主，国王。वसिष्ठ（极裕仙人）-धेनुः（धेनु 母牛），复合词（阴，单，体），极裕仙人的母牛。विज्ञापिता（विज्ञापित 阴，单，体）获知。प्रीततरा（प्रीततर 阴，单，体）更加高兴。बभूव（√भू 完成，单，三）是，成为。तद्（他）-अन्विता（अन्वित 陪同），复合词（阴，单，体），由他陪同。हैमवतात्（हैमवत 阳，单，从）雪山。कुक्षेः（कुक्षि 阳，单，从）山洞。प्रत्याययौ（प्रति-आ√या 完成，单，三）返回。आश्रमम्（आश्रम 阳，单，业）净修林。अश्रमेण（अश्रम 阳，单，具）不疲惫。

तस्याः प्रसन्नेन्दुमुखः प्रसादं गुरुर्नृपाणां गुरवे निवेद्य।
प्रहर्षचिह्नानुमितं प्रियायै शशंस वाचा पुनरुक्तयेव॥६८॥

这位王中魁首脸庞灿若明月，
将母牛赐予的恩惠禀报老师，
然后又告诉爱妻，其实从他的
喜悦便可猜出，话语似乎多余。（68）

解析：तस्याः（तद् 阴，单，属）她，指母牛。प्रसन्न（明净的）-इन्दु（月亮）-मुखः（मुख 脸），复合词（阳，单，体），脸庞似明净的月亮。प्रसादम्（प्रसाद 阳，单，业）恩惠。गुरुः（गुरु 阳，单，体）老师，魁首。नृपाणाम्（नृप 阳，复，属）国王。गुरवे（गुरु 阳，单，为）老师。निवेद्य（नि√विद् 致使，独立式）告知。प्रहर्ष（喜悦）-चिह्न（标志）-अनुमितम्（अनुमित 推测），复合词（阳，单，业），由喜悦的表相可以推知。प्रियायै（प्रिया 阴，单，为）爱人。शशंस（√शंस् 完成，单，三）告诉。वाचा（वाच् 阴，单，具）话。पुनरुक्तया（पुनरुक्त 阴，单，具）重复说的。इव（不变词）好像。

स नन्दिनीस्तन्यमनिन्दितात्मा सद्वत्सलो वत्सहुतावशेषम्।
पपौ वसिष्ठेन कृताभ्यनुज्ञः शुभ्रं यशो मूर्तिमिवातितृष्णः॥६९॥

他一向关爱善人，灵魂无可挑剔，
得到极裕仙人的允许，满怀渴望，

喝下牛犊和祭祀剩下的南迪尼的
乳汁，如同喝下洁白有形的名誉。（69）

解析：सः（तद् 阳，单，体）他。नन्दिनी（南迪尼）-स्तन्यम्（स्तन्य 乳汁），复合词（中，单，业），南迪尼的乳汁。अनिन्दित（无可指责）-आत्मा（आत्मन् 灵魂，自我），复合词（阳，单，体），灵魂无可指责。सद्（善人）-वत्सलः（वत्सल 慈爱的），复合词（阳，单，体），关爱善人。वत्स（牛犊）-हुत（祭品）-अवशेषम्（अवशेष 剩余），复合词（中，单，业），牛犊和祭品剩余的。पपौ（√पा 完成，单，三）喝。वसिष्ठेन（वसिष्ठ 阳，单，具）极裕仙人。कृत（做）-अभ्यनुज्ञः（अभ्यनुज्ञा 同意），复合词（阳，单，体），得到同意。शुभ्रम्（शुभ्र 中，单，业）洁白的，纯净的。यशः（यशस् 中，单，业）名誉。मूर्तम्（मूर्त 中，单，业）有形体的。इव（不变词）好像。अतितृष्णः（अतितृष्ण 阳，单，体）极其渴望的。

प्रातर्यथोक्तव्रतपारणान्ते प्रास्थानिकं स्वस्त्ययनं प्रयुज्य।
तौ दंपती स्वां प्रति राजधानीं प्रस्थापयामास वशी वसिष्ठः॥७०॥

完成如上所述誓愿开斋后，①
第二天早晨，具有控制力的
极裕仙人赐予出发的祝福，
让这对夫妇返回自己都城。（70）

解析：प्रातर्（不变词）清晨。यथा（如此）-उक्त（所说）-व्रत（誓愿）-पारणा（开斋）-अन्ते（अन्त 结束），复合词（阳，单，依），如上所述誓愿和开斋结束。प्रास्थानिकम्（प्रास्थानिक 中，单，业）出发的。स्वस्ति（吉祥，幸运）-अयनम्（अयन 行进，途径），复合词（中，单，业），祝福。प्रयुज्य（प्र√युज् 独立式）指示，给予。तौ（तद् 阳，双，业）他俩。दंपती（दंपति 阳，双，业）夫妇。स्वा（स्व 阴，单，业）自己的。प्रति（不变词）向，对。राजधानीम्（राजधानी 阴，单，业）都城。प्रस्थापयामास（प्र√स्था 致使，完成，单，三）出发。वशी（वशिन् 阳，单，体）自制的。वसिष्ठः（वसिष्ठ 阳，单，体）极裕仙人。

प्रदक्षिणीकृत्य हुतं हुताशमनन्तरं भर्तुररुन्धतीं च।
धेनुं सवत्सां च नृपः प्रतस्थे सन्मङ्गलोदग्रतरप्रभावः॥७१॥

---

① 在履行誓愿期间，实行斋戒。现在完成了誓愿，故而开斋。

向正在接受祭品的祭火，
向仙人，然后向阿容达提，
又向母牛和牛犊右绕行礼，
吉兆增添威武，国王出发。（71）

解析：प्रदक्षिणीकृत्य（प्रदक्षिणी√कृ 独立式），行右绕礼。हुतम्（हुत 阳，单，业），祭供。हुताशम्（हुताश 阳，单，业）祭火。अनन्तरम्（不变词）之后，接着。भर्तुः（भर्तृ 阳，单，从）主人，仙人。अरुन्धतीम्（अरुन्धती 阴，单，业）阿容达提（极裕仙人之妻）。च（不变词）和。धेनुम्（धेनु 阴，单，业）母牛。सवत्साम्（सवत्स 阴，单，业）有牛犊的。च（不变词）和。नृपः（नृप 阳，单，体）国王。प्रतस्थे（प्र√स्था 完成，单，三）出发。सत्（善的）-मङ्गल（瑞兆，吉祥）-उद्यग्रतर（更强）-प्रभावः（प्रभाव 威力），复合词（阳，单，体），吉兆更增添威武。

श्रोत्राभिरामध्वनिना रथेन स धर्मपत्नीसहितः सहिष्णुः।
ययावनुद्धातसुखेन मार्गं स्वेनेव पूर्णेन मनोरथेन॥७२॥

性格坚忍的国王偕同王后，
驱车上路，车辆响声悦耳，
犹如乘坐满载自己心愿的
思想之车，幸福畅通无阻。（72）

解析：श्रोत्र（耳朵）-अभिराम（喜悦的）-ध्वनिना（ध्वनि 声音），复合词（阳，单，具），声音悦耳。रथेन（रथ 阳，单，具）车。सः（तद् 阳，单，体）他。धर्मपत्नी（法妻）-सहितः（सहित 一起），复合词（阳，单，体），与王后一起。सहिष्णुः（सहिष्णु 阳，单，体）堪忍的。ययौ（√या 完成，单，三）前行。अनुद्धात（不崎岖的）-सुखेन（सुख 舒适，幸福），复合词（阳，单，具），不崎岖而舒适的，幸福畅通无阻的。मार्गम्（मार्ग 阳，单，业）道路。स्वेन（स्व 阳，单，具）自己的。इव（不变词）好像。पूर्णेन（पूर्ण 阳，单，具）充满。मनस्（思想）-रथेन（रथ 车），复合词（阳，单，具），思想之车，心愿。

तमाहितौत्सुक्यमदर्शनेन प्रजाः प्रजार्थव्रतकर्शिताङ्गम्।
नेत्रैः पपुस्तृसिमनामुवद्भिर्नवोदयं नाथमिवौषधीनाम्॥७३॥

他为求子嗣而身体消瘦，
民众为见不到他而焦虑，

此刻眼睛怎么也看不够，
犹如看到新升起的月亮①。（73）

解析：तम् (तद् 阳，单，业) 他。आहित (安放)-औत्सुक्यम् (औत्सुक्य 焦虑)，复合词 (阳，单，业)，引起焦虑。अदर्शनेन (अदर्शन 中，单，具) 看不到。प्रजाः (प्रजा 阴，复，体) 民众。प्रजा (后代)-अर्थ (为了)-व्रत (誓愿)-कर्शित (消瘦)-अङ्गम् (अङ्ग 身体)，复合词 (阳，单，业)，因求取后代的誓愿而身体消瘦。नेत्रैः (नेत्र 中，复，具) 眼睛。पपुः (√पा 完成，复，三) 喝，饮。तृप्तिम् (तृप्ति 阴，单，业) 满足。अनानुवृद्धिः (अनानुवृत् 现分，中，复，具) 达不到。नव (新的)-उदयम् (उदय 升起)，复合词 (阳，单，业)，新升起的。नाथम् (नाथ 阳，单，业) 主人。इव (不变词) 好像。ओषधीनाम् (ओषधि 阴，复，属) 药草。

पुरंदरश्रीः पुरमुत्पताकं प्रविश्य पौरैरभिनन्द्यमानः।
भुजे भुजंगेन्द्रसमानसारे भूयः स भूमेर्धुरमाससञ्ज॥७४॥

他进入旗帜飘扬的城中，
受市民欢迎，光辉似因陀罗，
再次将大地的重担放在
威力如同蛇王②的手臂上。（74）

解析：पुरंदर (摧毁城堡者，因陀罗)-श्रीः (श्री 光辉)，复合词 (阳，单，体)，光辉似因陀罗。पुरम् (पुर 中，单，业) 城市。उत्पताकम् (उत्पताक 中，单，业) 旗帜飘扬的。प्रविश्य (प्र√विश् 独立式) 进入。पौरैः (पौर 阳，复，具) 市民。अभिनन्द्यमानः (अभिनन्द्यमान 被，现分，阳，单，体) 受到欢迎。भुजे (भुज 阳，单，依) 手臂。भुजंग (蛇)-इन्द्र (王)-समान (同样)-सारे (सार 威力)，复合词 (阳，单，依)，威力如同蛇王。भूयस् (不变词) 再次。सः (तद् 阳，单，体) 他。भूमेः (भूमि 阴，单，属) 大地。धुरम् (धुर 阴，单，业) 车轭，重担。आससञ्ज (आ√सञ्ज् 完成，单，三) 安放。

अथ नयनसमुत्थं ज्योतिरत्रेरिव द्यौः
सुरसरिदिव तेजो वह्निनिश्च्यूतमैशम्।
नरपतिकुलभूत्यै गर्भमाधत्त राज्ञी
गुरुभिरभिनिविष्टं लोकपालानुभावैः॥७५॥

---

① 这里，"月亮"一词的原文是"药草的主人"。按照印度古代传说，月亮滋养一切药草。
② 蛇王指在地下支撑大地的神蛇湿舍（Śeṣa）。

犹如天空怀有出自阿特利眼睛的月亮[1]，
犹如天河怀有火神抛入的自在天精子[2]，
王后怀有胎儿，他将繁荣国王的家族，
具有保护世界的八位天神[3]的强大威力。（75）

解析： अथ（不变词）然后。नयन（眼睛）-समुत्थम्（समुत्थ 产生，出现），复合词（中，单，业），从眼睛产生的。ज्योतिः（ज्योतिस् 中，单，业）发光体，月亮。अत्रेः（अत्रि 阳，单，属）阿特利。इव（不变词）好像。द्यौः（दिव् 阴，单，体）天空。सुरसरित्（सुरसरित् 阴，单，体）天河，恒河。इव（不变词）好像。तेजः（तेजस् 中，单，业）精子。वह्नि（火神，火）-निश्च्युतम्（निश्च्युत 抛出的），复合词（中，单，业），火神抛出的。ऐशम्（ऐश 中，单，业）自在天的。नरपति（国王）-कुल（家族）-भूत्यै（भूति 繁荣，昌盛），复合词（阴，单，为），国王家族的繁荣。गर्भम्（गर्भ 阳，单，业）胎儿。आधत्त（आ√धा 未完，单，三）安放，怀有。राज्ञी（阴，单，体）王后。गुरुभिः（गुरु 阳，复，具）沉重，强大。अभिनिविष्टम्（अभिनिविष्ट 阳，单，业）具有。लोकपाल（护世天王）-अनुभावैः（अनुभाव 威力），复合词（阳，复，具），护世天王们的威力。

तृतीयः सर्गः।

第 三 章

अथेप्सितं भर्तुरुपस्थितोदयं सखीजनोद्वीक्षणकौमुदीमुखम्।
निदानमिक्ष्वाकुकुलस्य संततेः सुदक्षिणा दौर्हृदलक्षणं दधौ॥ १॥

苏达奇娜有了怀孕的征象，
表明丈夫的心愿即将实现，
女友们盼望的月光已展露，

---

[1] 阿特利是梵天的儿子，七仙人之一。月亮产生于阿特利仙人的眼睛。
[2] 自在天（湿婆）担心妻子乌玛不能承受他的精子，便交给火神。而火神将精子抛入恒河（即天河）中。恒河又将精子安置在芦苇丛中，在那里生出湿婆的儿子室建陀。
[3] 他们是保护世界八方的八位天神：因陀罗、火神、阎摩、尼梨多、伐楼那、风神、俱比罗和自在天。

这决定甘蔗族世系的延续。(1)

解析：अथ（不变词）然后。ईप्सितम्（ईप्सित 中，单，业）愿望。भर्तुः（भर्तृ 阳，单，属）丈夫。उपस्थित（接近，来临）-उदयम्（उदय 出现，成功），复合词（中，单，业），即将实现。सखीजन（女友们）-उद्वीक्षण（盼望）-कौमुदी（月光）-मुखम्（मुख 脸），复合词（中，单，业），女友们盼望的月光展露。निदानम्（निदान 中，单，业）原因。इक्ष्वाकु（甘蔗）-कुलस्य（कुल 家族，世系），复合词（中，单，属），甘蔗家族。संततेः（संतति 阴，单，属）延续。सुदक्षिणा（阴，单，体）苏达奇娜。दौहृद（孕妇的癖好，怀孕）-लक्षणम्（लक्षण 征兆，相），复合词（中，单，业），怀孕的征兆。दधौ（√धा 完成，单，三）呈现，具有。

शरीरसादादसमग्रभूषणा मुखेन सालक्ष्यत लोध्रपाण्डुना।
तनुप्रकाशेन विचेयतारका प्रभातकल्पा शशिनेव शर्वरी॥२॥

但见她身体消瘦，装饰减少，
脸色苍白，如同罗陀罗花，
看似几乎已经天亮的夜晚，
月亮的光辉微弱，星星难辨。[①]（2）

解析：शरीर（身体）-सादात्（साद 消瘦），复合词（阳，单，从），身体消瘦。असमग्र（不完整的）-भूषणा（भूषण 装饰，饰物），复合词（阴，单，体），装饰减少。मुखेन（मुख 中，单，具）脸庞。सा（तद् 阴，单，体）她。अलक्ष्यत（√लक्ष् 被，未完，单，三）看来。लोध्र（罗陀罗花）-पाण्डुना（पाण्डु 苍白的），复合词（中，单，具），苍白如同罗陀罗花。तनु（微弱的）-प्रकाशेन（प्रकाश 光辉），复合词（阳，单，具），光辉微弱。विचेय（搜寻）-तारका（तारका 星星），复合词（阴，单，体），星星难辨。प्रभात（拂晓）-कल्पा（कल्प 接近，几乎），复合词（阴，单，体），几乎天亮的。शशिना（शशिन् 阳，单，具）月亮。इव（不变词）好像。शर्वरी（阴，单，体）夜晚。

तदाननं मृत्सुरभि क्षितीश्वरो रहस्युपाघ्राय न तृप्तिमाययौ।
करीव सिक्तं पृष्ठतः पयोमुचां शुचिव्यपाये वनराजिपल्वलम्॥३॥

大地之主在暗中亲吻王后的

[①] 这里用月亮比喻她的脸，星星比喻她的装饰。

散发泥土芳香的嘴①，吻个不够，
就像夏季过去，乌云开始下雨，
大象亲吻树林中雨后的池塘。（3）

解析：तद्（她）-आननम्（आनन 嘴），复合词（中，单，业），她的嘴。मृद्（泥土）-सुरभि（सुरभि 芬芳），复合词（中，单，业），有泥土芳香的。क्षितीश्वरः（क्षितीश्वर 阳，单，体）大地之主，国王。रहसि（रहस् 中，单，依）僻静处，暗中。उपाघ्राय（उप√घ्रा 独立式）吻，嗅。न（不变词）不。तृप्तिम्（तृप्ति 阴，单，业）满足。आययौ（आ√या 完成，单，三）到达。करी（करिन् 阳，单，体）大象。इव（不变词）好像。सिक्तम्（सिक्त 中，单，业）浇洒。पृषतैः（पृषत 阳，复，具）水滴。पयोमुचाम्（पयोमुच् 阳，复，属）云。शुचि（夏季）-व्यपाये（व्यपाय 结束），复合词（阳，单，依），夏季结束。वन（树林）-राजि（成排，成行）-पल्वलम्（पल्वल 池塘），复合词（中，单，业），树林中的池塘。

दिवं मरुत्वानिव भोक्ष्यते भुवं दिगन्तविश्रान्तरथो हि तत्सुतः ।
अतोऽभिलाषे प्रथमं तथाविधे मनो बबन्धान्यरसान्विलङ्घ्य सा ॥४॥

正像因陀罗享有天国，她的儿子
将享有大地，车辆抵达四方尽头，
因此，她抛弃了其他各种滋味，
将她的心首先放在这种愿望上。（4）

解析：दिवम्（दिव् 阴，单，业）天国。मरुत्वान्（मरुत्वत् 阳，单，体）因陀罗。इव（不变词）好像。भोक्ष्यते（√भुज 将来，单，三）享有。भुवम्（भू 阴，单，业）大地。दिगन्त（方位的尽头）-विश्रान्त（停息）-रथः（रथ 车），复合词（阳，单，体），车辆到达远方。हि（不变词）因为。तद्（她）-सुतः（सुत 儿子），复合词（阳，单，体），她的儿子。अतस्（不变词）因此。अभिलाषे（अभिलाष 阳，单，依）愿望。प्रथमम्（不变词）首先。तथाविधे（तथाविध 阳，单，依）这种。मनः（मनस् 中，单，业）思想，心思。बबन्ध（√बन्ध् 完成，单，三）系缚。अन्य（其他）-रसान्（रस 味），复合词（阳，复，业），其他的味。विलङ्घ्य（वि√लङ्घ् 独立式）超越，抛弃。सा（तद् 阴，单，体）她。

न मे हिया शंसति किंचिदीप्सितं स्पृहावती वस्तुषु केषु मागधी ।
इति स्म पृच्छत्यनुवेलमादृतः प्रियासखीरुत्तरकोसलेश्वरः ॥५॥

---

① 王后一心想着儿子将享有大地，故而她的嘴散发泥土芳香。

这位北憍萨罗的国王随时
谦恭地询问王后的女友们:
"摩揭陀公主害羞,不对我说
喜欢什么,究竟她想要什么?"(5)

解析: न(不变词)不。मे(मद् 单,为)我。हिया(ही 阴,单,具)害羞,羞愧。शंसति(√शंस् 现在,单,三)告诉。किंचित्(不变词)某个。ईप्सितम्(ईप्सित 中,单,业)愿望。स्पृहावती(स्पृहावत् 阴,单,体)渴望。वस्तुषु(वस्तु 中,复,依)事物。केषु(किम् 中,复,依)什么。मागधी(मागधी 阴,单,体)摩揭陀女。इति(不变词)这样(说)。स्म(不变词)与现在时连用,表示过去。पृच्छति(√प्रच्छ् 现在,单,三)询问。अनुवेलम्(不变词)随时。आदृतः(आदृत 阳,单,体)认真的,谦恭的。प्रिया(爱妻)-सखीः(सखी 女友),复合词(阴,复,业),爱妻的女友。उत्तर(北方的)-कोसल(憍萨罗国)-ईश्वरः(ईश्वर 主人,王),复合词(阳,单,体),北憍萨罗国王。

उपेत्य सा दोहदद‌ुःखशीलतां यदेव वव्रे तदपश्यदाहृतम् ।
न हीष्टमस्य त्रिदिवे ऽपि भूपतेरभूदनासाद्यमधिज्यधन्वनः ॥ ६ ॥

而她一有怀孕妇女的不适感,
就会看到送来她想要的东西,
因为国王持弓上弦,想要什么,
即使在天上,也不是不能得到。(6)

解析: उपेत्य(उप√इ 独立式)达到,具有。सा(तद् 阴,单,体)她。दोहद(孕期反应)-दुःख(痛苦)-शीलताम्(शीलता 性质),复合词(阴,单,业),孕期反应的痛苦性。यत्(यद् 中,单,业)那个,指想要的东西。एव(不变词)正是。वव्रे(√वृ 完成,单,三)选择,想要。तत्(तद् 中,单,业)那个,指想要的东西。अपश्यत्(√दृश् 未完,单,三)看到。आहृतम्(आहृत 中,单,业)取来。न(不变词)不。हि(不变词)因为。इष्टम्(इष्ट 中,单,体)想要。अस्य(इदम् 阳,单,属)这个。त्रिदिवे(त्रिदिव 中,单,依)天国。अपि(不变词)即使。भूपतेः(भूपति 阳,单,属)大地之主。अभूत्(√भू 不定,单,三)是。अनासाद्यम्(अनासाद्य 中,单,体)得不到。अधिज्य(上了弦的)-धन्वनः(धन्वन् 弓),复合词(阳,单,属),弓上了弦的。

क्रमेण निस्तीर्य च दोहदव्यथां प्रचीयमानावयवा रराज सा ।
पुराणपत्रापगमादनन्तरं लतेव संनद्धमनोज्ञपल्लवा ॥ ७ ॥

渐渐地，她度过怀孕不适期，
肢体又变得丰腴，容光焕发，
犹如随着枯旧的叶子脱落，
蔓藤又披上可爱迷人的嫩叶。（7）

解析：क्रमेण（不变词）逐渐地。निस्तीर्य（निस्√तृ 独立式）度过。च（不变词）又。दोहद（孕期反应）-व्यथाम्（व्यथा 不适，痛苦），复合词（阴，单，业），孕期反应的痛苦。प्रचीयमान（增长）-अवयवा（अवयव 肢体），复合词（阴，单，体），肢体丰腴。रराज（√राज 完成，单，三）闪光，闪耀。सा（तद् 阴，单，体）她。पुराण（老的，旧的）-पत्र（叶子）-अपगमात्（अपगम 离开），复合词（阳，单，从），老叶子脱落。अनन्तरम्（不变词）之后，接着。लता（阴，单，体）蔓藤。इव（不变词）好像。संनद्ध（披挂）-मनोज्ञ（吸引人的）-पल्लवा（पल्लव 嫩芽），复合词（阴，单，体），披上迷人的嫩叶。

दिनेषु गच्छत्सु नितान्तपीवरं तदीयमानीलमुखं स्तनद्वयम्।
तिरश्चकार भ्रमराभिलीनयोः सुजातयोः पङ्कजकोशयोः श्रियम्॥८॥

一天天过去，她的一对乳房
愈发丰满，乳头周围也变黑，
优美远远胜过围绕有黑蜂的、
一对高贵秀丽的莲花花苞。（8）

解析：दिनेषु（दिन 中，复，依）天，日子。गच्छत्सु（गच्छत् 现分，中，复，依）度过。नितान्त（非常的）-पीवरम्（पीवर 丰满），复合词（中，单，体），十分丰满的。तदीयम्（中，单，体）她的。आनील（微黑）-मुखम्（मुख 乳头），复合词（中，单，体），乳头微黑。स्तन（乳房）-द्वयम्（द्वय 一对），复合词（中，单，体），双乳。तिरश्चकार（तिरस्√कृ 完成，单，三）胜过。भ्रमर（黑蜂）-अभिलीनयोः（अभिलीन 附著，粘著），复合词（阳，双，属），有黑蜂附著的。सुजातयोः（सुजात 阳，双，属）长得好的，美好的。पङ्कज（莲花）-कोशयोः（कोश 花苞），复合词（阳，双，属），一对莲花的花苞。श्रियम्（श्री 阴，单，业）光辉，优美。

निधानगर्भामिव सागराम्बरां शमीमिवाभ्यन्तरलीनपावकाम्।
नदीमिवान्तःसलिलां सरस्वतीं नृपः ससत्त्वां महिषीममन्यत॥९॥

国王觉得怀胎的王后犹如
四海为衣、蕴含宝藏的大地，
犹如蕴含火的舍弥树，犹如
暗藏流水的娑罗私婆蒂河。[①]（9）

解析：निधान（珍宝）-गर्भाम्（गर्भ 胎藏），复合词（阴，单，业），蕴含宝藏的。इव（不变词）好像。सागर（海）-अम्बराम्（अम्बर 衣），复合词（阴，单，业），四海为衣者，大地。शमीम्（शमी 阴，单，业）舍弥树。इव（不变词）好像。अभ्यन्तर（内部）-लीन（隐藏）-पावकाम्（पावक 火），复合词（阴，单，业），内部含有火。नदीम्（नदी 阴，单，业）河流。इव（不变词）好像。अन्तर्（内部）-सलिलाम्（सलिल 水），复合词（阴，单，业），内部含有水。सरस्वतीम्（सरस्वती 阴，单，业）娑罗私婆蒂河。नृपः（नृप 阳，单，体）国王。ससत्त्वाम्（ससत्त्व 阴，单，业）怀胎的。महिषीम्（महिषी 阴，单，业）王后。अमन्यत（√मन् 未完，单，三）认为。

प्रियानुरागस्य मनःसमुन्नतेभुजार्जितानां च दिगन्तसंपदाम्।
यथाक्रमं पुंसवनादिकाः क्रिया धृतेश्च धीरः सदृशीर्व्यधत्त सः॥१०॥

聪明睿智的国王以生男礼为起始，
依次举行了一系列祭祀仪式，符合
对王后的爱，符合自己的高尚思想、
双臂赢得的天下财富和喜悦的心情。（10）

解析：प्रिया（爱人）-अनुरागस्य（अनुराग 爱），复合词（阳，单，属），对爱人的爱。मनस्（思想）-समुन्नतेः（समुन्नति 高尚，崇高），复合词（阴，单，属），高尚的思想。भुज（手臂）-अर्जितानाम्（अर्जित 赢得），复合词（阴，复，属），以双臂赢得。च（不变词）和。दिगन्त（方位的尽头）-संपदाम्（संपद् 财富），复合词（阴，复，属），天下的财富。यथाक्रमम्（不变词）依次。पुंसवन（生男礼）-आदिकाः（आदिक 开始的），复合词（阴，复，业），以生男礼为起始。क्रियाः（क्रिया 阴，复，业）祭祀仪式。धृतेः（धृति 阴，单，属）满意，喜悦。च（不变词）和。धीरः（धीर 阳，单，体）聪慧的。सदृशीः（सदृश 阴，复，业）符合。व्यधत्त（वि√धा 未完，单，三）安排，举行。सः（तद् 阳，单，体）他。

[①] 舍弥树的树枝用于钻木取火，故而说它蕴含火。娑罗私婆蒂河流经沙漠，消失地下，故而说它暗藏流水。

सुरेन्द्रमात्राश्रितगर्भगौरवात्प्रयत्नमुक्तासनया गृहागतः।
तयोपचाराञ्जलिखिन्नहस्तया ननन्द परिप्लवनेत्रया नृपः॥११॥

国王来到宫中，满心欢喜，看到
王后怀着八位天神①化身的胎儿，
体态沉重，从座位上起身也费力，
合掌敬礼也手酸，目光游移不定。(11)

解析：सुरेन्द्र（天王）-मात्रा（部分）-आश्रित（依托）-गर्भ（胎儿）-गौरवात्（गौरव 沉重），复合词（中，单，从），怀有天王们化身的胎儿而沉重。प्रयत्न（努力，费劲）-मुक्त（离开）-आसनया（आसन 座位），复合词（阴，单，具），努力从座位上起身。गृह（宫，屋）-आगतः（आगत 来到），复合词（阳，单，体），来到宫里。तया（तद् 阴，单，具）她。उपचार（致敬）-अञ्जलि（合掌）-खिन्न（疲乏）-हस्तया（हस्त 手），复合词（阴，单，具），合掌致敬而手疲乏。ननन्द（√नन्द् 完成，单，三）高兴。परिप्लव（游动）-नेत्रया（नेत्र 眼睛），复合词（阴，单，具），目光游移不定。नृपः（नृप 阳，单，体）国王。

कुमारभृत्याकुशलैरनुष्ठिते भिषग्भिरास्तैरथ गर्भभर्मणि।
पतिः प्रतीतः प्रसवोन्मुखीं प्रियां ददर्श काले दिवमभ्रितामिव॥१२॥

那些熟练的医生精通育儿，
为她进行了保养胎儿的工作，
国王高兴地看到她即将按时
分娩，犹如天空已经布满雨云。(12)

解析：कुमार（儿童）-भृत्या（养育）-कुशलैः（कुशल 精通），复合词（阳，复，具），精通育儿。अनुष्ठिते（अनुष्ठित 中，单，依）实施。भिषग्भिः（भिषज् 阳，复，具）医生。आप्तैः（आप्त 阳，复，具）能干。अथ（不变词）此后。गर्भ（胎儿）-भर्मणि（भर्मन् 滋养，抚育），复合词（中，单，依），保养胎儿。पतिः（पति 阳，单，体）丈夫。प्रतीतः（प्रतीत 阳，单，体）高兴。प्रसव（生育）-उन्मुखीम्（उन्मुख 面临），复合词（阴，单，业），即将分娩。प्रियाम्（प्रिया 阴，单，业）爱妻。ददर्श（√दृश् 完成，单，三）看见。काले（काल 阳，单，依）时间。दिवम्（दिव् 阴，单，业）天空。अभ्रिताम्（अभ्रित 阴，单，业）布满云。इव（不变词）好像。

---

① 参阅前面第 2 章第 75 首注。

ग्रहैस्ततः पञ्चभिरुच्चसंश्रयैरसूर्यगैः सूचितभाग्यसंपदम्।
असूत पुत्रं समये शचीसमा त्रिसाधना शक्तिरिवार्थमक्षयम्॥ १३॥

王后如同舍姬①，按时生下儿子，
犹如三种力量②产生无穷财富，
五曜处于高位，不被太阳掩盖，③
预示这个儿子的吉祥和幸福。（13）

解析： ग्रहैः：（ग्रह 阳，复，具）星宿。ततस्（不变词）然后。पञ्चभिः（पञ्चन् 阳，复，具）五。उच्च（高的）-संश्रयैः（संश्रय 居于），复合词（阳，复，具），居于高位。असूर्यगैः（असूर्यग 阳，复，具）远离太阳的。सूचित（预示）-भाग्य（幸运，吉祥）-संपदम्（संपद् 财富，幸福），复合词（阳，单，业），预示吉祥和幸福。असूत（√सू 未完，单，三）出生。पुत्रम्（पुत्र 阳，单，业）儿子。समये（समय 阳，单，依）时刻。शची（舍姬）-समा（सम 同样），复合词（阴，单，体），如同舍姬。त्रि（三）-साधना（साधन 手段），复合词（阴，单，体），三种手段的。शक्तिः（शक्ति 阴，单，体）力量，能力。इव（不变词）好像。अर्थम्（अर्थ 阳，单，业）财富。अक्षयम्（अक्षय 阳，单，业）无尽的。

दिशः प्रसेदुर्मरुतो ववुः सुखाः प्रदक्षिणार्चिर्हविरग्निराददे।
बभूव सर्वं शुभशंसि तत्क्षणं भवो हि लोकाभ्युदयाय तादृशाम्॥ १४॥

四面八方清澈明净，和风吹拂，
祭火接受祭品，火苗偏向右方，④
此时此刻所有一切都显示吉祥，
因为这样的诞生带来世界繁荣。（14）

解析： दिशः（दिश् 阴，复，体）方位，方向。प्रसेदुः（प्र√सद् 完成，复，三）清净，清明。मरुतः（मरुत् 阳，复，体）风。ववुः（√वा 完成，复，三）吹拂。सुखाः（सुख 阳，复，体）舒适的。प्रदक्षिण（右）-अर्चिः（अर्चिस् 火焰，光焰），复合词（阳，单，体），火焰朝右的。हविः（हविस् 中，单，业）祭品。अग्निः（अग्नि 阳，单，体）火，祭火。आददे

---

① 舍姬是天王因陀罗的妻子。
② 三种力量指威力、勇气和谋略。
③ 按照印度古代天文学，日、月、火星、水星、木星、金星、土星、罗睺和计都构成九曜。这里的五曜指日、火星、木星、金星和土星。它们各自都处于高位，火星、木星、金星和土星没有被太阳光淹没，因此，可以说是"五星高照"。
④ 火苗偏向右方指祭火向祭祀右绕致敬。

(आ√दा 完成，单，三）接受。बभूव（√भू 完成，单，三）成为，是。सर्वम्（सर्व 中，单，体）所有，一切。शुभ（吉祥）-शंसि（शंसिन् 显示），复合词（中，单，体），显示吉祥。तत्क्षणम्（不变词）此刻。भवः（भव 阳，单，体）诞生。हि（不变词）因为。लोक（世界）-अभ्युदयाय（अभ्युदय 兴旺，繁荣），复合词（阳，单，为），世界的繁荣。तादृशाम्（तादृश 阳，复，属）这样的人。

अरिष्टशय्यां परितो विसारिणा सुजन्मनस्तस्य निजेन तेजसा।
निशीथदीपाः सहसा हतत्विषो बभूवुरालेख्यसमर्पिता इव॥१५॥

这婴儿出生高贵，自身的
光辉照亮产房卧床周围，
半夜的灯火突然变得暗淡，
仿佛成了画中固定的灯光。（15）

解析：अरिष्ट（产房）-शय्याम्（शय्या 床），复合词（阴，单，业），产房的床。परितस्（不变词）周围。विसारिणा（विसारिन् 中，单，具）散发的。सुजन्मनः（सुजन्मन् 阳，单，属）出身高贵。तस्य（तद् 阳，单，属）他。निजेन（निज 中，单，具）自身的。तेजसा（तेजस् 中，单，具）光芒。निशीथ（午夜）-दीपाः（दीप 灯），复合词（阳，复，体），午夜的灯火。सहसा（不变词）突然。हत（受损）-त्विषः（त्विष् 光，焰），复合词（阳，复，体），光焰受损。बभूवुः（√भू 完成，复，三）成为，是。आलेख्य（画）-समर्पिताः（समर्पित 安放），复合词（阳，复，体），固定在画中。इव（不变词）好像。

जनाय शुद्धान्तचराय शंसते कुमारजन्मामृतसंमिताक्षरम्।
अदेयमासीत्त्रयमेव भूपतेः शशिप्रभं छत्रमुभे च चामरे॥१६॥

后宫侍从前来报告王子诞生，
字字句句如同甘露，对于他们，
国王只有三件东西不能赏赐，
光辉似月的华盖和一对拂尘[①]。（16）

解析：जनाय（जन 阳，单，为）人们。शुद्धान्त（后宫）-चराय（चर 行走），复合词（阳，单，为），在后宫行走的。शंसते（शंसत् 现分，阳，单，为）报告。कुमार（王子）

[①] 一个华盖和一对拂尘是王权的象征。

-जन्म（जन्मन् 诞生）-अमृत（甘露）-संमित（好像）-अक्षरम्（अक्षर 字母），复合词（中，单，业），有关王子诞生的消息字字如同甘露。अदेयम्（अदेय 中，单，体）不能给的。आसीत्（√अस् 未完，单，三）是。त्रयम्（त्रय 中，单，体）三。एव（不变词）只有。भूपतेः（भूपति 阳，单，属）国王。शशि（शशिन् 月亮）-प्रभम्（प्रभा 光辉），复合词（中，单，体），光辉似月。छत्रम्（छत्र 中，单，体）华盖。उभे（उभ 中，双，体）一双。च（不变词）和。चामरे（चामर 中，双，体）拂尘。

निवातपद्मास्तिमितेन चक्षुषा नृपस्य कान्तं पिबतः सुताननम्।
महोदधेः पूर इवेन्दुदर्शनाद्गुरुः प्रहर्षः प्रभूव नात्मनि॥१७॥

国王的眼睛如同无风处的莲花，
凝固不动，饮下儿子可爱的脸庞，
他无法控制心中巨大的喜悦，
犹如大海的潮水看到月亮升起。（17）

解析：निवात（无风处）-पद्म（莲花）-स्तिमितेन（स्तिमित 静止），复合词（中，单，具），无风处莲花般静止。चक्षुषा（चक्षुस् 中，单，具）眼睛。नृपस्य（नृप 阳，单，属）国王。कान्तम्（कान्त 中，单，业）可爱的。पिबतः（पिबत् 现分，阳，单，属）喝，饮。सुत（儿子）-आननम्（आनन 脸），复合词（中，单，业），儿子的脸。महोदधेः（महोदधि 阳，单，属）大海。पूरः（पूर 阳，单，体）潮水。इव（不变词）好像。इन्दु（月亮）-दर्शनात्（दर्शन 看到），复合词（中，单，从），看到月亮。गुरुः（गुरु 阳，单，体）巨大的。प्रहर्षः（प्रहर्ष 阳，单，体）喜悦。प्रबभूव（प्र√भू 完成，单，三），控制，容纳。न（不变词）不。आत्मनि（आत्मन् 阳，单，依）自己。

स जातकर्मण्यखिले तपस्विना तपोवनादेत्य पुरोधसा कृते।
दिलीपसूनुर्मणिराकरोद्भवः प्रयुक्तसंस्कार इवाधिकं बभौ॥१८॥

修苦行的家庭祭司①从苦行林
前来，完成了所有的出生仪式，
迪利波的儿子更加光彩熠熠，
犹如矿中的珠宝经过加工。（18）

解析：सः（तद् 阳，单，体）他。जातकर्मणि（जातकर्मण् 中，单，依）出生仪式。

---

① 这位家庭祭司就是极裕仙人。

अखिले（अखिल 中，单，依）全部。तपस्विना（तपस्विन् 阳，单，具）修苦行的。तपोवनात्（तपोवन 中，单，从）苦行林。एत्य（आ√इ 独立式）前来。पुरोधसा（पुरोधस् 阳，单，具）家庭祭司。कृते（कृत 中，单，依）完成。दिलीप（迪利波）-सूनुः（सूनु 儿子），复合词（阳，单，体），迪利波之子。मणिः（मणि 阳，单，体）珠宝，摩尼珠。आकर（矿）-उद्भवः（उद्भव 产生），复合词（阳，单，体），出自矿藏的。प्रयुक्त（实施）-संस्कारः（संस्कार 修饰，加工），复合词（阳，单，体），经过加工。इव（不变词）好像。अधिकम्（不变词）更加。बभौ（√भा 完成，单，三）发光。

सुखश्रवा मङ्गलतूर्यनिस्वनाः प्रमोदनृत्यैः सह वारयोषिताम्।
न केवलं सद्मनि मागधीपतेः पथि व्यजृम्भन्त दिवौकसामपि॥१९॥

悦耳的喜庆鼓乐声伴随
伎女的欢快舞蹈，不仅在
摩揭陀公主的丈夫的宫中，
也在天国居民的街道回荡。（19）

解析：सुख（舒适）-श्रवाः（श्रव 听），复合词（阳，复，体）悦耳。मङ्गल（吉祥）-तूर्य（乐器）-निस्वनाः（निस्वन 声音），复合词（阳，复，体），喜庆的乐器声。प्रमोद（高兴）-नृत्यैः（नृत्य 舞蹈），复合词（中，复，具），欢快的舞蹈。सह（不变词）一起。वारयोषिताम्（वारयोषित् 阴，复，属）伎女。न（不变词）不。केवलम्（不变词）仅仅。सद्मनि（सद्मन् 中，单，依）宫殿，居处。मागधीपतेः（मागधीपति 阳，单，属）摩揭陀女之夫。पथि（पथिन् 阳，单，依）道路。व्यजृम्भन्त（वि√जृम्भ् 未完，复，三），展开，回荡。दिवौकसाम्（दिवौकस् 阳，复，属）天国的居民。अपि（不变词）也。

न संयतस्तस्य बभूव रक्षितुर्विसर्जयेद्यं सुतजन्महर्षितः।
ऋणाभिधानात्स्वयमेव केवलं तदा पितॄणां मुमुचे स बन्धनात्॥२०॥

喜得儿子应该大赦囚犯，
而这位保护者没有囚犯，
只有他本人从名为债务的、
祖先的束缚中解脱出来。[①]（20）

[①] 按照印度教的观念，人生要偿还三项债务：通过祭祀偿还天神的债务，通过学习偿还老师的债务，通过生子偿还祖先的债务。

解析：न（不变词）不。संयतः（संयत 阳，单，体），囚禁的，囚犯。तस्य（तद् 阳，单，属）这个。बभूव（√भू 完成，单，三）有。रक्षितुः（रक्षितृ 阳，单，属）保护者。विसर्जयेत्（वि√सृज् 致使，虚拟，单，三）释放。यम्（यद् 阳，单，业）那个，指囚犯。सुत（儿子）-जन्म（जन्मन् 出生）-हर्षितः（हर्षित 高兴的），复合词（阳，单，体），因儿子出生而高兴。ऋण（债务）-अभिधानात्（अभिधान 名称），复合词（中，单，从），名为债务。स्वयम्（不变词）自己。एव（不变词）确实。केवलम्（不变词）只有。तदा（不变词）此时。पितॄणाम्（पितृ 阳，复，属）父辈，祖先。मुमुचे（√मुच् 完成，单，三）解脱。सः（तद् 阳，单，体）他。बन्धनात्（बन्धन 中，单，从）束缚。

श्रुतस्य यायाद्यमन्तमर्भकस्तथा परेषां युधि चेति पार्थिवः।
अवेक्ष्य धातोर्गमनार्थमर्थैर्विचकार नाम्ना रघुमात्मसंभवम्॥२१॥

想到这孩子会走向学问尽头，
也会在战争中走向敌人尽头[①]，
这位国王通晓词义，为自己
儿子取名罗怙，词根义是"走"。[②]（21）

解析：श्रुतस्य（श्रुत 中，单，属）学问。यायात्（√या 虚拟，单，三）走。अयम्（इदम् 阳，单，业）这个。अन्तम्（अन्त 阳，单，业）尽头。अर्भकः（अर्भक 阳，单，体）孩子。तथा（不变词）同样。परेषाम्（पर 阳，复，属）敌人。युधि（युध् 阴，单，依）战争。च（不变词）和。इति（不变词）这样（想）。पार्थिवः（पार्थिव 阳，单，体）国王。अवेक्ष्य（अव√ईक्ष् 独立式）看到。धातोः（धातु 阳，单，属）词根。गमन（走）-अर्थम्（अर्थ 意义），复合词（中，单，业），走的意义。अर्थविद्（阳，单，体）通晓意义。चकार（√कृ 完成，单，三）做。नाम्ना（नामन् 中，单，具）名字。रघुम्（रघु 阳，单，业）罗怙。आत्मसंभवम्（आत्मसंभव 阳，单，业）儿子。

पितुः प्रयत्नात्स समग्रसंपदः शुभैः शरीरावयवैर्दिने दिने।
पुपोष वृद्धिं हरिदश्वदीधितेरनुप्रवेशादिव बालचन्द्रमाः॥२२॥

依靠富有的父亲努力，
他日益成长，肢体优美，
犹如依靠太阳光注入，

[①] 走向学问尽头指彻底掌握学问，走向敌人尽头指彻底消灭敌人。
[②] 这里指 Raghu（"罗怙"）的词根是 raṅgh（"走"）。

一弯新月一天天变圆。（22）

解析：पितुः（पितृ 阳，单，属）父亲。प्रयत्नात्（प्रयत्न 阳，单，从）努力。सः（तद् 阳，单，体）他。समग्र（充足）-संपदः（संपद् 财富），复合词（阳，单，属），财富充足。शुभैः（शुभ 阳，复，具）优美。शरीर（身体）-अवयवैः（अवयव 部分），复合词（阳，复，具），身体的各部分。दिने（दिन 中，单，依）日，天。दिने（दिन 中，单，依）日，天。पुपोष（√पुष् 完成，单，三）发育。वृद्धिम्（वृद्धि 阴，单，业）增长，成长。हरिदश्व（太阳）-दीधितेः（दीधिति 光芒），复合词（阴，单，属），阳光。अनुप्रवेशात्（अनुप्रवेश 阳，单，从）进入。इव（不变词）好像。बाल（新的，小的）-चन्द्रमाः（चन्द्रमस् 月），复合词（阳，单，体），新月。

उमावृषाङ्कौ शरजन्मना यथा यथा जयन्तेन शचीपुरंदरौ।
तथा नृपः सा च सुतेन मागधी ननन्दतुस्तत्सदृशेन तत्समौ॥२३॥

如同乌玛和湿婆有苇生[①]，
舍姬和因陀罗有遮衍多，
国王和摩揭陀公主也有
同样的儿子，满心欢喜。（23）

解析：उमा（乌玛，湿婆之妻）-वृषाङ्कौ（वृषाङ्क 湿婆），复合词（阳，双，体），乌玛和湿婆。शरजन्मना（शरजन्मन् 阳，单，具）苇生。यथा（不变词）如同。यथा（不变词）如同。जयन्तेन（जयन्त 阳，单，具）遮衍多。शची（舍姬，因陀罗之妻）-पुरंदरौ（पुरंदर 因陀罗），复合词（阳，双，体），舍姬和因陀罗。तथा（不变词）这样，同样。नृपः（नृप 阳，单，体）国王。सा（तद् 阴，单，体）她。च（不变词）和。सुतेन（सुत 阳，单，具）儿子。मागधी（मागधी 阴，单，体）摩揭陀女。ननन्दतुः（√नन्द् 完成，双，三）欢喜。तत्सदृशेन（तत्सदृश 阳，单，具）与他们的儿子相似的。तत्समौ（तत्सम 阳，双，体）与他们相同的。

रथाङ्गनाम्नोरिव भावबन्धनं बभूव यत्प्रेम परस्पराश्रयम्।
विभक्तमप्येकसुतेन तत्तयोः परस्परस्योपरि पर्यञ्चीयत॥२४॥

心心相印，互相依存，

[①] 苇生是室建陀的称号，因为他生在芦苇丛中。参阅前面第2章第75首注。

他俩的恩爱如同轮鸟，
即使被这个儿子分走
部分，依然互相增长。（24）

解析：रथाङ्ग（车轮）-नाम्नोः（नामन् 名字），复合词（阳，双，属），名为车轮者，轮鸟（象征爱情的一种鸟）。इव（不变词）好像。भाव（情感）-बन्धनम्（बन्धन 相连），复合词（中，单，体），情感相系。बभूव（√भू 完成，单，三）是。यत्（यद् 中，单，体）那个，指恩爱。प्रेम（प्रेमन् 中，单，体）恩爱。परस्पर（互相，彼此）-आश्रयम्（आश्रय 依靠），复合词（中，单，体），互相依存。विभक्तम्（विभक्त 中，单，体）分走。अपि（不变词）即使。एकसुतेन（एकसुत 阳，单，具）独子。तत्（तद् 中，单，体）那个，指恩爱。तयोः（तद् 阳，双，属）他俩。परस्परस्य（परस्पर 阳，单，属）互相。उपरि（不变词）在上面。पर्यचीयत（परि√चि 被，未完，单，三）增加。

उवाच धात्र्या प्रथमोदितं वचो ययौ तदीयामवलम्ब्य चाङ्गुलिम्।
अभूच्च नम्रः प्रणिपातशिक्षया पितुर्मुदं तेन ततान सो ऽर्भकः॥२५॥

说出保姆教的第一句话，
拉着她的手指蹒跚走步，
还学会了俯首行礼致敬，
这孩子让父亲愈发高兴。（25）

解析：उवाच（√वच् 完成，单，三）说。धात्र्या（धात्री 阴，单，具）乳母。प्रथम（首先）-उदितम्（उदित 说出），复合词（中，单，业），首先说出的。वचः（वचस् 中，单，业）话。ययौ（√या 完成，单，三）走。तदीयाम्（तदीय 阴，单，业）她的。अवलम्ब्य（अव√लम्ब् 独立式）悬挂，抓着。च（不变词）和。अङ्गुलिम्（अङ्गुलि 阴，单，业）手指。अभूत्（√भू 不定，单，三）是。च（不变词）和。नम्रः（नम्र 阳，单，体）弯下。प्रणिपात（敬拜）-शिक्षया（शिक्षा 学习），复合词（阴，单，具），学习敬拜。पितुः（पितृ 阳，单，属）父亲。मुदम्（मुद् 阴，单，业）高兴。तेन（不变词）由此。ततान（√तन् 完成，单，三）增长。सः（तद् 阳，单，体）他。अर्भकः（अर्भक 阳，单，体）小孩。

तमङ्कमारोप्य शरीरयोगजैः सुखैर्निषिञ्चन्तमिवामृतं त्वचि।
उपान्तसंमीलितलोचनो नृपश्चिरात्सुतस्पर्शरसज्ञतां ययौ॥२६॥

将他抱在膝上，接触身体，
产生快感，如同甘露洒在
皮肤上，国王眯缝着眼睛，
终于尝到抱儿子的滋味。（26）

解析：तम् （तद् 阳，单，业）他。अङ्कम् （अङ्क 阳，单，业）膝，怀。आरोप्य （आ√रुह् 致使，独立式）放置。शरीर （身体）-योग （连接）-जैः （ज 产生），复合词（中，复，具），因身体接触而产生的。सुखैः （सुख 中，复，具）快乐。निषिञ्चन्तम् （निषिञ्चत् 现分，阳，单，业）洒下。इव （不变词）好像。अमृतम् （अमृत 阳，单，业）甘露。त्वचि （त्वच् 阴，单，依）皮肤。उपान्त （眼角，边缘）-संमीलित （眯缝的）-लोचनः （लोचन 眼睛），复合词（阳，单，体），眼角眯缝的。नृपः （नृप 阳，单，体）国王。चिरात् （不变词）长久以来，终于。सुत （儿子）-स्पर्श （接触）-रसज्ञताम् （रसज्ञता 知味），复合词（阴，单，业），知道接触儿子的滋味。ययौ （√या 完成，单，三）达到。

अमंस्त चानेन परार्ध्यजन्मना स्थितेरभेत्ता स्थितिमन्तमन्वयम्।
स्वमूर्तिभेदेन गुणाग्र्यवर्तिना पतिः प्रजानामिव सर्गमात्मनः॥२७॥

这位守护传统的国王认为有了这个
出生高贵的儿子，家族也就得以延续，
犹如众生之主认为有了品德高尚的、
自己的另一个化身，[①]宇宙便获得保障。（27）

解析：अमंस्त （√मन् 不定，单，三）认为。च （不变词）而且。अनेन （इदम् 阳，单，具）这个。पराध्य （最高的，最好的）-जन्मना （जन्मन् 出生），复合词（阳，单，具），出生高贵的。स्थितेः （स्थिति 阴，单，属）传承，传统。अभेत्ता （अभेत्तृ 阳，单，体）不破坏者，维护者。स्थितिमन्तम् （स्थितिमत् 阳，单，业）有传承，有保障。अन्वयम् （अन्वय 阳，单，业）家族。स्व （自己的）-मूर्ति （形体，化身）-भेदेन （भेद 不同的），复合词（阳，单，具），不同于自己的化身。गुण （品德）-अग्र्य （顶尖的）-वर्तिना （वर्तिन् 具有），复合词（阳，单，具），具有高尚的品德。पतिः （पति 阳，单，体）主人。प्रजानाम् （प्रजा 阴，复，属）众生。इव （不变词）好像。सर्गम् （सर्ग 阳，单，业）创造，宇宙。आत्मनः （आत्मन् 阳，单，属）自己。

[①] 众生之主指梵天，另一个化身指毗湿奴。在印度教的三大神中，梵天司创造，毗湿奴司保护。

स वृत्तचूलश्श्लकाकपक्षकैरमात्यपुत्रैः सवयोभिरन्वितः।
लिपेर्यथावद्ग्रहणेन वाङ्मयं नदीमुखेनेव समुद्रमाविशत्॥२८॥

举行过剃发礼①，他与同龄的
大臣的儿子们，晃动着发绺②，
正确地学会字母，诵读作品，
犹如通过河口，进入大海。（28）

解析：सः（तद् 阳，单，体）他，指罗怙。वृत्त（实施，举行）-चूलः（चूल 头发），复合词（阳，单，体），举行剃发礼。चल（晃动的）-काकपक्षकैः（काकपक्षक 乌鸦翅膀，两边的发绺），复合词（阳，复，具），两边发绺晃动的。अमात्य（大臣）-पुत्रैः（पुत्र 儿子），复合词（阳，复，具），大臣之子。सवयोभिः（सवयस् 阳，复，具）同龄的。अन्वितः（अन्वित 阳，单，体）跟随。लिपेः（लिपि 阴，单，属）字母，文字。यथावत्（不变词）如实，准确。ग्रहणेन（ग्रहण 中，单，具）掌握。वाङ्मयम्（वाङ्मय 中，单，业）语言构成的，作品。नदी（河流）-मुखेन（मुख 口），复合词（中，单，具），河流的出口。इव（不变词）好像。समुद्रम्（समुद्र 阳，单，业）大海。आविशत्（आ√विश् 未完，单，三）进入。

अथोपनीतं विधिवद्विपश्चितो विनिन्युरेनं गुरवो गुरुप्रियम्।
अवन्ध्ययत्नाश्च बभूवुरत्र ते क्रिया हि वस्तूपहिता प्रसीदति॥२९॥

按照仪轨，举行过圣线礼③后，
博学的老师们教育这个热爱
老师的学生，努力没有落空，
因为教育可造之材，必然成功。（29）

解析：अथ（不变词）然后。उपनीतम्（उपनीत 阳，单，业）举行过圣线礼的。विधिवत्（不变词）按照仪轨。विपश्चितः（विपश्चित् 阳，复，体）博学的。विनिन्युः（वि√नी 完成，复，三）教育。एनम्（एतद् 阳，单，业）这个。गुरवः（गुरु 阳，复，体）老师。गुरु（老师）-प्रियम्（प्रिय 喜爱），复合词（阳，单，业），喜爱老师的。अवन्ध्य（不落空）-यत्नाः（यत्न 努力），复合词（阳，复，体），努力不落空。च（不变词）和。बभूवुः（√भू 完成，复，三）是。अत्र（不变词）这里。ते（तद् 阳，复，体）他。क्रिया（阴，单，体）

---
① 剃发礼在三岁时举行。
② 这里的发绺指留在头顶两侧的发绺。
③ 圣线礼是在儿童到达八岁入学年龄时，为他佩戴圣线。

行为，作为。**हि**（不变词）因为。**वस्तु**（事物）-**उपहित**（उपहित 放置），复合词（阴，单，体），放在合适的事物上。**प्रसीदति**（प्र√सद् 现在，单，三）成功，满意。

धियः समग्रैः स गुणैरुदारधीः क्रमाच्चतस्रश्चतुरर्णवोपमाः।
ततार विद्याः पवनातिपातिभिर्दिशो हरिद्भिर्हरितामिवेश्वरः॥३०॥

他具备所有智性，聪明睿智，
逐步掌握如同四海的四学①，
犹如乘坐赛过风速的快马，
方位的主人太阳越过四方。（30）

解析：धियः（धी 阴，单，属）智慧。**समग्रैः**（समग्र 阳，复，具）全部。**सः**（तद् 阳，单，体）他。**गुणैः**（गुण 阳，复，具）性质，品质。**उदार**（广大）-**धीः**（धी 智慧），复合词（阳，单，体），智慧广大。**क्रमात्**（क्रम 阳，单，从）逐步。**चतस्रः**（चतुर् 阴，复，业）四种。**चतुर्**（四）-**अर्णव**（大海）-**उपमाः**（उपमा 好像），复合词（阴，复，业），如同四海的。**ततार**（√तॄ 完成，单，三）度过，掌握。**विद्याः**（विद्या 阴，复，业）知识。**पवन**（风）-**अतिपातिभिः**（अतिपातिन् 飞快的），复合词（阳，复，具），快过风的。**दिशः**（दिश् 阴，复，业）方位。**हरिद्भिः**（हरित् 阳，复，具）黄褐马，快马。**हरिताम्**（हरित् 阳，复，属）方位，黄褐马。**इव**（不变词）好像。**ईश्वरः**（ईश्वर 阳，单，体）主人。

त्वचं स मेध्यां परिधाय रौरवीमशिक्षतास्त्रं पितुरेव मन्त्रवत्।
न केवलं तद्गुरुरेकपार्थिवः क्षितावभूदेकधनुर्धरो ऽपि सः॥३१॥

他披上圣洁的鹿皮衣，跟随
父亲学习掌握带咒的武器；
他的父亲不仅是大地上的
唯一国王，也是无上的射手。（31）

解析：त्वचम्（त्वच् 阴，单，业）皮。**सः**（तद् 阳，单，体）他。**मेध्याम्**（मेध्य 阴，单，业）清净的，圣洁的。**परिधाय**（परि√धा 独立式）穿戴。**रौरवीम्**（रौरव 阴，单，业）鹿皮的。**अशिक्षत**（√शिक्ष् 未完，单，三）学习。**अस्त्रम्**（अस्त्र 中，单，业）武器。**पितुः**（पितृ 阳，单，从）父亲。**एव**（不变词）也。**मन्त्रवत्**（中，单，业）有咒语的。**न**（不变词）不。**केवलम्**（不变词）仅仅。**तद्**（他）-**गुरुः**（गुरु 父亲），复合词（阳，单，体），

---

① 四学即哲学、三吠陀、生计和权杖学（"治国论"）。

他的父亲。एक（唯一的）-पार्थिवः（पार्थिव 国王），复合词（阳，单，体），唯一的国王。क्षितौ（क्षिति 阴，单，依）大地。अभूत（√भू 不定，单，三）是。एक（唯一的）-धनुस्（弓）-धरः（धर 持有），复合词（阳，单，体），唯一的持弓者。अपि（不变词）也。सः（तद् 阳，单，体）他。

महोक्षतां वत्सतरः स्पृशन्निव द्विपेन्द्रभावं कलभः श्रयन्निव।
रघुः क्रमाद्यौवनभिन्नशैशवः पुपोष गाम्भीर्यमनोहरं वपुः ॥३२॥

如同小牛犊长成大公牛，
又如小象长成大象，罗怙
渐渐脱离童年，长成青年，
形体威严稳重，可爱迷人。（32）

解析：महा（大）-उक्ष（उक्षन् 公牛）-ताम्（ता 性质），复合词（阴，单，业），大公牛的状态。वत्सतरः（वत्सतर 阳，单，体）小小的牛犊。स्पृशन्（स्पृशत् 现分，阳，单，体）接触，达到。इव（不变词）好像。द्विपेन्द्र（象王，大象）-भावम्（भाव 状态），复合词（阳，单，业），大象的状态。कलभः（कलभ 阳，单，体）小象。श्रयन्（श्रयत् 现分，阳，单，体）靠近，接近。इव（不变词）好像。रघुः（रघु 阳，单，体）罗怙。क्रमात्（क्रम 阳，单，从）逐步。यौवन（青年）-भिन्न（打破）-शैशवः（शैशव 童年，少年），复合词（阳，单，体），童年被青年打破。पुपोष（√पुष् 完成，单，三）发育，长成。गाम्भीर्य（深沉，威严）-मनोहरम्（मनोहर 迷人的），复合词（中，单，业），威严而迷人的。वपुः（वपुस् 中，单，业）形体，身体。

अथास्य गोदानविधेरनन्तरं विवाहदीक्षां निरवर्तयद्गुरुः।
नरेन्द्रकन्यास्तमवाप्य सत्पतिं तमोनुदं दक्षसुता इवाबभुः ॥३३॥

举行过剃须礼①后，父王为他
举行婚礼，公主们得到这样
一位好夫君，犹如陀刹②的
女儿们获得月亮，光彩熠熠。（33）

解析：अथ（不变词）然后。अस्य（तद् 阳，单，属）他。गोदान（剃须礼）-विधेः

---

① 剃须礼在十六或十八岁举行。
② 陀刹是生主之一，有二十八个女儿。他将其中的二十七个女儿嫁给了月亮。

（विधि 举行），复合词（阳，单，从），举行剃须礼。अनन्तरम् （不变词）接着。विवाह（结婚）-दीक्षाम् (दीक्षा 仪式），复合词（阴，单，业），结婚仪式。निरवर्तयत् (निर्√वृत् 致使，未完，单，三）举行，完成。गुरुः (गुरु 阳，单，体）父亲。नरेन्द्र (国王）-कन्याः (कन्या 女儿），复合词（阴，复，体），公主。तम् (तद् 阳，单，业）这位。अवाप्य (अव√आप् 独立式）得到。सत्पतिम् (सत्पति 阳，单，业）好丈夫。तमोनुदम् (तमोनुद 阳，单，业）驱除黑暗者，月亮。दक्ष (陀刹仙人）-सुताः (सुता 女儿），复合词（阴，复，体），陀刹的女儿们。इव (不变词）好像。आबभुः (आ√भा 完成，复，三）发光。

युवा युगव्यायतबाहुरंसलः कपाटवक्षाः परिणद्धकंधरः।
वपुःप्रकर्षादजयद्गुरुं रघुस्तथापि नीचैर्विनयादृश्यत॥ ३४॥

青年罗怙臂长似车轭，肩膀
强壮，胸膛似门扇，脖子挺拔，
尽管他的身躯魁梧胜过父亲，
而因谦恭有礼看似低于父亲。（34）

解析：युवा (युवन् 阳，单，体）年轻的，青年。युग (车轭）-व्यायत (长的）-बाहुः (बाहु 臂），复合词（阳，单，体），臂长如车轭。अंसलः (अंसल 阳，单，体）肩膀强壮。कपाट (门扇，门）-वक्षाः (वक्षस् 胸膛），复合词（阳，单，体），胸膛如门扇。परिणद्ध (圆大的）-कंधरः (कंधर 脖子），复合词（阳，单，体），脖子挺拔。वपुस् (身体）-प्रकर्षात् (प्रकर्ष 魁梧，杰出），复合词（阳，单，从），身躯魁梧。अजयत् (√जि 未完，单，三）胜过。गुरुम् (गुरु 阳，单，业）父亲。रघुः (रघु 阳，单，体）罗怙。तथा (不变词）这样。अपि (不变词）即使。नीचैस् (不变词）低的。विनयात् (विनय 阳，单，从）谦恭。अदृश्यत (√दृश् 被，未完，单，三）看起来。

ततः प्रजानां चिरमात्मना धृतां नितान्तगुर्वीं लघयिष्यता धुरम्।
निसर्गसंस्कारविनीत इत्यसौ नृपेण चक्रे युवराजशब्दभाक्॥ ३५॥

国王想要减轻自己长期以来
承受的统治民众的沉重负担，
考虑到罗怙具有天资和教养，
谦和柔顺，也就将他立为太子。（35）

解析：ततस् (不变词）此后。प्रजानाम् (प्रजा 阴，复，属）民众。चिरम् (不变词

长期。आत्मना（आत्मन् 阳，单，具）自己。धृताम्（धृत 阴，单，业）承担。नितान्त（非常）-गुर्वीम्（गुरु 重的），复合词（阴，单，业），沉重的。लघयिष्यता（लघयिष्यत् 将分，阳，单，具）减轻。धुरम्（धुर् 阴，单，业）车辕，负担。निसर्ग（天资，天性）-संस्कार（教养）-विनीतः（विनीत 谦恭的），复合词（阳，单，体），因天性和教养而谦恭。इति（不变词）这样（想）。असौ（अदस् 阳，单，体）他。नृपेण（नृप 阳，单，具）国王。चक्रे（√कृ 被，完成，单，三）做。युवराज（太子）-शब्द（称号）-भाक्（भाज् 享有），复合词（阳，单，体），享有太子的称号。

नरेन्द्रमूलायतनादनन्तरं तदास्पदं श्रीर्युवराजसंज्ञितम्।
अगच्छदंशेन गुणाभिलाषिणी नवावतारां कमलादिवोत्पलम्॥३६॥

吉祥女神热爱美德，从原来的
国王住处，部分地转移到附近
名为太子的住处，犹如从一株
莲花，转到另一株新开的莲花。（36）

解析：नरेन्द्र（国王）-मूल（原本）-आयतनात्（आयतन 住处），复合词（中，单，从），原来国王的住处。अनन्तरम्（अनन्तर 中，单，业）邻近的。तत्（तद् 中，单，业）这个。आस्पदम्（आस्पद 中，单，业），住处。श्रीः（श्री 阴，单，体）吉祥女神。युवराज（太子）-संज्ञितम्（संज्ञित 名为），复合词（中，单，业），名为太子的。अगच्छत्（√गम् 未完，单，三）走。अंशेन（अंश 阳，单，具）部分。गुण（品德，美德）-अभिलाषिणी（अभिलाषिन् 热爱），复合词（阴，单，体），热爱美德的。नव（新的）-अवतारम्（अवतार 出现），复合词（阳，单，业），新出现的。कमलात्（कमल 中，单，从）莲花。इव（不变词）好像。उत्पलम्（उत्पल 中，单，业）莲花。

विभावसुः सारथिनेव वायुना घनव्यपायेन गभस्तिमानिव।
बभूव तेनातितरां सुदुःसहः कटप्रभेदेन करीव पार्थिवः॥३७॥

犹如火焰依靠风力相助，
太阳依靠乌云消失，大象
依靠颞颥开裂，国王依靠
太子，变得更加难以抗衡。（37）

解析：विभावसुः（विभावसु 阳，单，体）火。सारथिना（सारथि 阳，单，具）助手。इव

（不变词）好像。वायुना（वायु 阳，单，具）风。घन（乌云）-व्यपायेन（व्यपाय 消失），复合词（阳，单，具），乌云消失。गभस्तिमान्（गभस्तिमत् 阳，单，体）太阳。इव（不变词）好像。बभूव（√भू 完成，单，三）是，成为。तेन（तद् 阳，单，具）他，指太子。अतितराम्（不变词）更加。सुदुःसहः（सुदुःसह 阳，单，体）很难抗拒的。कट（颞颥）-प्रभेदेन（प्रभेद 裂开），复合词（阳，单，具），颞颥裂开。करी（करिन् 阳，单，体）大象。इव（不变词）好像。पार्थिवः（पार्थिव 阳，单，体）国王。

नियुज्य तं होमतुरंगरक्षणे धनुर्धरं राजसुतैरनुद्रुतम्।
अपूर्णमेकेन शतक्रतूपमः शतं क्रतूनामपविघ्नमाप सः ॥३८॥

国王指派太子手持弓箭，
由众王子陪随，保护祭马，
完成了九十九次祭祀，毫无
阻碍，堪与百祭因陀罗①媲美。（38）

解析：नियुज्य（नि√युज् 独立式）指派。तम्（तद् 阳，单，业）他，指太子。होम（祭供）-तुरंग（马）-रक्षणे（रक्षण 保护），复合词（中，单，依），保护祭马。धनुस्（弓）-धरम्（धर 持有），复合词（阳，单，业），持弓。राजसुतैः（阳，复，具）王子。अनुद्रुतम्（अनुद्रुत 阳，单，业）陪随。अपूर्णम्（अपूर्ण 中，单，业）不足。एकेन（एक 阳，单，具）一。शतक्रतु（百祭，因陀罗）-उपमः（उपमा 相似），复合词（阳，单，体），与因陀罗相似。शतम्（शत 中，单，业）一百。क्रतूनाम्（क्रतु 阳，复，属）祭祀。अपविघ्नम्（अपविघ्न 中，单，业）无障碍。आप（√आप् 完成，单，三）达到。सः（तद् 阳，单，体）他，指国王。

ततः परं तेन मखाय यज्ञेन तुरंगमुत्सृष्टमनर्गलं पुनः।
धनुर्भृतामग्रत एव रक्षिणां जहार शक्रः किल गूढविग्रहः ॥३९॥

后来，据说他再次举行祭祀，
放出祭马，让它自由驰骋，②
而帝释天在这些手持弓箭的
保护者面前，隐身牵走祭马。（39）

---

① 因陀罗完成了一百次祭祀，成为天王，故而获得"百祭"的称号。
② 按照马祭仪式，首先让祭马在大地上自由驰骋，王子追随其后，降伏各地国王，然后回来举行祭祀仪式。

解析：ततस्（不变词）此后。परम्（不变词）进而。तेन（तद् 阳，单，具）他。मखाय（मख 阳，单，为）祭祀。यज्वना（यज्वन् 阳，单，具）举行祭祀的。तुरंगम्（तुरंग 阳，单，业）马。उत्सृष्टम्（उत्सृष्ट 阳，单，业）放出。अनर्गलम्（अनर्गल 阳，单，业）不受阻碍的。पुनर्（不变词）又，再。धनुस्（弓）-भृताम्（भृत 持有），复合词（阳，复，属），持弓。अग्रतस्（不变词）前面。एव（不变词）正是。रक्षिणाम्（रक्षिन् 阳，复，属）保护者。जहार（√हृ 完成，单，三）取走，夺走。शक्रः（शक्र 阳，单，体）帝释天，因陀罗。किल（不变词）据说。गूढ（隐藏）-विग्रहः（विग्रह 身体），复合词（阳，单，体），隐身的。

विषादलुप्तप्रतिपत्ति विस्मितं कुमारसैन्यं सपदि स्थितं च तत्।
वसिष्ठधेनुश्च यदृच्छयागता श्रुतप्रभावा ददृशे ऽथ नन्दिनी॥४०॥

太子的军队顿时惊慌失措，
精神沮丧，随后恰好看见
极裕仙人的母牛南迪尼
来到，她的威力举世皆知。（40）

解析：विषाद（沮丧）-लुप्त（混乱）-प्रतिपत्ति（प्रतिपत्ति 行动，进程），复合词（中，单，体），精神沮丧而不知所措。विस्मितम्（中，单，体）惊慌。कुमार（王子）-सैन्यम्（सैन्य 军队），复合词（中，单，体），王子的军队。सपदि（不变词）立即。स्थितम्（स्थित 中，单，体）站立，处于。च（不变词）和。तत्（तद् 中，单，体）这。वसिष्ठ（极裕仙人）-धेनुः（धेनु 母牛），复合词（阴，单，体），极裕仙人的母牛。च（不变词）而。यदृच्छया（यदृच्छा 阴，单，具）恰巧，刚好。आगता（आगत 阴，单，体）来到。श्रुत（闻名）-प्रभावा（प्रभाव 威力），复合词（阴，单，体），威力闻名。ददृशे（√दृश् 被，完成，单，三）看到。अथ（不变词）然后。नन्दिनी（阴，单，体）南迪尼。

तदज्ञनिस्यन्दजलेन लोचने प्रमृज्य पुण्येन पुरस्कृतः सताम्।
अतीन्द्रियेष्वप्युपपन्नदर्शनो बभूव भावेषु दिलीपनन्दनः॥४१॥

迪利波的爱子受善人尊敬，
用母牛体内流出的圣洁的
尿液，擦洗自己眼睛，于是
看见了肉眼看不见的东西。（41）

解析： तद् （她，指母牛） -अङ्ग （身体） -निस्यन्द （流出的） -जलेन （जल 水，液体），复合词（中，单，具），她的身体流出的液体。लोचने （लोचन 中，双，业）双眼。प्रमृज्य （प्र√मृज् 独立式）擦洗。पुण्येन （पुण्य 中，单，具）圣洁的。पुरस्कृतः （पुरस्कृत 阳，单，体）受尊敬。सताम् （सत् 阳，复，属）善人。अतीन्द्रियेषु （अतीन्द्रिय 阳，复，依）超出感官的。अपि （不变词）即使。उपपन्न （达到） -दर्शनः （दर्शन 目光），复合词（阳，单，体），看见。बभूव （√भू 完成，单，三）是。भावेषु （भाव 阳，复，依）事物。दिलीप （迪利波） -नन्दनः （नन्दन 儿子），复合词（阳，单，体），迪利波之子。

स पूर्वतः पर्वतपक्षशातनं ददर्श देवं नरदेवसंभवः।
पुनः पुनः सूतनिषिद्धचापलं हरन्तमश्वं रथरश्मिसंयतम्॥४२॥

这位人中之神的儿子看见
东方那位砍掉山翼的天神，①
夺走了祭马，拴在车缰绳上，
车夫一再制止它挣扎蹦跳。（42）

解析： सः （तद् 阳，单，体）他。पूर्वतस् （不变词）东方。पर्वत （山） -पक्ष （翼，翅膀） -शातनम् （शातन 砍去），复合词（阳，单，业），砍去山翼的。ददर्श （√दृश् 完成，单，三）看见。देवम् （देव 阳，单，业）天神。नर （人） -देव （神） -संभवः （संभव 出生），复合词（阳，单，体），生于人中之神的，王子。पुनर् （不变词）再。पुनर् （不变词）再。सूत （车夫） -निषिद्ध （阻止） -चापलम् （चापल 骚动），复合词（阳，单，业），骚动被车夫制止。हरन्तम् （हरत् 现分，阳，单，业）夺走。अश्वम् （अश्व 阳，单，业）马。रथ （车） -रश्मि （绳） -संयतम् （संयत 控制，拴住），复合词（阳，单，业），拴在车缰绳上。

शतैस्तमक्ष्णामनिमेषवृत्तिभिर्हरिं विदित्वा हरिभिश्च वाजिभिः।
अवोचदेनं गगनस्पृशा रघुः स्वरेण धीरेण निवर्तयन्निव॥४३॥

凭借数百只不眨动的眼睛，②
还有那些黄褐马，罗怙认出
因陀罗，以坚定的声音发话，

---

① 按照印度神话，原来所有的山都长有翅膀，能够飞行，而对人类造成危害。后来，因陀罗砍掉了它们的翅膀。
② 因陀罗曾经玷污乔答摩仙人的妻子，遭到这位仙人诅咒，身上布满一千个伤口。后来，这些伤口转变成眼睛，故而他获得"千眼"的称号。同时，不眨眼睛也是天神的特征。

响彻天空，仿佛要拉他回来。（43）

解析：शतैः（शत 中，复，具）百。तम्（तद् 阳，单，业）他。अक्ष्णाम्（अक्षि 中，复，属）眼睛。अनिमेष（不眨眼）-वृत्तिभिः（वृत्ति 活动），复合词（中，复，具），不眨动的。हरिम्（हरि 阳，单，业）诃利，因陀罗。विदित्वा（√विद् 独立式）知道。हरिभिः（हरि 阳，复，具）黄褐色的。च（不变词）和。वाजिभिः（वाजिन् 阳，复，具）马。अवोचत्（√वच् 未完，单，三）说。एनम्（एतद् 阳，单，业）他。गगन（天空）-स्पृशा（स्पृश् 触及），复合词（阳，单，具），到达天空。रघुः（रघु 阳，单，体）罗怙。स्वरेण（स्वर 阳，单，具）声音。धीरेण（धीर 阳，单，具）坚定的。निवर्तयन्（निवर्तयत् 致使，现分，阳，单，体）停止，拉回。इव（不变词）好像。

मखांशभाजां प्रथमो मनीषिभिस्त्वमेव देवेन्द्र सदा निगद्यसे।
अजस्रदीक्षाप्रयतस्य मद्गुरोः क्रियाविघाताय कथं प्रवर्तसे॥४४॥

"天王啊，智者们一向称说你
在分享祭祀者中位居第一，
而我的父亲始终热心祭祀，
你为什么要阻碍他的祭祀？（44）

解析：मख（祭祀）-अंशभाजाम्（अंशभाज् 分享），复合词（阳，复，属），分享祭祀者。प्रथमः（प्रथम 阳，单，体）第一。मनीषिभिः（मनीषिन् 阳，复，具）智者。त्वम्（त्वद् 阳，单，体）你。एव（不变词）确实。देवेन्द्र（देवेन्द्र 阳，单，呼）天王。सदा（不变词）一向，总是。निगद्यसे（नि√गद् 被，现在，单，二）宣称，说。अजस्र（不断）-दीक्षा（祭祀）-प्रयतस्य（प्रयत 热心，虔诚），复合词（阳，单，属），始终热心祭祀。मद्（我）-गुरोः（गुरु 父亲），复合词（阳，单，属），我的父亲。क्रिया（祭祀）-विघाताय（विघात 阻碍，破坏），复合词（阳，单，为），阻碍祭祀。कथम्（不变词）为何。प्रवर्तसे（प्र√वृत् 现在，单，二）从事。

त्रिलोकनाथेन सदा मखद्विषस्त्वया नियम्या ननु दिव्यचक्षुषा।
स चेत्स्वयं कर्मसु धर्मचारिणां त्वमन्तरायो भवसि च्युतो विधिः॥४५॥

"你是三界之主，有神奇的眼睛，
应该永远制伏祭祀的敌人，如果
你本人也阻挠遵行正法的人们

祭祀，那么，一切仪轨也就毁灭。（45）

解析：त्रिलोक（三界）-नाथेन（नाथ 主人），复合词（阳，单，具），三界之主。सदा（不变词）永远。मख（祭祀）-द्विषः（द्विष् 仇视，敌人），复合词（阳，复，体），祭祀的敌人。त्वया（त्वद् 阳，单，具）你。नियम्याः（नियम्य 阳，复，体）应该制伏。ननु（不变词）确实。दिव्य（神奇的）-चक्षुषा（चक्षुस् 眼睛），复合词（阳，单，具），神奇的眼睛。सः（तद् 阳，单，体）这个（强调 त्वम्）。चेद्（不变词）如果。स्वयम्（不变词）自己。कर्मसु（कर्मन् 中，复，依），祭祀。धर्म（法）-चारिणाम्（चारिन् 遵行），复合词（阳，复，属），遵行正法者。त्वम्（त्वद् 阳，单，体）你。अन्तरायः（अन्तराय 阳，单，体）障碍，阻挠。भवसि（√भू 现在，单，二）是，成为。च्युतः（च्युत 阳，单，体）坠落，毁灭。विधिः（विधि 阳，单，体）仪轨。

तदङ्गमग्र्यं मघवन्महाक्रतोरमुं तुरंगं प्रतिमोक्तुमर्हसि।
पथः श्रुतेर्दर्शयितार ईश्वरा मलीमसामाददते न पद्धतिम्॥४६॥

"因此，请你放回那匹祭马，
摩克凡啊，它是大祭的主体，
天神们是指明吠陀道路者，
自己不会踏上黑暗的道路。"（46）

解析：तद्（不变词）因此。अङ्गम्（अङ्ग 中，单，业）身体，肢体。अग्र्यम्（अग्र्य 中，单，业）主要的。मघवन्（मघवन् 阳，单，呼）摩克凡，因陀罗的称号。महाक्रतोः（महाक्रतु 阳，单，属）大祭，马祭。अमुम्（अदस् 阳，单，业）那。तुरंगम्（तुरंग 阳，单，业）马。प्रतिमोक्तुम्（प्रति√मुच् 不定式）释放，归还。अर्हसि（√अर्ह 现在，单，二）请，应该。पथः（पथिन् 阳，复，业）道路。श्रुतेः（श्रुति 阴，单，属）天启，吠陀。दर्शयितारः（दर्शयितृ 阳，复，体）指示者。ईश्वराः（ईश्वर 阳，复，体）主人。मलीमसाम्（मलीमस 阴，单，业）不洁的，黑暗的。आददते（आ√दा 现在，复，三）接受，采取。न（不变词）不。पद्धतिम्（पद्धति 阴，单，业）道路。

इति प्रगल्भं रघुणा समीरितं वचो निशम्याधिपतिर्दिवौकसाम्।
निवर्तयामास रथं सविस्मयः प्रचक्रमे च प्रतिवक्तुमुत्तरम्॥४७॥

众神之主听了罗怙
说出这番大胆的话，

惊诧不已,掉转车身,
开口说话,作出回答:(47)

解析: इति(不变词)这样(说)。प्रगल्भम्(प्रगल्भ 中,单,业)大胆的,直率的。रघुणा(रघु 阳,单,具)罗怙。समीरितम्(समीरित 中,单,业)说出。वचः(वचस् 中,单,业)话。निशम्य(नि√शम् 独立式)听到。अधिपतिः(अधिपति 阳,单,体)王,主人。दिवौकसाम्(दिवौकस् 阳,复,属)天国居民。निवर्तयामास(नि√वृत् 致使,完成,单,三)返回,返转。रथम्(रथ 阳,单,业)车。सविस्मयः(सविस्मय 阳,单,体)带着惊讶。प्रचक्रमे(प्र√क्रम् 完成,单,三)开始,走向。च(不变词)和。प्रतिवक्तुम्(प्रति√वच् 不定式)回答。उत्तरम्(उत्तर 中,单,业)回答。

यदात्थ राजन्यकुमार तत्तथा यशस्तु रक्ष्यं परतो यशोधनैः।
जगत्प्रकाशं तदशेषमिज्यया भवद्गुरुर्लङ्घयितुं ममोद्यतः॥४८॥

"王子啊,你说的确实是实话,
但注重名誉者应该面对敌人,
保护名誉,你的父亲试图依靠
祭祀,全面超越我的世界声誉。(48)

解析: यत्(यद् 中,单,业)那,指话。आत्थ(√अह् 完成,单,二)说。राजन्य(王族的)-कुमार(कुमार 王子),复合词(阳,单,呼),王子。तत्(तद् 中,单,体)那,指话。तथा(不变词)这样。यशः(यशस् 中,单,体)名誉。तु(不变词)但是。रक्ष्यम्(रक्ष्य 中,单,体)应保护。परतस्(不变词)从敌人。यशस्(名誉)-धनैः(धन 财富),复合词(阳,复,具),以名誉为财富者。जगत्(世界)-प्रकाशम्(प्रकाश 闻名的),复合词(中,单,业),闻名世界的。तत्(तद् 中,单,业)这,指名誉。अशेषम्(अशेष 中,单,业)无余的,全部的。इज्यया(इज्या 阴,单,具)祭祀。भवत्(您)-गुरुः(गुरु 父亲),复合词(阳,单,体),你的父亲。लङ्घयितुम्(√लङ्घ् 不定式)超越。मम(मद् 单,属)我。उद्यतः(उद्यत 阳,单,体)从事,试图。

हरिर्यथैकः पुरुषोत्तमः स्मृतो महेश्वरस्त्र्यम्बक एव नापरः।
तथा विदुर्मा मुनयः शतक्रतुं द्वितीयगामी नहि शब्द एष नः॥४९॥

"正如唯有诃利①称为至高原人,

---

① 诃利指毗湿奴。

又如唯有三眼①称为大自在天，
同样，牟尼们都知道我是百祭，
我们的称号绝不属于第二人。（49）

解析： हरिः（हरि 阳，单，体）诃利。यथा（不变词）正如。एकः（एक 阳，单，体）唯一。पुरुष（原人）-उत्तमः（उत्तम 最高的），复合词（阳，单，体），最高的原人。स्मृतः（स्मृत 阳，单，体），相传，称为。महेश्वरः（महेश्वर 阳，单，体）大自在天。त्र्यम्बकः（阳，单，体）三眼。एव（不变词）确实。न（不变词）不。अपरः（अपर 阳，单，体）其他的，另外的。तथा（不变词）同样。विदुः（√विद् 完成，复，三）知道。माम्（मद् 单，业）我。मुनयः（मुनि 阳，复，体）牟尼，仙人。शतक्रतुम्（शतक्रतु 阳，单，业）百祭。द्वितीय（第二的）-गामी（गामिन् 走向，属于），复合词（阳，单，体），属于第二个人。नहि（不变词）决不。शब्दः（阳，单，体）称号。एषः（एतद् 阳，单，体）这个。नः（अस्मद् 复，属）我们的。

अतो ऽयमश्वः कपिलानुकारिणा पितुस्त्वदीयस्य मयापहारितः।
अलं प्रयत्नेन तवात्र मा निधाः पदं पदव्यां सगरस्य संततेः॥५०॥

"因此，我效仿迦比罗仙人，
夺走你父亲的这匹祭马，
你不必为此费力了，不要
走上沙伽罗后代的道路。"②（50）

解析： अतस्（不变词）因此。अयम्（इदम् 阳，单，体）这个。अश्वः（अश्व 阳，单，体）马。कपिल（仙人名，迦比罗）-अनुकारिणा（अनुकारिन् 效仿），复合词（阳，单，具），效仿迦比罗。पितुः（पितृ 阳，单，属）父亲。त्वदीयस्य（त्वदीय 阳，单，属）你的。मया（मद् 单，具）我。अपहारितः（अपहारित 阳，单，体）夺走。अलम्（不变词）够了。प्रयत्नेन（प्रयत्न 阳，单，具）努力。तव（त्वद् 单，属）你的。अत्र（不变词）这里。मा（不变词）不（与不定过去连用，表示命令）。निधाः（अनिधाः，नि√धा 不定，单，二）放置。पदम्（पद 中，单，业）脚。पदव्याम्（पदवी 阴，单，依）道路。सगरस्य（सगर 阳，单，属）沙伽

---

① 三眼指湿婆。
② 按照印度神话，沙伽罗是阿踰陀国王。因陀罗偷走他的祭马，藏在迦比罗仙人那里。沙伽罗的六万个儿子为寻找祭马，掘遍大地，而遭到迦比罗仙人诅咒，化为灰烬。后来，沙伽罗的孙子找回祭马。最后，沙伽罗的重孙从天上引下恒河。沙伽罗的六万个儿子的骨灰经过恒河洗涤净化，得以升入天国。

罗。संततेः（संतति 阴，单，属）后代。

ततः प्रहस्यापभयः पुरंदरं पुनर्बभाषे तुरगस्य रक्षिता।
गृहाण शस्त्रं यदि सर्ग एष ते न खल्वनिर्जित्य रघुं कृती भवान्॥५१॥

而祭马保护者无所畏惧，笑了笑，
又对这位摧毁城堡的因陀罗说道：
"如果这是你的决定，就拿起武器吧！
你不战胜罗怙，也就休想达到目的。"（51）

解析： ततस्（不变词）然后。प्रहस्य（प्र√हस् 独立式）笑。अपभयः（अपभय 阳，单，体）无所畏惧。पुरंदरम्（पुरंदर 阳，单，业）摧毁城堡者，因陀罗。पुनर्（不变词）又。बभाषे（√भाष् 完成，单，三）说。तुरगस्य（तुरग 阳，单，属）马。रक्षिता（रक्षितृ 阳，单，体）保护者。गृहाण（√ग्रह् 命令，单，二）拿起。शस्त्रम्（शस्त्र 中，单，业）武器。यदि（不变词）如果。सर्गः（सर्ग 阳，单，体）决定。एषः（एतद् 阳，单，体）这个。ते（त्वद् 单，属）你。न（不变词）不。खलु（不变词）确实。अनिर्जित्य（अ-निर्√जि 独立式）不战胜。रघुम्（रघु 阳，单，业）罗怙。कृती（कृतिन् 阳，单，体）做到，达到目的。भवान्（भवत् 单，体）您。

स एवमुक्त्वा मघवन्तमुन्मुखः करिष्यमाणः सशरं शरासनम्।
अतिष्ठदालीढविशेषशोभिना वपुःप्रकर्षेण विडम्बितेश्वरः॥५२॥

他对因陀罗说完这些话后，
便昂首朝天，开始挽弓搭箭，
优美的射箭姿势[①]，魁梧的
身躯，与大自在天一模一样。（52）

解析： सः（तद् 阳，单，体）他。एवम्（不变词）这样。उक्त्वा（√वच् 独立式）说。मघवन्तम्（मघवन् 阳，单，业）摩克凡，因陀罗。उन्मुखः（उन्मुख 阳，单，体）面朝上。करिष्यमाणः（करिष्यमाण 将分，阳，单，体）做。सशरम्（सशर 中，单，业）有箭，搭上箭。शरासनम्（शरासन 中，单，业）弓。अतिष्ठत्（√स्था 未完，单，三）站立。आलीढ（射箭的姿势）-विशेष（特别）-शोभिना（शोभिन् 优美的），复合词（阳，单，具），射箭姿势特别优美。वपुस्（身体）-प्रकर्षेण（प्रकर्ष 魁梧），复合词（阳，单，具），身躯魁梧。विडम्बित

[①] 射箭姿势指右腿伸前，左腿后曲。

（相似）-ईश्वरः（ईश्वर 自在天），复合词（阳，单，体），与自在天相似。

रघोरवष्टम्भमयेन पत्त्रिणा हृदि क्षतो गोत्रभिदप्यमर्षणः।
नवाम्बुदानीकमुहूर्तलाञ्छने धनुष्यमोघं समधत्त सायकम्॥५३॥

罗怙勇猛的箭射中劈山者
因陀罗的心窝，他怒不可遏，
挽弓搭上百发百中的箭，这弓
顿时成为新云军队的标志[1]。（53）

解析：रघोः（रघु 阳，单，属）罗怙。अवष्टम्भमयेन（अवष्टम्भमय 阳，单，具）勇猛的。पत्त्रिणा（पत्त्रिन् 阳，单，具）箭。हृदि（हृद् 中，单，依）心。क्षतः（क्षत 阳，单，体）伤害。गोत्रभिद्（गोत्रभिद् 阳，单，体）劈山者，因陀罗。अपि（不变词）也。अमर्षणः（अमर्षण 阳，单，体）不能忍受的，愤怒的。नव（新的）-अम्बुद（云）-अनीक（军队）-मुहूर्त（瞬间）-लाञ्छने（लाञ्छन 标志），复合词（中，单，依），瞬间成为新云军队的标志。धनुषि（धनुस् 中，单，依）弓。अमोघम्（अमोघ 阳，单，业）不落空。समधत्त（सम्√धा 未完，单，三）放置。सायकम्（सायक 阳，单，业）箭。

दिलीपसूनोः स बृहद्भुजान्तरं प्रविश्य भीमासुरशोणितोचितः।
पपावनास्वादितपूर्वमाशुगः कुतूहलेनेव मनुष्यशोणितम्॥५४॥

这箭喝惯可怕的阿修罗的血，
射中迪利波之子的宽阔胸膛，
仿佛出于好奇心，品尝过去
从来没有喝过的凡人的血。（54）

解析：दिलीपसूनोः（दिलीपसूनु 阳，单，属）迪利波之子。सः（तद् 阳，单，体）这，指箭。बृहत्（宽阔的）-भुजान्तरम्（भुजान्तर 胸膛），复合词（中，单，业），宽阔的胸膛。प्रविश्य（प्र√विश् 独立式）进入。भीम（可怕的）-असुर（阿修罗）-शोणित（血）-उचितः（उचित 习惯），复合词（阳，单，体），习惯可怕的阿修罗的血。पपौ（√पा 完成，单，三）喝，饮。अनास्वादित（未品尝）-पूर्वम्（पूर्व 以前），复合词（中，单，业），以前未品尝过的。आशुगः（आशुग 阳，单，体）箭。कुतूहलेन（कुतूहल 中，单，具）好奇。इव（不变词）好

---

[1] 新云军队的标志指彩虹，因为彩虹经常被称为因陀罗的弓。

像。मनुष्य（人）-शोणितम्（शोणित 血），复合词（中，单，业），人血。

हरेः कुमारो ऽपि कुमारविक्रमः सुरद्विपास्फालनकर्कशाङ्गुलौ।
भुजे शचीपत्रविशेषकाङ्कित े स्वनामचिह्नं निचखान सायकम्॥५५॥

而太子勇敢如同鸠摩罗①，也用刻有
自己名字的箭射中因陀罗的手臂；
这手臂留有舍姬的彩绘条纹印记②，
那些手指因经常拍击仙象③而粗糙。(55)

解析：हरेः（हरि 阳，单，属）诃利，因陀罗。कुमारः（कुमार 阳，单，体）太子。अपि（不变词）也。कुमार（鸠摩罗）-विक्रमः（विक्रम 勇敢），复合词（阳，单，体），勇敢如同鸠摩罗。सुर（天神）-द्विप（大象）-आस्फालन（拍打）-कर्कश（粗糙的）-अङ्गुलौ（अङ्गुलि 手指），复合词（阳，单，依），手指因拍打仙象而粗糙的。भुजे（भुज 阳，单，依）手臂。शची（舍姬）-पत्रविशेषक（彩绘条纹）-अङ्कित े（अङ्कित 有印记），复合词（阳，单，依），有舍姬的彩绘条纹印记。स्व（自己）-नाम（नामन् 名字）-चिह्नं（चिह्न 标志），复合词（阳，单，业），有自己名字标记。निचखान（नि√खन् 完成，单，三）射入。सायकम्（सायक 阳，单，业）箭。

जहार चान्येन मयूरपत्त्रिणा शरेण शक्रस्य महाशनिध्वजम्।
चुकोप तस्मै स भृशं सुरश्रियः प्रसह्य केशव्यपरोपणादिव॥५६॥

他接着用另一支孔雀翎毛箭，
摧毁因陀罗的金刚雷杵大旗④，
因陀罗勃然大怒，仿佛天国
吉祥女神的发髻突然被削去。(56)

解析：जहार（√ह्ऱ 完成，单，三）夺走，摧毁。च（不变词）和。अन्येन（अन्य 阳，单，具）另一个。मयूर（孔雀）-पत्त्रिणा（पत्त्रिन् 有羽翎的），复合词（阳，单，具），有孔雀羽翎的。शरेण（शर 阳，单，具）箭。शक्रस्य（शक्र 阳，单，属）因陀罗。महा（大）

---

① 鸠摩罗即湿婆的儿子室建陀。他是战神。
② 彩绘条纹是妇女绘在脸上的装饰性条纹。这里意谓舍姬的脸依偎在因陀罗的手臂上而留下彩绘条纹的印记。
③ 仙象指因陀罗的坐骑爱罗婆多（Airāvata）象王。
④ 金刚雷杵大旗指因陀罗的金刚杵发出的雷电。

-अशनि（雷杵）-ध्वजम्（ध्वज 旗，幢），复合词（阳，单，业），大雷杵旗。चुकोप（√कुप्
完成，单，三）愤怒。तस्मै（तद् 阳，单，为）他，指王子。सः（तद् 阳，单，体）他，
指因陀罗。भृशम्（不变词）极度地。सुर（天神）-श्रियः（श्री 吉祥女神），复合词（阴，
单，属），天国的吉祥女神。प्रसह्य（不变词）猛然，突然。केश（头发）-व्यपरोपणात्（व्यपरोपण
拔除），复合词（中，单，从），拔除头发。इव（不变词）好像。

तयोरुपान्तस्थितसिद्धसैनिकं गरुत्मदाशीविषभीमदर्शनैः।
बभूव युद्धं तुमुलं जयैषिणोरधोमुखैरूर्ध्वमुखैश्च पत्तिभिः॥५७॥

他俩展开激战，都想战胜对方，
那些利箭飞上和飞下，看上去
可怕如同长有翅膀的毒蛇，
悉陀们和军队站在一旁观战。（57）

解析：तयोः（तद् 阳，双，属）他俩。उपान्त（近旁）-स्थित（站立）-सिद्ध（悉陀）
-सैनिकम्（सैनिक 士兵，军队），复合词（中，单，体），悉陀和士兵站在旁边。गरुत्मत्（有
翼的）-आशीविष（毒蛇）-भीम（可怕的）-दर्शनैः（दर्शन 看），复合词（阳，复，具），看
似可怕的有翼毒蛇。बभूव（√भू 完成，单，三）是。युद्धम्（युद्ध 中，单，体）战斗。तुमुलम्
（तुमुल 中，单，体）混乱的。जय（胜利）-एषिणोः（एषिन् 渴望），复合词（阳，双，
属），渴望胜利。अधस्（向下）-मुखैः（मुख 脸），复合词（阳，复，具），面朝下的。
ऊर्ध्व（向上）-मुखैः（मुख 脸），复合词（阳，复，具）面朝上的。च（不变词）和。पत्तिभिः
（पत्तिन् 阳，复，具）箭。

अतिप्रबन्धप्रहितास्त्रवृष्टिभिस्तमाश्रयं दुःसहस्य तेजसः।
शशाक निर्वापयितुं न वासवः स्वतश्च्युतं वह्निमिवाद्रिरम्बुदः॥५८॥

婆薮之主①接连不断发射箭雨，
但不能浇灭这个难以抗拒的
火焰宿地②，犹如乌云不能用
雨水熄灭自己释放的电火。（58）

解析：अतिप्रबन्ध（紧密连接）-प्रहित（射出）-अस्त्र（箭，武器）-वृष्टिभिः（वृष्टि 雨），

---

① 婆薮之主是因陀罗的称号。
② 火焰宿地指罗怙，意谓他充满威力。

复合词（阴，复，具），连续发射的箭雨。**तम्**（तद् 阳，单，业）这个。**आश्रयम्**（आश्रय 阳，单，业）住地，宿地。**दुःसहस्य**（दुःसह 中，单，属）难以抗衡。**तेजसः**（तेजस् 中，单，属）火。**शशाक**（√शक् 完成，单，三）能够。**निर्वापयितुम्**（निर्√वा 致使，不定式）熄灭。**न**（不变词）不。**वासवः**（वासव 阳，单，体）婆薮之主。**स्वतस्**（不变词）从自己。**च्युतम्**（च्युत 阳，单，业）降下的，释放的。**वह्निम्**（वह्नि 阳，单，业）火。**इव**（不变词）好像。**अद्भिः**（अप् 阴，复，具）水。**अम्बुदः**（अम्बुद 阳，单，体）云。

ततः प्रकोष्ठे हरिचन्दनाङ्किते प्रमथ्यमानार्णवधीरनादिनीम्।
रघुः शशाङ्कार्धमुखेन पत्त्रिणा शरासनज्यामलुनाद्विडौजसः॥५९॥

然后，罗怙射出一支月牙箭，
射断了因陀罗的弓弦，就在
他的涂抹有黄檀香膏的腕部，
发出搅动乳海般的巨大声响。（59）

解析：ततस्（不变词）然后。**प्रकोष्ठे**（प्रकोष्ठ 阳，单，依），前臂，腕部。**हरि**（黄色）**-चन्दन**（檀香膏）**-अङ्किते**（अङ्कित 有标记），复合词（阳，单，依），有黄色檀香膏标记的。**प्रमथ्यमान**（被搅动的）**-अर्णव**（海）**-धीर**（勇猛的）**-नादिनीम्**（नादिन् 咆哮），复合词（阴，单，业），有搅乳海般的巨大声响。**रघुः**（रघु 阳，单，体）罗怙。**शशाङ्क**（月亮）**-अर्ध**（半）**-मुखेन**（मुख 顶端），复合词（阳，单，具），顶端是半月形的。**पत्त्रिणा**（पत्त्रिन् 阳，单，具）箭。**शरासन**（弓）**-ज्याम्**（ज्या 弦），复合词（阴，单，业），弓弦。**अलुनात्**（√लू 未完，单，三）割断，射断。**बिडौजसः**（बिडौजस् 阳，单，属）因陀罗。

स चापमुत्सृज्य विवृद्धमत्सरः प्रणाशनाय प्रबलस्य विद्विषः।
महीध्रपक्षव्यपरोपणोचितं स्फुरत्प्रभामण्डलमस्त्रमाददे॥६०॥

因陀罗愈加愤恨，放下了弓，
想要消灭这个强大的敌人，
拿起了那件闪耀着光圈的、
用于砍掉群山翅膀的武器。（60）

解析：सः（तद् 阳，单，体）他。**चापम्**（चाप 阳，单，业）弓。**उत्सृज्य**（उद्√सृज् 独立式）扔下，放弃。**विवृद्ध**（增长）**-मत्सरः**（मत्सर 愤恨），复合词（阳，单，体），愤怒增强。**प्रणाशनाय**（प्रणाशन 中，单，为）消灭。**प्रबलस्य**（प्रबल 阳，单，属）有力的。**विद्विषः**

(विद्विष् 阳，单，属）敌人。महीध्र（山）-पक्ष（翅膀）-व्यपरोपण（除去）-उचितम्（उचित 适合，习惯），复合词（中，单，业），适合砍去山的翅膀。स्फुरत्（闪烁）-प्रभा（光）-मण्डलम्（मण्डल 圆圈），复合词（中，单，业），闪耀着光圈的。अस्त्रम्（अस्त्र 中，单，业）武器。आददे（आ√दा 完成，单，三）拿起。

रघुर्भृशं वक्षसि तेन ताडितः पपात भूमौ सह सैनिकाश्रुभिः।
निमेषमात्रादवधूय तद्व्यथां सहोत्थितः सैनिकहर्षनिस्वनैः॥६१॥

罗怙胸脯被这武器重重击中而
倒地，士兵们的眼泪也随之落地，
但他在眨眼之间就摆脱痛苦而
站起，士兵们的欢呼也随之响起。（61）

解析：रघुः（रघु 阳，单，体）罗怙。भृशम्（不变词）极其。वक्षसि（वक्षस् 中，单，依）胸膛。तेन（तद् 中，单，具）这个，指武器。ताडितः（ताडित 阳，单，体）打击。पपात（√पत् 完成，单，三）倒下，落下。भूमौ（भूमि 阴，单，依）地面。सह（不变词）一起。सैनिक（士兵）-अश्रुभिः（अश्रु 眼泪），复合词（中，复，具），士兵的泪水。निमेष（眨眼）-मात्रात्（मात्र 仅仅），复合词（中，单，从），眨眼间。अवधूय（अव√धू 独立式）摆脱，去除。तद्（他）-व्यथाम्（व्यथा 痛苦），复合词（阴，单，业），他的痛苦。सह（一起）-उत्थितः（उत्थित 起来），复合词（阳，单，体），一起起来。सैनिक（士兵）-हर्ष（高兴）-निस्वनैः（निस्वन 声音），复合词（阳，复，具），士兵的欢呼声。

तथापि शस्त्रव्यवहारनिष्ठुरे विपक्षभावे चिरमस्य तस्थुषः।
तुतोष वीर्यातिशयेन वृत्रहा पदं हि सर्वत्र गुणैर्निधीयते॥६२॥

尽管他始终怀抱敌对的态度，
施展武器，凶猛可怕，因陀罗
仍然对他的英勇非凡表示满意，
因为美德在任何地方都有地位。（62）

解析：तथा（不变词）这样。अपि（不变词）尽管。शस्त्र（武器）-व्यवहार（使用）-निष्ठुरे（निष्ठुर 严酷的），复合词（阳，单，依），严酷地施展武器。विपक्ष（敌对）-भावे（भाव 状态），复合词（阳，单，依），敌对状态。चिरम्（不变词）长久，始终。अस्य（इदम् 阳，单，属）他。तस्थुषः（तस्थिवस् 完分，阳，单，属）处于。तुतोष（√तुष् 完成，单，三）

满意。**वीर्य**（勇气）-**अतिशयेन**（अतिशय 杰出），复合词（阳，单，具），勇气非凡。**वृत्रहा**（वृत्रहन् 阳，单，体）杀弗栗多者，因陀罗。**पदम्**（पद 中，单，体）足，地位。**हि**（不变词）因为。**सर्वत्र**（不变词）任何地方。**गुणैः**（गुण 阳，复，具）美德。**निधीयते**（नि√धा 被，现在，单，三）安放。

असङ्गमद्रिष्वपि सारवत्तया न मे त्वदन्येन विसोढमायुधम्।
अवेहि मां प्रीतमृते तुरंगमात्किमिच्छसीति स्फुटमाह वासवः॥६३॥

因陀罗明白表示："我的武器富有
威力，即使遇到山峰，也不受阻碍，
除你之外，无人能抵御，你要知道，
我很高兴，除了祭马，你想要什么？"（63）

解析：**असङ्गम्**（असङ्ग 中，单，体）不粘住，无障碍。**अद्रिषु**（अद्रि 阳，复，依）山。**अपि**（不变词）即使。**सारवत्तया**（सारवत्ता 阴，单，具）有威力。**न**（不变词）不。**मे**（मद् 单，属）我。**त्वद्**（你）-**अन्येन**（अन्य 另外的），复合词（阳，单，具），除了你。**विसोढम्**（विसोढ 中，单，体）抵御。**आयुधम्**（आयुध 中，单，体）武器。**अवेहि**（अव√इ 命令，单，二），知道。**माम्**（मद् 单，业）我。**प्रीतम्**（प्रीत 阳，单，业）高兴。**ऋते**（不变词）除了。**तुरंगमात्**（तुरंगम 阳，单，从）马。**किम्**（中，单，业）什么。**इच्छसि**（√इष् 现在，单，二）想要。**इति**（不变词）这样（说）。**स्फुटम्**（不变词）清晰地。**आह**（√अह् 完成，单，三）说。**वासवः**（वासव 阳，单，体）婆薮之主，因陀罗。

ततो निषङ्गादसमग्रमुद्धृतं सुवर्णपुङ्खद्युतिरञ्जिताङ्गुलिम्।
नरेन्द्रसूनुः प्रतिसंहरन्निषुं प्रियंवदः प्रत्यवदत्सुरेश्वरम्॥६४॥

于是，太子放回了那支箭，
尚未从箭囊中完全拔出，
金羽毛的光辉映照手指，
他说话可爱，回答天王道：（64）

解析：**ततस्**（不变词）于是。**निषङ्गात्**（निषङ्ग 阳，单，从）箭囊。**असमग्रम्**（असमग्र 阳，单，业）不完全的。**उद्धृतम्**（उद्धृत 阳，单，业）拔出。**सुवर्ण**（金）-**पुङ्ख**（箭翎）-**द्युति**（光辉）-**रञ्जित**（染有）-**अङ्गुलिम्**（अङ्गुलि 手指），复合词（阳，单，业），金箭翎的光辉映照手指。**नरेन्द्र**（国王）-**सूनुः**（सूनु 儿子），复合词（阳，单，体），王子。**प्रतिसंहरन्**（प्रतिसंहरत्

现分，阳，单，体）放回。इषुम्（इषु 阳，单，业）箭。प्रियंवदः（प्रियंवद 阳，单，体）
说话可爱。प्रत्यवदत्（प्रति√वद् 未完，单，三）回答。सुरेश्वरम्（सुरेश्वर 阳，单，业）天王。

> अमोच्यमश्वं यदि मन्यसे प्रभो ततः समाप्ते विधिनैव कर्मणि।
> अजस्रदीक्षाप्रयतः स मद्गुरुः क्रतोरशेषेण फलेन युज्यताम्॥ ६५॥

"如果你认为不能放回祭马，
神主啊，就作为祭祀已完成，
我的父亲始终热心祭祀，
让他享有全部祭祀成果吧！"（65）

解析：अमोच्यम्（अमोच्य 阳，单，业）不能释放。अश्वम्（अश्व 阳，单，业）马。यदि（不变词）如果。मन्यसे（√मन् 现在，单，二）认为。प्रभो（प्रभु 阳，单，呼）主人。ततस्（不变词）那么。समाप्ते（समाप्त 中，单，依）完成。विधिना（विधि 阳，单，具）仪轨。एव（不变词）确实。कर्मणि（कर्मन् 中，单，依）祭祀。अजस्र（不断）-दीक्षा（祭祀）-प्रयतः（प्रयत 热心），复合词（阳，单，体），始终热心祭祀。सः（तद् 阳，单，体）他。मद्（我）-गुरुः（गुरु 父亲），复合词（阳，单，体），我的父亲。क्रतोः（क्रतु 阳，单，属）祭祀。अशेषेण（अशेष 中，单，具）全部。फलेन（फल 中，单，具）成果，果实。युज्यताम्（√युज् 被，命令，单，三）联系，享有。

> यथा च वृत्तान्तमिमं सदोगतस्त्रिलोचनैकांशतया दुरासदः।
> तवैव संदेशहराद्विशांपतिः शृणोति लोकेश तथा विधीयताम्॥ ६६॥

"世界之主啊，请你这样安排吧！
国王坐在会堂，已成为三眼神
湿婆的一部分，难以接近，让他
从你的使者那里听到这个消息。"（66）

解析：यथा（不变词）以便。च（不变词）也。वृत्त（事件）-अन्तम्（अन्त 结局），复合词（阳，单，业），消息。इमम्（इदम् 阳，单，业）这个。सदस्（会堂）-गतः（गत 处在），复合词（阳，单，体），在会堂。त्रिलोचन（三眼）-एक（一）-अंशतया（अंशता 部分性），复合词（阴，单，具），三眼神的一部分。दुरासदः（दुरासद 阳，单，体）难以靠近。तव（त्वद् 单，属）你。एव（不变词）就。संदेशहरात्（संदेशहर 阳，单，从）信使。विशांपतिः（विशांपति 阳，单，体）民众之主，国王。शृणोति（√श्रु 现在，单，三）听。लोकेश

（लोकेश 阳，单，呼）世界之主。तथा（不变词）这样。विधीयताम् (वि√धा 被，命令，单，三）安排。

तथेति कामं प्रतिशुश्रुवान्नघोर्यथागतं मातलिसारथिर्ययौ।
नृपस्य नातिप्रमनाः सदोगृहं सुदक्षिणासूनुरपि न्यवर्तत॥६७॥

因陀罗允诺罗怙的请求后，
由摩多梨驾车，按原路返回；
苏达奇娜之子心中并不是
很满意，[①]也返回国王的会堂。（67）

解析：तथा（不变词）好吧。इति（不变词）这样（说）。कामम्（काम 阳，单，业）愿望。प्रतिशुश्रुवान्（प्रतिशुश्रुवस् 完分，阳，单，体）答应，许诺。रघोः（रघु 阳，单，属）罗怙。यथागतम्（不变词）如同来时。मातलि（摩多梨）-सारथिः（सारथि 车夫），复合词（阳，单，体），以摩多梨为车夫。ययौ（√या 完成，单，三）走。नृपस्य（नृप 阳，单，属）国王。न（不变词）不。अतिप्रमनाः（अतिप्रमनस् 阳，单，体）十分高兴。सदोगृहम्（सदोगृह 中，单，业）会堂，议事厅。सुदक्षिणा（苏达奇娜）-सूनुः（सूनु 儿子），复合词（阳，单，体），苏达奇娜之子。अपि（不变词）也。न्यवर्तत（नि√वृत् 未完，单，三）返回。

तमभ्यनन्दत्प्रथमं प्रबोधितः प्रजेश्वरः शासनहारिणा हरेः।
परामृशन्हर्षजडेन पाणिना तदीयमङ्गं कुलिशव्रणाङ्कितम्॥६८॥

国王已从因陀罗的使者那里
得知消息，欢迎他，用高兴得
发僵的手轻轻抚摩他的肢体，
上面留有金刚杵击中的伤痕。（68）

解析：तम्（तद् 阳，单，业）他。अभ्यनन्दत्（अभि√नन्द् 未完，单，三）欢迎。प्रथमम्（不变词）首先。प्रबोधितः（प्रबोधित 阳，单，体）告知。प्रजेश्वरः（प्रजेश्वर 阳，单，体）民众之主，国王。शासनहारिणा（शासनहारिन् 阳，单，具）信使。हरेः（हरि 阳，单，属）诃利，因陀罗。परामृशन्（परामृशत् 现分，阳，单，体）轻轻抚摩。हर्ष（高兴）-जडेन（जड 僵硬，麻木），复合词（阳，单，具），高兴得发僵。पाणिना（पाणि 阳，单，具）手。तदीयम्（तदीय 中，单，业）他的。अङ्गम्（अङ्ग 中，单，业）肢体。कुलिश（金刚杵）-व्रण（伤

[①] 罗怙毕竟没有追回祭马，因此他不是很满意。

口，伤疤）-अङ्कितम् (अङ्कित 有标记)，复合词（中，单，业），有金刚杵击伤的标记。

> इति क्षितीशो नवतिं नवाधिकां महाक्रतूनां महनीयशासनः।
> समारुरुक्षुर्दिवमायुषः क्षये ततान सोपानपरम्परामिव॥६९॥

这样，大地之主，受人尊敬的
统治者，举行了九十九次大祭，
仿佛是盼望在命终之时升天，
为此铺设的一级又一级台阶。（69）

解析：इति（不变词）这样。क्षितीशः（क्षितीश 阳，单，体）大地之主。नवतिं（नवति 阴，单，业）九十。नव（九）-अधिकाम् (अधिक 更多的)，复合词（阴，单，业），加上九的。महाक्रतूनाम् (महाक्रतु 阳，复，属) 马祭，大祭。महनीय（值得尊敬的）-शासनः (शासन 统治)，复合词（阳，单，体），受人尊敬的统治者。समारुरुक्षुः (समारुरुक्षु 阳，单，体) 希望登上。दिवम् (दिव 阴，单，业) 天国。आयुषः (आयुस् 中，单，属) 寿命。क्षये (क्षय 阳，单，依) 毁灭。ततान (√तन् 完成，单，三) 展开，举行。सोपान（台阶）-परम्पराम् (परम्परा 接连，系列)，复合词（阴，单，业），一级级台阶。इव（不变词）好像。

> अथ स विषयव्यावृत्तात्मा यथाविधि सूनवे
> नृपतिककुदं दत्त्वा यूने सितातपवारणम्।
> मुनिवनतरुच्छायां देव्या तया सह शिश्रिये
> गलितवयसामिक्ष्वाकूणामिदं हि कुलव्रतम्॥७०॥

然后，自我摆脱尘世享受，按照仪轨，
他将象征王权的白华盖交给青年太子，
偕同王后前往牟尼净修林的树荫下，
因为这是甘蔗族老年人的传统誓愿。（70）

解析：अथ（不变词）然后。सः (तद् 阳，单，体) 他。विषय（感官对象）-व्यावृत्त（摆脱，放弃）-आत्मा (आत्मन् 自我)，复合词（阳，单，体），自我摆脱感官享受。यथाविधि（不变词）按照仪轨。सूनवे (सूनु 阳，单，为) 儿子。नृपति（国王）-ककुदम् (ककुद 标志，象征)，复合词（中，单，业），象征王权的。दत्त्वा (√दा 独立式) 给。यूने (युवन् 阳，单，为) 年轻的。सित（白的）-आतपवारणम् (आतपवारण 华盖)，复合词（中，单，业），白华盖。मुनि（牟尼）-वन（林）-तरु（树）-छायाम् (छाया 荫)，复合词（阴，单，业），

牟尼净修林的树荫。देव्या（देवी 阴，单，具）王后。तया（तद् 阴，单，具）她。सह（不变词）一起。शिश्रिये（√श्रि 完成，单，三）依靠。गलित（消逝）-वयसाम्（वयस् 年岁），复合词（阳，复，属），年老的。इक्ष्वाकूणाम्（इक्ष्वाकु 阳，复，属）甘蔗族。इदम्（इदम् 中，单，体）这。हि（不变词）因为。कुल（家族）-व्रतम्（व्रत 誓愿），复合词（中，单，体），家族的誓愿。

अष्टमः सर्गः।

第 八 章

अथ तस्य विवाहकौतुकं ललितं बिभ्रत एव पार्थिवः।
वसुधामपि हस्तगामिनीमकरोदिन्दुमतीमिवापराम्॥१॥

他还佩戴着优美可爱的
结婚圣线，国王就将大地
交到了他的手上，犹如
交给他另一个英杜摩蒂。[①]（1）

解析：अथ（不变词）然后。तस्य（तद् 阳，单，属）他，指阿迦。विवाह（结婚）-कौतुकम्（कौतुक 圣线），复合词（中，单，业），结婚圣线。ललितम्（ललित 中，单，业）优美的，可爱的。बिभ्रतः（बिभ्रत् 现分，阳，单，属）佩戴。एव（不变词）还。पार्थिवः（पार्थिव 阳，单，体）国王。वसुधाम्（वसुधा 阴，单，业）大地。अपि（不变词）也。हस्त（手）-गामिनीम्（गामिन् 到达），复合词（阴，单，业），到达手上。अकरोत्（√कृ 未完，单，三）做。इन्दुमतीम्（इन्दुमती 阴，单，业）英杜摩蒂。इव（不变词）犹如。अपराम्（अपर 阴，单，业）另一个。

दुरितैरपि कर्तुमात्मसात्प्रयतन्ते नृपसूनवो हि यत्।
तदुपस्थितमग्रहीदजः पितुराज्ञेति न भोगतृष्णया॥२॥

通常，王子们为自己谋取王权，
甚至会使用种种卑劣的手段，

[①] 这里讲述国王罗怙将王位交给儿子阿迦。英杜摩蒂是阿迦的妻子。

而阿迦是遵奉父命,接受来到
身边的王权,并不是贪图享受。(2)

解析：दुरितैः（दुरित 中，复，具）卑劣的手段，罪恶。अपि（不变词）甚至。कर्तुम्（√कृ 不定式）做。आत्मसात्（不变词）为自己。प्रयतन्ते（प्र√यत 现在，复，三）努力。नृप（国王）-सूनवः（सूनु 儿子），复合词（阳，复，体），王子。हि（不变词）确实。यत्（यद् 中，单，业）它，指王权。तत्（तद् 中，单，业）它，指王权。उपस्थितम्（उपस्थित 中，单，业）来到身边的。अग्रहीत्（√ग्रह् 不定，单，三）获得。अजः（अज 阳，单，体）阿迦。पितुः（पितृ 阳，单，属）父亲。आज्ञा（आज्ञा 阴，单，体）命令。इति（不变词）这样（想）。न（不变词）不。भोग（享受）-तृष्णया（तृष्णा 贪图），复合词（阴，单，具），贪图享受。

अनुभूय वसिष्ठसंभृतैः सलिलैस्तेन सहाभिषेचनम्।
विशदोच्छ्वसितेन मेदिनी कथयामास कृतार्थतामिव॥३॥

大地与阿迦一起接受
极裕仙人用圣水灌顶；
它仿佛以冒出的洁白
雾气，表示心满意足。(3)

解析：अनुभूय（अनु√भू 独立式）体验，享受。वसिष्ठ（极裕仙人）-संभृतैः（संभृत 收集），复合词（中，复，具），极裕仙人收集的。सलिलैः（सलिल 中，复，具）水。तेन（तद् 阳，单，具）他，指阿迦。सह（不变词）一起。अभिषेचनम्（अभिषेचन 中，单，业）灌顶。विशद（纯洁的，白的）-उच्छ्वसितेन（उच्छ्वसित 气息），复合词（中，单，具），洁白的雾气。मेदिनी（阴，单，体）大地。कथयामास（√कथ् 完成，单，三）表明，诉说。कृत（做）-अर्थताम्（अर्थता 目的，愿望），复合词（阴，单，业），达到目的，实现愿望。इव（不变词）仿佛。

स बभूव दुरासदः परैर्गुरुणाथर्वविदा कृतक्रियः।
पवनाग्निसमागमो ह्ययं सहितं ब्रह्म यदस्य तेजसा॥४॥

由通晓阿达婆吠陀的老师
举行仪式,他变得所向无敌,

因为梵①和武器的威力结合，
这就像烈火得到风力相助。（4）

解析：स（तद् 阳，单，体）他。बभूव（√भू 完成，单，三）成为，变得。दुरासदः（दुरासद 阳，单，体）难以抵御的。परैः（पर 阳，复，具）敌人。गुरुणा（गुरु 阳，单，具）老师。अथर्व（अथर्वन् 阿达婆）-विदा（विद् 通晓），复合词（阳，单，具），通晓阿达婆吠陀的。कृत（做）-क्रियः（क्रिया 仪式），复合词（阳，单，体），举行仪式。पवन（风）-अग्नि（火）-समागमः（समागम 结合），复合词（阳，单，体），风与火结合。हि（不变词）因为。अयम्（इदम् 阳，单，体）这，指结合。सहितम्（सहित 中，单，体）相伴，结合。ब्रह्म（ब्रह्मन् 中，单，体）梵。यत्（यद् 中，单，体）这，指结合。अस्त्र（武器）-तेजसा（तेजस् 威力），复合词（中，单，具），武器的威力。

रघुमेव निवृत्तयौवनं तममन्यन्त नवेश्वरं प्रजाः।
स हि तस्य न केवलां श्रियं प्रतिपेदे सकलान्गुणानपि॥५॥

臣民们觉得这位新王
就是恢复青春的罗怙，
因为他不仅继承了王权，
也继承了罗怙所有品德。（5）

解析：रघुम्（रघु 阳，单，业）罗怙。एव（不变词）就是。निवृत्त（恢复）-यौवनम्（यौवन 青春），复合词（阳，单，业），恢复青春的。तम्（तद् 阳，单，业）他。अमन्यन्त（√मन् 未完，复，三）认为。नव（新的）-ईश्वरम्（ईश्वर 王），复合词（阳，单，业），新王。प्रजाः（प्रजा 阴，复，体）臣民。स（तद् 阳，单，体）他。हि（不变词）因为。तस्य（तद् 阳，单，属）他，指罗怙。न（不变词）不。केवलाम्（केवल 阴，单，业）只，仅。श्रियम्（श्री 阴，单，业）王权。प्रतिपेदे（प्रति√पद् 完成，单，三）获得。सकलान्（सकल 阳，复，业）所有的。गुणान्（गुण 阳，复，业）品德。अपि（不变词）也。

अधिकं शुशुभे शुभंयुना द्वितयेन द्वयमेव सङ्गतम्।
पद्मृद्धमजेन पैतृकं विनयेनास्य नवं च यौवनम्॥६॥

两者与另外吉祥的两者
结合，就会格外增添光辉，

---

① 这里的"梵"指婆罗门和吠陀。

父亲的繁荣富庶和阿迦，
阿迦的青春和品德修养。（6）

解析：अधिकम् （不变词）更加。शुशुभे （√शुभ् 完成，单，三）光辉闪耀。शुभंयुना（शुभंयु 中，单，具）吉祥的，幸运的。द्वितयेन（द्वितय 中，单，具）两者。द्वयम्（द्वय 中，单，体）两者。एव（不变词）确实。सङ्गतम्（सङ्गत 中，单，体）结合。पदम्（पद 中，单，体）地位，状况。ऋद्धम्（ऋद्ध 中，单，体）繁荣的。अजेन（अज 阳，单，具）阿迦。पैतृकम्（पैतृक 中，单，体）父亲的。विनयेन（विनय 阳，单，具）修养。अस्य（इदम् 阳，单，属）他，指阿迦。नवम्（नव 中，单，体）新的。च（不变词）和。यौवनम्（यौवन 中，单，体）青春。

सद्यं बुभुजे महाभुजः सहसोद्वेगमियं व्रजेदिति।
अचिरोपनतां स मेदिनीं नवपाणिग्रहणां वधूमिव॥७॥

这位大臂者仁慈温和地
享受新近归附他的大地，
如同刚刚牵手成亲的新娘，
唯恐行为粗鲁会吓坏她。（7）

解析：सद्यम्（不变词）仁慈地，温和地。बुभुजे（√भुज् 完成，单，三）享受。महा（大的）-भुजः（भुज 手臂），复合词（阳，单，体），大臂者。सहसा（不变词）粗暴地，突然地。उद्वेगम्（उद्वेग 阳，单，业）恐惧。इयम्（इदम् 阴，单，体）她。व्रजेत्（व्रज् 虚拟，单，三）走向，陷入。इति（不变词）这样（想）。अचिर（不久，刚刚）-उपनताम्（उपनत 归属），复合词（阴，单，业），新近归附。स（तद् 阳，单，体）他。मेदिनीम्（मेदिनी 阴，单，业）大地。नव（新的）-पाणि（手）-ग्रहणाम्（ग्रहण 牵），复合词（阴，单，业），刚刚牵手成亲的。वधूम्（वधू 阴，单，业）新娘。इव（不变词）如同。

अहमेव मतो महीपतेरिति सर्वः प्रकृतिष्वचिन्तयत्।
उदधेरिव निम्नगाशतेष्वभवन्नास्य विमानना कचित्॥८॥

臣民中人人都这样想：
"我受到大地之主尊重。"
因为他从不蔑视任何人，
犹如大海对待所有河流。（8）

解析：अहम्（मद् 单，体）我。एव（不变词）确实。मतः（मत 阳，单，体）尊重。मही（大地）-पतेः（पति 主人），复合词（阳，单，属），大地之主。इति（不变词）这样（想）。सर्वः（सर्व 阳，单，体）所有，人人。प्रकृतिषु（प्रकृति 阴，复，依）臣民。अचिन्तयत्（√चिन्त् 未完，单，三）想，认为。उदधेः（उदधि 阳，单，属）大海。इव（不变词）犹如。निम्नगा（河流）-शतेषु（शत 一百），复合词（中，复，依），数以百计的河流。अभवत्（√भू 未完，单，三）有。न（不变词）不。अस्य（तद् 阳，单，属）他，指阿迦。विमानना（विमानना 阴，单，体）蔑视，不尊重。कचित्（不变词）某处。

न खरो न च भूयसा मृदुः पवमानः पृथिवीरुहानिव।
स पुरस्कृतमध्यमक्रमो नमयामास नृपाननुद्धरन्॥९॥

不过于严厉，也不过于温柔，
采取中道，降伏其他的国王，
而不彻底毁灭他们，犹如风，
吹弯树木，而不连根拔起。（9）

解析：न（不变词）不。खरः（खर 阳，单，体）严厉的。न（不变词）不。च（不变词）和。भूयसा（不变词）过分地。मृदुः（मृदु 阳，单，体）温柔的。पवमानः（पवमान 阳，单，体）风。पृथिवी（大地）-रुहान्（रुह 生长），复合词（阳，复，业），树。इव（不变词）犹如。स（तद् 阳，单，体）他。पुरस्कृत（尊重，采取）-मध्यम（中间的）-क्रमः（क्रम 步，道路），复合词（阳，单，体），采取中道。नमयामास（√नम् 致使，完成，单，三）弯曲，降伏。नृपान्（नृप 阳，复，业）国王。अनुद्धरन्（अनुद्धरत् 现分，阳，单，体）不拔起，不毁灭。

अथ वीक्ष्य रघुः प्रतिष्ठितं प्रकृतिष्वात्मजमात्मवत्तया।
विषयेषु विनाशधर्मसु त्रिदिवस्थेष्वपि निःस्पृहो ऽभवत्॥१०॥

罗怙看到儿子凭借自制力，
已经在臣民中确立了威信，
他不再贪求注定会毁灭的
感官对象，即使是升入天国。[①]（10）

[①] 按照印度古代观念，宇宙处在创造、维持和毁灭的反复循环中，因此，天国也不是永恒的事物，同样会毁灭。

解析：अथ（不变词）然后。वीक्ष्य（वि√ईक्ष् 独立式）看到。रघुः（रघु 阳，单，体）罗怙。प्रतिष्ठितम्（प्रतिष्ठित 阳，单，业）站住脚，确立。प्रकृतिषु（प्रकृति 阳，复，依）臣民。आत्मजम्（आत्मज 阳，单，业）儿子。आत्मवत्तया（आत्मवत्ता 阴，单，具）自制力。विषयेषु（विषय 阳，复，依）感官对象。विनाश（毁灭）-धर्मसु（धर्मन् 性质），复合词（阳，复，依），注定要毁灭的。त्रिदिव（天国）-स्थेषु（स्थ 处于），复合词（阳，复，依），处于天国。अपि（不变词）即使。निःस्पृहः（निःस्पृह 阳，单，体）不贪求。अभवत्（√भू 未完，单，三）变得。

गुणवत्सुतरोपितश्रियः परिणामे हि दिलीपवंशजाः।
पदवीं तरुवल्कवाससां प्रयताः संयमिनां प्रपेदिरे॥११॥

迪利波家族的人到了老年，
都把王权交给具备品德的
儿子，控制自我，走上身披
树皮衣的、苦行者的道路。（11）

解析：गुणवत्（具备品德的）-सुत（儿子）-रोपित（交给，托付）-श्रियः（श्री 王权），复合词（阳，复，体），把王权交给具备品德的儿子。परिणामे（परिणाम 阳，单，依）成熟，年老。हि（不变词）因为。दिलीप（迪利波）-वंश（家族）-जाः（ज 出生），复合词（阳，复，体），迪利波家族出生的。पदवीम्（पदवी 阴，单，业）道路。तरु（树）-वल्क（树皮）-वाससाम्（वासस् 衣），复合词（阳，复，属），身披树皮衣的。प्रयताः（प्रयत 阳，复，体）控制自我。संयमिनाम्（संयमिन् 阳，复，属）苦行者。प्रपेदिरे（प्र√पद् 完成，复，三）走上。

तमरण्यसमाश्रयोन्मुखं शिरसा वेष्टनशोभिना सुतः।
पितरं प्रणिपत्य पादयोरपरित्यागमयाचतात्मनः॥१२॥

正当他准备前往森林，
儿子用顶冠优美的头，
拜倒在父亲的双脚下，
祈求他不要抛弃自己。（12）

解析：तम्（तद् 阳，单，业）他，指罗怙。अरण्य（森林）-समाश्रय（住处）-उन्मुखम्

（उन्मुख 朝向，准备），复合词（阳，单，业），准备前往森林居住。शिरसा（शिरस् 中，单，具）头。वेष्टन（顶冠）-शोभिना（शोभिन् 优美的），复合词（中，单，具），顶冠优美的。सुतः（सुत 阳，单，体）儿子。पितरम्（पितृ 阳，单，业）父亲。प्रणिपत्य（प्र-नि√पत् 独立式）拜倒。पादयोः（पाद 阳，双，依）脚。अपरित्यागम्（अपरित्याग 阳，单，业）不要抛弃。अयाचत（√याच् 未完，单，三）乞求。आत्मनः（आत्मन् 阳，单，属）自己。

रघुरश्रुमुखस्य तस्य तत्कृतवानीप्सितमात्मजप्रियः।
न तु सर्प इव त्वचं पुनः प्रतिपेदे व्यपवर्जितां श्रियम्॥१३॥

罗怙热爱自己儿子，满足
泪流满面的儿子这个愿望，
但不再接受放弃的王权，
犹如蛇不再接受蜕下的皮。（13）

解析：रघुः（रघु 阳，单，体）罗怙。अश्रु（眼泪）-मुखस्य（मुख 脸），复合词（阳，单，属），泪流满面的。तस्य（तद् 阳，单，属）他，指阿迦。तत्（तद् 中，单，业）这个。कृतवान्（कृतवत् 阳，单，体）完成，满足。ईप्सितम्（ईप्सित 中，单，业）愿望。आत्मज（儿子）-प्रियः（प्रिय 喜爱），复合词（阳，单，体），热爱儿子。न（不变词）不。तु（不变词）但是。सर्पः（सर्प 阳，单，体）蛇。इव（不变词）犹如。त्वचम्（त्वच् 阴，单，业）皮。पुनर्（不变词）再。प्रतिपेदे（प्रति√पद् 完成，单，三）走向，接受。व्यपवर्जिताम्（व्यपवर्जित 阴，单，业）放弃。श्रियम्（श्री 阴，单，业）王权。

स किलाश्रममन्त्यमाश्रितो निवसन्नावसथे पुराद्बहिः।
समुपास्यत पुत्रभोग्यया स्नुषयेवाविकृतेन्द्रियः श्रिया॥१४॥

这样，在人生的最后阶段[①]，
他居住在城外的一个地方，
控制感官，得到儿子享有的
王权照顾，犹如受儿媳侍奉。（14）

解析：स（तद् 阳，单，体）他，指罗怙。किल（不变词）据说。आश्रमम्（आश्रम 阳或中，单，业）人生阶段。अन्त्यम्（अन्त्य 阳或中，单，业）最后的。आश्रितः（आश्रित 阳，单，体）进入，到达。निवसन्（निवसत् 现分，阳，单，体）居住。आवसथे（आवसथ 阳，

[①] 按照婆罗门教，人生分成了四个阶段：梵行期、家居期、林居期和遁世期。

单，依）住处。पुरात्（पुर 中，单，从）城。बहिस्（不变词）外面。समुपास्यत（सम्-उप √आस् 未完，被，单，三）侍奉，照顾。पुत्र（儿子）-भोग्यया（भोग्य 享有的），复合词（阴，单，具），儿子享有的。स्नुषया（स्नुषा 阴，单，具）儿媳。इव（不变词）犹如。अविकृत（不变化）-इन्द्रियः（इन्द्रिय 感官），复合词（阳，单，体），控制感官。श्रिया（श्री 阴，单，具）王权。

प्रशमस्थितपूर्वपार्थिवं कुलमभ्युद्यतनूतनेश्वरम्।
नभसा निभृतेन्दुना तुलामुदितार्केण समारुरोह तत्॥१५॥

老国王安于寂静，
而新国王朝气蓬勃，
这个家族如同天空，
月亮沉寂，太阳升起。（15）

解析：प्रशम（寂静）-स्थित（处在）-पूर्व（以前的，老的）-पार्थिवम्（पार्थिव 国王），复合词（中，单，体），老国王安于寂静。कुलम्（कुल 中，单，体）家族。अभ्युद्यत（兴起）-नूतन（新的）-ईश्वरम्（ईश्वर 王），复合词（中，单，体），新王兴起。नभसा（नभस् 中，单，具）天空。निभृत（沉寂）-इन्दुना（इन्दु 月亮），复合词（中，单，具），月亮沉寂。तुलाम्（तुला 阴，单，业）相像。उदित（升起）-अर्केण（अर्क 太阳），复合词（中，单，具），太阳升起。समारुरोह（सम्-आ √रुह् 完成，单，三）达到。तत्（तद् 中，单，体）它，指家族。

यतिपार्थिवलिङ्गधारिणौ दृदशाते रघुराघवौ जनैः।
अपवर्गमहोदयार्थयोर्भुवमंशाविव धर्मयोर्गतौ॥१६॥

人们看到罗怙和阿迦分别
具有苦行者和国王的标志，
犹如追求解脱和繁荣富强，
这两种正法部分下凡大地。[1]（16）

解析：यति（苦行者）-पार्थिव（国王）-लिङ्ग（标志）-धारिणौ（धारिन् 带着），复合词（阳，双，体），具有苦行者和国王的标志。दृदशाते（√दृश् 完成，被，双，三）看

---

[1] 按照印度神话观念，天神下凡大地，采用"部分化身"的方式。这两种正法可理解为解脱法和王法。

到。**रघु**（罗怙）-**राघवौ**（राघव 罗怙之子），复合词（阳，双，体），罗怙和罗怙之子。**जनैः**（जन 阳，复，具）人们。**अपवर्ग**（解脱）-**महोदय**（繁荣）-**अर्थयोः**（अर्थ 目的，追求），复合词（阳，双，属），追求解脱和繁荣。**भुवम्**（भू 阴，单，业）大地。**अंशौ**（अंश 阳，双，体）部分。**इव**（不变词）犹如。**धर्मयोः**（धर्म 阳，双，属）正法。**गतौ**（गत 阳，双，体）来到。

अजिताधिगमाय मन्त्रिभिर्युयुजे नीतिविशारदैरजः।
अनपायिपदोपलब्धये रघुराप्तैः समियाय योगिभिः॥ १७॥

阿迦与精通治国论的大臣，
一起谋划征服尚未征服者；
罗怙与虔诚可靠的修行者，
一起追求永恒不灭的境界。（17）

解析：**अजित**（尚未征服的）-**अधिगमाय**（अधिगम 获得），复合词（阳，单，为），获得尚未征服的。**मन्त्रिभिः**（मन्त्रिन् 阳，复，具）大臣。**युयुजे**（√युज 完成，单，三）联系。**नीति**（治国论）-**विशारदैः**（विशारद 精通），复合词（阳，复，具），精通治国论的。**अजः**（अज 阳，单，体）阿迦。**अनपायि**（अनपायिन् 不灭的）-**पद**（境界）-**उपलब्धये**（उपलब्धि 获得），复合词（阴，单，为），达到不灭的境界。**रघुः**（रघु 阳，单，体）罗怙。**आप्तैः**（आप्त 阳，复，具）可靠的。**समियाय**（सम्√इ 完成，单，三）会合，达到。**योगिभिः**（योगिन् 阳，复，具）瑜伽行者，修行者。

नृपतिः प्रकृतीरवेक्षितुं व्यवहारासनमाददे युवा।
परिचेतुमुपांशु धारणां कुशपूतं प्रवयास्तु विष्टरम्॥ १८॥

年青的国王坐在正法的
宝座上，监督他的臣民；
年老的国王坐在圣洁的
拘舍草座上，凝思静虑。（18）

解析：**नृपतिः**（नृपति 阳，单，体）国王。**प्रकृतीः**（प्रकृति 阴，复，业）臣民。**अवेक्षितुम्**（अव√ईक्ष् 不定式）观察，监督。**व्यवहार**（司法）-**आसनम्**（आसन 座），复合词（中，单，业），正法的宝座。**आददे**（आ√दा 完成，单，三）取得。**युवा**（युवन् 阳，单，体）年青的。**परिचेतुम्**（परि√चि 不定式）实行。**उपांशु**（不变词）静默地。**धारणाम्**（धारणा 阴，

单，业）专注，凝思静虑。**कुश**（拘舍草）-**पूतम्**（**पूत** 净化，圣洁的），复合词（阳，单，业），因拘舍草而圣洁的。**प्रवयाः**（**प्रवयस्** 阳，单，体）年老的。**तु**（不变词）而。**विष्टरम्**（**विष्टर** 阳，单，业）座。

अनयत्प्रभुशक्तिसंपदा वशमेको नृपतीननन्तरान्।
अपरः प्रणिधानयोग्यया मरुतः पञ्च शरीरगोचरान्॥१९॥

一位凭借强大的权力，
控制毗邻的国王们；
另一位凭借沉思入定，
控制体内的五种气①。（19）

解析：**अनयत्**（√**नी** 未完，单，三）引导。**प्रभु**（统治）-**शक्ति**（能力）-**संपदा**（**संपद्** 丰富），复合词（阴，单，具），强大的统治力。**वशम्**（**वश** 阳，单，业）控制。**एकः**（**एक** 阳，单，体）一个。**नृपतीन्**（**नृपति** 阳，复，业）国王。**अनन्तरान्**（**अनन्तर** 阳，复，业）邻近的。**अपरः**（**अपर** 阳，单，体）另一个。**प्रणिधान**（沉思）-**योग्यया**（**योग्या** 实施），复合词（阴，单，具），进行沉思。**मरुतः**（**मरुत्** 阳，复，业）风。**पञ्च**（**पञ्चन्** 阳，复，业）五。**शरीर**（身体）-**गोचरान्**（**गोचर** 活动领域），复合词（阳，复，业），在身体内活动的。

अकरोदचिरेश्वरः क्षितौ द्विषदारम्भफलानि भस्मसात्।
इतरो दहने स्वकर्मणां ववृते ज्ञानमयेन वह्निना॥२०॥

新国王将大地上那些
敌人的行动成果烧成灰；
老国王凭借智慧之火，
焚烧干净自己过去的业。（20）

解析：**अकरोत्**（√**कृ** 未完，单，三）做。**अचिर**（不久的，新的）-**ईश्वरः**（**ईश्वर** 王），复合词（阳，单，体），新王。**क्षितौ**（**क्षिति** 阴，单，依）大地。**द्विषत्**（敌人）-**आरम्भ**（行动）-**फलानि**（**फल** 成果），复合词（中，复，业），敌人的行动成果。**भस्मसात्**（不变词）变成灰。**इतरः**（**इतर** 阳，单，体）另一位。**दहने**（**दहन** 中，单，依）焚烧。**स्व**

---

① 五种气分别为元气、上气、中气、下气和行气。

（自己的）-कर्मणाम् (कर्मन् 业)，复合词（中，复，属），自己的业。ववृते (√वृत् 完成，单，三) 活动。ज्ञान（智慧）-मयेन (मय 构成，包含)，复合词（阳，单，具），智慧的。वह्निना (वह्नि 阳，单，具) 火。

पणबन्धमुखान्गुणान्जः षडुपायुङ्क् समीक्ष्य तत्फलम् ।
रघुरप्यजयदुणत्रयं प्रकृतिस्थं समलोष्टकाञ्चनः ॥ २१ ॥

阿迦运用以缔和为首的
六种策略①，事先考察效果；
罗怙对木石和金子一视
同仁，制伏原质的三性②。（21）

解析： पण（和约）-बन्ध（缔结）-मुखान् (मुख 为首的)，复合词（阳，复，业），以缔和为首的。गुणान् (गुण 阳，复，业) 策略。अजः (अज 阳，单，体) 阿迦。षट् (षष् 阳，复，业) 六。उपायुङ्क् (उप√युज् 未完，单，三) 运用。समीक्ष्य (सम्√ईक्ष् 不定式) 考察。तद्（它们）-फलम् (फल 后果)，复合词（中，单，业），它们的后果。रघुः (रघु 阳，单，体) 罗怙。अपि（不变词）也。अजयत् (√जि 未完，单，三) 征服。गुण（性质）-त्रयम् (त्रय 三种)，复合词（中，单，业），三种性质。प्रकृति（原质）-स्थम् (स्थ 处于)，复合词（中，单，业），原质中的。सम（同样）-लोष्ट（土块）-काञ्चनः (काञ्चन 金子)，复合词（阳，单，体），对土块和金子一视同仁。

न नवः प्रभुराफलोदयात्स्थिरकर्मा विरराम कर्मणः ।
न च योगविधेनेवेतरः स्थिरधीरा परमात्मदर्शनात् ॥ २२ ॥

新国王行为坚定，不断
工作，直至最后取得成果；
老国王智慧坚定，不断
修行，直至看见最高自我。（22）

解析： न（不变词）不。नवः (नव 阳，单，体) 新的。प्रभुः (प्रभु 阳，单，体) 国王。आ（直至）-फल（成果）-उदयात् (उदय 出现)，复合词（阳，单，从），直到成果出现。स्थिर（坚定）-कर्मा (कर्मन् 行为)，复合词（阳，单，体），行为坚定。विरराम

---

① 六种策略指缔和、战争、出兵、驻扎、求助和分兵。
② 原质的三性指原初物质的善性、忧性和暗性。万物的变化由这三性的活动造成。

(वि√रम् 完成，单，三）停止。कर्मणः（कर्मन् 中，单，从）工作。न（不变词）不。च（不变词）和。योग（瑜伽）-विधेः（विधि 修炼），复合词（阳，单，从），修炼瑜伽。नव（新的）-इतरः（इतर 不同于），复合词（阳，单，体），老的。स्थिर（坚定的）-धीः（धी 智慧），复合词（阳，单，体），智慧坚定。आ（不变词）直至。परम（最高的）-आत्म（आत्मन् 自我）-दर्शनात्（दर्शन 看见），复合词（中，单，从），看到最高自我。

इति शत्रुषु चेन्द्रियेषु च प्रतिषिद्धप्रसरेषु जाग्रतौ।
प्रसितावुदयापवर्गयोरुभयीं सिद्धिमुभाववापतुः॥२३॥

这样，他俩保持清醒，分别
努力抑止敌人和感官活动，
从而获得两种成功：一种是
繁荣富强，另一种是解脱。（23）

解析：इति（不变词）这样。शत्रुषु（शत्रु 阳，复，依）敌人。च（不变词）和。इन्द्रियेषु（इन्द्रिय 中，复，依）感官。प्रतिषिद्ध（抑制，阻止）-प्रसरेषु（प्रसर 活动），复合词（阳，复，依），活动受到抑制。जाग्रतौ（जाग्रत् 阳，双，体）清醒的。प्रसितौ（प्रसित 阳，双，体）投身，努力。उदय（繁荣）-अपवर्गयोः（अपवर्ग 解脱），复合词（阳，双，属），繁荣和解脱。उभयीम्（उभय 阴，单，业）两者的。सिद्धिम्（सिद्धि 阴，单，业）成功。उभौ（उभ 阳，双，体）他俩。अवापतुः（अव√आप् 完成，双，三）获得。

अथ काश्चिदजव्यपेक्षया गमयित्वा समदर्शनः समाः।
तमसः परमापदव्ययं पुरुषं योगसमाधिना रघुः॥२४॥

罗怙对万物一视同仁，出于
对阿迦的关心，度过一些年，
他依靠瑜伽入定，超越黑暗，
获得永远不变不灭的原人①。（24）

解析：अथ（不变词）然后。काः-चित्（किम्-चित् 阴，复，业）一些，若干。अज（阿迦）-व्यपेक्षया（व्यपेक्षा 关心），复合词（阴，单，具），对阿迦的关心。गमयित्वा（√गम् 致使，独立式）度过。सम（同样，平等）-दर्शनः（दर्शन 看待），复合词（阳，单，体），

---

① 原人即至高自我，也就是梵。

一视同仁。**समाः**（समा 阴，复，业）年。**तमसः**（तमस् 中，单，从）黑暗。**परम्**（不变词）超越。**आपत्**（√आप् 不定，单，三）达到。**अव्ययम्**（अव्यय 阳，单，业）不变的，不灭的。**पुरुषम्**（पुरुष 阳，单，业）原人。**योग**（瑜伽）**-समाधिना**（समाधि 入定），复合词（阳，单，具），瑜伽入定。**रघुः**（रघु 阳，单，体）罗怙。

श्रुतदेहविसर्जनः पितुश्चिरमश्रूणि विमुच्य राघवः।
विदधे विधिमस्य नैष्ठिकं यतिभिः सार्धमनग्निमग्निचित्॥२५॥

听到父亲已经抛弃身体，
罗怙之子久久伤心落泪，
点燃祭火，与苦行者一起，
为父亲举行无火的葬礼①。（25）

解析：श्रुत（听到）**-देह**（身体）**-विसर्जनः**（विसर्जन 抛弃），复合词（阳，单，体），听到已经抛弃身体。**पितुः**（पितृ 阳，单，属）父亲。**चिरम्**（不变词）久久地。**अश्रूणि**（अश्रु 中，复，业）眼泪。**विमुच्य**（वि√मुच् 独立式）流出。**राघवः**（राघव 阳，单，体）罗怙之子。**विदधे**（वि√धा 完成，单，三）举行。**विधिम्**（विधि 阳，单，业）仪式。**अस्य**（तद् 阳，单，属）他，指父亲。**नैष्ठिकम्**（नैष्ठिक 阳，单，业）最后的。**यतिभिः**（यति 阳，复，具）苦行者。**सार्धम्**（不变词）一起。**अनग्निम्**（अनग्नि 阳，单，业）无火的，不使用火的。**अग्नि**（火）**-चित्**（चित् 收集，安置），复合词（阳，单，体），安置祭火，点燃祭火。

अकरोत्स तदौर्ध्वदैहिकं पितृभक्त्या पितृकार्यकल्पवित्।
न हि तेन पथा तनुत्यजस्तनयावर्जितपिण्डकाङ्क्षिणः॥२६॥

他通晓祭祖仪轨，举行葬礼，
心中满怀着对父亲的虔诚，
因为遵循那条道路去世的人，
他们并不盼望儿子供奉饭团。②（26）

解析：अकरोत्（√कृ 未完，单，三）做。**स**（तद् 阳，单，体）他。**तद्**（他）**-और्ध्वदैहिकम्**（और्ध्वदैहिक 葬礼），复合词（中，单，业），他的葬礼。**पितृ**（父亲）**-भक्त्या**（भक्ति 虔诚），复合词（阴，单，具），对父亲的虔诚。**पितृ**（祖先）**-कार्य**（祭礼）**-कल्प**（规则）

---

① 无火的葬礼指不采取火葬，而采取埋葬的方式。据说这种葬礼适用于苦行者。
② 因为他们已经获得解脱。

-विद् (विद् 通晓)，复合词（阳，单，体），通晓祭祖仪轨。न (不变词) 不。हि (不变词) 因为。तेन (तद् 阳，单，具) 那条。पथा (पथिन् 阳，单，具) 道路。तनु (身体) -त्यज् (त्यज् 抛弃)，复合词（阳，复，体），抛弃身体的。तनय (儿子) -आवर्जित (供给) -पिण्ड (饭团) -काङ्क्षिणः (काङ्क्षिन् 渴望)，复合词（阳，复，体），盼望儿子供奉饭团。

स परार्ध्यगतेरशोच्यतां पितुरुद्दिश्य सदर्थवेदिभिः।
शमिताधिरधिज्यकार्मुकः कृतवान्प्रतिशासनं जगत्॥२७॥

通晓真谛的智者们向他指出，
不必为获得至福的父亲忧伤，
于是，他心中的痛苦得到平息，
持弓上弦，统治世界，所向无敌。（27）

解析：स (तद् 阳，单，体) 他。पराध्य (最高状态) -गतेः (गति 走向，达到)，复合词（阳，单，属），获得至福的。अशोच्यताम् (अशोच्यता 阴，单，业)，不必忧伤。पितुः (पितृ 阳，单，属) 父亲。उद्दिश्य (उद्√दिश् 独立式) 指出。सत् (真的) -अर्थ (意义) -वेदिभिः (वेदिन् 通晓)，复合词（阳，复，具），通晓真谛。शमित (平息) -आधिः (आधि 痛苦)，复合词（阳，单，体），痛苦平息。अधिज्य (上弦) -कार्मुकः (कार्मुक 弓)，复合词（阳，单，体），持弓上弦。कृतवान् (कृतवत् 阳，单，体) 做。अप्रतिशासनम् (अप्रतिशासन 中，单，业)，不违抗命令。जगत् (中，单，业) 世界。

क्षितिरिन्दुमती च भामिनी पतिमासाद्य तमग्र्यपौरुषम्।
प्रथमा बहुरत्नसूरभूदपरा वीरमजीजनत्सुतम्॥२८॥

大地和美丽的英杜摩蒂，
获得这位气概非凡的丈夫，
前者为他产生丰富的珍宝，
后者为他生下英勇的儿子。（28）

解析：क्षितिः (क्षिति 阴，单，体) 大地。इन्दुमती (阴，单，体) 英杜摩蒂。च (不变词) 和。भामिनी (भामिनी 阴，单，体) 美丽的女子。पतिम् (पति 阳，单，业) 丈夫。आसाद्य (आ√सद् 致使，独立式) 遇到，获得。तम् (तद् 阳，单，业) 他。अग्र्य (杰出的) -पौरुषम् (पौरुष 男子气概)，复合词（阳，单，业），气概非凡的。प्रथमा (प्रथम 阴，单，

体）前者。बहु（许多）-रत्न（宝石）-सूः（सू 产生），复合词（阴，单，体），出产丰富的珍宝。अभूत्（√भू 不定，单，三）成为。अपरा（अपर 阴，单，体）后者。वीरम्（वीर 阳，单，业）英勇的。अजीजनत्（√जन् 致使，不定，单，三）产生。सुतम्（सुत 阳，单，业）儿子。

> दशरश्मिशतोपमद्युतिं यशसा दिक्षु दशस्वपि श्रुतम्।
> दशपूर्वरथं यमाख्यया दशकण्ठारिगुरुं विदुर्बुधाः॥२९॥

> 这儿子的光辉如同千道光芒的
> 太阳，名声远扬十方，智者们
> 通过他的名字十车以十起首，
> 知道他是十首王之敌①的父亲。（29）

解析：दश（दशन् 十）-रश्मि（光芒）-शत（一百）-उपम（像）-द्युतिम्（द्युति 光），复合词（阳，单，业），光辉如同千道光芒的太阳。यशसा（यशस् 中，单，具）名声。दिक्षु（दिश् 阴，复，依）方。दशसु（दशन् 阴，复，依）十。अपि（不变词）甚至。श्रुतम्（श्रुत 阳，单，业）闻名。दश（दशन् 十）-पूर्व（前面）-रथम्（रथ 车），复合词（阳，单，业），车前有十的。यम्（यद् 阳，单，业）他。आख्यया（आख्या 阴，单，具）名字。दश（दशन् 十）-कण्ठ（脖颈）-अरि（敌人）-गुरुम्（गुरु 父亲），复合词（阳，单，业），十首王之敌的父亲。विदुः（√विद् 完成，复，三）知道。बुधाः（बुध 阳，复，体）智者。

> ऋषिदेवगणस्वधाभुजां श्रुतयागप्रसवैः स पार्थिवः।
> अनृणत्वमुपेयिवान्बभौ परिधेर्मुक्त इवोष्णदीधितिः॥३०॥

> 通过学问、祭祀和生子，
> 这位国王还清了仙人、
> 天神和祖先们的债务，
> 犹如太阳摆脱了晕圈。（30）

解析：ऋषि（仙人）-देव（天神）-गण（群）-स्वधा（祭品）-भुजाम्（भुज् 享受），复合词（阳，复，属），仙人、天神和祖先。श्रुत（学问）-याग（祭祀）-प्रसवैः（प्रसव 生子），复合词（阳，复，具），学问、祭祀和生子。स（तद् 阳，单，体）他。पार्थिवः（पार्थिव 阳，单，体）国王。अनृणत्वम्（अनृणत्व 中，单，业）没有债务。उपेयिवान्（उपेयिवस् 完分，

---

① 十首王之敌指罗摩。

阳，单，体）达到。बभौ（√भा 完成，单，三）发光。परिघेः（परिधि 阳，单，从）晕圈。
मुक्तः（मुक्त 阳，单，体）摆脱。इव（不变词）犹如。उष्ण（热的）-दीधितिः（दीधिति 光线），
复合词（阳，单，体），太阳。

बलमार्तभयोपशान्तये विदुषां सत्कृतये बहुश्रुतम्।
वसु तस्य विभोर्न केवलं गुणवत्तापि परप्रयोजना॥३१॥

力量用于消除受苦者的
恐惧，博学用于尊敬智者，
不仅财富，还有品德，这位
国王都用于为他人谋福祉。（31）

解析：बलम्（बल 中，单，体）力量。आर्त（受苦的）-भय（恐惧）-उपशान्तये（उपशान्ति 消除），复合词（阴，单，为），消除受苦者的恐惧。विदुषाम्（विद्वस् 阳，复，属）智者。सत्कृतये（सत्कृति 阴，单，为）善待，尊敬。बहु（多的）-श्रुतम्（श्रुत 所闻），复合词（中，单，体），博学多闻。वसु（वसु 中，单，体）财富。तस्य（तद् 阳，单，属）他。विभोः（विभु 阳，单，属）国王。न（不变词）不。केवलम्（केवल 中，单，体）仅仅。गुणवत्ता（गुणवत्ता 阴，单，体）有品德。अपि（不变词）也。पर（别人）-प्रयोजना（प्रयोजन 用于），复合词（阴，单，体），用于他人。

स कदाचिदवेक्षितप्रजः सह देव्या विजहार सुप्रजः।
नगरोपवने शचीसखो मरुतां पालयितेव नन्दने॥३२॥

他管好臣民，又有了好儿子，
一次，偕同王后在城中花园
游乐，犹如众天神的保护者[①]
在天国欢喜园，有舍姬作伴。（32）

解析：स（तद् 阳，单，体）他。कदाचित्（不变词）一次。अवेक्षित（观察，关注）-प्रजः（प्रजा 臣民），复合词（阳，单，体），管好臣民。सह（不变词）一起。देव्या（देवी 阴，单，具）王后。विजहार（वि√ह्र 完成，单，三）游乐。सु（好的）-प्रजः（प्रजा 后代，儿子），复合词（阳，单，体），有好儿子。नगर（城）-उपवने（उपवन 花园），复合

---

① 众天神的保护者指因陀罗。

词（中，单，依），城中花园。**शची**（舍姬）-**सखः**（सख 同伴），复合词（阳，单，体），有舍姬为伴的。**मरुताम्**（मरुत् 阳，复，属）天神。**पालयिता**（पालयितृ 阳，单，体）保护者。**इव**（不变词）犹如。**नन्दने**（नन्दन 中，单，依）欢喜园。

अथ रोधसि दक्षिणोदधेः श्रितगोकर्णनिकेतमीश्वरम्।
उपवीणयितुं ययौ रवेरुदगावृत्तिपथेन नारदः॥३३॥

那时，那罗陀仙人沿着太阳
从北方回归之路，前往南海
岸边的戈迦尔纳，弹奏琵琶，
赞颂居住在那里的自在天。（33）

解析：अथ（不变词）那时。**रोधसि**（रोधस् 中，单，依）岸。**दक्षिण**（南）-**उदधेः**（उदधि 海），复合词（阳，单，属），南海。**श्रित**（靠近，位于）-**गोकर्ण**（地名，戈迦尔纳）-**निकेतम्**（निकेत 住处），复合词（阳，单，业），住在位于（南海岸边的）戈迦尔纳。**ईश्वरम्**（ईश्वर 阳，单，业）自在天，湿婆。**उपवीणयितुम्**（उप√वीणय 不定式）在前面弹琵琶。**ययौ**（√या 完成，单，三）走。**रवेः**（रवि 阳，单，属）太阳。**उदक्**（北边）-**आवृत्ति**（回归）-**पथेन**（पथ 路），复合词（阳，单，具），北方回归之路。**नारदः**（नारद 阳，单，体）那罗陀仙人。

कुसुमैर्ग्रथितामपार्थिवैः स्रजमातोद्यशिरोनिवेशिताम्।
अहरत्किल तस्य वेगवानधिवासस्पृहयेव मारुतः॥३४॥

他的乐器顶端系有花环，
缀满天国的鲜花，据说，
一阵强劲的风吹来，仿佛
贪图它的花香，将它刮落。（34）

解析：कुसुमैः（कुसुम 中，复，具）花朵。**ग्रथिताम्**（ग्रथित 阴，单，业）缀有。**अपार्थिवैः**（अपार्थिव 中，复，具）非凡的，天上的。**स्रजम्**（स्रज् 阴，单，业）花环。**आतोद्य**（乐器）-**शिरस्**（顶端）-**निवेशिताम्**（निवेशित 安放），复合词（阴，单，业），挂在乐器顶端的。**अहरत्**（√हृ 未完，单，三）取走。**किल**（不变词）据说。**तस्य**（तद् 阳，单，属）他。**वेगवान्**（वेगवत् 阳，单，体）强劲的。**अधिवास**（香气）-**स्पृहया**（स्पृहा 贪图），复合词（阴，单，具），贪图香气。**इव**（不变词）仿佛。**मारुतः**（मारुत 阳，单，体）风。

भ्रमरैः कुसुमानुसारिभिः परिकीर्णा परिवादिनी मुनेः।
दृष्टो पवनावलेपजं सृजती बाष्पमिवाञ्जनाविलम्॥३५॥

这位牟尼的乐器周围，
布满追逐鲜花的黑蜂，
看似乐器遭遇强风欺辱，
流下沾有黑眼膏的泪水。（35）

解析： भ्रमरैः（भ्रमर 阳，复，具）黑蜂。कुसुम（花朵）-अनुसारिभिः（अनुसारिन् 追逐），复合词（阳，复，具），追逐鲜花的。परिकीर्णा（परिकीर्ण 阴，单，体）散布。परिवादिनी（परिवादिनी 阴，单，体）乐器。मुनेः（मुनि 阳，单，属）牟尼。दृष्टो（√दृश् 完成，被，单，三）看。पवन（风）-अवलेप（欺辱）-जम्（ज 产生），复合词（阳，单，业），受到强风欺辱产生的。सृजती（सृजत् 现分，阴，单，体）流下。बाष्पम्（बाष्प 阳，单，业）泪水。इव（不变词）似。अञ्जन（黑眼膏）-आविलम्（आविल 沾有），复合词（阳，单，业），沾有黑眼膏的。

अभिभूय विभूतिमार्तवीं मधुगन्ध्यातिशयेन वीरुधाम्।
नृपतेरमरस्रगाप सा दयितोरुस्तनकोटिसुस्थितिम्॥३६॥

这天国花环充满花蜜和
芳香，光辉胜过各季蔓藤，
恰好坠落在国王的爱妻，
那对丰满的乳房顶端。（36）

解析： अभिभूय（अभि√भू 独立式）胜过。विभूतिम्（विभूति 阴，单，业）光辉。आर्तवीम्（आर्तव 阴，单，业）各季的，时令的。मधु（花蜜）-गन्ध（芳香）-अतिशयेन（अतिशय 很多，丰富），复合词（阳，单，具），充满花蜜和芳香。वीरुधाम्（वीरुध् 阴，复，属）蔓藤。नृपतेः（नृपति 阳，单，属）国王。अमर（天神的，天国的）-स्रक्（स्रज् 花环），复合词（阴，单，体），天国花环。आप（√आप् 完成，单，三）达到。सा（तद् 阴，单，体）它，指花环。दयिता（爱妻）-उरु（宽阔，丰满）-स्तन（乳房）-कोटि（顶端）-सुस्थितिम्（सुस्थिति 好位置），复合词（阴，单，业），恰好在爱妻那对丰满的乳房顶端。

क्षणमात्रसखी सुजातयोः स्तनयोस्तामवलोक्य विह्वला।
निमिमील नरोत्तमप्रिया हृतचन्द्रा तमसेव कौमुदी॥३७॥

这位人中俊杰的爱妻，只不过
在刹那间，看到花环成为那对
优美乳房的女友，便在惊恐中
闭上眼睛，犹如黑暗夺走月光。（37）

解析：क्षण（刹那）-मात्र（仅仅）-सखीम्（सखी 女友），复合词（阴，单，业），仅仅刹那间成为女朋友。सुजातयोः（सुजात 阳，双，属）优美的。स्तनयोः（स्तन 阳，双，属）乳房。ताम्（तद् 阴，单，业）它，指花环。अवलोक्य（अव√लोक् 独立式）看到。विह्वला（विह्वल 阴，单，体）惊恐的。निमिमील（नि√मील् 完成，单，三）闭上眼睛。नर（人）-उत्तम（最好的）-प्रिया（प्रिया 爱妻），复合词（阴，单，体），人中俊杰的爱妻。हृत（夺走）-चन्द्रा（चन्द्र 月亮），复合词（阴，单，体），夺走月亮的。तमसा（तमस् 中，单，具）黑暗。इव（不变词）犹如。कौमुदी（कौमुदी 阴，单，体）月光。

वपुषा करणोज्झितेन सा निपतन्ती पतिमप्यपातयत्।
ननु तैलनिषेकबिन्दुना सह दीपार्चिरुपैति मेदिनीम्॥३८॥

身体丧失官能，她倒下，
连带她的丈夫也倒下，
一旦灯焰坠地，岂不是
也连带着流淌的油滴？（38）

解析：वपुषा（वपुस् 中，单，具）身体。करण（感官）-उज्झितेन（उज्झित 丧失），复合词（中，单，具），丧失官能。सा（तद् 阴，单，体）她。निपतन्ती（निपतत् 现分，阴，单，体）倒下。पतिम्（पति 阳，单，业）丈夫。अपि（不变词）也。अपातयत्（√पत् 致使，未完，单，三）倒下。ननु（不变词）岂不是。तैल（油）-निषेक（流淌）-बिन्दुना（बिन्दु 滴），复合词（阳，单，具），流淌的油滴。सह（不变词）一起。दीप（灯）-अर्चिः（अर्चि 火焰），复合词（阴，单，体），灯焰。उपैति（उप√इ 现在，单，三）走向。मेदिनीम्（मेदिनी 阴，单，业）大地。

उभयोरपि पार्श्ववर्तिनां तुमुलेनार्तरवेण वेजिताः।
विहगाः कमलाकरालयाः समदुःखा इव तत्र चुक्रुशुः॥३९॥

受到他俩的侍从混乱
而痛苦的叫声惊吓，
莲花池中的鸟也仿佛
同样痛苦，发出哀鸣。（39）

解析：उभयोः（उभ 阳，双，属）他俩。अपि（不变词）甚至。पार्श्व（身边）-वर्तिनाम्（वर्तिन् 活动的），复合词（阳，复，属），侍从。तुमुलेन（तुमुल 阳，单，具）混乱的。आर्त（痛苦的）-रवेण（रव 叫声），复合词（阳，单，具），痛苦的叫声。वेजिताः（वेजित 阳，复，体）受惊吓。विहगाः（विहग 阳，复，体）鸟。कमल（莲花）-आकर（大量）-आलयाः（आलय 住处），复合词（阳，复，体），莲花池中的。सम（同样）-दुःखाः（दुःख 痛苦），复合词（阳，复，体），同样痛苦。इव（不变词）仿佛。तत्र（不变词）那里。चुकुशुः（√कुश् 完成，复，三）鸣叫。

नृपतेर्व्यजनादिभिस्तमो नुनुदे सा तु तथैव संस्थिता।
प्रतिकारविधानमायुषः सति शेषे हि फलाय कल्पते॥४०॥

用扇子扇风和其他手段，
终于解除了国王的昏厥，
而王后依然那样，因为只有
命数未尽，救治才会有效。（40）

解析：नृपतेः（नृपति 阳，单，属）国王。व्यजन（扇子）-आदिभिः（आदि 等等），复合词（阳，复，具），扇子等等。तमः（तमस् 中，单，体）昏厥。नुनुदे（√नुद् 完成，被，单，三）驱除。सा（तद् 阴，单，体）她。तु（不变词）但是。तथा（不变词）这样。एव（不变词）依旧。संस्थिता（संस्थित 阴，单，体）保持。प्रतिकार（对治，救治）-विधानम्（विधान 手段），复合词（中，单，体），救治手段。आयुषः（आयुस् 中，单，属）寿命。सति（सत् 现分，中，单，依）有，存在。शेषे（शेष 中，单，依）剩余。हि（不变词）因为。फलाय（फल 中，单，为）结果。कल्पते（√कॢप् 现在，单，三）产生。

प्रतियोजयितव्यवल्लकीसमवस्थामथ सत्त्वविप्लुवात्।
स निनाय नितान्तवत्सलः परिगृह्योचितमङ्कमङ्कनाम्॥४१॥

王后失去生命，如同失音
而需要重新调整的琵琶，

国王满怀深情，抱起爱妻，
按照习惯放在自己膝上。（41）

解析：प्रतियोजयितव्य（需要调整的）-वल्लकी（琵琶）-समवस्थाम्（समवस्था 相似状态），复合词（阴，单，业），如同需要调整的琵琶。अथ（不变词）然后。सत्त्व（生命）-विप्लवात्（विप्लव 失去），复合词（阳，单，从），失去生命。स（तद् 阳，单，体）他。निनाय（√नी 完成，单，三）放。नितान्त（深深的）-वत्सलः（वत्सल 关爱），复合词（阳，单，体），满怀深情。परिगृह्य（परि√ग्रह् 独立式）抱起。उचितम्（उचित 阳，单，业）习惯的。अङ्कम्（अङ्क 阳，单，业）膝部。अङ्गनाम्（अङ्गना 阴，单，业）妇女。

पतिरङ्कनिषण्णया तया करणापायविभिन्नवर्णया।
समलक्ष्यत बिभ्रदाविलां मृगलेखामुषसीव चन्द्रमाः॥४२॥

王后失去知觉，脸色灰白，
躺在国王的膝上，这样，
国王显得像清晨的月亮，
带有昏暗的鹿儿印记。（42）

解析：पतिः（पति 阳，单，体）国王。अङ्क（膝部）-निषण्णया（निषण्ण 躺），复合词（阴，单，具），躺在膝上。तया（तद् 阴，单，具）她。करण（感官）-अपाय（失去）-विभिन्न（破坏）-वर्णया（वर्ण 颜色），复合词（阴，单，具），失去知觉而脸色灰白。समलक्ष्यत（सम्√लक्ष् 未完，被，单，三）显得。बिभ्रत्（बिभ्रत् 现分，阳，单，体）带有。आविलाम्（आविल 阴，单，业）昏暗的。मृग（鹿儿）-लेखाम्（लेखा 印记），复合词（阴，单，业），鹿儿印记。उषसि（उषस् 阴，单，依）清晨。इव（不变词）像。चन्द्रमाः（चन्द्रमस् 阳，单，体）月亮。

विललाप स वाष्पगद्गदं सहजामप्यपहाय धीरताम्।
अभितप्तमयोऽपि मार्दवं भजते कैव कथा शरीरिषु॥४३॥

他甚至失去了天生的坚定，
发出哀悼，话音带泪而哽咽，
即使是铁，高温下也会变软，
更不必说对于血肉之躯的人！（43）

解析：विललाप（वि√लप् 完成，单，三）哀悼。स（तद् 阳，单，体）他。वाष्प（=बाष्प 眼泪）-गद्गदम्（गद्गद 结结巴巴），复合词（不变词），带泪而哽咽。सहजाम्（सहज 阴，单，业）天生的。अपि（不变词）即使。अपहाय（अप√हा 独立式）失去。धीरताम्（धीरता 阴，单，业）坚定。अभितप्तम्（अभितप्त 中，单，体）加热。अयः（अयस् 中，单，体）铁。अपि（不变词）即使。मार्देवम्（मार्देव 中，单，业）柔软。भजते（√भज् 现在，单，三）具有。का（किम् 阴，单，体）什么。एव（不变词）确实。कथा（कथा 阴，单，体）说。शरीरिषु（शरीरिन् 阳，复，依）有身体的，人。

> कुसुमान्यपि गात्रसंगमात्रभवन्त्यायुरपोहितुं यदि।
> न भविष्यति हन्त साधनं किमिवान्यत्प्रहरिष्यतो विधेः॥४४॥

"如果那些花儿接触身体，
也能夺走人的性命，天啊！
一旦命运想要打击，还有
什么不能成为它的工具？（44）

解析：कुसुमानि（कुसुम 中，复，体）花朵。अपि（不变词）甚至。गात्र（身体）-संगमात्（संगम 接触），复合词（阳，单，从），接触身体。प्रभवन्ति（प्र√भू 现在，复，三）能够。आयुः（आयुस् 中，单，业）性命。अपोहितुम्（अप√ऊह् 独立式）夺走。यदि（不变词）如果。न（不变词）不。भविष्यति（√भू 将来，单，三）成为。हन्त（不变词）天啊。साधनम्（साधन 中，单，体）手段，工具。किम्（किम् 中，单，体）什么。इव（不变词）难道。अन्यत्（अन्य 中，单，体）其他的。प्रहरिष्यतः（प्रहरिष्यत् 将分，阳，单，属）打击。विधेः（विधि 阳，单，属）命运。

> अथवा मृदु वस्तु हिंसितुं मृदुनैवारभते प्रजान्तकः।
> हिमसेकविपत्तिरत्र मे नलिनी पूर्वनिदर्शनं मता॥४५॥

"或许，死神用柔软的
手段毁灭柔软的事物，
在我看来，莲花死于
降下的霜雪便是先例。（45）

解析：अथवा（不变词）或许。मृदु（मृदु 中，单，业）柔软的。वस्तु（वस्तु 中，单，业）事物。हिंसितुम्（√हिंस् 不定式）杀害。मृदुना（मृदु 中，单，具）柔软。एव（不变词）

确实。**आरभते**（आ√रभ् 现在，单，三）开始，着手。**प्रजा**（众生）-**अन्तकः**（अन्तक 毁灭），复合词（阳，单，体），毁灭众生者，死神。**हिम**（霜雪）-**सेक**（降下）-**विपत्तिः**（विपत्ति 死亡），复合词（阴，单，体），死于降下的霜雪。**अत्र**（不变词）这儿。**मे**（मद् 单，属）我。**नलिनी**（नलिनी 阴，单，体）莲花。**पूर्व**（先前的）-**निदर्शनम्**（निदर्शन 例子），复合词（中，单，体），先例。**मता**（मत 阴，单，体）认为。

स्रगियं यदि जीवितापहा हृदये किं निहिता न हन्ति माम्।
विषमप्यमृतं कचिद्भवेदमृतं वा विषमीश्वरेच्छया॥४६॥

"如果这个花环能夺人性命，
放在我的心口，为何不毁灭我？
这一切都按照自在天的意愿，
毒药变甘露，或甘露变毒药。（46）

解析：स्रक्（स्रज् 阴，单，体）花环。**इयम्**（इदम् 阴，单，体）这。**यदि**（不变词）如果。**जीवित**（生命）-**अपहा**（अपह 夺走），复合词（阴，单，体），夺去生命。**हृदये**（हृदय 中，单，依）心。**किम्**（不变词）怎么。**निहिता**（निहित 阴，单，体）安放。**न**（不变词）不。**हन्ति**（√हन् 现在，单，三）杀死。**माम्**（मद् 单，业）我。**विषम्**（विष 中，单，体）毒药。**अपि**（不变词）甚至。**अमृतम्**（अमृत 中，单，体）甘露。**कचित्**（不变词）有时。**भवेत्**（√भू 虚拟，单，三）变成。**अमृतम्**（अमृत 中，单，体）甘露。**वा**（不变词）或。**विषम्**（विष 中，单，体）毒药。**ईश्वर**（自在天）-**इच्छया**（इच्छा 意愿），复合词（阴，单，具），自在天的意愿。

अथवा मम भाग्यविप्लवादशनिः कल्पित एष वेधसा।
यदनेन तरुर्न पातितः क्षपिता तद्विटपाश्रिता लता॥४७॥

"或许是我的时运倒转，
创造主创造出这种雷电；
它没有击毁大树本身，
却击毁依附树枝的蔓藤。（47）

解析：अथवा（不变词）或许。**मम**（मद् 单，属）我。**भाग्य**（好运）-**विप्लवात्**（विप्लव 失去），复合词（阳，单，从），时运倒转。**अशनिः**（अशनि 阳，单，体）雷电。**कल्पितः**（कल्पित 阳，单，体）创造。**एष**（एतद् 阳，单，体）这，指雷电。**वेधसा**（वेधस् 阳，单，

具）创造主。**यद्**（不变词）因为。**अनेन**（इदम् 阳，单，具）这，指雷电。**तरुः**（तरु 阳，单，体）树。**न**（不变词）不。**पातितः**（पातित 阳，单，体）击倒。**क्षपिता**（क्षपित 阴，单，体）毁灭。**तद्**（它，指树）-**विटप**（树枝）-**आश्रिता**（आश्रित 依附），复合词（阴，单，体），依附树枝的。**लता**（लता 阴，单，体）蔓藤。

कृतवत्यसि नावधीरणामपराद्धे ऽपि यदा चिरं मयि।
कथमेकपदे निरागसं जनमाभाष्यमिमं न मन्यसे॥४८॥

"长期以来，即使我犯了错误，
你也不嫌弃我，为何突然间，
对我这个没有犯错误的人，
你反而会认为不值得说话？（48）

解析：**कृतवती**（कृतवत् 阴，单，体）做。**असि**（√अस् 现在，单，二）是。**न**（不变词）不。**अवधीरणाम्**（अवधीरणा 阴，单，业）轻视，嫌弃。**अपराद्धे**（अपराद्ध 阳，单，依）犯错。**अपि**（不变词）即使。**यदा**（不变词）如果。**चिरम्**（不变词）长期以来。**मयि**（मद् 单，依）我。**कथम्**（不变词）为何。**एकपदे**（不变词）突然间。**निरागसम्**（निरागस् 阳，单，业）没有错误的。**जनम्**（जन 阳，单，业）人。**आभाष्यम्**（आभाष्य 阳，单，业）值得说话的。**इमम्**（इदम् 阳，单，业）这个。**न**（不变词）不。**मन्यसे**（√मन् 现在，单，二）认为。

ध्रुवमस्मि शठः शुचिस्मिते विदितः कैतववत्सलस्तव।
परलोकमसंनिवृत्तये यदनापृच्छ्य गतासि मामितः॥४९॥

"笑容灿烂的夫人啊！肯定
你认为我是个虚情假意的
伪君子，因为你不辞而别，
前往另一个世界，不再返回。（49）

解析：**ध्रुवम्**（不变词）肯定。**अस्मि**（√अस् 现在，单，一）是。**शठः**（शठ 阳，单，体）骗子。**शुचि**（灿烂的）-**स्मिते**（स्मित 微笑），复合词（阴，单，呼），笑容灿烂的。**विदितः**（विदित 阳，单，体）知道，认为。**कैतव**（虚假的）-**वत्सलः**（वत्सल 关爱），复合词（阳，单，体），虚情假意的。**तव**（त्वद् 单，属）你。**पर**（另一个）-**लोकम्**（लोक 世界），复合词（阳，单，业），另一个世界。**असंनिवृत्तये**（असंनिवृत्ति 阴，单，为）不返

回。यद् （不变词）因为。अनापृच्छ्य (अन्-आ√प्रच्छ् 独立式) 不告别。गता (गत 阴，单，体) 去。असि (√अस् 现在，单，二) 是。माम् (मद् 单，业) 我。इतस् (不变词) 从这儿。

दयितां यदि तावदन्वगाद्विनिवृत्तं किमिदं तया विना।
सहतां हतजीवितं मम प्रबलामात्मकृतेन वेदनाम्॥५०॥

"我这可悲的生命自作自受，
就让它忍受强烈的痛苦吧！
既然它原先跟随我的爱妻，
为何又要离开她，自己返回？① （50）

解析：दयिताम् (दयिता 阴，单，业) 爱妻。यदि (不变词) 如果。तावत् (不变词) 当初，原先。अन्वगात् (अनु√गा 不定，单，三) 跟随。विनिवृत्तम् (विनिवृत्त 中，单，体) 回来。किम् (不变词) 为什么。इदम् (इदम् 中，单，体) 这。तया (तद् 阴，单，具) 她。विना (不变词) 没有，缺了。सहताम् (√सह् 命令，单，三) 忍受。हत (伤害，不幸)-जीवितम् (जीवित 生命)，复合词（中，单，体），不幸的生命。मम (मद् 单，属) 我。प्रबलाम् (प्रबल 阴，单，业) 强烈的。आत्म (आत्मन् 自己)-कृतेन (कृत 作为)，复合词（中，单，具），自己所作所为。वेदनाम् (वेदना 阴，单，业) 痛苦。

सुरतश्रमसंभृतो मुखे ध्रियते स्वेदलवोद्गमो ऽपि ते।
अथ चास्तमिता त्वमात्मना धिगिमां देहभृतामसारताम्॥५१॥

"欢爱疲倦渗出的汗珠，
甚至还留在你的脸上，
你自己却已走向死亡，
呸！这生命是这样脆弱！ （51）

解析：सुरत (欢爱)-श्रम (疲倦)-संभृतः (संभृत 凝聚，产生)，复合词（阳，单，体），欢爱疲倦渗出的。मुखे (मुख 中，单，依) 脸。ध्रियते (√धृ 现在，单，三) 存在，留。स्वेद (汗)-लव (滴)-उद्गमः (उद्गम 出现)，复合词（阳，单，体），汗珠出现。अपि （不变词）还。ते (त्वद् 单，属) 你。अथ （不变词）然后。च （不变词）和。अस्तम् (अस्त 中，单，业) 死亡。इता (इत 阴，单，体) 走向。त्वम् (त्वद् 单，体) 你。आत्मना (आत्मन्

---

① 意谓国王当时也昏厥过去，后又醒来。参阅前面第40颂。

阳，单，具）自己。धिक्（不变词）呸。इमाम्（इदम् 阴，单，业）这。देह（身体）-भृताम्
（भृत् 具有），复合词（阳，复，属），有身体者，生命。असारताम्（असारता 阴，单，
业）脆弱。

मनसापि न विप्रियं मया कृतपूर्वं तव किं जहासि माम्।
ननु शब्दपतिः क्षितेरहं त्वयि मे भावनिबन्धना रतिः॥५२॥

"过去我从未错待你，甚至没有
这样的念头，那你为何要抛弃我？
我作为大地之主确实徒有其名，
但却是始终一心一意爱着你。（52）

解析：मनसा（मनस् 中，单，具）思想，念头。अपि（不变词）甚至。न（不变词）
不。विप्रियम्（विप्रिय 中，单，体）错待。मया（मद् 单，具）我。कृत（做）-पूर्वम्（पूर्व 过
去），复合词（中，单，体），过去做的。तव（त्वद् 单，属）你。किम्（不变词）为
什么。जहासि（√हा 现在，单，二）抛弃。माम्（मद् 单，业）我。ननु（不变词）确实。
शब्द（名号）-पतिः（पति 主人），复合词（阳，单，体），徒有其名的主人。क्षितेः（क्षिति
阴，单，属）大地。अहम्（मद् 单，体）我。त्वयि（त्वद् 单，依）你。मे（मद् 单，属）
我。भाव（情）-निबन्धना（निबन्धन 联系），复合词（阴，单，体），情系于。रतिः（रति 阴，
单，体）爱。

कुसुमोत्खचितान्वलीभृतश्चलयन्भृङ्गरुचस्तवालकान्।
करभोरु करोति मारुतस्त्वदुपावर्तनशङ्कि मे मनः॥५३॥

"大腿宛如象牙的夫人啊！
风儿吹拂你卷曲的头发，
色泽似黑蜂，佩戴着花朵，
不由得让我猜想你已复活。（53）

解析：कुसुम（花朵）-उत्खचितान्（उत्खचित 镶嵌，佩戴），复合词（阳，复，业），
佩戴着花朵。वली（卷曲）-भृतः（भृत 带有），复合词（阳，复，业），卷曲的。चलयन्
（चलयत् 致使，现分，阳，单，体）摇动。भृङ्ग（黑蜂）-रुचः（रुच् 光辉，色泽），复合词
（阳，复，业），色泽似黑蜂的。तव（त्वद् 单，属）你。अलकान्（अलक 阳，复，业）
头发。करभ（象牙）-ऊरु（ऊरु 大腿），复合词（阴，单，呼），大腿宛如象牙的。करोति

(√कृ 现在，单，三）做。मारुतः（मारुत 阳，单，体）风。त्वद्（你）-उपावर्तन（回来，复活）-शङ्कि（शङ्किन् 怀疑），复合词（中，单，业），猜想你复活。मे（मद् 单，属）我。मनः（मनस् 中，单，业）思想。

तदपोहितुमर्हसि प्रिये प्रतिबोधेन विषादमाशु मे।
ज्वलितेन गुहागतं तमस्तुहिनाद्रेरिव नक्तमोषधिः॥५४॥

"因此，请你赶快醒来，
爱妻啊！消除我的忧愁，
就像药草在夜晚发光，
驱除雪山山洞的黑暗。（54）

解析：तद्（不变词）因此。अपोहितुम्（अप√ऊह् 不定式）消除。अर्हसि（√अर्ह् 现在，单，二）请，能够。प्रिये（प्रिया 阴，单，呼）爱妻。प्रतिबोधेन（प्रतिबोध 阳，单，具）醒来。विषादम्（विषाद 阳，单，业）忧愁。आशु（不变词）赶快。मे（मद् 单，属）我。ज्वलितेन（ज्वलित 中，单，具）光芒。गुहा（山洞）-गतम्（गत 处于），复合词（中，单，业），山洞中的。तमः（तमस् 中，单，业）黑暗。तुहिन（雪）-अद्रेः（अद्रि 山），复合词（阳，单，属），雪山。इव（不变词）像。नक्तम्（不变词）夜晚。ओषधिः（ओषधि 阴，单，体）药草。

इदमुच्छ्वसितालकं मुखं तव विश्रान्तकथं दुनोति माम्।
निशि सुप्तमिवैकपङ्कजं विरताभ्यन्तरषड्दस्वनम्॥५५॥

"你的脸上，卷发还在晃动，
却不再开口说话，令我哀戚，
犹如一株莲花，在夜晚入睡，
里面的蜜蜂嗡嗡声已停息。（55）

解析：इदम्（中，单，体）这。उच्छ्वसित（晃动）-अलकम्（अलक 头发），复合词（中，单，体），头发晃动。मुखम्（मुख 中，单，体）脸。तव（त्वद् 单，属）你。विश्रान्त（विश्रान्त 停止）-कथम्（कथा 说话），复合词（中，单，体），停止说话。दुनोति（√दु 现在，单，三）折磨，难受。माम्（मद् 单，业）我。निशि（निश् 阴，单，依）夜。सुप्तम्（सुप्त 中，单，体）入睡。इव（不变词）犹如。एक（一）-पङ्कजम्（पङ्कज 莲花），复合词（中，单，体），一株莲花。विरत（停息）-अभ्यन्तर（里面）-षड्द（蜜蜂）-स्वनम्（स्वन 声音），

复合词（中，单，体），里面的蜜蜂嗡嗡声已停息。

शशिनं पुनरेति शर्वरी दयिता द्वन्द्वचरं पतत्रिणम्।
इति तौ विरहान्तरक्षमौ कथमत्यन्तगता न मां दहेः॥५६॥

"夜晚能与月亮重逢，雌轮鸟
能与相伴而行的雄轮鸟会合，
这样，双方能忍受暂时的分离，
而你永远离去，怎不令我心焦？（56）

解析：शशिनम्（शशिन् 阳，单，业）月亮。पुनर्（不变词）再。एति（√इ 现在，单，三）走向。शर्वरी（शर्वरी 阴，单，体）夜晚。दयिता（दयिता 阴，单，体）妻子，指雌轮鸟。द्वन्द्व（成双）-चरम्（चर 行），复合词（阳，单，业），结伴而行的。पतत्रिणम्（पतत्रिन् 阳，单，业）鸟，指雄轮鸟。इति（不变词）这样。तौ（तद् 双，体）他俩，双方。विरह（分离）-अन्तर（间隔）-क्षमौ（क्षम 忍受），复合词（阳，双，体），忍受暂时的分离。कथम्（不变词）怎么。अत्यन्त（永远的）-गता（गत 离开），复合词（阴，单，体），永远离去。न（不变词）不。माम्（मद् 单，业）我。दहेः（√दह् 虚拟，单，二）燃烧，折磨。

नवपल्लवसंस्तरेऽपि ते मृदु दूयेत यदङ्गमर्पितम्।
तदिदं विषहिष्यते कथं वद वामोरु चिताधिरोहणम्॥५७॥

"你的柔软的肢体，即使
躺在嫩芽床上，也会硌疼，
大腿迷人的夫人啊，你说，
它怎能忍受躺在火葬堆上？（57）

解析：नव（新的）-पल्लव（嫩芽）-संस्तरे（संस्तर 床），复合词（阳，单，依），嫩芽床。अपि（不变词）即使。ते（त्वद् 单，属）你的。मृदु（मृदु 中，单，体）柔软的。दूयेत（√दु 虚拟，被，单，三）折磨，难受。यत्（यद् 中，单，体）它，指肢体。अङ्गम्（अङ्ग 中，单，体）肢体。अर्पितम्（अर्पित 中，单，体）安放。तत्（तद् 中，单，体）它，指肢体。इदम्（इदम् 中，单，业）这。विषहिष्यते（वि√सह् 将来，单，三）忍受。कथम्（不变词）怎么。वद（√वद् 命令，单，二）说。वाम（优美的）-उरु（उरु 大腿），复合词（阴，单，呼），大腿迷人者。चिता（火葬堆）-अधिरोहणम्（अधिरोहण 安放），复合词

（中，单，业），放在火葬堆上。

इयमप्रतिबोधशायिनीं रशना त्वां प्रथमा रहःसखी।
गतिविभ्रमसादनीरवा न शुचा नानुमृतेव लक्ष्यते॥५८॥

"腰带是你的隐秘处的好友，
你失去优美步姿，它失去
叮当响声，看似满怀哀伤，
你长眠不醒，它随你死去。（58）

解析：इयम् (इदम् 阴，单，体) 这。अप्रतिबोध (不醒)-शायिनीम् (शायिन् 躺着)，复合词（阴，单，业），长眠不醒的。रशना (रशना 阴，单，体) 腰带。त्वाम् (त्वद् 单，业) 你。प्रथमा (प्रथम 阴，单，体) 第一位的。रहस् (隐秘处)-सखी (सखी 女友)，复合词（阴，单，体），隐秘处的女友。गति (步子)-विभ्रम (优美的姿势)-साद (失去)-नीरवा (नीरव 没有声音)，复合词（阴，单，体），因失去优美步姿而失去叮当响声。न（不变词）不。शुचा (शुच् 阴，单，具) 悲伤。न（不变词）不。अनुमृता (अनुमृत 阴，单，体) 跟随而死。इव（不变词）似。लक्ष्यते (√लक्ष् 现在，被，单，三) 看。

कलमन्यभृतासु भाषितं कलहंसीषु मदालसं गतम्।
पृषतीषु विलोलमीक्षितं पवनाधूतलतासु विभ्रमाः॥५९॥

"杜鹃轻柔甜蜜的叫声，
天鹅迷醉懒散的步姿，
羚羊闪烁不定的目光，
蔓藤风中的摇曳姿态。（59）

解析：कलम् (कल 中，单，体) 轻柔甜美的。अन्यभृतासु (अन्यभृता 阴，复，依) 雌杜鹃。भाषितम् (भाषित 中，单，体) 说话，鸣叫。कलहंसीषु (कलहंसी 阴，复，依) 雌天鹅。मद (迷醉)-अलसम् (अलस 懒散)，复合词（中，单，体），迷醉懒散的。गतम् (गत 中，单，体) 步态。पृषतीषु (पृषती 阴，复，依) 雌羚羊。विलोलम् (विलोल 中，单，体) 转动的。ईक्षितम् (ईक्षित 中，单，体) 眼光。पवन (风)-आधूत (摇动)-लतासु (लता 蔓藤)，复合词（阴，复，依），风儿摇动的蔓藤。विभ्रमाः (विभ्रम 阳，复，体) 优美姿态。

त्रिदिवोत्सुकयाप्यवेक्ष्य मां निहिताः सत्यममी गुणास्त्वया।
विरहे तव मे गुरुव्यथं हृदयं न त्ववलम्बितुं क्षमाः॥६०॥

"确实，即使你急于前往天国，
为我着想，留下这些优美品质，
但是，它们并不能承载我的
与你分离而痛苦沉重的心。（60）

解析：त्रिदिव（天国）-उत्सुकया（उत्सुक 迫切，急于），复合词（阴，单，具），急于到天国。अपि（不变词）即使。अवेक्ष्य（अव√ईक्ष् 独立式）考虑，关心。माम्（मद् 单，业）我。निहिताः（निहित 阳，复，体）留下。सत्यम्（不变词）确实。अमी（अदस् 阳，复，体）那。गुणाः（गुण 阳，复，体）品质。त्वया（त्वद् 单，具）你。विरहे（विरह 阳，单，依）分离。तव（त्वद् 单，属）你。मे（मद् 单，属）我。गुरु（沉重）-व्यथम्（व्यथा 痛苦），复合词（中，单，业），痛苦沉重的。हृदयम्（हृदय 中，单，业）心。न（不变词）不。तु（不变词）但是。अवलम्बितुम्（अव√लम्ब् 不定式）撑住，承担。क्षमाः（क्षम 阳，复，体）能够。

मिथुनं परिकल्पितं त्वया सहकारः फलिनी च नन्विमौ।
अविधाय विवाहसत्क्रियामनयोर्गम्यत इत्यसांप्रतम्॥६१॥

"难道你不是已经决定，
让芒果树和蔓藤成亲？
你不应该没有为它俩
安排喜庆婚礼就离开。（61）

解析：मिथुनम्（मिथुन 中，单，体）配对。परिकल्पितम्（परिकल्पित 中，单，体）决定。त्वया（त्वद् 单，具）你。सहकारः（सहकार 阳，单，体）芒果树。फलिनी（फलिनी 阴，单，体）蔓藤。च（不变词）和。ननु（不变词）难道不是。इमौ（इदम् 阳，双，体）它俩。अविधाय（अ-वि√धा 独立式）没有完成，没有安排。विवाह（结婚）-सत्क्रियाम्（सत्क्रिया 喜庆仪式），复合词（阴，单，业），喜庆婚礼。अनयोः（इदम् 阳，双，属）它俩。गम्यते（√गम् 现在，被，单，三）离开。इति（不变词）这样。असांप्रतम्（不变词）不合适，不应该。

कुसुमं कृतदोहदस्त्वया यदशोको ऽयमुदीरयिष्यति।
अलकाभरणं कथं नु तत्तव नेष्यामि निवापमाल्यताम्॥६२॥

"你让这棵无忧树实现愿望，
即将开花，这些花本来应该
装饰你的头发，我怎么能够
将它们用作祭供你的花环？（62）

解析：कुसुमम्（कुसुम 中，单，业）花朵。कृत（实现）-दोहदः（दोहद 愿望），复合词（阳，单，体），实现愿望。त्वया（त्वद् 单，具）你。यत्（यद् 中，单，业）那，指花。अशोकः（अशोक 阳，单，体）无忧树。अयम्（इदम् 阳，单，体）这，指无忧树。उदीरयिष्यति（उद्√ईर् 致使，将来，单，三）开放。अलक（头发）-आभरणम्（आभरण 装饰），复合词（中，单，业），头发的装饰。कथम्（不变词）怎么。नु（不变词）确实。तत्（तद् 中，单，业）它，指花。तव（त्वद् 单，属）你。नेष्यामि（√नी 将来，单，一）引导，用作。निवाप（供物，祭品）-माल्यताम्（माल्यता 花环的性质），复合词（阴，单，业），祭供的花环。

स्मरतेव सशब्दनूपुरं चरणानुग्रहमन्यदुर्लभम्।
अमुना कुसुमाश्रुवर्षिणा त्वमशोकेन सुगात्रि शोच्यसे॥६३॥

"这棵无忧树为你忧伤，撒下花朵，
犹如洒下泪雨，仿佛记得你赐予
踝环叮当的脚踢恩惠[①]，其他的树
难以获得，肢体优美的夫人啊！（63）

解析：स्मरता（स्मरत् 现分，阳，单，具）记得。इव（不变词）仿佛。सशब्द（带响声的）-नूपुरम्（नूपुर 脚镯），复合词（阳，单，业），踝环叮当的。चरण（脚）-अनुग्रहम्（अनुग्रह 恩惠），复合词（阳，单，业），脚踢恩惠。अन्य（其他的）-दुर्लभम्（दुर्लभ 难以得到），复合词（阳，单，业），其他树难以得到的。अमुना（अदस् 阳，单，具）那，指无忧树。कुसुम（花朵）-अश्रु（眼泪）-वर्षिणा（वर्षिन् 有雨的），复合词（阳，单，具），洒下花泪雨。त्वम्（त्वद् 单，体）你。अशोकेन（अशोक 阳，单，具）无忧树。सुगात्रि（सुगात्री 阴，单，呼）肢体优美者。शोच्यसे（√शुच् 现在，被，单，二）哀悼。

[①] 意谓这棵无忧树得到这位王后的脚踢而开花。

तव निःश्वसितानुकारिभिर्बकुलैरर्धचितां समं मया।
असमाप्य विलासमेखलां किमिदं किन्नरकण्ठि सुप्यते॥६४॥

"你和我一起,用模仿你呼吸的
波古罗花①装点这条优美的腰带,
做了一半,尚未完成,你为何撒手
长眠?嗓音美似紧那罗的夫人啊！ （64）

解析：तव（त्वद् 单，属）你。निःश्वसित（呼吸）-अनुकारिभिः（अनुकारिन् 模仿），复合词（阳，复，具），模仿呼吸的。बकुलैः（बकुल 阳，复，具）波古罗花。अर्ध（一半）-चिताम्（चित 镶嵌，装点），复合词（阴，单，业），装点了一半的。समम्（不变词）一起。मया（मद् 单，具）我。असमाप्य（अ-सम्√आप् 独立式）没有完成。विलास（优美）-मेखलाम्（मेखला 腰带），复合词（阴，单，业），优美的腰带。किम्（不变词）为什么。इदम्（中，单，体）这。किन्नर（紧那罗，一种半神）-कण्ठि（कण्ठी 喉咙），复合词（阴，单，呼），嗓音美似紧那罗者。सुप्यते（√स्वप् 现在，被，单，三）睡眠。

समदुःखसुखः सखीजनः प्रतिपच्चन्द्रनिभो ऽयमात्मजः।
अहमेकरसस्तथापि ते व्यवसायः प्रतिपत्तिनिष्ठुरः॥६५॥

"女友们与你同甘共苦,
这个儿子如同一弯新月,
我忠贞不二,即使如此,
你居然还是这样决绝。 （65）

解析：सम（同样的）-दुःख（痛苦）-सुखः（सुख 快乐），复合词（阳，单，体），同甘共苦。सखी（女友）-जनः（जन 人们），复合词（阳，单，体），女友们。प्रतिपद्（白半月第一天）-चन्द्र（月亮）-निभः（निभ 如同），复合词（阳，单，体），如同一弯新月。अयम्（इदम् 阳，单，体）这。आत्मजः（आत्मज 阳，单，体）儿子。अहम्（मद् 单，体）我。एक（一）-रसः（रस 感情），复合词（阳，单，体），感情专一。तथा（不变词）如此。अपि（不变词）即使。ते（त्वद् 单，属）你。व्यवसायः（व्यवसाय 阳，单，体）决心。प्रतिपत्ति（行为）-निष्ठुरः（निष्ठुर 残酷的），复合词（阳，单，体），行为残酷的。

---

① 意谓波古罗花的芳香如同这位王后呼出的气息。

धृतिरस्तमिता रतिश्च्युता विरतं गेयमृतुनिरुत्सवः।
गतमाभरणप्रयोजनं परिशून्यं शयनीयमद्य मे॥६६॥

"坚定已失去，欢爱已消逝，
歌声已停息，季节无欢乐，
所有的装饰品已毫无用处，
如今，我只能面对这空床。（66）

解析：धृतिः（धृति 阴，单，体）坚定。अस्तम्（अस्त 中，单，业）消失。इता（इत 阴，单，体）走向。रतिः（रति 阴，单，体）欢爱。च्युता（च्युत 阴，单，体）坠落，消逝。विरतम्（विरत 中，单，体）停止。गेयम्（गेय 中，单，体）歌声。ऋतुः（ऋतु 阳，单，体）季节。निरुत्सवः（निरुत्सव 阳，单，体）没有欢乐。गतम्（गत 中，单，体）离去。आभरण（装饰品）-प्रयोजनम्（प्रयोजन 用途），复合词（中，单，体），装饰品的用途。परिशून्यम्（परिशून्य 中，单，体）空的。शयनीयम्（शयनीय 中，单，体）床。अद्य（不变词）如今。मे（मद् 单，属）我。

गृहिणी सचिवः सखी मिथः प्रियशिष्या ललिते कलाविधौ।
करुणाविमुखेन मृत्युना हरता त्वां वद किं न मे हृतम्॥६७॥

"你是主妇、顾问和知心朋友，
也是通晓艺术的可爱女学生，
残酷无情的死神夺走了你，
请说，我还有什么没被夺走？（67）

解析：गृहिणी（गृहिणी 阴，单，体）女主人，主妇。सचिवः（सचिव 阳，单，体）顾问。सखी（सखी 阴，单，体）女友。मिथस्（不变词）私密。प्रिय（可爱的）-शिष्या（शिष्य 学生），复合词（阴，单，体），可爱的女学生。ललिते（ललित 阳，单，依）优美的。कला（艺术）-विधौ（विधि 方法，实践），复合词（阳，单，依），艺术实践。करुणा（慈悲）-विमुखेन（विमुख 违背），复合词（阳，单，具），无情。मृत्युना（मृत्यु 阳，单，具）死神。हरता（हरत् 现分，阳，单，具）夺走。त्वाम्（त्वद् 单，业）你。वद（√वद् 命令，单，二）说。किम्（किम् 中，单，体）什么。न（不变词）不。मे（मद् 单，属）我。हृतम्（हृत 中，单，体）夺走。

मदिराक्षि मदाननार्पितं मधु पीत्वा रसवत्कथं नु मे।
अनुपास्यसि बाष्पदूषितं परलोकोपनतं जलाञ्जलिम्॥६८॥

"眼睛迷人的夫人啊！你一向
吸吮我的嘴上美味的蜜汁，
怎么能喝送往另一世界的
祭水，已经被我的眼泪玷污？（68）

解析：मदिर（可爱的）-अक्षि（अक्ष 眼睛），复合词（阴，单，呼），眼睛迷人者。मद्（我）-आनन（嘴）-अर्पितम्（अर्पित 安放），复合词（中，单，业），放在我的嘴上。मधु（मधु 中，单，业）蜜。पीत्वा（√पा 独立式）喝。रसवत्（रसवत् 中，单，业）美味的。कथम्（不变词）怎么。नु（不变词）确实。मे（मद् 单，属）我。अनुपास्यसि（अनु√पा 将来，单，二）再喝。बाष्प（眼泪）-दूषितम्（दूषित 弄脏，玷污），复合词（阳，单，业），眼泪玷污的。पर（另一）-लोक（世界）-उपनतम्（उपनत 送往），复合词（阳，单，业），送往另一世界的。जल（水）-अञ्जलिम्（अञ्जलि 一捧），复合词（阳，单，业），一捧水。

विभवे ऽपि सति त्वया विना सुखमेतावदजस्य गण्यताम्।
अहृतस्य विलोभनान्तरैर्मम सर्वे विषयास्त्वदाश्रयाः॥६९॥

"即使有财富和权力，缺了你，
阿迦的幸福也算是走到了头！
其他的诱惑都不能吸引我，
我的一切欢乐完全依靠你。"（69）

解析：विभवे（विभव 阳，单，依）权力，财富。अपि（不变词）即使。सति（सत् 现分，阳，单，依）有。त्वया（त्वद् 单，具）你。विना（不变词）没有，缺了。सुखम्（सुख 中，单，体）幸福。एतावत्（एतावत् 中，单，体）这么多。अजस्य（अज 阳，单，属）阿迦。गण्यताम्（√गण् 命令，被，单，三）计算。अहृतस्य（अहृत 阳，单，属）不受吸引。विलोभन（诱惑）-अन्तरैः（अन्तर 其他的），复合词（中，复，具），其他的诱惑。मम（मद् 单，属）我。सर्वे（सर्व 阳，复，体）一切。विषयाः（विषय 阳，复，体）感官对象。त्वद्（你）-आश्रयाः（आश्रय 依靠），复合词（阳，复，体），依靠你。

विलपन्निति कोसलाधिपः करुणार्थग्रथितं प्रियां प्रति।
अकरोत्पृथिवीरुहानपि स्रुतशाखारसबाष्पदूषितान्॥७०॥

憍萨罗王对爱妻发出的
这些哀悼,充满悲悯情味,
甚至使那些树木也沾满
树汁泪水,沿着树枝流淌。(70)

解析:विलपन्(विलपत् 现分,阳,单,体)哀悼。इति(不变词)这样。कोसल(憍萨罗)-अधिपः(अधिप 国王),复合词(阳,单,体),憍萨罗国王。करुण(悲悯)-अर्थ(意义)-ग्रथितम्(ग्रथित 连结),复合词(中,单,业),充满悲悯意味的。प्रियाम्(प्रिया 阴,单,业)爱妻。प्रति(不变词)对着。अकरोत्(√कृ 未完,单,三)做。पृथिवी(大地)-रुहान्(रुह 生长),复合词(阳,复,业),树。अपि(不变词)甚至。स्रुत(流淌)-शाखा(树枝)-रस(树汁)-बाष्प(眼泪)-दूषितान्(दूषित 玷污),复合词(阳,复,业),沾满树枝流淌出的树汁泪水。

अथ तस्य कथंचिदङ्कृतः स्वजनस्तामपनीय सुन्दरीम्।
विससर्जं तदन्त्यमण्डनामनलायागुरुचन्दनैधसे॥७१॥

亲友们好不容易从他的膝上,
取走美丽的王后,放入火中,
以黑沉香木和檀香木为燃料,
以那个花环①为最后的装饰。(71)

解析:अथ(不变词)然后。तस्य(तद् 单,属)他。कथंचित्(不变词)好不容易。अङ्कृतः(अङ्क 阳,单,从)膝。स्व(自己的)-जनः(जन 人),复合词(阳,单,体),自己的亲人。ताम्(तद् 单,业)她。अपनीय(अप√नी 独立式)移开。सुन्दरीम्(सुन्दरी 阴,单,业)美丽的妇女。विससर्ज(वि√सृज् 完成,单,三)放到。तद्(它,指花环)-अन्त्य(最后的)-मण्डनाम्(मण्डन 装饰品),复合词(阴,单,业),以那个花环为最后的装饰品。अनलाय(अनल 阳,单,为)火。अगुरु(黑沉香木)-चन्दन(檀香木)-एधसे(एधस् 燃料),复合词(阳,单,为),以黑沉香木和檀香木为燃料。

प्रमदामनु संस्थितः शुचा नृपतिः सन्निति वाच्यदर्शनात्।
न चकार शरीरमग्निसात्सह देव्या न तु जीविताशया॥७२॥

他没有跟王后一起,将自己

---

① 那个花环指击中她的那个天国花环。

投入火中,不是出于珍惜生命,
而是考虑到会受责备:"这个
国王出于悲伤,追随妻子死去。"(72)

解析：प्रमदाम्（प्रमदा 阴，单，业）妻子。अनु（不变词）跟随。संस्थितः（संस्थित 阳，单，体）死去。शुचा（शुच् 阴，单，具）悲伤。नृपतिः（नृपति 阳，单，体）国王。सन्（सत् 现分，阳，单，体）是。इति（不变词）这样（说）。वाच्य（受责备）-दर्शनात्（दर्शन 看到），复合词（中，单，从），考虑到会受责备。न（不变词）不。चकार（√कृ 完成，单，三）做。शरीरम्（शरीर 中，单，业）身体。अग्निसात्（不变词）投入火。सह（不变词）一起。देव्या（देवी 阴，单，具）王后。न（不变词）不。तु（不变词）而。जीवित（生命）-आशया（आशा 渴望），复合词（阴，单，具），珍惜生命。

अथ तेन दशाहतः परे गुणशेषामुपदिश्य भामिनीम्।
विदुषा विधयो महर्द्धयः पुर एवोपवने समापिताः॥७३॥

十天后,睿智的国王
为只留下美德的爱妻,
在城中这个花园里,
举行了盛大的祭奠。(73)

解析：अथ（不变词）然后。तेन（तद् 单，体）他。दश（दशन् 十）-अहतः（अह 天），复合词（中，单，从），十天。परे（पर 中，单，依）之后。गुण（美德）-शेषाम्（शेष 剩余），复合词（阴，单，业），留下美德的。उपदिश्य（उप√दिश् 独立式）指向，为。भामिनीम्（भमिनी 阴，单，业）美女。विदुषा（विद्वस् 阳，单，具）睿智的。विधयः（विधि 阳，复，体）仪式。महा（大的）-ऋद्धयः（ऋद्धि 繁荣），复合词（阳，复，体），盛大的。पुरे（पुर 中，单，依）城市。एव（不变词）就。उपवने（उपवन 中，单，依）花园。समापिताः（समापित 阳，复，体）完成。

स विवेश पुरीं तया विना क्षणदापायशशाङ्कदर्शनः।
परिवाहमिवावलोकयन्स्वशुचः पौरवधूमुखाश्रुषु॥७४॥

缺少了王后,国王进入城中,
看上去像夜晚消逝后的月亮;
他看到自己的哀愁仿佛涌动

在城中妇女们脸上的泪水中。（74）

解析：स（तद् 阳，单，体）他。विवेश（√विश् 完成，单，三）进入。पुरीम्（पुरी 阴，单，业）城。तया（तद् 单，具）她。विना（不变词）没有。क्षणदा（夜晚）-अपाय（消逝）-शशाङ्क（月亮）-दर्शनः（दर्शन 看），复合词（阳，单，体），看似夜晚消逝后的月亮。परिवाहम्（परिवाह 阳，单，业）流淌，涌动。इव（不变词）像。अवलोकयन्（अवलोकयत् 现分，阳，单，体）看到。स्व（自己的）-शुचः（शुच् 哀愁），复合词（阴，单，属），自己的哀愁。पौर（城市的）-वधू（妇女）-मुख（脸）-अश्रुषु（अश्रु 眼泪），复合词（中，复，依），城中妇女们脸上的泪水。

अथ तं सवनाय दीक्षितः प्रणिधानाद् गुरुराश्रमस्थितः।
अभिषङ्गजडं विजज्ञिवानिति शिष्येण किलान्वबोधयत्॥७५॥

然后，净修林中的老师正在
准备举行祭祀，沉思入定中，
知道他陷入忧伤，萎靡不振，
便派遣一位弟子前来开导他：（75）

解析：अथ（不变词）然后。तम्（तद् 阳，单，业）他。सवनाय（सवन 中，单，为）祭祀。दीक्षितः（दीक्षित 阳，单，体）准备。प्रणिधानात्（प्रणिधान 中，单，从）沉思。गुरुः（गुरु 阳，单，体）老师。आश्रम（净修林）-स्थितः（स्थित 处于），复合词（阳，单，体），住在净修林中的。अभिषङ्ग（哀伤）-जडम्（जड 麻木），复合词（阳，单，业），哀伤而萎靡不振。विजज्ञिवान्（विजज्ञिवस् 完分，阳，单，体）知道。इति（不变词）这样。शिष्येण（शिष्य 阳，单，具）学生。किल（不变词）据说。अन्वबोधयत्（अनु√बुध् 致使，未完，单，三）启发，开导。

असमाप्तविधिर्यतो मुनिस्तव विद्वानपि तापकारणम्।
न भवन्तमुपस्थितः स्वयं प्रकृतौ स्थापयितुं पथश्च्युतम्॥७६॥

"牟尼知道你烦恼的原因，
但他现在尚未完成祭祀，
故而不能亲自前来这里，
将迷途的你带回正路。（76）

解析：असमाप्त（没有完成）-विधिः（विधि 祭祀仪式），复合词（阳，单，体），祭祀尚未完成。यतस्（不变词）由于。मुनिः（मुनि 阳，单，体）牟尼。तव（तद् 单，属）你。विद्वान्（विद्वस् 完分，阳，单，体）知道。अपि（不变词）即使。ताप（烦恼）-कारणम्（कारण 原因），复合词（中，单，业），烦恼的原因。न（不变词）不。भवन्तम्（भवत् 阳，单，业）您。उपस्थितः（उपस्थित 阳，单，体）来到。स्वयम्（不变词）亲自。प्रकृतौ（प्रकृति 阴，单，依）原来的状态。स्थापयितुम्（√स्था 致使，不定式）安置。पथः（पथिन् 阳，单，从）道路。च्युतम्（च्युत 阳，单，业）失落。

मयि तस्य सुवृत्त वर्तते लघुसंदेशपदा सरस्वती।
शृणु विश्रुतसत्त्वसार तां हृदि चैनामुपधातुमर्हसि॥७७॥

"品行优良的人啊！我带着
他的话，含有简要的信息，
勇气闻名的人啊！请听吧！
你要将这些话牢记心中。（77）

解析：मयि（मद् 单，依）我。तस्य（तद् 单，属）他。सुवृत्त（सुवृत्त 阳，单，呼）品行优良者。वर्तते（√वृत् 现在，单，三）活动。लघु（简要的）-संदेश（信息）-पदा（पद 词），复合词（阴，单，体），词语含有简要信息的。सरस्वती（सरस्वती 阴，单，体）话。शृणु（√श्रु 命令，单，二）听。विश्रुत（闻名）-सत्त्व（威力）-सार（सार 精华），复合词（阳，单，呼），勇气闻名者。ताम्（तद् 阴，单，业）它，指话语。हृदि（हृद् 中，单，依）心。च（不变词）和。एनाम्（एतद् 阴，单，业）那，指话。उपधातुम्（उप√धा 不定式）放。अर्हसि（√अर्ह 现在，单，二）请。

पुरुषस्य पदेष्वजन्मनः समतीतं च भवच्च भावि च।
स हि निष्प्रतिघेन चक्षुषा त्रितयं ज्ञानमयेन पश्यति॥७८॥

"因为他凭借无所障碍的
智慧之眼，在那位无生的
原人跨出的三步中[1]，看到
过去、现在和未来这三者。（78）

---

[1] 无生的原人指毗湿奴。跨出的三步指三界。

解析：पुरुषस्य（पुरुष 阳，单，属）原人。पदेषु（पद 中，复，依）步。अजन्मनः（अजन्मन् 阳，单，属）无生的。समतीतम्（समतीत 中，单，业）过去的。च（不变词）和。भवत्（भवत् 中，单，业）现在的。च（不变词）和。भावि（भाविन् 中，单，业）未来的。च（不变词）和。स（तद् 阳，单，体）他。हि（不变词）因为。निष्प्रतिघेन（निष्प्रतिघ 中，单，具）没有阻碍的。चक्षुषा（चक्षुस् 中，单，具）眼睛。त्रितयम्（त्रितय 中，单，业）三。ज्ञान（智慧）-मयेन（मय 构成），复合词（中，单，具），充满智慧的。पश्यति（√दृश् 现在，单，三）看见。

चरतः किल दुश्चरं तपस्तृणबिन्दोः परिशङ्कितः पुरा।
प्रजिघाय समाधिभेदिनीं हरिरस्मै हरिणीं सुराङ्गनाम्॥७९॥

"从前，草滴仙人修炼
严酷的苦行，因陀罗
感到害怕，派遣天女
诃利尼破坏他的禅定。（79）

解析：चरतः（चरत् 现分，阳，单，从）修炼。किल（不变词）据说。दुश्चरम्（दुश्चर 中，单，业）难行的。तपः（तपस् 中，单，业）苦行。तृण（草）-बिन्दोः（बिन्दु 滴），复合词（阳，单，从），草滴仙人。परिशङ्कितः（परिशङ्कित 阳，单，体）惧怕。पुरा（不变词）从前。प्रजिघाय（प्र√हि 完成，单，三）派遣。समाधि（入定）-भेदिनीम्（भेदिन् 破坏），复合词（阴，单，业），破坏禅定。हरिः（हरि 阳，单，体）因陀罗。अस्मै（इदम् 阳，单，为）他，指草滴仙人。हरिणीम्（हरिणी 阴，单，业）诃利尼。सुर（天神）-अङ्गनाम्（अङ्गना 女子），复合词（阴，单，业），天女。

स तपःप्रतिबन्धमन्युना प्रमुखाविष्कृतचारुविभ्रमाम्।
अशपद्भव मानुषीति तां शमवेलाप्रलयोर्मिणा भुवि॥८०॥

"这位天女向他展现迷人的
魅力，他因苦行受阻而发怒，
如同波涛冲垮平静的堤岸，
诅咒道：'你下凡人间去吧！'（80）

解析：स（तद् 单，体）他。तपस्（苦行）-प्रतिबन्ध（阻碍）-मन्युना（मन्यु 愤怒），复合词（阳，单，具），因苦行受阻而发怒。प्रमुख（面前，面向）-आविष्कृत（显示）-चारु

（迷人的）-विभ्रमाम् (विभ्रम 魅力)，复合词（阴，单，业），向他展现迷人的魅力。अशपत् (√शप् 未完，单，三）诅咒。भव (√भू 命令，单，二）成为。मानुषी (मानुषी 阴，单，体）人间女子。इति（不变词）这样（说）。ताम् (तत् 阴，单，业）她。शम (平静) -वेला (堤岸) -प्रलय (毁灭) -ऊर्मिणा (ऊर्मि 波浪)，复合词（阳，单，具），冲垮平静堤岸的波浪。भुवि (भू 阴，单，依）大地。

भगवन्परवानयं जनः प्रतिकूलाचरितं क्षमस्व मे।
इति चोपनतां क्षितिस्पृशं कृतवाना सुरपुष्पदर्शनात्॥८१॥

"她谦恭地说道：'我这人也是
听命他人，尊者啊，请宽恕我的
忤逆行为。'于是，他让她居住
在大地上，直至看到天国花环。（81）

解析：भगवन् (भगवत् 阳，单，呼）尊者。परवान् (परवत् 阳，单，体）依附他人。अयम् (इदम् 阳，单，体）这。जनः (जन 阳，单，体）人。प्रतिकूल (违背，对立) -आचरितम् (आचरित 行为)，复合词（中，单，业），忤逆行为。क्षमस्व (√क्षम् 命令，单，二）宽恕。मे (मद् 单，属）我。इति（不变词）这样（说）。च（不变词）和。उपनताम् (उपनत 阴，单，业）弯腰的，谦恭的。क्षिति (大地) -स्पृशम् (स्पृश 接触，居住)，复合词（阴，单，业），接触大地，住在大地。कृतवान् (कृतवत् 阳，单，体）做。आ（不变词）直到。सुर (天神) -पुष्प (花朵) -दर्शनात् (दर्शन 看到)，复合词（中，单，从），看到天国花环。

कथकैशिकवंशसंभवा तव भूत्वा महिषी चिराय सा।
उपलब्ध्यवती दिवश्च्युतं विवशा शापनिवृत्तिकारणम्॥८२॥

"她出生在格罗特盖希迦家族，
长期成为你的王后，最终获得
从天上坠落的花环，那是解除
诅咒的原因，因此她昏迷死去。（82）

解析：कथ (格罗特) -कैशिक (盖希迦) -वंश (家族) -संभवा (संभव 出生)，复合词（阴，单，体），出生在格罗特盖希迦家族。तव (त्वद् 单，属）你。भूत्वा (√भू 独立式）成为。महिषी (महिषी 阴，单，体）王后。चिराय（不变词）长期。सा (तद् 阴，单，

体）她。उपलब्धवती（उपलब्धवत् 阴，单，体）获得。दिवः（दिव् 阴，单，从）天。च्युतम्（च्युत 中，单，业）坠落。विवशा（विवश 阴，单，体）失去控制，死去。शाप（诅咒）-निवृत्ति（停止）-कारणम्（कारण 原因），复合词（中，单，业），解除诅咒的原因。

> तदलं तदपायचिन्तया विपदुत्पत्तिमतामुपस्थिता।
> वसुधेयमवेक्ष्यतां त्वया वसुमत्या हि नृपाः कलत्रिणः॥८३॥

"因此，够了，不必再考虑
她死去的事，有生必有死，
请你关注这大地吧！因为
国王们都以大地为妻子。（83）

解析：तद्（不变词）因此。अलम्（不变词）够了。तद्（她，指王后）-अपाय（死亡）-चिन्तया（चिन्ता 考虑，忧虑），复合词（阴，单，具），为她的死亡而忧虑。विपद्（विपद् 阴，单，体）死亡。उत्पत्तिमताम्（उत्पत्तिमत् 阳，复，属）有生的，有生者。उपस्थिता（उपस्थित 阴，单，体）来临，发生。वसुधा（वसुधा 阴，单，体）大地。इयम्（इदम् 阴，单，体）这。अवेक्ष्यताम्（अव√ईक्ष् 命令，被，单，三）关注。त्वया（त्वद् 单，具）你。वसुमत्या（वसुमती 阴，单，具）大地。हि（不变词）因为。नृपाः（नृप 阳，复，体）国王。कलत्रिणः（कलत्रिन् 阳，复，体）有妻子的。

> उदये मदवाच्यमुज्झता श्रुतमाविष्कृतमात्मवत्त्वया।
> मनसस्तदुपस्थिते ज्वरे पुनरक्लीबतया प्रकाश्यताम्॥८४॥

"繁荣时，你展现控制自我的
学问，避免他人指责你骄慢，
现在，你的思想陷入烦恼中，
那就依靠勇气，再次展现吧！（84）

解析：उदये（उदय 阳，单，依）繁荣。मद（骄傲）-वाच्यम्（वाच्य 受责备），复合词（中，单，业），因骄傲而受责备。उज्झता（उज्झत् 现分，阳，单，具）避免。श्रुतम्（श्रुत 中，单，体）学问。आविष्कृतम्（आविष्कृत 中，单，体）展现。आत्मवत्（आत्मवत् 中，单，体）控制自我的。त्वया（त्वद् 单，具）你。मनसः（मनस् 中，单，属）思想。तत्（तद् 中，单，体）这，这学问。उपस्थिते（उपस्थित 阳，单，依）处在。ज्वरे（ज्वर 阳，单，依）烦恼。पुनर्（不变词）再次。अक्लीबतया（अक्लीबता 阴，单，具）不懦弱，勇气。प्रकाश्यताम्

（प्र√काश 命令，被，单，三）显示。

> रुदता कुत एव सा पुनर्भवता नानुमृतापि लभ्यते।
> परलोकजुषां स्वकर्मभिर्गतयो भिन्नपथा हि देहिनाम्॥८५॥

"你哀悼哭泣，怎么能重新获得她？
甚至你随她而死，也不能获得她，
因为前往另一个世界，人们按照
各自业果，行进的道路并不相同。（85）

解析：रुदता（रुदत् 现分，阳，单，具）哭泣。कुतस्（不变词）从哪里。एव（不变词）就。सा（तद् 阴，单，体）她。पुनर्（不变词）再次。भवता（भवत् 阳，单，具）您。न（不变词）不。अनुमृता（अनुमृत 阳，单，具）跟随去死。अपि（不变词）甚至。लभ्यते（√लभ् 现在，被，单，三）获得。पर（另一个）-लोक（世界）-जुषाम्（जुष् 前往），复合词（阳，复，属），前往另一个世界。स्व（自己的）-कर्मभिः（कर्म 业），复合词（中，复，具），自己的业。गतयः（गति 阴，复，体）行进。भिन्न（不同的）-पथाः（पथ 道路），复合词（阴，复，体），道路不同。हि（不变词）因为。देहिनाम्（देहिन् 阳，复，属）有身者，人。

> अपशोकमनाः कुटुम्बिनीमनुगृह्णीष्व निवापदत्तिभिः।
> स्वजनाश्रु किलातिसंततं दहति प्रेतमिति प्रचक्षते॥८६॥

"驱除心中的忧伤，用供奉
祭品恩宠你的女主人吧！
人们说，亲人不断流淌的
眼泪会烧灼逝去的死者。（86）

解析：अपशोक（驱除忧伤）-मनाः（मनस् 心），复合词（阳，单，体），驱除心中忧伤。कुटुम्बिनीम्（कुटुम्बिनी 阴，单，业）家庭主妇，女主人。अनुगृह्णीष्व（अनु√ग्रह् 命令，单，二）施恩，恩宠。निवाप（祭品）-दत्तिभिः（दत्ति 供奉），复合词（阴，复，具），给予供品。स्व（自己的）-जन（人）-अश्रु（眼泪），复合词（中，单，体），亲人的眼泪。किल（不变词）确实。अतिसंततम्（अतिसंतत 中，单，体）连续不断。दहति（√दह् 现在，单，三）烧灼。प्रेतम्（प्रेत 阳，单，业）死者。इति（不变词）这样（说）。प्रचक्षते（प्र√चक्ष् 现在，复，三）说。

मरणं प्रकृतिः शरीरिणां विकृतिर्जीवितमुच्यते बुधैः।
क्षणमप्यवतिष्ठते श्वसन्यदि जन्तुर्ननु लाभवानसौ॥८७॥

"智者们说死亡是生物的
本性,生命只是它的变化;
纵然生物活着呼吸只有
一刹那,也肯定是有福者。 （87）

解析：मरणम्（मरण 中，单，体）死亡。प्रकृतिः（प्रकृति 阴，单，体）本来形态。शरीरिणाम्（शरीरिन् 阳，复，属）生物。विकृतिः（विकृति 阴，单，体）变化。जीवितम्（जीवित 中，单，体）生命。उच्यते（√वच् 现在，被，单，三）说。बुधैः（बुध 阳，复，具）智者。क्षणम्（不变词）一刹那。अपि（不变词）即使。अवतिष्ठते（अव√स्था 现在，单，三）活着。श्वसन्（श्वसत् 现分，阳，单，体）呼吸。यदि（不变词）如果。जन्तुः（जन्तु 阳，单，体）生物。ननु（不变词）确实。लाभवान्（लाभवत् 阳，单，体）有收获者。असौ（अदस् 阳，单，体）那个，指生物。

अवगच्छति मूढचेतनः प्रियनाशं हृदि शल्यमर्पितम्।
स्थिरधीस्तु तदेव मन्यते कुशलद्वारतया समुद्धृतम्॥८८॥

"头脑愚蠢者认为爱人
死去是在心头扎下利箭,
而思想坚定者认为那是
拔去利箭,通向幸福之门。 （88）

解析：अवगच्छति（अव√गम् 现在，单，三）认为。मूढ（愚痴的）-चेतनः（चेतन 头脑），复合词（阳，单，体），头脑愚蠢者。प्रिय（爱人）-नाशम्（नाश 毁灭，死亡），复合词（阳，单，业），爱人死去。हृदि（हृद् 中，单，依）心。शल्यम्（शल्य 中，单，业）箭。अर्पितम्（अर्पित 中，单，业）放，扎。स्थिर（坚定的）-धीः（धी 思想），复合词（阳，单，体），思想坚定者。तु（不变词）但是。तत्（तद् 中，单，业）它，指箭。एव（不变词）正是。मन्यते（√मन् 现在，单，三）认为。कुशल（幸福）-द्वारतया（द्वारता 门的性质），复合词（阴，单，具），幸福之门。समुद्धृतम्（समुद्धृत 中，单，业）拔掉。

स्वशरीरशरीरिणावपि श्रुतसंयोगविपर्ययौ यदा।
विरहः किमिवानुतापयेद्द्र बाह्यैर्विषयैर्विपश्चितम्॥८९॥

"如果得知自己的身体和
灵魂也是既结合，又分离，
请你说，与外界对象分离，
怎么会使智者烦恼忧伤？（89）

解析：स्व（自己的）-शरीर（身体）-शरीरिणौ（शरीरिन् 灵魂），复合词（阳，双，体），自己的身体和灵魂。अपि（不变词）也。श्रुत（知道）-संयोग（结合）-विपर्यययौ（विपर्यय 分离），复合词（阳，双，体），知道是既结合又分离。यदा（不变词）如果。विरहः（विरह 阳，单，体）分离。किम्（不变词）怎么。इव（不变词）可能。अनुतापयेत्（अनु√तप् 致使，虚拟，单，三）烦恼。वद（√वद् 命令，单，三）说。बाह्यैः（बाह्य 阳，复，具）外在的。विषयैः（विषय 阳，复，具）对象。विपश्चितम्（विपश्चित् 阳，单，业）聪明的，智者。

न पृथग्जनवच्छुचो वशं वशिनामुत्तम गन्तुमर्हसि।
द्रुमसानुमतां किमन्तरं यदि वायौ द्वितये ऽपि ते चलाः॥९०॥

"你不应该像凡夫那样陷入
忧伤，优秀的控制自我者啊！
如果树和山都在风中动摇，
那么，这两者还有什么区别？"（90）

解析：न（不变词）不。पृथग्जनवत्（不变词）像普通人那样。शुचः（शुच् 阴，单，属）忧伤。वशम्（वश 阳或中，单，业）控制。वशिनाम्（वशिन् 阳，复，属）有控制力者。उत्तम（उत्तम 阳，单，呼）优秀者。गन्तुम्（√गम् 不定式）走向。अर्हसि（√अर्ह् 现在，单，二）应该。द्रुम（树）-सानुमताम्（सानुमत् 山），复合词（阳，复，属），树和山。किम्（中，单，体）什么。अन्तरम्（अन्तर 中，单，体）区别。यदि（不变词）如果。वायौ（वायु 阳，单，依）风。द्वितये（द्वितय 阳，复，体）二者。अपि（不变词）也。ते（तद् 阳，复，体）它，指树和山。चलाः（चल 阳，复，体）动摇。

स तथेति विनेतुरुदारमतेः प्रतिगृह्य वचो विससर्ज मुनिम्।
तदलब्धपदं हृदि शोकघने प्रतियातमिवान्तिकमस्य गुरोः॥९१॥

"好吧!"他表示接受思想高尚的
导师的话,送走那位牟尼,但是,
这些话在他的充满忧伤的心中,
无法立足,仿佛又返回老师身边。(91)

解析: सः(तद् 阳,单,体)他,指国王。तथा(不变词)好吧。इति(不变词)这样(说)。विनेतुः(विनेतृ 阳,单,属)老师。उदार(高尚的)-मतेः(मति 思想),复合词(阳,单,属),思想高尚的。प्रतिगृह्य(प्रति√गृह् 独立式)接受。वचः(वचस् 中,单,业)话。विससर्ज(वि√सृज् 完成,单,三)打发,送走。मुनिम्(मुनि 阳,单,业)牟尼。तत्(तद् 中,单,体)它,指话。अलब्ध(没有获得)-पदम्(पद 足,地位),复合词(中,单,体),无法立足。हृदि(हृद् 中,单,依)心。शोक(悲伤)-घने(घन 充满),复合词(中,单,依),充满忧伤的。प्रतियातम्(प्रतियात 中,单,体)返回。इव(不变词)像。अन्तिकम्(अन्तिक 中,单,业)身边。अस्य(इदम् 阳,单,属)他。गुरोः(गुरु 阳,单,属)老师。

तेनाष्टौ परिगमिताः समाः कथंचिद्बालत्वादवितथसूनृतेन सूनोः।
सादृश्यप्रतिकृतिदर्शनैः प्रियायाः स्वप्नेषु क्षणिकसमागमोत्सवैश्च॥९२॥

这位说话真诚可爱的国王,考虑到
儿子尚还幼小,又勉强地度过八年,
经常观看与爱妻相似的种种形象,
在梦中享受与她相聚的片刻欢乐。(92)

解析: तेन(तद् 阳,单,具)他。अष्टौ(अष्ट 阴,复,体)八。परिगमिताः(परिगमित 阴,复,体)度过。समाः(समा 阴,复,体)年。कथंचित्(不变词)好不容易。बालत्वात्(बालत्व 中,单,从)幼小。अवितथ(真实的)-सूनृतेन(सूनृत 可爱的),复合词(阳,单,具),说话真诚可爱的。सूनोः(सूनु 阳,单,属)儿子。सादृश्य(相似)-प्रतिकृति(映像,形象)-दर्शनैः(दर्शन 观看),复合词(中,复,具),观看相似的种种形象。प्रियायाः(प्रिया 阴,单,属)爱妻。स्वप्नेषु(स्वप्न 阳,复,依)睡梦。क्षणिक(短暂的)-समागम(相会)-उत्सवैः(उत्सव 欢乐),复合词(阳,复,具),片刻相聚的欢乐。च(不变词)和。

तस्य प्रसह्य हृदयं किल शोकशङ्कुः
प्लक्षप्ररोह इव सौधतलं बिभेद।

प्राणान्तहेतुमपि तं भिषजामसाध्यं
	लाभं प्रियानुगमने त्वरया स मेने॥९३॥

  据说，忧愁的矛尖刺破他的心，
  犹如无花果树枝戳破宫殿露台，
  他迫切追随爱妻，将医生们不能
  治愈的这种致命病因视为福气。（93）

  解析：तस्य（तद् 阳，单，属）他。प्रसह्य（不变词）猛烈地。हृदयम्（हृदय 中，单，业）心。किल（不变词）据说。शोक（忧伤）-शङ्कुः（शङ्कु 矛），复合词（阳，单，体），忧伤之矛。प्लक्ष（无花果树）-प्ररोहः（प्ररोह 树枝），复合词（阳，单，体），无花果树枝。इव（不变词）犹如。सौध（宫殿）-तलम्（तल 露台），复合词（中，单，业），宫殿露台。बिभेद（√भिद् 完成，单，三）刺破，戳破。प्राण（生命）-अन्त（结束）-हेतुम्（हेतु 原因），复合词（阳，单，业），结束生命的原因。अपि（不变词）甚至。तम्（तद् 阳，单，业）这。भिषजाम्（भिषज् 阳，复，属）医生。असाध्यम्（असाध्य 阳，单，业）不能治愈的。लाभम्（लाभ 阳，单，业）收获，利益。प्रिया（爱妻）-अनुगमने（अनुगमन 追随），复合词（中，单，依），追随爱妻。त्वरया（त्वरा 阴，单，具）急迫。स（तद् 阳，单，体）他。मेने（√मन् 完成，单，三）认为。

सम्यग्विनीतमथ वर्महरं कुमार-
	मादिश्य रक्षणविधौ विधिवत्प्रजानाम्।
रोगोपसृष्टतनुदुर्वसतिं मुमुक्षुः
	प्रायोपवेशनमतिर्नृपतिर्बभूव॥९४॥

  王子已受良好教育，能披戴铠甲，
  国王便指定他按照规则保护臣民，
  而他自己想要摆脱这个遭受病痛
  折磨的身体住处，决定绝食而死。（94）

  解析：सम्यच्（正确的）-विनीतम्（विनीत 教育），复合词（阳，单，业），已受良好教育。अथ（不变词）然后。वर्म（वर्मन् 铠甲）-हरम्（हर 穿上），复合词（阳，单，业），披戴铠甲。कुमारम्（कुमार 阳，单，业）王子。आदिश्य（आ√दिश् 独立式）指定。रक्षण（保护）-विधौ（विधि 执行，实践），复合词（阳，单，依），进行保护。विधिवत्（不

变词）按照规则。**प्रजानाम्**（**प्रजा** 阴，复，属）臣民。**रोग**（疾病）-**उपसृष्ट**（连接）-**तनु**（身体）-**दुर्वसतिम्**（**दुर्वसति** 痛苦的住处），复合词（阴，单，业），遭受病痛折磨的身体住处。**मुमुक्षुः**（**मुमुक्षु** 阳，单，体）想要摆脱。**प्राय**（绝食而死）-**उपवेशन**（决定）-**मतिः**（**मति** 思想），复合词（阳，单，体），决定绝食而死。**नृपतिः**（**नृपति** 阳，单，体）国王。**बभूव**（√**भू** 完成，单，三）成为。

तीर्थे तोयव्यतिकरभवे जह्नुकन्यासरय्वो-
देहत्यागादमरगणनालेख्यमासाद्य सद्यः।
पूर्वाकाराधिकतररुचा संगतः कान्तयासौ
लीलागारेष्वरमत पुनर्नन्दनाभ्यन्तरेषु॥९५॥

在恒河和萨罗优河水交汇的圣地，
他抛弃身体，立刻进入天神的行列，
与容貌比以前更加美丽的爱妻会合，
在天国欢喜园的快乐宫中游戏娱乐。（95）

解析：**तीर्थे**（**तीर्थ** 中，单，依）圣地。**तोय**（水）-**व्यतिकर**（交汇）-**भवे**（**भव** 形成），复合词（中，单，依），水流交汇而形成的。**जह्नु**（遮诃努）-**कन्या**（女儿）-**सरय्वोः**（**सरयू** 萨罗优河），复合词（阴，双，属），遮诃努的女儿（恒河）和萨罗优河。**देह**（身体）-**त्यागात्**（**त्याग** 抛弃），复合词（阳，单，从），抛弃身体。**अमर**（天神）-**गणना**（列数）-**लेख्यम्**（**लेख्य** 名录），复合词（中，单，业），天神的行列。**आसाद्य**（आ√**सद्** 致使，独立式）到达，进入。**सद्यस्**（不变词）立刻。**पूर्व**（以前的）-**आकार**（形态）-**अधिकतर**（更加）-**रुचा**（**रुच्** 美丽），复合词（阴，单，具），容貌比以前更加美丽。**संगतः**（**संगत** 阳，单，体）相会。**कान्तया**（**कान्ता** 阴，单，具）爱妻。**असौ**（**अदस्** 阳，单，体）他，指国王。**लीला**（游戏）-**आगारेषु**（**आगार** 住处，宫殿），复合词（中，复，依），游乐宫。**अरमत**（√**रम्** 未完，单，三）娱乐。**पुनर्**（不变词）又。**नन्दन**（欢喜园）-**अभ्यन्तरेषु**（**अभ्यन्तर** 中间），复合词（中，复，依），欢喜园中。

कुमारसम्भवम्

鸠摩罗出世

《鸠摩罗出世》(*Kumārasambhava*)的作者是迦梨陀娑(Kālidāsa,四、五世纪)。

这部叙事诗取材于印度古代神话传说,讲述雪山的女儿波哩婆提和大神湿婆的姻缘故事。全诗共有十七章。一般认为前八章是迦梨陀娑的原作,后九章是他人的续作。

前八章讲述湿婆在雪山潜心修炼苦行。雪山神有意将女儿波哩婆提嫁给湿婆,吩咐她前去侍奉湿婆。而湿婆毫不为波哩婆提的美色动心。这时,天界受到魔王侵扰。大梵天建议众天神设法让波哩婆提迷住湿婆,结成姻缘,因为唯有湿婆的儿子能降伏魔王,拯救天界。于是,天王因陀罗派遣爱神去破坏湿婆的苦行,让湿婆爱上波哩婆提。爱神携带妻子罗蒂和朋友春神来到雪山。然而,爱神抓住机会,准备向湿婆发射花箭时,被湿婆发现。湿婆额头上的第三只眼睛喷出烈焰,将爱神化为灰烬。爱神的妻子罗蒂顿时昏厥。醒来后,她望着丈夫的灰烬,发出凄厉的哭声和哀婉的悲悼。而波哩婆提发现凭自己的美貌不能获取湿婆的爱情,便决心用苦行来获取。她长期修炼严酷的苦行,终于感动湿婆。他俩结成姻缘,共享新婚之乐。

后九章主要讲述湿婆和波哩婆提的儿子鸠摩罗诞生。他担任天兵统帅,征服侵扰三界的魔王。

下面选读《鸠摩罗出世》的第一、第三和第四章。原文依据迦莱(M. R. Kāle)编订本(*Kālidāsa's Kumārasambhava*, Motilal Banarsidass, Delhi, 1981)。

प्रथमः सर्गः।

第 一 章

अस्त्युत्तरस्यां दिशि देवतात्मा हिमालयो नाम नगाधिराजः।
पूर्वापरौ तोयनिधी वगाह्य स्थितः पृथिव्या इव मानदण्डः॥१॥

在北方有一位众山之王，
具有神性，名叫喜马拉雅，
横亘伸展直达东海和西海，
巍然屹立如同大地的标尺。（1）

解析：अस्ति（√अस् 现在，单，三）有。उत्तरस्याम्（उत्तर 阴，单，依）北方的。दिशि（दिश् 阴，单，依）方位。देवता（神性）-आत्मा（आत्मन् 自我），复合词（阳，单，体），以神性为自我，具有神性。हिम（雪）-आलयः（आलय 住处），复合词（阳，单，体），雪山，喜马拉雅。नाम（不变词）名叫。नग（山）-अधिराजः（अधिराज 王），复合词（阳，单，体），众山之王。पूर्व（东）-अपरौ（अपर 西），复合词（阳，双，业），东方和西方的。तोय（水）-निधी（निधि 贮藏处），复合词（阳，双，业），大海。वगाह्य（相当于अव√गाह् 独立式）深入，伸展。स्थितः（स्थित 阳，单，体）站立。पृथिव्याः（पृथिवी 阴，单，属）大地。इव（不变词）如同。मान（衡量）-दण्डः（दण्ड 杖），复合词（阳，单，体），丈量的标尺。

यं सर्वशैलाः परिकल्प्य वत्सं मेरौ स्थिते दोग्धरि दोहदक्षे।
भास्वन्ति रत्नानि महौषधीश्च पृथूपदिष्टां दुदुहुर्धरित्रीम्॥२॥

所有的山岭视他为牛犊，按照
普利图王指令，从大地母牛中
挤取璀璨的珍宝和大量药草，
而弥卢山是精通挤奶的能手。①（2）

---

① 传说普利图王在位时，人民遭遇饥荒。他持弓胁迫大地产生作物。大地化作母牛逃跑，最后答应只要提供她一头牛犊，她便产奶。于是，普利图王让摩奴化为牛犊。然后普利图王从大地母牛中挤奶，奶又转化为食物。这里，喜马拉雅山成为牛犊，弥卢山和群山从大地母牛中挤出珍宝和药草。

解析：यम्（यद् 阳，单，业）他，指喜马拉雅山。**सर्वे**（一切）**-शैलाः**（शैल 山），复合词（阳，复，体），所有的山岭。**परिकल्प्य**（परि√क्लृप् 独立式）认为，视为。**वत्सम्**（वत्स 阳，单，业）牛犊。**मेरौ**（मेरु 阳，单，依）弥卢山。**स्थिते**（स्थित 阳，单，依）站立。**दोग्धरि**（दोग्धृ 阳，单，依）挤奶者。**दोह**（挤奶）**-दक्षे**（दक्ष 善于），复合词（阳，单，依），精通挤奶的。**भास्वन्ति**（भास्वत् 中，复，业）璀璨的。**रत्नानि**（रत्न 中，复，业）珍宝。**महा**（महत् 大）**-ओषधीः**（ओषधि 药草），复合词（阴，复，业），大量药草。**च**（不变词）和。**पृथु**（普利图王）**-उपदिष्टाम्**（उपदिष्ट 指令），复合词（阴，单，业），普利图王指示的。**दुदुहुः**（√दुह् 完成，复，三）挤取，挤奶。**धरित्रीम्**（धरित्री 阴，单，业）大地。

अनन्तरत्नप्रभवस्य यस्य हिमं न सौभाग्यविलोपि जातम्।
एको हि दोषो गुणसंनिपाते निमज्जतीन्दोः किरणेष्विवाङ्कः॥३॥

他是无穷无尽的珍宝之源，
积雪并不会损害他的优美，
一个缺点消失在一堆优点中，
犹如一个斑点沉没在月光中。[①]（3）

解析：अनन्त（无尽的）**-रत्न**（珍宝）**-प्रभवस्य**（प्रभव 来源），复合词（阳，单，属），无穷无尽的珍宝之源。**यस्य**（यद् 阳，单，属）他，指喜马拉雅山。**हिमम्**（हिम 中，单，体）雪，积雪。**न**（不变词）不。**सौभाग्य**（优美）**-विलोपि**（विलोपिन् 损害），复合词（中，单，体），有损优美的。**जातम्**（जात 中，单，体）产生。**एकः**（एक 阳，单，体）一个。**हि**（不变词）因为。**दोषः**（दोष 阳，单，体）缺点。**गुण**（优点）**-संनिपाते**（संनिपात 聚集，大量），复合词（阳，单，依），一堆优点。**निमज्जति**（नि√मज्ज 现在，单，三）沉没。**इन्दोः**（इन्दु 阳，单，属）月亮。**किरणेषु**（किरण 阳，复，依）光线。**इव**（不变词）犹如。**अङ्कः**（अङ्क 阳，单，体）斑点。

यश्चाप्सरोविभ्रममण्डनानां संपादयित्री शिखरैर्बिभर्ति।
बलाहकच्छेदविभक्तरागामकालसंध्यामिव धातुमत्ताम्॥४॥

他的一座座山峰充满矿物，
成为众天女装饰的供应者，

[①] 意谓月亮中的斑点不损害月亮的美。

闪耀的光辉映红片片云彩，
仿佛不按时间的晨曦晚霞。（4）

解析：यः（यद् 阳，单，体）他。च（不变词）和，还有。अप्सरस्（天女）-विभ्रम（迷人）-मण्डनानाम्（मण्डन 装饰品），复合词（中，复，属），天女的迷人装饰。संपादयित्रीम्（संपादयितृ 阴，单，业）供应者。शिखरैः（शिखर 阳，复，具）山峰。बिभर्ति（√भृ 现在，单，三）持有，具有。बलाहक（云）-छेद（छेद 一片片）-विभक्त（分配）-रागाम्（राग 红色），复合词（阴，单，业），将红色分给一片片云彩。अकाल（不按时的）-संध्याम्（संध्या 黎明，黄昏），复合词（阴，单，业），不按时间的晨曦晚霞。इव（不变词）仿佛。धातुमत्ताम्（धातुमत्ता 阴，单，业）充满矿物。

आमेखलं संचरतां घनानां छायामधःसानुगतां निषेव्य।
उद्वेजिता वृष्टिभिराश्रयन्ते शृङ्गाणि यस्यातपवन्ति सिद्धाः॥५॥

悉陀①们享受了山顶下
环绕山腰飘浮的云影，
害怕遭到大雨的侵袭，
来到阳光照耀的山顶。（5）

解析：आमेखलम्（不变词）环绕山腰。संचरताम्（संचरत् 现分，阳，复，属）移动，飘浮。घनानाम्（घन 阳，复，属）云。छायाम्（छाया 阴，单，业）影子。अधस्（下面）-सानु（山顶）-गताम्（गत 处在），复合词（阴，单，业），处在山顶下。निषेव्य（निर्√सेव् 独立式）享受。उद्वेजिताः（उद्वेजित 阳，复，体）害怕。वृष्टिभिः（वृष्टि 阴，复，具）雨。आश्रयन्ते（आ√श्रि 现在，复，三）投靠，来到。शृङ्गाणि（शृङ्ग 中，复，业）山顶。यस्य（यद् 阳，单，属）他，指喜马拉雅山。आतपवन्ति（आतपवत् 中，复，业）有光热的，有阳光的。सिद्धाः（सिद्ध 阳，复，体）悉陀。

पदं तुषारस्रुतिधौतरक्तं यस्मिन्नदृष्ट्वापि हतद्विपानाम्।
विदन्ति मार्गं नखरन्ध्रमुक्तैर्मुक्ताफलैः केसरिणां किराताः॥६॥

即使看不出杀死大象的狮子的
足迹，因为血迹已被雪水洗掉，
山民们依然能凭借狮子脚趾甲
缝隙中落出的那些珍珠认路。（6）

---

① 悉陀属于半神类，具有神通力。

解析：पदम्（पद 中，单，业）足迹。तुषार（雪）-स्रुति（流）-धौत（洗刷）-रक्तम्（रक्त 血），复合词（阳，单，业），血迹被雪水洗掉。यस्मिन्（यद् 阳，单，依）他，指喜马拉雅山。अदृष्ट्वा（अ√दृश् 独立式）看不到。अपि（不变词）即使。हत（杀死）-द्विपानाम्（द्विप 大象），复合词（阳，复，属），杀死大象的。विदन्ति（√विद् 现在，复，三）发现，认出。मार्गम्（मार्ग 阳，单，业）路。नख（趾甲）-रन्ध्र（缝隙）-मुक्तैः（मुक्त 脱落），复合词（中，复，具），从指爪缝隙脱落的。मुक्ता（珍珠）-फलैः（फल 果，粒），复合词（中，复，具），珍珠。केसरिणाम्（केसरिन् 阳，复，属）狮子。किराताः（किरात 阳，复，体）山民。

न्यस्ताक्षरा धातुरसेन यत्र भूर्जत्वचः कुञ्जरबिन्दुशोणाः।
व्रजन्ति विद्याधरसुन्दरीणामनङ्गलेखक्रिययोपयोगम्॥७॥

那里的矿物流出液汁，
在桦树皮上涂成字母，
红似大象斑点，适宜
用作持明美女的情书。[①]（7）

解析：न्यस्त（安置，涂上）-अक्षराः（अक्षर 字，字母），复合词（阴，复，体），被涂成字母的。धातु（矿物）-रसेन（रस 汁液），复合词（阳，单，具），矿物的汁液。यत्र（不变词）那里。भूर्ज（桦树）-त्वचः（त्वच् 皮），复合词（阴，复，体），桦树皮。कुञ्जर（大象）-बिन्दु（点）-शोणाः（शोण 红色），复合词（阴，复，体），红似大象斑点。व्रजन्ति（√व्रज् 现在，复，三）走向，达到。विद्याधर（持明）-सुन्दरीणाम्（सुन्दरी 美女），复合词（阴，复，属），持明美女。अनङ्ग（爱情）-लेख（书信）-क्रियया（क्रिया 作用），复合词（阴，单，具），情书的作用。उपयोगम्（उपयोग 阳，单，业）用途，适宜。

यः पूरयन्कीचकरन्ध्रभागान्दरीमुखोत्थेन समीरणेन।
उद्गास्यतामिच्छति किंनराणां तानप्रदायित्वमिवोपगन्तुम्॥८॥

他用山洞洞口扬起的风，
吹入竹子的空隙部分，
仿佛想要为那些准备
高声歌唱的紧那罗伴奏。（8）

[①] 持明属于半神类，具有神通力。桦树皮在古代印度用作书写材料。

解析：यः（यद् 阳，单，体）他，指喜马拉雅山。पूरयन्（पूरयत् 致使，现分，阳，单，体）充满，吹入。कीचक（竹）-रन्ध्र（空隙）-भागान्（भाग 部分），复合词（阳，复，业），竹子的空隙部分。दरी（洞）-मुख（口）-उत्थेन（उत्थ 出现，产生），复合词（阳，单，具），洞口扬起的。समीरणेन（समीरण 阳，单，具）风。उद्गास्यताम्（उद्गास्यत् 将分，阳，复，属）准备歌唱的。इच्छति（√इष् 现在，单，三）想要。किंनराणाम्（किंनर 阳，复，属）紧那罗。तान（音调）-प्रदायित्वम्（प्रदायित्व 提供），复合词（中，单，业），伴奏。इव（不变词）仿佛。उपगन्तुम्（उप√गम् 不定式）走向。

कपोलकण्डूः करिभिर्विनेतुं विघट्टितानां सरलद्रुमाणाम्।
यत्र स्रुतक्षीरतया प्रसूतः सानूनि गन्धः सुरभीकरोति॥९॥

那里的大象们为了消除
颞颥骚痒，摩擦莎罗勒树，
树皮流淌奶状的液汁，
散发香气，布满那些山峰。（9）

解析：कपोल（颞颥）-कण्डूः（कण्डू 骚痒），复合词（阴，复，业），颞颥骚痒。करिभिः（करिन् 阳，复，具）大象。विनेतुम्（वि√नी 不定式）消除。विघट्टितानाम्（विघट्टित 阳，复，属）摩擦。सरल（莎罗勒，松树）-द्रुमाणाम्（द्रुम 树），复合词（阳，复，属），莎罗勒树。यत्र（不变词）那里。स्रुत（流出）-क्षीरतया（क्षीरता 奶状），复合词（阴，单，具），流淌出的奶状液汁。प्रसूतः（प्रसूत 阳，单，体）产生的。सानूनि（सानु 中，复，业）山峰。गन्धः（गन्ध 阳，单，体）香气。सुरभीकरोति（सुरभी√कृ 现在，单，三），变香。

वनेचराणां वनितासखानां दरीगृहोत्सङ्गनिषक्तभासः।
भवन्ति यत्रौषधयो रजन्यामतैलपूराः सुरतप्रदीपाः॥१०॥

那里的夜晚，药草的
光芒映入山中的洞窟，
成为林中人与情侣
交欢时不燃油的灯。（10）

解析：वने（林中）-चराणाम्（चर 行），复合词（阳，复，属），林中人。वनिता（女子，情侣）-सखानाम्（सख 友伴），复合词（阳，复，属），有情侣相伴的。दरी（洞）-गृह（屋子）-उत्सङ्ग（怀抱）-निषक्त（进入）-भासः（भास् 光芒），复合词（阴，复，体），光芒映入洞窟内部。भवन्ति（√भू 现在，复，三）成为。यत्र（不变词）那里。ओषधयः（ओषधि 阴，复，体）药草。रजन्याम्（रजनी 阴，单，依）夜晚。अ（不）-तैल（油）-पूराः（पूर 充入），复合词（阳，复，体），不必用油的。सुरत（交欢）-प्रदीपाः（प्रदीप 灯），复合词（阳，复，体），交欢时的灯。

उद्वेजयत्यङ्गुलिपार्ष्णिभागान्मार्गे शिलीभूतहिमे ऽपि यत्र।
न दुर्वहश्रोणिपयोधरार्ता भिन्दन्ति मन्दां गतिमश्वमुख्यः॥११॥

那里尽管道路积雪成冰，
刺痛马面女们脚趾脚跟，
碍于沉重的臀部和乳房，
也不能改变缓慢的步伐。（11）

解析：उद्वेजयति（उद्वेजयत् 致使，现分，阳，单，依）难受，刺痛。अङ्गुलि（指，趾）-पार्ष्णि（脚跟）-भागान्（भाग 部分），复合词（阳，复，业），脚趾、脚跟部分。मार्गे（मार्ग 阳，单，依）道路。शिलीभूत（变得石头般硬，成冰）-हिमे（हिम 雪），复合词（阳，单，依），积雪成冰。अपि（不变词）尽管。यत्र（不变词）那里。न（不变词）不。दुर्वह（难以承载的，沉重的）-श्रोणि（臀部）-पयोधर（乳房）-आर्ता（आर्त 受折磨），复合词（阴，复，体），受沉重的臀部和乳房折磨。भिन्दन्ति（√भिद् 现在，复，三）打破，改变。मन्दाम्（मन्द 阴，单，业）缓慢的。गतिम्（गति 阴，单，业）步伐。अश्व（马）-मुख्यः（मुख 面孔），复合词（阴，复，体），马面女。

दिवाकराद्रक्षति यो गुहासु लीनं दिवाभीतमिवान्धकारम्।
क्षुद्रे ऽपि नूनं शरणं प्रपन्ने ममत्वमुच्चैःशिरसां सतीव॥१२॥

他保护像猫头鹰那样惧怕白天
而蜷伏洞穴的黑暗，免见太阳，
确实，即使卑微者前来求助，
高贵者也会视同善人如亲友。（12）

解析：दिवाकरात्（दिवाकर 阳，单，从）太阳。रक्षति（√रक्ष् 现在，单，三）保护。

यः（यद् 阳，单，体）他，指喜马拉雅山。गुहासु（गुहा 阴，复，依）洞穴。लीनम्（लीन 阳，单，业）蜷伏的。दिवा（在白天）-भीतम्（भीत 害怕），复合词（阳，单，业），怕白天的，猫头鹰。इव（不变词）像。अन्धकारम्（अन्धकार 阳，单，业）黑暗。क्षुद्रे（क्षुद्र 阳，单，依）卑微的。अपि（不变词）即使。नूनम्（不变词）确实。शरणम्（शरण 中，单，业）庇护。प्रपन्ने（प्रपन्न 阳，单，依）来到。ममत्वम्（ममत्व 中，单，体）自己人，亲友。उच्चैस्（向上）-शिरसाम्（शिरस् 头），复合词（阳，复，属），高贵者。सति（सत् 阳，单，依）善人。इव（不变词）如同。

लाङ्गूलविक्षेपविसर्पिशोभैरितस्ततश्चन्द्रमरीचिगौरैः।
यस्यार्थयुक्तं गिरिराजशब्दं कुर्वन्ति बालव्यजनैश्चमर्यः॥१३॥

牦牛们用尾毛拂尘表明，
称他为山王，名副其实；①
这些拂尘洁白如同月光，
随尾巴甩动而四处生辉。（13）

解析：लाङ्गूल（尾巴）-विक्षेप（甩动）-विसर्पि（विसर्पिन् 放出）-शोभैः（शोभा 光辉），复合词（中，复，具），尾巴甩动而生辉。इतस्（不变词）这里。ततस्（不变词）那里。चन्द्र（月亮）-मरीचि（光辉）-गौरैः（गौर 洁白），复合词（中，复，具），洁白如同月光。यस्य（यद् 阳，单，属）他，指喜马拉雅山。अर्थ（意义）-युक्तम्（युक्त 适合的），复合词（阳，单，业），符合意义的。गिरि（山）-राज（राजन् 王）-शब्दम्（शब्द 名称），复合词（阳，单，业），山王的称号。कुर्वन्ति（√कृ 现在，复，三）做。बाल（尾毛）-व्यजनैः（व्यजन 拂尘），复合词（中，复，具），尾毛拂尘。चमर्यः（चमरी 阴，复，体）牦牛。

यत्रांशुकाक्षेपविलज्जितानां यदृच्छया किंपुरुषाङ्गनानाम्।
दरीगृहद्वारविलम्बिबिम्बास्तिरस्करिण्यो जलदा भवन्ति॥१४॥

云朵成团成团挂在山洞
洞窟门前，偶尔成为帘幕，
遮挡那些因为脱去衣衫，
羞羞答答的紧那罗女子。（14）

---

① 拂尘是王权的象征。

解析： यत्र（不变词）那儿。अंशुक（衣衫）-आक्षेप（脱去）-विलज्जितानाम्（विलज्जित 害羞），复合词（阴，复，属），因脱去衣衫而害羞的。यदृच्छया（यदृच्छा 阴，单，具）偶尔。किंपुरुष（紧那罗的别称）-अङ्गनानाम्（अङ्गना 女子），复合词（阴，复，属），紧那罗女子。दरी（洞）-गृह（房屋）-द्वार（门）-विलम्बि（विलम्बिन् 悬挂）-बिम्बाः（बिम्ब 圆，团），复合词（阳，复，体），成团挂在山洞洞窟门前。तिरस्करिण्यः（तिरस्करिणी 阴，复，体）帘幕。जलदाः（जलद 阳，复，体）云。भवन्ति（√भू 现在，复，三）成为。

भागीरथीनिर्झरशीकराणां वोढा मुहुः कम्पितदेवदारुः।
यद्वायुरन्विष्टमृगैः किरातैरासेव्यते भिन्नशिखण्डिबर्हैः॥ १५॥

山风携带恒河激流的
飞沫，一再撼动松树，
吹开孔雀翎毛，让那些
捕鹿的猎人获得享受。（15）

解析： भागीरथी（恒河的别称）-निर्झर（激流）-शीकराणाम्（शीकर 细雨，飞沫），复合词（阳，复，属），恒河水流的飞沫。वोढा（वोढृ 阳，单，体）携带者。मुहुः（不变词）一再。कम्पित（撼动）-देवदारुः（देवदारु 松树），复合词（阳，单，体），撼动松树。यद्（他，指喜马拉雅山）-वायुः（वायु 风），复合词（阳，单，体），山风。अन्विष्ट（追逐，捕）-मृगैः（मृग 鹿），复合词（阳，复，具），捕鹿的。किरातैः（किरात 阳，复，具）山民，猎人。आसेव्यते（आ√सेव् 被，现在，单，三）享受。भिन्न（分开，展开）-शिखण्डि（शिखण्डिन् 孔雀）-बर्हः（बर्ह 翎毛），复合词（阳，单，体），吹开孔雀翎毛。

सप्तर्षिहस्तावचितावशेषाण्यधो विवस्वान्परिवर्तमानः।
पद्मानि यस्याग्रसरोरुहाणि प्रबोधयत्यूर्ध्वमुखैर्मयूखैः॥ १६॥

七仙人们亲手采摘过后，
山顶湖中剩下的那些莲花，
下面运转的太阳用向上
照射的阳光使它们开放。（16）

解析： सप्त（七）-ऋषि（仙人）-हस्त（手）-अवचित（采集）-अवशेषाणि（अवशेष 剩余），复合词（中，复，业），七仙人亲手采摘过后剩下的。अधस्（不变词）下面。विवस्वान्（विवस्वत् 阳，单，体）太阳。परिवर्तमानः（परिवर्तमान 现分，阳，单，体）转动。पद्मानि（पद्म

中，复，业）莲花。**यस्य**（यद् 阳，单，属）他，指喜马拉雅山。**अग्र**（顶）-**सरस्**（湖）
-**रुहाणि**（रुह 生长），复合词（中，复，业），山顶湖中生长的。**प्रबोधयति**（प्र√बुध् 致使，
现在，单，三）苏醒。**ऊर्ध्व**（上面）-**मुखैः**（मुख 脸，面向），复合词（阳，复，具），
朝上的。**मयूखैः**（मयूख 阳，复，具）光线。

यज्ञाङ्गयोनित्वमवेक्ष्य यस्य सारं धरित्रीधरणक्षमं च।
प्रजापतिः कल्पितयज्ञभागं शैलाधिपत्यं स्वयमन्वतिष्ठत्॥१७॥

看到他是祭品的源泉，
具有稳住大地的力量，
生主亲自封他为山王，
让他成为祭祀分享者。① （17）

解析：**यज्ञ**（祭祀）-**अङ्ग**（分支）-**योनित्वम्**（योनित्व 源泉的性质），复合词（中，
单，业），祭祀用品源泉的性质。**अवेक्ष्य**（अव√ईक्ष् 独立式）看到。**यस्य**（यद् 阳，单，
属）他，指喜马拉雅山。**सारम्**（सार 阳，单，业）精力，力量。**धरित्री**（大地）-**धरण**（维
持，稳住）-**क्षमम्**（क्षम 能），复合词（阳，单，业），能稳住大地。**च**（不变词）和。
प्रजा（众生）-**पतिः**（पति 主人），复合词（阳，单，体），生主。**कल्पित**（安排）-**यज्ञ**（祭
祀）-**भागम्**（भाग 部分），复合词（阳，单，业），分享祭祀。**शैल**（山）-**आधिपत्यम्**（आधिपत्य
统治权，王权），复合词（中，单，业），山的统治权。**स्वयम्**（不变词）亲自。**अन्वतिष्ठत्**
（अनु√स्था 未完，单，三）授予。

स मानसीं मेरुसखः पितॄणां कन्यां कुलस्य स्थितये स्थितिज्ञः।
मेनां मुनीनामपि माननीयामात्मानुरूपां विधिनोपयेमे॥१८॥

这位弥卢山的朋友深明事理，
为延续家族，按照仪轨娶了
从祖先意念中生出的少女美纳，
受牟尼们尊敬，与他完全匹配。② （18）

解析：**स**（तद् 阳，单，体）这。**मानसीम्**（मानस 阴，单，业）意生的。**मेरु**（弥卢）
-**सखः**（सख 朋友），复合词（阳，单，体），弥卢山的朋友。**पितॄणाम्**（पितृ 阳，复，

---
① 生主指梵天。梵天封他为山王，也就是让他进入天神行列，能分享祭品。
② 按照印度古代神话观念，天神们能凭意念生育。

属）父亲，祖先。कन्याम्（कन्या 阴，单，业）姑娘，少女。कुलस्य（कुल 中，单，属）家族。स्थितये（स्थिति 阴，单，为）维系，延续。स्थिति（规则，事理）-ज्ञः（ज्ञ 知道），复合词（阳，单，体），深明事理的。मेनाम्（मेना 阴，单，业）美纳。मुनीनाम्（मुनि 阳，复，属）圣人，牟尼。अपि（不变词）甚至。माननीयाम्（माननीय 阴，单，业）受尊敬。आत्म（आत्मन् 自己）-अनुरूपाम्（अनुरूप 相匹配），复合词（阴，单，业），与自己相匹配。विधिना（विधि 阳，单，具）仪轨。उपयेमे（उप√यम् 完成，单，三）娶。

> कालक्रमेणाथ तयोः प्रवृत्ते स्वरूपयोग्ये सुरतप्रसङ्गे।
> मनोरमं यौवनमुद्वहन्त्या गर्भोऽभवद्भूधरराजपत्न्याः॥१९॥

> 时光流转，他俩沉浸在
> 与美貌相匹配的欢爱中，
> 山王的妻子正当青春，
> 可爱迷人，受孕怀胎。（19）

解析：काल（时光）-क्रमेण（क्रम 步），复合词（阳，单，具），时光流转。अथ（不变词）然后。तयोः（तद् 阳，双，属）他。प्रवृत्ते（प्रवृत्त 中，单，依）活动。स्व（自己的）-रूप（美貌）-योग्ये（योग्य 相适合的），复合词（中，单，依），与自己的美貌相匹配的。सुरत（欢爱）-प्रसङ्गे（प्रसङ्ग 沉浸），复合词（中，单，依），沉浸在欢爱中。मनस्（心）-रमम्（रम 欢喜），复合词（中，单，业），可爱迷人的。यौवनम्（यौवन 中，单，业）青春。उद्वहन्त्याः（उद्वहत् 现分，阴，单，属）拥有。गर्भः（गर्भ 阳，单，体）胎儿，怀孕。अभवत्（√भू 未完，单，三）有。भू（大地）-धर（维持）-राज（राजन् 王）-पत्न्याः（पत्नी 妻子），复合词（阴，单，属），山王的妻子。

> असूत सा नागवधूपभोग्यं मैनाकमम्भोनिधिबद्धसख्यम्।
> क्रुद्धेऽपि पक्षच्छिदि वृत्रशत्रावववेदनाज्ञं कुलिशक्षतानाम्॥२०॥

> 她生下的儿子美纳迦娶蛇女为妻，
> 与大海结谊，即使那位砍掉群山
> 翅膀的、与弗栗多为敌者发怒，
> 他也不会感受金刚杵伤害之痛。[①]（20）

[①] "砍掉群山翅膀的、与弗栗多为敌者"指因陀罗。美纳迦与大海结成朋友，故而因陀罗发怒时，他躲入大海中，不会受到因陀罗的金刚杵伤害。

解析：असूत（√सू 未完，单，三）生。सा（तद् 阴，单，体）她。नाग（蛇）-वधू（女子）-उपभोग्यम्（उपभोग्य 享有，娶），复合词（阳，单，业），娶蛇女为妻。मैनाकम्（मैनाक 阳，单，业）美纳迦。अम्भोनिधि（大海）-बद्ध（结成）-सख्यम्（सख्य 友谊），复合词（阳，单，业），与大海结谊。कुद्धे（कुद्ध 中，单，依）发怒。अपि（不变词）即使。पक्ष（翅膀）-छिदि（छिद् 砍掉），复合词（阳，单，依），砍掉翅膀的。वृत्र（弗栗多）-शत्रौ（शत्रु 敌人），复合词（阳，单，依），与弗栗多为敌者，因陀罗的别称。अ（不）-वेदना（痛感）-ज्ञम्（ज्ञ 知道），复合词（阳，单，业），不感到疼痛。कुलिश（金刚杵）-क्षतानाम्（क्षत 伤害），复合词（中，复，属），受金刚杵伤害。

अथावमानेन पितुः प्रयुक्ता दक्षस्य कन्या भवपूर्वपत्नी।
सती सती योगविसृष्टदेहा तां जन्मने शैलवधूं प्रपेदे॥२१॥

此后，陀刹之女，贞洁的萨蒂，
她在前生原本是湿婆的妻子，
因受到父亲轻视，依靠瑜伽，
抛弃身体，通过山王之妻再生。[①]（21）

解析：अथ（不变词）此后。अवमानेन（अवमान 阳，单，具）轻视。पितुः（पितृ 阳，单，属）父亲。प्रयुक्ता（प्रयुक्त 阴，单，体）受到。दक्षस्य（दक्ष 阳，单，属）陀刹。कन्या（कन्या 阴，单，体）女儿。भव（湿婆的称号）-पूर्व（以前的）-पत्नी（पत्नी 妻子），复合词（阴，单，体），湿婆以前的妻子。सती（सत् 阴，单，体）贞洁的。सती（सती 阴，单，体）萨蒂。योग（瑜伽）-विसृष्ट（抛弃）-देहा（देह 身体），复合词（阴，单，体），通过瑜伽抛弃身体。ताम्（तद् 阴，单，业）那。जन्मने（जन्मन् 中，单，为）再生。शैल（山）-वधूम्（वधू 妻子），复合词（阴，单，业），山王的妻子。प्रपेदे（प्र√पद् 完成，单，三）进入，依靠。

सा भूधराणामधिपेन तस्यां समाधिमत्यामुदपादि भव्या।
सम्यक्प्रयोगादपरिक्षतायां नीताविवोत्साहगुणेन संपत्॥२२॥

这位吉祥女依靠山王，通过
专心虔诚的山王之妻生下，

[①] 陀刹举行祭祀，没有邀请湿婆出席。萨蒂前去与父亲论理，受到羞辱，愤而依靠瑜伽，焚化自尽。

犹如财富依靠勇气，通过正确
运用而不受挫折的正道生下。（22）

解析：सा（तद् 阴，单，体）这。भू（大地）-धराणाम्（धर 支持），复合词（阳，复，属），山。अधिपेन（अधिप 阳，单，具）主人，王。तस्याम्（तद् 阴，单，依）她，指山王之妻。समाधिमत्याम्（समाधिमत् 阴，单，依）专心的，虔诚的。उदपादि（उद्√पद् 不定，单，三）诞生。भव्या（भव्या 阴，单，体）吉祥女。सम्यच्（正确）-प्रयोगात्（प्रयोग 运用），复合词（阳，单，从），正确运用。अ（不）-परिक्षतायाम्（परिक्षत 受损害），复合词（阴，单，依），不受挫折的。नीतौ（नीति 阴，单，依）正道。इव（不变词）犹如。उत्साह（勇气）-गुणेन（गुण 品质），复合词（中，单，具），勇猛的品质。संपद्（संपद् 阴，单，体）财富，繁荣。

प्रसन्नदिक्पांसुविविक्तवातं शङ्खस्वनानन्तरपुष्पवृष्टि।
शरीरिणां स्थावरजङ्गमानां सुखाय तज्जन्मदिनं बभूव॥२३॥

在她出生之日，四方清净，
风中无尘，伴随螺号声响，
花雨降下，为具有形体的
动物和不动物带来幸福。（23）

解析：प्रसन्न（安定，清净）-दिक्（दिश् 方向），复合词（中，单，体），四方清净。पांसु（灰尘）-विविक्त（脱离）-वातम्（वात 风），复合词（中，单，体），风中无尘。शङ्ख（螺号）-स्वन（声）-अनन्तर（紧随）-पुष्प（花）-वृष्टि（雨），复合词（中，单，体），花雨紧随螺号声响。शरीरिणाम्（शरीरिन् 阳，复，属）具有形体的。स्थावर（不动物）-जङ्गमानाम्（जङ्गम 动物），复合词（阳，复，属），不动物和动物。सुखाय（सुख 中，单，为）幸福。तद्（她）-जन्म（जन्मन् 出生）-दिनम्（दिन 天，日子），复合词（中，单，体），她出生之日。बभूव（√भू 现在，单，三）成为。

तया दुहित्रा सुतरां सवित्री स्फुरत्प्रभामण्डलया चकासे।
विदूरभूमिर्नवमेघशब्दादुद्भिन्नया रत्नशलाकयेव॥२४॥

这个女儿身上闪耀光环，
她的母亲愈加光彩熠熠，
犹如新云轰鸣，宝石嫩芽

绽开，毗杜罗山地绚丽生辉。①（24）

解析：तया（तद् 阴，单，具）这个。दुहित्रा（दुहितृ 阴，单，具）女儿。सुतराम्（不变词）愈加。सवित्री（阴，单，体）母亲。स्फुरत्（闪耀）-प्रभा（光）-मण्डलया（मण्डल 环），复合词（阴，单，具），闪耀的光环的。चकासे（√कास् 完成，单，三）放光。विदूर（毗杜罗）-भूमिः（भूमि 大地），复合词（阴，单，体），毗杜罗山地。नव（新的）-मेघ（云）-शब्दात्（शब्द 声），复合词（阳，单，从），新云的轰鸣。उद्भिन्नया（उद्भिन्न 阴，单，具）绽开。रत्न（宝石）-शलाकया（शलाका 嫩芽），复合词（阴，单，具），宝石嫩芽。इव（不变词）犹如。

दिने दिने सा परिवर्धमाना लब्धोदया चान्द्रमसीव लेखा।
पुपोष लावण्यमयान्विशेषाञ्ज्योत्स्नान्तराणीव कलान्तराणि॥२५॥

她出生后，一天一天长大，
增添美的特殊魅力，犹如
一弯新月天天增长，长满
隐藏在月光中的那些月分。②（25）

解析：दिने（दिन 阳，单，依）一天。दिने（दिन 阳，单，依）一天。सा（तद् 阴，单，体）她。परिवर्धमाना（परिवर्धमान 现分，阴，单，体）长大。लब्ध（获得）-उदया（उदय 升起），复合词（阴，单，体），获得升起的，新升起的。चान्द्रमसी（चान्द्रमस 阴，单，体）月亮的。इव（不变词）犹如。लेखा（लेखा 阴，单，体）线条，一弯。पुपोष（√पुष् 完成，单，三）增长。लावण्य（美）-मयान्（मय 组成），复合词（阳，复，业），构成美的。विशेषान्（विशेष 阳，复，业）特征。ज्योत्स्ना（月光）-अन्तराणि（अन्तर 中间的），复合词（中，复，业），月光中的。इव（不变词）犹如。कला（月分）-अन्तराणि（अन्तर 其他），复合词（中，复，业），其他的月分。

तां पार्वतीत्याभिजनेन नाम्ना बन्धुप्रियां बन्धुजनो जुहाव।
उ मेति मात्रा तपसो निषिद्धा पश्चादुमाख्यां सुमुखी जगाम॥२६॥

亲属们按照她的高贵出身，称呼
这位亲属们的至爱为波哩婆提③，

---

① 毗杜罗山以盛产宝石著名。
② 月亮有十六月分。
③ 波哩婆提的词义是山的女儿。

后来,这位美女得名乌玛,因为
母亲劝阻她修苦行,说道:"乌玛!①"(26)

解析:ताम्(तद् 阴,单,业)她。पार्वती(पार्वती 阴,单,体)波哩婆提。इति(不变词)这样(称呼)。आभिजनेन(आभिजन 中,单,具)依据出身的。नाम्ना(नामन् 中,单,具)名字。बन्धु(亲属)-प्रियाम्(प्रिय 亲爱的),复合词(阴,单,业),亲属喜爱的。बन्धु(亲属)-जनः(जन 人们),复合词(阳,单,体),亲属。जुहाव(√ह्वे 完成,单,三)称呼。उ(不变词)啊。मा(不变词)不要。इति(不变词)这样(说)。मात्रा(मातृ 阴,单,具)母亲。तपसः(तपस् 中,单,从)苦行。निषिद्धा(निषिद्ध 阴,单,体)劝阻。पश्चात्(不变词)后来。उमा(乌玛)-आख्याम्(आख्या 名称),复合词(阴,单,业),"乌玛"的名字。सुमुखी(सुमुख 阴,单,体)面容美丽的,美女。जगाम(√गम् 完成,单,三)走向。

महीभृतः पुत्रवतो ऽपि दृष्टिस्तस्मिन्नपत्ये न जगाम तृप्तिम्।
अनन्तपुष्पस्य मधोर्हि चूते द्विरेफमाला सविशेषसङ्गा॥२७॥

尽管山王已经有了儿子,
仍对这个孩子百看不厌,
正如春天百花竞相开放,
蜜蜂依然偏爱芒果树。②(27)

解析:मही(大地)-भृतः(भृत् 维持),复合词(阳,单,属),山,山王。पुत्रवतः(पुत्रवत् 阳,单,属)有儿子的。अपि(不变词)尽管。दृष्टिः(दृष्टि 阴,单,体)目光。तस्मिन्(तद् 中,单,依)这个。अपत्ये(अपत्य 中,单,依)后代,孩子。न(不变词)不。जगाम(√गम् 完成,单,三)走向。तृप्तिम्(तृप्ति 阴,单,业)满足。अनन्त(无尽的)-पुष्पस्य(पुष्प 花),复合词(阳,单,属),有无数花的。मधोः(मधु 阳,单,属)春天。हि(不变词)因为,确实。चूते(चूत 阳,单,依)芒果树。द्विरेफ(蜜蜂)-माला(簇,群),复合词(阴,单,体),蜂群。स(有)-विशेष(特殊)-सङ्गा(सङ्ग 执著),复合词(阴,单,体),有偏爱。

---

① 乌玛(umā)一词拆开读为 u mā,意谓"啊,不要!"
② 这里也将蜜蜂比作春天的眼睛。

प्रभामहत्या शिखयेव दीपस्त्रिमार्गयेव त्रिदिवस्य मार्गः।
संस्कारवत्येव गिरा मनीषी तया स पूतश्च विभूषितश्च॥२८॥

父亲依靠她，得到净化和美化，
正像灯依靠大放光芒的火焰，
天国路依靠流经三界的恒河①，
智者们依靠经过修饰的言语。（28）

解析：प्रभा（光）-महत्या（महत् 大），复合词（阴，单，具），大放光芒的。शिखया（शिखा 阴，单，具），火焰。इव（不变词）正像。दीपः（दीप 阳，单，体）灯。त्रि（三）-मार्गया（मार्ग 路），复合词（阴，单，具），流经三界的，恒河。इव（不变词）正像。त्रि（三）-दिवस्य（दिव 天空），复合词（中，单，属），天国。मार्गः（मार्ग 阳，单，体）路。संस्कारवत्या（संस्कारवत् 阴，单，具）经过修饰的。इव（不变词）正像。गिरा（गिर् 阴，单，具）言语。मनीषी（मनीषिन् 阳，单，体）智者。तया（तद् 阴，单，具）她。स（तद् 阳，单，体）他。पूतः（पूत 阳，单，体）净化。च（不变词）和。विभूषितः（विभूषित 阳，单，体）美化。च（不变词）和。

मन्दाकिनीसैकतवेदिकाभिः सा कन्दुकैः कृत्रिमपुत्रकैश्च।
रेमे मुहुर्मध्यगता सखीनां क्रीडारसं निर्विशतीव बाल्ये॥२९॥

童年时，她经常与女友们
一起玩耍，在曼达吉尼河②
沙滩堆积祭坛，玩布娃娃，
玩球，仿佛深得游戏之味。（29）

解析：मन्दाकिनी（曼达吉尼河）-सैकत（沙滩）-वेदिकाभिः（वेदिका 祭坛），复合词（阴，复，具），曼达吉尼河沙滩祭坛。सा（तद् 阴，单，体）她。कन्दुकैः（कन्दुक 阳，复，具）球。कृत्रिम（人造的）-पुत्रकैः（पुत्रक 孩子），复合词（阳，复，具），玩偶，布娃娃。च（不变词）和。रेमे（√रम् 完成，单，三）游戏。मुहुस्（不变词）经常。मध्य（中间）-गता（गत 处在），复合词（阴，单，体），在中间。सखीनाम्（सखी 阴，复，属）女友。क्रीडा（游戏）-रसम्（रस 滋味），复合词（阳，单，业），游戏之味。निर्विशति（निस्√विश् 现在，单，三）进入，享受。इव（不变词）仿佛。बाल्ये（बाल्य 中，单，依）

---

① 恒河从天国下凡，流经天上。空中和地上三界。
② 曼达吉尼河指地上的恒河。

童年。

तां हंसमालाः शरदीव गङ्गां महौषधिं नक्तमिवात्मभासः।
स्थिरोपदेशामुपदेशकाले प्रपेदिरे प्राक्तनजन्मविद्याः॥३०॥

她对教诲印象深刻，在受教育时，
前生接受的各种知识就会来到她，
犹如成群的天鹅在秋天来到恒河，
自身的光辉在夜晚来到大药草。（30）

解析：ताम्（तद् 阴，单，业）她。हंस（天鹅）-मालाः（माला 群），复合词（阴，复，体），成群的天鹅。शरदि（शरद् 阴，单，依）秋天。इव（不变词）犹如。गङ्गाम्（गङ्गा 阴，单，业）恒河。महा（大）-ओषधिम्（ओषधि 药草），复合词（阴，单，业），大药草。नक्तम्（不变词）在夜晚。इव（不变词）犹如。आत्म（आत्मन् 自己）-भासः（भास 光辉），复合词（阴，复，体），自身的光辉。स्थिर（牢固）-उपदेशाम्（उपदेश 教诲），复合词（阴，单，业），对教诲印象深刻。उपदेश（教诲）-काले（काल 时候），复合词（阳，单，依），接受教育时。प्रपेदिरे（प्र√पद् 完成，复，三）来到。प्राक्तन（以前的）-जन्म（生）-विद्याः（विद्या 知识），复合词（阴，复，体），前生的知识。

असंभृतं मण्डनमङ्गयष्टेरनासवाख्यं करणं मदस्य।
कामस्य पुष्पव्यतिरिक्तमस्त्रं बाल्यात्परं साथ वयः प्रपेदे॥३१॥

她到达了跨越童年的年龄，
那是苗条身材的天然装饰，
不称作酒，也能够令人迷醉，
不同于花，也成为爱神武器①。（31）

解析：असंभृतम्（असंभृत 中，单，业）不造作的，天然的。मण्डनम्（मण्डन 中，单，业）装饰。अङ्ग（肢体）-यष्टेः（यष्टि 棍子，纤细），复合词（阴，单，属），苗条的身材。अन्（不）-आसव（酒）-आख्यम्（आख्या 名称），复合词（中，单，业），不称作酒。करणम्（करण 中，单，业）原因。मदस्य（मद 阳，单，属）醉。कामस्य（काम 阳，单，属）爱神。पुष्प（花）-व्यतिरिक्तम्（व्यतिरिक्त 不同于），复合词（中，单，业），不

---

① 爱神的武器是花箭。

同于花。अस्त्रम् (अस्त्र 中，单，业) 武器。बाल्यात् (बाल्य 中，单，从) 童年。परम् (पर 中，单，业) 之后的。सा (तद् 阴，单，体) 她。अथ (不变词) 然后。वयः (वयस् 中，单，业) 年龄。प्रपेदे (प्र√पद् 完成，单，三) 到了。

उन्मीलितं तूलिकयेव चित्रं सूर्यांशुभिर्भिन्नमिवारविन्दम्।
बभूव तस्याश्चतुरस्रशोभि वपुर्विभक्तं नवयौवनेन॥३२॥

她步入青春，匀称的
形体之美充分展现，
如同画笔绘出图画，
又如阳光催开莲花。（32）

解析：उन्मीलितम् (उन्मीलित 中，单，体) 展现。तूलिकया (तूलिका 阴，单，具) 画笔。इव (不变词) 如同。चित्रम् (चित्र 中，单，体) 图画。सूर्य (太阳)-अंशुभिः (अंशु 线，光线)，复合词 (阳，复，具)，阳光。भिन्नम् (भिन्न 中，单，体) 绽开。इव (不变词) 如同。अरविन्दम् (अरविन्द 中，单，体) 莲花。बभूव (√भू 完成，单，三) 成为。तस्याः (तद् 阴，单，属) 她。चतुरस्र (四角的，匀称的)-शोभि (शोभिन् 美的)，复合词 (中，单，体)，匀称美丽的。वपुः (वपुस् 中，单，体) 形体。विभक्तम् (विभक्त 中，单，体) 显出。नव (新)-यौवनेन (यौवन 年轻)，复合词 (中，单，具)，青春。

अभ्युन्नताङ्गुष्ठनखप्रभाभिर्निक्षेपणाद्रागमिवोद्गिरन्तौ।
आजह्रतुस्तच्चरणौ पृथिव्यां स्थलारविन्दश्रियमव्यवस्थाम्॥३३॥

她的双脚踩在地上，
翘起的脚趾闪烁光辉，
仿佛渗出红色，呈现
移动的陆地莲花之美。（33）

解析：अभ्युन्नत (翘起的)-अङ्गुष्ठ (拇趾，脚趾)-नख (趾甲)-प्रभाभिः (प्रभा 光)，复合词 (阴，复，具)，翘起的脚趾的光辉。निक्षेपणात् (निक्षेपण 中，单，从) 踩。रागम् (राग 阳，单，业) 红色。इव (不变词) 犹如。उद्गिरन्तौ (उद्गिरत् 现分，阳，双，体) 渗出。आजह्रतुः (आ√ह्र 完成，双，三) 获取，呈现。तद् (她)-चरणौ (चरण 脚)，复合词 (阳，双，体)，她的脚。पृथिव्याम् (पृथिवी 阴，单，依) 地。स्थल (旱地)-अरविन्द (莲花)-श्रियम् (श्री 美)，复合词 (阴，单，业)，陆地莲花之美。अव्यवस्थाम् (अव्यवस्थ 阴，

单，业）不固定的，移动的。

सा राजहंसैरिव संनताङ्गी गतेषु लीलाञ्चतविक्रमेषु।
व्यनीयत प्रत्युपदेशलुब्धैरादित्सुभिर्नूपुरसिञ्जितानि॥३४॥

她肢体倾斜，仿佛接受天鹅
指导，行走时步姿优美迷人，
天鹅也企盼接受她的指导，
渴望获得脚镯的叮当响声。（34）

解析：सा（तद् 阴，单，体）她。राज（राजन् 王）-हंसैः（हंस 天鹅），复合词（阳，复，具），白天鹅。इव（不变词）仿佛。संनत（弯下，倾斜）-अङ्गी（अङ्ग 肢体），复合词（阴，单，体），肢体倾斜。गतेषु（गत 中，复，依）行走。लीला（游戏，魅力）-अञ्चित（弯曲，优美）-विक्रमेषु（विक्रम 步姿），复合词（中，复，依），步姿优美迷人。व्यनीयत（वि√नी 被，未完，单，三）指导。प्रत्युपदेश（返回的教导）-लुब्धैः（लुब्ध 企盼），复合词（阳，复，具），也企盼接受教导。आदित्सुभिः（आदित्सु 阳，复，具）渴望得到。नूपुर（脚镯）-सिञ्जितानि（सिञ्जित 叮当声），复合词（中，复，业），脚镯的叮当声。

वृत्तानुपूर्वे च न चातिदीर्घे जङ्घे शुभे सृष्टवतस्तदीये।
शेषाङ्गनिर्माणविधौ विधातुर्लावण्य उत्पाद्य इवास यत्नः॥३५॥

创造主为她创造优美的
小腿，圆而匀称，不太长，
然后，他仿佛格外努力，
在其他的肢体上创造美。（35）

解析：वृत्त（圆的）-अनुपूर्वे（अनुपूर्व 匀称），复合词（阴，双，业），圆而匀称。च（不变词）而且。न（不变词）不。च（不变词）和。अतिदीर्घे（अतिदीर्घ 阴，双，业）过长。जङ्घे（जङ्घा 阴，双，业）小腿。शुभे（शुभ 阴，双，业）优美的。सृष्टवतः（सृष्टवत् 阳，单，属）创造。तदीये（तदीय 阴，双，业）她的。शेष（其余的）-अङ्ग（肢体）-निर्माण（构造）-विधौ（विधि 创造），复合词（阳，单，依），其他肢体的创造。विधातुः（विधातृ 阳，单，属）创造主。लावण्ये（लावण्य 中，单，依）美。उत्पाद्ये（उत्पाद्य 中，单，依）应该产生的。इव（不变词）仿佛。आस（√अस् 完成，单，三）是。यत्नः（यत्न 阳，单，体）努力。

नागेन्द्रहस्तास्त्वचि कर्कशत्वादेकान्तशैत्यात्कदलीविशेषाः।
लब्ध्वापि लोके परिणाहि रूपं जातास्तदूर्वोरुपमानबाह्याः॥३६॥

大象的鼻子皮肤粗糙，
优质的芭蕉始终清凉，
尽管都具有粗圆的形态，
却无法与她的大腿相比。（36）

解析：नाग（象）-इन्द्र（王）-हस्ताः（हस्त 鼻子），复合词（阳，复，体），象王的鼻子。त्वचि（त्वच् 阴，单，依）皮肤。कर्कशत्वात्（कर्कशत्व 中，单，从）粗糙。एकान्त（始终）-शैत्यात्（शैत्य 清凉），复合词（中，单，从），始终清凉。कदली（芭蕉）-विशेषाः（विशेष 杰出者），复合词（阳，复，体），优质芭蕉。लब्ध्वा（√लभ् 独立式）获得。अपि（不变词）尽管。लोके（लोक 阳，单，依）世界。परिणाहि（परिणाहिन् 中，单，业）粗圆的。रूपम्（रूप 中，单，业）形态。जाताः（जात 阳，复，体）产生。तद्（她）-ऊर्वोः（ऊरु 大腿），复合词（阳，双，属），她的大腿。उपमान（比较）-बाह्याः（बाह्य 外面），复合词（阳，复，体），比较之外的，不可比较的。

एतावता नन्वनुमेयशोभि काञ्चीगुणस्थानमनिन्दितायाः।
आरोपितं यद्गिरिशेन पश्चादनन्यनारीकमनीयमङ्कम्॥३७॥

这位无可挑剔的女子，后来
被湿婆拥入怀中，其他女子
可望而不可即，由此可以
推断她的腰带部位的魅力。（37）

解析：एतावता（एतावत् 阳，单，具）如此的，指拥入怀中。ननु（不变词）的确。अनुमेय（可推断）-शोभि（शोभिन् 优美，有魅力），复合词（中，单，体），有可以推断的魅力。काञ्ची（腰带）-गुण（带）-स्थानम्（स्थान 部位），复合词（中，单，体），腰带部位。अनिन्दितायाः（अनिन्दिती 阴，单，属）无可指摘的女子。आरोपितम्（आरोपित 中，单，体）安放，拥入。यत्（यद् 中，单，体）那，指拥入怀中。गिरिशेन（गिरिश 阳，单，具）山居者，湿婆的称号。पश्चात्（不变词）后来。अनन्य（没有别的）-नारी（女子）-कमनीयम्（कमनीय 能向往的），复合词（中，单，体），别的女子不能向往的。अङ्कम्（अङ्क 阳，单，业）膝，怀抱。

तस्याः प्रविष्टा नतनाभिरन्ध्रं रराज तन्वी नवलोमराजिः ।
नीवीमतिक्रम्य सितेतरस्य तन्मेखलामध्यमणेरिवार्चिः ॥ ३८ ॥

她的纤细而柔软的汗毛线，
越过衣结，进入深凹的肚脐，
犹如镶嵌在她的腰带中间的
藏青色摩尼珠闪闪发出光芒。（38）

解析：तस्याः（तद् 阴，单，属）她。प्रविष्टा（प्रविष्ट 阴，单，体）进入。नत（弯的，深凹的）-नाभि（肚脐）-रन्ध्रम्（रन्ध्र 孔穴），复合词（中，单，业），深凹的肚脐眼。रराज（√राज 完成，单，三）发光。तन्वी（तनु 阴，单，体）纤细的。नव（新的，柔软的）-लोम（लोमन् 汗毛）-राजिः（राजि 排，行），复合词（阴，单，体），柔软的汗毛线。नीवीम्（नीवी 阴，单，业）衣结。अतिक्रम्य（अति√क्रम् 独立式）越过。सित（白）-इतरस्य（इतर 另外的），复合词（阳，单，属），黑色的，藏青色的。तद्（她）-मेखला（腰带）-मध्य（中间）-मणेः（मणि 摩尼珠），复合词（阳，单，属），她的腰带中间的摩尼珠。इव（不变词）犹如。अर्चिः（अर्चि 阴，单，体）光芒。

मध्येन सा वेदिविलग्नमध्या वलित्रयं चारु बभार बाला ।
आरोहणार्थं नवयौवनेन कामस्य सोपानमिव प्रयुक्तम् ॥ ३९ ॥

这少女腰肢纤细，宛如
祭坛，中间部位有三条
可爱的褶皱，仿佛是青春
使用的阶梯，让爱神登临。（39）

解析：मध्येन（मध्य 阳，单，具）中间部位。सा（तद् 阴，单，体）这位。वेदि（祭坛）-विलग्न（纤细）-मध्या（मध्य 腰部），复合词（阴，单，体），腰部纤细如同祭坛。वलि（褶皱）-त्रयम्（त्रय 三），复合词（中，单，业），三条褶皱。चारु（चारु 中，单，业）可爱的。बभार（√भृ 完成，单，三）具有。बाला（बाला 阴，单，体）少女。आरोहण（登临）-अर्थम्（为了），复合词（不变词），为了登临。नव（新）-यौवनेन（यौवन 年轻），复合词（中，单，具），青春。कामस्य（काम 阳，单，属）爱神。सोपानम्（सोपान 中，单，业）阶梯。इव（不变词）仿佛。प्रयुक्तम्（प्रयुक्त 中，单，业）使用。

अन्योन्यमुत्पीडयदुत्पलाक्ष्याः स्तनद्वयं पाण्डु तथा प्रवृद्धम्।
मध्ये यथा श्याममुखस्य तस्य मृणालसूत्रान्तरमप्यलभ्यम्॥४०॥

这位莲花眼少女的浅白双乳
长得这样圆润丰满,互相挤压,
在乳头黝黑的这对乳房之间,
甚至找不到一根藕丝的间隙。（40）

解析: अन्योन्यम्（不变词）互相。उत्पीडयत्（उत्पीडयत् 致使,现分,中,单,体）挤压。उत्पल（莲花）-अक्ष्याः（अक्ष 眼），复合词（阴,单,属），莲花眼少女。स्तन（乳房）-द्वयम्（द्वय 双），复合词（中,单,体），双乳。पाण्डु（पाण्डु 中,单,体）浅白的。तथा（不变词）这样。प्रवृद्धम्（प्रवृद्ध 中,单,体）成熟的。मध्ये（मध्य 中,单,依）中间,之间。यथा（不变词）以致。श्याम（黑色）-मुखस्य（मुख 头），复合词（中,单,属），有黑色乳头的。तस्य（तद् 中,单,属）那,指那对乳房。मृणाल（藕）-सूत्र（线,丝）-अन्तरम्（अन्तर 间隙），复合词（中,单,体），藕丝的间隙。अपि（不变词）甚至。अलभ्यम्（अलभ्य 中,单,体）不可获得。

शिरीषपुष्पाधिकसौकुमार्यौ बाहू तदीयाविति मे वितर्कः।
पराजितेनापि कृतौ हरस्य यौ कण्ठपाशौ मकरध्वजेन॥४१॥

我猜想她的双臂比希利奢花
还要柔嫩,以鳄鱼为旗徽的
爱神尽管败于湿婆,却用这双
手臂制成套住湿婆脖子的套索。（41）

解析: शिरीष（希利奢花）-पुष्प（花）-अधिक（更加）-सौकुमार्यौ（सौकुमार्य 柔嫩），复合词（阳,双,体），比希利奢花还要柔嫩的。बाहू（बाहु 阳,双,体）臂。तदीयौ（तदीय 阳,双,体）她的。इति（不变词）这样（想）。मे（मद् 单,属）我。वितर्कः（वितर्क 阳,单,体）猜想。पराजितेन（पराजित 阳,单,具）被战胜。अपि（不变词）尽管。कृतौ（कृत 阳,双,体）制成。हरस्य（हर 阳,单,属）诃罗,湿婆的称号。यौ（यद् 阳,双,体）那,指双臂。कण्ठ（脖子）-पाशौ（पाश 套索），复合词（阳,双,体），脖子的套索。मकर（鳄鱼）-ध्वजेन（ध्वज 旗徽），复合词（阳,单,具），以鳄鱼为旗徽的,爱神。

कण्ठस्य तस्याः स्तनबन्धुरस्य मुक्ताकलापस्य च निस्तलस्य।
अन्योन्यशोभाजननाद्बभूव साधारणो भूषणभूष्यभावः॥४२॥

她的胸脯上可爱的脖子
和围绕脖子的珍珠项链，
互相之间产生美，共同
成为装饰品和装饰对象。（42）

解析：कण्ठस्य（कण्ठ 阳，单，属）脖子。तस्याः（तद् 阴，单，属）她。स्तन（胸脯）-बन्धुरस्य（बन्धुर 可爱的），复合词（阳，单，属），胸脯上可爱的。मुक्ता（珍珠）-कलापस्य（कलाप 项链），复合词（阳，单，属），珍珠项链。च（不变词）和。निस्तलस्य（निस्तल 阳，单，属）圆形的，围绕的。अन्योन्य（互相）-शोभा（美）-जननात्（जनन 产生），复合词（中，单，从），互相产生美。बभूव（√भू 完成，单，三）成为。साधारणः（साधारण 阳，单，体）共同的。भूषण（装饰）-भूष्य（装饰对象）-भावः（भाव 状态），复合词（阳，单，体），装饰品和装饰对象的状态。

चन्द्रं गता पद्मगुणान्न भुङ्क्ते पद्माश्रिता चान्द्रमसीमभिख्याम्।
उमामुखं तु प्रतिपद्य लोला द्विसंश्रयां प्रीतिमवाप लक्ष्मीः॥४३॥

那位变化不定的吉祥女神，
接近月亮，不能享受莲花美，
接近莲花，不能享受月亮美，
接近乌玛的脸，则两全其美。①（43）

解析：चन्द्रम्（चन्द्र 阳，单，业）月亮。गता（गत 阴，单，体）接近。पद्म（莲花）-गुणान्（गुण 品质），复合词（阳，复，业），莲花美。न（不变词）不。भुङ्क्ते（√भुज् 现在，单，三）享受。पद्म（莲花）-आश्रिता（आश्रित 接近），复合词（阴，单，体），接近莲花。चान्द्रमसीम्（चान्द्रमस 阴，单，业）月亮的。अभिख्याम्（अभिख्या 阴，单，业）美丽。उमा（乌玛）-मुखम्（मुख 脸），复合词（中，单，业），乌玛的脸。तु（不变词）而。प्रतिपद्य（प्रति√पद् 独立式）接近。लोला（लोल 阴，单，体）变化不定的。द्वि（两）-संश्रयां（संश्रय 属于），复合词（阴，单，业），属于两者的。प्रीतिम्（प्रीति 阴，单，业）愉悦。अवाप（अव√आप् 完成，单，三）获得。लक्ष्मीः（लक्ष्मी 阴，单，体）吉祥女神。

---

① 莲花白天开放，夜晚闭合；月亮白天消失，夜晚升起，故而不能同时享受这两者的美。而接近乌玛的脸，则既能享受莲花美，又能享受月亮美。

पुष्पं प्रवालोपहितं यदि स्यान्मुक्ताफलं वा स्फुटविद्रुमस्थम्।
ततो ऽनुकुर्याद्विशदस्य तस्यास्ताम्रौष्ठपर्यस्तरुचः स्मितस्य॥४४॥

如果花朵挨近鲜嫩的叶芽,
珍珠放在明净的红珊瑚上,
这样才能模拟闪现在她的
艳红嘴唇上的纯洁微笑。（44）

解析： पुष्पम् (पुष्प 中，单，体) 花朵。प्रवाल (嫩芽)-उपहितम् (उपहित 挨近)，复合词（中，单，体），挨近嫩芽。यदि（不变词）如果。स्यात् (√अस् 虚拟，单，三) 是。मुक्ता (珍珠)-फलम् (फल 果，粒)，复合词（中，单，体），珍珠。वा（不变词）或者。स्फुट (明净的)-विद्रुम (珊瑚)-स्थम् (स्थ 处在)，复合词（中，单，体），放在明净的珊瑚上。ततस् (不变词) 然后，这样。अनुकुर्यात् (अनु√कृ 虚拟，单，三) 模拟。विशदस्य (विशद 中，单，属) 纯洁的。तस्याः (तद् 阴，单，属) 她。ताम्र (艳红的)-ओष्ठ (嘴唇)-पर्यस्त (投射，围绕)-रुचः (रुच् 光芒)，复合词（中，单，属），艳红嘴唇上闪光的。स्मितस्य (स्मित 中，单，属) 微笑。

स्वरेण तस्याममृतस्रुतेव प्रजल्पितायामभिजातवाचि।
अप्यन्यपुष्टा प्रतिकूलशब्दा श्रोतुर्वितन्त्रीरिव ताड्यमाना॥४५॥

她说话文雅，语音仿佛
流淌甘露，相形之下，
雌杜鹃的鸣声听来刺耳，
仿佛弦音走调的琵琶。（45）

解析： स्वरेण (स्वर 阳，单，具) 声音。तस्याम् (तद् 阴，单，依) 她。अमृत (甘露)-स्रुता (स्रुत् 流淌)，复合词（阳，单，具），甘露流淌。इव（不变词）仿佛。प्रजल्पितायाम् (प्रजल्पित 阴，单，依) 说话。अभिजात (文雅的)-वाचि (वाच् 话)，复合词（阴，单，依），言语文雅。अपि（不变词）甚至。अन्यपुष्टा (अन्यपुष्टा 阴，单，体) 雌杜鹃。प्रतिकूल (逆向的，不顺的)-शब्दा (शब्द 声音)，复合词（阴，单，体），声音刺耳。श्रोतुः (श्रोतृ 阳，单，属) 听者。वितन्त्रीः (वितन्त्री 阴，单，体) 琴弦失调的琵琶。इव（不变词）仿佛。ताड्यमाना (ताड्यमान 被，现分，阴，单，体) 打击，弹奏。

प्रवातनीलोत्पलनिर्विशेषमधीरविप्रेक्षितमायताक्ष्या।
तया गृहीतं नु मृगाङ्गनाभ्यस्ततो गृहीतं नु मृगाङ्गनाभिः॥४६॥

这颤动的目光与风中的
青莲没有两样，是这位
大眼女郎取自那些雌鹿，
还是那些雌鹿取自她？（46）

解析：प्रवात（风）-नील（青）-उत्पल（莲花）-निर्विशेषम्（निर्विशेष 无区别的），复合词（中，单，体），与风中的青莲花没有两样。अधीर（不坚定的，颤动的）-विप्रेक्षितम्（विप्रेक्षित 目光），复合词（中，单，体），颤动的目光。आयत（大的，长的）-अक्ष्या（अक्ष 眼睛），复合词（阴，单，具），大眼睛的。तया（तद् 阴，单，具）她。गृहीतम्（गृहीत 中，单，体）取得。नु（不变词）或许，是否。मृग（鹿）-अङ्गनाभ्यः（अङ्गना 雌性），复合词（阴，复，从），雌鹿。ततस्（不变词）从（她）那里。गृहीतम्（गृहीत 中，单，体）取得。नु（不变词）或许，是否。मृग（鹿）-अङ्गनाभिः（अङ्गना 雌性），复合词（阴，复，具），雌鹿。

तस्याः शलाकाञ्जननिर्मितेव कान्तिर्भ्रुवोरायतलेखयोर्या।
तां वीक्ष्य लीलाचतुरामनङ्गः स्वचापसौन्दर्यमदं मुमोच॥४७॥

她的两条长眉毛美丽可爱，
仿佛用画眉笔沾眼膏描出，
充满魅力，爱神看到之后，
不再沉醉自己的弓的优美。（47）

解析：तस्याः（तद् 阴，单，属）她。शलाका（小棍，画眉笔）-अञ्जन（眼膏）-निर्मिता（निर्मित 造出），复合词（阴，单，体），用画眉笔和眼膏描出。इव（不变词）仿佛。कान्तिः（कान्ति 阴，单，体）美丽。भ्रुवोः（भ्रू 阴，双，属）眉。आयत（长的）-लेखयोः（लेखा 条），复合词（阴，双，属），长条的。या（यद् 阴，单，体）它，指美丽。ताम्（तद् 阴，单，业）它，指美丽。वीक्ष्य（वि√ईक्ष् 独立式）看到。लीला（魅力）-चतुराम्（चतुर 迷人的），复合词（阴，单，业），充满魅力的。अनङ्गः（अनङ्ग 阳，单，体）爱神。स्व（自己）-चाप（弓）-सौन्दर्य（美）-मदम्（मद 迷醉），复合词（阳，单，业），迷醉于自己的弓的优美。मुमोच（√मुच् 完成，单，三）放弃。

लज्जा तिरश्चां यदि चेतसि स्यादसंशयं पर्वतराजपुत्र्याः।
तं केशपाशं प्रसमीक्ष्य कुर्युर्बालप्रियत्वं शिथिलं चमर्यः॥४८॥

如果动物也有羞愧感，那么，
看到这位山王女儿的发髻，
毫无疑问，母牦牛也会减少
对它们自己的尾毛的偏爱。（48）

解析：लज्जा（阴，单，体）羞愧，羞涩。तिरश्चाम् （तिर्यच् 阳，复，属）动物。यदि （不变词）如果。चेतसि （चेतस् 中，单，依）心。स्यात् （√अस् 未完，单，三）有。असंशयम् （不变词）毫无疑问。पर्वत（山）-राज（राजन् 王）-पुत्र्याः（पुत्री 女儿），复合词（阴，单，属），山王的女儿。तम् （तद् 阳，单，业）这个。केश（头发）-पाशम् （पाश 套索），复合词（阳，单，业），发髻。प्रसमीक्ष्य （प्र-सम्√ईक्ष् 独立式）看到。कुर्युः （√कृ 虚拟，复，三）做。बाल（毛发，尾巴）-प्रियत्वम् （प्रियत्व 可爱性），复合词（中，单，业），对尾毛的喜爱。शिथिलम् （शिथिल 中，单，业）放松的，减弱的。चमर्यः （चमरी 阴，复，体）母牦牛。

सर्वोपमाद्रव्यसमुच्चयेन यथाप्रदेशं विनिवेशितेन।
सा निर्मिता विश्वसृजा प्रयत्नादेकस्थसौन्दर्यदिदृक्षयेव॥४९॥

创造主汇集了一切喻体，
逐一安排在合适的部位，
仿佛希望看到天下之美，
集于一身，精心将她创造。（49）

解析：सर्व（一切）-उपमाद्रव्य（喻体）-समुच्चयेन （समुच्चय 汇集），复合词（阳，单，具），汇集一切喻体。यथा（按照）-प्रदेशम् （部位），复合词（不变词），按照部位。विनिवेशितेन （विनिवेशित 阳，单，具）安排。सा （तद् 阴，单，体）她。निर्मिता （निर्मित 阴，单，体）创造。विश्व（一切）-सृजा （सृज् 创造），复合词（阳，单，具），创造一切者，创造主。प्रयत्नात् （प्रयत्न 阳，单，从）努力，精心。एकस्थ（一处）-सौन्दर्य（美）-दिदृक्षया （दिदृक्षा 希望看到），复合词（阴，单，具），希望集美于一身。इव （不变词）仿佛。

तां नारदः कामचरः कदाचित्कन्यां किल प्रेक्ष्य पितुः समीपे।
समादिदेशैकवधूं भवित्री प्रेम्णा शरीरार्धहरां हरस्य॥५०॥

那罗陀①随意游荡，一次，
在她的父亲身边看到她，
预言她将成为湿婆的妻子，
通过爱，分享他的一半身体。（50）

解析：ताम् (तद् 阴，单，业) 这个。नारदः (नारद 阳，单，体) 那罗陀。काम (意愿)-चरः (चर 游荡)，复合词（阳，单，体），随意游荡。कदाचित् (不变词) 有一次。कन्याम् (कन्या 阴，单，业) 姑娘。किल (不变词) 据说。प्रेक्ष्य (प्र√ईक्ष् 独立式) 看到。पितुः (पितृ 阳，单，属) 父亲。समीपे (समीप 中，单，依) 附近，身边。समादिदेश (सम्-आ√दिश् 完成，单，三) 预言。एक (一)-वधूम् (वधू 妻子)，复合词（阴，单，业），唯一的妻子。भवित्रीम् (भवितृ 阴，单，业) 将来的。प्रेम्णा (प्रेमन् 阳，单，具) 爱。शरीर (身体)-अर्ध (半)-हराम् (हर 取得，占有)，复合词（阴，单，业），分享一半身体的。हरस्य (हर 阳，单，属) 湿婆。

गुरुः प्रगल्भे ऽपि वयस्यतो ऽस्यास्तस्थौ निवृत्तान्यवराभिलाषः।
ऋते कृशानोर्न हि मन्त्रपूतमर्हन्ति तेजांस्यपराणि हव्यम्॥५१॥

这样，即使她已经年龄成熟，
父亲也没有另外选婿的想法，
因为除非是火，其他发光体
都不能享受颂诗净化的祭品。（51）

解析：गुरुः (गुरु 阳，单，体) 父亲。प्रगल्भे (प्रगल्भ 中，单，依) 成熟的。अपि (不变词) 即使。वयसि (वयस् 中，单，依) 年龄。अतस् (不变词) 因此。अस्याः (इदम् 阴，单，属) 她。तस्थौ (√स्था 完成，单，三) 保持。निवृत्त (停止)-अन्य (另外的)-वर (选取，选婿)-अभिलाषः (अभिलाष 愿望)，复合词（阳，单，体），没有另外选婿的想法。ऋते (不变词) 除非。कृशानोः (कृशानु 阳，单，从) 火。न (不变词) 不。हि (不变词) 因为。मन्त्र (颂诗)-पूतम् (पूत 受净化)，复合词（中，单，业），受颂诗净化的。अर्हन्ति (√अर्ह् 现在，复，三) 值得。तेजांसि (तेजस् 中，复，体) 发光体。अपराणि (अपर 中，复，体) 其他的。हव्यम् (हव्य 中，单，业) 祭品。

अयाचितारं न हि देवदेवमद्रिः सुतां ग्राहयितुं शशाक।
अभ्यर्थनाभङ्गभयेन साधुर्माध्यस्थ्यमिष्टे ऽप्यवलम्बते ऽर्थे॥५२॥

---

① 那罗陀是一位著名的仙人。

而这位神中之神不求婚,
　　山王也不能请他娶女儿,
　　善人即使心中怀有愿望,
　　但怕遭拒绝,仍保持平静。（52）

　　解析：अयाचितारम्（अयाचितृ 阳，单，业）不求婚者。**न**（不变词）不。**हि**（不变词）因为。देव（神）-देवम्（देव 神），复合词（阳，单，业），神中之神，湿婆。अद्रिः（अद्रि 阳，单，体）山，山王。सुताम्（सुता 阴，单，业）女儿。ग्राहयितुम्（√ग्रह 致使，不定式）娶。शशाक（√शक् 完成，单，三）能。अभ्यर्थना（请求）-भङ्ग（破碎）-भयेन（भय 害怕），复合词（中，单，具），怕遭拒绝。साधुः（साधु 阳，单，体）善人。माध्यस्थ्यम्（माध्यस्थ्य 中，单，业）中立，平静。इष्टे（इष्ट 阳，单，依）愿望的。अपि（不变词）即使。अवलम्बते（अव√लम्ब् 现在，单，三）悬挂，保持。अर्थे（अर्थ 阳，单，依）目的。

यदैव पूर्वे जनने शरीरं सा दक्षरोषात्सुदती ससर्ज।
तदा प्रभृत्येव विमुक्तसङ्गः पतिः पशूनामपरिग्रहो ऽभूत्॥५३॥

　　这位皓齿少女在前生,
　　对陀刹不满,抛弃身体；
　　自那以后,兽主湿婆
　　摆脱执著,不再娶妻。（53）

　　解析：यदा（不变词）那时。एव（不变词）就。पूर्वे（पूर्व 中，单，依）以前的。जनने（जनन 中，单，依）生。शरीरम्（शरीर 中，单，业）身体。सा（तद् 阴，单，体）这。दक्ष（陀刹）-रोषात्（रोष 不满），复合词（中，单，从），对陀刹不满。सुदती（सुदती 阴，单，体）皓齿少女。ससर्ज（√सृज् 完成，单，三）抛弃。तदा（不变词）那时。प्रभृति（不变词）以后。एव（不变词）就。विमुक्त（摆脱）-सङ्गः（सङ्ग 执著），复合词（阳，单，体），摆脱执著的。पतिः（पति 阳，单，体）主人。पशूनाम्（पशु 阳，复，属）兽。अपरिग्रहः（अपरिग्रह 阳，单，体）不娶的。अभूत्（√भू 不定，单，三）成为。

स कृत्तिवासास्तपसे यतात्मा गङ्गाप्रवाहोक्षितदेवदारु।
प्रस्थं हिमाद्रेर्मृगनाभिगन्धि किंचित्कणत्किंनरमध्युवास॥५४॥

他身穿兽皮衣，控制自我，
在雪山山顶某处修炼苦行；
那里，恒河水流冲洗松树，
麝香飘香，紧那罗低声歌唱。（54）

解析：स (तद् 阳，单，体) 他。कृत्ति (兽皮)-वासाः (वासस् 衣)，复合词（阳，单，体），以兽皮为衣。तपसे (तपस् 中，单，为) 苦行。यत (控制)-आत्मा (आत्मन् 自我)，复合词（阳，单，体），控制自我。गङ्गा (恒河)-प्रवाह (水流)-उक्षित (冲刷)-देवदारु (देवदारु 松树)，复合词（中，单，业），恒河水流冲洗松树的。प्रस्थम् (प्रस्थ 中，单，业) 高原，山顶。हिम (雪)-अद्रेः (अद्रि 山)，复合词（阳，单，属），雪山。मृग (鹿)-नाभि (脐)-गन्धि (गन्धिन् 香气)，复合词（中，单，业），麝香飘香的。किंचित् (किम्-चित् 中，单，业) 某处。कणत (发声，哼唱)-किंनरम् (किंनर 紧那罗)，复合词（中，单，业），紧那罗低声歌唱。अध्युवास (अधि√वस् 完成，单，三) 住。

गणा नमेरुप्रसवावतंसा भूर्जत्वचः स्पर्शवतीर्दधानाः।
मनःशिलाविच्छुरिता निषेदुः शैलेयनद्धेषु शिलातलेषु॥५५॥

他的侍从们以那梅卢花
为耳饰，身穿感觉舒适的
桦树皮，用雄黄涂抹身体，
坐在覆盖苔藓的石板上。（55）

解析：गणाः (गण 阳，复，体) 侍从。नमेरु (那梅卢)-प्रसव (花)-अवतंसाः (अवतंस 耳饰)，复合词（阳，复，体），以那梅卢花为耳饰的。भूर्ज (桦树)-त्वचः (त्वच् 皮)，复合词（阴，复，业），桦树皮。स्पर्शवतीः (स्पर्शवत् 阴，复，业) 感觉舒适的。दधानाः (दधान 现分，阳，复，体) 穿着。मनःशिला (雄黄)-विच्छुरिताः (विच्छुरित 涂抹)，复合词（阳，复，体），涂抹雄黄的。निषेदुः (नि√सद् 完成，复，三) 坐。शैलेय (苔藓)-नद्धेषु (नद्ध 覆盖)，复合词（阳，复，依），苔藓覆盖的。शिला (石)-तलेषु (तल 表面)，复合词（阳，复，依），石板。

तुषारसंघातशिलाः खुराग्रैः समुल्लिखन्दर्पकलः ककुद्मान्।
दृष्टः कर्थंचिद्वयैर्विविग्नैरसोढसिंहध्वनिरुन्ननाद॥५६॥

他的那头牛扬起蹄子，踢踏
积雪的山岩，鸣声骄傲而低沉，
其他的牛惊恐地望着，见它
不能忍受狮子吼而发出鸣叫。（56）

解析：तुषार（雪）-संघात（堆积）-शिलाः（शिला 岩石），复合词（阴，复，业），积雪的山岩。खुर（蹄）-अग्रैः（अग्र 尖），复合词（阳，复，具），蹄子。समुल्लिखन्（समुल्लिखत् 现分，阳，单，体）刮擦，踢踏。दर्प（骄傲）-कलः（कल 柔和的声音），复合词（阳，单，体），鸣声骄傲而低沉。ककुद्मान्（ककुद्मत् 阳，单，体）有隆肉的，牛。दृष्टः（दृष्ट 阳，单，体）看到。कथंचित्（不变词）不知如何，为难地。गवयैः（गवय 阳，复，具）一种公牛。विविग्नैः（विविग्न 阳，复，具）惊恐的。असोढ（不能忍受）-सिंह（狮子）-ध्वनिः（ध्वनि 声），复合词（阳，单，体），不能忍受狮子吼的。उन्ननाद（उद्√नद् 完成，单，三）鸣叫。

तत्राग्निमाधाय समित्समिद्धं स्वमेव मूर्त्यन्तरमष्टमूर्तिः।
स्वयं विधाता तपसः फलानां केनापि कामेन तपश्चचार॥५७॥

他有八种形体①，用柴薪点燃火，
这火就是他自己的形体之一；
尽管他自己是苦行成果创造者，
依然怀着某种愿望，修炼苦行。（57）

解析：तत्र（不变词）在那里。अग्निम्（अग्नि 阳，单，业）火。आधाय（आ√धा 独立式）安放。समिध्（柴薪）-समिद्धम्（समिद्ध 点燃），复合词（阳，单，业），以柴薪点燃的。स्वम्（स्व 阳，单，业）自己的。एव（不变词）确实。मूर्ति（形体）-अन्तरम्（अन्तर 另一个），复合词（阳，单，业），另一个形体。अष्ट（अष्टन् 八）-मूर्तिः（मूर्ति 形体），复合词（阳，单，体），有八种形体的。स्वयम्（不变词）自己。विधाता（विधातृ 阳，单，体）创造者。तपसः（तपस् 中，单，属）苦行。फलानाम्（फल 中，复，属）果实，成果。केनापि（किम्-अपि 阳，单，具）某种。कामेन（काम 阳，单，具）愿望。तपः（तपस् 中，单，业）苦行。चचार（√चर् 完成，单，三）修行。

अनर्घ्यमर्घ्येण तमद्रिनाथः स्वर्गौकसामर्चितमर्चयित्वा।
आराधनायास्य सखीसमेतां समादिदेश प्रयतां तनूजाम्॥५८॥

---

① 八种形体指地、水、火、风、空、日、月和祭司。

他无与伦比，受众神崇敬，
山王带着供品敬拜了他，
然后吩咐女儿控制自我，
与女友一同前去侍奉他。（58）

解析：अनर्घ्यम्（अनर्घ्य 阳，单，业）无价的，无与伦比的。अर्घ्येण（अर्घ्य 中，单，具）供品。तम्（तद् 阳，单，业）他。अद्रि（山）-नाथः（नाथ 主人），复合词（阳，单，体），山王。स्वर्ग（天国）-ओकसाम्（ओकस् 居所），复合词（阳，复，属），以天国为居所的，天神。अर्चितम्（अर्चित 阳，单，业），受尊敬的。अर्चयित्वा（√अर्च् 独立式）敬拜。आराधनाय（आराधन 中，单，为）取悦，侍奉。अस्य（इदम् 阳，单，属）他。सखी（女友）-समेताम्（समेत 一同），复合词（阴，单，业），与女友一同。समादिदेश（सम्-आ√दिश् 完成，单，三）吩咐。प्रयताम्（प्रयत 阴，单，业）克制的。तनूजाम्（तनूजा 阴，单，业）女儿。

प्रत्यर्थिभूतामपि तां समाधेः शुश्रूषमाणां गिरिशो ऽनुमेने।
विकारहेतौ सति विक्रियन्ते येषां न चेतांसि त एव धीराः॥५९॥

尽管她有碍于沉思入定，
湿婆仍然同意她来侍奉，
因为即使存在种种变因，
坚定者的思想不会变异。（59）

解析：प्रत्यर्थि（प्रत्यर्थिन् 阻碍的）-भूताम्（भूत 成为），复合词（阴，单，业），有碍。अपि（不变词）尽管。ताम्（तद् 阴，单，业）她。समाधेः（समाधि 阳，单，属）沉思入定。शुश्रूषमाणाम्（शुश्रूषमाण 愿望，现分，阴，单，业）侍奉。गिरिशः（गिरिश 阳，单，体）湿婆。अनुमेने（अनु√मन् 完成，单，三）同意。विकार（变化）-हेतौ（हेतु 原因），复合词（阳，单，依），变因。सति（सत् 现分，阳，单，依）存在。विक्रियन्ते（वि√कृ 被，现在，复，三）变异。येषाम्（यद् 阳，复，属）他，指坚定者。न（不变词）不。चेतांसि（चेतस् 中，复，体）思想。ते（तद् 阳，复，体）这个，指坚定者。एव（不变词）确实。धीराः（धीर 阳，复，体）坚定者。

अवचितबलिपुष्पा वेदिसंमार्गदक्षा
नियमविधिजलानां बर्हिषां चोपनेत्री।

गिरिशमुपचचार प्रत्यहं सा सुकेशी
नियमितपरिखेदा तच्छिरश्चन्द्रपादैः ॥६०॥

采集祭供的鲜花，勤扫祭坛，
供应祭祀使用的水和拘舍草，
这妙髻女郎每天这样侍奉湿婆，
他头顶上的月光为她驱除疲劳①。（60）

解析：अवचित（采集）-बलि（供品）-पुष्पा（पुष्प 花），复合词（阴，单，体），采集祭供的鲜花。वेदि（祭坛）-संमार्ग（清扫）-दक्षा（दक्ष 勤奋的），复合词（阴，单，体），勤扫祭坛。नियम（固定的）-विधि（祭祀）-जलानाम्（जल 水），复合词（中，复，属），用于每日祭祀的水。बर्हिषाम्（बर्हिस् 中，复，属），拘舍草。च（不变词）和。उपनेत्री（उपनेतृ 阴，单，体）带来者，供应者。गिरिशम्（गिरिश 阳，单，业）湿婆。उपचचार（उप√चर् 完成，单，三）侍奉。प्रत्यहम्（不变词）每天。सा（तद् 阴，单，体）这。सुकेशी（सुकेशी 阴，单，体）妙髻女郎。नियमित（抑制，消除）-परिखेदा（परिखेद 疲劳），复合词（阴，单，体），驱除疲劳。तद्（他）-शिरस्（头顶）-चन्द्रपादैः（चन्द्रपाद 月光），复合词（阳，复，具），他头顶上的月光。

तृतीयः सर्गः।

第 三 章

तस्मिन्मघोनस्त्रिदशान्विहाय सहस्रमक्ष्णां युगपत्पपात।
प्रयोजनापेक्षितया प्रभूणां प्रायश्चलं गौरवमाश्रितेषु॥१॥

因陀罗的一千只眼睛的目光，
离开众天神，同时落到他身上，
通常，主人们对于仆从的关注，
随着他们心中的意图而转移。（1）

---

① 湿婆以月亮为头顶上的装饰。

解析：तस्मिन्（तद् 阳，单，依）他。मघोनः（मघवन् 阳，单，属）摩克凡，因陀罗的别称。त्रिदशान्（त्रिदश 阳，复，业）天神。विहाय（वि√हा 独立式）离开。सहस्रम्（सहस्र 中，单，体）千。अक्ष्णाम्（अक्षि 中，复，属）眼睛。युगपत्（不变词）同时。पपात（√पत् 完成，单，三）落。प्रयोजन（意图）-अपेक्षितया（अपेक्षिता 考虑），复合词（阴，单，具），按照意图。प्रभूणाम्（प्रभु 阳，复，属）主人。प्रायस्（不变词）通常。चलम्（चल 中，单，体）转移。गौरवम्（गौरव 中，单，体）重视，关注。आश्रितेषु（आश्रित 阳，复，依）仆从。

स वासवेनासनसंनिकृष्टमितो निषीदेति विसृष्टभूमिः।
भर्तुः प्रसादं प्रतिनन्द्य मूर्ध्ना वक्तुं मिथः प्राक्रमतैवमेनम्॥२॥

因陀罗吩咐他坐在靠近自己
宝座的地方，说："请坐这里！"
他俯首欣然接受主人的恩惠，
然后，开始悄悄对他说道： （2）

解析：स（तद् 阳，单，体）他。वासवेन（वासव 阳，单，具）婆薮之主，因陀罗。आसन（座）-संनिकृष्ट（靠近），复合词（不变词），靠近宝座。इतस्（不变词）这里。निषीद（नि√सद् 命令，单，二）坐下。इति（不变词）这样（说）。विसृष्ट（提供）-भूमिः（भूमि 地方），复合词（阳，单，体），赐座。भर्तुः（भर्तृ 阳，单，属）主人。प्रसादम्（प्रसाद 阳，单，业）恩惠。प्रतिनन्द्य（प्रति√नन्द् 独立式）欣然接受。मूर्ध्ना（मूर्धन् 阳，单，具）头。वक्तुम्（√वच् 不定式）说。मिथस्（不变词）秘密地，悄悄地。प्राक्रमत（प्र√क्रम् 未完，单，三）凑上前，开始。एवम्（不变词）这样。एनम्（एतद् 阳，单，业）他，指因陀罗。

आज्ञापय ज्ञातविशेष पुंसां लोकेषु यत्ते करणीयमस्ति।
अनुग्रहं संस्मरणप्रवृत्तमिच्छामि संवर्धितमाज्ञया ते॥३॥

"你知人善任，就请吩咐吧，
这三界中，要我为你做的事！
你记得我，便是赐予我恩惠，
我盼望你吩咐，增强这恩惠。 （3）

解析：आज्ञापय（आ√ज्ञा 致使，命令，单，二）吩咐。ज्ञात（知道）-विशेष（विशेष 特点，特性），复合词（阳，单，呼），知特性者。पुंसाम्（पुंस् 阳，复，属）人。लोकेषु（लोक

阳，复，依）世界，三界。**यत्**（यद् 中，单，体）那。**ते**（त्वद् 单，属）你，指因陀罗。**करणीयम्**（करणीय 中，单，体）应该做的。**अस्ति**（√अस् 现在，单，三）是。**अनुग्रहम्**（अनुग्रह 阳，单，业）恩惠。**संस्मरण**（记忆）-**प्रवृत्तम्**（प्रवृत्त 出现），复合词（阳，单，业），记得。**इच्छामि**（√इष् 现在，单，一）想要，盼望。**संवर्धितम्**（संवर्धित 阳，单，业）增强。**आज्ञया**（आज्ञा 阴，单，具）吩咐。**ते**（त्वद् 单，属）你。

केनाभ्यसूया पदकाङ्क्षिणा ते नितान्तदीर्घैर्जनिता तपोभिः।
यावद्भवत्याहितसायकस्य मत्कार्मुकस्यास्य निदेशवर्ती॥४॥

"有谁修炼长久而严酷的
苦行，渴望取得你的地位，
招惹你发怒？由此他成为
我挽弓搭箭射击的目标。（4）

解析：केन（किम् 阳，单，具）谁。**अभ्यसूया**（अभ्यसूया 阴，单，体）愤怒。**पद**（地位）-**काङ्क्षिणा**（काङ्क्षिन् 有渴望的），复合词（阳，单，具），渴望地位的。**ते**（त्वद् 单，属）你。**नितान्त**（极其）-**दीर्घैः**（दीर्घ 长久的），复合词（阳，复，具），极其长久的。**जनिता**（जनित 阴，单，体）产生。**तपोभिः**（तपस् 中，复，具）苦行。**यावत्**（不变词）这样，由此。**भवति**（√भू 现在，单，三）成为。**आहित**（安放）-**सायकस्य**（सायक 箭），复合词（阳，单，属），搭上箭的。**मद्**（我）-**कार्मुकस्य**（कार्मुक 弓），复合词（阳，单，属），我的弓。**अस्य**（इदम् 阳，单，属）这。**निदेश**（指向）-**वर्ती**（वर्तिन् 处于，成为），复合词（阳，单，体），成为指定的目标。

असंमतः कस्तव मुक्तिमार्गं पुनर्भवक्लेशभयात्प्रपन्नः।
बद्धश्चिरं तिष्ठतु सुन्दरीणामारेचितभ्रूचतुरैः कटाक्षैः॥५॥

"有谁惧怕再生的烦恼痛苦，
走上解脱之路，让你不满意？
那就让美女们挑眉斜视的
迷人目光，长久束缚住他吧！（5）

解析：असंमतः（असंमत 阳，单，体）不满意。**कः**（किम् 阳，单，体）谁。**तव**（त्वद् 单，属）你。**मुक्ति**（解脱）-**मार्गम्**（मार्ग 路），复合词（阳，单，业），解脱之路。**पुनर्**（再次）-**भव**（生）-**क्लेश**（烦恼）-**भयात्**（भय 害怕），复合词（中，单，从），惧怕再

生的烦恼。प्रपन्नः（प्रपन्न 阳，单，体）走上。बद्धः（बद्ध 阳，单，体）受束缚。चिरम्（不变词）长久地。तिष्ठतु（√स्था 命令，单，三）停留。सुन्दरीणाम्（सुन्दरी 阴，复，属）美女。आरेचित（皱起，蹙）-भ्रू（眉）-चतुरैः（चतुर 迷人的），复合词（阳，复，具），蹙眉而迷人的。कटाक्षैः（कटाक्ष 阳，复，具）斜睨。

अध्यापितस्योशनसापि नीतिं प्रयुक्तरागप्रणिधिर्द्विषस्ते।
कस्यार्थधर्मौ वद पीडयामि सिन्धोस्तटावोघ इव प्रवृद्धः॥ ६॥

"请说，我派遣欲望使者，打击
你的哪个敌人的利益和正法，
犹如汹涌的水流冲击河的两岸？
即使优舍那已经教会他正道论[1]。（6）

解析：अध्यापितस्य（अध्यापित 阳，单，属）教会。उशनसा（उशनस् 阳，单，具）优舍那。अपि（不变词）即使。नीतिम्（नीति 阴，单，业）正道论。प्रयुक्त（派遣）-राग（欲望）-प्रणिधिः（प्रणिधि 使者），复合词（阳，单，体），派遣欲望使者。द्विषः（द्विष् 阳，单，属）敌人。ते（त्वद् 单，属）你。कस्य（किम् 阳，单，属）哪个。अर्थ（利益）-धर्मौ（धर्म 正法），复合词（阳，双，业），利益和正法。वद（√वद् 命令，单，二）说。पीडयामि（√पीड् 现在，单，一）打击。सिन्धोः（सिन्धु 阴，单，属）河。तटौ（तट 阳，双，业）岸。ओघः（ओघ 阳，单，体）洪流，水流。इव（不变词）犹如。प्रवृद्धः（प्रवृद्ध 阳，单，体）增长的，汹涌的。

कामेकपत्नीव्रतदुःखशीलां लोलं मनश्चारुतया प्रविष्टाम्।
नितम्बिनीमिच्छसि मुक्तलज्जां कण्ठे स्वयंग्राहनिषक्तबाहुम्॥ ७॥

"哪位女子忠于丈夫，内心痛苦，
而她可爱迷人令你心旌动摇？
你渴望这位美臀女抛弃羞涩，
主动伸展双臂搂抱你的脖子。（7）

解析：काम्（किम् 阴，单，业）哪个。एकपत्नी（忠实的妻子）-व्रत（誓愿）-दुःख（痛苦）-शीलाम्（शील 性情），复合词（阴，单，业），忠于丈夫而性情痛苦的。लोलम्（लोल

---

[1] 优舍那是阿修罗们的老师，也是一位法论作者。正道论指关于政治和伦理的理论。

中，单，业）动摇的。**मनः**（मनस् 中，单，业）心。**चारुतया**（चारुता 阴，单，具）可爱迷人。**प्रविष्टाम्**（प्रविष्ट 阴，单，业）进入。**नितम्बिनीम्**（नितम्बिनी 阴，单，业）美臀女。**इच्छसि**（√इष् 现在，单，二）渴望。**मुक्त**（抛弃）-**लज्जाम्**（लज्जा 羞涩），复合词（阴，单，业），抛弃羞涩的。**कण्ठे**（कण्ठ 阳，单，依）脖子。**स्वयम्**（亲自，主动）-**ग्राह**（抓住）-**निषक्त**（紧抱）-**बाहुम्**（बाहु 手臂），复合词（阴，单，业），主动伸臂搂抱。

कयासि कामिन्सुरतापराधात्पादानतः कोपनयाऽवधूतः।
तस्याः करिष्यामि दृढानुतापं प्रवालशय्याशरणं शरीरम्॥८॥

"有情人啊，你对哪个女子负情
犯错，你下跪，也遭她愤怒拒绝？
为此，我要让她后悔不已，她的
身体只能在嫩叶床上寻求庇护。（8）

解析：कया（किम् 阴，单，具）哪个。**असि**（√अस् 现在，单，二）是。**कामिन्**（कामिन् 阳，单，呼）有情人。**सुरत**（情爱）-**अपराधात्**（अपराध 错误，得罪），复合词（阳，单，从），负情犯错。**पाद**（脚）-**आनतः**（आनत 弯下），复合词（阳，单，体），拜倒在脚下，下跪。**कोपनया**（कोपना 阴，单，具）愤怒的女子。**अवधूतः**（अवधूत 阳，单，体）遭拒绝。**तस्याः**（तद् 阴，单，属）她。**करिष्यामि**（√कृ 将来，单，一）做。**दृढ**（强烈的）-**अनुतापम्**（अनुताप 后悔），复合词（中，单，业），后悔不已。**प्रवाल**（嫩芽）-**शय्या**（床）-**शरणम्**（शरण 庇护），复合词（中，单，业），向嫩叶床寻求庇护。**शरीरम्**（शरीर 中，单，业），身体。

प्रसीद विश्राम्यतु वीर वज्रं शरैर्मदीयैः कतमः सुरारिः।
बिभेतु मोघीकृतबाहुवीर्यः स्त्रीभ्योऽपि कोपस्फुरिताधराभ्यः॥९॥

"请放心，让你的金刚杵休息吧！
英雄啊，我要使用我的这些箭，
让哪个众天神的敌人臂力失效，
甚至惧怕嘴唇生气颤抖的妇女？（9）

解析：प्रसीद（प्र√सद् 命令，单，二）放心。**विश्राम्यतु**（वि√श्रम् 命令，单，三）休息，停歇。**वीर**（वीर 阳，单，呼）英雄。**वज्रम्**（वज्र 中，单，体）金刚杵。**शरैः**（शर 阳，复，具）箭。**मदीयैः**（मदीय 阳，复，具）我的。**कतमः**（कतम 阳，单，体）哪个。**सुर**

（天神）-अरिः（अरि 敌人），复合词（阳，单，体），天神的敌人。बिभेतु（√भी 命令，单，三）害怕。मोघीकृत（失效）-बाहु（臂膊）-वीर्यः（वीर्य 威力），复合词（阳，单，体），臂力失效。स्त्रीभ्यः（स्त्री 阴，复，从）女人。अपि（不变词）甚至。कोप（生气）-स्फुरित（颤抖）-अधराभ्यः（अधर 嘴唇），复合词（阴，复，从），因生气而嘴唇颤抖的。

तव प्रसादात्कुसुमायुधो ऽपि सहायमेकं मधुमेव लब्ध्वा।
कुर्यां हरस्यापि पिनाकपाणेर्धैर्यच्युतिं के मम धन्विनो ऽन्ये॥१०॥

"凭你的恩惠，即使我以花为武器，
而且只有春神一个助手，我也能
让手持三叉戟的湿婆失去坚定，
在我面前，其他的弓箭手算什么？"（10）

解析：तव（त्वद् 单，属）你。प्रसादात्（प्रसाद 阳，单，从）恩惠。कुसुम（花）-आयुधः（आयुध 箭，武器），复合词（阳，单，体），以花为武器。अपि（不变词）即使。सहायम्（सहाय 阳，单，业）助手。एकम्（एक 阳，单，业）一个。मधुम्（मधु 阳，单，业）春神。एव（不变词）仅仅。लब्ध्वा（√लभ् 独立式）获得，有。कुर्याम्（√कृ 虚拟，单，一）做。हरस्य（हर 阳，单，属）湿婆。अपि（不变词）即使。पिनाक（三叉戟）-पाणेः（पाणि 手），复合词（阳，单，属），手持三叉戟的。धैर्य（坚定）-च्युतिम्（च्युति 失去），复合词（阴，单，业），失去坚定。के（किम् 阳，复，体）谁，什么。मम（मद् 单，属）我。धन्विनः（धन्विन् 阳，复，体）弓箭手。अन्ये（अन्य 阳，复，体）别的。

अथोरुदेशादवतार्य पादमाक्रान्तिसंभावितपादपीठम्।
संकल्पितार्थे विवृतात्मशक्तिमाखण्डलः काममिदं बभाषे॥११॥

爱神已经表明自己有能力
实现他的愿望，于是因陀罗
从腿部放下脚，赏光踩在
脚凳上，对爱神这样说道：（11）

解析：अथ（不变词）现在。ऊरु（大腿）-देशात्（देश 地方），复合词（阳，单，从），腿部。अवतार्य（अव√तृ 独立式）放下。पादम्（पाद 阳，单，业）脚。आक्रान्ति（踩）-संभावित（尊重，赏光）-पाद（脚）-पीठम्（पीठ 凳），复合词（阳，单，业），赏光踩在脚凳上。संकल्पित（设想）-अर्थे（अर्थ 目的），复合词（中，单，依），愿望。विवृत（表

明）-आत्म（आत्मन् 自己）-शक्तिम्（शक्ति 能力），复合词（阳，单，业），表明自己有能力。आखण्डलः（आखण्डल 阳，单，体）因陀罗的别称。कामम्（काम 阳，单，业）爱神。इदम्（इदम् 中，单，业）这个，这样。बभाषे（√भाष् 完成，单，三）说。

सर्वं सखे त्वय्युपपन्नमेतदुभे ममास्त्रे कुलिशं भवांश्च।
वज्रं तपोवीर्यमहत्सु कुण्ठं त्वं सर्वतोगामि च साधकं च॥१२॥

"朋友啊，你能做到这一切，
你和金刚杵是我的两件武器，
金刚杵遇到苦行威力伟大者
便失效，而你所到之处都成功。（12）

解析：सर्वम्（सर्व 中，单，体）一切。सखे（सखि 阳，单，呼）朋友。त्वयि（त्वद् 单，依）你。उपपन्नम्（उपपन्न 中，单，体）适合，做到。एतत्（एतद् 中，单，体）这。उभे（उभ 中，双，体）两个。मम（मद् 单，属）我。अस्त्रे（अस्त्र 中，双，体）武器。कुलिशाम्（कुलिश 中，单，体）金刚杵。भवान्（भवत् 阳，单，体）您。च（不变词）和。वज्रम्（वज्र 中，单，体）金刚杵。तपस्（苦行）-वीर्य（威力）-महत्सु（महत् 伟大），复合词（阳，复，依），苦行威力伟大者。कुण्ठम्（कुण्ठ 中，单，体）失效。त्वम्（त्वद् 单，体）你。सर्वतस्（到处）-गामि（गामिन् 走向），复合词（中，单，体），到处，走到哪里。च（不变词）和。साधकम्（साधक 中，单，体）成功。च（不变词）和。

अवैमि ते सारमतः खलु त्वां कार्ये गुरुण्यात्मसमं नियोक्ष्ये।
व्यादिश्यते भूधरतामवेक्ष्य कृष्णेन देहोद्वहनाय शेषः॥१३॥

"我知道你的威力与我一样，
因此，我要委派你重大任务，
黑天看到湿舍能支撑大地，
故而指定它承载自己的身体。[①]（13）

解析：अवैमि（अव√इ 现在，单，一）知道。ते（त्वद् 单，属）你。सारम्（सार 阳，单，业）威力。अतस्（不变词）因此。खलु（不变词）确实。त्वाम्（त्वद् 单，业）你。कार्ये（कार्य 中，单，依）任务。गुरुणि（गुरु 中，单，依）重大的。आत्म（आत्मन् 我）-समम्（सम 一样），复合词（阳，单，业），与我一样。नियोक्ष्ये（नि√युज् 将来，单，一）委派。व्यादिश्यते

[①] 湿舍是蛇王，传说它用顶冠支撑大地。黑天（即毗湿奴大神）以它为卧床。

(वि-आ√दिश् 被，现在，单，三）指定。भू（大地）-धरताम्（धरता 支撑的性质），复合词（阴，单，业），支撑大地的性质。अवेक्ष्य（अव√ईक्ष् 独立式）看到。कृष्णेन（कृष्ण 阳，单，具）黑天。देह（身体）-उद्वहनाय（उद्वहन 承载），复合词（中，单，为），承载身体。शेषः（शेष 阳，单，体）湿舍。

आशंसता बाणगतिं वृषाङ्के कार्यं त्वया नः प्रतिपन्नकल्पम्।
निबोध यज्ञांशभुजामिदानीमुच्चैर्द्विषामीप्सितमेतदेव॥१४॥

"一说到你的箭能射向湿婆，
你几乎已经完成我们的任务，
眼下众天神面临强大的敌人，
你要知道，这正是他们的愿望。（14）

解析：आशंसता（आशंसत् 现分，阳，单，具）说到。बाण（箭）-गतिम्（गति 走向），复合词（阴，单，业），箭的走向。वृष（公牛）-अङ्के（अङ्क 标志），复合词（阳，单，依），以公牛为标志的，湿婆。कार्यम्（कार्य 中，单，体）任务。त्वया（त्वद् 单，具）你。नः（मद् 复，属）我们。प्रतिपन्न（完成）-कल्पम्（कल्प 几乎），复合词（中，单，体），几乎已经完成。निबोध（नि√बुध् 命令，单，二）知道。यज्ञ（祭祀）-अंश（份额）-भुजाम्（भुज् 享有），复合词（阳，复，属），分享祭祀者，天神。इदानीम्（不变词）现在。उच्चैः（强大的）-द्विषाम्（द्विष् 敌人），复合词（阳，复，属），面临强大敌人的。ईप्सितम्（ईप्सित 中，单，业）愿望。एतत्（एतद् 中，单，业）这。एव（不变词）确实。

अमी हि वीर्यप्रभवं भवस्य जयाय सेनान्यमुशन्ति देवाः।
स च त्वदेकेषुनिपातसाध्यो ब्रह्माङ्गभूर्ब्रह्मणि योजितात्मा॥१५॥

"为了取胜，这些天神盼望
湿婆的精子诞生天兵统帅；
他心系于梵，充满各种咒语，
而你发射一支箭，就能成功。（15）

解析：अमी（अदस् 阳，复，体）那。हि（不变词）因为。वीर्य（精子）-प्रभवम्（प्रभव 生），复合词（阳，单，业），精子所生的。भवस्य（भव 阳，单，属）湿婆的别称。जयाय（जय 阳，单，为）胜利。सेनान्यम्（सेनानी 阳，单，业）统帅。उशन्ति（√वश् 现在，复，三）盼望。देवाः（देव 阳，复，体）天神。स（तद् 阳，单，体）他。च（不变词）和。

त्वद्(你)-एक(一)-इषु(箭)-निपात(射出)-साध्यः(साध्य 成功)，复合词（阳，单，体），你射一支箭就能成功。ब्रह्म(ब्रह्मन् 梵，颂诗，咒语)-अङ्ग(分支)-भूः(भू 产生)，复合词（阳，单，体），充满各种咒语。ब्रह्माणि(ब्रह्मन् 中，单，依) 梵。योजित(联系)-आत्मा(आत्मन् 灵魂，心)，复合词（阳，单，体），心系于。

तस्मै हिमाद्रेः प्रयतां तनूजां यतात्मने रोचयितुं यतस्व।
योषित्सु तद्वीर्यनिषेकभूमिः सैव क्षमेत्यात्मभुवोपदिष्टम्॥१६॥

"请你努力让控制自我的湿婆，
爱上控制自我的雪山之女吧！
自生梵天已经指出，在妇女中，
唯有她适合接受湿婆的精子。（16）

解析：तस्मै(तद् 阳，单，为) 他。हिम(雪)-अद्रेः(अद्रि 山)，复合词（阳，单，属），雪山。प्रयताम्(प्रयत 阴，单，业) 克制的。तनूजाम्(तनूजा 阴，单，业) 女儿。यत(控制)-आत्मने(आत्मन् 自我)，复合词（阳，单，为），控制自我的。रोचयितुम्(√रुच् 致使，不定式) 爱上。यतस्व(√यत् 命令，单，二) 努力。योषित्सु(योषित् 阴，复，依) 妇女。तद्(他)-वीर्य(精子)-निषेक(洒落)-भूमिः(भूमि 地)，复合词（阴，单，体），他的精子洒落之地。सा(तद् 阴，单，体) 她。एव(不变词) 仅仅。क्षमा(क्षम 阴，单，体) 适合的。इति(不变词) 这样（说）。आत्म(आत्मन् 自己)-भुवा(भू 生)，复合词（阳，单，具），自生者，梵天。उपदिष्टम्(उपदिष्ट 中，单，体) 指出。

गुरोर्नियोगाच्च नगेन्द्रकन्या स्थाणुं तपस्यन्तमधित्यकायाम्।
अन्वास्त इत्यप्सरसां मुखेभ्यः श्रुतं मया मत्प्रणिधिः स वर्गः॥१७॥

"这位山王之女遵奉父亲之命，
在山顶侍奉修炼苦行的湿婆，
我从众天女的口中得知这个
消息，因为她们是我的使者。（17）

解析：गुरोः(गुरु 阳，单，属) 父亲。नियोगात्(नियोग 阳，单，从) 命令。च(不变词) 和。नग(山)-इन्द्र(王)-कन्या(कन्या 女儿)，复合词（阴，单，体），山王之女。स्थाणुम्(स्थाणु 阳，单，业) 湿婆的别称。तपस्यन्तम्(तपस्यत् 现分，阳，单，业) 修炼苦行的。अधित्यकायाम्(अधित्यका 阴，单，依) 山顶。अन्वास्ते(अनु√आस् 现在，单，

三）侍奉。इति（不变词）这样（说）。अप्सरसाम्（अप्सरस् 阴，复，属）天女。मुखेभ्यः（मुख 中，复，从）口。श्रुतम्（श्रुत 中，单，体）听到。मया（मद् 单，具）我。मद्（我）-प्रणिधिः（प्रणिधि 使者），复合词（阳，单，体），我的使者。स（तद् 阳，单，体）这。वर्गः（वर्ग 阳，单，体）群。

तद्गच्छ सिद्ध्यै कुरु देवकार्यमर्थोऽयमर्थान्तरभाव्य एव।
अपेक्षते प्रत्ययमुत्तमं त्वां बीजाङ्कुरः प्रागुदयादिवाम्भः॥१८॥

"因此，你去完成天神的事业吧！
这件事需要依靠另一件事完成，
故而期盼你成为主要的原因，
如同种子发芽之前需要浇水。（18）

解析：तद्（不变词）因此。गच्छ（√गम् 命令，单，二）走，去。सिद्ध्यै（सिद्धि 阴，单，为）成功。कुरु（√कृ 命令，单，二）做。देव（天神）-कार्यम्（कार्य 事业），复合词（中，单，业），天神的事业。अर्थः（अर्थ 阳，单，体）事。अयम्（इदम् 阳，单，体）这。अर्थ（事）-अन्तर（另一件）-भाव्यः（भाव्य 能完成的），复合词（阳，单，体），依靠另一件事完成。एव（不变词）确实。अपेक्षते（अप√ईक्ष् 现在，单，三）期盼，需要。प्रत्ययम्（प्रत्यय 阳，单，业）原因。उत्तमम्（उत्तम 阳，单，业）主要的。त्वाम्（त्वद् 单，业）你。बीज（种子）-अङ्कुरः（अङ्कुर 芽），复合词（阳，单，体），种子的芽。प्राक्（不变词）之前。उदयात्（उदय 阳，单，从）长出。इव（不变词）如同。अम्भः（अम्भस् 中，单，业）水。

तस्मिन्सुराणां विजयाभ्युपाये तवैव नामास्त्रगतिः कृती त्वम्।
अप्यप्रसिद्धं यशसे हि पुंसामनन्यसाधारणमेव कर्म॥१९॥

"你很幸运，靠你的箭射中他，
成为众天神取胜的唯一手段，
因为完成别人不能完成的事，
即使不显赫，也是男人的光荣。（19）

解析：तस्मिन्（तद् 阳，单，依）他，指湿婆。सुराणाम्（सुर 阳，复，属）天神。विजय（胜利）-अभ्युपाये（अभ्युपाय 手段），复合词（阳，单，依），取胜的手段。तव（त्वद् 单，属）你。एव（不变词）仅仅。नाम（不变词）确实。अस्त्र（箭）-गतिः（गति 走向），复

合词（阳，单，体），以箭射中。कृती（कृतिन् 阳，单，体）成功的，幸运的。त्वम्（त्वद् 单，体）你。अपि（不变词）即使。अप्रसिद्धम्（अप्रसिद्ध 中，单，体）不显赫。यशसे（यशस् 中，单，为）光荣。हि（不变词）因为。पुंसाम्（पुंस् 阳，复，属）男人。अनन्य（没有别人）-साधारणम्（साधारण 完成），复合词（中，单，体），别人不能完成的。एव（不变词）确实。कर्म（कर्मन् 中，单，体）事情。

सुराः समभ्यर्थयितार एते कार्यं त्रयाणामपि विष्टपानाम्।
चापेन ते कर्म न चातिहिंस्रमहो बतासि स्पृहणीयवीर्यः॥२०॥

"这些天神都成了你的求告者，
这也是三界的事业，而使用
你的弓完成此事也不太残酷，
哎呀！你的威力确实令人羡慕。（20）

解析：सुराः（सुर 阳，复，体）天神。समभ्यर्थयितारः（समभ्यर्थयितृ 阳，复，体）求告者。एते（एतद् 阳，复，体）这。कार्यम्（कार्य 中，单，体）事业。त्रयाणाम्（त्रय 中，复，属）三。अपि（不变词）也。विष्टपानाम्（विष्टप 阳，复，属）世界。चापेन（चाप 阳，单，具）弓。ते（त्वद् 单，属）你。कर्म（कर्मन् 中，单，体）事业。न（不变词）不。च（不变词）也。अतिहिंस्रम्（अतिहिंस्र 中，单，体）过于残酷的。अहो（不变词）哎呀。बत（不变词）啊。असि（√अस् 现在，单，二）是。स्पृहणीय（值得羡慕的）-वीर्यः（वीर्य 威力），复合词（阳，单，体），威力令人羡慕。

मधुश्च ते मन्मथ साहचर्यादसावनुक्तो ऽपि सहाय एव।
समीरणो नोदयिता भवेति व्यादिश्यते केन हुताशनस्य॥२१॥

"爱神啊，春神伴随你，
作为助手，不必吩咐，
正如有谁会向风发出
指令：'你要吹旺火！'"（21）

解析：मधुः（मधु 阳，单，体）春神。च（不变词）而。ते（त्वद् 单，属）你。मन्मथ（मन्मथ 阳，单，呼）爱神的别称。साहचर्यात्（साहचर्य 中，单，从）伴随。असौ（अदस् 阳，单，体）他。अनुक्तः（अनुक्त 阳，单，体）不吩咐。अपि（不变词）即使。सहायः（सहाय 阳，单，体）同伴，助手。एव（不变词）确实。समीरणः（समीरण 阳，单，体）风。नोदयिता

(नोदयितृ 阳，单，体) 煽动者。भव (√भू 命令，单，二) 成为。इति (不变词) 这样 (说)。
व्यादिश्यते (वि-आ√दिश् 被，现在，单，三) 指令。केन (किम् 阳，单，具) 谁。हुत (祭品)
-अशनस्य (अशन 吞食)，复合词 (阳，单，属)，火。

तथेति शेषामिव भर्तुराज्ञामादाय मूर्ध्ना मदनः प्रतस्थे।
ऐरावतास्फालनकर्कशेन हस्तेन पस्पर्श तदङ्गमिन्द्रः॥२२॥

"好吧！"爱神俯首接受主人命令，
犹如接受神圣的花环，准备出发，
因陀罗用经常拍打爱罗婆多象[①]
而变得粗糙的手，触摸他的身体。（22）

解析：तथा (不变词) 好吧。इति (不变词) 这样 (说)。शेषाम् (शेषा 阴，单，业) 供神的花环。इव (不变词) 犹如。भर्तुः (भर्तृ 阳，单，属) 主人。आज्ञाम् (आज्ञा 阴，单，业) 命令。आदाय (आ√दा 独立式) 接受。मूर्ध्ना (मूर्धन् 阳，单，具) 头。मदनः (मदन 阳，单，体) 爱神的别称。प्रतस्थे (प्र√स्था 完成，单，三) 出发。ऐरावत (爱罗婆多象)-आस्फालन (拍打)-कर्कशेन (कर्कश 粗糙的)，复合词 (阳，单，具)，因拍打爱罗婆多象而粗糙的。हस्तेन (हस्त 阳，单，具) 手。पस्पर्श (√स्पृश् 完成，单，三) 触摸。तद् (他)-अङ्गम् (अङ्ग 肢体)，复合词 (中，单，业)，他的身体。इन्द्रः (इन्द्र 阳，单，体) 因陀罗。

स माधवेनाभिमतेन सख्या रत्या च साशङ्कमनुप्रयातः।
अङ्गव्ययप्रार्थितकार्यसिद्धिः स्थाण्वाश्रमं हैमवतं जगाम॥२३॥

有可爱的朋友春神相伴，
罗蒂[②]心存疑虑，跟随在后，
他前往雪山湿婆的净修林，
需要失去身体，完成这任务。（23）

解析：स (तद् 阳，单，体) 他。माधवेन (माधव 阳，单，具) 春神。अभिमतेन (अभिमत 阳，单，具) 可爱的。सख्या (सखि 阳，单，具) 朋友。रत्या (रति 阴，单，具) 罗蒂。च (不变词) 和。साशङ्कम् (不变词) 带着疑虑。अनुप्रयातः (अनुप्रयात 阳，单，体) 跟随。अङ्ग (身体)-व्यय (失去)-प्रार्थित (要求)-कार्य (任务)-सिद्धिः (सिद्धि 成功，完成)，复

[①] 爱罗婆多象是因陀罗的坐骑。
[②] 罗蒂是爱神的妻子。

合词（阳，单，体），需要失去身体而完成任务。स्थाणु（湿婆）-आश्रमम्（आश्रम 净修林），复合词（阳，单，业），湿婆净修林。हैमवतम्（हैमवत 阳，单，业）雪山的。जगाम（√गम् 完成，单，三）前往。

      तस्मिन्वने संयमिनां मुनीनां तपःसमाधेः प्रतिकूलवर्ती।
      संकल्पयोनेरभिमानभूतमात्मानमाधाय मधुर्जजृम्भे॥ २४॥

      春神摩杜在这个净修林中，
      成为意生者爱神的骄傲，
      针对控制自我的牟尼们的
      苦行入定，充分展现自己。（24）

    解析： तस्मिन्（तद् 中，单，依）这个。वने（वन 中，单，依）林。संयमिनाम्（संयमिन् 阳，复，属）控制自我的。मुनीनाम्（मुनि 阳，复，属）牟尼。तपस्（苦行）-समाधेः（समाधि 入定），复合词（阳，单，属），苦行入定。प्रतिकूल（违背，针对）-वर्ती（वर्तिन् 处于），复合词（阳，单，体），针对。संकल्प（意）-योनेः（योनि 生），复合词（阳，单，属），意生者，爱神的别称。अभिमान（骄傲）-भूतम्（भूत 成为），复合词（阳，单，业），成为骄傲。आत्मानम्（आत्मन् 阳，单，业）自己。आधाय（आ√धा 独立式）呈现。मधुः（मधु 阳，单，体）摩杜，春神。जजृम्भे（√जृम्भ् 完成，单，三）展现。

      कुबेरगुप्तां दिशमुष्णरश्मौ गन्तुं प्रवृत्ते समयं विलङ्घ्य।
      दिग्दक्षिणा गन्धवहं मुखेन व्यलीकनिःश्वासमिवोत्ससर्ज॥ २५॥

      太阳超越时令，开始走向
      财神俱比罗保护的北方，
      南方仿佛感到苦闷烦恼，
      张嘴叹息，呼出芳香的风。[①]（25）

    解析： कुबेर（财神俱比罗）-गुप्ताम्（गुप्त 保护），复合词（阴，单，业），俱比罗保护的。दिशम्（दिश् 阴，单，业）方位。उष्ण（热）-रश्मौ（रश्मि 光线），复合词（阳，单，依），有热的光线的，太阳。गन्तुम्（√गम् 不定式）走向。प्रवृत्ते（प्रवृत्त 阳，单，依）开始。समयम्（समय 阳，单，业）时令。विलङ्घ्य（वि√लङ्घ् 独立式）超越。दिश्（दिश् 阴，单，体）方位。दक्षिणा（दक्षिण 阴，单，体）南方的。गन्ध（芳香）-वहम्（वह 带着），

[①] 意谓春神前往北方雪山，太阳也超越时令移向北方，而引起南方烦恼。

复合词（阳，单，业），带着芳香的。**मुखेन**（मुख 中，单，具）嘴。**व्यलीक**（烦恼）-**निःश्वासम्**（निःश्वास 叹息），复合词（阳，单，业），烦恼的叹息。**इव**（不变词）仿佛。**उत्ससर्ज**（उद्√सृज् 完成，单，三）呼出。

असूत सद्यः कुसुमान्यशोकः स्कन्धात्प्रभृत्येव सपल्लवानि।
पादेन नापैक्षत सुन्दरीणां संपर्कमासिञ्जितनूपुरेण॥२६॥

顿时，无忧树的树干上面，
鲜花绽放，还有绿叶相衬，
不等待美女们用脚来踢，
伴随有脚镯的叮当响声。[①]（26）

解析：असूत（√सू 未完，单，三）生。**सद्यस्**（不变词）顿时。**कुसुमानि**（कुसुम 中，复，业）花。**अशोकः**（अशोक 阳，单，体）无忧树。**स्कन्धात्**（स्कन्ध 阳，单，从）树干。**प्रभृति**（不变词）始于。**एव**（不变词）确实。**सपल्लवानि**（सपल्लव 中，复，业）带着嫩叶的。**पादेन**（पाद 阳，单，具）脚。**न**（不变词）不。**अपैक्षत**（अप√ईक्ष् 未完，单，三）等待。**सुन्दरीणाम्**（सुन्दरी 阴，复，属）美女。**संपर्कम्**（संपर्क 阳，单，业）接触，踢。**आसिञ्जित**（叮当作响）-**नूपुरेण**（नूपुर 脚镯），复合词（阳，单，具），叮当作响的脚镯。

सद्यः प्रवालोद्गमचारुपत्रे नीते समाप्तिं नवचूतबाणे।
निवेशयामास मधुर्द्विरेफान्नाम्नाक्षराणीव मनोभवस्य॥२७॥

顿时，春神安上崭新的芒果
花箭，以嫩芽为可爱的箭羽，
还安排有许多蜜蜂，仿佛是
组成爱神名字的一串字母。[②]（27）

解析：सद्यस्（不变词）顿时。**प्रवाल**（嫩芽）-**उद्गम**（长出）-**चारु**（可爱的）-**पत्रे**（पत्र 箭羽），复合词（阳，单，依），以长出的嫩芽为可爱的箭羽。**नीते**（नीत 阳，单，依）引导，安排。**समाप्तिम्**（समाप्ति 阴，单，业）完成。**नव**（新的）-**चूत**（芒果树）-**बाणे**（बाण 箭），复合词（阳，单，依），崭新的芒果花箭。**निवेशयामास**（नि√विश् 致使，完成，单，三）安排。**मधुः**（मधु 阳，单，体）春神。**द्विरेफान्**（द्विरेफ 阳，复，业）蜜蜂。**नाम**

[①] 在春天，无忧树通常要经由妇女们脚踢而开花。
[②] 意谓如同刻在箭上的爱神的名字。

（**नामन्** 名字）-**अक्षराणि**（अक्षर 字母），复合词（中，复，业），组成名字的字母。**इव**（不变词）仿佛。**मनस्**（心，意）-**भवस्य**（भव 产生），复合词（阳，单，属），意生者，爱神。

वर्णप्रकर्षे सति कर्णिकारं दुनोति निर्गन्धतया स्म चेतः ।
प्रायेण सामग्र्यविधौ गुणानां पराङ्मुखी विश्वसृजः प्रवृत्तिः ॥२८॥

迦尼迦罗花虽然色彩鲜艳，①
却缺少香味，而令人遗憾，
通常，创世主的创造方式，
并不追求品质的完美无缺。（28）

解析：वर्ण（色彩）-**प्रकर्षे**（प्रकर्ष 鲜艳），复合词（中，单，依），色彩鲜艳。**सति**（सत् 现分，中，单，依）是。**कर्णिकारम्**（कर्णिकार 中，单，体）迦尼迦罗花。**दुनोति**（√दु 现在，单，三）折磨，烦恼。**निर्गन्धतया**（निर्गन्धता 阴，单，具）无香味。**स्म**（不变词，与现在时连用，表示过去时）。**चेतः**（चेतस् 中，单，业）心。**प्रायेण**（不变词）通常。**सामग्र्य**（完美）-**विधौ**（विधि 创造方式），复合词（阳，单，依），完美无缺的创造。**गुणानाम्**（गुण 阳，复，属）品质。**पराक्**（背向）-**मुखी**（मुख 脸），复合词（阴，单，体），背向。**विश्व**（一切）-**सृजः**（सृज् 创造），复合词（阳，单，属），创造一切者，创世主。**प्रवृत्तिः**（प्रवृत्ति 阴，单，体）活动。

बालेन्दुवक्राण्यविकाशभावाद्बभुः पलाशान्यतिलोहितानि ।
सद्यो वसन्तेन समागतानां नखक्षतानीव वनस्थलीनाम् ॥२९॥

波罗奢花还没有绽开，
弯似新月，色泽鲜红，
仿佛春天与林地合欢，
留下的点点指甲印痕。（29）

解析：बाल（新的）-**इन्दु**（月亮）-**वक्राणि**（वक्र 弯曲的），复合词（中，复，体），弯似新月。**अविकाश**（未绽放）-**भावात्**（भाव 状态），复合词（阳，单，从），没有绽放。**बभुः**（√भा 完成，复，三）闪亮，呈现。**पलाशानि**（पलाश 中，复，体）波罗奢花。**अतिलोहितानि**（अतिलोहित 中，复，体）鲜红。**सद्यस्**（不变词）顿时。**वसन्तेन**（वसन्त 阳，

---

① 迦尼迦罗花色泽艳红。

单，具）春天。**समागतानाम्**（समागत 阴，复，属）相会，合欢。**नख**（指甲）-**क्षतानि**（क्षत 伤痕），复合词（中，复，体），指甲印痕。**इव**（不变词）仿佛。**वन**（林）-**स्थलीनाम्**（स्थली 地），复合词（阴，复，属），林地。

लग्नद्विरेफाञ्जनभक्तिचित्रं मुखे मधुश्रीस्तिलकं प्रकाश्य।
रागेण बालारुणकोमलेन चूतप्रवालोष्ठमलंचकार॥३०॥

春天美女脸上展现提罗迦花①，
停留的蜜蜂美似点抹的油膏，
她又用柔和似朝阳的红颜料，
装饰宛如芒果花蕾的嘴唇。（30）

解析：**लग्न**（叮住，停留）-**द्विरेफ**（蜜蜂）-**अञ्जन**（眼膏）-**भक्ति**（安排，点抹）-**चित्रम्**（चित्र 美妙的），复合词（阳，单，业），停留的蜜蜂美如点抹的眼膏。**मुखे**（मुख 中，单，依）脸。**मधु**（春天）-**श्रीः**（श्री 吉祥女，美女），复合词（阴，单，体），春天美女。**तिलकम्**（तिलक 阳，单，业）提罗迦花。**प्रकाश्य**（प्र√काश् 独立式）展示。**रागेण**（राग 阳，单，具）红颜料。**बाल**（新的）-**अरुण**（太阳）-**कोमलेन**（कोमल 柔和），复合词（阳，单，具），朝阳般柔和的。**चूत**（芒果）-**प्रवाल**（花蕾）-**ओष्ठम्**（-ओष्ठ 嘴唇），复合词（阳，单，业），芒果花蕾般的嘴唇。**अलंचकार**（अलम्√कृ 完成，单，三）装饰。

मृगाः प्रियालद्रुममञ्जरीणां रजःकणैर्विघ्नितदृष्टिपाताः।
मदोद्धताः प्रत्यनिलं विचेरुर्वनस्थलीर्मर्मरपत्रमोक्षाः॥३१॥

波利亚罗树花簇的花粉，
迷住鹿儿们的视线，它们
兴奋激动，迎风跑向林地，
地上落叶发出沙沙声响。（31）

解析：**मृगाः**（मृग 阳，复，体）鹿。**प्रियाल**（波利亚罗树）-**द्रुम**（树）-**मञ्जरीणाम्**（मञ्जरि 花簇），复合词（阴，复，属），波利亚罗树花簇。**रजस्**（花粉）-**कणैः**（कण 粒），复合词（阳，复，具），花粉。**विघ्नित**（受阻）-**दृष्टि**（目光）-**पाताः**（पात 投射），复合词（阳，复，体），迷住视线。**मद**（兴奋）-**उद्धताः**（उद्धत 激动），复合词（阳，复，体），兴奋激动。**प्रत्यनिलम्**（不变词）迎风。**विचेरुः**（वि√चर् 完成，复，三）行走，游

---

① 提罗迦既是花名，也指点在前额的吉祥志。

荡。**वन**（林）-**स्थलीः**（स्थली 地方），复合词（阴，复，业），林地。**मर्मर**（沙沙响的）-**पत्र**（叶子）-**मोक्षाः**（मोक्ष 脱落），复合词（阴，复，业），落叶沙沙响的。

चूताङ्कुरास्वादकषायकण्ठः पुंस्कोकिलो यन्मधुरं चुकूज।
मनस्विनीमानविघातदक्षं तदेव जातं वचनं स्मरस्य॥३२॥

雄杜鹃品尝芒果嫩芽，
喉咙红润，发出甜蜜鸣声，
成为爱神发布的命令，
能挫败高傲女人的骄傲。（32）

解析：**चूत**（芒果）-**अङ्कुर**（嫩芽）-**आस्वाद**（品尝）-**कषाय**（红润）-**कण्ठः**（कण्ठ 喉咙），复合词（阳，单，体），因品尝芒果嫩芽而喉咙红润。**पुंस्**（雄的）-**कोकिलः**（कोकिल 杜鹃），复合词（阳，单，体），雄杜鹃。**यत्**（यद् 中，单，业）那，指鸣声。**मधुरम्**（मधुर 中，单，业）甜蜜的。**चुकूज**（√कूज 完成，单，三）鸣叫。**मनस्विनी**（高傲女人）-**मान**（骄傲）-**विघात**（打击，挫败）-**दक्षम्**（दक्ष 能够），复合词（中，单，体），能挫败高傲女人的骄傲的。**तत्**（तद् 中，单，体）那，指鸣声。**एव**（不变词）确实。**जातम्**（जात 中，单，体）产生，成为。**वचनम्**（वचन 中，单，体）话，命令。**स्मरस्य**（स्मर 阳，单，属）爱神的别称。

हिमव्यपायाद्विशदाधराणामापाण्डुरीभूतमुखच्छवीनाम्।
स्वेदोद्गमः किंपुरुषाङ्गनानां चक्रे पदं पत्रविशेषकेषु॥३३॥

冬雪已褪去，紧那罗
妇女们脸色渐渐变白，
嘴唇鲜明，汗珠开始
出现在彩绘线条①上。（33）

解析：**हिम**（雪）-**व्यपायात्**（व्यपाय 消失），复合词（阳，单，从），冬雪褪去。**विशद**（鲜明的）-**अधराणाम्**（अधर 下嘴唇），复合词（阴，复，属），下嘴唇鲜明。**आपाण्डुरीभूत**（变白）-**मुख**（脸）-**छवीनाम्**（छवि 肤色），复合词（阴，复，属），脸色变白。**स्वेद**（汗）-**उद्गमः**（उद्गम 出现），复合词（阳，单，体），出汗。**किंपुरुष**（紧那罗）-**अङ्गनानाम्**（अङ्गना 妇女），复合词（阴，复，属），紧那罗妇女。**चक्रे**（√कृ 完成，单，三）做。**पदम्**（पद

---

① 彩绘线条指画在脸上或身上，用作装饰的彩色线条。

中，单，业）位置。पत्रविशेषकेषु（पत्रविशेषक 阳，复，依），彩绘线条。

> तपस्विनः स्थाणुवनौकसस्तामाकालिकीं वीक्ष्य मधुप्रवृत्तिम्।
> प्रयत्नसंस्तम्भितविक्रियाणां कथंचिदीशा मनसां बभूवुः॥३४॥

湿婆净修林中苦行者，
看到这春天提前降临，
努力抑止情感的骚动，
终于控制住自己思想。（34）

解析：तपस्विनः（तपस्विन् 阳，复，体）苦行者。स्थाणु（湿婆）-वन（林）-ओकसः（ओकस् 住处），复合词（阳，复，体），住在湿婆净修林中的。ताम्（तद् 阴，单，业）那。आकालिकीम्（आकालिक 阴，单，业）不合时的。वीक्ष्य（वि√ईक्ष् 独立式）看到。मधु（春天）-प्रवृत्तिम्（प्रवृत्ति 来临），复合词（阴，单，业），春天降临。प्रयत्न（努力）-संस्तम्भित（抑止）-विक्रियाणाम्（विक्रिया 变化，骚动），复合词（中，复，属），努力抑制骚动。कथंचित्（不变词）好不容易。ईशाः（ईश 阳，复，体）控制者。मनसाम्（मनस् 中，复，属）心，思想。बभूवुः（√भू 完成，复，三）成为。

> तं देशमारोपितपुष्पचापे रतिद्वितीये मदने प्रपन्ने।
> काष्ठागतस्नेहरसानुविद्धं द्वंद्वानि भावं क्रियया विवव्रुः॥३५॥

一旦爱神偕同妻子罗蒂，
进入这个地方，花弓上弦，
林中双双对对都以动作
充分表达爱情，达到极点。（35）

解析：तम्（तद् 阳，单，业）这个。देशम्（देश 阳，单，业）地方。आरोपित（上弦）-पुष्प（花）-चापे（चाप 弓），复合词（阳，单，依），花弓上弦。रति（罗蒂）-द्वितीये（द्वितीय 第二，伴侣），复合词（阳，单，依）偕同罗蒂。मदने（मदन 阳，单，依）爱神。प्रपन्ने（प्रपन्न 阳，单，依）到达。काष्ठा（顶点）-गत（到达）-स्नेह（爱情）-रस（味）-अनुविद्धम्（अनुविद्ध 充满），复合词（阳，单，业），充满达到极点的爱情味。द्वंद्वानि（द्वंद्व 中，复，体）双双对对。भावम्（भाव 阳，单，业）情态。क्रियया（क्रिया 阴，单，具）动作。विवव्रुः（वि√वृ 完成，复，三）展现。

मधु द्विरेफः कुसुमैकपात्रे पपौ प्रियां स्वामनुवर्तमानः।
शृङ्गेण च स्पर्शनिमीलिताक्षीं मृगीमकण्डूयत कृष्णसारः॥३६॥

蜜蜂紧跟着自己的女伴，
同饮一个花杯中的花蜜，
黑斑鹿伸角为雌鹿搔痒，
雌鹿感觉舒服，闭上眼睛。（36）

解析：मधु（中，单，业）花蜜。द्विरेफः（द्विरेफ 阳，单，体）蜜蜂。कुसुम（花）-एक（一个）-पात्रे（पात्र 杯），复合词（中，单，依），同一个花杯。पपौ（√पा 完成，单，三）饮。प्रियाम्（प्रिया 阴，单，业）女伴。स्वाम्（स्वा 阴，单，业）自己的。अनुवर्तमानः（अनुवर्तमान 现分，阳，单，体）跟随。शृङ्गेण（शृङ्ग 阳，单，具）角。च（不变词）而。स्पर्श（触觉）-निमीलित（闭上）-अक्षीम्（अक्ष 眼睛），复合词（阴，单，业），因触觉而闭上眼睛。मृगीम्（मृग 阴，单，业）雌鹿。अकण्डूयत（√कण्डूय 未完，单，三）搔痒。कृष्णसारः（कृष्णसार 阳，单，体）黑斑鹿。

ददौ रसात्पङ्कजरेणुगन्धि गजाय गण्डूषजलं करेणुः।
अर्धोपभुक्तेन बिसेन जायां संभावयामास रथाङ्गनामा॥३७॥

母象怀着爱意，喷给公象
一口水，带着莲花花粉香味，
而轮鸟用嚼过一半的莲藕，
喂给妻子，表达自己的恭敬。（37）

解析：ददौ（√दा 完成，单，三）给。रसात्（रस 阳，单，从）爱意。पङ्कज（莲花）-रेणु（花粉）-गन्धि（गन्धिन् 有香味），复合词（中，单，业），带着莲花花粉的香味。गजाय（गज 阳，单，为）公象。गण्डूष（一口）-जलम्（जल 水），复合词（中，单，业），一口水。करेणुः（करेणु 阴，单，体）母象。अर्ध（半）-उपभुक्तेन（उपभुक्त 吃），复合词（中，单，具），嚼过一半的。बिसेन（बिस 中，单，具）莲藕。जायाम्（जाया 阴，单，业）妻子。संभावयामास（सम्√भू 致使，完成，单，三）表达恭敬。रथाङ्ग（车轮）-नामा（नामन् 名字），复合词（阳，单，体），轮鸟。

गीतान्तरेषु श्रमवारिलेशैः किंचित्समुच्छ्वासितपत्रलेखम्।
पुष्पासवाघूर्णितनेत्रशोभि प्रियामुखं किंपुरुषश्चुचुम्ब॥३८॥

在歌唱的间歇，紧那罗亲吻
爱妻的面庞，那面庞因酒醉
眼睛转动而优美，但劳累的
汗珠稍许损坏了彩绘的线条。（38）

解析：गीत（歌唱）-अन्तरेषु（अन्तर 中间），复合词（中，复，依），歌唱的间歇。श्रम（劳累）-वारि（水）-लेशैः（लेश 滴），复合词（阳，复，具），劳累的汗珠。किंचित्（稍许）-समुच्छ्वासित（松懈，消解）-पत्रलेखम्（पत्रलेखा 彩绘线条），复合词（中，单，业），彩绘线条稍许受损的。पुष्प（花）-आसव（酒）-आघूर्णित（转动）-नेत्र（眼）-शोभि（शोभिन् 优美的），复合词（中，单，业），因喝醉花酒眼睛转动而优美的。प्रिया（爱人）-मुखम्（मुख 面庞），复合词（中，单，业），爱妻的面庞。किंपुरुषः（किंपुरुष 阳，单，体）紧那罗。चुचुम्ब（√चुम्ब 完成，单，三）亲吻。

पर्याप्तपुष्पस्तबकस्तनाभ्यः स्फुरत्प्रवालोष्ठमनोहराभ्यः।
लतावधूभ्यस्तरवोऽप्यवापुर्विनम्रशाखाभुजबन्धनानि॥३९॥

那些树木受到蔓藤新娘拥抱，
下垂的枝条宛如柔软的手臂，
盛开的花簇宛如丰满的乳房，
颤动的花蕾宛如迷人的嘴唇。（39）

解析：पर्याप्त（充满）-पुष्प（花）-स्तबक（簇）-स्तनाभ्यः（स्तन 乳房），复合词（阴，复，从），盛开的花簇宛如乳房的。स्फुरत्（颤动的）-प्रवाल（花蕾）-ओष्ठ（嘴唇）-मनस्（心）-हराभ्यः（हर 抓住），复合词（阴，复，从），颤动的花蕾宛如嘴唇而迷人的。लता（藤）-वधूभ्यः（वधू 新娘），复合词（阴，复，从），蔓藤新娘。तरवः（तरु 阳，复，体）树。अपि（不变词）也。अवापुः（अव√आप् 完成，复，三）获得。विनम्र（下垂的）-शाखा（枝条）-भुज（手臂）-बन्धनानि（बन्धन 缠绕），复合词（中，复，业），下垂的枝条手臂的拥抱。

श्रुताप्सरोगीतिरपि क्षणेऽस्मिन्हरः प्रसंख्यानपरो बभूव।
आत्मेश्वराणां न हि जातु विघ्नाः समाधिभेदप्रभवो भवन्ति॥४०॥

湿婆虽然听到天女们歌唱，
此刻他依然保持专心沉思，
因为种种障碍确实不能
破坏控制自我者的禅定。（40）

解析：श्रुत（听到）-अप्सरस्（天女）-गीतिः（गीति 歌唱），复合词（阳，单，体），听到天女歌唱。अपि（不变词）虽然。क्षणे（क्षण 中，单，依）刹那，时刻。अस्मिन्（इदम् 中，单，依）这个。हरः（हर 阳，单，体）湿婆。प्रसंख्यान（沉思）-परः（पर 跟从，专心），复合词（阳，单，体），专心沉思。बभूव（√भू 完成，单，三）是。आत्म（आत्मन् 自我）-ईश्वराणाम्（ईश्वर 主人），复合词（阳，复，属），控制自我者。न（不变词）不。हि（不变词）因为。जातु（不变词）确实。विघ्नाः（विघ्न 阳，复，体）障碍。समाधि（禅定）-भेद（破坏）-प्रभवः（प्रभु 能够），复合词（阳，复，体），能破坏禅定。भवन्ति（√भू 现在，复，三）成为。

लतागृहद्वारगतो ऽथ नन्दी वामप्रकोष्ठार्पितहेमवेत्रः।
मुखार्पितैकाङ्गुलिसंज्ञयैव मा चापलायेति गणान्व्यनैषीत्॥४१॥

南丁[①]守在蔓藤凉亭门口，
左前臂执持金制的棍杖，
他将一个手指竖在嘴前，
告诫侍从们别乱动出声。（41）

解析：लता（蔓藤）-गृह（屋）-द्वार（门）-गतः（गत 处在），复合词（阳，单，体），守在蔓藤凉亭门口的。अथ（不变词）然后。नन्दी（नन्दिन् 阳，单，体）南丁。वाम（左）-प्रकोष्ठ（前臂）-अर्पित（安放）-हेम（金子）-वेत्रः（वेत्र 杖），复合词（阳，单，体），左前臂仗着金杖。मुख（嘴）-अर्पित（放在）-एक（一个）-अङ्गुलि（手指）-संज्ञया（संज्ञा 示意），复合词（阴，单，具），以一个手指竖在嘴前示意。एव（不变词）确实。मा（不变词）不要。चापलाय（चापल 中，单，为）躁动。इति（不变词）这样（说）。गणान्（गण 阳，复，业）侍从。व्यनैषीत्（वि√नी 不定，单，三）告诫。

निष्कम्पवृक्षं निभृतद्विरेफं मूकाण्डजं शान्तमृगप्रचारम्।
तच्छासनात्काननमेव सर्वं चित्रार्पितारम्भमिवावतस्थे॥४२॥

[①] 南丁是湿婆的侍从。

听从他的命令，树木不摇动，
蜜蜂保持安静，鸟儿不出声，
鹿儿停止活动，这整个树林，
仿佛一切动作固定在画中。（42）

解析：निष्कम्प（不摇动）-वृक्षम्（वृक्ष 树），复合词（中，单，体），树不摇动。निभृत（安静的）-द्विरेफम्（द्विरेफ 蜜蜂），复合词（中，单，体），蜜蜂安静。मूक（哑的）-अण्डजम्（अण्डज 鸟），复合词（中，单，体），鸟不出声。शान्त（安静）-मृग（鹿）-प्रचारम्（प्रचार 活动），复合词（中，单，体），鹿儿停止活动。तद्（他）-शासनात्（शासन 命令），复合词（中，单，从），他的命令。काननम्（कानन 中，单，体）树林。एव（不变词）确实。सर्वम्（सर्व 中，单，体）整个。चित्र（画）-अर्पित（固定）-आरम्भम्（आरम्भ 动作），复合词（中，单，体），动作固定在画中。इव（不变词）仿佛。अवतस्थे（अव√स्था 完成，单，三）保持。

दृष्टिप्रपातं परिहृत्य तस्य कामः पुरःशुक्रमिव प्रयाणे।
प्रान्तेषु संसक्तनमेरुशाखं ध्यानास्पदं भूतपतेर्विवेश॥४३॥

爱神避开了他的视线，犹如
途中避开前面出现的修迦罗[①]，
进入精灵之主湿婆的禅定处，
周围布满茂密的那弥卢树枝。（43）

解析：दृष्टि（目光）-प्रपातम्（प्रपात 投射），复合词（阳，单，业），视域，视线。परिहृत्य（परि√हृ 独立式）避开。तस्य（तद् 阳，单，属）他。कामः（काम 阳，单，体）爱神。पुरस्（不变词）前面。शुक्रम्（शुक्र 阳，单，业）修迦罗。इव（不变词）犹如。प्रयाणे（प्रयाण 中，单，依）行进，旅途。प्रान्तेषु（प्रान्त 阳，复，依）周围。संसक्त（茂密的）-नमेरु（那弥卢树）-शाखम्（शाखा 枝），复合词（中，单，业），布满茂密的那弥卢树枝的。ध्यान（禅定）-आस्पदम्（आस्पद 处所），复合词（中，单，业），禅定处。भूत（精灵）-पतेः（पति 主），复合词（阳，单，属），精灵之主，湿婆。विवेश（√विश् 完成，单，三）进入。

स देवदारुद्रुमवेदिकायां शार्दूलचर्मव्यवधानवत्याम्।
आसीनमासन्नशरीरपातंत्र्यम्बकं संयमिनं ददर्श॥४४॥

[①] 修迦罗是阿修罗的老师。

爱神的身体面临毁灭,
他看到了控制自我的
三眼湿婆,坐在铺有
虎皮的松树圣坛上。(44)

解析：स(तद् 阳，单，体)他，指爱神。देवदारु(松树)-द्रुम(树)-वेदिकायाम्(वेदिका 圣坛)，复合词(阴，单，依)，松树圣坛。शार्दूल(虎)-चर्म(चर्मन् 皮)-व्यवधानवत्याम्(व्यवधानवत् 铺有)，复合词(阴，单，依)，铺有虎皮的。आसीनम्(आसीन 现分，阳，单，业)坐着。आसन्न(临近)-शरीर(身体)-पातः(पात 毁灭)，复合词(阳，单，体)，身体面临毁灭的。त्र्यम्बकम्(त्र्यम्बक 阳，单，业)三眼神，湿婆。संयमिनम्(संयमिन् 阳，单，业)控制自我的。ददर्श(√दृश् 完成，单，三)看到。

पर्यङ्कबन्धस्थिरपूर्वकायमृज्वायतं सन्नमितोभयांसम्।
उत्तानपाणिद्वयसंनिवेशात्प्रफुल्लराजीवमिवाङ्कमध्ये॥४५॥

湿婆结跏趺坐，上半身
挺拔，伸直，双肩下垂，
双手手掌向上，安放在
膝上，犹如绽放的莲花。(45)

解析：पर्यङ्कबन्ध(结跏趺坐)-स्थिर(稳固)-पूर्व(前面)-कायम्(काय 身)，复合词(阳，单，业)，结跏趺坐，上半身挺拔。ऋजु(直)-आयतम्(आयत 伸展)，复合词(阳，单，业)，伸直。सन्नमित(下垂的)-उभय(双)-अंसम्(अंस 肩)，复合词(阳，单，业)，双肩下垂。उत्तान(朝上)-पाणि(手)-द्वय(双)-संनिवेशात्(संनिवेश 安放)，复合词(阳，单，从)，双手向上安放。प्रफुल्ल(绽放的)-राजीवम्(राजीव 莲花)，复合词(中，单，业)，绽放的莲花。इव(不变词)犹如。अङ्क(膝)-मध्ये(मध्य 中间)，复合词(阳，单，依)，膝的中间。

भुजङ्गमोन्नद्धजटाकलापं कर्णावसक्तद्विगुणाक्षसूत्रम्।
कण्ठप्रभासङ्गविशेषनीलां कृष्णत्वचं ग्रन्थिमतीं दधानम्॥४६॥

他的发髻向上缠绕有蛇，
耳朵系有双线的念珠串，

身穿系结的黑鹿皮，映有
脖颈的光泽，显得格外黑。①（46）

解析：भुजंगम（蛇）-उन्नद्ध（缠绕）-जटा（发髻）-कलापम्（कलाप 束），复合词（阳，单，业），发髻上缠绕着蛇。कर्ण（耳朵）-अवसक्त（悬挂）-द्वि（双）-गुण（线）-अक्ष（念珠）-सूत्रम्（सूत्र 串），复合词（阳，单，业），耳朵系有双线的念珠串。कण्ठ（脖颈）-प्रभा（光泽）-सङ्ग（接触）-विशेष（特别）-नीलाम्（नील 青黑），复合词（阴，单，业），接触颈脖的光泽格外青黑。कृष्ण（黑）-त्वचम्（त्वच 皮），复合词（阴，单，业），黑（鹿）皮。ग्रन्थिमतीम्（ग्रन्थिमत् 阴，单，业）有结的，系结的。दधानम्（दधान 现分，阳，单，业）穿着。

किंचित्प्रकाशस्तिमितोग्रतारैर्भ्रूविक्रियायां विरतप्रसङ्गैः।
नेत्रैरविस्पन्दितपक्ष्ममालैर्लक्ष्यीकृतघ्राणमधोमयूखैः॥४७॥

他的眼睛的目光向下，
盯住鼻端，睫毛不颤动，
严峻的眼珠静止，微微
放光，眉毛也停止活动。（47）

解析：किंचित्（微微）-प्रकाश（放光）-स्तिमित（静止）-उग्र（严厉的）-तारैः（तारा 瞳孔，眼珠），复合词（中，复，具），严峻的眼珠静止而微微放光。भ्रू（眉毛）-विक्रियायाम्（विक्रिया 变化），复合词（阴，单，依），眉毛的变化。विरत（停止）-प्रसङ्गैः（प्रसङ्ग 联系），复合词（中，复，具），停止联系。नेत्रैः（नेत्र 中，复，具）眼睛。अविस्पन्दित（不颤动）-पक्ष्म（पक्ष्मन् 睫毛）-मालैः（माला 花环），复合词（中，复，具），睫毛不颤动。लक्ष्यीकृत（盯住）-घ्राणम्（घ्राण 鼻子），复合词（阳，单，业），盯住鼻端。अधस्（向下）-मयूखैः（मयूख 目光），复合词（中，复，具），目光向下。

अवृष्टिसंरम्भमिवाम्बुवाहमपामिवाधारमनुत्तरङ्गम्।
अन्तश्चराणां मरुतां निरोधान्निवातनिष्कम्पमिव प्रदीपम्॥४८॥

他抑止体内活动的风，
犹如不降雨水的乌云，

---

① 湿婆曾经吞下搅乳海时搅出的剧毒，脖颈被烧成青黑色，故而这里说"映有脖颈的光泽，显得格外黑"。

犹如不起波浪的大海，
犹如无风处不晃的灯。（48）

解析：अ（不）-वृष्टि（雨）-संरम्भम्（संरम्भ 激动，倾泻），复合词（阳，单，业），不降雨水的。इव（不变词）犹如。अम्बु（水）-वाहम्（वाह 运送），复合词（阳，单，业），乌云。अपाम्（अप् 阴，复，属）水。इव（不变词）犹如。आधारम्（आधार 阳，单，业）持有，容器。अनुत्तरङ्गम्（अनुत्तरङ्ग 阳，单，业）不起波浪的。अन्तर（内部）-चराणाम्（चर 活动），复合词（阳，复，属），在体内活动的。मरुताम्（मरुत् 阳，复，属）风。निरोधात्（निरोध 阳，单，从）抑止。निवात（无风）-निष्कम्पम्（निष्कम्प 不动的），复合词（阳，单，业），无风处不晃的。इव（不变词）犹如。प्रदीपम्（प्रदीप 阳，单，业）灯。

कपालनेत्रान्तरलब्धमार्गैर्ज्योतिःप्ररोहैरुदितैः शिरस्तः।
मृणालसूत्राधिकसौकुमार्यां बालस्य लक्ष्मीं ग्लपयन्तमिन्दोः॥४९॥

以头颅眼穴为通道，
他的头部射出光线，
使柔软胜过藕丝的
新月光辉显得暗淡。（49）

解析：कपाल（头颅）-नेत्र（眼）-अन्तर（内部）-लब्ध（获得）-मार्गैः（मार्ग 道路），复合词（阳，复，具），以头颅的眼穴为通道。ज्योतिस्（光）-प्ररोहैः（प्ररोह 芽），复合词（阳，复，具），光线。उदितैः（उदित 阳，复，具）射出。शिरस्तस्（不变词）从头部。मृणाल（藕）-सूत्र（丝）-अधिक（胜过）-सौकुमार्यां（सौकुमार्य 柔软），复合词（阴，单，业），柔软胜过藕丝的。बालस्य（बाल 阳，单，属）新的。लक्ष्मीम्（लक्ष्मी 阴，单，业）光辉。ग्लपयन्तम्（ग्लपयत् 致使，现分，阳，单，业）疲弱，暗淡。इन्दोः（इन्दु 阳，单，属）月亮。

मनो नवद्वारनिषिद्धवृत्ति हृदि व्यवस्थाप्य समाधिवश्यम्।
यमक्षरं क्षेत्रविदो विदुस्तमात्मानमात्मन्यवलोकयन्तम्॥५०॥

将思想固定在心中，受禅定
控制，阻止它在九门中活动，

> 这样，他在自身中看到自我，
> 知领域者们称之为不灭者。① （50）

解析：मनः（मनस् 中，单，业）思想。नव（九）-द्वार（门）-निषिद्ध（阻止）-वृत्ति（活动），复合词（中，单，业），阻止在九门中活动。हृदि（हृद् 中，单，依）心。व्यवस्थाप्य（वि-अव√स्था 独立式）固定。समाधि（禅定）-वश्यम्（वश्य 受控制），复合词（中，单，业），受禅定控制。यम्（यद् 阳，单，业）那，指自我。अक्षरम्（अक्षर 阳，单，业）不灭者。क्षेत्र（领域）-विदः（विद् 知道），复合词（阳，复，体），知领域者。विदुः（√विद् 完成，复，三）知道。तम्（तद् 阳，单，业）那个，指自我。आत्मानम्（आत्मन् 阳，单，业）自我。आत्मनि（आत्मन् 阳，单，依）自身。अवलोकयन्तम्（अवलोकयत् 现分，阳，单，业）看到。

> स्मरस्तथाभूतमयुग्मनेत्रं पश्यन्नदूरान्मनसाऽप्यधृष्यम्।
> नालक्षयत्साध्वससन्नहस्तः स्रस्तं शरं चापमपि स्वहस्तात्॥५१॥

> 爱神在不远处看到三眼湿婆
> 这模样，甚至思想也不可接近，
> 他内心惧怕，双手下垂，没有
> 觉察箭和弓从自己手中失落。（51）

解析：स्मरः（स्मर 阳，单，体）爱神。तथा（这样）-भूतम्（भूत 成为），复合词（阳，单，业），这模样。अयुग्म（奇数的）-नेत्रम्（नेत्र 眼），复合词（阳，单，业），三眼神，湿婆。पश्यन्（पश्यत् 现分，阳，单，体）看到。अदूरात्（अदूर 中，单，从）不远处。मनसा（मनस् 中，单，具）思想。अपि（不变词）甚至。अधृष्यम्（अधृष्य 阳，单，业）不可战胜的，不可接近的。न（不变词）不。अलक्षयत्（√लक्ष् 未完，单，三）觉察。साध्वस（惧怕）-सन्न（下垂的）-हस्तः（हस्त 手），复合词（阳，单，体），因惧怕而手下垂。स्रस्तम्（स्रस्त 阳，单，业）落下。शरम्（शर 阳，单，业）箭。चापम्（चाप 阳，单，业）弓。अपि（不变词）也。स्वहस्तात्（स्वहस्त 阳，单，从）自己的手。

> निर्वाणभूयिष्ठमथास्य वीर्यं संधुक्षयन्तीव वपुर्गुणेन।
> अनुप्रयाता वनदेवताभ्यामदृश्यत स्थावरराजकन्या॥५२॥

---

① 九门指双眼、双耳、双鼻孔、嘴、生殖器和肛门。知领域者指智者。不灭者指自我。

然后，看到山王之女出现，
两位森林女神跟随在后，
她仿佛以优美的形体，
恢复他近乎毁灭的勇气。（52）

解析：निर्वाण（毁灭）-भूयिष्ठम्（भूयिष्ठ 几乎），复合词（中，单，业），近乎毁灭的。अथ（不变词）然后。अस्य（इदम् 阳，单，属）他。वीर्यम्（वीर्य 中，单，业）勇气。संधुक्षयन्ती（संधुक्षयत् 致使，现分，阴，单，体）点燃。इव（不变词）仿佛。वपुस्（身体）-गुणेन（गुण 美德，品质），复合词（阳，单，具），优美的形体。अनुप्रयाता（अनुप्रयात 阴，单，体）跟随。वन（森林）-देवताभ्याम्（देवता 女神），复合词（阴，双，具），森林女神。अदृश्यत（दृश् 被，未完，单，三）看到。स्थावर（山）-राज（राजन् 王）-कन्या（कन्या 女儿），复合词（阴，单，体），山王之女。

अशोकनिर्भर्त्सितपद्मरागमाकृष्टहेमद्युतिकर्णिकारम्।
मुक्ताकलापीकृतसिन्धुवारं वसन्तपुष्पाभरणं वहन्ती॥५३॥

她以春天的花朵装饰自己，
其中无忧花令红宝石羞愧，
迦尼迦罗花夺取金子光辉，
信度婆罗花成为珍珠项链。（53）

解析：अशोक（无忧花）-निर्भर्त्सित（受嘲笑，羞愧）-पद्मरागम्（पद्मराग 红宝石），复合词（中，单，业），无忧花让红宝石感到羞愧。आकृष्ट（夺取）-हेम（金子）-द्युति（光辉）-कर्णिकारम्（कर्णिकार 迦尼迦罗花），复合词（中，单，业），迦尼迦罗花夺取金子的光辉。मुक्ता（珍珠）-कलापीकृत（成为一串）-सिन्धुवारम्（सिन्धुवार 信度婆罗花），复合词（中，单，业），信度婆罗花成为珍珠项链。वसन्त（春天）-पुष्प（花）-आभरणम्（आभरण 装饰），复合词（中，单，业），春天花朵的装饰。वहन्ती（वहत् 现分，阴，单，体）戴着，具有。

आवर्जिता किंचिदिव स्तनाभ्यां वासो वसाना तरुणार्करागम्।
पर्याप्तपुष्पस्तबकावनम्रा संचारिणी पल्लविनी लतेव॥५४॥

她身穿红似朝阳的衣裳，
胸脯仿佛使她微微下弯，

犹如行走的蔓藤，布满
嫩芽，覆盖花簇而下弯。（54）

解析：आवर्जिता（आवर्जित 阴，单，体）弯下。किंचित्（不变词）微微。इव（不变词）仿佛。स्तनाभ्याम्（स्तन 阳，双，具）胸脯。वासः（वासस् 中，单，业）衣裳。वसाना（वसान 现分，阴，单，体）穿。तरुण（新生的）-अर्क（太阳）-रागम्（राग 红色），复合词（中，单，业），红似朝阳的。पर्याप्त（布满）-पुष्प（花）-स्तबक（簇）-अवनम्र（अवनम्र 下弯的），复合词（阴，单，体），因布满花簇而下弯的。संचारिणी（संचारिन् 阴，单，体）行走的。पल्लविनी（पल्लविन् 阴，单，体）有嫩芽的。लता（लता 阴，单，体）蔓藤。इव（不变词）犹如。

स्रस्तां नितम्बादवलम्बमाना पुनः पुनः केसरदामकाञ्चीम्।
न्यासीकृतां स्थानविदा स्मरेण मौर्वीं द्वितीयामिव कार्मुकस्य॥५५॥

她一次又一次提起从臀部
滑下的盖瑟罗花环腰带，
爱神通晓部位，仿佛是他
安在那里的第二根弓弦。（55）

解析：स्रस्ताम्（स्रस्त 阴，单，业）落下的。नितम्बात्（नितम्ब 阳，单，从）臀部。अवलम्बमाना（अवलम्बमान 现分，阴，单，体）提起。पुनर्（不变词）再次。पुनर्（不变词）再次。केसर（盖瑟罗花）-दाम（दामन् 花环）-काञ्चीम्（काञ्ची 腰带），复合词（阴，单，业），盖瑟罗花环腰带。न्यासीकृताम्（न्यासीकृत 阴，单，业）安放。स्थान（部位）-विदा（विदु 通晓），复合词（阳，单，具），通晓部位的。स्मरेण（स्मर 阳，单，具）爱神。मौर्वीं（मौर्वी 阴，单，业）弦。द्वितीयाम्（द्वितीय 阴，单，业）第二的。इव（不变词）仿佛。कार्मुकस्य（कार्मुक 阳，单，属）弓。

सुगन्धिनिःश्वासविवृद्धतृष्णं बिम्बाधरासन्नचरं द्विरेफम्।
प्रतिक्षणं संभ्रमलोलदृष्टिर्लीलारविन्देन निवारयन्ती॥५६॥

她的目光惊慌转动，一刻不停，
用一株玩耍的莲花驱赶蜜蜂，
这蜜蜂围绕她的频婆果嘴唇，
闻到芳香的气息而渴望倍增。（56）

解析：सुगन्धि（芳香的）-निःश्वास（气息）-विवृद्ध（增长）-तृष्णाम्（तृष्णा 渴望），复合词（阳，单，业），闻到芳香的气息而渴望倍增。बिम्ब（频婆果）-अधर（下嘴唇）-आसन्न（附近）-चरम्（चर 活动），复合词（阳，单，业），在频婆果嘴唇周围活动的。द्विरेफम्（द्विरेफ 阳，单，业）蜜蜂。प्रतिक्षणम्（不变词）时时刻刻。संभ्रम（惊慌）-लोल（转动）-दृष्टिः（दृष्टि 目光），复合词（阴，单，体），目光惊慌转动。लीला（游戏）-अरविन्देन（अरविन्द 莲花），复合词（中，单，具），玩耍的莲花。निवारयन्ती（निवारयत् 致使，现分，阴，单，体）驱赶。

तां वीक्ष्य सर्वावयवानवद्यां रतेरपि ह्रीपदमादधानाम्।
जितेन्द्रिये शूलिनि पुष्पचापः स्वकार्यसिद्धिं पुनराशशंसे॥५७॥

看到她所有的肢体无可挑剔，
甚至令罗蒂羞愧，手持花弓的
爱神再次抱有希望，面对控制
感官的湿婆，能完成自己任务。（57）

解析：ताम्（तद् 阴，单，业）她。वीक्ष्य（वि√ईक्ष् 独立式）看到。सर्व（所有的）-अवयव（肢体）-अनवद्याम्（अनवद्य 无可挑剔的），复合词（阴，单，业），所有的肢体无可挑剔。रतेः（रति 阴，单，属）罗蒂。अपि（不变词）甚至。ह्री（羞愧）-पदम्（पद 地步），复合词（中，单，业），羞愧的地步。आदधानाम्（आदधान 现分，阴，单，业）安放，造成。जित（战胜）-इन्द्रिये（इन्द्रिय 感官），复合词（阳，单，依），控制感官的。शूलिनि（शूलिन् 阳，单，依）持三叉戟者，湿婆。पुष्प（花）-चापः（चाप 弓），复合词（阳，单，体），以花为弓者，爱神。स्व（自己的）-कार्य（任务）-सिद्धिम्（सिद्धि 成功），复合词（阴，单，业），完成自己的任务。पुनर्（不变词）再次。आशशंसे（आ√शंस् 完成，单，三）希望。

भविष्यतः पत्युरुमा च शंभोः समाससाद प्रतिहारभूमिम्।
योगात्स चान्तः परमात्मसंज्ञं दृष्ट्वा परं ज्योतिरुपाराराम्॥५८॥

乌玛来到她的未来丈夫
湿婆的入口处,他已看到
自身中称为至高自我的
无上之光,停止瑜伽沉思。（58）

解析：भविष्यतः（भविष्यत् 阳，单，属）未来的。पत्युः（पति 阳，单，属）丈夫。उमा（उमा 阴，单，体）乌玛。च（不变词）和。शंभोः（शंभु 阳，单，属）湿婆的别称。समाससाद्（सम्-आ√सद् 完成，单，三）接近，来到。प्रतिहार（门）-भूमिम्（भूमि 地），复合词（阴，单，业），入口处。योगात्（योग 阳，单，从）瑜伽。स（तद् 阳，单，体）他。च（不变词）和。अन्तर्（不变词）内部。परम（至高）-आत्म（आत्मन् 自我）-संज्ञम्（संज्ञा 名称），复合词（中，单，业），称为至高自我的。दृष्ट्वा（√दृश् 独立式）看到。परम्（पर 中，单，业）至高的。ज्योतिः（ज्योतिस् 中，单，业）光。उपारराम（उप-आ√रम् 完成，单，三）停止。

ततो भुजङ्गाधिपतेः फणाग्रैरधः कथंचिद्धृतभूमिभागः।
शनैः कृतप्राणविमुक्तिरीशः पर्यङ्कबन्धं निबिडं बिभेद॥५९॥

然后，蛇王在下面用冠顶
使劲地撑住那里的地面，
自在天缓缓地释放气息，
松开紧密的结跏趺坐姿势。① （59）

解析：ततस्（不变词）然后。भुजङ्ग（蛇）-अधिपतेः（अधिपति 王），复合词（阳，单，属），蛇王。फण（蛇冠）-अग्रैः（अग्र 顶），复合词（阳，复，具），冠顶。अधस्（不变词）下面。कथंचित्（不变词）好不容易。धृत（撑住）-भूमि（地）-भागः（भाग 部分），复合词（阳，单，体），被撑住的地面上的。शनैस्（不变词）缓缓地。कृत（做）-प्राण（气息）-विमुक्तिः（विमुक्ति 释放），复合词（阳，单，体），释放气息。ईशः（ईश 阳，单，体）自在天，湿婆。पर्यङ्कबन्धम्（पर्यङ्कबन्ध 阳，单，业）结跏趺坐。निबिडम्（निबिड 阳，单，业）紧密的。बिभेद（√भिद् 完成，单，三）解开，松开。

तस्मै शशांस प्रणिपत्य नन्दी शुश्रूषया शैलसुतामुपेताम्।
प्रवेशयामास च भर्तुरेनां भ्रूक्षेपमात्रानुमतप्रवेशाम्॥६०॥

这时，南丁俯首向他禀报，
雪山之女乌玛前来侍奉，
主人动弹一下眉毛，表示
同意，南丁便让乌玛进入。（60）

---

① 湿婆威力强大，故而释放气息时，蛇王要在地下用顶冠使劲撑住那里的地面。

解析：तस्मै（तद् 阳，单，为）他。शशंस（√शंस् 完成，单，三）禀报。प्रणिपत्य（प्र-नि√पत् 独立式）鞠躬，俯首。नन्दी（नन्दिन् 阳，单，体）南丁。शुश्रूषया（शुश्रूषा 阴，单，具）侍奉。शैल（山）-सुताम्（सुता 女儿），复合词（阴，单，业），雪山之女。उपेताम्（उपेता 阴，单，业）来到。प्रवेशयामास（प्र√विश् 致使，完成，单，三）进入。च（不变词）而。भर्तुः（भर्तृ 阳，单，属）主人。एनाम्（एतद् 阴，单，业）她。भ्रू（眉毛）-क्षेप（扬，动弹）-मात्र（仅仅）-अनुमत（同意）-प्रवेशाम्（प्रवेश 进入），复合词（阴，单，业），只扬一下眉毛同意进入。

तस्याः सखीभ्यां प्रणिपातपूर्वं स्वहस्तलूनः शिशिरात्ययस्य।
व्यकीर्यत त्र्यम्बकपादमूले पुष्पोच्चयः पल्लवभङ्गभिन्नः॥६१॥

她的两位女友首先俯首
致敬，然后将亲手采集的
春天的鲜花，夹杂有碎叶，
撒在三眼神湿婆的脚下。（61）

解析：तस्याः（तद् 阴，单，属）她。सखीभ्याम्（सखी 阴，双，具）女友。प्रणिपात（俯首）-पूर्वम्（在前），复合词（不变词），在先俯首致敬。स्व（自己的）-हस्त（手）-लूनः（लून 割取，采集），复合词（阳，单，体），亲手采集的。शिशिर（冬天）-अत्ययस्य（अत्यय 过去），复合词（阳，单，属），春天。व्यकीर्यत（वि√कृ 被，未完，单，三）撒。त्रि（三）-अम्बक（眼）-पाद（脚）-मूले（मूल 根），复合词（中，单，依），三眼神湿婆的脚下。पुष्प（花）-उच्चयः（उच्चय 堆），复合词（阳，单，体），成堆的鲜花。पल्लव（嫩叶）-भङ्ग（碎的）-भिन्नः（भिन्न 混杂），复合词（阳，单，体），夹杂有碎叶的。

उमापि नीलालकमध्यशोभि विस्रंसयन्ती नवकर्णिकारम्।
चकार कर्णच्युतपल्लवेन मूर्ध्ना प्रणामं वृषभध्वजाय॥६२॥

乌玛也向湿婆俯首致敬，
佩在耳朵上的嫩叶坠落，
戴在乌黑的头发中间的、
鲜艳的迦尼迦罗花滑下。（62）

解析：उमा（阴，单，体）乌玛。अपि（不变词）也。नील（黑的）-अलक（头发）

-मध्य（中间）-शोभि（शोभिन् 优美的），复合词（中，单，业），乌黑的头发中间优美的。विस्रंसयन्ती（विस्रंसयत् 致使，现分，阴，单，体）滑落。नव（新鲜的）-कर्णिकारम्（कर्णिकार 迦尼迦罗花），复合词（中，单，业），迦尼迦罗鲜花。चकार（कृ 完成，单，三）做。कर्ण（耳朵）-च्युत（坠落）-पल्लवेन（पल्लव 嫩叶），复合词（阳，单，具），耳朵上的嫩叶坠落。मूर्ध्नि（मूर्धन् 阳，单，具）头。प्रणामम्（प्रणाम 阳，单，业）致敬。वृषभ（公牛）-ध्वजाय（ध्वज 标志），复合词（阳，单，为），以公牛为标志的，湿婆。

अनन्यभाजं पतिमाप्नुहीति सा तथ्यमेवाभिहिता भवेन।
न हीश्वरव्याहृतयः कदाचित्पुष्णन्ति लोके विपरीतमर्थम्॥६३॥

"愿你得到忠贞不二的丈夫!"
湿婆对她说的确实是实话，
因为自在天说的话，绝不会
在这世界上产生相反的意义。（63）

解析：अनन्य（不二）-भाजम्（भाज 忠诚），复合词（阳，单，业），忠贞不二的。पतिम्（पति 阳，单，业）丈夫。आप्नुहि（√आप् 命令，单，二）得到。इति（不变词）这样（说）。सा（तद् 阴，单，体）她。तथ्यम्（तथ्य 中，单，业）实话。एव（不变词）确实。अभिहिता（अभिहित 阴，单，体）说，告诉。भवेन（भव 阳，单，具）湿婆。न（不变词）不。हि（不变词）因为。ईश्वर（自在天）-व्याहृतयः（व्याहृति 话），复合词（阴，复，体），自在天的话。कदाचित्（不变词）任何时候。पुष्णन्ति（√पुष् 现在，复，三）滋长，产生。लोके（लोक 阳，单，依）世界。विपरीतम्（विपरीत 阳，单，业）相反的。अर्थम्（अर्थ 阳，单，业）意义。

कामस्तु बाणावसरं प्रतीक्ष्य पतङ्गवद्धिमुखं विविक्षुः।
उमासमक्षं हरबद्धलक्ष्यः शरासनज्यां मुहुराममर्श॥६४॥

爱神正等待射箭的机会，
如同飞蛾想要进入火口，
他一再触摸弓弦，趁乌玛
在场，将目标瞄准了湿婆。（64）

解析：कामः（काम 阳，单，体）爱神。तु（不变词）而。बाण（箭）-अवसरम्（अवसर 机会），复合词（阳，单，业），射箭的机会。प्रतीक्ष्य（प्रति√ईक्ष् 独立式）等待。पतङ्गवत्

（不变词）如同飞蛾。**वह्नि**（火）-**मुखम्**（मुख 口），复合词（中，单，业），火口。**विविक्षुः** (**विविक्षु** 阳，单，体）想要进入。**उमा**（乌玛）-**समक्षम्**（在场），复合词（不变词），趁乌玛在场。**हर**（湿婆）-**बद्ध**（束缚）-**लक्ष्यः**（लक्ष्य 目标），复合词（阳，单，体），目标瞄准湿婆。**शरासन**（弓）-**ज्याम्**（ज्या 弦），复合词（阴，单，业），弓弦。**मुहुस्** (不变词）一再。**आममर्श**（आ√मृश् 完成，单，三）触摸。

अथोपनिन्ये गिरिशाय गौरी तपस्विने ताम्ररुचा करेण।
विशोषितां भानुमतो मयूखैर्मन्दाकिनीपुष्करबीजमालाम्॥६५॥

乌玛用闪耀红光的手，
向修苦行的湿婆献上
曼达吉尼河产的莲心
念珠串，经由阳光晒干。（65）

解析：अथ（不变词）然后。**उपनिन्ये**（उप√नी 完成，单，三）献上。**गिरिशाय**（गिरिश 阳，单，为）湿婆。**गौरी**（गौरी 阴，单，体）乌玛的别称。**तपस्विने**（तपस्विन् 阳，单，为）修苦行的。**ताम्र**（红色的）-**रुचा**（रुच् 光），复合词（阳，单，具），闪耀红光的。**करेण**（कर 阳，单，具）手。**विशोषिताम्**（विशोषित 阴，单，业）晒干的。**भानुमतः**（भानुमत् 阳，单，属）太阳。**मयूखैः**（मयूख 阳，复，具）光线。**मन्दाकिनी**（曼达吉尼河）-**पुष्कर**（莲花）-**बीज**（籽）-**मालाम्**（माला 串），复合词（阴，单，业），曼达吉尼河的莲心念珠串。

प्रतिग्रहीतुं प्रणयिप्रियत्वात्त्रिलोचनस्तामुपचक्रमे च।
संमोहनं नाम च पुष्पधन्वा धनुष्यमोघं समधत्त बाणम्॥६६॥

三眼湿婆喜爱崇拜者，
准备接受这个念珠串，
此时爱神搭上一支名为
"痴迷"的百发百中的箭。（66）

解析：प्रतिग्रहीतुम्（प्रति√ग्रह् 不定式）接受。**प्रणयि**（प्रणयिन् 崇拜者）-**प्रियत्वात्**（प्रियत्व 喜爱），复合词（中，单，从），喜爱崇拜者。**त्रि**（三）-**लोचनः**（लोचन 眼），复合词（阳，单，体），三眼神，湿婆。**ताम्**（तद् 阴，单，业）这个，指念珠串。**उपचक्रमे**（उप√क्रम् 完成，单，三）准备。**च**（不变词）也。**संमोहनम्**（संमोहन 中，单，业）痴迷。**नाम**（不

变词）名为。च（不变词）而。पुष्पधन्वा（पुष्पधन्वन् 阳，单，体），以花为弓的，爱神。धनुषि（धनुस् 中，单，依）弓。अमोघम्（अमोघ 阳，单，业）不落空的，百发百中的。समधत्त（सम्√धा 未完，单，三）搭上。बाणम्（बाण 阳，单，业）箭。

हरस्तु किंचित्परिलुप्तधैर्यश्चन्द्रोदयारम्भ इवाम्बुराशिः।
उमामुखे बिम्बफलाधरोष्ठे व्यापारयामास विलोचनानि॥६७॥

湿婆的坚定有点儿动摇，
犹如月亮初升时的大海，
他的目光望着乌玛的脸，
看见频婆果般的下嘴唇。（67）

解析：हरः（阳，单，体）诃罗，湿婆。तु（不变词）于是。किंचित्（不变词）有点儿。परिलुप्त（减弱）-धैर्यः（धैर्य 坚定），复合词（阳，单，体），坚定动摇。चन्द्र（月亮）-उदय（升起）-आरम्भे（आरम्भ 开始），复合词（阳，单，体），月亮初升时的。इव（不变词）犹如。अम्बु（水）-राशिः（राशि 聚集），复合词（阳，单，体），大海。उमा（乌玛）-मुखे（मुख 脸），复合词（中，单，依），乌玛的脸。बिम्ब（频婆果）-फल（果）-अधर（下部的）-ओष्ठे（ओष्ठ 嘴唇），复合词（中，单，依），下嘴唇如同频婆果的。व्यापारयामास（वि-आ√पृ 致使，完成，单，三）覆盖，遍布。विलोचनानि（विलोचन 中，复，业）目光。

विवृण्वती शैलसुतापि भावमङ्गैः स्फुरद्बालकदम्बकल्पैः।
साचीकृता चारुतरेण तस्थौ मुखेन पर्यस्तविलोचनेन॥६८॥

而此时雪山之女的肢体，
宛如娇嫩颤动的迦昙婆花，
也展露真情，她侧脸站着，
脸上眼睛转动，更添妩媚。（68）

解析：विवृण्वती（विवृण्वत् 现分，阴，单，体）展露。शैल（山）-सुता（सुता 女儿），复合词（阴，单，体），雪山之女。अपि（不变词）也。भावम्（भाव 阳，单，业）真情。अङ्गैः（अङ्ग 中，复，具）肢体。स्फुरत्（颤动）-बाल（娇嫩的）-कदम्ब（迦昙婆花）-कल्पैः（कल्प 宛如），复合词（中，复，具），宛如娇嫩颤动的迦昙婆花。साचीकृता（साचीकृत 阴，单，体），侧向。चारुतरेण（चारुतर 中，单，具）更添妩媚。तस्थौ（√स्था 完成，单，

三）站着。**मुखेन**（मुख 中，单，具）脸。**पर्यस्त**（转动）-**विलोचनेन**（विलोचन 眼睛），复合词（中，单，具），眼睛转动。

अथेन्द्रियक्षोभमयुग्मनेत्रः पुनर्वशित्वाद्बलवन्निगृह्य।
हेतुं स्वचेतोविकृतेर्दिदृक्षुर्दिशामुपान्तेषु ससर्ज दृष्टिम्॥६९॥

三眼湿婆再次凭借控制力，
强有力地抑止感官的骚动，
眼睛扫射四面八方，想要
找出自己思想变化的原因。（69）

解析：अथ（不变词）然后。**इन्द्रिय**（感官）-**क्षोभम्**（क्षोभ 骚动），复合词（阳，单，业），感官的骚动。**अयुग्म**（奇数的）-**नेत्रः**（नेत्र 眼），复合词（阳，单，体），三眼神，湿婆。**पुनर्**（不变词）再次。**वशित्वात्**（वशित्व 中，单，从）控制力。**बलवत्**（不变词）有力地。**निगृह्य**（नि√ग्रह् 独立式）抑止。**हेतुम्**（हेतु 阳，单，业）原因。**स्व**（自己的）-**चेतस्**（思想）-**विकृतेः**（विकृति 变化），复合词（阴，单，属），自己思想变化。**दिदृक्षुः**（दिदृक्षु 阳，单，体）想要找出。**दिशाम्**（दिश् 阴，复，属）方向。**उपान्तेषु**（उपान्त 阳，复，依）周边。**ससर्ज**（√सृज् 完成，单，三）投射。**दृष्टिम्**（दृष्टि 阴，单，业）目光。

स दक्षिणापाङ्गनिविष्टमुष्टिं नतांसमाकुञ्चितसव्यपादम्।
ददर्श चक्रीकृतचारुचापं प्रहर्तुमभ्युद्यतमात्मयोनिम्॥७०॥

他看见爱神在右眼角
握紧手掌，肩膀倾斜，
左脚收缩，美丽的弓
挽成圆圈，准备发射。（70）

解析：स（तद् 阳，单，体）他。**दक्षिण**（右）-**अपाङ्ग**（眼角）-**निविष्ट**（处在）-**मुष्टिम्**（मुष्टि 握拳），复合词（阳，单，业），在右眼角握紧手掌。**नत**（弯）-**अंसम्**（अंस 肩），复合词（阳，单，业），肩膀倾斜。**आकुञ्चित**（弯曲，收缩）-**सव्य**（左）-**पादम्**（पाद 脚），复合词（阳，单，业），左脚收缩。**ददर्श**（√दृश् 完成，单，三）看见。**चक्रीकृत**（变圆）-**चारु**（美丽的）-**चापम्**（चाप 弓），复合词（阳，单，业），美丽的弓挽成圆圈。**प्रहर्तुम्**（प्र√हृ 不定式）袭击，发射。**अभ्युद्यतम्**（अभ्युद्यत 现分，阳，单，业）举起，准备。**आत्म**（आत्मन् 自己）-**योनिम्**（योनि 子宫），复合词（阳，单，业），自生者，爱神。

तपःपरामर्शविवृद्धमन्योर्भ्रूभङ्गदुष्प्रेक्षमुखस्य तस्य।
स्फुरन्नुदर्चिः सहसा तृतीयादक्ष्णः कृशानुः किल निष्पपात॥७१॥

苦行受干扰，激起愤怒，
他双眉紧皱，脸色难看，
突然，从他的第三只眼中，
喷射出闪光发亮的烈火。（71）

解析：तपस् (苦行)-परामर्श (干扰)-विवृद्ध (增长)-मन्योः (मन्यु 愤怒)，复合词（阳，单，属），因苦行受干扰而激起愤怒。भ्रू (眉毛)-भङ्ग (紧皱)-दुष्प्रेक्ष (难看)-मुखस्य (मुख 脸)，复合词（阳，单，属），双眉紧皱而脸色难看。तस्य (तद् 阳，单，属) 他。स्फुरन् (स्फुरत् 现分，阳，单，体) 闪耀的。उदर्चिः (उदर्चिस् 阳，单，体) 发光的。सहसा (不变词) 突然。तृतीयात् (तृतीय 中，单，从) 第三的。अक्ष्णः (अक्षि 中，单，从) 眼睛。कृशानुः (कृशानु 阳，单，体) 烈火。किल (不变词) 确实。निष्पपात (निस्√पत् 完成，单，三) 射出。

क्रोधं प्रभो संहर संहरेति यावद्गिरः खे मरुतां चरन्ति।
तावत्स वह्निर्भवनेत्रजन्मा भस्मावशेषं मदनं चकार॥७२॥

空中响起众天神的呼声：
"控制！控制愤怒，主人啊！"
而湿婆眼中喷出的烈火，
已经将爱神化成了灰烬。（72）

解析：क्रोधम् (क्रोध 阳，单，业) 愤怒。प्रभो (प्रभु 阳，单，呼) 主人。संहर (सम्√हृ 命令，单，二) 控制。संहर (सम्√हृ 命令，单，二) 控制。इति (不变词) 这样（说）。यावत् (不变词) 恰在。गिरः (गिर् 阴，复，体) 话，呼声。खे (ख 中，单，依) 天空。मरुताम् (मरुत् 阳，复，属) 天神。चरन्ति (√चर् 现在，复，三) 出现，响起。तावत् (不变词) 这时。स (तद् 阳，单，体) 这。वह्निः (वह्नि 阳，单，体) 烈火。भव (湿婆)-नेत्र (眼)-जन्मा (जन्मन् 生)，复合词（阳，单，体），湿婆眼中产生的。भस्म (भस्मन् 灰)-अवशेषम् (अवशेष 剩下)，复合词（阳，单，业），仅余灰烬。मदनम् (मदन 阳，单，业) 爱神。चकार (√कृ 完成，单，三) 造成。

鸠摩罗出世

तीव्राभिषङ्गप्रभवेण वृत्तिं मोहेन संस्तम्भयतेन्द्रियाणाम्।
अज्ञातभर्तृव्यसना मुहूर्तं कृतोपकारेव रतिर्बभूव॥७३॥

迅猛的灾祸造成罗蒂昏厥，
使她所有的感官停止活动，
只是还不知道丈夫遇难，
仿佛是获得片刻的恩惠。（73）

解析： तीव्र（猛烈的）-अभिषङ्ग（灾祸）-प्रभवेण（प्रभव 产生），复合词（阳，单，具），迅猛的灾祸造成。वृत्तिम्（वृत्ति 阴，单，业）活动。मोहेन（मोह 阳，单，具）昏厥。संस्तम्भयता（संस्तम्भयत् 致使，现分，阳，单，具）僵化，停止。इन्द्रियाणाम्（न्द्रिय 中，复，属）感官。अज्ञात（不知道）-भर्तृ（丈夫）-व्यसना（व्यसन 遇难），复合词（阴，单，体），不知道丈夫遇难。मुहूर्तम्（不变词）片刻。कृत（造成，获得）-उपकारा（उपकार 恩惠），复合词（阴，单，体），获得恩惠。इव（不变词）仿佛。रतिः（रति 阴，单，体）罗蒂。बभूव（√भू 完成，单，三）成为。

तमाशु विघ्नं तपसस्तपस्वी वनस्पतिं वज्र इवावभज्य।
स्त्रीसंनिकर्षं परिहर्तुमिच्छन्नन्तर्दधे भूतपतिः सभूतः॥७४॥

修炼苦行的精灵之主迅速
摧毁这个苦行障碍物，犹如
雷杵击毁树木，为避免接近
妇女，带着众精灵消失不见。（74）

解析： तम्（तद् 阳，单，业）这个。आशु（不变词）迅速。विघ्नम्（विघ्न 阳，单，业）障碍物。तपसः（तपस् 中，单，属）苦行。तपस्वी（तपस्विन् 阳，单，体）修苦行的。वनस्पतिम्（वनस्पति 阳，单，业）树木。वज्रः（वज्र 阳，单，体）金刚杵。इव（不变词）犹如。अवभज्य（अव√भञ्ज 独立式）击毁。स्त्री（妇女）-संनिकर्षम्（संनिकर्ष 接近），复合词（阳，单，业），接近妇女。परिहर्तुम्（परि√ह्ऋ 不定式）避免。इच्छन्（इच्छत् 现分，阳，单，体）想要。अन्तर्दधे（अन्तर्√धा 完成，单，三）消失不见。भूत（精灵）-पतिः（पति 主），复合词（阳，单，体），精灵之主，湿婆。सभूतः（सभूत 阳，单，体）带着精灵。

शैलात्मजापि पितुरुच्छिरसो ऽभिलाषं
व्यर्थं समर्थ्य ललितं वपुरात्मनश्च।

सख्योः समक्षमिति चाधिकजातलज्जा।
शून्या जगाम भवनाभिमुखी कथंचित्॥७५॥

雪山之女想到高贵的父亲的
愿望和自己的美貌全都落空，
又想到两位女友也在场，倍感
羞愧，茫然不知所措，返回家去。（75）

解析：शैल（山）-आत्मजा（आत्मजा 女儿），复合词（阴，单，体），雪山之女。अपि（不变词）而。पितुः（पितृ 阳，单，属）父亲。उच्चिरसः（उच्चिरस अ阳，单，属）高贵的。अभिलाषम्（अभिलाष 阳，单，业）愿望。व्यर्थम्（व्यर्थ 阳，单，业）无意义，落空。समर्थ्य（सम्√अर्थ् 独立式）想到。ललितम्（ललित 中，单，业）可爱的，美的。वपुः（वपुस् 中，单，业）容貌。आत्मनः（आत्मन् 阳，单，属）自己。च（不变词）和。सख्योः（सखी 阴，双，属）女友。समक्षम्（不变词）在场。इति（不变词）这样（想）。च（不变词）也。अधिक（更加）-जात（产生）-लज्जा（लज्जा 羞愧），复合词（阴，单，体），倍感羞愧。शून्या（शून्य 阴，单，体）空虚的。जगाम（√गम् 完成，单，三）走。भवन（居所）-अभिमुखी（अभिमुख 朝向），复合词（阴，单，体），回家。कथंचित्（不变词）勉强，不知所措。

सपदि मुकुलिताक्षीं रुद्रसंरम्भभीत्या
दुहितरमनुकम्प्यामद्रिरादाय दोर्भ्याम्।
सुरगज इव बिभ्रत्पद्मिनीं दन्तलग्नां
प्रतिपथगतिरासीद्द्वेगदीर्घीकृताङ्गः॥७६॥

此刻，山王伸手挽住可怜的女儿，
她惧怕湿婆的愤怒而闭上眼睛，
犹如仙象带着挂在象牙上的莲花，
沿路走去，速度飞快而身体伸长。（76）

解析：सपदि（不变词）此刻。मुकुलित（闭上）-अक्षीम्（अक्ष 眼睛），复合词（阴，单，业），闭上眼睛的。रुद्र（楼陀罗，湿婆）-संरम्भ（激动，愤怒）-भीत्या（भीति 惧怕），复合词（阴，单，具），惧怕湿婆的愤怒。दुहितरम्（दुहितृ 阴，单，业）女儿。अनुकम्प्याम्（अनुकम्प्य 阴，单，业）可怜的。अद्रिः（अद्रि 阳，单，体）山，山王。आदाय（आ√दा 独

立式）取来，挽住。**दोर्भ्याम्**（दोस् 阳，双，具）胳膊。**सुर**（神）-**गजः**（गज 大象），复合词（阳，单，体），仙象。**इव**（不变词）犹如。**बिभ्रत्**（बिभ्रत् 现分，阳，单，体）带着。**पद्मिनीम्**（पद्मिनी 阴，单，业）莲花。**दन्त**（牙）-**लग्नाम्**（लग्न 挂着），复合词（阴，单，业），挂在象牙上的。**प्रतिपथ**（沿路）-**गतिः**（गति 走），复合词（阳，单，体），沿路走去。**आसीत्**（√अस् 未完，单，三）是。**वेग**（快速）-**दीर्घीकृत**（变长）-**अङ्गः**（अङ्ग 身体），复合词（阳，单，体），速度飞快而身体伸长。

चतुर्थः सर्गः।

第 四 章

अथ मोहपरायणा सती विवशा कामवधूर्विबोधिता।
विधिना प्रतिपादयिष्यता नववैधव्यमसह्यवेदनम्॥ १॥

这时，爱神的妻子失去控制，
完全陷入昏迷，而命运又
让她醒来，让她体验无法
忍受的年轻守寡的痛苦。（1）

解析：अथ（不变词）然后。**मोह**（昏迷）-**परायणा**（परायण 完全陷入），复合词（阴，单，体），完全陷入昏迷。**सती**（सत् 现分，阴，单，体）是。**विवशा**（विवश 阴，单，体）失去控制。**काम**（爱神）-**वधूः**（वधू 妻子），复合词（阴，单，体），爱神的妻子。**विबोधिता**（विबोधित 阴，单，体）唤醒。**विधिना**（विधि 阳，单，具）命运。**प्रतिपादयिष्यता**（प्रतिपादयिष्यत् 致使，将分，阳，单，具）体验。**नव**（新，年轻）-**वैधव्यम्**（-वैधव्य 守寡），复合词（中，单，业），年轻守寡。**असह्य**（不堪忍受）-**वेदनम्**（वेदना 痛苦），复合词（中，单，业），痛苦不堪忍受的。

अवधानपरे चकार सा प्रलयान्तोन्मिषिते विलोचने।
न विवेद तयोरतृप्तयोः प्रियमत्यन्तविलुप्तदर्शनम्॥ २॥

昏迷结束，她睁开双眼，
目光凝视，她还不知道

这双眼睛百看不厌的
爱人形象已永远丧失。（2）

解析：अवधान（注意）-परे（पर 专心），复合词（中，双，业），凝视。चकार（√कृ 完成，单，三）做。सा（तद् 阴，单，体）她。प्रलय（昏迷）-अन्त（अन्त 结束）-उन्मिषिते（उन्मिषित 睁开），复合词（中，双，业），昏迷结束而睁开。विलोचने（विलोचन 中，双，业）眼睛。न（不变词）不。विवेद（√विद् 完成，单，三）知道。तयोः（तद् 中，双，属）那，指眼睛。अतृप्तयोः（अतृप्त 中，双，属）不满足的。प्रियम्（प्रिय 阳，单，业）爱人。अत्यन्त（永远）-विलुप्त（丧失）-दर्शनम्（दर्शन 看见，形象），复合词（阳，单，业），形象永远丧失。

अयि जीवितनाथ जीवसीत्यभिधायोत्थितया तया पुरः।
ददृशे पुरुषाकृति क्षितौ हरकोपानलभस्म केवलम्॥३॥

"生命之主，你还活着吗？"
她这样说着，站起身来，
而看到前面地上的人形，
只是湿婆怒火烧成的灰。（3）

解析：अयि（不变词）啊。जीवित（生命）-नाथ（नाथ 主人），复合词（阳，单，呼），生命之主。जीवसि（√जीव् 现在，单，二）活着。इति（不变词）这样（说）。अभिधाय（अभि√धा 独立式）说。उत्थितया（उत्थित 阴，单，具）站起来。तया（तद् 阴，单，具）她。पुरस्（不变词）在前面。ददृशे（√दृश् 完成，被，单，三）看见。पुरुष（人）-आकृति（आकृति 形状），复合词（中，单，体），具有人形的。क्षितौ（क्षिति 阴，单，依）地。हर（湿婆）-कोप（忿怒）-अनल（火）-भस्म（भस्मन् 灰），复合词（中，单，体），湿婆的怒火烧成的灰。केवलम्（不变词）只是。

अथ सा पुनरेव विह्वला वसुधालिङ्गनधूसरस्तनी।
विललाप विकीर्णमूर्धजा समदुःखामिव कुर्वती स्थलीम्॥४॥

于是，她又陷入惊恐迷乱，
胸脯接触地面而沾有尘土，
披头散发，仿佛要让这里的
一切感受同样痛苦，哭诉道：（4）

解析：अथ（不变词）于是。सा（तद् 阴，单，体）她。पुनर्（不变词）又。एव（不变词）确实。विह्वला（विह्वल 阴，单，体）惊恐迷乱。वसुधा（大地）-आलिङ्गन（拥抱）-धूसर（土色）-स्तनी（स्तन 胸脯），复合词（阴，单，体），胸脯接触地面而呈现土色。विललाप（वि√लप् 完成，单，三）哭诉。विकीर्ण（散开）-मूर्धजा（मूर्धज 头发），复合词（阴，单，体），披头散发。सम（同样的）-दुःखाम्（दुःख 痛苦），复合词（阴，单，业），同样痛苦。इव（不变词）仿佛。कुर्वती（कुर्वत् 现分，阴，单，体）做。स्थलीम्（स्थली 阴，单，业）地方。

उपमानमभूद्विलासिनां करणं यत्तव कान्तिमत्तया।
तदिदं गतमीदृशीं दशां न विदीर्ये कठिनाः खलु स्त्रियः॥५॥

"你的身体优美可爱，成为
恋人们的喻体，现在落到
这样的境地，我居然没有
心碎而死，女人确实坚硬！（5）

解析：उपमानम्（उपमान 中，单，体）喻体。अभूत्（√भू 不定，单，三）成为。विलासिनाम्（विलासिन् 阳，复，属）恋人。करणम्（करण 中，单，体）身体。यत्（यद् 中，单，体）这，指身体。तव（त्वद् 单，属）你。कान्तिमत्तया（कान्तिमत्ता 阴，单，具）优美性。तत्（तद् 中，单，体）这，指身体。इदम्（इदम् 中，单，体）这个。गतम्（गत 中，单，体）达到。ईदृशीम्（ईदृश 阴，单，业）这样的。दशाम्（दशा 阴，单，业）境地。न（不变词）不。विदीर्ये（वि√दृ 被，现在，单，一）破碎。कठिनाः（कठिन 阴，复，体）坚硬。खलु（不变词）确实。स्त्रियः（स्त्री 阴，复，体）女人。

क्व नु मां त्वदधीनजीवितां विनिकीर्य क्षणभिन्नसौहृदः।
नलिनीं क्षतसेतुबन्धनो जलसंघात इवासि विद्रुतः॥६॥

"我的生命依靠你，可是你
刹那间恩断义绝，抛弃我，
跑向哪里？如同水流冲破
堤岸，抛弃莲花，奔腾而去。（6）

解析：क्व（不变词）何处。नु（不变词）此刻。माम्（मद् 单，业）我。त्वद्（你）

-अधीन（依靠）-जीविताम्（जीवित 生命），复合词（阴，单，业），生命依靠你的。विनिकीर्य（वि-नि√कृ 独立式）抛弃。क्षण（刹那间）-भिन्न（破碎）-सौहृदः（सौहृद 情谊），复合词（阳，单，体），刹那间恩断义绝。नलिनीम्（नलिनी 阴，单，业）莲花。क्षत（破坏）-सेतु（堤岸）-बन्धनः（बन्धन 建筑），复合词（阳，单，体），冲破堤坝。जल（水）-संघातः（संघात 汇聚），复合词（阳，单，体），水流。इव（不变词）如同。असि（√अस् 现在，单，二）是。विद्रुतः（विद्रुत 阳，单，体）跑开。

कृतवानसि विप्रियं न मे प्रतिकूलं न च ते मया कृतम्।
किमकारणमेव दर्शनं विलपन्त्यै रतये न दीयते॥७॥

"你从来没有惹我生气，
我也从来没有忤逆你，
你怎么会无缘无故不愿
看一眼正在哭泣的罗蒂？（7）

解析：कृतवान्（कृतवत् 阳，单，体）做。असि（√अस् 现在，单，二）是。विप्रियम्（विप्रिय 中，单，业）不愉快。न（不变词）不。मे（मद् 单，属）我。प्रतिकूलम्（प्रतिकूल 中，单，体）违背。न（不变词）不。च（不变词）也。ते（त्वद् 单，属）你。मया（मद् 单，具）我。कृतम्（कृत 中，单，体）做。किम्（不变词）为何。अकारणम्（不变词）无缘无故。एव（不变词）确实。दर्शनम्（दर्शन 中，单，体）看。विलपन्त्यै（विलपत् 现分，阴，单，为）哭泣。रतये（रति 阴，单，为）罗蒂。न（不变词）不。दीयते（√दा 被，现在，单，三）给。

स्मरसि स्मर मेखलागुणैरुत गोत्रस्खलितेषु बन्धनम्।
च्युतकेशरदूषितेक्षणान्यवतंसोत्पलताडनानि वा॥८॥

"爱神啊，你是不是记得，你叫错
我的名字时，我曾用腰带捆绑你？
或者，我用装饰耳朵的莲花打你，
那些散落的花丝迷住你的眼睛？（8）

解析：स्मरसि（√स्मृ 现在，单，二）记得。स्मर（स्मर 阳，单，呼）爱神。मेखला（腰带）-गुणैः（गुण 带子），复合词（阳，复，具），腰带。उत（不变词）或许。गोत्र（姓名）-स्खलितेषु（स्खलित 出错），复合词（中，复，依），叫错名字。बन्धनम्（बन्धन

中，单，业）捆绑。च्युत（散落的）-केशर（花丝）-दूषित（迷住）-ईक्षणानि（ईक्षण 眼睛），复合词（中，复，业），散落的花粉迷住眼睛。अवतंस（耳饰）-उत्पल（莲花）-ताडनानि（ताडन 打），复合词（中，复，业），用装饰耳朵的莲花打。वा（不变词）或者。

> हृदये वससीति मत्प्रियं यदवोचस्तदवैमि कैतवम्।
> उपचारपदं न चेदिदं त्वमनङ्गः कथमक्षता रतिः॥९॥

"你过去说：'你住在我心中。'
我现在知道是取悦我而说谎，
如果这不是恭维奉承，为何
你失去形体，罗蒂安然无恙？（9）

解析：हृदये（हृदय 中，单，依）心。वससि（√वस् 现在，单，二）住。इति（不变词）这样（说）。मद्（我）-प्रियम्（प्रिय 喜爱，高兴），复合词（中，单，业），取悦我。यत्（यद् 中，单，业）这，指所说的话。अवोचः（√वच् 不定，单，二）说。तत्（तद् 中，单，业）这，指所说的话。अवैमि（अव√इ 现在，单，一）知道。कैतवम्（कैतव 中，单，业）欺骗。उपचार（恭维）-पदम्（पद 状况），复合词（中，单，体），恭维的情况。न（不变词）不。चेद्（不变词）如果。इदम्（इदम् 中，单，体）这。त्वम्（त्वद् 单，体）你。अनङ्गः（अनङ्ग 阳，单，体）无形体。कथम्（不变词）怎么。अक्षता（अक्षत 阴，单，体）未受伤害。रतिः（रति 阴，单，体）罗蒂。

> परलोकनवप्रवासिनः प्रतिपत्स्ये पदवीमहं तव।
> विधिना जन एष वञ्चितस्त्वदधीनं खलु देहिनां सुखम्॥१०॥

"你刚刚出发前往另一世界，
我还能找到你的路，追随你，
这个世界遭受命运的捉弄，
而人们的幸福确实依靠你。（10）

解析：परलोक（另一世界）-नव（新，刚刚）-प्रवासिनः（प्रवासिन् 前往），复合词（阳，单，属），刚刚前往另一世界。प्रतिपत्स्ये（प्रति√पद् 将来，单，一）追随。पदवीम्（पदवी 阴，单，业）道路。अहम्（मद् 单，体）我。तव（त्वद् 单，属）你。विधिना（विधि 阳，单，具）命运。जनः（जन 阳，单，体）人，世界。एष（एतद् 阳，单，体）这。वञ्चितः（वञ्चित 阳，单，体）受欺骗，受捉弄。त्वद्（你）-अधीनम्（अधीन 依靠），复合词（中，单，

体），依靠你。खलु（不变词）确实。देहिनाम्（देहिन् 阳，复，属）有身体的，人。सुखम्（सुख 中，单，体）幸福。

रजनीतिमिरावगुण्ठिते पुरमार्गे घनशब्दविक्लवाः।
वसतिं प्रिय कामिनां प्रियास्त्वद्दते प्रापयितुं क ईश्वरः॥ ११॥

"亲爱的，除了你，还有谁
能使那些情人在夜晚黑暗
笼罩的城中路上，雷声恐怖，
依然前往心上人的住处幽会？（11）

解析：रजनी（夜晚）-तिमिर（黑暗）-अवगुण्ठिते（अवगुण्ठित 笼罩），复合词（阳，单，依），夜晚的黑暗笼罩的。पुर（城）-मार्गे（मार्ग 道路），复合词（阳，单，依），城中道路。घन（云）-शब्द（声）-विक्लवाः（विक्लव 惊恐），复合词（阴，复，业），雷声惊吓着的。वसतिम्（वसति 阴，单，业）住处。प्रिय（प्रिय 阳，单，呼）亲爱的。कामिनाम्（कामिन् 阳，复，属）爱人，心上人。प्रियाः（प्रिया 阴，复，业）情人。त्वद्（你）-ऋते（除了），复合词（不变词），除了你。प्रापयितुम्（प्र√आप् 致使，不定式）前往。कः（किम् 阳，单，体）谁。ईश्वरः（ईश्वर 阳，单，体）能。

नयनान्यरुणानि घूर्णयन्वचनानि स्खलयन्पदे पदे।
असति त्वयि वारुणीमदः प्रमदानामधुना विडम्बना॥ १२॥

"如果你已不在，如今那些
妇女转动红红的眼睛，说话
结巴，走路磕绊，这样的
酒醉姿态，成了刻意模仿。[①]（12）

解析：नयनानि（नयन 中，复，业）眼睛。अरुणानि（अरुण 中，复，业）红色的。घूर्णयन्（घूर्णयत् 致使，现分，阳，单，体）转动。वचनानि（वचन 中，复，业）话。स्खलयन्（स्खलयत् 致使，现分，阳，单，体）磕磕绊绊，结结巴巴。पदे（पद 中，单，依）词，步。पदे（पद 中，单，依）词，步。असति（असत् 阳，单，依）不存在。त्वयि（त्वद् 单，依）你。वारुणी（酒）-मदः（मद 醉），复合词（阳，单，体），酒醉。प्रमदानाम्（प्रमदा 阴，复，属）

---

① 意谓缺乏爱的激情。

妇女。अधुना（不变词）如今。विडम्बना（विडम्बना 阴，单，体）模仿。

अवगम्य कथीकृतं वपुः प्रियबन्धोस्तव निष्फलोदयः।
बहुले ऽपि गते निशाकरस्तनुतां दुःखमनङ्ग मोक्ष्यति॥१३॥

"月亮知道你这位亲爱的朋友，
形体成了故事话题，无形者啊！
升起已无效用，尽管黑半月已
逝去，它却将痛苦地摆脱纤细。① （13）

解析：अवगम्य（अव√गम् 独立式）知道。कथीकृतम्（कथीकृत 中，单，业）成为故事。वपुः（वपुस् 中，单，业）形体。प्रिय（亲爱的）-बन्धोः（बन्धु 朋友），复合词（阳，单，属），亲爱的朋友。तव（त्वद् 单，属）你。निष्फल（无效果）-उदयः（उदय 升起），复合词（阳，单，体），升起却无用。बहुले（बहुल 阳，单，依）黑半月。अपि（不变词）虽然。गते（गत 阳，单，依）逝去。निशाकरः（निशाकर 阳，单，体）月亮。तनुताम्（तनुता 阴，单，业）纤细。दुःखम्（不变词）痛苦地。अनङ्ग（अनङ्ग 阳，单，呼）无形者，爱神。मोक्ष्यति（√मुच् 将来，单，三）摆脱。

हरितारुणचारुबन्धनः कलपुंस्कोकिलशब्दसूचितः।
वद संप्रति कस्य बाणतां नवचूतप्रसवो गमिष्यति॥१४॥

"由雄杜鹃的美妙鸣声表明
开花，花梗红红绿绿而可爱，
而这些新开的芒果树花朵，
你说，如今还会成为谁的箭？（14）

解析：हरित（黄，绿）-अरुण（红）-चारु（可爱的）-बन्धनः（बन्धन 梗，茎），复合词（阳，单，体），花梗红红绿绿而可爱。कल（柔和美妙的）-पुंस्（雄的）-कोकिल（杜鹃）-शब्द（声音）-सूचितः（सूचित 表明），复合词（阳，单，体），由美妙的雄杜鹃鸣声表明。वद（√वद् 命令，单，二）说。संप्रति（不变词）如今。कस्य（किम् 阳，单，属）谁。बाणताम्（बाणता 阴，单，业）箭。नव（新的）-चूत（芒果树）-प्रसवः（प्रसव 花），复合词（阳，单，体），新开的芒果树花朵。गमिष्यति（√गम् 将来，单，三）走向，成为。

---

① 黑半月过去，月亮开始摆脱纤细，由亏转盈。而现在缺少爱神，月亮不能起到激发爱情的作用，升起已无意义，故而它"将痛苦地摆脱纤细"。

अलिपङ्क्तिरनेकशस्त्वया गुणकृत्ये धनुषो नियोजिता।
विरुतैः करुणस्वनैरियं गुरुशोकामनुरोदितीव माम्॥१५॥

"你无数次将这成排的
蜜蜂用作弓弦，现在，
它们发出悲鸣声，仿佛
陪同我这伤心人哭泣。（15）

解析：अलि（蜜蜂）-पङ्क्तिः（पङ्क्ति 行，排），复合词（阴，单，体），成排的蜜蜂。अनेकशस्（不变词）多次。त्वया（त्वद् 单，具）你。गुण（弓弦）-कृत्ये（कृत्य 用途），复合词（中，单，依），用作弓弦。धनुषः（धनुस् 中，单，属）弓。नियोजिता（नियोजित 阴，单，体）使用。विरुतैः（विरुत 阳，复，具）发声。करुण（悲的）-स्वनैः（स्वन 鸣声），复合词（阳，复，具），悲鸣声。इयम्（इदम् 阴，单，体）它，指成排的蜜蜂。गुरु（沉重）-शोकाम्（शोक 忧伤），复合词（阴，单，业），沉重忧伤的。अनुरोदिति（अनु√रुद् 现在，单，三）跟着哭泣。इव（不变词）仿佛。माम्（मद् 单，业）我。

प्रतिपद्य मनोहरं वपुः पुनरप्यादिश तावदुत्थितः।
रतिदूतिपदेषु कोकिलां मधुरालापनिसर्गपण्डिताम्॥१६॥

"恢复你的可爱形体，
站起身来，再次指定
天生擅长甜蜜交谈的
雌杜鹃，担任爱的使者。（16）

解析：प्रतिपद्य（प्रति√पद् 独立式）恢复。मनस्（心）-हरम्（हर 抓住），复合词（中，单，业），迷人的，可爱的。वपुः（वपुस् 中，单，业）形体。पुनर्（不变词）再次。अपि（不变词）也。आदिश（आ√दिश् 命令，单，二）指定。तावत्（不变词）这样。उत्थितः（उत्थित 阳，单，体）站起。रति（爱）-दूति（使者）-पदेषु（पद 位置），复合词（中，复，依），担任爱的使者。कोकिलाम्（कोकिला 阴，单，业）雌杜鹃。मधुर（甜蜜的）-आलाप（谈话）-निसर्ग（天生）-पण्डिताम्（पण्डित 擅长），复合词（阴，单，业），天生擅长甜蜜交谈的。

शिरसा प्रणिपत्य याचितान्युपगूढानि सवेपथूनि च।
सुरतानि च तानि ते रहः स्मर संस्मृत्य न शान्तिरस्ति मे॥१७॥

"想起我俩秘密相处时,
你的种种爱情游戏,
叩头求情,颤抖的拥抱,
爱神啊,我无法平静。(17)

解析: शिरसा (शिरस् 中,单,具) 头。प्रणिपत्य (प्र-नि√पत् 独立式) 俯身。याचितानि (याचित 中,复,业) 请求。उपगूढानि (उपगूढ 中,复,业) 拥抱。सवेपथूनि (सवेपथु 中,复,业) 带着颤抖的。च (不变词) 和。सुरतानि (सुरत 中,复,业) 情爱,爱情游戏。च (不变词) 和。तानि (तद् 中,复,业) 那。ते (त्वद् 单,属) 你。रहस् (不变词) 秘密地。स्मर (स्मर 阳,单,呼) 爱神。संस्मृत्य (सम्√स्मृ 独立式) 想起。न (不变词) 不。शान्तिः (शान्ति 阴,单,体) 平静。अस्ति (√अस् 现在,单,三) 存在。मे (मद् 单,属) 我。

रचितं रतिपण्डित त्वया स्वयमङ्गेषु ममेदमार्तवम्।
ध्रियते कुसुमप्रसाधनं तव तच्चारु वपुर्न दृश्यते॥१८॥

"我身上装饰的这些时令鲜花,
由你亲手安排,它们都还在,
可是,你这位精通爱情者啊!
你的可爱的形体已消失不见。(18)

解析: रचितम् (रचित 中,单,体) 安排。रति (爱情)-पण्डित (पण्डित 精通),复合词(阳,单,呼),精通爱情者。त्वया (त्वद् 单,具) 你。स्वयम् (不变词) 亲自。अङ्गेषु (अङ्ग 中,复,依) 身体。मम (मद् 单,属) 我。इदम् (इदम् 中,单,体) 这。आर्तवम् (आर्तव 中,单,体) 合时令的。ध्रियते (√धृ 现在,单,三) 保持,存在。कुसुम (花)-प्रसाधनम् (प्रसाधन 装饰),复合词(中,单,体),花的装饰。तव (त्वद् 单,属) 你。तत् (तद् 中,单,体) 那。चारु (चारु 中,单,体) 可爱的。वपुः (वपुस् 中,单,体) 形体。न (不变词) 不。दृश्यते (√दृश् 被,现在,单,三) 看见。

विबुधैरसि यस्य दारुणैरसमाप्ते परिकर्मणि स्मृतः।
तमिमं कुरु दक्षिणेतरं चरणं निर्मितरागमेहि मे॥१९॥

"来吧，请继续用红颜料，
装饰我左面的这只脚！
残忍的众天神想起你时，[①]
你还没有做完这件事。（19）

解析：विबुधैः（विबुध 阳，复，具）天神。असि（√अस् 现在，单，二）是。यस्य（यद् 阳，单，属）它，指脚。दारुणैः（दारुण 阳，复，具）残忍的。असमाप्ते（असमाप्त 中，单，依）没有完成。परिकर्मणि（परिकर्मन् 中，单，依）装饰。स्मृतः（स्मृत 阳，单，体）记起。तम्（तद् 阳，单，业）它，指脚。इमम्（इदम् 阳，单，业）这，指脚。कुरु（√कृ 命令，单，二）做。दक्षिण（右）-इतरम्（इतर 另一面），复合词（阳，单，业），左面的。चरणम्（चरण 阳，单，业）脚。निर्मित（造成）-रागम्（राग 红色），复合词（阳，单，业），染红。एहि（√इ 命令，单，二）来。मे（मद् 单，属）我。

अहमेत्य पतङ्गवर्त्मना पुनरङ्गाश्रीयणी भवामि ते।
चतुरैः सुरकामिनीजनैः प्रिय यावन्न विलोभ्यसे दिवि॥२०॥

"亲爱的，只要你在天国，
不被机灵的天女们迷住，
我就会效仿飞蛾扑火，
再次前来，投身你怀中。（20）

解析：अहम्（मद् 单，体）我。एत्य（आ√इ 独立式）来。पतङ्ग（飞蛾）-वर्त्मना（वर्त्मन् 道路，方式），复合词（中，单，具），效仿飞蛾。पुनर्（不变词）再次。अङ्क（怀抱）-आश्रयणी（आश्रयण 投靠，置身），复合词（阴，单，体），投身怀抱中。भवामि（√भू 现在，单，一）成为。ते（त्वद् 单，属）你。चतुरैः（चतुर 阳，复，具）机灵的。सुर（天神）-कामिनी（可爱的女子）-जनैः（जन 人们），复合词（阳，复，具），天女们。प्रिय（प्रिय 阳，单，呼）亲爱的。यावत्（不变词）只要。न（不变词）不。विलोभ्यसे（वि√लुभ् 致使，被，单，二）诱惑。दिवि（दिव् 阴，单，依）天国。

मदनेन विनाकृता रतिः क्षणमात्रं किल जीवितीति मे।
वचनीयमिदं व्यवस्थितं रमण त्वामनुयामि यद्यपि॥२१॥

[①] 指众天神召唤爱神去破坏湿婆的苦行。

"亲爱的,即使我追随你,
我仍会受到这样的责备:
'罗蒂失去了爱神,居然
还活着,哪怕只是片刻。'(21)

解析：मदनेन（मदन 阳，单，具）爱神。विनाकृता（विनाकृत 阴，单，体）失去。रतिः（रति 阴，单，体）罗蒂。क्षण（刹那）-मात्रम्（仅仅），复合词（不变词），只是片刻。किल（不变词）确实。जीविति（√जीव 现在，单，三）活着。इति（不变词）这样（说）。मे（मद् 单，属）我。वचनीयम्（वचनीय 中，单，体）责备。इदम्（इदम् 中，单，体）这。व्यवस्थितम्（व्यवस्थित 中，单，体）确定。रमण（रमण 阳，单，呼）亲爱的。त्वाम्（त्वद् 单，业）你。अनुयामि（अनु√या 现在，单，一）追随。यदि（不变词）即使。अपि（不变词）也。

क्रियतां कथमन्त्यमण्डनं परलोकान्तरितस्य ते मया।
सममेव गतो ऽस्यतर्कितां गतिमङ्गेन च जीवितेन च॥२२॥

"你已经进入另一个世界,
我怎样为你做最后的装饰?
因为你与躯体和生命一起,
同时前往不可思议的地方。（22）

解析：क्रियताम्（√कृ 被，命令，单，三）做。कथम्（不变词）怎样。अन्त्य（最后的）-मण्डनम्（मण्डन 装饰），复合词（中，单，体），最后的装饰。परलोक（另一个世界）-अन्तरितस्य（अन्तरित 进入），复合词（阳，单，属），进入另一个世界。ते（त्वद् 单，属）你。मया（मद् 单，具）我。सममम्（不变词）一起。एव（不变词）确实。गतः（गत 阳，单，体）前往。असि（√अस् 现在，单，二）是。अतर्किताम्（अतर्कित 阴，单，业）不可思议的。गतिम्（गति 阴，单，业）去处。अङ्गेन（अङ्ग 中，单，具）身体。च（不变词）和。जीवितेन（जीवित 中，单，具）生命。च（不变词）和。

ऋजुतां नयतः स्मरामि ते शरमुत्सङ्गनिषण्णधन्वनः।
मधुना सह सस्मितां कथं नयनोपान्तविलोकितं च यत्॥२३॥

"我记得你抱弓在怀,
将箭拉直,用眼角的

目光斜视春神摩杜，
面带微笑，与他交谈。（23）

解析：ऋजुताम्（ऋजुता 阴，单，业）笔直。नयतः（नयत् 现分，阳，单，属）拉。स्मरामि（√स्मृ 现在，单，一）记得。ते（त्वद् 单，属）你。शरम्（शर 阳，单，业）箭。उत्सङ्ग（膝，怀）-निषण्ण（安放）-धन्वनः（धन्वन् 弓），复合词（阳，单，属），抱弓在怀。मधुना（मधु 阳，单，具）摩杜，春神。सह（不变词）一起。सस्मिताम्（सस्मित 阴，单，业）带着微笑。कथाम्（कथा 阴，单，业）交谈。नयन（眼睛）-उपान्त（角落）-विलोकितम्（विलोकित 注视），复合词（中，单，业），眼角斜睨。च（不变词）和。यत्（यद् 中，单，业）那。

क्व नु ते हृदयंगमः सखा कुसुमायोजितकार्मुको मधुः।
न खलूग्ररुषा पिनाकिना गमितः सो ऽपि सुहृद्गतां गतिम्॥२४॥

"为你的弓提供花朵的
贴心朋友摩杜在哪里？
莫非暴戾的湿婆也将他
送到朋友前往的地方？"（24）

解析：क्व（不变词）哪里。नु（不变词）现在。ते（त्वद् 单，属）你。हृदयंगमः（हृदयंगम 阳，单，体）贴心的。सखा（सखि 阳，单，体）朋友。कुसुम（花）-आयोजित（安放）-कार्मुकः（कार्मुक 弓），复合词（阳，单，体），为弓安放花的。मधुः（मधु 阳，单，体）摩杜，春神。न（不变词）不。खलु（不变词）难道。उग्र（猛烈的）-रुषा（रुष् 忿怒），复合词（阳，单，具），暴怒的。पिनाकिना（पिनाकिन् 阳，单，具）有三叉戟的，湿婆。गमितः（गमित 阳，单，体）送往。सः（तद् 阳，单，体）他。अपि（不变词）也。सुहृद्（朋友）-गताम्（गत 前往），复合词（阴，单，业），朋友前往的。गतिम्（गति 阴，单，业）去处。

अथ तैः परिदेविताक्षरैर्हृदये दिग्धशरैरिवाहतः।
रतिमभ्युपपत्तुमातुरां मधुरात्मानमदर्शयत्पुरः॥२५॥

这些哀悼的话语如同
毒箭扎进摩杜的心头，
他便在前面展现自己，

安慰悲伤痛苦的罗蒂。（25）

解析：अथ（不变词）然后。तैः（तद् 中，复，具）那。परिदेवित（哀悼的）-अक्षरैः（अक्षर 音节，话），复合词（中，复，具），哀悼的话语。हृदये（हृदय 中，单，依）心。दिग्ध（涂抹）-शरैः（शर 箭），复合词（阳，复，具），毒箭。इव（不变词）如同。आहतः（आहत 阳，单，体）打击，伤害。रतिम्（阴，单，业）罗蒂。अभ्युपपत्तुम्（अभि-उप√पद् 不定式）安慰。आतुराम्（आतुर 阴，单，业）痛苦的。मधुः（मधु 阳，单，体）摩杜，春神。आत्मानम्（आत्मन् 阳，单，业）自己。अदर्शयत्（√दृश् 致使，未完，单，三）展现。पुरस्（不变词）前面。

तमवेक्ष्य रुरोद सा भृशं स्तनसंबाधमुरो जघान च।
स्वजनस्य हि दुःखमग्रतो विवृतद्वारमिवोपजायते॥२६॥

看到摩杜，她放声大哭，
拍打自己胸脯，折磨乳房，
因为在自己人面前，痛苦
获得释放，如同闸门打开。（26）

解析：तम्（तद् 阳，单，业）他。अवेक्ष्य（अव√ईक्ष् 独立式）看到。रुरोद（√रुद् 完成，单，三）哭。सा（तद् 阴，单，体）她。भृशम्（不变词）猛烈地。स्तन（乳房）-संबाधम्（संबाध 折磨），复合词（中，单，业），折磨乳房的。उरः（उरस् 中，单，业）胸脯。जघान（√हन् 完成，单，三）打击。च（不变词）和。स्वजनस्य（स्वजन 阳，单，属）自己人。हि（不变词）因为。दुःखम्（दुःख 中，单，体）痛苦。अग्रतस्（不变词）面前。विवृत（打开）-द्वारम्（द्वार 门），复合词（中，单，体），打开的门。इव（不变词）如同。उपजायते（उप√जन् 现在，单，三）产生，生成。

इति चैनमुवाच दुःखिता सुहृदः पश्य वसन्त किं स्थितम्।
तदिदं कणशो विकीर्यते पवनैर्भस्म कपोतकर्बुरम्॥२७॥

她满怀悲痛，对他诉说道：
"春神啊，请看你的朋友，
落到什么境地?这些骨灰
色泽斑驳似鸽，随风飘散。（27）

解析：इति（不变词）这样（说）。च（不变词）和。एनम्（एतद् 阳，单，业）他。उवाच（√वच् 完成，单，三）说。दुःखिता（दुःखित 阴，单，体）痛苦的。सुहृदः（सुहृद् 阳，单，属）朋友。पश्य（√दृश् 命令，单，二）看。वसन्त（वसन्त 阳，单，呼）春神。किम्（किम् 中，单，业）什么。स्थितम्（स्थित 中，单，业）境地。तत्（तद् 中，单，体）这。इदम्（इदम् 中，单，体）这。कणशस्（不变词）零落地。विकीर्यते（वि√कृ 被，现在，单，三）分散。पवनैः（पवन 阳，复，具）风。भस्म（भस्मन् 中，单，体）灰。कपोत（鸽子）-कर्बुरम्（कर्बुर 斑驳），复合词（中，单，体），像鸽子一样颜色斑驳的。

अयि संप्रति देहि दर्शनं स्मर पर्युत्सुक एष माधवः।
दयितास्वनवस्थितं नृणां न खलु प्रेम चलं सुहृज्जने॥२८॥

"爱神啊，现在你显身吧！
这位春神渴望见到你，
男人的爱对妻子不坚定，
而对朋友绝不会变易。（28）

解析：अयि（不变词）啊。संप्रति（不变词）现在。देहि（√दा 命令，单，二）给。दर्शनम्（दर्शन 中，单，业）显现。स्मर（स्मर 阳，单，呼）爱神。पर्युत्सुकः（पर्युत्सुक 阳，单，体）渴望的。एष（एतद् 阳，单，体）这。माधवः（माधव 阳，单，体）春神。दयितासु（दयिता 阴，复，依）女人，妻子。अनवस्थितम्（अनवस्थित 中，单，体）不坚定。नृणाम्（नृ 阳，复，属）男人。न（不变词）不。खलु（不变词）确实。प्रेम（प्रेमन् 中，单，体）爱。चलम्（चल 中，单，体）动摇，变易。सुहृद्（朋友）-जने（जन 人们），复合词（阳，单，依），朋友们。

अमुना ननु पार्श्ववर्तिना जगदाज्ञां ससुरासुरं तव।
बिसतन्तुगुणस्य कारितं धनुषः पेलवपुष्पपत्रिणः॥२९॥

"有他在你身边，以藕丝
为弦，以柔软的花朵为箭，
整个世界，天神和阿修罗，
全都听从你的弓的命令。（29）

解析：अमुना（अदस् 阳，单，具）他。ननु（不变词）确实。पार्श्व（胁，身边）-वर्तिना（वर्तिन् 处于），复合词（阳，单，具），在身边。जगत्（जगत् 中，单，体）世界。आज्ञाम्

（आज्ञा 阴，单，业）命令。स（连同）-सुर（天神）-असुरम्（असुर 阿修罗），复合词（中，单，体），连同天神和阿修罗。तव（त्वद् 单，属）你。बिस（藕）-तन्तु（丝）-गुणस्य（गुण 弦），复合词（中，单，属），以藕丝为弦的。कारितम्（कारित 中，单，体）造成，听从。धनुषः（धनुस् 中，单，属）弓。पेलव（柔软的）-पुष्प（花）-पत्रिणः（पत्रिन् 箭），复合词（中，单，属），以柔软的花为箭的。

गत एव न ते निवर्तते स सखा दीप इवानिलाहतः।
अहमस्य दशेव पश्य मामविषह्यव्यसनेन धूमिताम्॥३०॥

"你的朋友一去不复回，
犹如灯火已被风吹灭，
请看我像灯芯，笼罩在
不可忍受的痛苦黑烟中。（30）

解析：गतः（गत 阳，单，体）逝去。एव（不变词）确实。न（不变词）不。ते（त्वद् 单，属）你。निवर्तते（नि√वृत् 现在，单，三）回转。स（तद् 阳，单，体）这。सखा（सखि 阳，单，体）朋友。दीपः（दीप 阳，单，体）灯。इव（不变词）犹如。अनिल（风）-आहतः（आहत 打击），复合词（阳，单，体），被风吹灭。अहम्（मद् 单，体）我。अस्य（इदम् 阳，单，属）这，指灯。दशा（दशा 阴，单，体）灯芯。इव（不变词）像。पश्य（√दृश् 命令，单，二）看。माम्（मद् 单，业）我。अविषह्य（不可忍受的）-व्यसनेन（व्यसन 痛苦），复合词（中，单，具），不可忍受的痛苦。धूमिताम्（धूमित 阴，单，业）熏黑。

विधिना कृतमर्धवैशसं ननु मां कामवधे विमुञ्चता।
अनपायिनि संश्रयद्रुमे गजभग्ने पतनाय वल्लरी॥३१॥

"命运杀死爱神，放过我，
只是完成了毁灭的一半；
稳固牢靠的树被大象摧毁，
依附的蔓藤也随之坠落。（31）

解析：विधिना（विधि 阳，单，具）命运。कृतम्（कृत 中，单，体）做。अर्ध（半）-वैशसम्（वैशस 毁灭），复合词（中，单，体），毁灭一半。ननु（不变词）确实。माम्（मद् 单，业）我。काम（爱神）-वधे（वध 杀害），复合词（阳，单，依），杀死爱神。विमुञ्चता（विमुञ्चत् 现分，阳，单，具）放过。अनपायिनि（अनपायिन् 阳，单，依）稳固的。संश्रय（庇

护）-द्रुमे（द्रुम 树），复合词（阳，单，依），庇护之树。गज（象）-भग्ने（भग्न 折断），复合词（阳，单，依），被大象撞断。पतनाय（पतन 中，单，为）落下。वल्लरी（वल्लरी 阴，单，体）蔓藤。

तदिदं क्रियतामनन्तरं भवता बन्धुजनप्रयोजनम्।
विधुरां ज्वलनातिसर्जनान्ननु मां प्रापय पत्युरन्तिकम्॥३२॥

"因此，请你接着尽到
这种对朋友的职责吧！
将孤苦的我投入火中，
让我到达丈夫的身边！（32）

解析：तद्（不变词）因此。इदम्（इदम् 中，单，体）这。क्रियताम्（√कृ 被，命令，单，三）做。अनन्तरम्（不变词）接着。भवता（भवत् 阳，单，具）您。बन्धुजन（朋友）-प्रयोजनम्（प्रयोजन 作用，职责），复合词（中，单，体），对朋友的职责。विधुराम्（विधुर 阴，单，业）丧偶的，痛苦的。ज्वलन（火）-अतिसर्जनात्（अतिसर्जन 投入），复合词（中，单，从），投入火中。ननु（不变词）确实。माम्（मद् 单，业）我。प्रापय（प्र√आप् 致使，命令，单，二）到达。पत्युः（पति 阳，单，属）丈夫。अन्तिकम्（अन्तिक 中，单，业）附近，身边。

शशिना सह याति कौमुदी सह मेघेन तडित्प्रलीयते।
प्रमदाः पतिवर्त्मगा इति प्रतिपन्नं हि विचेतनैरपि॥३३॥

"月光随着月亮移动，
闪电随同乌云消失，
甚至无生物也认同，
妻子追随丈夫的路。（33）

解析：शशिना（शशिन् 阳，单，具）月亮。सह（不变词）随着。याति（√या 现在，单，三）行走。कौमुदी（कौमुदी 阴，单，体）月光。सह（不变词）随着。मेघेन（मेघ 阳，单，具）云。तडित्（तडित् 阴，单，体）闪电。प्रलीयते（प्र√ली 现在，单，三）消失。प्रमदाः（प्रमदा 阴，复，体）女人，妻子。पति（丈夫）-वर्त्म（वर्त्मन् 道路）-गा（ग 走），复合词（阴，复，体），追随丈夫的路。इति（不变词）这样（说）。प्रतिपन्नम्（प्रतिपन्न 中，单，体）认同。हि（不变词）因为。विचेतनैः（विचेतन 阳，复，具）无知觉的，无生物。

अपि（不变词）甚至。

अमुनैव कषायितस्तनी सुभगेन प्रियगात्रभस्मना।
नवपल्लवसंस्तरे यथा रचयिष्यामि तनुं विभावसौ॥३४॥

"就用夫君这些可爱的
骨灰，涂抹我的胸脯，
我要让身体躺在火中，
如同躺在嫩叶床铺上。（34）

解析：अमुना（अदस् 中，单，具）这。एव（不变词）就。कषायित（涂抹）-स्तनी（स्तन 胸脯），复合词（阴，单，体），涂抹胸脯。सुभगेन（सुभग 中，单，具）可爱的。प्रिय（爱人）-गात्र（身体）-भस्मना（भस्मन् 灰），复合词（中，单，具），爱人身体的灰。नव（新的）-पल्लव（嫩叶）-संस्तरे（संस्तर 床铺），复合词（阳，单，依），嫩叶床铺。यथा（不变词）如同。रचयिष्यामि（√रच् 将来，单，一）安排。तनुम्（तनु 阴，单，业）身体。विभावसौ（विभावसु 阳，单，依）火。

कुसुमास्तरणे सहायतां बहुशः सौम्य गतस्त्वमावयोः।
कुरु संप्रति तावदाशु मे प्रणिपाताञ्जलियाचितश्रिताम्॥३५॥

"贤士啊，你过去经常
帮助我俩铺设花床，
现在我俯首合掌乞求，
赶快为我安排火葬堆。（35）

解析：कुसुम（花）-आस्तरणे（आस्तरण 床），复合词（中，单，依），花床。सहायताम्（सहायता 阴，单，业）帮助。बहुशस्（不变词）经常。सौम्य（सौम्य 阳，单，呼）贤士。गतः（गत 阳，单，体）走向。त्वम्（त्वद् 单，体）你。आवयोः（मद् 双，属）我俩。कुरु（√कृ 命令，单，二）做。संप्रति（不变词）现在。तावत्（不变词）这样。आशु（不变词）赶快。मे（मद् 单，属）我。प्रणिपात（俯首）-अञ्जलि（合掌）-याचितः（याचित 乞求），复合词（阳，单，体），受到俯首合掌乞求。चिताम्（चिता 阴，单，业）火葬堆。

तदनु ज्वलनं मदर्पितं त्वरयेर्दक्षिणवातवीजनैः।
विदितं खलु ते यथा स्मरः क्षणमप्युत्सहते न मां विना॥३६॥

"然后，你让南风吹拂，
迅速吹旺我身上的火，
你知道爱神若离开我，
连一刹那也不能忍受。（36）

解析：तदनु（不变词）然后。ज्वलनम्（ज्वलन 阳，单，业）火焰。मद्（我）-अर्पितम्（अर्पित 安放），复合词（阳，单，业），安放在我身上。त्वरयेः（√त्वर् 致使，虚拟，单，二）加快。दक्षिण（南方的）-वात（风）-वीजनैः（वीजन 煽），复合词（中，复，具），煽动南风。विदितम्（विदित 中，单，体）知道。खलु（不变词）确实。ते（तद् 阳，单，属）你。यथा（不变词）这样。स्मरः（阳，单，体）爱神。क्षणम्（क्षण 阳，单，业）刹那。अपि（不变词）甚至。उत्सहते（उद्√सह् 现在，单，三）忍受。न（不变词）不。माम्（मद् 单，业）我。विना（不变词）没有。

इति चापि विधाय दीयतां सलिलस्याञ्जलिरेक एव नौ।
अविभज्य परत्र तं मया सहितः पास्यति ते स बान्धवः॥३७॥

"做完这些，请你祭供
我俩一捧水，你的朋友
会在另一世界，与我
一起合饮，不分彼此。（37）

解析：इति（不变词）这样。च（不变词）和。अपि（不变词）也。विधाय（वि√धा 独立式）做。दीयताम्（√दा 被，命令，单，三）给。सलिलस्य（सलिल 中，单，属）水。अञ्जलिः（अञ्जलि 阳，单，体）掬，捧。एकः（एक 阳，单，体）一。एव（不变词）确实。नौ（मद् 双，为）我俩。अविभज्य（अ-वि√भज् 独立式）不分开。परत्र（不变词）在另一世界。तम्（तद् 阳，单，业）那，指一捧水。मया（मद् 单，具）我。सहितः（सहित 阳，单，体）一起。पास्यति（√पा 将来，单，三）喝。ते（त्वद् 单，属）你。स（तद् 阳，单，体）这个。बान्धवः（बान्धव 阳，单，体）朋友。

परलोकविधौ च माधव स्मरमुद्दिश्य विलोलपल्लवाः।
निवपेः सहकारमञ्जरीः प्रियचूतप्रसवो हि ते सखा॥३८॥

"此后祭供另一世界时，

春神啊,你要供给爱神
嫩叶颤动的芒果花簇,
你的朋友钟爱芒果花。"(38)

解析: परलोक(另一世界)-विधौ(विधि 祭供),复合词(阳,单,依),祭供另一个世界。च(不变词)还有。माधव(माधव 阳,单,呼)春神。स्मरम्(स्मर 阳,单,业)爱神。उद्दिश्य(不变词)对于,为了。विलोल(颤动的)-पल्लवाः(पल्लव 嫩叶),复合词(阴,复,业),嫩叶颤动的。निवपः(नि√वप् 虚拟,单,二)供给。सहकार(芒果)-मञ्जरीः(मञ्जरी 花簇),复合词(阴,复,业),芒果花簇。प्रिय(喜爱)-चूत(芒果)-प्रसवः(प्रसव 花),复合词(阳,单,体),钟爱芒果花的。हि(不变词)因为。ते(त्वद् 单,属)你。सखा(सखि 阳,单,体)朋友。

इति देहविमुक्तये स्थितां रतिमाकाशभवा सरस्वती।
शफरीं ह्रदशोषविक्लवां प्रथमा वृष्टिरिवान्वकम्पयत्॥३९॥

这样,罗蒂准备抛弃身体,
而空中传来话音,安慰她,
犹如池塘干涸,鱼儿焦躁,
而此刻降下了第一场雨。(39)

解析: इति(不变词)这样。देह(身体)-विमुक्तये(विमुक्ति 抛弃),复合词(阴,单,为),抛弃身体。स्थिताम्(स्थित 阴,单,业)决心。रतिम्(रति 阴,单,业)罗蒂。आकाश(天空)-भवा(भव 产生),复合词(阴,单,体),空中传来的。सरस्वती(सरस्वती 阴,单,体)话音。शफरीम्(शफरी 阴,单,业)小鱼,鱼儿。ह्रद(池塘)-शोष(干涸)-विक्लवाम्(विक्लव 焦躁),复合词(阴,单,业),因池塘干涸而焦躁的。प्रथमा(प्रथम 阴,单,体)第一。वृष्टिः(वृष्टि 阴,单,体)雨。इव(不变词)犹如。अन्वकम्पयत्(अनु√कम्प् 致使,未完,单,三)同情,安慰。

कुसुमायुधपत्नि दुर्लभस्तव भर्ता न चिराद्भविष्यति।
श‍ृणु येन स कर्मणा गतः शलभत्वं हरलोचनार्चिषि॥४०॥

"以花为武器的爱神之妻啊!
你丈夫不会与你长久分离;
请听,他为了什么事,会像

飞蛾投身湿婆眼中的火焰！（40）

解析：कुसुम（花）-आयुध（武器）-पत्नि（पत्नी 妻子），复合词（阴，单，呼），以花为武器者（爱神）之妻。दुर्लभः（दुर्लभ 阳，单，体）难达到的。तव（त्वद् 单，属）你。भर्ता（भर्तृ 阳，单，体）丈夫。न（不变词）不。चिरात्（不变词）长久。भविष्यति（√भू 将来，单，三）成为。शृणु（√श्रु 命令，单，二）听。येन（यद् 中，单，具）那个。स（तद् 阳，单，体）他。कर्मणा（कर्मन् 中，单，具）事。गतः（गत 阳，单，体）走向。शलभत्वम्（शलभत्व 中，单，业）飞蛾的状态。हर（湿婆）-लोचन（眼睛）-अर्चिषि（अर्चिस् 火焰），复合词（中，单，依），湿婆眼中的火焰。

अभिलाषमुदीरितेन्द्रियः स्वसुतायामकरोत्प्रजापतिः।
अथ तेन निगृह्य विक्रियामभिशप्तः फलमेतदन्वभूत्॥४१॥

"生主①的感官出现骚动，
对自己的女儿产生欲念，
他克制骚动，发出诅咒，
爱神也就获得这个结果。（41）

解析：अभिलाषम्（अभिलाष 阳，单，业）渴望。उदीरित（骚动）-इन्द्रियः（इन्द्रिय 感官），复合词（阳，单，体），感官骚动。स्व（自己的）-सुतायाम्（सुता 女儿），复合词（阴，单，依），自己的女儿。अकरोत्（√कृ 未完，单，三）产生。प्रजापतिः（प्रजापति 阳，单，体）生主。अथ（不变词）然后。तेन（तद् 阳，单，具）他，指生主。निगृह्य（नि√ग्रह् 独立式）克制。विक्रियाम्（विक्रिया 阴，单，业）骚动。अभिशप्तः（अभिशप्त 阳，单，体）受诅咒。फलम्（中，单，业）结果。एतत्（एतद् 中，单，业）这。अन्वभूत्（अनु√भू 不定，单，三）尝到，获得。

परिणेष्यति पार्वतीं यदा तपसा तत्प्रवणीकृतो हरः।
उपलब्धसुखस्तदा स्मरं वपुषा स्वेन नियोजयिष्यति॥४२॥

"'一旦波哩婆提修苦行，
受到赏识,湿婆娶她为妻，
这样,湿婆感到快乐,就会

---
① 生主指梵天。

让爱神恢复自己的形体。'（42）

解析：परिणेष्यति（परि√नी 将来，单，三）娶。पार्वतीम्（पार्वती 阴，单，业）波哩婆提。यदा（不变词）一旦。तपसा（तपस् 中，单，具）苦行。तद्（她）-प्रवणीकृतः（प्रवणीकृत 产生好感），复合词（阳，单，体），对她产生好感。हरः（हर 阳，单，体）湿婆。उपलभ्य（获得）-सुखः（सुख 快乐），复合词（阳，单，体），感到快乐。तदा（不变词）这时。स्मरम्（स्मर 阳，单，业）爱神。वपुषा（वपुस् 中，单，具）形体。स्वेन（स्व 中，单，具）自己的。नियोजयिष्यति（नि√युज् 致使，将来，单，三）结合，恢复。

इति चाह स धर्मयाचितः स्मरशापावधिदां सरस्वतीम्।
अशनेरमृतस्य चोभयोर्वशिनश्चाम्बुधराश्च योनयः॥४३॥

"由于正法神求情，生主
说出对爱神诅咒的期限；
自我控制者和乌云是
雷电和甘露两者的源泉。[①]（43）

解析：इति（不变词）这样（说）。च（不变词）和。आह（√अह् 完成，单，三）说。स（तद् 阳，单，三）他。धर्म（正法神）-याचितः（याचित 请求），复合词（阳，单，体），受正法神求情。स्मर（爱神）-शाप（诅咒）-अवधि（期限）-दाम्（द 给），复合词（阴，单，业），给出对爱神的诅咒期限。सरस्वतीम्（सरस्वती 阴，单，业）话。अशनेः（अशनि 阳，单，属）雷电。अमृतस्य（अमृत 中，单，属）甘露。च（不变词）和。उभयोः（उभय 阳，双，属）两者。वशिनः（वशिन् 阳，复，体）控制自我者。च（不变词）和。अम्बु（水）-धराः（धर 保持），复合词（阳，复，体），云。च（不变词）和。योनयः（योनि 阳，复，体）子宫，源泉。

तदिदं परिरक्ष शोभने भवितव्यप्रियसंगमं वपुः।
रविपीतजला तपात्यये पुनरोघेन हि युज्यते नदी॥४४॥

"因此，吉祥女啊！好好保护
这个身体，等待与丈夫团聚，
因为河中的水被太阳吸走，

[①] 如同乌云既发出雷电，又降下雨水，自我控制者既施展威力，发出诅咒，又赐予恩惠，给出诅咒的期限。

一旦暑季过去,又会涌满。"(44)

解析:तद्(不变词)因此。इदम्(इदम् 中,单,体)这。परिरक्ष्(परि√रक्ष् 命令,单,二)保护。शोभने(शोभना 阴,单,呼)美女,吉祥女。भवितव्य(将会发生的)-प्रिय(爱人,丈夫)-संगमम्(संगम 团聚),复合词(中,单,业),将会与丈夫团聚的。वपुः(वपुस् 中,单,业)身体。रवि(太阳)-पीत(饮,吸)-जला(जल 水),复合词(阴,单,体),太阳吸走水的。तप(夏季,暑季)-अत्यये(अत्यय 过去),复合词(阳,单,依),暑季过去。पुनर्(不变词)又。ओघेन(ओघ 阳,单,具)水流。हि(不变词)因为。युज्यते(√युज् 被,现在,单,三)结合。नदी(नदी 阴,单,体)河。

इत्थं रतेः किमपि भूतमदृश्यरूपं मन्दीचकार मरणव्यवसायबुद्धिम्।
तत्प्रत्ययाच्च कुसुमायुधबन्धुरेनामाश्वासयत्सुचरितार्थपदैर्वचोभिः॥४५॥

这样,那位隐形的神灵,
打消了罗蒂自尽的念头;
爱神的朋友确信那些话,
也语重心长好言安慰她。(45)

解析:इत्थम्(不变词)这样。रतेः(रति 阴,单,属)罗蒂。किमपि(किमपि 中,单,体)某位。भूतम्(भूत 中,单,体)精灵,神灵。अदृश्य(看不见的)-रूपम्(रूप 形体),复合词(中,单,体),隐形的。मन्दीचकार(मन्दी√कृ 完成,单,三)减弱,打消。मरण(死)-व्यवसाय(决心)-बुद्धिम्(बुद्धि 想法,念头),复合词(阴,单,业),自尽的念头。तद्(他)-प्रत्ययात्(प्रत्यय 确信),复合词(阳,单,从),确信他的话。च(不变词)也。कुसुम(花)-आयुध(武器)-बन्धुः(बन्धु 朋友),复合词(阳,单,体),以花为武器者(爱神)的朋友,春神。एनाम्(एतद् 阴,单,业)她。आश्वासयत्(आ√श्वस् 致使,未完,单,三)安慰。सुचरित(善意的)-अर्थ(意义)-पदैः(पद 词),复合词(中,复,具),充满善意的词语。वचोभिः(वचस् 中,复,具)话。

अथ मदनवधूरूपप्लवान्तं व्यसनकृशा परिपालयांबभूव।
शशिन इव दिवातनस्य लेखा किरणपरिक्षयधूसरा प्रदोषम्॥४६॥

爱神的妻子遭遇不幸而消瘦,
于是,等待着这场灾难结束,
犹如一弯月亮,在白天失去

光亮而灰白，等待夜晚降临。（46）

解析：अथ（不变词）于是。मदन（爱神）-वधूः（वधू 妻子），复合词（阴，单，体），爱神的妻子。उपप्लव（不幸，灾难）-अन्तम्（अन्त 结束），复合词（阳，单，业），灾难结束。व्यसन（不幸）-कृशा（कृश 消瘦的），复合词（阴，单，体），因不幸而消瘦的。परिपालयांबभूव（परि√पाल् 完成，单，三）守护，等待。शशिनः（शशिन् 阳，单，属）月亮。इव（不变词）犹如。दिवातनस्य（दिवातन 阳，单，属）白天的。लेखा（लेखा 阴，单，体）线条，一弯。किरण（光线）-परिक्षय（失去）-धूसरा（धूसर 灰色的），复合词（阴，单，体），失去光亮而灰白。प्रदोषम्（प्रदोष 阳，单，业）夜晚。

गीतगोविन्द

牧 童 歌

《牧童歌》（*Gītagovinda*）的作者是胜天（Jayadeva，十二世纪）。他是古典梵语文学时期最后一位重要的抒情诗人。

《牧童歌》是一部抒情长诗，共分十二章，描写牧童黑天和牧女罗陀的爱情生活。牧童黑天是毗湿奴大神的化身之一。这部长诗在颂神的名义下，讴歌尘世的爱情。在胜天的笔下，罗陀是一位要求爱情专一的女性。而黑天受到众多牧女追求，他也喜欢与她们调情。但他最钟情的还是罗陀。

这部长诗题材单一，通篇描写黑天和罗陀之间的爱情。胜天的高超之处在于他能把这样一个普通的题材，写得跌宕起伏，绚丽多彩，情人之间的热恋、妒忌、分离、相思、嗔怒、求情、和好、欢爱……应有尽有，惟妙惟肖。

《牧童歌》在诗歌形式上也有独创性。它的诗节分成吟诵的和歌唱的两类。吟诵的诗节运用古典梵语诗歌韵律，歌唱的诗节（也就是歌词）运用俗语诗歌韵律。《牧童歌》中共有二十四首歌词，每首都标明曲调。这样一种与民间歌唱艺术相结合的诗歌形式，在古典梵语诗歌中是前所未有的。全诗的主要角色是黑天、罗陀和罗陀的女友。这二十四首歌词由他们三人轮唱，形成全诗的核心部分。

《牧童歌》问世后，模仿作层出不穷，形成一类称作"歌诗"的诗体。这些"歌诗"大多是赞颂黑天和罗陀的爱情，也有赞颂罗摩和悉多或湿婆和雪山神女的爱情。因而，十六世纪末的一位诗人称颂"胜天是诗人中的皇帝，其他诗人是诸侯；他的《牧童歌》辉映三界。"

下面选读《牧童歌》二十四首歌词中的第九、第十、第十二、第十三和第十九首。原文依据密勒（B. S. Miller）编订本（*Jayadeva's Gītagovinda*，Motilal Banarsidass，Delhi，1984）。

गीतम् ९

第 九 歌[①]

स्तनविनिहितमपि हारमुदारम्।
सा मनुते कृशतनुरतिभारम्॥
राधिका विरहे तव केशव॥ध्रुवम्॥

即使是戴在胸前的美丽花环，
她肢体憔悴，也觉得难以承担。
黑天啊，罗陀与你分离！

解析：स्तन（胸）-विनिहितम्（विनिहित 安放），复合词（阳，单，业），戴在胸前的。अपि（不变词）即使。हारम्（हार 阳，单，业）花环。उदारम्（उदार 阳，单，业）美丽的。सा（तद् 阴，单，体）她。मनुते（√मन् 现在，单，三）认为。कृश（纤弱）-तनुः（तनु 身体），复合词（阴，单，体），身体憔悴。अतिभारम्（अतिभार 阳，单，业）重担。राधिका（राधिका 阴，单，体）罗陀。विरहे（विरह 阳，单，依）分离。तव（त्वद् 单，属）你。केशव（केशव 阳，单，呼）美髻，黑天的称号。ध्रुवम्（ध्रुव 中，单，体）重复的副歌。

सरसमसृणमपि मलयजपङ्कम्।
पश्यति विषमिव वपुषि सशङ्कम्॥राधिका ०॥

即使是抹在身上的滋润檀香膏，
在她看来也仿佛是可疑的毒药。
黑天啊，罗陀与你分离！

解析：सरस（滋润）-मसृणम्（मसृण 柔软），复合词（阳或中，单，业），滋润柔软的。अपि（不变词）即使。मलयज（檀香）-पङ्कम्（पङ्क 泥，膏），复合词（阳或中，单，业），檀香膏。पश्यति（√दृश् 现在，单，三）视为。विषम्（विष 中，单，业）毒药。इव（不变词）像。वपुषि（वपुस् 中，单，依）身体。सशङ्कम्（中，单，业）可疑的。

[①] 这支歌是罗陀的女友对黑天唱的，描写罗陀的相思。

श्वसितपवनमनुपमपरिणाहम्।
मदनदहनमिव वहति सदाहम्॥ राधिका ० ॥

发出无比强烈的长吁短叹，
她仿佛承受着燃烧的情焰。
　　黑天啊，罗陀与你分离！

解析：श्वसित（呼吸）-पवनम्（पवन 风），复合词（阳，单，业），叹息的风。अनुपम（无比的）-परिणाहम्（परिणाह 宽阔），复合词（阳，单，业），无比强烈的。मदन（情爱）-दहनम्（दहन 火），复合词（阳，单，业），情火。इव（不变词）像。वहति（√वह् 现在，单，三）承载。सदाहम्（सदाह 阳，单，业）燃烧的。

दिशि दिशि किरति सजलकणजालम्।
नयननलिनमिव विगलितनालम्॥ राधिका ० ॥

滴滴眼泪洒落在各处，
犹如断枝荷花的露珠。
　　黑天啊，罗陀与你分离！

解析：दिशि（दिश् 阴，单，依）方向。दिशि（दिश् 阴，单，依）方向。किरति（√कृ 现在，单，三）洒落。सजल（带水的）-कण（微粒）-जालम्（जाल 大量），复合词（中，单，业），大量带水的微粒（眼泪，露珠）。नयन（眼睛）-नलिनम्（नलिन 莲花），复合词（中，单，体），眼莲花，莲花眼。इव（不变词）像。विगलित（倒伏，折断）-नालम्（नाल 莲茎），复合词（中，单，体），莲茎折断的。

नयनविषयमपि किसलयतल्पम्।
कलयति विहितहुताशविकल्पम्॥ राधिका ० ॥

近在眼前的嫩枝床铺，
在她幻觉中火焰遍布。
　　黑天啊，罗陀与你分离！

解析：नयन（眼睛）-विषयम्（विषय 对象，范围），复合词（阳，单，业），视野，眼前。अपि（不变词）即使。किसलय（嫩芽）-तल्पम्（तल्प 床），复合词（阳，单，业），嫩芽床。कलयति（√कल् 现在，单，三）认为。विहित（安放）-हुताश（火）-विकल्पम्（विकल्प 想象，怀疑），复合词（阳，单，业），在幻觉中火焰遍布。

त्यजति न पाणितलेन कपोलम्।
बालशशिनमिव सायमलोलम्॥ राधिका ०॥

她的手掌紧贴着面庞，
腮颊似黄昏惨淡月亮。
　　黑天啊，罗陀与你分离！

解析：त्यजति（√त्यज् 现在，单，三）抛弃。न（不变词）不。पाणि（手）-तलेन（तल 平面，掌），复合词（中，单，具），手掌。कपोलम्（कपोल 阳，单，业）脸颊。बाल（初升的）-शशिनम्（शशिन् 月亮），复合词（阳，单，业），初升的月亮。इव（不变词）像。सायम्（不变词）黄昏时分。अलोलम्（अलोल 阳，单，业）不激动的，不活跃的。

हरिरिति हरिरिति जपति सकामम्।
विरहविहितमरणेव निकामम्॥ राधिका ०॥

满怀恋情念叨诃利诃利，
仿佛注定她要失恋而死。
　　黑天啊，罗陀与你分离！

解析：हरिः（हरि 阳，单，体）诃利，黑天的称号。इति（不变词）这样（说）。हरिः（हरि 阳，单，体）诃利。इति（不变词）这样（说）。जपति（√जप् 现在，单，三）低语。सकामम्（不变词）满怀爱意。विरह（分离）-विहित（安排，固定）-मरणा（मरण 死亡），复合词（阴，单，体），注定分离而死。इव（不变词）像。निकामम्（不变词）缺少爱情。

श्रीजयदेवभणितमिति गीतम्।
सुखयतु केशवपदमुपनीतम्॥ राधिका ०॥

但愿胜天吟唱的这支歌，
给崇拜黑天者带来欢乐。

黑天啊，罗陀与你分离！

解析：श्री（吉祥）-जयदेव（胜天）-भणितम्（भणित 吟唱），复合词（中，单，体），吉祥胜天吟唱的。इति（不变词）这样。गीतम्（गीत 中，单，体）歌。सुखयतु（√सुख 命令，单，三）给予快乐。केशव（黑天）-पदम्（पद 脚），复合词（中，单，业），黑天之足。उपनीतम्（उपनीत 阳，单，业）接近，获得。

गीतम् १०

第 十 歌[①]

वहति मलयसमीरे मदनमुपनिधाय।
स्फुटति कुसुमनिकरे विरहिहृदयदलनाय॥
तव विरहे वनमाली सखि सीदति॥ध्रुवम्॥

摩勒耶风吹拂，播送爱情，
鲜花盛开，撕裂离人的心。
　朋友啊，那位戴野花环的人，
　由于与你分离而抑郁烦闷。

解析：वहति（वहत् 现分，阳，单，依）运送。मलय（摩勒耶山）-समीरे（समीर 风），复合词（阳，单，依），摩勒耶山风。मदनम्（मदन 阳，单，业）爱情。उपनिधाय（उप-नि√धा 独立式）带来。स्फुटति（स्फुटत् 现分，阳，单，依）绽放。कुसुम（花）-निकरे（निकर 大量），复合词（阳，单，依），鲜花盛开。विरहि（विरहिन् 别离者）-हृदय（心）-दलनाय（दलन 撕裂），复合词（中，单，为），撕裂离人的心。तव（त्वद् 单，属）你。विरहे（विरह 阳，单，依）分离。वन（山林）-माली（मालिन् 有花环的），复合词（阳，单，体），戴野花环的人，指黑天。सखि（सखी 阴，单，呼）女友。सीदति（√सद् 现在，单，三）情绪低落。ध्रुवम्（ध्रुव 中，单，体）重复的副歌。

दहति शिशिरमयूखे मरणमनुकरोति।

[①] 这支歌是女友对罗陀唱的，描写黑天的相思。

पतति मदनविशिखे विलपति विकलतरो ऽति॥ तव वि ०॥

甚至那月亮，也能将他烧死，
爱情之箭命中，他颓丧哀泣。
　　朋友啊,那位戴野花环的人，
　　由于与你分离而抑郁烦闷。

解析：दहति（दहत् 现分，阳，单，依）烧灼。शिशिर（冷的）-मयूखे（मयूख 光线），复合词（阳，单，依），月亮。मरणम्（मरण 中，单，业）死亡。अनुकरोति（अनु√कृ 现在，单，三）追随。पतति（पतत् 现分，阳，单，依）落。मदन（爱情）-विशिखे（विशिख 箭），复合词（阳，单，依），爱情之箭。विलपति（वि√लप् 现在，单，三）哀泣。विकलतरः（विकलतर 阳，单，体）很消沉的。अति（不变词）非常。

ध्वनति मधुपसमूहे श्रवणमपिदधाति।
मनसि वलितविरहे निशि निशि रुजमुपयाति॥ तव वि ०॥

蜜蜂嘤嘤嗡嗡，他捂住双耳，
心中充满离愁，他夜夜悲戚。
　　朋友啊,那位戴野花环的人，
　　由于与你分离而抑郁烦闷。

解析：ध्वनति（ध्वनत् 现分，阳，单，依）发声。मधुप（蜜蜂）-समूहे（समूह 群），复合词（阳，单，依），蜜蜂群。श्रवणम्（श्रवण 阳或中，单，业）耳朵。अपिदधाति（अपि√धा 现在，单，三）捂住。मनसि（मनस् 中，单，依）心。वलित（转动，围绕）-विरहे（विरह 别离），复合词（中，单，依），充满离愁。निशि（निश् 阴，单，依）夜晚。निशि（निश् 阴，单，依）夜晚。रुजम्（रुज् 阴，单，业）痛苦。उपयाति（उप√या 现在，单，三）走向，达到。

वसति विपिनविताने त्यजति ललितधाम।
लुठति धरणिशयने बहु विलपति तव नाम॥ तव वि ०॥

抛弃快乐之家，定居在密林，
以地为床，辗转反侧呼你名。
　　朋友啊,那位戴野花环的人，

由于与你分离而抑郁烦闷。

解析：वसति（√वस् 现在，单，三）居住。विपिन（森林）-विताने（वितान 宽阔，帐篷），复合词（阳或中，单，依），大森林，密林。त्यजति（√त्यज् 现在，单，三）抛弃。ललित（快乐的）-धाम（धामन् 住处），复合词（中，单，业），快乐的住处。लुठति（√लुठ् 现在，单，三）翻滚，辗转。धरणि（大地）-शयने（शयन 床），复合词（中，单，依），地铺。बहु（不变词）多次。विलपति（वि√लप् 现在，单，三）说，呼唤。तव（त्वद् 单，属）你。नाम（नामन् 中，单，业）名字。

भणति कविजयदेवे विरहिविलसितेन।
मनसि रभसविभवे हरिरुदयतु सुकृतेन॥ तव वि०॥

诗人胜天歌唱，展现离别相思，
愿诃利恩宠，跃现在恋人心里。
朋友啊，那位戴野花环的人，
由于与你分离而抑郁烦闷。

解析：भणति（भणत् 现分，阳，单，依）吟唱。कवि（诗人）-जयदेवे（जयदेव 胜天），复合词（阳，单，依），诗人胜天。विरहि（विरहिन् 别离者）-विलसितेन（विलसित 闪现），复合词（中，单，具），展现离愁。मनसि（मनस् 中，单，依）心。रभस（激动的，渴望的）-विभवे（विभव 力量），复合词（中，单，依），充满激情的。हरिः（हरि 阳，单，体），诃利，黑天的称号。उदयतु（उद्√इ 命令，单，三）出现。सुकृतेन（सुकृत 中，单，具）恩宠。

गीतम् १२

第 十 二 歌[①]

पश्यति दिशि दिशि रहसि भवन्तम्।
तदधरमधुरमधूनि पिबन्तम्॥
नाथ हरे सीदति राधा वासगृहे॥ ध्रुवम्॥

[①] 这支歌是罗陀的女友对黑天唱的，描写罗陀的相思。

她看见你隐藏在各处，
偷饮其他女子的唇蜜。
　　保护者诃利啊，
　　罗陀在卧室忧伤哀戚。

解析：पश्यति（√दृश् 现在，单，三）看见。दिशि（दिश् 阴，单，依）方向。दिशि（दिश् 阴，单，依）方向。रहसि（रहस् 中，单，依）隐秘，暗处。भवन्तम्（भवत् 阳，单，业）你。तद्（那些，指女子们）-अधर（下唇）-मधुर（甜美的）-मधूनि（मधु 蜜），复合词（中，复，业），那些女子的甜美唇蜜。पिबन्तम्（पिबत् 现分，阳，单，业）饮。नाथ（नाथ 阳，单，呼）保护者。हरे（हरि 阳，单，呼）诃利，黑天的称号。सीदति（√सद् 现在，单，三）情绪低落。राधा（राधा 阴，单，体）罗陀。वास（居住）-गृहे（गृह 房屋），复合词（中，单，依），卧室。ध्रुवम्（ध्रुव 中，单，体）重复的副歌。

　　त्वदभिसरणरभसेन वलन्ती।
　　पतति पदानि कियन्ति चलन्ती॥ नाथ हरे ०॥

她迫不及待想要见你，
出门没几步，跌倒在地。
　　保护者诃利啊，
　　罗陀在卧室忧伤哀戚。

解析：त्वद्（你）-अभिसरण（相会）-रभसेन（रभस 迅速，急切），复合词（阳，单，具），迫不及待与你相会。वलन्ती（वलत् 现分，阴，单，体）匆忙前往。पतति（√पत् 现在，单，三）跌倒。पदानि（पद 中，复，业）脚步。कियन्ति（कियत् 中，复，业）少许，几个。चलन्ती（चलत् 现分，阴，单，体）移动。

　　विहितविशदबिसकिसलयवलया।
　　जीवति परमिह तव रतिकलया॥ नाथ हरे ०॥

她佩戴白藕嫩芽制作的镯子，
依靠你的情爱，才活在人世。
　　保护者诃利啊，
　　罗陀在卧室忧伤哀戚。

解析：विहित（安放）-विशद（洁白的）-बिस（藕）-किसलय（嫩芽）-वलय（वलय 腕饰），复合词（阴，单，体），佩戴洁白藕芽做成的镯子。जीवति（√जीव् 现在，单，三）生活。परम（不变词）仅仅。इह（不变词）此世。तव（त्वद् 单，属）你。रति（情爱）-कलया（कला 艺术，技艺），复合词（阴，单，具），爱的艺术。

> मुहुरवलोकितमण्डनलीला।
> मधुरिपुरहमिति भावनशीला॥ नाथ हरे ० ॥

> 她反复观赏自己的扮装，
> 想象自己是摩图的仇敌。
> 　　保护者诃利啊，
> 　　罗陀在卧室忧伤哀戚。

解析：मुहुस्（不变词）不断，反复。अवलोकित（观看）-मण्डन（装饰）-लीला（लीला 游戏，扮装），复合词（阴，单，体），观赏扮装。मधु（摩图）-रिपुः（रिपु 敌人），复合词（阳，单，体），摩图之敌，黑天的称号。अहम्（मद् 单，体）我。इति（不变词）这样（想）。भावन（想象）-शीला（शील 倾向），复合词（阴，单，体），沉浸想象。

> त्वरितमुपैति न कथमभिसारम्।
> हरिरिति वदति सखीमनुवारम्॥ नाथ हरे ० ॥

> 她反复询问女友这问题：
> "诃利为何不赶快来相聚？"
> 　　保护者诃利啊，
> 　　罗陀在卧室忧伤哀戚。

解析：त्वरितम्（不变词）迅速地。उपैति（उप√इ 现在，单，三）来到。न（不变词）不。कथम्（不变词）怎么。अभिसारम्（अभिसार 阳，单，业）赴约，幽会。हरिः（हरि 阳，单，体）诃利，黑天的称号。इति（不变词）这样（说）。वदति（√वद् 现在，单，三）说。सखीम्（सखी 阴，单，业）女伴。अनुवारम्（不变词）一次次。

> श्लिष्यति चुम्बति जलधरकल्पम्।
> हरिरुपगत इति तिमिरमनल्पम्॥ नाथ हरे ० ॥

她拥抱亲吻如同乌云的
浓密黑暗,以为诃利进屋。①
　　保护者诃利啊,
　　罗陀在卧室忧伤哀戚。

　　解析:श्लिष्यति(√श्लिष् 现在,单,三)拥抱。चुम्बति(√चुम्ब 现在,单,三)亲吻。जलधर(云)-कल्पम्(कल्प 像),复合词(阳,单,业),像云的。हरिः(हरि 阳,单,体)诃利,黑天的称号。उपगतः(उपगत 阳,单,体)到来。इति(不变词)这样(想)。तिमिरम्(तिमिर 阳,单,业)黑暗。अनल्पम्(अनल्प 阳,单,业)浓密的。

भवति विलम्बिनि विगलितलज्जा।
विलपति रोदिति वासकसज्जा॥ नाथ हरे ०॥

她盛装严饰,你迟迟不来,
她失去颜面,哀哀哭泣。
　　保护者诃利啊,
　　罗陀在卧室忧伤哀戚。

　　解析:भवति(भवत् 阳,单,依)你。विलम्बिनि(विलम्बिन् 阳,单,依)拖延的。विगलित(失落)-लज्जा(लज्जा 羞惭),复合词(阴,单,体),失去羞耻心。विलपति(वि√लप् 现在,单,三)哀叹。रोदिति(√रुद् 现在,单,三)哭泣。वासक(衣服)-सज्जा(सज्ज 准备停当的),复合词(阴,单,体),穿戴齐整的。

श्रीजयदेवकवेरिदमुदितम्।
रसिकजनं तनुतामतिमुदितम्॥ नाथ हरे ०॥

但愿诗人胜天这支歌,
天下知音听了欣喜无比。
　　保护者诃利啊,
　　罗陀在卧室忧伤哀戚。

　　解析:श्री(吉祥)-जयदेव(胜天)-कवेः(कवि 诗人),复合词(阳,单,属),吉祥胜天诗人。इदम्(इदम् 中,单,体)这个。उदितम्(उदित 中,单,体)说出的,

---

① 黑天皮肤黝黑,故而有这样的描写。

唱出的。**रसिक**（识味的）**-जनम्**（जन 人），复合词（阳，单，业），知音。**तनुताम्**（√तन् 命令，单，三）伸展，遍布。**अतिमुदितम्**（अतिमुदित 阳，单，业）极大喜悦。

गीतम् १३

第 十 三 歌[①]

कथितसमये ऽपि हरिरहह न ययौ वनम्।
मम विफलमिदममलरूपमपि यौवनम्॥
यामि हे कमिह शरणं सखीजनवचनवञ्चिता॥ध्रुवम्॥

诃利失约，没有去树林，哎呀，
　我徒有这无瑕的美貌和青春。
　　女友哄骗我，如今我求谁庇护？

解析：**कथित**（说好的，约定的）**-समये**（समय 时间），复合词（阳，单，依），约定的时间。**अपि**（不变词）即使。**हरिः**（हरि 阳，单，体）诃利，黑天的称号。**अहह**（感叹词）哎呀。**न**（不变词）不。**ययौ**（√या 完成，单，三）前往。**वनम्**（वन 中，单，业）树林。**मम**（मद् 单，属）我。**विफलम्**（विफल 中，单，体）无果的。**इदम्**（इदम् 中，单，体）这个。**अमल**（无瑕的）**-रूपम्**（रूप 美貌），复合词（中，单，体），无瑕的美貌。**अपि**（不变词）即使。**यौवनम्**（यौवन 中，单，体）青春。**यामि**（√या 现在，单，一）前往。**हे**（感叹词）唉。**कम्**（किम् 阳，单，业）谁。**इह**（不变词）这里，这时。**शरणम्**（शरण 中，单，业）庇护。**सखी**（女伴）**-जन**（人）**-वचन**（话）**-वञ्चिता**（वञ्चित 欺骗），复合词（阴，单，体），被女友的话哄骗。**ध्रुवम्**（ध्रुव 中，单，体）重复的副歌。

यदनुगमनाय निशि गहनमपि शीलितम्।
तेन मम हृदयमिदमसमशरकीलितम्॥यामि हे ०॥

[①] 这支歌是罗陀自己唱的。

他用爱神的箭，射中我的心，
我为追逐他，黑夜进入密林。
　　女友哄骗我，如今我求谁庇护？

　　解析：यद्（他，指黑天）-अनुगमनाय（अनुगमन 追随），复合词（中，单，为），追随他。निशि（निश् 阴，单，依）夜晚。गहनम्（गहन 中，单，体）森林。अपि（不变词）甚至。शीलितम्（शीलित 中，单，体）造访，进入。तेन（तद् 阳，单，具）他。मम（मद् 单，属）我。हृदयम्（हृदय 中，单，体）心。इदम्（इदम् 中，单，体）这个。असम（奇数的）-शर（箭）-कीलितम्（कीलित 固定，刺中），复合词（中，单，体），被奇数的箭（爱神的花箭）射中。

मम मरणमेव वरमतिवितथकेतना।
किमिह विषहामि विरहानलमचेतना॥ यामि हे ०॥

徒有身躯无欢情，不如死去好，
我何必忍受这失恋之火煎熬？
　　女友哄骗我，如今我求谁庇护？

　　解析：मम（मद् 单，属）我。मरणम्（मरण 中，单，体）死亡。एव（不变词）确实。वरम्（वर 中，单，体）更好的。अतिवितथ（非常虚假的）-केतना（केतन 身体），复合词（阴，单，体），徒有身躯。किम्（不变词）为何。इह（不变词）这里。विषहामि（वि√सह् 现在，单，一）忍受。विरह（别离）-अनलम्（अनल 火），复合词（阳，单，业），相思火。अचेतना（अचेतन 阴，单，体）无知觉的，无情感的。

मामहह विधुरयति मधुरमधुयामिनी।
कापि हरिमनुभवति कृतसुकृतकामिनी॥ यामि हे ०॥

春夜甜蜜我苦闷，哎呀，
别的姑娘享受诃利的厚恩。
　　女友哄骗我，如今我求谁庇护？

　　解析：माम्（मद् 单，业）我。अहह（感叹词）哎呀。विधुरयति（√विधुर 名动词，现在，单，三）折磨。मधुर（甜蜜的）-मधु（春天）-यामिनी（यामिनी 夜晚），复合词（阴，单，体），甜蜜的春夜。का-अपि（किम्-अपि 阴，单，体）某个。हरिम्（हरि 阳，单，业）

诃利，黑天的称号。अनुभवति（अनु√भू 现在，单，三）享受。कृत（做）-सुकृत（恩宠）-कामिनी
（कामिनी 可爱女子），复合词（阴，单，体），受宠的可爱女子。

अहह कलयामि वलयादिमणिभूषणम्।
हरिविरहदहनवहनेन बहुदूषणम्॥ यामि हे ०॥

　　我感到手镯和珍珠严重受损，哎呀，
　　遭到我与诃利分离的相思火烧灼。
　　　　女友哄骗我，如今我求谁庇护？

　　解析：अहह（感叹词）哎呀。कलयामि（√कल 现在，单，一）认为。वलय（手镯）
-आदि（等等）-मणि（珍珠）-भूषणम्（भूषण 装饰），复合词（中，单，业），手镯等珍
珠装饰。हरि（诃利）-विरह（别离）-दहन（火）-वहनेन（वहन 承载），复合词（中，单，
具），承载与黑天分离的相思火。बहु（许多）-दूषणम्（दूषण 毁坏），复合词（中，单，
业），严重损毁。

कुसुमसुकुमारतनुमतनुशरलीलया।
स्रगपि हृदि हन्ति मामतिविषमशीलया॥ यामि हे ०॥

　　肢体柔嫩宛如鲜花，花环却似
　　乖戾任性的爱神之箭伤我心。
　　　　女友哄骗我，如今我求谁庇护？

　　解析：कुसुम（花）-सुकुमार（柔嫩的）-तनुम्（तनु 身体），复合词（阴，单，业），
肢体鲜花般柔嫩。अतनु（爱神）-शर（箭）-लीलया（लीला 相似），复合词（阴，单，
具），与爱神之箭相似。स्रक्（स्रज् 阴，单，体）花环。अपि（不变词）即使。हृदि（हृद्
中，单，依）心。हन्ति（√हन् 现在，单，三）伤害。माम्（मद् 单，业）我。अतिविषम（乖
戾的）-शीलया（शील 品性，倾向），复合词（阴，单，具），乖戾的品性。

अहमिह निवसामि नगणितवनवेतसा।
स्मरति मधुसूदनो मामपि न चेतसा॥ यामि हे ०॥

　　我等候在林中茂密芦苇丛，
　　诛灭摩图者居然将我忘记。
　　　　女友哄骗我，如今我求谁庇护？

解析：अहम्（मद् 单，体）我。इह（不变词）这里。निवसामि（नि√वस् 现在，单，一）停留，等候。न（不）-गणित（计数）-वन（森林）-वेतस（वेतस 芦苇），复合词（阴，单，体），林中茂密芦苇丛。स्मरति（√स्मृ 现在，单，三）记起。मधु（摩图）-सूदनः（सूदन 诛灭），复合词（阳，单，体），诛灭摩图者，黑天的称号。माम्（मद् 单，业）我。अपि（不变词）甚至。न（不变词）不。चेतसा（चेतस् 中，单，具）思想。

हरिचरणशरणजयदेवकविभारती।
वसतु हृदि युवतिरिव कोमलकलावती॥ यामि हे ०॥

诗人胜天崇拜诃利，但愿他的歌
似温柔灵巧的少女，留在你心中。
女友哄骗我，如今我求谁庇护？

解析：हरि（诃利）-चरण（脚）-शरण（庇护）-जयदेव（胜天）-कवि（诗人）-भारती（भारती 语言），复合词（阴，单，体），崇拜诃利的诗人胜天的歌。वसतु（√वस् 命令，单，三）驻留。हृदि（हृद् 中，单，依）心。युवतिः（युवति 阴，单，体）年轻女子。इव（不变词）像。कोमल（温柔的）-कलावती（कलावत् 灵巧的），复合词（阴，单，体），温柔灵巧的。

गीतम् १९

第 十 九 歌[①]

वदसि यदि किंचिदपि दन्तरुचिकौमुदी हरति दरतिमिरमतिघोरम्।
स्फुरदधरसीधवे तव वदनचन्द्रमा रोचयतु लोचनचकोरम्॥
प्रिये चारुशीले मुञ्च मयि मानमनिदानं
सपदि मदनानलो दहति मम मानसं देहि मुखकमलमधुपानम्॥ ध्रुवम्॥

只要你开口，晶莹的皓齿
便似月光，驱散可怕的黑暗，
我渴望颤抖的唇蜜，让你的
月亮脸取悦我的鹧鸪眼。

---

① 这支歌是黑天对罗陀唱的。

温柔可爱的罗陀啊,
莫要再对我无故生气!
爱情的火焰煎熬我的心,
快让我吸吮莲花嘴蜜汁。

解析: वदसि (√वद् 现在,单,二) 说。यदि (不变词) 如果。किंचित् (不变词) 稍微。अपि (不变词) 即使。दन्त (牙)-रुचि (光辉)-कौमुदी (कौमुदी 月光),复合词 (阴,单,体),皓齿的光辉如同月光。हरति (√हृ 现在,单,三) 驱散。दर (恐惧)-तिमिरम् (तिमिर 黑暗),复合词 (中,单,业),可怕的黑暗。अतिघोरम् (अतिघोर 中,单,业),非常恐怖的。स्फुरत् (颤动)-अधर (下唇)-सीधवे (सीधु 蜜酒),复合词 (阳,单,为),颤动的唇蜜。तव (त्वद् 单,属) 你。वदन (脸)-चन्द्रमाः (चन्द्रमस् 月亮),复合词 (阳,单,体),月亮脸。रोचयतु (√रुच् 致使,命令,单,三) 取悦。लोचन (眼睛)-चकोरम् (चकोर 鹧鸪, 月光鸟),复合词 (阳,单,业),鹧鸪眼。प्रिये (प्रिया 阴,单,呼) 亲爱的。चारु (可爱的)-शीले (शील 品性),复合词 (阴,单,呼),品性可爱的。मुञ्च (√मुच् 命令,单,二) 抛弃。मयि (मद् 单,依) 我。मानम् (मान 阳,单,业) 傲慢,嫉恨。अनिदानम् (अनिदान 阳,单,业) 无来由的。सपदि (不变词) 即刻。मदन (爱情)-अनलः (अनल 火),复合词 (阳,单,体),爱情的火焰。दहति (√दह् 现在,单,三) 烧灼。मम (मद् 单,属) 我。मानसम् (मानस 中,单,业) 心。देहि (√दा 命令,单,二) 给。मुख (嘴)-कमल (莲花)-मधु (蜜)-पानम् (पान 饮),复合词 (中,单,业),吸吮莲花嘴蜜汁。ध्रुवम् (ध्रुव 中,单,体) 重复的副歌。

सत्यमेवासि यदि सुदति मयि कोपिनी देहि खरनखरशरघातम्।
घटय भुजबन्धनं जनय रदखण्डनं येन वा भवति सुखजातम्॥ प्रिये ० ॥

皓齿女郎啊!如果你确实
恼恨我,请用尖指甲搔我!
用双臂捆我!用牙齿咬我!
只要你高兴,随你怎样做。
温柔可爱的罗陀啊,
莫要再对我无故生气!
爱情的火焰煎熬我的心,
快让我吸吮莲花嘴蜜汁。

解析：सत्यम् （不变词）确实。एव （不变词）的确。असि （√अस् 现在，单，二）是。यदि （不变词）如果。सुदति （सुदती 阴，单，呼）皓齿女郎。मयि （मद् 单，依）我。कोपिनी （कोपिन् 阴，单，体）生气的。देहि （√दा 命令，单，二）给。खर （坚硬的）-नखर （指甲）-शर （箭）-घातम् （घात 打击），复合词（阳，单，业），指甲利箭的打击。घटय （√घट् 致使，命令，单，二）从事。भुज （手臂）-बन्धनम् （बन्धन 系缚），复合词（中，单，业），用双臂捆绑。जनय （√जन् 致使，命令，单，二）产生。रद （牙齿）-खण्डनम् （खण्डन 破碎），复合词（中，单，业），用牙齿咬碎。येन （यद् 中，单，具）它。वा （不变词）或者。भवति （√भू 现在，单，三）有。सुख （快乐）-जातम् （जात 产生），复合词（中，单，体），产生快乐。

त्वमसि मम भूषणं त्वमसि मम जीवनं त्वमसि मम भवजलधिरत्नम्।
भवतु भवतीह मयि सततमनुरोधिनी तत्र मम हृदयमतियत्नम्॥ प्रिये ०॥

你是我的装饰和生命，
你是我生存之海的瑰宝，
但愿你时时刻刻顺从我，
我的心也会竭尽努力。
　　温柔可爱的罗陀啊，
　　莫要再对我无故生气！
　　爱情的火焰煎熬我的心，
　　快让我吸吮莲花嘴蜜汁。

解析：त्वम् （त्वद् 单，体）你。असि （√अस् 现在，单，二）是。मम （मद् 单，属）我。भूषणम् （भूषण 中，单，体）装饰。त्वम् （त्वद् 单，体）你。असि （√अस् 现在，单，二）是。मम （मद् 单，属）我。जीवनम् （जीवन 中，单，体）生命。त्वम् （त्वद् 单，体）你。असि （√अस् 现在，单，二）是。मम （मद् 单，属）我。भव （存在）-जलधि （海）-रत्नम् （रत्न 瑰宝），复合词（中，单，体），生存之海的瑰宝。भवतु （√भू 命令，单，三）成为。भवती （भवत् 阴，单，体）你。इह （不变词）这里。मयि （मद् 单，依）我。सततम् （不变词）永远。अनुरोधिनी （अनुरोधिन् 阴，单，体）顺从的。तत्र （不变词）这里。मम （मद् 单，属）我。हृदयम् （हृदय 中，单，体）心。अतियत्नम् （अतियत्न 中，单，体）竭尽努力。

नीलनलिनाभमपि तन्वि तव लोचनं धारयति कोकनदरूपम्।
कुसुमशरबाणभावेन यदि रञ्जयसि कृष्णमिदमेतदनुरूपम्॥ प्रिये ०॥

你的眼睛纵然如同青莲，
犹有红莲的娇艳，①苗条女！
如果爱神的花箭射中你，
你就喜欢乌黑②相配娇红。
　　温柔可爱的罗陀啊，
　　莫要再对我无故生气！
　　爱情的火焰煎熬我的心，
　　快让我吸吮莲花嘴蜜汁。

解析：नील（青色）-नलिन（莲花）-आभम्（आभा 像），复合词（中，单，体），像青莲。अपि（不变词）即使。तन्वि（तन्वी 阴，单，呼）苗条女。तव（त्वद् 单，属）你。लोचनम्（लोचन 中，单，体）眼睛。धारयति（√धृ 现在，单，三）具有。कोकनद（红莲）-रूपम्（रूप 美色），复合词（中，单，业），红莲的优美。कुसुम（花）-शर（箭）-बाण（箭）-भावेन（भाव 状态），复合词（阳，单，具），爱神的花箭射中。यदि（不变词）如果。रञ्जयसि（√रञ्ज 致使，现在，单，二）喜欢。कृष्णाम्（कृष्ण，中，单，业）乌黑。इदम्（इदम् 中，单，业）这个。एतद्（那个）-अनुरूपम्（अनुरूप 相配的），复合词（中，单，业），与之相配的。

स्फुरतु कुचकुम्भयोरुपरि मणिमञ्जरी रञ्जयतु तव हृदयदेशम्।
रसतु रशनापि तव घनजघनमण्डले घोषयतु मन्मथनिदेशम्॥ प्रिये ०॥

让珍珠在你胸脯颤动，
让它激起你心底热情，
让腰带在你圆臀叮当，
让它发布爱神的命令。
　　温柔可爱的罗陀啊，
　　莫要再对我无故生气！
　　爱情的火焰煎熬我的心，
　　快让我吸吮莲花嘴蜜汁。

---

① 指因生气而眼睛发红。
② "乌黑"一词在这里也寓指黑天。

解析：स्फुरतु（√स्फुर् 命令，单，三）颤动。**कुच**（乳房）-**कुम्भयोः**（कुम्भ 水罐），复合词（阳，双，属），丰满的乳房。**उपरि**（不变词）上面。**मणि**（摩尼珠）-**मञ्जरी**（मञ्जरी 珠串），复合词（阴，单，体），摩尼珠串。**रञ्जयतु**（√रञ्ज् 致使，命令，单，三）染红，激发。**तव**（त्वद् 单，属）你。**हृदय**（心）-**देशम्**（देश 部位），复合词（阳，单，业），心底。**रसतु**（√रस् 命令，单，三）发声。**रशना**（रशना 阴，单，体）腰带。**अपि**（不变词）也。**तव**（त्वद् 单，属）你。**घन**（结实的，宽厚的）-**जघन**（臀部）-**मण्डले**（मण्डल 圆），复合词（中，单，依），结实的圆臀。**घोषयतु**（√घुष् 命令，单，三）宣告。**मन्मथ**（爱神）-**निदेशम्**（निदेश 命令），复合词（阳，单，业），爱神的命令。

स्थलकमलगञ्जनं मम हृदयरञ्जनं जनितरतिरङ्गपरभागम्।
भण मसृणवाणि करवाणि पदपङ्कजं सरसलसदलक्तकरागम्॥प्रिये ०॥

你的莲花脚胜似莲花，它们迷住
我的心，是爱情欢乐的最高源泉，
请说吧，言语温柔的女郎！让我
用滋润明亮的红颜料将它们涂染。
　　温柔可爱的罗陀啊，
　　莫要再对我无故生气！
　　爱情的火焰煎熬我的心，
　　快让我吸吮莲花嘴蜜汁。

解析：स्थल（陆地）-**कमल**（莲花）-**गञ्जनम्**（गञ्जन 胜过），复合词（中，单，业），胜过陆地莲花。**मम**（मद् 单，属）我。**हृदय**（心）-**रञ्जनम्**（रञ्जन 感染），复合词（中，单，业），迷住心。**जनित**（产生）-**रति**（情爱）-**रङ्ग**（舞台）-**परभागम्**（परभाग 最好的部分），复合词（中，单，业），产生情爱舞台上最好的部分。**भण**（√भण् 命令，单，二）说。**मसृण**（温柔的）-**वाणि**（वाणी 语言），复合词（阴，单，呼），言语温柔的女郎。**करवाणि**（√कृ 命令，单，一）做。**पद**（脚）-**पङ्कजम्**（पङ्कज 莲花），复合词（中，单，业），脚莲花。**सरस**（湿润的）-**लसत्**（明亮的）-**अलक्तक**（紫胶，树脂）-**रागम्**（राग 染色，红色），复合词（阳，单，业），滋润明亮的红脂彩。

स्मरगरलखण्डनं मम शिरसि मण्डनं देहि पदपल्लवमुदारम्।
ज्वलति मयि दारुणो मदनकदनारुणो हरतु तदुपाहितविकारम्॥प्रिये ०॥

你这双美妙的嫩芽脚能消除
爱情的毒药,请放在我头上!
情火似骄阳,在我体内焚烧,
请用你的脚,驱除这种伤痛!
　　温柔可爱的罗陀啊,
　　莫要再对我无故生气!
　　爱情的火焰煎熬我的心,
　　快让我吸吮莲花嘴蜜汁。

解析:स्मर(爱情)-गरल(毒药)-खण्डनम्(खण्डन 摧毁),复合词(中,单,业),消除爱情的毒药。मम(मद् 单,属)我。शिरसि(शिरस् 中,单,依)头。मण्डनम्(मण्डन 中,单,业)装饰。देहि(√दा 命令,单,二)给。पद(脚)-पल्लवम्(पल्लव 嫩芽),复合词(中,单,业),嫩芽脚。उदारम्(उदार 中,单,业)美丽的。ज्वलति(√ज्वल् 现在,单,三)燃烧。मयि(मद् 单,依)我。दारुणः(दारुण 阳,单,体)残酷的。मदन(爱情)-कदन(打击,毁灭)-अरुणः(अरुण 太阳),复合词(阳,单,体),爱情的折磨似太阳。हरतु(√हृ 命令,单,三)驱除。तद्(它,指太阳)-उपाहित(安置)-विकारम्(विकार 变形,伤痛),复合词(阳,单,业),由它造成的伤痛。

इति चटुलचाटुपटुचारु मुरवैरिणो राधिकामधि वचनजातम्।
जयति पद्मावतीरमणजयदेवकविभारतीभणितमतिशातम्॥प्रिये ०॥

牟罗的仇敌向罗陀倾吐
这番甜言蜜语,娓娓动听;
胜天为了取悦波德摩婆蒂,
吟唱这支优美的歌,获得成功。
　　温柔可爱的罗陀啊,
　　莫要再对我无故生气!
　　爱情的火焰煎熬我的心,
　　快让我吸吮莲花嘴蜜汁。

解析:इति(不变词)这样。चटुल(优美的)-चाटु(甜言蜜语)-पटु(擅长的)-चारु(चारु 可爱的),复合词(中,单,体),擅长甜言蜜语而可爱。मुर(牟罗)-वैरिणः

（वैरिन् 敌人），复合词（阳，单，属），牟罗之敌，黑天的称号。राधिकाम् (राधिका 阴，单，业）罗陀。अधि（不变词）对。वचन（言语）-जातम्（जात 产生），复合词（中，单，体），言语中产生的。जयति（√जि 现在，单，三）胜利，成功。पद्मावती（波德摩婆蒂，胜天的妻子）-रमण（取悦）-जयदेव（胜天）-कवि（诗人）-भारती（语言）-भणितम्（भणित 吟唱），复合词（中，单，体），为取悦波德摩婆蒂诗人胜天吟唱这支歌。अतिशातम् (अतिशात 中，单，体）优美动人的。

हर्षचरितम्

戒 日 王 传

《戒日王传》(*Harṣacarita*)的作者是波那(Bāṇa，七世纪)。他是著名的古典梵语小说家，除了这部传记小说《戒日王传》之外，还著有一部传奇小说《迦丹波利》。

《戒日王传》全书共有八章。书前有二十一首序诗，主要是赞颂湿婆大神夫妇和杰出的前辈作家和作品。第一章是波那自述家史和生平。第二章讲述他会见戒日王的前后经过。第三章讲述戒日王的祖先。第四章至第八章讲述戒日王的诞生及其生平事迹。

无疑，《戒日王传》不是一部历史性传记，而是文学性传记。波那主要是从文学的角度选材，即选择那些宜于铺张描写和渲染感情的场景或事件。他还时常袭用一些神话和传奇手法。文体虽然是散文，却像古典梵语叙事诗那样，大量使用谐音、双关、比喻和夸张等修辞手法，再加上喜欢使用冗长的复合词和成串的形容词，形成一种雕琢繁缛的文学风格。

尽管如此，在印度古代缺乏历史著作的情况下，《戒日王传》仍然具有一定的历史文献价值。它提供的有关戒日王的某些基本史实已从唐玄奘的《大唐西域记》和一些碑文记载得到证实。而且，《大唐西域记》主要提供戒日王后期生活事迹，《戒日王传》主要提供戒日王前期生活事迹，两者可以互为补充。

下面选读《戒日王传》的第一章。原文依据凯恩(P. V. Kane)编订本(*The Harshacarita of Bāṇabhaṭṭa*, Motilal Bararsidass, Delhi, 1986)。

प्रथम उच्छ्वासः

第 一 章

नमस्तुङ्गशिरश्चुम्बिचन्द्रचामरचारवे ।
त्रैलोक्यनगरारम्भमूलस्तम्भाय शम्भवे ॥ १ ॥

向商波致敬！他是建造
三界之城的第一根木桩；
他可爱，月亮宛如拂尘，
亲吻他的高高昂起的头。① （1）

हरकण्ठग्रहानन्दमीलिताक्षीं नमाम्युमाम् ।
कालकूटविषस्पर्शजातमूर्च्छागमामिव ॥ २ ॥

向乌玛致敬！他搂抱
诃罗的脖子，满心欢喜，
闭上眼睛，仿佛沾上
剧烈的毒药，陷入昏迷。② （2）

नमः सर्वविदे तस्मै व्यासाय कविवेधसे ।
चक्रे पुण्यं सरस्वत्या यो वर्षमिव भारतम् ॥ ३ ॥

向毗耶娑致敬！他通晓
一切，是诗人中的创造主；
他仿佛用娑罗私婆蒂河，
让婆罗多国获得净化。③ （3）

---

① 商波（Śambhu）是大神湿婆（Śiva）的称号。在这里，他被比喻为建城的第一根木桩，以赞颂他是三界奠基者。月亮是湿婆头上的顶饰。

② 乌玛（Umā）是湿婆的妻子。诃罗（Hara）是湿婆的称号。按照印度神话，天神和阿修罗搅乳海时，搅出一种能毁灭世界的毒药，湿婆为了拯救世界而吞下这种毒药，结果药力发作，将他的脖子烧成青黑色。由此，湿婆也被称为"青项"（Nīlakaṇṭha）。故而，这里说乌玛"仿佛沾上剧烈的毒药"。

③ 毗耶娑（Vyāsa）是史诗《摩诃婆罗多》（Mahābhārata）的作者。这首诗的后半部分含有双关，也可读作"他用语言创作了圣洁的《婆罗多》。"娑罗私婆蒂（Sarasvatī）既指称同名河流，也指称语言女神或语言。

प्रायः कुकवयो लोके रागाधिष्ठितदृष्टयः ।
कोकिला इव जायन्ते वाचालाः कामकारिणः ॥४॥

世上那些低劣的诗人，
眼光总是受激情摆布，
就像那些俱计罗鸟，
叽叽喳喳，随心所欲。（4）

सन्ति श्वान इवासंख्या जातिभाजो गृहे गृहे ।
उत्पादका न बहवः कवयः शरभा इव ॥५॥

平凡的①诗人无计其数，
如同家犬，家家都有，
而富有创造性的诗人，
如同八足兽②，为数不多。（5）

अन्यवर्णपरावृत्त्या बन्धचिह्ननिगूहनैः ।
अनाख्यातः सतां मध्ये कविश्चौरो विभाव्यते ॥६॥

仅仅变换别人的词语，
竭力掩盖原作的特色③，
这种诗人被视为窃贼，
在善人中得不到承认。（6）

श्लेषप्रायमुदीच्येषु प्रतीच्येष्वर्थमात्रकम् ।
उत्प्रेक्षा दाक्षिणात्येषु गौडेष्वक्षरडम्बरः ॥७॥

北方作品充满双关，
西方作品注重意义，
南方作品喜爱奇想，

---

① "平凡的"是变通的译法，原词 jātibhāj 指"采用白描手法的"。
② 八足兽（Śarabha）是一种传说中的神兽，比狮子更强大有力。
③ "掩盖原作的特色"也可读作"掩盖锁链的印记"，因为窃贼曾经入狱，留有锁链的印记。

高德作品辞藻华丽。①（7）

नवो ऽर्थो जातिरग्राम्या श्लेषो ऽक्लिष्टः स्फुटो रसः।
विकटाक्षरबन्धश्च कृत्स्नमेकत्र दुष्करम्॥८॥

有新意，自然而不流于
俚俗，双关而不晦涩，
情味显豁，辞藻华丽，
难以同时具备这一切。（8）

किं कवेस्तस्य काव्येन सर्ववृत्तान्तगामिनी।
कथेव भारती यस्य न व्याप्नोति जगत्त्रयम्॥९॥

这种诗人的作品有何用？
他的语言穷尽一切韵律，
却不能像婆罗多故事那样，
囊括所有事件，传遍三界。②（9）

उच्छ्वासान्ते ऽप्यखिन्नास्ते येषां वक्त्रे सरस्वती।
कथमाख्यायिकाकारा न ते वन्द्याः कवीश्वराः॥१०॥

语言女神在他们的嘴上，
他们在喘气后也不疲倦，
这样的传记作者怎么会
不受到尊敬，成为诗王？③（10）

कवीनामगलद्दर्पो नूनं वासवदत्तया।
शक्त्येव पाण्डुपुत्राणां गतया कर्णगोचरम्॥११॥

《仙赐传》抵达耳边，

---

① 这里讲述印度古代各地作品的语言风格，其中的高德（Gauḍa）指东方。
② 这首诗中的 sarvavṛttāntagāminī 含有双关，即可读作"穷尽一切韵律（vṛtta）"，又可读作"囊括所有事件（vṛtta）"。同时，"囊括所有事件"也可读作"涉及所有话题（vṛttānta）"。
③ 按照梵语诗学，散文体叙事文学分为传记（ākhyāyikā）和故事（kathā）两类。这里的"嘴"（vaktra）也读作"伐刻多罗诗律"，"喘气"（ucchvāsa）也读作"章"，都是双关词。按照婆摩诃（Bhāmaha）《诗庄严论》（Kāvyālaṅkāra）中的说法，传记作品分章，散文中含有伐刻多罗诗律的诗句（1.25—26）。

诗人们的骄傲消失，
犹如般度之子们的
标枪，投向迦尔纳。①（11）

पदबन्धोज्ज्वलो हारी कृतवर्णक्रमस्थितिः ।
भट्टारहरिचन्द्रस्य गद्यबन्धो नृपायते ॥१२॥

尊敬的诃利旃陀罗的
散文作品，词语组合
闪耀光芒，词序规范，
优美迷人，堪称国王。②（12）

अविनाशिनमग्राम्यमकरोत्सातवाहनः ।
विशुद्धजातिभिः कोशं रत्नैरिव सुभाषितैः ॥१३॥

娑多婆诃那创作了一部永垂
不朽的诗集，语言不俗，充满
纯洁的妙语，犹如无穷尽的
宝库，充满质地纯净的宝石。③（13）

कीर्तिः प्रवरसेनस्य प्रयाता कुमुदोज्ज्वला ।
सागरस्य परं पारं कपिसेनेव सेतुना ॥१४॥

钵罗婆罗犀那名声
像白莲花那样灿烂，
传播到了大海彼岸，

---

① 《仙赐传》（Vāsavadattā）是苏般度（Subandhu，约六世纪）的小说。迦尔纳（Karṇa）是《摩诃婆罗多》中的人物，与般度之子们是同母异父兄弟，但在婆罗多族大战中，他站在与般度之子们对立的俱卢族阵营。"标枪"指天神因陀罗赐给般度之子阿周那的"法宝"。诗中的 karṇa 一词既读作"迦尔纳"，也读作"耳"，是双关词。同时，Kavi（"诗人"）一词也暗示德罗纳（Droṇa）。德罗纳是俱卢族大军的统帅。

② 诃利旃陀罗（Haricandra）的事迹不详。诗中"词语组合"（padabandha）和"词序规范"（kṛtavarṇakramasthiti）含有双关，也可读作"地位稳固"和"种姓次序符合规范"，因此，说他的作品"堪称国王"。

③ 娑多婆诃那（Sātavāhana，约二世纪）又名哈拉（Hāla），著有摩诃剌陀语抒情诗集《七百咏》（Gāhāsattasai）。诗中含有双关，avināśinam kośam 既读作"永垂不朽的诗集"，也读作"无穷尽的宝库"；viśuddhajāti 既读作"纯洁的"，形容"妙语"，也读作"质地纯净的"，形容"宝石"。

犹如猴军架桥渡海。①（14）

सूत्रधारकृतारम्भैर्नाटकैर्बहुभूमिकैः ।
सप्ताकैर्यशो लेभे भासो देवकुलैरिव ॥१५॥

跋娑以戏剧作品著称，
以舞台监督指示开场，
角色众多，插话丰富，
犹如旗幡飘扬的神庙。②（15）

निर्गतासु न वा कस्य कालिदासस्य सूक्तिषु ।
प्रीतिर्मधुरसान्द्रासु मञ्जरीष्विव जायते ॥१६॥

一旦诵出迦梨陀娑③的
那些美妙言词，如同
这些充满蜜汁的花簇，
有谁会不心生喜悦？（16）

समुद्दीपितकन्दर्पा कृतगौरीप्रसाधना ।
हरलीलेव नो कस्य विस्मयाय बृहत्कथा ॥१७॥

《故事广记》点燃爱情，
用以取悦高利女神，
它如同诃罗的游戏，
有谁听了会不惊奇？④（17）

आढ्यराजकृतोत्साहैर्हृदयस्थैः स्मृतैरपि ।
जिह्वान्तः कृष्यमाणेव न कवित्वे प्रवर्तते ॥१८॥

---

① 钵罗婆罗犀那（Pravarasena，约五世纪）著有摩诃剌陀语叙事诗《架桥记》（Setubandhu）。故而，诗中以"猴军架桥渡海"比喻他闻名遐迩。
② 跋娑（Bhāsa，约二、三世纪）著有《惊梦记》等十三部戏剧。诗中的"插话"和"旗幡"是一语（patāka）双关。另外，"舞台监督"（sūtradhāra）也可读为"工匠"，"角色"（bhūmikā）也可读为"楼层"，意谓由工匠建造的神庙有很多楼层。
③ 迦梨陀娑（Kālidāsa，约四、五世纪）是著名的梵语诗人和戏剧家。
④ 《故事广记》（Bṛhatkathā，或译《伟大的故事》）是著名的俗语故事集。原著已失传，现有月天（Somadeva，十一世纪）的梵语改写本《故事海》（Kathāsarītsāgara）。按照这部故事集开头讲述的故事缘起，这些故事原本是由大神湿婆（即诃罗）讲给妻子乌玛（即高利女神）听的。

心中一想起富王
创作的那些作品,①
舌头就仿佛僵硬,
不能转动出诗句。(18)

तथापि नृपतेर्भक्त्याभीतो निर्वहणाकुलः ।
करोम्याख्यायिकाम्भोधौ जिह्वाप्लवनचापलम् ॥ १९ ॥

尽管如此,我忠诚于国王,
并不气馁,急于完成任务,
依然让我的舌头大胆地
在传记的大海中游动。(19)

सुखप्रबोधललिता सुवर्णघटनोज्ज्वलैः ।
शब्दैराख्यायिका भाति शय्येव प्रतिपादकैः ॥ २० ॥

传记如同床榻,听来明白
有趣,如同醒来舒服愉快,
词语字母组合绚丽多彩,
如同床脚镶嵌金子而闪亮。②(20)

जयति ज्वलत्प्रतापज्ज्वलनप्राकारकृतजगद्रक्षः ।
सकलप्रणयिमनोरथसिद्धिश्रीपर्वतो हर्षः ॥ २१ ॥

喜增③胜利!他以闪耀的
光辉构筑起火的围墙,
保护世界,他是吉祥山,
实现所有求告者的心愿。(21)

---

① 富王(Āḍhyarāja)的事迹不详。诗中提到他的作品名为 Utsāha(意为"勇力"),而且是复数,不知是什么样的作品,故而笼统译为"那些作品"。
② 诗中含有双关,sukhaprabodhalalitā 既读作"明白有趣",也读作"醒来舒服愉快";suvarṇa-ghaṭanojjvala 既读作"字母组合绚丽多彩",也读作"镶嵌金子而闪亮";pratipādaka 既读作"展示的",形容"词语",也读作"脚",指"床脚"。
③ 喜增(Harṣa,全称为 Harṣavardhana)是戒日王(Śīlāditya)的本名。

एवमनुश्रूयते — पुरा किल भगवान्स्वलोकमधितिष्ठन्परमेष्ठी विकासिनि पद्मविष्टरे समुपविष्टः सुनासीरप्रमुखैर्गीर्वाणैः परिवृतो ब्रह्मोद्याः कथाः कुर्वन्नन्याश्च निरवद्या विद्यागोष्ठीर्भावयन्कदाचिदा-साञ्चक्रे । तथासीनं च तं त्रिभुवनप्रतीक्ष्यं मनुदक्षचाक्षुषप्रभृतयः प्रजापतयः सर्वे च सप्तर्षिपुरःसरा महर्षयः सिषेविरे । केचिदृचः स्तुतिचतुराः समुदचारयन् । केचिदपचितिभाञ्जि यजूंष्यपठन् । केचित्प्रशंसासामानि जगुः । अपरे विवृतक्रतुक्रियायतन्त्रान्मन्त्रान्व्याचचक्षिरे । विद्याविसंवादकृताश्च तत्र तेषामन्योन्यस्य विद्याविवादाः प्रादुरभवन् ।

我们这样听说：从前，尊敬的至上者（梵天）住在自己的世界①，坐在绽开的莲花座上，②以因陀罗为首的众天神围绕身旁。有一次，他举行知识聚会，谈论梵③学和其他高尚的话题。这位受三界敬仰者这样坐着，以摩奴、陀刹和贾楚奢为首的所有生主④以及七仙人为首的众大仙⑤侍奉他。一些人吟诵适合赞颂的梨俱颂诗，一些人吟诵用于敬拜的夜柔祷词，一些人咏唱娑摩赞歌，另一些人念诵说明祭祀规则的诗句。在这里，由于学问上的差异，他们互相之间出现争论。

अथातिरोषणः प्रकृत्या महातपा मुनिरत्रेस्तनयस्तारापतेर्भ्राता नाम्ना दुर्वासा द्वितीयेन मन्दपालनाम्ना मुनिना सह कलहायमानः साम गायन्क्रोधान्धो विस्वरमकरोत् । सर्वेषु च शापभयप्रतिपन्नमौनेषु मुनिष्वन्यालापलीलयावधीरयति कमलसम्भवे भगवती कुमारी किञ्चिदुन्मुक्तबालभावे भूषितनवयौवने वयसि वर्तमाना, गृहीतचामरप्रचलद्भुजलता पितामहमुपवीजयन्ती, निर्भर्त्सनताडनजातरागाभ्यामिव स्वभावारुणाभ्यां पादपल्लवाभ्यां समुद्दासमाना, शिष्यद्वयेनेव पदक्रममुखरेण नूपुरयुगलेन वाचालितचरणा, मदननगरतोरणस्तम्भविभ्रमं विभ्राणा जङ्घाद्वितयम्, सलिलमुत्ककलहंसकुल-कलालापप्रलापिनि मेखलादाम्नि विन्यस्तवामहस्तकिसलया, विद्वन्मानसनिवासलग्नेन गुणकलापेनावांसावलम्बिना ब्रह्मसूत्रेण पवित्रीकृतकाया, भास्वन्मध्यनायकमनेकमुक्तानुयातमपवर्गमार्गमिव हार-मुद्वहन्ती, वदनप्रविष्टसर्वविद्याचरणालक्तकरसेनेव पाटलेन स्फुरता दशनच्छदेन विराजमाना, संक्रान्तकमलासनकृष्णाजिनप्रतिमां साममधुरगीताकर्णनावतीर्णशशिहरिणामिव कपोलस्थलीं दधाना, तिर्यक्सावज्ञमुन्नमितैकभ्रूलता, श्रोत्रमेकं विस्वरश्रवणकलुषितं प्रक्षालयन्तीवापाङ्गनिर्गतेन लोचना-श्रुजलप्रवाहेणेतरश्रवणेन च विकसितसितसिन्धुवारमञ्जरीजुषा हस्तेव प्रकटितविद्यामदा, श्रु-

---

① 即梵界（Brahmaloka）。
② 梵天诞生在毗湿奴大神肚脐上长出的莲花中。
③ 梵（Brahman）指吠陀或世界本原。
④ 生主（Prajāpati）指梵天最初创造的人类始祖。
⑤ 仙人（ṛṣi）最初指吠陀颂诗作者，后来泛指婆罗门圣人或苦行者。七仙人指摩利支（Marīci）、阿特利（Atri）、安吉罗（Aṅkiras）、补罗私底耶（Pulastya）、补罗诃（Pulaha）、迦罗都（Kratu）和极裕（Vasiṣṭha）七位著名的仙人。

तिप्रणयिभिः प्रणवैरिव कर्णावतंसकुसुममधुकरकुलैरुपास्यमाना, सूक्ष्मविमलेन प्रज्ञाप्रतानेनेवांशुके-नाच्छादितशरीरा, वाङ्मयमिव निर्मलं दिक्षु दशनज्योत्स्नालोकं विकिरन्ती देवी सरस्वती श्रुत्वा जहास ।

  有一位牟尼①名叫杜尔婆娑，是阿特利之子，也是星宿之主月亮的兄弟。②他是一位大苦行者，而生性暴躁。他与另一位名叫曼陀波罗的牟尼发生争论，因愤怒而盲目，咏唱娑摩赞歌时音调出错。所有的牟尼害怕遭诅咒，保持沉默。莲花生③梵天这时热衷于谈论另外的话题，并没有注意到这个差错。而女神娑罗私婆蒂听到了，笑了起来。这位尊贵的少女刚刚脱离童年，进入以青春为装饰的年华。她的宛如蔓藤的手臂握着拂尘摇晃，为祖父④扇拂。她的宛如嫩枝的双足天生殷红，此刻仿佛因生气⑤顿足而发红。她的双脚佩戴一对脚镯，随着脚步移动发出声响，犹如两个学生逐字逐句念诵。⑥她的双腿酷似爱神之城的拱门支柱。她的宛如嫩芽的左手游戏般地放在腰带上，那里发出声响，犹如发情的天鹅们说着甜蜜的悄悄话。净化身体的圣线悬挂肩上，犹如她住在一切智者心中而沾上的一系列美德。⑦佩戴的项链镶嵌许多珍珠，中间有明亮的宝石，犹如解脱之路。⑧她光彩照人，仿佛所有的知识女神进入她的嘴中，脚上的赤色树脂染红了她的颤动的嘴唇。她的脸颊上有莲花座黑鹿皮的映像，仿佛月亮中的鹿儿降落那里，为了听取甜蜜的娑摩赞歌。她的一道宛如蔓藤的眉毛扬起，弯曲，带有轻蔑，仿佛是从眼角流出的眼泪水流，清洗因听到赞歌走调而被玷污的一只耳朵。而另一只耳朵上佩戴的绽开的白色信度婆罗花簇仿佛在微笑，显露她为自己的知识而骄傲。前来侍奉她的那些蜜蜂围绕耳饰上的花朵，向她的耳朵表示亲热，仿佛是吠陀忠实的朋友唵声。⑨她身穿细腻洁净的丝衣，

---

  ① 牟尼（muni）指仙人或苦行者。
  ② 按照印度神话，月亮产生于阿特利仙人的眼睛，故而是杜尔婆娑的兄弟。
  ③ 莲花生（Kamalasambhava）是梵天的称号。
  ④ 祖父（Pitāmaha）指梵天。
  ⑤ 生气指对杜尔婆娑仙人咏唱娑摩赞歌出错生气。
  ⑥ 这里，padakramamukhara 这个复合词含有双关。pada（词）也可读作"脚"，这样，字面义是"逐字逐句念诵"，暗含的另一义是"随着脚步发出声响"（即 vācālitacaraṇa）。
  ⑦ 娑罗私婆蒂是语言女神，故而住在一切智者心中。"美德"（guṇa）一词也可读作"线"，故而有这种联想比喻。
  ⑧ 在这句中，"明亮的"（bhāsvat）一词也可读作"太阳"，"宝石"（nāyaka）也可读作"引导者"，这样，暗含的另一义是"从太阳的中心通向解脱"。同时，"珍珠"（muktā）也可读作"解脱者"（mukta）。故而，这里将项链比喻为解脱之路。
  ⑨ 这里，将蜜蜂比喻为唵声（praṇava，即 Om）。在念诵吠陀时，通常首先念诵"唵"。这里，śrutipraṇayin 一语双关。其中的 śruti 既读作"耳朵"，又读作"吠陀"；praṇayin 既读作"表示亲热"，又读作"忠实的朋友"。

犹如微妙纯洁的智慧卷须。①她的洁白的牙齿似皎洁的月光，遍照各方，犹如纯洁的语言作品传播各地。②

दृष्ट्वा च तां तथा हसन्तीं स मुनिः 'आः पापकारिणि, दुर्गृहीतविद्यालवावलेपदुर्विदग्धे, मामुपहससि' इत्युक्त्वा शिरःकम्पशीर्यमाणबन्धविशरारोरुन्मिषत्पिङ्गलिस्नो जटाकलापस्य रोचिषा सिञ्चन्निव रोषदहनद्रवेण दश दिशः, कृतकालसन्निधानामिवान्धकारितललाटपट्टाष्टापदमन्तः-पुरमण्डनपत्रभङ्गमकरिकां भ्रुकुटिमाबध्नन्, अतिलोहितेन चक्षुषामर्षदेवतायै स्वरुधिरोपहारमिव प्रयच्छन्, निर्दयदष्टदशनच्छदभयपलायमानामिव वाचं रुन्धन्दन्तांशुच्छलेन, अंसावस्रंसिनः शापशासनपट्टस्येव ग्रथ्नन्ग्रन्थिमन्यथा कृष्णाजिनस्य, स्वेदकणप्रतिबिम्बितैः शापशङ्काशरणागतैरिव सुरासुरमुनिभिः प्रतिपन्नसर्वावयवः, कोपकम्पतरलिताङ्गुलिना करेण प्रसादनलग्नामक्षरमालामिवाक्षमालामाक्षिप्य कामण्डलुवेन वारिणा समुपस्पृश्य शापजलं जग्राह ।

这位牟尼看到她这样发笑，说道："啊，这个作恶的女子！懂得一点儿难懂的知识，自以为了不起的傻瓜！竟敢嘲笑我。"他摇晃着脑袋，发结松开，锃亮的褐色顶髻披散，闪出的光芒犹如愤怒的火流流向十方。他皱起眉结，犹如死神后宫妇女脸上的鳄鱼③彩绘，使他的棋盘般的前额变暗，仿佛死神出现在身边。他的眼睛通红，仿佛要用自己的鲜血祭供愤怒女神。他无情地咬紧嘴唇，语言仿佛感到害怕，而他用牙齿的光芒作掩护，阻止它出逃。黑鹿皮从肩上滑落，他以另一种方式系好衣结，仿佛签下诅咒令状。④他全身布满汗珠，其中有天神、阿修罗和仙人们的映像，他们仿佛害怕诅咒而前来寻求庇护。他愤怒激动，手指颤抖，甩出念珠串，仿佛甩出竭力安抚他的一串字母⑤。他用罐中之水漱口，然后口含诅咒之水。

अत्रान्तरे स्वयम्भुवो ऽभ्याशे समुपविष्टा देवी मूर्तिमती पीयूषफेनपटलपाण्डरं कल्पद्रुमदुकूलवल्कलं वसाना, बिसतन्तुमयेनांशुकेनोन्नतस्तनमध्यबद्धगात्रिकाग्रन्थिः, तपोबलनिर्जितत्रिभुवनजयपताकाभिरिव तिसृभिर्भस्मपुण्डूकराजिभिर्विराजितललाटाजिरा, स्कन्धावलम्बिना सुधाफेनधवलेन तपःप्रभावकुण्डलीकृतेन गङ्गास्रोतसेव योगपट्टकेन विरचितवैकक्ष्यका, सव्येन ब्रह्मोत्पत्तिपुण्डरीकमुकुलमिव स्फटिककमण्डलुं करेण कलयन्ती, दक्षिणमक्षमालाकृतपरिक्षेपं कम्बुनिर्मितोर्मिकादन्तुरितं तर्जनतरञ्जिततर्जनीमुत्क्षिपन्ती करम्, 'आः पाप, क्रोधोपहत, दुरात्मन्, अज्ञ, अनात्मज्ञ, ब्रह्मबन्धो, मुनिखेट, अपसद, निराकृत, कथमात्मस्खलितविलक्षः सुरासुरमुनिमनुजवृन्दवन्दनीयां त्रिभुवनमातरं भगवतीं

---

① 这里，sūkṣmavimala 一语双关，既读作"细腻洁净"，又读作"微妙纯洁"。
② 这里，vikirantī 既读作"遍照"，又读作"传播"。
③ 鳄鱼是死神阎摩的标志。
④ 这里，grathnan 既读作"系好"，又读作"签下"。鹿皮上的斑点如同文字，故有此比喻。
⑤ 娑罗私婆蒂是语言女神，故而字母是她的同伙。

सरस्वतीं शासुमभिलषसि' इत्यभिदधाना, रोषविमुक्तवेत्रासनैरोङ्कारमुखरितमुखैरुत्क्षेपदोलायमानजटा-
भारभरितदिग्भिः परिकरबन्धभ्रमितकृष्णाजिनाटोपच्छायाश्यामायमानदिवसैरमर्षनिःश्वासदोलाप्रेङ्खो-
लितब्रह्मलोकैः सोमरसमिव स्वेदविसरव्याजेन स्रवद्भिरग्निहोत्रपवित्रभस्मस्मेरललाटैः कुशतन्तुचा-
रुचामरचीरचीवरिभिराषाढिभिः प्रहरणीकृतकमण्डलुमण्डलैर्मूर्तैश्चतुर्भिर्वेदैः सह वृषीमपहाय सावित्री
समुत्तस्थौ ।

　　这时，有形的莎维德丽女神①坐在自生者（梵天）身边，身穿劫波树皮
妙衣，洁白似牛奶泡沫。她将藕丝织成的上衣，在隆起的胸脯中间挽成一
个卍字结。她的宛如庭院的前额闪耀三道灰烬标志的光辉，犹如凭借苦行
力征服三界的三杆胜利旗帜。她的披巾上覆盖有苦行者的披巾，悬挂肩上，
洁白似甘露泡沫，犹如凭借苦行力而弯曲变圆的恒河水流。她的左手提着
玻璃水罐，犹如梵天诞生的莲花花蕾。她的右手戴有念珠串和贝壳指环，
向上抬起，食指在斥责声中晃动："啊，罪人！你满腔愤怒，灵魂邪恶！无
知，无自知之明！伪婆罗门，恶牟尼！贱种，逐出者！你自己出错羞恼，
怎么能诅咒尊贵的娑罗私婆蒂，这位值得天神、阿修罗、仙人和凡人共同
敬拜的三界之母？"说罢，她从拘舍草座上起身。与她一起，四位有形的
吠陀神②也愤怒地从藤座上起身。他们的嘴中回响着唵声。他们的发髻激烈
晃动，使十方感受到压力。他们整理围在腹部的黑鹿皮，扩大的阴影使白
天变暗。随着他们愤怒的喘息，整个梵界晃动似秋千。他们的身上仿佛流
出许多貌似汗珠的苏摩汁。他们的前额闪耀圣洁的祭品灰烬标志。他们手
持可爱的拘舍草纤维拂尘，身穿褴褛衣和树皮衣，带着波罗奢木杖，以随
身的水罐为武器③。

ततो 'मर्षय भगवन्, अभूमिरेषा शापस्य' इत्यनुनाथ्यमानो ऽपि विबुधैः, 'उपाध्याय, स्खलितमेकं
क्षमस्व' इति बद्धाञ्जलिपुटैः प्रसाद्यमानो ऽपि स्वशिष्यैः, 'पुत्र, मा कृथास्तपसः प्रत्यूहम्' इति
निवार्यमाणो ऽप्यत्रिणा, रोषावेशविवशो दुर्वासाः 'दुर्विनीते, व्यपनयामि ते विद्याजनितामुन्नतिमिमाम्,
अधस्ताद्गच्छ मर्त्यलोकम्' इत्युक्त्वा तच्छापोदकं विससर्ज । प्रतिशापदानोद्यतां सावित्रीं 'सखि, संहर
रोषम्, असंस्कृतमतयो ऽपि जात्यैव द्विजन्मानो माननीयाः' इत्यभिदधाना सरस्वत्येव न्यवारयत् ।

　　然后，尽管众天神求情："尊者啊，请宽容！她不应该遭诅咒。"他自己

---

　① 莎维德丽（Sāvitrī）是《梨俱吠陀》中一种重要的诗律名称。
　② 吠陀（Veda）有四部：《梨俱吠陀》、《娑摩吠陀》、《夜柔吠陀》和《阿达婆吠陀》，这里将它
们人格化为"四位有形的吠陀神"。
　③ 这些是苦行者的装束。

的学生们也合掌安抚："老师啊，宽恕这个过失吧！"阿特利也劝阻："儿子啊，不要折损你的苦行功德！"杜尔婆娑依然怒不可遏："没教养的女子！我要打消你自恃有知识的骄傲，下凡人间吧！"说罢，他吐出诅咒之水。莎维德丽准备发出反诅咒，而娑罗私婆蒂劝阻道："朋友啊，息怒！对于那些婆罗门，即使天生性情粗鲁，也应尊敬。"

अथ तां तथा शप्तां सरस्वतीं दृष्ट्वा पितामहो भगवान्कमलोत्पत्तिलग्नमृणालसूत्रामिव धवलयज्ञोपवीतिनीं तनुमुद्वहन्, उद्गच्छदच्छाङ्गुलीयकमरकतमयूखलताकलापेन त्रिभुवनोपप्लवप्रशम-कुशापीडधारिणेव दक्षिणेन करेण निवार्य शापकलकलम्, अतिविमलदीर्घैर्भीविकृतयुगारम्भसूत्रपातामिव दिक्षु पातयन् दशनकिरणैः, सरस्वतीप्रस्थानमङ्गलपटहेनेव पूरयन्नाशाः स्वरेण, सुधीरमुवाच — 'ब्रह्मन्, न खलु साधुसेवितो ऽयं पन्था येनासि प्रवृत्तः । निहन्त्येष परस्तात् । उद्दामप्रसृतेन्द्रियाश्वसमुत्थापितं हि रजः कलुषयति दृष्टिमनक्षजिताम् । कियद्दूरं वा चक्षुरीक्षते । विशुद्धया हि धिया पश्यन्ति कृतबुद्धयः सर्वानर्थानसतः सतो वा । निसर्गविरोधिनी चेयं पयःपावकयोरिव धर्मक्रोधयोरेकत्र वृत्तिः । आलोकमपहाय कथं तमसि निमज्जसि । क्षमा हि मूलं सर्वतपसाम् । परदोषदर्शनदक्षा दृष्टिरिव कुपिता बुद्धिर्न ते आत्मरागदोषं पश्यति । क्व महातपोभारवैवधिकता, क्व पुरोभागित्वम् । अतिरो-षणश्चक्षुष्मानन्ध एव जनः । नहि कोपकलु विमृशति मतिः कर्तव्यमकर्तव्यं वा । कुपितस्य प्रथममन्धकारीभवति विद्या, ततो भ्रुकुटिः । आदाविन्द्रियाणि रागः समास्कन्दति, चरमं चक्षुः । आरम्भे तपो गलति, पश्चात्स्वेदसलिलम् । पूर्वमयशः स्फुरति, अनन्तरमधरः । कथं लोकविनाशाय ते विषपादपस्येव जटावल्कलानि जातानि । अनुचिता खल्वस्य मुनिवेशस्य हारयष्टिरिव वृत्तमुक्ता चित्तवृत्तिः । शैलूष इव वृथा वहसि कृत्रिममुपशमशून्येन चेतसा तापसाकल्पम् । अल्पमपि न ते पश्यामि कुशलजातम् । अनेनातिलघिष्ठाद्याप्युपर्येव ध्रुवसे ज्ञानोदन्वतः । न खल्वनेलमूका एडा जडा वा सर्व एते महर्षयः । रोषदोषनिषद्ये स्वहृदये निग्राह्ये किमर्थमसि निगृहीतवान्नागसं सरस्वतीम् । एतानि तान्यात्मप्रमादस्खलितवैलक्ष्याणि, यैर्याति वाच्यतामविदग्धो जनः' इत्युक्त्वा पुनराह — 'वत्से सरस्वति विषादं मा गाः ।एषा त्वामनुयास्यति सावित्री विनोदयिष्यति चास्मद्विरहदुःखिताम् । आत्मजमुखकमलावलोकनावधिश्च ते शापो ऽयं भविष्यति' इति । एतावदभिधाय विसर्जित-सुरासुरमुनिमनुजमण्डलः ससंभ्रमोपगतनारदस्कन्धविन्यस्तहस्तः समुचिताह्निककरणायोदतिष्ठत् । सरस्वत्यपि शप्ता किंचिदधोमुखी धवलकृष्णसारां कृष्णाजिनलेखामिव दृष्टिमुरसि पातयन्ती, सुरभिनिःश्वासपरिमललग्नैर्मूर्तैः शापाक्षरैरिव षडरणचक्रैराकृष्यमाणा, शापशोकशिथिलितहस्ता, अधोमुखीभूतेनोपदिश्यमानमर्त्यलोकावतरणमार्गेव नखमयूखजालकेन, नूपुरव्याहाराहूतैर्भुवनकल-हंसकुलैर्ब्रह्मलोकनिवासिसिद्धैरिवानुगम्यमाना समं सावित्र्या गृहमगात् ।

看到娑罗私婆蒂这样遭诅咒，尊敬的祖父（梵天）举起右手，制止诅咒引起的喧嚣。他的右手上纯净的指环绿宝石闪射一束光芒，仿佛戴着一束消除三界灾难的拘舍草。他的身上佩戴洁白的圣线，仿佛是从莲花中诞生时沾在身上的藕丝。他的牙齿的光芒洁白而悠长，仿佛为建造未来圆满时代[①]而在各个方向画出量线。他的话音响彻各方，仿佛为娑罗私婆蒂启程而敲响的吉祥鼓。他沉着坚定地说道："婆罗门啊，确实，你遵循的不是善人们遵循的道路。它最终会毁灭你。狂妄不羁的感官之马扬起的尘土遮蔽不制伏感官者[②]的眼睛。而这眼睛又究竟能看多远？唯有智力健全者凭借纯洁的智慧能看清是非善恶。正法和愤怒放在一起，犹如水和火，天生不相容。你怎么能抛弃光明，投身黑暗？宽容是一切苦行之本。只善于观察别人的缺点，你的智慧就像愤怒的眼睛那样，看不到自己感情冲动的缺点。担负大苦行和挑剔别人的错误，两者差距有多大？狂怒的人即使有眼睛，也是瞎子。思想沾上愤怒，就分不清事情该做和不该做。发怒的人首先理智变暗，然后眉结变黑。激情首先攻击感官，然后攻击眼睛。首先苦行失落，然后汗水滴落。首先恶名昭著，然后嘴唇颤抖。你的发髻和树皮衣如同毒树的须根和树皮[③]，肯定会毁灭世人！你的思想方式脱离善行，犹如珍珠项链不适合这身牟尼装。就像演员，你徒然扮成苦行者，心中却缺乏平静。我看不到你有哪怕一点儿美德。你极其轻薄，至今飘浮在知识的海面上。所有这些大仙并非聋子、哑巴、傻瓜或白痴。你自己心中充满愤怒，需要制伏，为何要惩罚无辜的娑罗私婆蒂？自己疏忽出错羞恼，却让天真幼稚的人为此受责备。"说完这些，他又说道："孩儿啊！娑罗私婆蒂！你不要沮丧！莎维德丽会陪随你，排遣你与我们分离的痛苦。一旦你看到儿子的莲花脸，对你的这个诅咒就会结束。"说完这些，他遣散众天神、阿修罗、牟尼和凡人，伸手搭在急忙走上前来的那罗陀的肩上，起身准备举行日常的仪式。而诅咒在身，娑罗私婆蒂微微低下头，宛如黑鹿皮条纹黑白相间的目光落在胸脯上。她和莎维德丽一同回家。成群的蜜蜂迷恋她的芳香的叹息，犹如那些诅咒的字母紧随她。遭诅咒而忧愁，她的双手松弛垂下，指甲的光芒朝下，仿佛指点下凡人间的道路。宫中那些天鹅听从她的脚镯的响声召唤，犹如那些梵界居民的心，跟随着她。

अत्रान्तरे सरस्वत्यवतरणवार्तामिव कथयितुं मध्यमं लोकमवततारांशुमाली ।क्रमेण च मन्दायमाने मुकुलितबिसिनीविसरव्यसनविषण्णसरसि वासरे, मधुमदमुदितकामिनीकोपकुटिलकटाक्षक्षिप्यमाण इव क्षेपीयः क्षितिधरशिखरमवतरति तरुणतरकपिलपनलोहिते लोकैकचक्षुषि भगवति, प्रस्तुतमुखमाहे-

---

[①] 按照印度古代神话，世界每次从创造到毁灭，都要经历四个时代：圆满时代、二分时代、三分时代和迦利时代。"圆满时代"（Kṛtayuga）指充满正义的时代。
[②] "不制伏感官者"（anakṣajit）也可读作"不制伏车轴者"，即"不善于驾车者"。
[③] 这里，jaṭāvalkala 既读作"发髻和树皮衣"，又读作"根须和树皮"。

यीयूथक्षरत्क्षीरधाराधवलितेष्वासन्नचन्द्रोद्योद्दामक्षीरोदलहरीक्षालितेष्विव दिव्याश्रमोपशल्येषु, अपरा-
ह्णप्रचारचलिते चामरिणि चामीकरतटताडनारुणितरदने रदति सुरस्रवन्तीरोधांसि स्वैरमैरावते,
प्रसृतानेकविद्याधराभिसारिकासहस्रचरणालक्तकरसानुलिप्त इव प्रकटयति च तारापथे पाटलताम्,
तारापथप्रस्थितसिद्धदत्तदिनकरास्तमयाघ्यार्वर्जिते रञ्जितककुभि कुसुम्भभासि स्रवति पिनाकिप्र-
णतिमुदितसंध्यास्वेदसलिल इव रक्तचन्दनद्रवे, वन्दारुमुनिवृन्दारकवृन्दबध्यमानसंध्याञ्जलिवने
ब्रह्मोत्पत्तिकमलसेवागतसकलकमलाकर इव राजति ब्रह्मलोके, समुच्चारिततृतीयसवनब्रह्माणि ब्रह्माणि,
ज्वलितवैतानज्वलनज्वालाजटालाजिरेष्वारब्धधर्मसाधनशिबिरनीराजनेष्विव सप्तर्षिमन्दिरेषु, अघमर्ष-
णमुषितकिल्बिषविषगदोल्लाघलघुषु यतिषु, संध्योपासनासीनतपस्विपङ्क्तिपूतपुलिने प्लवमाननलिन-
योनियानहंससहासदन्तुरितोर्मिणि मन्दाकिनीजले, जलदेवतातपत्रे पत्ररथकुलकलत्रान्तःपुरसौधे
निजमधुमधुरामोदिनि कृतमधुपमुदि मुमुदिषमाणे कुमुदवने, दिवसावसानताम्रमत्तामरस-
मधुरमधुसपीतिप्रीते सुषुप्सति मृदुमृणालकाण्डकण्डूयनकुण्डलितकन्धरे धुतपक्षराजिवीजितरा-
जीवसरसि राजहंसयूथे, तटलताकुसुमधूलिधूसरितसरिति सरति सिद्धपुरपुरंध्रिघर्म्मिल्लमल्लि-
कागन्ध्रग्राहिणि सायन्तने तनीयसि निशानिःश्वासनिभे नभस्वति, सङ्कोचोद्भद्दुच्चकेसरको-
टिसङ्कटकुशेशयकोशकोटरकुटीशायिनि षड्रणचक्रे, नृत्तोद्धूतधूर्जटिजटाटवीकुटजकुड्मलनिकरनिभे
नभस्तलं स्तबकयति तारागणे, संध्यानुबन्धताम्रे परिणमत्तालफलत्वत्त्विषि कालमेघमेदुरे मेदिनीं
मीलयति नववयसि तमसि, तरुणतरतिमिरपटलपाटनपटीयसि समुन्मिषति यामिनीकामिनीकर्ण-
पूरचम्पककलिकाकदम्बके प्रदीपप्रकरे, प्रतनुतुहिनकिरणकिरणलावण्यालोकपाण्डून्याश्यानानील-
नीरमुक्तकालिन्दीकूलवालु कापुलिनायमाने शातक्रतवे कशयति तिमिरमाशामुखे, खमुचि
मेचकितविकचितकुवलयसरसि शशधरकरनिकरकचग्रहाविले विलीयमाने मानिनीमनसीव
शर्वरीशाबरीचिकुरचये चाषपक्षत्विषि तमसि, उदिते भगवत्युदयगिरिशिखरकटककुहरहरिखरनखर-
निवहहेतिनिहतनिजहरिणगलितरुधिरनिचयनिचितमिव लोहितं वपुरुदयरागधरमधरमिव विभाव-
रीवध्वा धारयति श्वेतभानौ, अचलच्युतचन्द्रकान्तजलधाराधौत इव ध्वस्ते ध्वान्ते, गोलोकग-
लितदुग्धविसरवाहिनि दन्तमयमकरमुखमहाप्रणाल इवापूरयितुं प्रवृत्ते पयोधिमिन्दुमण्डले, स्पष्टे
प्रदोषसमये सावित्री शून्यहृदयामिव किमपि ध्यायन्तीं साश्रां सरस्वतीमवादीत् — 'सखि,
त्रिभुवनोपदेशदानन्दक्षायास्तव पुरो जिह्वा जिहेति मे जल्पन्ती । जानास्येव यादृशो विसंस्थुला
गुणवत्यपि जने दुर्जनवन्निर्दाक्षिण्याः क्षणभङ्गिन्यो दुरतिक्रमणीया न रमणीया दैवस्य वामा वृत्तयः ।
निष्कारणा च निकारकणिकापि कलुषयति मनस्विनो ऽपि मानसमसदृशजनादापतन्ती ।
अनवरतनयनजलसिच्यमानश्च तरुरिव विप्लवो ऽपि सहस्रधा प्ररोहति शोकः । अतिसुकुमारं च जनं
सन्तापपरमाणवो मालतीकुसुममिव ग्लानिमानयन्ति । महतां चोपरि निपतन्त्रणुरपि सृणिरिव करिणां
क्लेशः कदर्थनायालम् । सहजस्नेहपाशग्रन्थिबन्धनाश्च बान्धवभूता दुस्त्यजा जन्मभूमयः । दारयति
दारुणः क्रकचपात इव हृदयं संस्तुतजनविरहः । सा नाहर्स्येवं भवितुम् । अभूमिः खल्वसि
दुःखक्ष्वेडाङ्कुरप्रसवानाम् । अपि च पुराकृते कर्मणि बलवति शुभे ऽशुभे वा फलकृति तिष्ठत्यधिष्ठातरि
प्रष्टे पृष्ठतश्च को ऽवसरो विदुषि शुचाम् । इदं च ते त्रिभुवनमङ्गलैककमलममङ्गलभूताः कथमिव

मुखमपवित्रयन्त्यश्रुबिन्दवः । तदलम् । अधुना कथय कतमं भुवो भागमलङ्कर्तुमिच्छसि । कस्मिन्नवतितीर्षति ते पुण्यभाजि प्रदेशे हृदयम् । कानि वा तीर्थान्यनुग्रहीतुमभिलषसि केषु वा धन्येषु तपोवनधामसु तपस्यन्ती स्थातुमिच्छसि । सज्जो ऽयमुपचरणचतुरः सहपांशुक्रीडापरिचयपेशलः प्रेयान्सखीजनः क्षितितलावतरणाय । अनन्यशरणा चाद्यैव प्रभृति प्रतिपद्यस्व मनसा वाचा क्रियया च सर्वविद्याविधातारं धातारं च स्वश्रेयसे स्वचरणरजःपवित्रित्रिदशासुरं सुधासूतिकलिकाक-ल्पितकर्णावतंसं देवदेवं त्रिभुवनगुरुं त्र्यम्बकम् । अल्पीयसैव कालेन स ते शापशोकविरतिं वितरिष्यति' । इति ।

这时，太阳下降中间世界①，仿佛报告娑罗私婆蒂下凡的讯息。白天渐渐逝去，那些莲花闭上花瓣，水池神情沮丧。世界唯一的眼睛、尊贵的太阳红似年轻猴子的嘴巴，仿佛被醉酒兴奋的美女们斜视的愤怒目光拽下，迅速落到山顶。②成群的母牛乳头流淌的乳汁成河，圣洁的净修林周围变白，仿佛经过月亮升起时乳海涌动的浪潮清洗。爱罗婆多象③系有拂尘，下午漫步，随意撞裂神河堤岸，象牙也因撞击金堤而变红。天空变红，仿佛经过数以千计出外与情人幽会的持明女④脚上的赤色树脂涂抹。行进空中的悉陀们⑤奉献日落供品，其中的红色檀香液流淌，染红四方，灿若番红花，仿佛是黄昏女神敬拜湿婆而兴奋激动流出的汗液。成群的优秀牟尼黄昏时分俯首敬拜，合十的手掌成林，仿佛所有的莲花前来侍奉梵天诞生的那株莲花，梵界光彩熠熠。众婆罗门吟诵黄昏祭祀颂诗。七仙人住所的庭院充满点燃的祭火火焰，仿佛是履行正法的军队营地举行净化仪式。耶底⑥们念诵涤罪颂诗，摆脱邪恶病毒而身心轻松。成排的苦行者坐在那里进行黄昏的祈祷，曼达吉尼河中沙洲获得净化，梵天的坐骑天鹅们在河水中游玩，如同河水微笑，而水浪如同露出的牙齿。睡莲成林，成为水中仙女们的华盖，鸟族的后宫，正准备绽放，自己的花蜜散发甜蜜芳香，令蜜蜂们喜悦。白天结束，红莲困倦，成群的天鹅已经享用甜蜜的花蜜，高兴满意，想要入睡，弯起脖子在柔软的莲花茎杆上搔痒，拍打翅膀扇动莲花池。黄昏时分的微风犹如夜晚的叹息，轻轻吹拂，使河流蒙上岸边蔓藤的花粉而灰暗，夹带着悉陀城中主妇们发髻上的茉莉花香。莲花合拢，花蕊向上挺直，使那些

---

① 中间世界是位于天上和地下之间的地上世界。
② 这里意谓美女们盼望夜晚赶快到来。
③ 爱罗婆多象（Airāvata）是天王因陀罗的坐骑。
④ 持明（Vidyādhara）属于半神类。
⑤ 悉陀（Siddha）属于半神类，品行高尚，又具有神通力。
⑥ 耶底（Yati）指苦行者。

蜜蜂以关闭的莲花库房为茅屋，躺在里面。群星在空中形成花簇，犹如湿婆在跳舞时，他的发髻丛林中跃起的大量俱吒遮花蕾。新生的黑暗带着黄昏的红色，灿烂似成熟的多罗果皮，丰满似乌云，覆盖大地。许多灯火点燃，刺破稀薄的黑暗帘幕，犹如夜晚女神耳饰上成串的占婆迦花蕾。因陀罗的东方出现淡淡的优美月光而变白，削弱黑暗，犹如阎牟那河岸随着黑水渐渐干涸退去而形成沙滩。黑暗如同黑夜般的舍跋罗女人的发辫，灿若青鸟的翅膀，使睡莲绽放的水池变暗。而月光拽住黑暗的头发，令她窘迫慌乱，如同内心骄傲的美女，从天空消失。尊敬的月亮升起，呈现红色的形体，如同夜晚美女的嘴唇呈现月亮升起时的红色。这红色的形体仿佛覆盖着自己的鹿儿流出的鲜血。这鹿儿遭到东山山顶洞穴中狮子以利爪为武器的伤害。①黑暗仿佛受到东山上月亮宝石渗出的水流清洗而消失。一轮圆月如同鳄鱼嘴状的巨大象牙导管，输送奶牛世界②的乳液，灌满大海。夜晚显然来临，娑罗私婆蒂仿佛内心空虚，含着眼泪若有所思。莎维德丽对她说道："朋友啊，你擅长教导三界。在你面前，我这唠叨的舌头感到羞愧。你知道命运的这种残酷的行为方式：不稳定，像恶人那样不尊重善人，刹那破灭，难以跨越，毫不可爱。无缘无故遭到恶人哪怕一点儿侮辱，也会令思想高尚的人心烦意乱。即使很小的不幸引起的忧愁，不断用泪水灌溉，也会成千倍地增长，犹如无芽的树木发芽。③娇嫩的人遇到一点儿烦恼，就会萎靡，犹如茉莉花稍微受热，就会萎缩。④即使遇到些许烦恼，也足以令伟大的人物难受，犹如刺棒刺激大象。我们和出生地由天生的感情纽带连接，如同亲友，无法离弃。与亲密的人残酷分离，犹如锯子锯木，撕碎我们的心。⑤但你不应该成为这样。你确实不是痛苦毒芽生长的土壤。从前造的业，无论善业或善业，强大有力，产生业果，站在我们前面和后面，统治我们，聪明的人何必为此忧愁？为何要让这些不吉祥的泪水玷污你的三界中独一无二的吉祥莲花脸？这已经够了！现在，你说说你想装饰大地的哪个地区？你心中希望下凡哪个圣洁的地方？你想恩宠哪些圣地？你想在哪些幸运的苦行林中修苦行？我这个可爱的朋友善于侍奉你，过去经常与你一起在沙土中游戏，亲密友好，现在，准备下凡大地。如今你别无依靠，从现在起，为了你的幸福，思想、语言和行为都要皈依三眼神湿婆！他是

---

① 月亮从东山升起，而月亮中有鹿儿，东山山顶洞穴中有狮子，因此有这样的描写。
② 奶牛世界（Goloka）是天国的组成部分。
③ 这里，vipallava 既读作"无芽的"，也读作"很小的不幸"（vipad-lava）。
④ 这里，santāpa 既读作"烦恼"，又读作"受热"；mlāni 既读作"萎靡"，又读作"萎缩"。
⑤ 这里，dāruṇaḥ 既可读作"残酷的"（体格），也可读作"木头的"（属格）。

一切知识的创造者，造物主，神中之神，三界导师，用自己脚上的尘土净化众天神和阿修罗，以弯月为耳饰。很快，他就会让你结束诅咒的忧愁。"

एवमुक्ता मुक्तमुक्ताफलधवललोचनजललवा सरस्वती प्रत्यवादीत् — 'प्रियसखि, त्वया सह विचरन्त्या न मे काञ्चिदपि पीडामुत्पादयिष्यति ब्रह्मलोकविरहः शापशोको वा । केवलं कमलासनसेवासुखमार्द्रयति मे हृदयम् । अपि च त्वमेव वेत्सि मे भुवि धर्मधामानि समाधिसाधनानि योगयोग्यानि च स्थानानि स्थातुम्' इत्येवमभिधाय विरराम रणरणकोपनीतप्रजागरा चानिमीलितलोचनैव तां निशामनयत् ।

闻听此言，娑罗私婆蒂流下珍珠般洁白的泪珠，回答说："亲爱的朋友，有你结伴而行，与梵界的分离或诅咒的忧愁不会对我造成什么折磨。唯有回想侍奉莲花座梵天的幸福会让我心酸。而且，你知道大地上遵行正法的地方，适合我修习瑜伽和沉思入定。"说完这些，她缄默不语。然而，她内心激动，不能闭目入睡，始终醒着，度过了这个夜晚。

अपरेद्युरुदिते भगवति त्रिभुवनशेखरे खणखणायमानखरखलीनक्षतनिजतुरगमुखक्षिप्तेन क्षतजेनेव पाटलितपुष्पुदयाचलचूडामणौ जरत्कृकवाकुचूडारुणारुणपुरःसरे विरोचने नातिदूरवर्ती विविच्य पितामहविमानहंसकुलपालः पर्यटन्नपरवक्त्रमुच्चैर्गायत् —

翌日，尊敬的太阳升起。它是三界的顶冠和东山的顶珠。太阳的形体仿佛被自己那些马匹嘴上溅出的鲜血染红。叮铛作响的硬嚼子割破了这些马匹的嘴。阿鲁那①红似老公鸡的鸡冠，在太阳前面引路。在不远处，祖父（梵天）坐骑天鹅群的看护者在游荡中，想了想，高声唱出这首阿波罗伐刻多罗诗：

'तरलयसि दृशं किमुत्सुकामकलुषमानसवासलालिते ।
अवतर कलहंसि वापिकां पुनरपि यास्यसि पङ्कजालयम्'

你住在纯洁的心湖②中受宠爱，
为何你闪动焦虑不安的目光？
天鹅啊，下来进入这个水池吧！
以后，你还会回到莲花池③去。

---

① 阿鲁那（Aruṇa）是曙光之神。
② 按照印度神话，心湖（Mānasa）位于盖拉瑟山上，是天鹅的故乡。
③ "莲花池"（paṅkajālaya，即"莲花住处"）也可读作"梵天"。故而，这里针对娑罗私婆蒂，暗含的另一义是"你还会回到梵天那里去"。

तच्छ्रुत्वा सरस्वती पुनरचिन्तयत् — 'अहमिवानेन पर्यनुयुक्ता । भवतु । मानयामि मुनेर्वचनम्' इत्युक्त्वोत्थाय कृतमहीतलावतरणसङ्कल्पा परित्यज्य वियोगविक्लवं स्वपरिजनं ज्ञातिवर्गमवगण्यावगणा त्रिः प्रदक्षिणीकृत्य चतुर्मुखं कथमप्यनुनयनिवर्तितानुयायिव्रतिव्रता ब्रह्मलोकतः सावित्रीद्वितीया निर्जगाम ।

娑罗私婆蒂听后，思忖道："他好像是在问我。好吧！我要尊重牟尼的话。"说罢，她起身，决定下凡大地。她抛弃难舍难分的随从，也不顾虑亲友，独自向四面梵天①右绕三匝行礼，艰难而有礼貌地劝回追随她的信众，由莎维德丽陪伴，离开梵界。

ततः क्रमेण ध्रुवप्रवृत्तां धर्मधेनुमिवाधोधावमानधवलपयोधराम्, उद्घुर्ध्वनिम्, अन्धकमथनमौलि-मालतीमालिकाम्, आलीयमानवालखिल्यरुद्धरोधसम्, अरुन्धतीधौततारवत्वचम्, त्वङ्क्तुङ्गतरङ्गतरत्-रलतरतारताराकाम्, तापसविकीर्णविरलतिलोदकपुलकितपुलिनाम्, आह्लवनपूतपितामहपातितपितृ-पिण्डपाण्डुरितपाराम्, पर्यन्तसुप्तसप्तर्षिकुशशायनसूचितसूर्यग्रहसूतकोपवासाम्, आचमनशुचिशचीप-तिमुच्यमानार्चनकुसुमनिकरशाराम्, शिवपुरापतितनिर्माल्यमन्दारदामकाम्, अनादरदारितमन्द-दरीदृषदम्, अनेकनाकनायकनिकायकामिनीकुचकलशविलुलितविग्रहाम्, ग्राह्यावग्राह्यमस्खलनमु-खरितस्त्रोतसम्, सुषुम्णास्नुतशशिसुधाशीकरस्तबकतारकिततीराम्, धिषणाम्बिकार्यधूमधूसरितसैकताम्, सिद्धविरचितवालुकालिङ्गलङ्घनत्रासविदुतविद्याधराम्, निर्मोकमुक्तिमिव गगनोरगस्य, लीलालला-टिकामिव त्रिविष्टपविटस्य, विक्रयवीथीमिव पुण्यपण्यस्य, दन्तार्गलामिव नरकनगरद्वारस्य, अंशुकोष्णीषपट्टिकामिव सुमेरुनृपस्य, दुकूलकदलिकामिव कैलासकुञ्जरस्य, पद्धतिमिवापवर्गस्य, नेमिमिव कृतयुगचक्रस्य, सप्तसागरराजमहिषीं मन्दाकिनीमनुसरन्ती मर्त्यलोकमवततार । अपश्यच्चाम्बरतलस्थितैव हारमिव वरुणस्य, अमृतनिर्झरमिव चन्द्राचलस्य, शशिमणिनिष्यन्दमिव विन्ध्यस्य, कर्पूरद्रुमद्रवप्रवाहमिव दण्डकारण्यस्य, लावण्यरसप्रस्रवणमिव दिशाम्, स्फाटिक-शिलापट्टशायनमिवाम्बरश्रियाः, स्वच्छशिशिरसुरसवारिपूर्णं भगवतः पितामहस्यापत्यं हिरण्यबाहुना-मानं महानदम्, यं जनाः शोण इति कथयन्ति । दृष्ट्वा च तं रामणीयकह्रतह्रदया तस्यैव तीरे वासमरोचयत् । उवाच च सावित्रीम् — 'सखि, मधुरमयूरविरुतयः कुसुमपांशुपटलसि-कतिलरुतलाः परिमलमत्तमधुपवेणीवीणारणितरमणीया रमयन्ति मां मन्दीकृतमन्दाकिनीद्युतेरस्य महानदस्योपकण्ठभूमयः । पक्षपाति च हृदयमत्रैव स्थातुं मे' इति । अभिनन्दितवचना च तथेति तया तस्य पश्चिमे तीरे समवातरत् । एकस्मिंश्च शुचौ शिलातलसनाथे तटलतामण्डपे गृहबुद्धिं बबन्ध । विश्रान्ता च नातिचिरादुत्थाय सावित्र्या सार्धमुञ्चितार्चनकुसुमा सख्यौ । पुलिनपृष्ठप्रतिष्ठापितसैक-

---

① 梵天有四张面孔。

तशिवलिङ्गा च भक्त्या परमया पञ्चब्रह्मपुरःसरां सम्यग्बुद्राबन्धविहितपरिकरां ध्रुवागीतिगर्भामवनिपवन-
वनगगनदहनतपनतुहिनकिरणयजमानमयीमूर्तीरष्टावपि ध्यायन्ती सुचिरमष्टपुष्पिकामदात् । अयत्नोप-
नतेन फलमूलेनामृतरसमप्यतिशिशयिषमाणेन च स्वादिम्ना शिशिरेण शोणवारिणा शरीरस्थितिमकरोत्
। अतिवाहितदिवसा च तस्मिँल्लतामण्डपशिलातले कल्पितपल्लवशयना सुष्वाप । अन्येद्युरप्यनेनैव
क्रमेण नक्तन्दिनमत्यवाहयत् ।

  然后，她沿着曼达吉尼河^①下凡人间。曼达吉尼河源自北极星。河上白
云向下飘去，犹如法牛^②洁白的乳房下垂。^③河水喧嚣。这河流犹如戴在诛
灭安陀迦者（湿婆）^④头顶的茉莉花环。岸边聚居着矮仙^⑤。那里的树皮已
由阿容达提^⑥清洗。闪亮的星星颤抖着越过汹涌的波涛。沙洲上撒有苦行者
们祭祖的芝麻和水。沐浴净身的祖父（梵天）布下祭祖饭团，使河岸变白。
七仙人睡在附近的拘舍草床上，表明为消除日蚀污染而斋戒。漱口净身的
舍姬之夫（因陀罗）撒下大量祭供的鲜花，使河流色彩斑驳。河中还有从
湿婆城扔下的剩余曼陀罗^⑦花环。水流轻易地冲破曼陀罗山^⑧谷的岩石，随
着众多天国首领妻子的如罐乳房跳动，越过成群的鳄鱼和礁石而发出声响。
河岸上点缀着从苏殊那光线^⑨中流出的月亮甘露滴。提舍那^⑩举行火祭，烟
雾燎绕，沙洲变得灰白。持明们害怕越过悉陀们用沙堆积的林伽^⑪而躲开。
这河流犹如天空之蛇蜕下的蛇皮^⑫，犹如天国清客额头的檀香志^⑬，犹如出
售功德商品的街头市场，^⑭犹如封住地狱城门的象牙门闩，犹如须弥卢山王
（湿婆）的丝绸头巾，犹如盖拉瑟山大象的细布旗幡，犹如解脱的道路，
犹如圆满时代车轮的轮辋。这河流是七海的王后。娑罗私婆蒂站在空中，
看到尊神祖父（梵天）的儿子、名为金臂的大河，充满纯净、清凉和甜美

---

 ① 曼达吉尼河（Mandākinī）即恒河。按照印度神话，恒河由天国流向人间。
 ② 法牛（Dharmadhenu）指象征正法的母牛。
 ③ 这里，dhavalapayodhara 既读作"白云"，也读作"洁白的乳房"。
 ④ 恒河从天国下降时，湿婆用头顶住狂泻的河水，让河水沿着他的头发，分成七条支流，缓缓
流向人间。
 ⑤ 矮仙（Vālakhilya）是生主迦罗都（Kratu）和妻子桑那蒂（Sannati）生下的六万个儿子，身躯
只有拇指般大小。
 ⑥ 阿容达提（Arundhatī）是极裕仙人的妻子。
 ⑦ 曼陀罗（Mandāra）是天国乐园的树。
 ⑧ 曼陀罗山（Mandara）位于须弥卢山东边。
 ⑨ 苏殊那光线（Suṣumna）指太阳的一种光线。
 ⑩ 提舍那（Dhiṣaṇa）即毗诃波提（Bṛhaspati），是天国祭司。
 ⑪ 林伽（Liṅga）是男性生殖器形状的石柱，象征湿婆大神生殖力或创造力。
 ⑫ 这是比喻河流的白色。
 ⑬ 清客（Viṭa）是梵语戏剧中的一种人物类型，游手好闲，陪随主人公。额头的檀香志比喻白色。
 ⑭ 这是比喻恒河能赋予人们功德。

的水流，人们称之为索纳河①。这河流犹如伐楼那②的项链，犹如月亮山的甘露溪流，犹如文底耶山上月亮宝石渗出的水流，犹如弹宅迦林中樟脑树渗出的水流，犹如四方流淌的美味，犹如天空美女的玻璃床。看到这可爱的河流，心中受吸引，她决定住在它的岸边。她对莎维德丽说道："朋友啊，这条大河的光辉胜过曼达吉尼河，岸边这些地方有孔雀甜蜜的鸣叫声，花粉覆盖树下沙地，成排的蜜蜂沉醉于欢爱，如琵琶发出可爱的嗡嗡声，令我喜欢。我的心选择停留在这里。"莎维德丽表示赞同，说道："好吧！"于是，她和莎维德丽一起降落在这条河的西岸。她确定岸边一个清净的蔓藤凉亭为住屋，里面有石板地。她稍事休息，就起身与莎维德丽一起采集供奉的鲜花和沐浴。她在沙洲上用沙堆积起湿婆林伽，怀着至高虔诚，念诵五梵祷词③，展示正确的手印④，其中包含反复吟唱颂歌，然后久久沉思地、风、水、空、火、日、月和祭祀者八种形体⑤，献上八种花束。她吃容易采集的根和果，喝索纳河水，维持自己的身体。清凉甘甜的索纳河水甚至胜过甘露汁。过完白天，她睡在这个蔓藤凉亭中石板地上铺设的嫩叶床上。第二天，她依然这样度过白天和夜晚。

एवमतिक्रामत्सु दिवसेषु गच्छति च काले कदाचिद्याममात्रोद्गते च रवावुत्तरस्यां ककुभि प्रतिशब्दपूरितवनगह्वरं गम्भीरतारतरं तुरङ्गहेषितहादमश्रृणोत् । उपजातकुतूहला च निर्गत्य लतामण्ड-पाद्दिलोकयन्ती विकचकेतकीगर्भपत्रपाण्डुरं रजःसञ्चातं नातिदवीयसि सम्मुखमापतन्तमपश्यत् । क्रमेण च सामीप्योपजायमानाभिव्यक्ति तस्मिन्महति शफरोदरधूसरे रजसि पयसीव मकरचक्रं ह्रुवमानं पुरः प्रधावमानेन, प्रलम्बकुटिलकचपल्लवघटितललाटजूटकेन, धवलदन्तपत्रिकाद्युतिहसितकपोलभित्तिना, पिनद्धकृष्णागुरुपङ्ककल्कच्छुरणकृष्णशाबलकषायकञ्चुकेन, उत्तरीयकृतशिरोवेष्टनेन, वामप्रकोष्ठनि-विष्टस्पष्टहाटककटकेन, द्विगुणपट्टपट्टिकागाढग्रन्थिग्रथितासिधेनुना, अनवरतव्यायामकृशकर्कशशरीरेण, वातहरिणयूथेनेव मुहुर्मुहुः खमुड्डीयमानेन, लङ्घितसमविषमावटविटपेन, कोणधारिणा, कृपाणपाणिना, सेवागृहीतविविधवनकुसुमफलमूलपर्णेन, 'चल चल, याहि याहि, अपसर्पापसर्प, पुरः प्रयच्छ पन्थानम्' इत्यनवरतकृतकलकलेन, युवप्रायेण, सहस्रमात्रेण पदातिबलेन सनाथमश्वव्रृन्दं सन्ददर्श ।

这样，时间流逝，过了一些日子。有一天早晨，太阳刚升起一个时辰⑥，她听到深长的马匹嘶鸣声回响在北边密林深处。出于好奇，她走出蔓藤凉

---

① 索纳河（Śoṇa）在华氏城（Pāṭaliputra）附近汇入恒河。
② 伐楼那（Varuṇa）是海神。
③ 五梵祷词（Pañcabrahma）是向湿婆念诵的祷词。
④ 手印（mudrā）指具有各种象征意义的手势。
⑤ 这些代表湿婆的八种形体。
⑥ 一个时辰（yāma）为三小时。

亭观察，看到不远处飞扬的尘土成团，正朝这边涌来，灰白似开花的盖多吉树嫩叶。然后，随着临近而清晰，她看到一支马队跃现在这白似鱼肚的弥天尘土中，犹如一群鳄鱼浮游在水中。前面奔跑着一千名护卫的步兵，大多是青年。他们的头发在额前卷曲下垂，面颊显露笑容，闪耀白色象牙耳环的光辉，铠甲涂抹黑沉香膏，既夹杂黑色，又散发芳香，上衣用作裹头巾，左前臂戴着明亮的金臂钏，短刀紧紧系在双层布料的腰带上，长期不断操练而身体瘦削粗糙，像快速的鹿儿那样一次又一次腾空跃起，越过高低不平的坑洼和灌木丛，佩带棍棒，手中持剑，携带各种用于祭供的根果花叶，不停地发出呼喊："快，快！走，走！躲开，躲开！前面让出路来！"

मध्ये च तस्य सार्धचन्द्रेण मुक्ताफलजालमालिना विविधरत्नखण्डखचितेन शङ्खक्षीरफेनपाण्डुरेण क्षीरोदेनेव स्वयं लक्ष्मी दातुमागतेन गगनगतेनातपत्रेण कृतच्छायम्, अच्छाच्छेनाभरणद्युतीनां निवहेन दिशामिव दर्शनानुरागलग्नेन चक्रवालेनानुगम्यमानम्, आनितम्बविलम्बिन्या मालतीशेखरस्रजा सकलभुवनविजयार्जितया रूपपताकेव विराजमानम्, उत्सर्पिभिः शिखण्डखण्डिकापद्मरागमणे- रुणैरंशुजालैरदृश्यमानवनदेवताविधृतैर्बालपल्लवैरिव प्रमृज्यमानमार्गरेणुपुरुषवपुषम्, बकुलकुण्डलमण्ड- लीमुण्डमालामण्डनमनोहरेण कुटिलकुन्तलस्तबकमालिना मौलिना मीलितातपं पिबन्तमिव दिवसम्, पशुपतिजटामुकुटमृगाङ्कद्वितीयशकलघटितस्येव सहजलक्ष्मीसमालिङ्गितस्य ललाटपट्टस्य मनःशिला- पङ्कपिङ्गलेन लावण्येन लिम्पन्तमिवान्तरिक्षम्, अभिनवयौवनारम्भावष्टम्भप्रगल्भदृष्टिपाततृणीकृतत्रि- भुवनस्य चक्षुषः प्रथिम्ना विकचकुमुदकुवलयकमलसरःसहस्रसञ्छादितदशदिशं शरदमिव प्रवर्तयन्तम्, आयतनयनन्दीसीमान्तसेतुबन्धेन ललाटतटशशिमणिशिलातलगलितेन कान्तिसलिलस्रोतसेव द्राघीयसा घोणावंशेन शोभमानम्, अतिसुरभिसहकारकर्पूरकक्कोललवङ्गपारिजातपरिमलमुचा मत्तमधुकरकुलकोलाहलमुखरेण मुखेन सनन्दनवनं वसन्तमिव वमन्तम्, आसन्नसुहृत्परिहासभाव- नोत्तानितमुखमुग्धहसितैर्दशनज्योत्स्नास्नपितदिग्मुखैः पुनःपुनर्नभसि सञ्चारिणं चन्द्रालोकमिव कल्पयन्तम्, कदम्बमुकुलस्थूलमुक्ताफलयुगलमध्याध्यासितमरकतस्य त्रिकण्टककर्णाभरणस्य प्रेङ्खतः प्रभया समुत्सर्पन्त्या कृतसकुसुमहरितकुन्दपल्लवकर्णावतंसमिवोपलक्ष्यमाणम्, आमोदितमृगमद- पङ्कलिखितपत्रभङ्गभास्वरं भुजयुगलमुद्दाममकराक्रान्तशिखरमिव मकरकेतुकेतुदण्डद्वयं दधानम्, धवलब्रह्मसूत्रसीमन्तितं सागरमथनसामर्षगङ्गास्रोतःसन्दानितमिव मन्दरं देहमुद्वहन्तम्, कर्पूरक्षो- दमुष्टिच्छुरणपांशुलेनेव कान्तोच्चकुचचक्रवाकयुगलविपुलपुलिनेनोरःस्थलेन स्थूलभुजायामपुञ्जितं पुरो विस्तारयन्तमिव दिक्चक्रम्, पुरस्तादिषद्घोनाभिनिहितैककोणमनीयेन पृष्ठतः कक्ष्याधिक- क्षिप्तपल्लवेनोभयतःसंवलनप्रकटितोरुत्रिभागेन हारीतहरिता निबिडनिपीडितेनाधरवाससा विभज्यमानतनुतरमध्यभागम्, अनवरतश्रमोपचितमांसकठिनविकटमकरमुखसंलग्नजानुभ्यां विशालव- क्षःस्थलोपलवेदिकोत्तम्भनशिलास्तम्भाभ्यां चारुचन्दनस्थासकस्थूलकान्तिभ्यामूरुदण्डाभ्यामुप- हसन्तमिवैरावतकरायामम्, अतिभरितोरुभारवहनखेदेनेव तनुतरजङ्घाकाण्डम्, कल्पपादपपल्लवद्वयस्येव

पाटलस्योभयपार्श्ववलम्बिनः पादद्वयस्य दोलायमानैनैर्खमयूखैरश्वमण्डनचामरमालामिव रचयन्तम्, अभिमुखमुच्चैरुद्बद्धिरतिचिरमुपरि विश्राम्यद्विरिव वलितविकटं पतद्भिः खुरैः खण्डितभुवि प्रतिक्षणदशनग्रहमुक्तिखणखणायितखरखलीने दीर्घ घ्राणलीनलिकलललाटलुलितचारुचामीकरचक्रके शिञ्जानशातकौम्भजयनशोभिनि मनोरंहसि गोलाङ्गूलकपोलकालकायलोम्नि नीलसिन्धुवारवर्णे वाजिनि महति समारूढम्, उभयतः पर्याणपट्टिष्ठहस्ताभ्यामासन्नपरिचारकाभ्यां दोधूयमानधवल-चामरिकायुगलम्, अग्रतः पठतो बन्दिनः सुभाषितमुत्कण्टकितकपोलफलकेन लग्नकर्णोत्पलकेसरपक्षशकलेनेव मुखशशिना भावयन्तम्, अनङ्गयुगावतारमिव दर्शयन्तम्, चन्द्रमयीमिव सृष्टिमुत्पादयन्तम्, विलासप्रायमिव जीवलोकं जनयन्तम्, अनुरागमयमिव सर्गान्तरमारचयन्तम्, शृङ्गारमयमिव दिवसमापादयन्तम्, रागराज्यमिव प्रवर्तयन्तम्, आकर्षणाञ्जनमिव चक्षुषोः, वशीकरणमन्त्रमिव मनसः, स्वस्थावेशचूर्णमिवेन्द्रियाणाम्, असन्तोषमिव कौतुकस्य, सिद्धयोगमिव सौभाग्यस्य, पुनर्जन्मदिवसमिव मन्मथस्य, रसायनमिव यौवनस्य, एकराज्यमिव रामणीयकस्य, कीर्तिस्तम्भमिव रूपस्य, मूलकोषमिव लावण्यस्य, पुण्यकर्मपरिणाममिव संसारस्य, प्रथममङ्कुरमिव कान्तिलतायाः, सर्गाभ्यासफलमिव प्रजापतेः; प्रतापमिव विभ्रमस्य, यशःप्रवाहमिव वैदग्ध्यस्य, अष्टादशवर्षदेशीयं युवानमद्राक्षीत् । पार्श्वे च तस्य द्वितीयमपरसंश्लिष्टतुरङ्गम्, प्रांशुमुत्तप्ततपनीयस्तम्भाकारम्, परिणतवयसमपि व्यायामकठिनकायम्, नीचनखश्मश्रुकचम्, शुक्तिखलतिम्, ईषत्तुन्दिलम्, रोमशोरःस्थलम्, अनुल्वणोदारवेशतया जरामपि विनयमिव शिक्षयन्तम्, गुणानपि गरिमाणमिवानयन्तम्, महानुभावतामपि शिष्यतामिवानयन्तम्, आचारस्याचार्यकमिव कुर्वाणम्, धवलवारबाणधारिणम्, धौतदुकूलपट्टिकापरिवेष्टितमौलिं पुरुषम् ।

她看见在这马队中间，有一位看似十八岁的青年。他的高耸入云的华盖有月牙标志，覆盖有珍珠网，镶嵌有各种宝石，洁白似贝螺、牛奶和水沫，为他遮阳，给他荫凉，犹如乳海亲自前来，赐给他吉祥天女。[①]他周身的装饰品闪烁光辉，仿佛四方的地平线渴望观看他，聚拢在他周围。他的茉莉花环从头颈悬挂至腹部，光彩熠熠，犹如战胜整个世界，赢得美的旗帜。顶饰[②]上的珠宝闪耀红色的光芒，仿佛隐身不见的森林女神手持嫩叶，擦拭途中沾染在他身上的尘土。他头顶卷曲的头发上佩戴波古罗花蕾结缀而成的花冠，可爱迷人，仿佛他啜饮白天，减少光热。[③]他的额头色似雄黄而优美，具有天生的魅力，仿佛装饰天空，犹如由湿婆顶冠上的月亮的另一片打造而成。他少年气盛，骄傲的目光将三界视同草芥，宽阔的眼睛仿

[①] 这是用乳海比喻他的华盖。吉祥天女（Śrī）是古时候天神和阿修罗搅乳海搅出的珍宝之一。吉祥天女象征财富和美。

[②] "顶饰"的原词是 śikhaṇḍakhaṇḍikā。其中，śikhaṇḍa 的词义是顶髻或顶冠，与 khaṇḍikā 组成复合词的词义是剃发礼，用在这里不合适。注释本将这个复合词的词义注为 cūḍābhāraṇam，即顶髻上的装饰。

[③] 这里用黑夜比喻他的头发，用白天比喻他的波古罗花冠。

佛创造出秋天，四方遍布数以千计盛开白莲、青莲和红莲的水池。①他的长长的鼻梁形成隔断宽阔眼睛之河的堤坝，又仿佛是从额头月亮宝石坡面渗出的美丽水流，光彩熠熠。他的嘴中散发芒果、樟脑、迦谷罗、丁香和波利迦多树的芳香，还回响迷醉的蜜蜂喧闹的嗡嗡声，仿佛呼出带有欢喜园林②的春天。他领会身边朋友开的玩笑而展露天真的笑容，四方沐浴在他的牙齿光芒中，这样，他仿佛一次又一次创造出在空中③流动的月光。他的三合耳饰是两颗大似迦昙波花蕾的珍珠中间夹有翡翠，晃动中闪耀光辉，看似素馨花和绿叶组合而成的耳饰。他的双臂抹有芳香的麝香膏线条，闪耀光辉，犹如爱神的两根旗杆，顶端装饰有凶猛的鳄鱼。④他威武的身躯戴有洁白的圣线，犹如恒河对搅乳海感到愤怒，用水流缠住曼陀罗山。⑤他宽阔的胸膛撒有成把的樟脑粉，仿佛沾有尘土，如同广阔的沙滩，栖息成双的轮鸟，宛如爱人高耸的双乳。⑥他仿佛让四方伸展在面前，堆积在他的粗犷的双臂之间。他的下衣色似青鸽，束得很紧，衬出瘦削的腰部，前面的一个衣角搭在肚脐往下一点儿的部位，可爱迷人，后面的下摆搭在腰带上，两边一起露出大腿的三分之一部位。由于不断磨练，他的双膝肌肉厚实坚硬如同可怕的鳄鱼嘴。他的大腿粗壮，如同石柱支撑石座般的宽阔胸膛，抹有可爱的檀香膏而优美，仿佛嘲笑爱罗婆多大象的长鼻。他的小腿瘦削，仿佛辛苦地撑住沉重的大腿。他的双脚垂在马的两侧，红似如意树花蕾。脚趾甲光芒晃动，仿佛是装饰马匹的拂尘。马蹄向前高高扬起，仿佛在空中多休息一会，然后弯曲，狠狠落下，粉碎大地。嚼子被牙齿咬开而时时发出声响。嚼子顶端⑦连接长鼻，额头上晃动着可爱的金环，披挂的金铠甲叮当作响。他骑着这匹高头大马，速度快似思想，体毛黑似猿脸，肤色如同黝黑的信度良种马。两个贴身侍从抓住两侧马鞍，舞动两个白色拂尘。前面有歌手吟唱妙语，激起他月亮脸上两颊汗毛直竖，耳朵上仿佛沾有莲花花蕊的花丝。他仿佛展示爱神的时代降临，仿佛创造出月光世界，充满欢乐的生命世界，充满激情的宇宙，仿佛创立情爱王国，天天充满艳情。

---

  ① 这里用白莲、青莲和红莲分别比喻眼睛中的眼白、眼珠和眼角。
  ② 欢喜园林（Nandanavana）是天王因陀罗的园林。
  ③ "空中"（nabhasi）一词含有双关，也读作"室罗筏拏月"（Śrāvaṇa），处在多云的雨季，故而月光时断时续出现。
  ④ 爱神以鳄鱼为旗帜标识，而这位青年的双臂如同旗杆，双臂上的麝香膏线条如同鳄鱼。
  ⑤ 古时候天神和阿修罗搅动乳海，以曼陀罗山为搅棒。恒河是乳海的妻子，故而对搅乳海感到愤怒，想用水流缠住曼陀罗山，阻止它搅乳海。
  ⑥ 这里以胸膛比作沙滩，正如沙滩适宜轮鸟，胸膛适宜爱人的双乳。
  ⑦ 这里原词为 lālika，词义通常指"水牛"。用在这里不合适，注释本将此词注为 kavikāśekhara（"嚼子顶端"）。

在众人眼中,他是迷人的眼膏。对于众人的心,他是迷人的咒语。对于众人的感官,他是爽身的粉末。人们对他的好奇心,仿佛永远不会满足。他仿佛具有吉祥幸运的魔力,仿佛是爱神的复活日①,永葆青春的仙丹,一统天下的可爱王国,色的荣誉柱,美的宝库,尘世善业的功果,可爱蔓藤的第一萌芽,生主创造实践的成果,爱情游戏的光辉,聪明睿智赢得的名誉。在他的身边有另一个人,这个人的马没有其他人贴近。他身材魁梧,如同灼热发光的金柱。即使年龄成熟,身体因磨练而结实,他保持短短的指甲、胡须和头发,光秃似贝壳,略微显胖,胸脯多毛。他的服饰华贵而不炫丽,似乎教导年长也要注意涵养。他甚至仿佛为品德本身增添分量,也让威力成为自己的学生。他仿佛成为品行的导师。他身披白色的铠甲,头裹洁净的细布头巾。

अथ स युवा पुरोयायिनां यथादर्शनं प्रतिनिवृत्य विस्मितमनसां कथयतां पदातीनां सकाशादुपलभ्य दिव्याकृति तत्कन्यायुगलमुपजातकुतूहलः प्रतूर्णतुरगो दिदृक्षुस्तं लतामण्डपोद्देशमाजगाम दूरादेव च तुरगादवततार । निवारितपरिजनश्च तेन द्वितीयेन साधुना सह चरणाभ्यामेव सविनयमुपससर्प । कृतोपसंग्रहणौ तौ सावित्री समं सरस्वत्या किसलयासनदानादिना सकुसुमफलार्घ्यावसानेन वनवासोचितेनातिथेयेन यथाक्रममुपजग्राह । आसीनयोश्च तयोरासीना नातिचिरमिव स्थित्वा तं द्वितीयं प्रवयसमुद्दिश्यावादीत् — 'आर्य, सहजलज्जाधनस्य प्रमदाजनस्य प्रथमाभिभाषणमशालीनता, विशेषतो वनमृगीमुग्धस्य कुलकुमारीजनस्य । केवलमियमालोकनकृतार्थाय चक्षुषे स्पृहयन्ती प्रेयरत्युदन्तश्रवणकुतूहलिनी श्रोत्रवृत्तिः । प्रथमदर्शने चोपायनमिवोपनयति सज्जनः प्रणयम् । अप्रगल्भमपि जनं प्रभवता प्रश्नयेणार्पितं मनो मध्विव वाचालयति । अयत्नेनैव चातिनम्रे साधौ धनुषीव गुणः परां कोटिमारोपयति विस्रम्भः । जनयन्ति च विस्मयमतिधीरधियामप्यदृष्टपूर्वा दृश्यमाना जगति स्रष्टुः सृष्टयतिशयाः, यत्त्रिभुवनाभिभावि रूपमिदमस्य महानुभावस्य । सौजन्यपरतन्त्रा चेयं देवानांप्रियस्यातिभद्रता कारयति कथं न तु युवतिजने सहोत्था तरलता । तत्कथयागमनेनापुण्यभाक्तमो विजृम्भितविरहव्यथैः शून्यतां नीतो देशः । क्व वा गन्तव्यम् । कस्य वायमपह्नतहरहुङ्काराहङ्कारो ऽपर इवानन्यजो युवा । किंनाम्नः समृद्धतपसः पितुरयममृतवर्षी कौस्तुभमणिरिव हरेर्हृदयमाह्लादयति । का चास्य त्रिभुवननमस्या प्रभातसंध्येव महतस्तेजसो जननी । कानि वास्य पुण्यभाञ्जि भजन्त्यभिख्यामक्षराणि । आर्यपरिज्ञाने ऽप्ययमेव क्रमः कौतुकानुरोधिनो हृदयस्य' । इत्युक्तवत्यां तस्यां प्रकटितप्रश्रयो ऽसौ प्रतिव्याजहार — 'आयुष्मति, सतां हि प्रियंवदता कुलविद्या । न केवलमाननं हृदयमपि च ते चन्द्रमयमिव सुधाशीकरशीतलैरानन्दयति वचोभिः । सौजन्यजन्मभूमयो भूयसा शुभेन सज्जननिर्माणशिल्पकला भवाद्दशो जायन्ते । दूरे तावदन्योन्यस्यालापनमभिजातैः सह दृशो ऽपि मिश्रीभूता महतीं भूमिमारोपयन्ति । श्रूयताम् — अयं

---

① 爱神曾干扰湿婆大神修苦行,而被焚烧成灰烬。从此,爱神变得无形。

खलु भूषणं भार्गववंशस्य भगवतो भूर्भुवःस्वस्त्रितयतिलकस्य, अदभ्रप्रभावस्तम्भितजम्भा-
रिभुजस्तम्भस्य, सुरासुरमुकुटमणिशिलाशयनदुर्ललितपादपङ्केरुहस्य, निजतेजःप्रसरप्लुष्टपुलोम्नश्च्य-
वनस्य बहिर्वृत्ति जीवितं दधीचो नाम तनयः । जनन्यस्य जितजगतो ऽनेकपार्थिवसहस्रानुयातस्य
शर्यातस्य सुता राजपुत्री त्रिभुवनकन्यारत्नं सुकन्या नाम । तां खलु देवीमन्तर्वत्नीं विदित्वा वैजनने
मासि प्रसवाय पिता पत्युः पार्श्वोत्स्वगृहमानाययत् । असूत च सा तत्र देवी दीर्घायुषमेनम् ।
अनेहसावर्धत तत्रैवायमानन्दितज्ञातिवर्गो बालस्तारकाराज इव राजीवलोचनो राजगृहे ।
भर्तृभवनमागच्छन्त्यामपि दुहितरि नासेचनकदर्शनमिममममुञ्चन्मातामहो मनोविनोदनं नप्तारम् ।
अशिक्षतायं तत्रैव सर्वा विद्याः सकलाश्च कलाः । कालेन चोपारूढयौवनमिममा-
लोक्याहमिवासावप्यनुभवतु मुखकमलावलोकनानन्दमस्येति मातामहः कथंकथमप्येनं पितुरन्तिकम-
धुना व्यसर्जयत् । मामपि तस्य देवस्य सुगृहीतनाम्नः शर्यातस्याज्ञाकारिणं विकुक्षिनामानं
भृत्यपरमाणुमवधारयतु भवती । पितुः पादमूलमायान्तं मया साभिसारमकरोत्स्वामी । तद्धि नः
कुलक्रमागतं राजकुलम् । उत्तमानां च चिरन्तनता जनयत्यनुजीविन्यपि जने कियन्मात्रमपि मन्दाक्षम् ।
अक्षीणः खलु दाक्षिण्यकोशो महताम् । इतश्च गव्यूतिमात्रमिव पारेशोणं तस्य भगवतश्च्यवनस्य
स्वनाम्ना निर्मितव्यपदेशं च्यावनं नाम चैत्ररथकल्पं काननं निवासः । तदवधिश्चेयं नौ यात्रा । यदि च
गृहीतक्षणं दाक्षिण्यमनवहेलं वा हृदयमस्माकमुपरि भूमिर्वा प्रसादानामयं जनः श्रवणार्हो वा, ततो न
विमाननीयो ऽयं नः प्रथमः प्रणयः कुतूहलस्य । वयमपि शुश्रूषवो वृत्तान्तमायुष्मत्योः ।
नेयमाकृतिर्दिव्यतां व्यभिचरति । गोत्रनामनी तु श्रोतुमभिलषति नौ हृदयम् । तत्कथय कतमो वंशः
स्पृहणीयतां जन्मना नीतः । का चेयमत्रभवती भवत्याः समीपे समवाय इव विरोधिनां पदार्थानाम् ।
तथा हि । सन्निहितबालान्धकारा भास्वन्मूर्तिश्च, पुण्डरीकमुखी हरिणलोचना च, बालातपप्रभाधारा
कुमुदहासिनी च, कलहंसस्वना समुन्नतपयोधरा च, कमलकोमलकरा हिमगिरिशिलापृथुनितम्बा च,
करभोरुर्विलम्बितगमना च, अमुक्तकुमारभावा स्निग्धतारका च' इति । सा त्ववादीत् — 'आर्य,
श्रोष्यसि कालेन । भूयसो दिवसानत्र स्थातुमभिलषति नौ हृदयम् । अल्पीयांश्चायमध्वा । परिचय एव
प्रकटीकरिष्यति । आर्येण न विस्मरणीयो ऽयमनुषङ्गदृष्टो जनः' इत्यभिधाय तूष्णीमभूत् । दधीचस्तु
नवाम्भोभरगभीराम्भोधरध्वाननिभया भारत्या नर्तयन्नवनलताभवनभाजो भुजङ्गभुजः सुधीरमुवाच —
'आर्य, करिष्यति प्रसादमार्यायाराध्यमाना । पश्यामस्तावत्तातम् । उत्तिष्ठ।व्रजामः' इति । तथेति च
तेनाभ्यनुज्ञातः शनैरुत्थाय कृतनमस्कृतिरुच्चचाल । तुरगारूढं च तं प्रयान्तं सरस्वती
सुचिरमुत्तम्भितपक्ष्मणा निश्चलतारकेण लिखितेनेव चक्षुषा व्यलोकयत् । उत्तीर्य च शोणमचिरेणैव
कालेन दधीचः पितुराश्रमपदं जगाम । गते च तस्मिन्सा तामेव दिशमालोकयन्ती सुचिरमतिष्ठत् ।
कृच्छ्रादिव च सञ्जहार दृशम् ।

然后，先遣部队的士兵回来如实禀报他们惊讶地看到的情况。这位青年得知附近有两位天女模样的少女，心生好奇，加快马速，想要看个究竟，来到那个蔓藤凉亭，在远处下马。他挡住随从，只让一位贤士陪伴，恭敬地徒步前往。莎维德丽和娑罗私婆蒂受到致敬后，依照林中待客之礼接待他俩，先献上嫩叶草座，最后献上花果。他俩坐下后，莎维德丽仿佛没坐多久，就站起身，对这两位中的年长者说道："贤士啊，妇女天生以羞涩为财富，抢先说话是鲁莽行为，尤其是出身高贵的少女，天真纯朴，如同林中雌鹿。只是耳朵羡慕眼睛大饱眼福，渴望听取信息，才促使我开口。初次相见，善人仿佛以恭顺为礼物。受到强大者礼遇，心儿变得像蜜酒，甚至促使胆小者开口说话。对于谦恭的善人，很容易产生最大的信任，犹如弓弦达到弯弓的顶端。①看到创造主在世上创造出前所未见的杰作，甚至思想坚定和聪慧者也会惊奇。因为这位高贵者的容貌胜过三界。那是这位受众天神宠爱者的仁慈贤达，而不是少女天生的轻佻使我开口说话。请说说你们来自哪里？你们来到这里，那里便减却福分，变得空虚，离愁增长而痛苦。你们前往哪里？这位青年仿佛是另一位剥夺湿婆骄傲吼声的爱神，②是谁的儿子？那位具有大苦行的父亲叫什么名字？这儿子如同甘露雨令他满心欢喜，犹如憍斯杜跋宝石③令毗湿奴满心欢喜。他的母亲是谁？她值得三界崇敬，如同晨曦产生伟大的光辉④。哪些字母有幸拼成他的名字？同样，出于好奇心，也想了解贤士你的情况。"莎维德丽说完这些话，这个人谦恭地回答说："尊贵的女士，言辞可爱是高贵家族的技艺。你不仅脸似月亮，心也似月亮，甘露雨滴般清凉的言辞令人喜悦。十分幸运，诞生像你这样的妇女，具有塑造善人的技艺，成为善行的诞生地。不用说互相交谈，甚至与出身高贵者交换一下目光，就能获得极大的提升。请听！这位青年是婆利古族的装饰，名叫陀提遮，尊贵的行落仙人的儿子，外化的生命。行落仙人是地、空和天三界的吉祥志，凭借积聚的威力令因陀罗强壮的手臂瘫痪。⑤他的莲花脚经常在天神和阿修罗的顶冠摩尼珠铺成的床上乱晃。⑥他也凭自己的光辉焚烧布罗曼。⑦这位青年的母亲是位公主，三界中的女宝，名叫美娘。她的父亲舍尔亚多征服世界，数千国王归顺。知道这位王后怀

---

① 这里，atinamra 既读作"谦恭的"，形容"善人"，又读作"弯的"，形容"弓"。
② 爱神已被湿婆焚烧成灰。而这位青年的出现，仿佛他压倒湿婆的傲气。
③ 憍斯杜跋宝石（Kaustubhamaṇi）是搅乳海搅出的珍宝之一。
④ "伟大的光辉"（mahatastejasaḥ）也可理解为是太阳。
⑤ 行落仙人（Cyavana）曾修炼苦行，长期站立不动，以致埋在蚁垤中，只有两只眼睛露在外面。国王舍尔亚多的女儿美娘出于好奇和任性，用荆棘刺穿行落仙人的两只眼睛。为了平息行落仙人的愤怒，国王将女儿美娘嫁给这位衰老的苦行仙人。孪生天神双马童让这位老仙人恢复青春。他感激双马童，允许他俩喝苏摩酒。但这违背天王因陀罗的禁令。因陀罗要用雷杵惩罚他。他便施展法力，让因陀罗双臂瘫痪，迫使因陀罗认输。
⑥ 意谓天神和阿修罗跪倒在他的脚下，向他行触足礼。
⑦ 行落仙人在母亲胎中时，母亲被罗刹布罗曼劫走。在劫走途中，行落仙人从母亲腹中坠落，放射出光芒，将布罗曼焚烧成灰。

孕，到了临产的一月，父亲将她从国王身边带回自己家中分娩。王后在那里生下这位长命的儿子。他在舍尔亚多王宫中渐渐长大。这位莲花眼如同星星之王月亮，令亲友们喜欢。即使女儿返回丈夫家中，这位外公也依然留住外孙。这个外孙是他心中的安慰，总也看不够。于是，这个孩子便在那里学习一切知识和技艺。光阴流逝，外公看到他已长成青年，心想：'应该让他的父亲也像我一样，能看到他的月亮脸而高兴。'因此，现在不管怎样舍不得，也将他送回自己父亲身边。夫人您要知道，我是名号吉祥的国王舍尔亚多的侍臣，卑微的仆从，名叫维古齐。主人安排由我陪伴他回到父亲的膝下。这是我们这个王族的家族传统。天长日久，高贵的主人甚至也会对侍从或多或少产生偏爱。高尚人物的仁慈确实无穷无尽。从这里越过索纳河大约只有两俱卢沙①，便是尊贵的行落的住处，以他自己的名字命名的行落园林，如同妙车园林②。这是我俩此行的目的地。如果此刻能蒙受你们的善意，不嫌弃我们，关心我们，恩宠我们，而我也有幸能听取，那么，就不要拒绝我们出于好奇而提出的第一个请求。我们也希望听听你们两位高贵女士的情况。你们的模样不脱离神性，但我俩心中渴望听取你俩的族姓和名字。请说说是哪个世系，由于你们的出生而令人羡慕？在您身边的这位尊贵的小姐是谁？她仿佛是矛盾事物的复合。例如，她呈现乌黑的头发，又呈现明亮的形体；她有莲花③脸，又有鹿眼；她有朝阳的光辉，又有晚莲的笑容；④她有天鹅的音色，又有高耸的乳房⑤；她的双手柔软似莲花，而她的臀部宽大似雪山山坡；⑥她的大腿似骆驼，而步履缓慢；⑦她还没有越过少女阶段，而眼瞳中充满挚爱。⑧"莎维德丽说道："贤士啊，你到时候会听取。我俩心中愿意在这里再停留一些天。这段路程也很短。互相熟悉后，一切都会明白。只是贤士不要忘却偶然相逢的人。"说完，她便保持沉默。于是，陀提遮发出庄重的话音，如同饱含新鲜雨水的乌云发出深沉的雷声，引发住在林中蔓藤丛中的孔雀翩翩起舞，⑨说道："贤士啊，

---

① 两俱卢沙（gavyūti）相当于半由旬。
② 妙车园林（Caitraratha）是财神俱比罗的园林。
③ 这里的"莲花"（puṇḍarīka）一词也可读为"老虎"。
④ 这里意谓晚莲不会在白天开放。
⑤ 这里的"乳房"（payodhara）一词也可读为"乌云"。乌云发出雷声，与天鹅鸣声迥然不同。
⑥ 这里意谓柔嫩的莲花不可能长在雪山山坡坚硬的岩石上。
⑦ 这里意谓骆驼的双腿坚实有力，步履迅捷，而她的步履缓慢。同时，读作"骆驼"的 karabha 一词也可读作"象鼻"，比拟她的大腿粗圆。
⑧ 这里的"少女"（kumāra）一词也可读为"鸠摩罗"，"眼瞳"（tāraka）一词也可读为"多罗迦"。这样，这一句也可读为"没有放弃鸠摩罗，又热爱多罗迦。"其中，鸠摩罗是战神，多罗迦是恶魔。
⑨ 这里意谓孔雀听到他的说话声音，误以为乌云降临，高兴得翩翩起舞。其中，读作"孔雀"的 bhujaṅgabhujaḥ（复数，业格）一词，也可读作"手臂似蛇的"（单数，体格），形容这位青年。

她们领情便是赐给我们的恩惠。我们现在去看望父亲，起身吧！我们这就出发。"听到维古齐同意说："好吧！"他缓缓起身，并表示致敬，然后出发。娑罗私婆蒂睫毛竖起，如同绘画中的眼睛，目不转睛，久久凝视着他骑马离去。很快，陀提遮越过索纳河，到达父亲的净修林。她久久伫立，凝视他离去的方向，仿佛难以收回目光。

अथ मुहूर्तमिव स्थित्वा स्मृत्वा च तां तस्य रूपसंपदं पुनः पुनर्व्यस्मयतास्या हृदयम् । भूयो ऽपि चक्षुराचकाङ्क्ष तद्दर्शनम् । अवशेव केनाप्यनीयत तामेव दिशं दृष्टिः । अप्रहितमपि मनस्तेनैव सार्धमगात् । अजायत च नवपल्लव इव बालवनलतायाः कुतो ऽप्यस्या अनुरागश्चेतसि । ततः प्रभृति सालस्येव शून्येव सनिद्रेव दिवसमनयत् । अस्तमुपयाति च प्रत्यक्पर्यस्तमण्डले लाङ्गलिकास्तबक-ताम्रत्विषि कमलिनीकामुके कठोरसारसशिरःशोणशोचिषि सावित्रे त्रयीमये तेजसि, तरुणतरतमालश्यामले च मलिनयति व्योम व्योमव्यापिनि तिमिरसञ्चये, सञ्चरत्सिद्धसुन्दरीनूपुररवानुसारिणि च मन्दं मन्दं मन्दाकिनीहंस इव समुत्सर्पति शशिनि गगनतलम्, कृतसंध्याप्रणामा निशामुख एव निपत्य विमुक्ताङ्गी पल्लवशयने तस्थौ । सावित्र्यपि कृत्वा यथाक्रियमाणं सायन्तनं क्रियाकलापमुचिते शयनकाले किसलयशयनमभजत । जातनिद्रा च सुष्वाप ।

然后，她仿佛只是呆了一会儿，又回想他的美貌，心中一再感到惊讶。她的眼睛渴望再次见到他。她的目光仿佛鬼使神差，会不由自主地转向那个方向。即使没有派遣，她的心也已随他而去。她心中的爱情如同林中稚嫩的蔓藤的新芽，不知怎么已经萌发。从此，她度过白天，仿佛慵倦，空虚，昏昏欲睡。三吠陀构成的[①]太阳的光轮是莲花的情人，[②]现在落下西山，光芒红似楞伽利迦花簇，又似老仙鹤的头顶。浓密的夜雾弥漫天空，黑似茁壮的多摩罗树。月亮缓缓升空，犹如曼达吉尼河的天鹅随着行走的悉陀美女们脚镯的响声缓缓飞行。夜晚降临，她已完成黄昏敬拜仪式，放松身体，躺倒在嫩叶床上。莎维德丽也照例一一完成黄昏敬拜仪式，并按照惯常的就寝时间躺上嫩叶床，困倦而入睡。

इतरा तु मुहुर्मुहुरुज्ज्वलनैर्विलुलितकिसलयशयनतला निमीलितलोचनापि नाभजत निद्राम् । अचिन्तयच्च — 'मर्त्यलोकः खलु सर्वलोकानामुपरि, यस्मिन्नेवंविधानि सम्भवन्ति त्रिभुवनभूषणानि सकलगुणग्रामगुरूणि रत्नानि । तथा हि । तस्य मुखलावण्यप्रवाहस्य निष्यन्दबिन्दुरिन्दुः । तस्य च चक्षुषो विक्षेपा विकचकुमुदकुवलयकमलाकराः । तस्य चाधरमणेर्दीधितयो विकसितबन्धूकव-

---

① "三吠陀构成的"（Trayīmaya）或"以三吠陀为身体的"（Trayītanu）是太阳的称号。
② 莲花在白天绽放，故而是太阳的情人。

नराजयः । तस्य चाङ्गस्य परभागोपकरणमनङ्गः । पुण्यभाञ्जि तानि चक्षूंषि चेतांसि यौवनानि वा स्त्रैणानि, येषामसौ विषयो दर्शनस्य । क्षणं नु दर्शयता च तमन्यजन्मजनितेनेव मे फलितमधर्मेण । का प्रतिपत्तिरिदानीम्' इति चिन्तयन्त्येव कथंकथमप्युपजातनिद्रा चिरात्क्षणमशेत । सुप्ता च तं दीर्घलोचनं स्वप्ने ददर्श । स्वप्नप्रसादितद्वितीयदर्शना चाकर्णाकृष्टकार्मुकेण मनसि निर्दयमताड्यत प्रतिबुद्धा मकरकेतुना । मदनशरताडितायाश्च तस्या वार्तामिवोपलब्धुमरतिराजगाम । तथा हि । ततः प्रभृति कुसुमधूलिधवलाभिर्वनलताभिरताडितापि वेदनामधत्त । मन्दमन्दमारुतविधूतैः कुसुमरजोभिर्दूषित-लोचनाप्यश्रुजलं मुमोच । हंसपक्षतालवृन्तवान्तवातविततैः शोणशीकरैरसिक्ताप्यार्द्रतामगात् । प्रेङ्खत्कादम्बमिथुनैरनूढाप्यघूर्णत वनकमलिनीकल्लोलदोलाभिः । विघटमानचक्रवाकयुगलविसृष्टैर-स्पृष्टापि श्यामतामाससाद विरहनिःश्वासधूमैः । पुष्पधूलिधूसरैरदष्टापि व्यचेष्ट मधुकरकुलैः ।

　　而另一位在嫩叶床上辗转反侧，即使闭着眼睛，也不能入睡。她思忖道："确实，人间世界高于一切世界。在这里，有这么多用成束的线①串连的沉重珍宝，成为三界的装饰。例如，月亮是他的脸庞之美流淌出的一滴。他的目光呈现绽放的白莲、青莲和红莲。他的下嘴唇如同摩尼珠，闪耀的光芒如同盛开的般杜迦树林。没有肢体的爱神增添他的肢体的美。他是妇女们的眼睛、心和青春有幸目睹的对象。那是由于前生不当行为的果报，让我只在刹那间看到他。现在该怎么办？"她这样思忖着，不知不觉感到困倦，最终在刹那间睡着了。入睡后，她又梦见这位眼睛宽长的青年。在这梦中的第二次相见中，爱神无情地挽弓至耳边，射中她。她醒来后，烦恼仿佛前来了解她被爱神之箭射中的情况。②例如，从此刻起，即使没有遭到沾满白色花粉的蔓藤击打，她也感到痛苦。即使微风吹拂的花粉没有掉进她的眼睛，她也会流泪。即使天鹅的双翼没有扇风扩散索纳河水珠而淋湿她，她也变得湿润③。即使没有成双作对的灰鹅游动，她也会随着林中莲花池的水浪波动而激动。即使没有受到成双作对的轮鸟因分离而叹出的烟雾④熏染，她也变得黝黑。即使没有遭到沾满灰色花粉的蜜蜂叮咬，她也惊慌。

अथ गतरात्रापगमे निवर्तमानस्तेनैव वर्त्मना तं देशमागत्य तथैव निवारितपरिजनश्छत्रधारद्वितीयो विकुक्षिर्दुढौके । सरस्वती तु तं दूरादेव संमुखमागच्छन्तं प्रीत्या ससंभ्रममुत्थाय वनमृगीवोद्ग्रीवा विलोकयन्ती मार्गपरिश्रान्तमस्नपयदिव धवलितदशदिशा दृशा । कृतासनपरिग्रहं तु तं प्रीत्या सावित्री

---

① 这里的"线"（guṇa）也可读为"品德"，因此，也暗喻陀提遮具有许多品德或美德。
② 这里意谓她产生爱情的烦恼。
③ 这里的"湿润"（ārdratā）一词也可读为"柔情"。
④ 这里将轮鸟的叹息比作黑色的烟雾。

पप्रच्छ — 'आर्य, कच्चित्कुशली कुमारः' इति । सो ऽब्रवीत् — 'आयुष्मति, कुशली । स्मरति च भवत्योः । केवलममीषु दिवसेषु तनीयसीमिव तनुं बिभर्ति । अविज्ञायमानां चानिमित्तां शून्यतामिवाधत्ते । अपि च । अन्वक्षमागमिष्यत्येव मालतीति नाम्ना वाणिनी वार्तां वो विज्ञातुम् । उच्छ्वसितं सा कुमारस्य' इति । तच्छ्रुत्वा पुनरपि सावित्री समभाषत — 'अतिमहानुभावः खलु कुमारो यदेवमविज्ञायमाने क्षणदृष्टे ऽपि जने परिचितिमनुबध्नाति । तस्य हि गच्छतो यदृच्छया कथमप्यंशुकमिव मार्गलतासु मानसमस्मासु मुहूर्तमासक्तमासीत् । अशून्यं हि सौजन्यमाभिजात्येन वः स्वामिसूनोः । अलसः खलु लोको यदेवं सुलभसौहार्दानि येनकेनचित्र क्रीणाति महतां मनांसि । सो ऽयमौदार्यातिशयः को ऽपि महात्मनामितरजनदुर्लभो येनोपकरणीकुर्वन्ति त्रिभुवनम्' इति । विकुक्षिरुच्चावचैरालापैः सुचिरमिव स्थित्वा यथाभिलषितं देशमयासीत् ।

然后，过了一些天，维古齐由原路返回，来到这个地方。他同样挡住随从，只让一位侍从手持华盖陪他前往。娑罗私婆蒂远远看见他朝这里走来，又惊又喜，急忙起身，犹如林中雌鹿，抬起脖子凝视，仿佛用洗白十方的目光①为这位旅途疲劳的客人沐浴。他受邀入座后，莎维德丽欣喜地问道："贤士啊，那位青年好吗？"他回答说："尊贵的女士啊，很好。他也记得你俩。只是这些天来，他的身体似乎越来越消瘦。他无缘无故感到莫名的空虚。还有，很快就会有一位名叫茉莉的女使前来向你们了解情况。她是这位青年的心腹。"闻听此言，莎维德丽又说道："这位青年确实无比高尚，对邂逅相遇的陌路人也还挂念。在他行进途中，我们不知怎么偶然牵住他的心，犹如路边蔓藤挂住旅人衣服。你们主人的这个儿子这样仁慈，不辜负他的高贵出身。这个世界确实懒惰，不需要付出什么，就能赢得高尚人物的心，轻易地获得友情。高尚人物具有的这种慷慨大度，其他人难以达到，因此，整个三界都辅佐他们。"维古齐仿佛与她交谈了很久，然后，前往自己想去的地方。

अपरेद्युरुद्यति भगवति द्युम्णावृद्धामद्युतावभिद्रुततारके तिरस्कृततमसि तामरसव्यासव्यसनिनि सहस्ररश्मौ शोणमुक्तीर्यायान्ती, तरलदेहप्रभावितानच्छलेनात्यच्छं सकलं शोणसलिलमिवानयन्ती, स्फुटितातिमुक्तककुसुमस्तबकसमत्विषि सटाले महति मृगपताविव गौरी तुरङ्गमे स्थिता, सलीलमुरोवध्रारोपितस्य तिर्यग्गुत्कर्णतुरगाकर्ण्यमाननूपुरपटुरणितस्यातिबहुलेन पिण्डालक्तकेन पल्लवितस्य कुङ्कुमपिञ्जरितपृष्ठस्य चरणयुगलस्य प्रसरद्दूरतिलोहितैः प्रभाप्रवाहैरुभयतस्ताडनदोहदलो-भागतानि किसलयितानि रक्ताशोकवनानीवाकर्षयन्ती, सकलजीवलोकहृदयहठहरणघोषणयेव रश-नया शिञ्जानजघनस्थला, धौतधवलनेत्रनिर्मितेन निर्मोककलघुतरेणाप्रपदीनेन कञ्चुकेन तिरोहिततनुलता,

---

① 这里将她的目光比作水。

छातकञ्चुकान्तरदृश्यमानैराश्यानचन्दनधवलैरवयवैः स्वच्छसलिलाभ्यन्तरविभाव्यमानमृणालकाण्डेव सरसी, कुसुम्भरागपाटलं पुलकबन्धचित्रं चण्डातकमन्तःस्फुटं स्फटिकभूमिरिव रत्ननिधानमादधाना, हारेणामलकीफलनिस्तलमुक्ताफलेन स्फुरितस्थूलग्रहगणेशारा शारदीव श्वेतविरलजलधरपटलावृता द्यौः, कुचपूर्णकलशयोरुपरि रत्नप्रालम्बमालिकामरुणहरितकिरणकिसलयिनीं कस्यापि पुण्यवतो हृदयप्रवेशावनमालिकामिव बद्धां धारयन्ती, प्रकोष्ठनिविष्टस्यैकैकस्य हाटककटकस्य मरकतमकरवेदिकासनाथस्य हरितीकृतदिगन्ताभिर्मयूखसन्ततिभिः स्थलकमलिनीभिरिव लक्ष्मीशङ्क्वानुगम्यमाना, बहलताम्बूलकृष्णिकान्धकारितेनाधरसम्पुटेन मुखशशिपीतं ससंध्यारागं तिमिरमिव वमन्ती, विकचनयनकुवलयकुतूहलालीनयालिकुलसंहत्या नीलांशुकजालिकयेव निरुद्धार्धवदना, नीलीरागनिहितनीलिम्ना शिखिगलशितिना वामश्रवणाश्रयिणा दन्तपत्रेण कालमेघपल्लवेन विद्युदिव द्योतमाना, बकुलफलानुकारिणीभिस्तिसृभिर्मुक्ताभिः कल्पितेन बालिकायुगलेनाधोमुखेनालोकजलवर्षिणा सिञ्चन्तीवातिकोमले भुजलते, दक्षिणकर्णावतंसितया केतकीगर्भपलाशलेखया रजनिकरजिह्वालतयेव लावण्यलोभेन लिह्यमानकपोलतला, तमालश्यामलेन मृगमदामोदनिष्यन्दिना तिलकबिन्दुना मुद्रितमिव मनोभवसर्वस्वं वदनमुद्वहन्ती, ललाटलासकस्य सीमन्तचुम्बिनश्चटुलतिलकमणेरुद्भता चटुलेनांशुजालेन रक्तांशुकेनेव कृतशिरोवगुण्ठना, पृष्ठप्रेङ्खदनादरसंयमनशिथिलजूटिकाबन्धा नीलचामरावचूलिनीव चूडामणिमकरिकासनाथा मकरकेतुकेतुपताका, कुलदेवतेव चन्द्रमसः पुनःसञ्जीवनौषधिरिव पुष्पधनुषः, वेलेव रागसागरस्य, ज्योत्स्नेव यौवनचन्द्रोदयस्य, महानदीव रतिरसामृतस्य, कुसुमोद्गतिरिव सुरततरोः, बालविद्येव वैदग्ध्यस्य, कौमुदीव कान्तेः, धृतिरिव धैर्यस्य, गुरुशालेव गौरवस्य, बीजभूमिरिव विनयस्य, गोष्ठीव गुणानाम्, मनस्विनेव महानुभावतायाः, तृप्तिरिव तारुण्यस्य, कुवलयदलदामदीर्घलोचनया पाटलाधरया कुन्दकुड्मलस्फुटदशनया शिरीषमालासुकुमारभुजयुगलया कमलकोमलकरया बकुलसुरभिनिश्श्वसितया चम्पकावदातया कुसुममय्येव ताम्बूलकरङ्कवाहिन्या महाप्रमाणाश्वतरारूढयानुगम्यमाना, कतिपयपरिचारकपरिकरा मालती समदृश्यत । दूरादेव च दधीचिप्रेम्णा सरस्वत्या लुण्ठितेव मनोरथैः, आकृष्टेव कुतूहलेन, प्रत्युद्गतेवोत्कलिकाभिः, आलिङ्गितेवोत्कण्ठया, अन्तःप्रवेशितेव हृदयेन, स्नपितेवानन्दाश्रुभिः, विलुप्तेव स्मितेन, वीजितेवोच्छ्वसितैः, आच्छादितेव चक्षुषा, अभ्यर्चितेव वदनपुण्डरीकेण, सखीकृतेवाशया सविधमुपययौ । अवतीर्य च तुरगादूरादेवावनतेन मूर्ध्ना प्रणाममकरोत् । आलिङ्गिता च ताभ्यां सविनयमुपाविशत् । सप्रश्रयं ताभ्यां सम्भाषिता च पुण्यभाजमात्मानममन्यत । अकथयच्च दधीचसन्दिष्टं शिरसि विनिहितेनाञ्जलिना नमस्कारम् । अगृह्णाच्चाकारतः प्रभृत्यग्राम्यतया तैस्तैरपि पेशलैरालापैः सावित्रीसरस्वत्योर्मनसी ।

第二天，尊贵的空中摩尼珠（太阳）升起，大放光明，驱散星星，消除黑暗，以千道光芒催促红莲开放。茉莉带着一些侍从，越过索纳河，来到这里。她周身闪耀的光辉如同帐幔，又如携带所有纯洁的索纳河水。她坐在光泽如同阿底目多伽花簇、长有鬃毛的骏马上，如同高利女神坐在兽王狮子上。她的双脚优美地安放在马的胸带上,马儿侧耳倾听她的脚镯发出的叮当声,这双脚涂有厚厚的红颜料,脚背灿若番红花,伸展在马的两侧,闪耀鲜红的光芒,仿佛她携带着已经发芽而渴望遭到脚踢的红色无忧树林[①]。她的腹部腰带叮当作响,仿佛宣布要强行夺走生命世界所有人的心。干净洁白的丝衣比蜕下的蛇皮还轻,覆盖她宛如蔓藤的肢体,直至脚尖。在薄薄的丝衣下,看到她的肢体洁白似凝固的檀香膏,犹如池塘清澈的水中呈现莲花的根茎。丝衣下显露的内衣灿若红花,夹杂有斑斑点点其他各种色彩,仿佛她是水晶地面,安放有大量宝石。[②]她的项链上那些圆圆的珍珠如同菴摩罗果,仿佛秋天的天空闪耀着一群大彗星,覆盖着一层稀薄的白云。她的胸脯如同盛满的水罐,胸前佩戴的宝石珍珠项链闪烁红色或绿色光芒,如同林中野花花环,仿佛成为有福之人进入她心中的入口处。[③]她的前臂佩戴的每条金臂钏镶嵌有鳄鱼形状的翡翠,光芒四射,染绿各方,仿佛形成陆上青莲,而她仿佛成为吉祥天女[④]。她咀嚼许多蒟酱叶而下嘴唇变黑,仿佛吐出染有黄昏红光的黑暗,为月亮脸所吸吮。[⑤]她的眼睛如同绽放的莲花,成群的蜜蜂好奇地聚集在那里,仿佛形成一块蓝丝巾,覆盖她的上半个脸。她明亮如同闪电,而左耳的耳饰呈现靛蓝色,黑似孔雀头颈,犹如一片乌云。那一对由三颗珍珠组成的耳坠宛如波古罗果,放射的光芒如同倾泻的雨水,浇洒在如同蔓藤的柔嫩双臂上。右耳的耳饰是盖多吉花内部的细叶,犹如月亮弯弯的舌尖,贪恋她的美,舔她的脸颊。她的吉祥志乌黑似多摩罗树,散发麝香,仿佛是盖上的印章,表明她的脸代表爱神的一切。在前额接近头发分缝处舞动的吉祥摩尼珠向上闪射道道红光,犹如覆盖头部的红丝巾。她的头发没有束紧,松散地披挂在背部,如同摇晃的黑色拂尘,而佩戴的顶饰摩尼珠形状似鳄鱼,故而她如同爱神的旗帜。[⑥]她仿佛是月亮的家族女神,爱神复活的仙药,爱情之海的堤岸,青春之月升起时的光芒,流淌爱欲甘露汁的大河,欢爱之树盛开的鲜花,聪慧者的童年知识[⑦],可爱者的月光[⑧],坚定者的沉着,恭敬心的学堂,教养的温床,品德的集会,威力的机智,青春的满足。有位侍女手持蒟酱叶盒,骑在一

---

① 按照印度古代传统说法,无忧树遭到妇女脚踢而开花。
② 这里将丝衣比作水晶地面,将内衣的色彩比作各种宝石。
③ 这里比拟通常人家屋前摆放有水罐,水罐上挂有花环。
④ 吉祥天女住在莲花中。
⑤ 这里将她的脸比作月亮。月亮吸吮黑暗,放射光明。
⑥ 爱神的旗帜以鳄鱼为标志。旗帜上通常也挂有拂尘。故而,她如同爱神的旗帜。
⑦ 这里意谓童年获得的知识最为宝贵。
⑧ 这里意谓月光能为映照的任何事物增添魅力。

头高大的骡子上，跟随在后。这位侍女仿佛由鲜花制成，宽长的双眼如同串连的青莲，下嘴唇如同鲜红的波吒罗花，牙齿闪亮如同绽开的素馨花，柔软的双臂如同希利奢花环，柔嫩的双手如红莲，喘息芳香如同波古罗花，肢体白净如同瞻波迦花。就在这远处，对陀提遮怀有爱意的娑罗私婆蒂仿佛凭自己的心愿劫掠了茉莉，用好奇心牵引她，用迫切心欢迎她，用渴望拥抱她，用心引入她，用喜悦的泪水为她沐浴，用微笑为她涂抹香膏，用喘息为她扇风，用目光覆盖她，用莲花脸供奉她，盼望成为她的朋友。这样，茉莉渐渐走近这里。她在远处下马，俯首致敬。接受她俩拥抱后，谦恭地坐下。与她俩礼貌地交谈后，她为自己庆幸。她遵照陀提遮的吩咐，双手在头顶合十，致敬问候。她以高雅的仪态和种种机灵的言谈赢得莎维德丽和娑罗私婆蒂的心。

क्रमेण चातीते मध्यन्दिनसमये शोणमवतीर्णायां सावित्र्यां स्नातुमुत्सारितपरिजना साकूता मालती कुसुमप्रस्तरशायिनीं समुपसृत्य सरस्वतीमाबभाषे — 'देवि, विज्ञाप्यं नः किञ्चिदस्ति रहसि । अतो मुहूर्तमवधानदानेन प्रसादं क्रियमाणमिच्छामि' इति । सरस्वती तु दधीचसन्देशशङ्किनी किं वक्ष्यतीति स्तनविनिहितवामकरनखकिरणदन्तुरितमुद्द्योतमानकुतूहलाङ्कुरनिकरमिव हृदयमुत्तरीयदुकूलवल्कले-कदेशेन सञ्छादयन्ती, गलतावतंसपल्लवेन श्रोतुं श्रवणेनेव धावमानेनानवरतश्वाससन्दोहदोलायितां जीविताशामिव समासन्नलतामवलम्बमाना, समुत्फुल्लस्य मुखशशिनो लावण्यप्रवाहेण शृङ्गाररसेनेव प्लावयन्ती जीवलोकम्, शयनकुसुमपरिमलस्नैर्मधुकरकदम्बकैर्मदनानलदाह्यश्यामलैर्मनोरथैरिव निर्गत्य मूर्तैरुत्क्षिप्यमाणा, कुसुमशयनीयात्स्मरशरसंज्वरिणी मन्दं मन्दमुदगात् । 'उपांशु कथय' इति कपोलतलप्रतिबिम्बितां लज्जयेव कर्णमूलं मालतीं प्रवेशयन्ती मधुरया गिरा सुधीरमुवाच — 'सखि मालति किमर्थमेवमभिदधासि । काहमवधानदानस्य शरीरस्य प्राणानां वा । सर्वस्याप्रार्थितो ऽपि प्रभवत्येवातिवेलं चक्षुष्यो जनः । सा न काचिद्या न भवसि मे स्वसा सखी प्रणयिनी प्राणसमा च । नियुज्यतां यावतः कार्यस्य क्षमं क्षोदीयसो गरीयसो वा शरीरकमिदम् । अनवस्करमाश्वसं मे त्वयि हृदयम् । प्रीत्या प्रतिसरा विधेयास्मि ते । व्यावृणु वरवर्णिनि विवक्षितम्' इति । सा त्ववादीत् — 'देवि, जानास्येव माधुर्यं विषयाणाम्, लोलुपतां चेन्द्रियग्रामस्य, उन्मादितां च नवयौवनस्य, पारिप्लवतां च मनसः । प्रख्यातैव मन्मथस्य दुर्निवारता । अतो न मामुपालम्भेनोपस्थातुमर्हसि । न च बालिशता चपलता चारणता वा वाचालतायाः कारणम् । न किञ्चिन्न कारयत्यसाधारणा स्वामिभक्तिः । सा त्वं देवि यदैव दृष्टासि देवेन तत एवारभ्यास्य कामो गुरुः, चन्द्रमा जीवितेशः, मलयमरुदुच्छ्वासहेतुः, आधयो ऽन्तरङ्गस्थानेषु, सन्तापः परमसुहृत्, प्रजागर आप्तः, मनोरथाः सर्वगताः, निःश्वासा विग्रहाग्रेसराः, मृत्युः पार्श्ववर्ती, रणरणकः सञ्चारकः, सङ्कल्पा बुद्ध्युपदेशवृद्धाः । किं वा विज्ञापयामि । अनुरूपो देव्या इत्यात्मसम्भावना, शीलवानिति प्रक्रमविरुद्धम्, धीर इत्यवस्थाविपरीतम्, सुभग इति त्वदायत्तम्, स्थिरप्रीतिरिति निपुणोपक्षेपः, जानाति सेवितुमित्यस्वामिभावोचितम्, इच्छति

दासभावमामरणात्कर्तुमिति धूर्तालापः, भवनस्वामिनी भवसीत्युपप्रलोभनम्, पुण्यभागिनी भजति भर्तारं तादृशमिति स्वामिपक्षपातः, त्वं तस्य मृत्युरित्यप्रियम्, अगुणज्ञासीत्यधिक्षेपः, स्वप्ने ऽस्य बहुशः कृतप्रसादासीत्यसाक्षिकम्, प्राणरक्षार्थमर्थ्यत इति कातरता, तत्रागम्यतामित्याज्ञा, वारितो ऽपि बलादागच्छतीति परिभवः । तदेवमगोचरे गिरामसीति श्रुत्वा देवी प्रमाणम्' इत्यभिधाय तूष्णीमभूत् ।

  渐渐过了中午，莎维德丽进入索纳河沐浴。茉莉遣走侍从，特意走近躺在花床上的娑罗私婆蒂，说道："尊贵的小姐啊，我要私下问问你。因此，希望你赏光给予点时间。"而娑罗私婆蒂猜疑是陀提遮的消息，心想："她会说什么？"她放在胸前的左手指甲闪烁光芒，仿佛是她心中萌发的一堆好奇嫩芽。她用树皮上衣的一部分盖住她的心。她的嫩叶耳饰落下，仿佛耳朵跑去聆听。她的生命的希望仿佛在她不停的喘息中摇摇欲坠，依靠身边的蔓藤支撑。她展露的月亮脸让整个生命世界沉浸在美的水流和艳情味中。迷恋花床芳香的成群蜜蜂仿佛被爱情之火烤黑，成为她心中相思的化身，飞出来抬起她。①她中了爱神之箭而发热，缓慢地从花床上起身。她仿佛羞涩地将耳根凑近映照在自己脸颊中的茉莉，说道："悄悄说吧！"然后，她提起勇气，用甜蜜的话语问道："朋友茉莉啊，你为何对我这样说？我是谁？哪有资格给予什么？不用请求，我的身体或生命，所有一切都属于无比可爱的人。你对于我，不是旁人，是姐妹，是朋友，是知己，如同我的生命。你吩咐做什么吧！无论轻重，我这卑微的身体都能承受。我的心坦诚地恭候你。我乐意听从你的安排。美丽的女士啊，请你说你想说的话吧！"于是，茉莉说道："尊贵的小姐啊，你应该知道感官对象的甜蜜，感官的贪恋，青春的迷醉，心的躁动。人人皆知爱神不可抗拒。因此，请不要责备我。我多嘴多舌不是出自犯傻、轻浮或戏弄。忠于主人，什么事都得做。尊贵的小姐啊，主人从见到你那一刻起，爱神成为他的导师，月亮成为生命的主宰②，摩罗耶山风③成为叹息的原因，烦恼占据内心，焦灼成为知己，失眠成为亲友，心愿成为密探④，叹息成为前锋，死亡成为近侍，不安成为向导，想象成为启迪智慧的老人⑤。我该怎样对你说？说他与尊贵的小姐相配，这是自说自话。说他品行高尚，则与他现在的做法相矛盾。⑥说他坚定，

---

  ① 这里意谓相思激发她起身。
  ② 这里意谓月亮激发相思，折磨人的生命。
  ③ 摩罗耶山风来自南方，也能激发爱情。
  ④ "密探"的原词是 sarvagata（"遍及一切者"），注释本将此词注为 cāra（"密探"或"秘密使者"）。
  ⑤ 意谓他耽于幻想，犹如听取老年人的教导。
  ⑥ 意谓他偶然与一位少女相逢，便派遣女使传情。

则与他现在的状况相违背[1]。说他有福气，则完全依仗于你。说他感情真挚持久，则成为巧妙的暗示。[2]说他懂得侍奉，则与主人的身份不符。说他愿意到死都做你的奴仆，则成为滑头说的话。[3]说你成为他家的女主人，则成为诱饵。[4]说获得这样的丈夫是你的福气，则成为偏袒自己主人。说你决定他的死活，则话不中听。说你不了解他的品德，则成为指责。说你多次在他的梦中赐给他恩惠，则没有证人。说他求你救命，则成为懦夫。说让她来这里，则成为下令。说即使遭拒绝，他也一定要来，则成为侮辱。正是这样，无法用言语向你表达。请尊贵的小姐听了之后，自己决断。"说完，她保持沉默。

अथ सरस्वती प्रीतिविस्फारितेन चक्षुषा प्रत्यवादीत् — 'अयि, न शक्नोमि बहु भाषितुम् । एषास्मि ते स्मितवादिनि वचसि स्थिता । गृह्यन्ताममी प्राणाः' इति । मालती तु 'यदाज्ञापयस्यतिप्रसादः' इति व्याहृत्य प्रहर्षपरवशा प्रणम्य प्रजविना तुरगेण ततार शोणम् । अगाच्च दधीचमानेतुं च्यवनाश्रमपदम् । इतरा तु सखीस्नेहेन सावित्रीमपि विदितवृत्तान्तामकरोत् । उत्कण्ठाभारभृता च ताम्यता चेतसा कल्पायितं कथंकथमपि दिवसशेषमनैषीत् । अस्तमुपगतवति भगवति गभस्तिमति, स्तिमिततर-मवतरति तमसि, प्रहसितामिव सितां दिशं पौरन्दरीं दरीमिव केसरिणि मुञ्चति चन्द्रमसि, सरस्वती शुचिनि चीनांशुकसुकुमारे तरङ्गिणि दुकूलकोमले शयन इव शोणसैकते समुपविष्टा स्वप्नकृतप्रार्थनापादपतनलभ्रां दधीचचरणनखचन्द्रिकामिव ललाटिकां दधाना, गण्डस्थलादर्शप्रतिबि-म्बितेन 'चारुहासिनि, अयमसावाहृतो हृदयदयितो जनः' इति श्रवणसमीपवर्तिना निवेद्यमानमदन-सन्देशेवेन्दुना, विकीर्यमाणनखकिरणचक्रवालेन बालव्यजनीकृतचन्द्रकलाकलापेनेव करेण वीजयन्ती स्वेदिनं स्पष्टकपोलपट्टम्, 'अत्र दधीचाहृते न केनचित्प्रवेष्टव्यम्' इति तिरश्चीनं चित्तभुवा पातितां विलासवेत्रलतामिव बालमृणालिकामधिस्तनं स्तनयन्ती कथमपि हृदयेन वहन्ती प्रतिपालयामास । आसीच्चास्या मनसि — 'अहमपि नाम सरस्वती यत्रामुना मनोजन्मना जघन्येव परवशीकृता । तत्र का गणनेतरासु तपस्विनीष्वतितरलासु तरुणीषु' इति ।

然后，娑罗私婆蒂高兴得瞪大眼睛，回答说："啊，我不能说很多。说话含笑的女士啊，我听从你的话。请照管我的生命吧！""你的吩咐就是大恩惠。"说完，茉莉满怀喜悦，俯首行礼，登上快马，越过索纳河。她前往行落仙人净修林，去接陀提遮。而娑罗私婆蒂出于友情，将事情原委也都告诉了莎维德丽。她心中充满渴望而疲惫，这天余下的时间漫长似一劫，

---

[1] 意谓他陷入相思的状况。
[2] 意谓暗示其他人感情不真挚持久。
[3] 意谓主人不可能成为奴仆。
[4] 意谓不是出于爱情，而是出于物质利诱。

不知怎么度过。尊贵的太阳落下西山,黑暗静静地降临。东方仿佛微笑而发白①,月亮从那里出现,犹如狮子出洞。娑罗私婆蒂坐在索纳河沙滩上。这洁净的沙滩柔软似丝绸,形状似波浪,舒适似细布床。她额头的吉祥志仿佛是她在梦中拜倒在陀提遮脚下求情,沾上的脚趾甲光芒。她的脸颊如同镜子,映在其中的月亮仿佛在她的耳边禀报爱神的消息:"笑容可爱的小姐啊,给你带来了你的心上人!"她挥手为出汗的脸颊扇风,那些指甲闪射道道光芒,如同用一束月光扎成的拂尘。她用心守护横放在胸脯上的新鲜莲藕,仿佛爱神将游戏的藤杖扔在那里。她喃喃自语:"这里除了陀提遮,任何人都不准进入。"②她心中思忖:"甚至我,娑罗私婆蒂,也受爱神奴役,像是下女,更何况其他那些躁动不安的可怜少女。"

आजगाम च मधुमास इव सुरभिगन्धवहः, हंस इव कृतमृणालधृतिः, शिखण्डीव घनप्रीत्युन्मुखः, मलयानिल इवाहितसरसचन्दनधवलतनुलतोत्कम्पः, कृष्यमाण इव कृतकरकचग्रहेण ग्रहपतिना, प्रेर्यमाण इव कन्दर्पोद्दीपनदक्षेण दक्षिणानिलेन, उह्यमान इवोत्कलिकाबहलेन रतिरसेन, परिमलसम्पातिना मधुपपटलेन पटेनेव नीलेनाच्छादिताङ्गयष्टिः, अन्तःस्फुरता मत्तमदनकरिकर्णिंश-च्छायमानेन प्रतिमेन्दुना प्रथमसमागमविलासविलक्षस्मितेनेव धवलीक्रियमाणैककपोलोदरो मालतीद्वितीयो दधीचः । आगत्य च हृदयगतदयितानुपुररवमिश्रयेव हंसगद्गदया गिरा कृतसम्भाषणो यथा मन्मथः समाज्ञापयति, यथा यौवनमुपदिशति, यथानुरागः शिक्षयति, यथा विदग्धताध्यापयति, तथा ताममिरामां रामामरमयत् । उपजातविस्रम्भा चात्मानमकथयदस्य सरस्वती । तेन तु साधर्मेकं दिवसमिवानयत्संवत्सरमधिकम् ।

茉莉陪同陀提遮来到。他如同春季,带来芳香;如同天鹅,带着莲藕;如同孔雀,喜悦地仰望乌云;如同摩罗耶山风,拂动饱含液汁的檀香树上细嫩的白色蔓藤。彗星之主月亮仿佛用月光手指抓住他的头发拽着他前行。擅长激发爱情的南风仿佛吹着他前行。爱的液汁形成的汹涌波涛仿佛载着他前行。大量的蜜蜂聚集在他的芳香的肢体上,仿佛为他披上一件蓝色衣裳。他的一个脸颊映有月亮而变白。月亮在脸颊中闪耀,如同发情的大象耳朵上的颞颥骨,又如同初次相会展露的欢悦而窘迫的微笑。来到后,在交谈时,他说话结结巴巴,如同天鹅的鸣声时断时续,仿佛插入心上人脚镯的叮当声。如同爱神命令,青春指点,激情指导,睿智教导,他让这位可爱的女子高兴满意。娑罗私婆蒂对他产生信任,说出自己的真实身份。这样,他俩度过整整一年如一天。

---
① 微笑通常被描写成是白色的。
② 清凉的莲藕用于减轻她身体的灼热。这里又比作藤杖,用于阻止其他人进入她的心。

अथ दैवयोगात्सरस्वती बभार गर्भम् । असूत चानेहसा सर्वलक्षणाभिरामं तनयम् । तस्मै च जातमात्रायैव 'सम्यक्सरहस्याः सर्वे वेदाः सर्वाणि च शास्त्राणि सकलाश्च कलाः मत्प्रसादात्स्वयमाविर्भविष्यन्ति' इति वरमदात् । सद्भर्तृश्लाघया दर्शयितुमिव हृदयेनादाय दधीचं पितामहादेशात्समं सावित्र्या ब्रह्मलोकमारुरोह । गतायां च तस्यां दधीचो ऽपि हृदये ह्लादिन्येवाभिहतो भार्गववंशसम्भूतस्य भ्रातुर्ब्राह्मणस्य जायामक्षमालाभिधानां मुनिकन्यकामात्मसूनोः संवर्धनाय नियुज्य विरहातुरस्तपसे वनमगात् । यस्मिन्नेवावसरे सरस्वत्यसूत तनयं तस्मिन्नेवाक्षमालापि सुतं प्रसूतवती । तौ तु सा निर्विशेषं सामान्यस्तन्या शनैः शनैः शिशू समवर्धयत् । एकस्तयोः सारस्वताख्य एवाभवत्, द्वितीयो ऽपि वत्सनामाभवत् । आसीच्च तयोः सोदर्ययोरिव स्पृहणीया प्रीतिः ।

然后，天意安排，娑罗私婆蒂怀孕。到时候，她生下一个具有一切吉相的儿子。她赐予刚出生的儿子恩惠："由于我的恩惠，一切吠陀连同奥义，一切经典，一切技艺，都会自动显现。"她将陀提遮藏在心中，仿佛为了夸耀自己有个好丈夫。就这样，她按照老祖父（梵天）的指示[①]，与莎维德丽一起升入梵界。在她离去后，陀提遮的心仿佛遭到雷击。他满怀分离的痛苦，前往林中修苦行，而将儿子委托婆古利族一位堂兄弟婆罗门的妻子抚养。她是牟尼的女儿，名叫念珠。在娑罗私婆蒂生儿子的时候，念珠也生下一个儿子。她不怀偏爱，用同样的奶水哺育这两个孩子渐渐长大。其中一个名叫娑罗私婆多[②]，另一个名叫婆蹉。他俩像亲兄弟那样相亲相爱，令人羡慕。

अथ सारस्वतो मातुर्महिम्ना यौवनारम्भ एवाविर्भूताशेषविद्यासम्भारस्तस्मिन्सवयसि भ्रातरि प्रेयसि प्राणसमे सुहृदि वत्से वाङ्मयं समस्तमेव सञ्चारयामास । चकार च कृतदारपरिग्रहस्यास्य तस्मिन्नेव प्रदेशे प्रीत्या प्रीतिकूटनामानं निवासम् । आत्मनाप्याषाढी, कृष्णाजिनी, वल्कली, अक्षवलयी, मेखली, जटी च भूत्वा तपस्यतो जनयितुरेव जगामान्तिकम् ।

然后，娑罗私婆多依靠母亲的威力，一进入青年时期，便掌握全部知识。他也将这些知识毫无保留地传达给与自己同龄的堂兄弟、可爱的知心朋友婆蹉。婆蹉娶妻时，娑罗私婆多满怀喜悦，在那里为他造了一座名为喜峰的住宅。而他自己手持木杖，身穿黑鹿皮和树皮衣，戴念珠，系腰带，束发髻，前往修苦行的父亲身边。

[①] 娑罗私婆蒂遭仙人杜尔婆娑诅咒下凡时，梵天对她说过："一旦你看到儿子的莲花脸，对你的这个诅咒就会结束。"

[②] 娑罗私婆多（Sārasvata）即娑罗私婆蒂之子。

अथ तस्मात्प्रवर्धमानादिपुरुषजनितात्मचरणोन्नतिनिर्गतप्रघोषः, परमेश्वरशिरोधृतः, सकलकलाग-मगम्भीरः, महामुनिमान्यः, विपक्षक्षोभक्षमः, क्षितितललब्ध्यायतिः, अस्खलितप्रवृत्तो भागीरथीप्रवाह इव पावनः प्रावर्तत विपुलो वंशः । यस्माद‍जायन्त वात्स्यायना नाम गृहमुनयः, आश्रितश्रौता अप्यनालम्बितालीकबककाकवः, कृतकुक्कुटवृत्ता अप्यबैडालवृत्तयः, विवर्जितजनपङ्कयः, परिह्रतकपट-कीरकुचीकूर्चाकूताः, अगृहीतगह्वराः, न्यक्कृतनिकृतयः, प्रसन्नप्रकृतयः, विगतविकृतयः, परपरिवादपरा-चीनचेतसः, वर्णत्रयव्यावृत्तिविशुद्धान्धसः, धीरधिषणावधूताध्येषणाः, असङ्कसुकस्वभावाः, प्रणतप्रण-यिनः, शमितसमस्तशाखान्तरसंशीतयः, उद्घाटितसमग्रग्रन्थार्थग्रन्थयः, कवयः, वाग्मिनः, विमत्सराः, सरसभाषितव्यसनिनः, विदग्धपरिहासवेदिनः, परिचयपेशलाः, नृत्यगीतवादित्रेष्वबाह्याः, ऐतिहास्या-वितृष्णाः, सानुक्रोशाः, सत्यशुचयः, साधुसंमताः, सर्वसत्त्वसौहार्देद्रवार्द्रहृदयाः, तथा सर्वगुणोपेता राजसेनानभिभूताः, क्षमाभाज आश्रितनन्दनाः, अनिस्त्रिंशा विद्याधराः, अजडाः कलावन्तः, अदोषास्तारकाः, अपरोपतापिनो भास्वन्तः, अनुष्माणो हुतभुजः, अकुसृतयो भोगिनः, अस्तम्भाः पुण्यालयाः, अलुप्तक्रतुक्रिया दक्षाः, अव्यालाः कामजितः, असाधारणा द्विजातयः ।

然后，从婆蹉开始，奠基者们创立自己的学派，发展壮大，声誉卓著，受到国王们尊敬，精通一切技艺和学问，受到大牟尼们尊重，震撼论敌们，在大地上享有尊严，不偏离正道，形成纯洁而兴旺的世系，犹如跋吉罗蒂河①源自毗湿奴的脚，汹涌喧嚣，由大自在天②的头顶护持，分流汩汩流下，受到大牟尼们尊重，撼动群山，在大地上延伸，不受阻碍。③从此，产生名为婆蹉衍那的家居牟尼们④。他们遵循吠陀仪轨，没有像鹤那样的伪善者的刺耳声调⑤，采取公鸡的行为方式⑥，摒弃猫的行为方式⑦，回避粗俗的饮食，摒弃欺诈、虚伪和吹嘘的心态，⑧不蛰居洞穴⑨，唾弃虚伪，本性清净，远离卑劣，内心不愿指责他人，避开其他三种姓而保持食物纯洁，智慧坚定而消除欲望，真心不变，善待求助者，解除所有分支学科中的疑惑，解

---

① 跋吉罗蒂河（Bhāgīrathī）即恒河。
② 大自在天（Parameśvara）指湿婆。
③ 以上这段叙述，原文是双关语，其中的 ādipuruṣa 既读作 "奠基者"，又读作 "毗湿奴"；caraṇa 既读作 "学派"，又读作 "脚"；praghoṣa 既读作 "名声"，又读作 "喧嚣"；parameśvara 既读作 "国王"，又读作 "大自在天"；śirodhṛta 既读作 "尊敬"，又读作 "用头顶护持"；sakalakalāgama 既读作 "一切技艺和学问"，又读作 "带着汩汩声流下"；vipakṣa 既读作 "论敌"，又读作 "山"；āyati 既读作 "尊严"，又读作 "延伸"。
④ 牟尼一般在林中修行，故而这里特别称为家居牟尼。
⑤ 这里的 baka 一词既读作 "伪善者"，又读作 "鹤"。
⑥ "公鸡的行为方式"（kukkuṭa）也指一种斋戒誓愿。
⑦ 猫经常偷袭鸡。
⑧ 此句中的 kīrakucī 词义不明，未译出。
⑨ 这里的 "洞穴"（gahvara）一词也可读作 "虚伪"。

开所有著作中的意义症结。他们是诗人，擅长辞令，不怀妒忌心，酷爱有味的妙语，会说巧妙的笑话，善于交往，彬彬有礼，对舞蹈、歌唱和音乐也非外行，也不满足于传说故事，富有同情心，真诚而纯洁，受善人尊重，善待一切众生而心地湿润。他们具备一切品德，不受激情控制；①宽容大度，令侍从喜欢；②不残忍，富有知识；③不愚呆，通晓技艺；④无缺点，救助他人；⑤闪耀光芒，不烧灼他人；⑥不骄傲，举行祭祀；⑦不欺妄，不贪图享受；⑧不傲慢，充满功德；⑨不中断祭祀，机敏能干；⑩不怀恶意，克制欲望。⑪他们是出类拔萃的婆罗门。

तेषु चैवमुत्पद्यमानेषु, संसरति संसारे, यात्सु युगेषु, अवतीर्णे कलौ, वहत्सु वत्सरेषु, व्रजत्सु वासरेषु, अतिक्रामति च काले, प्रसवपरम्पराभिरनवरतमापतति विकाशिनि वात्स्यायनकुले, क्रमेण कुबेरनामा वैनतेय इव गुरुपक्षपाती द्विजो जन्म लेभे । तस्याभवन्नच्युत ईशानो हरः पाशुपतश्चेति चत्वारो युगारम्भा इव ब्रह्मतेजोजन्यमानप्रजाविस्तारा नारायणबाहुदण्डा इव सच्चकनन्दकास्तनयाः । तत्र पाशुपतस्यैक एवाभवद्दूर्भार इवाचलकुलस्थितिश्चतुरुदधिगम्भीरो ऽर्थपतिरिति नाम्ना समग्राग्रज-न्मचक्रचूडामणिर्महात्मा सूनुः । सो ऽजनयद्दुगुं हंसं शुचिं कविं महीदत्तं धर्मं जातवेदसं चित्रभानुं त्र्यक्षमहीदत्तं विश्वरूपं चेत्येकादश रुद्रानिव सोमामृतरसशीकरच्छुरितमुखान्पवित्रान्पुत्रान् । अलभत च चित्रभानुस्तेषां मध्ये राजदेव्यभिधानायां ब्राह्मण्यां बाणमात्मजम् । स बाल एव विधेर्बलवतो वशादुपसम्पन्नया व्ययुज्यत जनन्या । जातस्नेहस्तु नितरां पितैवास्य मातृतामकरोत् । अवर्धत च तेनाधिकतरमेधीयमानधृतिर्धार्म्णि निजे ।

他们就这样出现。尘世流转，时代依次前进，迦利时代降临。一年年，一天天，时光流逝。婆蹉衍那家族绵延不绝，名声显赫。到时候，生下一个名叫古吠罗的婆罗门，像毗娜达之子金翅鸟那样孝敬长辈。⑫他生下四个

---

  ① 也可读作"具备一切性质（善性、忧性和暗性），而不受忧性控制"。或读作"具有一切品德，不受国王军队的屈辱"。
  ② 也可读作"依靠大地，又依靠天国欢喜园"。
  ③ 也可读作"没有剑，仍然是持明"。持明是一类半神，经常佩剑。
  ④ 也可读作"不清凉，仍然是月亮"。
  ⑤ 也可读作"没有夜晚，仍然是星星"。
  ⑥ 也可读作"不烧灼他人，仍然是太阳"。
  ⑦ 也可读作"不发热，仍然是火"。
  ⑧ 也可读作"不在地上爬行，仍然是蛇"。
  ⑨ 也可读作"没有柱子，仍然是神庙"。
  ⑩ 也可读作"祭祀不遭破坏，仍然是陀刹"。陀刹的祭祀曾遭到湿婆破坏。
  ⑪ 也可读作"没有蛇，仍然是征服爱神的湿婆"。
  ⑫ 这里的 gurupakṣapātin 既读作"孝敬长辈"，又读作"展开大翅膀飞行的"，形容"金翅鸟"。金翅鸟（Garuḍa）战胜因陀罗，夺得甘露，救赎母亲毗娜达。

儿子：阿朱多、伊夏纳、诃罗和巴修波多，依靠婆罗门的光辉繁衍后代，犹如依靠梵天的威力创生的四个时代①，又如那罗延持有飞轮和剑的四臂，令善人们喜悦。②其中，巴修波多生下一个灵魂伟大的儿子，名叫阿尔特波提，沉重似由群山维持稳定的大地，坚定地维系家族传统，③深沉似四海，成为所有婆罗门中的顶珠。他生下十一个纯洁的儿子：婆利古、杭娑、修吉、格维、摩希达多、达磨、遮多吠陀斯、吉多罗跋努、特利耶刹、阿希达多和维希婆鲁波，嘴上布满甘露般的苏摩汁，犹如十一位楼陀罗，脸上布满月亮的甘露汁。④他们之中，吉多罗跋努和一位名叫罗阇黛维的婆罗门女生下儿子波那。在他尚还年幼时，无奈强大的命运安排，母亲去世。于是，父亲满怀慈爱，担起母亲的责任。在父亲的照顾下，他在自己家中长大，能力日益增强。

कृतोपनयनादिक्रियाकलापस्य समावृत्तस्य चतुर्दशवर्षदेशीयस्य पितापि श्रुतिस्मृतिविहितं कृत्वा द्विजजनोचितं निखिलं पुण्यजातं कालेनादशमीस्थ एवास्तमगात् । संस्थिते च पितरि महता शोकेनाभीलमनुप्राप्तो दिवानिशं दह्यमानहृदयः कथंकथमपि कतिपयान्दिवसानात्मगृह एवानैषीत् । गते च विरलतां शोके शनैः शनैरविनयनिदानतया स्वातन्त्र्यस्य, कुतूहलबहलतया च बालभावस्य, धैर्यप्रतिपक्षतया च यौवनारम्भस्य, शैशवोचितान्यनेकानि चापलान्याचरन्नित्वरो बभूव । अभवंश्चास्य वयसा समानाः सुहृदः सहायाश्च । तथा च । भ्रातरौ पारशवौ चन्द्रसेनमातृषेणौ, भाषाकविरीशानः परं मित्रम्, प्रणयिनौ रुद्रनारायणौ, विद्वांसौ वारबाणवासबाणौ, वर्णकविवर्णीभारतः, प्राकृतकृत्कुलपुत्रो वायुविकारः, बन्दिनावनङ्गबाणसूचीबाणौ, कात्यायनिका चक्कवाकिका, जाङ्गुलिको मयूरकः, ताम्बूलदायकश्चण्डकः, भिषक्पुत्रो मन्दारकः, पुस्तकवाचकः सुदृष्टिः, कलादश्चामीकरः, हैरिकः सिन्धुषेणः, लेखको गोविन्दकः, चित्रकृद्वीरवर्मा, पुस्तकृत्कुमारदत्तः, मार्दङ्गिको जीमूतः, गायनौ सोमिलग्रहादित्यौ, सैरन्ध्री कुरङ्गिका, वांशिकौ मधुकरपारावतौ, गान्धर्वोपाध्यायो दर्दुरकः, संवाहिका केरलिका, लासकयुवा ताण्डविकः, आक्षिक आखण्डलः, कितवो भीमकः, शैलालियुवा शिखण्डकः, नर्तकी हरिणिका, पाराशरी सुमतिः, क्षपणको वीरदेवः, कथको जयसेनः, शैवो वक्रघोणः, मन्त्रसाधकः करालः, असुरविवरव्यसनी लोहिताक्षः, धातुवादविद्विहङ्गमः, दार्दुरिको दामोदरः, ऐन्द्रजालिकश्चकोराक्षः, मस्करी ताम्रचूडः । स एतैश्चान्यैश्चानुगम्यमानो बालतया निभ्रतमुपगतो देशान्तरालोकनकौतुकाक्षिप्तहृदयः सत्स्वपि पितृपितामहोपात्तेषु ब्राह्मणजनोचितेषु विभवेषु सति चाविच्छिन्ने विद्याप्रसङ्गे गृहान्निर्गात् । अगाच्च निरवग्रहो ग्रहवानिव नवयौवनेन स्वैरिणा मनसा

---

① 这里的 brahmatejas 既读作"婆罗门的光辉"，又读作"梵天的威力"。
② 这里的 saccakranandaka 既读作"持有飞轮和剑的"，形容"那罗延的四臂"，又读作"令善人们喜悦"，形容"四个儿子"。那罗延（Nārāyaṇa）即毗湿奴，有四臂。
③ 这里的 acalakulasthiti 既读作"坚定地维系家族传统"，也读作"由群山维持稳定"。
④ 这里的 mukha 既读作"嘴"，又读作"脸"；soma 既读作"苏摩汁"，又读作"月亮"。楼陀罗（Rudra）是组神，共有十一位。他们的头上装饰有月亮。

महतामुपहास्यताम् ।

　　他经历了佩戴圣线①等等仪式，完成学业回家。将近十四岁时，他的父亲按照吠陀和法论完成了所有婆罗门应尽的圣洁职责，而没有活到人生百岁，便去世了。父亲去世，他满怀悲痛，日夜忧心如焚，那些天在自己家中不知是怎么度过的。在悲伤渐渐平息后，他发现自己已独立自主，不受戒规约束，出于少年的强烈好奇心，也出于年轻人的不稳重，做了许多幼稚莽撞的事，成了一个游手好闲的浪荡子。他有许多同龄的朋友和伙伴。其中有巴罗舍婆②两兄弟旃陀罗塞纳和摩特利塞纳，好朋友方言诗人伊夏纳，忠实的追随者楼陀罗和那罗延，智者婆纳波那和婆娑波那，赞美诗人吠尼婆罗多，出身高贵的俗语诗人伐由维迦罗，赞歌手阿南伽波那和苏吉波那，寡妇苦行者遮伽罗婆吉迦，蛇医③摩由罗迦，蒟酱叶供应者旃荼迦，青年医师曼达罗迦，朗读者苏德利希迪，金匠阿密迦罗，金匠监管④信度塞那，抄写员戈温陀迦，画家维罗婆尔摩，雕塑家古摩罗达多，鼓手吉目多，歌手索密罗和伽罗哈迪提耶，女手艺师古楞吉迦，吹笛手摩杜迦罗和巴罗婆多，音乐老师陀尔杜罗迦，女洗发师盖罗利迦，青年舞者丹吒维迦，掷骰子者阿肯吒罗，赌徒毗摩迦，青年演员希肯吒迦，舞女诃利尼迦，托钵僧苏摩迪，苦行僧维罗提婆，故事手遮耶塞纳，湿婆信徒婆迦罗戈纳，咒术师迦拉罗，寻宝师⑤罗希达刹，炼金师维亨伽摩，乐师⑥达莫陀罗，魔术师遮戈罗刹，游方僧丹罗朱吒。尽管他的父亲和祖父积累有适合婆罗门享用的大量财富，而他本人对学问的追求也没有中断，但出于年轻人的幼稚，听人摆布，心中充满了解其他各地的好奇，于是带着这些和其他一些人离家出游。他不受约束，仿佛倚仗青春年少，着了魔似的，随心所欲，成了众人的笑柄。

अथ शनैः शनैरत्युदारव्यवहर्तिर्मनोहन्ति बृहन्ति राजकुलानि वीक्षमाणः, निरवद्यविद्याविद्योतितानि च गुरुकुलानि सेवमानः, महाहार्हालापगम्भीरगुणवद्गोष्ठीषूपतिष्ठमानः, स्वभावगम्भीरधीधनानि

---

① 儿童到了学龄，便佩戴圣线，拜师求学。
② 巴罗舍婆（Pāraśava）是低级种姓名称，婆罗门男子和首陀罗女子的混血儿。
③ 蛇医（jāṅgulika）指能解除蛇毒的医生。
④ "金匠监管"的原词是 hairika，也可读为"窃贼"。
⑤ "寻宝师"的原词是 asuravivaravyasanin（"酷爱阿修罗的空穴者"），可能意谓寻找阿修罗地下世界的宝藏。
⑥ "乐师"的原词是 dārdurika，词义不明。此词可能源自 dardura，有笛子、鼓声等意义。故而姑且将此词译为"乐师"。

विदग्धमण्डलानि च गाहमानः, पुनरपि तामेव वैपश्चितीमात्मवंशोचितां प्रकृतिमभजत् । महतश्च कालात्तामेव भूयो वात्स्यायनवंशाश्रयामात्मनो जन्मभुवं ब्राह्मणाधिवासमगमत् । तत्र च चिरदर्शनादभिनवीभूतस्नेहसद्भावै ससंस्तवप्रकटितज्ञातेयैराप्तैरुत्सवदिवस इवाभिनन्दिताभिगमनो बालमित्रमण्डलस्य मध्यगतो मोक्षसुखमिवान्वभवदिति ।

然后，渐渐地，目睹宏大而迷人的宫廷，拜访学问无懈可击的著名学府，出席富有深刻价值的讨论会，进入天性饱含深邃智慧的智者圈内，他又恢复自己家族固有的智者本性，言行高尚。经过很长时间后，他又回到婆蹉衍那家族的据地，自己的诞生地婆罗门村。他在那里，如同喜庆节日，亲友们展露亲切的感情，对他的到来表示欢迎。他们与他久别重逢，重温友爱和亲情。他在童年的朋友们之中，仿佛体验到解脱的幸福。

इति श्रीबाणभट्टकृतौ हर्षचरिते वात्स्यायनवंशवर्णनं नाम प्रथम उच्छ्वासः ।

以上是吉祥的波那·跋吒著《戒日王传》中名为《婆蹉衍那世系》的第一章。

词 汇 表

अ

अ, अन् 前缀，没有，不，非。
अंश 阳，部分，份额。
अंशभाज् 形，分享的。
अंशु 阳，光芒，光线，线。
अंशुक 中，布，衣衫，丝衣，上衣。
अंशुमालिन् 阳，太阳。
अंस 阳，肩，肩膀。
अंसल 形，肩膀强壮的，强壮有力的。
अकर्तृ 阳，不行动者。
अकर्मकृत् 形，不行动的。
अकर्मन् 形，不行动的；中，不行动。
अकारणम् 不变词，无缘无故。
अकाल 形，不按时的；阳，非时。
अकीर्ति 阴，不名誉，坏名声。
अकीर्तिकर 形，带来耻辱的。
अकुण्ठित 形，不迟钝的，精通的。
अकृत 形，未做的，未完成的；中，没有完成的事情，不行动。
अकृत्स्न 形，不全面的。
अकृश 形，不瘦弱的，强壮的。
अक्लेद्य 形，浇不湿的。
अक्ष 阳，轴，轮，骰子，念珠，（用于复合词末尾）眼睛。

अक्षत 形，未受伤的，不毁坏的；中，谷物。
अक्षमाला 阴，念珠串。
अक्षय 形，不朽坏的，不毁灭的，不灭的。
अक्षर 形，不灭的；阳，不灭者（指湿婆或毗湿奴）；中，字母，音节，字，梵。
अक्षि 中，眼睛。
अक्षीण 形，无穷尽的。
अखिल 形，无缺的，完整的，全部的。
अगत 形，未逝去的。
अगुरु 阳、中，沉香，黑沉香木。
अगौरव 形，不尊重。
अग्नि 阳，火，火神，祭火。
अग्निसात् 不变词，投入火。
अग्र 形，前面的，最前面的，顶端的，最好的，优秀的；中，尖，尖端，顶尖，顶端，前面。
अग्रजन्मन् 阳，头生的，长兄，婆罗门。
अग्रतस् 不变词，前面，面前。
अग्रेसर 阳，先驱者，前锋，领导者。
अग्राम्य 形，不俗的，文雅的，高雅的。
अग्र्य 形，顶尖的，最好的，主要的，最高的，杰出的。
अघ 形，邪恶的；中，罪恶，邪恶，不幸，污秽，痛苦。
अघमर्षण 形，涤罪的；中，涤罪颂诗。
अङ्क 阳，膝，标志，标记，记号，斑点，身边，怀，怀抱。
अङ्कित 形，有标记的。
अङ्कुर 阳、中，芽，嫩芽。
अङ्ग 中，身体，肢体，分支。
अङ्गन 中，院子。
अङ्गना 阴，妇女，女子。
अङ्गिरस् 阳，安吉罗（仙人名）。
अङ्गुलि, -ली 阴，手指，脚趾。
अङ्गुलीयक 阳，指环，戒指。
अङ्गुष्ठ 阳，拇指，拇趾。
अचल 形，不动的；阳，山。
अचिन्त्य 形，不可思议的。
अचिर 形，新近的，不久的，很快。
अचेतन 形，无知觉的。
अचेतस् 形，无思想的。
अच्छ 形，明亮的，透明的。
अच्छेद्य 形，劈不开的。
अच्युत 形，不坠落的，不退却的。
अज 形，不生的；阳，阿迦（人名）。
अजन्मन् 形，无生的。
अजय 阳，失败。
अजस्र 形，不断的，连续的，永恒的。
अजात 形，无生的，尚未出生的。
अजित 形，尚未征服的。
अजिन 中，兽皮，鹿皮。
अजिर 形，迅速的；中，庭院，身体，感官对象。
अजिह्म 形，笔直的。
अज्ञ 形，无知的。
अज्ञान 中，无知。
अञ्चित 过分，弯曲的，优美的。
अञ्जन 中，眼膏，黑眼膏。
अञ्जलि 阳，合十，合掌，一捧，一掬。

अटवि, -वी 阴，树林，森林。
अण्ड 阳、中，睾丸，卵，蛋，精子。
अण्डज 阳，卵生物，鸟，鱼，蛇。
अतत्त्व 形，不真实的。
अतनु 阳，无身体者，爱神。
अतन्द्रित 形，不疲倦的。
अतमस्क 形，不黑的，白的。
अतर्कित 形，不可思议的。
अतस् 不变词，从这里，因此，所以。
अति 前缀，在上面，超越，过于，极其，非常，很多。
अतिक्रम् 1.4.跨越，越过，胜过，逾越，忽略。
अतिक्रमणीय 形，超越的，跨越的。
अतिचिरम्, अतिचिरात् 不变词，很久。
अतितराम् 不变词，更加，非常。
अतितृष्ण 形，极其渴望的。
अतिथि 阳，客人。
अतिदीर्घ 形，超长的，很长的。
अतिदूर 形，很远的。
अतिनी 1.带到。
अतिपातिन् 形，飞快的。
अतिप्रबन्ध 阳，紧密连接。
अतिभार 阳，沉重，超重。
अतिमुक्त/अतिमुक्तक 阳，阿底目多伽树或蔓藤。
अतिरिक्त 过分，超过。
अतिरिच् 7.超越，胜过。
अतिलङ्घिन् 形，越规的，错误的。
अतिलोहित 形，深红的，鲜红的。
अतिवह् 1，通过；致使，放行，度过，避开，转移。
अतिवाहित 过分，度过。

अतिवेल 形，超出界限的，无边的，大量的。
अतिवेलम् 不变词，大量。
अतिशय 形，极度，非常，很多，丰富，充满；阳，杰出，卓越，丰富。
अतिशी 2.超越，胜过。
अतिसर्जन 中，给予，交给，投入。
अती 2.超过。
अतीत 过分，超越，过去。
अतीन्द्रिय 形，超越感官的。
अतृप्त 形，不满足的。
अत्यन्त 形，永远的，永久的。
अत्यय 阳，过去，失去，消失，毁灭。
अत्र 不变词，这儿，这里，在这方面。
अत्रभवत् 形，尊敬的，尊贵的（用作尊称）。
अत्रि 阳，阿特利（仙人名）。
अथ 不变词，现在，然后，此后，于是，那时，而且，那么，或许。
अथर्वन् 阳，阿达婆祭司；阳、中，《阿达婆吠陀》。
अथवा 不变词，或者，或许。
अथो 不变词，然后，也。
अदभ्र 形，不少的，丰富的。
अदर्शन 中，看不见。
अदस् 代、形，那个。
अदातृ 形，不施舍，不给予。
अदाह्य 形，烧不着的。
अदूर 形，不远的，附近的；中，不远处，附近。
अदृश्य 形，不可见的，看不见的。
अदृष्ट 形，未看到的。
अदेय 形，不应给的。
अद्भुत 形，奇异的。中，奇迹。

अद्य 不变词，今天，现在，如今。
अद्रि 阳，山，石。
अद्रिकुक्षि 阳，山洞。
अद्रिनाथ 阳，山王。
अधर 形，下面的，下部的；阳，下唇，下嘴唇，嘴唇。
अधर्म 阳，非法，恶行。
अधस् 不变词，向下，下面。
अधस्तात् 不变词，在下面。
अधि 前缀、不变词，在上面，增加，对于。
अधिक 形，更加的，更多的，增加的，更强的，胜过的。
अधिकम् 不变词，更加，更多，更强。
अधिकार 阳，监督，统治，职责，供奉。
अधिकृत 过分，负责。
अधिगम् 1.获得，达到，掌握。
अधिगम 阳、中，获得，掌握。
अधिगै 1.赞颂。
अधिज्य 形，上弦的。
अधित्यका 阴，高原，高地。
अधिदेव 阳，主神。
अधिप 阳，主人，统治者，国王。
अधिपति 阳，主人，国王。
अधिराज 阳，国王。
अधिरोहण 中，登上。
अधिवस् 1.住。
अधिवास 阳，居处，居住，芳香。
अधिवासित 过分，芳香的。
अधिष्ठा 1.站，坐，住，停留，掌控。
अधिष्ठातृ 形，统治的，监督的。
अधिष्ठित 过分，存在，占据，统治，居住。
अधी 2.学习。

अधीन 形，依靠。
अधीर 形，不坚定的，激动的，混乱的。
अधुना 不变词，现在，如今。
अधृष्य 阳，不可战胜的，不可冒犯的，不可接近的。
अधोमुख 形，脸朝下的。
अध्ययन 中，学习，诵读。
अध्यात्म 形，自我的。
अध्यापित 过分，教育，教导。
अध्यास् 2.居住。
अध्यासित 过分，坐下，坐上，掌控，安放。
अध्येषण 中，- णा 阴，劝请，求请。
अध्वग 阳，旅人。
अध्वन् 阳，路，道路，距离。
अध्वर 阳，祭祀。
अनग्नि 形，无火的，不使用火的。
अनघ 形，无罪的。
अनङ्ग 形，无形的；阳，爱神。
अनङ्गलेख 阳，情书。
अनन्त 形，无尽的，无限的，无边的，漫无边际的。
अनन्तर 形，无间的，紧接的，邻近的，紧随的。
अनन्तरम् 不变词，接着，随后。
अनन्तविजय 阳，永胜（坚战的螺号名）。
अनन्य 形，不异的，唯独的，忠诚的。
अनन्यज 阳，爱神。
अनपायिन् 形，不灭的，稳固的。
अनभ्र 形，无云的。
अनय 阳，不合法理，不幸。
अनरण्य 阳，阿那罗尼耶（国王名）。
अनर्गल 形，不受阻碍的，无锁的。
अनर्घ्य 形，无价的。

अनर्थ 形，无用的，无意义的，不幸的，贫穷的；阳，无用，无价值，危害，不幸。
अनल 阳，火。
अनल्प 形，不少的，不小的。
अनवद्य 形，无可指责的，无可挑剔的。
अनवरत 形，不停的，不断的。
अनवस्कर 形，无垢的，纯洁的，清澈的。
अनवस्थित 形，不坚定的。
अनवाप्त 形，没有得到的。
अनाकुल 形，不混乱的。
अनागस् 形，无辜的，无罪的。
अनातुर 形，无病痛的。
अनात्मज्ञ 形，无自知之明的，愚蠢的。
अनादर 形，不尊敬的，冷漠的，不关心的；阳，不尊敬，忽视，随意。
अनामय 形，无病的，健康的；阳、中，健康。
अनारम्भ 阳，不开始，不从事。
अनाविष्कृत 形，未显示的。
अनाशिन् 形，不灭的。
अनासाद्य 形，得不到的。
अनास्थ 形，冷漠的，不执著的。
अनास्था 阴，漠视，轻视。
अनास्वादित 形，未尝过的。
अनित्य 形，无常的。
अनिदान 形，无来由的。
अनिन्दित 形，无可指责的。
अनिन्द्य 形，无可指责的。
अनिभृत 形，不安静的，激动的。
अनिमित्त 形，无缘无故的，偶然的。
अनिमिष 形，睁开的。
अनिमेष 形，不眨眼的。

अनिर्मल 形，浑浊的。
अनिर्वाण 形，不能沐浴的。
अनिल 阳，风。
अनिष्ट 形，不喜欢的，不愉快的。
अनीक 阳、中，军队，群，团。
अनीरित 形，不动的。
अनु 前缀、不变词，在后边，随同，跟随，沿着。
अनुकम्प् 1.同情，怜悯。
अनुकम्पा 阴，同情，怜悯。
अनुकम्प्य 形，可怜的。
अनुकारिन् 形，模仿的，效仿的。
अनुकूल 形，适合的，顺应的，按照。
अनुकूलत्व 中，顺从，和顺。
अनुकृ 8.追随，模拟。
अनुक्त 形，不吩咐的。
अनुक्रोश 阳，怜悯，同情。
अनुग 阳，随从，侍从。
अनुगत 过分，跟随。
अनुगम् 1.追随，跟随。
अनुगमन 中，跟随，追随。
अनुग्रह् 9.施恩，恩宠，抚养，保护，支持。
अनुग्रह 阳，恩惠。
अनुग्राह्य 形，受宠的。
अनुचर 阳，随从，侍从。
अनुचित 形，错误的，不合适的。
अनुचिन्त् 10.考虑。
अनुज 阳，弟弟。
अनुजा 阴，妹妹。
अनुजीविन् 阳，仆从。
अनुज्ञा 阴，允许，同意，原谅。
अनुतप् 1.烦恼，懊悔。
अनुताप 阳，后悔。

अनुत्तरङ्ग 形，不起波浪的。
अनुनाथ् 1.请求，恳求。
अनुदिनम् 不变词，一天天。
अनुदृश् 1.看到，感到。
अनुद्धात 形，不崎岖的，平坦的。
अनुद्रुत 过分，追随，陪伴。
अनुद्विग्न 形，不烦恼的。
अनुनय 阳，安抚，平息，谦恭。
अनुपगत 形，未到达的。
अनुपदम् 不变词，随着，随后。
अनुपम 形，无比的。
अनुपा 1.随后喝。
अनुपूर्व 形，匀称的，依次的。
अनुपेक्षणीय 形，不应忽视的。
अनुप्रयात 过分，跟随。
अनुप्रवेश 阳，进入。
अनुप्राप्त 过分，达到，获得。
अनुबन्ध् 9.系紧，联系，紧随，坚持。
अनुबन्ध 阳，联系，连接，持续，结果，意图。
अनुबन्धित्व 中，联系性。
अनुबुध् 4.醒来，知道；致使，启发，开导。
अनुभाव 阳，威严，威力，情态。
अनुभू 1.享受，体验，获得。
अनुमत 过分，同意，准许。
अनुमन् 4.同意。
अनुमित 过分，推测，推断。
अनुमृत 形，跟随去死的。
अनुमृत 过分，跟随而死。
अनुमेय 形，可推断的。
अनुया 2.跟随，追随，模仿。
अनुयात 过分，追随，伴随。
अनुयात्र 中，侍从。

अनुयान 中，随行。

अनुयायिन् 形，追随的；阳，追随者，随从。

अनुराग 阳，红色，忠诚，爱恋，激情。

अनुरुद् 2.跟着哭泣。

अनुरूप 形，符合的，适合的，匹配的，相配的；中，相似，适合。

अनुरोधिन् 形，顺从的。

अनुलिप्त 过分，涂抹。

अनुलेपन 中，涂抹，油膏，香膏。

अनुल्बण 形，不过分的，适度的，适量的。

अनुवारम् 不变词，重复，一次次。

अनुविद्ध 过分，穿透，充满。

अनुविधा 3.规定，服从，追随。

अनुवृत् 1.跟随，追随，效仿。

अनुवेलम् 不变词，时时，随时。

अनुशुच् 1.忧伤。

अनुश्रु 5.听说。

अनुषङ्ग 阳，联系，结合，必然结果，渴望，同情，偶然相遇。

अनुष्ठा 1.实行，履行，执行，遵行，遵循。

अनुष्ठित 过分，实行，实施，执行。

अनुसंविश् 6.随同进入。

अनुसारिन् 形，追随的，追逐的。

अनुसृ 1.追随，遵循，沿着。

अनूत्था 1.随同起身。

अनून 形，不低的，不缺少的，完整的。

अनृणत्व 中，没有债务。

अनृतिक 形，说谎的。

अनेक 形，不止一个的，许多。

अनेकशस् 不变词，多次。

अनेलमूक/अनेडमूक 形，又聋又哑的，眼瞎的。

अनेहस् 阳，时间。

अनोकह 阳，树。

अन्त 形，最后的；阳，末端，尽头，边际，终点，根底，最终，结束，结局，死亡，毁灭。

अन्तःकरण 中，内心。

अन्तःपुर 中，后宫；后宫妇女。

अन्तक 形，引起毁灭的；阳，死亡，死神。

अन्तकर 形，毁灭的，致命的。

अन्तग 形，结束的，终结的，通晓的。

अन्तगामिन् 形，穷尽的，毁灭的。

अन्तर् 前缀、不变词，中间，内部，在中间，在里面。

अन्तर 形，内部的，中间的，临近的，亲密的，紧密联系的，不同的，其他的，另外的，别的；中，内部，中间，空隙，间隔，间歇，区别，意图。

अन्तरज्ञ 形，内在的，接近的，亲密的，本质的；中，内部器官，心，心腹，知己。

अन्तराय 阳，障碍，阻碍。

अन्तरित 过分，进入，掩盖，阻隔，隔离。

अन्तरीक्ष 中，天空。

अन्तर्गत 过分，进入，在里面，隐藏，消失。

अन्तर्धा 3.放入，隐藏，消失。

अन्तर्वत्नी 阴，孕妇。

अन्तवत् 形，有限的。

अन्तिक 形，附近的，身边的；中，附近，身边。

अन्तिकात् 不变词，附近。

अन्तिदेव 阳，安迪提婆（人名）。

अन्त्य 形，最后的。

अन्ध 形，盲目的；中，黑暗。
अन्धकमथन 阳，诛灭安陀迦者，湿婆。
अन्धकार 阳，黑暗。
अन्धकारित 过分，变黑，变暗。
अन्धकारीकृत 过分，制造黑暗。
अन्धस् 中，食物。
अन्न 中，食物。
अन्य 形，其他的，别的，另外的，另一个。
अन्यतस् 不变词，来自其他。
अन्यत्र 不变词，在别处，除了，不然，否则。
अन्यथा 不变词，不同于，不然，否则。
अन्यथात्व 中，变异。
अन्यपुष्टा 阴，雌杜鹃。
अन्यभृता 阴，雌杜鹃。
अन्येद्युस् 不变词，次日，第二天。
अन्योन्य 形，互相的。
अन्योन्यम् 不变词，互相。
अनु 不变词，随后。
अनुक्षम् 不变词，随即，立刻。
अन्वय 阳，随从，家族。
अन्वास् 2.陪坐，侍奉。
अन्वासित 过分，坐在旁边。
अन्वि 2.跟随，伴随。
अन्वित 过分，跟随，追随，伴随，伴有，具有。
अन्विष् 6.寻求。
अन्विष्ट 过分，追逐，追寻。
अप् 阴，水。
अप 前缀、不变词，离开。
अपगम 阳、中，离开，消失，死去。
अपचिति 阴，衰亡，毁灭，赎罪，崇敬，崇拜。
अपत्य 中，后代，孩子，儿女，儿孙。
अपदेश 阳，指出，提及，借口，假装。
अपनी 1.带走，移开，排除。
अपनुद 6.消除，驱逐。
अपभय 形，无所畏惧的。
अपयान 中，离开，逃走。
अपर 形，至上的，另一个，不同的，其他的，他人的，后面的，西面的，西方的；阳，敌人。
अपरवक्त्र 中，阿波罗伐刻多罗（一种诗律名称）。
अपराजित 形，不可战胜的。
अपराद्ध 过分，犯错。
अपराध 阳，罪行，错误，得罪，过失。
अपराह्ण 阳，下午。
अपरिग्रह 形，不娶的，没有妻子的。
अपरिहार्य 形，不可避免的。
अपरेद्युस् 不变词，下一天，次日。
अपर्याप्त 形，不完整的，无限的。
अपवर्ग 阳，完成，实现，例外，解脱，至福。
अपविघ्न 形，无障碍的。
अपशोक 形，消除忧伤的。
अपसद 阳，逐出者，贱种。
अपसृप् 1.躲开，撤退。
अपह 形，（用于复合词末尾）驱除，取走，夺走。
अपहा 3.离开，抛弃，失去。
अपहारित 过分，带走，夺走。
अपहृत 过分，带走，夺走。
अपांसुल 形，无垢的，纯洁的。
अपाङ्ग 阳，眼角。

अपान 阳，呼气。

अपाय 阳，消逝，死亡，失去。

अपायिन् 形，逝去的。

अपार्थिव 形，非凡的，天上的。

अपावृत 过分，敞开。

अपि 不变词，也，还有，而且，甚至，虽然，尽管，即使，然而。

अपि नाम 不变词，也许，可能，但愿。

अपिधा 3.关闭，盖住，捂住，掩盖。

अपूर्ण 形，不足的。

अपेक्ष 1.期盼，希望，等待。

अपेक्षा 阴，期望，考虑，关注。

अपेक्षिता 阴，期待，希望，按照。

अपोह 1.取走，夺走，消除，排除。

अप्रकाश 形，黑暗的。

अप्रगल्भ 形，胆怯的，谨慎的。

अप्रतिशासन 形，不违抗命令的。

अप्रतीकार 形，不抵抗的。

अप्रमेय 形，不可衡量的，无限的。

अप्रवृत्त 形，不正当的。

अप्राप्त 形，没有达到的。

अप्रार्थित 形，不用请求的。

अप्सरस् 阴，天女。

अफुल्ल 形，不开花的。

अबल 形，无力的。

अभाव 阳，不存在。

अभि 前缀、不变词，向着，接近。

अभिक्रम 阳，着手，实施，努力。

अभिख्या 阴，光辉，魅力，美丽，名称，名声。

अभिगत 过分，前来。

अभिगम् 1.前往，遇见。

अभिगम्य 形，可以接近的。

अभिजन् 4.产生。

अभिजात 形，高贵的，文雅的。

अभिज्ञ 形，理解的，熟知的，精通的。

अभिज्ञा 9.感知，认知，理解。

अभिज्ञा 阴，神通。

अभितप्त 过分，加热，烧灼，悲痛。

अभितापित 过分，炙烤，折磨。

अभिद्रुत 过分，跑向，入侵，攻击。

अभिधा 3.说，表达，解释。

अभिधान 中，称为，名为，名称，名号。

अभिध्या 阴，渴望。

अभिनन्द् 1.欢喜，高兴，祝贺，欢迎。

अभिनन्दित 过分，祝贺，欢迎，赞同。

अभिनव 形，崭新的，新鲜的，年轻的。

अभिनी 1.引领。

अभिनिःसृत 过分，出来。

अभिनिविष्ट 过分，执著，具有。

अभिप्रवृत्त 过分，从事。

अभिभव 阳，压倒，盛行。

अभिभाविन् 形，压倒，盖过。

अभिभाषण 中，说话，交谈。

अभिभू 1.征服，胜过，压倒。

अभिभूत 过分，征服，压倒，控制。

अभिमत 过分，愿望，喜爱，同意。

अभिमान 阳，骄傲。

अभिमुख 形，面向，朝向。

अभिमुखम् 不变词，朝向。

अभिरक्ष् 1.保护，统治。

अभिरक्षित 过分，保护。

अभिरम् 1.喜欢，乐于。

अभिराम 形，喜悦的，高兴的，可爱的，迷人的。

अभिलष् 1.4.希望，渴望。

अभिलाष 阳，希望，愿望，渴望。
अभिलाषिन् 形，渴望的，热爱的。
अभिलीन 形，附着的，粘著的。
अभिवच् 2.说出，回答。
अभिवीक्ष् 1.观看，观察。
अभिवृत् 1.前来，走近，面对。
अभिवृष् 1.下雨，洒下。
अभिव्यक्ति 阴，展现，显示，宣示，说明，清晰。
अभिशस्त 过分，受诅咒。
अभिषङ्ग 阳，执著，打击，灾祸，不幸，哀伤，沮丧，屈辱，挫折。
अभिषेक 阳，浇水，灌顶，沐浴。
अभिषेचन 中，浇水，灌顶。
अभिसरण 中，赴约，相会。
अभिसार 阳，赴约，约会，幽会，随从，同伴。
अभिसारिका 阴，会情人的女子。
अभिहत 过分，打击，敲击。
अभिहन् 2.打击，敲击。
अभिहित 过分，说，讲述，告诉。
अभीक्ष्णम् 不变词，不断。
अभील 中，艰难，悲痛，可怕的情景。
अभूमि 阴，不合适的地点或对象。
अभेत्तृ 阳，不破坏者，维护者。
अभ्यधिक 形，更加的，更多的。
अभ्यधिकम् 不变词，更加，格外。
अभ्यनुज्ञा 阴，同意，允诺，准许。
अभ्यनुज्ञात 过分，同意，允许。
अभ्यन्तर 形，内部的，里面的，中间的，附近的；中，里面，中间。
अभ्यर्च् 1.10.敬拜，崇拜，赞颂。
अभ्यर्चित 过分，敬拜。

अभ्यर्ण 形，附近的；中，附近。
अभ्यर्थन 中，-ना 阴，请求。
अभ्यर्थित 过分，请求。
अभ्यसन 中，练习，复习。
अभ्यसूय 名动词，嫉恨，贬损。
अभ्यसूया 阴，妒忌，忌恨，愤怒。
अभ्यस्त 过分，练习，复习，修习。
अभ्याश 形，附近的；阳，到达，邻近，附近，结果。
अभ्यास 阳，重复，复习，操练，实践，习惯。
अभ्युत्थान 中，起身，上升，滋长。
अभ्युत्थित 过分，升起。
अभ्युत्पतन 中，跃起。
अभ्युदय 阳，兴旺，繁荣，福祉。
अभ्युदि 2.升起，出现。
अभ्युद्यत 过分，升起，举起，准备，努力，兴起。
अभ्युन्नत 过分，抬起，翘起。
अभ्युपपद् 4.安慰，同情，保护。
अभ्युपशान्त 过分，平息，平静。
अभ्युपाय 阳，手段。
अभ्युपेत 过分，具有。
अभ्र 中，云。
अभ्रित 形，布满云的。
अमङ्गल 形，不吉祥的，不幸的；中，不吉祥，厄运。
अमर 形，天神的；阳，天神。
अमर्ष 形，不能忍受的；阳，愤怒，忌恨。
अमर्षण 形，不能忍受的，愤怒的。
अमल 形，无垢的，无瑕的。
अमात्य 阳，大臣。
अमुक्त 形，没有摆脱的。

अमृत 形，不死的；阳，天神；中，甘露。
अमृतत्व 中，不死，永生。
अमोघ 形，不落空的，百发百中的，不徒劳的。
अमोच्य 形，不应释放的。
अम्बक 中，眼。
अम्बर 中，天空，布，衣服，周围。
अम्बा 阴，妈妈。
अम्बु 中，水。
अम्बुज 阳，莲花。
अम्बुद 阳，云。
अम्बुधर 阳，云。
अम्बुराशि 阳，大海。
अम्बुवाह 阳，乌云。
अम्भस् 中，水。
अम्भोधर 阳，云。
अम्भोधि 阳，大海。
अम्भोनिधि 阳，大海。
अम्भोरुह 中，莲花。
अयज्ञ 形，不祭祀的；阳，不祭祀，非正当祭祀。
अयल 形，不费力的，轻松的。
अयन 中，前进，行走，道路，途径，通道。
अयशस् 形，不名誉的；中，恶名，丑闻。
अयस् 中，铁，金属。
अयाचित् 阳，不乞求者，不请求者。
अयि 不变词，啊。
अयुक्त 形，不受约束的。
अयुग्म 形，奇数的。
अयुग्मनेत्र 阳，三眼神，湿婆。
अरजस्क 形，无垢的。
अरण्य 中，森林。

अरति 阴，焦虑，不安，烦恼。
अरविन्द 中，莲花。
अरि 阳，敌人。
अरिष्ट 中，产房，卧室。
अरिसूदन 阳，杀敌者。
अरुण 形，红色的；阳，红色，太阳。
अरुणित 过分，染红，变红。
अरुन्तुद 形，击中要害的。
अरुन्धती 阴，阿容达提（极裕仙人之妻）。
अर्क 阳，太阳。
अर्गल 阳、中，门栓，锁。
अर्घ 阳，价值，招待用品。
अर्घ्य 形，有价值的，尊敬的；中，供品，祭品，招待用品。
अर्च 1.10. 崇拜，礼拜，敬拜，尊敬，赞颂。
अर्चन 形，敬拜的；中，敬拜。
अर्चि 阴，光芒，火焰。
अर्चित 过分，敬拜，尊敬，礼遇。
अर्चिस् 中，光焰，火焰，光。
अर्च्य 形，值得尊敬的。
अर्जित 过分，获得，赢得。
अर्जुन 阳，阿周那树，阿周那（人名）。
अर्णव 阳，波浪，大海。
अर्थ 阳，目的，目标，愿望，意义，事物，事情，对象，财富，利益，功用，企求，事实，实情，真相；形，（用于复合词末尾）为了。
अर्थपति 阳，财富之主，国王，财神（俱比罗）。
अर्थम् 不变词，（用于复合词末尾）为了。
अर्थवत् 形，富有的，有意义的，真实的，有用的；不变词，合适地，如实地。
अर्थविद् 形，知道意义的。

अर्थिन् 形，渴望的，愿望的，求告的；阳，求告者。
अर्थ्य 形，合适的，恰当的。
अर्दित 过分，折磨。
अर्ध 形，一半的；中、阳，一半。
अर्पण 中，安放，交付，祭供。
अर्पित 过分，固定，安放，交付。
अर्भक 形，小的；阳，孩子。
अर्ह 1.值得，应该，能够，请。
अर्ह 形，值得的，适合的，能够的。
अर्हण 中，अर्हणा 阴，敬拜。
अर्हत् 形，值得尊敬的。
अलक 阳，头发。
अलका 阴，阿罗迦（地名）。
अलक्त/अलक्तक 阳，紫胶，树脂，红颜料。
अलक्षित 形，未看到的，未注意的。
अलंकृ 8.准备，装饰，美化。
अलंकृत 过分，装饰。
अलब्ध 形，没有获得的。
अलभ्य 形，不可获得的。
अलम् 不变词，足够，够了。
अलस 形，无力的，倦怠的，懒惰的，懒散的。
अलाभ 阳，失去。
अलि 阳，蜜蜂。
अलीक 形，不愉快的，虚假的。
अलुप्त 形，不受损害的，不毁坏的。
अलोल 形，平静的，不激动的。
अल्प 形，小的，少的，少量的。
अल्पीयस् 形，很小的，很少的。
अव् 1.保护，满足。
अव 前缀、不变词，离开，向下。
अवकीर्ण 过分，散布，遍布。

अवकृ 6.撒，散布。
अवगण् 10.不顾，忽视，轻视。
अवगण 形，独自的。
अवगम् 1.走下，走近，知道，理解，认为。
अवगाह्/वगाह् 1.沐浴，深入，伸展。
अवगाह 阳，沐浴，进入，深入。
अवगुण्ठन 中，遮盖，覆盖，面纱。
अवगुण्ठित 过分，遮盖，笼罩。
अवग्रह 阳，干旱，障碍。
अवच 形，低的。
अवचित 过分，收集，采集。
अवचूल/अवचूलक 阳、中，拂尘。
अवज्ञा 9.轻视。
अवज्ञा 阴，轻视，蔑视。
अवज्ञान 中，轻视。
अवट 阳，洞穴，坑洼。
अवतंस 阳、中，耳饰。
अवतंसक 阳，耳饰。
अवतंसित 过分，成为耳饰。
अवतन् 8.伸展，覆盖，遍布。
अवतरण 中，降下，化身，越过，台阶。
अवतार 阳，降下，进入，下凡，化身，出现。
अवतारित 过分，放下。
अवतीर्ण 过分，降下，降临，进入，深入，越过。
अवतृ 1.下来，降下，进入；致使，放下。
अवदात 形，美丽的，纯洁的，明亮的，洁白的；阳，白色，黄色。
अवधान 中，注意，关心。
अवधि 阳，边际，期限，结束。
अवधीर् 10.忽视，轻视，蔑视。
अवधीरणा 阴，轻视，嫌弃。

अवधू 4.摇动，摆脱，去除。
अवधूत 过分，动摇，拒绝，蔑视。
अवधृ 10.决定，肯定，知道，了解，听取，思考，认为。
अवध्य 形，不可杀的。
अवनत 过分，弯下，垂下。
अवनद्ध 过分，固定，覆盖，扎紧。
अवनम्र 形，弯下的。
अवनि, -नी 阴，地，地面，河，河床。
अवन्ध्य 形，不落空的，不徒劳的。
अवपत् 1.落下。
अवभञ्ज 7.击毁，粉碎。
अवभास 阳，光辉，展现。
अवभृथ 阳，祭祀后沐浴。
अवमान 阳，轻视。
अवयव 阳，肢体，部分。
अवर 形，低的。
अवरुद् 2.哀悼，哭泣。
अवरुद्ध 过分，囚禁。
अवरुह् 1.下来。
अवरोध 阳，阻碍，后宫。
अवलम्ब् 1.悬挂，保持，抓着，依附，撑住，承担，提起，依靠。
अवलम्बिन् 形，低垂的，下垂的，悬挂的。
अवलेप 阳，傲慢，欺辱。
अवलोक् 1.10.观看，寻找，发现。
अवलोकन 中，观看，观察，目光。
अवलोकित 过分，观看。
अवश 形，不由自主的。
अवशेष 阳，剩余，剩余物。
अवष्टम्भ 阳，依靠，支持，柱子，金子，开始，停止，停留，骄傲，勇猛，坚定，阻碍。

अवष्टम्भमय 形，勇猛的。
अवसक्त 过分，悬挂，安放，接触。
अवसर 阳，机会。
अवसान 中，停止，结束，界限。
अवस्था 1.保持，停留，站立，活着，存在，进入；致使，固定。
अवस्था 阴，状态，状况。
अवस्थित 过分，站立，立足，排列。
अवस्रंसन 中，掉落，失落。
अवस्रंसिन् 形，掉落的。
अवहेल 阳，-ला 阴，轻视，蔑视，不关心。
अवाङ्मुख 形，俯视的，低头的。
अवाच्य 形，不该说的。
अवाप् 5. 获得，得到，达到。
अविकार्य 形，不可变的。
अविघ्न 形，无障碍的；中，无障碍。
अवितथ 形，真实的。
अविदग्ध 形，幼稚的，愚笨的，未消化的。
अविद्वस् 形，无知的；阳，愚者。
अविपश्चित् 形，无知的；阳，无知者。
अविशाल 形，不宽敞的，狭窄的。
अविषह्य 形，不可忍受的。
अवे 2.知道。
अवेक्ष् 1.观看，注视，观察，考虑，关注，关心，监督。
अवेक्षित 过分，观察，关注。
अव्यक्त 形，不显现的。
अव्यय 形，不变的，不灭的，永恒的。
अव्यवसायिन् 形，怠惰的，疏忽的，不坚决的。
अव्यवस्थ 形，不固定的，不确定的，移动的。
अव्रत 形，不守誓言的。

अश् 5.遍布，充满，弥漫，到达；9.吃。
अशक्ति 阴，无能力。
अशक्य 形，不能。
अशन 中，吃。
अशना 阴，饥渴。
अशनि 阳、阴，雷杵，雷，雷电，霹雳。
अशस्त्र 形，无武器的。
अशान्त 形，不平静的。
अशुभ 形，不吉祥的，邪恶的；中，罪恶。
अशून्य 形，不空虚的，充满的。
अशेष 形，无余的，全部的。
अशोक 阳，无忧树；中，无忧花。
अशोच्य 形，不必忧伤的。
अशोच्यता 阴，不必忧伤。
अश्मन् 阳，石头。
अश्रद्दधान 形，无信仰的。
अश्रम 形，不疲惫的；阳，不疲惫。
अश्रवण 形，听不到的。
अश्रु 中，眼泪。
अश्व 阳，马。
अश्वत्थामन् 阳，马嘶（人名）。
अश्वमुखी 阴，马面女，紧那罗妇女。
अष्टन् 数、形，八。
अष्टमूर्ति 阳，有八形者，湿婆。
अष्टापद 阳、中，画布，画板，骰子盘，棋盘。
अस् 2.有，存在，是。
असंशयम् 不变词，毫无疑问。
असंस्कृत 形，没有修养的，不文雅的。
असक्त 形，不执著的。
असंकसुक 形，坚定的，不变的。
असंख्य 形，无数的。
असञ्ज 形，不粘著的，无障碍的。

असत् 形，不存在的，不真实的，坏的；中，不存在。
असदृश 形，不相似的，不合适的，不值得的。
असन्तोष 形，不满意的，不满足的。
असंनिवृत्ति 阴，不返回。
असपत्न 形，无可匹敌的。
असम 形，不平坦的，奇数的，无与伦比的。
असमग्र 形，不完整的。
असमशर 阳，有奇数箭者，爱神。
असमाप्त 形，没有完成的。
असंभृत 形，不造作的，天然的。
असंमत 形，不同意的，不认可的，不满意的。
असह्य 形，不可忍受的。
असाक्षिक/असाक्षिन् 形，无目击者的，无证人的。
असाधरण 形，非凡的，特殊的，排他的。
असाध्य 形，不能实现的，不能治愈的。
असांप्रतम् 不变词，不合适，不应该。
असारता 阴，脆弱。
असि 阳，剑。
असित 形，黑色的。
असित 阳，阿私陀（仙人名）。
असिद्धि 阴，不成功，失败。
असिधेनु 阳，刀。
असु 阳，呼吸，生命。
असुर 阳，阿修罗。
असुलभ 形，不易得到的。
असूर्यंग 形，远离太阳的。
असेचन/असेचनक 形，看不够的，可爱的。
असोढ 形，不能忍受的。

अस्त 阳，落下，西山；中，死亡，消失。
अस्तमय 阳，日落，毁灭。
अस्तम्भ 形，没有柱子的。
अस्त्र 中，武器，箭。
अस्पृष्ट 形，不接触的。
अस्मद् 代，我们。
अस्वतन्त्र 形，不能自主的。
अस्वर्ग्य 形，不能进入天国的。
अह् 1.说。
अहंकार 阳，我慢，自我意识，骄慢。
अहन् 中，天，一天。
अहम् 代，我。
अहह 不变词，哎呀。
अहिंस्य 形，不该杀的。
अहित 形，不合适的，无益的，有害的，敌对的；阳，敌人。
अहृत 形，不受吸引的。
अहो 不变词，哎呀，啊呀。

आ

आ 前缀，向着，围绕，略微；不变词，自从，直到，直至。
आकम्प् 1.摇动，颤抖。
आकम्पित 过分，摇动，颤抖。
आकर 阳，矿，矿藏，丰富，大量。
आकर्ण् 10.听取。
आकर्णन 中，听取。
आकर्षण 形，吸引人的，迷人的。
आकल्प 阳，服装，装饰。
आकाङ्क्ष् 1.渴望。
आकार 阳，形貌，形态，表情。
आकालिक 形，不合时的。

आकाश 阳、中，天空，空间。
आकीर्ण 过分，散布。
आकुञ्चित 过分，弯曲，收缩。
आकुल 形，充满的，忙于，困惑的，迷茫的，烦恼的，激动的，混乱的。
आकुलित 形，混乱的，激动的。
आकृ 8.带来。
आकृति 阴，形状，形貌。
आकृष् 1.6.拽，拉，吸引，取出，夺走。
आकृष्ट 过分，拽，拉，取来，吸引，取出。
आक्रन्दित 过分，哭，喊；中，哭叫，哀鸣。
आक्रान्त 过分，抓住，压倒，担负，超越，获得，具有，伴有，装饰，坐，骑。
आक्रान्ति 阴，安放，踩步，克服，攻击。
आक्षिक 阳，掷骰子者。
आक्षिप् 6.扔掉，吸引，诱惑，投掷，阻断，夺取，驱逐，暗示，提及，忽视，拒绝，侮辱。
आक्षिप्त 过分，扔掉，抓住，吸引，迷惑，责骂。
आक्षेप 阳，扔掉，抛弃，脱去，责备，暗示。
आखण्डल 阳，因陀罗。
आख्या 2.说，告诉，宣布，命名。
आख्या 阴，名字，名称，称呼。
आख्यात 过分，说明，表明，显示，著名。
आख्यायिका 阴，传记。
आगत 过分，来到，到达，产生，进入。
आगम् 1.来到，进入。
आगम 阳，来到，学问，经典。
आगमन 中，来到，回来。
आगस् 中，罪恶。
आगस्कृत 形，犯错的，犯罪的。

आगार 中，住处，房屋，宫殿。
आघूर्णित 过分，转动。
आघोषन 中，-ना 阴，宣布。
आङ्गिरस 阳，安吉罗之子，毗诃婆提（人名）。
आचमन 中，漱口，漱口水。
आचर् 1.行动，实行，游荡。
आचरित 过分，行动；中，行为。
आचार 阳，行为，习惯，习俗。
आचार्य 阳，老师。
आचार्यक 中，教职，老师的地位。
आचित 过分，积累。
आच्छादित 过分，覆盖。
आज्ञा 9.知道；致使，吩咐。
आज्ञा 阴，吩咐，命令。
आज्ञाकारिन् 阳，仆从。
आटोप 阳，骄傲，自大，膨胀，扩展。
आढ्य 形，丰富的。
आढ्यराज 阳，富王（人名）。
आतत 过分，展开，延伸。
आततायिन् 形，挽弓杀人的，犯罪作恶的。
आतप 阳，热，炎热，光热，阳光。
आतपत्र 中，伞，华盖。
आतपवारण 中，伞，华盖。
आतिथ्य 中，好客。
आतुर 形，痛苦的，生病的；阳，病人。
आतोद्य 中，乐器。
आत्मक 形，（用于复合词末尾）性质。
आत्मज 阳，儿子。
आत्मजन्मन् 阳，儿子。
आत्मजा 阴，女儿。
आत्मन् 阳，灵魂，精神，心，心灵，自己，自我，身体，自身，思想。

आत्मभू 阳，自生者，梵天。
आत्मयोनि 阳，自生者，爱神。
आत्मवत् 形，控制自我的，把握自我的。
आत्मवत्ता 阴，自制力。
आत्मसंभव 阳，儿子。
आत्मसात् 不变词，适合自己，为自己。
आत्रेय 阳，阿特雷耶（阿特利仙人的后裔）。
आदर 阳，尊敬，注意，热诚，热衷，努力。
आदर्श 阳，镜子。
आदा 3.接受，取得，吸收，说。
आदि 形，最先的，最初的，为首的，（用于复合词末尾）首先，等等；阳，开始。
आदिक 形，（用于复合词末尾）开始的，为首的。
आदित्य 形，太阳的；阳，太阳。
आदित्सु 形，渴望得到的。
आदिपुरुष 阳，创世者，毗湿奴。
आदिश् 6.指示，命令，吩咐，指定。
आदृत 过分，热诚，认真，谦恭。
आदेश 阳，指示。
आद्य 形，最初的，首位的，为首的，等等。
आधा 3.安放，固定，安排，持有，采取，呈现，获取，给予。
आधान 中，安放，实施，提供。
आधार 阳，支持，容器。
आधि 阳，烦恼，焦虑，痛苦，不幸。
आधिपत्य 中，王权，统治。
आधूत 过分，摇动。
आधृ 1.10.执持。
आनक 阳，战鼓。
आनत 过分，弯下，弯曲，拜倒，下跪，

谦恭。

आनन 中，脸，口，嘴。

आनन्द् 1.高兴，欢喜。

आनन्द 阳，高兴，快乐，欢喜。

आनन्दित 过分，高兴，欢喜。

आनी 1.带来，产生，引起。

आनील 形，微黑的。

आनृत् 4.跳舞。

आप् 5.获得，到达，达到。

आपक्व 形，未成熟的。

आपत् 1.落下，来到，冲向，攻击，发生，出现。

आपतित 过分，落下，扔下，出现，发生。

आपद् 4.走近，进入，到达，出现。

आपद् 阴，灾难。

आपाण्डुर 形，浅白的，苍白的。

आपाण्डुरीभूत 过分，变白。

आपादित 过分，成为，达到。

आपीड 阳，挤压，伤害，花环，顶饰。

आपीन 过分，肥胖，强壮；中，（牛羊等的）乳房。

आपृ 9.致使，充满，布满。

आप्त 过分，获得，达到，可靠，能干，熟悉，充满；阳，可靠者，信任者，亲戚，朋友。

आप्रच्छ् 6.告别。

आप्लव 阳，-न 中，沐浴，浸泡，喷洒。

आबद्ध 过分，系缚，固定。

आबन्ध् 9.系缚，固定，形成。

आभरण 中，装饰品，装饰。

आभा 2.发光。

आभा 阴，光，光亮，光辉，光彩，光泽，形貌，映像，相似，相像。

आभारण 中，装饰，养育。

आभाष् 1.说。

आभाषण 中，交谈，对话。

आभाष्य 形，值得说话的。

आभिजन 形，依据出身的；中，高贵出身。

आभुग्न 形，微微弯曲的。

आमय 阳，疾病。

आमलक 阳，-की 阴，菴摩罗树；中，菴摩罗果。

आमिष 中，肉。

आमृश् 6.接触，触摸，攻击，伤害。

आमेखलम् 不变词，环绕山腰。

आमोद 阳，喜悦，香气。

आमोदित 过分，喜悦，散发香气。

आमोदिन् 形，喜悦的，芳香的。

आय 阳，到达，获得，收入。

आयत 过分，伸展，长的，宽大的。

आयतन 中，住处，家。

आयति 阴，伸展，延伸，将来，尊贵，尊严。

आयत्त 过分，依靠，依赖，试图。

आया 2.来到，到达。

आयाम 阳，长度，宽度，伸展，控制，调节。

आयासित 过分，操劳，疲惫，扰乱，麻烦。

आयुध 阳、中，武器。

आयुष 中，（用于复合词末尾）寿命。

आयुष्मत् 形，长寿的（常用作对人的尊称）。

आयुस् 中，生命，寿命，性命。

आयोजित 过分，安放，编制。

आरच् 10.安排。

आरब्ध 过分，开始，从事。

आरभ् 1.开始，着手，从事。

आरभ्य 不变词，自从。

आरम्भ 阳，开始，发起，行动，动作，努力。

आरात् 不变词，附近，距离，远离。

आराध् 5.10.安抚，取悦，尊敬。

आराधन 中，取悦，侍奉，尊敬。

आराम 阳，愉悦，喜欢。

आरुरुक्षु 形，想要登上的。

आरुह् 1.登上；致使，增长，放置。

आरूढ 过分，登上。

आरेचित 过分，收缩，皱起。

आरोपित 过分，安放，上弦。

आरोहण 中，登临，台阶。

आर्चिक 形，《梨俱吠陀》的；中，《娑摩吠陀》。

आर्त 形，受折磨的，得病的，痛苦的，苦难的。

आर्तव 形，合时令的，时令的，各季的。

आर्ति 阴，痛苦。

आर्द्र 形，湿润的，温和的。

आर्द्र्य 名动词，湿润。

आर्य 形，高贵的；阳，高贵者，高尚者，圣者。

आर्ष 形，仙人的。

आलम्ब् 1.依靠，悬挂，支撑，掌握，赢得，采取，举行。

आलय 阳、中，住处，房屋，宫殿。

आलवाल 中，树坑。

आलान 中，拴象的柱子或绳索。

आलाप 阳，आलापन 中，谈话。

आलिङ्गन 中，拥抱。

आलिङ्गित 过分，拥抱。

आली 4.住下，昏厥，溶化。

आलीढ 过分，舔过，受伤；中，一种射箭的姿势。

आलीन 过分，拥抱，附着，溶化。

आलेख्य 中，画，书写。

आलोक् 1.观看，考虑。

आलोक 阳，आलोकन 中，观看，注视，目光，视界，光。

आलोकशब्द 阳，胜利的欢呼声。

आलोहित 形，红色的。

आवर्जित 过分，弯下，倒出，投入，供给。

आवली 阴，一行，一排，一串，系列，世系。

आवसथ 阳，住处，房屋。

आवह 形，（用于复合词末尾）带来。

आवास 阳，家，住处。

आविल 形，污染的，沾染的，昏暗的，浑浊的，混乱的。

आविश् 6.进入，走向，占有。

आविष्कृत 过分，显示，展现。

आविष्ट 过分，进入，充满。

आविस् 不变词，眼前，展现。

आवृ 5.9.10.覆盖，隐藏，阻隔。

आवृज् 1.转向，选择；致使，弯下，倾向，倒出，给予，制伏。

आवृत् 1.返回，绕圈，旋转。

आवृत 过分，覆盖，隐藏，蒙蔽，围绕。

आवृत्ति 阴，返回，回归，重复。

आवेग 阳，激动。

आवेश 阳，进入，占有，影响，专注，热衷，骄傲，激动，愤怒。

आशंस् 1.希望，盼望，祝愿，告诉，说出，赞美。

आशंसित 过分，希望，期望，说出，宣示。

आशङ्किन् 形，怀疑的，猜疑的，疑惧的。
आशय 阳，住处，卧室，心愿。
आशा 阴，希望，愿望，渴望，空间，方位，地区。
आशावत् 形，有愿望的。
आशिन् 形，（用于复合词末尾）吃。
आशीविष 阳，毒蛇。
आशिस् 阴，祝福。
आशु 不变词，迅速，赶快。
आशुग 形，快速的；阳，箭。
आश्चर्य 中，奇迹。
आश्यान 过分，凝固，干涸。
आश्रम 阳、中，净修林，人生阶段。
आश्रय 阳，庇护所，住地，宿地，居处，依靠。
आश्रयण 形，依靠的，投靠的；中，庇护。
आश्रयिन् 形，依靠的，相关的。
आश्रव 形，顺从的，恭顺的；阳，允诺，保证，错误，越规。
आश्रि 1.来到，依靠，依附，投靠，居住。
आश्रित 过分，依靠，依附，居住，栖息；阳，随从，仆从。
आश्वस् 2.呼吸；致使，鼓励，安慰。
आश्वासित 过分，安慰。
आषाढ 阳，波罗奢木杖。
आस्, आः 不变词，啊。
आस् 2.坐。
आस 阳，座位。
आसक्त 过分，专注，执著，沉浸，固定，阻碍，抑止。
आसङ्ग 阳，执著。
आसज्ज 1.固定，安放。
आसद् 1.坐下，走近；10.或致使，遇到，获得，到达。

आसन 中，坐，座位。
आसनस्थ 阳，落座，坐下。
आसन्न 过分，附近，临近。
आसव 阳，酒。
आसादित 过分，获得，达到，完成，遇到。
आसिञ्जित 形，叮当作响的。
आसीन 形，坐下的，就座的。
आसेव 1.实行，享受。
आस्तरण 中，床。
आस्था 1.站，立足，采取。
आस्था 阴，关心，允诺，支持。
आस्थित 过分，坐下，居住，依靠，获得。
आस्पद 中，位置，地位，住处。
आस्फालन 中，挤压，拍打。
आस्वाद 阳，品尝。
आस्वादवत् 形，美味的。
आह 不变词，啊，嗨，哎呀。
आहत 过分，打击，伤害，毁灭。
आहर 形，（用于复合词末尾）带来；阳，抓取，实施，吸气。
आहव 阳，战斗，战争。
आहार 阳，饮食。
आहित 过分，安放，给予，包含，实行。
आहुति 阴，祭品。
आहूत 过分，召唤，邀请，名为。
आहृ 1.取来，获得，采取。
आहृत 过分，取来，获得。
आह्निक 形，日常的，常规的；中，常规仪式，常规食物，日常事务。
आह्लाद 1.喜悦，高兴。
आह्वय 阳，名称。
आह्वे 1.召唤，邀请，挑战。

इ

इ 2. 走，走向，来到，到达。
इक्षु 阳，甘蔗。
इक्ष्वाकु 阳，甘蔗王（人名，即甘蔗族的祖先），甘蔗王的后代，甘蔗族。
इङ्गित 过分，移动；中，姿势。
इच्छा 阴，愿望，意愿。
इज्या 阴，祭祀。
इत 过分，走向。
इतर 代、形，另外的，其他的，不同的。
इतस् 不变词，因此，从这里，在这里。
इति 不变词，这样（说、想），如此，这样，以上。
इत्थम् 不变词，这样，如此。
इत्वर 阳，旅人，可怜者，低劣者，浪荡子。
इदम् 代、形，这个；不变词，这样。
इदानीम् 不变词，现在，此刻。
इन्दीवर 中，莲花。
इन्दु 阳，月亮。
इन्दुमती 阴，英杜摩蒂（人名）。
इन्द्र 阳，因陀罗，主子，国王。
इन्द्रगोपक 阳，胭脂虫。
इन्द्रिय 中，感官，器官，精力。
इन्द्रियत्व 中，感官性能。
इन्धन 中，燃料。
इव 不变词，像，如同，犹如，好像，正像，似，似乎，仿佛，可能，或许。
इष 6. 希望，愿望，渴望，盼望，寻求，愿意，想要。
इषु 阳、阴，箭。

इष्ट 过分，希望，愿望，渴望，想要，喜欢，喜爱，如愿；中，愿望。
इष्टकामदुह् 阴，如意神牛。
इष्ठ 后缀，最高的。
इष्वास 阳，弓箭手。
इह 不变词，这里，这时，此世，这个世界，现在。

ई

ईक्ष 1. 观看，注视，观察。
ईक्षण 中，观看，注视，目光，眼睛。
ईक्षित 过分，看见；中，眼光。
ईदृश 形，这样的。
ईप्सित 过分，希望，愿望，喜爱；中，希望，愿望。
ईयस् 后缀，较高的。
ईश 阳，控制者，湿婆，自在天。
ईशा 阴，统治。
ईश्वर 形，能够；阳，主人，国王，丈夫，自在天，湿婆。
ईषत् 不变词，轻微，稍许。

उ

उ 不变词，啊。
उक्त 过分，所说，告知；中，话语。
उक्षन् 阳，公牛。
उक्षित 过分，浇灌，冲刷。
उग्र 形，锐利的，严厉的，凶猛的，猛烈的。
उचित 过分，合适，习惯，乐于。

उच्च 形，高的，高耸的，高贵的，高声的，强烈的。
उच्चय 阳，堆，大量。
उच्चर् 1.升起，登上，出现，说出，离开。
उच्चल् 1.出发，离开，脱离。
उच्चलित 过分，移动，出发。
उच्चावच 形，高高低低的，大大小小的。
उच्चित 过分，收集，采集。
उच्चैःशिरस् 形，高贵的；阳，高贵者。
उच्चैस् 不变词，高，向上，高声，强烈，强大，崇高，伟大。
उच्छिन्न 过分，摧毁，破坏。
उच्छिरस् 形，高贵的。
उच्छुष्क 形，干枯的。
उच्छोषण 形，烤干的，枯萎的，烧灼的。
उच्छ्वसित 过分，呼吸，喘息；中，气息，生命。
उच्छ्वास 阳，喘息，章节。
उज्ज्वल् 1.闪耀。
उज्ज्वल 形，闪光的，闪耀的，灿烂的。
उज्झ् 6.离开，抛弃，避免。
उज्झित 过分，离开，抛弃。
उटज 阳、中，茅屋。
उडुप 阳，小舟。
उड्डी 1.4.飞跃，飞行。
उत 不变词，也，或者，或许，可能。
उत्क 形，渴望的，焦急的，忧伤的。
उत्कट 形，凶猛的。
उत्कण्टकित 过分，汗毛竖起。
उत्कण्ठ 名动词，渴望。
उत्कण्ठा 阴，焦虑，不安，惊恐，渴望，忧愁。
उत्कम्प 形，颤抖的，摇晃的；阳、中，颤抖，激动。
उत्कर 阳，成堆，很多。
उत्कर्ण 形，竖起耳朵的。
उत्कलिका 阴，焦虑，不安，渴望，挂念，波浪。
उत्किर 形，播撒的，飘散的。
उत्कीर्ण 过分，扬起。
उत्क्षिप् 6.抛上，扬起，升起，竖立，抛开，摒弃。
उत्क्षिप्त 过分，抛上，扬起，举起，抛开。
उत्क्षेप 阳，抛上，扔掉，派遣。
उत्खचित 过分，镶嵌，混合，交织。
उत्तप्त 过分，燃烧，发热，焦虑，愤怒。
उत्तम 形，最好的，最优秀的，至高的，无上的，主要的。
उत्तमम् 不变词，最高程度地。
उत्तमौजस् 阳，优多贸阁（人名）。
उत्तम्भन 中，支持，支撑。
उत्तम्भित 过分，支持，撑住，停住。
उत्तर 形，北方的，北边的，上面的；中，回答。
उत्तरकोसल 阳，北憍萨罗国，北憍萨罗人。
उत्तान 形，伸展的，朝上的。
उत्तानित 形，升起的，展开的，张开的。
उत्तरीय 阳，中，上衣。
उत्तीर्ण 过分，跃出，上岸，跃过。
उत्तृ 1.度过，越过；致使，救渡。
उत्थ 形，（用于复合词末尾）产生，出现。
उत्था（उत्स्था） 1.站立，站起，起身，出现。
उत्थित 过分，升起，站起，产生，出现。
उत्पत् 1.跳起，飞起，升起，冲向。

उत्पताक 形，旗帜飘扬的。
उत्पत्ति 阴，出生，产生，起源。
उत्पत्तिमत् 形，有生的。
उत्पाद् 4.出生，产生。
उत्पन्न 过分，产生，获得。
उत्पल 中，青莲，蓝莲花，莲花。
उत्पाद 阳，出生，产生。
उत्पादक 形，产生的，创造的。
उत्पाद्य 形，应该产生的。
उत्पीड् 10.挤压，打击。
उत्पीडन 中，挤，压。
उत्प्रेक्षा 阴，猜想，奇想，忽视，无视。
उत्प्लु 1.跳起，漂浮。
उत्फुल्ल 过分，盛开，张开。
उत्सङ्ग 阳，膝，怀抱。
उत्सद् 1.倾覆，破坏，毁灭。
उत्सन्न 过分，毁坏，毁弃，毁灭。
उत्सर्पिन् 形，升起的，高耸的，产生的。
उत्सव 阳，节日，欢乐。
उत्सह् 1.抗衡，承受。
उत्सारित 过分，驱除，排除，消除。
उत्साह 阳，努力，毅力，决心，勇气。
उत्सिसृक्षु 形，想要放弃的。
उत्सुक 形，渴望的，迫切的，焦急的，急于。
उत्स् 1.致使，驱除，排除，消除。
उत्सृज् 6.放出，吐出，呼出，离开，扔掉，放弃，抛弃，洒下。
उत्सृप् 1.上升，升起，走近，散布。
उत्सृष्ट 过分，放出，抛弃，给予。
उद् 前缀，在上面，向上。
उदक् 不变词，上方，向北，此后。
उदक 中，水。

उदग्र 形，高贵的，强壮的，强大的。
उदच्/उदञ्च् 形，向上的，更高的，向北的，随后的。
उदञ्च् 1.升起，抬高，说出，发声。
उदधि 阳，海，大海。
उदन्त 阳，消息。
उदन्वत् 阳，大海，海洋。
उदपान 阳、中，井，池塘。
उदय 阳，升起，出现，显现，长出，东山，繁荣，成就，成功。
उदयगिरि 阳，东山。
उदयाचल 阳，东山。
उदर 中，腹部，内部，中间。
उदर्चिस् 形，发光的。
उदार 形，慷慨的，高尚的，真诚的，优美的。
उदारधी 形，智慧广博的，思想高尚的。
उदि 2.出现，升起。
उदीक्ष् 1.仰望。
उदित 过分，升起，产生，说出。
उदीच्य 形，北方的。
उदीर् 2.升起，发出；致使，发声，说出，长出，开放，展现。
उदीरित 过分，升起，向上，说出，展现，骚动。
उद्गत 过分，升起，出现。
उद्गति 阴，升起，出现。
उद्गम् 1.升起，出现，发源，出名。
उद्गम 阳，上升，出现，长出。
उद्गा 3.起来，起身。
उद्ग् 6.射出，吐出，流出，说出。
उद्गै 1.高唱，歌唱，唱出。
उद्ग्रथित 过分，束起。

उद्घाटित 过分，打开。
उद्दाम 形，恣意的，放纵的，强有力的，可怕的，超常的。
उद्दिश 6.指出，提示。
उद्दिश्य 不变词，对于，为了。
उद्देश् 1.仰望，期待。
उद्देश 阳，指出，提及，说明，地点，地方。
उद्दत 过分，升起，充满，激动，闪耀。
उद्धरण 中，根除，解救。
उद्धुर 形，自由的，放纵的，大胆的，高声的。
उद्धूत 过分，摇动，坠落，升起，扬起。
उद्धृ 1.10.拔出，拔起，根除，毁灭。
उद्धृत 过分，举起，消除，根除。
उद्बाहु 形，高举手臂的。
उद्भव 阳，产生，出生，源泉。
उद्भिद् 7，破裂，裂开。
उद्भिन्न 过分，绽开，裂开。
उद्भू 1.产生，出现；致使，造成。
उद्भूत 过分，产生，升起，扬起。
उच्य 形，谈论的，讨论的。
उद्यत 过分，试图，准备，从事。
उद्यम् 1.升起，举起，准备，努力。
उद्यम 阳，升起，准备，努力，勤奋。
उद्यान 阳、中，花园。
उद्वह् 1.结婚，担负，维持，持有，具有，带走。
उद्वह 形，携带的，持续的，杰出的。
उद्वहन 中，结婚，承载，举起。
उद्विज् 6.忧愁，害怕，难受。
उद्वीक्षण 中，仰望，期望。
उद्वृत्त 过分，膨胀。

उद्वेग 阳，颤抖，激动，恐惧，焦急。
उद्वेजित 过分，忧虑，激动，害怕，恐惧。
उन्नत 过分，抬起，上升，高耸，隆起。
उन्नति 阴，上升，增长，高度，高贵。
उन्नद् 1.吼叫，鸣叫。
उन्नद्ध 过分，捆绑，缠绕。
उन्नमित 过分，竖起，升起，仰起，隆起。
उन्नादित 过分，发声，啼鸣。
उन्मथित 过分，搅动，打击，伤害，摧毁。
उन्मद 形，迷醉的，发情的。
उन्मदान 形，迷醉的。
उन्माद 形，疯狂的，发情的；阳，迷醉，疯狂。
उन्मादिता 阴，迷醉，疯狂。
उन्मिष् 6.睁开，展开。
उन्मिषित 过分，睁开，展开。
उन्मीलित 过分，张开，展现。
उन्मुक्त 过分，摆脱，抛弃，解脱。
उन्मुख 形，抬头的，仰望的，期盼的，准备。
उन्मूलन 中，拔除，根除。
उप 前缀，向着，接近。
उपकण्ठ 形，附近的；阳、中，附近，邻近。
उपकरण 中，帮助，辅助，手段，工具，机械，装置。
उपकार 阳，恩惠。
उपक्रम् 1.走近，开始，准备。
उपक्रोश 阳，谴责，责备，羞辱。
उपक्षेप 阳，扔出，提及，暗示。
उपगत 过分，到来，走近，接近。
उपगम् 1.走向，走近。
उपगूढ 过分，隐藏，拥抱；中，拥抱。

उपग्रह् 9.抓住，占有，制伏，提供，支持，决定。
उपघ्रा 1.嗅，吻。
उपचर् 1.服务，侍奉。
उपचरण 中，接近，侍奉。
उपचार 阳，服务，侍候，侍奉，恭维，谦恭，尊敬。
उपचित 过分，收集，积累，充满。
उपजन् 4.产生。
उपजात 过分，产生。
उपजीविन् 阳，依附者，臣民。
उपतापिन् 形，灼热的，燃烧的。
उपदिश् 6.教导，指向，指定。
उपदिष्ट 过分，规定，指令，指出。
उपदेश 阳，教导，教诲。
उपधा 6.安放，信任，委托。
उपनत 过分，带来，获得，出现，呈送，弯腰，谦恭，归顺。
उपनयन 中，带来，提供，献上，佩戴圣线。
उपनिधा 6.安置，带来，托付，信任。
उपनी 1.带来，献上。
उपनीत 过分，带近，引向，接近，获得，举行圣线礼。
उपनेतृ 阳，带来者，供应者。
उपपद् 4.走近，到达，出现，适合，相称；致使，完成，举行。
उपपन्न 过分，走近，到达，获得，出现，呈现，适合，具备。
उपप्रलोभन 中，引诱，诱惑，贿赂。
उपप्लव 阳，不幸，灾难。
उपभुक्त 过分，享受，吃。
उपभुज् 7.享用。

उपभोग्य 形，可享用的。
उपम 形，（用于复合词末尾）像。
उपमन्त्रित 过分，邀请，招待。
उपमा 阴，相像，好像，譬喻。
उपमाद्रव्य 中，喻体。
उपमान 中，比较，比喻，喻体。
उपयम् 1.娶，握住，接受。
उपया 2.走向，达到。
उपयान 中，走近，到来。
उपयुज् 7.运用，利用，享用。
उपयोग 阳，用途，适宜。
उपरत 过分，停止，退出。
उपरि 不变词，上方，上面。
उपल 阳，岩石，宝石。
उपलक्ष् 10.观看，观察，认为。
उपलब्ध 过分，获得，感知。
उपलब्धि 阴，获得，感知。
उपलभ् 1.获得，感知，发现。
उपवन 中，花园，小树林。
उपवास 阳，斋戒。
उपविश् 6.坐下，侍奉，进入。
उपवीज् 10.扇动，扇风。
उपवीणय 名动词，在前面弹琵琶。
उपवीतिन् 形，佩戴圣线的。
उपवेश 阳，उपवेशन 中，坐下，决定，执著，服从。
उपशम 阳，平静，止息，放松。
उपशल्य 中，郊区。
उपशान्ति 阴，消除，平息，执著。
उपशोभित 过分，装饰，美化。
उपसंगम् 1.走近。
उपसंग्रहण 中，支持，维持，致敬，敬礼，接受。

उपसंपन्न 过分，获得，达到，具有，熟悉，足够，死去，亡故。
उपसृ 1.走向，走近，攻击。
उपसृप् 1.走近，走向。
उपसृष्ट 过分，连接，伴随。
उपसेव् 1.侍奉，享受。
उपस्थ 阳，座位。
उपस्था 1.接近，来到，侍奉。
उपस्थित 过分，来到，走近，临近，靠近，发生。
उपहत 过分，打击，受伤。
उपहन् 2.打击，毁灭。
उपहस् 1.嘲笑。
उपहा 3.下来，走下。
उपहार 阳，供品，祭品，礼物。
उपहास्यता 阴，受人嘲笑，笑柄。
उपहित 过分，放置，安装，安排，挨近。
उपहु 6.献祭。
उपांशु 不变词，悄悄地，秘密地。
उपागत 过分，来到，出现，发生。
उपाघ्रा 1.嗅，吻。
उपात्त 过分，获得，使用，包含，开始，提及，感到。
उपाध्याय 阳，老师。
उपानी 1.带来，献上。
उपान्त 阳，周边，边缘，眼角，附近，近旁。
उपायन 中，走近，从事，实施，礼物。
उपाराम् 1.停止。
उपारूढ 过分，生长，长大，达到。
उपालम्भ 阳，责骂，谴责，耽搁，延迟。
उपावर्तन 中，回来，复活。
उपाविश् 6.进入。
उपावृत्त 过分，返回。
उपाश्रित 过分，投靠，寻求庇护。
उपास् 2.坐在一旁，侍候，侍奉，崇拜，住下，走向，从事，期望。
उपासन 中，-ना 阴，侍奉，敬拜。
उपाहित 过分，放置。
उपे 2.走近，走向，到达，进入，实施，获得。
उपेक्षिन् 形，忽视的，忍受的，考虑的。
उपेत 过分，走近，走向，进入，具有。
उपोषित 过分，斋戒，禁食；中，斋戒。
उब्ज 6.踩下，制伏。
उब्ज 阳，踩步。
उभ 代、形，二者，两个，双。
उभय 代、形，二者，两个。
उभयतस् 不变词，从两边，在两边。
उमा 阴，乌玛（湿婆之妻）。
उरग 阳，蛇。
उरस् 中，胸脯。
उरु 形，宽阔的，宽广的，巨大的，丰满的。
उर्वी 阴，大地。
उल्ब 中，子宫。
उल्बण 形，丰富的，稠密的，强大的，雄伟的，壮观的，可怕的。
उल्लाघ 形，病愈的，灵巧的，纯洁的，快乐的。
उशनस् 阳，优舍那（仙人名）。
उषस् 阴，清晨，朝霞。
उष्ण 形，热的；阳、中，热。
उष्णरश्मि 阳，太阳。
उष्णीष 阳、中，裹头巾。
उष्मन् 阳，热，暑季，热衷，热心，愤怒。

उ

ऊढ 过分，担负，结婚，偷走，清洗。
ऊधस् 中，乳房。
ऊन 形，缺少的，弱小的。
ऊरु 阳，大腿。
ऊर्जस्वल 形，强壮的。
ऊर्जित 形，强大的，丰富的，高尚的。
ऊर्ण 中，旋毛。
ऊर्ध्व 形，上面的，向上的。
ऊर्मि 阳、阴，波浪。
ऊर्मिका 阴，波浪，指环。

ऋ

ऋ 1.走向，前去；3.达到，获得；5.攻击，伤害；致使，安放，固定。
ऋच् 阴，《梨俱吠陀》，诗节，颂诗。
ऋजु 形，直的，正直的，真诚的。
ऋजुता 阴，笔直，正直，真诚。
ऋण 中，债务，义务。
ऋतु 阳，季节，经期。
ऋते 不变词，除了，除非，不用。
ऋद्ध 过分，繁荣，富饶，增长。
ऋद्धि 阴，繁荣。
ऋषभ 阳，雄牛。
ऋषि 阳，仙人。

ए

ए 2.前来，走近，来到。
एक 代、形，一个，唯一；数、形，一。
एकत्र 不变词，在一处，一起。
एकपत्नी 阴，忠贞的妻子。
एकपदे 不变词，突然。
एकसुत 形，只有一个儿子的。
एकस्थ 形，在一处的。
एकातपत्र 形，拥有唯一华盖的，拥有唯一统治的。
एकान्त 形，孤寂的，僻静的，不变的，始终的，长久的；阳，僻静处，隐居处，唯一的结局。
एड 形，耳聋的。
एतद् 代、形，这个。
एतावत् 形，这么多，这样的，如此的；不变词，这么多，这样，如此。
एध 1.增长，繁荣，扩大。
एधस् 中，燃料，柴薪。
एव 不变词，正是，确实，同样，仅仅，只是，只有，即刻，也，还有。
एवंविध 形，这样的。
एवम् 不变词，这样，同样。
एषिन् 形，渴望的，追求的。

ऐ

ऐतिह्य 中，传统教诲，传说。
ऐन्द्र 形，因陀罗的。
ऐन्द्रजालिक 阳，魔术师。
ऐरावत 阳，爱罗婆多（天象名）。

ऐ

ऐश 形，湿婆的。
ऐश्वर्य 中，权力。

ओ

ओकस् 中，住处。
ओघ 阳，洪流，水流，大量。
ओङ्कार 阳，音节"唵"。
ओजस् 中，勇气，威力，光辉。
ओषधि 阴，药草。
ओष्ठ 阳，嘴唇。

औ

औत्सुक्य 中，焦虑，焦急。
औदार्य 中，慷慨，高尚，崇高。
औधस्य 中，乳汁。
और्ध्वदेहिक 中，葬礼。
और्व 阳，优留（仙人名）。
औषध 中，药草。
औषधि 阴，药草。

क

क 阳，梵天，毗湿奴，爱神，火，风，阎摩，太阳，灵魂，思想，身体，时间，云，词，声音，光，光辉，财富；中，快乐，喜悦，水，头，头发，牛奶，痛苦，毒药，惧怕。
ककुद 阳、中，山顶，顶峰，王权的标志。
ककुद्मत् 阳，有隆肉者，牛。
ककुभ् 阴，方向，方位，光辉，山峰，顶点。

ककुभ 阳，迦古跋树。
ककोल 阳，迦谷罗树。
कक्ष 阳，边，侧，藏身处。
कक्षीवत् 阳，迦克希凡（仙人名）。
कक्ष्या 阴，腰带，内宫，围墙。
कङ्क 阳，苍鹭。
कङ्केलि 中，耿盖利花。
कच 阳，头发，伤疤，带子，云。
कचित् 不变词，是否，或许，但愿。
कञ्चुक 阳，铠甲，蛇皮，衣服，上衣。
कट 阳，大象的颞颥。
कटक 阳、中，金镯，山坡，山脊，高原，军队，营地，都城。
कटाक्ष 阳，目光，斜睨。
कठिन 形，坚硬的，残酷的。
कठोर 形，坚硬的，残酷的，成熟的，年老的。
कण 阳，谷粒，颗粒，微粒，点滴。
कणशस् 不变词，零落地。
कणिक/कणीक 阳，谷粒，炒麦，一点儿。
कणिका 阴，原子，水滴。
कण्टक 阳、中，荆棘，刺，尖端。
कण्ठ 阳、中，喉咙，脖颈。
कण्ठी 阴，脖颈，喉咙。
कण्डु 阳、阴，कण्डू 阴，搔痒。
कण्डूय 名动词，搔痒。
कण्डूयन 中，搔痒，刮擦。
कतम 代、形，哪个，谁。
कतर 代、形，（二者中）某个。
कतिपय 形，一些，几个。
कथ् 10.讲述，诉说，表明。
कथक 阳，故事手。
कथंचित् 不变词，勉强，为难地，好不容易，不知如何。
कथम् 不变词，如何，怎样，怎么，确实。
कथा 阴，故事，交谈，说话。
कथित 过分，告知，约定。
कथीकृत 过分，成为故事，成为话题。
कदन 中，毁灭。
कदम्ब 阳，迦昙波树；中，大量。
कदम्बक 阳、中，迦昙波树或花，大量。
कदर्थन 中，-ना 阴，麻烦，折磨。
कदल 阳，芭蕉。
कदलिका 阴，旗帜。
कदाचन 不变词，某时，有一次，曾经。
कदाचित् 不变词，某时，有一次，曾经。
कनक 中，金子。
कन्दर्प 阳，爱神，爱情。
कन्दली 阴，芭蕉。
कन्दुक 阳、中，球。
कन्धर 阳，脖子，云。
कन्यका 阴，女孩，少女。
कन्या 阴，姑娘，少女，女儿。
कपट 阳、中，虚伪，欺骗。
कपाट 阳、中，门扉，门扇，门。
कपाल 阳、中，头颅。
कपि 阳，猴子，猿猴。
कपिल 阳，迦比罗（仙人名），迦毗罗（城市名）。
कपोत 阳，鸽子。
कपोल 阳，面颊，脸颊，颧颥。
कमण्डलु 阳、中，水罐。
कमनीय 形，向往的，可爱的。
कमल 中，莲花。
कमलसंभव 阳，生于莲花者，梵天。
कमलासन 阳，梵天。

कमलिनी 阴，莲花，莲花丛，莲花池。
कम्प् 1.摇动，颤抖。
कम्प 阳，摇动，颤抖。
कम्पित 过分，摇动，撼动。
कम्बु 形，斑驳的；阳、中，贝壳；阳，大象，脖子，杂色，手镯。
कर 形，（用于复合词末尾）造成，引起；阳，手，光线，象鼻。
करङ्क 阳，骨骼，骷髅，头盖骨，小箱子。
करण 中，行动，感官，身体，原因。
करणीय 形，应该做的。
करभ 阳，象鼻，骆驼。
कराल 形，可怕的，张开的。
करिन् 阳，大象。
करुण 形，慈悲的，可悲的，可怜的；阳，怜悯，同情。
करुणम् 不变词，可怜地。
करुणा 阴，怜悯，慈悲。
करुणाय 名动词，心怀怜悯。
करेणु 阳，象；阴，母象。
कर्कश 形，坚硬的，粗糙的，强烈的。
कर्ण 阳，耳朵，迦尔纳（人名）。
कर्णपूर 阳，耳饰，耳环。
कर्णिकार 中，迦尼迦罗花。
कर्तव्य 形，应该做的；中，责任，义务。
कर्तृ 形，作者，制造者，创造者，行动者。
कर्दम 阳，泥土，污泥，尘垢。
कर्पूर 阳、中，樟脑。
कर्बुर 形，斑驳的。
कर्मज 形，行动产生的。
कर्मन् 中，行为，行动，事情，工作，事业，功绩，职责，仪式，祭祀，业。
कर्शित 过分，消瘦。

कल् 1.计数，发声；10.携带，计算，衡量，采取，观察，认为。
कल 形，轻柔甜美的，含糊的，低声悦耳的。
कलकल 阳，闹哄声，嘈杂声。
कलत्र 中，妻子，臀部，腹部。
कलत्रवत् 形，有妻子的。
कलत्रिन् 形，有妻子的。
कलभ 阳，小象。
कलम 阳，稻子。
कलश/कलस 阳、中，罐，水罐。
कलह 阳、中，争吵，战争，诡计，欺诈。
कलहंस 阳，天鹅，鸭子。
कलहंसी 阴，雌天鹅。
कला 阴，月分，技艺，艺术。
कलाद/कलादक 阳，金匠。
कलाप 阳，一串，一束，尾翎，腰带。
कलापिन् 阳，孔雀。
कलापीकृत 过分，成为一串。
कलावत् 形，通晓技艺的，灵巧的；阳，月亮。
कलिका 阴，花蕾，花苞，月分，条纹。
कलिल 形，充满的；中，大量。
कलुष 形，污浊的，肮脏的，沙哑的，愤怒的，邪恶的；中，污秽，罪恶，愤怒。
कलुषय 名动词，玷污，蒙蔽。
कलुषित 过分，弄脏，玷污。
कल्क 阳、中，油膏，油腻，污秽，罪恶。
कल्प 阳，法则，规则，劫，劫波树；形，（用于复合词末尾）几乎，如同，像，正像。
कल्पद्रुम 阳，劫波树，如意树。
कल्पायित 过分，成为一劫，长似一劫。

कल्पित 过分，安排，创造，设想。
कल्मष 阳，中，罪恶。
कल्याण 形，幸运的，吉祥的，美好的；中，幸运，吉祥，美好。
कल्लोल 形，敌意的；阳，波涛，波浪，敌人，欢乐。
कव（＝कु） 前缀，稍许。
कवल 阳、中，一口。
कवि 阳，智者，诗人。
कश्मल 中，沮丧，萎靡。
कषाय 形，芳香的，红的，红润的，暗红的，棕色的，肮脏的，污浊的。
कषायित 过分，染色，涂抹。
कह्लार/कल्हार 中，白莲。
काकपक्षक 阳，额头两边的发绺。
काकलि, -ली 阴，低柔的音调，一种乐器名。
काकु 阳，声调，语气，强调。
काङ्क्ष् 1.渴望。
काङ्क्षित 过分，渴望；中，渴望。
काङ्क्षिन् 形，渴望的。
काञ्चन 形，金色的，金制的；中，金子。
काञ्ची 阴，腰带。
काण्ड 阳、中，部分，茎秆，分支，篇章，一束，一捆，箭，棍子，机会。
कातर 形，胆怯的，可怜的，惧怕的，恐慌的。
कात्ययनिका/कात्ययनी 阴，中老年寡妇。
कादम्ब 阳，鹅。
कानन 中，树林，园林。
कान्त 过分，可爱；阳，情人，丈夫。
कान्ता 阴，爱妻。
कान्तार 阳、中，旷野，荒野。

कान्ति 阴，可爱，美丽，光辉，渴望。
कान्तिमत्ता 阴，优美性。
काम 阳，心愿，意愿，愿望，渴望，贪图，爱，热爱，爱情，情爱，爱欲，欲望，贪欲，爱神。
कामकारिन् 形，随心所欲的。
कामण्डलव 形，水罐的。
कामदुघा/कामदुह् 阴，如意神牛。
कामम् 不变词，如愿，无疑，确实。
कामिजन 阳，有情人，爱人。
कामिन् 形，有渴望的；阳，情人，有情人。
कामिनी 阴，多情女子，可爱女子。
कामुक 形，愿望的，好色的；阳，情人。
काम्य 形，令人渴望的，可爱的。
काम्या 阴，愿望，渴望。
काय 阳、中，身体。
कार 形，（用于复合词末尾）造成，从事。
कारक 形，（用于复合词末尾）造成。
कारण 中，原因。
कारण्डव 阳，鸭。
कारित 过分，造成，导致。
कारिन् 形，（用于复合词末尾）造成，引起，带来。
कार्पण्य 中，贫穷，低能。
कार्मुक 中，弓。
कार्य 形，应做的；中，该做的事，工作，职责，事业，任务，祭礼，诉讼。
कार्यवत् 形，有职责的，有诉讼的。
काल 形，黑色的；阳，时间，时光，时刻，时候，死神。
कालकूट 阳、中，剧烈的毒药。
कालिदास 阳，迦梨陀娑（人名）。
कालिन्दी 阴，阎牟那河。

काव्य 中，诗。
काश 1.4.闪光。
काश 阳、中，迦舍草。
काशि 阳，迦尸（地名）。
काश्य 阳，迦尸王。
काष्ठ 中，木。
काष्ठा 阴，极限，顶点。
कास् 1.放光。
किंकर 阳，侍从。
किंचन 代，某个。
किंचित् 代，某个；不变词，一点儿，一些，稍许，稍微。
कितव 阳，赌徒。
किंतु 不变词，但是。
किंनर 阳，紧那罗（一种半神）。
किम् 代、形，谁，什么，哪个；不变词，为什么，为何，是否，怎么，怎样。
किमपि 代，某个；不变词，稍微，或许，有点儿。
किंनु 不变词，是否，然而，何况。
किंपुरुष 阳，紧那罗，下等人。
कियत् 形，少许，几个。
किरण 阳，光线。
किरात 阳，山民，猎人。
किल 不变词，确实，据说。
किल्बिष 中，罪恶，罪过，疾病，灾难，欺骗，敌意。
किसलय 阳、中，嫩芽，嫩枝，嫩叶。
किसलयित 过分，发芽，长出嫩枝或嫩叶。
कीचक 阳，竹，竹子。
कीट 阳，昆虫。
कीर्ण 过分，散布，布满。
कीर्ति 阴，名声，声名，名誉，美誉。

कीर्तित 过分，提到，说起，称赞。
कील 阳，楔子。
कीलित 过分，固定，钉住。
कु（或 क、का、किम्、कव 和 कद्） 前缀，坏的，邪恶的，低劣的，稍微的。
कुकवि 阳，蹩脚的诗人。
कुक्कुट 阳，公鸡，火把，火花。
कुक्षि 阳，腹部，内部，洞穴。
कुङ्कुम 中，番红花。
कुच 阳，乳房。
कुञ्ज 阳、中，凉亭，树丛。
कुञ्जर 阳，大象。
कुटज 阳，古吒遮树。
कुटि 阳，身体，树木；阴，小屋，弯曲。
कुटिल 形，弯曲的，卷曲的，虚伪的，不真诚的。
कुटुम्बिनी 阴，家庭主妇，女主人。
कुड्मल 形，开放的，绽开的；阳，花蕾。
कुण्ठ 形，迟钝的，失效的。
कुण्ड 阳、中，罐，盆。
कुण्डल 阳、中，耳环。
कुण्डलित 形，变圆的，弯起的。
कुण्डलीकृत 过分，变圆。
कुतस् 不变词，哪里，为何，怎么。
कुतूहल 形，好奇的；中，好奇心。
कुन्तल 阳，头发，水杯，犁，大麦。
कुन्तिभोज 阳，贡提波阇（人名）。
कुन्ती 阴，贡蒂（人名）。
कुन्द 阳、中，素馨花。
कुप् 4.愤怒。
कुपित 过分，生气，愤怒。
कुबेर 阳，俱比罗，财神，古吠罗（人名）。
कुब्ज 形，驼背的。

कुमार 阳，儿子，孩子，儿童，王子，鸠摩罗（湿婆之子）。
कुमारी 阴，女孩，少女。
कुमुद 阳、中，睡莲，莲花。
कुम्भ 阳，水罐，罐子。
कुम्भोदर 阳，恭薄陀罗（湿婆的侍从名）。
कुरु 阳，俱卢（族名、国名）。
कुरुनन्दन 阳，俱卢后裔。
कुल 中，族，家族，住宅，群。
कुलघ्न 形，毁灭家族的。
कुलपुत्र 阳，良家子弟。
कुलिश 阳、中，金刚杵，斧子，战斧。
कुवलय 中，蓝莲花。
कुश 阳，拘舍草。
कुशल 形，吉祥的，精通的，熟练的；中，安康，幸福，美德，机敏。
कुशलिन् 形，快乐的，安康的。
कुशिक 阳，拘湿迦（人名）。
कुशेशय 中，莲花。
कुसुम 中，花，花朵。
कुसुमायुध 阳，以花为武器者，爱神。
कुसुमित 过分，开花。
कुसुम्भ 阳，番红花。
कुसृति 阴，旁道，暗路，爬行，虚伪，欺骗。
कुहर 中，洞穴，耳朵，喉咙。
कूज् 1.鸣叫，吼叫。
कूप 阳，井，水井，洞穴。
कूबर 阳、中，车柱。
कूर्च 阳、中，一束，孔雀羽毛，胡须，刷子，欺骗，虚伪，吹嘘。
कूर्म 阳，乌龟。
कृ 8.做，建造，产生，造成，履行，从事，完成。

कृकवाकु 阳，公鸡，孔雀。

कृच्छ्र 形，麻烦的，痛苦的，邪恶的；阳、中，困难，艰苦，危难，折磨。

कृत् 形，（用于复合词末尾）制造，从事。

कृत 过分，做，已做，制造，制成，造成，成为，完成，实现。中，工作，行动，目的。

कृतबुद्धि 形，智力健全的，睿智的。

कृतयुग 阳，圆满时代。

कृतवत् 形，完成的。

कृतार्थ 形，达到目的的，成功的。

कृतिन् 形，完成的，做到的，成功的，幸运的，能干的，精通的。

कृत्ति 阴，兽皮。

कृत्य 形，应做的；中，任务，职责，作用，用途，目的，原因。

कृत्रिम 形，人造的，人为的，装扮的。

कृत्रिमपुत्रक 阳，玩偶。

कृत्स्न 形，所有的，整个的，全部的，全面的。

कृप 阳，慈悯（人名）。

कृपण 形，可怜的。

कृपा 阴，怜悯，同情。

कृपाण 阳，剑，刀。

कृश 形，瘦弱的，纤弱的，消瘦的。

कृशन 中，金。

कृशानु 阳，火，烈火。

कृष् 1.拉，拽。

कृषि 阴，耕种。

कृष्ण 形，黑的；阳，黑色，黑天（神名）。

कृष्णसार 阳，黑斑鹿。

कृष्णिका 阴，黑色，黑芥末。

कृ 6.散布，洒落，布满。

कृत् 10.提及，说起，称赞。

कॢप् 1.适合，产生；致使，准备，安排，实施。

केका 阴，孔雀的鸣叫。

केतकी 阴，盖多吉树。

केतन 中，住处，身体。

केतु 阳，旗帜，标志。

केवल 形，唯一的，唯独的，仅有的。

केवलम् 不变词，仅仅，只是，只有。

केश 阳，毛发，头发。

केशपाश 阳，发髻。

केशव 形，有美发的；阳，美发者（黑天的称号）。

केसर/केशर 阳、中，鬃毛，花丝；中，盖瑟罗花。

केसरिन् 阳，狮子。

कैतव 中，赌博，虚假，欺骗；阳，骗子，赌徒。

कैरातक 形，吉罗多山区的。

कैलास 阳，盖拉瑟山。

कैशिक 阳，盖希迦（族名）。

कोकनद 中，红莲。

कोकिल 阳，杜鹃，布谷鸟，俱计罗鸟。

कोटर 阳、中，树洞。

कोटि 阴，顶端，千万，亿。

कोटिशस् 不变词，千万，亿。

कोण 阳，角落，剑刃，棍棒，鼓槌。

कोप 阳，愤怒，生气。

कोपन 形，愤怒的；中，愤怒；-ना 阴，愤怒的女子。

कोपिन् 形，愤怒的，生气的。

कोमल 形，柔嫩的，柔软的，温柔的，柔

कोलाहल 阳、中，喧闹声。
कोविदार 阳，哥维达罗树。
कोश 阳、中，容器，箱子，库藏，花苞。
कोष्ण 形，温热的。
कोसल 阳，憍萨罗（国名）。
कौतुक 中，愿望，好奇，婚线。
कौतूहल 中，好奇，好奇心。
कौन्तेय 阳，贡蒂之子。
कौमार 形，童年的。
कौमुदी 阴，月光。
कौशल 中，熟练，技巧。
कौस्तुभमणि 阳，憍斯杜跋珠宝。
ककच 阳，锯子。
कतु 阳，祭祀。
कथ 阳，格罗特（族名）。
क्रम् 1.4.跨越，占据。
क्रम 阳，步，过程，次序，步骤，方式。
क्रमेण 不变词，逐步，逐渐。
कशय 名动词，变瘦，削弱。
क्रिया 阴，行为，行动，事情，动作，仪式，祭供，祭祀，作用。
क्री 9.购买，交换，赢得。
क्रीडा 阴，游戏。
क्रुध 过分，发怒，凶猛；中，愤怒。
क्रुश् 1.喊叫，哀鸣，责骂。
क्रोध 阳，愤怒。
क्लान्त 过分，疲倦，疲劳，衰退。
क्लिद् 4.浇湿。
क्लिष्ट 过分，折磨，麻烦，复杂，矫揉造作。
क्लीब 形，虚弱的。
क्लीबता 阴，懦弱，无能。

क्लेश 阳，烦恼。
क्लैब्य 中，怯懦。
क 不变词，何处，哪里，哪儿。
कचित् 不变词，某处，某时。
कण् 1.发声，吟唱，吹奏。
कणित 过分，发声；中，声音，乐音。
कापि 不变词，某处，某时。
क्षण 阳、中，刹那，瞬间。
क्षणदा 阴，夜晚。
क्षणम् 不变词，刹那间，一刹那。
क्षणिक 形，短暂的。
क्षत 过分，伤害，损害，破坏；中，伤痕，印痕，伤害，危险。
क्षतज 中，血。
क्षत्र 阳、中，力量，威力，刹帝利，武士。
क्षत्रिय 阳，刹帝利，武士。
क्षपणक 阳，出家人，苦行僧。
क्षपा 阴，夜晚。
क्षपित 过分，毁灭，消除，消失。
क्षम् 1.4.容许，宽恕，容忍，忍受，胜任。
क्षम 形，能忍受的，胜任的，适合的。
क्षमा 阴，宽容，宽恕，大地。
क्षय 阳，损失，消失，毁坏，毁灭。
क्षर् 1.流淌，流泻，滴淌，消耗，失效。
क्षात्र 形，刹帝利的。
क्षालित 过分，清洗，擦洗。
क्षि 1.损害，减少。
क्षित् 形，统治的。
क्षिति 阴，地，大地，住处。
क्षितिधर 阳，山。
क्षितिप 阳，国王。
क्षितिपाल 阳，保护大地者，国王。
क्षितीश 阳，大地之主，国王。

क्षितीश्वर 阳，大地之主，国王。
क्षिप् 6.扔出，抛弃，毁灭，杀害，侮辱，迷乱。
क्षिप्त 过分，扔出，甩出，抛弃，忽视。
क्षिप्रम् 不变词，赶快，迅速地。
क्षीण 过分，消瘦，瘦弱，减少，减弱，衰亡。
क्षीर 阳、中，乳汁，牛奶，奶水，液汁。
क्षीरोद 阳，乳海。
क्षुण्ण 过分，踩踏，实践，追随。
क्षुद्र 形，小的，卑微的，委琐的。
क्षुधित 形，饥饿的。
क्षेत्र 中，田地，领域。
क्षेत्रविद् 阳，知领域者。
क्षेप 阳，扔出，投掷，动弹，侮辱，蔑视。
क्षेपीयस् 形，更快的；不变词，迅速地。
क्षेम 形，好的，有益的，安乐的；阳、中，安乐，安定，幸福，至福。
क्षोद 阳，碾碎，粉末，颗粒，尘土。
क्षोदीयस् 形，较轻的，轻微的，无意义的。
क्षोभ 阳，颠簸，激动，骚动，扰乱。
क्ष्वेड 形，弯曲的，邪恶的；阳，声音，毒液，毒药，毒物。

ख

ख 中，天空。
खचित 过分，固定，连接，混合，镶嵌。
खणखणाय 名动词，叮当作响。
खण्ड 阳、中，破碎，裂缝，缺口，碎片，碎块，章节，大量。
खण्डन 形，破坏的；中，摧毁，伤害。
खण्डित 过分，粉碎。
खन् 1.挖，掘。
खर 形，坚硬的，严厉的。
खलति 形，光秃的，秃顶的。
खलीन/खलिन 阳、中，嚼子。
खलु 不变词，确实，据说，是否，难道。
खिद् 6.打击，折磨；4.7.受苦，遭罪，疲惫，沮丧。
खिन्न 过分，沮丧，疲惫。
खुर 阳，蹄子。
खेट 形，（用于复合词末尾）糟糕的，恶劣的；阳，村庄，小镇，痰液，马；阳、中，猎取，追逐，盾牌。
खेल 形，摇晃的。
ख्यात 过分，著名。

ग

ग 形，（用于复合词末尾）走向，处在。
गगन 中，天空。
गङ्गा 阴，恒河。
गज 阳，象，大象，公象。
गञ्जन 形，胜过的，超过的。
गण् 10.计算，估量，考虑，认为。
गण 阳，群，侍从。
गणना 阴，计数，列数。
गणरात्र 中，一些夜晚，一些日子。
गणित 过分，计数。
गण्ड 阳，脸颊。
गण्डूष 阳，一口。
गत 过分，离开，消失，逝去，前往，走向，到达，接近，处于，处在，涉及；中，步态，步姿，事情。
गति 阴，走动，行进，步态，步姿，进

入，去向，范围，到达，获得，命运，位置，方式，去处。

गद् 1.说，诵出。

गद 阳，说话，句子，疾病，雷电。

गद्गद 形，结结巴巴的；阳、中，结巴，口吃。

गद्य 中，散文。

गन्तव्य 形，前往的，达到的。

गन्तुकाम 形，想要去的。

गन्ध 阳，气味，香味，香气，芳香，香料。

गन्धर्व 阳，乾达婆（半神类），天国乐师，歌手。

गन्धवत् 形，有香气的。

गन्धिन् 形，有气味的，有香味的，芳香的。

गभस्ति 阳、阴，光芒。

गभस्तिमत् 阳，太阳。

गम् 1.走，离去，前往，走向，逝去，成为；致使，度过。

गमन 中，行走，步态。

गमित 过分，送往。

गम्भीर/गभीर 形，深沉的，深奥的，庄重的。

गम्य 形，获得的，掌握的，理解的，合适的。

गरल 阳、中，毒药。

गरिमन् 中，重量，分量，重要性。

गरीयस् 形，较重的，更重要的。

गरुत् 阳，翅膀。

गरुत्मत् 形，有翼的；阳，鸟。

गर्भ 阳，子宫，胎，胎藏，怀孕，胎儿，内部。

गर्ह्य 形，受责备的。

गल् 1.滴落，坠落，消失。

गल 阳，喉咙，脖子。

गलित 过分，滴落，坠落，松开，消逝。

गवय 阳，一种公牛。

गव्यूति 阴，里程名（相当于半由旬，两俱卢沙），牧地，牧场。

गहन 形，深的，厚的，深邃的，难懂的。中，森林。

गह्वर 中，深处，深渊，洞穴，虚伪。

गा 3.前往，走向，离去。

गाण्डीव 阳、中，甘狄拨弓（阿周那的神弓）。

गाढ 过分，潜入，沉浸，深入，压紧，扎紧。

गात्र 中，身体，肢体，四肢。

गात्रिका 阴，卍字衣结。

गाधिन् 阳，伽亭（人名）。

गान्धर्व 形，乾达婆的；阳，歌手，天国歌手。

गामिन् 形，（用于复合词末尾）步姿，走向，前往。

गाम्भीर्य 中，深沉，深奥，威严。

गायन 阳，歌手；中，歌唱。

गाह् 1.潜入，沉浸，深入，藏身。

गिर् 阴，言语，呼声。

गिरि 阳，山。

गिरिश 阳，山居者（湿婆的称号）。

गीत 过分，歌唱；中，歌唱，歌，歌声。

गुडाकेश 阳，浓发者（阿周那的称号）。

गुण 阳，性质，品质，品德，品性，美德，功德，优点，线，带子，弓弦，琴弦，倍，策略。

गुणज्ञ 形，赏识品德的。

गुणवत् 形，有品德的，有品质的，优质的。
गुणवत्ता 阴，有品德。
गुप् 1.保护，卫护；1.10.隐藏。
गुप्त 过分，保护，防护。
गुरु 形，重的，沉重的，强大的；阳，父亲，长者，长辈，老师。
गुरुकुल 中，老师的家，学府。
गुरुत्व 中，沉重。
गुहा 阴，洞穴，隐藏处。
गूढ 过分，隐藏。
गृध्नु 形，贪婪的。
गृष्टि 阴，只有一头牛犊的母牛。
गृह 阳，房屋，家，宫殿。
गृहमेधिन् 阳，家主，结婚成家者。
गृहिणी 阴，妻子，主妇，女主人。
गृहीत 过分，取得，接受，吸引。
गृह्य 形，家庭的，顺从的，可靠的，忠实的。
गेय 中，歌，歌唱。
गै 1.歌唱，吟诵。
गो 阳，公牛；阴，母牛，大地。
गोकर्ण 阳，戈迦尔纳（地名）。
गोचर 阳，活动领域，范围。
गोत्र 中，族姓，姓名；阳，山。
गोत्रभिद् 阳，劈山者，因陀罗。
गोदान 中，剃须礼（男子的成年礼）。
गोप्तृ 形，保护者。
गोमुख 阳、中，喇叭。
गोलाङ्गूल 阳，猿猴。
गोविन्द 阳，牧人（黑天的称号）。
गोष्ठी 阴，聚会，集会。
गौड 阳，高德（地名）。
गौर 形，白的，白色的，洁白的，纯净的；阳，白色。
गौरव 中，沉重，重要，重视，尊敬，尊重，关注。
गौरी 阴，高利女神（波哩婆提的称号）。
ग्रथित 过分，缀有，连结。
ग्रन्थ 1.9.10.捆，连接，打结，编排，编制。
ग्रन्थि 阳，结，衣结，关节。
ग्रह् 9.抓，抓住，抓取，获取，接受，理解，掌握，穿上；致使，嫁。
ग्रह 阳，抓住，获得，行星（包括日、月、火星、水星、木星、金星、土星、罗睺和计都），尤指罗睺。
ग्रहण 中，抓住，接受，理解，掌握。
ग्रहपति 阳，月亮。
ग्रहवत् 形，着魔的。
ग्राम 阳，村庄，众多，大量。
ग्राम्य 形，村庄的，村俗的，俚俗的。
ग्रावन् 阳，石头，岩石。
ग्राह 形，抓住的；阳，抓住，鳄鱼，鲨鱼，囚犯，接受，理解。
ग्रीष्म 形，热的；阳，夏季。
ग्लानि 阴，疲倦，衰弱，衰落。
ग्लै 1.厌倦，疲弱，沮丧，暗淡。

घ

घट् 1.从事，发生，联合，结合，达到。
घट 阳，水罐。
घटन 中，-ना 阴，努力，完成，结合，混合，形成。
घटित 过分，联合，联系，计划，发生，造成，产生。
घन 形，紧密的，结实的，浓密的，宽厚的，充满的。阳，云，乌云，铁杵，身体，大量。

घनशब्द 阳，雷声。

घनागम 阳，雨季。

घात 阳，打击，杀害，毁灭。

घुष् 1.10.发声，叫喊，宣告。

घूर्ण 1.6.转动。

घोणा 阴，鼻子。

घोर 形，可怕的，恐怖的。

घोष 阳，响声，喧闹声，轰鸣，牧民。

घ्राण 阳、中，嗅，鼻子。

च

च 不变词，和，也，还有，而且，并且，仍然。

चकोर 阳，鹧鸪，月光鸟。

चक्र 中，轮，车轮，圆盘，指环，成群，大量。

चक्रक 阳，圆环。

चक्रवाक 阳，轮鸟。

चक्रवाल/ चक्रबाल /चक्रवाड 阳，圆环，四周地平线，大量。

चक्रीकृत 过分，变圆，拉满。

चक्षुष्मत् 形，有眼力的，有远见的。

चक्षुष्य 形，悦目的，可爱的，美丽的；阳、中，眼膏；-या 阴，眼膏，可爱的女子。

चक्षुस् 形，看见的；中，眼睛。

चञ्च् 1.波动，摇动。

चटुल 形，颤抖的，摇动的，优美的。

चण्ड 形，暴戾的，愤怒的；中，热情，激情，愤怒。

चण्डातक 阳、中，内衣。

चतुर् 数，四。

चतुर 形，机灵的，敏捷的，迷人的。

चतुर्मुख 阳，有四张面孔者，梵天。

चतुरस्र 形，四角的，匀称的。

चन्दन 阳、中，檀香，檀香树，檀香木，檀香膏。

चन्द्र 阳，月亮。

चन्द्रकान्त 阳，月亮宝石。

चन्द्रपाद 阳，月光。

चन्द्रमस् 阳，月亮，月神。

चन्द्रिका 阴，月光，照亮，说明。

चपल 形，颤抖的，轻浮的，躁动的。

चमरी 阴，牦牛。

चमू 阴，军队。

चम्पक 阳，占婆迦树；中，占婆迦花。

चय 阳，聚集，堆积，大量。

चर् 1.行，走，行走，活动，行动，实行，修行，遵行，奉行，从事。

चर 形，行走的，活动的，行动的，游荡的。

चरण 阳、中，脚，支柱，树根，诗行，学派；阳，步兵，光线；中，游荡，履行，从事，行为。

चरम 形，最后的，最终的，后面的，西边的。

चरमम् 不变词，最后，最终。

चरित 过分，游荡，行动，实行；中，活动，行为，事迹，传记。

चर्चित 过分，涂抹。

चर्मन् 中，皮。

चल् 1.摇动，动摇，晃动，抖动，移动，激动。

चल 形，动摇的，晃动的，移动的，变易

的，松动的；阳，摇动，躁动。

चलित 过分，摇动，颤抖，震动，移动。

चाक्षुष 阳，贾楚奢（人名）。

चाटु 阳、中，甜言蜜语。

चातक 阳，饮雨鸟。

चातुर्वर्ण्य 中，四种姓。

चान्द्रमस 形，月亮的。

चाप 阳，弓。

चापल 中，轻率，冲动，鲁莽，躁动，骚动。

चामर 阳、中，拂尘。

चामरिका 阴，拂尘。

चामरिन् 形，有拂尘的。

चामीकर 中，金。

चारण 阳，游荡者，演员，舞者，歌手。

चारिन् 形，行动的，遵行的。

चारु 形，可爱的，美丽的，优美的，迷人的。

चारुता 阴，可爱迷人。

चाष/चास 阳，青鸟，甘蔗。

चिकित्सित 中，治疗，治愈，医典。

चिकीर्षु 形，想要做，渴望做。

चिकुर 阳，头发。

चिकुरचय 阳，发髻，发辫。

चित् 形，（用于复合词末尾）收集，堆积；阴，思想，感知。

चित 过分，聚集，堆积，覆盖，充满，镶嵌，装点。

चिता 阴，火葬堆。

चित्त 中，思想，心。

चित्तभू 阳，爱神。

चित्र 形，各种各样的，不同的，多样的，奇妙的，美妙的；中，画，图画。

चित्रकृत् 阳，画家。

चित्रभानु 形，绚丽的，闪耀的；阳，火，太阳，吉多罗跋努（波那的父亲名）。

चित्रा 阴，角宿。

चिन्त् 10.想，思考，认为，关心。

चिन्ता 阴，考虑，忧虑。

चिर 形，长久的，长期的。

चिरन्तन 形，持久的，古老的。

चिरम्, चिरात्, चिराय 不变词，长久，长期。

चिह्न 中，标志，象征。

चीनांशुक 中，丝绸，丝绸衣。

चीर 中，褴褛衣，树皮衣。

चीवरिन् 形，身穿褴褛衣的；阳，托钵僧。

चुद् 1.10.激励，促使，请求。

चुम्ब् 1.10.亲吻。

चुम्बन 中，亲吻。

चुम्बित 过分，亲吻。

चुम्बिन् 形，亲吻的，接触的。

चूडा 阴，顶髻，顶冠，鸡冠。

चूडामणि 阳，顶珠。

चूत 阳，芒果树。

चूर्ण 阳、中，粉末，香粉，面粉，灰尘。

चूल 阳，头发。

चेकितान 阳，显光（人名）。

चेतन 阳，有生物，思想，灵魂。

चेतस् 中，思想，心。

चेद् 不变词，如果。

चेष्ट् 1.活动，行动。

चेष्ट 中，活动，行动，姿势。

चैत्ररथ 中，妙车（财神俱比罗的园林名）。

चौर 阳，窃贼，盗贼。

च्यवन 阳，行落（仙人名）。

च्युत 过分，降下，坠落，散落，失落，消失，消逝，毁灭。
च्युति 阴，坠落，失去。

छ

छत्र 中，伞，华盖。
छद 阳、中，覆盖，翅膀，叶子。
छन्दस् 中，颂诗，诗律。
छल 阳、中，诡计，欺骗，伪装。
छवि 阴，肤色。
छात 瘦削的，单薄的。
छाया 阴，影子，幻影。
छिद् 7.割，砍，斩断，劈开，驱除。
छिद् 形，（用于复合词末尾）割，砍。
छिन्न 过分，切割，撕裂。
छुर् 1.割开，雕刻；6.覆盖，涂抹。
छुरण 中，涂抹，覆盖，遍布。
छुरित 过分，割开，覆盖，遍布。
छेद 阳，碎片，部分。

ज

ज 形，（用于复合词末尾）生，产生。
जगत् 中，世界，宇宙，众生。
जगत्त्रय 中，三界。
जघन 中，臀部，腹部，阴部。
जघन्य 形，最后的，低下的，卑贱的。
जङ्गम 形，活动的；中，动物。
जङ्घा 阴，小腿。
जटा 阴，发髻，顶髻。
जटाल 形，聚集地，充满的。
जड 形，迟钝的，麻木的，僵硬的，痴呆的；阳，寒冷，冬天，痴呆。

जडीकृत 过分，变僵硬。
जन् 4.出生，产生。
जन 阳，人，人们，民族，世界。
जनक 阳，遮那迦（人名）。
जनता 阴，人类。
जनन 中，出生，产生。
जननी 阴，母亲，女人。
जनपद 阳，国土，国家，乡村，臣民。
जनयितृ 阳，产生者，创造者，父亲。
जनाधिप 阳，国王。
जनार्दन 阳，折磨敌人者（黑天的称号）。
जनित 过分，产生，发生。
जन्तु 阳，生物，人。
जन्मन् 中，生，出生，诞生，产生。
जन्मभू/जन्मभूमि 阴，出生地，故乡。
जप् 1.低语，默祷。
जप 阳，低声祈祷。
जम्भारि 阳，火，雷杵，因陀罗。
जय 阳，胜利。
जयदेव 阳，胜天（《牧童歌》的作者）。
जयन 中，征服，象、马的铠甲。
जरत् 形，年老的，衰老的；阳，老人。
जरस् 阴，衰老。
जरा 阴，老年，衰老。
जल 形，冷的，愚钝的；中，水。
जलद 阳，云。
जलदसमय 阳，雨季。
जलधर 阳，云。
जलधि 阳，海。
जलमुच् 阳，云。
जलयन्त्र 中，喷泉，漏壶。
जल्प् 1.说话，交谈，低语，唠叨。
जह्नु 阳，遮诃努（人名）。

जागृ 2. 清醒，觉醒。
जाङ्गुलि/ जाङ्गुलिक 阳，蛇医。
जात 过分，生，出生，产生，成为。
जातकर्मन् 中，出生礼，出生仪式。
जाति 阴，出生，种姓。
जातु 不变词，也许，可能，曾经，确实。
जानु 中，膝盖，膝部。
जाम्बूनद 中，金子，黄金。
जाया 阴，妻子。
जाल 中，网，网缦，许多，大量。
जालक 中，网，大量。
जालिक 阳，渔夫，猎人，捕鸟者，蜘蛛，骗子。
जालिका 阴，网，蜘蛛，水蛭。
जि 1. 征服，战胜，胜利，胜过，控制。
जित् 形，（用于复合词末尾）战胜。
जित 过分，胜过，压倒。
जिह्व 阳，जिह्वा 阴，舌头。
जीर्ण 过分，年老的，破旧的，衰亡的；阳，老人。
जीव 1. 活着，生活，生存。
जीव 形，有生命的，活着的。
जीवन 中，生命，生活。
जीवित 过分，生活；中，生命，生活。
जीविन् 形，活着的。
जुष् 形，（用于复合词末尾）喜欢，前往，乐于，具有。
जुष् 6. 喜欢，乐于，常去。
जुष्ट 过分，喜欢。
जूटक 中，头发，发髻。
जूटिका 阴，头发，发髻。
जृम्भ 1. 打呵欠，张开，开放，展现。
ज्ञ 形，（用于复合词末尾）知道，通晓。

ज्ञा 9. 知道，了解，理解。
ज्ञात 过分，知道。
ज्ञाति 阳，亲戚，亲友。
ज्ञातेय 中，亲戚关系，亲情。
ज्ञान 中，知识，智慧。
ज्ञानवत् 形，有知识的。
ज्ञानिन् 阳，智者。
ज्ञेय 形，应该知道的。
ज्या 阴，弓弦。
ज्यायस् 形，更好的。
ज्योतिस् 中，光，发光体，星体；阳，太阳，火。
ज्योत्स्ना 阴，月光，光芒。
ज्वर 阳，灼热，焦虑，痛苦，烦恼。
ज्वल् 1. 燃烧，发光，闪耀。
ज्वलन 形，燃烧的，闪耀的；阳，火，火焰。
ज्वलित 过分，燃烧，发光。
ज्वाला 阴，火焰，照明。

ड

डम्बर 形，著名的；阳，聚集，成群，骄傲，壮观，华丽。

ढ

ढौक् 1. 前往。

त

तट 阳、中，岸，坡。

तटिनी 阴，河流。
तड् 10.打击，弹奏。
तडित् 阴，闪电。
तत 过分，遍及，覆盖。
ततस् 不变词，从那里，于是，然后，那么，因此，所以。
तत्क्षण 阳，此刻，立刻。
तत्क्षणम् 不变词，此刻，立刻。
तत्त्व 中，真实，事实，真实情况，真谛。
तत्त्वतस् 不变词，真正地。
तत्त्वविद् 形，通晓真理的。
तत्पर 形，一心的，专心的，专注的，全心全意的。
तत्पूर्व 形，第一次的，以前的。
तत्पूर्वम् 不变词，第一次。
तत्र 不变词，那里，这里，这方面。
तथा 不变词，这样，好吧，如此，同样，和，还有。
तथागत 阳，如来。
तथाविध 形，这样的，如此的。
तथ्य 形，真实的；中，真理，实话。
तद् 代、形，那个，这个，他，她，它；不变词，因此，那么。
तदनु 不变词，然后。
तदा 不变词，那时，当时。
तदीय 形，他的，她的，它的，他们的。
तद्वत् 不变词，像这样。
तन् 8.伸展，扩展，布满，引起，给予，举行，实施。
तनय 阳，儿子。
तनया 阴，女儿。
तनीयस् 形，很薄的，轻柔的，细微的。
तनु 形，薄的，细的，纤细的，苗条的，柔弱的；阴，身体。
तनुता 阴，纤细。
तनूज 阳，儿子。
तनूजा 阴，女儿。
तन्तु 阳，线，丝，纤维。
तन्त्र 中，织布机，线，系列，仪式程序，要点，原则，原理，章节，咒语。
तन्त्रि, -त्री 阴，线，弓弦，琴弦。
तन्वी 阴，苗条女。
तप् 1.4.闪光，发热，修苦行。
तप 形，炎热的，燃烧的，炙烤的；阳，炎热，太阳，夏季，暑季，苦行。
तपन 形，炎热的，燃烧的；阳，太阳，夏季；中，灼热，烦恼。
तपनीय 中，金子。
तपस् 中，热力，苦行。
तपस्विन् 形，修苦行的，悲惨的，可怜的；阳，苦行者。
तपोवन 中，苦行林。
तप्त 过分，烧灼，熔化，悲痛。
तम् 4.窒息，疲倦，困倦，憔悴。
तम 后缀，最高的。
तमस् 中，黑暗，愚昧，昏厥。
तमाल 阳，多摩罗树。
तमोनुद 阳，驱除黑暗者，太阳，月亮。
तर 后缀，较高的。
तरङ्ग 阳，波浪。
तरङ्गित 过分，波动，起伏，颤抖。
तरङ्गिन् 形，有波浪的，波动的，不稳定的。
तरल 形，颤抖的，晃动的，闪烁的。
तरल्य 名动词，晃动，颤动，颤抖。
तरलित 过分，颤抖，晃动。
तरु 阳，树。

तरुण 形，年轻的，新生的，新鲜的；阳，青年。
तरुणी 阴，少女。
तर्जन 中，-ना 阴，威胁，指责，斥责。
तर्जनी 阴，तर्जनीक 阳，食指。
तर्ष 阳，渴望。
तल 阳、中，表面，地面，手掌，脚底，低处，底部。
तल्प 阳、中，床，车座，塔楼，侍卫。
तस्करता 阴，偷窃。
तस्मात् 不变词，因此。
ता 后缀，阴，性质。
ताड 阳，打击。
ताडन 形，打击的；中，打击，鞭打。
ताडित 过分，打击。
तात 阳，对人的尊称或爱称。
तादृश 形，如此的，这样的。
तान 阳，线，音调。
ताप 阳，炎热，灼热，炙烤，折磨，烦恼。
तापस 形，苦行的；阳，苦行者。
तापित 过分，炙烤，折磨，悲痛。
तामरस 中，红莲，金，铜。
ताम्बूल 中，蒟酱叶。
ताम्र 形，铜制的，铜红色的，赤红的，红色的。
तार 形，高声的，闪亮的；阳，河岸，高调，越过。
तारक 阳，救助者，多罗迦（魔名）。
तारका 阴，星星。
तारकाराज 阳，星宿之主，月亮。
तारकित 形，布满星星的，点缀的。
तारवत्वच् 阴，树皮。
तारा 阴，星星，瞳孔，眼珠。

तारापति 阳，星宿之主，月亮。
तारापथ 阳，天空。
तारुण्य 中，青年，青春。
ताल 阳，多罗树，棕榈树，拍手，拍打，节拍，手掌。
तालवृन्त 中，扇子。
तालु 中，上腭。
तावत् 形，这样多的，这样的；不变词，首先，这时，立刻，这样，就，确实。
तिज् 1.忍受。
तितीर्षु 形，想要越过的。
तिमिर 形，黑暗的；阳、中，黑暗。
तिरश्चीन 形，横的，斜的。
तिरस्करिणी 阴，帘幕。
तिरस्कृ 8.蔑视，斥责，胜过，盖住，消除。
तिरोहित 过分，覆盖，隐藏，避开，消失。
तिर्यच्/तिर्यञ्च् 形，斜的，横的；阳、中，动物。
तिल 阳，芝麻。
तिलक 阳，提罗迦树；阳、中，吉祥志。
तीक्ष्ण 形，尖锐的，坚硬的，强烈的，热烈的。
तीर 中，岸。
तीर्थ 中，通道，台阶，圣地。
तीव्र 形，严厉的，猛烈的。
तु 不变词，但是，然而，现在，此时，于是。
तुङ्ग 形，高的，隆起的，主要的，强烈的；阳，山，顶部，椰子树。
तुद् 6.打击，伤害。
तुन्दिल 形，挺腹的，肥胖的。
तुमुल 形，喧嚣的，喧闹的，嘈杂的，混乱的；阳、中，喧闹，混战。

तुरग 阳，马。

तुरङ्ग 阳，马。

तुरङ्गम 阳，马。

तुला 阴，秤，相似，相等。

तुष् 4.满意，满足。

तुषार 阳，霜，雪，冰，水雾，飞沫。

तुष्ट 过分，满意，满足，欢喜。

तुहिन 中，霜，雪，冰，露，月光，樟脑。

तुहिनकण 阳，露珠。

तुहिनकिरण 阳，月亮。

तूर्णम् 不变词，迅速地。

तूर्य 阳、中，乐器。

तूलिका 阴，画笔。

तूष्णीम् 不变词，沉默。

तृ 后缀，行动者。

तृण 中，草。

तृणीकृत 过分，视同草芥，轻视，蔑视。

तृतीय 形，第三，黄昏的。

तृप्त 形，满足，满意。

तृप्ति 阴，满足，满意。

तृष् 4.渴，渴望。

तृष् 阴，渴，渴望。

तृषित 过分，渴，渴望。

तृष्णा 阴，渴望，贪图，贪欲。

तॄ 1.越过，渡过，超越。

तेजस् 中，光芒，光辉，热，威力，精子，火，发光体。

तेन 不变词，由此，因此。

तैल 中，油。

तोय 中，水。

तोयद 阳，云，雨云。

तोयनिधि 阳，大海。

तोरण 阳、中，拱门。

तोष 阳，满意，满足，欢喜。

त्यक्त 过分，放弃，抛弃，舍弃，摒弃。

त्यज् 形，（用于复合词末尾）抛弃。

त्यज् 1.放弃，抛弃，舍弃，摒弃。

त्याग 阳，放弃，抛弃，舍弃，施舍，释放。

त्यागिन् 阳，舍弃者，施舍者。

त्याज्य 形，应该抛弃的。

त्रय 形，三；中，三种。

त्रयी 阴，三吠陀，三重，智力，理解。

त्रस्त 过分，恐惧。

त्रास 阳，害怕，恐惧，恐吓。

त्रि 数、形，三。

त्रितय 中，三。

त्रिदश 阳，天神。

त्रिदिव 中，天国，天空。

त्रिभुवन 中，三界。

त्रिमार्गा 阴，恒河。

त्रियम्बक 阳，三眼神，湿婆。

त्रिलोकनाथ 阳，三界之主。

त्रिलोचन 阳，三眼神，湿婆。

त्रिविष्टप 中，天国。

त्रै 1.保护，救护。

त्रैगुण्य 中，三性。

त्रैलोक्य 中，三界。

त्र्यम्बक 阳，三眼神，湿婆。

त्व 后缀，中，性质。

त्वङ्ग् 1.移动，跳跃，颤抖。

त्वच् 阴，皮，皮肤。

त्वद् 代，你。

त्वर् 1.快速。

त्वरा 阴，快速，急迫。

त्वरितम् 不变词，迅速地。

त्विष् 阴，光，光辉，美丽，愿望，习惯，语言。

द

द 形，（用于复合词末尾）给予，产生。
दंश 阳，叮，咬，蚊，蝇。
दंष्ट्रा 阴，獠牙。
दक्ष 形，能够，善于，能干的，勤奋的，适合的；阳，陀刹（仙人名）。
दक्षिण 形，能干的，右边的，南方的；阳、中，右边，南方。
दक्षिणा 阴，谢礼，酬金，达奇娜（祭祀的妻子）。
दग्ध 过分，燃烧，烧灼，折磨。
दण्ड 10.或 दण्डय 名动词，惩罚。दण्ड 阳、中，杖，棍杖，权杖，惩罚。
दण्डक 阳，弹宅迦（地名）。
दण्ड्य 形，应受惩罚的。
दत्त 过分，给予。
दत्ति 阳、阴，供奉，馈赠。
दधीच 阳，陀提遮（人名）。
दन्त 阳，牙齿，象牙，山峰。
दन्तपत्र 中，耳饰。
दन्तिन् 阳，大象。
दन्तुरित 形，牙齿突出的，锯齿状的，覆盖的。
दम 阳，克制。
दम्पती 阳（双），夫妇。
दया 阴，仁慈，慈悲，同情。
दयालु 形，慈悲的，怜悯的。
दयित 过分，心爱，喜欢；阳，丈夫，爱人。

दयिता 阴，妻子。
दर 形，（用于复合词末尾）撕裂的；阳，中，洞穴；阳，恐惧。
दरिद्र 中，贫穷，匮乏。
दरी 阴，洞穴，峡谷。
दर्प 阳，骄傲，傲慢。
दर्शन 中，观看，观察，理解，所见，视像，显现。
दर्शयितृ 阳，显示者，指导者，门卫，向导。
दर्शित 过分，显示，展现。
दर्शिन् 形，（用于复合词末尾）看见，察觉，洞悉。
दल 阳、中，花瓣，叶。
दलन 中，裂开，断裂，撕裂。
दव 阳，树林，森林，森林大火。
दवाग्नि 阳，森林大火。
दवीयस् 形，较远的，更远的。
दशन् 数、形，十。
दशन 阳、中，牙齿，咬，铠甲；阳，山峰。
दशनच्छद 阳，嘴唇。
दशमी 阴，第十个十年，一个世纪的最后十年。
दशा 阴，灯芯，境地。
दष्ट 过分，咬住。
दह 1.燃烧，烧灼，折磨。
दहन 阳，火；中，焚烧。
दा 1.3.给，给予，布施。
दाक्षिणात्य 形，南方的。
दाक्षिण्य 中，礼貌，仁慈，真诚，机敏，能干。
दान 中，布施，颞颥液汁。

दामन् 中，线，绳索，带子，花环。
दायक 阳，施与者，供给者。
दार 阳，妻子。
दारग्रह 阳，娶妻，结婚。
दारित 过分，撕开，冲破。
दारुण 形，残酷的，残忍的。
दार्ढ्य 中，坚硬，牢固。
दाव 阳，森林。
दाह 阳，燃烧，发烧，大火。
दिगन्त 阳，方位尽头，远方。
दिग्ध 过分，涂抹。
दिग्धशर 阳，毒箭。
दिदृक्षा 阴，希望看到。
दिदृक्षु 形，希望看到。
दिन 阳、中，白天，天，日子。
दिनकर 阳，太阳。
दिनान्त 阳，傍晚，黄昏。
दिनावसान 中，傍晚，黄昏。
दिलीप 阳，迪利波（国王名）。
दिव् 阴，天国，天空，白天。
दिव 中，天国，天空，白天。
दिवस 阳、中，白天，日子。
दिवसकर 阳，太阳。
दिवा 不变词，白天。
दिवाकर 阳，太阳。
दिवातन 形，白天的。
दिवाभीत 阳，猫头鹰。
दिवौकस् 阳，天国的居民。
दिव्य 形，天神的，天国的，天上的，神圣的，神奇的。
दिव्यता 阴，神性。
दिश् 6.指示，允诺。
दिश् 阴，方向，方位。

दीक्षा 阴，祭祀前的净化准备工作，祭祀。
दीक्षित 过分，祭祀前准备。
दीधिति 阴，光线，光芒。
दीन 形，贫穷的，贫困的，沮丧的，悲惨的，不幸的；阳，贫困者。
दीप 阳，灯。
दीपन 中，点燃，燃烧，照亮。
दीपित 过分，点燃。
दीप्त 过分，点燃，光辉的，明亮的。
दीप्ति 阴，光辉。
दीर्घ 形，长的，长久的。
दीर्घम् 不变词，深长地，长久地。
दीर्घिका 阴，水池。
दीर्घीकृत 过分，延长，伸长。
दु 5.4.燃烧，折磨，烦恼，悲伤，难受。
दुःख 形，痛苦的；中，苦，痛苦。
दुःखतर 中，更加痛苦。
दुःखम् 不变词，痛苦地。
दुःखित 形，受苦的，不幸的。
दुकूल 中，丝绸，丝绸衣。
दुग्ध 中，牛奶。
दुघ 形，（用于复合词末尾）产生。
दुर् 前缀，坏的，难的。
दुरात्मन् 形，灵魂邪恶的。
दुराप 形，难以达到的。
दुरासद 形，难以靠近的，难以抗衡的，难以征服的，难以抵御的。
दुरित 中，罪恶，困难。
दुर्गृहीत 形，难以掌握的。
दुर्जन 阳，恶人。
दुर्निवार 形，难以阻止，难以抗拒。
दुर्बुद्धि 形，心术不正的。
दुर्भिक्ष 中，饥荒。

दुर्योधन 阳，难敌（人名）。
दुर्लभ 形，难以获得的。
दुर्वसति 阴，痛苦的住处。
दुर्वासस् 阳，杜尔婆娑（仙人名）。
दुर्वह 形，沉重的，难以承受的。
दुर्विदग्ध 形，笨拙的，愚蠢的。
दुर्विनीत 形，无教养的，粗鲁的。
दुश्चर 形，难行的。
दुष्कर 形，邪恶的，艰难的。
दुष्कृत् 阳，作恶者，恶人。
दुष् 过分，变坏，堕落，邪恶，恶浊；阳，恶人。
दुष्पूर 形，难以满足的。
दुष्प्रधर्ष 形，难以攻击的。
दुष्प्रसह 形，难以忍受的。
दुष्प्राप 形，难以达到的。
दुष्प्रेक्ष 形，难看的。
दुस्तर 形，难以越过的。
दुस्त्याज 形，难以舍弃的。
दुह् 形，（用于复合词末尾）挤（牛奶）。
दुह् 2.挤，挤取，挤奶。
दुहितृ 阴，女儿。
दूती 阴，女使者。
दूर 形，远处的；中，远处。
दूरेण 不变词，远远地。
दूषण 中，损害，毁坏，谴责，过错。
दूषित 过分，弄脏，玷污，伤害，蒙蔽，迷住。
दृढ 形，坚固的，坚定的，强烈的。
दृश् 1.观看，观察，视为，看待，对待；致使，展示，展现，指点。
दृश्वन् 形，（用于复合词末尾）看到，熟悉。

दृषद् 阴，岩石。
दृष्ट 过分，看到，视为，察觉。
दृष्टि 阴，眼睛，眼光，目光，见解。
दृष्टिप्रपात 阳，视线，视域。
दृ 4.9.破裂，分开，破碎；致使，撕裂，粉碎。
देय 形，应给的，施舍。
देव 阳，神，天神。
देवकुल 中，神庙。
देवता 阴，神性，天神。
देवदत्त 阳，天授（阿周那的螺号名）。
देवदारु 阳、中，松树。
देवदेव 阳，神中之神，湿婆。
देवायतन 中，神庙。
देवी 阴，女神，王后。
देवेन्द्र 阳，天王，因陀罗。
देश 阳，地点，地方，地区，部位。
देशीय 形，某个地区的，本地的，（用于复合词末尾）将近，大约。
देह 阳、中，身体。
देहिन् 形，有身体的；阳，有身体者，生物，人，灵魂。
दोग्धृ 阳，挤奶者。
दोग्ध्री 阴，奶牛。
दैव 形，天神的，天上的，神圣的；中，命运，幸运，天神。
दोल 阳，-ला 阴，摇晃，秋千。
दोलाय 名动词，摇晃。
दोलायित 过分，摇晃。
दोष 阳，错误，缺陷，弱点，罪过，弊病，危害，灾害，病。
दोषस् 阴，夜晚；中，黑暗。
दोषा 不变词，夜晚。

दोस् 阳、中，前臂，胳膊，手臂。
दोह 阳，挤奶。
दोहद 阳、中，孕妇的愿望，孕妇的癖好，怀孕。
दौर्बल्य 阳、中，软弱，虚弱。
दौर्हद 中，孕妇的癖好，怀孕。
द्यु 中，一天，天空，天国。
द्युत 1.闪耀，照亮，说明。
द्युति 阴，光辉，光。
द्यो 阴，天空，天国。
द्रव 形，奔跑的，滴淌的；阳，奔跑，逃跑，滴淌，渗出。
द्रव्य 中，物质，财物。
द्राघीयस् 形，较长的，很长的。
द्रुत 过分，跑开，逃跑，散开，溶化。
द्रुपद 阳，木柱（人名）。
द्रुम 阳，树。
द्रोण 阳，德罗纳（人名）。
द्रोह 阳，伤害，谋害，背叛。
द्रौपदेय 阳，德罗波蒂的儿子。
द्वन्द्व 中，成双，一对，对立。
द्वय 形，两个；中，两个，两者。
द्वार 中，门，入口。
द्वि 数、形，二。
द्विज 阳，再生族，婆罗门。
द्विजत्व 中，婆罗门性。
द्विजन्मन् 阳，再生族，婆罗门。
द्विजाति 阳，再生族，婆罗门，鸟，牙齿。
द्वितय 形，两者的，双重的；中，两者。
द्वितीय 形，第二，（用于复合词末尾）同伴，伴随。
द्विधा 不变词，两种。
द्विप 阳，象，大象。

द्विपेन्द्र 阳，象王，大象。
द्विरद 阳，大象。
द्विरेफ 阳，蜜蜂。
द्विविध 形，两种的。
द्विष 2.憎恨，仇恨，厌恶。
द्विष् 阳，敌人。
द्विषत् 阳，敌人。
द्विस् 不变词，两次。
द्वीप 阳、中，岛屿，洲。
द्वेष 阳，憎恨，敌意。
द्वेष्य 形，仇恨的，敌视的；阳，敌人。

ध

धन 中，财产，财富，财物，钱财。
धनंजय 阳，财胜（阿周那的称号）。
धनद 阳，施财者，财神。
धनु 阳，弓。
धनुर्भृत् 阳，持弓者。
धनुस् 中，弓。
धन्य 形，富裕的，幸运的，有福的；中，财富。
धन्वन् 阳、中，弓。
धन्विन् 阳，弓箭手。
धम्मिल्ल 阳，妇女的发髻。
धर 形，（用于复合词末尾）持有，支撑，维持，具有。
धरण 中，支撑，维持，稳住。
धरणि 阴，大地。
धरित्री 阴，大地。
धर्म 阳，法，正法，法则，职责，正法神。
धर्मन् 中，法则，性质。
धर्मपत्नी 阴，法妻，正妻，王后。

धर्म्य 形，合法的。
धवल 形，白色的，洁净的；阳，白色。
धवलित 过分，变白。
धवलीकृ 8.变白。
धा 3.放置，安放，固定，把握，穿上，呈现，具有，维持。
धातु 阳，要素，元素，矿物，矿石，词根。
धातुमत्ता 阴，充满矿物。
धातुवाद 阳，矿物学，炼金术。
धातृ 阳，创造者，支持者，安排者。
धात्री 阴，保姆，乳母。
धामन् 中，住处。
धार 形，持有的，流淌的；阳，暴雨。
धारणा 阴，专注，凝思静虑。
धारा 阴，水流，暴雨。
धारिन् 形，持有，带着。
धार्तराष्ट्र 阳，持国之子。
धाव् 1.跑，移动，流动。
धिक् 不变词，呸。
धिषण 阳，提舍那（天国祭司毗诃波提的称号）。
धी 阴，智力，智慧，思想。
धीमत् 形，聪明的。
धीर 形，稳定的，坚定的，沉着的，沉稳的，庄重的，聪慧的。
धीरता 阴，坚定。
धुत 过分，摇晃，放弃。
धुर् 阴，轭，车辕，担子，重担，责任，顶端，前列。
धुर्य 阳，牲畜，马匹。
धू 6.1.5.9.10.摇动，驱除，伤害，对抗。
धूत 过分，摇动，扇动，抛弃。

धूम 阳，烟雾。
धूमित 形，熏黑的。
धूर्जटि 阳，湿婆。
धूर्त 形，狡猾的，欺骗的，害人的；阳，骗子，无赖。
धूलि 阴，尘土，花粉。
धूसर 形，灰色的；阳，灰色，土色。
धूसरित 形，变成灰色的。
धृ 6.存在，保持；1.10.支持，支撑，维持，承担，担负，持有，安放，固定，确立。
धृत 过分，支持，撑住，持有，保持，担负，穿戴。
धृतराष्ट्र 阳，持国（人名）。
धृति 阴，坚定，稳重，满意，喜悦。
धृष्टकेतु 阳，勇旗（人名）。
धृष्टद्युम्न 阳，猛光（人名）。
धेनु 阴，母牛。
धेय 形，具有，享有。
धैर्य 中，坚定，勇气，稳重，沉着。
धौत 过分，清洗，洗刷，清洁。
ध्मा 1.吹气，吹响。
ध्यान 中，沉思，禅定。
ध्यै 1.冥想，沉思。
ध्रुव 形，确定的，稳定的，持久的，永久的；阳，北极星，柱子，树干；中，-वा 阴，歌曲中的叠句，副歌。
ध्रुवम् 不变词，肯定，确实。
ध्वंस् 1.粉碎，消失。
ध्वज 阳，旗，幢，旗帜，旗徽，标志。
ध्वन् 1.10.发声。
ध्वनि 阳，声音。
ध्वान 阳，声音。
ध्वान्त 中，黑暗，地狱，愚昧。

न

न 不变词，不，没有。
नकुल 阳，无种（人名）。
नक्तम् 不变词，夜晚。
नक्षत्र 中，星星。
नख 阳、中，指甲，趾甲，爪。
नखर 阳、中，指甲，趾甲，爪。
नग 阳，山。
नगर 中，城镇，城市。
नगेन्द्र 阳，山王。
नत 过分，弯下，弯曲，倾斜，下垂。
नद् 1.发声。
नद 阳，河流，大河。
नदी 阴，河，河流。
नद्ध 过分，捆绑，覆盖。
ननु 不变词，确实，难道，岂不是。
नन्द् 1.高兴。
नन्दक 形，高兴的；阳，蛙，剑，快乐。
नन्दन 形，高兴的；阳，儿子，后裔；中，欢喜园（因陀罗的乐园）。
नन्दिन् 阳，南丁（人名）。
नन्दिनी 阴，南迪尼（极裕仙人的母牛，如意神牛之女）。
नप्तृ 阳，孙子，外孙。
नभस् 中，天空，云，雾气，水；阳，雨季，藕丝，天和地（双数）。
नभस्वत् 阳，风。
नम् 1.9.4.弯下，鞠躬，致敬；致使，降伏，归顺。
नमस् 不变词，致敬。
नमस्कार 阳，致敬。
नमस्कृति 阴，弯腰，致敬。
नमस्य 形，值得崇敬的。
नमित 过分，弯下。
नमेरु 阳，那弥卢树。
नम्र 形，低垂的，下垂的，弯下的，谦恭的。
नय 阳，引导，行为方式，方法，政策，政治。
नयन 中，引导，安排，取来，统治，治理，度过，眼睛。
नर 阳，人，男人。
नरक 阳、中，地狱。
नरदेव 阳，人中之神，国王。
नरपति 阳，人主，国王。
नरेन्द्र 阳，人中因陀罗，国王。
नर्तक 阳，舞者，演员。
नर्तकी 阴，舞女，歌女，女演员。
नलकूबर 阳，那罗鸠波罗（财神之子）。
नलिन 阳，鹤；中，莲花。
नलिनयोनि 阳，梵天。
नलिनी 阴，莲花，莲花池。
नव 形，新的，新鲜的，年轻的，新近的。
नवति 阴，九十。
नवन् 数、形，九。
नवयौवन 中，青春。
नववधू 阴，新娘。
नश् 4.消失，毁灭。
नष्ट 过分，失去，消失，失传，消逝，毁灭。
नहि 不变词，决不。
नाक 阳，天国。
नाग 阳，蛇，象，大象。
नाटक 中，戏剧。
नाथ् 1.恳求，祝愿，希望，期盼。

नाथ 阳，主人，保护者。
नाद 阳，叫喊，吼叫，声音。
नादिन् 形，喧嚣的，咆哮的。
नाना 不变词，不同，各种各样。
नाभि 阳、阴，肚脐；阳，轮毂，中心。
नाम 不变词，名叫，名为，确实。
नामधेय 中，名称，儿童命名仪式。
नामन् 中，名，名字，称号。
नायक 阳，领导者，将领，导师。
नारद 阳，那罗陀（仙人名）。
नारी 阴，女人，妇女。
नाल 中，莲茎。
नाश 阳，消失，毁灭，死亡。
नाशन 中，毁灭。
नाहुष 阳，友邻之子（迅行王）。
नि 前缀，向下，聚集，紧密，进入，接近，停止，确定。
निःश्वस् 2.叹息，喘息，吸气。
निःश्वसित 过分，叹息，喘息，吸气。
निःश्वास 阳，呼吸，气息，叹息。
निःसंशय 形，无疑的。
निःसंशयम् 不变词，无疑，必然。
निःसृ 1.出来，流出。
निःसृत 过分，出来，流出。
निःस्पृह 形，不贪求，不贪恋。
निकर 阳，大量。
निकाममम् 不变词，如愿，极其。
निकाय 阳，成群，大量，住处，身体。
निकार 阳，杀害，伤害，得罪，侮辱，责骂。
निकुञ्चित 形，收缩的，卷曲的。
निकुञ्ज 阳、中，凉亭，洞穴。
निकुम्भ 阳，尼恭跋（湿婆的侍从名）。

निकृति 阴，卑劣，虚伪，欺骗，侮辱，责骂。
निकेत 阳，住处。
निक्षिप् 6.抛下，放下，托付，交给。
निक्षेपण 中，放下，踩。
निखन् 1.刺入，挖，埋。
निगद् 1.宣称，说话。
निगूहन 中，隐藏。
निगृहीत 过分，抓住，抑制，控制，制伏，攻击。
निग्रह् 9.克制，抑止，控制，惩罚，征服。
निग्रह 阳，克制，压制，驱除，惩罚，责备。
निग्राह्य 形，应该制伏的。
निघ्न 形，依赖的，服从的，驯顺的。
निचय 阳，大量。
निचित 过分，覆盖。
निज 形，天生的，自身的。
नितम्ब 阳，臀部，腹部，山坡，山背，河岸。
नितम्बिनी 阴，美臀女。
नितराम् 不变词，完全地，大量地，经常地。
नितान्त 形，非常的，稠密的，很多的，大量的，强烈的。
नित्य 形，永恒的，永远的。
नित्यम् 不变词，永远，始终。
निदर्शन 中，例子，例证。
निदाघ 阳，炎热，暑季，夏季。
निदान 中，绳索，第一因，原因，病征。
निदेश 阳，命令，指令，谈话，附近。
निद्रा 阴，睡眠，睡意。
निधन 形，贫穷的；阳、中，毁灭，死亡，结束，终结。
निधा 6.安放，信任，交付，隐藏，决定。
निधान 中，安放，保持，财宝，宝藏。
निधि 阳，贮藏处，宝库，宝藏，海。
निनाद 阳，声音。
निन्द् 1.指责，贬损。
निपत् 1.落下，倒下，冲向，陷入。
निपात 阳，落下，射出，扑，跳，遇到。
निपीड् 10.挤压，伤害，压迫，抓住。
निपीडित 过分，挤压，伤害，束紧。
निपुण 形，机智的，机敏的，熟练的，精通的，友好的，微妙的，完善的。
निबद्ध 过分，系缚，束缚，捆绑，连接，联系。
निबन्ध् 9.束缚，联系。
निबन्धन 中，系缚，联系。
निबिड 形，紧密的。
निबुध् 1.知道，明白。
निभ 形，（用于复合词末尾）像，如同。
निभृत 过分，放下，隐藏，安静，沉寂，驯顺。
निमज्ज्/निमस्ज् 6.沉下，沉没。
निमन्त्र् 10.邀请，招待。
निमित्त 中，原因，征兆。
निमील् 1.闭眼，闭上。
निमीलित 过分，闭眼，闭上。
निमेष 阳，眨眼。
निम्न 中，低地，坑陷。
निम्नगा 阴，河流。
नियत 过分，限制，控制，确定，限定，注定。
नियतम् 不变词，注定，必然。
नियन्तृ 阳，驾驭者，车夫。

नियम 1.控制，约束，规定，给予，惩罚。
नियम 阳，限制，束缚，规则，规定，承诺，戒规。
नियमित 过分，抑制，消除。
नियम्य 形，制伏的，调伏的。
नियुज् 7.指定，委派，安排，结合，联系。
नियोक्तृ 阳，委派者，委托者，主人。
नियोग 阳，使用，命令，义务，努力，定则。
नियोजित 过分，安排，使用。
निर्/निस् 前缀，出来，离开，没有，脱离。
निरन्तर 形，连续的，不断的，紧密的。
निरन्तरम् 不变词，不断地，紧密地。
निरवग्रह 形，不受约束的，不受控制的。
निरवद्य 形，无可指责的。
निरस्त 过分，抛弃，驱逐，放出。
निरहंकार 形，不自傲的。
निराकृत 过分，驱逐。
निरागस् 形，无错误的，无辜的。
निरातङ्क 形，无惧的，无病的。
निरापद् 形，无灾祸的；阴，无灾祸，繁荣。
निरामय 形，无病的，健康的。阳、中，健康。
निराश 形，绝望的。
निराशिस् 形，无愿望的，无所企求的。
निराश्रय 形，无依靠的，无所依赖的。
निराहार 阳，戒食。
निरीक्ष् 1.观看，注视，凝视。
निरीक्षित 过分，注视；中，目光。
निरीति 形，无灾难的。
निरुत्सव 形，无节日的，无欢乐的。
निरुद्ध 过分，阻止，限制，囚禁，覆盖，充满。

निरोध 阳，抑止，阻止，障碍，寂灭。
निर्गत 过分，出来，流出。
निर्गन्ध 形，无香味的。
निर्गम् 1.走出，离开，出现。
निर्गा 3.出走，离开。
निर्घोष 形，无声的，安静的；阳，响声，喧哗。
निर्जि 1.战胜，胜过。
निर्जित 过分，战胜。
निर्झर 阳、中，瀑布，激流。
निर्दय 形，无情的，残酷的。
निर्दाक्षिण्य 形，不尊重的，不善待的。
निर्दिष्ट 过分，指示，指定。
निर्द्वन्द्व 形，超脱对立的。
निर्भर्त्सन 中，-ना 阴，威胁，谩骂，责备。
निर्भर्त्सित 过分，受责备，受嘲笑，羞愧。
निर्मम 形，不自私的，无私的。
निर्मल 形，无垢的，纯洁的。
निर्मा 3.2.创造，建造，幻化。
निर्माण 中，衡量，构造，创造。
निर्माल्य 形，纯洁的，干净的；中，剩余，废弃。
निर्मित 过分，造成，造出。
निर्मुक्त 过分，解脱，摆脱，脱离。
निर्मोक 阳，摆脱，解脱，皮，蜕下的蛇皮，铠甲，天空，天国。
निर्या 2.离开，出发，前往。
निर्यास 阳、中，树脂。
निर्योगक्षेम 形，超脱保业守成的。
निर्वहण 中，完成，结束，毁灭。
निर्वा 2.吹灭，熄灭。
निर्वाण 过分，吹灭，熄灭，毁灭；中，灭寂，消失，解脱，涅槃。

निर्विकार 形，不变的，忠实的。
निर्विश् 6.享受，进入。
निर्विशेष 形，无区别的。
निर्विशेषम् 不变词，无区别，无分别。
निर्वृत् 1.停止，结束；致使，举行，完成。
निर्वेद 阳，厌弃，绝望，漠然。
निर्वेदन 形，无痛的，麻木的。
निह्राद 阳，声音。
निलय 阳，住处。
निवप् 1.散布，供给。
निवर्तन 中，返回，停止。
निवस् 1.居住，停留。
निवह 阳，成群，成堆，大量。
निवात 形，无风的，平静的，安全的；中，无风处。
निवाप 阳，供物，祭品。
निवारण 中，阻止。
निवारित 过分，阻止。
निवास 阳，居住，住处，衣服。
निवासिन् 形，居住的，穿戴的；阳，居住者。
निविद् 2.致使，告知，报告，回禀，说明。
निविश् 6.坐下，驻扎，进入，固定，专注；致使，确定，安排。
निविष्ट 过分，坐下，固定，专注。
निवृ 5.9.围住，包围；致使，阻挡，驱赶。
निवृत् 1.返回，回转，离开，撤退，停止，禁止，回避。
निवृत्त 过分，返回，消失，停止。
निवृत्ति 阴，返回，消失，停止。
निवेदित 过分，告知。
निवेशन 中，进入，住处，驻扎，营地。
निवेशित 过分，进入，安放。

निश् 阴,夜,夜晚。
निशम् 4.10.听到,听说。
निशा 阴,夜晚。
निशाकर 阳,月亮。
निशीथ 阳,午夜,半夜。
निश्चय 阳,决心。
निश्चल 形,不动摇的,不变的,坚定的。
निश्चि 5.决定,确定。
निश्चित 过分,决定。
निश्चितम् 不变词,确定,肯定。
निश्वस 2.叹息,喘息,吸气。
निषक्त 过分,执著,附着,结合。
निषङ्ग 阳,执著,结合,箭囊。
निषण्ण 过分,坐下,躺下,安放,沮丧。
निषद् 1.坐下,住下,下沉,沮丧。
निषद्य 形,适合居住的。
निषधा 阴,商铺,市场。
निषादिन् 形,坐着的。
निषिक्त 过分,浇灌,浇湿。
निषिच 6.浇灌,洒下。
निषिद्ध 过分,劝阻,阻止,禁止。
निषिध् 1.阻止,禁止。
निषेक 阳,洒下,浇灌,流淌,射精,受孕。
निषेव् 1.追求,享受,常在,侍奉,崇拜。
निष्कम्प 形,不摇动的,不动的。
निष्कारण 形,无缘无故的。
निष्क्रय 阳,赎金,薪酬,交换,买卖。
निष्ठा 阴,位置,基础,立足点,确信,通晓,结局。
निष्ठुर 形,严厉的,残酷的。
निष्ठ्यूत 过分,抛出。
निष्पत् 1.发出,喷出,射出。

निष्पेष 阳,碾压。
निष्प्रतिघ 形,无阻碍的。
निष्फल 形,无效果的,无用的。
निसर्ग 阳,给予,抛弃,创造,天性,天资,恩惠。
निस्तल 形,圆形的,围绕的。
निस्तृ 1.通过,越过,度过,完成。
निस्त्रिंश 形,无情的,残酷的;阳,剑。
निस्त्रैगुण्य 形,超脱三性的。
निस्यन्द/निष्यन्द 阳,流出,流淌,渗出。
निस्यन्दिन्/निष्यन्दिन् 形,流出的,流淌的。
निस्वन 形,无声的;阳,声音,响声。
निहन् 2.杀死,杀害,打击,消除。
निहत 过分,打击,杀害。
निहित 过分,安放,托付,固定。
निहाद 阳,声音。
नी 1.引导,带领,带走,度过。
नीच 形,低的,短的,矮小的,下面的,低贱的,卑下的。
नीचैस् 不变词,下面,低下,低声。
नीत 过分,引导,安排。
नीति 阴,行为,规范,治国论,伦理,正道,正道论。
नीप 阳,尼波树。
नीर 中,水,汁液。
नीरव 形,无声的。
नीराजन 中,-ना 阴,净化仪式。
नील 形,青色的,蓝色的,蓝黑色的,黑色的;阳,青色,蓝色。
नीलि,-ली 阴,靛蓝。
नीलिमन् 阳,蓝色,黑暗。
नीलीराग 阳,靛蓝色,执著,坚定的朋友。
नीवार 阳,野稻。

नीवी 阴，衣结。

नु 不变词，或许，是否，可能，确实，现在，此刻。

नुद् 6.驱除。

नूतन 形，新的，新鲜的，目前的。

नूतम् 不变词，确实，肯定。

नूपुर 阳、中，脚镯。

नृ 阳，人，人们。

नृत् 4.跳舞。

नृत्त 中，跳舞，舞蹈。

नृत्य 中，跳舞，舞蹈。

नृप 阳，国王。

नृपति 阳，人主，国王。

नेत्र 中，眼睛，丝绸，丝衣，树根，车辆，领导者。

नेमि 阴，轮，轮辋。

नैःश्रेयस 形，至福的。

नैक 形，不止一个的，许多的，多样的。

नैष्कर्म्य 中，无为，不行动。

नैष्ठिक 形，最后的，终极的，至高的。

नो 不变词，不。

नोदयितृ 形，鼓动者，煽动者。

नौ 阴，船。

न्यकृत 过分，羞辱，蔑视。

न्यस्त 过分，放下，安置，放弃，托付。

न्याय्य 形，合理的，合适的。

न्यास 阳，放下，印记，托付，放弃。

न्यासीकृत 过分，安放，托付。

प

पक्व 形，成熟的。

पक्ष 阳，翅膀，羽翼，半月，一方。

पक्षपात 阳，偏向，偏袒，偏爱。

पक्षपातिन् 形，倾向的，偏向的。

पक्षिन् 阳，鸟。

पक्ष्मन् 中，睫毛，花丝，丝线。

पङ्क 阳、中，泥土，泥沼，油膏。

पङ्कज 中，莲花。

पङ्केरुह/पङ्क्रेरुह 中，莲花。

पङ्क्ति 阴，行，排，列，组，聚餐。

पच् 1.煮食。

पञ्चन् 数、形，五。

पटल 中，屋顶，覆盖物，薄膜，成堆，大量。

पटह 阳，战鼓，开始，杀害。

पटीयस् 形，锋利的，聪明的，能够，适合。

पटु 形，机智的，擅长的，尖锐的，强烈的。

पट 阳、中，板，布，丝绸，裹头巾。

पट्टक 阳，板，绷带。

पट्टिका 阴，板，布条，丝绸，绷带。

पठ् 1.诵读，吟诵。

पण 阳，赌博游戏，赌注，协定，和约，工资。

पणव 阳，小鼓。

पण्डित 形，擅长的，精通的；阳，学者，智者。

पण्य 阳，商品，货物，商业，价钱。

पत् 1.落下，坠落，倒下，飞翔。

पतङ्ग 阳，鸟，太阳，飞蛾。

पतत्रिन् 阳，鸟。

पतन 中，落下，降下。

पताक 阳，-का 阴，旗帜，旗幡，旗杆，标志，戏剧中的插话。

पति 阳，主人，国王，丈夫。
पत्नी 阴，妻子。
पत्र/पत्त्र 中，叶子，树叶，贝叶，文件，花瓣，羽翼，鸟羽，箭翎，箭羽。
पत्रभङ्ग 阳，पत्रभङ्गि, -ङ्गी 阴，彩绘线条。
पत्ररथ 阳，鸟。
पत्रलेखा 阴，彩绘线条。
पत्रविशेषक 阳，彩绘线条。
पत्रिका 阴，贝叶，书信，文件，耳环。
पत्रिन्/पत्त्रिन् 阳，箭，鸟。
पथ 阳，（用于复合词末尾）路，道路。
पथिक 阳，旅人，旅行者。
पथिन् 阳，路，道路。
पद 中，脚，足，步，足迹，位置，地步，状况，地位，词，词语，诗行。
पदवि, -वी 阴，道路，位置。
पदाति, पदाजि, पदात 阳，步兵。
पदार्थ 阳，词义，事物，范畴。
पद्धति 阴，道路。
पद्म 中，莲花；阳，莲花象。
पद्मराग 阳、中，红宝石。
पद्मावती 阴，波德摩婆蒂（胜天的妻子）。
पद्मिनी 阴，莲花。
पद्य 中，诗体。
पयस् 中，水，奶，乳汁，精液。
पयस्विन् 形，奶水充足的。
पयस्विनी 阴，母牛。
पयोद 阳，云。
पयोधर 阳，云，乳房。
पयोधि 阳，海。
पयोनिधि 阳，海。
पयोमुच् 阳，云。
पर 形，其他的，另外的，别的，不同的，前面的，之后的，更高的，更重要的，最高的，至高的，最好的；（用于复合词末尾）专心；阳，他人，陌生人，敌人；中，至高精神，最高存在，至福。
परचक्र 中，他人统治。
परतस् 不变词，超越，不同，此后。
परत्र 不变词，别处，另一世界，此后。
परतन्त्र 形，依靠的，依赖的。
परंतप 阳，折磨敌人者。
परभाग 阳，最好的部分，优秀，杰出，丰富，幸运。
परम् 不变词，超越，之后，更加，仅仅。
परम 形，最高的，至高的，最好的。
परमेश्वर 阳，大自在天。
परमेष्ठिन् 阳，至高者。
परंपर 形，不断的，连续的。
परंपरा 阴，连续，系列，接连。
परलोक 阳，另一世界。
परवत् 形，依附他人的。
परवश/परवश्य 形，依附他人的，依靠的。
परश्वध 阳，斧子。
परस्तात् 不变词，更远，那一边，之后，高于。
परस्पर 形，互相的；代，彼此，互相。
परस्परम् 不变词，彼此，互相。
परस्व 中，别人的财物。
पराक्रम 阳，勇气，威力。
पराङ्मुख 形，转过脸去的，背向的。
पराच्/पराञ्च् 不变词，背向。
पराचीन 形，背向的，后面的，另一边的，不合适的。
पराजित 过分，战败，失败。
परामर्श 阳，攻击，干扰，阻碍，回想，考虑。

परामृश् 6.抚摩，抚触，攻击，玷辱。

परायण 形，执著的，专注的，专心的，注重的。

परार्घ्य 形，最优秀的，最好的，最高的；中，极限，最高状态。

परावृत्ति 阴，返回，交换，转变。

परि 前缀，围绕，增加。

परिकर 阳，随从，众多，开始，腰带，围布。

परिकर्मन् 中，装饰。

परिकल्पित 过分，决定，准备，安排。

परिकीर्ण 过分，散布。

परिकॢप् 1.倾向，认为，允诺；致使，决定，实行。

परिक्षत 形，损害。

परिक्षय 阳，衰亡，消失，失败，毁灭。

परिक्षेप 阳，晃荡，散布，环绕。

परिखा，阴，壕沟。

परिखीकृत 过分，成为壕沟。

परिखेद 阳，疲倦，劳累，疲乏。

परिगमित 过分，度过。

परिग्रह् 9.抱住，拥抱，恩宠，支持，穿上，把握，理解，采取，娶妻。

परिग्रह 阳，抓住，环绕，穿上，接受，占有，结婚，妻子，恩宠，侍从，丈夫，家庭，理解，采取。

परिचय 阳，堆积，熟悉，密切。

परिचर्या 阴，侍奉，敬拜。

परिचारक 阳，侍从，随从。

परिचि 5.堆积，增加；3.实行，熟悉。

परिचित 过分，堆积，积聚，熟悉。

परिच्छद 阳，覆盖物，衣服，随身用品。

परिजन 阳，随从，侍从。

परिज्ञान 中，了解，理解，熟悉。

परिणत 过分，弯下，成熟。

परिणद्ध 过分，浑圆，宽阔。

परिणम् 1.弯下，改变，成熟。

परिणाम 阳，变化，消化，成熟，结果，年老。

परिणाह 阳，宽阔。

परिणाहिन् 形，粗圆的，宽阔的。

परिणी 1.娶妻，结婚。

परिणेतृ 阳，丈夫，结婚者。

परितस् 不变词，周围，四周，到处。

परिताप 阳，灼热，痛苦，烦恼。

परित्यज् 1.抛弃，舍弃，忽视。

परित्याग 阳，抛弃，舍弃。

परित्राण 中，保护。

परिदग्ध 过分，燃烧，烧灼。

परिदह् 1.充分燃烧，熊熊燃烧。

परिदेवन 中，-ना 阴，悲伤，哀悼。

परिदेवित 过分，悲伤；中，悲伤，哀悼。

परिधा 3.穿戴，包围，环顾。

परिधि 阳，晕圈。

परिपन्थिन् 阳，拦路石，障碍，敌人，对手，强盗。

परिपाल् 10.保护，守护，坚持，等待。

परिपीड् 10.折磨，挤压，搂抱。

परिपीत 过分，吸吮。

परिप्रश्न 阳，询问。

परिप्लुत 过分，泛滥，充满。

परिभव 阳，侮辱，伤害，屈辱，失败。

परिभ्रम् 1.4.游荡，徘徊，翱翔，跳跃。

परिमल 阳，芳香，交欢。

परिमुक्त 过分，摆脱，脱离。

परिमेय 形，有限的。

परिरक्ष् 1.保护。

परिलुप्त 过分，中断，减弱，消失。

परिवाद 阳，责备，谴责，责骂，指控，恶名。

परिवादिनी 阴，七弦琵琶，乐器。

परिवाह 阳，泛滥，涌动，水沟。

परिवृत् 1.转动，游荡，转回，消失。

परिवृत 过分，围绕，卫护，隐藏，遍布。

परिवृध् 1.增长，长大。

परिवेष्टित 过分，围绕，缠绕。

परिशङ्कित 过分，惧怕。

परिशून्य 形，空的。

परिशुष् 4.干燥，干枯。

परिशुष्क 形，干燥的，干涸的。

परिशोष 阳，枯萎。

परिश्रम 阳，疲倦。

परिश्रान्त 过分，疲倦，劳累。

परिष्वज् 1.拥抱。

परिसमाप् 5.达到，完成。

परिसर 阳，边缘，邻近，位置，宽度，规则。

परिसृप्त 过分，爬行。

परिहास 阳，玩笑，笑话，戏谑，嘲笑。

परिह् 1.避免，避开，抛弃，隐藏，拥抱，抓取。

परिहृत 过分，避开，抛弃，拒绝。

परी 2.围绕，簇拥。

परीक्षित 过分，观察，考察，巡视，考验。

परीत 过分，包围，围绕。

परुष 形，猛烈的，粗暴的，粗糙的，脏的。

परोयायिन् 形，先行的，先遣的。

पर्जन्य 阳，雨云，雨水。

पर्ण 中，羽翼，树叶。

पर्यङ्कबन्ध 阳，结跏趺坐。

पर्यट् 1.游荡。

पर्यनुयुक्त 过分，询问。

पर्यन्त 阳，周边。

पर्यवस्था 1.保持稳定。

पर्यस्त 过分，投射，散布，围绕，打击。

पर्याण 中，鞍子。

पर्याप्त 过分，获得，完成，充足，充满，布满，有限。

पर्युत्सुक 形，渴望的。

पर्युपास् 2.侍奉。

पर्येषण 中，探求，询问。

पर्वत 阳，山。

पलाय् 1.逃跑，撤退。

पलाश 阳，波罗奢树；中，波罗奢花，树叶，花瓣，绿色。

पल्लव 阳、中，嫩芽，嫩叶，嫩枝，蓓蕾，展开，扩散，力量，手镯，衣服的折边。

पल्लवित 过分，发芽的，展开的，染上，涂上。

पल्लविन् 形，有嫩芽的。

पल्वल 中，池塘。

पवन 阳，风。

पवमान 阳，空气，风。

पवित्र 形，圣洁的，净化的；中，净化物。

पवित्रय 名动词，净化。

पवित्रित 过分，净化。

पवित्रीकृत 过分，净化。

पशु 阳，兽。

पशुपति 阳，兽主。

पश्चात् 不变词，后来。

पश्चिम 形，后面的，最后的，西边的。
पा 1.喝，饮；2.保护。
पांसु/पांशु 阳，灰尘，尘土。
पांसुल/पांशुल 形，沾有尘土的，肮脏的，玷污的。
पाञ्चजन्य 阳，五生（黑天的螺号名）。
पाटन 中，刺破，毁灭。
पाटल 形，粉红的；阳，粉红色；波吒罗花。
पाटलता 阴，粉红色。
पाटलित 过分，变红。
पाणि 阳，手。
पाण्डर 形，白色的，苍白的。
पाण्डव 形，般度族的；阳，般度之子。
पाण्डु 形，白的，苍白的，浅白的；阳，般度（人名）。
पाण्डुता 阴，苍白。
पाण्डुर 形，白色的，苍白的，灰白的。
पाण्डुरित 过分，变白。
पात 阳，飞行，落下，毁灭，袭击。
पातक 阳、中，罪恶。
पाताल 中，地下世界。
पातित 过分，扔下，投下，击倒。
पातिन् 形，飞行的，落下的。
पात्र 中，杯子，盘子，容器。
पाद 阳，脚，四分之一。
पादप 阳，树。
पादार्पण 中，垫脚物。
पाद्य 中，洗脚水。
पान 中，喝，饮。
पाप 形，有罪的；中，罪恶；阳，恶人。
पापकारिन् 形，有罪的，作恶的；阳，罪人。
पाप्मन् 阳，罪恶。

पायिन् 形，喝的，饮用的。
पार 阳、中，对岸，彼岸，终端。
पारण 阴，开斋，进餐。
पारशव 阳，巴罗舍婆（低级种姓名称）。
पाराशरिन् 阳，托钵僧，苦行者。
पारिजात/पारिजातक 阳，波利迦多树，珊瑚树。
पारिप्लव 形，摇动的，颤动的，游动的，困惑的。
पार्थ 阳，普利塔之子。
पार्थिव 阳，国王。
पार्वती 阴，波哩婆提（人名）。
पार्श्व 形，附近的，身旁的；阳、中，胁，肋，身旁，身边，附近。
पार्श्ववर्तिन् 阳，侍从。
पार्ष्णि 阳、阴，脚跟。
पाल 阳，保护者。
पालयितृ 阳，保护者。
पावक 阳，火，火神。
पाश 形，（用于复合词末尾）浓密；阳，绳，索，套索，罗网。
पाशभृत् 阳，持套索者，伐楼那。
पिङ्गल 形，棕色的，黄色的。
पिङ्गलिमन् 阳，棕色，黄色。
पिञ्जर 形，棕色的，金色的，黄色的；阳，棕色，金色，黄色。
पिञ्जरित 过分，染有棕色，染有黄色。
पिण्ड 形，结实的，紧密的；阳、中，圆团，饭团。
पिण्डित 过分，成团，聚集。
पितामह 阳，祖父。
पितृ 阳，父亲（单），父母（双），祖先（复）。

पिनद्ध 过分，系紧，穿上，隐藏，覆盖。
पिनाक 阳、中，三叉戟。
पिनाकिन् 阳，持三叉戟者，湿婆。
पिशुन 形，显示的，表明的，诽谤的，恶意的。
पिहित 过分，封闭。
पीठ 中，凳。
पीड् 10.挤压，打击，伤害。
पीडा 阴，折磨，痛苦，伤害，压迫。
पीडित 过分，挤压，折磨，抓住。
पीत 过分，喝，饮，吸吮。
पीन 形，胖的，丰满的，圆的。
पीयूष 阳、中，甘露，乳汁，牛奶。
पीवर 形，肥胖的，丰满的，圆胖的，强壮的。
पुंस् 阳，男性，雄性，男人，人。
पुंसवन 中，生男礼。
पुङ्ख 阳、中，箭翎。
पुङ्गव 阳，公牛。
पुञ्जित 过分，堆积。
पुट 阳、中，凹穴，杯子，容器。
पुण्डरीक 中，莲花；阳，白色，老虎。
पुण्ड्रक 阳，涂在额头上的宗教标志。
पुण्य 形，圣洁的，纯净的。中，功德，善行，善事。
पुण्यभागिन् 形，有福的，有德的。
पुण्यभाज् 形，有福的，有德的。
पुण्यवत् 形，有福的，有德的。
पुत्र 阳，儿子，孩子。
पुत्रक 阳，幼儿，幼仔，孩子。
पुत्रिन् 形，有儿子的。
पुत्रीकृत 过分，成为儿子。
पुनर् 不变词，又，再，再次，还有，然而。
पुनरुक्त 形，重复说的。
पुनर्जन्मन् 中，再生。
पुर 中，城镇，城市，城堡。
पुरःसर 形，走在前面的；阳，先驱者，引导者，随从。
पुरतस् 不变词，前面。
पुरंदर 阳，摧毁城堡者，因陀罗。
पुरंध्रि 阴，已婚妇女。
पुरस् 不变词，以前，前面。
पुरस्कृत 过分，放在前面，置于前面，尊敬，尊重。
पुरस्तात् 不变词，前面，以前，东面。
पुरा 不变词，以前，过去，从前，古代。
पुराण 形，古老的，古代的；中，往事，传说，往世书。
पुरातन 形，古老的。
पुरी 阴，城市，城镇。
पुरूजित् 阳，补卢耆（人名）。
पुरुष 阳，人，原人。
पुरोधस् 阳，家庭祭司。
पुरोभागिन् 形，莽撞的，挑剔的，妒忌的。
पुलक 阳，汗毛竖起，宝石，矿物。
पुलकित 形，汗毛竖起的，喜悦的。
पुलिन 阳、中，沙滩，沙洲，河岸。
पुलिनाय 名动词，形成沙滩。
पुलोमन् 阳，布罗曼（魔名）。
पुष् 1.4.9.抚养，养育，维持，滋长，发育，增长，展现；致使或10.抚养，养育，增长。
पुष्कर 中，莲花。
पुष्करिणी 阴，莲花池。
पुष्ट 过分，养育，增长，肥壮，丰满。

पुष्टि 阴，抚育，成长，肥壮，繁荣，富有。
पुष्प 中，花，花朵。
पुष्पकेतु 阳，爱神。
पुष्पचाप 阳，以花为弓者，爱神。
पुष्पधनुस् 阳，以花为弓者，爱神。
पुष्पधन्वन् 阳，以花为弓者，爱神。
पुष्पवृष्टि 阴，花雨。
पुष्पित 形，开花的，花哨的。
पुष्य 阳，弗沙星，鬼宿。
पुस्त 中，抹泥，涂抹，画画，泥塑。
पुस्तक 阳、中，书，写本。
पुस्तकृत् 阳，泥塑匠，雕塑家。
पू 1.4.9. 净化。
पूजा 阴，敬拜，尊敬，崇拜。
पूज्य 形，应该敬拜的；阳，岳父。
पूत 过分，净化，圣洁。
पूर् 4.10. 充满，满足。
पूर 阳，充满，充入，满足，潮水。
पूरित 过分，充满，覆盖。
पूरुष 阳，人。
पूर्ण 过分，充满，充足，圆满。
पूर्व 形，前面的，东方的，年老的，以前的，（用于复合词末尾）为首，伴随；阳，祖先，前人，古人。
पूर्वतस् 不变词，东方，前面。
पूर्वम् 不变词，以前，首先。
पृक्त 过分，混合，接触，联系。
पृथक् 不变词，单独地，各自，除了。
पृथग्जन 阳，低等人，愚夫。
पृथिवी 阴，大地。
पृथिवीपति 阳，大地之主，国王。
पृथु 阳，普利图（国王名）。
पृषत 阳，羚羊，水滴，斑点。

पृषती 阴，雌羚羊。
पृष्ठ 中，背，背部，顶，顶部。
पृष्ठतस् 不变词，后面。
पृ 3.9. 充满，满足，吹入，养育。
पेलव 形，柔软的。
पेशल/पेषल/पेसल 形，柔软的，纤细的，可爱的，迷人的，精通的，灵巧的。
पैतृक 形，父亲的，祖先的。
पोत्र 中，猪嘴，犁头。
पौण्ड्र 阳，崩多罗（怖军的螺号名）。
पौत्र 阳，孙子。
पौर 形，城市的；阳，市民。
पौरकन्या 阴，城中少女。
पौरन्दर 形，因陀罗的，东方的。
पौरुष 中，男子气概。
प्र 前缀，向前，前面，离开，丰富。
प्रकटय 名动词，展示，显示。
प्रकटित 过分，展开，显露。
प्रकटीकृ 8. 变得明显。
प्रकम्प् 1. 摇晃，颤抖。
प्रकर 阳，成堆，大量，一束，一捆，协助，友谊，习惯。
प्रकर्ष 阳，优秀，优异，杰出，突出，魁梧，威力。
प्रकाम 形，充满欲望的，如愿的，快乐的；阳，愿望。
प्रकामम् 不变词，如愿，随心所欲。
प्रकार 阳，方式，种类，特性。
प्रकाश् 1. 显示，展示，看似。
प्रकाश 形，光明的，闪亮的，明亮的，清晰的，显现的，显示的，闻名的，（用于复合词末尾）像，如同；阳，光芒，光辉，名声。

प्रकीर्ण 过分，布满。
प्रकृ 8.做，从事，造成，说。
प्रकृति 阴，原形，本性，原质，臣民。
प्रकोप 阳，愤怒，骚动，混乱。
प्रकोष्ठ 阳，腕部，手腕，前臂。
प्रक्रम् 1.前行，走向，开始。
प्रक्रम 阳，步，跨步，开始，步骤，方法。
प्रक्षल् 10.清洗，去除。
प्रख्यात 过分，著名，确认。
प्रगल्भ 形，大胆的，自信的，雄辩的，成熟的，傲慢的。
प्रगीत 过分，歌唱；中，歌。
प्रघोष 阳，声音，吼声。
प्रचक्ष् 2.说，告诉。
प्रचण्ड 形，猛烈的，强烈的，凶狠的，可怕的。
प्रचय 阳，堆，簇。
प्रचल् 1.移动，飘动，激动，颤抖。
प्रचल 形，晃动的，颤抖的。
प्रचार 阳，游荡，活动，来到，行为。
प्रचि 5.收集，增加。
प्रचुर 形，很多的，大量的。
प्रचेतस् 阳，伐楼那（神名）。
प्रचोदित 过分，鼓励，激励，催促。
प्रच्छ् 6.询问，寻求。
प्रजन् 4.产生，分娩。
प्रजल्पित 形，说话的，唠叨的。
प्रजविन् 形，迅速的，快速的。
प्रजा 阴，生育，子嗣，儿子，后代，臣民，民众，众生。
प्रजागर 阳，醒着。
प्रजापति 阳，生主。
प्रजेश्वर 阳，民众之主，国王。

प्रज्ञा 阴，智慧。
प्रणत 过分，弯下，俯身，致敬，谦恭，精通。
प्रणति 阴，致敬，敬礼。
प्रणम् 1.弯下，俯身，致敬，敬拜，倾向。
प्रणय 阳，喜爱，友谊，信任，请求，尊敬，恭顺。
प्रणयिन् 阳，朋友，同伴，情人，请求者，崇拜者。
प्रणव 阳，唵声。
प्रणश् 4.毁灭，消失。
प्रणाद 阳，响声，叫声，吼声。
प्रणाम 阳，鞠躬，致敬。
प्रणाल 阳，渠道，水管，水沟。
प्रणाशन 中，消灭，毁坏。
प्रणिधान 中，沉思。
प्रणिधि 阳，探子，使者，侍从。
प्रणिपत् 1.鞠躬，拜倒，下跪，匍匐，致敬，敬拜。
प्रणिपात 阳，鞠躬，匍匐，致敬，敬拜，虔敬。
प्रणेतृ 阳，领导者，牵引者，驾驭者，车夫。
प्रतनु 形，薄的，纤细的，微小的，瘦弱的，柔弱的。
प्रतान 阳，嫩枝，枝条，卷须。
प्रताप 阳，光辉，威武。
प्रति 前缀，向着，返回，对着；不变词，朝向，向着，对着，关于。
प्रतिकार 阳，对治，救治。
प्रतिकूल 形，不顺的，相反的，对立的，逆向的，敌对的；中，对立，违背。
प्रतिकृति 阴，报复，报答，映像，形象。

प्रतिक्षणम् 不变词，时时刻刻。

प्रतिग्रह् 9.抓住，接受，对抗，攻击，结婚，服从，允诺，占有。

प्रतिग्राहित 过分，接受，获得。

प्रतिदिश् 6.致使，指示，指出。

प्रतिनन्द् 1.欢迎，祝贺，欣然接受。

प्रतिनादित 过分，发声，回声，回响。

प्रतिनिधि 阳，代表，替代。

प्रतिपत्ति 阴，获得，认知，理解，知识，认同，行动，方法，过程，实行，决定。

प्रतिपथम् 不变词，沿路。

प्रतिपद् 4.走向，走近，进入，追随，获得，恢复，接受，掌握，理解；致使，认为。

प्रतिपद् 阴，通道，入口，白半月第一天。

प्रतिपन्न 过分，获得，完成，认同。

प्रतिपादक 形，给予的，展示的，支撑的。

प्रतिपाल् 10.保护，守护，等待，服从，抚养，保持，遵守。

प्रतिपूज् 10.敬拜。

प्रतिबद् 过分，捆绑，束缚，阻止。

प्रतिबन्ध् 9.系缚，阻断。

प्रतिबन्ध 阳，捆绑，阻碍。

प्रतिबिम्बित 过分，反映，映出。

प्रतिबुध् 1.4.觉醒；致使，唤醒，说明。

प्रतिबोध 阳，觉醒，醒来。

प्रतिब्रू 2.回答。

प्रतिभा 2.发光，呈现，显示，看来。

प्रतिभा 阴，光辉，睿智，想象。

प्रतिम 形，（用于复合词末尾）如同。

प्रतिमा 阴，形象，相像，映像。

प्रतिमुच् 6.释放，归还。

प्रतियात 过分，对抗，返回。

प्रतियुध् 4.对抗，抗击。

प्रतियोजयितव्य 形，需要调整的。

प्रतिवच् 2.回应，回答。

प्रतिवद् 1.回答，说出，重复。

प्रतिव्याह् 1.回答。

प्रतिशब्द 阳，回声，回音。

प्रतिशाप 阳，反诅咒。

प्रतिश्रु 5.答应，听许。

प्रतिषिद्ध 过分，抑制，阻止。

प्रतिष्टम्भ 阳，阻碍，抵制。

प्रतिष्ठा 阴，位置，住处，基础，静止。

प्रतिष्ठापित 过分，安放，安置，确立，建立。

प्रतिष्ठित 过分，确立，建立，完成。

प्रतिसंह् 1.收回，压缩，减少。

प्रतिसूति 阴，分娩。

प्रतिस्वन 阳，回声，回音。

प्रतिहर्तृ 阳，驱除者。

प्रतिहार 阳，门，门卫。

प्रतिहारभूमि 阴，门口，入口处。

प्रती 2.返回，到达，高兴，满意。

प्रतीक्ष् 1.观察，盼望，等待。

प्रतीक्ष्य 形，等待的，敬仰的，考虑的。

प्रतीच्य 形，西方的。

प्रतीत 过分，出发，离去，相信，信任，确认，高兴。

प्रतीप 形，反面的，相反的。

प्रतूर्ण 形，快速的。

प्रत्यक्षतस् 不变词，亲眼目睹。

प्रत्यङ्ग 中，肢体。

प्रत्यञ्च्/प्रत्यच् 形，转向的，后面的，随后的，西边的。

प्रत्यनिलम् 不变词，迎风。

प्रत्यय 阳，确信，信念，原因，因缘。

प्रत्ययित 过分，信赖。

प्रत्यर्थिन् 形，敌对的，阻碍的；阳，对手，敌人，障碍。

प्रत्यवहार 阳，收回，毁灭。

प्रत्यवाय 阳，障碍，危险，罪恶。

प्रत्यहम् 不变词，每天。

प्रत्यादिश् 6.摒弃，拒绝，警告。

प्रत्याया 2.返回。

प्रत्याहत 过分，击退，厌弃，受阻。

प्रत्युद्गत 过分，迎上前去，欢迎。

प्रत्युद्घात 过分，起身，欢迎。

प्रत्युद्व्रज् 1.迎接。

प्रत्युपदेश 阳，回馈的教导。

प्रत्यूह 阳，障碍，阻碍。

प्रथम 形，第一，首先的，最初的。

प्रथमम् 不变词，首先，最初。

प्रथिमन् 阳，宽阔，广大，宏伟。

प्रदक्षिण 形，向右的，右旋的。

प्रदक्षिणीकृ 8.右绕行礼。

प्रदा 3.给予，宣讲。

प्रदायिन् 形，赐予的，供给的。

प्रदिग्ध 过分，涂染。

प्रदिष्ट 过分，指出，指定。

प्रदीप 阳，灯，光。

प्रदुष् 4.变坏，堕落，犯错，得罪。

प्रदृश् 1.看见，观察，感知。

प्रदेश 阳，地方，部位。

प्रदोष 阳，错误，得罪，傍晚，黄昏，夜晚。

प्रधावित 过分，跑向，跑开，散开。

प्रध्मा 1.吹，吹响。

प्रध्यान 中，沉思。

प्रनष्ट 过分，消失，毁灭。

प्रनृत् 4.跳舞。

प्रपद् 4.进入，步入，走上，走近，走向，走到，到达，依靠，服从，臣服，陷入，造成，获得。

प्रपदीन/आप्रपदीन 形，直到脚尖的。

प्रपन्न 过分，走向，前往，到达，寻求庇护，依靠，具有。

प्रपरीक्ष् 1.看到。

प्रपा 阴，水亭。

प्रपात 阳，落下，突袭，瀑布，悬崖，巉岩。

प्रफुल्ल 过分，开放，绽放。

प्रबल 形，有力的，强大的，强烈的。

प्रबुद्ध 过分，醒来。

प्रबुध् 1.4.觉醒，开花；致使，唤醒。

प्रबोध 阳，觉醒，清醒，理解，明白。

प्रबोधित 过分，觉醒，得知，相信。

प्रबोधिन् 形，醒来的。

प्रभव 阳，来源，起源，产生，力量，威力。

प्रभा 阴，光，光辉，光芒，光泽。

प्रभात 中，拂晓，清晨，早晨。

प्रभाव 阳，光辉，威严，威力，能力。

प्रभाष् 1.说。

प्रभिन्न 过分，破裂，绽开，不同。

प्रभिन्नाञ्जन 中，眼膏。

प्रभु 形，能够；阳，主人，国王。

प्रभुत्व 中，统治，主宰。

प्रभू 1.产生，出现，能够，控制，容纳。

प्रभृति 阴，开始；不变词，从此，始于，开始。

प्रभेद 阳，裂开，分开。

प्रमत्त 过分，迷醉，放逸。

प्रमथ् 1.9.搅动，扰乱，折磨，打击，杀害。

प्रमद् 4.迷醉，疏忽，忽视。

प्रमदा 阴，少妇，美女，妻子，妇女。

प्रमनस् 形，高兴的，愉快的。

प्रमाण 中，衡量，标准，证据。

प्रमाथिन् 形，激动的，折磨的，粗暴的，杀害的。

प्रमाद 阳，疏忽，迷醉，疯狂，错误，事故，灾难，危险。

प्रमुख 形，面对的，主要的，尊敬的，（用于复合词末尾）为首，伴随。

प्रमुखतस् 不变词，面对。

प्रमुदित 过分，欢喜，高兴；中，喜悦。

प्रमुज् 2.擦洗，清洗，去除，赎罪。

प्रमोद 阳，愉快，高兴，喜悦。

प्रयत् 1.努力。

प्रयत 过分，克制，自制，控制，虔诚，热心，认真。

प्रयत्न 阳，努力。

प्रयम् 1.给予，提供，限制，归还，偿还。

प्रया 2.走向，出发，前往，前进，行进。

प्रयाचित 过分，受到请求。

प्रयाण 中，出游，旅途，前行，行进。

प्रयात 过分，前进，前往，行走，出发，离去。

प्रयुक्त 过分，束缚，联系，牵引，使用，指定，具有，修习，实施，派遣。

प्रयुज् 7.使用，指示，给予，促使，实施。

प्रयोग 阳，使用，运用，从事，计划，手段。

प्रयोजन 中，使用，用于，用途，目的，意图。

प्ररोह 阳，芽，嫩芽，新枝。

प्रलय 阳，毁灭，昏迷，昏厥。

प्रलापिन् 形，说话的，谈话的。

प्रली 4.溶化，解体，消失，毁灭。

प्रवच् 2.说，告诉。

प्रवणीकृत 过分，倾向，好感。

प्रवद् 1.说，告诉，宣布。

प्रवयस् 形，年长的，年老的。

प्रवर 形，主要的，杰出的，优秀的，最好的。

प्रवरसेन 阳，钵罗婆罗犀那（人名）。

प्रवर्तित 过分，运转，激发。

प्रवर्तिन् 形，开始，启动，流动。

प्रवात 中，气流，风。

प्रवाल/प्रबाल 阳、中，芽，嫩芽，嫩叶，嫩枝。

प्रवासिन् 形，外出的，旅行的；阳，旅人。

प्रवाह 阳，水流，奔流，流程。

प्रविली 4.融化。

प्रविश् 6.进入。

प्रविष्ट 过分，进入，占据。

प्रवृत् 1.出现，开始，着手，从事。

प्रवृत्त 过分，运转，开始，从事，准备，确定，启动，流动；中，行动。

प्रवृत्ति 阴，出现，来临，开始，活动，消息。

प्रवृद्ध 过分，成熟，强壮，增长，扩大。

प्रवृध् 1.成长，增长，扩大。

प्रवृष् 1.下雨。

प्रवेप् 1.颤抖。

प्रवेश 阳，进入。

प्रवेशित 过分，引进，带入。

प्रव्याह् 1.说。

प्रशंसा 阴，赞扬，赞颂，美誉。

प्रशम 阳，平息，平静，安宁，寂灭。

प्रशमित 过分，平息，平定。
प्रश्रय 阳，प्रश्रयण 中，尊敬，尊重，礼貌，恭顺。
प्रष्ठ 形，站在前面的，主要的。
प्रसक्त 过分，执著。
प्रसङ्ग 阳，执著，沉浸，联系。
प्रसंख्यान 中，沉思。
प्रसद् 1.高兴，放心，满意，净化，成功；致使，取悦，安抚。
प्रसन्न 过分，清净，高兴，安定。
प्रसभ 阳，武力，暴力，凶猛。
प्रसभम् 不变词，猛烈，强行。
प्रसर 阳，活动，范围。
प्रसर्पित 过分，前行，扩散。
प्रसव 阳，出生，生子，花。
प्रसवोन्मुख 形，即将分娩的。
प्रसह्य 不变词，猛烈，猛然，突然。
प्रसाद 阳，恩惠，平静，清净。
प्रसादन 形，净化的，平静的，愉快的；中，净化，安慰，安抚，平静，愉悦。
प्रसाधन 中，完成，安排，装饰。
प्रसित 过分，投身，从事，努力，渴求。
प्रसिद्ध 过分，著名，显赫。
प्रसिध् 4.完成，成功。
प्रसु 1.2.4.生育，产生。
प्रसुप्त 过分，入睡。
प्रसूत 过分，产生，生出，出生。
प्रसूति 阴，出生，诞生，生育，儿女，子嗣，子孙，后代。
प्रसून 中，花，果。
प्रसृ 1.流出，前进，伸展，蔓延，散布。
प्रसृत 过分，前进，伸展，散布，延伸，从事。

प्रसेक 阳，流淌。
प्रस्तर 阳，树叶床，花床，床榻，平地，岩石，宝石。
प्रस्थ 阳、中，平地，高原，山顶。
प्रस्था 1.出发，走近，确立。
प्रस्थान 中，出发，前进，离去，来临。
प्रस्थित 过分，出发，离去。
प्रस्रव 阳，流出，滴淌，水流。
प्रस्रुत 过分，流出，滴淌，渗出。
प्रस्रवण 中，流出，滴淌，水流，急流，瀑布，泉水，水塘。
प्रस्रविन् 形，流出的，流淌乳汁的。
प्रस्नुत 过分，流出。
प्रहन् 2.杀害，打击。
प्रहरण 中，打击，武器。
प्रहरणीकृत 过分，成为武器。
प्रहर्तृ 阳，战士，射手。
प्रहर्ष 阳，狂喜，高兴，欢喜，兴奋。
प्रहस् 1.笑，微笑，嘲笑。
प्रहा 3.舍弃，摒弃，离开。
प्रहि 5.派遣。
प्रहित 过分，放置，派遣，射出。
प्रहृ 1.打击，伤害，袭击，发射，抓住。
प्रहृत 过分，打击，抓住；中，打击。
प्रहृष्ट 过分，高兴，喜悦。
प्रह्लाद 阳，喜悦。
प्रह्लादक 形，令人高兴的。
प्रांशु 形，高的，高大的。
प्राक् 不变词，之前，前面，东，东边。
प्राकार 阳，围墙，壁垒。
प्राकृत 形，原始的，自然的，普通的，粗俗的；阳，普通人，俗人；中，俗语，方言。

प्राकृतकृत् 阳，俗语诗人。
प्राक्तन 形，以前的，古代的，前生的。
प्राञ्जलि 形，合掌的。
प्राण 阳，呼吸，气息，生命。
प्राणभृत् 阳，生物。
प्राणिन् 阳，生命，众生。
प्रातर् 不变词，清晨，早晨。
प्राथमकल्पिक 形，劫初的。
प्रादुर्भू 1.出现，显现。
प्रादुस् 不变词，展现，显现。
प्रान्त 阳，边沿，边缘，边端。
प्राप् 5.获得，到达，前往，遇见。
प्राप्त 过分，获得，到达。
प्राप्ति 阴，获得，到达，幸运，命运。
प्राय 阳，离去，绝食而死，大部分，大量。
प्रायशस् 不变词，通常，大多。
प्रायस् 不变词，通常。
प्रायेण 不变词，通常。
प्रारम्भ 阳，开始，工作。
प्रार्थ् 10.请求，乞求，寻求，追求。
प्रार्थन 中，请求，心愿。
प्रार्थना 阴，请求，心愿。
प्रार्थित 过分，请求，要求。
प्रार्थिन् 形，祈求的，渴望的。
प्रालम्ब 阳，珍珠首饰；中，花环。
प्रावृषेण्य 形，雨季的。
प्रासाद 阳，宫楼，宫殿。
प्रास्थानिक 形，出发的。
प्राह् 1.说。
प्रिय 形，亲爱的，喜爱的，可爱的；阳，亲爱者，爱人，情人。
प्रियंवदता 阴，说话可爱。
प्रिया 阴，亲爱者，爱人，情人，妻子。

प्रियाल 阳，波利亚罗树。
प्रीत 过分，高兴，欢喜，愉快，满意。
प्रीति 阴，喜悦，高兴，满意，喜爱。
प्रीतिमत् 形，满怀喜悦的。
प्रेक्ष् 1.观看，感知。
प्रेङ्ख् 1.晃动，颤动，摇晃。
प्रेङ्खोलित 过分，摇晃，摆动。
प्रेत 过分，死去；阳，死者，饿鬼。
प्रेमन् 阳、中，爱，喜爱，宠爱，喜悦。
प्रेर् 2.致使，促使，激发，派遣，说出，询问。
प्रेष्य 阳，仆从。
प्रोक्त 过分，说，告诉，宣示。
प्रोत्कण्ठ् 1.10 或名动词，渴望。
प्रोत्थित 过分，长出。
प्रोद्धृ 1.提取，获取。
प्रोषित 过分，出外，远行。
प्लक्ष 阳，无花果树。
प्लव 形，游动的，跳跃的；阳，浮游，跳跃，潮水，船。
प्लवन 中，浮游，沐浴，跳跃，潮水。
प्लु 1.漂浮，游动，跳跃。
प्लुष्ट 过分，燃烧，焚烧，烧灼。

फ

फण 阳，蛇冠。
फणिन् 阳，蛇。
फल 中，果，果实，结果，成果，后果，惩罚，目的。
फलक 中，木板，石板，板面，臀部，手掌。
फलवत् 形，有果实的。

फलित 过分，产生结果，获得成果，造成后果。

फलिनी 阴，一种蔓藤。

फुल्ल 过分，绽开，开花。

फेन/फेण 阳，泡沫。

ब

बक 阳，鹤，骗子，伪善者。

बकुल 阳，波古罗树；中，波古罗花，醉花。

बत 不变词，唉，啊。

बद्ध 过分，束缚，捆绑，囚禁。

बन्दिन्/वन्दिन् 阳，歌手，赞歌手。

बन्ध् 9.束缚，捆绑，拴住，囚禁，穿上，吸引。

बन्ध 阳，束缚，捆绑，锁链，发结，连接，结合，缔结。

बन्धन 中，束缚，捆绑，缠绕，牢狱，茎，梗，建筑。

बन्धु 阳，亲属，亲戚，朋友。

बन्धुजन 阳，亲属，亲人，朋友。

बन्धुजीव 阳，般度吉婆树；中，般度吉婆花。

बन्धुर 形，波动的，弯曲的，可爱的。

बन्धूक 阳，般杜迦树。

बन्ध्य 形，不结果的。

बर्ह 阳、中，翎毛，尾翎。

बर्हिण 阳，孔雀。

बर्हिन् 阳，孔雀。

बर्हिस् 阳、中，拘舍草。

बल 中，力量，武力，暴力，军队。

बलभिद् 阳，因陀罗。

बलवत् 形，有力的；不变词，有力地。

बलाक 阳，苍鹭，白鹭。

बलात् 不变词，强行。

बलाहक 阳，云，乌云，雨云。

बलि 阳，祭品，供品，赋税。

बहल 形，丰富的，大量的，多样的，厚实的，稠密的。

बहिस् 不变词，外面。

बहु 形，许多的；不变词，许多，多次。

बहुधा 不变词，多次。

बहुल 形，许多的；阳，黑半月。

बहुविध 形，多种的。

बहुशस् 不变词，多次，经常。

बाण 阳，箭，芦苇，波那（人名）。

बाध् 1.折磨，压迫，欺凌。

बान्धव 阳，亲属，亲戚，朋友。

बाल 形，新生的，幼小的，娇嫩的，年轻的，初升的，新的，愚蠢的；阳，儿童，愚人，毛发，尾巴。

बालत्व 中，幼小。

बालव्यजन 中，拂尘。

बालव्यजनीकृत 过分，成为拂尘。

बाला 阴，少女，椰子。

बालिका 阴，少女，耳坠，沙子，树叶沙沙声。

बालिश 形，幼稚的，愚蠢的，无知的。

बाल्य 中，童年。

बाष्प 阳、中，眼泪，泪水。

बाहु 阳，手臂，胳膊。

बाह्य 形，外面的，外在的。

बिडौजस् 阳，因陀罗。

बिन्दु 阳，滴，点。

बिम्ब 阳、中，圆盘，圆形物，影像；中，频婆果。
बिस 中，藕，莲藕。
बिसिनी 阴，莲花，莲花丛。
बीज 中，种子，籽，根源。
बुद्ध 过分，觉醒，觉悟；阳，佛，佛陀。
बुद्धि 阴，知觉，智力，智慧，想法，念头。
बुद्धिमत् 形，睿智的，明智的。
बुध 1.4.知道，理解，了解，觉察，觉醒；致使，唤醒。
बुध 阳，聪明人，智者，水星。
बृहत् 形，宽阔的，强壮的，高大的。
बृहत्कथा 阴，《故事广记》。
बृहस्पति 阳，毗诃波提（神名）。
बैडाल 形，猫的。
बोद्धव्य/बोध्य 形，应该知道的，可理解的。
बोद्धृ 阳，知者。
बोध 阳，理解，觉醒，觉悟。
बोधि 阳、阴，智慧，觉悟。
बोधिसत्त्व 阳，菩萨。
ब्रह्मन् 中，梵，颂诗，咒语；阳，梵天，婆罗门。
ब्रह्मबन्धु 阳，伪婆罗门。
ब्रह्मलोक 阳，梵界。
ब्रह्मविद् 形，知梵的；阳，知梵者。
ब्रह्मसूत्र 中，圣线。
ब्राह्म 形，梵的，梵天的，婆罗门的。
ब्राह्मण 阳，婆罗门。
ब्राह्मणी 阴，婆罗门妇女。
ब्रू 2.说，告诉。

भ

भ 中，星座。

भक्त 过分，忠诚，虔诚。
भक्ति 阴，分配，虔诚，忠诚，安排，装饰。
भक्तिमत् 形，虔诚的。
भगवत् 形，光辉的，可敬的，神圣的；阳，薄伽梵，尊者，世尊。
भञ्ज् 过分，折断，破碎，毁坏。
भङ्ग 阳，破碎，毁坏，分离，挫败，紧皱。
भङ्गिन् 形，破碎的，破灭的。
भज् 1.分享，实践，遵行，享受，享有，具有，侍奉，尊敬，敬拜，接纳，执著，从事。
भट्टार 形，尊敬的。
भण् 1.说，发声，吟唱。
भणित 过分，发声；中，说话，吟唱。
भद्र 形，快乐的，幸运的，吉祥的，仁慈的，善良的，友好的；中，快乐，幸运，吉祥。
भद्रमुस्त 阳，莎草。
भय 中，害怕，惧怕，恐惧，危险。
भर 阳，负担，大量。
भरण 形，维持的；中，抚养，维持，支持。
भरत 阳，婆罗多（人名）。
भरित 过分，抚育，充满，承担。
भर्तृ 阳，丈夫，主人。
भर्मन् 中，维持，供养，抚育。
भव 形，（用于复合词末尾）产生；阳，存在，生存，产生，安乐，繁荣，湿婆。
भवत् 形，现在的；代，您。
भवती 阴，您，夫人。
भवन 中，存在，产生，住处，房屋，宫殿。

भवितृ 形，未来的，即将的。

भविष्यत् 形，未来的；中，未来。

भव्य 形，存在的，未来的，合适的，优秀的，吉祥的。

भव्या 阴，吉祥女（波哩婆提的称号）。

भस्मन् 中，灰。

भस्मसात् 不变词，成灰。

भा 2.发光，闪光，闪亮，显现，呈现。

भाग 阳，一份，部分。

भागिन् 形，享有的。

भागीरथी 阴，恒河。

भाग्य 中，幸运，吉祥。

भाज् 形，（用于复合词末尾）分享，具有，享有，处于，忠于，崇拜。

भाण्ड 中，器具，器皿，马具，鞍具。

भाति 阴，明亮，光辉，理解。

भानुमत् 阳，太阳。

भामिनी 阴，美女。

भार 阳，负担，重担，大量，许多。

भारत 形，婆罗多族的；阳，婆罗多后裔；中，婆罗多国，《婆罗多》（即《摩诃婆罗多》）。

भारती 阴，语言，语言女神。

भार्गव 阳，婆利古之子（行落仙人）。

भार्या 阴，妻子。

भाव 阳，存在，状态，情况，性情，感情，情感，真情，心意，事物，情态。

भावन 中，भावना 阴，创造，展现，促进，想象，概念，虔信，沉思，设想，观察，确定，回忆，感知；阳，成因，创造者。

भावित 过分，创造，造成，抚养，养成，变成，净化。

भाविन् 形，成为的，未来的，（用于复合词末尾）具有。

भाव्य 形，将会发生的，将来的，应完成的。

भाष् 1.说，告诉，描述。

भाषा 阴，语言，口语，俗语，描述。

भाषाकवि 阳，方言诗人。

भाषित 过分，说；中，说话，话语。

भाषिन् 形，说话的，健谈的，（用于复合词末尾），说，谈论。

भास् 1.发光，显现。

भास् 阴，光辉，光芒。

भास 阳，跋娑（人名）。

भासुर 形，光辉的，明亮的。

भास्कर 阳，太阳。

भास्वत् 形，明亮的，闪光的，璀璨的；阳，太阳，光辉。

भास्वर 形，明亮的，光辉的；阳，太阳，白天，火。

भित्ति 阴，裂开，分隔，墙壁，表面，地方，部分，碎片，缺点。

भिद् 1.7.打破，割裂，刺破，戳破，分开，破除，改变，松开。

भिदु 形，（用于复合词末尾）刺破，刺穿，毁灭。

भिन्न 过分，破裂，破碎，分开，展开，绽开，不同，混杂。

भिन्नाञ्जन 中，眼膏。

भिषज् 阳，医生。

भी 3.害怕，畏惧。

भीत 过分；害怕，惧怕。

भीम 形，可怕的；阳，怖军（人名）。

भीष्म 阳，毗湿摩（人名）。

भुज् 形，（用于复合词末尾）享有。

भुज् 7. 吃，享用，享受。

भुज 阳，手臂，弯曲，树枝。

भुजङ्ग 阳，蛇。

भुजङ्गभुज 阳，食蛇者，孔雀。

भुजान्तर 中，胸膛。

भुव 阳，火，地，空。

भुवन 中，世界，存在，生物，人类。

भुवर्/भुवस् 不变词，空，天空。

भू 1. 是，有，成为，变成，产生，出现，发生，存在；致使，引起，造成，展示，抚养。

भू 形，（用于复合词末尾）产生，成为，源自；阴，大地，地面。

भूत 过分，成为，产生，过去的；中，生物，万物，众生，精灵，神灵，元素（地、水、火、风和空）。

भूतपति 阳，精灵之主（湿婆的称号）。

भूतल 中，地面。

भूति 阴，存在，出生，福利，繁荣，幸运，财富。

भूतेश्वर 阳，精灵之主（湿婆的称号）。

भूधर 阳，支持大地者，山。

भूपति 阳，大地之主，国王。

भूमि 阴，大地，地面，地方。

भूमिका 阴，地面，楼层，角色，扮装。

भूमिपति 阳，国王。

भूमिपाल 阳，国王。

भूयस् 形，更多的，更加的，更大的，丰富的，充满，强烈的；不变词，很多，大部分，又，再次，更加，进而。

भूयसा 不变词，丰富，大量。

भूयिष्ठ 形，大多，大部分，几乎，近乎。

भूर्ज 阳，桦树。

भूषण 中，装饰，装饰品，首饰，饰物。

भूषित 过分，装饰。

भूष्य 形，装饰的。

भृ 1.3. 具有，持有，承载，维持，佩戴。

भृगु 阳，婆利古（仙人名）。

भृङ्ग 阳，黑蜂。

भृत् 形，（用于复合词末尾）具有，持有。

भृत 过分，抚养，具有。

भृत्य 阳，仆从，臣仆。

भृत्या 阴，养育，支持。

भृशम् 不变词，极度地，强烈地，猛烈地，剧烈地。

भेक 阳，青蛙。

भेद 阳，破裂，中断，崩溃，破坏，不同。

भेदिन् 形，破裂的，破坏的。

भेरि, -री 阴，铜鼓。

भैक्ष 中，乞食，行乞。

भोक्तृ 阳，享受者，丈夫，国王。

भोग 阳，享受，利用，感受，食物，收益，财物，蜷曲。

भोगिन् 形，享受的，蜷曲的，（用于复合词末尾）具有，使用；阳，蛇。

भोग्य 形，适合享受的，享有的。

भोस् 不变词，呼告词。

भौतिक 形，五大元素构成的；中，五大元素的造物。

भ्रंश 阳，掉下，脱离，混乱，逃跑，衰亡，消失。

भ्रम् 1.4. 游荡，旋转，犯错，困惑。

भ्रमर 阳，黑蜂，蜜蜂。

भ्रमित 过分，旋转，绕圈，混淆。

भ्रष्ट 过分，掉下，失落，逃跑，衰亡。

भ्रातृ 阳，兄弟。

भ्रान्त 过分，游荡，转动，犯错，困惑。
भु (-भ्रू) कुटि (-टी) 阴，眉结。
भ्रू 阴，眉，眉毛。

म

मकर 阳，鳄鱼，摩羯鱼。
मकरकेतु 阳，爱神。
मकरध्वज 阳，以鳄鱼为旗徽者，爱神。
मकरिका 阴，鳄鱼图案，顶饰。
मख 阳，祭祀，节日。
मगध 阳，摩揭陀（国名）。
मग्न 过分，沉入。
मघवन् 阳，摩克凡（因陀罗的称号）。
मङ्गल 形，吉祥的，幸运的，繁荣的；中，吉祥，幸运，吉祥物，吉祥仪式。
मञ्जरि, -री 阴，嫩芽，花簇，行，排，珍珠，珠串。
मणि 阳，摩尼珠，珍珠，珠宝。
मणिपुष्पक 阳，珠花（偕天的螺号名）。
मण्डन 中，装饰，装饰品。
मण्डप 阳，帐篷，亭子，凉亭。
मण्डल 形，圆的；中，圆，圆圈，圆环，圆轮，圆盘，圆形物，地区。
मण्डली 阴，圆圈，绕圈。
मण्डित 过分，装饰。
मण्डूक 阳，青蛙。
मत् 后缀，有。
मत 过分，认为，尊重，尊敬；中，想法，思想。
मति 阴，思想，智慧，想法。
मत्त 过分，迷醉，沉醉，发情。
मत्सर 形，妒忌的，忌恨的，贪婪的，自私的；阳，妒忌，忌恨，愤怒。
मथन 形，搅动的，伤害的，毁灭的；中，搅动，激动，摩擦，伤害，毁灭。
मद् 代，我。
मद 阳，醉，酒醉，迷醉，疯狂，疯癫，发情，骄傲，兴奋。
मदकल 形，轻声的，柔和的，含糊的，迷醉的。
मदन 形，迷醉的，兴奋的；阳，爱神，爱情，春季；中，迷醉，喜悦。
मदिर 形，迷醉的，迷人的。
मदीय 形，我的。
मधु 中，蜜，蜜糖，花蜜，蜜汁；阳，春天，春神（摩杜）。
मधुकर 阳，大黑蜂。
मधुप 阳，蜜蜂。
मधुर 形，甜蜜的，甜美的；阳，红皮甘蔗，糖蜜，糖浆；中，甜蜜，糖汁。
मधुरम् 不变词，甜蜜地。
मधुरिपु 阳，摩图之敌（黑天的称号）。
मधुसूदन 阳，诛灭摩图者（黑天的称号）。
मध्य 形，中间的，中等的，中立的；阳、中，中间，腰部。
मध्यन्दिन 形，中午的，中间的；中，中午。
मध्यम 形，中间的，中等的。
मध्यस्थ 阳，中立，中立者。
मध्यस्थता 阴，中立状态。
मन् 1.骄傲，崇拜；10.骄傲，停止，阻碍；4.8.认为，想，思考，尊重，尊敬，关心。
मनःशिल 阳，-ला 阴，雄黄。
मनस् 中，心，心灵，意，心思，思想，念头，愿望。
मनस्तस् 不变词，心中。

मनस्विन् 形，聪慧的，机敏的，坚决的，思想高尚的。
मनस्विनी 阴，聪慧女子，高傲女人。
मनीषिन् 形，睿智的，博学的；阳，智者。
मनु 阳，摩奴（人类的始祖）。
मनुज 阳，人。
मनुष्य 阳，人。
मनुष्यदेव 阳，人中之神，国王。
मनुष्येश्वर 阳，人主，国王。
मनोजन्मन् 阳，爱神。
मनोज 形，迷人的，可爱的。
मनोभव 阳，爱神。
मनोरथ 阳，希望，心愿。
मनोहर 形，迷人的，吸引人的，可爱的。
मनोहृत् 形，迷人的，吸引人的。
मन्त्र 阳，颂诗，咒语，机密。
मन्त्रवत् 形，有咒语的。
मन्त्रसाधक 阳，魔术师，巫师。
मन्त्रिन् 阳，大臣。
मन्द 形，缓慢的，迟钝的，愚笨的，柔和的。
मन्दपाल 阳，曼陀波罗（仙人名）。
मन्दम् 不变词，慢慢地。
मन्दमन्दम् 不变词，慢慢地。
मन्दर 形，缓慢的，迟钝的，厚实的，坚固的，庞大的；阳，曼陀罗山，珍珠项链，天国，镜子。
मन्दाकिनी 阴，曼达吉尼河，恒河。
मन्दाक्ष 形，目光迟钝的；中，羞愧，谦恭。
मन्दाय 名动词，缓缓而行，缓缓消逝。
मन्दार 阳，曼陀罗树，珊瑚树；中，曼陀罗花。
मन्दिर 中，住处，房屋，宫殿，城镇。

मन्दीकृ 8.减弱，放松，打消。
मन्दीकृत 过分，削弱，减少。
मन्मथ 阳，爱神，爱情。
मन्यु 阳，愤怒。
ममत्व 中，我的，自己的，自私。
मय 后缀，构成，组成，包含，充满。
मयूख 阳，光线，光芒，光辉。
मयूर 阳，孔雀。
मरकत 中，绿宝石，翡翠。
मरण 中，死，死亡。
मरीचि 阳、阴，光，光线，光辉。
मरुत् 阳，风，天神。
मरुत्वत् 阳，因陀罗。
मर्त्य 形，必死的；阳，凡人，尘世。
मर्त्यलोक 阳，人间。
मर्दल 阳，鼓。
मर्मर 形，沙沙响的，低语的。
मल 阳、中，尘垢，污垢，污染，玷污。
मलय 阳，摩勒耶山。
मलयज 中，檀香木。
मलिन 形，肮脏的，污秽的，邪恶的，黑暗的。
मलिनय 名动词，污染，弄脏，变黑。
मलिनीकर 形，形成污垢的。
मलीमस 形，污染的，黑暗的，邪恶的。
मल्लिका 阴，茉莉花。
मसृण 形，柔软的，温柔的。
मस्करिन् 阳，苦行者，游方僧。
महत् 形，大的，伟大的，强大的，广阔的，丰富的。
महनीय 形，值得尊敬的，光辉的，崇高的。
महर्षि 阳，大仙。

महा 形，（用于复合词开头）大的，伟大的，高尚的。
महाकाव्य 中，大诗。
महाक्रतु 阳，大祭，马祭。
महातपस् 阳，大苦行者。
महानुभाव 形，尊贵的，威武的。
महाबाहु 阳，大臂者。
महाभूत 中，元素（地、水、火、风和空）。
महारथ 阳，大勇士。
महिमन् 阳，伟大，尊贵，威力。
महिषी 阴，母水牛，王后。
मही 阴，大地，地。
महीक्षित् 阳，大地统治者，国王。
महीतल 中，大地。
महीध्र 阳，山。
महीपति 阳，大地之主，国王。
महीपाल 阳，大地保护者，国王。
महीभृत् 阳，山。
महेश्वर 阳，大自在天，湿婆。
महोदधि 阳，大海，汪洋。
मा 不变词，不，不要。
मागध 形，摩揭陀族的。
मागधी 阴，摩揭陀女。
मातलि 阳，摩多梨（因陀罗的车夫）。
मातामह 阳，外祖父，外公。
मातुल 阳，舅父。
मातृ 阴，母亲。
मात्र 形，（用于复合词末尾）这样的，仅仅，只是；中，量，度量，总体，仅仅，仅有。
मात्रा 阴，量，标准，一瞬间，一部分，一点儿，财富，物质。
माधव 阳，春天，春神，摩豆族后裔（黑天的称号）。
माधुर्य 中，甜蜜，甜美，优美，柔和。
माध्यस्थ्य 中，中立，平静。
मान 阳，尊敬，骄傲，傲慢，嫉恨，愤怒；中，量，标准，证明。
माननीय 形，受尊敬的。
मानव 阳，人。
मानस 形，思想的，精神的，意生的；中，思想，心，意，精神。
मानित 过分，尊重。
मानिन् 形，骄傲的。
मानुष 形，人的，人类的；阳，人。
मानुषी 阴，女人。
मान्धातृ 阳，曼多利（人名）。
मान्य 形，值得尊敬的，受尊敬的。
मामक 形，我的。
माया 阴，幻，幻觉，幻象，幻力，幻术，诡计，计谋，摩耶（人名）。
मारुत 形，风的；阳，风。
मार्ग 阳，路，道路，方法。
मार्दङ्ग/मार्दङ्गिक 阳，鼓手。
मार्दव 中，柔软。
मालति, -ती 阴，茉莉花，花蕾，处女，少女。
माला 阴，花环，串，系列，簇，群。
मालिका 阴，花环，项链，女儿。
मालिन् 形，有花环的,（用于复合词末尾）佩戴，围绕。
माल्य 中，花环，花鬘。
मास् 阳，月份，月亮。
मास 阳、中，月份。
माहेयी 阴，母牛。
मित 过分，衡量，确定，有限，简洁。

मिति 阴，量，确知，证明，决定。
मित्र 中，朋友。
मिथस् 不变词，互相，秘密地，悄悄地。
मिथुन 中，成双，配对，结合，交合。
मिथ्या 不变词，虚假地，徒劳地。
मिश्र 形，混合的，混杂的。
मिश्रीभूत 过分，混合。
मीन 阳，鱼。
मील् 1.关闭，闭眼，眨眼，消失。
मीलित 过分，关闭，眨眼，半开，闪烁，消失。
मुकुलित 形，发芽的，开花的，半闭的，闭上的。
मुक्त 过分，释放，摆脱，抛弃，脱落。
मुक्ता 阴，珍珠。
मुक्ताफल 中，珍珠。
मुक्ति 阴，摆脱，解脱。
मुख 形，（用于复合词末尾）为首的；中，口，嘴，脸，面庞，头部，顶端，乳头，入口，出口。
मुखर 形，多话的，嚼舌的，嘈杂的。
मुखरित 过分，嘈杂，喧闹。
मुग्ध 形，愚蠢的，无知的，天真的，幼稚的，纯朴的。
मुच् 6.放松，释放，解脱，摆脱，脱离，解除，放弃，抛弃，舍弃。
मुच् 形，（用于复合词末尾）摆脱，脱离，放弃。
मुण्ड 阳，秃头，秃顶，前额，理发匠；中，头。
मुद् 1.高兴，喜悦。
मुद् 阴，喜悦，满意。
मुदित 过分，高兴，欢喜，喜悦。

मुद्रा 阴，印章，印记，钱币，手势。
मुद्रित 过分，盖上印章，打上印记。
मुनि 阳，牟尼，仙人，圣人，智者。
मुमुक्षु 形，想要摆脱的，追求解脱的。
मुरवैरिन् 阳，牟罗之敌（黑天的称号）。
मुर्च्छ्/मूर्च्छ् 1.凝固，昏厥，增强，对付，对抗。
मुष् 9.偷走，夺走，驱除，掩盖，超越。
मुषित 过分，偷走，夺走，受骗。
मुष्टि 阳、阴，拳。
मुह् 4.昏迷，困惑，迷惑，犯错。
मुहुर्मुहुस् 不变词，不断，一再。
मुहुस् 不变词，经常，时时，不断，反复，一再。
मुहूर्त 阳、中，片刻，顿时，瞬间，须臾。
मूक 形，哑的，沉默的；阳，哑巴。
मूढ 过分，糊涂，痴迷，愚痴，愚昧。
मूर्च्छा 阴，昏迷，神志不清。
मूर्त 形，昏迷的，愚钝的，有形体的。
मूर्ति 阴，形体，化身。
मूर्तिमत् 形，物质的，有形体的。
मूर्धज 阳，头发。
मूर्धन् 阳，头，头顶。
मूल 中，根，根基。
मृ 6.死。
मृग 阳，兽，野兽，鹿。
मृगमद 阳，麝香。
मृगाङ्क 阳，月亮。
मृगाधिराज 阳，兽王，狮子。
मृगी 阴，母鹿。
मृगेन्द्र 阳，兽王，狮子，老虎。
मृगेश्वर 阳，兽王，狮子。
मृणाल 阳、中，**मृणालिका** 阴，莲藕，藕根，

藕丝。

मृत 过分，死去的。

मृत्यु 阳，死亡，死神。

मृद् 阴，泥土。

मृदङ्ग 阳，小鼓。

मृदु 形，柔软的，温柔的；中，柔软。

मृष् 1.喷洒，忍受；4.10.忍受，同意，原谅，宽容。

मेखला 阴，腰带。

मेघ 阳，云。

मेचक 阳，黑色，蓝色，云，烟，乳头。

मेचकित 过分，变黑。

मेदिनी 阴，大地，土地，地方。

मेदुर 形，肥胖的，光滑的，柔软的，厚实的，稠密的。

मेध्य 形，适合祭祀的，清净的，圣洁的，纯洁的。

मेना 阴，美纳（人名）。

मेरु 阳，弥卢山。

मैत्री 阴，友谊。

मैनाक 阳，美纳迦（人名）。

मोक्ष 阳，解脱，解除，脱落。

मोघ 形，无用的，无效的，无益的。

मोघम् 不变词，无用，徒劳。

मोघीकृत 过分，失效。

मोह 阳，昏迷，昏厥，迷惑，愚痴。

मोहित 过分，迷惑，困惑。

मौन 中，沉默。

मौर्वी 阴，弓弦。

मौलि 阳，头，顶冠，顶部；阳、阴，顶冠，顶髻。

ह्लानि 阴，萎缩，倦怠，沮丧，衰微，消失。

य

यक्ष 阳，药叉。

यज् 1.祭祀，崇拜。

यजमान 形，祭祀的；阳，祭祀者，家长，族长。

यजुस् 中，祷词，《夜柔吠陀》。

यज्ञ 阳，祭祀。

यज्ञांशभुज् 阳，分享祭祀者，天神。

यज्वन् 阳，祭祀者。

यत् 1.努力，试图，争取，勤勉。

यत 过分，克制，控制。

यतस् 不变词，由于，因为。

यति 阴，控制，停止，引导；阳，苦行者。

यत्न 阳，努力，力图，费劲。

यत्नवत् 形，尽力的。

यत्र 不变词，那里。

यथा 不变词，正如，按照，犹如，如同，这样，例如，以致。

यथाक्रमम् 不变词，依次。

यथागतम् 不变词，像来时那样。

यथाप्रदेशम् 不变词，按照部位。

यथाभागम् 不变词，按照区分。

यथावत् 不变词，合适地，按照仪轨，准确地，如实地。

यथाविधि 不变词，按照仪轨，合适地。

यथोपचारम् 不变词，按照礼节。

यद् 代、形，谁，那个，他，她，它；不变词，由于，因为。

यदा 不变词，那时，一旦，如果。

यदि 不变词，如果，一旦，即使。

यदृच्छा 阴，偶然，意外，恰巧，刚好。

यद्वत् 不变词，正如。

यन्तृ 阳，驾驭者，车夫。
यम 阳，控制，阎摩（死神名）。
ययाति 阳，迅行（国王名）。
यशस् 中，名誉，荣誉，名声，光荣。
यशोधरा 阴，耶输陀罗（人名）。
यष्टि 阴，竿，棍杖，柱，枝条，纤细物。
यस्मात् 不变词，因为。
या 2.走，行走，走向，趋向，前往，离去。
याग 阳，祭祀。
याच् 1.请求，乞求。
याचित 过分，受请求，受乞求，求情。
याज्य 形，适合祭祀的。
यात्रा 阴，行进，行动，出游，游行，维持。
यादस् 中，海怪。
यादृश 形，这样的。
यान 中，前进，坐骑。
याम 阳，控制，进程，车辆，时辰（三小时）。
यामिनी 阴，夜晚。
यावत् 形，这样多；不变词，正当，一旦，只要，这样。
युक्त 过分，联系，套车，上轭，约束，安排，具备，使用，运用，修习，适合。
युग 中，轭，一对，时代。
युगपद् 不变词，同时。
युगल 中，一对，一双。
युज् 7.联系，结合，上轭，约束，使用，指定，准备，安排，修习。
युद्ध 中，战争，战斗。
युध् 4.战斗。
युध 阴，战斗；阳，勇士，战士。
युधामन्यु 阳，瑜达摩尼瑜（人名）。

युधिष्ठिर 阳，坚战（人名）。
युयुत्सु 形，渴望战斗的。
युयुधान 阳，善战（人名）。
युवति, -ती 阴，少女。
युवन् 形，年青的，年轻的；阳，青年，年轻人。
युवराज 阳，太子。
युष्मद् 代，你们。
यूथ 中，群，组。
यूथिका 阴，素馨花。
यूप 阳，祭祀柱。
योग 阳，连接，结合，合适，方法，手段，瑜伽。
योगपट्टक 阳，苦行者的披巾。
योगिन् 形，联系的，具有；阳，修行者，瑜伽行者。
योग्य 形，合适的，匹配的，胜任的。
योग्या 阴，实施。
योजित 过分，使用，联系。
योद्धव्य 形，交战的。
योद्धुकाम 形，渴望战斗的。
योनि 阳、阴，子宫，根源。
योषित् 阴，妇女，年轻女子。
यौवन 中，青春，年轻，青年。

र

रंहस् 中，速度，迅猛，猛烈。
रक्त 过分，染色，染红，迷恋，爱恋；阳，红色；中，血，铜。
रक्ष् 1.保护，回避，避免。
रक्ष 阳，保护，保护者。
रक्षण 中，保护。

रक्षा 阴，保护。

रक्षित 过分，保护。

रक्षितृ 阳，保护者。

रक्षिन् 形，保护的；阳，保护者。

रक्ष्य 形，应保护的。

रघु 阳，罗怙（国王名）。

रङ्ग 阳，色彩，舞台，战场。

रच् 10.安排，计划，准备，装饰。

रचित 过分，安排，编制。

रजत 中，银子。

रजनि, -नी 阴，夜晚。

रजनिकर 阳，月亮。

रजस् 中，灰尘，尘土，花粉，激情，忧性。

रञ्ज् 1.4.染色，喜欢，愉悦。

रञ्जन 中，染色，愉悦。

रञ्जित 过分，染色，染有，感染，喜悦。

रण 阳、中，战斗，战场。

रणरणक 阳、中，焦虑，不安，相思，渴望。

रणित 中，响声，叮当声，嗡嗡声。

रत 过分，喜爱，热衷。

रति 阴，快乐，喜爱，热爱，爱情，性爱，欢爱，情爱，情欲，爱欲，欲乐，交欢，罗蒂（人名）。

रत्न 中，宝石，珍宝，瑰宝。

रथ 阳，车，车辆，战车，部位。

रथक 阳，小车。

रथाङ्ग 中，车轮；阳，轮鸟。

रद् 1.撕裂，刮擦，抓挠，啃咬。

रद 阳，牙齿。

रदन 阳，牙齿。

रन्ध्र 中，孔穴，缝隙，空隙，洞，弱点。

रभस 形，强烈的，猛烈的，激动的，喜悦的；阳，迅速，急切，迅猛，愤怒，渴望，喜悦。

रम् 1.高兴，喜悦，喜欢，游戏，娱乐，交欢，休息；致使，取悦。

रम 形，欢喜的，可爱的；阳，欢喜，情人，丈夫，爱神。

रमण 形，欢喜的，可爱的；阳，情人，丈夫，爱神。

रमणीय 形，可爱的。

रम्य 形，可爱的。

रव 阳，叫声，吼声，鸣声，喧闹声。

रवि 阳，太阳。

रशना 阴，腰带。

रश्मि 阳，绳子，缰绳，光线，光芒。

रस् 1.发声；10.品尝，品味，感受。

रस 阳，汁，液，水分，味，滋味，趣味，爱意，感情。

रसज्ञ 形，知味的。

रसज्ञता 阴，知味性。

रसना 阴，腰带。

रसवत् 形，美味的。

रसायन 中，仙液。

रसिक 形，识味的，知音的。

रहस् 中，隐秘，僻静处，私处，秘密；不变词，秘密地，悄悄，暗中。

रहस्य 中，秘密，奥秘。

रहित 过分，脱离，缺乏。

राग 阳，染色，色彩，红色，红颜料，爱，爱情，激情，欲望，感情。

राघव 阳，罗怙之子。

राज् 1.发光，闪光，闪耀，看似。

राज 阳，（用于复合词末尾）国王。

राजकुल 中，王族，王宫。
राजदेवी 阴，罗阇黛维（波那的母亲名）。
राजधानी 阴，都城。
राजन् 阳，国王，王。
राजन्य 形，王族的；阳，刹帝利。
राजपत्नी 阴，王后。
राजपथ 阳，王家大道。
राजमार्ग 阳，王家大道。
राजस 形，具有忧性的，充满激情的。
राजसुत 阳，王子。
राजहंस 阳，王天鹅，白天鹅。
राजि, -जी 阴，排，行。
राजीव 中，蓝莲花；阳，鹿，鹤，大象。
राज्ञी 阴，王后。
राज्य 中，王权，王国。
रात्रि, -त्री 阴，夜晚，黑暗。
राधा 阴，罗陀（黑天喜爱的牧女名）。
राधिका 阴，罗陀（黑天喜爱的牧女名）。
रामनीयक 形，可爱的；中，可爱，美丽。
रामा 阴，美妇，可爱的女子，妻子，情人。
राशि 阳、阴，堆，大量。
राष्ट्र 中，王国，国家，领土。
राहु 阳，罗睺（魔名）。
राहुल 阳，罗睺罗（人名）。
रिपु 阳，敌人。
रुच् 1.闪耀，闪亮，喜欢；致使，喜爱，取悦，照亮，决定。
रुच्, -चा 阴，光，光辉，美丽，色泽
रुचि, -ची 阴，光辉，美丽，喜爱。
रुचिर 形，明亮的，甜蜜的，愉快的。
रुज्, -जा 阴，痛苦，折磨，疾病，劳累。
रुत 中，叫声，吼声。

रुद् 2.哭，哭泣，哀伤。
रुध 过分，阻碍，包围，关闭。
रुद्र 形，可怕的，恐怖的；阳，楼陀罗，湿婆。
रुध् 7.阻止，控制，关闭，包围。
रुधिर 形，红色的；中，血。
रुष्, -षा 阴，愤怒。
रुष 过分，愤怒。
रुह् 1.生长，登上，到达。
रुह 形，（用于复合词末尾）生长。
रूढ 过分，生长，成熟，增强，著称，闻名，公认。
रूप 中，色，形体，形态，容貌，美貌。
रूप्य 中，银。
रेखा 阴，线条，行，排。
रेणु 阳、阴，尘埃，尘土，花粉。
रोग 阳，疾病。
रोचिस् 中，光线，光辉，光芒。
रोधस् 中，堤，岸，山坡。
रोधिन् 形，阻断的，堵塞的。
रोपित 过分，确定，信任，托付。
रोमन् 中，汗毛。
रोमन्थ 阳，反刍。
रोमश 形，多毛的，毛发浓密的。
रोष 阳，愤怒，不满。
रोषण 形，愤怒的，激动的。
रौरव 形，鹿皮的。

ल

लक्ष् 1.感知，观察，观看；10.看，发现，注意，确定，指示，表示，认为。
लक्षण 中，标志，征兆，特征，相。

लक्ष्मी 阴，财富，吉祥，幸运，美，美丽，光辉，吉祥女神，王权。

लक्ष्य 中，目标，目的。

लक्ष्यीकृत 过分，盯住。

लग्न 过分，执著，接触，粘连，沾着，叮住，停留，挂着。

लघिमन् 形，轻的，轻薄的。

लघु 形，轻的，轻快的，简要的。

लङ्घ् 1.跳跃，超越。

लङ्घन 中，跳跃，跃过，超越，逾越，登上。

लङ्घित 过分，跨越，越规。

लज्जा 阴，羞惭，羞愧，羞涩。

लता 阴，藤，蔓藤。

लपन 中，说话，嘴。

लब्ध 过分，获得，接受，理解。

लभ् 1.获得，得到，接受，理解。

लभ्य 形，能得到的。

लम्ब 形，悬挂的。

ललाट 中，额头。

ललाटपट्ट 阳，额头。

ललाटिका 阴，吉祥志，檀香志。

ललित 形，游戏的，可爱的，优美的，迷人的，快乐的；中，游戏，优美，魅力。

लव 阳，采集，割取，点，滴，少量。

लवङ्ग 阳、中，丁香。

लस् 1.闪光，显现。

लहरी 阴，波浪，浪涛。

लाक्षा 阴，树脂，红颜料。

लाघव 中，小，轻，轻视，蔑视。

लाङ्गलिका 阴，楞伽利迦花。

लाङ्गूल 中，尾巴。

लाज 阳，炒米。

लाञ्छन 中，标志，象征，称号。

लाभ 阳，获得，收获，利益。

लाभवत् 形，有收获的。

लाला 阴，唾液。

लालित 过分，宠爱，抚爱。

लावण्य 中，美。

लासक 形，引起跳舞的；阳，跳舞者。

लिखित 过分，书写，绘画。

लिङ्ग 中，标志，症候，证据，男根（林伽）。

लिप् 6.涂抹，覆盖，沾染，污染，点燃。

लिपि, -पी 阴，涂抹，书写，字母，绘画。

लिह् 2.舔，尝味。

ली 1.溶化，分解；4.执著，附着，沉浸，隐藏，躺下，消失。

लीढ 过分，舔，啜，尝。

लीन 过分，执著，附着，隐藏，躺下，蜷伏，融化，消失。

लीला 阴，游戏，娱乐，优美，魅力，假扮，相似。

लुठ् 1.6.翻滚，辗转。

लुप्त 过分，破碎，失去，剥夺。

लुब्ध 过分，贪求，渴望，企盼。

लू 9.切断，割取，采集，破坏。

लून 过分，割取，采集。

लेख 阳，书写，书信。

लेखक 阳，抄写员，画家。

लेखा 阴，线条，一弯，印记。

लेख्य 中，书写，记录，画画。

लेश 阳，点，滴，少量。

लोक 阳，世界，世人。

लोकपाल 阳，护世者，护世天王。

लोकालोक 阳，罗迦罗迦山。

लोकेश 阳，世界之主。
लोचन 中，观看，眼睛。
लोध्र 阳，罗陀罗树。
लोप 阳，剥夺，失去，缺乏。
लोभ 阳，贪婪，贪求，渴求。
लोमन् 中，汗毛。
लोल 形，摇动的，转动的，颤抖的，激动的，变化不定的。
लोलुप 形，渴望的，渴求的，贪婪的。
लोष्ट 阳、中，土块。
लोहित 形，红色的，铜制的；阳，红色，火星；中，铜，血。

व

वंश 阳，竹子，家族，世系，笛子。
वंश्य 形，家族的；阳，后代，祖先。
वक्त्र 中，嘴，脸，面孔，伐刻多罗（一种诗律名称）。
वक्र 形，弯曲的，曲折的。
वक्षस् 中，胸膛。
वच् 2.说，讲述，描述。
वचन 中，话，话语，语言，命令。
वचनीय 形，应谴责的；中，责备。
वचस् 中，话，话语。
वज्र 阳、中，金刚杵，雷杵，金刚，钻石。
वज्रपाणि 阳，手持金刚者，因陀罗。
वञ्चना 阴，虚妄。
वञ्चित 过分，欺骗，捉弄，游荡，颤抖，挑动。
वत् 后缀，有，如同。
वत्स 阳，牛犊，幼仔，幼子。
वत्सल 形，慈爱的，喜爱的；阳、中，关爱，喜爱。

वद् 1.说。
वद 形，说话的。
वदन 中，嘴，脸。
वध 阳，杀害。
वधू 阴，新娘，妻子，儿媳，妇女。
वध्य 形，该杀的。
वध्र 中，皮带。
वन 中，森林，树林，植物群，住地，水泉，水。
वनमालिन् 形，戴野花环的（黑天的称号）。
वनस्थली 阴，林地。
वनस्पति 阳，大树，树木。
वनान्त 阳，林边，林地，林区。
वनिता 阴，女人，妻子。
वनेचर 阳，林中人。
वन्द् 1.敬拜，崇拜，赞颂。
वन्दनीय 形，尊敬的。
वन्दारु 形，赞颂的，尊敬的，礼貌的。
वन्य 形，尊敬的。
वन्ध्य/बन्ध्य 形，不结果的。
वन्य 形，林中的，野生的。
वन्यद्विप 阳，野象。
वपुष्मत् 形，英俊的。
वपुस् 中，身体，形体，容貌，美貌。
वप्र 阳、中，壁垒，山坡，顶峰，河岸，堤岸，地基，沟渠，田野。
वम् 1.吐出，放出，倒出，扔出。
वयस् 中，年龄，青春，鸟。
वर 形，好的，最好的，优秀的，优美的，更好的；阳，选取，选择，选婿，恩惠，愿望。
वरम् 不变词，宁可，最好。

वरवर्णनी 阴，美妇，妇女。

वराङ्गना 阴，美妇。

वराह 阳，野猪。

वरुण 阳，伐楼那（神名）。

वर्ग 阳，组，群，部分，章节。

वर्चस् 中，威力，光辉。

वर्चस 形，（用于复合词末尾）光辉。

वर्जम् 不变词，除了。

वर्जित 过分，摆脱，除去。

वर्ण 阳，颜色，色彩，肤色，种姓，字，字母，音节。

वर्णकवि 阳，赞美诗人。

वर्तित 过分，转动，反转，造成，度过。

वर्तिन् 形，（用于复合词末尾）处在，处于，出现，成为，从事，实行。

वर्त्मन् 中，道路，方式。

वर्मन् 中，铠甲。

वर्ष 阳、中，雨，年，地区。

वर्षिन् 形，下雨的，喷洒的。

वल 1.匆忙前往，走向，转向，绕圈，增长，覆盖。

वलन 中，移动，转向，绕圈，激动。

वलय 阳、中，镯，手镯，腕饰，环，圈。

वलि/वली 阴，皱褶，卷曲。

वलित 过分，绕圈，围绕，弯曲。

वल्क 阳、中，树皮。

वल्कल 阳、中，树皮，树皮衣。

वल्लकी 阴，琵琶。

वल्लभ 形，喜爱的；阳，情人，丈夫。

वल्लरि, -री 阴，蔓藤。

वश 2.愿望，盼望，喜爱。

वश 形，隶属的，服从的，着迷的，（用于复合词末尾），控制；阳、中，愿望，控制，约束。

वशित्व 中，控制力。

वशिन् 形，有控制力的；阳，有控制力者，控制自我者，自制者。

वशीकरण 中，迷人，迷惑。

वश्य 形，服从的，受控制的，驯顺的。

वस् 1.住，居住，驻留，停留；2.穿戴。

वसति 阴，住处。

वसन्त 阳，春天。

वसिष्ठ 阳，极裕（仙人名）。

वसु 中，财富。

वसुधा 阴，大地。

वसुमती 阴，大地。

वस्ति 阳、阴，住处，下腹，私密处。

वस्तु 中，事物，东西，财物。

वह् 1.携带，担负，运送，承载，具有，怀有，呈现，流动。

वह 阳，担负，承载，带着，运送，运输工具。

वहन 中，承载，运送，运输工具。

वह्नि 阳，火，火焰，火神。

वा 2.吹，吹拂。

वा 不变词，或者，也，像，可能。

वांशिक 阳，伐竹者，吹笛手。

वाक्य 形，应该说的；中，话语，言词，句子。

वाग्मिन् 形，擅长辞令的，健谈的。

वाङ्मय 形，语言的，语言构成的，雄辩的；中，话语，口才，语言，作品。

वाच् 阴，声音，话语，语言，语言女神，知识女神。

वाचक 阳，说者，读者，朗读者，使者。

वाचाल 形，喧闹的，多话的。

वाचालित 过分，喧闹，嘈杂。
वाच्य 形，受责备的。
वाच्यता 阴，受责备。
वाजिन् 阳，马，箭，鸟。
वाञ्छित 过分，希望，愿望；中，心愿。
वाण 阳，声音，箭，音乐，弦琴。
वाणिनी 阴，狡黠的女子，舞女，女演员，女使。
वाणी 阴，话语，语言，语言女神。
वात 过分，吹；阳，风，风神。
वातयान 中，窗户。
वातायन 中，窗户。
वाद 阳，说话，谈论，论述，理论。
वादित्र 中，乐器。
वादिन् 形，说话的，讨论的；阳，说话者，论者。
वान्त 过分，吐出，放出，射出，滴落。
वापिका 阴，水池。
वाम 形，左边的，相反的，邪恶的，可爱的，优美的。
वामन 形，矮小的；阳，侏儒。
वामा 阴，女人。
वायु 阳，风，风神。
वारण 中，阻止，障碍，抵抗，守护，门；阳，大象，铠甲。
वारबाण 阳，铠甲。
वारमुख्या 阴，伎女。
वारयोषित् 阴，伎女，妓女。
वारि 中，水，液汁。
वारित 过分，阻止，拒绝。
वारिद 阳，云。
वारुणी 阴，酒。
वार्ता/वार्त्ता 阴，居住，潮汐，消息，职业。

वार्द्धक 中，老年时期。
वार्ष्णेय 阳，芘湿尼族后裔（黑天的称号）。
वालखिल्य 阳，矮仙。
वालुका 阴，沙。
वाल्मीकि 阳，蚁垤（仙人名）。
वाष्प/बाष्प 阳、中，眼泪。
वास 阳，居住，住处，芳香，衣服。
वासक 形，芳香的；中，衣服。
वासगृह 中，卧室。
वासर 阳、中，一天。
वासव 阳，婆薮之主，因陀罗。
वासवदत्ता 阴，《仙赐传》。
वासस् 中，衣，衣裳。
वासित 过分，散发香气，穿戴。
वाह 形，（用于复合词末尾）负担，承载，带着；阳，承载，运送，马，牛，车。
वाहन 中，承载，运送，车，马。
वाहिन् 形，持有的，携带的。
वि 前缀，分离，离开，区分，区别，否定。
विकच 形，绽开的，开花的，展现的，遍布的，明亮的。
विकचित 过分，绽放，开花。
विकट 形，丑陋的，可怕的，宏大的，华丽的。
विकम्प् 1.摇动，晃动，震动，颤抖。
विकम्पित 过分，摇动，颤动，颤抖。
विकर्ण 阳，毗迦尔纳（人名）。
विकर्मन् 中，错误的行动。
विकल 形，残缺的，不全的，惊恐的，消沉的，衰弱的。
विकल्प 阳，怀疑，分别，想象。
विकसित 过分，绽放，展开。

विकार 阳，变形，变化，生病，激动，伤痛。
विकाश 阳，展现，绽放，喜悦，明亮。
विकाशिन् 形，明显的，展现的，闪耀的，光辉的。
विकासिन् 形，绽放的，开放的。
विकीर्ण 过分，散开，散布，布满，展开。
विकुक्षि 阳，维古齐（人名）。
विकृ 8.变化，变异，扰乱，伤害，败坏。
विकृत 过分，变化，扭曲，怪异，败坏，厌恶。
विकृति 阴，变化，扭曲，生病，激动，愤怒。
विकॄ 6.分散，散布，撒。
विक्रम 阳，步，跨步，步伐，步姿，英雄气概，英勇，勇气，勇力。
विक्रय 阳，买卖，市场。
विक्रान्त 过分，跨步，跨越，勇敢，压倒。
विक्रिया 阴，变化，变形，激动，骚动，愤怒。
विक्लव 形，惊恐的，胆怯的，悲哀的，沮丧的，担忧的；中，激动，焦躁，害怕。
विक्षेप 阳，扔掉，甩动，晃动，迷乱，困惑。
विक्षोभ 阳，激动，骚动，惊恐。
विगण 10.计算，考虑，认为。
विगत 过分，离开，消失。
विगलित 过分，流出，溶化，消失，失落，倒伏。
विगाह् 1.进入。
विगुण 形，无价值的，无用的，不完善的。
विग्रह 阳，形体，身体，争吵，争斗，战斗。

विघट् 1.分开，分裂，分离。
विघट्टित 过分，破开，摩擦，搅动，伤害。
विघात 阳，毁灭，杀害，挫败，阻止，打击。
विघ्न 阳，障碍，困难。
विघ्नित 形，受阻的，蒙蔽的。
विचञ्चित 过分，晃动。
विचर् 1.游荡，行走，行动。
विचल 1.动摇，颤抖，激动。
विचार 阳，思索，考察，分辨。
विचित्र 形，多样的，绚丽的，美妙的。
विचिन्त् 10.考虑，关心。
विचेतन 形，无知觉的，无知的。
विचेय 中，搜寻，考察。
विचेष्ट् 1.激动，转动，努力。
विच्छिन्न 过分，割断，分开，中断，结束。
विच्छुरित 过分，覆盖，涂抹。
विच्छेद 阳，割断，断裂，中断。
विजय 阳，胜利。
विजि 1.征服。
विजिगीषु 形，渴望胜利的。
विजित 过分，征服。
विजृम्भ् 1.打呵欠，张开，展开，增长。
विजृम्भित 过分，打呵欠，开放，展现，扩展。
विज्ञा 9.知道，理解，明白。
विज्ञान 中，知识，智慧。
विज्ञापित 过分，告知，请求。
विज्ञाप्य 中，提问，询问。
विट 阳，清客。
विटप 阳，树枝，枝条，灌木丛，丛林。
विडम्बन 中，-ना 阴，模仿，乔装，嘲弄。
विडम्बित 过分，模仿，嘲弄。

वितत 过分，伸展，延伸，展示，展现。

वितथ 形，不真实的，虚假的，无用的。

वितन 8.伸展，展开，展现，覆盖，举行。

वितन्त्री 阴，琴弦失调的琵琶。

वितर्क 阳，思辨，猜想，怀疑。

वितान 阳、中，展开，帐幔，大量。

वितृष्ण 形，无渴望的，满足的。

वितॄ 1.越过，给予，恩宠，引起，产生。

वित्रस् 1.4.惊吓。

विद् 形，（用于复合词末尾）知道，通晓，懂得。

विद् 2.知道，理解，通晓，认为；4.有，存在，发生；6.获得，找到，发现，认出；7.认为，考察；10.告知，宣示。

विदग्ध 过分，燃烧，焚毁，消化，成熟，机智；阳，智者。

विदग्धता 阴，-त्व 中，机智，机敏。

विदह् 1.烧灼。

विदारित 过分，撕裂，裂开，分开。

विदित 过分，知道；中，得知，闻名。

विदूर 形，远处的；阳，毗杜罗（地名）。

विदॄ 9.10.破碎，粉碎，撕碎，撕裂。

विद्या 阴，知识，知识女神。

विद्याधर 阳，持明（半神类）。

विद्युत् 1.发光，闪耀，照亮。

विद्युत् 阴，闪电。

विद्योतित 过分，照亮，说明。

विद्रुत 过分，跑开，惊恐，流动。

विद्रुम 阳，珊瑚。

विद्वस् 形，聪明的，睿智的。阳，智者。

विद्विष् 阳，敌人。

विध 阳，विधा 阴，种类，样式，方式。

विधा 3.做，实行，实施，确定，制作，创造，委任，安排，安放。

विधातृ 阳，创造主，赐予者，命运。

विधान 中，安排，规则，方式，手段。

विधि 阳，实行，实施，举行，方法，规则，法则，仪轨，仪式，祭祀，祭供，创造，命运。

विधिवत् 不变词，按照规则，按照仪轨。

विधुर 形，痛苦的，丧偶的；阳，鳏夫；中，惊恐，焦虑，不幸。

विधुरय 名动词，折磨。

विधू 5.10.6.摇动，驱除，蔑视，抛弃。

विधूत/ विधुत 过分，摇动。

विधृत 过分，抓住，分开，占有，持有，限制，支持。

विधेय 形，实施的，依靠的，服从的，控制的，安排的。

विध्वंस 阳，毁灭，粉碎。

विध्वंसिन् 形，毁灭的，粉碎的。

विनद् 1.发声，叫喊，吼叫。

विनम्र 形，弯下的，下垂的，沮丧的，谦恭的。

विनय 阳，引导，戒律，教养，修养，谦恭。

विनश् 4.毁灭，消失。

विना 不变词，没有，除了，缺乏，缺了。

विनाकृत 过分，失去。

विनाश 阳，破坏，消灭，毁灭，铲除。

विनाशयितृ 形，毁灭者。

विनिःसृत 过分，出来，流出。

विनिकृ 6.抛弃。

विनिगूह् 1.掩盖。

विनिमय 阳，交换。

विनियुज् 7.使用，指定，分配，分离。

विनिर्मुक्त 过分，摆脱。
विनिविश् 6.致使，引入，盯着，注视。
विनिवृत् 1.返回，停止，离开。
विनिवृत्त 过分，返回，停止。
विनिवेशित 过分，进入，安放。
विनिहित 过分，安放，指定。
विनी 1.带走，去除，消除，引导，指导，告诫，教育，培养，调伏，平息，安抚。
विनीत 过分，带走，去除，引导，教养，文雅，谦恭，温顺。
विनुद् 6.打击，奏乐，驱除；致使，度过，娱乐，消遣。
विनेतृ 阳，导师。
विनोद 阳，विनोदन 中，消遣，娱乐。
विन्ध्य 阳，文底耶山。
विन्यस्त 过分，安放，镶嵌，安排，固定，寄托。
विपक्ष 阳，敌人，对立者。
विपट् 10.打开，拽出，根除。
विपत्ति 阴，灾难，不幸，死亡。
विपत्र 形，无叶的，凋零的。
विपद् 阴，灾难，死亡。
विपन्न 过分，死亡，毁灭，不幸。
विपरीत 过分，相反，逆行，倒转，违背，犯错。
विपर्ययय 阳，逆转，背离，丧失，灾难，毁灭。
विपल्लव 形，无芽的。
विपश्चित् 形，博学的，聪明的，聪慧的；阳，智者。
विपाण्डु/विपाण्डुर 形，苍白的，灰白的。
विपिन 中，森林，树林，大量。
विपुल 形，宽阔的，丰富的。

विप्रतिपन्न 过分，对立，混乱，迷惑。
विप्रसन्न 过分，清净，欢喜。
विप्रिय 形，不可爱的，不愉快的；中，得罪，错待。
विप्रेक्षित 过分，观看；中，目光。
विप्लव 阳，漂浮，混乱，失去。
विफल 形，无果的，无用的，徒劳的。
विबुध 1.4.醒来，觉醒，觉知；致使，唤醒。
विबुध 阳，智者，天神，月亮。
विबोधित 过分，唤醒。
विभक्त 过分，分开，分配，区分，显出，不同。
विभङ्ग 阳，破碎，堵塞，皱眉，皱纹，台阶，波浪。
विभज् 1.分开，分配，区分，显出，尊敬，崇拜。
विभव 阳，财富，力量，权力，威权。
विभा 2.发光。
विभाग 阳，部分，区别。
विभावरी 阴，夜晚。
विभावसु 阳，火，太阳。
विभिन्न 过分，破裂，不同，混杂。
विभु 阳，主人，国王。
विभू 1.出现，显现，足以，能够；致使，思考，明白，确定。
विभूति 阴，威力，光辉，财富。
विभूष् 10.装饰。
विभूषण 中，装饰品。
विभूषित 过分，装饰，美化。
विभ्रम 阳，游荡，旋转，混乱，激动，爱情游戏，优美姿态，迷人，魅力，怀疑。
विमत्सर 形，不妒忌的。
विमर्द 阳，碾压，摩擦，践踏，战斗，毁灭。
विमल 形，纯洁的，无垢的。
विमान 阳、中，天国飞车，宫殿。
विमानना 阴，不尊重，轻视，蔑视。
विमाननीय 形，不尊重的，轻视的。
विमुक्त 过分，摆脱，放弃。
विमुक्ति 阴，解脱，摆脱，释放，放弃。
विमुख 形，转脸的，违背的，拒绝的。
विमुच् 6.解脱，摆脱，释放，放弃，流出。
विमुह् 4.迷惑，愚痴。
विमूढ 过分，迷惑，愚痴。
विमृश् 6.接触，感知，思考，怀疑。
विमोक्ष 阳，解脱。
वियत् 中，天空。
वियुक्त 过分，摆脱，脱离，失去。
वियुज् 7.离开，抛弃，分离，摆脱。
वियोग 阳，分离，失去。
विरचित 过分，安排，形成，准备，设计，创作，穿戴，装饰，镶嵌。
विरत 过分，停止，结束。
विरति 阴，停止，结束。
विरम् 1.停止，结束。
विरल 形，稀薄的，松懈的，稀少的，遥远的。
विरह 阳，分离，别离，缺少，放弃。
विरहिन् 形，分离的。
विराज् 1.发光，显现，看似。
विराजित 过分，发光，显现。
विराट् 阳，毗罗吒（人名）。
विराव 阳，叫声，吼声，喧闹声。
विरुत 过分，叫喊，鸣叫；中，叫声，吼声，喧闹声，鸣声。
विरुति 阴，叫声，鸣声。

विरुद्ध 过分，阻碍，阻止，对立，矛盾。
विरूढ 过分，发芽，生长。
विरोचन 阳，太阳，月亮，火；中，光芒，光辉。
विरोधिन् 形，对立的，反对的，敌对的。
विलक्ष 形，无特点的，无目标的，困惑的，惊讶的，羞愧的，尴尬的。
विलग्न 形，附着的，固定的，消逝的，纤细的。
विलङ्घ् 1.10.跨越，超越，越规，无视，抛弃。
विलज्जित 过分，害羞。
विलप् 1.说，呼喊，哀悼，哀泣，哭诉。
विलम्बित 过分，悬挂，耽搁。
विलम्बिन् 形，悬挂的，拖延的，耽搁的。
विलसित 过分，闪光，闪现。
विलास 阳，游戏，调情，优美，生动。
विलासवती 阴，多情的女子。
विलासिन् 形，游戏的，调情的；阳，恋人。
विलिप्त 过分，涂抹，玷污。
विली 4.溶化，消失，毁灭。
विलुप्त 过分，破碎，夺走，毁灭，丧失。
विलुभ् 4.扰乱；致使，吸引，诱惑。
विलुलित 过分，晃动，颤动，波动。
विलोक् 10.观看，感知，寻找。
विलोकित 过分，观看，观察；中，目光。
विलोचन 中，眼睛，目光。
विलोपिन् 形，破坏的，损害的。
विलोभन 中，诱惑。
विलोल 形，摇动的，摇晃的，转动的，颤动的，不安定的，散乱的。
विवक्षित 形，想要说的，有意图的，愿望的，喜爱的；中，意图，意味。

विवक्षु 形，想要说的。

विवर 中，空隙，间隔，空穴，错误，缺点，弱点。

विवर्जित 过分，放弃，避开。

विवश 形，失去控制的，无知觉的，死去的。

विवस्वत् 阳，太阳，毗婆薮（太阳神）。

विवाद 阳，争论，争吵，矛盾。

विवाह 阳，结婚，娶妻。

विविक्त 过分，脱离，独处，隐居。

विविक्षु 形，想要进入的。

विविग्न 形，惊恐的，愤怒的。

विविच् 3.7.分开，分辨，判断，确定。

विविध 形，各种各样的。

विवृ 4.9.展开，展现，显示，说明。

विवृत 过分，打开，展示，表明。

विवृद्ध 过分，增长，增强。

विवृद्धि 阴，成长，增长，繁荣。

विश् 6.进入，坐下，住下。

विश् 阳，吠舍，人；阴，人民，民众。

विशङ्क 形，不恐惧的。

विशद 形，纯洁的，纯净的，洁白的，鲜明的。

विशरारु 形，粉碎的，散开的。

विशांपति 阳，民众之主，国王。

विशारद 形，精通的。

विशाल 形，宽大的，广大的，宽广的，宽阔的。

विशिख 阳，箭。

विशिष् 7.区分，区别，优异。

विशिष्ट 过分，特殊，特别，优秀，著名。

विशुद्ध 形，纯洁的。

विशुद्धि 阴，纯洁。

विशुष्क 形，干燥的，干枯的。

विशॄ 9.破碎，解体，枯萎，消失。

विशेष 形，特殊的，丰富的；阳，区别，特别，特殊，特点，特征，特性，殊胜，优秀。

विशेषतस्, विशेषेण, विशेषात् 不变词，特殊地，特别地。

विशोषित 过分，干枯，晒干。

विशोषिन् 形，干旱的，枯萎的。

विश्रम् 4.休息，停歇。

विश्रम्भ 1.信任，信赖。

विश्रम्भ／विस्रम्भ 阳，信任，放心。

विश्राणन 中，赠与，给予。

विश्रान्त 过分，停止，休息。

विश्रुत 过分，闻名；中，名声。

विश्व 代、形，一切。

विश्वसृज् 阳，创造一切者，创造主。

विश्वास 阳，信任，放心。

विष 中，毒，毒药。

विषक्त 过分，附着，悬挂，执著，从事。

विषण्ण 过分，沮丧，忧愁。

विषद् 1.下沉，沮丧，绝望。

विषम 形，不平坦的，崎岖的，危险的，乖戾的；中，危机，危难，不幸。

विषमम् 不变词，不公正地，不恰当地。

विषय 阳，感官对象，世俗享受，对象，境界，范围，领域，领地，国土。

विषह् 1.忍受，承受，抵御，能够。

विषाद 阳，沮丧，消沉，忧愁，绝望。

विष्टप 阳、中，世界。

विष्टर 阳，座。

विसंवाद 阳，欺骗，食言，毁约，不一致，矛盾。

विसंस्थुल 形，不稳定的。
विसंज्ञ 形，无知觉的。
विसर 阳，前进，扩展，成群，大量。
विसर्जन 中，抛弃。
विसर्जित 过分，发送，放弃，派遣，解散。
विसर्पिन् 形，爬行的，放出的，散布的。
विसारिन् 形，扩散的，散发的，弥漫的。
विसृज् 6.放弃，抛弃，派遣，送走，打发，给予，放下，说出，吩咐，释放。
विसृष्ट 过分，放出，创造，造出，派遣，释放，给予，提供，抛弃，分封。
विसोढ 过分，忍受，承受，抵御。
विस्तार 阳，广大。
विस्तीर्ण 过分，遍布，宽阔，广大。
विस्तृ 5., विस्तृ 9.散布，伸展，扩展。
विस्पन्दित/विष्यन्दित 过分，流淌，流动，颤动。
विस्फारित 过分，颤动，展开，显露。
विस्मय 阳，惊奇，惊讶。
विस्मि 1.惊奇，惊讶。
विस्मित 过分，惊奇，惊讶。
विस्रंस् 1.滑落，失落。
विस्वर 形，不和谐的，无声的。
विस्वरम् 不变词，发音错误，声调错误。
विहग 阳，鸟。
विहंग 阳，鸟。
विहत 过分，杀害，打击，伤害。
विहन् 2.杀害，伤害，打击，阻止，拒绝。
विहस् 1.笑，微笑，嘲笑。
विहा 3.离开，放弃，抛弃，舍弃，摒弃，放下。
विहार 阳，游戏，游乐，游乐园，寺庙，寺院。

विहित 过分，安排，确定，分配。
विह् 1.取走，度日，娱乐，游乐。
विह्वल 形，激动的，迷乱的，惊恐的。
वीक्ष् 1.观看，凝视，认为。
वीक्षण 中，目光，眼睛。
वीक्षित 过分，观看。
वीचि 阳、阴，水波，波浪。
वीज् 10.扇风。
वीजन 中，扇风，扇动。
वीजित 过分，扇风，扇动。
वीणा 阴，琵琶。
वीत 过分，离开，消失，放走，除去。
वीथी 阴，道路，街道，市场，商铺。
वीर 形，英勇的，勇敢的；阳，勇士，英雄。
वीरुध् 阴，蔓藤。
वीर्य 中，勇气，威力，力量，英勇，精子。
वृ 1.5.9.选择，选婿，请求，覆盖，包围，隐藏，避开。
वृकोदर 阳，狼腹（怖军的称号）。
वृक्ष 阳，树。
वृक्षक 阳，小树，树木。
वृजिन 形，弯曲的，邪恶的；阳，卷发，恶人；中，罪恶。
वृत् 1.存在，处于，发生，活动，转动，从事。
वृत 过分，选择，包围，覆盖，围绕。
वृत्त 过分，出现，发生，完成，圆的；中，事情，事迹，职业，行为，法则，习惯，诗律。
वृत्तचूल 形，举行过剃发礼的。
वृत्तान्त 阳，事情，消息，职业，行为，方式，德行，规则，圆圈。

वृत्ति 阴，存在，状况，行动，活动，方式，行为，职业，维持，生活。
वृत्र 阳，弗栗多（魔名）。
वृत्रशत्रु 阳，与弗栗多为敌者，因陀罗。
वृत्रहन् 阳，诛灭弗栗多者，因陀罗。
वृथा 不变词，徒劳，无用。
वृद्ध 形，增长的，年老的。
वृद्धत्व 中，老年。
वृद्धि 阴，成长，增长，繁荣。
वृध् 1.成长，增长。
वृन्द 中，成群，成堆，很多。
वृन्दारक 形，很多的，杰出的，吸引人的，可爱的，尊敬的；阳，天神。
वृष 阳，公牛。
वृषभ 阳，公牛。
वृषभध्वज 阳，以公牛为标志者，以公牛为旗徽者，湿婆。
वृषाङ्क 阳，以公牛为标志者，湿婆。
वृषी, -सी 阴，苦行者的草座，拘舍草座。
वृष्टि 阴，雨。
वेग 阳，速度，快速，急流，激流，力度，冲力。
वेगवत् 形，强劲的。
वेजित 过分，激动，惊恐。
वेणी 阴，发髻，水流，汇合，瀑布，水坝，桥梁。
वेतस 阳，芦苇。
वेत्र 阳，杖，棍。
वेद 阳，知识，吠陀。
वेदन 中，वेदना 阴，感受，痛苦，痛感。
वेदि 阴，祭坛。
वेदिका 阴，祭坛，台，座。
वेदिन् 形，通晓的；阳，知者，老师。

वेधस् 阳，创造主。
वेपथु 阳，颤抖。
वेला 阴，时间，机会，潮流，海岸，界限。
वेश्मन् 中，房屋，宫殿。
वेश/वेष 阳，进入，住处，衣服。
वेष्टन 中，覆盖物，头巾，顶冠。
वैकक्ष्यका 阴，斗篷，披巾。
वैजन 中，孕期最后的一月。
वैतान 形，祭祀的，神圣的；中，祭祀仪式，祭品。
वैदग्ध्य 中，机敏，能干，娴熟，聪慧。
वैदूर्य 中，猫眼石，琉璃，吠琉璃。
वैधव्य 中，守寡。
वैनतेय 阳，毗娜达之子，金翅鸟。
वैन्य 形，文底耶山的。
वैपश्चित् 形，智者的。
वैपुल्य 中，广大，丰富。
वैर 中，敌意，仇恨。
वैरिन् 阳，敌人。
वैलक्ष्य 中，慌乱，尴尬，窘迫，羞愧。
वैवधिक 阳，挑担者。
वैवस्वत 形，太阳的；阳，第七摩奴。
वैशस 中，毁灭，杀害，折磨。
वोढृ 阳，携带者，运送者，车夫。
व्यक्त 过分，显现，清晰，明显。
व्यक्ति 阴，显现，辨别。
व्यज्/वीज् 10.扇风。
व्यजन 中，扇子，拂尘。
व्यतिकर 阳，交汇。
व्यतिक्रम 阳，逾越，偏离，忽略。
व्यतितॄ 1.超越，克服。
व्यतिरिक्त 过分，不同，超越。

व्यती 2.偏离，度过，离去，越过，忽略。
व्यतीत 过分，过去，越过，离去，忽略。
व्यत्यस् 4.颠倒，翻转，变换。
व्यथ् 1.烦恼，痛苦，惧怕。
व्यथा 阴，烦恼，痛苦，焦虑，恐惧。
व्यनुनद् 1.致使，回响，响彻。
व्यपदेश 阳，命名，名字，名称，家族，名声，借口。
व्यपनी 1.去除，排除，消除。
व्यपरोपण 中，根除，去除。
व्यपवर्जित 过分，放弃。
व्यपाय 阳，缺少，结束，停止，消失。
व्यपाश्रय 阳，依赖，依靠，庇护所。
व्यपेक्षा 阴，期望，关心。
व्यभिचर् 1.偏离，背叛。
व्यय 形，变化的，消失的；阳，失去，消失，毁灭。
व्यर्थ 形，无用的，落空的，无意义的。
व्यलीक 形，虚假的，讨厌的；中，烦恼，忧愁，犯错，虚假，欺骗。
व्यवधान 中，干预，阻止，掩盖，覆盖，铺盖。
व्यवसाय 阳，努力，决心，坚决。
व्यवसित 过分，努力，决定，决心。
व्यवस्थित 过分，安置，安排，确定，依赖。
व्यवहार 阳，行为，职业，习惯，惯例，诉讼，司法。
व्यवहृति 阴，实践，行为，言谈，职业。
व्यसन 中，驱除，破坏，灾难，祸患，罪恶，恶习。
व्यसनिन् 形，有恶习的，嗜好的，执著的，喜爱的。
व्याकुल 形，激动的，慌乱的，惊恐的，充满，忙于。
व्याचक्ष् 2.说明。
व्याज 阳，欺骗，诡计，借口，貌似。
व्यादिश् 6.吩咐，指令，指定，指示。
व्याधि 阳，疾病。
व्याप् 5.布满，充满，弥漫。
व्यापारित 过分，从事，指定。
व्यापिन् 形，遍布的，笼罩的。
व्यापृ 3.9.致使，覆盖，遍布。
व्यामिश्र 形，混合的，复杂的。
व्यायत 过分，长的，伸展，张开，开放。
व्यायाम 阳，伸展，操练，疲倦，劳累，勤奋，努力，斗争。
व्याल 形，邪恶的，凶猛的，残忍的；阳，猛兽，老虎，蛇。
व्यावृ 5.选择，掩盖，阻止。
व्यावृत्त 过分，转开，避开，脱离，摆脱。
व्यावृत्ति 阴，掩盖，排除，分离。
व्यास 阳，分配，区分，扩展，安排，编制，毗耶娑（仙人名）。
व्याहार 阳，说话，言辞，声音。
व्याहृति 阴，话语。
व्यूढ 过分，宽阔，排列，排阵，列阵。
व्यूह 阳，阵容，成群，大量。
व्योमन् 中，天空。
व्रज् 1.走，行进，前去，离去。
व्रण 阳、中，伤口，伤疤。
व्रत 阳、中，誓愿，誓言，戒行。
व्रतिन् 形，恪守誓言的，虔诚的；阳，出家人，苦行者，虔信者。
व्रात 阳，成群，大量。

श

शंस् 1.赞美，称赞，告诉，讲述，报告，禀报，指出。
शंसिन् 形，宣告的，预示的。
शक् 5.4.能够。
शकर/शकल 阳、中，一片，一块，部分，火花。
शक्त 过分，能干，机敏，强壮，有力。
शक्ति 阴，能力，力量，标枪，长矛。
शक्य 形，能够。
शक्र 阳，帝释，帝释天，天帝释（因陀罗的称号）。
शङ्क् 1.怀疑，猜疑，疑惧。
शङ्का 阴，怀疑，疑虑，惧怕，盼望。
शङ्किन् 形，怀疑的。
शङ्कु 阳，矛。
शङ्ख 阳、中，螺号，贝壳，贝螺，颞颥骨。
शची 阴，舍姬（因陀罗之妻）。
शचीपति 阳，舍姬之夫，因陀罗。
शठ 阳，骗子。
शत 中，一百。
शतक्रतु 阳，百祭（因陀罗的称号）。
शतशस् 不变词，成百地。
शत्रु 阳，敌人。
शनकैस् 不变词，缓慢地。
शनैस् 不变词，缓缓地，悄悄地，渐渐地。
शप् 1.4.诅咒，发誓，咒骂。
शास 过分，诅咒，发誓，咒骂。
शफर 阳，-री 阴，小鱼。
शबल/शावल 形，斑驳的，驳杂的，杂色的，混合的。
शब्द 阳，声音，词，名号，称号，声誉。

शम् 4.平息，停止，熄灭，消除。
शम 阳，平静，安静。
शमी 阴，舍弥树。
शमित 过分，平息。
शंभु 阳，湿婆。
शयन 中，床。
शयनीय 中，床。
शय्या 阴，床，床榻。
शर 阳，箭，芦苇。
शरजन्मन् 阳，苇生（湿婆之子）。
शरण 中，庇护，庇护所。
शरण्य 中，庇护所，保护者。
शरद् 阴，秋天，秋季。
शरभ 阳，八足兽。
शरासन 中，弓。
शरीर 中，身体。
शरीरक 中，身体，卑微的身体。
शरीरिन् 形，有身体的；阳，生物，人，灵魂。
शर्मन् 中，快乐，幸福。
शर्यात 阳，舍尔亚多（国王名）。
शर्वरी 阴，夜晚。
शलभ 阳，飞蛾，蝗虫。
शलाका 阴，小棍，画眉笔，嫩芽。
शल्य 阳、中，箭。
शशधर 阳，月亮。
शशाङ्क 阳，月亮。
शशिन् 阳，月亮。
शश्वत् 不变词，永久，长久，持久，始终。
शष्प 中，嫩草。
शस्त्र 中，武器，武装。
शस्त्रभृत् 阳，武士。
शाक्य 阳，释迦族，释迦。

शाखा 阴，枝，枝条，枝杈，树枝。
शाखिन् 阳，树。
शातकौम्भ 中，金子。
शातक्रतव 形，因陀罗的。
शातन 中，砍掉，消除，毁灭。
शाद्वल 形，长有青草的；中，草地。
शान्त 过分，平息，安静。
शान्ति 阴，安宁，平静。
शाप 阳，诅咒。
शायिन् 形，躺着的。
शार 形，斑驳的，夹杂的；阳，杂色，绿色，空气，风。
शारीर 形，身体的。
शार्दूल 阳，虎。
शाल 阳，娑罗树。
शाला 阴，屋子。
शालि 阳，稻子，稻米。
शालीन 形，谦恭的，羞涩的；中，谦恭，羞涩。
शाल्मल 阳，-लि 阴，木棉树。
शाश्वत 形，永恒的，持久的。
शास् 2.教导，统治，惩治。
शासन 中，教导，统治，命令。
शासनहारिन् 阳，信使。
शासितृ 阳，统治者，教师。
शास्त्र 中，经典，经论。
शिक्ष् 1.学习。
शिक्षा 阴，学习，教导。
शिखण्ड 阳，顶髻，顶冠。
शिखण्डिन् 阳，孔雀，束发（人名）。
शिखर 阳、中，顶端，山峰，顶冠，顶髻。
शिखा 阴，顶髻，顶端，火焰。
शिखिन् 阳，孔雀，公鸡。

शिञ्ज् 1.2.10.叮当作响。
शिति 形，白色的，黑色的，蓝色的。
शिथिल 形，放松的；中，放松。
शिथिलित 过分，放松，松弛。
शिथिलीकृ 8.放松，变弱，减轻。
शिबिर 中，军营，营地。
शिरस् 中，头，头顶，顶端。
शिरस्तस् 不变词，从头部。
शिरीष 中，希利奢花。
शिरोरुह् 阳，头发。
शिला 阴，石头，岩石。
शिलीभूत 过分，变硬如石。
शिलोच्चय 阳，山。
शिव 形，吉祥的，幸运的；阳，湿婆（神名）；中，吉祥，繁荣，平安，幸福。
शिविका/शिबिका 阴，轿子，车子。
शिशिर 形，清凉的，寒冷的，冷的；阳、中，寒季，冬天。
शिशिरात्यय 阳，春天。
शिशु 阳，儿童，学生。
शिशुत्व 中，童性，童年时代。
शिष्ट 过分，剩余，教养；阳，贤士。
शिष्य 阳，学生，弟子。
शी 2.躺，卧，靠。
शीकर 阳，雾水，细雨，飞沫。
शीघ्रम् 不变词，迅速地，赶快。
शीत 形，清凉的，冷的。
शीतता 阴，清凉性。
शीतल 形，清凉的。
शीर्ण 过分，干枯，枯萎，消瘦。
शील 中，本性，性情，倾向，习惯，品性，美德，德行，戒律，戒规。
शीलता 阴，品性，德性。

शीलित 过分，造访。

शुक्ति 阴，贝壳。

शुक्र 阳，修迦罗（仙人名）。

शुक्ल 形，白色的，洁净的。

शुक्लीकृत 过分，变白。

शुक्लेतर 形，彩色的，黑的，脏的。

शुच् 1.悲伤，忧伤，忧愁，哀悼。

शुच् 阴，悲伤，忧伤，忧愁。

शुचि 形，纯洁的，明亮的，灿烂的，正直的；阳，白色，纯洁，正直，暑季，夏季，火，太阳，月亮。

शुद्ध 过分，纯洁，清净，净化，洁白，真诚。

शुद्धान्त 阳，后宫。

शुद्धि 阴，纯洁。

शुद्धिमत् 形，纯洁的。

शुभ् 1.发光，闪耀。

शुभ 形，光辉的，优美的，吉祥的，善的。

शुभंयु 形，吉祥的，幸运的。

शुभ्र 形，明亮的，纯净的，洁白的。

शुश्रूषा 阴，侍奉。

शुश्रूषु 形，想听的，愿意侍奉的，顺从的。

शुष् 4.变干，晒干，干枯。

शुष्क 形，干燥的，干枯的。

शून्य 形，空虚的，缺乏的；中，空，虚无。

शूर 形，英勇的；阳，英雄，勇士，修罗（人名）。

शूलभृत् 阳，持三叉戟者，湿婆。

शूलिन् 阳，持三叉戟者，湿婆。

शृङ्ग 中，角，山顶。

शृङ्गार 阳，艳情，情爱。

शॄ 9.撕裂，撕碎，伤害，杀害，毁坏。

शेखर 形，（用于复合词末尾）最好的；阳，顶冠，顶峰。

शेफालिका 阴，舍帕利迦花。

शेष 形，其余的，其他的，剩下的，剩余的；阳、中，剩余，湿舍（蛇名）。

शेषा 阴，供神的花环。

शैत्य 中，清凉，寒冷。

शैब्य 阳，尸毗王（人名）。

शैल 阳，山。

शैलालिन् 阳，演员，舞者。

शैलूष 阳，演员，舞者，乐师。

शैलेय 中，松香，岩盐，苔藓。

शैव 阳，湿婆信徒。

शैशव 中，童年，少年。

शोक 阳，悲伤，忧伤，忧愁，苦恼。

शोचिस् 中，光芒，光辉，火焰。

शोण 形，红色的，棕色的；阳，红色，火，索纳（河名）；中，血，红铅。

शोणित 形，红色的；中，血。

शोभना 阴，美女，吉祥女。

शोभा 阴，光辉，美丽，优美。

शोभित 过分，装饰，优美。

शोभिन् 形，光辉的，优美的，可爱的，有魅力的。

शोष 阳，干旱，干涸，干枯。

शोष्य 形，吹干的。

शौच 中，纯洁，清净。

शौद्धोदनि 阳，净饭王之子（释迦牟尼）。

शौरि 阳，肖利（人名）。

श्मश्रु 中，胡须。

श्यान 过分，凝固，干燥。

श्याम 形，黑色的；阳，黑色。

श्यामल 形，黑色的；阳，黑色，黑胡椒，大黑蜂。
श्यामा 阴，夜晚，黑夜，阴影，霞摩（蔓藤名）。
श्यामाय 名动词，变黑，变暗。
श्यामिका 阴，乌黑，不纯洁。
श्रद्धा 阴，信任，信仰。
श्रद्धावत् 形，信任的，有信仰的。
श्रम 阳，辛苦，劳累，疲倦，疲惫，操练，苦行。
श्रव 阳，听取，耳朵。
श्रवण 阳、中，耳朵；中，听取，学习，名誉，财富，流淌。
श्राद्ध 中，祭祖仪式。
श्रान्त 过分，疲惫，平静。
श्रि 1.依靠，投靠。
श्रित 过分，依靠，靠近，位于。
श्री 阴，财富，繁荣，幸运，吉祥，王权，美，优美，光辉，吉祥天女。
श्रीमत् 形，吉祥的，美丽的，光辉的。
श्रु 5.听，听到，听取。
श्रुत 过分，听到，听说，知道，闻名；中，所闻，吠陀，学问。
श्रुति 阴，听，耳朵，所闻，吠陀，圣典，天启。
श्रेणि 阳、阴，श्रेणी 阴，行，排，系列。
श्रेयस् 形，更好的，宁愿，最好的；中，幸福，快乐，幸运，吉祥。
श्रेष्ठ 形，最好的，最优秀的。
श्रैष्ठ्य 中，优秀，卓越。
श्रोणि, -णी 阴，臀，臀部。
श्रोतव्य 形，应该听取的，听说的。
श्रोतृ 阳，听者，学生。
श्रोत्र 中，耳朵，吠陀。

श्लाघा 阴，称赞，赞颂，夸耀，骄傲，喜悦。
श्लिष् 4.拥抱。
श्लिष्ट 过分，拥抱，贴紧，抓住。
श्लेष 阳，拥抱，附着，联合，结合，双关。
श्वन् 阳，狗。
श्वशुर 阳，岳父。
श्वस् 2.呼吸，叹息，喘息。
श्वसित 过分、中，呼吸，叹息，喘息。
श्वास 阳，呼吸，叹息，喘息。
श्वेत 形，白色的；阳，白色。
श्वेतभानु 阳，月亮。

ष

षड्रण 阳，蜜蜂。
षद्पद 阳，蜜蜂。
षड्ज 阳，具六（音调名）。
षण्ड 阳，公牛，阉人，成群，大量。
षष् 数、形，六。
षष्ठांश 阳，六分之一，第六份。

स

स 前缀，有，连同，一起，和，带着，具有。
संयत 过分，控制，囚禁；阳，苦行者，囚犯。
संयम 1.控制。
संयम 阳，控制。
संयमन 中，控制，系住，捆住。
संयमिन् 形，克制的，控制的，控制自我的；阳，控制自我者，苦行者。
संया 2.走向，进入，离去。
संयोग 阳，结合，连接，联合。
संरक्ष 1.保护。
संरक्ष्य 形，应该保护的。
संरञ्ज 4.染色，染有，沾染。
संरम्भ 阳，激动，愤怒。
संरुद्ध 过分，阻碍，包围，覆盖，囚禁。
संलक्ष 10.观看，看到，注意，显示。
संवत्सर 阳，年。
संवर्धित 过分，养育，增长，增强。
संवलन 中，结合，联合，混合。
संवादिन् 形，相应的，一致的。
संवाहिका 阴，女洗发师。
संविग्न 过分，激动，慌乱，惊恐，恐惧。
संविज 6.7.激动，惊慌。
संविधा 3.安排。
संविधा 阴，安排，计划，生活方式。
संविभज् 1.分配，分享，给予。
संविश 6.进入，躺下，从事。
संविष्ट 过分，入睡，躺着，进入，穿戴。
संवृत 过分，覆盖，遮住，围住。
संवृध् 1.增长；致使，抚育。
संवेग 阳，惊慌，激动，苦恼。
संवेश 阳，入睡，进入。
संशय 阳，怀疑，疑惑。
संशित 过分，尖锐，严酷，坚定。
संशीति 阴，怀疑，疑惑。
संशुष्क 形，干燥的，干枯的。
संश्रय 形，（用于复合词末尾）处于，属于；阳，居处，住处，依靠，庇护，庇护所。
संश्लिष् 4.抱住，紧靠。

संश्लिष्ट 过分，抱紧，靠近，结合。
संसक्त 过分，执著，结合，紧密，混合。
संसार 阳，生死轮回，尘世。
संसिद्ध 过分，完成，成功。
संसिद्धि 阴，完成，成功，至福。
संसृ 1.走向，走近，移动，流转，扩散。
संस्कार 阳，加工，完善，教育，教养，培养，准备，修饰，装饰，记忆力，潜印象，业行，净化，仪式。
संस्कृत 过分，修饰，完善，修习，净化；中，梵语。
संस्तम्भ् 5.9.停止，僵化，支持，增强。
संस्तम्भित 过分，抑止。
संस्तर 阳，床，床铺。
संस्तव 阳，称赞，熟悉，密切，和谐。
संस्तुत 过分，称赞，和谐，紧密，亲密。
संस्थ 形，停留的，（用于复合词末尾）处于，位于。
संस्थापन 中，确立。
संस्थित 过分，处于，保持，聚集，完成，死去。
संस्पर्श 阳，接触。
संस्मरण 中，回忆，记忆。
संस्मृ 1.回忆，想起。
संहत 过分，打击，紧密结合，聚合，坚固，结实。
संहति 阴，紧密，结合，坚固，大量，力量，身体。
संह 1.聚合，毁灭，收回，缩回，抑止，控制。
सकल 形，所有的，全部的。
सकामम् 不变词，怀有爱意。
सकाश 阳，附近。

सक्त 过分，附着，粘着，执著，热衷。
सख 形，（用于复合词末尾）朋友，同伴，伴侣。
सखि 阳，朋友，同伴。
सखी 阴，女友，女伴。
सखीकृत 过分，成为朋友。
सखीजन 阳，女友们。
सख्य 中，友谊。
सगर 阳，沙伽罗（国王名）。
सगर्भ 形，怀胎的，内含的；阳，同胞，兄弟，相似。
संकट 形，收缩的，狭窄的，拥挤的，危险的；中，狭窄的通道，困难，危险。
संकर 阳，混合，混杂，混乱。
संकल्प 阳，愿望，意图，设想，想象，幻想，决定。
संकल्पयोनि 阳，意生者，爱神。
संकल्पित 过分，愿望，意图，设想，决定。
संकसुक 形，变化不定的，不确定的，脆弱的。
संकुच 1.6.收缩，闭上。
संकोच 阳，收缩，合拢，关闭。
संक्रान्त 过分，通过，进入，转移，反映。
संक्षिप्त 过分，堆积，压缩，简洁。
संक्षुभ् 1.4.9.摇晃，撼动，激动。
संक्षोभित 过分，摇晃，激动。
संख्य 中，战斗，战争。
संख्या 阴，数目，计算，列举。
संग 阳，集合，结合，会见，接触，执著。
संगत 过分，相会，相遇，会合；中，结合，会合，联合。
संगम 1.相会，会合。
संगम 阳，结合，会合，会见，团聚，接触，联系。
संगिन् 形，结合的，执著的。
संग्रह 阳，获取，接受，储存，积聚，支持，控制，概略，纲要。
संग्राम 阳，战斗。
संग्राहक 阳，汇集者，车夫。
संघ 阳，群，大量。
संघात 阳，汇聚，堆积，大量，战斗，杀害。
सचिव 阳，大臣，顾问。
सजल 形，带水的，潮湿的。
सज्ज 形，准备停当的。
सज्जन 阳，善人。
संचय 阳，堆积，积聚，大量。
संचर् 1.行走，移动，实行。
संचार 阳，行走，通道。
संचारक 阳，领导者，向导。
संचारिन् 形，行走的，移动的，游荡的，变化不定的。
संचोदन 阳，激励。
संछद् 10.覆盖，隐藏，穿戴。
संछादित 过分，覆盖，隐藏，遍布。
संछिन्न 过分，斩断。
सञ्ज् 1.执著，陷入。
संजन् 4.产生，长出。
संजय 阳，全胜（人名）。
संजीवन 中，活命，复活。
संज्ञा 阴，知觉，想，示意，名称。
संज्ञित 过分，所谓，名为。
संज्वर 阳，灼热，发烧。
संज्वरिन् 形，灼热的，发烧的。
सटा 阴，鬣毛。
सटाल 形，有鬣毛的，充满的。

सत् 形，存在的，真实的，好的；中，存在，真实；阳，善人，贤士，智者。
सततम् 不变词，永远。
सती 阴，忠贞的女子，萨蒂（人名）。
सत्कार 阳，善待，款待。
सत्कृति 阴，善待，尊敬。
सत्किया 阴，善行，善待，款待，礼遇，净化仪式，喜庆仪式。
सत्तम 形，最好的。
सत्र/सत्त्र 中，祭祀。
सत्त्व 阳、中，存在，本质，本性，生性，真性，生命，精神，生物，众生，勇气，威力。
सत्य 形，真实的；中，真理，誓言。
सत्यम् 不变词，确实。
सद् 1.坐下，躺下，住下，下沉，沮丧，衰亡。
सदयम् 不变词，仁慈地，温和地。
सदस् 中，居处，会堂。
सदा 不变词，总是，永远，经常。
सदार 形，有妻子的。
सदाह 形，燃烧的。
सदृश 形，相似的，同样的，合适的。
सदृशम् 不变词，依照。
सदोगृह 中，会堂，议事厅。
सद्भाव 阳，真情，亲情。
सद्मन् 中，住处，宫殿，寺庙。
सद्यस् 不变词，立即，立刻，顿时。
सनत् 不变词，永远。
सनत्कुमार 阳，舍那鸠摩罗（人名）。
सनातन 形，永恒的，古老的。
सनाथ 形，有主人的，有丈夫的，具有的，具备的。

सन्न 过分，坐下，下沉，下垂，沮丧，衰亡。
संतत 过分，延伸，连续。
संतति 阴，延续，繁衍，家族，后代。
संतप्त 过分，烧灼，折磨。
संतान 阳、中，延续，家族，子嗣，后代。
संताप 阳，炎热，焦灼，折磨，烦恼，愤怒，悔恨。
संतुष्ट 过分，满意，满足，喜悦。
संतृ 1.越过。
संत्यक्त 过分，抛弃。
संदह् 1.燃烧。
संदानित 过分，缠绕，系紧，锁住。
संदिष्ट 过分，指出，指定，告诉，同意。
संदीपन 形，点燃的，燃烧的，激起的；中，点燃，激起。
संदृश् 1.观看，观察，考虑，计算。
संदेश 阳，消息，信息。
संदेशहर 阳，信使。
संदेह 阳，怀疑，危险。
संदोह 阳，所有，大量，成堆。
संधा 3.聚集，联合，安放，放置。
संधि 阳，连接，结合，结盟，关节。
संधुक्ष् 1.点燃，激起。
संध्या 阴，黎明，黄昏。
संनत 过分，弯下，倾斜。
संनद्ध 过分，穿戴，披挂。
संनमित 过分，弯下，下垂。
संनिकर्ष 阳，接近，附近。
संनिकृष्ट 过分，靠近。
संनिधान 中，附近，身边。
संनिपात 阳，落下，会合，聚集，大量。
संनिभ 形，像。

संनिवृत्त 过分，返回，停止，撤退。
संनिवेश 阳，深入，结合，安排。
संनिहित 过分，安放，固定，接近，邻近。
संन्यस् 4.舍弃，献给。
संन्यसन 中，放下，弃绝，托付。
संन्यस्त 过分，放下，弃绝，托付。
सपत्न 阳，敌人。
सपत्नीक 形，和妻子一起的。
सपदि 不变词，立即，即刻，此刻。
सपर्या 阴，敬拜，侍奉。
सपीति 阴，聚饮。
सप्तच्छद 阳，七叶树。
सप्तन् 数、形，七。
सभ्य 形，有修养的，文雅的。
सम् 前缀，一起，聚合，完全。
सम 形，同样的，一样的，相同的，相等的，平等的，平坦的，（用于复合词末尾）如同，同样。
समक्ष 形，眼前的，在场的。
समक्षम् 不变词，在场。
समग्र 形，全部的，所有的。
समतीत 过分，逝去，过去。
समत्व 中，平等。
समदुःख 形，同样痛苦的。
समधिगम् 1.走向，达到，学习，获得。
समन्ततस्, समन्तात् 不变词，处处，周围。
समभ्यर्थयितृ 阳，求告者。
समम् 不变词，一起，同时。
समय 阳，时间，时令，时节，时机，习俗，习惯。
समर्थ् 10.相信，认为，思考，证实，支持。
समर्थ 形，有力的，能够，适合的。
समर्पित 过分，交出，归还。

समवकृ 6.撒下。
समवतृ 1.降落。
समवस्था 阴，相似状况。
समवस्थित 过分，聚集。
समवाय 阳，结合，聚合，大量。
समवेक्ष् 1.观看，观察。
समवेत 过分，聚集，结集。
समस्त 过分，聚合，复合，所有，全部。
समा 阴，年。
समाकुल 形，充满的。
समाक्षिप् 6.嘲讽，指责。
समागत 过分，来到，相会，相聚，会合，集合。
समागम् 1.来到，相会，集合。
समागम 阳，集合，相会。
समाचर् 1.实行。
समाचित 过分，聚集，覆盖。
समाज्ञा 9.知道；致使，命令，吩咐。
समादिश् 6.指示，预言，吩咐。
समाधि 阳，沉思，入定，禅定，三昧，汇聚。
समाधिमत् 形，沉思的，专心的，虔诚的。
समान 形，同样的，共同的，公正的。
समानी 1.结合，带来，集合。
समाप् 5.获得，完成。
समापित 过分，完成。
समाप्त 过分，完成，结束。
समाप्ति 阴，完成。
समारम्भ 阳，开始，从事。
समाराधन 中，取悦，侍奉。
समारुरुक्षु 形，希望登上的。
समारुह् 1.登上，达到。
समावृत्त 过分，完成，返回，聚集。

समाश्रय 阳，庇护所，住处。
समाश्रि 1.依靠。
समासद् 1.走近，到达。
समासन्न 形，附近的，身边的。
समास्कन्द् 1.攻击，袭击。
समि 2.会合，到达。
समितिंजय 阳，百胜（人名）。
समिद्ध 过分，点燃，燃烧。
समिध् 阴，柴薪，燃料。
समीक्ष् 1.观看，考察。
समीप 形，附近的，身边的；中，附近，身边。
समीर 阳，风。
समीरण 阳，风。
समीरित 过分，吹动，说出。
समुचित 过分，适合，惯常。
समुचय 阳，汇集。
समुच्चर् 1.走出，上升，说出。
समुच्चारित 过分，发声，说出。
समुच्छ्रित 过分，高耸，竖起。
समुच्छ्वसित 过分，叹息，松懈。
समुत्कीर्ण 过分，刺穿。
समुत्थ 形，起来的，出现的，（用于复合词末尾）出自。
समुत्था 1.站起，升起，恢复，复活。
समुत्थापित 过分，升起，扬起，恢复，复活。
समुत्फुल्ल 形，绽开的，展开的。
समुत्सुक 形，焦急的，渴望的。
समुत्सुकत्व 中，焦虑，渴望。
समुत्सृ 1.3.致使，驱散。
समुत्सृप् 1.上升，飞翔。
समुद्धृत 过分，升起，抬起，出现。

समुद्दीपित 过分，点燃，燃烧。
समुद्धृत 过分，拔起，除掉。
समुद्भव 阳，来源，产生。
समुद्भास् 1.发光，闪耀。
समुद्यम 阳，开始，准备。
समुद्र 阳，大海。
समुन्नत 过分，升起，高耸。
समुन्नति 阴，高尚，崇高。
समुन्मिष् 6.睁眼，绽放，开花。
समुपजनित 过分，产生，造成。
समुपविष्ट 过分，坐下，躺下。
समुपस्थित 过分，来到，出现。
समुपस्पृश् 6.接触，洗漱，漱口。
समुपास् 2.侍奉，照顾。
समुल्लिख् 6.刮擦，刻划。
समूह 阳，群。
समृद्ध 过分，增长，繁荣，富有，充满。
समेत 过分，聚集，结合，结伴，一同，具有。
संपद् 阴，财富，繁荣，幸运，成功，丰富。
संपन्न 过分，丰富，充足，完成，具有。
संपरिवृ 1.5.9.围绕。
संपर्क 阳，结合，混合，接触。
संपात 阳，相遇，聚集，冲突，落下，飞翔。
संपातिन् 形，聚集的，落下的。
संपादयितृ 形，供应者。
संपुट 阳，凹穴，箱子，篮子，碗。
संपृक्त 过分，混合，结合。
संप्रति 不变词，如今，现在。
संप्रयुक्त 过分，连接，牵引，促使。
संप्राप् 5.到达，获得。

संप्लुत 过分，汇合，泛滥。
संबन्ध 阳，联系，同盟，友谊。
संबन्धिन् 形，有联系的，有交往的；阳，亲戚，亲族。
संबाध 阳，打击，折磨，阻碍，危险。
संबुध् 1.4.觉悟。
संभव 形，（用于复合词末尾）出自；阳，出生，产生，来源，原因，结合。
संभार 阳，聚集，准备，必需品，财物，成堆，大量。
संभावन 中，-ना 阴，思考，想象，设想，尊敬，认为，可能，合适，能力，怀疑，热爱，获得。
संभावित 过分，设想，想象，尊敬，尊重。
संभाष् 1.说话，交谈。
संभू 1.产生；致使，设想，认为，尊敬，致敬。
संभूत 过分，产生，形成，结合，具有。
संभृत 过分，积聚，收集，准备，具有，产生。
संभ्रम 阳，转动，打转，慌乱。
संभ्रान्त 过分，激动，慌乱。
संमत 过分，认同，尊重。
संमर्द 阳，摩擦，交锋。
संमार्ग 阳，清扫。
संमित 过分，衡量，同样，合适。
संमीलित 过分，闭上，合上。
संमुखम् 不变词，前面，面对。
संमूढ 过分，迷惑，困惑。
संमोह 阳，愚痴。
संमोहन 中，痴迷。
सम्यक् 不变词，正确地，合适地，完全地。
सम्यच्/सम्यञ्च् 形，正确的，合适的，完全的。

सम्राज् 阳，国王，最高的王。
सरयू 阴，萨罗优河。
सरल 阳，莎罗勒树，松树。
सरस् 中，湖泊，池塘。
सरस 形，多汁的，湿润的；中，池塘。
सरसी 阴，湖泊，池塘。
सरस्वती 阴，娑罗私婆蒂（辩才天女，语言女神），语言，话语，话音，娑罗私婆蒂河。
सरित् 阴，河流，线，绳。
सरोरुह 中，莲花。
सर्ग 阳，创造，创世，宇宙，天性，决定，章，章节。
सर्ज 阳，娑尔遮树。
सर्प 阳，蛇。
सर्व 代、形，全部，所有，一切。
सर्वतस् 不变词，到处。
सर्वत्र 不变词，到处。
सर्वशस् 不变词，全部，一切，到处。
सर्वस्व 中，一切，所有财产，精髓，精华。
सविनयम् 不变词，谦恭地，尊敬地。
सलिल 中，水。
सलील 形，游戏的，调情的。
सलीलम् 不变词，游戏地。
सवन 中，祭祀，祭品。
सवयस् 形，同龄的；阳，同龄人。
सवितृ 阳，太阳。
सवित्री 阴，母亲。
सविध 形，同类的，附近的；中，附近。
सविस्मय 形，惊讶的。
सव्य 形，左边的，南边的，背后的，右边的。

सशङ्क 形，可疑的，恐惧的。
ससत्त्व 形，有威力的，有勇气的，怀胎的。
ससत्त्वा 阴，孕妇。
सस्य 中，谷物。
सह 1.4.忍受，承受，支持。
सह 不变词，一起，和，随着。
सहकार 阳，芒果树。
सहज 形，天生的。
सहदेव 阳，偕天（人名）。
सहसा 不变词，粗暴地，猛然，突然，顿时，立刻。
सहस्र 中，一千。
सहस्रधा 不变词，成千地，千倍地。
सहाय 阳，同伴，助手。
सहायता 阴，帮助。
सहित 过分，承受，伴随，陪同，一起，结合。
सहिष्णु 形，堪忍的，忍耐的。
साकूत 形，有意的，故意的。
साक्षात् 不变词，显现，现身。
साक्षिन् 阳，目击者，证人。
सागर 阳，大海。
सागराम्बरा 阴，以海为衣者，大地。
सांख्य 阳、中，数论。
साचीकृत 过分，弯曲，侧向。
सातवाहन 阳，娑多婆诃那（人名）。
सात्यकि 阳，萨谛奇（人名）。
साद 阳，下沉，消沉，疲惫，疲乏，虚弱，衰弱，消瘦，衰亡，失去。
सादृश्य 中，相似。
साधक 形，完成的，成功的，有效的，能干的。
साधन 中，实现，成就，手段，方法，工具。
साधारण 形，共同的，普遍的。
साधु 形，优秀的，合适的，善良的，高尚的，可尊敬的，仁慈的；阳，善人，贤士；不变词，正确地。
साध्य 形，应完成的，能实行的；中，完成，成功。
साध्वस 中，恐惧，惧怕，惊恐。
साध्वी 阴，贞洁的女子。
सानु 阳、中，山峰，山顶。
सानुमत् 形，有峰的；阳，山。
सान्त्व 阳、中，安慰，温和。
सान्द्र 形，紧密的，结实的，黏稠的，丰富的，强烈的，愉快的，柔软的。
सामग्र्य 中，完整，完美。
सामन् 中，安抚，怀柔，平静，温和，《娑摩吠陀》赞歌。
सामर्थ्य 中，能力。
सामान्य 形，共同的，普遍的，同样的，普通的，所有的；中，普遍，一般，同一。
सामान्यतस् 不变词，普遍地。
सामीप्य 中，邻近，附近；阳，邻居。
सांप्रतम् 不变词，此刻，现在，立即。
सायक 阳，箭。
सायंतन 形，黄昏的。
सायम् 不变词，黄昏。
सार 阳、中，本质，精髓，精华，力量，威力，精力。
सारथि 阳，车夫，御者，助手，向导。
सारवत्ता 阴，有力量，坚定性，坚实性。
सारस 阳，鹤，仙鹤。
सारस्वत 阳，娑罗私婆蒂之子。

सार्गल 形，有阻碍的。

सार्धम् 不变词，一起。

सावज्ञ 形，蔑视的，轻视的。

सावज्ञम् 不变词，轻蔑地。

सावित्र 形，太阳的。

सावित्री 阴，莎维德丽（女神名），一种梨俱吠陀诗律名。

साशङ्कम् 不变词，带着疑虑。

साहचर्य 中，伴随。

सिंह 阳，狮子。

सिंहत्व 中，狮子性。

सिकतिल 形，有沙的。

सिक्त 过分，浇灌，灌溉，洒水，浸润。

सिच् 6.喷洒，浇灌，浸泡。

सिञ्जित 过分，叮当作响；中，叮当声。

सित 形，白的，洁白的；阳，白色。

सितेतर 形，黑色的。

सिद्ध 过分，完成，实现，获得，成功；阳，悉陀（半神名）。

सिद्धयोग 阳，魔力，幻力。

सिद्धि 阴，完成，实现，成就，成功。

सिन्दूर 中，红铅。

सिन्धु 阳，河，信度河。

सिन्धुवार 阳，信度婆罗花，信度良种马。

सिसृक्षु 形，想要创造的。

सीकर 阳，细雨，水雾。

सीधु 阳，酒，蜜酒。

सीमन्त 阳，分界线，边界，头发分缝处。

सीमन्तित 过分，分开，分界。

सीमा 阴，边界，岸，顶点。

सु 前缀，好的，很好。

सुकन्या 阴，美娘（人名）。

सुकुमार 形，柔嫩的，稚嫩的。

सुकृत 中，善行，恩宠，幸运。

सुकेशी 阴，妙鬟女。

सुख 10.或 सुखय 名动词，使快乐。

सुखम् 不变词，舒适地。

सुख 形，快乐的，幸福的，舒适的；中，快乐，幸福，舒适。

सुखिन् 形，快乐的，幸福的。

सुगन्धि 形，芳香的。

सुगन्धिन् 形，芳香的。

सुगृहीत 形，牢牢把握的，取名吉祥的。

सुघोष 阳，妙声（无种的螺号名）。

सुचरित 形，品行优良的，善意的。

सुचिरम् 不变词，很久，长久。

सुजन्मन् 形，出身高贵的。

सुजात 形，长得好的，出身好的，优美的。

सुत 阳，儿子。

सुतन्त्रि 形，弦乐美妙的。

सुतराम् 不变词，更加，愈加。

सुता 阴，女儿。

सुतीक्ष्ण 形，猛烈的，痛苦的。

सुदक्षिणा 阴，苏达奇娜（迪利波之妻）。

सुदत् 形，有皓齿的。

सुदती 阴，皓齿女。

सुदुःसह 形，很难忍受的，很难抗拒的。

सुदुष्ट 形，极恶的。

सुधा 阴，甘露。

सुधासूति 阳，月亮，祭祀，莲花。

सुधीरम् 不变词，坚定地。

सुनासीर 阳，因陀罗。

सुन्दरी 阴，美女。

सुप्त 过分，入睡，睡眠，睡着。

सुभग 形，吉祥的，幸运的，可爱的。

सुभाषित 中，妙语。

सुभिक्ष 中，富足。
सुमुख 形，面容美丽的。
सुमुखी 阴，美女，镜子。
सुर 阳，神，天神，太阳，智者。
सुरगज 阳，仙象。
सुरत 中，交欢，性爱，情爱，欢爱，爱情游戏。
सुरद्विष् 阳，天神的敌人，恶魔，罗睺。
सुरभि 形，芳香的，美好的，著名的；阳，芳香，香气；阴，苏罗毗（母牛名）。
सुरभीकृ 8.变香，散发香气。
सुरभीकृत 过分，散发香气。
सुरस 形，美味的，甜美的。
सुरसरित् 阴，天河，恒河。
सुरेन्द्र 阳，天王，因陀罗。
सुललित 形，可爱的，迷人的。
सुवर्ण 形，美丽的，金色的，出身高贵的；中，金子，金币。
सुवासित 形，芳香的。
सुवृत्त 形，品行优良的。
सुषुम्ण 阳，苏殊那（太阳的一种光线名）。
सुस्थिति 阴，好位置。
सुहृत्त्व 中，友情，友谊。
सुहृद् 阳，朋友。
सू 2.4.生，产生，出生。
सू 形，（用于复合词末尾）产生。
सूक्ति 阴，妙语。
सूक्ष्म 形，微妙的，微小的。
सूचि 阴，针，尖。
सूचित 过分，刺破，指出，表明，透露，暗示。
सूत 阳，御者，车夫，苏多（刹帝利男子和婆罗门妇女生的儿子）。

सूतक 中，出生，产生。
सूत्र 中，线，绳，丝。
सूत्रधार 阳，牵线者，工匠，舞台监督。
सूदन 中，毁灭，杀死。
सूनु 阳，儿子，外孙。
सूनृत 形，真诚的，温和的，可爱的。
सूरि 阳，学者，智者。
सूर्य 阳，太阳。
सूर्यग्रह 阳，日蚀。
सृज् 6.创造，产生，释放，流出，投射，抛弃。
सृज् 形，（用于复合词末尾）创造。
सृणि 阴，刺棒，钩子。
सृष्ट 过分，创造，释放，流出。
सृष्टि 阴，创造，创世，创造物，自然。
सेक 阳，浇灌，灌溉，洒水，泼洒。
सेतु 阳，堤岸，桥梁。
सेना 阴，军队。
सेनानी 阳，军队统帅，统帅。
सेव् 1.侍奉，崇敬，追随，享受，执著，实行。
सेवन 中，侍奉，崇敬，追随，实行。
सेवा 阴，侍奉，崇敬，执著，喜爱。
सेव्य 形，侍奉的，享受的。
सैकत 形，有沙的；中，沙滩，沙堆，岸。
सैकतिन् 形，有沙的。
सैनिक 形，军队的；阳，士兵。
सैन्य 阳，士兵；中，军队。
सैरन्ध्री/सैरिन्ध्री 阴，女侍，女手艺师。
सोत्सुक 形，焦虑的，渴望的。
सोदर्य 阳，同胞兄弟。
सोपान 中，台阶，阶梯，梯子。
सोम 阳，苏摩（植物名），苏摩汁，月

亮。
सौकुमार्य 中，柔嫩，柔软。
सौजन्य 中，善良，仁慈，友爱，慷慨。
सौदामिनी 阴，闪电。
सौध 形，甘露的；中，宫殿。
सौन्दर्य 中，美。
सौभद्र 阳，妙贤之子激昂（人名）。
सौभाग्य 中，吉祥，幸运，优美。
सौमदत्ति 阳，月授之子广声（人名）。
सौमुख्य 中，和蔼可亲。
सौम्य 形，可爱的，温柔的；阳，（用于称呼）善人，贤士。
सौरभेयी 阴，母牛苏罗毗的女儿。
सौहार्द 阳，好心，友情。
सौहृद 中，友情，友谊。
स्कन्द 阳，室建陀（湿婆之子）。
स्कन्ध 阳，肩膀，树干。
स्खल 1.磕绊，坠落，摇晃，偏差，出错。
स्खलन 中，磕绊，坠落，摇晃，错误，失败。
स्खलित 过分，失落，摇动，出错。
स्तन 阳，胸脯，乳房；中，声音，吼声，雷声。
स्तनय 名动词，发出声响。
स्तन्य 中，乳汁。
स्तबक 阳，一捆，一束，一簇。
स्तबकय 名动词，形成花簇。
स्तम्भ 阳，坚固，僵硬，阻碍，支柱，柱子。
स्तम्भित 过分，阻碍，僵硬，瘫痪。
स्तिमित 形，潮湿的，静止的，安静的，闭上的，不动的，迟钝的。
स्तु 2.赞美，赞颂。

स्तुति 阴，赞颂。
स्तेन 阳，窃贼。
स्तेय 中，偷盗。
स्त्री 阴，妇女。
स्त्रीजन 阳，妇女。
स्त्रैण 形，妇女的；中，妇女，女性。
स्थ 形，（用于复合词末尾）处在，位于，处于。
स्थल 中，陆地，旱地，地面，地点。
स्थली 阴，旱地，地面，林地。
स्थविर 形，年老的；阳，老人。
स्था 1.站立，站着，停留，停止，存在，处于，遵奉；致使，安置，确立。
स्थाणु 形，稳固的；阳，湿婆。
स्थान 中，地点，位置，部位。
स्थावर 形，不动的；阳，山；中，不动物。
स्थासक 阳，涂抹香膏。
स्थित 过分，站立，停留，处于，存在，固定，决心，确立，坚决，坚定。
स्थिति 阴，站立，停留，安住，坚定，位置，处所，稳定，安稳，持久，维持，维系，延续，规则，事理。
स्थितिमत् 形，稳定的，永久的。
स्थिर 形，坚定的，坚固的，牢固的，持久的。
स्थूल 形，粗大的，肥胖的，强壮的，笨拙的。
स्नपित 过分，沐浴，冲洗。
स्ना 2.沐浴。
स्नात 过分，沐浴。
स्नान 中，沐浴。
स्नापित 过分，沐浴，沉浸。
स्निग्ध 形，温情的，真挚的，湿润的，柔

स्नुषा 阴，儿媳。

स्नेह 阳，爱意，爱情，温情，慈爱，关爱。

स्पर्श 10.接触，拥抱。

स्पर्श 阳，接触，触感，触觉。

स्पर्शन 中，接触。

स्पर्शवत् 形，感觉舒适的。

स्पष्ट 形，明显的，清晰的，明白的，展开的，真实的。

स्पष्टम् 不变词，明显地，公开地，大胆地。

स्पृश् 6.接触，触摸，达到；致使，给予。

स्पृश 形，（用于复合词末尾）接触。

स्पृष्ट 过分，接触，感知，达到。

स्पृह 10.希望，渴望，羡慕，妒忌。

स्पृहणीय 形，渴望的，羡慕的。

स्पृहा 阴，渴望，愿望，贪求，贪图，贪欲。

स्फटिक 阳，玻璃，水晶。

स्फाटिक 形，玻璃的，水晶的。

स्फीत 过分，增大，粗壮，丰满。

स्फुट 1.6.10.破裂，裂开，绽放，展现。

स्फुट 形，破裂的，绽开的，清晰的，洁净的。

स्फुटम् 不变词，明显。

स्फुटित 过分，绽放，展现。

स्फुर 6.颤动，颤抖，抖动，闪烁。

स्फुरत् 形，颤动的，闪耀的。

स्फुरित 过分，颤抖，闪烁。

स्म 不变词，与现在时相连，表示过去；经常，始终，确实。

स्मर 阳，爱情，爱神。

स्मित 过分，微笑；中，微笑。

स्मृ 1.回忆，回想，记起，记挂，留恋。

स्मृत 过分，回忆，记得，传统认为；中，记忆。

स्मृति 阴，记忆，传承，法论。

स्मेर 形，微笑的，绽开的，展现的，明显的。

स्यन्दन 阳，战车，车辆。

स्याल/श्याल 阳，堂房兄弟。

स्रंस 1.坠落，失落。

स्रज 阴，花环。

स्रवन्ती 阴，溪流，河流。

स्रष्टृ 阳，创造主。

स्रस्त 过分，落下，失落。

स्रु 1.流淌，流动。

स्रुत 过分，流淌，流出。

स्रुति 阴，流淌，水流。

स्रोतस् 中，水流，溪流，河流。

स्व 代、形，自己的；阳，自己；阳、中，财富。

स्वचक्र 中，自治。

स्वच्छ 形，纯洁的，清澈的，明亮的；阳，水晶。

स्वजन 阳，自己人。

स्वतस् 不变词，自己，出于自己。

स्वधा 阴，祭品。

स्वन् 1.发声。

स्वन 阳，声音。

स्वप् 2.睡眠。

स्वप्न 阳，睡眠，睡梦。

स्वभाव 阳，自性，本性。

स्वयम् 不变词，亲自，自己。

स्वयम्भू 阳，自生者，梵天。

स्वर् 不变词，天国，天空。

स्वर 阳，声音，话音，音调。

स्वर्ग 阳，天，天国。
स्वर्गौकस् 阳，以天国为居所者，天神。
स्वल्प 形，很少的，很小的。
स्वसृ 阴，姐妹。
स्वस्ति 中、阴，吉祥，幸运。
स्वस्तिमत् 形，吉祥的，平安的。
स्वस्त्ययन 中，祝福。
स्वस्थ 形，自如的，自在的，安乐的。
स्वातन्त्र्य 中，自由，独立，自主。
स्वादिमन् 阳，美味，甘甜。
स्वाध्याय 阳，自学，诵习吠陀。
स्वायंभुव 形，自生者的。
स्वाहा 阴，祭品，娑婆诃（火神的妻子）。
स्वेद 阳，汗。
स्वेदिन् 形，出汗的，流汗的。
स्वैर 形，自由的，任意的，自信的。
स्वैरम् 不变词，随意地，轻松地，温和地。
स्वैरिन् 形，自由自在的，任意的。

ह

ह 不变词，确实。
हंस 阳，天鹅。
हठ 阳，暴力，强迫，固执。
हत 过分，杀害，伤害，毁灭，不幸。
हन् 2.杀害，毁灭，打击，伤害，折磨。
हन्त 不变词，天啊。
हन्तृ 阳，杀戮者，杀手。
हय 阳，马。
हर 形，取走的，占有的；阳，诃罗（湿婆的称号）。
हरि 形，绿色的，黄褐色的，棕色的；阳，诃利（毗湿奴、因陀罗、湿婆、梵天和黑天的称号），狮子，马。
हरिचन्द्र 阳，诃利旃陀罗（人名）。
हरिण 形，苍白的；阳，鹿。
हरिणी 阴，母鹿，诃利尼（人名）。
हरित 形，绿色的，黄褐色的；阳，黄褐马，快马；阳、中，方位。
हरित् 形，绿色的，黄色的，棕色的，青色的；阳，绿色，狮子。
हरितीकृत 过分，变绿。
हरिदश्व 阳，太阳。
हर्म्य 中，宫殿，楼阁。
हर्म्यतल 中，露台，阁楼。
हर्ष 阳，喜悦，高兴，愉快，毛发竖起。
हर्षित 过分，喜悦，高兴；中，喜悦，高兴。
हविस् 中，祭品。
हव्य 中，祭品。
हस् 1.笑，微笑，嘲笑。
हसत् 形，笑的，嘲笑的。
हसित 过分，笑；中，笑，笑容。
हस्त 阳，手，手臂，象鼻。
हस्तिन् 阳，象。
हा 3.离开，抛弃，放弃，忽视，避开。
हाटक 形，金子的；中，金子。
हानि 阴，抛弃，失去，损失，缺乏。
हार 阳，取走，剥夺，花环，项链。
हारयष्टि 阴，珍珠项链。
हारि 形，吸引人的。
हारित 过分，抓住，提供，吸引，夺走；阳，绿色，鸽子。
हारिन् 形，夺取的，迷人的。
हार्द 形，内心的；中，挚爱，仁慈，心意。
हाव 阳，娇态。

हास 阳，笑。

हास्य 形，可笑的；中，玩笑，笑话。

हि 不变词，因为，确实，正是，一定。

हि 5.派遣，抛弃。

हिंस् 1.7.10.伤害，杀害，打击，折磨，毁灭。

हिंसा 阴，杀生。

हिंस्र 形，伤害的，残酷的，凶猛的；阳，恶兽，猛兽，毁灭者，杀生者。

हित 形，有益的；中，利益，益处。

हिम 中，霜，雪。

हिमाद्रि 阳，雪山。

हिमालय 阳，雪山，喜马拉雅。

हिरण्मय 形，金制的。

हीन 过分，缺少，下等。

हु 3.祭供。

हुङ्कार 阳，吼声，鸣声。

हुत 过分，祭供；中，祭品。

हुतभुज् 阳，享受祭品者，火。

हुतवह 阳，火。

हुताग्नि 阳，祭火。

हुताश 阳，祭火，火。

हुताशन 阳，祭火，火。

हृ 1.带走，取走，抓住，夺走，摧毁，消除，驱除，驱散，吸引，收取。

हृत् 形，（用于复合词末尾）取走，吸引。

हृत 过分，夺走。

हृद् 中，心。

हृदय 中，心。

हृदयंगम 形，贴心的。

हृष् 1.4.喜悦。

हृषीकेश 阳，感官之主（黑天的称号）。

हृष्ट 过分，喜悦，欢乐。

हे 不变词，嗨，唉。

हेति 阳、阴，武器，打击，光芒，光辉，名誉。

हेतु 阳，原因。

हेम 中，金子，黄金。

हेमन् 中，金，金子，黄金，雪。

हेषित 中，嘶鸣，吼叫。

हैम 形，金制的。

हैमवत 形，有雪的，雪山的。

हैयंगवीन 中，新鲜酥油。

हैरिक 阳，金匠监管，窃贼。

होतृ 阳，祭司。

होत्र 中，祭品，祭供。

होम 阳，祭供，祭祀。

ह्रद 阳，池塘，洞穴。

ह्राद 阳，声音，叫声。

ह्रादिनी 阴，雷杵，雷电。

ह्री 阴，羞愧，廉耻，害羞，羞涩。

ह्लाद 1.喜悦，高兴；致使，取悦。

ह्वे 1.呼唤，召唤，称呼。

附录一

梵语文学大事记

公元前十五世纪至公元前十世纪

　　诗歌总集《梨俱吠陀本集》（Ṛgvedasaṃhitā）、《娑摩吠陀本集》（Sāmavedasaṃhitā）、《夜柔吠陀本集》（Yajurvedasaṃhitā）和《阿达婆吠陀本集》（Atharvavedasaṃhitā）。

公元前十世纪至公元前四世纪

　　各种梵书（Brāhmaṇa）、森林书（Āraṇyaka）和奥义书（Upaniṣad）。

公元前四世纪至公元三、四世纪

　　毗耶娑（Vyāsa）著史诗《摩诃婆罗多》（Mahābhārata）。

公元前三、四世纪至公元二世纪

　　蚁垤（Vālmīki）著史诗《罗摩衍那》（Rāmāyaṇa）。

公元前后不久

　　婆罗多（Bharata）著戏剧理论《舞论》（Nāṭyaśāstra）。

公元一、二世纪

　　马鸣（Aśvaghoṣa）著叙事诗《佛所行赞》（Buddhacarita）和《美难陀传》（Saundarananda）。

公元二世纪

　　哈拉（Hāla）编俗语抒情诗集《七百咏》（Gāhāsattasai）。

公元二、三世纪

　　跋娑（Bhāsa）著戏剧《仲儿》（Madhyama）、《五夜》（Pañcarātra）、《黑天出使》（Dūtavākya）、《使者瓶首》（Dūtaghaṭotkaca）、《迦尔纳出任》（Karṇabhāra）、《断股》（Ūrubhaṅga）、《雕像》（Pratimā）、《灌顶》（Abhiṣeka）、《神童传》（Bālacarita）、《负轭氏的誓言》（Pratijñāyaugandharāyaṇa）、《惊梦记》（Svapnavāsavadatta）、《善施》（Cārudatta）和《宰羊》（Avimāraka）。

公元二世纪至四世纪

　　毗湿奴舍哩曼（Viṣṇuśarman）著故事集《五卷书》（Pañcatantra）。

公元三世纪

　　首陀罗迦（Śūdraka）著戏剧《小泥车》（Mṛcchakaṭika）。

公元四、五世纪

　　迦梨陀娑（Kālidāsa）著抒情诗集《时令之环》（Ṛtusaṃhāra）、抒情长诗《云使》（Meghadūta）、叙事诗《鸠摩罗出世》（Kumārasambhava）和《罗怙世系》（Raghuvaṃśa）、戏剧《摩罗维迦和火友王》（Mālavikāgnimitra）、《优哩婆湿》（Vikramorvaśīya）和《沙恭达罗》（Abhijñānaśākuntala）。

公元五世纪

　　钵罗婆罗犀那（Pravarasena）著俗语叙事诗《架桥记》（Setubandha）。

公元五、六世纪

　　婆罗维（Bhāravi）著叙事诗《野人和阿周那》（Kirātārjunīya）。

公元六世纪

　　苏般度（Subandhu）著小说《仙赐传》（Vāsavadatta）。

公元六、七世纪

　　跋底（Bhaṭṭi）著叙事诗《跋底的诗》（Bhaṭṭikāvya）。

公元七世纪

　　伐致呵利（Bhartṛhari）著抒情诗集《三百咏》（Śatakatraya）。

　　阿摩卢（Amaru）著抒情诗集《阿摩卢百咏》（Amaruśataka）。

　　摩由罗（Mayūra）著抒情诗集《太阳神百咏》（Sūryaśataka）。

　　摩伽（Māgha）著叙事诗《童护伏诛记》（Śiśupālavadha）。

　　婆摩诃（Bhāmaha）著文学理论《诗庄严论》（Kāvyālaṅkāra）。

　　戒日王（Śīlāditya）著戏剧《妙容传》（Priyadarśikā）、《璎珞传》（Ratnāvalī）和《龙喜记》（Nāgānanda）。

　　波那（Bāṇa）著传记《戒日王传》（Harṣacarita）和小说《迦丹波利》（Kādambarī）。

　　檀丁（Daṇḍin）著小说《十王子传》（Daśakumāracarita）和文学理论《诗镜》（Kāvyādarśa）。

公元七世纪至十二世纪

　　神话传说集《梵天往世书》（Brahmapurāṇa）、《莲花往世书》（Padmapurāṇa）、《毗湿奴往世书》（Viṣṇupurāṇa）、《湿婆往世书》（Śivapurāṇa）、《薄伽梵往世书》（Bhāgavatapurāṇa）、《那罗陀往世书》（Nāradapurāṇa）、《摩根德耶往世书》（Mārkaṇḍeyapurāṇa）、《火神往世书》（Agnipurāṇa）、《未来往世书》（Bhaviṣyapurāṇa）、《梵转往世书》（Brahmavaivartapurāṇa）、《林伽往世书》（Liṅgapurāṇa）、《野猪往世书》（Varāhapurāṇa）、《室建陀往世书》（Skandapurāṇa）、《侏儒往世书》（Vāmanapurāṇa）、《龟往世书》（Kūrmapurāṇa）、《鱼往世书》（Matsyapurāṇa）、《大鹏往世书》（Garuḍapurāṇa）和《梵卵往世书》（Brahmāṇḍapurāṇa）。

公元七、八世纪

　　毗舍佉达多（Viśākhadatta）著戏剧《指环印》（Mudrārākṣasa）。

薄婆菩提（Bhavabhūti）著戏剧《茉莉和青春》（Mālatīmādhava）、《大雄传》（Mahāvīracarita）和《后罗摩传》（Uttararāmacarita）。

摩特罗罗阇（Mātrarāja）著戏剧《苦行犊子王》（Tāpasavatsarāja）。

公元八世纪

伐格波提罗阇（Vākpatirāja）著俗语叙事诗《高达伏诛记》（Gauḍavaha）。

婆吒·那罗延（Bhaṭṭa Nārāyaṇa）著戏剧《结髻记》（Veṇīsaṃhāra）。

伐摩那（Vāmana）著文学理论《诗庄严经》（Kāvyālaṅkārasūtra）。

公元八、九世纪

鸠摩罗陀娑（Kumāradāsa）著叙事诗《悉多被掳记》（Jānakīharaṇa）。

公元九世纪

罗特那伽罗（Ratnākara）著叙事诗《诃罗胜利记》（Haravijaya）。

湿婆斯瓦明（Śivasvāmin）著叙事诗《劫宾那成功记》（Kapphiṇābhyudaya）。

欢增（Ānandavardhana）著文学理论《韵光》（Dhvanyāloka）。

公元九、十世纪

王顶（Rājaśekhara）著戏剧《小罗摩衍那》（Bālarāmāyaṇa）、《小婆罗多》（Bālabhārata）和《雕像》（Viddhaśālabhañjikā）、俗语戏剧《迦布罗曼阇利》（Karpūramañjarī）和文学理论《诗探》（Kāvyamīmāṃsā）。

牟罗利（Murāri）著戏剧《无价的罗摩》（Anargharāghava）。

贾衍多（Jayanta）著戏剧《经典大观》（Āgamaḍambara）。

公元十世纪

胜财（Dhanañjaya）著戏剧理论《十色》（Daśarūpaka）。

新护（Abhinavagupta）著文学理论《韵光注》（Dhvanyālokalocana）和《舞论注》（Abhinavabhāratī）。

公元十世纪至十四世纪

故事集《僵尸鬼故事二十五则》（Vetālapañcaviṃśatikā）。

故事集《宝座故事三十二则》（Siṃhāsanadvātriṃśatikā）。

故事集《鹦鹉故事七十则》（Śukasaptati）。

故事集《益世嘉言》（Hitopadeśa）。

公元十、十一世纪

安自在（Kṣemeśvara）著戏剧《愤怒的憍尸迦》（Caṇḍakauśika）和《尼奢陀的喜悦》（Naiṣadhānanda）。

公元十一世纪

月天（Somadeva）著故事集《故事海》（Kathāsaritsāgara）。

毗尔诃纳（Bilhaṇa）著叙事诗《遮娄其王传》（Vikramāṅkadevacarita）和抒情诗集《偷情五十咏》（Chaurapañcaśikā）。

克里希那弥湿罗（Kṛṣṇamiśra）著戏剧《觉月升起》（Prabodhacandrodaya）。

摩希摩跋吒（Mahimabhaṭṭa）著文学理论《韵辨》（Vyaktiviveka）。

恭多迦（Kuntaka）著文学理论《曲语生命论》（Vakroktijīvita）。

安主（Kṣemendra）著叙事诗《罗摩衍那花簇》（Rāmāyaṇamañjarī）和《婆罗多花簇》（Bhāratamañjarī）、故事集《大故事花簇》（Bṛhatkathāmañjarī）和《譬喻如意藤》（Avadānakalpalatā）、文学理论《合适论》（Aucityacāracarcā）和《诗人的颈饰》（Kavikaṇṭhābharaṇa）。

波阇（Bhoja）著文学理论《艳情光》（Śṛṅgāraprakāśa）和《辩才天女的颈饰》（Sarasvatīkaṇṭhābharaṇa）。

曼摩吒（Mammaṭa）著文学理论《诗光》（Kāvyaprakāśa）。

公元十一、十二世纪

维迪亚迦罗（Vidyākara）编抒情诗集《妙语宝库》（Subhāṣitaratnakoṣa）。

沃勒帕提婆（Vallabhadeva）编抒情诗集《妙语串》（Subhāṣitāvalī）。

公元十二世纪

牛增（Govardhana）著抒情诗集《阿利耶七百咏》（Āryāsaptaśati）。

胜天（Jayadeva）著抒情长诗《牧童歌》（Gītagovinda）。

室利诃奢（Śrīharṣa）著叙事诗《尼奢陀王传》（Naiṣadhacarita）。

迦尔诃纳（Kalhaṇa）著叙事诗《王河》（Rājataraṅgiṇī）。

附录二

梵 文 文 法

构词法·语法形式的意义和用法·不变词

金克木

构 词 法

梵文的词可分为两大类：一是没有语尾变化的，即不变词；一是有语尾变化的。后者又分名词变化（名、形、代、数）和动词变化两类。词也可以照词的构成分为单纯的词和复合词两类。复合词是单词照一定规则结合而成的。单词是基础。

词除去语尾变化即词干。词干的构成一般都是由词根而来。根可以直接按照动词变化的各种形式的要求进行变化，此外还可以与各种后缀（词尾）结合构成新的词。

词根前面可以加上前缀（词头），取得新的意义。这些前缀本是独立的不变词。前缀与词根结合时，只有连声变化，并不要求根的变化。根在与前缀结合后还可加上后缀。

后缀不但与根结合，而且可以与词干结合，构成新词。加后缀时，要求前面的根或干照一定规则变化。

后缀分为两大类：直接加在词根上的，称为 कृत्, 直接后缀；加在词干上的称为 तद्धित (तद्+हित√धा), 间接后缀。

词根加直接后缀所构成的词包括：（1）分词（现在、过去、将来、完成），（2）动形容词（+तव्य, +अनीय, +य），（3）独立词（+त्वा, +य, +अम्），（4）不定式（+तुम्），（5）其他。其中第（1）、（2）、（5）类有名词语尾变化，第（3）、（4）类没有语尾变化。

例如：根 कृ 做，加直接后缀 तृ, 根变 गुण（二合元音），成为 कर्तृ 动作者。这个词干再加间接后缀 त्व, 成为 कर्तृत्व 动作者的性质（中性抽象名词）。根 मन् 思考，加直接

后缀 ति，根去鼻音，成为 मति（阴性）智慧，再加间接后缀 मत्，成为 मतिमत् 有智慧的。又如 पुत्र 儿子，अपुत्र 没有儿子，是复合词，加间接后缀 ता，成为 अपुत्रता 没有儿子的情况，绝后（阴性抽象名词）。

为了把所有的词都追溯到根，印度文法家规定了许多后缀，其中有些只能解释个别的词，而且解释不一定可靠。例如，说 अश्व 马是词根 अश् 5 Ā 遍布，弥漫，加直接后缀 व。这一类后缀叫做 उणादि（उण 及其他）。

有的根可以不加后缀就成为词干。例如：दिश् 6 P 指示，दिश्（阴性），方向；दश् 1 P 看，दश्（阴性），目光，眼。印度文法家认为这类词也有后缀，不过加上了还得去掉，所以不见。

有些词是很难追溯到根的。例如 पुत्र 儿子，有的认为根是 पू 9 P 使纯洁，有的认为根是 त्रै（त्रा）4 Ā 保护，即 पुत् 地狱名+त्रा+अ 复合词。解说都很牵强。

加间接后缀时，词干变化的比较一般的规则是：

（1）词的第一个元音常变为 वृद्धि（三合元音）。这是加 अ、य、इक、इन、एय、त्य 等后缀时的规则。例如：वसुदेव（人名）+अ=वासुदेव Vasudeva 的儿子。

（2）如第一元音前有 य、व，则 य、व 变为 इय、उव，然后变 इ、उ 为 वृद्धि。例如：व्याकरण √कृ，文法，+अ=वियाकरण+अ=वैयाकरण 文法家。

（3）复合词加后缀时，有时第二个词的第一元音变化，有时前后二词的第一元音都变化。例如：पूर्व+वर्ष+इक=पूर्ववार्षिक 去年的。सु+हृद 朋友+अ=सौहार्द（中性），友谊。

（4）后缀的第一音如是元音或 य，则词干的尾音 अ、आ、इ、ई 失去，उ、ऊ 变为 गुण。例如：मनु 摩奴，人类始祖+अ=मानव 摩奴的后代，人。

（5）后缀的第一音如是辅音，则词干的尾音 न् 往往失去。例如：युवन् 青年+त्व=युवत्व（中性），青春。

常见的 कृत् 后缀

1. अ 这是广泛出现的后缀，印度文法家把它分别为十几种不同的后缀。它一般构成阳性名词。词的意义与根同，表示动作、状态、动作者或工具、地方等，也可构成形容词。它与根结合的规则一般是，根的尾元音或辅音尾前的短元音变为 गुण 或 वृद्धि。不论根有无前缀皆可结合，但有的 अ 只能加在有前缀的或作为复合词后部的根后面。例如：√जि+अ=जयः 胜利。उद्+√इ+अ=उदयः 升起。उप+√दिश्+अ=उपदेशः 教训。√लुभ्+अ=लोभः 贪心。√रुज्+अ=रोगः 疾病。आ+√दृ+अ=आदरः 尊敬。प्र+√कृष्+अ=प्रकर्षः 挑选，偏爱，卓越，崇高。√क्रम्+अ=क्रमः 步。√भी+अ=भयः 恐惧。√क्षम्+अ=क्षम 能忍耐的。√ईश्+अ=ईशः 统治者，主人。√युध्+अ=योधः 战士。√पच्+अ=पाकः 煮熟，成熟。प्र+√नम्+अ=प्रणामः 敬礼。वि+√सद्+अ=विषादः 颓丧。√भू+अ=भावः 形成，性质。सत्कृ+अ=सत्कारः 待客的礼节。अधि+√इ+अ=अध्यायः 学习，章。उप+अधि+√इ+अ=उपाध्यायः 教师。√बुध्+अ=बुध 有智慧的。अभि+√ज्ञा+अ=अभिज्ञ 认识……的。कुम्भ+√कृ=कुम्भकारः 制罐者，陶工，कुम्भं करोति इति कुम्भकारः।。दिवाकरः=दिवा+√कृ 造成白昼者，太阳，दिवा करोतीति दिवाकरः।。पयोदः=पयस्+√दा 给水者，云。द्विजः=द्वि+√जन् 再生者，婆罗门，鸟。सुकर=सु+√कृ 易做的。दुर्लभ=दुस्+√लभ 难得的。

2. अन 印度文法家分别为四种后缀，多数构成中性名词，较少数量阳性名词，也能加 आ 成为 अना，结合第十类和致使动词，构成阴性名词。词的意义是根的意义的动作、情况或工具。与根结合的规则是根的尾元音或辅音尾前的短元音变为 गुण。例如：गमनम्√गम् 走动。वचनम्√वच् 话。वदनम्√वद् 嘴，脸。अध्ययनम् अधि+√इ 学习。अनुसरणम् अनु+√सृ 追随。नयनम्√नी 引导工具，眼睛。श्रवणम्√श्रु 听的工具，耳。भोजनम्√भुज् 食物，餐。मरणम्√मृ 死亡。भूषणम्√भूष् 装饰物。आसनम्√आस् 坐位。करणम्√कृ 工具，原因。कारणम्√कृ 原因。वाहनम्√वह् 运载工具，车。दानम्√दा 布施，赠予。आख्यानम् आ+√ख्या 叙述的事，故事。रमणः√रम् 愉悦者，爱人。गणना√गण् 计算。

3. अस् 多构成中性名词。根的尾元音或辅音尾前的短元音变为 गुण。例如：वचस् 语言，话，√वच् 说。मनस् 心，意识，√मन् 思考。नमस् 敬礼，√नम् 鞠躬。चेतस् 心，意识，√चित् 思考。

4. मन् 构成中性名词。根的尾元音或辅音尾前的短元音变为 गुण。例如：जन्मन् 出生，√जन् 生。कर्मन् 行为，√कृ 做。वर्मन् 铠甲，√वृ 覆盖。वेशमन् 住宅，√विश् 进入。

5. त्र 多构成中性名词，表示进行根的动作的工具。根的元音变为 गुण。例如：पात्रम् 杯，√पा 饮。वक्त्रम् 嘴，脸，√वच् 说。वस्त्रम् 衣服，√वस् 2 Ā 穿。नेत्रम् 眼，√नी 引导。श्रोत्रम् 耳，√श्रु 听。शास्त्रम् 命令，规定，学，论，√शास् 命令，指教。दंष्ट्रम् 或 दंष्ट्र 牙，√दंश् 螫，刺，咬。

6. ति 构成阴性名词。词的意义是根的意义的抽象化或具体化。根的变化多半与加过去分词后缀 त 时相同。例如：नीति 正当行为的准则，世故，政治策略，正道，√नी 引导。स्तुति，√स्तु 称赞。आकृति 形，貌，आ+√कृ 形成。मुक्ति，√मुच् 解脱，解放。बुद्धि，√बुध् 知觉，智慧。सृष्टि，√सृज् 创造。दृष्टि，√दृश् 眼光，看。उक्ति，√वच् 说话。इष्टि，√यज् 祭祀。कान्ति 美貌，√कम् 爱。गति 行动，途径，√गम् 走。जाति 出身，种姓，√जन् 生。आहुति，आ+√हन् 打击。स्थिति 情况，√स्था 站立。ऊति 帮助，√अव् 保护。根在变过去分词时 त 变 न 的，后缀 ति 也变 नि，但根尾音是 द 的不变。例如：√कृ 撒播，过去分词 कीर्ण 加后缀 ति 是 कीर्णि 撒播。但 वि+√पद् 的过去分词是 विपन्न，加 ति 仍是 विपत्ति 灾难。

7. आ 构成阴性名词。加这个后缀的根是辅音尾而有长元音（包括复辅音前的短元音），而且变过去分词时加 इ 的以及致使动词以外的引申动词。例如：ईहा 愿望，努力，√ईह् 愿望。सेवा，√सेव् 服务。पूजा，√पूज् 崇拜。कीडा，√कीड् 游戏。अपेक्षा，अप+√ईक्ष् 注意，考虑。जिज्ञासा，√ज्ञा 求知欲。पिपासा，√पा 想饮，渴。बुभुक्षा，√भुज् 想吃，饿。

8. उ 加在根变成愿望动词的词干后，成为形容词和名词，表示愿望者。例如：यियासु，√या 想走的人。उपजिगमिषु，उप+√गम् 想走近的人。दिदृक्षु，√दृश् 想看的人。सिसृक्षु，√सृज् 想创造的人。मुमूर्षु，√मृ 要死的，濒死的。जिकीर्षु，√कृ 想做的人。विजिगीषु，वि+√जि 求胜利的。भिक्षु，√भिक्ष् 求乞者，比丘。इच्छु，√इष् 愿望者。

9. अक 构成形容词和名词，表示行动者。加这个后缀的根的变化是：辅音尾前的短元音变 गुण，如这个短元音是 अ 则变 वृद्धि，但尾音是 म् 而变化时能加 इ 的根，म् 前的 अ 不变；如有尾元音则变 वृद्धि。尾元音如是 आ（ए，ऐ，आ），则在 अक 前加 य्。例如：भेदक，√भिद् 剖者，劈者。बोधक，√बुध्（致使）通报者。नायक，√नी 引导者，主角。दमक，√दम् 驯服……者。नियामक，नि+√यम् 控制者，约束者。जनक，√जन्（致使）生者，父亲。दायक，√दा 给予者。ग्राहक，√ग्रह् 接受者，取者。घातक，√हन् 杀害者。पालक，√पा（致使 पालयति）保护。दर्शक，√दृश् 看者。कृष्णं दर्शको याति। 他去看 K.。

注意：与 अक 相当的阴性名词后缀是 इका。例如：नायिका 女领导人。

10. तृ 表示行动者，要求根的变化与纡回将来时第三人称单数相同。例如：कर्तृ，√कृ 做者，行动者。दातृ，√दा 给予者。त्रातृ，√त्रै 保护者。वक्तृ，√वच् 说者。योद्धृ，√युध् 战斗者。

注意：तृ 的阴性是 त्री。例如：कर्त्री 女行动者。

11. इन् 表示行动者，多半加在有前缀的根后，或者所构成的词作为复合词的后半。根的变化一般与加 अक 时相同。例如：अनुजीविन्，अनु+√जीव् 依靠别人生活者。परिवर्तिन्，परि+√वृत् 旋转者。निवासिन्，नि+√वस् 居住者。उष्णभोजिन्，√भुज् 习惯吃热食的。शोभनमानिन्，√मन् 自认为美好的。श्रमिन्，√श्रम् 努力的。स्थायिन्，√स्था 长久存在的。भाविन्，√भू 将要存在的，未来的。गृह्णातीति ग्राहिन्，√ग्रह् 接受者。कुमारं हन्तीति कुमारघातिन् 杀害儿童者。साधुकारिन्，√कृ 行好事的，做得对的。पण्डितमानिन्，√मन् 自认为学者的。दर्शनीयमानिन्，√मन् 自认为美的。

12. ईयस् 与 इष्ठ 是构成形容词比较级和最高级的后缀，也是 कृत्。因为比较级 तर、最高级 तम 是加在形容词阳性干上的后缀，而 ईयस् 和 इष्ठ 是加在形容词的根上的后缀，所以前者是间接后缀而后者是直接后缀。文法家规定这两个 कृत् 只能加在表示性质的形容词的根上。例如：स्थिर 坚定的，√स्था，比较级是 स्थेयस्，最高级是 स्थेष्ठ。如加 तर 和 तम，则是 स्थिरतर 更坚定的，स्थिरतम 最坚定的。

13. या 加在少数根后，成为阴性抽象名词或工具。例如：√कृ, क्रिया 行为。√विद्, विद्या 学问。√शी, शय्या 床。

常见的तद्धित后缀

1. **अ** 这是广泛出现的后缀，构成名词和形容词。意义很多。例如：शुचि 洁净，शौचम् 纯洁。युवन् 青年，यौवनम् 青年时代。सुहृद् 朋友，सौहार्दम् 友谊。पृथु 广阔的，पार्थवम् 广度。काकः 乌鸦，काकम् 鸦群。पुत्रः 儿子，पौत्रः 孙子。पुरुः 人名，पौरवः 布卢的后代。उपगुः 人名，औपगवः Upagu 的后代。व्याकरणम् 文法，वैयाकरणः 文法学家。देवः 天神，दैव 神的，दैवम् 命运。कषायः 赭色，काषाय 赭色的，काषायः 袈裟。चक्षुस् 眼，चाक्षुष 可见的。अश्मन् 石头，आश्म 石头做的。पृथिवी 大地，पार्थिवः 君主。

注意：阴性变 अ 为 ई。例如：पर्वतः 山，पार्वती 雪山的女儿。

2. **य** 与 अ 相似，意义很多。例如：दरिद्र 穷的，दारिद्र्यम् 穷困。पण्डितः 学者，पाण्डित्यम् 学问。शूरः 英雄，शौर्यम् 英勇。वणिज् 商人，वाणिज्यम् 商业。उत्सुक 热心的，औत्सुक्यम् 热心，राजन् 国王，राज्यम् 王国，统治。वीरः 英雄，男子，वीर्यम् 大丈夫气概，精力。सखि 朋友，सख्यम् 友情。सेनापतिः 将军，सैनापत्यम् 司令的职位。राजन् 国王，राजन्यः 王族的一员，王公。गर्गः 人名，गार्ग्यः Garga 的后代。देवः 天神，दैव्य 神圣的。दिव् 天，दिव्य 天上的，神圣的。गो 母牛，गव्य 母牛的。ग्रामः 村庄，ग्राम्य 乡村的。दन्तः 牙齿，दन्त्य 牙齿的，有益于牙齿的。

3. **त्व**（中性）和 **ता**（阴性）构成抽象名词。例如：गो 母牛，गोत्वम् 或 गोता 牛性。दृढ 坚定的，दृढत्वम् 或 दृढता 坚定性。भीरु 胆小的，भीरुत्वम् 或 भीरुता 怯懦。निःसार 无内容的，不精彩的，无勇气的，निःसारत्वम् 或 निःसारता 毫无价值。भृत्यः 仆役，भृत्यत्वम् 或 भृत्यता 奴役地位。ता 有时表示集体。例如：जनः 人，जनता（阴性）人民。

4. **इमन्** 加在表示颜色的和若干其他形容词后，构成阳性抽象名词。词干与加 ईयस्、इष्ठ 时同样变化。例如：शुक्ल 白色的，शुक्लिमन्（单，体，शुक्लिमा）素白。महत् 大，महिमन् 伟大。उरु 宽，वरिमन् 宽阔。दृढ 坚定，द्रढिमन् 坚定性。पृथु 宽，प्रथिमन् 宽度。गुरु 重，गरिमन् 重量，沉重。

注意：这都是阳性名词，勿与加 कृत् 后缀 मन् 的中性名词混淆。

5. **मत्** 和 **वत्** 是广泛出现的表示"有"的后缀，构成形容词，意义是"它有……"、"其中有……"。तदस्यास्त्यस्मिन्निति मतुप्।गावो अस्य सन्ति, गोमान्देवदत्तः।有牛的 D.。वृक्षा अस्मिन्सन्ति, वृक्षवान्पर्वतः।多树的山。例如：धी 智慧，धीमत् 聪明的。विद्या 学问，विद्यावत् 有学问的。

由例可见，वत् 是加在尾音或尾音前一音是 अ、आ、म् 的词上。此外，五组辅音的前四音为尾音的词也加 वत्。例如：ज्ञानवत् 有知识的。किंवत् 有什么的？कामवत् 有爱情的。पयस्वत् 有乳的。भास्वत् 有光的。मरुत्वत्（阳性）有风神为伴的。दृषद्वत् 有石头的。其

他加 मत्。例如：अग्निमत् 有火的。विदुष्मत् 有学者的。ज्योतिष्मत् 有光的。由例可见，词尾的 त्、स् 的变化与在元音起头的格尾前相同。त् 不变为 द्，अस् 不变为 ओ，इस् 不变为 इर्。

6. इन्、विन्、मिन् 与 मन् 一样是表示"有"的后缀。इन् 多半加于 अ 尾的词后，विन् 多半加于 अस् 尾的词后，मिन् 出现较少。例如：धानिन् 有钱财的。तेजस्विन् 有光辉的。तपस्विन् 有苦行的。मेधाविन् 有智慧的。वाग्मिन् 能言善辩。

7. इत 也是表示"有"的后缀。例如：पुष्पम् 花，पुष्पित 有花的。कण्टक 刺，कण्टकित 有刺的。व्याधिः（阴性）病，व्याधित 有病的。फलित 有很多果子的。सुखित 幸福的。दःखित 痛苦的。

8. मय（阴性 मयी）构成形容词，表示"由……造成的"，"包含……的"，"充满……的"。词尾的 क्、ट्、त्、प् 在 मय 前变为相应的鼻音。例如：अश्मन् 石头，अश्ममय 石制的。आम्रः 芒果树，आम्रमय 芒果树的（树林，地区）。अन्नम् 食物，अन्नमय 食品丰富的。दारुः 树木，दारुमय 木制的。मृद् 泥土，मृन्मय 土制的，陶器的。चित् 心，精神，चिन्मय 精神的（त् 不变 द्）。表示"丰富的"可以成为中性名词。例如：अन्नमयम् 食粮丰富，足食。

9. मात्र（阴性 मात्री）构成形容词，表示量的多少，"只这么多的"。例如：ऊरुः 大腿，股，ऊरुमात्र 高（深）及股际。

10. वत् 构成不变词，意义是"如同"，"好像"，条件是相似之处是行动。例如：ब्राह्मणवत् 如婆罗门，指 ब्राह्मणवदधीते。他学习如同婆罗门一样。但只能说 पुत्रेण तुल्यः स्थूलः 和儿子一样肥胖，不能说 पुत्रवत्स्थूलः。常用的 विधिवत् 指祭祀、礼节等都按照经典规定 विधि 行事。

11. तर 和 तम 是形容词比较级和最高级后缀，也是间接后缀。

12. अक 广泛出现，意义很多。例如：उष्ट्रः 骆驼，औष्ट्रक 骆驼的。ग्रीष्मः 夏季，ग्रैष्मक 夏季的。अरण्यम् 森林，आरण्यक 森林的，森林中人。मानुष्यकम् 适合人居住的地方。पन्थक 路上生长的。राजकम् 或 राजन्यकम् 群王或适合王族的。मीमांसा 弥曼差派哲学，मीमांसकः 弥曼差派哲学家。

13. इक 与 अक 相仿。例如：मासिक 按月的，一月的。वार्षिक 一年的。सैनिकाः 军队（复数表示集体）。असिः 刀剑，आसिकः 刀剑手。धार्मिक 遵守正法的，虔信宗教的。हस्तिन् 象，हास्तिकः 骑象者。आस्तिकः 信神者。नास्तिकः 无神论者。वेदः 吠陀经典，वैदिक 吠陀的或吠陀学者。न्याय 尼也耶（逻辑）派哲学，नैयायिकः 尼也耶派哲学家。पथिकः 行路人，旅客。वीणा 弦琴，वैणिकः 琴师。

14. ईय 意义是"属于"、"关于"等。例如：पाणिनिः 文法家名，波你尼，पाणिनीय 波你尼的，属波你尼派的。在某些词后加 क。例如：स्वकीय 自己的。जनकीय 人民的。

राजकीय 国王的。

15. एय 与 ईय 相仿。例如：आग्नेय 火的，आतिथेय 好客的。

16. क 与前相仿，有时不增加意义。例如：मद्रकः Madra 国的。बालकः 儿童。शीतकः 冷的，懒人。उष्णकः 热的，勤奋的人。有时含有轻鄙之意。例如：पुत्रकः 可怜的儿子。वृक्षकः 小树。अश्वकः 劣马。शूद्रकः 首陀罗，贱民。

17. कल्प、देश्य 或 देशीय，意义为"差不多"。例如：विद्वत्कल्प、-देश्य、-देशीय 大体是学者。कविकल्प 与诗人差不多。मृतकल्प 濒死的。有时加在动词后。例如：पचतिकल्पम् 煮得还不错。

18. तन 出现在时间副词后，意义是"属于"、"关于"。例如：सायंतन 傍晚的。अद्यतन 今天的。ह्यस्तन 昨天的。चिरतन 很久的。

19. तस् 意义等于第五格。例如：आदितः 从头。परितः 从各方面。अभितः 从两面。मत्तः 从我。त्वत्तः 从你。

20. शस् 副词后缀。例如：अल्पशः 一点一点，逐渐。बहुशः 很多。क्रमशः 逐步。

语法形式的意义和用法

（一）一致关系

句中有三种一致关系：形容词和所形容的词性、数、格一致。主语和动词的数、人称一致。关系代词和所代表的词的性、数、人称一致。但应注意：

1. 形容词

（1）有固定性别的数词不变。例如：शतं ब्राह्मणाः 一百婆罗门，शतं स्त्रियः 一百妇女。

（2）一个形容词而所形容的有不同性别时，阴阳二性，形容词用阳性。如内有中性，则形容词是中性。但有时依多数词性或最近一词的性。例如：स नरस्तस्य गृहिणी च सुवृत्तौ 他夫妇品行好。स नरस्तस्य चरित्रं च विस्मयोत्पादे 他和他的行为都令人惊异。

2. 动词

（1）由 च 联系的主语不同数，动词用复数。由 वा 联系的则依最近一个。

（2）由 च 联系的主语不同人称，依第一、二、三人称排列优先。由 वा 联系则依最近一个。

（3）分词作谓语时与主语性、数一致。

例如：त्वमहं रामश्चैतत्करिष्यामः 你、R 和我将同做此事。त्वं रामश्च पाठशालां गच्छतम् 你和 R.

去学校吧！ अहं च देवदत्तश्च पचावः। त्वं चाहं च पचावः। त्वं देवदत्तश्च पचथः।

3. 关系代词和所代表的词的格应各就本身在本句中的地位而定，彼此不求一致。例如：**यस्यास्ति वित्तं स नरः कुलीनः** 有钱的便算是出自名门。**यस्य बुद्धिर्बलं तस्य** 有智慧的就有力量。

（二）动词

动词变化有对称的完整两套：**परस्मैपदम्**（简称 P）和 **आत्मनेपदम्**（简称 Ā）。本来是两个 **पद**，一是为他人 **परस्मै**，一是为自己 **आत्मने**，但后来实际只是形式变化上的区分。但应注意：有些动词是兼用二者的，有些只用一种。有的则不加前缀是一种，加了某些前缀又是一种。有的则某种意义必用某种形式。

依照动词在句中作用及意义区别，则应分三种：一是主动的，形式包括 P 和 Ā，二是被动的，形式只有 Ā，三是无人称主语的，形式也只有 Ā。由主动动词形式构成的句子，句中主语就是动作的发动者，是行动者。由被动动词形式构成的句子，句中主语是动作的接受者，而行动者用第三格表示。无人称主语的动词形式在句子没有主语，永远用第三人称单数，而行动者用第三格表示。在变化形式上，无人称和被动一样。在动词性质上，主动兼有及物和不及物性质，被动动词是及物的，无人称动词是不及物的。

注意：

（1）及物不及物并不由句中有无宾语性质的第二格的词决定。

（2）行动者和句中主语是两个不同概念。主语总是第一格，行动者则不然。主语不一定是发动和进行动作的，也可以是行动的接受者。

（3）代词主语由动词可知，常不出现。

（4）古典梵文后期多用被动和无人称形式，甚至多用过去分词（被动的和主动的）以及动形容词，而不用依人称变化的动词。

例如：主动句：**कमलानि पश्यति** 他看见一些莲花。**वन्दे मातरम्** 我礼拜母亲。**आचार्यं शिष्यः सेवते** 学生侍候老师。

被动句：**भृत्यैः सेव्यसे** 你被仆人侍候。**नृपेणारयो जीयन्ते** 敌人被国王所战胜，即国王打败了敌人。

无人称句：**आस्यते भृत्येन** 仆人坐着。

动词的时态、语气等变化的意义和用法分列如下：

注意：这些名称是依欧语语法习惯术语叫的，但与欧语不大相同，名称和意义也不全符合。例如：完成时和英语的完成时并不相同。

1. 现在时

（1）表示说话时开始、进行或完成的行为，也表示经常地或习惯地进行的行为，也表示一般真理或客观事实的情况。例如：अयं मम सर्वो ऽपि परिग्रहः पलायितुमिच्छति 我的所有随从都想逃走。इहाधीमहे 我们在这里学习。स्रवन्ति नद्यः 江河流动。हिमवतो गङ्गा प्रभवति 恒河发源于雪山。

（2）表示刚刚已发生或即将发生的事。例如：कदागतो ऽसि 你什么时候来的？ अयमागच्छामि 我刚来。कदा गमिष्यसि 你什么时候走？ एष गच्छामि 我就走。

（3）与 स्म 连用表示过去时。例如：कस्मिंश्चिद्वने भासुरको नाम सिंहः प्रतिवसति स्म 从前有一头名叫 Bh.的狮子住在一个森林里。

（4）与 पुरा 连用表示当天以前的事。这也可用过去时。例如：वसन्तीह पुरा छात्राः 或 अवसन् 或 ऊषुः 或 अवात्सुः 从前学生们住在这里。

（5）与 यावत् 或 पुरा 连用可表示将来时。例如：नयनविषयं यावदत्येति भानुः 直到太阳消逝不见（日落）。भूयश्चापि त्वमसि कण्ठलग्ना पुरा मे 你不久将再和我拥抱（抱住颈子）。

（6）在下列情况可与将来时形式一样用：有 कदा、कर्हि，或者有疑问词而表示愿得什么，或者没有疑问词而表示满足某种愿望即能得到某种结果。例如：कदा भुङ्क्ते 或 भोक्ष्यते 他何时吃？ कतमो भिक्षां ददाति 或 दास्यति 你们中间有谁施食？ यो भक्तं（अन्नं）ददाति（दास्यति）स स्वर्गं गच्छति（गमिष्यति）谁施食谁将升天。

（7）为叙述生动而用于过去时。例如：हस्ती ब्रूते कस्त्वम् 象问："你是谁？"

2. 三种过去时

在古典文学中，三种过去时没有多少区别，但在更古的经典中是有分别的。文法学家规定的分别如下：

不定过去时是一种近过去时，指当天的过去事件，或仅指一般的过去已完成的行为。未完成时是远过去的，指当天以前的过去事件。完成时也是远过去时，指说话人所未能亲自见到的当天以前的事，因此，一般不用于对话。

此外，不定过去时还表示有连续性的行为。完成时的第一人称表示不自觉的行为或作为加强的否定。

例如：उपाध्याय गां ददाति।अदात्।दास्यति। 他献老师一头母牛（已献，将献）。

तस्य ह पुत्रो जज्ञे रोहितो नाम।तं होवाच।अजनि ते वै पुत्रो यजस्व मानेनेति। 他生了一个儿子，名叫 R.。（Varuṇa）对他说："你生下儿子了。用他来祭我吧！"

स प्रजापतिरब्रवीदथ को ऽहमिति।यदेवैतदवोच इत्यब्रवीत्।ततो वै को नाम प्रजापतिरभवत्। 生主说："我是谁？"（Indra）说："正是你刚才所讲的。"因此，生主以"谁"为名号。

यावज्जीवमन्नमदात् 他一生施食。

बहु जगद पुरस्तात्तस्य मत्ता किलाहम् 据说我在他面前说了很多话，我真是醉了（疯了）。

कलिङ्गेष्ववात्सीः किम्। नाहं कलिङ्गाञ्जगाम। 你在 K.住过吗？我根本没有到过 K.（K 族人的地区）。

注意：不定过去时和未完成时去 अ 与 मा、स्म 连用以及不定过去时去 अ 与 मा 连用，实际是古虚拟语气的遗留，其意义同于命令式。例如：

मा गमः（मा स्म गमः）（मा स्म गच्छः）不要走。

मा कार्षीत्（मा स्म कार्षीत्）（मा स्म करोत्）别做。

3. 两种将来时

两种将来时的分别正同前两种过去时的分别相当。

（1）简单将来时指当天的或一般的未来事件，是近将来时。

（2）纡回的（复合的）的将来时指当天以后的未来事件，是远将来时。

此外，简单将来时还表示连续性的行为、愿望、意图。例如：

यास्यत्यद्य शकुन्तला 今天 S.要走了。

उत्पत्स्यते ऽस्ति मम को ऽपि समानधर्मा 也许现在有，至少将来总会有，和我气质相同的人。

ग्राममद्य प्रवेक्ष्यामि 今天我将进村去。

अचिरादादास्यध्वे 不久你们便会接受。

यावज्जीवमध्यापयिष्यति 他将一辈子教书。

श्वः कर्ता 他明天会做的。

घटेन कार्यं करिष्यन्कुम्भकारकुलं गत्वाह कुरु घटं कार्यमनेन करिष्यामीति 想用罐子做什么事的人先到制罐工人家里去说："做一个罐子，我要用它。"

4. 命令式

命令式和虚拟式同样表示命令、请求、愿望、规定、劝告、追问等，也和动形容词同样表示命令、准许、应当等，还可以表示祝福。例如：

एहि 来吧！

ग्रामं भवानागच्छतु（आगच्छेत्）请到村中来吧！

इह भवानास्ताम्（आसीत्）请坐这儿。

अधीच्छमो भवन्तं माणवकं भवानध्यापयतु（अध्यापयेत्）我们来请您教这个孩子。

व्याकरणमध्ययै（अधीयीय）我想学文法。

इच्छामि भुङ्क्तां（भुञ्जीत）भवान् 我希望你吃。

किंनु खलु भो व्याकरणमध्ययै（अधीयीय）我还要学习文法吗？

करोतु कटं भवान्（भवता कटः कर्तव्यः）请编织席子。（你可以或应当编织席子。）

चिरं जीवतु（जीवतात् 或 जीव्यात्）भवान् 祝您长寿。

5. 虚拟语气

（1）与命令式同样表示命令等。

（2）表示愿望、希望，但句中有 **कचित्** 时不能用。例如：**कामो मे भुञ्जीत भवान्** 我希望你吃。**कचिज्जीवति ते माता** 我希望你的母亲活着。

（3）表示可能或大概会发生的事。如有"我猜想"一类词时，可同样用简单将来时，但有 **यद्** 时不能用。例如：**अपि पर्वतं शिरसा भिन्द्यात्** 他甚至会以头撞开山。**लभेत सिकतासु तैलमपि** 他也许可以由沙榨油。**संभावयामि भुञ्जीत（भोक्ष्यते）भवान्** 我想你也许会吃。但不能说：**संभावयामि यद्भुञ्जीत भवान्।**

（4）与动形容词同样表示应当、适合、可能、能够。例如：**भवान्खलु कन्यां वहेत्（भवता खलु कन्या वोढव्या）** 你应当（可以）娶这女郎。**भवान्खलु भारं वहेत्（भवता खलु भारो वोढव्यः）** 你能够（可以）担负这重担。

（5）与 काल、समय、वेला 连用，而以 **यद्** 为引。例如：**कालो यद्भुञ्जीत भवान्（＝कालो भो भोक्तुम्）** 是你吃饭的时候了。

（6）表示假设，可兼用于条件及结果。例如：**दक्षिणेन चेद्यायान्न शकटं पर्याभवेत्** 假如他向右走，车子就不会翻了。

6. 假定式

表示过去或将来不出现的或与事实相反的假设，必须兼用于条件与结果。例如：**अभोक्ष्यत भवान्घृतेन यदि मत्समीपमागमिष्यत्।** 如果你来到我的身边，你就能吃到酥油了。**सुवृष्टिश्चेदभविष्यत्सुभिक्षमभविष्यत्।** 假如下过好雨，就会丰收了。

7. 祝福式

表示祝福或愿望。例如：**चिरं जीव्याद्भवान्** 祝你长寿。**कृतार्थः भूयासम्** 愿我能成功。

（三）不定式、独立词、分词、动形容词

1. 不定式

（1）不定式虽然形式来源是第二格（业），但一般意义却是第四格（为），表示作为另一行动的目的的行动，而且可以用意义相当的名词的第四格代替。例如：**पक्तुं व्रजति＝पाकाय व्रजति** 他去做饭。**भोक्तुं व्रजति** 他去吃饭。可用 **अक** 后缀构成名词代替。例如：**भोजको व्रजति** 他去吃饭。

（2）与表示愿望的动词连用，条件是两个行动的行动者是同一个人。例如：**इच्छति भोक्तुम्** 他想吃。但是不能说：**तमेतत्कर्तुमहमिच्छामि** 我愿他做此事。

（3）与下列动词及其同义词连用：**शक्** 能，**धृष्** 敢，**ज्ञा** 知，会，**ग्लै** 不喜欢，厌倦，**घट्** 努力，**आरभ्** 开始，**लभ्** 接受，得以，**प्रक्रम्** 开始，**उत्सह्** 能，做到，**अर्ह्** 应当，必须，值得，**अस्**（以及 **भू**，**विद्**）是。例如：**शशाक न नियन्तुम्** 她不能控制。**इन्द्रियाणि संनियन्तुं**

न शक्यन्ते 感官不能被控制。शक्यमेवं कर्तुम् 可以这样（被）做。न दधृषतुर्वक्तुम् 他俩不敢说。न विजानाति विनिवर्तितुम् 他不知道转回去。दयितां त्रातुं घटस्व 你努力救护爱人吧。भोक्तुं लभते 他得到吃的。तपश्चरितुं प्रचक्रमे 她开始苦行。न कर्तुमुत्सहे 我做不了。न दण्डं दातुमर्हति 他不应当交罚金（受罚）。वक्तुमर्हसि 你应当说，请说。अस्ति 或 भवति 或 विद्यते भोक्तुम् 这儿有吃的。

（4）与 अलम् 及其同义词连用，表示：足够、能够、相等、适合。例如：अलं विज्ञातुम् 有能力了解。पर्याप्तो ऽसि प्रजाः पातुम् 你足能保护人民。प्रापयितुमीश्वरः 足可得到。वोढुं पारयति 他能担负。

（5）与 काल、समय、वेला 连用。例如：कालो 或 समयो 或 वेला भोक्तुम् 是吃饭的时候了=कालो भोजनस्य 或 कालो यद्भुञ्जीत भवान्।

（6）不定式去尾音 म्, 与 काम 或 मनस् 结合成为形容词，表示愿望。例如：प्रतियातुकामः शिष्यः 打算回去的学生。अयं जनः प्रष्टुमनास्तपोधने 苦行女啊！我想问个问题。

（7）注意：

① 不定式无被动形式。如表示被动，只能改变变化的动词。例如：स भारं वोढुमिच्छति 或 तेन भारो वोढुमिष्यते 他愿担负起来。

② √अर्ह् 第三人称常表示"能"，第二人称常表示"请"。例如：को ऽन्यो योद्धुमर्हति 此外谁能战斗？अग्निं शमयितुमर्हसि 请把火熄灭。प्रतिवक्तुमर्हसि 请你回答。

2. 独立词

（1）基本意义是在另一行动（一般是主要动词所表示的）之前，由同一行动者进行的行动。例如：भुक्त्वा व्रजति 他吃过就走了。भुक्त्वा पिबति 他先吃后喝。इत्यभिधाय（उक्त्वा）तया दृदृशे भस्म 她说完，就看见了灰烬（灰被看见了）。इत्युक्त्वा विरराम 他这样说完，就停止了。

（2）有些又相当于前置词或副词。例如：नीत्वा 或 गृहीत्वा 或 आदाय 拿着，带着，和……一起。मुक्त्वा 或 विहाय 除了。अप्राप्य नदीं पर्वतः स्थितः 山不到河边=山在河的这一边。अतिक्रम्य पर्वतं नदी स्थिता 河在山的那一边。

（3）与 अलम् 或 खलु 连用时表示禁止。例如：अलं रुदित्वा 别哭了。अलं कृत्वा 或 खलु कृत्वा=मा कार्षीः 别做。

3. 分词

（1）现在分词表示正在进行的行为，将来分词表示将要进行的行为。例如：अरण्ये चरन् 正在林中走着时。करिष्यन् 或 करिष्यमाण 将要做……的。现在分词也可表示情况或原因。例如：शयाना भुञ्जते यवनाः Y.人（希腊人）躺着吃。अधीयानो वसति 他为求学而住下。将来分词也可表示愿望。例如：वन्यान् विनेष्यन्निव दुष्टसत्त्वान् 他好像想要驯服猛兽。现在分词常与 √आस्、√स्था 连用，表示连续性动作。例如：पशूनां वधं कुर्वन्नास्ते 他经常屠杀牲畜。तं प्रतिपालयन् तस्थौ 一直等候着他。

（2）完成分词表示已经进行的事。主动语态常代替动词过去时变化。例如：

उपसेदिवान्कौत्सः पाणिनिम् (=उपासीदत् 或 उपससाद 或 उपसदत्) K. 侍奉文法家 P.。 स शुश्रुवांस्तद्वचनम् 他听了他的话以后。

（3）过去分词的主动形式（वत्）和被动形式（त）都表示过去事实，常代替动词过去时变化，不一定有 √अस् 连用。例如：कृतवानसि विप्रियं न मे प्रतिकूलं न च ते मया कृतम् 你没有对我做过不如我意的事，我也没有对你做过违反你意的事。तेनोक्तम् 他说。राजा कुमारं देव्यै समर्पितवान् 国王把孩子交给了王后。

（4）过去被动分词：如是及物的，则表示接受动作的对象，而且与有关的名词性、数、格一致；如是不及物的，则可作为无人称，只用中、单、体，而行动者用第三格。例如：कृतः कटो भवता 席子被你织成了=你织了席子。आसितं भवता 你坐下了。但不及物的一般也作为形容词。例如：प्ररुदितो राजा 国王哭了。सत्यं मृतो ऽयं पापः 这个罪人真死了。

（5）下列不及物动词的过去被动分词可随行动者变化，即使加上了前缀变为及物动词，仍然可指对象也可指行动者。这些动词是：श्लिष् 拥抱，रुह् 登上，आस् 坐，जन् 生，वस् 住，शी 躺、卧，स्था 立。它们有时可表示主动且带宾语。例如：आसितो भवान् 或 आसितं भवता 你坐下了。असि विद्रुतः 你跑了。गतो देवदत्तो ग्रामम् D. 到村庄去了。गतं देवदत्तेन D. 走了。आरूढो वृक्षं भवान् 或 आरूढो वृक्षो भवता 你上了树。उपस्थितो गुरुं भवान् 或 उपस्थितो गुरुर्भवता 你侍候老师。

（6）表示"走"、"吃"的及其他一些不及物动词的过去被动分词可指行动的地方。例如：इदमेषामासितम् 这是他们坐过的地方。इदमेषां यातम् 这是他们走过的地方。इदमेषां भुक्तम् 这是他们吃过饭的地方。

（7）表示"赞同"、"愿望"、"知道"、"尊敬"的动词的过去被动分词可失去过去时意义而成为形容词，行动者用第六格。例如：राज्ञां मतः 或 इष्टः 国王所同意的或喜爱的。राज्ञां पूजितः 国王所尊重的。मम विदितम् 我所知道的。

（8）过去被动分词可成为中性名词。例如：गतम् 出发，走。दत्तम् 给的东西，赠品。खातम् 挖的坑。भुक्तम् 食物。

4. 动形容词

（1）动形容词含被动意义，常代替动词变化。及物的指行动的对象，随有关的词变性数格，不及物的用中、单、体作为无人称，行动者用第三格。例如：कर्तव्यः कटो भवता 你应织席子。आसितव्यं भवता 你应坐下。त्वयावहितेन भवितव्यम् 你应当注意。तत्रभवता तपोवनं गन्तव्यम् 阁下应当去苦行林。

（2）动形容词常同命令和虚拟一样表示命令、请求、适合、应当等意义。例如：किं कर्तव्यं मयाधुना 现在我应当做什么。त्वया भारो वहनीयः 你应（能）担负此重担。हन्तव्यो ऽयं शठः 这流氓当杀。गन्तव्या ते वसतिरलका नाम यक्षेश्वराणाम् 你将要到名为 A. 的药叉王住的地方去。मम सेव्यो हरिः 我应侍奉 H. 神。此类句中行动者可用第六格。例见上。

(3) भवितव्यम् 和 भाव्यम् 常用作"是"、"有"、"应当是"、"应有",行动者用第三格。例如:अत्र केनापि कारणेन भवितव्यम् 其中必有缘故。आर्यया प्रवाहणमारूढया भवितव्यम् 小姐必然是在车内。

(4) 可成为中性名词。例如:भवितव्यं भवत्वेव 该怎么样就怎么样吧。

(四) 格

八格中,呼格是与体格大致相同而在句中作为独立成分的。属格主要表示名词与名词的意义之间的关系。其余六格主要与动词有关,成为一类。

1. 体格,第一格

体格在主动句中是动词所表示的行为的行动者,在被动句中是动词所表示的行为的接受者。句中说明主格的补语的格与主格一致,也是体格。例如:कटं करोति देवदत्तः D.编织席子。कटः क्रियते देवदत्तेन 席子被 D.所织。तदण्डमभवद्धैमम् 它成为金卵。असौ नृपेण चक्रे युवराजशब्दभाक् 他被国王立为太子(享有太子称号者)。

2. 业格,第二格

(1) 业格在主动句中是动词所表示的行为的接受者,即宾语。当动词表示行走、移动、导向等意义时,业格表示行动的方向。例如:कटं करोति 他编席子。चौरान्पश्यति 他看见盗贼。ग्रामं गच्छति 他走向村庄。गमिष्याम्युपहास्यताम् 我将被人嘲笑。

(2) 宾语是业格时,说明宾语的补语也用业格。例如:तौ शरव्यमकरोत् 他把这二人当做射箭的目标。

(3) 行走、移动如果是真实的身体行动,目的地可以是业格或为格,否则只能用业格。例如:ग्रामं 或 ग्रामाय गच्छामि 我走向村庄。वनाय गच्छ 你去森林吧。但是,मनसा पाटलिपुत्रं गच्छति 他心飞向 P.城,这一句中的 P.城只能用业格。

(4) 表示移动的及物动词可以使接受行为的宾语和移动的方向(目的地)两者都用业格。但是,当采用被动句形式时,只有宾语转成体格,另一业格不变。例如:अजां ग्रामं गच्छति 他引牝羊去村庄。अजा ग्रामं नीयते 牝羊被引向村庄。

(5) 有两个业格的动词除 नी 外,还有 प्रछ् 问,भिक्ष् 乞求,याच् 求。也可以如此用的动词有:दुह् 挤奶,चि 采集,रुध् 围困,ब्रू 说,शास् 教。例如:माणवकं पन्थानं पृच्छति 他问路于男孩子。गां दोग्धि पयः 或 गोर्दोग्धि पयः(补语用业格或从格)他挤牛奶(从牛挤出奶)。पुत्रं 或 पुत्राय ब्रूते धर्मम् 他对这孩子说法。वृक्षमवचिनोति फलानि 他从树上采集果子。व्रजमवरुणद्धि गाम् 他把母牛关在牛栏内。क्षितीश्वरं रामं याचते 他向国王索 R.。变为被动:क्षितीश्वरो रामं याचितः 国王被他要求(派)R.(随他去)。

(6) 当动词转为致使形式时,如果动词是不及物的或意义是走动、知道、吃、学、朗诵时，其原来的行动者用业格，否则用具格。कृ 与 हृ 在致使形式下可任意用业格或具格。例如：

आस्ते देवदत्तः D.坐着。आसयति देवदत्तं यज्ञदत्तः Y.使 D.坐下。

वेत्ति माणवको धर्मम् 这童子知"法"。वेदयति माणवकं धर्मम् 他教这童子正法。

अधीते माणवको धर्मम् 这童子学"法"。अध्यापयति माणवकं धर्मम् 他教这童子正法。变为被动：अध्याप्यते माणवको धर्मम् 这童子被教以正法。

पचत्योदनं देवदत्तः D.煮饭。पाचयत्योदनं देवदत्तेन यज्ञदत्तः Y.使 D.煮饭。

करोति कटं देवदत्तः D.编织席子。कारयति कटं देवदत्तेन（或 देवदत्तं）यज्ञदत्तः Y.使 D.编席。हरति 取去。हारयति कटम्（使）取去席子。同上。

（7）业格还表示时间和距离。例如：मासमधीते 他学了一个月。क्रोशमगच्छत् 他已走了一 K.（即里）路。क्रोशं कुटिला नदी 这河弯曲流了一印里。

（8）注意：若表示在一定时间之内或在一定空间之内，完成一事或达到目的，则时地的词不用业格，而用具格。例如：मासेनानुवाकोऽधीतः 这一章学了一个月（现在已经学完）。

（9）注意：若表示两件行为之间的时间，或两次重复同一行为之间的时间，或行动者与行动目的之间的距离，则不用业格，而用从格或依格。例如：अद्य भुक्त्वा देवदत्तो द्व्यहाद्भोक्ता 或 द्व्यहे भोक्ता D.今天吃饭后，再过两天才再吃饭。इहस्थो अयमिष्वासः क्रोशाल्लक्ष्यं विध्यति 或 क्रोशे लक्ष्यं विध्यति 站在这儿的弓箭手射中了一印里以外的目标。

（10）注意：表示时间上这一点到那一点的距离用依格。表示空间上两点距离用体格或依格。例如：कार्त्तिक्या（从格）आग्रहायणी मासे 从 Kārttika 月望日到 Āgrahāyaṇa 月望日相隔一个月。गवीधुमतः（从格）सांकाश्यं चत्वारि योजनानि 或 चतुर्षु योजनेषु S.距 Gavīdhumat 四由旬。

（11）有些不变词要求有关的词处于一定的格。要求业格的词如下：

अन्तरा"之间"，अन्तरेण"之间"或"除去"。例如：अन्तरा 或 अन्तरेण त्वां च मां च कमण्डलुः 在你我之间有一个水罐（修道人用的）。अन्तरेण पुरुषकारं न किंचिल्लभ्यते 离了人的努力（勇气、毅力），什么也得不到。

समया 或 निकषा 附近，अभितः 或 उभयतः 从两方面，परितः 围绕，सर्वतः 从各方面，उपर्युपरि 在上（不接触），अध्यधि 在上（接触），अधोऽधः 在下。例如：समया 或 निकषा ग्रामम् 在村子附近。अभितो ग्रामम् 在村子两边。但是，这些都含有在附近之意。若没有附近意义，则可以用属格。例如：उपर्युपरि सर्वेषाम् 在一切之上。

हा 啊！धिक् 呸！糟糕！倒霉！例如：धिक्त्वाम् 去你的吧！

（12）有些独立用的前缀（前置或后置词）要求业格：

अनु 表示随、沿着、向、依照、以后或指每一个时。例如：अनु गङ्गाम् 沿着恒河。अनु

पुरोहितम् 随着祭司。तदनु 以后。अनु हरिं सुराः 众神皆在 H. 之后（之下，不如 H.）。वृक्षमनु 向着树。वृक्षं वृक्षमनु सिञ्चति 他一树接一树浇水（浇了一树又一树）。

उप 表示"接近"、"次于"时，例如：उप शाकटायनं वैयाकरणाः 诸文法家皆在 Ś. 之下（不如他）。

अभि、परि、प्रति 表示"向着某一个"或"每一个"、"一个又一个"时。例如：वृक्षं प्रति विद्योतते विद्युत् 电光对树照。वृक्षं वृक्षमभि सिञ्चति 他浇每一树。

3. 具格，第三格

（1）具格在被动句和无人称句中表示动作的主体或其动作的行动者，但一般是表示工具、方式、途径。例如：देवदत्तेन क्रियते कटः 席被 D. 编，即 D. 编了席子。आस्यते देवदत्तेन D. 坐着。देवदत्तेनोक्तम् D. 说。दात्रेण लुनाति 他用镰刀割。गुणैर्बन्धनम् 用绳缚。एत्य वर्त्मना 由大路来。注意：行动者的修饰语也随着用具格。例如：त्वयावहितेन भवितव्यम् 你应当注意。

（2）√दिव् 游戏、赌博，所用的东西可用具格或业格。例如：अक्षैर्दीव्यति 或 अक्षान्दीव्यति 他赌骰子。

（3）"雇佣"的工资用具格或为格。例如：शतेन 或 शताय परिक्रीतः 以百金被雇佣。但是买东西的价钱用具格。例如：सहस्रेण क्रीतः 千金买的。

（4）表示原因、理由、动机等。例如：कन्यया शोकः 由一女郎而忧伤。विद्यया यशः 由学问而得名誉。

（5）但如原因是阳、中名词表示的品质、特性，则也可以用从格。例如：पाण्डित्येन मुक्तः 或 पाण्डित्यान्मुक्तः 他由于有学问而获解放（解脱）。但是，प्रज्ञया मुक्तः 由智慧得解脱，只能用具格。भयात् 由于害怕，只能用从格。

（6）如原因用了हेतु 表示，则它和表示实际原因的名词都用属格。例如：अन्नस्य हेतोः 由于食粮，为了食物。

（7）有"原因"意义的词 हेतु、निमित्त、कारण，如有代词修饰，则其格不定（当然呼格除外）。例如："什么原因？"可以是 किं निमित्तम्，或 केन निमित्तेन，或 कस्मान्निमित्तात्，或其他格。注意：一般只用具格、从格。

（8）具格还表示"偕同"，因此常和有这意义的不变词、名词、动词连用，但也可以单独表示。例如：पुत्रेण सह 或 सार्धम् 和儿子一起。भार्यया सहितः 偕妻。धनेन संपन्नः 有钱。मूर्खैः सङ्गः 与愚人交往。रत्नं रत्नेन संगच्छते 珠联璧合。संगच्छस्व मया सार्धम् 来和我一起（交战）。ओघेन युज्यते नदी 河流跟洪水汇合了。वृद्धो यूना 老人和青年一起。

（9）表示人或物的特点、标志。अपि भवान्कमण्डलुना छात्रमद्राक्षीत् 你看见那带着水罐的学生没有？जटाभिस्तापसः 有辫发的苦行人（水罐和辫发是修道人和苦行者的标志）。

（10）表示身体的缺陷。例如：अक्ष्णा काणः 独眼的，पादेन खंजः 跛足的。

（11）具格的词常做副词用。例如：प्रकृत्या 出于天性。प्रायेण 多半是，往往。गोत्रेण

家世。**समेन** 在平地上。

（12）**किम्** 等词表示用途，**अलम्**、**कृतम्** 表示足够（不需要了），与具格连用。例如：**किं धनेन** 钱有何用？**अलं रुदितेन** 不必哭了。**कृतं अत्यादरेण** 不要客气。

4. 为格，第四格

（1）为格表示行动目的，为了谁，为了什么。例如：**उपाध्यायाय गां ददाति** 他送一母牛给老师。**देवदत्ताय गां प्रतिश्रृणोति** 他答应给 D. 一母牛。**तस्मै कथयति** 他对他说那件事。**दूतो रघवे विसृष्टः** 派到 Raghu 那儿去的使者。**युद्धाय संनह्यते** 他披挂起来准备作战。**यूपाय दारु** 为祭祀柱子用的木头。**कुण्डलाय हिरण्यम्** 造耳环的金子。**रन्धनाय स्थाली** 煮饭菜用的锅。

（2）由直接后缀产生的名词的为格可以代替同根动词的不定式。例如：**पाकाय व्रजति=पक्तुं व्रजति √पच्** 他去做饭。**आर्तत्राणाय वः शस्त्रं न प्रहर्तुमनागसि** 你的武器是为了保护（√त्रै）受苦人的，不是为了伤害（√हन्）无辜的。（两相对称的词，前一个用为格名词，后一个用不定式。这是《沙恭达罗》中诗句）。

（3）也可表示不定式动词的行动的目的物，但不定式须省略。例如：**पुष्पेभ्यो व्रजति=पुष्पाण्याहर्तुं व्रजति** 他去采花朵。**वृत्राय वज्रमुदयच्छत्** Indra 举起金刚杵去打 V.（**वृत्रं हन्तुम्** 变为 **वृत्राय**）。

（4）为格和 **कृप् कल्पते** 造成，**संपद् संपद्यते** 成为，**जन् जायते** 产生，**भू** 成为，连用，或甚至不与任何动词连用，能表示导向、造成、成为、产生等意义。例如：**विषादाय कल्पते** 这会产生愁苦。**उपद्रवाय भवति कोपः** 发怒能造成灾难。**अस्तु भवतां भूत्यै** 愿他使你幸福。**उपदेशो मूर्खाणां प्रकोपाय** 劝告愚人只能使他生气。**तस्य भार्यायै किं न कल्पसे** 你为什么没有成为他的妻子？**काव्यं यशसे**（**भवति**）作诗为得名。**वाताय कपिला विद्युत्** 橙色闪电预兆大风。

（5）常与下列动词连用：

स्पृह् स्पृहयति 渴望，想要，为格词指所想望的。例如：**पुष्पेभ्यः स्पृहयति** 他盼望有花。

धृ धारयति 欠债，为格指债主。例如：**देवदत्ताय शतं धारयति** 他欠 D.百金。

रुच् 可喜，讨喜欢，**स्वद् 1Ā** 可口，有美味，及其同义词，为格指喜欢的人。例如：**देवदत्ताय रोचते 或 स्वदते मोदकः** D.喜爱糕点。

क्रुध् 发怒，**द्रुह्** 恨，**ईर्ष्य्** 妒，**असूयति** 嫉，及其同义词，为格指对象。例如：**देवदत्ताय क्रुध्यति** 他生 D.的气。但是，**द्रुह्** 与 **क्रुध्** 有前缀时不用为格而用业格。例如：**देवदत्तमभिक्रुध्यति** 他对 D.生气。**किं मां संक्रुध्यसि** 你为什么对我生气？

श्लाघ् 奉承，**ह्नु**（**निह्नु** 等）**2Ā** 隐藏，瞒，**स्था तिष्ठते** 侍，支持（某一方），左袒，**शप्** 发誓，为格指对象。例如：**देवदत्ताय श्लाघते** 他奉承 D.。**देवदत्ताय निह्नुते** 他对 D.隐瞒……。

注意：这些是特殊的，都是表示想把自己心意表达给对方时的情况，否则用业格。例如：**राजानं श्लाघते मन्त्री** 大臣阿谀君王。

（6）下列词要求为格：

अलम् 足够，能匹敌，及其同义词。例如：**अलं मल्लो मल्लाय** 或 **प्रभुर्मल्लो मल्लाय** 或 **प्रभवति मल्लो मल्लाय** 这拳师足可对敌那拳师。

हित 对……有益。例如：**हितमामयाविने** 对病人有益。**ब्राह्मणाय हितम्** 对婆罗门有利。

नमस् 敬礼，**स्वस्ति** 祝福。例如：**नमो देवेभ्यः** 向天神敬礼。**स्वस्ति प्रजाभ्यः** 祝福人民！愿人民有福。

5. 从格，第五格

（1）从格的基本意义是从某物离开、避开等。所离开的用从格。例如：**ग्रामादागच्छति** 他从村庄来。**पर्वतादवरोहति** 他从山上下来。**अश्वात्पतितः** 他从马上落下。**प्रासादात्प्रेक्षते** 他从宫殿看（外面）。**आसनात्प्रेक्षते** 他从座位上看。**यवेभ्यो गां वारयति** 或 **निवर्तयति** 他从大麦（田）把母牛赶走。**गवीधुमतः सांकाश्यं चत्वरि योजनानि** S.离 G.四由旬远。**तेभ्यो लब्धम्** 从他们那儿得来的。

（2）与下列词连用：

意义是恐惧、保护（使免于……）、憎恶、堕落、失误、停止的词用从格表示所要离开的对象（所怕的等等）。例如：**चौरेभ्यो बिभेति** 他怕盗贼。**चौरेभ्यस्त्रायते** 他保护……免受盗贼之害。**चौरेभ्यो भयम्** 对盗贼的恐惧。**अधर्माजुगुप्सते** 他憎恶"非法"。**धर्मादिभ्रमति** 或 **निवर्तते** 或 **प्रमाद्यति** 他不再走"法"（正义）的道路了（停止、回头、失误）。

表示隐藏的动词用从格指不让知道的一方。例如：**उपाध्यायादन्तर्धत्ते** 或 **विलीयते** 他躲着不让老师看见。

从谁学习，从谁听来，用从格。例如：**उपाध्यायादधीते** 或 **आगमयति** 他从老师学习。**ताभ्यः श्रुत्वा** 听到她们说过以后。

与 **जन् जायते** 连用的从格表示产生某物的材料。与 **भू**（**प्रभू** 等）连用的从格表示来源、出发点。例如：**शृङ्गाच्छरो जायते** 箭由角制成。**हिमवतो गङ्गा प्रभवति** 恒河发源于雪山。

（3）与比较级或有比较意义的词连用，从格指所胜过或超过的。例如：**माथुराः पाटलिपुत्रकेभ्यः सुकुमारतराः** M.城居民比 P.城居民苗条。**मतिरेव बलाद्गरीयसी** 智慧比武力更重要。**अकीर्तिर्मरणादतिरिच्यते** 丧失名誉甚于死亡。

（4）**इतर** 其他的，**अन्य** 另一个，**भिन्न** 不同的，及其同义词，**ऋते** 除了，**आरात्** "远离"或"接近"，都要求有关的词用从格。例如：**इतरो देवदत्तात्** 与 D.不同的他人。**ऋते देवदत्तात्** 除了（没有）D.。余类推。

（5）与本义是方向的词连用：**पूर्व** 东，前，**उत्तर** 北，上，后，**प्राक्** 东，前，**उदक्** 北，**दक्षिणा** 或 **दक्षिणाहि** 在南边，**उत्तरा** 或 **उत्तराहि** 在北边，等。例如：**पूर्वो ग्रीष्माद्वसन्तः** 春在夏前。**प्राग्ग्रामात्** 在村前。**पूर्वो ग्रामात्** 村东。**दक्षिणा ग्रामात्** 村南。

注意：下列方向词不用从格，而用属格：**पुरस्तात्** 在前，及其他以 **तात्** 为尾的词；**दक्षिणतः** 在南，及其他以 **तः** 为尾的词；**उत्तरात्** 在北，及其他以 **आत्** 为尾的词；以及 **उपरि**

在上，पुरः 在前，अधः 在下。但是 उत्तरेण 在北，及其他以 एन 为尾的词也不用从格，而用业格或属格。例如：पुरस्ताद्ग्रामस्य 村东。दक्षिणेन ग्रामम् 或 ग्रामस्य 村南。

（6）दूर 远，अन्तिक 近，及其同义词要求有关的词用从格，而 दूर 等词本身则用业格、具格、从格、依格，作为副词。例如：दूरम् 或 दूरेण 或 दूरात् 或 दूरे ग्रामात् 或 ग्रामस्य 远离村庄。

（7）पृथक् 分离，单独，नाना 不同，歧异，要求有关的词用从格或具格；विना 除了，没有，要求有关的词用从格、具格、业格。例如：पृथग्देवदत्तात् 或 देवदत्तेन 离开 D.，除了 D.。विना देवदत्तात् 或 देवदत्तेन 或 देवदत्तम् 把 D.除外。

（8）下列不变词要求从格：

अप 与 परि 在表示"除外"的意义时。例如：अप त्रिगर्तेभ्यो वृष्टो देवः 除 T.地以外都下雨了。

आ 表示"一直到"或"自从"的意义时。例如：आ पाटलिपुत्रात् 一直到 P.城。आ षोडशात् 直到十六岁。आ मूलात् 从根起。आ जन्मनः 自从出生以来。

प्रति 表示"差不多"或"报酬、交换"的意义时。例如：प्रद्युम्नः कृष्णात्प्रति 或 कृष्णतः प्रति P.几乎赶得上 K.。तिलेभ्यः प्रति यच्छति माषान् 他以豆子换芝麻。

6. 依格，第七格

（1）依格表示所在地、所在时、当时情况。例如：कट आस्ते 他坐在席子上。स्थाल्यां पचत्योदनम् 他在锅里煮饭。तिलेषु तैलम् 芝麻中有油。गुरौ वसति 他住在老师家中。चरणयोर्निपेततुः 他二人跪倒他脚下。धूर्जगतः सचिवेषु निचिक्षिपे（统治）世界的重担被放在大臣们身上了。मयि विश्वासः 对我的信任。सुहृज्जने प्रेम 对朋友的感情。तस्मिन् काले 那时。तस्मिनवसरे 那时，正当此时。

（2）与下列动词连用时，业格表示地方：अधि+शी 躺在……上，अधि+स्था 站在……上，住在……上，अधि+आस् 坐在……上，住，अभि+नि+विश् 坐在……上，专心从事于，वस् 加前缀 अधि、अनु、उप、आ。例如：ग्राममध्यास्ते（军队）驻在村庄。पर्वतमधितिष्ठति 他站在山上。अभिनिविशते सन्मार्गम् 他专心从事于正道。

（3）依格也可表示行动的目的物，但此物必须是与行动的接受者（宾语）有不可分的直接联系。例如：चर्मणि द्वीपिनं हन्ति दन्तयोर्हन्ति कुञ्जरम्（人）杀虎为取皮，杀象为取牙。注意：如没有联系，则用为格表目的。

（4）有些过去分词加 इन् 后缀的形容词要求其宾语用依格。例如：अधीती（अधीत+इन्）व्याकरणे 学过文法的。

（5）独立依格表示一行为进行当时的另一行为的情况，规定此时间的情况的词连同形容词（常是分词）都用依格，而两件行为的行动者是不同的。例如：गोषु दुह्यमानासु गतः 当牛正被挤奶时，他走了。ऋद्धेषु भुञ्जानेषु दरिद्रा आसते 富者吃时，穷者坐着。तस्मिन्गते किं वृत्तम्

他走了以后，发生了什么事？**कुतो धर्मक्रियाविघ्नस्त्वयि रक्षितरि** 当你是保护者时，怎么会有宗教行为的障碍呢？（祭祀等事怎会不顺利呢？）**एवमुक्ते** 当他这样说过以后。**एवं सति** 事情既然是这样。

注意：表示"尽管如此"，"虽然如此"时可以不用独立依格而用独立属格。例如：**क्रोशतः**（属格或 **क्रोशति** 依格）**प्राव्राजीत्** 尽管（家里人）哭着，他仍然出家了。**पश्यतोऽपि मे शिशुरपह्रतः** 虽然我在看着，但孩子仍被带走了。

（6）下列情况可用依格或属格：

最高级形容词及其同义词，依格或属格表示在什么之中最高。例如：**मनुष्येषु** 或 **मनुष्याणां क्षत्रियः शूरतमः** 在人中，刹帝利（武士）最英勇。

与下列词连用：**स्वामिन्** 主人，所有者，**ईश्वर** 主人，主宰，**अधिपति** 统治者，君王，**दायाद** 继承人，**साक्षिन्** 见证人，**प्रतिभू** 保证金，**प्रसूत** 为……生下来的，将享有……的。例如：**गोषु** 或 **गवां स्वामी** 母牛的主人。**पृथिव्याः** 或 **पृथिव्यां ईश्वरः** 大地的主人。**दर्शने दर्शनस्य वा प्रतिभूः** 保证金（保证出庭受审）。**गोषु गवां वा प्रसूतः गोपः** 牧人为牛而生。

与 **आयुक्त** 从事于，**कुशल** 擅长于，连用。例如：**आयुक्तः कटकरणे** 或 **कटकरणस्य** 从事于织席。

（7）**प्रसित** 忠于，**उत्सुक** 急于，焦急，可连用依格或具格。例如：**केशेषूत्सुकः** 或 **केशैरुत्सुकः** 焦虑其头发。**निद्रायां निद्रया वा उत्सुकः** 渴睡。

（8）**साधु** 对……好，有礼貌，尊敬，**निपुण** 对……有礼貌，尊敬，可连用依格，或加上 **अनु**、**परि**、**प्रति**，而用业格。例如：**साधुर्देवदत्तो मातरि** 或 **मातरमनु** 或 **मातरं परि** 或 **मातरं प्रति** D.对母亲好（孝母）。注意：其他意义不如此。例如：**निपुणो राज्ञः भृत्यः** 聪明能干的国王之仆人。

（9）下列不变词与依格连用：

अधि 意义是"统治"或"被……统治"时。例如：**अधि पञ्चालेषु ब्रह्मदत्तः** B.统治 P.国（P.人之国）。**अधि ब्रह्मदत्ते पञ्चालाः** P.被 B.统治。

उप 意义是"增加"、"超出"时。例如：**उप खार्यां द्रोणः** 一斗加一升。以上二词有其他意义时，连用业格。

7. 属格，第六格

（1）属格基本上是不和动词联系的，只表示一种关系，也可以说是用于没有确定用其他格的地方。例如：**राज्ञः पुरुषः** 国王的人，差人。**पशोः पादः** 兽足。**पितुः पुत्रः** 父亲的儿子。**विद्यते मम धनम्** 我有钱。**तेजो वैष्णवं पत्न्योर्विभेजे** 他把 V.神的神威分配给两个妻子。

（2）但是属格也和动词连用：

当动词有"回忆"、"想念"的意义时，如 **स्मृ**。例如：**मातुः स्मरति** 他回忆母亲，想起母亲。

ईश् 统治，दय् 怜悯，同情。पृथिव्या ईष्टे 他统治大地。रामस्य दयमानः 可怜 R.的。

与表示次数的词连用，指动词行动重复多次的时间。例如：पञ्चकृत्वोऽह्नो भुङ्क्ते 他每天吃五次。

此外，还有些动词也要求属格。

（3）加直接后缀构成的词，其行动者和受事者都用属格。但如两者同时出现，则一般是受事者用属格，而行动者用具格。例如：भवत आगमनम् 你的来临。अपां स्रष्टा 水的创造者。वज्रस्य भर्ता 持雷杵者。आश्चर्यो गवां दोहोऽगोपालकेन 不是牧人而挤牛奶，真是一件奇事。चिकीर्षा विष्णुमित्रस्य कटस्य V.想编织席子的意愿。前句一用属格，一用具格，后句两者都用属格。

（4）与下列由直接后缀构成的词连用时，其行动者和受事者不用属格，而都用具格或业格：

不定式、独立词、分词（除了上文论分词中（6）（7）两条所说的用属格以外）。例如：कटं कर्तुम् 编织席子。कटं कृत्वा 编了席子以后。ओदनं पचन् 煮着饭。देवदत्तेन कृतम् D.所做的。注意：依前文论分词中所说。例如：राज्ञामिष्टः 国王所喜爱的。मम विदितम् 我所知道的。

由愿望动词词干加उ构成的词。例如：कटं चिकीर्षुः 想织席者。

由उक 后缀构成的词，如：घातुक 正杀害的，आगामुक 正来着的。例如：वत्सान्घातुकः 杀牛犊的。

由तृ 后缀构成而表示"习惯于……"的词。例如：वदिता जनापवादान् 惯于说人坏话的人。

由अक 后缀或इन् 后缀构成而含有将来意义的词，以及由इन् 构成而其受事者（宾词）是债务的词。例如：ओदनं भोजको व्रजति 他走去吃饭。शतं दायी 付百金（债）。

सुकर 易做的，इषत्कर 容易做的，दुष्कर 难做的，及其同类词。例如：सुकरः कटो भवता 对你来说，席子是容易编织的。तेन दुर्वहम् 他很难担负的。

（5）与动形容词连用时，其行动者（主词）可用具格或属格。例如：भवता 或 भवतः कटः कर्तव्यः 你应当编织席子。

（6）表示相等、相似的形容词，其有关的词可用属格或具格。例如：तुल्यो 或 सदृशो देवदत्तस्य 或 देवदत्तेन 与 D.相等或相似。

（7）下列祝福的词可用属格或为格：आयुष्यम् 长寿，भद्रम् 有福，कुशलम् 健康，सुखम् 幸福，हितम् 福气，利益。例如：आयुष्यं देवदत्तस्य 或 देवदत्ताय भूयात् 祝 D.长寿！

（五）代词

（1）第一、二人称的简式的应用是有条件的。不能用于句首，也不能紧接在与它联系的 च、वा、एव 之后，不能紧接呼格名词之后，等等。

（2）भवत् 语法是第三人称，意义是第二人称的一般尊称。如着重表示尊敬，在前面加 अत्र 或 तत्र。例如：क तत्रभवती कामन्दकी 尊敬的 K.（女）在何处？ आदिष्टो ऽस्मि तत्रभवता काश्यपेन 我奉了 K. 尊者之命。

（3）इदम् 常与第一人称主语一致，加重表示"这儿，我怎么样了。"例如：इयमस्मि 我在这儿。अयमागच्छामि 我来了。इयमहमारोहामि 这儿我上来了。

（4）तद् 指就是那个，不是别的，可与第一、二人称结合，सो ऽहम्，स त्वम्，亦有"那么"、"于是"之意，或表示著名，重复时表示许多，不止一个。例如：तदेव नाम 还是那个名字（没有变）。सा रम्या नगरी 那个著名的可爱的城市。तेषु तेषु स्थानेषु 在那一些不同地方。

（5）关系代词重复时表示"所有的"或"任何一个"；与疑问代词结合时，不论有无 अपि、चित्、चन，都可表示"不论那一个"。例如：कियते यद्येषा कथयति 所有她说的我都照办。यो वा को वा भवाम्यहम् 不论我是谁（什么样人）。यत्र कुत्रापि स्वपीति 他随处睡觉。

（6）疑问代词加 अपि 除表示"任何"、"某一个"外，有时指不可说明的，某种的。例如：को ऽपि हेतुः 某种原因（难以描写的，莫名其妙的）。注意：कथमपि 是"困难地"。

（7）एक 与 अपर 或 अन्य 对称连用，或单或复，表示"一个……，另一个……"、"一些人……，另一些人……"。केचित् 可以代替 एके。例如：मदुक्तं केचित्（एके）अन्वमन्यत।अपरे पुनर्निनिन्दुः। 我的话有些人赞成，可是另一些人却加以批评指摘。

（8）स्व、स्वकीय、आत्मीय、निज 都是形容词，"自己的"。स्वयम् 是副词，不变，"亲自"。आत्मन् 是"自己"，永远用阳性单数，不问所代表的词性、数如何。例如：स्वं नाम कथय 报上名来。सा स्वयमेव तत्र जगाम 她亲自到那儿去了。गुप्तं दद्दशुरात्मानं सर्वाः स्वप्नेषु वामनैः 所有这几位（后妃）都在梦中见到自己为一些侏儒守护。

不 变 词

有些词的中性单数常用作副词。例如：चिरं 或 चिरेण 或 चिराय ध्यात्वा 想了很久。दुःखं 或 दुःखेन तिष्ठति 他陷于困苦。

类似虚字的一些不变词对句子的意义和语气有相当作用。下面将较常见的一些分别说明其主要意义。

अथ (1) 用于一开头, 作为吉祥字眼。(2) 表示一书或一章开始。例如: अथेदमारभ्यते द्वितीयं तन्त्रम् 现在开始第二卷。(3) 以后, 于是, 那么。例如: अथ प्रजानामधिपः प्रभाते वनाय धेनुं मुमोच 此后, 国王便在早晨把牛放到森林去了。(4) 发问语。例如: अथ शक्तो ऽसि भोक्तुम् 你能吃吗？(5) 以及。例如: भीमो ऽथार्जुनः Bh.以及 A.。(6) 如果。例如: अथ कौतुकमावेदयामि 如果你想知道, 我就告诉你。(7) अथ किम् 当然, 正是。(8) अथवा 或者, 常用以修正前一句, 等于"可是"。

अपि (1) 即使。例如: पतितो ऽपि 即使落下了。(2) 甚至于。例如: इयमधिकमनोज्ञा वल्कलेनापि तन्वी 这苗条身材的女郎甚至由于穿了树皮衣而更迷人了。(3) 也, 又。例如: अस्ति मे सोदरस्नेहो अप्येतेषु 我对它们也还有一种同胞姐妹的感情。अपि सिञ्च अपि स्तुहि 又浇水, 又赞颂吧。(4) 发问语。例如: अपि तपो वर्धते 苦行顺利吗？अप्येतत्तपोवनम् 这就是苦行林吗？(5) 表示怀疑。例如: अपि चोरो भवेत् 他也许是盗贼吧？(6) 表示希望。例如: अपि जीवेत्स ब्राह्मणशिशुः 但愿这婆罗门孩子还活着。注意: 这一意义常连用 अपि नाम。(7) 在数词后加重语气, 表示所有这些。例如: सर्वैरपि 所有这些。चतुर्णामपि वर्णानाम् 所有四种姓。(8) 与疑问词结合表示"任何"、"某一个"或不能明确描写的。(9) यद्यपि तथापि 虽然……但是……。

आ (1) 与第五格连用表示"直到"或"自从"。例如: आपरितोषाद्विदुषाम् 直到学者们(内行)满意为止。आकैलासात् 一直到 K.山。आमूलाच्छ्रोतुमिच्छामि 我想从头听起。(2) 与形容词复合, 表示多少有一点, 类似。例如: आमत्तानां कोकिलानां कूजितैः 夹杂着带有几分醉意的杜鹃啼声。

इति (1) 用于引用语的结尾。(2) 表示原因。例如: वैदेशिको ऽस्मीति पृच्छामि 因为我是外乡人, 所以发问。पुराणमित्येव न साधु सर्वम् 并非所有的(诗)只因为是古的就是好的。(3) 表示目的或动机。例如: मा भूदाश्रमपीडेति परिमेयपुरःसरौ 为了不使道院(净修林)受到损害, 他俩只带有限的随从。(4) "以上", 表示结束。例如: इति तृतीयो ऽङ्कः 以上第三幕终。(5) 如下, 这样。例如: रामाभिधानो हरिरित्युवाच 以 R.为名的 H.神说了如下的话。(6) 作为。例如: पितेति स पूज्यः अध्यापक इति निन्द्यः 他作为父亲应受尊敬, 作为教师则应受责备。(7) 前面与 किम् 结合, 成为强烈的疑问语。例如: किमित्यपास्याभरणानि यौवने 为什么你在青春就抛弃了妆饰……？

इव (1) 如同, 好像。(2) 多少有些。(3) 与疑问词结合, 表示"难道", "怎么能", 或加重语气。例如: परायत्तः प्रीतेः कथमिव रसं वेत्तु पुरुषः 一个依附别人的人怎么能知道欢乐的滋味呢？विना सीतादेव्या किमिव हि न दुःखं रघुपतेः 罗摩离开了悉达, 难道还能有什么对他不是痛苦的吗？

उत 意是"或者", 常与 किम् 配合, 也可用 आहो、उताहो、आहोस्वित् 代替。किं……उत

或 उताहो 或 आहोस्वित् 是……还是……，也可以用 उत……उत……。单独用时可作发问词。

एव 是强调的词。例如：एवमेव 正是如此。

एवम् 这样，正是。例如：एवमेतत् 正是这样。एवं कुर्मः 是的，我们就这样做。

कच्चित् 发问语，但含有希望对方答复正合自己意思的语气。例如：शिवानि वस्तीर्थजलानि कच्चित् 你们的圣地的水平静吗？（我希望是的）

क … क … 表示两者之间有天渊之别。例如：क सूर्यप्रभवो वंशः क चाल्पविषया मतिः 由太阳生出的家族在何处，而我的微末的智慧又在何方？（两者不可比拟）तपः क वत्से क च तावकं वपुः 孩子！苦行和你的身体相距悬殊啊！

कामम् 本意是"随心所欲"，但一般用做"假定是"、"即使"、"尽管"，而后面一句接着用 तु 或 तथापि 或其同义词。例如：कामं न तिष्ठति मदाननसंमुखी सा भूयिष्ठमन्यविषया न तु दृष्टिरस्याः 尽管（假定是）她并不对我的面孔站着，但是她的眼光也多半不看别的。

किम् （1）不作代词而做发问词，常是"为什么"，但有时与其他词结为复合词，含有"坏"的意思。例如：स किंसखा साधु न शास्ति यो ऽधिपम् 不好好劝告帝王的人还是什么朋友？（是坏朋友）（2）后加 उ 或 उत 或 पुनः 表示"更加……"、"何况"。例如：एकैकमप्यनर्थाय किमु तत्र चतुष्ट्यम् （其中）一个就能产生灾难，何况四者俱全？मयि नान्तको ऽपि प्रभुः प्रहर्तुं किमुतान्यहिंस्राः 连死神都不能伤害我，何况其他的野兽？（3）किमु 常表示疑虑不定。例如：किमु विषविसर्पः किमु मदः 是毒药发作还是狂喜过度？（4）किमिति 见 इति 下注。

किल （1）一般意义是"确实"、"一定"。（2）也常用作"据说"、"传说"。例如：जघान कंसं किल वासुदेवः 传说 V.(Kṛṣṇa) 杀了 K.。（3）表示是假象，"仿佛是"。例如：प्रसह्य सिंहः किल तां चकर्ष 狮子仿佛猛然抓住了她（母牛）。（4）表示希望。例如：पार्थः किल विजेष्यते कुरून् （我希望）P.(Arjuna) 一定能战胜 K. 族人。

केवलम् 仅仅，只是。न केवलम्……किंतु 或 अपि 或 प्रत्युत 不仅……而且……

खलु 是加强语气的虚字，含有下列意义：（1）确实，一定。（2）न खलु न खलु 千万莫要。（3）询问。例如：न खलु तां अभिकुद्धो गुरुः 是不是老师对她发脾气了？（4）与独立词连用，类似 अलम्，"不必"、"不用"。（5）"因为"，类似 हि。（6）作为语助词，无意义。

च （……च……च）不能用于句首，可重复于所连接的每一字。न च……न च…… 既不是……也不是……。च……च…… 一方面……另一方面……（或指同时发生，或指互相矛盾）。有时一个 च 也指前后二事矛盾，"而"，类似 तु。例如：शान्तमिदमाश्रमपदं स्फुरति च बाहुः 这是宁静的净修林，而（我的）手臂却跳动了起来（有喜兆）。

जातु 可能，也许。例如：किं तेन जातु जातेन 他的出生又可能有什么用呢？（虚生一世）
न जातु 一点也没有，决不。例如：न जातु बाला लभते स्म निर्वृत्तिम् 这女孩子从未享过福。

तद् 不作代词而作为不变词时，是（1）"因此"。例如：**राजपुत्रा वयं तद्विग्रहं श्रोतुं नः कुतूहलमस्ति** 我们是王子，因此我们听讲战争很有兴趣。（2）"那么"，常与 **यदि** 相对称用。例如：**तथापि यदि महत्कुतूहलं तत्कथयामि** 尽管如此，如果（你们）兴趣大，那么我就讲。

ततः（1）常用作 **तद्** 的从格，等于 **तस्मात्** 或 **तस्याः**，也常用作不变词。"于是"、"此后"。例如：**ततः कतिपयदिवसापगमे** 此后过了一些日子。（2）与 **यतः** 配合用。"因为……所以……"（3）与 **यदि** 配合用。"如果……那么……"（4）**ततस्ततः** 这以后呢？

तथा（1）这样。（2）同样，也。（3）是的，不错，就这样吧。（4）**तथाहि** 因为，正如（下文是例证）。（5）**तथा च** 而且，还有（下文是例证引用语）。

तावत्（1）首先，立刻。例如：**प्रिये इतस्तावदागम्यताम्** 亲爱的！马上就来吧。（2）而，可是，另一方面。例如：**स्थिरप्रतिबन्धो भव। अहं तावत्स्वामिनश्चित्तवृत्तिमनुवर्तिष्ये।** 朋友！你坚持反对吧，而我这一方面，却还是要遵照主人的心意做。（3）现在就……。例如：**गच्छ तावत्** 马上就走。（4）加强语气，"就是"。例如：**त्वमेव तावत्प्रथमो राजद्रोही** 你就是第一名反叛者。（5）至于。例如：**एवं कृते तव तावत्प्राणयात्रा क्लेशं विना भविष्यति** 这样一做，就你来说，你的生活可以无困难了。**विग्रहस्तावदुपस्थितः** 至于战争，那是迫在眉睫了。

तु（1）却，另一方面，而，可是，常结合 **किम्** 或 **परम्**。注意：**तु** 不能在句首，但 **परन्तु**、**किन्तु** 却总在句首。（2）只是发语词，"现在"、"于是"，或"在他一方面"，没有"然而"意义。例如：**एकदा तु प्रतीहारी समुपसृत्याब्रवीत्** 有一次守门宫娥走上前来说。**अवनिपतिस्तु तामनिमेषलोचनो ददर्श** 国王（这一方面）目不转睛地瞧着她。（3）加重语气。例如：**भीमस्तु पाडवानां रौद्रः** Bh.是 P.五兄弟中最厉害的。

दिष्ट्या 是表示欣喜的词，"幸而"，与 √**वृध्** 连用，表示祝贺。受贺的是主语，所贺的事用具格。例如：**दिष्ट्या प्रतिहतं दुर्जातम्** 幸而灾祸免除了。**दिष्ट्या महाराजो विजयेन वर्धते** 祝贺陛下的胜利。

न 不，作"没有"解，而与名词相连时，加上不定指示代词（即，疑问词加 **अपि** 等）。如没有名词，则是否定句，加不定代词表示"一个也没有"、"一点也不"。例如：**योगिनां न कोऽपि भयम्** 修道人毫无恐惧。**मरणान्न कोऽपि बिभेति** 没有一个人怕死。**न……न……**双重否定，等于加强肯定。例如：**नेयं न वक्ष्यति मनोगतमाधिहेतुम्** 她不会不说（一定会说）心病原因的。

नाम（1）名叫。例如：**पुष्पपुरी नाम नगरी** 名为花城的城市。注意：在 **नाम** 之前的名字应与有关的同位语同格。例如：**मेघनादो नाम मित्रम्** 名为 M.的朋友。**अस्ति पाटलिपुत्रे नाम नगरे वल्लभिन्नाम वणिक्** 在 P.城有个商人名叫 B.。注意：不变词 **नाम** 不能与其他词复合，勿与中性名词 **नामन्** 混淆。（2）确实，一定。例如：**मया नाम जितम्** 我真的胜利了。（3）与 **कः**、**किम्**、**कथम्** 等词连用时，表示"难道"、"怎么能"，或加重语气，类似 **इव**。例如：**को**

नाम राज्ञां प्रिय: 谁能是国王的宠臣呢？ अयि कथं नामैतत् 啊！这倒底是怎么回事？（4）伪装。例如：कार्तान्तिको नाम भूत्वा 伪装为占星者。（5）与命令式连用，表示"便"、"就"、"即使"、"也许会是"等。例如：एवमस्तु नाम 就这样吧（如你所愿）。（6）加强惊异或愤怒等语气。例如：अन्धो नाम पर्वतमारोहति 连瞎子也上山了。

नु 表示疑问语气，常与疑问词结合。例如：किं न्वेतत्स्यात् 这能是怎么回事？स्वप्रो नु माया नु मतिभ्रिमो नु 到底是梦？是幻觉？还是一时糊涂？

न+नु=ननु 已成为独立的词。（1）岂不是？一定是。例如：तदाचार्यस्य दोषो ननु 那时难道不是老师的过错吗？（2）表示要求改正。例如：ननु विचिनोतु भवांस्तदस्मिन्नुद्याने（何必站在这儿）你还是到这个花园中去寻找吧。（3）表示恳求。例如：ननु मां प्रापय पत्युरन्तिकम् 请把我带到我丈夫身边去吧。（4）表示打招呼。例如：ननु माणव अत्र भवानेकाकी किमिति निवसति 喂，你怎么一个人单独住在这里？（5）表示疑问，在论证中常用于对方反驳的开始。例如：ननु समाप्तकृत्यो गौतमः G.已经完成任务了吗？

नूनम् 一定，确实无疑。例如：स नूनं तव पाशांश्छेत्स्यति 他一定会割断你的束缚的。

पुनः 再，又。पुनः पुनः 一再，再三。स्वपाठान्पुनः पुनर्वाचय 再三朗读你自己的课文吧。पुनः 也常用做连词，有"但是"、"然而"之意。例如：तदेव पञ्चवटीवनं स एव आर्यपुत्रः। मम पुनर्मन्दभाग्याया दृश्यमानमपि सर्वमेवैतन्नास्ति P.森林如旧，丈夫也未变，然而在我这薄命人眼中，见犹如不见。

प्रायः, प्रायेण 一般，大致，往往。例如：प्रायेणैते रमणविरहेष्वङ्गनानां विनोदाः 这些往往是与丈夫分离了的妇女们的娱乐。

बत（1）表示忧伤，怜悯。例如：अहो बत महत्पापं कर्तुं व्यवसिता वयम् 啊！我们要去犯一桩多大的罪呀！（2）表示高兴、惊异，常与अहो 连用。例如：अहो बतासि स्पृहणीयवीर्यः 啊！你真是有令人羡慕的勇气的人。（3）作招呼用语。例如：त्यजत मानमलं बत विग्रहैः 抛弃骄傲吧！别争斗了。

बलवत् 作不变词时，是"强烈地"。例如：बलवदस्वस्थशरीरा शकुन्तला Ś.病得很重。

मुहुः 常常，一再。常重复用 मुहुर्मुहुः, 也表示"一会儿……一会儿……"。例如：मुहुर्नश्यद्बीजा मुहुरपि बहुप्रापितफला नीतिर्नयविदः 政治家的策略是一会儿好像种子也没有了，一会儿又是果实累累。

यद् 作为不变词，用于引用语的开头，其末尾并一定有 इति。有时引起的一句是个说明，或理由、根据。例如：तस्य कदाचिच्चिन्ता समुत्पन्ना यदर्थोत्पत्त्युपायाश्चिन्तनीयाः कर्तव्याश्च 有一天他想到了，应当考虑并且执行赚钱发财的方法。किं त्वं मत्तो ऽसि यदेवमसंबद्धं प्रलपसि 难道你疯了？（因为）你这样胡说八道。

यतः 作 यस्मात् 用，"从那儿"或"因为"。例如：यतस्त्वया ज्ञानमशेषमाप्तम् 从（你的老师）那儿你获得了全部知识。किमेवमुच्यते महदन्तरं यतः कर्पूरद्वीपः स्वर्ग एव 你怎么这样说？很大

的差别，K.岛就是天堂。

यत्सत्यम् 作为一个词，"真的"、"老实说"、"确定地"。例如：**अमङ्गलाशंसयास्य वो वचनस्य यत्सत्यं कम्पितमिव मे हृदयम्** 由于你的不吉利的话，（老实说）我的心真的颤抖起来了。

यथा (1) 如同，依照。例如：**यथा ज्ञापयति देवः** 遵陛下之命。(2) 如下，即。例如：**तद्यथानुश्रूयते** 所闻如下。(3) 好像，等于 **इव**。(4) 用于引用语开头，其末尾有 **इति** 或没有 **इति**。例如：**विदितं खलु ते यथा स्मरः क्षणमप्युत्सहते न मां विना** 你知道，爱神一刻也不能离开我。(5) 例如。例如：**यत्र यत्र धूमस्तत्र तत्र वह्निः यथा महानसे** 有烟之处必有火，如灶。(6) 以致，以便。常用 **येन** 代替 **यथा** 此义。例如：**त्वं दर्शय तं चौरसिंहं यथा व्यापादयामि** 带我去看那强盗狮子，以便我来杀死它。

यथा……तथा…… (1) 如同，一样。**तथा** 常用 **तद्वत्** 代替。例如：**यथा वृक्षस्तथा फलम्** 什么树结什么果。(2) 如此……以至于……。**अहं तथा करिष्ये यथा स वधं करिष्यति** 我这样做，使他杀了他。注意：这类构造中，可用 **ईदृश**、**तादृश**、**तावत्**、**एतावत्** 等代替 **तथा**，而以关系代词 **येन** 等代替 **यथा**。例如：**मम चैतावान् लोभविरहो येन स्वहस्तगतसुवर्णकङ्कणमपि यस्मै कस्मैचिद् दातुमिच्छामि** 我这样没有贪心，以致愿意把到手的金钏送给任何一个人。(3) 因为……所以……。例如：**यथायं प्रचण्डो नभस्वांस्तथा तर्कयामि आसन्नीभूतः पक्षिराजः** 因为这阵风猛烈可怕，我想是鸟王（大鹏）来到附近了。(4) 如果……那么……，类似 **यदि……तर्हि……**。例如：**व्यभिचारो यथा न मे तथा मामन्तर्धातुमर्हसि** 如果我非不贞，那么请收藏我吧！(5) 表示份量相等，常与 **एव** 结合。例如：**न तथा बाधते शीतं यथा बाधति बाधते** 寒冷还不如 **बाधति**（这个错误形式）使我痛苦（因为 **बाध्** 只能用 Ā）。(6) **यथा यथा……तथा तथा……**，愈……愈……。例如：**यथा यथा यौवनमतिचिक्राम तथा तथानपत्यताजन्मा महान् अवर्धतास्य सन्तापः** 他愈年长（过了青春时期），他的由无子而产生的痛苦也愈增长。

यावत् 有时有"马上"、"立即"之意，与现在时连用而表示将来时，会有一定要如此之意。例如：**यावदिमां छायामाश्रित्य प्रतिपालयामि ताम्** 那么，我就到这树荫下去等着她吧。

यावत्……तावत्…… (1) 表示分量相当。(2) 表示所有一切。例如：**यावद्तं तावद् भुक्तम्** 给多少，吃多少（把给的都吃了）。(3) 表示时间相当。例如：**यावदसौ पान्थः सरसि स्नातुं प्रविशति तावन्महापङ्के निमग्नः** 过路人一进池塘沐浴，立刻陷入了泥潭。**सूत तावद्रथं स्थापय यावदहमवतरामि** 车夫，停车让我下去（停到我下了车为止。停车时与下车时相当）。注意：有时这只是表示同时，一……就……。**यावत्** 有 **न** 时，是"当……不（没有）……时"。

वरम्……न…… 倒不如。**वरम्** 指较好的一方面，**न** 后往往有 **च** 或 **तु** 或 **पुनः**。例如：**वरं कन्या जाता न चाविद्वांस्तनयः** 生个蠢儿子还不如生个女儿。

वा (1) 或。(2) 也，等于 **च**。(3) 如，等于 **इव**。(4) 与疑问词结合，表示疑

问，类似 **इव** 或 **नाम**。例如：**मृतः को वा न जायते** 死了的谁不再生？**कथं वा गम्यते** 你怎么能走？（5）**वा……वा**，或……或……

स्थाने 正确，合理。例如：**स्थाने प्राणाः कामिनां दूत्यधीनाः** 情人们的生命系于传信人之手，这话真不错。

हन्त 叹词。（1）表示欣喜、惊异。例如：**हन्त प्रवृत्तं संगीतकम्** 啊！歌唱开始了。（2）表示悲伤。例如：**हन्त धिङ् मामधन्यम्** 哎！我真倒霉。（3）作发语词。例如：**हन्त ते कथयिष्यामि** 好，我就告诉你。

हि 不用于句首。（1）"因为"，申述理由、论证。例如：**अग्निरिहास्ति धूमो हि दृश्यते** 这儿有火，因为看见有烟。（2）加重语气。（3）提出例证，如 **तथा च**。例见 **रघुवंश** 1.18。（4）只有，不过。例如：**मूढो हि मदनेनायस्यते** 只有傻瓜才为爱神所苦。（5）有时是无意义的语助词。